COLLANA STORICA DELLA BANCA D'ITALIA
CONTRIBUTI E SAGGI

COLLANA STORICA DELLA BANCA D'ITALIA

COMITATO SCIENTIFICO

Ignazio Visco (presidente)   Piero Barucci   Valerio Castronovo
Filippo Cesarano   Pierluigi Ciocca   Franco Cotula
Alberto Cova   Guido M. Rey   Gianni Toniolo
Vera Zamagni

SERIE CONTRIBUTI E SAGGI
VOLUME XIV

GIANNI TONIOLO

STORIA DELLA BANCA D'ITALIA

Tomo I
Formazione ed evoluzione
di una banca centrale, 1893-1943

Prefazione di Ignazio Visco

SOCIETÀ EDITRICE IL MULINO
2022

per Anna e Bianca

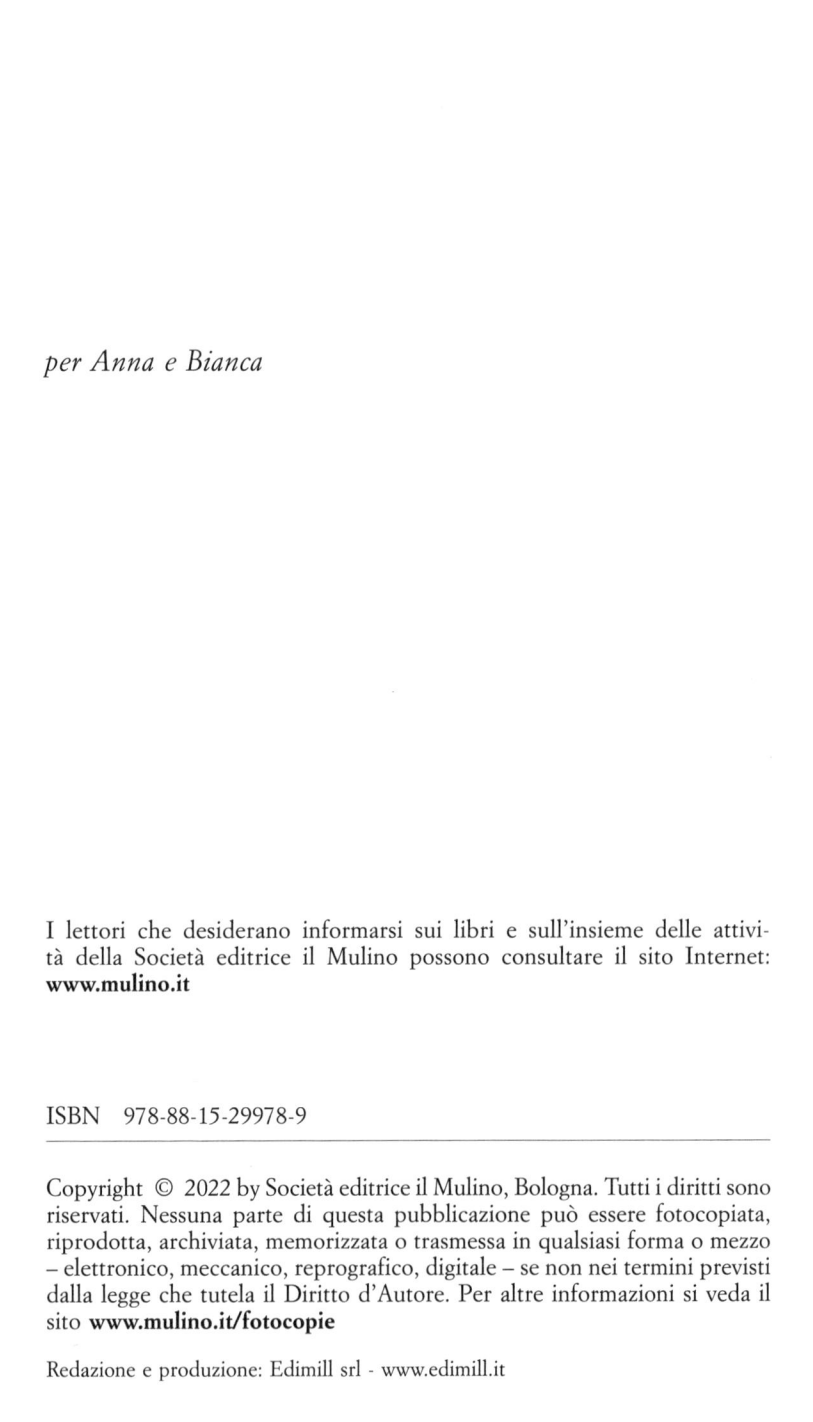

I lettori che desiderano informarsi sui libri e sull'insieme delle attività della Società editrice il Mulino possono consultare il sito Internet:
www.mulino.it

ISBN   978-88-15-29978-9

Copyright © 2022 by Società editrice il Mulino, Bologna. Tutti i diritti sono riservati. Nessuna parte di questa pubblicazione può essere fotocopiata, riprodotta, archiviata, memorizzata o trasmessa in qualsiasi forma o mezzo – elettronico, meccanico, reprografico, digitale – se non nei termini previsti dalla legge che tutela il Diritto d'Autore. Per altre informazioni si veda il sito **www.mulino.it/fotocopie**

Redazione e produzione: Edimill srl - www.edimill.it

PREFAZIONE
di Ignazio Visco

Quando quarant'anni fa – governatore Carlo Azeglio Ciampi – si iniziò a riflettere sulle possibili iniziative con cui celebrare nel 1993, in modo sobrio ma incisivo, il centenario della Banca d'Italia si progettò, su iniziativa di Ciampi e con il coinvolgimento dei suoi predecessori Paolo Baffi e Guido Carli, di dare avvio a una «Collana storica» dell'Istituto. Come consulente scientifico fu chiamato l'eminente storico economico Carlo M. Cipolla; a supporto dell'iniziativa si diede vita a un apposito Ufficio Ricerche storiche. Come avrebbe in seguito scritto lo stesso Ciampi, si ritenne allora che il modo migliore di celebrare il centenario fosse quello di dare «impulso allo sviluppo di studi sull'attività della banca centrale, iniziando con la predisposizione del materiale statistico e documentario e con l'approfondimento delle vicende relative a momenti chiave nella storia della Banca d'Italia».

Si trattava quindi, sempre con parole di Ciampi, di «un'iniziativa culturale articolata e di lungo periodo, aperta al contributo di studiosi esterni all'Istituto» e sostenuta dall'attività di ricerca storico-economica, archivistica, documentale e analitica, condotta in Banca d'Italia. Sulla base dei 46 volumi pubblicati finora (accessibili oggi anche sul sito internet della Banca), ritengo che l'obiettivo iniziale sia stato pienamente raggiunto, superando anche le più ottimistiche aspettative. Ciò non sarebbe stato possibile senza l'impegno, spesso straordinario, di chi in questi decenni ha portato avanti l'iniziativa: il nostro personale, gli studiosi esterni, le case editrici che si sono succedute nella pubblicazione dei documenti, delle statistiche e dei contributi di analisi «atti a stimolare e ad agevolare indagini e riflessioni».

Si decise allora, tuttavia, di non promuovere la stesura di una «storia della Banca d'Italia» di taglio monografico poiché, anche se affidata a studiosi esterni e quindi «indipendente» nell'analisi e nei giudizi, non avrebbe potuto essere sostenuta da una base documentaria ed empirica sufficientemente approfondita. Ricorrendo ancora alle parole di Ciampi: «solo dopo una analisi e una riflessione sulle vicende della Banca d'Italia che si fondino sullo studio del patrimonio archivistico esistente e sulla ricostruzione della necessaria documentazione statistica, si potrà pensare a un'opera di sintesi che abbia validità scientifica».

Il libro di Gianni Toniolo che ora vede la luce si propone quindi di produrre a distanza di quasi trent'anni dal nostro centenario proprio l'opera di sintesi volta a dar conto dell'evoluzione della Banca d'Italia sulla base dei documenti, delle statistiche e delle analisi fino a oggi disponibili. La lettura di questo primo volume – che copre i primi cinquant'anni di vita della Banca (nonché le più antiche origini italiane del *central banking* e quelle prossime radicate nel nostro Ottocento), fino all'8 settembre del 1943, «data che segna forse la maggiore cesura nella storia dell'Italia unita» – conferma quanto sia importante il materiale su cui si fondano le analisi e le interpretazioni proposte dall'autore e quanto alta è la qualità del lavoro portato a termine da Toniolo, uno studioso che, in piena indipendenza, ha sin dall'inizio contribuito al progetto perseguito con la «Collana Storica della Banca d'Italia».

Seguirà, per dar conto dei principali sviluppi dell'azione della Banca d'Italia fino alla costituzione dell'Unione economica e monetaria alla fine del Novecento, un secondo volume il cui «cantiere», come leggiamo nella *Nota introduttiva*, è già «aperto». Lo attenderemo quindi con grande interesse, consapevoli dell'impegno che si richiede alla produzione di una storia della banca centrale che, come per il primo volume, non può che essere anche una storia dell'economia, e della politica, del nostro Paese. E dopo aver letto quanto scritto finora non si può che essere sicuri che anche in esso rinverremo i due requisiti che Luciano di Samosata pose alla base del *Come si deve scrivere la storia*: la capacità espressiva e l'intelligenza politica.

Se, con Umberto Eco, «la storia non serve a sapere dove si va ... ma da dove vieni», è certo che al «da dove» si viene

Prefazione

Toniolo dedica pagine originali e penetranti. *Formazione ed evoluzione di una banca centrale* non è solo il sottotitolo di questo primo tomo ma è l'indicazione stessa del modo in cui l'autore ha deciso di affrontare la sua versione della Storia della Banca d'Italia. L'obiettivo è di dar conto del come, nel divenire banca centrale, il nostro Istituto ha finito per giocare «un ruolo nello sviluppo dell'economia italiana maggiore di quello svolto da altre banche centrali nei rispettivi paesi» cosicché la sua storia è, almeno in parte, «la storia dell'intera economia italiana». Per conseguire questo obiettivo Toniolo osserva di non avere avuto «ambizioni di completezza», di aver trattato alcuni aspetti della vita della Banca «in modo forse troppo sintetico», di averne «quasi del tutto accantonati altri», per farne emergere la vicenda complessiva attraverso sottolineature cruciali, ancorché particolari: l'iniziale, prolungata, tensione tra unicità e concorrenza nell'attività di emissione; l'ambiguità di una altrettanto prolungata incertezza nella separazione tra la funzione monetaria della Banca e la sua attività di banca commerciale; la definizione dell'autonomia nell'esercizio delle proprie funzioni «entro i confini segnati dalle leggi e dagli statuti», come ebbe a mettere in chiaro Bonaldo Stringher quando fu nominato, nel 1900, al vertice dell'Istituto.

A questo riguardo, Toniolo ricorda che Stringher sottolineò come «fra Banca e Stato non può essere dissidio. Comune deve essere l'intento di migliorare le condizioni dell'attività nazionale e di migliorarne le sorti». Ed efficacemente il libro, che pure è completo ed esaustivo (nonostante la non «ambizione» al riguardo sottolineata dall'autore), dà ben conto di come la Banca d'Italia acquisì, anche proprio grazie all'opera di Stringher, un ruolo particolare, a partire da interventi forse non così importanti «nella vicenda complessiva» quali la conversione della Rendita italiana nel 1906 o la gestione della crisi finanziaria del 1907 (con il salvataggio della Società Bancaria Italiana).

Dubbi sull'indipendenza dell'Istituto, in particolare nell'era fascista, portarono Montagu Norman – per venticinque anni al vertice della Banca d'Inghilterra e celebre autore, anzi «fautore», di una «teoria» della banca centrale fondata sui due principi della «indipendenza» e della «cooperazione internazionale» – a non appoggiare, contrariamente al pragmatico presidente della Federal Reserve Bank di New York, Benjamin Strong, la stabilizzazione della lira nel 1927 (che poi si risolse in una rivalutazione senza dubbio eccessiva). In effetti, dalle pagine di Toniolo possiamo trarre la conclusione che, se pure non mancarono tensioni tra i governi e la banca centrale di Stringher nei trent'anni (cinque in più del quarto di secolo di Norman, un record praticamente impossibile da eguagliare) nei quali egli la diresse, il «grande governatore», così definito dal suo successore Vincenzo Azzolini, fondò il contributo della Banca al «miglioramento» delle sorti dell'economia nazionale più che sull'indipendenza formale sull'influenza, a volte decisiva non solo sul piano operativo, sulla competenza e sull'indipendenza di giudizio.

Certo, le vicende successive, così ben descritte nel libro di Toniolo, non videro una Banca d'Italia in grado di contrastare azioni di governo di cui pure a volte non condivideva obiettivi e modalità. La politica monetaria, limitata dal vincolo della stabilità di un cambio sopravvalutato, finì per essere prociclica; limiti si incontrarono negli anni Trenta anche sul fronte degli interventi sul sistema bancario. Al salvataggio delle banche miste, con lo scioglimento del rapporto non sano stabilitosi tra banche e imprese senza che se ne comprendessero per tempo le implicazioni, non fu chiamata la Banca; l'operazione che portò alla costituzione dell'IRI e alla legge bancaria del 1936 vide infatti come *dominus* Alberto Beneduce, «sostenuto direttamente da Mussolini» pur non essendo legato né al governo né al partito fascista, e come suo principale collaboratore Donato Menichella, che dopo la guerra sarebbe diventato direttore generale dell'Istituto con il nuovo governatore Luigi Einaudi, e poi di questi successore.

Con la nuova legge bancaria l'Istituto fu quindi trasformato in un ente di diritto pubblico e furono rivisti i poteri di vigilanza creditizia attribuendoli a un Ispettorato sottoposto alle direttive del governo ma con a capo il governatore e con il supporto decisivo dell'amministrazione centrale e periferica della Banca. Come osserva Toniolo, il ruolo della Banca, in quest'ambito solo formalmente indebolito dalla costituzione dell'Ispettorato, fu di fatto rafforzato dalla legge bancaria. Di

Prefazione

questo rafforzamento diede conto una memoria del giovane funzionario Paolo Baffi che osservava come si fosse quindi tenuta presente l'esigenza «di una stretta coordinazione tra politica monetaria e politica del credito, che per tanti aspetti formano una cosa sola».

Agli anni dell'autarchia e a quelli drammatici della «guerra totale» Toniolo dedica gli ultimi due capitoli di un libro che alla necessaria sequenza cronologica delle vicende della Banca accompagna approfondimenti e notazioni che aiutano a comprenderne non solo l'evoluzione ma anche l'influenza che avrebbe finito per acquisire. È solo il caso di aggiungere che quell'influenza, fondata sì sulla competenza e sulle sue capacità operative, non poteva non essere sostenuta dall'esercizio, come banca centrale e istituzione al servizio del Paese, di una consapevole indipendenza di giudizio. Proprio a questo credo che possa e debba servire una «Storia» quale quella così ammirevolmente esposta nelle pagine di questo libro: se non a sapere «dove si va», a comprendere, anche sulla base di un passato così importante, come prepararsi per affrontare nel miglior modo possibile le sfide che continuamente siamo chiamati ad affrontare.

NOTA INTRODUTTIVA

Nel 1983, il governatore Carlo Azeglio Ciampi annunciò un programma di ricerche sulla storia della Banca d'Italia in vista del centenario dalla fondazione, che sarebbe caduto dieci anni dopo. Fu creato un comitato scientifico nel quale figuravano tra l'altro i due precedenti governatori, Paolo Baffi e Guido Carli. La direzione scientifica fu affidata a Carlo M. Cipolla. Fu istituito un nuovo «Ufficio Ricerche storiche», diretto da Franco Cotula.

Il governatore Ciampi fu chiarissimo: la missione era quella di produrre «ricerche per», non «la» storia della Banca d'Italia. Con questo preciso obiettivo fu lanciato un grande programma di ricerca i cui esiti alimentarono la Collana Storica della Banca d'Italia, alla quale hanno contribuito sinora 81 economisti e storici sia affermati sia giovani. La collana contemplava quattro serie di volumi: *Documenti* annotati e corredati da ampie introduzioni, *Contributi* opere collettive su aspetti specifici della storia economica e finanziaria dell'Italia, *Saggi* monografici[1], *Statistiche*[2]. Nel 1993, Carlo Azeglio Ciampi partecipò in modo defilato, da Palazzo Chigi, al centenario che aveva con tanta passione preparato. Fu il nuovo governatore, Antonio Fazio, a presiedere la celebrazione.

Ho avuto il privilegio di partecipare sin dall'inizio allo straordinario progetto voluto dal governatore Ciampi. Per uno studioso ancora relativamente giovane, è stata una stagione per molti versi intellettualmente irripetibile, anche per la ricchezza delle discussioni con personalità tra le più eminenti della vita economica e culturale italiana.

L'impegno della banca centrale nella ricerca storica non si esaurì con la celebrazione del centenario. Negli anni succes-

---

[1] Più tardi queste ultime due furono riunite in un'unica serie, *Contributi e Saggi*.
[2] Sono stati sinora pubblicati 39 volumi, per un totale di 46 tomi.

sivi, l'Ufficio Ricerche storiche divenne permanente, dotato di ricercatori specializzati, guidati da Alfredo Gigliobianco al quale è poi succeduto Federico Barbiellini Amidei. Si chiama oggi Divisione Storia economica del Servizio Struttura economica. Conduce ricerche, promuove seminari e convegni internazionali, tiene stretti rapporti con strutture simili di altre banche centrali. L'Archivio Storico, diretto da Sergio Cardarelli e poi da Alberto Baffigi, si è arricchito di nuovi fondi ed è stato largamente digitalizzato; è oggi uno tra i più apprezzati e facilmente consultabili tra quelli delle banche centrali. La sua accessibilità da casa è stata indispensabile nei lunghi mesi di clausura imposta dalla pandemia.

La Collana Storica della Banca d'Italia ha accresciuto molto la nostra conoscenza della storia economica e finanziaria italiana ma ha stimolato ben pochi lavori di sintesi sulle vicende della Banca d'Italia, probabilmente assai meno di quanti ne aveva sperati il governatore Ciampi. Alessandro Polsi (2001) ha prodotto un primo e, sinora, unico saggio di carattere generale. Un intento in qualche modo simile suggerì la pubblicazione in unico volume delle introduzioni alla serie *Documenti* (Cotula, De Cecco, Toniolo 2003). Con le ottime biografie dei dirigenti della Banca, Gigliobianco (2006) ha ricostruito anche aspetti importanti della storia di via Nazionale dagli anni Ottanta dell'Ottocento a quelli del Novecento. L'elenco si ferma qui.

Cinque anni fa mi sono proposto di sintetizzare in non più di 400 pagine gli aspetti salienti della storia della banca centrale italiana dalla fondazione all'introduzione dell'euro. Il lavoro è però cresciuto in modo diverso, un po' per la straordinaria abbondanza del materiale esistente, tra fonti originali e secondarie, un po' per la curiosità alimentata dalla ricerca. È nato così, in corso d'opera, questo libro che, benché più voluminoso di quello inizialmente previsto, arriva solo al primo cinquantennio della storia della Banca, fermandosi all'8 settembre 1943, data che segna forse la maggiore cesura nella storia dell'Italia unita. Il cantiere del secondo volume è aperto. Spero possa procedere spedito, anche senza l'ausilio del lungo confinamento obbligato dalle norme di contrasto alla pandemia Sars-CoV-2 che ha accelerato il completamento di questo primo volume.

Nota introduttiva

Malgrado la dimensione, questo libro non ha alcuna ambizione di completezza. Chi vorrà scorrerlo troverà che alcuni aspetti della vita della Banca sono stati quasi del tutto accantonati, altri trattati in modo che alcuni potranno giudicare troppo sintetico, ad altri ancora è stata dedicata un'attenzione maggiore della loro importanza nella vicenda complessiva. Non si tratta di distrazioni ma di scelte. Mi limito qui ad alcuni esempi. Tutte le banche centrali intrattengono stretti rapporti con le rappresentanze del sistema bancario e con i singoli istituti di credito. Nelle pagine che seguono, il lettore troverà piuttosto poco su questo importante aspetto delle funzioni di *central banking*, malgrado la ricchezza delle monografie sulla storia delle banche italiane, arricchita recentemente di contributi importanti. Affrontare, anche sinteticamente, in modo adeguato questo aspetto della vita della Banca d'Italia avrebbe avuto un costo, in termini di aumento delle pagine e dei tempi di realizzazione, che non ho voluto sostenere. Altri sapranno usare la ricchezza esistente di fonti primarie e secondarie per colmare questo vuoto. Il lettore troverà anche un certo squilibrio nello spazio dedicato ad alcuni momenti della storia della Banca d'Italia rispetto ad altri. Si tratta anche in questo caso di una scelta precisa, seppure ovviamente opinabile. Ad esempio, la nascita dell'IRI e la legge bancaria del 1936 sono indubbiamente eventi tra i più rilevanti per l'economia del Paese e la sua banca centrale nel periodo oggetto di questo libro. Proprio per questo hanno ricevuto grande attenzione, anche recente, da parte degli studiosi. Ho pensato che bastasse sintetizzare queste vicende in modo che spero adeguato ma privo di molti dettagli, facilmente reperibili altrove. All'opposto, ho pensato di dedicare abbondante spazio a vicende meno note, di importanza certo minore rispetto a quelle del 1931-1933. Mi è parso, per esempio, utile aprire con il recente interesse degli studiosi per forme di *central banking* sviluppate in Italia sin dal Cinquecento. Ho dedicato più pagine di quante alcuni penseranno meritassero alle opinioni di Cavour sull'unicità o pluralità degli istituti di emissione, al ruolo della Banca nella conversione della Rendita del 1906, alla presenza in Etiopia, ai rapporti con il Partito Nazionale Fascista, alla Banca nei territori occupati durante la Seconda guerra mondiale perché si tratta di vicende in genere poco note ma tutt'altro che irrilevanti. Vedrà il lettore se questa scelta è stata più o meno felice.

La Banca d'Italia ha giocato un ruolo nello sviluppo dell'economia italiana maggiore di quello svolto da altre banche centrali nei rispettivi paesi. La storia della Banca d'Italia è dunque, in parte, la storia dell'intera economia italiana, cosa che ho cercato di evidenziare anche con la scelta, per la copertina, di un quadro di Giulio Turcato, che richiama, sin dal titolo «Officina», l'economia reale, la grande fabbrica, piuttosto che la moneta.

Negli anni dedicati a questo lavoro ho accumulato un'enorme quantità di debiti. Anzitutto verso la Banca d'Italia che mi ha fornito tutto il sostegno necessario, garantendomi completa libertà di ricerca, in un ambiente, quello di via Nazionale, che spicca, tra i molti che ho frequentato in decenni di lavoro, per raffinatezza intellettuale e professionalità.

Francesco Vercelli e Dario Pellegrino mi hanno offerto una collaborazione che è andata ben al di là dei compiti di «assistente di ricerca». A loro va, oltre all'amicizia, un ringraziamento speciale.

La Divisione Storia economica della Banca mi ospita e sostiene la mia ricerca, che prosegue per gli anni successivi al 1943. Lo scambio di idee e informazioni con Filippo Cesarano, Alfredo Gigliobianco, Federico Barbiellini Amidei, Alberto Baffigi, Elio Cerrito, Paolo Croce, Matteo Gomellini e Paolo Piselli è stato ed è per me indispensabile, così come per anni fu quello con Stefano Fenoaltea, amico di lunghissima data, anch'egli ospite della Divisione, al quale va un ricordo affettuoso.

Elena Genito è stata indispensabile nel lavoro redazionale e nel supporto quotidiano. Sono anche in debito verso Eleonora Costantino.

L'Archivio Storico della Banca d'Italia è stato un pilastro fondamentale per la mia ricerca. Sono particolarmente grato, per l'aiuto offertomi, ad Angelo Battilocchi, Isabella Cerioni, Valeria Giaquinto, Renata Martano e Anna Rita Rigano che è stata, tra l'altro, preziosa nella ricerca delle immagini fotografiche. Ho accumulato debiti di riconoscenza anche con

Nota introduttiva

gli archivisti di Banca Intesa, della Federal Reserve Bank di New York, della Bank of England e della Banque de France.

Alla Società editrice il Mulino, il mio grazie va soprattutto a Cecilia Bortolotti, che ha curato con passione l'*editing*, ad Annalena Monetti, che segue la Collana Storica della Banca d'Italia, e a Monica Albertoni, amica da innumerevoli anni.

Hanno letto e chiosato con certosina precisione l'intero manoscritto Pier Francesco Asso, Federico Barbiellini Amidei e Ignazio Visco. Lo hanno fatto per un buon numero di capitoli Pierluigi Ciocca, Sergio Cardarelli, Giacomo Gabbuti, Alfredo Gigliobianco, Matteo Gomellini, Giovanni Iuzzolino, Marco Magnani, Marco Molteni, Dario Pellegrino, Francesco Sanna, Francesca Trivellato, Francesco Vercelli. Da tutti ho avuto suggerimenti su aspetti sia importanti sia di dettaglio di questo lavoro. Li ho tenuti in gran conto anche se non tutti seguiti. È inutile ma obbligatorio dire che nessuno di loro è responsabile degli errori e delle imperfezioni rimasti.

Mia moglie, Francesca Sanna Randaccio, ha contribuito quotidianamente a quest'opera con l'amore, la sopportazione, l'incoraggiamento oltre che con un instancabile stimolo intellettuale.

Ogni libro, anche se di storia, è scritto anzitutto per le generazioni che ci seguono, questo è dunque dedicato ad Anna e Bianca.

Roma, 7 giugno 2022

CAPITOLO PRIMO

ORIGINI (ITALIANE) ED EVOLUZIONE DEL *CENTRAL BANKING*

La storia delle banche centrali è stata tradizionalmente datata a partire dalla nascita della più antica tra quelle ininterrottamente attive sino a oggi: la Sveriges Riksbank, fondata nel 1668, o da quella della Bank of England (1694) spesso considerata l'archetipo per le consorelle di tutto il mondo[1]. Non è più così: la copertina di un importante volume sull'evoluzione delle funzioni di banca centrale (Ugolini 2017) riproduce una veduta del Canaletto raffigurante Campo San Giacomo di Rialto (San Giacometo per i veneziani), il mercato del denaro che il «sotoportego del bancogiro» collegava opportunamente a quello delle merci nell'Erbaria. Trent'anni prima lo stesso volume avrebbe probabilmente riprodotto una stampa settecentesca dell'edificio londinese carico di orgoglioso simbolismo[2] opera di George Sampson[3], sede della Bank of England. La scelta di Canaletto segnala la nuova attenzione degli studiosi per istituzioni che, prima della fine del Seicento, svolsero funzioni che oggi riteniamo tipiche delle banche centrali.

L'argomento di questo libro può, dunque, prendere le mosse dalle banche fiorite a Genova, Venezia e Napoli che svolsero funzioni di *central banking*. Ci sono due motivi per

---

[1] Cfr. per tutti Capie, Goodhart, Schnadt (1994). Non sono mancate, ovviamente, importanti eccezioni come quella del grande storico di Harvard, Abbott Payson Usher (1885-1943), che in un autorevole volume tratta del *central banking* in epoca anteriore alla fondazione delle banche svedese e inglese (Usher 1943) e di Giorgio Fodor (1995) che, scrivendo sulla Banca d'Inghilterra, introduce seppure brevemente importanti riferimenti alle banche giro del Cinquecento.

[2] Così definito da Alice Beagley, curatrice del Museo della Banca, disponibile in https://www.bankofengland.co.uk/museum/blog/the-bank-of-englands-architects-and-architecture.

[3] Attivo a Londra tra il 1720 e il 1764. L'edificio in Threadneedle Street fu completato nel 1734. Edvinsson, Jacobson, Waldenström (2018) usano l'immagine del palazzo costruito a Stoccolma nel 1680 da Nicodemus Tessin il Vecchio per ospitare la Sveriges Riksbank.

farlo. Il primo è il ritrovare il filo che lega alla Banca d'Italia prassi e istituzioni fiorite nella Penisola ben prima della metà dell'Ottocento, quando comincia la storia raccontata in questo volume. Il secondo è il mettere in luce come le moderne banche centrali siano l'esito dell'evoluzione di istituzioni create per rispondere a concreti bisogni dell'economia e della società, istituzioni che non si chiamavano «banche centrali», ma che di esse già svolgevano alcune funzioni specifiche. Della Banca d'Italia, così come per la maggior parte delle sue consorelle in altri paesi, conosciamo con precisione la data della fondazione, non quella nella quale diventò una «banca centrale», nel senso odierno del termine. In questa prospettiva si può anche vedere come, nello studio del *central banking*, la storia sia naturale complemento della teoria anche nell'individuare e valutare le funzioni di banca centrale svolte da istituzioni diverse da quelle odierne, tenendo conto che solo negli anni Venti del Novecento Montagu Norman, governatore della Bank of England, cercò di codificare i caratteri distintivi di una «banca centrale».

1. *Funzioni della banca centrale*

Sulle funzioni del *central banking* le opinioni sono tuttora non unanimi. Tradizionalmente l'enfasi è stata posta: *a)* sull'offerta di moneta (liquidità) in quantità adeguata; più in generale, Curzio Giannini (2004) si è riferito alla gestione della complessa «tecnologia di pagamento», propria di ogni epoca storica; *b)* sul mantenimento di una ragionevole stabilità dei prezzi; *c)* sull'impegno a promuovere la stabilità del sistema bancario. La Banca d'Italia, come la maggior parte delle consorelle di tutto il mondo, svolse anche altre funzioni, non tutte classificabili tra quelle riconosciute come tipiche di *central banking*. In questa breve introduzione possiamo però trascurarle.

La recente «scoperta» che diverse istituzioni svolsero, probabilmente sin dal Quattrocento, funzioni di banca centrale *ante litteram*, pone domande sempre attuali. In che misura queste funzioni sono utili (indispensabili?) al buon funzionamento di un'economia monetaria di mercato? In quali ambiti e per quali motivi si rivelano utili? Come e perché nasce la consapevolezza della loro utilità? Qual è, se esiste, la loro dinamica evolutiva? Quanto essa dipende da tendenze universali e quanto da specifiche, idiosincratiche, condizioni sociali, politiche, culturali ed economiche?

Le ragioni dell'utilità, per non dire della necessità, di istituzioni capaci di svolgere funzioni di banca centrale e di evolversi con i cambiamenti dell'economia e della società non si possono facilmente fare discendere dalla teoria economica neoclassica, utilissima in tanti altri ambiti, per la semplice ragione che essa fatica «a estendere il proprio potenziale euristico» alle istituzioni, di qualunque genere siano (ivi, p. 24). Chi si affida solo alla forza analitica dei fondamenti teorici prevalenti, almeno sino a pochi anni fa, finisce per concludere rigorosamente con Hayek (1978) che solo il libero mercato è in grado di produrre mezzi di pagamento in quantità adeguata e al minimo costo. Alcuni storici economici giungono alla medesima conclusione sulla base di casi quali l'esperienza, peraltro non molto fortunata, di *free banking* negli Stati Uniti (ad esempio Timberlake 1978) e di quella scozzese di maggiore successo (ad esempio White 1991). Senza discutere il merito analitico e storico di queste tesi, basta per questo capitolo introduttivo constatare la progressiva diffusione delle prassi e delle istituzioni riferibili genericamente al *central banking*[4], sino alla loro istituzionalizzazione tra Otto e Novecento.

La più recente attenzione all'evoluzione delle banche centrali nacque da un libro di Charles Goodhart (1985) che ebbe varie fortunate edizioni, motivato proprio dalla constatazione che molti economisti restano scettici circa la necessità di istituzioni come le banche centrali, malgrado queste ultime siano ormai capillarmente diffuse. Goodhart osserva che anche un fautore dell'indispensabile ruolo di prestatore di ultima istanza

---

[4] «Nel 1900 esistevano solo 18 banche centrali. Nel 1950 il loro numero era salito a 59» (Giannini 2004, p. 11). Nel 2022 Wikipedia elencava 226 banche centrali e autorità monetarie a esse assimilabili per almeno alcune delle funzioni svolte.

svolto dalla Bank of England come Walter Bagehot (1873) era in teoria convinto della superiorità di un regime di libera emissione di banconote convertibili e accettava l'esistenza della banca centrale solo sul piano pratico ritenendone ormai irrealizzabile l'abolizione. Partendo dall'assunto che la stabilità della moneta e del sistema dei pagamenti è un bene pubblico altamente desiderabile, Goodhart si chiede perché esso non possa essere ottenuto da un sistema di libertà di emissione. La principale ragione sta, a suo parere, in quella che gli economisti chiamano «asimmetria delle informazioni tra banchiere e depositante». Quest'ultimo, di fronte al diffondersi di dubbi circa la solidità patrimoniale della sua banca, si comporterà razionalmente ritirando il proprio denaro. Se, come accade in momenti di maggiore incertezza, questo comportamento dovesse diffondersi, si ridurrebbe la liquidità mettendo a rischio lo stesso funzionamento del sistema dei pagamenti, come è ripetutamente avvenuto nella storia lontana e recente. È, pertanto, nell'interesse degli istituti più solidi evitare che la cattiva reputazione di una singola banca mini la fiducia non solo in quest'ultima, ma anche nell'intero sistema. Ciò avrebbe potuto incentivare gli stessi istituti a fare nascere dal mercato stesso una struttura che svolgesse funzioni di banca centrale, quale stabilizzatore del mercato del credito a tutela del sistema di pagamenti. Le stanze di compensazione risposero in parte a questa esigenza garantendo prestiti a brevissima scadenza agli istituiti che nel saldo quotidiano tra i propri crediti e debiti con gli altri partecipanti non disponessero momentaneamente di liquidità sufficiente a fare fronte a una propria posizione debitoria.

Le funzioni di banca centrale potrebbero dunque trarre origine dalla cooperazione tra i partecipanti al mercato del credito, il cui club avrebbe interesse a fare nascere una banca centrale. Quella del club è però una soluzione ricca di controindicazioni. A chi affidare il governo del club? Chi ne stabilisce le regole? La possibilità che se ne impadroniscano i membri più forti è elevata, il proliferare di conflitti di interesse è assicurato. A ciò si potrebbe ovviare affidando la gestione del club a una personalità (a un'istituzione) indipendente. La banca centrale nascerebbe dall'azione collettiva delle banche private, senza l'intervento dello Stato. Ma in situazioni complesse e non previste, che richiedano magari un cambiamento delle regole di governo del club, quale peso avrebbe l'arbitro indipendente rispetto ai membri più forti, quelli magari chiamati a contribuire in maniera più sostanziosa a fornire liquidità a una banca concorrente in difficoltà? È la situazione sperimentata da J. Pierpoint Morgan nella crisi bancaria del 1907. Si trattava di evitare che la corsa agli sportelli della Trust Company of America, contagiando anche banche sane, producesse una generale carenza di liquidità. In assenza di una banca centrale, Morgan, forte di un indiscusso prestigio personale, prese l'iniziativa di convocare nottetempo nella propria casa di New York i principali banchieri della piazza per coagulare una operazione collettiva di rifinanziamento della banca illiquida alle cui porte già si adunavano i depositanti. Era nell'interesse generale di questo club estemporaneo evitare il contagio che si sarebbe diffuso anche a molte delle banche convocate da Morgan. Eppure fu difficile ottenere un accordo, tanto che Morgan pare abbia teatralmente chiuso i colleghi nella propria biblioteca annunciando che non li avrebbe lasciati uscire prima che raggiungessero un accordo sulla concessione di un prestito di emergenza alla Trust Company of America[5]. Molti dei partecipanti alla riunione non sapevano decidersi tra il rischiare un panico generalizzato e la ghiotta occasione di eliminare un importante concorrente (Bruner, Carr 2007). Alla fine il prestigio di Morgan ebbe la meglio, ma l'episodio lo fece riflettere sulla difficoltà di coagulare rapidamente un'efficace azione collettiva del mercato in risposta alla minaccia di una crisi generalizzata di liquidità. Non è un caso che egli sia stato, negli anni successivi, tra i più convinti promotori della legge che avrebbe dato vita, nel dicembre 1913, alla banca centrale degli Stati Uniti, il Federal Reserve System, o semplicemente «the Fed», un'istituzione ufficiale

---

[5] Se questo fu l'epilogo, forse un po' romanzato, della vicenda, le difficoltà incontrate da Morgan nell'ottenere un'efficace azione collettiva sono testimoniate dai tentativi che egli aveva fatto nel corso di tutta la giornata, dai quali derivò rabbia e frustrazione. Sono descritti in dettaglio, quasi ora per ora, da Bruner e Carr (2007, pp. 89-95). Le conseguenze più drammatiche furono evitate, ma la crisi continuò ancora per settimane.

incaricata di imporre il rispetto di regole che favoriscano la stabilità del sistema[6].

Goodhart ritiene che l'intervento di un arbitro esterno, sostenuto dal potere pubblico, sia tanto più necessario quanto maggiore sia il numero e minore la coesione dei partecipanti al «club» dei banchieri. I principali tra essi, almeno quelli che hanno maggiore interesse a mantenere una buona reputazione, vedono con favore l'intervento del legislatore per la nascita di una istituzione, autonoma e non competitiva, con poteri indipendenti dal consenso della comunità bancaria (Goodhart 1985, pp. 76-77).

L'analisi di Goodhart ha avuto il pregio di porre basi teoriche alla questione storica dell'origine delle banche centrali. Giannini (2004, pp. 28-29), pur apprezzandola, ne individua due limiti: da un lato non si tratta di una «teoria monetaria» delle banche centrali, d'altro lato le vede nascere «già adulte». Non darebbe, dunque, una spiegazione della loro evoluzione, indispensabile a ogni teoria di banca centrale, inclusa quella contenuta in questo volume. Nell'analisi della dinamica evolutiva del *central banking*, Giannini (ivi, pp. 31-32) parte dall'assunto che la moneta sia un'istituzione che «per sorreggersi ha bisogno di fiducia: fiducia nel suo potere d'acquisto, fiducia nella persistenza della convenzione in virtù della quale il passaggio di mano di moneta esaurisce l'atto di pagamento». Per evidenziare la natura istituzionale della moneta, Giannini parla di «tecnologia di pagamento, definita come l'insieme di convenzioni, oggetti e procedure che rendono possibile l'estinzione delle obbligazioni derivanti dall'attività di scambio». Questa definizione aiuta certamente nell'analisi del processo evolutivo delle banche centrali, legandolo allo sviluppo dei mezzi e delle tecniche di pagamento, in risposta alle esigenze delle singole contingenze storiche.

Sia Goodhart sia Giannini assumono che le banche centrali producano un solo bene pubblico. Presi insieme, non sono antitetici ma complementari per l'analisi storica dell'evoluzione delle banche centrali. Il primo ha come riferimento analitico

---

[6] Sulle ragioni che indussero un gruppo di banchieri, riuniti dallo stesso Morgan a Jackson Hall in Georgia, a farsi lobbisti per l'istituzionalizzazione del *central banking*, cfr. Broz (1997).

la stabilità del sistema bancario, con la disponibilità del credito di ultima istanza; il secondo la moneta nel suo carattere intrinseco di istituzione. La complementarità nasce dal fatto che il credito è al centro della «tecnologia di pagamento» e la stabilità delle banche è indispensabile alla *fides* che la regge. Ma, si è chiesto Ugolini (2017), su quale delle due variabili focalizzarsi nell'analisi storica dell'evoluzione delle banche centrali? Entrambe vanno tenute in considerazione, ma questo non è facile partendo dallo studio di istituzioni che, in quanto tali, possono avere svolto, esclusivamente o prevalentemente, credito di ultima istanza o gestione della tecnologia di pagamento. Di qui il suggerimento di Ugolini: per comprendere come si arrivi all'attuale struttura delle banche centrali, lo storico deve abbandonare l'approccio istituzionale per studiare invece l'evoluzione delle «funzioni di banca centrale». Oggetto anche della nostra analisi sarà dunque non tanto la specifica forma organizzativa, ma le funzioni che vengono svolte, indipendentemente dall'istituzione che le svolge. Nel corso dei secoli, organismi diversi, non ancora chiamati «banche centrali», migliorarono il sistema di pagamenti con l'emissione di moneta dotata di elevata liquidità (capace di ottenere fiducia e pertanto universalmente accettata), erogarono credito di ultima istanza e regolarono il sistema bancario. Un'ulteriore funzione, non necessaria alla definizione di *central banking* ma a questa storicamente spesso collegata, consistette nel provvedere, direttamente o indirettamente, risorse al sovrano. Infine, seguendo Bindseil (2019, p. 9), si può dire che tratto caratteristico delle funzioni di banca centrale sia quello di avere, in ultima analisi, obiettivi di interesse pubblico quali la creazione di condizioni favorevoli allo sviluppo dei commerci e delle industrie, ma anche il finanziamento della guerra o l'impedire una rivolta interna contro il potere costituito.

2. *Funzioni di banca centrale a Genova, Venezia e Napoli*

Bindseil (ivi, p. 27), la cui analisi peraltro risente dell'ignorare il contributo di Curzio Giannini, ha riassunto in un unico grafico le funzioni assimilabili, ancorché solo in parte, a quelle di una moderna banca centrale nella prassi di istituzioni creditizie operanti prima del 1800. La più antica banca pubblica tra quelle classificate da Bindseil è la Taula de Canvi che nacque a Barcellona nel 1401 allo scopo di offrire un affidabile e stabile servizio di deposito per la città e i privati[7]. La funzione monetaria che oggi colleghiamo al *central banking* consistette nella creazione di un sistema di pagamenti basato sul «giro», il trasferimento di somme da un deposito all'altro senza l'uso di contante. In questo modo, Taula creava moneta aggiuntiva sulla base di una riserva di contanti pari, sembrerebbe, al 30% dell'ammontare dei depositi (ivi, p. 199). Roberds e Velde (2014, p. 29) aggiungono che l'attività principale della banca era quella di servire da agente fiscale della municipalità, dalla quale ottenne privilegi quali il monopolio della conclusione dei pagamenti tramite lettere di cambio.

Non è possibile, né utile ai nostri fini, ricordare qui a una a una le istituzioni che svolsero funzioni di banca centrale in Europa prima del 1800, o prima del 1845, data con la quale si apre il prossimo capitolo. È però forse utile, in apertura a una storia della Banca d'Italia, dire brevemente qualcosa di quelle, tra tali istituzioni, che fiorirono nella penisola italiana, a Genova, Venezia e Napoli. Si tratta di tre esperienze diverse che aiutano a focalizzare i contesti nei quali emergono funzioni di banca centrale e diversi modi di svolgerle. In comune, queste esperienze avevano la creazione di attività liquide accettate dal pubblico come mezzo di pagamento. L'obiettivo di garantire la stabilità del sistema bancario, anche con il credito di ultima istanza, si ritrova invece chiaramente solo nel caso veneziano. In tutti vi è un legame più o meno diretto con il potere sovrano.

---

[7] «La Taula di Barcellona riceve depositi che vengono messi in casse chiuse con sei chiavi, ciascuna affidata a una persona diversa. Le ispezioni della municipalità sono frequenti e senza preavviso. Se un depositante vuole fare un pagamento a un'altra persona, può persino chiamare un notaio della banca, che registra l'ordine e verifica che il trasferimento venga eseguito. I falsari sono puniti con la massima severità, in quanto commettono un delitto contro l'autorità pubblica. Nel 1598 una persona che presenta documenti falsi per incassare una certa somma viene impiccata il giorno dopo. La Taula è una banca pubblica, gestita dalla città. È protetta dalle eventuali richieste del re, il quale non può toccare i depositi, neanche se appartengono a dei traditori» (Fodor 1995, pp. 365-366).

2.1. Genova

Il caso della città della lanterna si collega alla lontana con la storia della Banca d'Italia perché essa ebbe come «progenitrice» la Banca di Genova, fondata nel 1845, grazie alla quale l'azionariato genovese ebbe a lungo una forte influenza sulla Banca Nazionale nel Regno e la stessa Banca d'Italia. Ciò non sorprende: alla metà dell'Ottocento, ai prodromi della nostra storia, Genova era la principale piazza finanziaria della penisola italiana, grazie a quanto rimaneva di una plurisecolare attività bancaria internazionale.

Sin dal dodicesimo secolo la piazza genovese era famosa per la vivacità del suo sistema di banche private, autorizzate tra l'altro a unirsi in sindacati per la riscossione degli interessi sul debito pubblico dai concessionari di particolari cespiti di imposte dedicate al servizio e al rimborso di quote del debito pubblico (Felloni 2010; Fratianni 2006). Le guerre del Trecento, in particolare quella lunga e costosissima contro Venezia, avevano fatto fortemente lievitare il debito della Repubblica. Come in altri casi, tra i quali la nascita della Banca d'Italia nel 1893, la Casa di San Giorgio nacque per ridurre il rischio di una crisi finanziaria innescata da una crisi fiscale (Felloni 2010). Un primo consolidamento dei titoli di debito pubblico era stato effettuato nel 1274. L'operazione era stata più volte ripetuta nel secolo successivo (Cipolla 1994, p. 52), ma all'inizio del Quattrocento la crisi appariva più grave per le condizioni generali della Repubblica. Sconfitta dai veneziani (1381) e mutilata di molte colonie, Genova era ridotta secondo Braudel (1982, p. 35) a un semplice scheletro territoriale, retto dal 1401 da un governatore francese. La Casa delle Compere e dei Banchi di San Giorgio, fondata nel 1407 e aperta il 4 marzo 1408, ebbe quale obiettivo il risanamento della finanza statale, con la riduzione e addirittura l'estinzione del debito. Si trattava di un'istituzione privata, inizialmente formata da possessori di titoli del debito pubblico, alla quale furono delegate in modo permanente funzioni tipicamente proprie dello Stato. L'idea non era nuova: si trattava in sostanza di trasformare in contanti il flusso futuro delle imposte. Ma a «Genova ciò avvenne in misura enorme, dando stabilmente a un gruppo di creditori privati il monopolio della riscossione delle tasse e della gestione del debito» (Ugolini 2017, p. 49).

Su questa base, non fu difficile alla Casa aprire quello che oggi chiameremmo uno sportello bancario abilitato a ricevere depositi e fare pagamenti, attirando un vasto numero di depositanti grazie alla quantità di pagamenti legati al debito dello Stato. La Casa divenne di gran lunga il principale attore del sistema dei pagamenti genovesi. Ai banchieri privati essa offriva non solo i servizi di una embrionale stanza di compensazione (*clearing*) dei reciproci debiti e crediti, ma anche di quelle che oggi chiamiamo aperture di credito in conto corrente. Nel 1447, fu dato ai depositi il valore di moneta legale. Si tratta, come è facile vedere, di caratteristiche e funzioni tipiche di una banca centrale.

Nel 1444, la Casa chiuse la propria sezione bancaria pur continuando a gestire un servizio di pagamenti ai creditori dello Stato. Mise sul mercato *tranches* di debito pubblico e *lire de paghe*, crediti su futuri pagamenti di interessi sul debito pubblico, entrambe utilizzate come mezzi di pagamento, sostanzialmente moneta cartacea (Roberds, Velde 2014, p. 83). Nel 1586 riprese l'attività di banca di deposito. Nel 1675, la Repubblica impose una riforma generale delle attività, secondo il modello veneziano del Banco del Giro del quale diremo nel prossimo paragrafo.

Si può solo ricordare, trattandosi di attività non proprie del *central banking*, che la Casa di San Giorgio restò fino al Settecento uno dei maggiori banchieri internazionali con clienti che andavano, oltre al governo della Repubblica, dal re di Spagna all'imperatore del Sacro Romano Impero. Conseguenza di questa attività fu l'acquisizione della sovranità su territori ceduti da debitori insolventi, come nel caso della città di Famagosta governata direttamente dalla Casa tra il 1447 e il 1467 in virtù di una cessione fattale dal re di Cipro. Più lungo (1453-1562) fu il governo della Corsica, che si dimostrò però costoso e fu retrocesso alla Repubblica. L'ordinamento coloniale della Casa fu preso a modello, su scala ben più vasta, dall'inglese Compagnia delle Indie.

1 – Origini (italiane) ed evoluzione del central banking

In un'intervista al «Financial Times»[8], Giuseppe Felloni, il maggiore studioso della Casa di San Giorgio, ricorda che lo Stato e la banca divennero presto indistinguibili l'uno dall'altra, tanto che Machiavelli chiamò la seconda «uno stato nello stato». Fu la Casa di San Giorgio a restituire a Genova il prestigio che le fazioni politiche le avevano sottratto, tanto che Fernand Braudel definì gli anni 1557-1627 come il «secolo di Genova». Anche in questo, l'istituzione genovese fu un'anticipatrice: quasi tutte le moderne banche centrali, compresa quella della quale ci occupiamo in questo libro, offrirono con la propria organizzazione e competenza servizi allo Stato di natura diversa da quelli relativi al sistema di pagamenti e al credito di ultima istanza, caratteristici di una banca centrale. Ciò avvenne soprattutto, ma non solo, nel caso della Banca d'Italia, durante emergenze scaturite da guerre o gravi crisi finanziare.

2.2. *Venezia*

La posizione topografica e geografica di Venezia e la sua resilienza istituzionale di repubblica aristocratica, ne fa un caso singolare anche nella storia della banca. La sua prosperità e la sua difesa dipendevano strettamente dal potere marittimo che per molti secoli le garantì un semimonopolio nei traffici di gran parte d'Europa con l'Oriente. Non è forse un caso che sontuosi palazzi del Canal Grande – il Fontego dei turchi e quello dei tedeschi – fossero centri commerciali piuttosto che finanziari. Non si ricordano grandi banchieri veneziani come i Bardi, i Peruzzi, i Medici, i Chigi. Ciò non significa che la Serenissima sottovalutasse il ruolo della banca e della finanza nella vita economica. Al contrario, li riteneva strumenti indispensabili allo sviluppo del commercio e della manifattura. Sin dal dodicesimo secolo esistevano a Venezia numerose banche, frutto di operazioni familiari, spesso gestite da fiorentini. Il mercato veneziano del denaro e del credito era, comunque, uno

---

[8] Vincent Bollard, *The World's First Modern, Public Bank*, in «The Financial Times», 17 aprile 2009.

dei più importanti d'Europa, al tempo stesso vivace e instabile. Le banche private accettarono depositi sin dal Trecento, ma sovente finivano per fallire, vittime di shock provenienti dal mercato dell'oro e dell'argento o da quello delle granaglie, non di rado anche di furti (Mueller 1979). Accettando depositi in conto corrente e la loro trasferibilità da una banca all'altra le banche crearono una moneta bancaria fiduciaria, pilastro della tecnologia di pagamento della Serenissima (*ibid.*). Lo sviluppo di questa pratica bancaria è associato al termine «banca di giro». Per vedere come funzionasse è utile seguire la descrizione che ne fa Frederich Lane.

La funzione del banchiere veneziano non consisteva nel concedere prestiti ma nel fare pagamenti per conto dei clienti. Anche se un mercante aveva le casse piene di monete, per lui era cosa fastidiosa e pericolosa tirarle fuori e contarle ogni volta che faceva un acquisto, badando che ogni moneta fosse autentica e in buone condizioni [...] era molto preferibile pagare ed essere pagati mediante un accredito o un addebito sui libri di qualche banchiere conosciuto, accredito di cui il mercante poteva servirsi per l'acquisto successivo. Questi crediti non venivano trasferiti firmando assegni: chi faceva un pagamento compariva di persona davanti al banchiere che stava seduto sotto il portico di una chiesa di Rialto[9], con il suo registro aperto davanti. Il pagatore incaricava oralmente il banchiere di effettuare il trasferimento sul conto della persona alla quale era destinato. Il banchiere prendeva nota dell'ordine sul suo libro che era un registro notarile ufficiale, di modo che non c'era bisogno di ricevute [...]. Di qui il nome di «banche di scritta» o «del giro» perché «la loro funzione principale consisteva appunto nel trasferire per iscritto accrediti (e relativi addebiti) da un conto all'altro, ossia nel farli «girare», su ordine dei mercanti (Lane 1978, p. 176).

Di regola, non era consentito ai banchieri di permettere ad alcuno di fare pagamenti eccedenti il proprio deposito. Ma, aggiunge Lane, «la tentazione era irresistibile». Molti clienti lasciavano per anni nel proprio conto monete in quantità

---

[9] Si tratta della Chiesa di San Giacomo (Giacometo per i veneziani) alla quale abbiamo già accennato, una delle più antiche di Venezia, la cui fondazione nel 1097 è forse attribuibile proprio alla nascita in quel luogo del mercato, agglomerato di attività commerciali e finanziarie. Un'iscrizione latina all'esterno dell'abside invita all'onestà. La si può tradurre così: «Intorno a questa chiesa sia equa la legge dei mercanti, giusti i pesi e leali i contratti».

1 – Origini (italiane) ed evoluzione del central banking

superiori al valore medio del proprio saldo e «nulla impediva al banchiere di servirsi di questo denaro liquido per fare pagamenti che richiedessero moneta contante, per esempio per provvedere alle paghe dell'equipaggio di una galera [...]. Naturalmente se un banchiere faceva troppi prestiti di questo tipo, poteva trovarsi sbilanciato quando qualche evento avverso provocava una crisi di fiducia e induceva i proprietari di depositi a ritirare denaro liquido» (ivi, p. 177). Queste crisi, come già accennato, erano frequenti, anche per i cambiamenti del sistema monetario, indotti soprattutto da variazioni dei prezzi relativi dei metalli che, come tutte le situazioni di elevata volatilità, offrivano ai banchieri grandi possibilità di lucrosi arbitraggi, ma li esponevano ad altrettanto elevati rischi. Rischi ai quali un sistema di «libera banca», con elevata asimmetria di informazioni e privo di un prestatore di ultima istanza, esponeva non solo i singoli banchieri, ma anche la collettività. Particolarmente seria fu la crisi del 1499, con corsa al ritiro dei depositi alla quale sopravvisse la sola banca di Alvise Pisani che, chiuso il registro, si alzò in piedi dichiarando che tutti i depositanti sarebbero stati rimborsati fino all'ultimo ducato. Pisani attivò subito una rete di parenti e amici per la creazione di un cospicuo fondo di garanzia. Emulato da altri banchieri, il fondo fu sufficiente a capovolgere la psicologia del mercato fermando il ritiro dei depositi (ivi, pp. 377-378), proprio come avverrà a New York nel 1907 con l'iniziativa e l'autorità di J.P. Morgan.

Nel 1587, il fallimento della Banca Pisani Tiepolo[10] mise nuovamente in luce l'intrinseca instabilità del sistema bancario, enfatizzata con passione dalla perorazione di Tommaso Contarini al Senato[11] sulla necessità di realizzare un progetto

---

[10] Non sappiamo se fosse l'esito di una fusione tra quella di Alvise Pisani con quella della famiglia Tiepolo.

[11] «Guardemo, di gratia, – disse Contarini – da che debole accidente dipende l'esterminio d'un banco. Un suspecto che nasca, una voce che si senta, che non vi sia denaro o che il banchier habbia patido qualche perdita, una persona che si veda in tal occasion a estraher contadi è bastante a eccitar tutti che vadano a cavar i suoi danari, a che non potendo supplir il banco è astretta a ruinar senza remedio. Un sinistro di qualche suo negotio, il timor di una guerra, è causa potente a destrugger questa fabrica; poiché tutti i creditori, inspetti di non perder il suo denaro, per assicurarsene vanno ad estraherlo et gli portano la total

del quale si era già parlato nel Trecento: concentrare le operazioni di pagamento in un'unica istituzione di cambio e di giro, gestita dal potere pubblico, creando il Banco della Piazza (di Rialto), la cui gestione fu peraltro affidata a un privato, sulla base di un'asta pubblica. Ogni quattro anni la banca avrebbe dovuto essere totalmente liquidata e la sua amministrazione affidata a un nuovo gestore. Il Banco della Piazza fu concepito come puro banco di giro. Il Senato si impegnò a non toccarne nemmeno un soldo (Roberds, Velde 2014, p. 20). I suoi depositi, ai quali fu dato valore di moneta legale nel 1593, divennero il principale mezzo di pagamento per le transazioni commerciali (Bindseil 2019, pp. 207-208). Già nel primo Settecento Paul Jacob Marperger[12] scrisse che il banco veneziano era il più vecchio tra tutti i banchi pubblici creati in Europa e ne era stato il modello, attribuendo alla «Repubblica di Venezia il merito di avere inventato la banca pubblica di deposito» (cit. ivi, p. 209).

Benché fornisse ai mercanti il servizio desiderato (Lane 1978, p. 380), il Banco della Piazza di Rialto ebbe vita relativamente breve. Nel 1619, il governo della Serenissima fondò una seconda banca pubblica chiamata Banco di Giro, la cui origine immediata fu quella che oggi chiamiamo monetizzazione del debito. Il banchiere Giovanni Vendramin si impegnò a fornire alla zecca una forte quantità d'argento, che gli fu pagata parzialmente con un accredito sui libri della banca, dal quale non poteva ottenere pagamenti in metallo, ma che poteva utilizzare per trasferire somme (moneta di banco) a mercanti. Il governo si impegnò a trasferire lentamente al Banco di Giro un capitale che avrebbe dovuto raggiungere i 500.000 ducati, impegno poi non pienamente mantenuto, cosicché la riserva non arrivò mai a coprire il totale degli impegni di pagamento del Banco (Bindseil 2019, p. 216). Ciò nonostante, la garanzia dello Stato rese il nuovo Banco bene accetto al pubblico, a ciò contribuì il fatto che sin dalla fondazione i pagamenti di giro da esso effettuati furono dichiarati moneta legale per le

---

iattura» (Lattes 1869, p. 124). Devo questa segnalazione a Reinhold Mueller che mi ha ricordato che essa figura in traduzione inglese in Mueller (1997, p. 122).

[12] 1686-1767. Amburghese, giurista, studioso e imprenditore.

1 – Origini (italiane) ed evoluzione del central banking

transazioni private. Dopo un ventennio di convivenza delle due banche pubbliche veneziane, nel 1638 il Banco della Piazza di Rialto, probabilmente in difficoltà, fu assorbito nel Banco di Giro che restò in vita sino alla fine della Repubblica.

La storia del Banco di Giro veneziano aggiunge due elementi nella ricerca di funzioni di *central banking* svolte da istituzioni, private e pubbliche, in epoche antecedenti la nascita delle banche centrali contemporanee. Sia il Banco della Piazza sia il Banco di Giro erano nati per iniziativa dei poteri pubblici, ma mentre il primo rispondeva soprattutto all'esigenza, espressa dal mercato, di rendere più stabile ed efficiente il sistema dei pagamenti, la causa immediata della nascita del secondo fu quella di soddisfare un bisogno della finanza pubblica. Superata questa contingenza, la funzione fiscale perse di rilievo, ma la natura pubblica della banca le conferì una reputazione di solidità, rafforzando la sua funzione principale di creazione di mezzi di pagamento fiduciari. La convertibilità della moneta di banco fu sospesa solo per due periodi relativamente brevi (1648-1655 e 1714-1739). Il potere pubblico contribuì alla diffusione della moneta scritturale creata dal Banco di Giro rendendola nel 1651 unico mezzo di pagamento legale (liberatorio) per ogni transazione superiore ai 50 ducati (ivi, p. 217). La fiducia ottenuta dalla banca pubblica dipese anche dalla particolare costituzione materiale della Serenissima, repubblica di «principi mercanti», protagonisti del mercato e, al tempo stesso, fortemente coinvolti nella gestione dello Stato, del quale erano anche i principali finanziatori.

2.3. *Napoli*

I banchi pubblici di Venezia (modello di quelli di Amsterdam e Amburgo) svilupparono una tecnologia di pagamento che consisteva nella creazione di moneta tramite scritturazioni (giro) sui propri registri. Si è visto che i pagamenti richiedevano di norma la presenza di fronte al banchiere del titolare del deposito, circostanza che limitava la diffusione di questa forma di moneta e la rendeva inadatta alle transazioni quotidiane per le quali si continuarono a usare monete coniate. Lo stadio successivo dell'evoluzione della tecnologia dei pagamenti sarà l'introduzione della banconota convertibile, pagabile a vista. In mezzo tra questi due stadi evolutivi si inserisce cronologicamente, come nota Velde (2018, pp. 1-2), l'esperienza dei banchi pubblici napoletani, caratterizzata dalla messa in circolazione di certificati di deposito (fedi di credito) pagabili a vista, con o senza girata, al portatore.

Governato dalla metà del Quattrocento da un ramo cadetto della casa d'Aragona e dall'inizio del secolo successivo legato dinasticamente alla monarchia spagnola, il Regno di Napoli era lo Stato più vasto della penisola italiana. Sia economicamente sia come forma di governo era molto diverso dalle Repubbliche mercantili di Genova e Venezia. Fu tuttavia anch'esso all'origine di istituzioni che svolsero precoci funzioni di banca centrale. Sin dal Quattrocento, non erano mancati a Napoli banchieri privati, a volte anch'essi chiamati «pubblici» per avere ottenuto una licenza da parte del governo. Prestavano allo Stato, facevano operazioni in cambi, riscuotevano entrate per conto dello Stato. Alla metà del Cinquecento, tuttavia, pare che i frequenti fallimenti avessero minato la fiducia nei banchi privati, creando condizioni favorevoli a un più deciso intervento pubblico nel settore del credito (De Marco, Nappi 1985, p. 3).

Osserva simpaticamente Ugolini (2017, p. 53) che spetta al Regno di Napoli un singolare primato: quello di avere avuto una banca nazionale di emissione, il Banco delle Due Sicilie, fondata, seppure alla lontana, da un santo. Fu infatti san Gaetano da Tiene[13] il promotore a Napoli nel 1539 di un Monte di Pietà con lo scopo filantropico di offrire piccoli prestiti su pegno a tenue interesse[14]. Nel 1584, la «cassa di deposito del Monte» fu trasformata in «banco pubblico», autorizzato con bando vicereale a ricevere depositi (De Marco, Nappi 1985,

---

[13] 1480-1547. Giurista, diplomatico papale e fondatore dell'Ordine dei Chierici Regolari Teatini.

[14] De Marco e Nappi (1985, p. 4) non nominano san Gaetano da Tiene, attribuendo la nascita del Monte all'interesse di un gruppo di cittadini napoletani tra i quali citano Aurelio Paparo e Leonardo di Palma. All'inizio il Monte era piccola cosa, operante dall'abitazione del Palma e poi in un piccolo locale nel cortile dell'Ospedale della Santa.

p. 5). A questa seguì nei decenni successivi la nascita di sette istituti analoghi[15]. Tutti i banchi pubblici fondati a Napoli, a eccezione del Banco della Santissima Annunziata, giunsero, seppure tra alterne vicende, sino al 1808 quando Giuseppe Bonaparte li fuse in quattro istituti che Gioacchino Murat consolidò in unico Banco delle Due Sicilie[16].

La storia dei banchi napoletani, come documentano Costabile e Nappi (2018), è ricca di innovazioni finanziarie, crisi, riprese e sviluppi quantitativi che complessivamente ne evidenziano la forza. La loro principale funzione di *central banking* consistette nella creazione di mezzi di pagamento, le fedi (certificati) di deposito che, accettati dapprima in pagamento delle imposte, divennero negoziabili con semplice girata e si diffusero quali comuni strumenti monetari, anche di taglio relativamente piccolo. I banchi pubblici napoletani crearono pertanto una «tecnologia di pagamento» più efficiente e più diffusa della moneta di libro (di giro). Nacque così il primo esempio di moneta cartacea del mondo occidentale. Innovativa fu anche la pratica di prestiti in moneta. Un eccesso di credito fu alla base della crisi finanziaria del 1622, alla quale i banchi pubblici, sostenuti dal governo, risposero con interventi di ultima istanza, che oggi chiameremmo di *bail in* e *bail out*, che permisero, negli anni Trenta, una ripresa della crescita. Costabile e Nappi (*ibid.*) sostengono che questa vicenda costituì un'esperienza utile per le successive politiche di risoluzione delle crisi. Saremmo dunque di fronte a una vera e propria attività di *central banking* (gestione innovativa del sistema dei pagamenti e interventi di ultima istanza) svolta non da una singola istituzione, ma da otto banchi pubblici operanti con una sostanziale unità di interessi e, pertanto, di politica monetaria, con il sostegno dei pubblici poteri.

Roberds e Velde (2014, pp. 77-80 e tab. 1) stimano l'andamento della dimensione dei bilanci dei principali banchi

---

[15] Banco Ave Gratia Plena o della Santissima Annunziata (1587), Banca di Santa Maria del Popolo (1589), Banco dello Spirito Santo (1590), Banco di Sant'Eligio (1592), Banco di San Giacomo e Vittoria (1597), Sacro Monte e Banco dei Poveri (1600) e Banco del Santissimo Salvatore (1640) (ivi, pp. 6-11).

[16] Nel prossimo capitolo daremo brevemente conto delle successive trasformazioni di questo istituto (*ibid.*).

pubblici europei misurandoli in ducati d'oro veneziani, moneta eminentemente stabile. Alla fine del Cinquecento, primeggiava Venezia, seguita da Napoli e Genova, ma già nel 1631-1632 il bilancio dei sette banchi napoletani uguagliava quello dei due veneziani, anche se questi ultimi avevano un valore per abitante triplo rispetto ai primi. La situazione cambiò però rapidamente nel corso del diciassettesimo secolo: nel 1675 i bilanci complessivi dei banchi napoletani avevano una dimensione sei volte maggiore di quella del banco veneziano e doppia di quella della Banca di Amsterdam, superata anche in termini pro capite. Nel primo quarto del Settecento, la Bank of England e la Banca di Amsterdam primeggiavano in Europa in termini assoluti, ma per abitante la banca genovese restò di gran lunga avanti a tutti gli altri per dimensione del bilancio[17].

Confrontando l'evoluzione bancaria e finanziaria italiana del Quattro e Cinquecento, soprattutto quella delle due grandi Repubbliche marinare, Fratianni e Spinelli (2006) trovano che le innovazioni finanziarie nate allora in Italia anticiparono molte di quelle che si ritrovano nelle più note «rivoluzioni finanziarie» olandese, statunitense e inglese che le assorbirono perfezionandole in una lunga evoluzione. La funzione di *central banking* svolta dai banchi pubblici fu al cuore della precoce «rivoluzione» italiana e fu anch'essa parte dello sviluppo successivo. I due autori aggiungono che il fatto che le due Repubbliche non sopravvissero alla fine del Settecento ha fatto perdere alla maggior parte degli studiosi traccia dell'origine italiana del lungo processo di innovazione finanziaria e, di riflesso, del *central banking*.

3. *Banche centrali e moneta convertibile*

Sinora abbiamo parlato dell'evolversi di «funzioni» di banca centrale, ma «è con lo sviluppo della banconota convertibile che inizia la storia delle banche centrali» (Giannini 2004, p.

---

[17] Bilancio per abitante delle principali banche pubbliche europee (1719-1721), in ducati veneziani (zecchini) pro capite: Genova 116, Londra 72, Amsterdam 68, Napoli 14, Venezia 12 (Roberds, Velde 2014, tab. 1, p. 80).

1 – Origini (italiane) ed evoluzione del central banking

119). È una storia che comincia con il diffondersi, accanto alla moneta bancaria (depositi), della banconota cartacea come principale tecnologia di pagamento. È difficile, probabilmente futile, cercare di datare con una qualche precisione la nascita della banca centrale. Certo in molti paesi essa nacque di fatto ben prima che l'aggettivo «centrale» cominciasse a diffondersi a fine Ottocento. Vedremo nel prossimo capitolo che diverse «banche di emissione» italiane svilupparono la moneta cartacea convertibile, ma che solo nel 1893 fu creata una «banca centrale» italiana, che pure non usò per sé questo nome se non decenni dopo. Piuttosto che misurarci in un esercizio di datazione conviene, per inquadrare la vicenda italiana oggetto di questo libro, dire molto succintamente qualcosa sul progressivo accentramento in istituti autorizzati a emettere banconote convertibili delle tre principali funzioni di *central banking* sintetizzate all'inizio di questo capitolo.

Abbiamo visto che le odierne banche centrali che vantano la più lunga continuità aziendale sono la Sveriges Riksbank[18], fondata a Stoccolma nel 1668, e la Bank of England, nata a Londra nel 1694. Entrambe erano società private nate da un accordo con il governo pressato da problemi di finanza bellica (Fregert 2018; Clapham 1970). Nel Settecento non fu fondata alcuna delle banche centrali oggi operanti: la First Bank of the United States, voluta da Hamilton nel 1791 per svolgere funzioni tipiche della banca centrale, non sopravvisse al populismo del Senato che nel 1811 le negò il rinnovo della licenza (*charter*). Nel 1800 il primo console Napoleone creò la Banque de France, soggetto ibrido privato e pubblico[19].

---

[18] Nata per subentrare allo Stockholms Banco, fondato nel 1657 e chiuso undici anni dopo per un eccesso di emissione di banconote (Fregert 2018).
[19] Nella Repubblica Cisalpina e nel Regno d'Italia, Napoleone incoraggiò progetti per la creazione di un banco pubblico, promossi soprattutto dal ministro delle Finanze Giuseppe Prina (1766-1814). Vi furono almeno quattro proposte successive in merito, chiosate dallo stesso Napoleone, ma alla fine nulla si fece, probabilmente a causa dell'opposizione dei commercianti e cambiavalute milanesi (Bachi 1937). Il dibattito, non solo nel Milanese, diede luogo a importanti riflessioni sulla natura e l'utilità dei banchi pubblici di emissione. Il contributo di Adeodato Ressi (1768-1822) professore all'Università di Pavia (Ressi 1820) si segnala per la modernità della visione. A sostegno della banca pubblica scrisse: «Io credo che il mezzo più efficace onde far fronte agli effetti perniciosi dello sconto [troppo elevato] onde il favorire di ogni maniera la consumazione dei

Altre seguirono nella prima metà dell'Ottocento in Scandinavia[20], nei Paesi Bassi[21], in Austria[22], in Belgio[23], nella Penisola Iberica[24] e in Prussia[25]. Meno numerose furono le embrionali banche centrali fondate nella seconda metà del secolo. Nel 1860 lo zar Alessandro II creò la Banca di Russia; nel 1876, con la nascita dell'Impero tedesco, la Banca di Prussia diede origine alla Reichsbank; nel 1882 fu la volta della Nippon Ginko (Banca del Giappone) e dieci anni dopo della Banca d'Italia, la protagonista della nostra storia. Questa cronologia mostra come la banca di emissione, destinata a diventare banca centrale, abbia preso piede in concomitanza con il diffondersi dello «sviluppo economico moderno», figlio della prima rivoluzione industriale alla quale si accompagnò la diffusione della «tecnologia di pagamento», essa stessa rivoluzionaria, basata sulla banconota convertibile. Questa risponde a due esigenze: adeguare l'offerta di mezzi di pagamento alla domanda creata dallo sviluppo economico e renderne più efficiente (meno costoso) l'uso. I mezzi di pagamento creati dalle banche di emissione aggiungevano ai tradizionali depositi a vista, dei quali migliorarono la trasferibilità, una circolazione cartacea (banconote) che la banca avrebbe potuto creare[26] a discrezione. Vi erano però due condizioni alla diffusione della banconota:

<hr />

privati, e lo stabilire un conveniente sistema di imposte sia quello d'instituire Pubbliche Banche fondate sopra ipoteche o sopra altre buone guarentigie. Il loro scopo esser dovrebbe principalmente di soccorrere il commercio e la circolazione con biglietti di *confidenza* [corsivo dell'autore] e di fare lo sconto delle cambiali a basso limite, il che obbligherebbe i Capitalisti e i Banchieri privati ad adattarsi al medesimo livello. Non dubito, che bene adoperando questi mezzi sorgerebbe un sistema complessivo di cagioni, che eliderebbero gli sconti arbitrarj e ristabilirebbero il credito pubblico e privato nazionale» (Ressi 1820, pp. 400-401).

[20] Suomen Pankki (Finlandia) nel 1811, Norges Bank nel 1816, Danmarks Nationalbank nel 1818.

[21] De Nederlandsche Bank, nel 1814.

[22] Privilegierte Oesterreichische Nationalbank, nel 1816.

[23] Banque Nationale de Belgique, nel 1850.

[24] Banco do Portugal, nel 1846 e il Nuevo Banco Español fondato nel 1847 e rinominato Banco de España nel 1856 (l'ascendenza risaliva però al Banco National de San Carlos fondato nel 1782).

[25] Prussian Bank nel 1846.

[26] È invalso il nome di «moneta fiat», perché nella traduzione latina del racconto biblico della creazione (Genesi), l'atto creativo di Dio si esprime appunto con l'imperativo *fiat* («sia fatto»).

a) la fiducia (*fides*) nella sua universale accettazione a vista e nella stabilità del suo valore nel tempo; *b*) l'esistenza di un mercato monetario nel quale fosse facilmente negoziabile la carta commerciale a breve (cambiale), che costituiva la posta attiva nel bilancio della banca a fronte della quale essa emetteva la propria principale passività, la banconota.

Si pensò di risolvere il problema della fiducia con l'impegno della banca a cambiare – si usò sovente la metafora «redimere» – a vista presso i propri sportelli la carta in metallo sonante (oro o argento). L'impegno alla convertibilità era più credibile nel caso di banche di grandi dimensioni, autorizzate e regolate dal governo, sostenute da privilegi quali il valore legale della loro moneta, la Tesoreria dello Stato e, infine, il monopolio dell'emissione. Quanto al mercato monetario, costituito largamente da banche commerciali non autorizzate a emettere moneta, la sua dimensione e la sua struttura, diverse nei diversi paesi, condizionarono la crescita delle banche di emissione. A loro volta, queste furono sempre più in grado di stimolare e condizionare lo sviluppo del sistema bancario.

La nascita delle grandi banche semipubbliche di emissione e la loro successiva evoluzione istituzionale dipendono dalla ricerca di soluzioni adeguate a contesti che variano nel tempo, con andamenti condizionati dalle vicende politiche, economiche e sociali dei singoli paesi, oltre che dai loro sistemi giuridici. Non va però sottovalutato un effetto di emulazione internazionale come fattore di diffusione ed evoluzione del *central banking* otto e novecentesco (Giannini 2004; Bordo, Siklos 2018).

Come avviene per molte durature istituzioni che si evolvono nel tempo, talune caratteristiche inizialmente importanti delle banche di emissione ottocentesche persero successivamente rilevanza, mentre altre divennero più importanti, altre ancora dapprima inesistenti acquistarono peso in risposta a nuovi bisogni. Questa dinamica evolutiva caratterizzò la storia della Banca d'Italia.

La Bank of England fu per molti aspetti il modello di riferimento, il caso di scuola degli economisti. Ancora oggi, le caratteristiche di una banca centrale sono riassunte in molti libri di testo che descrivono il modello inglese. A ben vedere, si tratta però di un abito tagliato su misura per il caso specifico dell'Inghilterra che altri paesi non potranno o vorranno indossare *prêt-à-porter* per la diversità delle loro condizioni non solo economiche e finanziarie, ma soprattutto giuridiche, sociali e politiche. Le banche centrali dell'Europa continentale mantennero caratteri che le distinguono dalla consorella nota con il nomignolo quasi affettuoso di «Vecchia Signora di Threadneedle Street»[27.]

La Bank of England, ricorda Goodhart (2018, p. 143) «fu e rimase una creatura del governo». Questa constatazione generale vale per quasi tutte le banche centrali, pur con la diversità delle circostanze che diedero origine a ciascuna di esse e dei modi in cui si strutturarono i successivi rapporti. Nel caso inglese la causa prossima della nascita della Banca fu la cosiddetta «guerra dei nove anni» (1688-1697) che aveva prosciugato il tesoro dello Stato e ne aveva quasi annullato la capacità di indebitamento. Il governo di William e Mary accettò l'offerta fatta da un gruppo di finanzieri di un prestito di 1,2 milioni di sterline al tasso dell'8% più basso di quello che avrebbe potuto ottenere sul mercato. In cambio, la Governor and Company of the Bank of England, creata allo scopo, ottenne vantaggi speciali: l'essere la sola società bancaria per azioni dell'Inghilterra, la gestione della Tesoreria dello Stato e il diritto di emettere moneta cartacea. Era previsto che la concessione (*Royal charter*) del 1694 potesse essere rinnovata a intervalli regolari. Ogni scadenza divenne l'occasione per rivedere i privilegi della Banca e rinnovare i rapporti con il governo. La Bank of England nacque dunque per soddisfare un bisogno di finanza pubblica e non per svolgere funzioni di banca centrale; le acquistò lentamente nei decenni e nei secoli successivi, grazie soprattutto alla prossimità al governo. Una tale prossimità, seppure declinata in modi diversi, caratterizzò la storia di tutte le banche centrali, a partire da quelle *ante litteram* che abbiamo visto fiorire a Genova, Venezia e Napoli, così come quella della banca di Amsterdam creata dal governo cittadino nel 1609, sul modello del Banco della

---

[27] L'indirizzo nel distretto destinato a divenire il più importante centro finanziario del mondo. La Bank of England vi si trasferì nel 1734.

1 – *Origini (italiane) ed evoluzione del* central banking

Piazza di Rialto (Westerhuis, van Zanden 2018, p. 244). Se all'origine di tutte le banche centrali oggi operanti troviamo un intervento del governo, questo non fu sempre motivato da esigenze fiscali immediate. Non lo fu, per esempio, nel caso della Francia, dei Paesi Bassi, del *Reich* tedesco, del Giappone. Lo strumento giuridico dell'intervento pubblico per la nascita delle future banche centrali si basò su norme che richiedevano un'autorizzazione governativa quantomeno per l'emissione di moneta. L'autorizzazione era condizionata all'accettazione di un controllo (supervisione) del governo che spesso si tradusse nella presenza di suoi rappresentanti nel Consiglio di amministrazione della banca.

Il principale obiettivo dichiarato della politica monetaria delle banche centrali fu a lungo il mantenimento del valore metallico della propria circolazione cartacea. A questo fine gli istituti di emissione tenevano una riserva d'oro, argento e valute convertibili estere, spesso di entità stabilita per legge o, in pochi casi come quello inglese, dalla pratica prudenziale. Per tutto l'Ottocento e oltre, la dottrina prevalente riteneva che la convertibilità fosse sufficiente a mantenere simultaneamente in aggiunta alla stabilità del cambio anche quella dei prezzi e di conti con l'estero. Da queste premesse discendeva immediatamente lo strumento (che gli economisti chiamano «funzione di reazione»): la manovra del tasso di interesse, da alzare quando le riserve diminuivano e abbassare quando crescevano. In alternativa, le banche di emissione potevano comprare o vendere valuta estera. Lo strumento classico di intervento era quello dello sconto di titoli cambiari a breve termine. Meno frequente era il riporto (*repo agreement*), prestito con garanzia di titoli ad ampio mercato dei quali si stabiliva il riacquisto dopo un determinato periodo di tempo a un prezzo prefissato. In Italia e in altri paesi dell'Europa continentale i prestiti della banca centrale erano spesso effettuati con aperture di credito in conto corrente a banche commerciali. Dopo la metà dell'Ottocento, la Bank of England cominciò a usare le cosiddette operazioni di mercato aperto, acquisti di titoli in borsa, per regolare il tasso di interesse di mercato a breve termine quando la fissazione diretta del tasso di sconto non otteneva i risultati desiderati (Capie, Goodhart, Schnadt

1994, p. 65). In altri paesi l'uso di questo strumento arrivò più tardi e non sempre si rivelò efficace per la limitatezza o l'inefficienza del mercato dei titoli sovrani.

La Bank of England mantenne costante il valore aureo della sterlina dal 1717[28] al 1931, con lunghe «sospensioni» tra il 1797 e il 1821 per le cosiddette «guerre francesi» e tra il 1914 e il 1925 per la Prima guerra mondiale. In questi casi, come in quelli simili di altri paesi, la sospensione, purché temporanea, aveva senso contingente per evitare che l'incertezza bellica – nel 1797 un piccolo contingente francese era sbarcato nel Galles meridionale – si traducesse in una corsa ai depositi di banche perfettamente solide. La sospensione consentì anche alla Banca di finanziare più agevolmente lo sforzo bellico. La ripresa, in entrambe le circostanze, della conversione delle banconote in oro al prezzo prebellico consentì alla Bank of England di mantenere la fiducia internazionale nella sterlina, contribuendo a sostenere il prestigio della City come prima piazza finanziaria mondiale. La Banque de France, tra tutte quella tradizionalmente dotata di maggiori riserve metalliche, sospese la convertibilità per periodi più corti, rivoluzionari e bellici. Entrambe attuarono brevi sospensioni durante crisi bancarie. Nel caso italiano, tra il 1861 e il 1914, le banconote furono convertibili in metallo solo per una quindicina d'anni.

La tecnologia di pagamento che aggiunse la banconota convertibile al trasferimento bancario (depositi) migliorò l'efficienza e la flessibilità del sistema adeguandolo alle esigenze di economie che crescevano a ritmi mai prima realizzati nella storia. Ne aumentò però la potenziale fragilità. La diffusione della banconota rese più facile assecondare la crescente domanda di credito dovuta alla vivace dinamica dell'economia reale, facendo lievitare il numero delle banche, con l'inevitabile conseguenza che entrassero nel mercato del credito anche operatori finanziariamente deboli o incompetenti o addirittura disonesti. Ciò accrebbe le probabilità di insolvenza o illiquidità di singoli istituti bancari, anche con effetti domino su quelli più robusti. Abbiamo visto che, nei secoli preindustriali, governi come

---

[28] Il cambio determinato nel 1717 da Isaac Newton, governatore della Zecca Reale, era di 3 sterline, 17 scellini e 10,5 pence (denari) per oncia di oro fino.

quello veneziano – consapevoli che le frequenti crisi bancarie creavano un elevato rischio di contagi capaci di asciugare la liquidità necessaria al commercio – erano intervenuti direttamente per fornire mezzi di pagamento sufficienti a stabilizzare il mercato del credito. Le crisi divennero nell'Ottocento forse più frequenti, certo più temibili considerata la dimensione, la diffusione e l'interconnessione degli intermediari creditizi. Toccò alle grandi banche di emissione sostenute dallo Stato cercare di prevenire o mitigare gli effetti di queste crisi, soprattutto quelli sull'economia reale. Si trattava di un compito che derivava dal legame stabilito con le banche di deposito per la provvista di liquidità. Il tema è centrale nell'opera di Henry Thornton (1802)[29] che Schumpeter considera come la *Magna Charta* del moderno *central banking* (Ciocca, Sannucci 1990; Ciocca 2014b). Fortemente consapevole della intrinseca instabilità del sistema bancario in una economia di mercato in rapida espansione, Thornton vide nella Bank of England lo strumento al quale affidare il compito di «alleviare le tensioni generate dall'avventatezza delle banche», anticipando, quanto alle modalità di intervento, i dilemmi sempre aperti nella gestione del credito di ultima istanza tra il pericolo di intervenire tardi e debolmente e quello di deresponsabilizzare gli amministratori delle banche, il cosiddetto «rischio morale» (*ibid.*).

Con Alexander Hamilton (1790)[30], Thornton aveva colto un

---

[29] Henry Thornton (1760-1815), membro del Parlamento inglese, filantropo, abolizionista, economista.

[30] Secondo Hamilton, segretario al Tesoro di Washington, gli obiettivi della (First) Bank of the United States, fondata nel febbraio 1791, erano principalmente tre: favorire lo sviluppo dell'industria e del commercio, rendere più facile il finanziamento del governo soprattutto in caso di improvvise emergenze, facilitare il pagamento delle tasse (la banca come tesoriere). Nel 1792, scoppiò una bolla speculativa (ora nota come *Scrip bubble*) che coinvolse banche, borsa e titoli dello Stato federale, creando una pericolosa carenza di liquidità. Hamilton «convinse le banche – contro il loro naturale istinto – a continuare a finanziare il pagamento delle imposte, promettendo però che il governo non avrebbe ritirato le somme ottenute dalle banche. Attuò anche operazioni di mercato aperto. Ma la sua mossa più astuta fu quella di lanciare un piano in base al quale gli investitori impauriti, pronti a vendere i propri titoli a prezzi stracciati li dessero in pegno alle banche valutandoli a un prezzo ben più alto, con la garanzia che la Banca degli Stati Uniti li avrebbe poi acquistati a quel prezzo» (Sylla 2016, pp. 133-135; cfr. anche Chernow 2005, pp. 350-361). Il compito di prestatore di

aspetto essenziale del *central banking*, ma passò molto tempo prima che le banche di emissione assumessero sistematicamente un ruolo di prestatore di ultima istanza. Fu un processo di apprendimento, attraverso prove ed errori, che durò per tutto l'Ottocento, caratterizzando il percorso di formazione delle moderne banche centrali, tanto che numerosi studiosi ne fanno coincidere l'atto di nascita con il momento in cui «l'istituto di emissione riconosce e accetta la responsabilità di promuovere la stabilità del sistema bancario, anche a costo di porre in secondo piano la propria redditività» (Giannini 2004, p. 174)[31].

Una rassegna anche breve della gestione delle crisi bancarie dell'Ottocento e del primo Novecento da parte di banche nazionali di emissione ci farebbe deviare troppo a lungo dal percorso di questa introduzione alla storia della Banca d'Italia. D'altronde, non mancano pregevoli lavori di sintesi ai quali rimandare l'eventuale curiosità del lettore[32]. Qui basterà ricordare che attraverso una successione di crisi (1847, 1857, 1866, 1890, 1906, 1914), la Bank of England, sostenuta dal governo con appropriate sospensioni dei massimali alla circolazione, perfezionò progressivamente i propri modi di intervento. L'apertura di filiali in tutta l'Inghilterra facilitò l'accesso delle banche al rifinanziamento di ultima istanza (Ziegler 1990). Con la legge bancaria del 1844 – che le conferiva tra l'altro il monopolio dell'emissione e sanciva la divisione in due dipartimenti, monetario e bancario – la Bank of England poteva già essere considerata una banca centrale secondo la definizione di Giannini, Goodhart e altri. La Banque de France affinò progressivamente la propria capacità di gestire le crisi aumentando la quantità del risconto alle banche. Lo fece, fino agli anni Settanta dell'Ottocento, a tassi crescenti,

---

ultima istanza fu aggiunto, nei fatti, a quelli previsti inizialmente. Si deve forse ricordare che Hamilton aveva studiato la storia finanziaria e quella delle banche pubbliche delle repubbliche italiane e di Amsterdam, oltre che dell'Inghilterra (Sylla, Cowen 2018, pp. 1-15).

[31] Una simile definizione si trova in Capie, Goodhart, Schnadt (1994, p. 65). Non mancano, ovviamente, opinioni contrarie per esempio di chi identifica «facilmente la banca centrale come l'istituzione che emette la moneta di migliore qualità» (Bindseil 2019, p. 189).

[32] Soprattutto Kindleberger (1978) e Reinhart, Rogoff (2009).

come raccomandò Walter Bagehot (1873), successivamente senza variare il saggio di sconto (Bignon, Flandreau 2018). Anche in Francia, dopo il 1836, l'apertura di una vasta rete di filiali contribuì all'efficacia del prestatore di ultima istanza. Nel 1889 la Banque de France intervenne rapidamente per evitare che la corsa agli sportelli del Comptoire d'Escompte, banca considerata «sistemicamente importante», producesse un panico generale. L'operazione fu condotta in modo allora non convenzionale, ma successivamente largamente adottato. La Banque de France fornì liquidità alla banca in crisi proteggendo i risparmiatori per tutto il tempo necessario a una sua ordinata liquidazione con la creazione di una nuova banca. Contemporaneamente fu anche fornita liquidità aggiuntiva al mercato. Al tempo stesso la Banque de France si assicurò contro le perdite potenziali dell'operazione con la creazione di un sindacato di garanzia dei prestiti da essa erogati (Hautcoeur, Riva, White 2014). Si trattò, pertanto, di un'operazione più organicamente complessa di quelle attuate dalla Bank of England. In questa occasione la Banque de France mostrò una notevole capacità tecnica nello stabilizzare il sistema bancario con strumenti all'epoca non «ortodossi» che le attirarono non poche critiche. Vedremo nel capitolo 4 un intervento per vari aspetti simile compiuto dalla Banca d'Italia nel 1907, tappa fondamentale nel suo divenire banca centrale.

L'esistenza di una responsabilità, seppure implicita e lentamente acquisita, per la stabilità del sistema da parte della principale banca di emissione pose il problema della deresponsabilizzazione degli intermediari, fornendo un potenziale incentivo all'assunzione di maggiori rischi: l'eterno problema del cosiddetto «rischio morale», che accresce *ex ante* il pericolo di instabilità che il prestatore di ultima istanza è designato a ridurre *ex post*. Quasi ovunque, per molti secoli, «le autorità cercarono di ridurre l'instabilità delle banche insistendo sul principio di responsabilità illimitata e restringendo l'ingresso nel mercato del credito tramite l'autorizzazione pubblica alla creazione di nuove banche» (Ugolini 2017, p. 133). Si trattava di strumenti inadeguati e, per quanto riguarda la responsabilità illimitata, potenzialmente controproducenti per il rischio che al fallimento di una banca si aggiungesse quello dei suoi azionisti, con effetti a catena sul sistema economico. Nell'Ottocento, tuttavia, nemmeno il sistema bancario più avanzato del mondo, quello inglese, adottò strumenti fondamentali per la regolazione del mercato del credito quali la limitazione dell'attività delle banche e l'obbligo di tenere un livello minimo di capitale e riserve in rapporto ai depositi. Solo nel 1891 questi principi furono adottati in Inghilterra, almeno teoricamente, con un *gentlemen's agreement* (ivi, p. 133). Il Parlamento inglese non votò però una legge sulla supervisione degli intermediari bancari e la trasparenza dei bilanci. L'assenza di misure legislative per ridurre l'instabilità del sistema bancario caratterizza nell'Ottocento tutti i principali paesi europei (Toniolo, White 2016). Nel caso italiano, la prima legge in proposito fu varata solo nel 1926. La Bank of England ottocentesca, tuttavia, creò un sistema di supervisione informale utilizzando sistematicamente le informazioni ricavabili dalle cambiali portate al risconto. La minaccia di rifiutare lo sconto a titoli basati su collaterali di dubbia solidità incentivava la prudenza dei prestatori di credito ma, in assenza di un potere sanzionatorio, essa non era sufficiente a impedire l'assunzione di rischi eccessivi in fasi cicliche di abbondanza di liquidità, quando il risconto poteva essere ottenuto anche da fonti meno rigorose della Bank of England. Questa forma di vigilanza informale era meno efficace in paesi nei quali il mercato monetario era meno sviluppato e il risconto meno praticato. Vedremo che la Banca d'Italia riteneva utile erogare direttamente credito alle imprese non finanziarie anche per le informazioni che ne poteva trarre sui diversi mercati e, indirettamente, anche sulle banche che, tuttavia, erano comprensibilmente riluttanti a condividere i propri dati con un concorrente. Il caso della Banca d'Italia non fu unico: per tutto l'Ottocento, le banche centrali europee, condizionate dalla loro storia di istituti privati legati al governo, ma operanti anche nel mercato dei depositi e del credito a imprese non finanziarie, rimasero legate al solo strumento del prestito di ultima istanza per contrastare crescenti rischi di instabilità. Solo la Prima guerra mondiale convinse governi e banche centrali che erano necessari provvedimenti per scongiurare le crisi prima che si manifestassero: furono introdotte misure emergenziali come moratorie, ispezioni, regole per i mercati finanziari. Esamineremo in dettaglio il caso italiano che però non fu l'unico: Inghilterra, Francia e Germania adottarono misure simili a quelle italiane. Diverso fu il caso degli Stati Uniti. Ultima a nascere, nel 1913, tra le banche centrali dei maggiori paesi, la Fed adottò dall'origine un «modello» che derivava sia dalle sperimentazioni statunitensi di regolazione del mercato del credito che seguirono la fine della (Second) Bank of the United States nel 1836, sia dall'esperienza europea che i legislatori vollero conoscere sulla base di un'approfondita indagine. La Fed ottenne subito un'ampia discrezionalità per interventi volti a limitare l'impatto delle crisi bancarie quando si fossero manifestate. Per prevenirle aveva il diritto di ispezionare singoli istituti bancari ai quali poteva però solo indirizzare raccomandazioni, essendo priva di poteri sanzionatori formali atti a ridurre la rischiosità delle banche. La situazione era complicata dalla presenza di altre agenzie di regolazione «che si misurarono in una concorrenza al ribasso regolatorio e favorirono l'arbitraggio delle banche tra i diversi regolatori» (ivi, p. 452). Né il sistema europeo né quello statunitense di prevenzione e gestione delle crisi bancarie ressero alla prova della Grande Crisi degli anni Trenta. L'Italia, come vedremo, fu uno dei paesi che meglio limitarono i danni di quella crisi, con interventi che però coinvolsero direttamente lo Stato.

Per concludere questa breve rassegna sull'evoluzione delle funzioni di banca centrale antecedenti e coeve alla storia della Banca d'Italia fino al 1943, restano da toccare ancora due caratteri che Montagu Norman riteneva essenziali per una banca centrale: cooperazione internazionale e indipendenza. Sulla prima c'è poco da aggiungere, per il periodo che ci interessa, a quanto accennato all'inizio del capitolo 6. Per gran parte dell'Ottocento la cooperazione fu quasi inesistente. A livello teorico si riteneva che per tutelare il *gold standard* quale bene pubblico internazionale fosse sufficiente il mantenimento della convertibilità aurea delle monete di tutti i paesi che l'avevano adottato. Nella pratica non era così a causa dell'eterno dilemma, nel quale ci imbatteremo più volte anche nella storia della Banca d'Italia: chi deve intervenire per aggiustare squilibri nella bilancia dei pagamenti correnti? In teoria, all'innalzamento del tasso di interesse da parte del paese in disavanzo deve corrispondere una parallela diminuzione da parte del paese in *surplus*. Era questa la principale regola del gioco del *gold standard*. Essa richiedeva una cooperazione almeno implicita tra le banche centrali. In pratica le cose andavano diversamente: per i governi e le stesse banche centrali, la riserva aurea era non solo garanzia del valore della moneta, ma anche essenziale strumento strategico in caso di guerra. Era pertanto difficile che un paese riducesse le proprie riserve per facilitare il riequilibrio dei conti con l'estero di paesi economicamente concorrenti e domani magari militarmente rivali. Non a caso, Luigi Luzzatti (1908), che incontreremo di frequente nelle pagine seguenti, usò le metafore belliche di «guerra e pace monetaria». Di cooperazione si discusse alle Conferenze monetarie internazionali del 1881 e del 1892 (Reti 1998, pp. 9-32), dedicate al sistema dei pagamenti internazionali. Incapaci di trovare un accordo sulla divisiva questione del bimetallismo[33], i delegati non riuscirono ad accordarsi su forme di cooperazione. Nel 1893 il francese Raphael-Georges Lévy arrivò a suggerire la creazione di una banca centrale internazionale con sede a Berna (Mendès-France 1930), ma non se ne fece niente. Le banche erano più propense dei governi a collaborare le une con le altre per la stabilità del sistema, ma i sospetti e le ostilità tra i rispettivi paesi rendevano la cosa difficile. Vi furono però, a fine Ottocento, casi di prestiti d'oro o valuta tra banche centrali. Quello più noto è l'aiuto prestato nel 1890 dalle banche di Russia e Francia a quella d'Inghilterra, che era sul punto di sospendere la convertibilità della sterlina a causa del sostegno prodigato alla Banca Baring. L'intervento fu motivato dalla preoccupazione per la stabilità dell'intero sistema internazionale dei pagamenti basato sulla moneta convertibile. Ma fu solo un'emergenza ben più grande, la Prima

---

[33] Si tratta del diritto che una banca di emissione può riservarsi di convertire le proprie banconote in oro o in argento a un cambio fisso per entrambi. Ciò consente alla banca una maggiore flessibilità nell'uso e composizione delle riserve, ma la espone a rischi potenzialmente gravi nel caso di persistenti scostamenti dell'uno o dell'altro metallo rispetto al prezzo ufficiale (normalmente fissato per legge). La Banque de France, che disponeva di ampie riserve di ambedue i metalli, aderì lungamente alla pratica bimetallica e promosse, con scarso successo, la sua diffusione in Europa.

1 – *Origini (italiane) ed evoluzione del* central banking

guerra mondiale, a catalizzare una sistematica cooperazione finanziaria tra governi alleati e quindi tra le rispettive banche centrali, in particolare quella inglese e francese. Gli anni Venti videro numerosi tentativi di cooperazione per la stabilizzazione dei cambi tra le principali monete che ottennero un effimero successo per poi fallire clamorosamente nella Grande Crisi dei primi anni Trenta.

Abbiamo già visto come, per le istituzioni che, almeno dal Cinquecento, svolsero funzioni di banca centrale, il rapporto con i poteri pubblici fu sempre cruciale. Lo fu per le circostanze della loro origine e per le esigenze del loro operare successivo. Fu un rapporto a volte di inclusione e subordinazione, a volte di separazione, secondo la risposta che si dava alla perenne domanda: è opportuno che il controllo della finanza pubblica e della moneta risieda nelle medesime mani? Nelle repubbliche mercantili di Venezia e Amburgo la creazione di moneta fu gestita direttamente o sotto la stretta supervisione dallo Stato senza che ciò producesse inflazione, eccesso di debito o tensioni sociali perché gli interessi dei cittadini detentori di moneta e quelli dello Stato da essi controllato erano coincidenti. Non c'era ragione per separare la gestione della moneta da quella della finanza pubblica (Ugolini 2017, pp. 176 ss.). Nelle monarchie assolute, gli interessi del sovrano e quelli dell'industria e del commercio non erano necessariamente coincidenti. Ricorda Ugolini (2021) che Montesquieu[34], testimone della politica monetaria inflazionistica consentita dal sovrano a John Law, riteneva che l'emissione di moneta cartacea non avrebbe mai potuto funzionare in uno Stato assolutista. Ferdinando Galiani osservò tuttavia che anche in una monarchia assoluta, quale il Regno di Napoli, si era potuta ottenere buona moneta cartacea perché la sua gestione era stata voluta dallo Stato, ma delegata a onesti banchieri indipendenti che avevano a cuore l'interesse pubblico[35]. In altre parole, l'abbiamo visto, a Napoli la creazione di mezzi di pagamento fu «esternalizzata», con apparente successo, dallo Stato a un gruppo di banchi

---

[34] Charles de Montesquieu, *De l'esprit des Lois*, Paris 1748, libro XX, cap. 10, cit. da Ugolini (2021).
[35] Ferdinando Galiani, *Della Moneta*, Napoli 1751, libro IV, cap. 4, cit. da Ugolini (2021).

pubblici. La Riksbank svedese era controllata dal Parlamento piuttosto che dal potere esecutivo. La Bank of England fu creata come società per azioni indipendente. Fu questa la formula adottata anche dal Regno di Sardegna per la Banca di Genova, progenitrice della Banca d'Italia. Le soluzioni istituzionali escogitate per tenere la creazione di moneta a una qualche distanza dal governo non impedivano però che quest'ultimo restasse non solo l'interlocutore principale delle banche centrali in embrione, ma che intendesse anche assicurarsene un controllo indiretto vuoi con la supervisione, vuoi con la presenza di suoi rappresentanti negli organi decisionali, vuoi mantenendo sulla testa delle banche di emissione la spada del rinnovo periodico della concessione. Che quest'ultima non fosse una minaccia solo formale è dimostrato in modo eclatante dal destino della (First) Bank of the United States. Vedremo che Bonaldo Stringher trovò una formula felice per l'autonomia «entro i confini segnati dalle leggi e dagli statuti» della Banca d'Italia, affermando che «fra Banca e Stato non può esservi dissidio» (Bonelli 1991, p. 8).

Se il problema del rapporto tra banca centrale e poteri pubblici è intrinseco nella funzione sociale e quindi politica della moneta che si vuole stabile e pertanto non sottoposta a interessi partitici di breve andare, fu però solo negli anni Venti del Novecento che l'indipendenza dal governo fu inclusa da Montagu Norman come uno dei caratteri indispensabili di una banca centrale. Con la Grande Crisi degli anni Trenta, l'indipendenza perse rilevanza operativa e teorica per non riacquistarla che mezzo secolo dopo, sia nella teoria economica sia nella pratica del *central banking*.

Mi è sembrato utile introdurre questo primo volume della storia della Banca d'Italia proponendo una breve rassegna dell'evoluzione secolare delle funzioni di banca centrale sino alla prima metà dell'Ottocento, quando nacque a Genova una banca di emissione che può essere vista come la progenitrice della Banca d'Italia. Aprire in questo modo la nostra storia consente di collocare in un quadro di lungo andare le origini nazionali e i modelli internazionali che hanno guidato i primi sviluppi della banca centrale italiana. Benché alla metà dell'Ottocento l'economia e la finanza italiane avessero perso

1 – Origini (italiane) ed evoluzione del central banking

la dinamicità che le aveva contraddistinte nell'Europa dal Trecento al Cinquecento, non era andato del tutto perduto il lascito culturale e istituzionale di quei secoli. Non è un caso che la banca di emissione dalla quale, per successive trasformazioni, si arriverà alla Banca d'Italia sia nata a Genova né che i banchi napoletani, nel frattempo consolidati in un'unica istituzione, restassero di attualità. Quanto al Banco della Piazza di Rialto, finito con la Repubblica della quale era stato un'istituzione non secondaria, esso aveva due secoli prima ispirato la nascita della Banca di Amsterdam dalla quale trassero a propria volta ispirazione le banche di emissione dell'Europa nordoccidentale che tornarono poi a fornire il modello per le analoghe istituzioni della penisola italiana attorno alla metà dell'Ottocento.

Il secondo motivo per questa breve carrellata sulle banche centrali prima che fossero note con questo nome è di carattere più generale: le loro vicende possono servire a inquadrare le ragioni che hanno indotto i poteri pubblici ad affidare la stabilità della moneta, soprattutto bancaria, a istituzioni specificamente designate allo scopo. Istituzioni che presero forme diverse, adatte ai contesti culturali, giuridici e politici delle entità statali nelle quali operarono, per rispondere agli obiettivi di efficienza e di stabilità della tecnologia di pagamento. Questi obiettivi generali restarono immutati nell'Otto-Novecento, gli strumenti operativi si affinarono, l'emulazione provocò una parziale convergenza nell'assetto istituzionale delle banche centrali europee, ma queste mantennero, e mantengono ancora, caratteri distintivi frutto di un processo evolutivo realizzato come parte di quello generale del paese nel quale operano. In vari casi, questa evoluzione produsse anche un allargamento dei compiti delle banche centrali ad aree solo indirettamente collegate alla loro missione costitutiva nell'ambito strettamente monetario. I prossimi capitoli ripercorrono i diversi aspetti della progressiva realizzazione in Italia di un'istituzione che oggi chiamiamo «banca centrale».

CAPITOLO SECONDO

PRIMA DELLA BANCA D'ITALIA: BANCHE DI EMISSIONE

1. *Economia e credito prima dell'Unità*

Il 16 marzo 1844, lettere patenti di Carlo Alberto, re di Sardegna, approvarono la costituzione in società anonima per azioni di una «banca di sconto, di depositi e conti correnti», istituita l'anno prima nella città della Lanterna con il nome di Banca di Sconto di Genova. Da questa, attraverso una serie di fusioni, incorporazioni e mutamenti di nome, nacque, mezzo secolo dopo, la Banca d'Italia. Per introdurre la storia di quest'ultima, è dunque utile comprenderne le più lontane origini, tracciando brevemente le vicende degli «istituti progenitori» (Cerioni 2016), in particolare della Banca Nazionale nel Regno d'Italia. Prima di farlo bisogna dire qualcosa sul quadro economico e finanziario della penisola italiana.

Negli anni Venti dell'Ottocento, la penisola italiana era economicamente arretrata, sia rispetto ai paesi che stavano avviando il proprio «sviluppo economico moderno» (Inghilterra, Belgio, Francia), sia rispetto al proprio brillante ma lontano passato. Nel Quattrocento, l'Italia centrosettentrionale era probabilmente la regione europea che godeva del più elevato reddito per abitante (Broadberry, Fouquet 2015)[1]. Il PIL pro capite italiano iniziò probabilmente a diminuire all'inizio del sedicesimo secolo, raggiunse un minimo all'inizio del Seicento, si riprese successivamente per poi declinare per tutto il secolo successivo (Malanima 1998; 2011)[2]. Fu solo

---

[1] Esiste una vasta letteratura in proposito, parte della quale tende a spostare il «primato economico» italiano al quattordicesimo secolo; per una rassegna cfr. Broadberry, Fouquet (2015).

[2] Lo studio dell'andamento secolare dell'economia italiana in rapporto al resto d'Europa si inserisce nelle ricerche, ancora non definitive, sulla «piccola divergenza» tra le due estremità dell'Eurasia che, secondo le opinioni prevalenti, vedono l'Europa crescere un po' più rapidamente della Cina a partire dal

negli anni Cinquanta dell'Ottocento che si verificò una inversione di tendenza: prima l'arresto del declino, poi una lenta crescita. La preistoria della Banca d'Italia si colloca, dunque, in un Paese arretrato e periferico che comincia, con passi lenti ma ben visibili in alcune sue parti, ad avviare quella crescita produttiva che solo a fine secolo raggiungerà ritmi tali da consentire, per la prima volta, di ridurre il divario che lo separava dai pionieri dello sviluppo economico moderno[3]. Arretratezza e rincorsa dei paesi più avanzati costituiscono le cifre della successiva storia economica italiana e pertanto anche della sua banca centrale che di questa storia fu partecipe e, spesso, attore di rilievo. Tra il 1861 e il 1893, data della fondazione della Banca d'Italia, l'economia italiana rafforzò la crescita iniziata nel decennio precedente l'Unità, ma il ritmo fu lento, tanto che continuò a crescere il divario rispetto ai paesi europei che andavano industrializzandosi. Nel 1861, si stima che il reddito per abitante italiano, tenuto conto del potere d'acquisto della sterlina e della lira, fosse pari alla metà di quello del Regno Unito (Maddison 2003). A fine secolo era sceso al 38% di quello della «prima nazione industriale». Il divario aumentò anche rispetto a Stati Uniti e Francia. Particolarmente impressionante è il confronto con la Germania, il cui prodotto pro capite passa, nello stesso periodo, dal 110 al 170% di quello del Regno d'Italia (Bastasin, Toniolo 2020, p. 4).

L'Italia della Restaurazione che si avviava lentamente a creare le condizioni del proprio «sviluppo economico moderno» era divisa in nove diversi Stati, senza contare la minuscola Repubblica di San Marino; ridotti a sette, per vicende dinastiche, al momento dell'unificazione. La divisione della penisola non era solo politica: quasi due millenni di frammentazione avevano sedimentato profonde differenze istituziona-

---

quindicesimo secolo. In questo quadro, la posizione relativa dell'Italia è oggetto di revisioni. Chilosi e Ciccarelli (2021) sostengono, per esempio, che il ritardo dell'Italia centrosettentrionale rispetto ai paesi dell'Europa nordoccidentale fosse meno accentuato di quanto altri studi rilevano e che solo all'inizio del diciottesimo secolo il reddito per abitante dell'Inghilterra abbia superato quello dell'Italia centrosettentrionale.

[3] Il riferimento è, tra gli altri, a: Zamagni (1990), Bastasin, Toniolo (2020).

li, culturali, perfino linguistiche oltre che economiche. Le migliori stime di cui oggi disponiamo mostrano, nel 1871, un Mezzogiorno con un reddito per abitante pari a circa il 70% di quello del Nord-Ovest, un divario che si mantenne sostanzialmente stabile per il successivo ventennio. Tra le regioni più povere troviamo però anche le Marche e il Veneto. Quest'ultimo nel 1891 aveva un reddito per abitante di poco superiore alla metà di quello della Liguria, la regione allora più prospera (Vecchi 2017, tab. 7 A3). Maggiormente pronunciate erano le divergenze regionali in altre dimensioni della vita civile, in particolare quella dell'istruzione: nel 1861 era alfabetizzato il 56% della popolazione piemontese, ma solo l'11% di quella di Sicilia e Sardegna (ivi, tab. 5 A1). Drammatico era il divario nella dotazione di infrastrutture di trasporto. Nel 1861 il Mezzogiorno possedeva solo il 6% della rete ferroviaria italiana e questa era concentrata nella sola Campania (Pescosolido 2017, p. 135). Al contrario, negli anni Cinquanta, il cosiddetto «decennio preparatorio», il Regno di Sardegna, seppur trascurando l'Isola che aveva portato in dote la dignità reale, aveva fatto importanti investimenti infrastrutturali in ferrovie, canali e nel porto di Genova. I divari regionali restano, fino a oggi, uno dei tratti caratteristici e meno lusinghieri della società e dell'economia italiane, lo vedremo anche parlando di sistemi bancari e istituti di emissione.

Le ragioni della lenta crescita dell'economia italiana postunitaria, che frustrò in parte le speranze riposte anche in questo campo da molti dei protagonisti del Risorgimento, sono numerose e ancora oggetto di analisi e discussions (Fenoaltea 1999; 2006; Toniolo 2013; Pescosolido 2017; Ciocca 2007). Due ragioni vanno sottolineate ai fini della nostra storia. La prima è la grande incertezza che segnò la vita politica ed economica nel primo quindicennio postunitario. Il nuovo regno, riconosciuto dalla Prussia solo nel 1865 e dall'Austria nel 1866, fu percepito da molti, all'interno e all'estero, come una costruzione precaria, non destinata a durare. Nel Mezzogiorno, il brigantaggio, «questione sociale sfociata in guerra civile di meridionali contro meridionali» (Pescosolido 2017, p. 137), minacciava la restaurazione borbonica. Nel 1865 la capitale fu portata a Firenze[4]. La guerra del 1866, vinta solo grazie all'alleanza con la Prussia, rese evidente la fragilità dell'apparato militare italiano. La stessa presa di Roma, nel 1870, non rafforzò la posizione internazionale dell'Italia. Dubbi sul futuro del nuovo regno venivano anche dall'elevato debito pubblico, dalla svalutazione del cambio e dall'impatto che ebbero sulla sua economia le crisi finanziarie internazionali del 1866 e 1873. Tutto ciò non poteva che indurre cautela negli investitori interni ed esteri. Una seconda probabile ragione del lento andamento della produzione italiana nel primo trentennio è di carattere istituzionale. Una crescita robusta aveva bisogno di istituzioni moderne e, soprattutto, omogenee dalle Alpi all'Etna. I governi postunitari si misero subito al lavoro per unificare la moneta, i mercati finanziari, il codice civile, la dogana. La legislazione procedette spedita, ma le abitudini regionali consolidate ne rallentarono l'adozione pratica, come nel caso dell'unificazione monetaria e del mercato finanziario (Toniolo, Conte, Vecchi 2003). La prima forte accelerazione della produzione industriale avvenne negli anni Ottanta, quando l'opera di unificazione istituzionale e dei mercati cominciò a dare risultati tangibili. Restò però una fragilità che diede luogo alla grave crisi che fu all'origine della Banca d'Italia, della quale diremo nel prossimo capitolo.

Nella prima metà dell'Ottocento, l'arretratezza e la scarsa dinamica dell'economia reale si accompagnavano, in un rapporto circolare di causa-effetto, al sottosviluppo del settore finanziario. Dopo aver dominato l'Europa del Tre-Quattrocento, le banche italiane avevano seguito, per incapacità di innovare e di espandersi oltre le Alpi, il declino economico della penisola. Nel Seicento, il genovese Banco di San Giorgio era ancora una potenza finanziaria europea di tutto rispetto, ma nel secolo successivo diminuì progressivamente d'importanza, riducendosi a istituzione locale. Fu sciolto nel 1805,

---

[4] Un protocollo aggiuntivo segreto del Trattato di Fontainebleau (15 settembre 1864) tra la Francia e l'Italia impegnava quest'ultima a spostare la capitale ad altra città, come prova della definitiva rinuncia a fare di Roma la capitale del nuovo regno. Sulla base di questo impegno, la Francia avrebbe gradualmente ritirato le proprie truppe dallo Stato Pontificio.

con l'annessione della Liguria all'Impero napoleonico. Genova restò tuttavia a lungo la principale piazza finanziaria italiana. Una vivacità, maggiore che altrove, del sistema bancario e finanziario esisteva anche nelle piazze di Livorno e Firenze.

Dagli anni Venti si diffusero, soprattutto nell'Italia settentrionale, le casse di risparmio, evoluzione degli antichi monti di pietà o di pegno[5]. Erano intese soprattutto a incoraggiare il piccolo risparmio e a fornire credito ad artigiani e bottegai. All'inizio ebbero una funzione prevalentemente assistenziale, di «beneficenza», ma alcune di esse, soprattutto quella delle Province Lombarde, crebbero, come vedremo, dopo l'Unità a un ritmo tale da portarle ai vertici del sistema bancario per dimensione di bilancio.

Il credito all'industria e al commercio internazionale era comunemente esercitato da case bancarie private specializzate, oppure esercitanti contemporaneamente attività commerciale per la quale fornivano ai clienti prestiti a breve termine. Il Codice Albertino del 1837, esteso poi al Regno d'Italia, tipicamente «riservava l'esercizio del credito a ditte e società di negozianti e banchieri» (Conte 2011). La scarsità di offerta di depositi obbligava le case bancarie a finanziare le operazioni soprattutto con capitale proprio. Le «banche di sconto e circolazione», poi meglio note come «banche di emissione», nacquero principalmente per «emettere» un nuovo mezzo di pagamento, la banconota convertibile in oro o argento presso le loro casse. Una banca di circolazione, nata non a caso a Genova, assunse dimensioni tali da diventare il principale istituto di emissione nel Regno d'Italia e dare poi origine, nel 1893, alla Banca d'Italia.

Oltre che per allargare il credito commerciale, e pertanto promuovere lo sviluppo in un quadro di arretratezza economica, le banche di circolazione nacquero anche per fornire prestiti allo Stato. Furono queste le ragioni principali che spinsero banchieri e governi a creare questi nuovi istituti. Vi furono anche altri due motivi, certamente secondari ma presenti nelle intenzioni dei fondatori: il contenimento dei

---

[5] Le prime, a Milano e Venezia, furono fondate nel 1822, su iniziativa del governo di Vienna.

tassi di interesse (a volte quasi usurari) praticati dalle case bancarie e la resa più efficiente del sistema dei pagamenti. Vedremo questi aspetti nell'evoluzione del sistema italiano di banche di emissione.

Se, nell'Italia pre- e immediatamente postunitaria, il sistema bancario era sottosviluppato rispetto a quello dell'Europa nordoccidentale, un'arretratezza ancora maggiore era evidente nel mercato dei capitali. L'Italia non superò mai completamente questo squilibrio tra i due mercati, tanto che il suo sistema finanziario è tuttora definito «bancocentrico». Prima dell'Unità, ciascuno degli Stati nei quali era divisa la penisola aveva autorizzato la nascita di borse valori, con regolamenti diversi, scarsa supervisione e poche connessioni reciproche. Anche per questo motivo, il mercato dei capitali, frammentato prima del 1861, rimase tale almeno nei due decenni seguenti (Toniolo, Conte, Vecchi 2003). Il capitale straniero ebbe un ruolo importante nel finanziamento tanto del debito pubblico degli Stati preunitari e del nuovo regno[6], quanto dei grandi progetti infrastrutturali. Alla Francia toccò la parte del leone (Cameron 1961; Gille 1968), ma non mancarono apporti inglesi (Bolchini 1969), tedeschi (Hertner 1984; 1990), svizzeri e belgi. Nel 1821, Carl Mayer von Rothschild fondò a Napoli l'omonima casa bancaria, come parte della strategia espansiva della famiglia che aveva già stabilito propri membri a Londra, Parigi e Vienna. Oltre che al Regno delle Due Sicilie, il ramo napoletano dei Rothschild aprì linee di credito allo Stato Pontificio, al Granducato di Toscana e a quello di Parma. L'attività della casa napoletana, legata all'Austria, finì nel 1863. Il Piemonte, invece, si appoggiò al ramo parigino, che divenne il principale banchiere di Cavour (Gille 1967). La dipendenza da una sola alta banca[7] aveva non pochi svantaggi, soprattutto al momento del rinnovo dei prestiti. La nascita della Banca Nazionale degli Stati Sardi fu favorita dal governo anche, come vedremo subito, per dotare lo Stato di

---

[6] Nel 1861, circa un quarto dei titoli di Stato del nuovo regno «era piazzato all'estero, tre anni più tardi questa quota toccava il 40%» (Hertner 1990, p. 70).

[7] Il tentativo di Cavour di attivare una concorrenza con la casa londinese Hambro ebbe scarso successo (Romeo 1977, pp. 479 ss.).

2. Dalla Banca di Genova alla Banca Nazionale

Torniamo al 16 marzo 1844, quando un gruppo di capitalisti genovesi guidati da Bartolomeo Parodi (1783-1865)[8], nel quale figuravano il duca di Galliera, il marchese Pallavicino, il barone Cataldi, ottenne le necessarie Regie Patenti per dare vita alla Banca di Sconti, Depositi e Conti correnti, da subito conosciuta come Banca di Genova[9]. Il capitale di quattro milioni di lire fu sottoscritto in maggioranza (1.400 azioni) dai soci fondatori, la parte restante fu «distribuita dal ministero fra altri banchieri, fabbricanti e negozianti» (Romeo 1977, p. 126) soprattutto nel distretto di Genova, ma anche a Torino, Nizza e Chambéry. Il fatto che per l'apertura di una banca costituita in società per azioni fosse necessaria, in Piemonte come nel resto d'Europa, un'autorizzazione regia diede modo al governo di prendere parte attiva nell'operazione che Romeo (ivi, p. 125) definisce «al limite tra gli affari e la politica»[10]. Il governo volle, tra l'altro, che un proprio rappresentante partecipasse alle sedute del Consiglio di reggenza con poteri di supervisione e, in alcuni casi, di veto.

Lo statuto del nuovo istituto fu preso quasi alla lettera da una banca fondata dieci anni prima a Marsiglia (ivi, p. 126). Le patenti autorizzavano la nuova banca a scontare cambiali pagabili sulle piazze di Genova e Torino e a effettuare anticipazioni su depositi di metalli preziosi o titoli di Stato. La sua peculiarità, tuttavia, ciò che la distingueva dagli altri istituti

---

[8] «A Genova, all'epoca del Congresso di Vienna, il Banco Bartolomeo Parodi (fondato dal padre di Bartolomeo) vantava un giro d'affari di circa 10 milioni» (Rollandi 2014). Bartolomeo apparteneva, dunque, a una famiglia di banchieri genovesi già attiva almeno da tre generazioni, che resterà a lungo presente nella vita economica genovese (inclusa l'Ansaldo, principale impresa meccanica della città) e nell'azionariato della Banca Nazionale e della Banca d'Italia.

[9] Per dettagli sulla creazione della Banca di Genova, le persone, i rapporti con il governo, gli statuti cfr. l'opera fondamentale di Conte (1990, cap. 2).

[10] Cavour, marginale in questa prima operazione, si adoperò senza successo per farvi partecipare i suoi amici De La Rue e Ricci (Romeo 1977, p. 175).

di credito, era l'autorizzazione a emettere banconote per un ammontare pari al triplo delle proprie riserve metalliche (oro e argento), banconote che era obbligata a convertire a vista in oro o argento al cambio fisso di 1:15,5 dell'uno con l'altro. La parità legale fissa tra i due metalli era la caratteristica del sistema monetario bimetallico, abbandonato dall'Inghilterra ma vigente in Francia e da essa importato nel Regno di Sardegna.

L'organizzazione della nuova banca di emissione richiese più di un anno durante il quale si verificò una forte domanda dei suoi titoli che vennero in parte ceduti, con guadagni fino al 40%, dal gruppo promotore la cui partecipazione fu, pertanto, molto diluita. La presidenza della banca fu assunta da Bartolomeo Parodi che chiamò sin dall'inizio a dirigerla Carlo Bombrini (1803-1882), che ne resterà a capo sino alla morte, attraverso le successive trasformazioni della banca stessa. Di famiglia piccolo borghese (il padre era capitano dei carabinieri), Bombrini era entrato come commesso nella ditta bancaria di Bartolomeo Parodi e figlio dove si era fatto subito apprezzare, tanto che gli vennero affidati incarichi di crescente responsabilità, a riprova che talvolta, anche nel Piemonte della restaurazione, le persone di talento potevano realizzare quella che oggi chiamiamo mobilità sociale. Al momento di scegliere un direttore per la nuova banca, Bartolomeo Parodi volle al vertice esecutivo una persona di propria fiducia, quale era diventato il quarantenne Bombrini (Calzavarini 1969).

Nel 1846, fu ripresa l'idea, già precedentemente accarezzata[11], della creazione di una banca di emissione a Torino. Coinvolto solo marginalmente nella nascita della Banca di Genova, Cavour fu tra i promotori diretti dell'analoga iniziativa torinese. Questa non ebbe dapprima accoglienza entusiastica. Il governo era reso cauto dalla fatica con la quale la Banca di Genova stava muovendo i primi passi, mentre banchieri e capitalisti non mostravano eccessivo entusiasmo, pur temendo di essere tagliati fuori se l'iniziativa avesse poi avuto successo

---

[11] Già nel 1844 Cavour si era detto «très partisan d'une banque à Tourin» che non vedeva in concorrenza con quella di Genova «car leur circle d'opération est tout à fait distinct» (Cavour a Naville, 14/4/1844, Camillo di Cavour, *Epistolario*, vol. III, n. 45, p. 69).

(Romeo 1977, pp. 180-181). Fu dunque solo nell'ottobre 1847 che si ottenne l'approvazione regia della seconda banca di emissione del Regno di Sardegna. Cavour tenne per sé e per i propri amici il 27,5% delle 1.400 azioni che i fondatori si erano riservate per garantirsi il controllo del nuovo istituto, modellato su quello di Genova che a sua volta, come si è detto, aveva mutuato gran parte dello statuto e dell'organizzazione da una banca marsigliese.

Il Consiglio di reggenza, del quale faceva parte lo stesso Cavour, fu nominato all'inizio del 1848, ma le rivoluzioni e le crisi finanziarie dei mesi seguenti consigliarono di differire l'inizio delle attività, che partì solo il 1° ottobre 1849, quando, tuttavia, era già stata decisa la fusione con la Banca di Genova, dando vita alla Banca Nazionale degli Stati Sardi.

La nascita della Banca Nazionale, frutto dell'unione di quella di Genova con l'embrionale sorella torinese, sarebbe probabilmente avvenuta anche in circostanze normali, ma gli eventi del 1848 e del 1849 consigliarono di rompere gli indugi, accelerando il processo. Causa quantomeno prossima dell'accelerazione fu l'introduzione di quello che allora si chiamava «corso forzoso» della moneta, cioè la sospensione della convertibilità metallica delle banconote. Vediamone brevemente le cause.

Nel 1847, un breve ciclo di espansione del credito nel Regno Unito si era concluso con manifestazioni di panico che avevano costretto il governo ad autorizzare la Banca d'Inghilterra a sospendere la clausola del *Peel Act* del 1844 che stabiliva un rapporto massimo tra circolazione e riserve metalliche. Già da un paio d'anni in varie zone dell'Europa si era verificata una carenza di derrate alimentari, seguita da crisi industriali che, se non furono la causa prima delle rivoluzioni scoppiate in tutta Europa (Berger, Spoerer 2001), certo contribuirono al malessere generale che le causò e le accompagnò. In Piemonte, la volatilità dei mercati finanziari internazionali rese cauti gli operatori che ridussero l'offerta di credito, mentre l'economia reale subì una contrazione, soprattutto nel settore serico il cui principale mercato, la Francia, viveva a sua volta l'incertezza dei momenti rivoluzionari (Bachi 1930, pp. 34-35). L'economia del regno era, dunque, in una fase di recessione quando, nel marzo del 1848, il re Carlo Alberto intraprese la sfortunata campagna militare a sostegno dei milanesi già in rivolta. La finanza pubblica torinese non era in grado di sostenere il costo di una guerra, ma il nuovo governo presieduto da Cesare Balbo contava di finanziarla grazie a tributi ottenuti con l'annessione di nuovi territori (Berruti 1958, pp. 124-126). Questa speranza evaporò con la sconfitta di Custoza (25 luglio 1848).

Conclusa con l'armistizio firmato dal generale Carlo Canera di Salasco (9 agosto 1848) la prima fase della guerra con l'Austria, il governo presieduto da Cesare Alfieri di Sostegno, insediatosi il 15 agosto con Ottavio Thaon di Revel ministro delle Finanze, dovette affannosamente trovare risorse per coprire il forte disavanzo creato dalla guerra nel bilancio pubblico. Le condizioni belliche e il pericolo di moti popolari escludevano il ricorso a inasprimenti fiscali. Le misure di finanza straordinaria adottate dal governo si basarono sull'apertura di trattative per un prestito estero, su un prestito obbligatorio prescritto ad alcune categorie economiche e sull'imposizione alla Banca di Genova di un finanziamento di 20 milioni al governo. Come necessaria contropartita, la Banca fu sollevata dall'obbligo di convertire in metallo le banconote in circolazione[12].

La Banca di Torino, che stava proprio in quei mesi organizzandosi per aprire le operazioni al pubblico, fu esclusa dal privilegio di emettere moneta non convertibile. Ciò diede ai suoi dirigenti e azionisti un decisivo incentivo a muoversi nella direzione della fusione con la Banca di Genova. Il Consiglio di reggenza dell'istituto torinese dovette riconoscere che il successo dell'iniziativa «non sarebbe stato possibile se non ottenendo il privilegio del corso forzoso o attraverso la fusione con la Banca di Genova» (Conte 1990, p. 100). Quest'ultima, da parte sua, faticava a onorare l'impegno con il governo e, al tempo stesso, ad accomodare la domanda di credito privato. Anche alla maggior parte degli azionisti genovesi la fusione parve dunque vantaggiosa, non ultimo per l'appoggio politico del quale godeva l'istituto nato nella capitale. Le trattative tra le due banche e il governo si conclusero con un decreto del

---

[12] Per dettagli sul corso forzoso cfr. Conte (1990, pp. 75 ss.).

14 dicembre 1849 che diede vita alla Banca Nazionale degli Stati Sardi[13].

L'accesso alla finanza internazionale richiedeva tempo, anche perché negoziato da una posizione di debolezza. L'obbligo a proprietari e commercianti di sottoscrivere titoli della Rendita per 40 milioni presentava costi politici che richiedevano cautela. Il prestito bancario, al contrario, poteva essere ottenuto immediatamente e offriva ai banchieri genovesi il beneficio di accrescere parallelamente l'attivo di bilancio, senza doversi caricare di ulteriore riserva metallica infruttifera.

La sospensione dall'obbligo per una banca di emissione di convertire in oro o argento le proprie banconote, una novità nel Regno di Sardegna, era già stata sperimentata in altri tempi e luoghi. La sterlina rimase inconvertibile per tutta la durata delle «guerre francesi» a cavallo tra Sette e Ottocento. Anche i più accesi sostenitori del *gold standard* ritengono tuttora che sia opportuno sospendere la convertibilità in momenti di grande incertezza, massimamente quelli di carattere bellico, per evitare un'emorragia di riserve che renda più difficile il ritorno alla moneta convertibile una volta superate le contingenze avverse. Nel caso del Piemonte del 1848-1849, come in quello del 1866 del quale diremo, l'autorizzazione del governo a emettere carta non convertibile, in cambio della concessione di un cospicuo credito, cambiò i rapporti tra la Banca e lo Stato. Anche sotto questo profilo non mancavano i precedenti. Abbiamo accennato nel capitolo precedente come la Bank of England, fosse nata nel 1694 dall'esigenza del governo di Guglielmo III d'Orange, in difficoltà nella guerra contro la Francia, di disporre di 1,2 milioni di sterline. In quel caso, i banchieri della City trattarono il prestito da una posizione di forza, ottenendo, oltre a un ottimo tasso, la concessione di emettere moneta. La Banca di Genova era nata in condizioni e ambiente diversi tanto da avere avuto bisogno, per nascere, di crediti statali (ivi, pp. 50-51)[14]. Il corso forzoso mutò i rapporti tra governo e banca a favore di quest'ultima. D'altronde,

---

[13] Sui dettagli delle trattative cfr. Conte (ivi, pp. 100-110).
[14] Nel 1845, per assicurarsi un'adeguata disponibilità finanziaria nella stagione serica, la Banca aveva ottenuto dalla Regie Finanze, tramite la Cassa di Riserva, un credito di 2 milioni (ivi, p. 51).

Cavour, fine osservatore delle vicende economiche e finanziarie europee, aveva favorito la creazione, e poi l'unificazione, di istituti di emissione anche in vista del sostegno che, soprattutto in casi di emergenza, essi avrebbero potuto offrire al governo.

La Banca Nazionale riprese la conversione in oro o argento delle proprie banconote nel settembre 1851, dopo che il governo aveva ripagato il proprio debito, grazie a un prestito internazionale ottenuto da un consorzio guidato dalla Banca Hambro (ivi, pp. 117-122).

3. *Cavour: unicità o pluralità?*

Sino al 1926, l'Italia fu caratterizzata da una pluralità di banche autorizzate a emettere banconote. Tuttavia, già prima dell'Unità, la questione dei vantaggi e degli svantaggi della pluralità degli istituti di emissione fu dibattuta nell'opinione pubblica e tra gli economisti, ed emerse periodicamente nelle aule parlamentari. Il pensiero accademico fu, nella maggioranza, favorevole alla molteplicità, a cominciare da Francesco Ferrara, decano del liberismo. Questa opinione trovò ampio seguito in Parlamento, dove lo scontro ideologico nascondeva gli interessi economici radicati nei singoli territori degli Stati preunitari. In questo quadro politico, la Banca Nazionale, pur diffondendo i propri sportelli in tutto il regno, acquisendo progressivamente un ruolo dominante e aspirando a ottenere il monopolio dell'emissione di banconote, non poteva prefiggersi esplicitamente di eliminare la concorrenza. Riconobbe dunque, forse strumentalmente, che le banche di emissione minori rispondevano alle esigenze regionali meglio di quanto avrebbe potuto fare essa stessa, affrontando costi elevati per adattare la propria attività alle specificità locali (Sannucci 1989).

Il dibattito tra fautori dell'unicità e della pluralità dell'emissione di moneta cartacea era già vivo al momento della nascita delle due banche piemontesi e della loro affrettata fusione. È dunque utile, all'inizio di questa storia della Banca d'Italia, fare quella che potrebbe apparire come una diversione rispetto alla narrazione principale per vedere quale fosse in proposito il pensiero di Cavour, definito dall'«Economist» il

2 – Prima della Banca d'Italia: banche di emissione

«più sagace politico d'Europa», riformatore dell'economia e della finanza piemontesi e assai attivo nella nascita della Banca di Torino e poi della Nazionale.

Secondo Rosario Romeo, Cavour era un «convinto sostenitore della unicità della banca di emissione» (Romeo 2012, p. 841). A riprova, Romeo cita una lettera del 1861 nella quale Cavour prometteva di fare «tout ce qui est en mon pouvoir pour l'éstablissement d'une banque de circulation unique de Suse à Marsalla (sic!)»[15]. Cavour stesso, tuttavia, non fu sempre convinto che si dovesse attribuire a un'unica banca il diritto esclusivo di emettere cartamoneta, limitando il ruolo delle altre all'intermediazione creditizia. Una diffusa e non del tutto immotivata diffidenza rendeva i cittadini benestanti restii a depositare i risparmi presso le case bancarie e creava una endemica scarsità di depositi. Ciò obbligava le banche, soprattutto durante i picchi stagionali di domanda di prestiti legati ai cicli della produzione agricola e serica[16], a finanziarsi all'estero a costo elevato oppure a razionare il credito proprio nei momenti in cui esso era più necessario. L'emissione di cartamoneta permetteva alle banche autorizzate di supplire alla carenza di depositi con una provvista elastica di fondi che bene si adattava alle forti oscillazioni nella domanda di credito. Il legame tra emissione e depositi non si ritrova esplicitamente negli scritti di Cavour. Rossi e Nitti (1968) osservano come la parola «circolazione» non compaia nel nome della Banca di Genova e come la funzione di emissione non figuri nel suo statuto. Tuttavia, Cavour si convinse presto che le banche di circolazione erano in grado di applicare tassi di sconto più bassi rispetto a quelli delle grandi case bancarie torinesi[17], rendendo i prestiti accessibili anche ai «piccoli capitalisti». Soprattutto per questo motivo, il conte sosteneva l'opportunità

---

[15] Cavour a Jean-Édouard Naville, Leri, 13 aprile 1844, *Epistolario*, vol. III, n. 45, pp. 67-70.
[16] Cavour osservava che a Torino le richieste di sconto di cambiali si concentravano in due periodi: quando i produttori di seta grezza andavano a Torino per comprare i bozzoli e quando gli stessi tornavano per vendere il loro prodotto (Cavour a Nigra, 4 febbraio 1861, *Epistolario*, vol. XVIII, tomo I, n. 477, pp. 338-340).
[17] *Ibid.*

di creare nuove banche di circolazione e di sconto nelle regioni arretrate del regno (Savoia e Sardegna), nelle quali la sola attività di intermediazione creditizia non aveva successo, data la scarsità dei risparmi e il conseguente squilibrio tra offerta di depositi e domanda di prestiti. Quest'ultimo avrebbe potuto essere utilmente colmato tramite l'emissione di cartamoneta. L'obiettivo dell'unicità degli enti di emissione poteva dunque, nel pensiero di Cavour, subire qualche minore eccezione. D'altronde, la natura privatistica di tali banche, che il conte difendeva contro un'eccessiva ingerenza statale[18], avrebbe reso complicata la creazione di un sistema unificato di emissione, per la difficoltà di imporre alla banca monopolistica l'apertura di sportelli in aree poco sviluppate[19]. Per tali ragioni, Cavour, pur favorendo la creazione di un grande ente di emissione capace di sostenere le finanze statali, non fu contrario alla presenza di istituti di emissione minori, soprattutto per lo sviluppo di regioni periferiche e svantaggiate.

La gestione di aziende agricole familiari aveva fatto toccare con mano a Cavour quanto l'agricoltura piemontese avesse bisogno, per crescere, di capitali che esistevano ma restavano inoperosi, sia per la limitata abitudine al deposito, sia per la mancanza di un sistema creditizio capace di convogliarli nei settori con maggiori potenzialità di crescita. Di qui le opportunità di guadagno che Cavour vedeva per banche di sconto e circolazione che impiegassero fruttuosamente, oltre al capitale sociale e ai depositi, anche le passività ottenute con l'emissione di biglietti. Cavour, che conosceva l'Europa, prevedeva che la cartamoneta fosse destinata a diffondersi, sia perché rispondeva alle esigenze pratiche di commercianti e produttori, sia perché la stampa di banconote era meno

---

[18] Cavour a Cevasco, 19 marzo 1861 (da Romeo 2012, p. 843, nota 85): in riferimento a controlli più stringenti sulla Banca Nazionale, scriveva: «Il governo non può né deve, né vuole assorbire ogni azione individuale. Se la libertà non va mai scevra d'abusi, ben maggiori ne produce una soverchia intervenzione del governo».

[19] Cavour, *Discorsi Parlamentari*, vol. VIII, DXIX, 16 giugno 1853, p. 409. In occasione del suo tentativo di creare una banca di sconto e circolazione con sede a Cagliari, Cavour disse: «Ho trovato nei capitalisti di Torino e di Genova molta ripugnanza a impegnare i loro capitali in uno stabilimento di credito nella Sardegna».

costosa rispetto al conio di monete metalliche. Attribuiva all'ignoranza le opinioni diverse dalle sue[20].

Quale era esattamente il concetto di banca per Cavour, in un mondo nel quale non si vedeva una netta separazione tra l'attività di credito commerciale e quella di emissione? In un discorso pronunciato in Parlamento nel 1851[21], Cavour tenne una piccola lezione in proposito distinguendo tre funzioni delle banche: deposito, circolazione e sconto. L'attività di deposito permetteva di mettere in movimento capitali che diversamente sarebbero rimasti infruttuosi; quella di circolazione cartacea consentiva di abbassare i costi legati alla produzione e all'utilizzo di monete metalliche; quella di sconto, con l'applicazione di un tasso di interesse uniforme a una platea molto ampia di soggetti, giovava ai piccoli capitalisti, spesso esclusi dai prestiti delle case bancarie. A queste tre funzioni, Cavour ne aggiungeva una quarta: il sostegno allo Stato. In situazioni di emergenza il governo poteva, come abbiamo visto, avere bisogno di finanziamenti eccezionali, che la banca di emissione poteva facilmente fornire, senza che per questo lo Stato sconfinasse in indebite ingerenze nell'attività bancaria. Ingerenza indesiderabile, a parere di Cavour, perché il potere pubblico non aveva la capacità di rispondere tempestivamente al mercato e soprattutto rischiava di dare spazio a favoritismi lontani dai bisogni dell'economia[22].

---

[20] Durante i tentativi di costituire la Banca di Torino, Cavour scrisse: «[il ministro delle Finanze] m'a assuré n'avoir rien de contraire a ce projet, quoiqu'il ne le crût pas fort avantageux pour le pays. Je n'ai pas pu saisir les causes sur laquelles il fond cette opinion; je crois qu'elle vient en grand partie de l'idée que les banques ne servent qu'au commerce étranger» (Cavour a De la Rue Frères, Torino, 9 giugno 1844, *Epistolario*, vol. III, n. 65, p. 100). In un'altra lettera, attribuì l'opposizione incontrata durante la costituzione della Banca di Torino a «l'ignorance de la plupart de nos banquiers» (Cavour a Jean-Édouard Naville, Leri, 20 giugno 1844, *Epistolario*, vol. III, n. 70, p. 109).

[21] Cavour, *Discorsi Parlamentari*, vol. IV, *Sul progetto di legge per disposizioni relative alla BN*, CCCLIX, 4 luglio 1851, pp. 386-421.

[22] Questa convinzione appare in maniera esplicita in un intervento di Cavour in Parlamento: «Io credo che il Governo non debba, non possa dirigere, né avere un'ingerenza troppo grande in una Banca di circolazione e di sconto; conviene in certo modo regolare la misura del credito dalle circostanze economiche le quali sono variabili da un giorno all'altro; bisogna misurare la larghezza del credito, e dalle condizioni presenti e dalle future. [...] Bisogna che le operazioni siano combinate nell'interesse della Banca e del commercio in generale, e non per

La diffidenza verso l'intervento dello Stato nell'attività creditizia non significava che esso non dovesse regolarla, in particolare, nella delicata funzione di emissione di cartamoneta: «Se si fissa un limite al valore dei biglietti da porsi in circolazione, è solo per impedire che un'eccessiva circolazione faccia uscire il numerario dallo Stato e renda meno saldo il sistema della circolazione»[23]. Non privo di educazione economica, Cavour riteneva cioè che un'eccessiva creazione di potere d'acquisto, non accompagnata da una parallela crescita della produzione, stimolasse le importazioni senza controbilanciarle con un aumento adeguato di esportazioni, con un conseguente passivo della bilancia commerciale, seguito da un'uscita di moneta metallica dal Paese. Compito dello Stato regolatore era, dunque, quello di fissare limiti quantitativi certi all'emissione di cartamoneta. D'altro canto, l'obiettivo dello sviluppo economico rimaneva prioritario e poteva essere raggiunto sia attraverso una politica di rafforzamento del settore finanziario, sia attraverso la riduzione del tasso d'interesse. Cavour comprendeva come quest'ultimo influenzasse gli investimenti, ma non prendeva neppure in considerazione la possibilità di fissarlo per legge, affidandosi piuttosto alla concorrenza per contenere il costo del denaro, nella convinzione che fosse il cartello delle grandi case bancarie torinesi a tenerlo elevato, soprattutto con forti commissioni. La creazione di banche di circolazione e di sconto, tenute ad applicare un unico tasso a tutti i clienti, avrebbe ridotto il potere dei grandi banchieri di concedere prestiti a tassi più elevati del minimo, riducendo così il costo medio del denaro. È interessante notare che Cavour vedeva nell'aumento del capitale delle banche una leva importante per la riduzione del tasso d'interesse. Discutendo dell'aumento di capitale della Banca Nazionale nel 1851, Cavour disse: «il principale beneficio che è da promettersi dal progettato aumento del capitale della Banca sarà la dimi-

---

favorire ora questo, ora quel partito politico. [...] I ministri sono uomini, ed è impossibile spogliarsi assolutamente di ogni simpatia, di ogni predisposizione in favore di coloro che professano le medesime opinioni, di coloro coi quali si hanno comuni sentimenti» (De Mattia 1990, *Discorso parlamentare di Cavour*, 1° luglio 1851, pp. 159-160).

[23] Cavour, *Discorsi Parlamentari*, vol. III, CXLI, 31 marzo 1851, pp. 187-189.

nuzione del tasso di interesse, a cui dovrà necessariamente consentire»[24]. Per remunerare un capitale maggiore, la banca avrebbe dovuto accrescere le proprie attività offrendo credito a una platea più vasta a un tasso inferiore. Cavour abilmente taceva sulla possibilità che questa operazione accrescesse il potere di mercato della Banca Nazionale con effetti sui tassi opposti a quelli desiderati.

«Il migliore di tutti i sistemi bancari – disse Cavour in Parlamento nel 1852 – si è quello di avere come malleveria una grande istituzione di credito, e attorno a questa varie istituzioni minori. [...] con questo sistema si evitano quasi tutti gli inconvenienti delle Banche molteplici, e si hanno invece i vantaggi della concorrenza»[25]. Non è del tutto chiaro se si riferisse a un sistema come quello inglese di una grande banca di emissione al centro di numerosi istituti di sconto o piuttosto, come è probabile, che Cavour non escludesse l'esistenza di piccole banche di circolazione purché in presenza di un forte istituto maggiore[26], perché senza una grande banca di emissione «si avrebbe un sistema di circolazione molto pericoloso»[27]. Le grandi dimensioni erano fondamentali agli occhi di Cavour soprattutto per affrontare momenti di crisi, nei quali «il commercio avendo bisogno di numerario per saldare i suoi debiti, si rivolge necessariamente a coloro che sono i gran ritentori del numerario, cioè alle Banche». Di fronte a questa situazione

> Se in quel paese vi è uno stabilimento sopra larghissime basi, questa perturbazione è meno grave, e ciò per due motivi: primieramente perché esso può sopperire ai bisogni di numerario, senzaché per ciò la sua posizione venga a essere alterata, e senzaché i portatori dei biglietti concepiscano un timore sulla solvibilità della Banca; in secondo luogo, perché una Banca potente ha delle relazioni all'estero, il suo credito è conosciuto oltre il paese, e gli è facile di procurarsi

---

[24] *Ibid.*
[25] De Mattia (1990), *Discorso parlamentare di Cavour*, 23 giugno 1852, p. 193.
[26] Questo, probabilmente intendeva Cavour, anche quando scrisse: «Le brave Scialoja partageait les préjugés des économistes français en faveur du système de la multiplicité des banques de circulation. Ce système est faux, il serait surtout funeste en Italie» (Cavour a Nigra, 4 febbraio 1861, *Epistolario*, vol. XVIII, t. I, n. 477, pp. 338-340).
[27] De Mattia (1990), *Discorso parlamentare di Cavour*, 23 giugno 1852, p. 192.

quel numerario di che ha bisogno per tempo, ciò che non potrebbe fare una Banca di minor conto[28].

Alla maggior capacità di una grande banca di far fronte a situazioni di crisi, Cavour aggiungeva quella di poter «all'uopo prestare valido sussidio alle finanze dello Stato»[29]. Se nel 1848, ai tempi del prestito, per far fronte alle spese eccezionali della Prima Guerra di Indipendenza, «invece di una sola Banca ve ne fossero state tre o quattro, con un capitale del terzo o del quarto di quello della Banca di Genova, il governo non avrebbe potuto valersene come se ne valse con grandissimo suo vantaggio»[30].

Vale la pena di ricordare, perché si tratta di un punto essenziale per capire la complessità del pensiero di Cavour in argomento, che egli riteneva indispensabile la presenza di un grande istituto di emissione anche per la costituzione di banche di circolazione minori. Una piccola banca non sarebbe potuta esistere in assenza di un grande istituto presso il quale scontare le proprie cambiali[31], mentre, in presenza di quest'ultimo, banche minori avrebbero potuto essere addirittura auspicabili sia per stimolare la concorrenza, con effetto benefico sul prezzo del denaro, sia perché le banche minori avrebbero potuto insediarsi in aree economicamente arretrate nelle quali la maggiore non aveva interesse ad aprire filiali.

In quest'ottica si colloca l'impegno di Cavour per l'autorizzazione della Banca di Savoia nel 1851 e nei tentativi di costituire una banca di circolazione e di sconto in Sardegna tra il 1853 e il 1855. In entrambi i casi si trattava di regioni arretrate, nelle quali l'assenza di un sistema finanziario efficiente costituiva uno dei principali freni allo sviluppo. Sollecitando la Camera a deliberare sulla Banca di Savoia, Cavour affermò: «[la Savoia] ha elementi di ricchezza forse molto in maggiore copia di quello che i Savoiardi stessi vogliano riconoscere, ma che hanno bisogno del credito per essere messi in azione»[32].

---

[28] De Mattia (1990), *Discorso parlamentare di Cavour*, 1° luglio 1851, p. 156.
[29] De Mattia (1990), *Progetto di Legge Cavour del 24 maggio 1851*, pp. 141.
[30] De Mattia (1990), *Discorso parlamentare di Cavour*, 1° luglio 1851, p. 156.
[31] Ivi, p. 159.
[32] Cavour, *Discorsi parlamentari*, vol. III, CXLI, 29 marzo 1851, pp. 184-185.

2 – Prima della Banca d'Italia: banche di emissione

Dello stesso tenore la giustificazione della Banca di Sardegna in un discorso parlamentare del 1853:

Tutti conoscono che per giovare all'isola della Sardegna sia della massima importanza il promuovervi oltre alla agricoltura, il commercio e l'industria, e nessuno avvi che possa rivocare come l'esempio di tutti i paesi attesti che, a promuovere l'una e l'altra, valga come potente mezzo, la instituzione delle banche di sconto, di anticipazioni e di circolazione[33].

Con un Parlamento orientato in maggioranza verso un modello di molteplicità degli istituti di emissione, le principali difficoltà che Cavour incontrò nell'ottenere l'approvazione per la costituzione di queste banche più piccole dipendevano dalle condizioni vantaggiose che egli intendeva loro concedere. In particolar modo, durante le discussioni per l'approvazione della Banca di Savoia, Cavour insistette sul fatto che, data l'enorme differenza nella forza dei due istituti, non c'era alcun motivo per imporre le stesse regole alla Banca Nazionale e a quella di Savoia. Mentre giustificava il divieto posto alla Banca Nazionale di emettere banconote di piccolo taglio per evitare una circolazione eccessiva, foriera d'instabilità, riteneva utile concedere tale privilegio a una piccola banca che, proprio in virtù delle ridotte dimensioni, non poneva rischi di stabilità per l'intero sistema[34].

---

[33] Relazione con la quale il ministro delle Finanze Cavour presenta alla Camera un disegno di legge per la creazione di un terzo istituto di emissione in Sardegna, denominato Banca di Cagliari (7 maggio 1853), in Rossi, Nitti (1968, p. 1534). È però curioso notare come, soltanto due anni prima, si fosse espresso in modo negativo su tale iniziativa, affermando che una banca di circolazione non poteva esser d'aiuto all'economia se le condizioni di partenza erano eccessivamente basse: «E rispetto poi alla Sardegna si è considerato che le speciali condizioni dell'isola facevano sì che una Banca di sconto dovesse per ora tornarle poco giovevole. A cagione degli ancora scarsi suoi commerci, e della limitata sua industria, essa non potrebbe trar vantaggio del credito bancario, il quale favorisce solo le operazioni da compiersi in brevi periodi di tempo. Ciò di cui la Sardegna abbisogna è di un'istituzione di credito fondiario». D'altronde, il fallimento di tutti i tentativi di costituire tale banca, prima con l'aiuto della Banca Nazionale, poi con l'utilizzo di soli capitali sardi, mise in luce che il settore privato non vedeva grandi prospettive di sviluppo in Sardegna (De Mattia 1990, *Progetto di Legge Cavour del 24 maggio 1851*, p. 144).
[34] Cavour, *Discorsi parlamentari*, vol. III, CXLI, 31 marzo 1851, pp. 187-189.

Come si possono conciliare queste idee sull'unicità e la molteplicità dell'emissione con l'energia spesa da Cavour per la fondazione, nel 1847, della Banca di Torino, con un capitale di 4 milioni di lire uguale a quello della già operante Banca di Genova? Come giustificare poi il parere positivo da lui espresso riguardo la creazione nel 1852 della Banca Sarda, con 16 milioni di capitale, quando la Banca Nazionale era in trattativa con il governo per passare da 8 a 16 milioni? Occorre guardare con attenzione e in modo distinto ai due episodi.

Gli sforzi di Cavour per la creazione della Banca di Torino sono il frutto dell'interesse privato di una persona che vedeva il settore bancario come ottima occasione di investimento. Nel 1844, quando si stava delineando lo statuto della Banca di Genova, Cavour scrisse:

> La banque que se vient d'être autorisée n'étend pas ses affaires au dehors de la ville de Gênes; elle ne doit pas avoir de succursale ici [Torino]. Les Génois ont cru que Turin ne pouvait pas devenir une place de banque. Je ne partage pas cette opinion; ainsi que la plupart des maisons de banque de notre ville. D'après cette conviction, plusieurs personnes se sont réunies pour former une société qui établirait à Turin une banque indépendante de celle de Gênes[35].

Dunque, l'idea iniziale di costituire la Banca di Torino rispondeva all'intenzione della Banca di Genova di non estendere la propria operatività nella capitale[36]. Non si trattava, dunque, di fondare una banca concorrente a quella di Genova, perché le due avrebbero operato in mercati diversi. Peraltro, Cavour prevedeva già che i due istituti si sarebbero poi fusi in un'unica banca nazionale[37]. Cavour difese alla Camera la scelta del corso forzoso che, come si è visto, accelerò la fusione garantendogli un cospicuo guadagno dalla vendita di azioni, apprezzatesi fortemente in vista della fusione. Le critiche non si fecero attendere: Ferrara dichiarò che le motivazioni di

---

[35] Cavour a Jean-Édouard Naville, Torino, 13 aprile 1844, *Epistolario*, vol. III, n. 45, p. 68.
[36] In seguito aprì una corrispondenza con la casa Barbaroux di Torino, ma senza costituire una filiale.
[37] Cavour a Jean-Édouard Naville, Torino, 13 aprile 1844, *Epistolario*, vol. III, n. 45, p. 69.

Cavour per la fusione erano molto deboli[38]. Visto il conflitto d'interessi non è facile attribuire unicamente alla propensione di Cavour per l'unicità degli enti di emissione il suo sostegno della fusione, tenuto conto anche del ruolo da lui avuto nella fondazione della Banca di Torino.

Il secondo episodio da considerare è quello del progetto della Banca Sarda. Nel 1852 era giunta a Cavour, ministro delle Finanze, la richiesta di autorizzazione per una banca di circolazione a Cagliari con capitale di 16 milioni di lire, il doppio di quello della Banca Nazionale, allora in trattativa con il governo per innalzare il capitale da 8 a 16 milioni. In quell'occasione, Cavour inviò un messaggio al Consiglio di Stato affinché si pronunciasse al riguardo di questa nuova banca, affermando che: «Il ministro delle Finanze non è certamente contrario alla fondazione di una nuova istituzione di credito nello Stato, in vista anche dei buoni risultati che derivano al paese dallo stabilimento della Banca Nazionale»[39]. Questo messaggio potrebbe indurre a pensare che Cavour fosse favorevole alla molteplicità delle banche di emissione. In realtà la questione pare molto più complessa, anche se non è possibile, sulla base dei documenti pervenuti, comprenderla appieno (Romeo 2012, p. 507). Ferrara insinuò il dubbio che il progetto fosse fittizio e mirasse semplicemente a piegare la Banca Nazionale ad accettare proposte di modifica dello statuto avanzate dal governo[40]. Le trattative tra il governo e la Banca Nazionale erano iniziate già nella seconda metà del

---

[38] «Per fondere insieme la Banca di Torino e quella di Genova, dissero che l'una, obbligata al rimborso, non poteva sussistere in presenza dell'altra, favorita dal corso forzato; – quasiché per 20 anni non avessimo veduto durare un sistema precisamente consimile in Inghilterra» (Ferrara 1970, p. 360).

[39] Relazione del ministro delle Finanze Cavour sulla costituzione di un terzo istituto di emissione (8 maggio 1852), in Rossi, Nitti (1968, p. 1299).

[40] «Noi ignoriamo ciò che vi fosse di vero nel progetto di un secondo banco con 16 milioni di capitale; ma è un fatto notorio che esso disparve come per incantesimo; e mentre spariva, la Banca nazionale, quadruplicando il suo capitale, divenne otto volte più grande di ciò che era quando semplicemente si faceva chiamare Banca di Genova» (Ferrara 1970, p. 361). Ferrara, *Notizia sui banchi degli Stati Sardi* (1857), in De Mattia (1990, p. 182, nota 3): «La legge dell'11 luglio 1852 ebbe per suo scopo principale di ingrandire e fortificare la Banca Nazionale, all'occasione di una Banca rivale che stava per sorgere o che più veramente si finse che stesse per sorgere».

1851 e vertevano su diversi punti: in particolare gli azionisti della Banca Nazionale desideravano ottenere il corso legale delle banconote[41] a fronte del quale però il governo chiedeva un aumento del capitale e l'apertura di nuove filiali. Dopo parecchi mesi, il 26 aprile 1852, al Consiglio di reggenza della sede di Genova della Banca Nazionale arrivarono voci riguardanti la costituzione di una nuova banca di emissione. Sotto la pressione della notizia e dell'attivismo di Cavour, i reggenti chiesero con urgenza al Consiglio di Stato di pronunciarsi sull'autorizzazione della Banca Sarda, ottenendo poi dagli azionisti il mandato di trovare un accordo con il governo, anche rinunciando al privilegio del corso legale. Subito dopo, il 18 maggio, il Consiglio di Stato espresse parere sfavorevole alla Banca Sarda, affermando che piuttosto che creare una nuova banca fosse preferibile aumentare il capitale della Nazionale. Questo parere sembra ricalcare da vicino il pensiero di Cavour, tanto che Nitti e Rossi propendono a pensare che Cavour abbia in qualche modo influenzato il Consiglio di Stato (Rossi, Nitti 1968, p. 1285). L'abile Cavour avrebbe coinvolto il Consiglio di Stato per rendere più rapida la resa della Banca Nazionale, prima della prevedibile caduta del governo Cavour, avvenuta proprio il 18 maggio.

Fu soltanto un *escamotage*? La proposta di creare una nuova banca di emissione in concorrenza con la Banca Nazionale era credibile alla luce di uno spirito speculativo che si faceva strada in quegli anni. Nel 1849, in concomitanza con la fusione tra Banca di Torino e Banca di Genova, era stata costituita una banca di circolazione, con il nome di Banca d'Italia, che non divenne mai operativa per motivi tuttora ignoti e che spingono Nitti e Rossi a definirlo un primo caso di speculazione bancaria (ivi, p. 279). Romeo (2012, p. 507) cita episodi che parrebbero confermare la tesi che l'episodio della Banca Sarda fosse soltanto un *bluff* architettato da

---

[41] La moneta a corso legale è quella alla quale la legge conferisce il cosiddetto «potere liberatorio» cioè la responsabilità da parte delle corti di giustizia di sancire che un pagamento effettuato in quella moneta soddisfa agli obblighi contratti da un debitore. Spetta al legislatore stabilire quali forme di moneta abbiano questa caratteristica.

Cavour[42]. In ogni caso, è verosimile che Cavour abbia colto l'occasione per mettere sotto pressione i vertici della Banca Nazionale, sicuro che il Consiglio di Stato non avrebbe dato un parere favorevole all'operazione. Questa spiegazione permetterebbe di leggere l'episodio della Banca Sarda non come incoerenza nel pensiero di Cavour riguardo alla struttura del sistema bancario, quanto appunto come uno dei suoi abili stratagemmi negoziali.

Come per tante altre questioni, è inevitabile chiedersi se Cavour avrebbe consentito la molteplicità degli istituti di emissione che prevalse dopo la sua morte. Abbiamo già visto quale fosse la sua opinione ai tempi dell'Unificazione: la creazione di un solo istituto di emissione da Susa a Marsala[43]. Sapeva che per raggiungere l'obiettivo occorreva creare sedi della Banca Nazionale a Napoli e Palermo e aumentarne il capitale, dando spazio ai capitalisti napoletani e siciliani. Era anche conscio delle difficoltà dell'operazione, soprattutto per le resistenze che sarebbero puntualmente giunte dalle regioni meridionali: «Ce qui rend l'opération délicate et quelque peu difficile, c'est l'existence à Naples d'une banque gouvernamentale. Je ne serait pas de l'avis de la liquider, mais de la transformer en caisse de dépôts et de consignation»[44]. La prima preoccupazione che emerge dalle lettere di Cavour riguarda i tentativi che erano in corso per la costituzione di una nuova banca di emissione a Napoli[45]. In seguito alla diffusione della notizia che la Banca Nazionale avrebbe aperto una sede nella vecchia capitale del Regno delle Due Sicilie, varie case bancarie napoletane avevano aderito al progetto di costituire una nuova banca[46]. La proposta era difesa da Scialoja, ministro delle Finanze nel governo provvisorio napoletano del 1860, che affermava: «Le

---

[42] Ad esempio una lettera di Oldofredi a Cavour in cui si diceva: «il progetto della banca Sarda è ito grazie alla poca avvedutezza di Cibrario» (Oldofredi a Cavour, 12 luglio 1852, *Epistolario*, vol. IX, n. 106, p. 134).

[43] Cavour a Nigra, 4 febbraio 1861, *Epistolario*, vol. XVIII, tomo I, n. 477, pp. 338-340.

[44] *Ibid.*

[45] Cavour a Luigi Carlo Farini, 8 novembre 1860, *Epistolario*, vol. XVII, tomo 5, n. 3596, p. 2617.

[46] Scialoja a Cavour, 17 dicembre 1860, *Epistolario*, vol. XII, tomo 6, n. 4054, pp. 2981-2983.

condizioni economiche e finanziarie resteranno ancora per qualche tempo tanto distinte fra loro [fra Napoli e Torino], che le due banche potrebbero meglio secondarle»[47]. Ma Cavour rimase contrario, forte anche del parere della casa Rothschild, «dispostissima a prendere parte alla formazione di una banca di circolazione, ma divide pienamente la mia opinione essere da preferirsi l'estensione della Banca Nazionale, alla creazione di un nuovo stabilimento»[48].

Dunque Cavour, nel 1860, voleva un unico istituto di emissione. Ciò significava ridurre le banche del Sud a casse di depositi e prestiti, sul modello francese introdotto in Piemonte, estendere le operazioni della Banca Nazionale in tutta la penisola e impedire che si creassero altre banche di circolazione. Se traspare l'obiettivo ideale di unificare il sistema, Cavour era ben consapevole di quanto fosse difficile raggiungerlo. «[Bombrini] – scrisse Cavour a Scialoja – recasi a Napoli dietro a mio invito per vedere ciò che sia possibile di fare [per] unificare o almeno [testo mancante] i stabilimenti bancari di circolazione»[49]. Non occorre molta fantasia per comprendere il senso del testo non pervenuto: se non fosse stato possibile giungere a un unico istituto di credito, sarebbe stato importante ridurre quantomeno a un ruolo subalterno le banche di dimensioni minori, conferendo così centralità a un solo ente.

Questo obiettivo subordinato, già intuito da Cavour come quello realisticamente possibile, si realizzò per forza di cose e caratterizzò il sistema italiano per diversi decenni: da un lato la Banca Nazionale nel Regno, cardine del sistema e diffusa su tutto il territorio; dall'altro, alcune banche di circolazione con un ruolo di secondo piano e geograficamente limitato. Tuttavia, nel pensiero di Cavour, la presenza di banche minori era auspicabile solo quando queste, proprio in virtù della loro ridotta dimensione, non costituivano un pericolo per la stabilità finanziaria[50]. Non fu però così: le banche di emissione «secondarie» caratterizzanti il periodo postunitario non avevano

---

[47] *Ibid.*
[48] Cavour a Scialoja, 7 dicembre 1860, *Epistolario*, vol. XII, tomo 6, n. 3910, p. 2867.
[49] Ivi, n. 3725, p. 2727.
[50] Cavour, *Discorsi parlamentari*, vol. III, CXLI, 31 marzo 1851, pp. 187-189.

un peso trascurabile e rappresentavano potenziali pericoli per l'intero sistema, come poi accadde nella crisi che determinò la nascita della Banca d'Italia nel 1893. Ma l'eredità di Cavour fu comunque importante: il sistema bancario italiano ammise la presenza di istituti minori, creando però una posizione di centralità a un unico grande ente, la Banca Nazionale. Erano i primi passi sulla lunga strada verso la creazione di una banca centrale in Italia[51].

4. *Altre banche di emissione*

Poiché le origini della Banca d'Italia si devono rintracciare nella Banca di Genova e nella Banca Nazionale degli Stati Sardi, poi rinominata Banca Nazionale nel Regno d'Italia, è utile focalizzare l'attenzione su di essa. Qualche notizia sommaria sulle altre banche di emissione non può tuttavia mancare, anche perché due di esse furono assorbite dalla Banca d'Italia alla quale fu anche chiesto di assumere la liquidazione di una terza.

Nel 1858, includendo i peculiari banchi meridionali, operavano nella penisola italiana nove istituti di emissione: sette di essi erano nati negli anni Cinquanta, dunque dopo la Banca Nazionale degli Stati Sardi, in risposta alla domanda di modernizzazione dei sistemi bancari espressa in tutta la penisola, quando divennero percepibili i segnali di risveglio dell'economia dopo secoli di declino.

Nel Regno Lombardo-Veneto, il diritto di emissione di banconote in lire austriache era concesso alla sola Banca Nazionale Austriaca (Oesterreichische Nationalbank), fondata nel 1816, che non si era guadagnata una fama immacolata per la stabilità del potere d'acquisto della propria moneta cartacea. Vienna non aveva comunque mai preso in considerazione richieste, che pure vi furono, della creazione nel Regno Lombardo-Veneto di istituti di emissione autonomi[52]. Fu fatta una sola piccola

---

[51] Cardarelli (1990, p. 108, nota 9) riconosce in Cavour un precursore del concetto di banca centrale.
[52] Capitalisti milanesi chiesero nel 1856 l'autorizzazione a creare una Cassa di Sconto di Milano, concessa solo nel maggio 1859 e mai realizzata dopo l'annessione all'Italia.

eccezione, non particolarmente fortunata, per Venezia. La Repubblica del 1848-1849 aveva promosso la creazione di una Banca Nazionale Veneta che fu sciolta nel 1852. Tuttavia, per ricreare buoni rapporti con i ceti finanziari e mercantili della città lagunare, Vienna consentì la nascita, nel 1853, di uno Stabilimento Mercantile di Venezia, con carattere di banca di sconto e di emissione (Bernardello 2002, pp. 39 ss.).

Nella prima metà dell'Ottocento si diffuse nel Granducato di Toscana un modello di banca simile a quello formatosi in Liguria. Fra il 1816 e il 1849 nacquero ben sei banche di sconto con facoltà di emettere cartamoneta: a Firenze (1816) e a Livorno (1836) con elevata capitalizzazione, successivamente a Siena (1841), Arezzo (1847), Pisa (1848), Lucca (1849) tutte con modestissimo capitale sociale. L'attività di credito era sottoposta a limiti per garantirne la stabilità e le banconote avevano validità soltanto entro i confini provinciali dell'emittente. Quando, nel 1857, stavano per giungere a scadenza le autorizzazioni governative per le due banche maggiori, quelle di Firenze e di Livorno, si comprese quanto fosse necessario dotare il Granducato da un lato di un biglietto unico che semplificasse il sistema dei pagamenti, dall'altro di un ente capace di assumersi e collocare il debito pubblico. Si giunse così alla fusione delle due banche in una Banca Nazionale Toscana. Pur non ottenendo il monopolio dell'emissione, la nuova banca fu autorizzata ad aprire filiali in tutte le province. Comprendendo che la concorrenza sarebbe stata impari, le altre quattro banche di emissione accettarono di fondersi nella Nazionale Toscana (Di Nardi 1953, pp. 85-86). La creazione di un unico ente di emissione non dipese, dunque, da una preferenza teorica per l'unicità dell'emissione, quanto piuttosto dal bisogno di fare nascere un istituto di dimensioni sufficienti a garantire sostegno alle finanze pubbliche e rendere più fluido il sistema dei pagamenti. Dal lato del passivo, la Banca Nazionale Toscana poteva emettere biglietti pagabili a vista e al portatore, nei limiti del triplo del capitale versato (8 milioni alla data di costituzione, 10 nel dicembre del 1860) e ricevere depositi fruttiferi e non fruttiferi; dal lato dell'attivo, poteva scontare cambiali a due firme e concedere prestiti su pegno fino a tre mesi (Pecorari 1994, pp. 24-55). La clientela della banca era generalmente costituita dal piccolo commercio, a eccezione della sede di Livorno, dove gli importi medi erano più elevati e le scadenze più brevi (Di Nardi 1953, p. 94). Vi era pertanto una differenza notevole rispetto alla prassi della Banca Nazionale degli Stati Sardi che prediligeva lo sconto con gli istituti bancari o con i grandi commercianti. Inoltre, a differenza della banca piemontese, i prestiti al governo della Nazionale Toscana erano limitati alle quantità prescritte dallo statuto. È interessante notare che, secondo Di Nardi (ivi, p. 89), la banca toscana tendeva a tenere i tassi a un livello più basso di circa un punto percentuale rispetto alla Banca Nazionale sarda e alla Banca di Francia perché si riteneva che in Toscana i margini delle imprese non fossero sufficientemente elevati per sostenere forti costi di finanziamento. In caso di crisi di carattere speculativo (peraltro particolarmente forti soltanto nella piazza di Livorno), la Banca Toscana seguiva una pratica opposta a quella della Banca d'Inghilterra, preferendo razionare quantitativamente il credito piuttosto che aumentare significativamente i tassi. Inoltre, a differenza dei piemontesi, i toscani evitavano l'acquisto all'estero di oro e argento (ivi, p. 97). Nel marzo 1860, probabilmente su pressione di un gruppo di imprenditori guidati da Piero Bastogi, il governo provvisorio presieduto da Ricasoli concesse in gran fretta, «con istruttoria piuttosto sbrigativa» (De Mattia 1990, p. 7) l'autorizzazione alla fondazione di un altro istituto di emissione, la Banca Toscana di Credito per le Industrie e il Commercio, abilitata a emettere buoni di cassa al portatore simili a obbligazioni, ma convertibili in valuta metallica. Nata con l'ambizione di raccogliere fino a 40 milioni di capitale, la Banca Toscana di Credito avviò le operazioni, in un unico sportello, solo nel dicembre 1863 e non superò mai i 5 milioni di capitale. La circolazione delle sue banconote fu limitata dalla presenza della più forte rivale locale. Malgrado le iniziali ambizioni di sostenere investimenti ferroviari e industriali su larga scala, la Banca Toscana fu gestita in modo prudente sino a quando confluì nella Banca d'Italia.

Lo Stato Pontificio includeva realtà socioeconomiche disomogenee, con modeste interazioni reciproche. Le legazioni emiliane mostravano una vivacità, anche culturale e politica, che non si trovava nelle regioni centrali. Al momento dell'annessione, Roma era una città relativamente piccola (212.000 abitanti, contro i 300.000 di Milano e il mezzo milione di Napoli), con un modesto ceto medio e uno scarso sviluppo del sistema bancario e finanziario (Di Nardi 1953, p. 97). Nel 1833, un gruppo di finanzieri francesi fu autorizzato dal governo ad aprire un istituto di circolazione e sconto chiamato Banca Romana, subito gravato da forti immobilizzi che comportarono notevoli perdite. Le rivoluzioni del '48 costrinsero la Banca Romana a sospendere i pagamenti e a chiedere il corso forzoso dei suoi biglietti, lasciando i patrioti della Repubblica del '49 privi dell'appoggio di un istituto bancario di riferimento. La banca, rifondata nel 1850 come Banca dello Stato Pontificio, dovette sospendere la convertibilità delle proprie banconote nel 1854 e nel 1861. Dopo di allora, il governo pontificio autorizzò la Banca a limitare il cambio giornaliero dei biglietti che, di fatto, non ebbe quasi più luogo (Fratianni, Spinelli 1991, p. 145). Nel 1855, su richiesta dei commercianti bolognesi insoddisfatti della succursale che la Banca dello Stato Pontificio aveva aperto nella città, il governo autorizzò un secondo istituto di emissione, la Banca delle Quattro Legazioni, con sede a Bologna e filiali a Ravenna, Ferrara e Forlì. Dotata di un piccolo capitale (200.000 scudi, poco più di un milione di lire piemontesi)[53], la banca si dedicò soprattutto a operazioni di sconto e di credito mobiliare, evitando di espandere la circolazione. Il suo stato patrimoniale conteneva titoli azionari di società in accomandita, strade ferrate, minerarie e di altro tipo, cosa normalmente non consentita agli istituti di circolazione.

Alla vigilia dell'annessione (1859), fu fondata, nel piccolo ducato borbonico di Parma, una banca di emissione (chiamata appunto Banca di Parma) con capitale di un milione di lire, di cui solo 600.000 versate, che divenne operativa solo nel 1860[54]. Nella sua breve vita, fu gestita con prudenza, senza

---

[53] Al cambio di 1 scudo per 5,375 lire stabilito nel 1866 quando lo Stato Pontificio adottò il sistema italiano per ottenere l'ammissione all'Unione Monetaria Latina.
[54] Banca Nazionale degli Stati Sardi, Verbali del Consiglio superiore, 31 gennaio 1861, punto 5.

soffrire perdite, malgrado anch'essa avesse investito parte del proprio attivo in azioni industriali. Nel vicino Ducato di Modena, che utilizzava mezzi di pagamento degli Stati limitrofi, non nacque alcun istituto di emissione.

Nel 1860 operavano, nel Regno di Napoli, due banchi con privilegio di emissione di «fedi di deposito» pagabili a vista e dunque con caratteri in gran parte assimilabili a quelli della banconota convertibile[55]. Di natura pubblicistica, questi istituti si collegavano ai primi banchi pubblici o monti di credito su pegno la cui apertura era stata autorizzata dal viceré spagnolo tra il 1584 e il 1597 (De Mattia 1990; De Marco 1996; Balletta 2008). Un'ottava banca di questo tipo era stata fondata nel 1661. Autorizzate a ricevere depositi, queste istituzioni bancarie si distinguevano, tra l'altro, dai banchieri privati per il carattere permanente: una gestione, a volte sotto il controllo del governo, rigorosa e sostanzialmente conservatrice che le fece progressivamente crescere di dimensione. Quando nel 1794 furono riunite in un unico Banco delle Due Sicilie, diedero vita alla maggiore banca della penisola per dimensione. Nel 1816, con l'unificazione dei regni di Napoli e di Sicilia, il Banco fu organizzato in due sezioni: una Cassa di Corte per il servizio di tesoreria delle amministrazioni e delle opere pubbliche e una Cassa dei Privati per la raccolta di depositi e il credito commerciale. Nel 1843 il Banco delle Due Sicilie aprì nell'isola casse di corte a Palermo e Messina, con ordinamento e funzioni identici a quelli partenopei. Con la separazione dell'amministrazione siciliana da quella delle province continentali, seguita alla repressione dell'insurrezione del 1848, le due Casse furono incorporate (1853) in un Banco dei reali domini al di là del Faro, indipendente da quello di Napoli. Inizialmente si trattò di un istituto di deposito, ma nel 1858 esso fu autorizzato a compiere operazioni di anticipazione e di sconto ed emettere fedi di credito, divenendo così un banco di emissione. Nel 1860 prese il nome di Banco di Sicilia mentre quello delle Due Sicilie divenne Banco di Napoli. In entrambi i casi si trattava di istituti controllati dallo Stato, con direzione

---

[55] Un'importante differenza stava nel fatto che le fedi erano di taglio molto variabile mentre i tagli delle banconote erano in numero limitato.

nominata dal ministro delle Finanze, privi di capitale sociale. I due banchi non emettevano biglietti fiduciari come quelli delle banche di circolazione degli altri Stati preunitari ma, come si è visto nel precedente capitolo, rilasciavano fedi (certificati) di deposito nominativi, detti «carta apodissaria», di norma rimborsabili a vista in metallo al nome degli ordinatari, che si trasferivano con una semplice girata. Nella forma, la modalità della circolazione era quella dell'assegno che noi oggi diremmo circolare, perché garantito dalla banca emittente, ma la loro sostanza era quella del biglietto di banca. Benché, dunque, secondo i canoni prevalenti nel resto d'Europa, la carta apodissaria non potesse formalmente considerarsi una banconota, il pubblico delle regioni meridionali ne aveva per decenni fatto ampiamente uso come principale mezzo di pagamento. Per questo motivo, i due banchi meridionali sono considerati qui alla stregua di istituti di emissione, anche se le loro fedi non furono legalmente assimilate ai biglietti degli altri istituti che con la legge bancaria del 1874. I due banchi meridionali continuarono, come vedremo, a emettere moneta fino al 1926.

5. Dopo l'Unità

«La lira italiana e i suoi multipli e sottomultipli hanno corso legale in tutte le provincie del Regno d'Italia» (R.D. 17 luglio 1861, n. 123). Fu questa una delle prime indispensabili riforme istituzionali dello Stato unitario, proclamato solo quattro mesi prima. La lira italiana era identica per contenuto metallico a quella del Regno di Sardegna, a sua volta uguale ai franchi francese, belga e svizzero. Un anno dopo, con la cosiddetta legge Pepoli (legge 24 agosto 1862, n. 788), fu abolito il corso legale per tutte le monete circolanti nelle provincie appartenute ai vari Stati preunitari. L'unificazione monetaria di fatto, tuttavia, seguì molto lentamente a quella legale e assai lenta fu anche la formazione di un mercato finanziario unico (Toniolo, Conte, Vecchi 2003).

Al momento dell'unificazione circolavano nel nuovo regno, banconote convertibili per circa 150 milioni di lire e altri ben 210 milioni di fedi di deposito emesse dai banchi meridionali.

A fronte di questa massa cartacea circolava un ammontare triplo di monete metalliche di vario genere (De Mattia 1990, pp. 10-11)[56]. Radicate consuetudini locali, diffidenza verso la cartamoneta, scarsa fiducia nel nuovo Stato contribuiscono a spiegare la lentezza con la quale la lira italiana si diffuse nelle diverse regioni come principale mezzo di pagamento.

L'organizzazione del sistema finanziario e bancario era, ovviamente, il tassello principale anche dell'unificazione monetaria. Il nuovo regno, seppure economicamente arretrato, attrasse subito l'interesse di capitalisti europei che ne videro le potenzialità, quantomeno per la dimensione demografica. Nel 1863 fu fondato, con capitali in gran parte francesi, il Credito Mobiliare, sul modello del Crédit Mobilier francese dei fratelli Pereire, che furono tra i fondatori anche della banca italiana. Benché relativamente sottocapitalizzato, il Credito Mobiliare divenne presto la banca di riferimento d'importanti gruppi industriali, tanto da essere, alla fine degli anni Settanta, il principale attore sul mercato mobiliare italiano, una banca «vocata all'assunzione di portafoglio cambiario, titoli e crediti nel settore industriale» (La Francesca 2004, p. 45). Nel 1872 fu fondata la Banca Generale che in pochi anni divenne il secondo istituto di credito del Paese (Mori 1992), con attività industriali a Milano e immobiliari a Roma, dove aveva stabilito la sede sociale (Polsi 2000a).

La nascita d'importanti istituti di credito, orientati allo sviluppo industriale, fu accompagnata da un fiorire di banche commerciali minori e dal rafforzamento progressivo delle casse di risparmio e delle banche cooperative. Benché l'offerta di credito crescesse e si articolasse in forme diverse, gli istituti di emissione non ridimensionarono la propria presenza nei mercati dell'investimento azionario e immobiliare, per concentrarsi solo sull'attività di sconto cambiario e di finanziamento al governo, coerente con l'esigenza di mantenere un elevato grado di liquidità. Così non fu, in parte perché insieme all'offerta cresceva anche la domanda di credito che si voleva soddisfare, in parte perché solo l'assunzione di rischi consen-

---

[56] Nel 1862 il governo stimò la circolazione metallica in 1.112 milioni, al cambio ufficiale nella lira italiana.

tiva alle banche di emissione di ottenere forti rendimenti del capitale necessari a soddisfare gli azionisti che si aspettavano dividendi elevati e stabili. La stessa Banca Nazionale, guidata con relativa prudenza da Bombrini, non mancò di partecipare, in proprio o cooperando con le grandi banche commerciali, a investimenti a lungo termine in imprese ferroviarie e manifatturiere. Vedremo nel prossimo capitolo gli esiti di queste scelte, soprattutto su istituti minori.

Nelle ultime settimane di vita Cavour confermò il proprio obiettivo di tendere alla creazione di un grande istituto di emissione nazionale, autonomo dal governo e preferibilmente unico. Volle dunque subito favorirne la raccolta di depositi nelle province appena annesse, spedendo Bombrini a Napoli e Palermo, mentre ancora la spedizione di Garibaldi si stava concludendo, per aprire immediatamente sedi nei due capoluoghi e succursali in altri centri. Questa politica era però fortemente avversata da Antonio Scialoja e da uomini d'affari napoletani come Giuseppe Mauro e Antonio Arlotta, che puntavano alla nascita di una nuova Banca Napoletana, con capitali meridionali, che sostituisse il Banco di Napoli e quello di Sicilia (Romeo 2012, pp. 856-858; Cardarelli 1990).

Morto Cavour, prevalse in Parlamento la parte favorevole alla pluralità delle banche di emissione. Nel 1867, la Banca Nazionale degli Stati Sardi prese il nome di Banca Nazionale *nel* Regno d'Italia, piuttosto che *del* Regno, perché ciò avrebbe in qualche modo sancito un primato sugli altri istituti di emissione e l'aspirazione all'unicità. Si trattò di un compromesso che intendeva indicare l'appartenenza al nuovo Stato, ma non indicava un obiettivo monopolistico. La Banca Nazionale, tuttavia, non abbandonò un disegno di supremazia di fatto rispetto agli altri istituti di emissione e lo perseguì negli anni successivi sia con l'incorporazione di quelli minori, sia con la concorrenza[57], sia con la ricerca di consensi per misure di regolazione volte a limitare l'azione degli altri istituti alle loro aree di insediamento.

---

[57] Le dipendenze della Banca Nazionale degli Stati Sardi passarono da 8 nel 1860, a 20 nel 1861, a 28 nel 1862, a 31 nel 1863, a 36 nel 1864, a 39 nel 1865, a 46 nel 1866 (Di Nardi 1953, p. 47).

Abbiamo visto che la Lombardia non possedeva una banca di emissione autoctona. Nei mesi precedenti la guerra del 1859 si era insediata a Milano una commissione per studiare come integrare la Lombardia nel sistema amministrativo piemontese. Fra i temi trattati non mancò la questione bancaria. La commissione discusse due possibilità: la creazione di una nuova banca di emissione o l'apertura di una filiale della Nazionale a Milano (Conte 1990, pp. 223-226). Dopo l'annessione, prevalse la seconda opzione: un decreto dell'11 giugno 1859 stabilì l'apertura a Milano di una filiale della Banca Nazionale degli Stati Sardi (Rossi, Nitti 1968). Fu dunque il governo a determinare l'insediamento della Banca Nazionale in Lombardia, prima che vi arrivassero le concorrenti.

Gli azionisti della Banca Parmense non si opposero all'incorporazione da parte della Banca Nazionale, decretata dal governo il 24 febbraio 1861[58].

Se il processo di assorbimento della Banca Parmense avvenne senza difficoltà, lo stesso non può dirsi della Banca per le Quattro Legazioni. Dopo il plebiscito di annessione del marzo 1860, il governo sostenne anche in questo caso l'incorporazione della banca bolognese nella Nazionale. Il progetto trovò il favore degli azionisti non solo della Nazionale, ma anche della Banca per le Quattro Legazioni, interessati a cogliere l'occasione per uscire da un investimento piuttosto infelice, contando su un premio di incoraggiamento. Le difficoltà derivarono dalla debolezza dell'istituto bolognese. La commissione della Banca Nazionale incaricata di predisporre l'incorporazione, ritenne che la Banca per le Quattro Legazioni non avesse il carattere tipico delle banche di circolazione (argomentando, ad esempio, che possedeva un non trascurabile portafoglio azionario di società industriali)[59]. Inoltre, la banca era gravata da notevoli perdite (Porisini 1969, p. 241)[60]. Malgrado ciò, la

---

[58] Le azioni furono pagate al prezzo di 600 lire, di cui 500 per il valore nominale e 100 come premio. Tutto il personale della banca fu impiegato nella nuova filiale di Parma della Banca Nazionale.
[59] Banca Nazionale, Verbali del Consiglio superiore, 31 gennaio 1861, punto 5.
[60] La commissione stimò le perdite attorno a 543.000 lire, ma esse poi raggiunsero i 3 milioni.

Nazionale decise di procedere all'incorporazione[61]. Ricaddero poi sulla Nazionale i costi della cattiva gestione della banca bolognese, dovuti anche alla facilità con cui il credito veniva erogato agli stessi soci fondatori e agli amministratori, senza opportune garanzie (ivi, pp. 241-242). Oltre alla liquidazione delle perdite, altri problemi si trascinarono per anni, tra i quali la difficoltà di introdurre l'uso delle tre firme sulle cambiali, che in precedenza venivano accettate anche solo con due firme.

Subito dopo l'annessione del Veneto, nel 1866, il Consiglio superiore della Banca Nazionale incaricò il proprio direttore di ottenere l'approvazione del governo per estendere l'azione della banca ai territori veneti, prendendo contatti con l'istituto lagunare ai fini di una fusione[62]. La proposta avanzata dalla Nazionale incontrò anche in questo caso il favore degli azionisti dello Stabilimento Mercantile di Venezia, insoddisfatti del proprio investimento. Le trattative per una cessione in blocco alla Nazionale di tutte le 5.000 azioni dell'istituto veneziano andarono, però, a rilento, soprattutto perché l'attenzione politica era concentrata su un progetto di fusione tra le due banche toscane del quale diremo. Superate, evitando il termine «fusione»[63], le resistenze del Consiglio di Stato e del Parlamento, si arrivò a una prima convenzione secondo la quale lo Stabilimento avrebbe scontato presso la Nazionale tutto il proprio portafoglio, a fronte della cessione di tutte azioni della Banca. Il Consiglio di Stato vide nella convenzione una fusione mascherata indicando al governo l'opportunità che la decisione fosse assunta dal Parlamento. Fu dunque stipulata una seconda convenzione secondo la quale lo Stabilimento Mercantile avrebbe rinunciato al diritto di emissione in cambio

---

[61] Delle 2.000 azioni della Banca per le Quattro Legazioni, 589 erano nel portafoglio della banca stessa. Sulle restanti fu lasciata libertà di scelta ai singoli azionisti: ricevere un rimborso di 580 lire per azione (532 di valore nominale e 48 di premio) o scambiarle in rapporto di 2 a 1 con quelle della Nazionale, ricevendo in aggiunta 114 lire, Assemblea ordinaria degli azionisti della Banca Nazionale del 26 marzo 1861 (da Porisini 1969, p. 232).
[62] Verbali del Consiglio superiore, 25 luglio 1866, punto 18.
[63] Verbali del Consiglio superiore, 12 dicembre 1866, punto 6: «gioverebbe meglio di non considerare la cosa dal punto di vista di una fusione, al che forse la Banca non avrebbe potuto riuscire, ma di conchiuderla, (come è veramente) nel corso di una operazione di sconto dei valori dello Stabilimento Mercantile».

della cessione dell'80% delle azioni. Si dovette poi attendere fino al giugno 1867 per il regio decreto di approvazione che ottenne per la Banca Nazionale il monopolio di emissione nelle province venete.

La Banca Nazionale degli Stati Sardi non riuscì a incorporare né le banche meridionali, né quelle toscane. Dopo la caduta del regno borbonico si formarono diverse posizioni sul futuro del sistema di emissione nelle province meridionali. Cavour, come accennato sopra, si oppose energicamente al tentativo di alcune ditte bancarie napoletane di reagire all'apertura di una filiale napoletana della Nazionale fondando una nuova banca di emissione con 25 milioni di capitale (De Rosa 1989a)[64]. Il disegno di Cavour consisteva nel trasformare il Banco di Napoli in banca di sconto e deposito[65], togliendole la facoltà di emettere polizze e fedi di credito. Si sarebbe dato così il monopolio di emissione alla Nazionale, agevolandola nell'espansione in quelle aree. Ciò avrebbe richiesto un importante aumento di capitale, riservato a investitori meridionali. La posizione di Cavour rispecchiava pienamente gli interessi della Banca Nazionale, che vedeva nel Banco di Napoli un concorrente pericoloso. L'incorporazione funzionò, come si è visto, con banche di minore dimensione (Parmense, Quattro Legazioni e Stabilimento Mercantile), ma il caso dei banchi meridionali, soprattutto di quello napoletano, era ben diverso, anzitutto per la dimensione di quest'ultimo il cui attivo, pari a 122,2 milioni, non era molto inferiore ai 145,5 milioni della Banca Nazionale. Quanto alle riserve metalliche, il Banco di Napoli era in una posizione nettamente superiore a quella dei piemontesi (54,6 milioni contro 32,7; De Mattia 1977, tomo I, tav. 2, pp. 214-215). In eventuali trattative per una fusione, il potere contrattuale dei napoletani sarebbe stato molto forte e la Banca Nazionale non era disposta a grandi concessioni. Ad esempio, essa non intendeva in alcun modo assumere l'attività di monte dei pegni (De Rosa 1983, p. 84)

---

[64] Lettera di Scialoja a Cavour, 17 dicembre 1860, *Epistolario*, vol. XII, tomo 6, n. 4054, pp. 2981-2983.
[65] Lettera di Cavour a Nigra, 4 febbraio 1861, *Epistolario*, vol. XVIII, tomo I, n. 477, pp. 338-340.

che occupava una posizione importante nei bilanci del Banco di Napoli[66].

Il progetto di Cavour dunque naufragò nella situazione politica che si creò dopo la scomparsa del suo promotore. Fallì anche il progetto di costituire una nuova banca di circolazione nel sud Italia e il Banco di Napoli continuò a emettere fedi di credito, impedendo alla Banca Nazionale di ottenere il monopolio per le proprie banconote nelle regioni meridionali. Le filiali della Nazionale aperte nell'ex Regno delle Due Sicilie incontrarono forti difficoltà ad affermarsi, data la fiducia della quale godevano nel pubblico le fedi emesse dai due banchi. Una fiducia consolidata negli anni e favorita dallo Stato. Le fedi napoletane erano accettate nelle casse pubbliche, facilmente convertibili in metallo presso i cassieri dello Stato ed esenti da bolli sugli atti contrattuali. In sostanza, avevano acquisito di fatto una sorta di garanzia del governo (Sannucci 1990, p. 200).

In questa situazione la Banca Nazionale degli Stati Sardi avrebbe potuto rinunciare a espandersi nel Mezzogiorno, ma il governo l'aveva indotta ad aprirvi numerose filiali, con costi elevati dei quali l'insuccesso della circolazione delle proprie banconote non permetteva la copertura. La Nazionale cercò dunque da un lato di ottenere vantaggi dallo Stato – in particolare il servizio di tesoreria e, nel 1866, il corso forzoso – dall'altro di indebolire il concorrente più insidioso, ossia il Banco di Napoli.

Il tentativo di logorare il Banco di Napoli assorbendone le riserve metalliche si ritrova nella testimonianza di Avitabile (direttore del Banco), ripresa dalla Relazione della Commissione parlamentare d'inchiesta sul corso forzoso (1868, vol. III, pp. 102 ss.). L'accusa era la seguente: la Banca Nazionale comprava titoli di Stato nel Nord Italia e li rivendeva sulle piazze meridionali contro fedi di credito che presentava poi alle casse dei banchi meridionali per la conversione in metallo (De Rosa 1989a, pp. 64-65). Le richieste di conversione di fedi di credito furono numerose. Tra la fine del 1865 e l'ini-

---

[66] Si trattava di ben 11 milioni sui 63,4 di credito complessivo (De Mattia 1977, t. I, tav. 1, p. 42; t. I, tav. 2, pp. 214).

zio del 1866, la Banca Nazionale sarda raccolse 12 milioni di fedi di credito e ne chiese la conversione in oro al Banco di Sicilia che la concesse facilmente richiedendo a propria volta la conversione al Banco di Napoli in virtù di un accordo di reciprocità che obbligava ciascuno alla conversione in metallo delle fedi emesse dall'altro. Di fronte al tentennamento del Banco di Napoli, il Banco di Sicilia cessò di accettare le fedi napoletane, con notevoli danni al commercio nelle province meridionali. Bombrini offrì una debole spiegazione della politica della sua banca, riconducendola a un supposto incarico ricevuto dal governo di favorire l'unificazione monetaria ritirando dalla circolazione le monete metalliche borboniche (Relazione della Commissione parlamentare d'inchiesta sul corso forzoso, 1868, vol. III, p. 367). È certo, comunque, che il disavanzo delle partite correnti drenava riserve auree dalla Banca Nazionale. Questa era, dunque, costantemente alla ricerca di modi per rimpiazzarle e le banche meridionali erano una miniera alla quale poteva facilmente attingere.

Se le dimensioni del Banco di Napoli erano oggettivamente di ostacolo a progetti di fusione, indipendentemente dalle resistenze politiche locali e nazionali, questo problema non esisteva nel caso delle ben più piccole banche toscane. Nel 1862, con la caduta del governo di Ricasoli, che aveva sino ad allora protetto le banche toscane dall'espansione della Banca Nazionale sarda, si fece largo l'idea di una fusione tra questa e la Nazionale Toscana. Il governo vedeva con favore l'opportunità di contare su un grande istituto di credito per il sostegno delle squilibrate finanze statali (Cardarelli 1990). Dopo un primo accenno alla possibilità di una fusione da parte di Gioacchino Pepoli, ministro delle Finanze nel primo governo Rattazzi (1862), un preciso progetto fu presentato al Senato l'anno dopo da Giovanni Manna, ministro dell'Agricoltura, Industria e Commercio nei governi Farini e Minghetti, dando il via a trattative tra le due banche. Queste si protrassero per diversi anni. I punti in discussione erano principalmente tre: il numero di firme richieste sulle cambiali da scontare, il grado di decentramento e il livello di controllo governativo sulla gestione. La banca piemontese scontava solo cambiali a tre firme, mentre a quella toscana ne bastavano due (Gigliobianco

1990). Non si trattava di una semplice questione tecnica, ma di un diverso modo di vedere il ruolo delle banche di emissione poiché la terza firma era generalmente apposta da una banca che portava poi la carta al risconto presso la banca di emissione, che tendeva pertanto ad assumere il ruolo di banca delle banche. Vedremo a più riprese come la sottigliezza del mercato degli effetti cambiari rimase a lungo una caratteristica del sistema bancario italiano e che ciò rallentò lo sviluppo della pratica del risconto obbligando la Banca d'Italia a ricorrere a strumenti diversi per il finanziamento del sistema bancario. Quanto all'organizzazione interna, l'istituto fiorentino insisteva per un modello amministrativo decentrato, che gli garantisse un margine di indipendenza anche in seguito alla fusione. Al contrario, la Banca Nazionale sarda, basata su un modello gestionale accentrato, temeva che il decentramento avrebbe dato risultati inefficienti. Infine, i piemontesi si opponevano a una ingerenza eccessiva del governo, mentre i toscani erano disponibili persino ad accettare una nomina governativa del direttore dell'istituto. Il progetto Manna accontentava la Banca Nazionale sarda nel richiedere la terza firma per le cambiali (concedendo alla toscana cinque anni di transizione), ma accoglieva le preferenze toscane per un assetto amministrativo decentrato e introduceva la nomina del governatore della banca da parte del potere esecutivo. È interessante notare come, in questo progetto, il governatore dovesse rappresentare «gli interessi generali dello Stato», sottolineando così il difficile equilibrio tra esigenze pubbliche e private. Nonostante la caduta del governo Minghetti del quale faceva parte Manna, il suo disegno di legge proseguì l'*iter* parlamentare e, nel gennaio 1864, una commissione per lo studio del progetto di legge presentò una relazione, conosciuta sotto il nome del relatore Paolo Farina[67], molto vicina alle posizioni dei piemontesi, consigliando di accentrare il controllo della banca nel Consiglio superiore che rappresentava gli interessi degli azionisti. Il Senato accolse i suggerimenti della relazione Farina. La Banca Nazionale Toscana cercò di contrastarne l'approvazione alla

---

[67] 1806-1871. Genovese, deputato del Regno di Sardegna (1848-1857), senatore del Regno di Sardegna e poi d'Italia (1857-1871).

Camera sottolineando i vantaggi dei sistemi decentrati: vicinanza ai bisogni locali, la fiducia del pubblico, l'autonomia dal potere statale (Cardarelli 1990, p. 125). La legge non fu però approvata in tempo alla Camera e il progetto Manna fu poi abbandonato.

Quintino Sella, ministro delle Finanze nel nuovo governo La Marmora, condivideva però la convinzione sull'opportunità di fondere le due banche. Il 16 marzo 1865 presentò, con il deputato Luigi Torelli[68], un disegno di legge per la creazione di una Banca d'Italia, frutto della fusione tra la Banca Nazionale del Regno di Sardegna e la Banca Nazionale Toscana. Il progetto, pur accentrando l'amministrazione, garantiva gli interessi locali tramite la rappresentanza delle sedi nel Consiglio superiore, lasciando agli azionisti la nomina del governatore (ivi, p. 127). Le nuove condizioni favorivano maggiormente i torinesi, ma i toscani parevano ormai disposti alla fusione, consapevoli che non sarebbero riusciti a impedire l'apertura di una filiale della Banca Nazionale sarda in Toscana (cosa che accadde nel giugno 1865) e che, privi del monopolio regionale, non avrebbero potuto reggere la concorrenza. Nemmeno il progetto Sella-Torelli riuscì a essere approvato nei tempi prescritti. Le due banche cercarono allora di forzare i tempi firmando, nell'ottobre 1865, una convenzione con la quale si consideravano fuse, con il nome di Banca d'Italia. Alla banca toscana sarebbero state riservate 15.000 azioni sulle 60.000 emesse in seguito al previsto aumento di capitale. Approvata dal governo, la fusione approdò in Parlamento nel novembre 1865. Il governo commise tuttavia l'errore di assegnare immediatamente il servizio di tesoreria alla neonata Banca d'Italia, scatenando la dura opposizione del Banco di Napoli, determinato a non perdere il servizio di tesoreria statale nelle province meridionali (De Rosa 1989a, p. 69). Il deputato Nicola Nisco, futuro direttore della filiale fiorentina del Banco napoletano, presentò un'interpellanza alla Camera contro l'affidamento del servizio di tesoreria alla nuova banca

---

[68] 1810-1887. Di Sondrio. Deputato del Regno di Sardegna, ministro dell'Agricoltura, Industria e Commercio nel II governo La Marmora. Prefetto in varie città.

di emissione. In un clima di crescente opposizione al governo, dovuta anche all'inasprimento della pressione fiscale, la Camera approvò l'interpellanza, provocando le dimissioni del primo governo La Marmora.

Le speranze dei napoletani furono però subito tradite, quando Antonio Scialoja, ministro delle Finanze nel secondo governo La Marmora, ripresentò il progetto Sella al Senato. Nonostante le pressioni napoletane sui senatori, il progetto fu approvato e trasmesso alla Camera a fine febbraio 1866, dove una commissione fu incaricata di studiarlo. Si era, dunque, arrivati a un passo dalla creazione di una Banca d'Italia quando governo e Parlamento furono investiti da problemi più gravi e urgenti: una crisi finanziaria e la prospettiva imminente di guerra.

Con l'introduzione del corso forzoso dei biglietti della Banca Nazionale nel Regno[69] (maggio 1866), della quale diremo, gli azionisti della Nazionale Toscana, esclusi dal privilegio dell'inconvertibilità in oro delle banconote, rinnovarono le pressioni per la fusione con un concorrente favorito dallo Stato e ormai imbattibile nella stessa Toscana. A quel punto, tuttavia, l'interesse di Bombrini e dei suoi azionisti per la fusione andava raffreddandosi poiché la sospensione della convertibilità, concessa alla sola Nazionale, metteva quest'ultima in una condizione di preminenza rispetto alle altre. Le banconote convertibili e inconvertibili avevano il medesimo valore legale, rendendone conveniente l'impiego soprattutto nei pagamenti allo Stato e favorendone pertanto la diffusione. Il 10 ottobre 1866 la Banca Nazionale Toscana firmò con la Nazionale nel Regno una convenzione per il proprio scioglimento e l'incorporazione nell'istituto maggiore, prevedendo il passaggio di 15.000 azioni di quest'ultimo agli azionisti toscani. Tuttavia il Consiglio di Stato indusse il governo a rinunciare a procedere per decreto, argomentando che era necessaria l'approvazione del Parlamento (Cardarelli 1990, pp. 131-132). Il tentativo di fusione fu nuovamente bloccato, innescando

---

[69] Il R.D. 1° maggio 1866, n. 2873, che sospese la convertibilità metallica della lira, introducendo il cosiddetto «corso forzoso», definì la Banca Nazionale degli Stati Sardi come Banca Nazionale nel Regno, nome che assunse da quel momento in avanti.

2 – Prima della Banca d'Italia: banche di emissione

una lunga contesa tra i due istituti circa le 15.000 azioni che i toscani ritenevano dovessero essere loro riservate benché la fusione non fosse avvenuta. La sentenza, arrivata solo alla fine del 1868, stabilì che la Nazionale sarda poteva disporre liberamente delle 15.000 azioni (ivi, p. 135).

Un ultimo tentativo di fusione tra le due banche fu compiuto nel 1869 dal fiorentino Luigi Guglielmo Cambray-Digny[70], ministro delle Finanze nel primo governo Menabrea. Il suo progetto prevedeva la fusione tra la Banca Nazionale nel Regno e la Banca Nazionale Toscana, un aumento del capitale della prima a 200 milioni e l'assegnazione del servizio di tesoreria sia alla Banca Nazionale nel Regno, sia al Banco di Napoli. Quest'ultimo punto avrebbe dovuto garantire l'appoggio dei parlamentari meridionali, fiaccando la resistenza dei fautori della libertà di emissione. Ancora una volta, il progetto si arenò. La motivazione della Commissione della Camera incaricata di studiare la proposta metteva in luce la forza degli interessi locali, condannando la brama di guadagno degli azionisti toscani che, mirando solo al proprio tornaconto, avrebbero sacrificato la banca locale e con essa l'economia toscana (ivi, pp. 136-137). Ciò mise definitivamente fine a una lunga e sfortunata vicenda che avrebbe potuto fare nascere una robusta Banca d'Italia con quasi trent'anni di anticipo. Nel ventennio successivo non si parlò più di unificazione dell'emissione. Vedremo che, con la legge bancaria del 1874, il sistema pluralistico di emissione fu definitivamente sancito e regolato.

Nel 1870, l'annessione di quanto restava dello Stato Pontificio aggiunse al Regno d'Italia un sesto istituto di emissione, dopo che furono abbandonate le trattative di fusione subito intavolate dalla Banca Nazionale con i dirigenti di quella pontificia (ivi, p. 139). Dopo l'annessione, la Banca dello Stato Pontificio, fondata nel 1850, prese il nome di Banca Romana.

---

[70] 1820-1906. Politicamente vicino al gruppo dei liberali moderati toscani, inizialmente contrario all'annessione della Toscana al Regno d'Italia, fu un deciso sostenitore degli interessi dell'ex Granducato. Sindaco di Firenze dal 1865 al 1867, al tempo del trasferimento in quella città della capitale. Senatore del Regno. Dal 1872 al 1878 presidente della Banca Nazionale Toscana, in quella veste condusse le trattative tra il governo e i rappresentanti delle banche per il varo della legge del 1874 (L'Unificazione, Treccani 2011, disponibile in https://www.treccani.it/enciclopedia/luigi-guglielmo-cambray-digny_%28L%27Unificazione%29/).

Si trattava di un istituto dalla gestione quantomeno irregolare, non in grado di convertire liberamente in oro le proprie banconote. La contabilità era tenuta in modo inesatto e confuso, nascondendo la sostanziale perdita dell'intero capitale. La Banca aveva comprato azioni proprie per valori superiori a quelli di mercato, un gran numero di effetti in sofferenza era contabilizzato al valore nominale. Negli anni precedenti erano stati distribuiti dividendi elevati pur in mancanza di utili. Il governo italiano modificò immediatamente gli statuti della banca, vietandole, tra l'altro, di distribuire dividendi eccedenti il 5% del valore nominale del proprio titolo fino a quando il capitale non fosse stato interamente ricostituito (Supino 1929, p. 55). La Banca Romana restò la più debole e opaca tra quelle di emissione: vedremo che nel 1893, insolvente e travolta dagli scandali, dovette essere liquidata dalla nascente Banca d'Italia.

6. *1866: carta inconvertibile*

Abbiamo visto che, negli anni immediatamente successivi alla proclamazione del regno, la modesta crescita economica si accompagnò a un disavanzo della bilancia delle partite correnti con l'estero che, nel 1864, arrivò quasi al 6% del PIL. Nello stesso anno il disavanzo del bilancio dello Stato si avvicinò al 7% del prodotto interno lordo[71]. Una gran parte di questi disavanzi gemelli doveva essere finanziata con indebitamento in valuta convertibile. Nel primo quinquennio di storia unitaria, almeno 2/5 dei prestiti governativi erano collocati a Londra e Parigi, e lo stesso avveniva per le azioni e le obbligazioni delle società italiane (Pecorari 1994, p. 34). Nel 1865, il prezzo della Rendita italiana sulla piazza di Parigi era inferiore a quello medio delle borse italiane, incentivando un arbitraggio tra i due mercati. Per l'acquisto di titoli italiani all'estero, gli operatori si rivolgevano spesso alle banche di emissione per ottenere il metallo necessario. Per far fronte a questa domanda, la Banca Nazionale degli Stati Sardi aumentò

---

[71] I disavanzi erano rispettivamente di 400 e 470 milioni rispetto a un PIL di 7,3 miliardi (Baffigi 2013, tab. 8).

le importazioni di oro dall'estero tenendo al tempo stesso il tasso di sconto a un livello più elevato di quello di Parigi e Londra (Di Nardi 1953, p. 122) per limitare l'esportazione speculativa di metallo. All'inizio del 1866 il fallimento dell'impresa di costruzioni londinese Watson, Overend & Co. e di due altre a essa collegate diede luogo a una serie di fallimenti a catena che portarono, in maggio, alla chiusura degli sportelli della banca Overend Guerney e all'inizio di un panico bancario generalizzato (Schwartz 1987; Ugolini, Flandreau 2014). In questo quadro, le banche di Francia e d'Inghilterra aumentarono i tassi di sconto, dal 3%, rispettivamente al 5 e all'8% (Pecorari 1994, p. 34)[72], rendendo ancora più difficili gli equilibrismi monetari sia dei piemontesi sia dei toscani[73].

Le notizie provenienti da Londra e l'azione di Bismarck, che sin dall'estate muoveva la propria diplomazia a Firenze e Parigi per cercare di convincere l'Italia ad aprire un fronte meridionale nella guerra all'Austria che la Prussia stava programmando, crearono una situazione di forte incertezza che produsse una significativa corsa ai depositi delle banche di sconto ritenute meno solide. Tra quelle più colpite vi furono la Cassa Nazionale di Sconto di Firenze e il Banco Sconto e Sete di Torino. Le banche in difficoltà fecero pressioni sul governo perché sospendesse la convertibilità delle banconote in metallo (allora si diceva «adottasse il corso forzoso»), come misura necessaria a consentire agli istituti di emissione di largheggiare nel fornire liquidità alle banche pericolanti, stabilizzando il mercato del credito. La Nazionale ottenne dal governo un prestito di 10 milioni in moneta metallica che risultò ben presto insufficiente. In aprile (Di Nardi 1953, p. 124), il direttore generale del Tesoro dichiarò di avere in cassa mezzi sufficienti a coprire le sole spese ordinarie e solo sino alla fine di giugno. Aggiunse che non ci sarebbe stato

---

[72] La Banca d'Inghilterra rifiutò di salvare Overend Gurney e rispose al panico seguito al fallimento prestando abbondantemente a tutte le altre banche a tassi molto elevati (come raccomandato più tardi da Walter Bagehot). In questo modo riportò la calma sui mercati e stabilì definitivamente la sterlina come principale moneta internazionale (Ugolini, Flandreau 2014).

[73] Tipicamente la Banca Nazionale Toscana aumentò il tasso di sconto mentre la Banca Nazionale sarda restrinse il credito, sospendendo le anticipazioni superiori a 1.000 lire.

denaro per spese straordinarie. Un mese prima, tuttavia, l'Italia aveva firmato con la Prussia il Trattato di Berlino che la impegnava a dichiarare guerra a Vienna qualora i prussiani avessero attaccato l'Impero austriaco. La guerra, con le sue forti spese straordinarie, era dunque ormai una certezza, come ben sapeva il direttore generale del Tesoro.

Il governo non disponeva di molti strumenti per finanziare la guerra. La pressione fiscale, già elevata, non poteva quindi essere aumentata, anche in vista del malcontento diffuso nel Mezzogiorno. Il prezzo della Rendita italiana era sceso a 65 lire su 100 di valore nominale, rendendo impensabile il ricorso a un nuovo prestito pubblico, anche per il forte aumento dei tassi in Francia e Germania. In una situazione di confusione e incertezza, il 1° maggio 1866 il governo, ricevuto dal Parlamento il potere di ricorrere a strumenti eccezionali per la difesa dello Stato, autorizzò per decreto la Banca Nazionale a concedere al Tesoro un prestito di 250 milioni al tasso dell'1,5%, stabilendo che i biglietti emessi a questo fine non dovevano essere convertiti in metallo. Poiché non era possibile distinguere le banconote convertibili da quelle non convertibili, in pratica tutta la cartamoneta della Nazionale sarda divenne inconvertibile. Il limite di emissione rimase fissato al triplo della riserva metallica, ma non rientravano nel computo i 250 milioni del prestito. Gli altri enti di emissione erano invece ancora tenuti a garantire la convertibilità della propria cartamoneta. Il Banco di Napoli iniziò in questa occasione a emettere propri biglietti al portatore, accanto alle polizze e fedi di credito; tali banconote furono stampate anche in tagli assai piccoli, fino a 50 centesimi di lira, per soddisfare la domanda del commercio minuto (De Rosa 1989a).

Il cosiddetto corso forzoso diede subito luogo ad appassionate polemiche, nel mondo parlamentare e in quello accademico, circa le vere motivazioni che avevano portato alla sua introduzione e sulla sua opportunità. Nel 1868, fu creata una commissione parlamentare per valutare la possibilità di reintrodurre la convertibilità della cartamoneta in metallo (Cardarelli 1990, pp. 132 ss.)[74]. Tra i promotori vi erano

---

[74] AP, Camera dei deputati, Legislatura X, sessione 1ª, *Documenti*, n. 215-

numerosi deputati vicini alle posizioni del Banco di Napoli. Principale animatore della commissione fu Federico Seismit-Doda, dalmata, deputato del collegio di Udine, che si impose poi per anni alla Camera come uno dei più aspri critici della Banca Nazionale (Carocci 1956, p. 34). La relazione della commissione fu molto critica nei confronti della Banca Nazionale nel Regno, accusata di avere fatto pressioni sul governo per l'introduzione del corso forzoso al fine di facilitare la propria espansione, aggirando gli ostacoli posti dal Parlamento alla costituzione di una banca unica di emissione. La commissione non vide valide motivazioni per sospendere la convertibilità, argomentando che la crisi economica era stata già superata all'inizio del 1866, mentre quella bancaria non giustificava una misura tanto drastica. Erano solo quattro, secondo la commissione, gli istituti di credito in difficoltà per le richieste di rimborso dei depositi ed erano tutti strettamente legati alla Banca Nazionale, mentre la fiducia stava tornando, a giudicare dall'aumento dei depositi presso le casse di risparmio e la stessa Nazionale, che avrebbe ristretto il credito solo per salvare le quattro banche alle quali era andato l'83% dei suoi sconti e delle anticipazioni, tra gennaio 1866 e maggio 1868 (Di Nardi 1953, p. 124). Inoltre, sempre a dire della commissione, la fiducia dei mercati internazionali verso l'Italia non era diminuita, visto che il cambio della lira si era svalutato solo dopo l'introduzione del corso forzoso. Quanto alla finanza pubblica, la situazione non doveva essere stata particolarmente critica se il prestito di 250 milioni della Nazionale fu utilizzato dal governo solo dopo il 1866. In conclusione, il giudizio della commissione fu che, invece di sospendere la convertibilità, il governo avrebbe dovuto finanziare la guerra con l'Austria, con un prestito interno, volontario o obbligatorio[75].

Le conclusioni della commissione non furono mai discusse in seduta plenaria alla Camera ma «il suo orientamento con-

---

A, *Relazione della Commissione parlamentare d'inchiesta sul corso forzoso dei biglietti di banca*, 3 voll., Eredi Botta, Firenze 1858-1859.
[75] Tre dei sette membri della commissione (Quintino Sella, Angelo Messedaglia e Fedele Lampertico) votarono contro le sue conclusioni, il Rapporto venne dunque approvato a stretta maggioranza dagli altri quattro commissari (Seismit-Doda, il presidente Filippo Cordova, Antonio Lualdi e Alessandro Rossi).

trario alla banca unica influenzò parecchio il dibattito negli anni successivi» (Cardarelli 1990, p. 133). L'opinione che la Banca Nazionale fosse stata la vera artefice del corso forzoso restò a lungo radicata, soprattutto nella Sinistra Storica. Nel 1874, Salvatore Majorana-Calatabiano[76], tra i fondatori della cosiddetta sinistra giovane, deputato e futuro ministro, ripeté alla Camera che erano state le difficoltà della Banca Nazionale a convincere il governo della necessità di sospendere la convertibilità[77].

La risposta della Banca Nazionale nel Regno (1869) a queste critiche è interessante soprattutto perché sostiene, per la prima volta, un proprio ruolo quale prestatore di ultima istanza. Premesso che proprio l'aumento dei depositi presso le casse di risparmio era indice di sfiducia del pubblico verso le banche commerciali, troppo immobilizzate in investimenti industriali, la Banca sostenne che un simile comportamento, legittimo e razionale in risparmiatori avversi al rischio, creava però una situazione di razionamento del credito che metteva in pericolo le banche commerciali. Le motivazioni addotte dalla Banca a giustificazione del proprio operato sono quelle tipiche di un'istituzione che si ritiene responsabile della liquidità e stabilità del sistema bancario.

Se nel 1866 non si fosse con energia provveduto a sostenere le Casse di sconto commerciali quando cominciavasi a chieder loro con grande agitazione una cosa impossibile per qualunque più solido e meglio amministrato Stabilimento di deposito, cioè la istantanea restituzione di una gran parte dei 70 e più milioni che teneano in conto corrente; se si fosse invece lasciata la crisi degenerare in una vera catastrofe, per la forzata interruzione dei chiesti pagamenti, allora l'allarme si sarebbe presto propagato dalla classe dei depositanti commerciali alle altre solitamente più calme e lente nelle loro operazioni, e avrebbe per consenso recato imbarazzi anche alle Casse di risparmio più fiorenti (Banca Nazionale nel Regno d'Italia 1869, p. 9).

---

[76] Catania 1825-Roma 1897. Avvocato e studioso. Professore ordinario di Economia politica a Messina e Catania. Deputato dal 1865 al 1879 nelle file della sinistra. Ministro dal 1876 al 1877 e dal 1878 al 1879. Senatore del Regno.
[77] AP, Camera dei deputati, sessione 1867-1868, *Discussioni*, 7 febbraio 1874, p. 1278.

Quanto all'accusa di avere concentrato l'88% del risconto in pochi istituti[78], Bombrini rispose che quegli istituti erano i soli dotati di una vera clientela commerciale e che i risconti non venivano mai negati a chi li meritava (Gigliobianco 1990, pp. 305-306). Va detto che la Banca Nazionale era notevolmente esposta verso le banche commerciali ed era dunque suo vitale interesse evitare un loro fallimento. Si tratta però di una situazione non infrequente per un prestatore di ultima istanza che rafforza, semmai, le ragioni del suo sostegno alla liquidità di istituti di credito prossimi a perderla. L'intervento, per le sue dimensioni, non sarebbe stato possibile senza sospendere la convertibilità. In questa luce, il corso forzoso appare più come l'inevitabile conseguenza della crisi bancaria che quale provvedimento reso necessario dall'incertezza prodotta dalla guerra[79].

Ci fu chi, all'opposto, rimproverò al governo di aver costretto la Banca Nazionale a un'eccessiva esposizione verso il Tesoro, poiché i 3/4 della circolazione erano attribuibili alla finanza pubblica, considerando, oltre ai 250 milioni del prestito del 1866, i biglietti emessi per le anticipazioni sui beni dell'Asse ecclesiastico, per il Prestito Nazionale e per Buoni del Tesoro. Il corso forzoso non sarebbe stato pertanto che un'inevitabile conseguenza del crollo della fiducia verso lo Stato italiano sulle piazze europee, dovuto all'elevato debito e ai disavanzi di bilancio destinati a esplodere nella guerra con l'Austria. Senza accesso ai mercati esteri, l'emissione di moneta inconvertibile era l'unica soluzione possibile nei tempi brevi (Busacca 1870).

Le posizioni della commissione sul corso forzoso e di esponenti della Sinistra Storica apparvero alquanto faziose persino a Francesco Ferrara che, pur avendo inizialmente criticato aspramente il provvedimento, riconobbe che senza di esso una crisi bancaria si sarebbe trasformata in una crisi di Stato[80].

---

[78] La Commissione ne citava cinque: Credito mobiliare, Banco Sconto e Sete, Cassa Generale di Genova, Cassa di Sconto di Torino, e Cassa di Sconto di Toscana.
[79] «[...] i fatti politici, [...] sopraggiunsero più tardi e contribuirono certamente a farlo [il corso forzoso] apparire una necessità inevitabile» (Di Nardi 1953, p. 126).
[80] AP, Camera dei deputati, sessione 1866-1867, *Discussioni*, 2 marzo 1867.

Le ragioni della sospensione della convertibilità, che all'epoca fu giudicata da molta parte dell'opinione pubblica come una tragedia nazionale e un duro colpo al prestigio del neonato Regno d'Italia, vanno trovate nel coincidere delle circostanze sfavorevoli delle quali abbiamo detto: la corsa agli sportelli di importanti istituti di credito aggravata dalle notizie provenienti da Londra, la difficilissima situazione della finanza pubblica priva della possibilità di rivolgersi ai banchieri esteri a prezzi sostenibili e le voci sempre più autorevoli e numerose di un'imminente guerra contro l'Impero austriaco. È difficile immaginare come questo complesso intreccio di eventi, indipendenti nelle cause ma collegati negli effetti economici e monetari, avrebbe potuto essere sciolto senza ricorrere alla stampa di cartamoneta non convertibile in oro.

Gli storici hanno dato della vicenda giudizi meno sfavorevoli dei contemporanei perché, negli anni immediatamente seguenti alla sua introduzione, il corso forzoso ebbe almeno due effetti benefici sull'economia italiana: stimolò le esportazioni e contribuì ad accelerare l'unificazione monetaria poiché rendeva conveniente usare la carta per i pagamenti e tesaurizzare le monete d'oro e d'argento, comprese quelle preunitarie prive di valore legale, ma non di valore intrinseco. Tra il 1866 e il 1874 la circolazione cartacea crebbe di cinque volte. Le banconote, che sino al 1866 erano stampate solo in tagli tanto elevati da impedirne l'uso per le piccole transazioni quotidiane, vennero emesse anche per piccoli valori, facilitando enormemente la diffusione dei pagamenti con moneta cartacea.

7. *1874: legge bancaria*

Alla fine degli anni Sessanta, la questione dell'unicità o pluralità degli istituti di emissione era stata sostanzialmente risolta, pur con uno strascico di polemiche e residue speranze in entrambi i campi, accettando che la moneta cartacea potesse essere creata da un numero relativamente piccolo di istituti autorizzati. Non si trattava, dunque, della piena libertà di stampare moneta garantita a qualunque banca esistente negli Stati Uniti o in Scozia che avesse avuto le caratteristiche minime necessarie[81], ma nemmeno della tendenziale unicità del diritto di emissione, seppure non pienamente realizzata, che caratterizzava la Francia e l'Inghilterra. Gli istituti di emissione italiani erano sei, derivanti dalla storia preunitaria, e non si prevedeva che il loro numero crescesse. Non erano, però, su un piano di parità dimensionale e statutaria. Nel 1874, la circolazione della Banca Nazionale superava quella di tutti gli altri istituti di emissione messi insieme (Sannucci 1990, tab. 8, p. 201; De Mattia 1990). La Banca Nazionale nel Regno si era affrettata ad aprire filiali in tutto il territorio nazionale[82]. L'espansione comportava costi per le spese di impianto e funzionamento e, prima del corso forzoso, per rendere possibile la conversione della carta in metallo in tutte le filiali. Dopo il 1866 venne meno quest'ultima, non indifferente, parte del costo, rendendo economicamente sostenibile l'espansione (Battilocchi, Melini 2017)[83]. Nel complesso, già dagli anni Settanta, la Banca Nazionale godeva di un quasi monopolio di fatto a nord di Firenze.

I banchi meridionali, che per la dimensione totale del bilancio erano, congiuntamente, pari alla Nazionale, possedevano consistenti riserve metalliche e avevano un forte radicamento nei rispettivi territori, «non avevano capitale proprio, bensì un fondo di dotazione dipendente solo dagli utili accantonati» (Sannucci 1990, p. 104). Non costituivano, dunque, un potenziale concorrente della Nazionale al di fuori del Mezzogiorno. In sostanza, il sistema italiano dell'emissione di cartamoneta aveva «una struttura oligopolistica, sebbene permanesse una certa segmentazione dei mercati» (ivi, p. 208).

[81] Nel 1870 fu presentato al Parlamento italiano un disegno di legge volto a «estendere la facoltà di emissione a tutte le società commerciali che si conformassero a una serie di norme» (Sannucci 1990, p. 188). La proposta non fu nemmeno discussa alla Camera.
[82] Il processo continuò negli anni Settanta tanto che, alla fine del decennio, la Banca Nazionale possedeva 70 delle 106 filiali degli istituti di emissione italiani, 24 delle quali nelle province meridionali, contro le 19 dell'insieme dei banchi di Napoli e di Sicilia (ivi, tab. 4, p. 193). Tuttavia, le operazioni di sconto e anticipazione dei due banchi superavano ancora di molto, nelle provincie meridionali, quelle della Banca Nazionale (ivi, tab. 5, p. 185).
[83] Il lavoro di Battilocchi e Melini (2017) citato nel testo è corredato tra l'altro di una preziosa appendice che documenta la progressiva espansione territoriale della Banca d'Italia indicando la data di apertura di ciascuna struttura periferica. Avremo modo di servircene anche in prossimi capitoli.

I primi anni Settanta videro una svolta nel sistema delle banche di emissione italiane, che creò un assetto destinato a durare per circa un ventennio, fino alla fondazione della Banca d'Italia. Abbandonato il progetto di fusione tra le Banche Nazionali nel Regno e Toscana, aggiunta la Banca Romana a quelle preesistenti, il governo guidato da Giovanni Lanza[84] presentò un disegno di legge sulle banche di emissione, promosso da Quintino Sella e Stefano Castagnola[85]. Il governo prendeva atto dell'assetto esistente, non si proponeva di modificarlo secondo i dettami della libertà di circolazione, ma piuttosto di regolarlo, auspicando «un'emissione diffusa, moderata e prudente» (Cardarelli 1990, p. 141)[86]. Come primo passo, Castagnola si impegnò a fare cessare la circolazione abusiva di titoli al portatore, assimilati dal pubblico a cartamoneta, da parte dei piccoli istituti di credito, il cui numero andò crescendo nel biennio 1870-1872, caratterizzato da una buona dinamica produttiva.

Sul piano finanziario, la vittoria della Prussia sulla Francia, obbligata a pagare forti riparazioni in oro, generò in Germania e in Austria un'ondata di investimenti nei titoli industriali e ferroviari, con un forte aumento delle loro quotazioni che si estese anche ad altri paesi in un clima di ottimismo. Quest'ultimo fu però di breve durata. Nel maggio 1873 il crollo dei valori alla Borsa di Vienna generò un'ondata di panico in tutti i mercati. Le banche inglesi ritirarono i propri capitali dal continente. L'incertezza e la restrizione della liquidità fecero salire il costo del credito interbancario. Il contagio si propagò agli Stati Uniti. In Italia, scesero le quotazioni alle borse di Genova e Milano. La crisi «non scosse oltre misura i sei istituti d'emissione» che rappresentavano più della metà dell'intermediazione bancaria, né le casse di risparmio e le banche popolari. Si verificarono fallimenti di piccole società

---

[84] In carica dal 14 dicembre 1869 al 10 luglio 1873, quando fu sostituito dal secondo governo Minghetti.

[85] Rispettivamente ministro delle Finanze e ministro dell'Agricoltura, Industria e Commercio.

[86] Che il governo non auspicasse una situazione di *free banking* è testimoniato dall'approvazione del disegno di legge da parte di Fedele Lampertico (1871), economista lontano dall'impostazione liberista di Francesco Ferrara.

bancarie per azioni, il cui numero, molto cresciuto negli ultimi anni, si ridimensionò nel quinquennio successivo «attraverso l'azzerarsi di nuove costituzioni e l'autoscioglimento volto a contenere le perdite» (Carriero, Ciocca, Marcucci 2004, p. 503). Il governo Lanza si dimise, consegnando agli archivi dei progetti irrealizzati il disegno di legge Sella-Castagnola. Il dibattito da esso suscitato aveva, tuttavia, posto le premesse perché la questione bancaria figurasse nuovamente in primo piano nel successivo esecutivo.

In luglio si insediò il secondo governo presieduto da Marco Minghetti[87] che tenne per sé il dicastero delle Finanze nominandone segretario generale Luigi Luzzatti, giovane esponente della scuola economica lombardo-veneta guidata da Angelo Messedaglia[88] che si ispirava alla scuola storica tedesca, in opposizione alla visione rigorosamente liberista di Francesco Ferrara. Il ministero dell'Agricoltura, Industria e Commercio fu assegnato a Gaspare Finali, piuttosto digiuno di questioni bancarie, che volle accanto a sé, quale segretario del ministero, un altro giovane promettente, Emilio Morpurgo[89]. Il 27 novembre 1873, Minghetti e Finali proposero un nuovo disegno di legge bancaria. Il momento era politicamente favorevole, anche perché la crisi aveva reso evidente l'esigenza di provvedere in qualche modo a regolare l'emissione e la circolazione della cartamoneta. Tuttavia, l'*iter* legislativo non fu breve poiché il progetto da presentare al Parlamento doveva avere l'assenso preventivo delle sei banche di emissione su un punto cruciale: la concessione al governo di un mutuo di un miliardo di lire per la creazione di un consorzio tra le banche stesse e l'estinzione dei biglietti emessi dalla Nazionale nel 1866. Alle proteste di Bombrini, Minghetti rispose chiedendogli se volesse assumersi la responsabilità della caduta del governo. Bombrini si piegò, non senza avere ottenuto un aumento della circolazione concessa alla sua

---

[87] 10 luglio 1873-25 marzo 1976.

[88] Verona 1820-Roma 1901. Membro del governo provvisorio milanese del 1848, insegnò nelle Università di Padova e Roma, fu deputato nelle file della Destra Storica dal 1866 al 1882.

[89] 1836-1885. Professore di statistica e rettore all'Università di Padova. Parlamentare della Destra Storica dal 1866 alla morte.

banca[90]. La legge Minghetti-Finali fu approvata dal Parlamento il 30 aprile 1874 (legge 1920/1874). Si trattò del più rilevante intervento legislativo in tema di circolazione monetaria dall'Unità alla legge bancaria del 1893.

In primo luogo, la legge metteva fine alla giungla dei biglietti emessi: erano autorizzati a stampare cartamoneta solo i sei istituti di emissione e gli istituti agrari, limitatamente ai cosiddetti «buoni agrari», di entità complessivamente trascurabile. Gli enti non autorizzati all'emissione (banche popolari, aziende di credito ordinarie, enti morali, associazioni private) erano tenuti a ritirare i titoli al portatore emessi, pena il versamento alla Cassa Depositi e Prestiti di una somma pari a quelli ancora in circolazione. In questo, la legge ebbe pieno successo: un mese dopo la sua promulgazione, la circolazione abusiva si era ridotta da 100 a 29 milioni di lire. In secondo luogo la legge risolse l'ambiguità esistente dal 1866 circa i biglietti emessi dalla Banca Nazionale: in teoria dovevano essere inconvertibili solo i biglietti emessi per i prestiti allo Stato, ma poiché questi erano indistinguibili dagli altri, nella pratica tutte le banconote della Banca Nazionale nel Regno erano inconvertibili. La legge Finali-Minghetti affidò la circolazione «per conto dello Stato» a un consorzio costituito da tutti gli istituti di emissione, sostituendo le banconote della Nazionale, a fronte delle quali vi erano prestiti al Tesoro, con biglietti consorziali di colore bianco, facilmente distinguibili da quelli colorati emessi dalle singole banche. In terzo luogo la legge cercò di mettere sullo stesso piano tutti gli istituti di emissione riguardo alla circolazione per conto proprio. Tutti erano tenuti a convertire le proprie banconote in metallo o in biglietti consorziali e tutti pagavano la medesima tassa di circolazione. La cartamoneta aveva validità legale in tutte le regioni in cui la banca emittente avesse una sede. Non si posero vincoli all'apertura di nuove sedi e succursali.

Venivano posti nuovi limiti alla circolazione: *a)* ogni banca doveva avere un capitale versato, escluse le riserve, pari ad almeno un terzo della circolazione[91], *b)* la riserva doveva

---

[90] ASBI, Verbali del Consiglio superiore, Registri 43, 44, nn. 402-405, 3, 4, 17 dicembre 1873, 7 gennaio 1874.
[91] Il R.D. 23 settembre 1874, n. 2237, stabilì per ciascun istituto il capitale

coprire almeno un terzo degli impegni a vista. Quest'ultimo vincolo era particolarmente stringente perché assimilava alla moneta molti altri strumenti: biglietti, tratte, fedi, polizze, mandati, assegni, conti correnti pagabili a vista.

Restò aperto il problema della cosiddetta «riscontrata», l'operazione di scambio delle banconote tra le sei banche di emissione che avveniva periodicamente, con regolamento dei rapporti netti di credito/debito derivanti dall'operazione stessa. Sino ad allora, il processo si era svolto in modo insoddisfacente, dando luogo a tensioni tra i vari istituti[92], con conseguenze negative sul sistema dei pagamenti. Fu proprio lo scalpore suscitato dal più grave di questi episodi ad accelerare il varo della legge bancaria del 1874. Nel giugno di due anni prima, la Banca Nazionale nel Regno non era riuscita a ottenere il cambio di biglietti della Nazionale Toscana per 11 milioni e della Romana per 1,2 milioni. In risposta, la Banca Nazionale aveva sospeso lo sconto di cambiali su Firenze, Livorno e Roma, chiedendo al governo di poter aumentare l'emissione delle proprie banconote. Al rifiuto del governo la banca aveva risposto con una restrizione della circolazione (Tuccimei 1990, pp. 250-251)[93]. La legge Minghetti-Finali, mentre obbligava le banche al cambio illimitato dei propri biglietti in quelli di un'altra banca di emissione, lasciò alle stesse di regolare queste operazioni, tramite una stanza di compensazione, con apposite convenzioni. Le banche non riuscirono, però, a trovare un accordo. Provvide dunque il governo, con il R.D. 23 ottobre 1874, n. 2221, a regolare le operazioni di «riscontrata», stabilendo modalità precise per lo svolgimento delle operazioni e lasciando solo una settimana di tempo per il saldo delle posizioni debitorie[94]. Il provvedimento si poneva anche

---

utile ai fini del computo del limite massimo delle banconote che ciascuno di essi era autorizzato a emettere: Banca Nazionale nel Regno 150 milioni, Banca Nazionale Toscana 21 milioni, Banca Romana 15 milioni, BTC 5 milioni, Banco di Napoli 48,75 milioni, Banco di Sicilia 12 milioni.

[92] La riscontrata era regolata dal R.D. 2 maggio 1866, n. 2874. All'articolo 2, il decreto, anche per i motivi visti sopra, poneva un limite giornaliero al cambio delle fedi di credito degli istituti meridionali da parte della Banca Nazionale.

[93] Per maggiori dettagli sul cattivo funzionamento della riscontrata prima del 1874: Di Nardi (1953, pp. 242 ss.).

[94] Si stabilì che la riscontrata poteva avvenire un solo giorno a settimana

come un disincentivo alla eccessiva creazione di cartamoneta[95] limitandola all'effettiva domanda di credito delle zone di competenza di ciascuna banca che, in caso contrario, avrebbe visto aumentare le richieste di conversione con conseguente riduzione delle riserve.

Secondo i sostenitori della concorrenza, la riscontrata avrebbe dovuto garantire, tramite una «sana» competizione tra gli istituti, un aumento della circolazione che procedesse di pari passo con la crescita dell'economia. Si trattava però di una condizione forse necessaria, ma certo non sufficiente alla creazione di un mercato concorrenziale delle emissioni monetarie, vista la grande disparità non solo nelle dimensioni delle banche di emissione, ma anche delle norme che le avevano regolate sino al varo della legge Minghetti-Finali. La rimozione del divieto agli istituti minori di aprire filiali e succursali in regioni diverse da quelle d'origine non ebbe l'effetto desiderato di porli tutti in condizioni di competere su un piano di parità, per la disparità di dimensioni rispetto alla Banca Nazionale. A parte il Banco di Napoli, il secondo per dimensione, gli altri istituti di emissione non si avvalsero della facoltà di espandersi oltre il territorio nel quale erano radicati e conosciuti, poiché i costi necessari a entrare in altre province già presidiate da una banca maggiore superavano i benefici attesi (ivi, p. 254). Le banconote degli istituti minori continuarono, dunque, a essere utilizzate nel commercio locale, ma per quello interregionale si continuò a preferire la cartamoneta della Banca Nazionale. Grazie al corso legale, i biglietti di un istituto minore non potevano essere rifiutati in una piazza nella quale esso avesse una sede; tuttavia, chi li riceveva doveva cambiarli con quelli della Nazionale qualora avesse dovuto compiere pagamenti in altre zone del Paese.

(il giovedì): l'istituto che si fosse trovato a debito avrebbe dovuto saldare con biglietti inconvertibili o con un mandato pagabile entro 7 giorni. Erano possibili inoltre accordi speciali tra le banche per affrontare casi straordinari. Per quanto riguardava invece la riscontrata tra le banche e il Tesoro, un decreto del 21 gennaio 1875 stabilì che questa potesse avvenire una volta ogni 10 giorni e dovesse sottostare a dei limiti quantitativi.
[95] Ferrara sosteneva che la riscontrata permetteva allo Stato di evitare una regolazione eccessivamente puntuale sull'emissione di banconote (Di Nardi 1953, p. 237).

Per ottenere biglietti della Nazionale e saldare i propri squilibri debitori in sede di riscontrata, gli istituti di emissione minori effettuavano costose operazioni. Un modo comune di ottenere banconote della Nazionale consisteva nell'acquisto di titoli sulla propria piazza da rivendere, a prezzo necessariamente inferiore, su una piazza nella quale il pagamento avveniva in biglietti della Nazionale. Alternativamente, riscontavano presso la Nazionale cambiali non ancora scadute, rinunciando a parte dei ricavi per ottenere i biglietti necessari in sede di riscontrata. La legge del 1874 avrebbe potuto risolvere, almeno in parte, l'asimmetria nella posizione di mercato dei diversi istituti estendendo il corso legale di tutte le banconote all'intera penisola[96], ma ciò era in contrasto con la visione prevalente in Parlamento. Per risolvere il problema la legge prevedeva un provvedimento opposto: la completa eliminazione del corso legale per tutti gli istituti entro il 1876. La strada scelta fu quindi quella di liberalizzare l'apertura di sedi e succursali, strada che però, come si è detto, non fu seguita dalle banche minori. Il corso legale fu via via prorogato, per la paura che si traducesse in un restringimento del credito.

Per quanto riguarda la concorrenza tra istituti di emissione, la legge del 1874 non raggiunse gli effetti desiderati, restando ambiguamente a metà strada tra la piena libertà di emissione e la concentrazione della stessa in un unico istituto, che nei fatti finì per essere rafforzato. Sul piano dell'ordinamento monetario, tuttavia, la legge migliorò la stabilità del sistema in almeno tre modi: *a)* limitò i rischi di immobilizzazioni eccessive, con il divieto di impieghi a lungo termine, soprattutto nel settore immobiliare; *b)* vietò operazioni con azioni proprie; *c)* rafforzò le norme sulla vigilanza, affidata a commissari governativi, fondandola però sulla trasmissione di documenti da parte delle banche, piuttosto che sulle ispezioni. L'instabilità della seconda metà degli anni Ottanta, che vedremo nel prossimo capitolo, dipese anche dalla violazione da parte di alcuni istituti di emissione delle norme prudenziali stabilite

---

[96] Ciò fu richiesto successivamente, invano, dagli istituti minori (*Relazione finale della commissione di studio nominata dal governo con decreto 7 settembre 1879*, ivi, p. 242).

nel 1874. Quanto alle variazioni dei tassi ufficiali di sconto, in attesa del ripristino della convertibilità, fu stabilito che esse dovessero essere approvate dal governo.

La «rivoluzione parlamentare» del 1876 portò al governo del Paese una compagine politica notevolmente favorevole alla molteplicità delle banche di emissione. Se, prima di allora, in un Parlamento seppure tendenzialmente orientato a favore della pluralità dell'emissione, non erano mancate voci autorevoli a sostegno dell'unicità, dopo il 1876 l'orientamento a favore della pluralità divenne fortemente maggioritario. Le posizioni della Sinistra riflettevano «l'ostilità dei gruppi borghesi che militavano in quel partito contro l'alta finanza e le sue espressioni tra le quali primeggiava la Banca Nazionale» (Cardarelli 1990, p. 144). Su queste posizioni, che potremmo definire di principio o ideologiche, si innestarono gli interessi locali favorevoli alle banche minori. Tra il 1876 e il 1879, la politica bancaria dei primi due governi guidati da Agostino Depretis[97] ebbe come obiettivi l'abolizione del corso forzoso con il ritorno alla convertibilità e la modifica della legge del 1874 per consentire il sorgere di nuove banche di emissione. La reazione negativa di quelle esistenti permise di accantonare per un po' la questione. Nel febbraio 1877, tuttavia, Salvatore Majorana-Calatabiano, ministro di Agricoltura, Industria e Commercio, presentò un disegno di legge che, oltre a consentire la formazione di nuove banche di emissione, prevedeva la diminuzione della circolazione massima consentita ai singoli istituti dalla legge del 1874 «con un meccanismo che favoriva il Banco di Napoli e penalizzava soprattutto la Banca Nazionale nel Regno» (ivi, p. 147). La reazione delle quattro banche di emissione costituite in società per azioni, che negarono addirittura il diritto del Parlamento di legiferare in argomento, portò a un duro scontro senza precedenti con il governo[98]. Il ministro non cambiò linea politica, ma il suo disegno di legge fu bocciato dalla commissione parlamentare

---

[97] Agostino Depretis fu presidente del Consiglio dal 1876 al 1887, con solo due brevi interruzioni. Nel suo primo governo (1876-1877), Depretis tenne per sé il dicastero delle Finanze, accorpandolo con quello del Tesoro; nel secondo lo affidò ad Agostino Magliani, con Angelo Bargoni al Tesoro.

[98] Per gli argomenti usati dalle due parti cfr. Cardarelli (1990, pp. 147-151).

2 – Prima della Banca d'Italia: banche di emissione

incaricata di esaminarlo che, pur condividendone l'ispirazione pluralista, trovò la proposta non sufficientemente articolata per essere trasformata in testo legislativo. Il governo abbandonò provvisoriamente l'idea di intervenire sulle banche di emissione per concentrarsi sul ritorno alla convertibilità aurea della lira. Di questo si occupa il prossimo capitolo perché il tema è legato alle cause della crisi bancaria in seguito alla quale nacque la Banca d'Italia.

CAPITOLO TERZO

ORIGINI

1. *Un trentennio di bassa crescita*

Nel 1861, l'Italia era, nel quadro europeo, un Paese relativamente povero, prevalentemente agricolo, agli albori di una lenta rivoluzione industriale. L'unificazione politica si realizzò in un quadro internazionale favorevole allo «sviluppo economico moderno». Da qualche decennio l'industrializzazione si stava diffondendo dalle isole britanniche verso sud e verso est; il commercio internazionale cresceva rapidamente con la progressiva diminuzione delle barriere doganali; il flusso internazionale dei capitali si orientava, anche grazie alla stabilità del sistema aureo, alla ricerca delle migliori occasioni di impiego; cresceva, seppure lentamente, la mobilità del lavoro alla ricerca di più elevati salari. Vi erano, pertanto, condizioni favorevoli a che il Risorgimento realizzasse con l'unificazione nazionale, oltre alle promesse di libertà e indipendenza, anche quella di un'accelerazione dello sviluppo rispetto ai decenni precedenti, nella quale avevano creduto Gioberti, Balbo, D'Azeglio e, più di tutti, il conte di Cavour (Ciocca 2007, pp. 70-77). Le promesse, o le speranze, iniziali furono però in parte frustrate nel primo trentennio di vita unitaria. Il ritmo di crescita dell'economia del neonato Regno d'Italia, pur accelerando un po' rispetto ai decenni preunitari, fu inferiore a quello dei principali paesi dell'Europa occidentale, rispetto ai quali si allargò il divario nel reddito per abitante (Toniolo 2013). All'inizio degli anni Novanta si verificò una crisi bancaria e del cambio simile, per taluni aspetti, a quelle che avrebbero colpito, nel Novecento, alcune economie emergenti.

Tra il 1861 e il 1893, il reddito italiano crebbe in media di circa l'1,2% annuo, circa 0,5% per abitante (Baffigi 2015). La crescita accelerò tra il 1880 e il 1888 (1,8% annuo), per poi segnare un virtuale ristagno sino al 1893, anno di fondazione dalla Banca d'Italia. Si allargò la distanza nella produzione e nel consumo tra gli italiani e gli abitanti dell'Europa nordoccidentale; rimase la dipendenza dai mercati internazionali dei capitali sia per coprire il disavanzo della bilancia commerciale con l'estero, pari a circa il 3% del reddito nazionale, sia per finanziare il crescente debito pubblico.

Il faticoso avvio economico del Regno d'Italia ha avuto diverse spiegazioni, oggetto di vivaci discussioni, esaminate con attenzione critica da Stefano Fenoaltea (2006; 2011), il maggiore studioso dell'economia italiana del primo cinquantennio di vita unitaria. Il dibattito è stato particolarmente vivace negli anni Cinquanta e Sessanta del secolo scorso. Le spiegazioni andarono dalla necessità di creare infrastrutture come prerequisito per lo sviluppo del commercio e dell'industria (Romeo 1959), alla mancanza di una riforma agraria che stimolasse la produttività di quello che era il principale settore dell'economia (Sereni 1971), alla formazione, solo a fine secolo, di «banche universali», viste come «agenti dell'industrializzazione» in un Paese povero di capitali e, soprattutto, di efficienti mercati finanziari (Gerschenkron 1962). L'insoddisfazione per interpretazioni sostanzialmente monocausali produsse linee di ricerca basate sulla lenta ma costante accelerazione della crescita, come quella osservata nelle isole britanniche tra la fine del Settecento e il primo Ottocento (Bonelli 1978), frutto di un insieme di circostanze e fattori propulsivi. In seguito, Fenoaltea (2011) ha osservato che l'andamento dell'economia italiana pre-1914 seguì sostanzialmente il ciclo internazionale. Considerazione importante, valida anche per gran parte della storia economica successiva alla Prima guerra mondiale, ma che non cambia il fatto che i cicli dell'economia italiana si mossero attorno a un trend di crescita secolare meno elevato di quello dei principali paesi dell'Europa occidentale e degli Stati Uniti.

Oggi gli studiosi continuano a diffidare di analisi che spieghino l'iniziale insoddisfacente crescita del Regno d'Italia sulla base di una o poche variabili, scelte magari per individuarne i responsabili. La modesta dinamica economica italiana nel trentennio postunitario è solo in parte attribuibile all'inadeguatezza delle politiche adottate dai governi della Destra e della Sinistra storiche (Ciocca 2007; Toniolo 2013). Pesarono le guerre, il brigantaggio, la povertà delle infrastrutture, l'inevitabile lentezza nel creare e radicare nuove istituzioni, nell'unificazione della moneta e del mercato finanziario, nello sviluppo del sistema creditizio, come si è detto brevemente nel capitolo precedente.

Nel 1888-1893, si verificò un brusco rallentamento della crescita e l'Italia visse una crisi finanziaria, dapprima strisciante poi conclamata, che pose fine a una promettente accelerazione produttiva, soprattutto industriale, e che portò le istituzioni del nuovo regno al limite del collasso. La corsa ai depositi, il fallimento di piccole e grandi banche, tra le quali i due principali istituti di credito, gli scandali, la lotta politica senza esclusione di colpi catturarono l'immaginazione dei contemporanei e delle generazioni successive. Il grande storico Gino Luzzatto (1963), che definì i primi anni Novanta i «più neri dell'economia del nuovo regno», ne aveva probabilmente tratto da ragazzino[1] un'impressione drammatica che durò per tutta la vita, lasciandogli il ricordo di un Paese che stava affondando negli scandali, fino agli omicidi e ai ricatti. La crisi però non fu «sprecata», per usare un'espressione entrata nel linguaggio comune dopo la crisi del 2007. Dopo «gli anni più neri» vennero quelli di un progressivo rilancio economico e sociale dell'Italia post-risorgimentale, del quale diremo nel prossimo capitolo. La crisi portò alla nascita della Banca d'Italia ed è pertanto utile dedicare alla sua analisi un intero capitolo della nostra storia.

L'espansione ciclica degli anni 1880-1887 fu sostenuta dalla spesa pubblica e dall'espansione del credito che generarono una forte crescita dei consumi pubblici e degli investimenti privati (inclusi quelli in abitazioni)[2]. All'eccesso di investimenti seguì un loro rapido ridimensionamento: nell'anno di fondazione della Banca d'Italia, essi erano inferiori di circa un terzo rispetto al livello toccato cinque anni prima. I consumi privati continuarono a crescere, seppure a un ritmo inferiore

---

[1] Era nato nel 1878.
[2] Tra il 1880 e il 1887 i consumi pubblici crebbero in media del 3,2% l'anno, gli investimenti totali del 3,4% e quelli in abitazioni del 4%, contro una crescita annua del 2,2% dei consumi delle famiglie.

a quello della fase espansiva del ciclo; forse anche per questo l'opinione pubblica visse la crisi più nei suoi aspetti bancari e politici che come dramma sociale. Le rivolte popolari siciliane misero tuttavia in luce non solo la grande disuguaglianza nella distribuzione del reddito e dei consumi, ma anche il diverso impatto che la crisi ebbe nelle diverse aree del Paese.

Per completare questo breve richiamo al quadro economico entro il quale si dipanò la vicenda ciclica che culminò con la crisi finanziaria dalla quale nacque la Banca d'Italia, è utile ricordare quella che in letteratura è nota come crisi agraria, che avrebbe colpito l'Italia tra la metà degli anni Settanta e la fine del decennio successivo (Toniolo 1988, pp. 120-121). Nuove ricerche quantitative hanno progressivamente ridimensionato questa crisi fino a farla sparire (Federico 2002). I risultati di queste ricerche sono oggi incorporati nelle nuove serie della contabilità nazionale (Baffigi 2015) e mostrano, tra il 1877 e il 1887, una crescita media annua del valore aggiunto nel settore agricolo pari all'1,6%, non diversa da quella registrata negli anni precedenti. In un solo anno, il 1884, si verificò un'apprezzabile diminuzione della produzione agraria. Questo breve richiamo a una discussione, ancora non del tutto sopita, serve per osservare che è difficile oggi sostenere che vi sia stata una trasmissione della crisi dal settore agricolo alle banche tramite diffuse condizioni di insolvenza dei produttori. Neppure la guerra doganale con la Francia ebbe apprezzabile impatto sulle statistiche aggregate. Ciò non toglie che la diminuzione dei prezzi di taluni prodotti, soprattutto cerealicoli, causata dalla rapida diminuzione dei costi di trasporto transatlantici, abbia creato un malessere diffuso e localizzati fenomeni d'insolvenza tra i produttori di cereali, malessere al quale il Parlamento rispose con la revisione tariffaria del 1887, alzando considerevolmente il dazio per l'importazione di grano.

2. *Una tempesta perfetta*

La crisi bancaria dalla quale nacque la Banca si manifestò con caratteri simili a quella che, nel 2008-2009, abbiamo imparato a conoscere come *sub-prime crisis*. Con l'aggiunta del «peccato originale» dell'indebitamento in valuta estera tipico delle crisi che, negli anni Novanta del Novecento, hanno sconvolto alcuni paesi emergenti, con sistemi economici analoghi per vari aspetti a quello dell'Italia di cento anni prima. Come in altri momenti della storia unitaria, la crisi catalizzò le energie necessarie per produrre una riforma che alla lunga si rivelò virtuosa, nonostante i tentennamenti, le battute d'arresto e il procedere per approssimazioni successive che segnarono la sua realizzazione.

Per inquadrare le vicende dalle quali scaturì la Banca d'Italia è utile partire dal «peccato originale»: il prestito in oro contratto all'estero all'inizio degli anni Ottanta dell'Ottocento in vista della reintroduzione della convertibilità aurea della lira, attesa da molti come sigillo della rinascita nazionale.

Nel marzo 1876, Depretis sostituì Minghetti, il fautore del pareggio di bilancio, alla guida del governo dichiarando: «Noi siamo, signori, un ministero di progressisti» (Cammarano 2011, p. 91). Progresso voleva dire anche sviluppo dell'economia, industrializzazione. La questione del corso forzoso si pose quasi subito: prestigio nazionale e credito estero erano inscindibili e il primo era indispensabile per attrarre capitale straniero. Il ritorno alla convertibilità della lira era restato all'ordine del giorno sin da quando Antonio Scialoja, ministro delle Finanze nel 1866, aveva dichiarato che si trattava di un provvedimento temporaneo, che egli stesso avrebbe revocato a breve scadenza. Se le circostanze successive avevano mostrato quanto indefinitamente lunga potesse essere la temporaneità del provvedimento, non c'era stato ministro delle Finanze che non avesse dichiarato in Parlamento la propria determinazione ad abolire il cosiddetto «corso forzoso» della lira. Dopo alcuni progetti non andati a buon fine, Agostino Magliani, ininterrottamente ministro delle Finanze dal 1879 al 1888, presentò alla Camera, il 15 novembre 1880, un disegno di legge per la ripresa della convertibilità della lira accolto con molto favore. Nella relazione illustrativa, il ministro fece notare sia i danni che l'inconvertibilità della moneta provocava all'economia italiana, sia le ragioni che rendevano il momento favorevole alla reintroduzione dell'obbligo per gli istituti di emissione di cambiare a vista i propri biglietti in metallo: da un lato gli avanzi ormai ottenuti nel bilancio dello Stato consentivano di servire il debito in valuta previsto dal progetto per rafforzare le riserve auree delle banche di emissione e dello Stato, dall'altro il deficit commerciale con l'estero era molto ridotto rispetto agli anni precedenti, garantendo che non vi sarebbe stato, come per il passato, un ampio e sistematico deflusso di oro (Luzzatto 1963, p. 203). Sappiamo oggi che i dati sui quali Magliani basava la propria analisi dipingevano una situazione più rosea, e soprattutto meno precaria, di quanto in realtà non fosse. Ciò non fu senza conseguenze, come vedremo.

La crisi che condusse alla nascita della Banca d'Italia ne condizionò fortemente la gestione almeno sino alla fine del secolo ed esercitò un'influenza duratura nell'orientare la Banca a una particolare attenzione per la stabilità finanziaria. Essa si svolse in quattro fasi: *i*) accensione di un forte debito in valuta aurea (o straniera, quello che oggi alcuni chiamano peccato originale); *ii*) forte espansione del credito, grazie ai bassi tassi d'interesse, offerto soprattutto al settore delle costruzioni sulla base di garanzie reali basate disinvoltamente sui prezzi crescenti delle aree e degli immobili piuttosto che sulla valutazione del rischio; *iii*) ritiro dei capitali stranieri, svalutazione del cambio, aumento dei tassi di interesse, fallimenti di imprese e di banche minori, crescente immobilizzo dell'attivo dei grandi intermediari, tra i quali le banche di emissione; *iv*) messa in liquidazione di grandi imprese di costruzione, insolvenza e moratoria dei due principali istituti di credito commerciale, gravi irregolarità e liquidazione di una banca di emissione, difficoltà delle altre nello svolgere il proprio compito per il peso dei crediti non esigibili e delle immobilizzazioni.

2.1. *Peccato originale*

La decisione di tornare alla convertibilità aurea della lira fu presa in un momento della congiuntura finanziaria internazionale che da un lato la consigliava e dall'altro ne rendeva possibile l'attuazione. Dal 1878 il franco francese era nuovamente convertibile e i capitali d'Oltralpe tornavano timidamente ad affacciarsi sui mercati internazionali dopo il periodo di raccoglimento e ricostruzione seguito alla disfatta di Sedan e al pagamento alla Germania di pesanti riparazioni in oro. Lo stesso afflusso d'oro verso Berlino e, soprattutto, la forte dinamica dell'economia tedesca seguita alla proclamazione del *Reich* spingevano anche la finanza tedesca a muovere i primi passi verso l'estero, con un particolare interesse per l'Europa mediterranea, per motivi sia economici, sia politici. Come si sa, nel 1881 l'occupazione francese di Tunisi, la città nordafricana più vicina alla Sicilia, alla quale Roma non aveva fatto mistero di aspirare, aveva fortemente incrinato i rapporti con Parigi portando, negli anni successivi, a una «guerra commerciale» tra i due paesi latini. Fu in questo quadro che l'Italia firmò, nel 1882, il Trattato detto della Triplice Alleanza con la Germania di Bismarck e con l'Austria-Ungheria, antico nemico con il quale rimanevano sia rivendicazioni territoriali, sia diffidenza circa il rapporto tra Vienna e la Santa Sede. Dalla fine degli anni Settanta aveva preso forza un ciclo espansivo degli investimenti britannici all'estero, che si sarebbe invertito all'inizio degli anni Novanta, con effetti anche sul nostro Paese (O'Rourke 2014, p. 76). La ripresa di un abbondante flusso di investimenti da Londra al resto del mondo fu la causa principale dell'abbondanza di capitali alla ricerca di impieghi con un buon profilo rendimento-rischio che creò per l'Italia il momento favorevole alla negoziazione di un prestito in oro che rendesse possibile e credibile la reintroduzione della convertibilità.

La casa Rothschild di Parigi, leader del prestito del 1866 e *market maker* della Rendita italiana su quella piazza, fu la prima a essere contattata[3], ancora prima che il disegno di legge fosse presentato da Magliani alla Camera (15 novembre 1880). I banchieri parigini non erano entusiasti e presero tempo, incerti sul da farsi. La questione tunisina «tolse Rothschild dalle difficoltà» (De Cecco 1990a, p. 35): Alphonse scrisse al proprio corrispondente romano che, malgrado fossero privi di fondamento i rumori circa pressioni del governo francese su di lui, «nelle circostanze attuali, l'emissione di un prestito

---

[3] Un'eccellente ricostruzione delle varie fasi dei negoziati si trova in De Cecco (1990a, pp. 32-54) e relativi documenti. A questa mi sono principalmente rifatto.

ci pare assolutamente impossibile» (ivi, p. 380). Il corpo di spedizione francese era già partito per Tunisi, tra le proteste del governo Cairoli, costretto a dare le dimissioni, peraltro respinte dal re. In questo quadro, il 7 aprile 1881, il Senato approvò definitivamente la legge per l'abolizione del corso forzoso che autorizzava l'accensione di un debito estero di 644 milioni al 5%. Si prevedeva di servirlo con i risparmi sui pagamenti all'estero in valuta, ottenuti con la rivalutazione del cambio e con altre misure fiscali (Luzzatto 1963, p. 204).

Il ritiro dei Rothschild fece ritrovare ai negoziatori italiani la strada di Londra, restata relativamente marginale dopo la scomparsa di Cavour. Le trattative furono condotte, tramite intermediari, da Magliani per il governo e da Bombrini per la Banca Nazionale, con le case Baring e Hambro, quest'ultima tradizionale avversaria dei Rothschild. La convenzione per il prestito venne firmata l'8 luglio 1881 dal ministro del Tesoro e dal direttore della Banca Nazionale. Quest'ultima assunse formalmente il prestito anche se la guida effettiva restò nelle mani delle due case inglesi. Al consorzio si aggiunse in Italia il Credito Mobiliare. La Francia, con un gruppo guidato dalla Caisse d'Escompte di Parigi, non restò del tutto esclusa. Il collocamento avvenne al prezzo effettivo di 87,17, dunque con un rendimento del 5,73%. La Borsa di Parigi restò il principale mercato dei titoli di Stato italiani, tanto che la crisi che investì quella piazza nella primavera del 1882 avrebbe reso difficile il collocamento della seconda *tranche* del prestito se non fosse intervenuta, seppure indirettamente, la Deutsche Bank a togliere dalle difficoltà il sindacato italo-franco-inglese. Nello stesso anno fu firmato il primo Trattato della Triplice Alleanza tra gli Imperi tedesco e austroungarico e il Regno d'Italia. Nel 1894-1895, come vedremo, la catastrofe delle banche di origine francese sgomberò il campo per lo sbarco in Italia della cosiddetta «banca mista» di tipo tedesco. La convertibilità aurea della lira, o abolizione del corso forzoso, fu ritardata da forti fluttuazioni del cambio con il franco francese, dovute in gran parte alla tensione tra i due paesi per la questione tunisina, ed entrò in vigore solo il 12 aprile 1883.

2.2. Euforia

La seconda fase della crisi degli anni Ottanta fu quella che Kindleberger (1978) chiama dell'euforia e che si sviluppò in «un'atmosfera iperossigenata dall'oro», secondo l'indovinata metafora di Luzzatto (*ibid.*). I 644 milioni del prestito estero furono impiegati in piccola parte (44 milioni) per rimborsare alla Banca Nazionale un prestito in oro contratto dallo Stato nel 1875, per il resto servirono a fare fronte alla domanda di conversione delle banconote sino ad allora inconvertibili.

Si è visto che la legge bancaria del 1874 prevedeva un doppio vincolo alla circolazione cartacea: non superare né il triplo del capitale versato, né il triplo della riserva. Le deroghe consentite erano molto stringenti. L'afflusso d'oro nelle casse delle banche di emissione si rivelava pertanto costoso, soprattutto per la Banca Nazionale, il cui relativamente piccolo capitale versato impediva di accrescere la circolazione, malgrado l'aumento della riserva aurea (Confalonieri 1974, vol. 1, p. 10). Il R.D. 12 agosto 1883, n. 1592, concesse agli istituti di emissione la facoltà di superare il doppio vincolo (capitale e riserva) stabilendo però che l'eccedenza di circolazione dovesse essere interamente coperta in metallo e non potesse, comunque, superare il 40% del capitale. La formulazione del decreto era stata accompagnata da una incisiva attività lobbistica da parte di Giacomo Grillo[4] che nel marzo 1882 aveva assunto la direzione della Banca Nazionale nel Regno in seguito alla morte di Carlo Bombrini[5].

Il successo di Grillo consistette soprattutto nel fare in modo che l'eccedenza di circolazione fosse esente da tassazione. Restò un limite non molto meno rigoroso di quello del 1874 all'aumento dell'emissione di banconote, limite che, secondo la cultura economica prevalente, avrebbe dovuto garantire simultaneamente la stabilità dei prezzi e del cambio, rendendo

---

[4] Genova 1830-Roma 1895. Impiegato nello studio Parodi si fece notare da Bombrini che nel 1853 lo assunse alla Banca Nazionale nella quale compì una rapida carriera fino a diventarne segretario generale nel 1863. Tenne poi per 11 anni la direzione della Banca. Dal 28 dicembre 1893 al 24 febbraio 1894 fu il primo direttore generale della Banca d'Italia (Bocci 2002).

[5] 15 marzo 1882 (Calzavarini 1969).

credibile l'impegno a convertire la carta in metallo: la sicurezza della convertibilità l'avrebbe resa inutile. Si riteneva che regole rigide e automatiche sull'ammontare della circolazione, accompagnate da norme stringenti circa le cambiali che potevano essere accettate per lo sconto presso gli istituti di emissione, avrebbero anche messo al riparo da crisi bancarie di portata sistemica, contenendo entro limiti rigorosi l'espansione del credito. Le cose andarono ben diversamente.

L'afflusso di capitale estero seguito alla reintroduzione della convertibilità della lira indusse gli istituti di emissione a ridurre nel 1884 il tasso di sconto praticato ai migliori clienti dal 5 al 4%, «mentre il mercato libero prestava anche a saggi inferiori»[6].

Alla fase di euforia non fu estraneo il governo, che anzi ne fu attivo promotore. Come abbiamo visto, la Sinistra era giunta al potere con l'obiettivo di promuovere lo sviluppo, in particolare l'industrializzazione. L'austerità fiscale, per usare un termine divenuto di moda nella Grande Recessione europea del 2008-2013, perseguita dalla Destra per raggiungere un faticoso equilibrio dei conti pubblici, fu presto abbandonata. Dopo il 1882 riapparvero i disavanzi di bilancio e il debito pubblico, rimasto sostanzialmente stabile tra il 1875 e il 1880, riprese a salire l'anno successivo (Francese, Pace 2008). Il disavanzo era relativamente modesto rispetto al PIL e utilizzato per finanziare investimenti: si trattava di una politica fiscale moderatamente espansiva e, dunque, non irragionevole. A essa si accompagnò, tuttavia, dopo il 1883, una notevole crescita del credito all'economia. Tra il 1883 e il 1887, l'aumento della circolazione delle banconote, strettamente regolata, fu piuttosto moderato, nonostante l'arrivo di altri 400 milioni di prestiti esteri in oro, attratti dalla convertibilità della lira. Crebbero, invece, considerevolmente i depositi bancari a vista o rimborsabili con breve preavviso. In soli quattro anni, tanto durò la fase dell'euforia, i depositi bancari crebbero del 45%, passando dal 51 a quasi il 100% delle banconote in circola-

---

[6] «Appunto sull'abolizione del corso forzoso dal 1874 al 1890», ASBI, Direttorio – Grillo 2.2.0. Si tratta di una nota anonima, preparata per Grillo, direttore della Banca Nazionale nel Regno.

zione[7]. Solo in piccola parte i depositi furono creati dalle sei banche di emissione, la loro espansione fu dovuta soprattutto all'incremento dell'attività delle banche commerciali (non autorizzate all'emissione di banconote). All'euforia contribuì anche la facilità con la quale erano collocate all'estero, oltre alla Rendita italiana, principale titolo del debito pubblico, obbligazioni e cartelle fondiarie private.

All'aumento dei depositi corrispose quello dei crediti concessi dalle banche al sistema economico. L'estensione di nuove linee di credito, soprattutto da parte dei due principali istituti di credito, la Società Generale di Credito Mobiliare e la Banca Generale, fu diretta in parte a imprese manifatturiere (Luzzatto 1963; Confalonieri 1974), alimentando l'espansione ciclica della produzione. Fu però il settore delle costruzioni ad attrarre buona parte delle nuove linee di credito. Si erano già verificati episodi di espansione degli investimenti nell'edilizia, legati al trasferimento della capitale, a Firenze tra il 1865 e il 1871 e a Roma tra il 1871 e il 1873. Dopo il 1882, l'offerta di credito a tassi convenienti e la domanda di uffici e alloggi produssero una espansione senza precedenti dei cantieri edili che durò sino alla fine degli anni Ottanta.

Nel 1883 fu approvato il piano regolatore di Roma e il governo concesse al comune un prestito di 150 milioni per favorire la sua realizzazione. Il piano permise, tra l'altro, la costruzione in via Nazionale del Palazzo delle Esposizioni e poi di quello che verrà chiamato Koch, dal nome del suo architetto, futura sede della Banca d'Italia (Insolera 2001, p. 46). Le zone residenziali già lottizzate includevano le aree di Castro Pretorio, Esquilino, Celio, Prati, Gianicolo, Testaccio, Aventino. Dappertutto fu un fiorire di cantieri. Il fatto che, oltre la cerchia delle mura aureliane, non si pagassero dazi sui materiali edilizi incentivò le costruzioni nelle zone immediatamente attigue alle mura stesse. Oltre la linea daziaria iniziava l'Agro romano che, per motivi collegati alle bonifiche, prevedeva l'esenzione decennale dalle tasse per i nuovi fabbricati (ivi, p. 55). Si costruì, dunque, a ridosso delle mura tra la

---

[7] I dati sull'offerta di moneta sono tratti, qui e in seguito, da Barbiellini Amidei *et al.* (2016).

Nomentana e Villa Borghese. Secondo Valenti (1890, p. 321), tra la fine degli anni Settanta e il 1887, i prezzi dei terreni venduti dalla Compagnia Fondiaria Italiana e dalla Società Immobiliare di Roma salirono, all'Esquilino, da 9 a 125 lire al metro quadro, a Prati da 100 a 150 lire, oltre Porta Pia da 3 lire nel 1882 a 32 lire nel 1887.

I principali venditori, soprattutto a ridosso della cerchia muraria, furono famiglie patrizie che possedevano ville (in gran parte distrutte nella frenesia del boom edilizio) e terreni nell'Agro. Gli acquirenti e chi li finanziava non erano troppo attenti al prezzo: gli uni e gli altri si aspettavano una rapida rivalutazione dei fondi acquistati. I primi puntavano a guadagni in conto capitale al momento della rivendita o a un flusso crescente di reddito dagli affitti, i secondi largheggiavano nella lucrosa concessione di credito con la tranquillità di chi sa di avere garanzie ipotecarie su beni in progressiva rivalutazione. Valenti (ivi, p. 231) nota come molti trattassero i terreni come titoli di borsa da acquistare non per costruire, ma per rivenderli. Gli speculatori più accorti, e meno avidi, fecero ottimi affari uscendo in tempo dal mercato. Altri, come il principe Paolo Borghese, che aveva ottenuto crediti ipotecari per 20 milioni, soffrirono enormi perdite non appena la bolla immobiliare si sgonfiò (Flores 2002).

Come in altri simili casi (per esempio quello dei cosiddetti «mutui *sub-prime*» del primo decennio del ventunesimo secolo), l'abbondante liquidità accompagnata dalla rapida rivalutazione degli immobili (terreni, abitazioni, uffici) attenuò la percezione del rischio da parte non solo degli speculatori immobiliari, ma anche degli stessi intermediari finanziari il cui ruolo principale è invece la valutazione del rischio. Era proprio l'elevato e crescente valore delle aree fabbricabili, osserva Valenti (1890, p. 321), a dare l'illusione che esse costituissero solide garanzie.

La febbre del credito facile colse, in modi diversi, gran parte delle banche italiane, al centro e alla periferia, ma furono relativamente poche quelle che si dedicarono prevalentemente al settore immobiliare. Tra il 1882 e il 1892, l'attivo di quelle che allora erano dette «società ordinarie di credito» crebbe di circa il 30%. L'aumento delle concessioni di credito fu dovuto soprattutto alla nascita e allo sviluppo di piccole banche, attratte dalla facilità di entrata in un comparto sostanzialmente deregolato. Tra le prime 15 banche quella che realizzò il maggior sviluppo del credito concesso (da 23 a 94 milioni) fu la Banca Tiberina, una delle più attive nel settore immobiliare, legata alla Società dell'Esquilino, la principale impresa di costruzioni romana, e alla Banca Sconto e Sete di Torino, attiva nel medesimo settore dell'ex capitale del regno (Confalonieri 1974, tab. 24, p. 274). Anche le due principali banche italiane, la Società Generale di Credito Mobiliare e la Banca Generale, aumentarono considerevolmente la dimensione dei propri bilanci durante il decennio. Furono questi i quattro grandi istituti di credito travolti dalla crisi. Va detto che non tutto il sistema bancario fu coinvolto nel finanziamento di investimenti speculativi. Tra le stesse banche di credito ordinario, Confalonieri (ivi, pp. 345 ss.) nota il comportamento della Banca di Torino, se non proprio prudente quantomeno accorto nella scelta del momento di uscita dal mercato speculativo. Il sistema delle casse di risparmio, soggette alla supervisione del ministero di Agricoltura, Industria e Commercio e poco propense ad ascoltare le sirene del credito facile, ebbe proprio in questi anni un rapido sviluppo, attraendo clienti piccoli e medi inclini a guardare con sospetto, soprattutto dopo i primi fallimenti bancari, i metodi di gestione di molti istituti «ordinari». Lontane dalla speculazione si tennero anche le banche popolari, costituite in forma cooperativa, rapidamente cresciute dopo la fondazione a Lodi nel 1864 della prima tra esse sul modello della Volksbank tedesca introdotto in Italia da Luigi Luzzatti.

«Il movimento ascendente – scrisse Gino Luzzatto (1963, p. 212) – toccò il vertice nei primi mesi del 1887 quando alcuni terreni ai prati di Castello acquistati [dalla banca Tiberina] a prezzi oscillanti tra 12,5 e 25 lire al mq furono rivenduti a prezzi che variavano tra 70 e 110 lire», con un utile di oltre 4,4 milioni su un capitale versato di 30 milioni.

2.3. *Incertezza e angoscia*

Nell'anatomia della tipica crisi finanziaria delineata da Kindleberger, alla fase della mania euforica segue un momento di insicurezza, di angoscia (*distress*), nel quale un numero crescente di operatori comincia a intravedere la possibilità di non essere in grado di fare fronte ai propri debiti. Per l'economia nel suo complesso si tratta di un momento in cui «un numero considerevole di membri della comunità finanziaria prende coscienza che esiste una probabilità non piccola che si verifichi una corsa all'accaparramento di liquidità» (Kindleberger 1978, p. 21).

È difficile dire se e quando questa fase di transizione dall'euforia alla crisi conclamata si sia verificata nel nostro caso. Si è accennato sopra ad accorti speculatori in aree fabbricabili che uscirono dal mercato quando i prezzi erano vicini al massimo per non più rientrarci: è facile immaginare che molti di questi avessero intuito che il vento stava cambiando ed era opportuno ridurre o ammainare del tutto le vele. Segnali di mutamento nel sentimento dei mercati nei confronti dell'Italia giunsero dall'estero: tra giugno 1887 e marzo 1888, il divario tra il rendimento della Rendita italiana e l'analogo titolo irredimibile inglese (*consol*) passò da 167 a 214 punti base. L'aumento delle vendite dei titoli italiani si verificò in un momento di tensione internazionale che spinse a una corsa verso la sicurezza di quelli inglesi che indebolì anche i titoli statunitensi, tedeschi e francesi. L'indebolimento della Rendita italiana aveva però motivi idiosincratici: sia economici (la crescita del disavanzo[8] e dell'indebitamento pubblico, la denuncia del trattato commerciale con la Francia, la revisione in senso protezionista della tariffa doganale), sia politici (la morte di Depretis il 29 luglio 1887 e la sua immediata sostituzione con Crispi che lasciava presagire cambiamenti nella politica estera del Paese). La vendita di titoli italiani all'estero, soprattutto sulla piazza di Parigi, segnalava che era finito il tempo del grande afflusso di capitali esteri. Nella storia delle crisi finanziarie questo è il tipico momento critico per i sistemi creditizi che hanno commesso il «peccato originale» di indebitarsi troppo in valuta estera.

---

[8] «Il disavanzo, nascosto dapprima con artifici contabili [...] salì dopo il 1885 ad altezze che si avvicinarono a quelle del primo quinquennio del Regno» (Luzzatto 1963, p. 209).

Un segnale della fragilità prodotta nel sistema bancario dalla rapida espansione creditizia venne dalla Sardegna. Al momento dell'Unità, l'isola era ancora quasi priva di un sistema bancario ma, negli anni Settanta, erano sbocciate ovunque banche di credito ordinario, quasi tutte con un minuscolo capitale, ed erano state fondate due casse di risparmio. Il mercato delle aree fabbricabili non offriva, nell'isola, prospettive di guadagno interessanti, ma le banche si impegnarono con investimenti a lungo termine in tratte ferroviarie, nel settore minerario (inclusa una miniera in Tunisia) e in imprese industriali. Il sistema bancario sardo si avvalse della possibilità concessa dalla legge istitutiva del credito agrario (1869) a istituti all'uopo autorizzati (società per azioni, casse di risparmio, monti di pietà) di emettere buoni agrari pagabili a vista, in pratica cartamoneta, per finanziare qualsiasi operazione a breve o lungo termine a favore degli agricoltori (Toniolo 1995, p. 60). Pur avendo la legge carattere nazionale, alla fine degli anni Settanta il 77% di questi buoni circolava in Sardegna. Di questi, nel 1883, ben il 74%, per un totale di circa 7,5 milioni, era stato emesso da due soli istituti: il Credito Agricolo Industriale e la Banca Agricola (ivi, p. 64). Al tempo stesso si aggiunse un'espansione dei depositi a mano a mano che i sardi, dapprima diffidenti, si avvicinavano alle banche. Anche sull'isola si crearono, dunque, soprattutto dopo il 1883, le condizioni per l'*overbanking* che caratterizzarono l'intero Paese. Le banche, piccole e sottocapitalizzate, si trovarono ben presto in una situazione di grande fragilità, per l'attivo costituito largamente da impieghi a lungo termine, spesso di incerta solvibilità. Solo la fiducia del pubblico nei buoni agrari tenne tanto a lungo in piedi il sistema bancario sardo. Questa fiducia fu incrinata dalla legge 23 gennaio 1887 che vietava l'emissione di nuovi buoni e obbligava alla loro totale rimozione dalla circolazione nel breve lasso di dieci anni. La prima banca obbligata, nel 1886, a sospendere l'attività a causa di una corsa agli sportelli fu il Banco di Cagliari. All'inizio del 1887, analogo destino toccò alla ben più grande Cassa di Risparmio di Cagliari, dando origine alla corsa a convertire i buoni agrari del Credito Agricolo Industriale Sardo. I tentativi di Cocco-Ortu, volti a ottenere credito di ultima istanza per le banche sarde, non diedero risultati concreti, un po' per il disinteresse delle banche di emissione, un po' per «meschini rancori» tra gli stessi esponenti della borghesia isolana[9]. Tra i principali istituti di credito, rimase in piedi solo la Banca Agricola, che mantenne la propria solidità grazie a una prudente gestione, attenta alla coerenza temporale tra le scadenze dell'attivo e del passivo di bilancio, tanto da ottenere la fiducia del risconto da parte della Banca Nazionale (ivi, pp. 67-68). Dal 1887 crebbero anche le difficoltà delle banche meridionali e della Generale, il secondo istituto di credito ordinario del Paese (Luzzatto 1963).

2.4. *Discredito*[10]

Nella situazione di incertezza che segue l'euforia, sempre seguendo lo schema di Kindleberger, basta poco per fare precipitare il sistema bancario nel discredito di una crisi conclamata. La causa immediata di una crisi può essere «il fallimento di una grande banca o di un'importante impresa industriale, la rivelazione di uno scandalo, la caduta dei prezzi dell'oggetto principale della speculazione» (Kindleberger 1984, p. 21). Tutti questi elementi furono presenti nel nostro caso, ma non è facile trovare un momento preciso (come il martedì nero dell'ottobre 1929 o il fallimento di Lehman Brothers nell'ottobre 2008), al quale datare l'inizio della crisi conclamata. L'estate 1889 segna comunque uno spartiacque sia nella percezione dei contemporanei, sia nelle più recenti ricostruzioni dell'andamento dell'economia reale. L'aumento della domanda e dei prezzi delle attività immobiliari aveva

---

[9] Quando Cocco-Ortu, con i buoni uffici del governo, finalmente ottenne dalla Banca Nazionale e dal Banco di Napoli un'apertura di credito alla Provincia di Cagliari, per facilitare il ritiro dei buoni agrari, fu il Consiglio Provinciale a respingere l'accordo (Toniolo 1995, p. 67).
[10] La fase della crisi conclamata è chiamata da Kindleberger *revulsion*. La traduzione italiana (repulsione) rende forse l'idea di un movimento di rigetto di tutto quanto avvenuto sino a quel momento, ma è forse meglio attenersi al termine «discredito» di sapore ottocentesco.

nascosto il rischio per l'intero sistema dell'elevato livello del debito presente nell'economia e della speculare crescita della rischiosità degli attivi bancari. Ma la fase ascendente del ciclo edilizio, sostenuta in parte dalla stessa abbondanza di credito a buon mercato, non poteva proseguire indefinitamente. Se nel biennio 1886-1887 erano stati costruiti a Roma 12.691 vani, nei due anni successivi se ne costruirono solo 818 (Insolera 2001, p. 60). Si verificò uno squilibrio tra offerta e domanda di immobili: la prima era orientata al mercato ormai saturo di costosi uffici e alloggi vicini al centro; la seconda era ormai alimentata soprattutto dalle famiglie a basso reddito di recente immigrazione. I fallimenti di piccole e medie imprese lasciarono lavori a metà, cantieri abbandonati, strade in disordine.

Il crollo dei prezzi e i conseguenti fallimenti delle imprese edili non potevano che coinvolgere il sistema bancario, a cominciare dagli intermediari maggiormente impegnati nel settore delle costruzioni e con un portafoglio crediti poco diversificato. Nell'agosto 1889, si legge in un appunto anonimo della Banca Nazionale, «i maggiori sconquassi si ripercossero a cagione delle posizioni della Società dell'Esquilino, del Banco Sconto e Sete di Torino, della Banca Tiberina, e della manifesta impossibilità di movimento del Banco di Roma» (ivi, p. 61). Dalle banche, la crisi si trasmise all'economia reale: il prodotto interno lordo, che nel 1888 era rimasto sui livelli dell'anno precedente, subì nel 1889 una contrazione del 2,5%. Fu, tuttavia, l'unico anno di caduta della produzione in questa crisi, altrimenti gravissima sul piano finanziario, sociale, politico e istituzionale. Possiamo, dunque, prendere l'estate del 1889 come il momento iniziale della crisi, il discredito di cui scrive Kindleberger, che segna gli «anni più neri», e che si conclude solo nel 1895.

La liquidazione di piccole banche, soprattutto in Sardegna e nel Mezzogiorno, ebbe un forte impatto locale, ma a livello nazionale costituì solo un segnale al quale sarebbe stato opportuno prestare maggiore attenzione. Le crisi di liquidità del Banco Sconto e Sete e della Tiberina ebbero invece indubbi risvolti sistemici. Il primo era nato nel 1863 dalla fusione tra il Banco Sete (fondato nel 1856) e la Cassa di Sconto (nata nel 1853), entrambi di Torino[11]. A parte il commercio delle sete, attività tipica dello sconto di cambiali a breve garantite da pegno[12], e all'erogazione di servizi esattoriali e di ricevitoria a Genova e Torino, la banca si era impegnata in finanziamenti a lungo termine nel campo industriale e delle pubbliche utilità, in alcuni casi (ferrovie del Canavese) quale promotore e principale azionista (Confalonieri 1974, p. 341). Nel 1877 il Banco Sconto e Sete fu il principale fondatore della romana Banca Tiberina della quale rimase il maggiore azionista, facendone il veicolo della partecipazione torinese al boom edilizio romano e, dopo il 1884, napoletano e torinese. La Tiberina divenne, come accennato sopra, una delle maggiori banche italiane di credito ordinario, sia operando direttamente nella compravendita immobiliare, sia erogando credito ipotecario. Confalonieri mette in luce la fragilità imprenditoriale e concettuale sulla quale si fondavano le operazioni della Tiberina: un rozzo accostamento tra lo sperato volume delle costruzioni e l'incremento cospicuo della popolazione della capitale, senza considerare «la relazione tra reddito di coloro che chiedono una casa e il costo annuo della stessa» (ivi, pp. 151-152). A fronte di questi impieghi, stavano passività (depositi) a breve termine. Quando, negli ultimi mesi del 1888, esaurita l'illusione di valori immobiliari perpetuamente crescenti, si sparsero voci circa la solidità della Tiberina, legate anche a difficoltà del Banco Sconto e Sete, i depositi si dimezzarono. La prospettiva di una sospensione dei pagamenti da parte della Tiberina, che avrebbe trascinato nella caduta il suo principale azionista, suscitò enorme preoccupazione. La Banca Nazionale, come vedremo, intervenne con modesti crediti di ultima istanza sino a quando, il 24 agosto 1889, la Tiberina chiese la moratoria. In settembre concesse in pegno alla Banca Nazionale e al Banco di Napoli quasi tutto il proprio patrimonio. Il principale azionista della Tiberina, Banco di Sconto e Sete, non sopravvisse a lungo alla Tiberina da esso largamente finanziata tanto da

---

[11] Verrà poi assorbita dalla Società Bancaria Milanese che con l'occasione perse il nome di Società Bancaria Italiana della quale diremo qualcosa parlando della crisi del 1907.
[12] La sezione sete venne soppressa nel 1884.

essere accusato di avere realizzato una fusione di fatto. Fu posto in liquidazione nel 1892.

La Banca di Torino, impegnata a lungo termine con l'Impresa dell'Esquilino e con le Bonifiche Ferraresi per quasi la metà del proprio capitale, evitò un drammatico fallimento grazie a un consorzio per il salvataggio della Esquilino e fu messa in liquidazione nel 1894 dagli stessi soci che dichiararono «il venir meno della ragion d'essere» dell'istituto (ivi, p. 340).

La crisi raggiunse l'acme con lo scandalo della Banca Romana, l'ex istituto di emissione dello Stato Pontificio, e con il crollo della Banca Generale e del Credito Mobiliare, i due maggiori istituti di credito ordinario. Prima di parlarne, è però necessario dire qualcosa sui diversi attori nella gestione della crisi.

3. *Banche, interessi privati e governo*

La crisi brevemente descritta rivelò tutte le debolezze delle istituzioni monetarie italiane che non furono in grado né di prevenirla, né di mitigarla. Un sistema basato sulla pluralità degli istituti di emissione è meno adatto di una banca di emissione unica a gestire crisi bancarie di dimensione sistemica, non fosse altro che per problemi di coordinamento. Tuttavia, un rigoroso rispetto delle regole da parte sia del governo sia delle banche avrebbe con ogni probabilità tenuto sotto controllo la fase dell'euforia del credito. La legge bancaria del 1874 aveva stabilito limiti precisi alla circolazione monetaria e creato un meccanismo (la cosiddetta «riscontrata») per lo scambio dei biglietti tra i diversi emittenti. Come si è visto le regole avevano subito numerose eccezioni, formali e informali, sotto la spinta di esigenze politiche e di interessi privati legati alle banche di emissione e allo stesso governo, segnati da una miriade di conflitti di interesse. Il faticoso ritorno alla convertibilità metallica delle banconote era stato voluto e imposto dal governo sia per motivi di prestigio, sia per dare agli istituti di emissione quella disciplina che la legge del 1874 in regime di corso forzoso si era, nella pratica, dimostrata incapace di attuare. Ma non si volle o non fu possibile creare le necessarie condizioni per la stabilità del *gold standard*: rispetto delle norme sulla copertura metallica della circolazione, equilibrio strutturale del bilancio pubblico, maggiore flessibilità e rapidità nella variazione del tasso di sconto a protezione delle riserve. Come in altri successivi momenti della storia economica italiana, ci si illuse che bastasse l'adesione formale a un meccanismo di cambio non solo perché esso funzionasse, ma perché garantisse anche alla moneta e all'economia reale i benefici sperati. Il ritorno alla convertibilità avrebbe potuto dare i benefici sperati dal governo solo se accompagnato da misure penose e impopolari che non si volle o non fu possibile prendere: mantenere il pareggio del bilancio pubblico, regolare il tasso di sconto in modo da evitare il deflusso dell'oro, ispezionare rigorosamente le banche di emissione, combattere l'aggiotaggio.

L'oro che affluì alle riserve delle banche di emissione grazie al prestito internazionale del 1883 consentì agli istituti di emissione, nei due anni successivi, di accrescere di circa il 66% il volume degli sconti concessi ai clienti e al tempo stesso di aumentare la copertura aurea della circolazione al di sopra dei limiti stabiliti per legge (Canovai 1911, p. 56). Il bilancio dello Stato si mantenne attorno al pareggio e il debito pubblico cessò di aumentare, scendendo in rapporto al PIL dal 116 al 108%. Il corso della Rendita italiana (titolo irredimibile, principale strumento di finanziamento del Tesoro) a Parigi, pur molto volatile, si avvicinò alla parità. La posizione internazionale dell'Italia restava tuttavia fragile, dipendente dal credito estero e dunque esposta ai mutamenti e alle crisi dei mercati internazionali.

L'esplosione di depositi, alla quale si è accennato sopra, non ha ottenuto molta attenzione da parte degli studiosi, ma si può ipotizzarne la causa principale nello shock positivo di fiducia nella moneta bancaria prodotto dalla convertibilità. Chi aveva sino ad allora tesaurizzato le monete metalliche fu probabilmente indotto dalla convertibilità aurea delle banconote a portarle alle banche per ottenerne un rendimento, percepito come privo di rischio. All'aumento dei depositi corrispose un'espansione del credito da parte soprattutto delle banche commerciali, ma alla quale contribuirono ampiamente gli istituti di emissione, in concorrenza con gli altri intermediari. Con l'eccezione della piccola Banca Toscana di Credito, che mantenne una gestione prudente, gli istituti di emissione aumentarono considerevolmente la dimensione dei propri bilanci, accompagnando paradossalmente la crescente domanda di credito con la diminuzione dei tassi di sconto ufficiali e soprattutto di quelli di favore applicati ai migliori clienti[13]. La concorrenza tra le banche di emissione, spinte dai maggiori azionisti rappresentati nei consigli superiori, spesso in situazioni di palese conflitto di interesse, a offrire un'elevata remunerazione al capitale, rese difficile un prudente governo dell'offerta di moneta e di credito, secondo le rigorose regole del *gold standard*. Né le stesse banche avevano strumenti di controllo sul resto del sistema bancario, con il quale pure erano in concorrenza, perché, al contrario di quanto succedeva in Inghilterra, le banche non tenevano riserve (depositi) presso gli istituti di emissione che potessero essere regolate variando il tasso di sconto.

La fragilità di quest'assetto non tardò a manifestarsi. Esso era largamente condizionato, come in ogni economia emergente in regime di mobilità internazionale dei capitali, da eventi fuori dal controllo del governo e delle banche di emissione. Un assaggio si ebbe nel 1884: lo scoppio di un'epidemia di colera ebbe ripercussioni sul corso della Rendita e sul cambio[14], segnalando la volatilità del flusso dei capitali in entrata. L'anno dopo, la sconfitta dell'esercito francese in Vietnam, seguita dalle dimissioni del governo Ferry, produsse ribassi alla Borsa di Parigi con immediate ripercussioni sui titoli italiani[15].

---

[13] La legge 7 aprile 1881, n. 133, che regolava il ritorno alla convertibilità, all'art. 15 stabiliva, correttamente, che con il ritorno alla convertibilità «il mutamento del tasso di sconto potrà essere deciso senza autorizzazione del governo».

[14] Le epidemie di colera erano ricorrenti nell'Italia dell'Ottocento: si erano verificate nel 1848-1849, nel 1854-1855 e nel 1865-1867. Il colera si diffuse ancora in Italia, probabilmente importato da Tolone e Marsiglia. Le province più colpite furono Cuneo, Genova e, soprattutto, Napoli (Tognotti 2000). Il governo reagì nel 1885 con una legge per il risanamento della città di Napoli che diede luogo a un'espansione dell'edilizia e delle opere pubbliche nella città partenopea.

[15] Il 24 marzo 1885 i francesi furono sconfitti dall'esercito cinese nella battaglia di Bang Bo, ripiegarono sulla città di Long Son che dovettero però abbandonare quattro giorni dopo. Una comunicazione troppo allarmista a Parigi

Preoccupato per le tensioni, peraltro piuttosto modeste, sul cambio della lira, il governo «convocò i direttori delle banche di emissione incitandoli a sospendere i tassi di favore» (Sannucci 1990, p. 211). L'accordo promosso dallo stesso governo fu presto violato. Il persistere di bassi tassi di interesse non era però compatibile con l'attrazione di capitali stranieri che consentiva di mantenere le riserve metalliche a un livello adeguato a quello raggiunto dalla circolazione di moneta. Nel giugno 1885 si arrivò a un aumento del tasso normale di sconto (legge 28 giugno 1885, n. 3167, art. 2), senza che ciò modificasse sostanzialmente la situazione, vista la diffusione dei tassi di favore come strumenti di concorrenza sia tra banche di emissione, sia di queste con le banche commerciali.

La politica del credito attuata dalle banche di emissione fu influenzata, come abbiamo accennato sopra, dalla presenza nei loro organi di governo, in palese conflitto di interesse, di azionisti con partecipazioni importanti in società e banche clienti. Caso emblematico è quello di Ulrich Geisser[16], finanziere torinese di primo piano, coinvolto in miriadi di operazioni industriali e finanziarie in tutta Italia, sin dal 1858 membro del Consiglio di reggenza della Banca Nazionale degli Stati Sardi e successivamente del Consiglio superiore della Banca Nazionale nel Regno (Bocci 1999) nella quale conquistò una «posizione di primo piano» (Di Martino 2001, p. 311), che risultò evidente nel caso della fusione della napoletana Banca Meridionale nella Società di Credito Meridionale con apporti

---

da parte del comando francese di Hanoi suscitò grande emozione nell'opinione pubblica. Il 30 marzo l'Assemblea votò a larga maggioranza la sfiducia al governo di Jules Ferry e i titoli del Tesoro francese subirono perdite superiori a quelle registrate il giorno della dichiarazione di guerra del 1870, trascinando al ribasso anche la Rendita italiana.

[16] Altstätten (Canton San Gallo) 1824-Torino 1894. Giovane collaboratore di Cavour, fondatore nel 1860 della Geisser & Monnet (dal 1865 U. Geisser & Co.). Presidente della Banca di Torino dalla fondazione (1871), importante azionista e consigliere della Società Italiana dei Lavori Pubblici, ebbe parte nella creazione dell'Impresa dell'Esquilino. «La ditta Geisser interviene direttamente in diverse operazioni romane, quali quella di Testaccio, di piazza Vittorio Emanuele, di villa Wolkonsky e di villa Sciarra, mentre il G. fu presente nella Società fondiaria milanese, sorta nel 1881 per occuparsi della sistemazione del foro Bonaparte, e nella meno importante Società di compravendita di terreni, costruzioni e opere pubbliche, operante nella capitale» (Bocci 1999). Fu, come vedremo, condotto alla rovina dalle operazioni effettuate con la Banca Tiberina.

di capitali torinesi, milanesi e genovesi. Regista dell'operazione fu Giacomo Grillo, direttore della Banca Nazionale, che si adoperò abilmente a ottenere per i torinesi, e in particolare per la U. Geisser & Co., importanti quote azionarie (ivi, p. 318).

Il sistema a moneta convertibile durò, nei fatti, solo per due o tre anni, anche se la convertibilità non fu formalmente sospesa che nel 1893. Già dal 1886 il flusso dei capitali stranieri si affievolì per poi invertirsi negli anni successivi. La differenza tra il rendimento della Rendita italiana e quello degli analoghi titoli irredimibili inglesi, che nel maggio 1886 era di 157 punti base, raggiunse 220 punti base nell'agosto 1889 e si mantenne poi quasi costantemente sopra i 200 punti[17], malgrado gli interventi a sostegno della Rendita sul mercato francese attuati dalla Banca Nazionale e dal Credito Mobiliare su pressione del governo. Gli istituti di emissione, esposti con considerevoli crediti illiquidi, non erano in grado di rispondere alla diminuzione delle riserve auree seguendo la regola del *gold standard* classico, cioè aumentando il tasso di interesse per attrarre nuovi capitali dall'estero. Adottarono dunque espedienti burocratici che rendevano sempre più difficile la conversione in oro delle proprie banconote. La difesa amministrativa delle riserve non impedì che le banconote in circolazione cominciassero a eccedere il limite legale. I rappresentanti del governo nei consigli delle banche di emissione non mancarono di fare notare questo stato di cose e i ministri del Tesoro a più riprese intimarono alle banche di rientrare nei limiti. Al che le banche, pur promettendo di «adeguarsi», facevano notare che «le condizioni del mercato rendevano necessari aumenti della circolazione» (Canovai 1911, p. 75). Il governo si limitò dunque a richiami di bandiera[18]:

---

[17] Tra le stesse date, lo *spread* dei titoli spagnoli rispetto ai *consols* si ridusse da 348 a 288 punti base, quello di Russia e Francia rimase sostanzialmente invariato. La dinamica italiana dipese dunque largamente da cause endogene piuttosto che da un andamento comune ai mercati di altri paesi periferici o continentali.

[18] Canovai (1911, p. 75) definisce la corrispondenza in argomento tra banche e governo «uno dei lati umoristici della crisi bancaria italiana». La debolezza del governo era dovuta anche al suo essere spesso costretto a ricorrere alle banche di emissione, in particolare alla Nazionale, per anticipazioni di cassa o per «contributi» che potevano essere e a volte venivano negati. Tipico è il caso della richiesta del ministro alla Banca Nazionale per un contributo al padiglione

preoccupato per i fallimenti bancari era esso stesso a premere perché le banche di emissione attivassero interventi di ultima istanza per salvare imprese e banche pericolanti.

4. *Prestiti di ultima istanza*

Le banche di emissione non avevano un mandato esplicito per la stabilità del sistema. Erano percepite dal pubblico anzitutto come istituti di credito che si finanziavano con l'emissione di banconote, un privilegio a fronte del quale pagavano una tassa e dovevano sottostare a obblighi precisi tra i quali quello della supervisione governativa, accettando la presenza nei propri organi deliberativi di un rappresentante del governo. Questa prossimità conferiva loro una inevitabile ambiguità: erano mere aziende di credito volte alla massimizzazione del profitto o istituzioni semipubbliche orientate ad affiancare il governo nel perseguimento di obiettivi generali? I rappresentanti degli azionisti nei Consigli superiori delle banche, almeno quelli non in palese conflitto di interesse, vedevano con sospetto ogni uso delle risorse ispirato da motivazioni politiche in nome di un interesse generale, anche se al momento delle decisioni il direttore riusciva spesso a convincere la maggioranza che assecondare il governo era buona politica aziendale. Governo e Parlamento vedevano invece i privilegi di cui godevano gli istituti di emissione come emanati dal loro stesso potere (*octroyé*) e sempre revocabili qualora la collettività non ne traesse diretto beneficio, anzitutto tramite un sostegno al bilancio pubblico alla cui sempre incerta stabilità si legavano le fortune del Paese, il suo stesso «essere nazione»[19]. Inutile dire che il principio, non da tutti accettato ma «nobile», che la ragione d'essere delle banche di emissione fosse anche, o principalmente, di carattere pubblico, non era sufficiente a

---

Italia dell'esposizione internazionale di Chicago che il Consiglio superiore negò con la motivazione che «la gravezza degli oneri fiscali già preoccupa l'amministrazione circa la possibilità di mantenere [...] atti di beneficenza» (ASBI, Banca Nazionale nel Regno, Verbali del Consiglio superiore, seduta del 12 ottobre 1892, Registro 216, vol. 13).

[19] Come ebbe a dire Silvio Spaventa nel 1867, cit. in Scatamacchia (2008, p. 285).

limitarne il degrado. Così, nota Scatamacchia (2008, p. 285), «il funzionario statale Antonio Monzilli poteva constatare quotidianamente il malcostume e il condizionamento di "quello che dicesi ambiente", e il politico Domenico Farini scrivere di denari che prendevano la via della "cassa per elezioni" e di una "lunga antica storia" di politici, a cominciare da Depretis, abituati a "pescare nelle tasche delle banche"». Questa irrisolta ambiguità tra funzione pubblica e interessi privati pesò fortemente sulla gestione del credito di ultima istanza tra la fine degli anni Ottanta e l'inizio del decennio successivo. Essa non venne magicamente risolta dalla legge del 1893 che istituì la Banca d'Italia: ci vorranno ancora molti anni di tensioni e apprendimento dagli errori perché la funzione pubblica della banca di emissione si realizzasse nei fatti prima di essere consacrata dalle leggi bancarie del 1926 e del 1936.

Scrivendo, più di un quarto di secolo dopo, la propria testimonianza per la National Monetary Commission del Congresso degli Stati Uniti che valutava l'opportunità di creare una banca centrale, Tito Canovai, vicedirettore della Banca d'Italia, datò nel 1885 l'inizio dei tentativi di salvataggio di banche dissestate resi necessari dalla crisi. In quell'anno la Banca Nazionale nel Regno creò un proprio istituto di credito fondiario[20]. Si noti la data: siamo in pieno boom edilizio. Il nuovo istituto fu voluto da Grillo, vincendo le resistenze del consiglio e dell'assemblea degli azionisti. Le ragioni addotte furono l'esistenza di simili dipartimenti in altre banche di emissione (citando l'Austria-Ungheria, la Grecia, la Scandinavia oltre ai due banchi meridionali italiani), il potenziale del mercato edilizio in Italia, la sicurezza delle operazioni di

---

[20] Il credito fondiario fu regolato per la prima volta con la legge del 14 giugno 1866, n. 2983, che ne stabiliva i criteri fondanti basati sulla concessione governativa al suo esercizio a vari istituti, per lo più enti morali, ciascuno per zone predefinite, sotto stretta sorveglianza governativa. I primi istituti concessionari furono la Cassa di Risparmio di Milano, le Opere pie di San Paolo di Torino, la Cassa di Risparmio di Bologna, il Monte dei Paschi di Siena e il Banco di Napoli. Gli istituti di emissione e le banche commerciali furono inizialmente escluse dalle concessioni (Archivio Storico della Compagnia San Paolo, disponibile in https://archiviostorico.fondazione1563.it/oggetti/77-creditofondiario/). In particolare, sulle origini del credito fondiario dell'Istituto San Paolo di Torino cfr. Verro (2021).

mutuo garantite da ipoteca. Ma, nota Canovai, il principale scopo del direttore era quello di «sollevare i conti della banca da operazioni che, benché formalmente convertibili in crediti a breve, erano di fatto divenute veri e propri mutui fondiari, di impossibile liquidazione nel breve termine» (Canovai 1911, p. 64). Si sperava anche di piazzare all'estero le obbligazioni (Cartelle Fondiarie) per allargare la base dei finanziamenti all'edilizia ma, nota Confalonieri (1974, p. 143), «mancava per questo un interlocutore deciso e in grado di ispirare fiducia»[21]. Fu, dunque, questa la prima di una serie di operazioni con le quali, in anni successivi, la Banca d'Italia creò veicoli finanziari volti ad alleggerire il proprio bilancio di partite di fatto immobilizzate, contrarie sia agli statuti, sia, soprattutto, alla natura delle attività ammissibili a fronte della passività costituita dalla circolazione emessa. La creazione dell'istituto di credito fondiario indica anche che la Banca Nazionale «non fu del tutto esente da colpe nel finanziamento della speculazione edilizia» (ivi, p. 141) anche se, come vedremo, esagera molto Pantaleoni dicendo che la Banca andò, per questo, «in malora più presto del Mobiliare e della Banca Generale e più completamente di entrambi questi istituti, lasciandosi mangiare più di tutto il suo capitale, e ciò in tempi di prosperità, in tempi calmi, in cui a farlo apposta non si sarebbe potuto riuscire con maggior perfezione nell'intento» (Pantaleoni 1895, p. 89). È vero invece che, nel momento più difficile, mancarono alla Banca Nazionale sia le risorse, sia la capacità di svolgere un ruolo efficace di prestatore di ultima istanza.

In una prima fase, i più importanti interventi di «salvataggio» posti in essere dalla Banca Nazionale riguardarono l'Impresa dell'Esquilino[22], la Società per il Risanamento di

---

[21] Tra il 1885 e il 1893, quando cessò, l'Istituto Fondiario della Banca Nazionale, con un capitale di 30 milioni, aveva concesso mutui, finanziati con l'emissione di obbligazioni (Cartelle Fondiarie) al 4 e 4,5%, per quasi 323 milioni, dei quali ben 226 richiesti nel 1886, anno di «attività febbrile» (Canovai 1911, p. 66).

[22] Creata a Roma nel 1872 per realizzare i lavori per la costruzione del nuovo quartiere Esquilino in virtù di una convenzione del novembre 1871 tra il Comune di Roma e le banche genovesi Compagnia Commerciale italiana e Banca Italiana di Costruzione. Fu poi interessata anche alla bonifica del quartiere di Santa Brigida di Napoli.

Napoli, e la Banca Tiberina. Mal gestita sin dalla nascita, la Società dell'Esquilino aveva accumulato un patrimonio immobiliare che non riusciva a vendere o affittare, a fronte di un capitale di 15 milioni e debiti ipotecari e cambiari per circa 46 milioni in larga parte verso la Banca di Torino e la Banca Nazionale. Alla fine del 1887, l'Esquilino chiese alla Banca Nazionale un consolidamento del proprio passivo per un totale di 37 milioni. Malgrado la forte opposizione in Consiglio superiore, prevalse l'opinione di Grillo che la Banca Nazionale non potesse «disinteressarsi del credito fondiario». Nella buona sostanza, si trattò di salvare, oltre alla società immobiliare, la Banca di Torino, dimezzandone l'esposizione verso l'Esquilino tramite un consorzio bancario guidato dalla Nazionale e dallo stesso istituto torinese (Confalonieri 1974, p. 147). Fu questo il primo dei consorzi tra istituti di credito creati dalla banca centrale italiana per tamponare situazioni di emergenza potenzialmente destabilizzanti per l'intero sistema, impiegando il minimo capitale possibile accanto al massimo del proprio potere di persuasione. Questo primo consorzio non riuscì a stabilizzare la situazione dell'Esquilino. Il rapido crollo dei prezzi degli immobili non consentiva la vendita degli edifici di proprietà della società senza registrare a bilancio perdite che né questa[23], né i creditori erano pronti ad accettare. Nella primavera del 1889 i debitori chiesero un aumento del finanziamento consortile e poi un suo consolidamento per due anni, fino a quando la Banca Nazionale decise di non proseguire per una strada che finalmente vide come impraticabile. La liquidazione dell'Esquilino – protrattasi per molti anni – concluse in modo fallimentare il primo dei salvataggi tentati a cavallo tra gli anni Ottanta e Novanta.

Il caso della Banca Tiberina (Pantaleoni 1895, p. 109), della quale la Banca Sconto e Sete era importante azionista, è forse il più emblematico della difficoltà che ebbero le principali banche di emissione e lo stesso governo nel gestire la crisi di istituti di credito che nel giro di pochi anni erano diventati, a tutti gli effetti pratici, holding immobiliari. Nel 1885 l'attivo della Tiberina era già costituito per il 40%

---

[23] Nel 1888 si volle ancora distribuire un dividendo.

da edifici, in parte ancora da ultimare. Il ritiro dei capitali stranieri e la caduta dei prezzi degli immobili prosciugarono la liquidità della banca che, nel novembre 1888, chiese alla Nazionale un aumento del fido da 7,5 a 10 milioni. Grillo sostenne la richiesta presso il Consiglio superiore, temendo che una crisi della Tiberina contagiasse altri intermediari, a cominciare dalla Banca Sconto e Sete (Confalonieri 1974, p. 156). La Banca Nazionale condizionò l'aumento del fido a un impegno formale degli altri creditori a non ridurre la propria esposizione. La condizione si rivelò presto irrealizzabile. La Tiberina cercò inutilmente di finanziarsi all'estero per tornare, nell'estate 1889, alla Banca Nazionale per un prestito di 16 milioni. Il governo fece pressioni sia sulla Nazionale, sia sul Banco di Napoli perché accettassero le richieste della Banca Tiberina offrendo in cambio di chiudere un occhio sull'eccesso di circolazione necessario all'operazione (ivi, p. 157, n. 4)[24]. Il Banco di Napoli resistette alla pressione politica ritenendo che la propria circolazione fosse già arrivata a un livello eccezionalmente elevato. La Banca Nazionale, preoccupata per le conseguenze sul pubblico di un'altra crisi bancaria, concesse un prestito di 8 milioni al Banco di Sconto e di Sete. Troppo poco e troppo tardi: il 24 agosto 1889 il Banco chiese la moratoria e qualche giorno dopo la Tiberina sospese i pagamenti (Quilici 1935, p. 55). Nel consiglio superiore della Nazionale, Geisser insistette per continuare il sostegno al settore edilizio per evitarne il definitivo tracollo del quale temeva le ripercussioni sulle stesse banche di emissione (Confalonieri 1974, p. 160). Ma la Banca Nazionale era a sua volta gravata da troppe immobilizzazioni, cosa che indusse Grillo, ormai molto preoccupato, a opporsi a ulteriori sostegni alla Tiberina, salvo poi adoperarsi per salvare la Banca Subalpina (ivi, p. 163). All'inizio di settembre 1889, la Nazionale cedette, dopo molte esitazioni, alle pressioni del governo, preoccupato anche per possibili ripercussioni sull'ordine pubblico a Torino e Roma, e concesse un prestito di 40 milioni alla Tiberina in

---

[24] Per il salvataggio della Banca Tiberina, il Consiglio dei ministri autorizzò la Banca Nazionale nel Regno a sfondare di 50 milioni il tetto massimo ammesso per la circolazione, con tassa doppia sui nuovi biglietti (2% anziché 1%), ma senza compartecipazione agli utili da parte del governo stesso.

cambio di una proroga triennale del diritto di emissione e di un'altra deroga al limite di circolazione per 50 milioni, senza partecipazione agli utili da parte dello Stato[25]. Anche il Banco di Napoli concesse un modesto finanziamento alla Banca Tiberina, il cui attivo era ormai quasi interamente ipotecato. L'intervento diretto di Crispi sulla Banca Nazionale e sul Banco di Napoli fu molto pesante; la frustrazione del presidente del Consiglio per i tentennamenti e la prudenza degli istituti di emissione si espresse quasi ferocemente in un telegramma al prefetto di Napoli: «quando gli Istituti di credito non hanno la volontà di rispondere al governo in momenti di crisi economica, nasce il dubbio sulla utilità e la necessità della loro esistenza»[26]. La boccata d'ossigeno alla fine concessa fu troppo piccola e tardiva e consentì solo una breve sopravvivenza della Tiberina che non riuscì a evitare la liquidazione, sancita nel 1895[27]. Del sostegno dato alla Tiberina beneficiò, tuttavia, la Banca di Torino, il cui salvataggio era uno degli obiettivi dell'operazione, consentendole di ridurre la propria esposizione verso il settore edilizio, scaricandola in parte sulle più robuste spalle della Banca Nazionale (ivi, p. 340)[28].

La crisi bancaria e i tentativi di arginarla non si fermarono qui. Nel Mezzogiorno divennero acuti, soprattutto, i problemi della Società Risanamento Napoli[29], alla quale si è accennato sopra, che aveva tra i fondatori e principali azionisti il Credito Mobiliare e la Banca Generale. Non si poterono salvare tutte le banche in difficoltà. Nel 1889 sospesero i pagamenti la Banca Diana e la Banca Provinciale di Bari: le due maggiori banche d'emissione non erano riuscite a trovare un accordo

---

[25] Alle pressioni del governo si aggiunsero gli interventi di autorevoli membri del Consiglio superiore, in particolare di Geisser, in forte conflitto di interessi come importante azionista della Tiberina (Di Martino 2001, p. 324). Un mese dopo Geisser chiese e ottenne un finanziamento per la pericolante Compagnia Fondiaria, presentandosi come creditore della stessa, quando in realtà ne era socio d'affari (*ibid.*).
[26] Crispi a Codronchi, 4 agosto 1889, cit. da De Rosa (1989b, p. 126).
[27] Sulla storia della Banca Tiberina cfr. Palermo (2006).
[28] Anche grazie a un consorzio di sostegno al quale parteciparono, oltre alla Banca Nazionale, la Banca Generale e il Credito Mobiliare, si arrivò nel 1894 a un ordinato scioglimento della Tiberina.
[29] Creata nel dicembre 1888 per realizzare gli interventi urbani previsti dalla Legge per il risanamento della città di Napoli del 15 gennaio 1885.

per il salvataggio di istituti forse non giudicati di rilevanza sistemica (De Rosa 1989b, pp. 134-135).

Quanto visto in estrema sintesi sin qui è sufficiente a mostrare la complessità, e dunque la scarsa efficacia, della gestione del credito di ultima istanza nelle condizioni dell'Italia alla fine degli anni Ottanta dell'Ottocento. La molteplicità degli istituti di emissione, in concorrenza tra loro e con le banche commerciali, l'autonomia di fatto di cui godevano nel determinare il tasso di sconto accompagnata però dall'obbligo di continue negoziazioni con il governo sull'ammontare della circolazione, resero tardiva e alla fine inefficace l'offerta di credito di ultima istanza per sostenere banche in difficoltà. Il risultato fu una perdita di fiducia del pubblico nel sistema bancario resa evidente dalla fuga dai depositi: quelli in conto corrente crollarono, tra il 1888 e il 1891, da 368 a 222 milioni (Barbiellini Amidei *et al.* 2016).

5. *Gli istituti di emissione nella bufera, 1889-1892*

Seppure condotto senza la necessaria energia, il credito di ultima istanza concesso a banche e imprese di costruzione aveva lasciato segni profondi nei bilanci degli istituti di emissione. Al passivo stava una circolazione che aveva, con il consenso del governo, superato i limiti legali, mentre l'attivo era in buona parte costituito da crediti illiquidi, alcuni dei quali difficilmente recuperabili. In altre parole, a fronte delle banconote emesse, giuridicamente ancora convertibili in metallo, stavano edifici e terreni che potevano essere venduti solo a valori inferiori a quelli contabilizzati a bilancio. Inoltre, vista la grande quantità di beni immobili posseduti, le banche di emissione avrebbero potuto collocarli sul mercato solo molto lentamente per non deprimerne maggiormente i prezzi. Questa configurazione di bilancio, inappropriata per una banca di emissione, sarà ereditata dalla neonata Banca d'Italia e ne condizionerà l'operato almeno sino alla fine del secolo.

Una breve cronaca dei principali eventi del triennio 1889-1892, immediatamente precedente alla creazione della Banca d'Italia, è il modo migliore per dare sinteticamente conto dell'accumularsi dei problemi che indusse a superare, seppure non interamente, il tabù della pluralità degli istituti di emissione varando la Banca d'Italia.

Nel 1889, le preoccupazioni per la solidità complessiva del sistema bancario si estesero alle due principali banche commerciali, la Banca Generale e il Credito Mobiliare, e agli stessi istituti di emissione, a eccezione della Banca Toscana di Credito che aveva mantenuto lungo tutto il decennio precedente una condotta assai prudente, lontana dalla speculazione edilizia.

Il 30 aprile 1889, il secondo governo Crispi[30] ordinò un'ispezione a tutte le banche di emissione, contro l'opinione di Giolitti che la giudicava «inutile e dannosa» (De Rosa 1989b, p. 137). Al ministero dell'Agricoltura fu confermato Luigi Miceli[31]. Il dicastero, al quale spettava la supervisione delle banche di emissione, non aveva condotto ispezioni dal 1880. «Dopo circa nove anni di astensione – scrive Di Nardi (1953, p. 405) – il governo tornava ad avvalersi della sua facoltà di ispezione in un momento in cui la tensione dei rapporti fra le banche era molto acuta e l'impressione sfavorevole esercitata nel mondo politico dagli effetti della loro accanita concorrenza era assai viva». Miceli affidò la presidenza della commissione al senatore Giacomo Alvisi[32], coadiuvato nell'indagine sulla Banca Romana, che già si sapeva essere in grave difficoltà, da Gustavo Biagini, funzionario del Tesoro. Alla commissione partecipò anche Antonio Monzilli, capo della divisione credito del ministero dell'Agricoltura e uomo di fiducia del ministro. La decisione di procedere, dopo tanto tempo, a un'ispezione che avrebbe dovuto essere ordinaria fu dettata soprattutto da voci che circolavano su malversazioni delle banche di emissione

---

[30] Il 9 marzo Crispi era succeduto a sé stesso come presidente del Consiglio (si era dimesso il 28 febbraio). Nel nuovo governo, Giolitti ottenne il ministero del Tesoro.
[31] Longobardi (Cosenza) 1824-Roma 1906. Mazziniano, partecipò all'organizzazione della spedizione dei Mille, deputato per 11 legislature dal 1861, ministro dell'Agricoltura, Industria e Commercio nei governi Cairoli II e III, Crispi I e II. Nominato senatore nel 1898 (Posteraro 2010).
[32] Rovigo 1825-Coiano (presso Castelfiorentino) 1892. Difensore di Venezia con Manin nel 1848, medico e paleografo, tra i primi fondatori di cooperative di consumo, giornalista, deputato per cinque legislature, nominato senatore nel 1879 (Stella 1960).

(Luzzatto 1963, p. 200). Non mancavano però altri motivi. La Sinistra, sempre favorevole alla libertà di emissione, sperava in un ridimensionamento della Banca Nazionale, ritenuta un *primus inter pares* troppo ingombrante per dimensione e influenza. Giovanni Nicotera[33], autorevole deputato meridionale (sarebbe tornato al governo di lì a poco con di Rudinì), sperava di ottenere, tramite l'ispezione, l'allontanamento del direttore del Banco di Napoli, per sostituirlo con persona di suo gradimento; in opposizione a Nicotera, lo stesso Miceli puntava a un proprio uomo al vertice del Banco (De Rosa 1989b, p. 137). Dietro la decisione apparentemente tecnica di fare luce sulla condotta e sui bilanci alquanto opachi degli istituti di emissione si celavano dunque obiettivi e interessi diversi, anche in contrasto tra loro.

Mentre la commissione cominciava il suo lavoro, il 22 giugno 1889, Giolitti e Miceli presentarono alla Camera un disegno di legge per il riordino degli istituti di emissione informato al principio della massima pluralità: prevedeva, infatti, che la facoltà di emettere banconote fosse non solo rinnovata alle banche che già ne godevano, ma estesa ad altre che ne facessero richiesta, purché si uniformassero alle prescrizioni di legge. In particolare, sarebbe stata consentita l'emissione di moneta per un valore pari al triplo del capitale versato a condizione che il valore dei biglietti emessi fosse coperto per il 40% da riserva metallica e per il resto da effetti scontati e anticipazioni su valori. Si estendeva poi il limite legale della circolazione, sempre disatteso su autorizzazione del governo, sino a un livello quasi pari a quello esistente in quel momento. Si seguiva cioè il metodo di sempre: stabilire limiti legali

---

[33] Sambiase (Catanzaro) 1828-Vico Equense (Napoli) 1894. Fu tra i pochi sopravvissuti allo sfortunato assalto di Pisacane alla fortezza di Ponza. Incarcerato, liberato nel 1860 da Garibaldi, che seguì all'Aspromonte, Bezzecca e Mentana. Negli anni Settanta si avvicinò alla Sinistra moderata. Ministro dell'Interno con Depretis e poi nel 1891 con di Rudinì (De Nicolò 2013). Il coinvolgimento nello scandalo della Banca Romana indebolì la sua posizione. Favorito dal governatore Bernardo Tanlongo, aveva allargato a una piccola rete di amici la possibilità di finanziamenti facili e impedito al capo della polizia, Ferdinando Ramognini, di indagare sulla illecita emissione in serie doppia di banconote da parte della Banca. La relazione della commissione parlamentare dei sette, incaricata di indagare sulle banche di emissione, pronunciò, nel dicembre 1893, una forte critica nei confronti del suo operato. Il declino dell'uomo politico era ormai segnato.

all'ammontare della circolazione, aggiungendovi una «sanatoria» per il passato che rendeva poco credibile il nuovo limite.

Intanto, nei bilanci delle banche di emissione aumentavano le sofferenze[34], sia a causa della politica del credito seguita sin dal 1883, sia per gli interventi a sostegno di banche e imprese del 1889. La scadenza media delle anticipazioni toccò i 7-8 mesi, ben oltre quanto stabilito dagli statuti, rendendo tra l'altro meno efficace la politica di variazione dei tassi (Di Nardi 1953, pp. 396-397).

In ottobre, fu consegnata al governo la relazione Alvisi-Biagini sull'ispezione agli istituti di emissione. I suoi contenuti furono giudicati politicamente esplosivi tanto che fu deciso di non divulgarli. Biagini aveva scoperto che la Banca Romana, «per coprire una deficienza materiale di cassa in biglietti propri della Banca, aveva clandestinamente creato biglietti di taglio di lire 1.000, di lire 200 e di lire 50, e questi erano stati posti in cassa per colmare il vuoto» (Quilici 1935, p. 66). Con questo mezzo fraudolento si era cercato di impedire che l'ispettore constatasse la eccedenza di circolazione e il corrispondente ammanco di cassa. La duplicazione dei biglietti era stata fatta nottetempo personalmente dal governatore Bernardo Tanlongo[35], con il solo aiuto del cassiere Lazzaroni[36]. Tanlongo cercò inutilmente di comprare il silenzio di Biagini. A quest'ultimo i ministri Miceli e Monzilli dissero che Tanlongo aveva ammesso la duplicazione, ma già provveduto a coprire l'ammanco di cassa. Biagini notò però che il buco era stato coperto con un prestito di 24 ore, giusto il tempo dell'ispezione, ottenuto dalla Banca Nazionale.

Intanto il disegno di legge Miceli-Giolitti era stato archiviato per la chiusura anticipata della sessione parlamentare decretata dal re il 20 luglio 1889, un provvedimento che

---

[34] Nella Banca Nazionale, le sofferenze cambiarie al netto dei recuperi toccarono il 6% degli sconti (Di Nardi 1953, p. 397).
[35] Per cenni biografici cfr. *infra* e Pegrari (2019).
[36] Tanlongo aveva incaricato la Sanders & Co. di Londra, della quale la Banca Romana si serviva per la stampa delle banconote sin dal 1872, di produrne alcuni stock con numeri di serie di vent'anni prima, adducendo come giustificazione il voler sostituire le banconote vecchie e gualcite con quelle nuove. Per metterle in circolazione, Tanlongo, suo figlio e Lazzaroni impressero sulle banconote le firme del governatore pontificio, ormai deceduto, e dei censori.

alcuni insinuarono[37] fosse stato suggerito dall'«alta banca», in particolare dalla Nazionale, che al nuovo provvedimento preferiva la proroga della legge in vigore (De Rosa 1989b, p. 141). Comunque sia, il disegno di legge non era favorevole alle banche di emissione: aumentava la riserva al 40% della circolazione, ne accresceva la tassa insieme a quelle sui vaglia cambiari e gli assegni. Inoltre riduceva dal 3 al 2% la remunerazione delle anticipazioni che erano tenute a fare al Tesoro. Pertanto, la Banca Nazionale non tralasciò «occasione per esercitare pressione su Crispi e contrapporlo a Miceli» (ivi, p. 143). Il 30 novembre Miceli e Giolitti ripresentarono il progetto di legge includendo la possibilità di fusione fra le banche aventi circolazione inferiore ai 100 milioni (Cardarelli 1990). Allarmato, Grillo presentò a Crispi un proprio progetto, di impostazione diametralmente opposta a quella dei due ministri, per la «costituzione della Banca [unica] e la liquidazione degli altri Istituti» (ivi, p. 144). Il disegno di legge, criticato alla Camera anche per talune incongruenze del testo[38], fu stravolto in commissione[39] e, nell'estate del 1890, abbandonato dallo stesso governo. Venne solo approvata una breve estensione del privilegio di emissione e del corso legale delle banconote. Durante la discussione parlamentare di quest'ultimo provvedimento, alcuni deputati sollecitarono la pubblicazione dei risultati dell'indagine sulle banche di emissione. Miceli promise solo un riassunto delle relazioni dicendo che erano state certamente riscontrate irregolarità, ma che esse potevano essere facilmente emendate.

Alla fine del 1889, Miceli presentò al governo gli esiti dell'ispezione, con una relazione edulcorata su tutti gli istituti di emissione che non enfatizzava la situazione della Banca Romana. Né Crispi né Giolitti chiesero ulteriori delucidazioni (Quilici 1935, p. 70). Emersero, tuttavia, in maggiore

---

[37] De Rosa (1989b, p. 141) cita il quotidiano «Il Secolo» e il periodico «l'Economista».

[38] Fu rilevata, per esempio, la contraddizione tra il fissare un limite massimo alla circolazione e il prevedere la possibilità di costituzione di nuove banche con diritto di emettere banconote.

[39] Il 28 maggio 1890, Maggiorino Ferraris presentò la relazione della commissione che era, a tutti gli effetti, un nuovo e diverso disegno di legge.

dettaglio, aspetti poco rassicuranti della situazione dei banchi meridionali, probabilmente fatti filtrare ad arte dal governo, mentre nulla emerse sulle ben più gravi condizioni della Banca Romana. Così, mentre nessun provvedimento fu preso per quest'ultima, si adottò per il Banco di Napoli e il Banco di Sicilia la gravissima misura dello scioglimento dei rispettivi Consigli di amministrazione (De Rosa 1989b, p. 151)[40]. Divenne dunque di pubblico dominio l'esistenza di un importante eccesso di circolazione, soprattutto nell'istituto napoletano, ma furono taciute le circostanze che l'avevano determinato: le forti insistenze di Crispi e altri ministri per gli interventi di salvataggio di banche e imprese di costruzioni ai quali abbiamo accennato sopra. Ciò diede fiato alle polemiche mai sopite circa una politica «di rapina», che sarebbe stata attuata sin dall'Unità, di discriminazione dei banchi meridionali rispetto agli altri, Nazionale *in primis*.

Se il disegno di legge Miceli-Giolitti non arrivò ad alcun esito, esso ebbe comunque l'effetto di rinvigorire le discussioni sulle banche di emissione. Si distinguevano, pur tra mille sfumature, tre posizioni principali. Vi era chi riprendeva la vecchia idea della banca unica di Stato proponendo che nascesse dalla fusione dei due banchi meridionali che avevano uno status giuridico di natura pubblica. A questa idea si contrapponeva quella del mantenimento, e addirittura dell'allargamento, della pluralità delle banche di emissione per azioni. La tesi era sostenuta, tra l'altro, in una memoria mandata da Tanlongo a Crispi alla fine del 1890 (ivi, p. 208). Vi erano infine i propugnatori della banca unica per azioni. Tra questi vi era lo stesso Crispi che incaricò di studiare la cosa il vecchio amico Francesco Ferrara che, da sostenitore della libertà di emissione, pareva convertito alle idee del primo ministro (ivi, p. 210). È probabile che l'economista siciliano abbia trasmesso a Crispi, nelle ultime settimane della sua permanenza al governo, una memoria sulla questione bancaria, e che sia stato proprio l'interessamento dello statista siciliano a indurre, all'inizio del 1891, la Banca Nazionale nel Regno e la Banca Nazionale Toscana a stipulare un accordo di massima per la fusione dei due istituti. Anche

[40] R.D. 6 febbraio 1890.

la Banca Toscana di Credito, ricordò più tardi Grillo, aveva dato il proprio consenso che non fu formalizzato solo perché le trattative «furono interrotte per la forza degli avvenimenti e non più riprese»[41]. La Banca Romana oppose invece forti resistenze (Cardarelli 1990, p. 171)[42].

Sul finire del 1890 Giolitti diede le dimissioni dal governo per contrasti con la politica fiscale crispina che giudicava non sufficientemente rigorosa e inadeguata a mettere il Paese al riparo da ulteriori fughe di capitali e deprezzamento della Rendita. Nel gabinetto restò solo Miceli a propugnare la pluralità dell'emissione, sostenendo – non del tutto congruamente – la proposta di Monzilli per la nascita di un duopolio per contrastare le mire monopolistiche della Banca Nazionale nel Regno. Un funzionario del ministero, già membro della commissione ispettiva degli istituti di emissione, gli aveva fatto avere una relazione nella quale sosteneva l'aggregazione del Banco di Napoli con le tre minori banche di emissione allo scopo di creare agenzie uniche in tutto il regno per una diffusione delle banconote in grado di superare le difficoltà dei concambi (la riscontrata, sempre malfunzionante) e di fare robusta concorrenza alla Nazionale. Una memoria in questo senso fu mandata da Miceli e dal nuovo ministro del Tesoro Grimaldi a Crispi pochi giorni prima che questi rassegnasse al re le dimissioni del governo, il 31 gennaio 1891.

Nei primi giorni di febbraio si insediò il nuovo gabinetto, presieduto dal marchese Starabba di Rudinì, con Luigi Luzzatti al Tesoro e Giovanni Nicotera, leader della Sinistra meridionale, agli Affari Interni. Si trattava di un ministero di coalizione, i cui principali esponenti appartenevano al partito dell'economia di bilancio della Destra, in questo non diverso da quella parte della Sinistra che, secondo Manacorda, possiamo cominciare a chiamare giolittiana. Giolitti però si differenziava dalla Destra «in questo: che aveva sempre affermato la possibilità di unire all'azione di risanamento finanziario anche una politica riparatrice, di giustizia sociale, attraverso la riforma

---

[41] ASBI, Verbale del Consiglio superiore della Banca Nazionale nel Regno, seduta dell'11 gennaio 1893, Registro 221, pp. 80-81.
[42] La Banca Nazionale nel Regno e la Banca Nazionale Toscana firmarono tra loro un accordo preliminare di fusione il 16 gennaio 1891.

tributaria» (Manacorda 1968, p. 26). Giolitti e i suoi non sostennero il ministero che però ottenne i voti di altri esponenti della Sinistra, sino al radicale Cavallotti.

Nei mesi seguenti, come si è visto, si fece quasi nulla per rafforzare il sistema bancario italiano, reso sempre più fragile dai fallimenti di imprese edili. Ben pochi sapevano che la Banca Romana era di fatto fallita. Parlamento e opinione pubblica ne vennero a conoscenza solo alla fine del 1892. La situazione descritta sopra avrebbe richiesto interventi rapidi ed energici da parte del governo che, invece, prese tempo. In un primo intervento alla Camera sulla questione bancaria (marzo 1891), il ministro del Tesoro Luzzatti, dopo avere invocato il superamento della perenne polemica su libertà o unità delle banche di emissione, bocciò la soluzione proposta da Crispi di fondere subito le banche di emissione a capitale azionario e di affrontare successivamente la questione dei banchi meridionali, enti di diritto pubblico. Fu dunque un governo della Destra a bloccare l'iniziativa di Crispi per la fusione delle quattro banche ribaltando le tradizionali posizioni che avevano visto la Sinistra favorevole alla pluralità degli istituti di emissione e la Destra da sempre favorevole alla banca unica. Mentre la situazione diventava sempre più insostenibile, furono persi due anni nell'introdurre la riforma che fu poi varata nel 1893.

Nel giugno 1891, il Parlamento approvò una legge di iniziativa del governo (legge 30 giugno 1891, n. 304) nella quale fu facile vedere la vittoria politica di coloro ai quali stavano a cuore gli interessi degli istituti minori. Legalizzando la circolazione eccedente il limite vigente[43], la legge ridusse, seppure in misura relativamente limitata (dal 59,4 al 56,3%), la quota di banconote che avrebbe potuto emettere la Banca Nazionale. La facoltà di emissione concessa ai tre istituti fu rinnovata sino alla fine del 1892. Con un successivo provvedimento (R.D. 30 agosto 1891, n. 505) il governo rivide, accedendo alle richieste degli istituti minori, le norme relative allo scambio delle banconote emesse da ciascun istituto nelle stanze di compensazione della cosiddetta «riscontrata». Questa venne sostanzialmente

---

[43] Fu stabilito, tra l'altro, che la circolazione derivante da anticipazioni al Tesoro non rientrasse nel limite.

abolita (Cardarelli 1990) facendo obbligo a ciascuna banca di mettere immediatamente in circolazione le banconote delle altre banche delle quali fosse in possesso. Ciò facilitava la circolazione delle banche minori che, in molte aree, si trovavano spesso a corto di biglietti della Nazionale da scambiare nella riscontrata con quelli propri. «L'anno 1891 rappresenta dunque il momento di massimo trionfo delle banche minori alle quali venne concesso [...] molto più di quanto era stato ipotizzato dai governi precedenti» (ivi, p. 172).

Nella mente di Luzzatti i provvedimenti dell'estate del 1891 avrebbero dovuto essere solo la prima parte di una più organica riorganizzazione di tutto il settore. Il ministro del Tesoro aveva mitigato il proprio entusiasmo di alcuni anni prima circa la desiderabilità di una piena concorrenza tra gli istituti di emissione e propose pertanto un provvedimento che aveva come cardine l'istituzione di un «consorzio fra gli istituti di emissione che [avrebbe dovuto avere] il compito della fabbricazione dei biglietti [...] di stabilire le norme per la riscontrata, di decidere le modificazioni del tasso di sconto (uguale per tutti), di provvedere all'amministrazione delle stanze di compensazione» (ivi, p. 174). La contraddizione era evidente: da un lato si voleva la concorrenza tra gli istituti di emissione e dall'altro li si ingabbiava in una specie di cartello obbligatorio, sancito per legge. La Banca Nazionale colse immediatamente la contraddittorietà degli obiettivi e ne fece il cavallo di battaglia delle proprie argomentazioni contro l'intero progetto che sintetizzò in una memoria stampa fatta circolare tra membri del Parlamento, giornalisti, economisti[44]. La memoria sosteneva che il coordinamento potesse avvenire agilmente in un comitato presieduto dal ministro del Tesoro e composto dai direttori della Nazionale, del Banco di Napoli e di uno a turno tra quelli delle altre banche. Chiedeva inoltre che fosse data piena facoltà agli istituti esistenti di fondersi tra loro.

Il progetto non ebbe seguito: il governo di Rudinì si dimise il 6 maggio 1892. In un abile discorso alla Camera poco prima

---

[44] Banca Nazionale nel Regno (1892), *Memoria della Banca Nazionale nel Regno d'Italia sul disegno di legge per il riordinamento degli istituti di emissione presentato da S.E, il ministro di Agricoltura, Industria e Commercio il 1 aprile 1892*, Officina Industriale di Carte Valori, Roma.

delle dimissioni del governo (5 maggio 1892), Giolitti aveva suggerito riforme che di Rudinì non avrebbe potuto adottare senza rinunciare ai propri connotati politici: un fisco più amico delle classi meno abbienti, la nominatività dei titoli di Stato, un'aliquota progressiva nelle imposte di successione. Sollecitava anche il pareggio di bilancio ottenuto con la riduzione delle spese, a eccezione di quelle militari che il re giudicava intoccabili. Invocava inoltre una soluzione stabile del problema degli istituti di emissione, in assenza della quale sarebbe continuata «un'incertezza grandissima la quale, mentre toglieva forza agli istituti, cagionava grandi inquietudini nel pubblico»[45]. Era un vero e proprio programma di governo che non poteva dispiacere al sovrano il quale, il giorno stesso delle dimissioni di di Rudinì, chiamò Giolitti al Quirinale. Malgrado il giudizio sprezzante di Crispi, che disse al re di ritenere il suo ex ministro del Tesoro «incapace di reggere lo stato [...] non ha studi, non ha esperienza, non ha arte di governo», Giolitti ricevette l'incarico di formare il nuovo governo (Manacorda 1968, pp. 37-39). Il presidente incaricato era da molti ritenuto «giovane»: avrebbe compiuto 50 anni in ottobre. Era il primo presidente del Consiglio a non avere acquisito benemerenze risorgimentali.

Alla fine di maggio 1892, il primo governo Giolitti si presentò al Parlamento, ma ottenne una fiducia tanto risicata da indurre Giolitti a presentare le dimissioni. Umberto I le respinse, autorizzando lo scioglimento della Camera e l'indizione di elezioni in autunno.

Benché, poco prima di insediarsi alla guida del governo, avesse giudicato urgente, quasi prioritario, il dare assetto stabile alle banche di emissione, Giolitti attese sino al 6 dicembre per presentare un disegno di legge in argomento. Le ragioni di questa attesa furono probabilmente molte, non ultima la necessaria attenzione al quadro sociale e politico in rapido mutamento, con lo sviluppo dei fasci siciliani e la fondazione, in agosto, del Partito Italiano dei Lavoratori che prese poi il nome di Partito Socialista dei Lavoratori Italiani. Soprattut-

---

[45] AP, Camera dei deputati, Discussioni, 5 maggio 1892, p. 7818, cit. in De Rosa (1989b, p. 310).

to, tra maggio e novembre[46], la principale preoccupazione di Giolitti fu quella di vincere le elezioni. Per finanziare la campagna elettorale, il nuovo primo ministro doveva, come i suoi predecessori, poter contare sulle banche di emissione. Queste erano però divise in merito a una futura legge bancaria. In particolare la Banca Romana vedeva come il fumo negli occhi la proposta di una fusione delle quattro società per azioni, rinviando a un secondo eventuale momento l'incorporazione dei banchi meridionali in una «banca unica». È assai probabile che Giolitti abbia ottenuto contributi o prestiti sia dalla Banca Nazionale, che continuava un'attiva campagna di stampa a favore della fusione, sia dalla Banca Romana, che vi si opponeva con mezzi simili. Vera o falsa che fosse la rivelazione successiva che Giolitti avesse ricevuto 40.000 o 50.000 lire da quest'ultimo istituto, l'opinione pubblica credette di trovare conferma delle voci in proposito nella nomina a senatore di Bernardo Tanlongo (ivi, p. 69).

È utile, a questo punto, dire qualcosa su questo personaggio che ebbe un ruolo importante nelle vicende dei due anni successivi. Su di lui, tuttavia si sa poco. Le notizie, più o meno attendibili si ricavano dai giornali dell'epoca, dalle lettere autobiografiche che scrisse dal carcere (Tanlongo 1893; Pegrari 2019), da volumi purtroppo poco documentati[47]. Il personaggio è descritto come la quintessenza della romanità (era nato vicino a Largo Argentina nel 1820). Secondo Quilici (1935, p. 122), «a tredici anni aveva piantato gli studi ed era vissuto, in quanto a cultura, sulla magra rendita di quella prima scuoletta elementare». La cosa è assai probabile, almeno a giudicare dalla sintassi delle sue lettere. La mancanza di un'educazione formale non impedì al suo ingegno di aiutarlo a farsi strada nella Roma della rivoluzione, della reazione e poi del congiungimento al Regno d'Italia, sino a diventare uomo di fiducia di Vittorio Emanuele II per affari connessi a una tenuta fuori le mura che Tanlongo aveva ceduto al monarca,

---

[46] Le elezioni, svolte nuovamente con sistema uninominale di collegio abbandonato dieci anni prima, si tennero il 6 novembre con ballottaggi una settimana dopo.
[47] Colajanni (1893), Quilici (1935), Magrì (1993).

non è chiaro a quale titolo[48]. La sua abilità nell'intessere relazioni lo portò, nel 1881, alla testa della Banca Romana, già allora in non floride condizioni (Pegrari 2019). Sin dal 1885 aveva dichiarato guerra alla Banca Nazionale nel Regno, accusandola di essere diventata troppo ingombrante, di avere corrispondenti anche nelle aree periferiche, di gestire a proprio vantaggio le stanze di compensazione, di avere un rapporto privilegiato con il Tesoro, così che la sede di Roma era diventata un «centro di liquidazione e incasso di operazioni di quasi tutta l'Italia» (Luzzatto 1963, p. 196), mettendo in difficoltà nella riscontrata la Banca Romana.

Dopo mesi di inazione sulla questione bancaria, malgrado le pressioni ricevute in Parlamento e sulla stampa, all'inizio di dicembre Giolitti non poté più rimandare una qualche decisione in merito, se non altro perché a fine anno scadeva la concessione ai sei istituti del privilegio di emettere moneta. Giolitti non era persuaso che fosse giunto il momento opportuno per una riforma radicale. Fece dunque approvare il 6 dicembre dal Consiglio dei ministri un disegno di legge, formulato da Lacava e Grimaldi, per la proroga di sei anni del diritto di emissione. La proroga fu accompagnata da misure volte a rendere più rigoroso il rispetto dei limiti della circolazione concessi a ciascun istituto e, soprattutto, da stretti termini entro i quali le banche di emissione avrebbero dovuto liquidare le proprie immobilizzazioni[49]. È probabile che Giolitti ritenesse necessario un periodo di riorganizzazione e normalizzazione delle sei banche prima di procedere a una loro fusione nella banca unica. Si trattava, comunque, di prendere tempo, sperando in un raffreddamento delle polemiche, per una decisione politicamente ancora non matura. Le polemiche tuttavia non cessarono con il deposito del disegno di legge. Un memorandum a stampa steso e fatto circolare da Consiglio, direttore del Banco di Napoli, anche a

---

[48] Si veda la corrispondenza tra il re e Tanlongo pubblicata da Quilici (1935, pp. 143-147).
[49] Il disegno di legge prevedeva inoltre che il cambio delle banconote in oro potesse avvenire solo in un numero limitato di piazze bancarie, rendendo ancora meno plausibile – se mai ve ne fosse stato bisogno – la convertibilità aurea della lira.

nome degli altri istituti, protestò per la riduzione degli utili delle banche causata dal previsto aumento della tassa di circolazione (De Rosa 1989b, p. 320). L'obiettivo giolittiano di riduzione del disavanzo pubblico era incoerente con quello di consentire una rapida liquidazione delle immobilizzazioni. Non è chiaro, tuttavia, quanto le osservazioni contenute nel memorandum fossero condivise anche dalla Banca Nazionale, se Grillo, commentando il disegno di legge, disse che esso dava tempo alla Banca Nazionale per migliorare il proprio conto patrimoniale «acquistando così più forza per aspirare alla banca unica [...], idea che va entrando nella convinzione dei più»[50].

Il disegno di legge Lacava-Grimaldi avrebbe seguito il proprio *iter* fino a una probabile approvazione, vista la forza parlamentare del governo, se a fine anno non fosse esplosa, a scoppio ritardato, in Parlamento la bomba dell'inchiesta Alvisi-Biagini del 1889, secretata dal governo dell'epoca.

La storia è troppo nota[51] per dover essere qui di nuovo raccontata nei dettagli. Alvisi aveva subito sostenuto la necessità di pubblicare la propria relazione, ma il governo aveva opposto un rifiuto ricordandogli che, essendo stato incaricato dell'indagine in quanto funzionario dello Stato e non come senatore, era tenuto a rispettare il segreto. Nei pochi anni che gli restarono da vivere, Alvisi fu tormentato dalla contraddizione tra quanto riteneva giusto fare come cittadino e i suoi doveri di alto dirigente statale. Risolse il dilemma consegnando una copia della relazione a Leone Wollemborg[52], impegnandolo a non divulgarla prima della propria morte. Wollemborg, giovane studioso legato al «Giornale degli Economisti», fece giungere la relazione nelle mani di Maffeo Pantaleoni, direttore della rivista. I contenuti del rapporto Alvisi-Biagini erano

---

[50] ASBI, Verbali del Consiglio superiore della Banca Nazionale nel Regno, seduta del 7 dicembre 1892, p. 1505.
[51] Si vedano tra gli altri Magrì (1993), Quilici (1935), Manacorda (1968), Luzzatto (1963) e la lineare ricostruzione di De Rosa (1989b). La sintesi che ne facciamo deriva da questi autori.
[52] 1859-1932. Economista, deputato (1892-1913), poi senatore, ministro delle Finanze nel 1901. Può considerarsi il fondatore in Italia delle casse rurali e delle cooperative di credito, ideate da Raiffeisen (Enciclopedia Italiana).

pertanto noti almeno a un piccolo gruppo di persone[53]. Volendo renderlo di pubblico dominio, per affossare sia il disegno di legge Lacava-Grimaldi, sia la prospettiva della banca unica invisa al gruppo del «Giornale degli Economisti», Pantaleoni si rivolse a Napoleone Colajanni (1847-1921), deputato siciliano dell'opposizione di sinistra[54], che il 20 dicembre 1892, in un'affollata e tesa seduta della Camera, rese noti i contenuti dell'inchiesta condotta tre anni prima su incarico del governo Crispi. Colajanni si tenne sul terreno economico, leggendo brani della relazione Alvisi-Biagini e accennando al discredito anche internazionale che derivava all'Italia dalla situazione dei propri istituti di emissione. Dopo di lui, Lodovico Gavazzi, presidente dell'Associazione per la libertà economica denunciò «esercenti professioni liberali, giornalisti, uomini politici ai quali l'amministrazione della Banca [Romana] accordava un credito in retribuzione di servizi di pubblicità» (Manacorda 1968, p. 75). Il contenuto dell'ispezione del 1889 era ormai un segreto di Pulcinella, sussurrato in ambienti parlamentari, burocratici e accademici, ma la sua pubblica divulgazione ne fece un caso politico di enormi proporzioni che cambiò la cauta strategia giolittiana sulla riforma bancaria, accelerandone l'esito. La questione politica aveva due corni, reciprocamente legati ma distinti: quello della precaria situazione dei bilanci delle banche autorizzate a emettere banconote e quello dei rapporti quantomeno impropri, se non decisamente illeciti, tra banche ed esponenti di spicco del mondo politico. Questo secondo aspetto fu quello su cui maggiormente si focalizzò l'attenzione della stampa e dell'opinione pubblica. Le accuse, seppure non provate, al presidente del Consiglio in carica e ai suoi due predecessori conferirono alla vicenda una valenza quasi eversiva, che preoccupò non poco il Quirinale[55], anch'esso lambito, come si disse, da sospetti velenosamente diffusi.

---

[53] Ne erano certamente a conoscenza anche De Viti De Marco e Mazzola (Ganci 1982).
[54] Giovane garibaldino, deputato dal 1890 (definiva il proprio programma repubblicano-socialista), professore universitario a Palermo e Napoli.
[55] Si veda per esempio la lettera di Rattazzi a Giolitti del 28 dicembre 1892, riprodotta da De Rosa (1989b, pp. 327-328).

Mentre infuriava una polemica politica destinata a non affievolirsi presto e a portare, un anno dopo, alle dimissioni del primo governo Giolitti, la riforma bancaria mosse, in tre mesi, passi decisivi. Il quadro politico nel quale prese corpo spiega, almeno in parte, non solo il necessario compromesso rispetto alla soluzione radicale della banca unica, ma anche le imperfezioni tecniche che dovranno essere successivamente corrette.

Il primo risultato delle «rivelazioni» di Colajanni del 20 dicembre fu di seppellire il disegno di legge Lacava-Grimaldi per la proroga di sei anni della concessione dell'emissione. Una leggina approvata il giorno di Natale (legge 729) prorogò solo sino alla fine di marzo 1893 il corso legale delle banconote emesse[56]. Il 22 dicembre, Colajanni e altri presentarono un disegno di legge per l'istituzione di una commissione parlamentare di inchiesta la cui discussione fu però rimandata alla riapertura del Parlamento dopo la vacanza di fine anno. Vacanza che Giolitti trascorse a Cavour meditando, come gli chiese il re tramite Rattazzi, sulla «risoluzione definitiva della questione bancaria» (De Rosa 1989b, p. 328).

La prima mossa del governo fu l'avvio di un'ispezione amministrativa straordinaria sulla situazione delle sei banche di emissione. Politicamente, la decisione era motivata dal tentativo di svuotare la richiesta di istituire una commissione parlamentare, ma era anche sentito il genuino bisogno di ottenere un quadro fresco della situazione, visto che erano passati più di tre anni dall'ispezione Alvisi-Biagini. A presiedere la commissione fu posto Gaspare Finali[57], primo presidente di sezione della Corte dei Conti. Per effettuare, il 10 gennaio

---

[56] Due successivi provvedimenti legislativi (30 marzo 1893, n. 164, e 30 giugno 1893, n. 338) estesero la proroga di 3 e 2 mesi, sino all'approvazione della riforma, il 10 agosto 1893.

[57] 1829-1914. Giovane mazziniano, si avvicinò poi al programma di un'Italia unita sotto la monarchia dei Savoia. Partecipò alla Prima Guerra di Indipendenza ed ebbe successivamente incarichi amministrativi. Deputato, fu ministro di Agricoltura, Industria e Commercio dal 1873 al 1876. In questa veste partecipò attivamente, con Minghetti, alla formulazione della legge bancaria del 1874. Fu poi ministro dei Lavori Pubblici con Crispi (1889-91). Si dimise per contrasti radicali sulla politica finanziaria. Fu ministro del Tesoro per poche settimane nel 1901 (governo Saracco). Fine letterato, tradusse in italiano le commedie di Plauto (Orsolini 1997).

1893, un'ispezione simultanea nelle 137 sedi centrali, filiali e agenzie delle 6 banche fu mobilitata «una folla di funzionari grandi e piccoli», istruiti sui criteri dell'ispezione tramite circolari e istruzioni (ivi, p. 336). La relazione fu presentata il 20 marzo.

6. *1893, la Banca d'Italia*

Il 19 gennaio 1893 furono arrestati Bernardo Tanlongo, neosenatore di nomina giolittiana, il capo cassiere della stessa Banca Romana, Lazzaroni, e il principe Torlonia: con loro furono condotte a Regina Coeli altre persone tra le quali Antonio Monzilli, il funzionario del Tesoro che si era prestato a stendere la relazione accomodante sull'inchiesta Alvisi-Biagini usata da Crispi per insabbiare la questione. Pochi giorni dopo, il 1° febbraio, venne ucciso in treno, sulla linea Termini Imerese-Palermo, Emanuele Notarbartolo di San Giovanni, dal 1876 al 1890 direttore del Banco di Sicilia. La «voce pubblica» indicò due persone notoriamente legate a Cosa Nostra quali esecutrici materiali e mandanti (Lupo 2013). Notarbartolo, amico di Colajanni, si era impegnato nel risanamento del Banco e aveva incontrato, e denunciato al governo, una formidabile resistenza da parte del consiglio generale, accompagnata da ostilità personale (*ibid.*). L'assassinio impedì a Notarbartolo di essere sentito dai magistrati nel processo Tanlongo e da una commissione parlamentare di sette saggi incaricata di vagliare i rapporti tra mondo politico e Banca Romana.

In questo quadro infuocato, il direttore generale dalla Banca Nazionale nel Regno, convinto che l'opinione pubblica desiderava una rapida soluzione al problema bancario e che il perdurare della provvisorietà era dannoso all'economia, riferì al proprio Consiglio superiore di avere riaperto «trattative per la fusione delle banche di emissione per azioni, già portata a buon punto nel 1891 con la Banca Nazionale Toscana, interrotte per la forza degli avvenimenti e non più riprese». Aggiunse che queste trattative erano state riattivate con l'appoggio del presidente del Consiglio e del ministro del Tesoro e che, data la «disastrosa situazione della Banca Romana, [...]

il governo associa[va] all'idea di una sola banca [...] quella di addossarle la liquidazione» dell'istituto capitolino. Il Consiglio formò una commissione incaricata di affiancare il direttore generale nelle trattative[58].

I contatti furono serrati. L'accordo tra la Banca Nazionale e le due toscane non fu difficile da raggiungere: da un lato esso era stato già tracciato nel 1891 e corrispondeva, con l'aggravarsi della crisi, all'interesse di tutti; dall'altro il governo lasciava pochi margini all'accettazione dello schema proposto (Negri 1989, p. 19). Il 18 gennaio 1893, furono firmate due distinte convenzioni, la prima tra la Banca Nazionale nel Regno, la Banca Nazionale Toscana e la Banca Toscana di credito per la fusione, la seconda per l'assunzione da parte del nuovo istituto della liquidazione della Banca Romana[59]. Grillo[60] riferì in consiglio che l'accordo con le due banche toscane si stava dimostrando facile – benché molti dettagli restassero da definire – sia per la comunanza degli interessi, sia per «lo spirito conciliativo delle persone». Era apparsa, invece, subito chiara sia ai banchieri, sia al governo, l'impossibilità di includere la Banca Romana nella fusione. Si convenne pertanto che non vi fosse alternativa all'accollare alla costituenda Banca d'Italia (sul nome vi era accordo generale) la liquidazione dell'istituto della capitale. Alla nuova banca sarebbero derivati pesanti oneri di liquidazione, visto che le perdite sull'attivo della Banca Romana, stimate in 65 milioni, ne avevano abbondantemente eroso capitale e riserve. «È chiaro dunque – disse Grillo – che nulla spetterebbe agli azionisti ma è facile comprendere le ragioni per le quali si rende necessario fare a essi un'offerta non troppo tenue». Motivi di opportunità sociale e politica verranno, come si vedrà, invocati in successive risoluzioni di istituti di credito insolventi per giustificare il «salvataggio» insieme alla banca anche di obbligazionisti e persino di azionisti. In questo caso, il punto di equilibrio raggiunto di 450 lire

---

[58] ASBI, Verbali del Consiglio superiore della Banca Nazionale, Registro 221, seduta dell'11 gennaio 1893.
[59] Per il testo delle convenzioni cfr. Negri (1989, pp. 164-173).
[60] ASBI, Verbali del Consiglio superiore della Banca Nazionale, Registro 221, seduta del 19 gennaio 1893 (contiene anche il testo delle convenzioni riprodotto in Negri 1989).

3 – Origini

per azione si collocò a metà tra la più che generosa offerta di 400 lire e le 500 chieste dagli azionisti della Banca Romana. A fronte degli oneri che la nuova banca si sarebbe assunta, il governo si disse pronto a garantire una durata ventennale del privilegio di emettere moneta[61].

Quanto all'obiettivo di realizzare la banca unica, Grillo disse che il governo era stato irremovibile nel volere la conservazione dei banchi meridionali e che, date le circostanze, la soluzione alla quale si lavorava faceva comunque compiere un grande passo verso «l'attuazione di quel concetto». Aggiunse di sperare che «con opportuni accordi si possano evitare le conseguenze meno desiderabili del dualismo tra Banca d'Italia e banchi meridionali, primo tra tutti l'eccesso di concorrenza che nell'ultimo periodo di tempo ha recato molti danni al paese con l'anarchia del credito».

Grillo, da sempre fautore della preminenza della Banca Nazionale quale prodromo della banca unica, disse infine di avere vagheggiato «altre origini per la Banca d'Italia», ma di ritenere che essa andasse comunque «accettata quale sorge dalle necessità che tristi avvenimenti hanno creato»[62].

La firma delle convenzioni non fu che un primo passo. Non solo gli accordi andavano perfezionati nei dettagli prima di iniziare le complesse operazioni per la loro attuazione, ma essi avevano bisogno di sanzione legislativa. L'*iter* parlamentare si svolse in un quadro politico di enorme conflittualità e in un ambiente economico reso progressivamente più fragile da nuovi fallimenti bancari. Da ultimo, fu proprio l'avvitarsi della crisi che contribuì, forse in modo decisivo, a coagulare i voti necessari, alla Camera e al Senato, per l'approvazione della legge bancaria nell'agosto del 1893.

Quando l'inchiostro era ancora fresco sulle firme delle convenzioni, si dovettero affrontare le conseguenze dell'illiquidità della Banca Romana, resa palese dalla stessa assunzione della sua liquidazione da parte della futura Banca d'Italia. Nel

---

[61] La BNR aveva chiesto 25 anni, il governo ne aveva offerti 15 accettando con riluttanza di giungere a 20, aggiungendo che sarebbe stato ben difficile farli passare alla Camera.
[62] ASBI, Verbali del Consiglio superiore della Banca Nazionale, Registro 221, seduta del 19 gennaio 1893.

frattempo, Grillo dovette creare un consorzio per il sostegno della Banca Industriale e Commerciale di Roma, legata alla Banca Romana, paventando gravi conseguenze di una sua insolvenza «sulla piazza di Roma funestata dai gravissimi fatti a tutti noti»[63]. Ancora più complessa si rivelò la questione delle banconote della Banca Romana, ormai rifiutate da tutti. Alla richiesta del governo di assumerne il ritiro, la Banca Nazionale rispose che ciò non poteva essere fatto in assenza di «garanzie formali del governo che ha la responsabilità di fronte ai portatori di biglietti a corso legale e responsabilità di sorveglianza sugli istituti di emissione»[64], ricordando, *in cauda venenum*, la circolazione abusiva della Banca Romana. Giolitti rispose richiamando proprie dichiarazioni alla Camera nelle quali assicurava la garanzia governativa[65]. Ciò non bastò. Pochi giorni dopo Grillo scrisse al governo che, poiché gli altri istituti non accettavano le banconote della Banca Romana, la Banca Nazionale avrebbe fatto altrettanto. Continuò tuttavia ad accettare i biglietti dell'istituto in liquidazione ma, poiché questi non potevano essere rimessi in circolazione e, d'altra parte, il governo non voleva alzarne il limite massimo, la Banca Nazionale tornò alla carica in maggio adducendo difficoltà nel finanziare la campagna serica (raccolta dei bozzoli) dato il costo di un incremento delle riserve metalliche, unico mezzo consentito per accrescere la circolazione. Il governo accettò di passare temporaneamente alla Banca Nazionale 11,4 milioni in argento «che (stavano) inoperosi nella Tesoreria con facoltà di comprenderli nelle riserve»[66]. Si continuava, insomma, con la prassi consolidata di accomodamenti estemporanei, forse formalmente legittimi, ma in contrasto con lo spirito delle norme sulla circolazione.

Più in generale, la preoccupazione di Grillo e dei direttori delle due banche toscane era che il nuovo istituto fosse strut-

---

[63] ASBI, Verbali del Consiglio superiore della Banca Nazionale nel Regno, Registro 222, seduta del 25 gennaio 1893.
[64] *Ibid.*
[65] ASBI, Verbali del Consiglio superiore della Banca Nazionale nel Regno, Registro 222, seduta dell'8 febbraio 1893.
[66] ASBI, Verbali del Consiglio superiore della Banca Nazionale nel Regno, Registro 222, seduta dell'8 marzo 1893.

turalmente fragile sin dalla nascita. In questo senso, bisognava risolvere due questioni tra loro collegate: la partecipazione dello Stato alla liquidazione della Banca Romana e i tempi e le modalità di liquidazione delle partite immobilizzate e delle perdite della stessa. Sul primo punto la Banca Nazionale insisteva perché il governo si facesse carico delle perdite della Banca Romana (anzitutto quelle derivanti dalla circolazione abusiva) con la creazione di 50 milioni di biglietti di Stato che la Banca d'Italia avrebbe ammortizzato in 20 anni[67]. Non sarebbe stato opportuno, disse Grillo a Giolitti, «fare rappresentare quelle perdite, cioè il vuoto dei biglietti» nel bilancio del nuovo istituto (De Rosa 1989b, p. 362). Giolitti rispose che la cosa avrebbe fatto cattiva impressione sull'opinione pubblica[68]. Accolse invece la proposta del presidente del Consiglio superiore della Banca Nazionale per l'emissione di 50 milioni di titoli di Stato da tenere nelle casse della banca a garanzia per il pubblico della circolazione originata dalle perdite della Banca Romana (Negri 1989, p. 23). Quanto alla liquidazione delle perdite e degli immobilizzi, la discussione riguardò soprattutto l'orizzonte temporale entro il quale si sarebbero dovuti svolgere tali processi. Anche in questo caso, le opinioni della Banca e del governo non coincidevano.

Il Banco di Napoli non mancò a sua volta di fare pressioni sul governo per evitare che la propria posizione venisse, come alcuni temevano, compromessa dalla nascita della Banca d'Italia. Sin da gennaio, pochi giorni dopo la firma della convenzione, il senatore Consiglio, direttore del Banco, ebbe lunghi colloqui con Giolitti e Lacava, ricevendo assicurazioni che autonomia e privilegi dei banchi meridionali non sarebbero stati toccati (De Rosa 1989b, p. 363). Per rendere concreta questa assicurazione, il governo accettò che il capitale dell'istituto napoletano fosse portato da 48,5 a 65 milioni, con l'effetto di rendere possibile una maggiore circolazione. Il governo assicurò inoltre che il direttore della Banca d'Italia, come già avveniva per quello del Banco di Napoli, sarebbe stato

---

[67] ASBI, Verbali del Consiglio superiore della Banca Nazionale nel Regno, Registro 222, seduta del 17 maggio 1893.
[68] ASBI, Verbali del Consiglio superiore della Banca Nazionale nel Regno, Registro 222, seduta del 22 marzo 1893.

nominato dal governo. Si sperava in tal modo di ottenere un coordinamento che favorisse il perseguimento degli interessi generali del Paese. Il dibattito in seno al consiglio del Banco evidenziò la divisione tra i fautori dell'unicità e quelli della pluralità dell'emissione.

Queste trattative si svolsero in un quadro politico sempre molto teso, ormai caratterizzato da uno scontro diretto e aperto tra Giolitti e Crispi. L'eterogenea opposizione, che andava dalla Destra moderata all'Estrema sinistra, si andò coagulando attorno a «un piano politico concreto: rovesciare il governo facendo leva su una questione morale che avrebbe travolto la salda maggioranza governativa. Crispi era a capo di questa manovra» (Manacorda 1968, pp. 77-78).

Il 20 marzo 1893, il governo rese pubblici gli esiti dell'inchiesta Finali. Immediatamente dopo presentò il disegno di legge per la costituzione della Banca d'Italia[69]. L'inchiesta metteva in luce non solo la situazione disastrosa della Banca Romana, affondata dalle sofferenze, ma anche le non facili condizioni dei bilanci delle altre banche d'emissione, in particolare del Banco di Napoli, a eccezione della piccola Banca Toscana di Credito[70]. Il crudo linguaggio dei numeri pose la sordina alla trentennale polemica su unicità o pluralità dell'emissione che da tempo aveva fatto perdere la distinzione tra i principi teorici e il crogiuolo degli interessi sottostanti. Ironicamente, lo scandalo sollevato da Pantaleoni, Colajanni e dai loro amici in Parlamento per sostenere la libertà di emissione aveva prodotto l'effetto contrario, quello di aprire irreversibilmente la via all'unificazione.

Fu Giolitti personalmente l'artefice della riforma? Negri (1989, pp. 20-21) ne è convinto sia sulla scorta di studiosi come Corbino, De Rosa e Vitale, sia sulla base di indizi quali l'eccellente preparazione giuridica e la lunga esperienza di Giolitti come alto funzionario ministeriale, più volte cimentatosi nella stesura di testi legislativi. La «prova» finale sarebbe un appunto

---

[69] La presentazione alla Camera avvenne il 22 marzo 1893, sotto il titolo *Riordinamento degli istituti di emissione*, con il numero 164. Il testo del disegno di legge è riprodotto integralmente in Negri (1989, p. 181).

[70] Su sofferenze e immobilizzi delle banche che si fusero nella Banca d'Italia si dirà ampiamente nel prossimo capitolo, discutendo della loro lenta liquidazione.

3 – Origini

sui principi guida della riforma di pugno del presidente del Consiglio[71]. È però probabile che anche Bonaldo Stringher, in procinto di diventare direttore generale del Tesoro, abbia dato un contributo rilevante alla stesura del disegno di legge. Giolitti tenne comunque personalmente, nel proprio ufficio di Palazzo Braschi, sede della presidenza del Consiglio dei ministri, le fila dei rapporti con i banchieri, in particolare con Grillo che filtrava poi al Consiglio superiore un opportuno distillato dei propri colloqui. Anche il Consiglio del Banco di Napoli tenne rapporti diretti con Giolitti.

Gli istituti di emissione risposero alla formalizzazione del disegno di legge con propri *memoranda*. Il primo fu firmato dai direttori delle tre banche in via di fusione, Giacomo Grillo, Enrico Appelius[72] e Luigi Ridolfi[73], a nome dei propri Consigli e riguardava soprattutto i limiti alla conversione dei biglietti in oro (da effettuarsi, chiedevano, solo in poche sedi a ciò deputate), l'elevatezza della tassa di circolazione, il divieto di scontare cambiali a due firme[74]. Si tratta di preoccupazioni dettate soprattutto dagli interessi degli azionisti delle banche. Un memorandum del Banco di Napoli chiese un aumento della circolazione fino a 300 milioni.

L'esame del disegno di legge iniziò alla Camera il 22 marzo. Dopo il passaggio in varie commissioni (allora dette «uffici», formati periodicamente per sorteggio), il disegno di legge fu discusso da una Commissione speciale e approdò in aula il 24 giugno. Relatore fu il deputato sardo Cocco-Ortu. Le varie fasi della discussione[75] toccarono sia aspetti generali del progetto, sia questioni tecniche di maggiore o minore dettaglio. Molti interventi ripresero il tema della desiderabilità o meno della banca unica. Tra i fautori di questa alcuni, come Giustino Fortunato, avrebbero voluto una banca di Stato; altri, tra i quali Sonnino, una privata; altri infine, pur

---

[71] Riprodotto dallo stesso Negri (1989, pp. 174-175).
[72] 1840-1893. Imprenditore commerciale, dirigente della Regìa dei Tabacchi, poi successore di Alessandro Duchoquè alla direzione generale della Banca Nazionale Toscana.
[73] 1824-1909. Marchese di Montescudaio e patrizio fiorentino, senatore dal 1876, dal 1863 direttore della Banca Toscana di Credito.
[74] Il testo del memorandum è riprodotto integralmente in Negri (ivi, p. 238).
[75] Per una sintesi e un'ampia riproduzione dei verbali cfr. ancora Negri (*ibid.*).

vedendola come obiettivo a cui tendere nel lungo periodo, accettavano come tappa intermedia la scelta del governo di ridurre gli istituti da sei a tre. È utile ricordare la posizione di Sonnino per il ruolo che ebbe, pochi mesi dopo, nel decollo e nella riorganizzazione della Banca d'Italia. «Non credo – disse – si possa riordinare organicamente il credito e migliorare le condizioni della circolazione monetaria fuorché avendo il coraggio di costituire una banca unica di emissione con capitale nuovo e libero e responsabilità distinta dagli Istituti attuali» (ivi, p. 52). Inutile dire che molti interventi riguardarono la liquidazione della Banca Romana. Chi voleva voltare pagina e dare subito robustezza alla Banca d'Italia chiedeva che lo Stato si facesse direttamente carico delle passività dell'istituto capitolino. Chi invece, sull'onda delle evidenze emerse e delle conseguenti emozioni, voleva fare pagare alle banche di emissione gli eccessi, gli errori, i crimini commessi, chiedeva che tutto il costo della liquidazione pesasse sulla nuova banca o, secondo altri, fosse da questa condiviso con i banchi meridionali.

«L'andamento del dibattito – nota Negri (ivi, p. 54) – non fu molto benevolo nei confronti della Banca Nazionale nel Regno». Le critiche prevalsero sulle valutazioni positive. Grillo, che ad alcuni era apparso nel 1892 «strano e sfiduciato» (ivi, n. 116), si dimostrò energico difensore della banca, sia nei rapporti riservati con il governo, sia in quelli con gli azionisti e l'opinione pubblica. In luglio, il Consiglio superiore, di fronte ai pesanti attacchi alla banca da parte di oratori parlamentari, discusse in quale modo rispondere a chi «travisa i fatti». Il consigliere Lancia di Brolo invocò un'energica azione per «allontanare dalla Banca Nazionale l'onda dell'impopolarità». Gli rispose il consigliere Cavallini dicendo che era «inutile agitarsi». Se la legge non avesse soddisfatto le aspettative, la Banca avrebbe comunque avuto facoltà di non accettarne la parte contrattuale (sostanzialmente quella relativa all'assunzione della liquidazione della Banca Romana) mentre ponendo in quel momento un'alternativa drastica al governo si sarebbe solo fatto il gioco degli avversari. Grillo sintetizzò abilmente la questione dicendo che essa aveva due aspetti: quello contrattuale ben avviato in un incontro del 21 giugno con Giolitti e quello «morale» relativo alla reputazione della Banca. Propose un ordine del giorno nel quale si respingevano tutte le accuse e si esprimeva contemporaneamente gratitudine ai ministri[76].

Malgrado gli sforzi di Grillo e altri, l'atmosfera infuocata e velenosa nella quale si svolsero la discussione e l'approvazione della legge bancaria non giovò alla reputazione delle banche di emissione, scossa dagli esiti delle ispezioni del 1889 e del 1893. Il danno di immagine non poteva che estendersi alla costituenda Banca d'Italia che, come vedremo, dovette poi a lungo lavorare per creare attorno a sé un clima di maggiore fiducia.

L'atmosfera politica era resa ancora più tesa dal riacutizzarsi di antichi sospetti e rivendicazioni nel Mezzogiorno, i cui rappresentanti parlamentari si batterono a difesa dei banchi che sentivano minacciati dalla nascita di un colosso che configurava un duopolio (fuori dall'Isola, il Banco di Sicilia era piccola cosa) guidato dalla Banca d'Italia. Con questo duopolio, disse l'ex sindaco di Napoli Fusco, il Banco era destinato a scomparire «per la legge fisiologica per cui il più forte uccide il più debole» (De Rosa 1989b, p. 376). Altri osservarono che, in molte zone del Mezzogiorno, il Banco costituiva l'unica fonte di credito ed era, comunque, il solo istituto a possedere le informazioni necessarie a operare nel Meridione d'Italia. La resistenza del governo e della maggioranza parlamentare ad accettare le posizioni del Banco di Napoli condusse alle dimissioni del direttore Consiglio e il Banco stesso sull'orlo di una pericolosa crisi (ivi, p. 377). Tutto il Mezzogiorno si mobilitò a difesa degli antichi banchi. Fu un fiorire di ordini del giorno e manifestazioni di solidarietà da parte di consigli provinciali e comunali, camere di commercio, banche popolari, comizi agrari, tutti concordi nel rivendicare la sopravvivenza dei Banchi come istituti di emissione e la loro più ampia autonomia (ivi, pp. 378-80). Inutile dire che i deputati meridionali si mobilitarono indipendentemente dall'appartenenza partitica. Questo piccolo ma significativo sollevamento della classe dirigente meridionale prova l'opportunità politica del-

---

[76] ASBI, Verbali del Consiglio superiore della Banca Nazionale nel Regno, Registro 223, seduta del 5 luglio 1893.

la scelta di Giolitti di non procedere, per il momento, alla realizzazione della banca unica.

La Camera approvò la legge l'8 luglio 1893 con 222 voti favorevoli, 135 contrari e 5 astenuti[77]. Il testo, inviato al Senato due giorni dopo, conteneva alcune modifiche rispetto al disegno di legge governativo. Concesse maggior spazio per gli sconti a tassi di favore, allungò la durata massima consentita degli sconti e delle anticipazioni, allentò i limiti posti ai conti correnti fruttiferi (misura chiesta soprattutto dai banchi meridionali) e quelli ai termini concessi alla liquidazione delle operazioni non più consentite. Vietò ai membri del Parlamento l'assunzione di cariche, anche gratuite, negli istituti di emissione. Stabilì che la nomina del direttore generale della Banca d'Italia dovesse essere approvata dal governo, un compromesso tra chi voleva lasciarla interamente agli azionisti privati e chi chiedeva la nomina da parte del governo stesso.

Il Senato non apportò modifiche al testo uscito dalla Camera, limitandosi a votare un ordine del giorno nel quale chiedeva la creazione di una Commissione permanente per l'esecuzione della legge sul riordinamento degli istituti di emissione con compiti di vigilanza sui limiti della circolazione e la riduzione della stessa, sull'osservanza delle disposizioni relative allo sconto ordinario e di favore, sul rispetto delle operazioni consentite[78]. La legge 449 «Creazione della Banca d'Italia e nuove norme sull'ordinamento degli istituti di emissione» fu definitivamente approvata dal Senato il 10 agosto 1893.

7. Il culmine della crisi

La Banca d'Italia iniziò ufficialmente la propria vita il 1° gennaio 1894 in un contesto politico, economico e sociale complesso e incerto. Per inquadrarlo, bisogna ricordare brevemente che cosa successe nella seconda parte del 1893. L'approvazione della legge non poteva di colpo sanare la crisi

---

[77] AP, Camera dei deputati, Legislatura XVIII, 1ª Sessione, Tornata dell'8 luglio 1893, p. 6286.
[78] Il testo dell'ordine del giorno è riprodotto integralmente in Negri (1989, pp. 412-414).

bancaria italiana che giunse al culmine proprio nell'autunno di quell'anno. L'approvazione non ebbe nemmeno l'effetto di sopire le polemiche sul passato degli istituti di emissione e sul futuro del nuovo assetto. Forse ebbe l'effetto opposto, quello di esacerbare la crisi politica di fine anno poiché molti, da una parte e dall'altra, speravano che un nuovo governo, sorretto da nuove maggioranze, potesse rivedere la legge prima ancora che entrasse in vigore.

In luglio era ripresa la svalutazione del cambio della lira. Da una quotazione media di 104,5 lire per franco francese nel primo semestre, si arrivò gradualmente alle 115,3 lire di novembre. In un mondo retto dal *gold standard*, una svalutazione del 10% in pochi mesi era fonte di grande allarme. Collegata all'andamento del cambio era la crescita ininterrotta del divario (*spread* nel gergo odierno) tra i tassi impliciti della Rendita italiana e il *consol*, corrispondente titolo britannico, dai 220 punti base dell'aprile 1893 a un massimo di 323 punti base nel maggio del 1894. La ragione di questi andamenti gemelli non stava tanto nell'aumento del debito, che nel 1893 rimase stabile a 7,3 miliardi (118% del prodotto interno lordo), quanto nella crescita della sua componente estera che raggiunse il 38,5% del PIL, con un aggravio dei pagamenti in oro all'estero per interessi. In un discorso tenuto a Dronero il 18 ottobre, Giolitti, andato al governo con un programma di rigore fiscale e riduzione del debito, fece risalire – non del tutto a torto – ai governi precedenti la responsabilità della condizione della finanza pubblica e promise risparmi di spesa, esclusa quella militare, e nuove tasse. Faceva in particolare affidamento sull'introduzione dell'obbligo di pagamento in oro dei dazi doganali per trovare le risorse con le quali fare fronte ai pagamenti degli interessi sul debito estero. Il discorso non fece buona impressione. Era opportuno, si chiesero in molti, alzare le imposte in una fase di depressione della produzione e dei consumi? Non piacque però nemmeno la stizzita replica di di Rudinì, già primo ministro, che denunciava la situazione senza proporre rimedi.

Il 23 novembre una commissione, detta «dei sette», presentò alla Camera una propria relazione nella quale si documentavano i rapporti tra politici, giornalisti, imprenditori e le banche di emissione, in particolare la Banca Romana. Ce n'era per tutti. Non furono risparmiati i massimi esponenti del mondo politico: Giolitti, Crispi, di Rudinì, Luzzatti, di San Giuliano e molti altri.

Nell'autunno 1893 fu come se venissero contemporaneamente scaricati da un imbuto che li aveva sino ad allora precariamente trattenuti tutti i problemi della crisi iniziata nel 1889. Come se non bastassero le difficoltà macroeconomiche, la disoccupazione, la situazione sociale critica in Sicilia e in Sardegna, gli scandali che sembravano non risparmiare alcuno, la grancassa della partigianeria suonata dai giornali schierati su fronti contrapposti, piombò sul Paese la crisi terminale delle due principali banche commerciali.

I tentativi di salvataggio e i fallimenti bancari avevano coinvolto, sino al 1893, soprattutto istituti di credito di media dimensione eccessivamente esposti nel settore edilizio. Ma la crisi aveva avuto anche effetti pesanti sulle due principali banche commerciali. Si trattava della Società Generale di Credito Mobiliare Italiano, fondata nel 1863 secondo il modello e con capitali del Crédit Mobilier dei fratelli Pereire, e la Banca Generale, nata nel 1871 con l'apporto di capitali austriaci e lombardi. Entrambe erano nate con l'obiettivo, mutuato dal Crédit Mobilier, di finanziare infrastrutture e grandi progetti industriali. Il Credito Mobiliare, tuttavia, faticava molto a crescere, data la modestia, la frammentazione e l'opacità del mercato azionario, e buona parte degli utili pare derivasse dall'attività sul mercato dei titoli pubblici (Galli 1997). La storia dei due istituti, dei quali il Credito Mobiliare era di gran lunga il maggiore con ambizioni di rivaleggiare con la Banca Nazionale nel Regno, aveva seguito gli alti e bassi dell'economia e della finanza del nuovo regno. Negli anni Ottanta avevano realizzato anch'essi un'espansione dei depositi e partecipato all'investimento immobiliare. Dopo il 1887 anche le due grandi banche commerciali, benché progressivamente meno liquide e in grado di evidenziare utili solo contabilizzando i titoli ai prezzi storici, si erano prodigate, accanto agli istituti di emissione, nei tentativi di salvataggi bancari. Nel 1891 e nella prima parte del 1892 sembrò che la situazione si stabilizzasse, almeno a giudicare

3 – Origini

dalla crescita delle quotazioni dei titoli del Credito Mobiliare. Dall'ottobre 1892 cominciò un nuovo crollo delle azioni delle due banche, seguito da una stabilizzazione tra il febbraio e il giugno successivi per poi dar luogo a un'irreversibile corsa al ribasso (Pantaleoni 1895). I banchieri esteri ritirarono fidi e riporti passivi. All'inizio del settembre 1893, si verificò una prima corsa ai depositi del Credito Mobiliare che divenne inarrestabile a fine novembre. Nota Pantaleoni che a quel punto solo la Banca Nazionale avrebbe potuto salvare il Credito Mobiliare, ma che l'errore di Grillo fu quello di concedere linee di credito sempre inferiori al fabbisogno, indebolendo la Nazionale senza stabilizzare il Mobiliare e arrestare la corsa agli sportelli. Forse la Banca Nazionale era ormai persuasa che la situazione fosse disperata e che non fosse opportuno continuare a buttare denaro buono dietro a quello cattivo. Il 28 novembre, il Consiglio superiore della Banca Nazionale discusse la richiesta di un credito di 15 milioni pervenuta dalla Società per l'acquisto e la vendita di beni immobili, interamente posseduta dal Credito Mobiliare. Grillo ricordò che i considerevoli «aiuti» dati nel passato «non erano bastati», osservò che un ulteriore sostegno avrebbe impegnato la Banca d'Italia e che pertanto era almeno necessario il consenso delle banche toscane, chiese una garanzia personale agli amministratori del Credito Mobiliare che si guardarono bene dall'offrirla. Al tempo stesso, Grillo ricordò le pressioni che da tempo il governo faceva perché si evitasse la crisi del Credito Mobiliare temendone «incalcolabili, gravissime conseguenze». Il Consiglio decise di inviare con urgenza una commissione a trattare con i dirigenti della banca in difficoltà e di riconvocarsi il giorno dopo «in tornata straordinaria»[79]. Il 29, la commissione riferì in Consiglio che nell'incontro con Frascara, direttore del Credito Mobiliare, si era giunti alla conclusione che 15 milioni non sarebbero bastati. Si sarebbe ottenuta solo «una breve dilazione della crisi», dopo la quale «la Banca Nazionale si sarebbe trovata esposta a nuove domande». La richiesta di finanziamento fu,

---

[79] ASBI, Verbali del Consiglio superiore della Banca Nazionale nel Regno, Registro 237, seduta del 28 novembre 1893.

dunque, respinta[80]. Quello stesso pomeriggio il Credito Mobiliare chiuse gli sportelli. Grillo si disse fiducioso che, superata la liquidazione, «il Mobiliare avrà probabilità di fare alcuni realizzi che lo porrebbero in condizioni di continuare a operare».

A parere di Confalonieri (1974, p. 146) il salvataggio non fu possibile perché «nella Banca Nazionale erano estreme la miopia e l'indecisione, e nel Consiglio del Mobiliare troppo divergenti i pareri». Sulle ragioni tecniche del fallimento esistono opinioni diverse. Secondo Pantaleoni, il crollo fu legato principalmente a un disallineamento delle scadenze: a fronte dei depositi a breve stavano crediti a lungo termine o attività difficilmente smobilizzabili. Diversamente da Pantaleoni, Confalonieri attribuisce la colpa del dissesto all'eccessivo peso dei debiti verso corrispondenti esteri, che furono i primi a ritirare i depositi (ivi, p. 331); l'essersi affidati all'interbancario estero senza creare rapporti «di carattere organico», come poi avrebbero fatto le banche miste, avrebbe costituito il principale elemento di fragilità sia per il Credito Mobiliare, sia per la Banca Generale. Inoltre, il Mobiliare ebbe la sfortuna di «fallire tardi», quando ormai la Banca Nazionale, sotto il peso delle sue stesse immobilizzazioni, aveva «abdicato [...] al suo ruolo naturale» di prestatore di ultima istanza (ivi, p. 332). D'altronde le esposizioni del Credito Mobiliare erano ormai poco appetibili per il forte peso della componente immobiliare[81].

La Banca Generale, che pure Grillo aveva giudicato più solida del Mobiliare, non sopravvisse alla liquidazione di quest'ultimo. La Banca Nazionale aiutò inizialmente la Generale, che sembrava possedere un attivo di buona qualità,

---

[80] ASBI, Verbali del Consiglio superiore della Banca Nazionale nel Regno, Registro 237, seduta del 29 novembre 1893. Ci si preoccupò solo, in accordo con la Banca Generale e con la Casa Bancaria Manzi & Co. di rendere possibile, scontando al Mobiliare 500.000 lire di cambiali, di «evitare la grande iattura che deriverebbe al credito del nostro paese qualora non si potesse compiere la liquidazione di borsa della fine di questo mese».

[81] Nel 1894, sugli 80 milioni delle prime 10 posizioni del Credito Mobiliare (Confalonieri 1974, p. 314, tab. 30), le maggiori erano immobiliari (Risanamento di Napoli, Generale Immobiliare e Esquilino), mentre quelle industriali (Terni e Piombino) erano di rilevanza minore.

ma in poco tempo la situazione mutò, anche per il contagio derivante dalle vicende del Credito Mobiliare. Le richieste della Generale aumentarono mentre divenne più difficile avere un quadro chiaro della sua situazione. A fine dicembre 1893, il Consiglio superiore della Nazionale ritenne ancora sanabile la situazione della Banca Generale e consentì lo sconto di effetti per due milioni, con garanzia personale degli amministratori. Nei giorni successivi però la Banca Generale venne lasciata a sé stessa. Fu solo confermato un fido per 6 milioni, non ancora pienamente utilizzato (De Rosa 1989b, p. 430). La Banca Generale chiese la moratoria nel gennaio 1894 per essere poi messa in liquidazione, assunta da un gruppo di banche e banchieri prevalentemente stranieri dai quali nacque, un anno dopo, il Credito Italiano (Barucci 2021).

La Banca Nazionale nel Regno, che per paura di un *run* generalizzato si era prodigata in più occasioni nel salvataggio di banche e imprese, arrivò all'appuntamento con il momento culminante della crisi anch'essa fortemente immobilizzata e dunque incerta e impaurita tanto da lasciar fallire anche la Banca Generale come aveva fatto con il Credito Mobiliare. Tra le ragioni del mancato salvataggio, Confalonieri (1974, p. 207) annovera il vuoto di potere, di cui diremo nel prossimo capitolo, dovuto al fatto che «da tempo l'autorità e il prestigio del direttore generale, Giacomo Grillo, erano scossi [mentre] sulla opportunità della sua nomina alla testa della costituenda Banca d'Italia si avanzavano molti dubbi».

Il primo articolo della legge bancaria dell'agosto 1893 autorizzò «la fusione della Banca Nazionale nel Regno con la Banca Nazionale Toscana e con la Banca Toscana di Credito, allo scopo di costituire un nuovo istituto di emissione che assumerà il titolo di Banca d'Italia», con un capitale nominale di 300 milioni di cui 210 versati. Per il resto, i 28 articoli della legge, che pure contenevano numerose variazioni rispetto alle norme vigenti, non erano il frutto di una visione innovativa. D'altronde sarebbe fuori strada chi, leggendola con gli occhi di oggi, si aspettasse di trovare nella legge la fondazione di una moderna banca centrale, con un mandato esplicitamente definito e con la dotazione di strumenti necessari a svolgerlo. A fine Ottocento, pochi paesi, tra i quali l'Impero tedesco e la Svezia (Fregert 2018) limitatamente alla funzione di facilitazione dei pagamenti, avevano adottato una legislazione che formalizzasse obiettivi e strumenti del moderno *central banking*, a parte l'obbligo di convertire le banconote in metallo. Un preciso mandato macroeconomico fu inserito nel *Federal Reserve Act* del 1913 e successivamente in altri paesi, durante gli anni Trenta e Quaranta. Le banche centrali nacquero nei fatti prima che nelle norme e la Banca d'Italia non fece eccezione.

8. *Una legge imperfetta*

La legge italiana del 1893 restava ancorata allo schema del 1874. Non vi si trovano elementi che riflettano le esperienze, pratiche e legislative, più innovative che andavano affermandosi in altri paesi europei. Il maggiore difetto, che verrà a poco a poco corretto nelle norme e soprattutto nella prassi, consisteva nel non avere voluto o potuto sciogliere il nodo della pluralità dell'emissione. Le leggi bancarie dell'Inghilterra, della Francia e dell'Impero tedesco, pur così diverse tra loro, erano fondate sull'assunto che la banca unica fosse preferibile e avevano creato gli strumenti perché essa si realizzasse nel tempo, a partire da un istituto preminente sia per dimensione, sia per lo stretto rapporto con i poteri pubblici che avrebbe in tempi più o meno rapidi liquidato le piccole banche di emissione, retaggio del passato. Il *Bank Charter Act* inglese del 1844 proibiva la creazione di nuove banche di emissione e creava le condizioni perché la Bank of England potesse acquistare da quelle esistenti il diritto di emettere banconote, elevando di pari misura il limite alla propria circolazione. La stessa legge imponeva una separazione tra la funzione monetaria della Bank of England e le sue operazioni di carattere bancario. In Francia, la legge del 1803, che riformava quella costitutiva del 1800, conferiva all'«associazione denominata Banque de France il privilegio esclusivo di emettere biglietti» (legge 14 aprile 1803, art. 1)[82]. Per Napoleone, che nel 1806 si riservò

---

[82] Non senza apparente contraddizione, l'art. 31 riservava al governo la possibilità di autorizzare la creazione di banche di emissione nei dipartimenti.

il diritto di nominare il governatore e i due vicegovernatori (legge 22 aprile 1806, art. 12), la Banca non apparteneva «solo agli azionisti ma anche allo stato» (Crouzet 1993, p. 544; Giannini 2004, p. 208). Nella prima metà dell'Ottocento la Banque de France, riorganizzata con il decreto 16 gennaio 1808, realizzò nella pratica la filosofia di banca unica che ne aveva ispirato l'origine facendo uscire dal mercato le piccole banche di emissione concorrenti. La Reichsbank, fondata nel 1876 assorbendo la Banca di Prussia (Koch 1910) e dotata di abbondanti riserve auree derivanti dalle riparazioni francesi, fu esplicitamente «soggetta alla supervisione e direzione dell'impero», con il compito stabilito per legge di «regolare la circolazione monetaria in tutto l'impero e facilitare i pagamenti» (atto bancario 14 marzo 1875, art. 12). Si tratta, di una società per azioni con a capo lo stesso cancelliere imperiale e sottoposta a direttiva anche dal Bundesrat (addirittura circa il numero e la localizzazione delle filiali). A tutti gli effetti pratici, la Reichsbank fu dalla fondazione una banca di Stato con vocazione monopolistica.

Oltre alla creazione della Banca d'Italia, con la fusione di tre istituti di emissione e la liquidazione di un quarto, la legge bancaria italiana del 1893, si proponeva soprattutto due obiettivi: *i*) la regolazione più rigorosa della emissione di banconote prevedendone, dopo un periodo di transizione, la progressiva riduzione e *ii*) una rapida dismissione delle cosiddette «partite immobilizzate» per ridare la necessaria elasticità ai bilanci. Le rinnovate regole sulla quantità di moneta in circolazione erano, nel 1893, poco credibili, considerando che negli anni precedenti erano state violate proprio per ordine o con la tolleranza del governo. Non era, dunque, questa una parte innovativa della legge. Nuova, invece, almeno per la colossale dimensione assunta dagli immobilizzi, era la parte che obbligava a liquidarli a tappe accelerate e certe. Fu, come vedremo, uno dei principali impegni della nuova banca nel primo decennio di vita. Il successo dell'operazione fu condizione necessaria alla progressiva assunzione di fatto di responsabilità tipiche di una banca centrale, a partire dall'inizio del Novecento.

Fu riaffermata la supervisione del governo sulle banche di emissione così come il benestare dell'esecutivo alla nomina del direttore. Rimase ancora ambiguo il rapporto tra direzione, governo e azionisti. Ambiguità inevitabile perché figlia della scarsa chiarezza circa i compiti «pubblici» delle banche di emissione.

Implicitamente la legge assumeva, secondo l'ortodossia del tempo, che il controllo dell'offerta di moneta, intesa come circolazione delle banconote, avrebbe automaticamente prodotto sia la stabilità macroeconomica, sia quella del sistema bancario. Non vi è dunque traccia di responsabilità e regole circa il credito di ultima istanza. Nei decenni successivi, la prassi avrebbe fatto premio sulla legislazione.

CAPITOLO QUARTO

COSTRUZIONE DI UNA BANCA CENTRALE

1. *Risveglio dell'economia*

La crisi degli anni 1889-1893, produsse le profonde rotture politiche e sociali viste nel capitolo precedente, ma – stando alle più recenti ricostruzioni dei conti economici nazionali (Baffigi 2013) – ebbe effetti relativamente modesti sull'economia reale. Gli anni tra 1887 e il 1894 furono complessivamente di sostanziale ristagno[1] e solo nel 1889 si verificò una diminuzione del prodotto interno lordo. Una crisi ricordata da molti, nelle parole di Luzzatti, come «gli anni più bui dell'economia del nuovo regno» ebbe dunque un impatto relativamente modesto sull'economia reale. Non mancano però le ragioni per il consolidamento di questa memoria collettiva. Le speranze economiche riposte nel Risorgimento nazionale dalla borghesia piccola e media, già frustrate da un quarto di secolo di bassa crescita, furono ulteriormente deluse dal rischio, fortemente percepito, di perdere i propri risparmi affidati a un sistema bancario che si rivelava fragile. L'incertezza fece fuggire i capitali di rischio, non solo stranieri. La fine della convertibilità in oro della moneta nazionale fu da molti patita come perdita di un'àncora di sicurezza. A questo si aggiunsero le tensioni sociali e lo spettacolo poco edificante offerto dall'establishment politico ed economico. Nel dicembre 1893, l'incaricato d'affari britannico a Roma scrisse al proprio ministro che l'Italia era prigioniera di «un senso quasi di disperazione» (Duggan 2008, p. 386).

I primi anni di vita della Banca d'Italia si svolsero mentre si consumava la parte finale di quella che gli storici ricordano come la «crisi di fine secolo», in un conflitto «fra le tendenze

---

[1] La crescita media annua fu di circa lo 0,7%, nulla in termini pro capite.

al mutamento, che traevano linfa dal malessere sociale e dalle prospettive politiche che si ponevano nel solco delle trasformazioni strutturali in atto e dei connessi orientamenti ideali, e [...] l'iniziativa delle forze anti istituzionali che parevano rivolte ad abbattere sia lo Stato nazionale sia i suoi ceti dirigenti» (Barbagallo 1995, p. 62). I sei o settemila morti di Adua (il numero esatto non si seppe mai), gli ottanta civili caduti a Milano sotto le cannonate di Bava Beccaris e l'assassinio di Umberto I a Monza compendiano la tragicità di questa fase finale della lunga crisi politica e sociale.

A Crispi, dimessosi nel marzo 1896, pochi giorni dopo la sconfitta di Adua, seguirono, in un biennio, quattro gabinetti presieduti dal marchese di Rudinì, sempre alla ricerca di nuovi equilibri parlamentari, mentre nel Paese si moltiplicavano i contrasti sociali, le proteste per il rincaro del pane colpito da elevatissimi dazi comunali al consumo, gli scioperi dei contadini, e acquistavano forza crescente i movimenti di massa socialista e cattolico. La parte più conservatrice dell'aristocrazia e della borghesia agraria, ancora in grado di coagulare una notevole forza elettorale, credette possibile dare stabilità al Paese accrescendo il potere del re e del governo a spese del Parlamento. Il tentativo più organico di realizzare questo disegno ebbe luogo durante i due governi presieduti da Luigi Pelloux[2], militare di carriera molto vicino alla corona, ma anche a Giolitti. Nel 1899 il governo cercò di rendere permanenti misure eccezionali per il mantenimento dell'ordine pubblico votate dal Parlamento l'anno prima. Dopo un duro scontro parlamentare, il governo decise di promulgare i provvedimenti per decreto, scelta che coagulò le resistenze liberali e moderate, guidate da Giolitti e Zanardelli. Fu però la Corte di Cassazione ad annullare il decreto, perché non approvato dalla Camera entro i termini di legge. Dopo l'assassinio di Umberto I e le dimissioni di Pelloux, si aprì per il Paese quel periodo di cauto rinnovamento politico che gli storici hanno chiamato «età giolittiana».

Quando, nel 1900, la crisi sociale e politica che aveva esposto a seri pericoli il futuro del giovane Stato italiano si

---

[2] Giugno 1898-giugno 1900.

avviava lentamente a soluzione, la ripresa dell'economia era già partita. Dopo un decennio di virtuale ristagno, il tasso di crescita del PIL allungò il passo: tra il 1895 e il 1900 crebbe in media dell'1,6% l'anno, per accelerare al 2,6% nei successivi sette anni. Nei due periodi, la produzione industriale crebbe rispettivamente del 2,9 e del 4,6% l'anno. È difficile dire se la crescita, ancora relativamente modesta, dell'ultimo lustro del secolo abbia contribuito allo scioglimento del nodo più pericoloso della crisi, quello autoritario. Certo, cominciarono a emergere, soprattutto nel Nord-Ovest del Paese, imprese e ceti produttivi culturalmente più aperti alla comprensione delle trasformazioni sociali in atto e soprattutto più consapevoli che le scelte autoritarie, messe in atto per contenere tensioni dovute alle inevitabili trasformazioni sociali, non corrispondevano al loro interesse. A questo proposito, più del mero dato aggregato della crescita dell'economia e del settore industriale, vale forse la pena ricordare le iniziative imprenditoriali lanciate nell'ultimo scampolo del secolo, destinate a rapida crescita e a essere protagoniste della vita economica nazionale nei decenni successivi. Nel 1894 fu fondata, con capitali e manager tedeschi, la Banca Commerciale Italiana (Confalonieri 1980)[3]. L'anno dopo nacque il Credito Italiano dall'aumento di capitale e dal mutamento della ragione sociale della Banca di Genova (Barucci 2021)[4]. Fu dunque subito colmato il vuoto che avevano lasciato nel sistema di finanziamento industriale i fallimenti del Credito Mobiliare e della Banca Generale. Nel 1896 fu fondata, per iniziativa della casa bancaria Bondi, la Società Altiforni e Fonderie di Piombino.

[3] Si trattò di un consorzio di banche svizzere e tedesche guidate dalla casa Bleichroeder. La Banca nacque con un capitale di 20 milioni aumentabile a 50. I primi amministratori delegati furono Otto Joel, che proveniva dalla Banca Generale, e Federico Weil, manager della filiale palermitana del Credito Mobiliare.
[4] La Banca di Genova dalla quale nacque il Credito Italiano era stata fondata nel 1870 e non ha alcuna relazione con l'istituto di emissione genovese, dal quale nacque la Banca Nazionale degli Stati Sardi e di cui abbiamo detto al capitolo 2. Contrariamente alla Banca Commerciale, il Credito Italiano nacque con importanti apporti di capitali italiani, soprattutto milanesi, in particolare quelli delle case Vonwiller & Co. e Manzi. Non mancò tuttavia anche una sostanziosa partecipazione di capitale tedesco, tramite la banca Warschauer di Berlino (Barucci 2021, pp. 38 ss.).

Nel 1898 nacque la Società Bancaria Milanese che diverrà nel 1904 la Società Bancaria Italiana, terza banca del Paese. L'anno dopo fu fondata la FIAT da un gruppo di industriali tra i quali si distingueva già Giovanni Agnelli. Si tratta di pochi esempi, ma forse significativi nel segnalare la presenza di energie capitalistiche e imprenditoriali che scommettevano sul futuro economico dell'Italia.

L'accelerazione della crescita dell'economia italiana durante quella che è ricordata come l'«età giolittiana» fu dovuta per circa un quinto alla componente ciclica e per il resto a un miglioramento strutturale (Ciocca 2007, pp. 142-143). Crebbe a ritmi significativi la produttività del lavoro (Broadberry, Giordano, Zollino 2013, p. 191). La produzione industriale, che nel 1896 contribuiva solo al 16% del PIL (percentuale non diversa da quella del 1871) salì al 24% nel 1913. L'espansione maggiore avvenne nella manifattura in senso stretto, escludendo dunque costruzioni e miniere, con tassi di crescita a due cifre nei settori metallurgico ed elettromeccanico e nella produzione di energia idroelettrica che in Italia raggiunse diffusione e livelli tecnici tra i primi in Europa (Gomellini, Toniolo 2017).

Tra il 1896 e il 1911, l'economia del Regno d'Italia agganciò finalmente l'ultima fase della cosiddetta prima globalizzazione (cfr. James, O'Rourke 2013). Le esportazioni crebbero del 4% l'anno, ben più rapidamente del PIL, e le importazioni del 5%. Il disavanzo della bilancia commerciale con l'estero, dal 1906 in forte aumento, fu facilmente finanziato dalle rimesse degli emigrati e dal turismo, tanto che verso la fine del periodo la bilancia dei pagamenti italiani fu spesso in attivo, generando un piccolo ma significativo flusso di investimenti all'estero. Non mancarono investimenti diretti di imprese italiane in altri paesi che, insieme all'importazione di macchinari e agli investimenti esteri in Italia (Barbiellini Amidei, Cantwell, Spadavecchia 2013), furono la fonte principale di acquisizione di tecnologia straniera. Soprattutto, fu in questi anni che l'Italia, Paese arretrato in Europa, iniziò un percorso secolare di «rincorsa» dei paesi più avanzati che, un secolo dopo, la portò a livelli di reddito per abitante non molto dissimili da quelli dei paesi che a fine Ottocento erano ben più sviluppati. Nel 1896, il reddito per abitante italiano era pari al 60% di quello tedesco e francese, quindici anni dopo era salito al 70% (Toniolo 2013; Bastasin, Toniolo 2020).

Con la crescita economica migliorarono sensibilmente le condizioni di vita degli italiani. Crebbe la speranza di vita alla nascita, diminuirono sensibilmente sia la mortalità infantile, sia il lavoro minorile. Maggiore attenzione fu dedicata a sanare la piaga millenaria dell'analfabetismo. Migliorò la dieta dell'italiano medio. Furono ridotte sia la povertà, sia la disuguaglianza nella distribuzione personale del reddito. Aumentò invece il divario regionale (Vecchi 2017, *passim*).

L'accelerazione della crescita italiana dopo la crisi bancaria e politica del 1892-1893 dipese da molte concause. Già negli anni Ottanta, una più dinamica produzione industriale aveva mostrato che venivano gradatamente rimossi gli ostacoli istituzionali e infrastrutturali allo sviluppo esistenti al momento dell'Unità, consentendo al Paese di trarre vantaggio, come suggerito da Fenoaltea (2011), dal ciclo dei movimenti di capitale dalla Gran Bretagna al resto del mondo. L'eccesso di investimenti immobiliari finanziati con credito a buon mercato causò, come successe più volte in seguito a promettenti mercati emergenti, una crisi finanziaria con ripercussioni sull'economia reale. La creazione, seppure inizialmente imperfetta, di una grande banca di emissione può avere contribuito a ridurre l'incertezza e a migliorare le attese degli investitori. Ma, più che l'innovazione istituzionale in sé, fu la politica monetaria e fiscale coerentemente perseguita negli anni successivi dai diversi governi, appoggiati dalla Banca d'Italia, a contribuire a creare un quadro di stabilità favorevole all'investimento produttivo. È quanto vedremo nel seguito di questo capitolo.

2. *Grillo e Marchiori, Sonnino e Luzzatti*

La legge bancaria del 1893, nata dall'emergenza, aveva creato un forte istituto di emissione senza però molto innovare rispetto all'impianto del ventennio precedente. La crisi finanziaria e i tentativi, in gran parte falliti, di tamponarla con crediti di ultima istanza avevano consegnato alla nuova Banca d'Italia una montagna di crediti immobilizzati, inesigibili, poco o nulla redditizi che toglievano al suo bilancio la liquidità e l'elasticità indispensabili sia ad attuare un'efficace politica monetaria, sia a svolgere efficacemente il ruolo di prestatore di ultima istanza. Insomma: quella nata nell'agosto 1893 e divenuta operativa all'inizio dell'anno successivo era un'istituzione che non possedeva ancora le caratteristiche di una banca centrale, simili a quelle che da decenni si andavano delineando in altri paesi.

Negli ultimi giorni del 1893, si formò il terzo governo Crispi, con Sidney Sonnino[5] alle Finanze e al Tesoro. Era, come si è visto, il momento più caldo della crisi bancaria. In quegli stessi giorni, il Credito Mobiliare aveva chiesto la moratoria e la Banca Generale l'avrebbe fatto poche settimane dopo. Nel momento in cui sarebbe stata maggiormente utile, la Banca Nazionale aveva fallito nel ruolo di prestatore di ultima istanza. La fiducia nella finanza italiana, misurata dal corso della Rendita e dal cambio, aveva toccato livelli molto bassi, né la formazione del nuovo governo aveva, nell'immediato, prodotto un'inversione di tendenza.

L'avvio dell'attività della Banca d'Italia si svolse, dunque, in un clima di incertezza. La prima riunione del Consiglio superiore ebbe luogo, in tre tornate, il 28 e 29 dicembre 1893[6]. A presiedere fu eletto Francesco Ceriana (1848-1917)[7], con Luigi Cavallini e Vittorio De Rossi quali vicepresidenti. Giacomo Grillo, già direttore della Banca Nazionale, fu nominato alla stessa carica nella Banca d'Italia; come vicedirettori furono scelti Francesco Aurelio Ponte ed Ettore Levi Della Vida. Il tasso di sconto fu fissato a un elevato 6%, salvo approvazione del governo. Al marchese Luigi Ridolfi, direttore della Banca Toscana di Credito, la sola fra le tre fuse nel nuovo Istituto ad avere apportato un bilancio in ordine, fu assegnata «come

---

[5] 1847-1922. Giornalista, deputato dal 1880, sottosegretario al Tesoro nel primo governo Crispi, ministro del Tesoro (1893-1896), per due volte brevemente presidente del Consiglio (febbraio-maggio 1906, dicembre 1909-marzo 1910), ministro degli Esteri durante la Prima guerra mondiale (1914-1919).

[6] ASBI, Verbali del Consiglio superiore. Sedute preparatorie, dedicate soprattutto allo statuto, avevano avuto luogo il 20 novembre e il 19 dicembre.

[7] Piemontese. La famiglia aveva interessi importanti soprattutto nel settore serico, ma fu anche promotrice del Banco Sete, poi Banco Sconto e Sete (Scalpelli 1979).

testimonianza di riconoscenza e simpatia in via eccezionale una pensione vitalizia» di 7.000 lire annue[8]. Lo stipendio del primo direttore generale del nuovo Istituto fu fissato in 50.000 lire annue alle quali si aggiunsero 10.000 per spese di rappresentanza e l'alloggio di servizio nella sede dalla Banca.

Nell'accettare l'incarico, Giacomo Grillo non era probabilmente consapevole che la sua lunga carriera bancaria, tutta svolta nella Banca Nazionale nel Regno, fosse a poche settimane dalla fine. Era nato a Genova nel 1830[9] in un ambiente piccolo borghese, tale era allora lo status sociale della maggior parte dei medici come suo padre. La morte di quest'ultimo l'aveva obbligato a interrompere gli studi (non andò mai all'università) e a trovarsi un lavoro impiegatizio prima presso il Banco Parodi e poi, a 23 anni, alla Banca Nazionale. Bombrini, che della Nazionale era l'indiscussa guida, notò le qualità del giovane impiegato e gli fece fare una rapida carriera che lo condusse, nel 1860, al livello di segretario capo, con compiti importanti nell'organizzare l'espansione della banca nelle province del nuovo regno. Alla morte di Bombrini, nel 1882, fu eletto alla direzione generale, un'elezione che mostra la forza dell'azionariato genovese che Grillo aveva, evidentemente, ben coltivato all'ombra del proprio mentore. Nel 1883 fece approvare e diede inizio ai lavori per la costruzione di Palazzo Koch che durò dieci anni e finì per diventare la sede della nuova Banca d'Italia.

La permanenza di Grillo alla testa della nuova banca durò, come si è detto, poco: il sostegno dei potenti azionisti genovesi non valse a consolidarlo nel ruolo, poiché il nuovo ministro del Tesoro voleva voltare pagina, anche a costo di una rottura con l'azionariato privato della Banca. Non appena insediato, il nuovo governo si trovò a fronteggiare una situazione complessa per le contraddizioni che tipicamente emergono nelle crisi bancarie. Da un lato, la legge bancaria dell'agosto precedente aveva segnato un cammino stretto per il «risanamento», come si diceva allora, della circolazione.

---

[8] ASBI, Verbali del Consiglio superiore, seduta del 29 dicembre 1893, p. 47.
[9] Le notizie biografiche su Grillo (cfr. anche cap. 3, p. 107, n. 4) sono tratte da Gigliobianco (2006, pp. 31-45).

Dall'altro, la crisi non aveva toccato la parte non secondaria del sistema bancario, in particolare le casse di risparmio, che si era tenuta lontana da investimenti speculativi e immobilizzi, fedele al modello d'impresa bancaria basato sulla coerenza temporale tra depositi e impieghi. Questa importante parte del sistema era tuttavia sottoposta ai tipici rischi di contagio: il ritiro precauzionale dei depositi da parte di clienti poco informati sulla solidità della propria banca, ma intimoriti dalle quotidiane notizie di fallimenti di altri intermediari.

Il ritiro dei depositi rischiava di rendere illiquide banche perfettamente patrimonializzate. È il caso classico dell'utilità sociale del prestito di ultima istanza, cioè della fornitura di liquidità da parte della banca centrale a fronte di solide garanzie che i richiedenti erano perfettamente in grado di dare[10]. Ma il 22 gennaio Grillo informò il governo che la Banca aveva raggiunto i limiti legali della circolazione e non aveva pertanto i mezzi per rispondere alle domande che le banche «rivolgono al nostro istituto per fare fronte al panico che, come nella capitale del regno così in molte città d'Italia, ha invaso i depositanti» (Cardarelli 2000, p. 295). Il giorno dopo, il governo approvò un decreto che autorizzava i tre istituti di emissione ad aumentare la circolazione di 125 milioni, di cui 90 toccarono alla Banca d'Italia. Sonnino, assertore della banca unica e della sua dipendenza dallo Stato, non volle che gli azionisti privati approfittassero della situazione: il decreto prevedeva pertanto che i due terzi dei proventi aggiuntivi derivanti dalle nuove operazioni, fatte nell'interesse della collettività per proteggere quanto restava del sistema bancario, finissero al pubblico erario. Il decreto non fu bene accolto dal Consiglio superiore. Rispondendo a un consigliere che invitava «a usare il più parcamente possibile dell'aumento di circolazione», Grillo rispose che ciò era «consigliato anche dal particolare interesse della Banca» alla quale producevano «perdite le condizioni imposte dal governo»[11]. Non sembra, dunque, che ci fosse assonanza

---

[10] Relazione al disegno di legge Sonnino in Bonelli (1991, p. 131, doc. 1).
[11] ASBI, Verbali del Consiglio superiore, 31 gennaio 1894, p. 127. Grillo aveva d'altra parte già espresso pubblicamente in un'intervista al «Corriere di Napoli» il proprio parere negativo sul decreto del 23 gennaio (Gigliobianco 2006, p. 42, n. 54).

4 – *Costruzione di una banca centrale*

con l'intento di Sonnino di fornire abbondanti anticipazioni alle banche solide ma illiquide per limitare il panico. Il provvedimento tuttavia non fu inutile, forse il suo stesso annuncio bastò a calmare le acque: già in maggio lo stesso Sonnino poté constatare che il panico era rientrato, le riserve metalliche erano cresciute e la circolazione diminuita (ivi, n. 58).

Il 21 febbraio, il governo prese finalmente atto della situazione esistente di fatto almeno dal 1887 ed emanò un decreto con il quale sospendeva la convertibilità aurea della lira (reintroducendo, come allora si diceva, il corso forzoso). In quell'occasione, Sonnino espose alla Camera la propria visione del sistema bancario che avrebbe voluto costruire, ispirato a quello inglese. Il ministro del Tesoro immaginava la costituzione di forti «istituti di intermedi di sconto» capaci di raccogliere cambiali di prima qualità da riscontare presso le banche di emissione (aveva realisticamente rinunciato al suo ideale di banca unica), che si sarebbero pertanto conformate all'archetipo di «banche delle banche» (ivi, p. 287). Le cose andarono, come vedremo, assai diversamente.

Intanto era necessario ricondurre circolazione e banche di emissione più strettamente nell'orbita dello Stato. Il decreto del 21 febbraio prevedeva, dunque, che solo i biglietti di Stato fossero convertibili in metallo (di fatto in oro) e che le banche di emissione potessero scegliere se convertire le proprie banconote in metallo o in biglietti di Stato. Agli istituti di emissione fu chiesto di versare al Tesoro 200 milioni in oro in cambio della provvista di biglietti di Stato di pari valore[12]. Inutile dire quanto poco gradito questo provvedimento sia stato agli azionisti che vi vedevano un'indebita ingerenza del governo in quella che consideravano a tutti gli effetti un'impresa privata. Sonnino, al contrario, era convinto che le banche di emissione non fossero normali società per azioni, ma dipendessero per la loro stessa esistenza dai poteri pubblici che conferivano privilegi, come quello dell'emissione, entro limiti stabiliti per legge e sotto la vigilanza del governo. A fronte dei privilegi, il governo aveva titolo a chiedere lo svolgimento di pubblici servizi.

---

[12] A fronte di un'uguale somma di oro la Banca d'Italia ricevette 145 milioni di biglietti di Stato, il Banco di Napoli 45 milioni e quello di Sicilia 10 milioni.

Con il decreto del 21 febbraio giunse anche a maturazione il braccio di ferro tra Sonnino e il Consiglio superiore della Banca che durava dal giorno dell'insediamento del governo Crispi. Grillo non godeva della stima del nuovo ministro del Tesoro (ivi, p. 291, n. 44), ma aveva la fiducia della maggioranza del Consiglio superiore. La tensione tra Banca e ministero fu dunque assai forte. Grillo, sostenuto dal proprio Consiglio, si era opposto, come si è visto, ai decreti ministeriali e negò agli ispettori, diretti da Biagini e incaricati di verificare la consistenza degli immobilizzi, l'accesso all'anagrafe nominativa degli sconti (ivi, p. 291). Una minoranza del Consiglio superiore, della quale si fece interprete il vicepresidente Vittorio De Rossi[13], riteneva però insostenibile e dannoso alla stessa Banca un prolungato braccio di ferro con il governo[14]. Si fece dunque promotrice di una sostituzione non traumatica di Grillo, al quale il 31 gennaio era venuto a mancare anche il sostegno del vicedirettore e consuocero Francesco Ponte[15], nominato da appena due settimane. De Rossi vedeva due condizioni necessarie a un cambio non troppo traumatico del vertice della Banca. La prima era il «voto del governo» per ottenere il quale occorreva «tener conto delle ragioni politiche e dello stato dell'opinione parlamentare»[16]. La seconda condizione consisteva nell'ottenere da Grillo dimissioni spontanee – viste le «difficoltà insormontabili» che incontrava una sua nomina – da facilitare offrendogli quello che la finanza odierna chiamerebbe un «paracadute d'oro». Sostenuto da altri consiglieri, De Rossi

---

[13] Sono scarse le notizie sulla sua vita. Si sa che nacque nel 1838, che era livornese, di famiglia israelita, avvocato.

[14] «Ritengo – scrisse De Rossi a Sonnino a seguito di un incontro tra i due – convenga uscire al più presto dal provvisorio e avere costituita una direzione generale la quale si faccia sentire tanto per l'organizzazione interna quanto per l'indirizzo finanziario dell'Istituto» (De Rossi a Sonnino, 4 febbraio 1894, ASBI, Carte Stringher, 102/3.01/2).

[15] 1833-1894. Genovese, con i Mille di Garibaldi in Sicilia, assunto dalla Banca Nazionale nel 1864 forse proprio per la sua conoscenza del Mezzogiorno, area nella quale la banca cominciava a espandersi. Alla morte di Bombrini, nel 1882, divenne il principale collaboratore di Grillo al quale lo legò non solo amicizia personale, ma anche il matrimonio della figlia Carolina con Carlo Grillo, figlio di Giacomo (Gigliobianco 2006, pp. 45-48).

[16] De Rossi a Sonnino, 4 febbraio 1894, cit. Nella medesima lettera De Rossi fa il nome di Marchiori come cosa già decisa, probabilmente nell'incontro di qualche giorno prima con il ministro, incontro propiziato da Stringher.

4 – Costruzione di una banca centrale

riuscì finalmente a convincere il Consiglio che la mancanza della necessaria conferma governativa di Grillo metteva la Banca in una situazione di stallo dalla quale si poteva uscire solo offrendo al direttore condizioni non facili da rifiutare. In accordo con Sonnino, suggerì contemporaneamente la nomina di Giuseppe Marchiori (Cardarelli 2000, pp. 292-293). Il Consiglio si divise tra una parte capeggiata dal presidente Ceriana e una guidata da De Rossi. Alla fine fu lo stesso Grillo a risolvere l'impasse con una richiesta di collocamento a riposo indirizzata al presidente e da questi comunicata al Consiglio superiore il 25 febbraio[17]. A riprova che tutto era stato in precedenza stabilito e concordato con Sonnino, nella medesima seduta fu nominata la nuova dirigenza: Giuseppe Marchiori direttore, con Domenico Morro[18] quale vicedirettore scelto probabilmente per rispondere agli interessi genovesi, rimasti senza rappresentanza ai vertici della Banca con la scomparsa di Ponte e le dimissioni di Grillo (Gigliobianco 2006, p. 76). Come secondo vicedirettore fu confermato Ettore Levi della Vida[19].

La vicenda segnò un punto di svolta, seppure non del tutto risolutivo, nel rapporto tra governo e Banca d'Italia. Essa mise in luce la scarsa presa politica dell'azionariato della Banca la cui forza era quasi interamente concentrata nella potente comunità finanziaria genovese, dalla quale sarebbe di lì a poco nato il Credito Italiano. Gli argomenti degli azionisti erano quelli di

---

[17] ASBI, Verbali del Consiglio superiore, 25 febbraio 1894, pp. 268 ss. A Grillo venne lasciato per l'intero 1894 lo stipendio pieno di direttore e dal 1895 una pensione annua straordinaria di 31.250 lire. Fu inoltre nominato reggente della sede di Roma. Morì un anno dopo, il 2 febbraio 1895.

[18] 1829-1897. Genovese; la famiglia apparteneva al mondo mercantile ed era imparentata con Domenico Balduino. Naturale, dunque, il suo approdo alla Banca Nazionale guidata da Bombrini. Dal 1875 al 1893 reggente della sede di Genova, allora la più importante, per la quale esisteva «una regola non scritta che restò valida fino al 1923: i direttori erano sempre genovesi» (Gigliobianco 2006, p. 75).

[19] 1852-1923. Di illustre famiglia israelita veneziana (sia la nonna sia la madre, impegnate in attività sociali, parteciparono attivamente alla difesa della città nel 1848, il padre era un industriale tessile). Studiò con Bodio a Ca' Foscari, appena costituita (1868) sotto la guida di Ferrara. Cognato di Luzzatti, collaborò alla creazione del credito popolare. Dal 1887 dirigente della Banca Nazionale Toscana, fu nominato vicedirettore della Banca d'Italia, carica che tenne per sei anni per passare poi al Credito Italiano quale direttore centrale (ivi, pp. 48-58).

capitalisti privati che si sentivano defraudati dal governo, poco adatti a ottenere largo consenso nell'opinione pubblica, anche perché gli stessi capitalisti si erano sempre rivolti allo Stato per sostegno nei momenti di difficoltà. Nota Haywood (1999, pp. 194-195) che, «nel momento stesso in cui protestavano contro l'interferenza di Sonnino, chiedevano al governo di intervenire per fermare la caduta in borsa delle proprie azioni». Ciò non giovava alla loro credibilità come campioni di liberismo.

In Giuseppe Marchiori, «amico e sodale» di Sonnino al quale fu vicino lungo tutta la carriera parlamentare e di governo (Gigliobianco 2006), la neonata Banca d'Italia non avrebbe potuto trovare un direttore più diverso da Grillo. Quest'ultimo aveva passato tutta la vita professionale nella Banca Nazionale, cominciando dalla gavetta e percorrendo i gradini della scala gerarchica sino alla posizione apicale. Abile nel risolvere anche questioni delicate, come quelle della complessa eredità di Bombrini, era rimasto sempre e soltanto uomo di banca, vicino ai principali azionisti benché attento alle relazioni esterne, soprattutto con il governo. Marchiori giunse alla guida della Banca d'Italia dalle esperienze, allora spesso intrecciate, della pubblica amministrazione e della politica. Era nato nel 1847 a Sant'Urbano d'Este, minuscolo centro all'ombra dei Colli Euganei in provincia di Padova, da famiglia agiata e bene inserita nell'élite politica risorgimentale (*ibid.*). Dopo gli studi classici al liceo Santa Caterina di Venezia, aveva frequentato lezioni di matematica all'Università di Padova, interrompendo gli studi per unirsi ai garibaldini nella guerra del 1866. Nei due anni successivi fu all'Istituto Tecnico Superiore di Milano (il futuro Politecnico) studiando ingegneria idraulica senza però laurearsi. Iniziò una carriera politica quale consigliere comunale a Lendinara, in provincia di Rovigo, dove nel 1880 venne eletto per la prima volta deputato, nell'orbita di Sonnino. Lasciò la Camera nel 1887 per assumere la carica di segretario generale del ministero dei Lavori Pubblici. La partecipazione alla Commissione per l'abolizione del corso forzoso gli consentì di familiarizzarsi con i problemi della politica monetaria e bancaria. L'uomo al quale fu affidata la guida della nascente Banca d'Italia apparteneva alla tradizione politica della Destra Storica, erede di Cavour, nelle cui file aveva militato in Parlamento. Soprattutto, non era uomo di banca, ma di amministrazione pubblica. Ed era proprio questa sua caratteristica ad avere motivato la scelta di Sonnino oltre, naturalmente, all'intelligenza e al rigore morale che aveva apprezzato in anni di collaborazione.

Benché contrario all'impostazione dell'«atto bancario», come allora si diceva all'inglese, Sonnino era dotato di sufficiente esperienza e pragmatismo politico per capire che non sarebbe stato possibile né opportuno intervenire drasticamente su una legge varata da pochi mesi, seppure da un Parlamento diverso da quello che aveva dato la fiducia al governo Crispi. Era nondimeno determinato a ottenere gradualmente che l'attuazione della legge, nella prassi quotidiana degli istituti di emissione, si orientasse in una direzione compatibile con la propria idea di banca di Stato, dotata del monopolio dell'emissione e operante quale «banca delle banche». Nell'immediato voleva, comunque, «ridare alla politica le redini della politica monetaria», nella convinzione che, godendo del privilegio dell'emissione, le banche svolgessero «una sorta di pubblico servizio, nell'esercizio del quale dovevano seguire le direttive del governo, non l'interesse aziendale» (Cardarelli 2000, p. 308).

La nomina di Marchiori alla testa della nuova Banca d'Italia era premessa indispensabile all'attuazione del disegno di Sonnino, pienamente condiviso da Crispi (Cardarelli 2009). Sonnino uscì facilmente vincitore dal breve braccio di ferro con gli azionisti, che avevano visto la scelta del nuovo direttore come un'imposizione, usando le carte che la legge del 1893 gli aveva messo in mano e che il decreto di febbraio aveva accresciuto, ma anche facendo emergere la relativa debolezza della compagine azionaria. Solo la componente genovese aveva, per dimensione[20] e compattezza, un peso rilevante nelle assemblee, insufficiente tuttavia a trascinare la Banca in un braccio di ferro con la politica del governo. Abituati a una relativa

---

[20] L'ascendenza dalla Banca di Genova pesava ancora sulla composizione dell'azionariato: nel 1895 in Liguria era censito il 23% degli azionisti, ma ben il 40% del capitale della Banca (45% di quello in mano a banchieri e istituti di credito) (Banca d'Italia, *Adunanza generale ordinaria e straordinaria degli azionisti, tenuta in Roma il 25 febbraio 1895*, Tipografia della Banca d'Italia, Roma, p. 88).

passività, che la direzione della Nazionale aveva compensato con elevati dividendi, gli azionisti cercarono nel 1894 di reagire alla propria autoesclusione, ma la loro «riflessione a voce alta avvenne in un panorama tutto cambiato e l'uscita dal silenzio preludeva a un definitivo rientrarvi» (Scatamacchia 2008, p. 323). Vi furono, come vedremo, momenti di tensione, che richiesero a Marchiori un impegno tale da minarne la salute, ma la strada dell'eutanasia dell'azionista privato fu imboccata sin dai primi mesi di vita della Banca.

Tra il 1887 e il 1893, le azioni della Banca Nazionale nel Regno avevano perso circa il 43% del valore[21]. Nel 1894[22], quelle della Banca d'Italia nelle quali erano state convertite crollarono di un altro 34%. La crisi, l'andamento generale della borsa, gli immobilizzi, il credito di ultima istanza e, infine, l'assunzione della liquidazione della Banca Romana spiegano buona parte di questo andamento[23]. Non mancarono responsabilità della direzione, ma questa aveva buon gioco nell'attribuirle agli interventi del governo, in particolare alle pressioni per salvataggi di banche e società finanziarie. Restava anche l'incertezza circa il richiamo dei tre decimi di capitale, sottoscritto ma non versato. In questo quadro è facile capire anche la già vista opposizione degli azionisti contro il provvedimento di febbraio che obbligava la banca a cedere al Tesoro 145 milioni in oro. Un gruppo di azionisti chiese la convocazione di un'assemblea straordinaria. La richiesta, sostenuta dai consiglieri Besso e Ambron nel Consiglio generale del 17 aprile, diede luogo a una discussione inusualmente aspra, ma fu respinta a maggioranza[24], sulla base di un ordine del giorno presentato dal Marchiori e sostenuto dal vicepresidente De Rossi e da

---

[21] La quotazione media del 1887 era stata 2.163 lire, quella del 1893 1.232 lire (De Mattia 1977, tomo 2, tav. 39).

[22] Il valore di mercato dell'azione Banca d'Italia si mantenne stabile attorno a 960 lire in gennaio e febbraio (1894), scese poi fino a una media di 740 lire in agosto, fluttuando attorno a quel valore per i successivi tre anni. Una ripresa della quotazione non si ebbe che dalla metà del 1897 (ivi, tab. 32).

[23] Erano queste, per esempio, le tesi sostenute dall'«Economista», già finanziato dalla Banca Nazionale (Manacorda 1968, p. 174).

[24] I voti contrari furono quattro. Le votazioni a maggioranza erano molto rare. ASBI, Verbali del Consiglio superiore, seduta del 17 aprile 1894, Registro 246, p. 403.

4 – Costruzione di una banca centrale

Cavallini, futuro vicedirettore generale. Il direttore disse che il Consiglio si trovava di fronte a un dilemma, non specificato ma riferito al contrasto tra l'interesse generale e quello della Banca e dei suoi azionisti. Marchiori sottolineò che, con un decreto del 28 marzo, il governo aveva chiarito che, quando fosse reintrodotto «il cambio dei biglietti [...], i 145 milioni in oro sarebbero stati restituiti alla Banca»[25], invitando il Consiglio ad accogliere le decisioni governative. Con questi argomenti pragmatici, Marchiori non rispondeva però all'obiezione di principio che il decreto di sospensione della convertibilità «spostava le basi giuridiche a norma delle quali funziona la Banca d'Italia»[26], né poteva farlo agevolmente poiché era proprio questa l'intenzione del governo e il direttore non poteva aprire, se pure l'avesse voluto, un nuovo contenzioso con Crispi e Sonnino, a poche settimane dal proprio insediamento.

Il governo, per parte sua, doveva affrontare da un lato le conseguenze sociali della crisi economica, che si manifestarono con violente proteste popolari soprattutto in Sicilia, e dall'altro la vivace opposizione parlamentare alle proposte di riduzione della spesa pubblica e di incremento delle imposte, in particolare di quella sulla ricchezza mobile. Nota Manacorda (1968, pp. 175 ss.) che la durezza dello scontro sulla politica fiscale fece passare in secondo piano il braccio di ferro con gli azionisti della Banca d'Italia che non ottennero né dal Parlamento[27] né dall'opinione pubblica l'attenzione necessaria a contrastare efficacemente l'azione di Sonnino che, nella crisi di governo del luglio 1894, cedette il portafoglio delle Finanze, affidato al più accomodante Boselli, ma mantenne quello del Tesoro, cruciale per la politica monetaria e bancaria[28].

---

[25] ASBI, Verbali del Consiglio superiore, seduta del 17 aprile 1894, Registro 245, p. 395.
[26] Ivi, p. 396.
[27] La decisione del Consiglio superiore di non convocare l'Assemblea, tenuto conto del decreto di marzo, fu vista come un accordo tra governo e vertici della Banca, rappresentanti dei maggiori azionisti, tanto che i deputati genovesi che avevano presentato un'interpellanza parlamentare sull'oro della Banca si dichiararono soddisfatti (Manacorda 1968, p. 177). Restò ancora vivo, tuttavia, lo scontento dei piccoli azionisti.
[28] Antonio Salandra fu nominato sottosegretario a entrambi i dicasteri, quasi a raccordo tra i due ministeri prima unificati sotto la guida di Sonnino.

Per tutta la prima metà del 1894, l'evoluzione del sistema bancario italiano restò molto incerta. I fallimenti dei piccoli e medi istituti verificatisi dopo il 1887 e la fine delle due principali banche di deposito, che avevano finanziato grandi investimenti infrastrutturali e industriali nel trentennio precedente, avevano lasciato un vuoto nel segmento centrale del mercato del credito che restava ristretto tra le banche di emissione, impegnate nel risanamento dei propri attivi, e l'area delle casse di risparmio e delle banche cooperative limitate dalla legge, dalla supervisione e dagli statuti alla raccolta di depositi e all'erogazione di credito a breve termine. Erano subito partite iniziative per la creazione di nuovi grandi istituti ma, nell'estate, ancora si discuteva sulla loro realizzazione con capitali italiani e stranieri, con i rappresentanti dei primi contrari all'ingresso dei secondi. In questo quadro, Sonnino si convinse che era necessaria una riduzione del tasso di sconto. Ciò portò a un nuovo inasprimento dei rapporti con gli azionisti.

Sul tasso di sconto torneremo parlando della politica monetaria. Qui basta dire che il tasso ufficiale di sconto, applicabile sia alle cambiali sia alle anticipazioni, era del 6%[29]; il 5 luglio Sonnino chiese ufficialmente alla Banca di ridurlo al 5%[30]. La richiesta estiva trovò una forte opposizione nel Consiglio superiore, preoccupato per la redditività della Banca. Si scontrarono ancora una volta due visioni: quella del governo, che vedeva la Banca d'Italia soprattutto come strumento per ottenere finalità di pubblico interesse, e quella degli azionisti, che la consideravano alla stregua di una normale società privata orientata alla massimizzazione del profitto.

Il 16 luglio, il Consiglio discusse una prima volta la richiesta del ministro del Tesoro, concludendo che non fosse

---

[29] Quello di favore, forse l'effettivo strumento di *policy*, era stato portato dal 5,5 al 6% il 27 gennaio 1894 e ridotto due volte sino al 5% (5,5% dal 2 marzo e 5% dal 21 aprile; Appunto della Banca d'Italia, 1913, in Bonelli 1991, p. 551, doc. 46). Queste due riduzioni non avevano dato luogo a particolari polemiche, forse perché gli azionisti erano impegnati nella battaglia della quale abbiamo detto.

[30] La legge bancaria del 1893 stabiliva, all'art. 4, che – durante il corso legale – il tasso di sconto dovesse essere uguale per i 3 istituti di emissione e che la sua variazione ricevesse «l'approvazione del governo». Qui è, invece, il governo a farsi promotore della variazione.

«opportuna al momento presente una tale riduzione»[31] e rimandando a ottobre una decisione in merito. Marchiori stesso aveva favorito questa posizione, argomentando da un lato che, con la campagna serica, la Banca era giunta vicina al limite legale della circolazione e dall'altro che il cambio della lira si stava svalutando. La giustificazione, seppure non pienamente infondata, mascherava la vera ragione del rinvio: la debolezza della posizione di Marchiori nel Consiglio superiore e il timore di un pericoloso voto contrario. Sonnino però ne fu dispiaciuto, come scrisse a Stringher, suo stretto collaboratore come direttore generale del Tesoro[32]. «Che razza di Banca è quella – disse – che non può deliberare che a un mese di distanza una misura come questa che in altri paesi si delibera quasi da un giorno all'indomani?». Non gli sfuggivano, naturalmente, le ragioni «politiche» del rinvio, ma proprio su queste diede il giudizio più duro: «La Banca ha molto torto a inimicarsi completamente l'opinione pubblica, scambiando per tale l'opinione di suoi azionisti». Nella stessa seduta, però, Marchiori ottenne un voto unanime per la sospensione della distribuzione del tradizionale acconto sul dividendo, pur in presenza di un utile semestrale, in attesa dei risultati dell'ispezione Biagini[33]. Benché approvata all'unanimità dal Consiglio superiore, la sospensione dell'acconto, che aveva provocato un'inevitabile diminuzione del corso dell'azione, suscitò le ire degli azionisti, soprattutto liguri e piemontesi. Questi, riuniti in assemblea a Genova, votarono un ordine del giorno che invocava l'intervento dei veri interessati alla gestione della Banca, cioè di tutti i possessori di azioni (Manacorda 1968, p. 180).

L'atmosfera, sempre surriscaldata dalla stampa, fu resa più tesa dai risultati dell'ispezione Biagini che aveva quantificato gli immobilizzi dei tre istituti di emissione in modo assai più ampio rispetto alla valutazione fattane dalle banche, in particolare dalla Banca d'Italia. Si scontrarono, in quell'occa-

---

[31] ASBI, Verbali del Consiglio superiore, 19 luglio 1894, pp. 771 ss.
[32] Sonnino a Stringher, 24 agosto 1894, ASBI, Carte Stringher, Sezione 102, fasc. 2.01, sottofasc. 09.
[33] ASBI, Verbali del Consiglio superiore, 19 luglio 1894, pp. 826-828. L'ispezione era stata ordinata da un decreto ministeriale del 14 febbraio 1894.

sione, la visione dei funzionari ministeriali, attenti alla lettera della legge, e quella dei banchieri, preoccupati di dare alla gestione la flessibilità e, soprattutto, la capacità di generare utili necessari proprio al fine di raggiungere l'obiettivo di una progressiva riduzione degli immobilizzi.

Il 24 settembre, nel corso di una riunione del Consiglio superiore[34], ancora più tempestosa di quella di luglio, Marchiori ribaltò la propria precedente posizione sostenendo l'opportunità della riduzione del tasso di sconto e scontrandosi con l'agguerrita minoranza consiliare guidata da Eugenio Ambron[35] che, nella primavera, aveva votato contro l'accettazione dei decreti ministeriali. Marchiori giustificò il proprio voltafaccia dicendo che la situazione generale e quella della Banca erano mutate nei due mesi precedenti. In realtà, il direttore aveva nel frattempo raggiunto un accordo con il governo. Sonnino, sollecitato anche dalle Camere di Commercio e dallo stesso Parlamento, era determinato a ottenere la riduzione del tasso di sconto, ma la inserì in un più vasto accordo con la Banca, del quale, peraltro, il Consiglio non era ufficialmente informato. Lo scontro fu duro, tanto che la decisione passò a maggioranza, con il voto contrario di consiglieri di peso, come Balduino[36].

La riduzione del tasso di sconto costituì un punto di svolta nella *querelle* che aveva opposto il governo e gli azionisti. Se essa fu una vittoria dell'esecutivo, ebbe anche l'effetto di accrescere il peso del management della Banca, chiamato a gestire la non facile partita della tensione tra gli interessi privati[37], seppure legittimi, e quelli pubblici. Marchiori aveva gestito bene la partita, mostrando dapprima agli azionisti di sapere

---

[34] ASBI, Verbali del Consiglio superiore, 24 settembre 1894, pp. 901 ss.
[35] Eugenio Hizchia Ambron, 1846-1942. Avvocato e banchiere fiorentino.
[36] I membri del consiglio superiore più attivi nella fronda antigovernativa erano, da un lato, esponenti del grande capitale (Balduino e il genovese Pietro Solari) e, dall'altro, quegli azionisti minori che erano più attivi nel promuovere e sfruttare relazioni con il mondo della finanza: oltre ad Ambron e Rossi, Marco Besso, direttore delle Assicurazioni Generali (Cerrito, Gigliobianco 2003, pp. 117-118).
[37] Marchiori disse, tra l'altro, esplicitamente in Consiglio che l'ammorbidimento dei risultati, non ancora pubblici, dell'ispezione Biagini, era stato discusso nell'ambito di un complessivo accordo con il governo. ASBI, Verbali del Consiglio superiore, 22 ottobre 1894, pp. 1009 ss.

tenere testa al governo per poi arrivare al risultato voluto da Sonnino, nell'ambito di un accordo che, il 30 ottobre, fu formalizzato in una convenzione tra il governo e la Banca[38]. Quest'ultima si accollava l'intero onere della liquidazione della Banca Romana ottenendo in cambio il monopolio della Tesoreria dello Stato[39].

Chi traeva maggiore vantaggio dalla convenzione Sonnino-Marchiori? Non mancarono le polemiche ma, in fondo, il risultato era positivo per tutti. La Banca, nota Manacorda (ivi, p. 182), «aveva recuperato una posizione contrattuale di fronte al governo» e per essa era questo il frutto maggiore dell'accordo. A questo si aggiungeva, nella prospettiva del lungo andare, la gestione della Tesoreria dello Stato con potenziali effetti di allargamento della clientela e soprattutto con il riconoscimento di un rapporto privilegiato con il governo che metteva la Banca d'Italia un gradino sopra agli altri due istituti di emissione[40]. Lo Stato si liberava dall'ipoteca derivante dalla liquidazione della Banca Romana, per la quale la legge bancaria aveva previsto che lo Stato si sarebbe accollato, nel 1913, le perdite eccedenti 40 milioni. Creava anche un incentivo alla Banca per chiudere nel modo più efficiente una partita che aveva tanto turbato e diviso l'opinione pubblica. Lo stesso passaggio del servizio di tesoreria alla Banca, visto come contropartita dell'onere della liquidazione della Banca Romana, era in effetti ben gradito al governo che poté van-

---

[38] Convenzione 30 ottobre 1894 tra Tesoro e Banca d'Italia, approvata con R.D. 1894, n. 533, convertita con la legge 8 agosto 1895, n. 489. Per il testo della Convenzione cfr. Bonelli (1991, pp. 151-161, doc. 2, nota 1). Il punto di vista del governo è riassunto nella Relazione al re del ministro del Tesoro Sonnino (ivi, doc. 2). Per la Banca la trattativa condotta da una Commissione composta da Giuseppe Marchiori, Vittorio De Rossi, Luigi Cavallini e Tommaso Bertarelli. Per la discussione in Consiglio e le reazioni degli azionisti, cfr. De Cecco (1990a, pp. 751-760, docc. 62 a-b).

[39] Su come la Banca valutò i costi della liquidazione rispetto ai benefici della Tesoreria unica, si veda la relazione della commissione al Consiglio superiore del 6 gennaio 1895 in De Cecco (ivi, pp. 761-771, doc. 64).

[40] Marchiori, nel riferire al Consiglio superiore del passaggio della Tesoreria alla Banca, disse che esso avrebbe generato «utili morali e materiali» (ASBI, Verbali del Consiglio superiore, 10 dicembre 1894, p. 1134). Non mancarono, ovviamente, le proteste dei due istituti «minori», ma la prolungata chiusura delle Camere fece sì che esse fossero discusse solo nel luglio 1895, quando i giochi erano stati fatti da tempo (Manacorda 1968, p. 183).

tare la realizzazione di una riforma che rendeva più efficienti i pagamenti e alleggeriva la pubblica amministrazione di un compito pesante per il quale non era bene attrezzata.

Nel complesso, dunque, la convenzione correggeva uno dei punti meno felici della legge del 1893, introdotto nel culmine della crisi proclamando lo Stato garante della liquidazione onde evitare i danni di un'ulteriore incertezza, e regolava la tesoreria pubblica in modo soddisfacente per entrambi i contraenti. Il Consiglio superiore passò a stretta maggioranza un ordine del giorno che demandava all'Assemblea l'approvazione della convenzione[41]. La votazione rifletteva anche il malumore degli azionisti derivante dall'articolo 6 della convenzione che prevedeva una svalutazione del 10% del capitale a copertura delle perdite derivanti dalle immobilizzazioni e il contemporaneo richiamo di uno dei tre decimi di capitale non ancora versati, in modo da ricostituire l'ammontare del capitale versato.

Il primo anno di vita della Banca d'Italia ha richiesto un'attenzione che può parere eccessiva nell'economia di questa storia. Ma si trattò di un anno particolare, fondante almeno quanto il 1893. Abbiamo visto come la legge istitutiva della Banca d'Italia, approvata in un clima di emergenza economica e sociale, lasciasse mal risolte alcune questioni importanti per la formazione di una banca centrale. Anzitutto quella del monopolio dell'emissione, posta mezzo secolo prima da Cavour e mai risolta, e poi quella della coesistenza nella medesima istituzione di finalità pubbliche e perseguimento di utili privati. Nessuna di queste questioni fu risolta da Sonnino e Marchiori, ma nel 1894 si fece almeno uno sforzo per chiarirne le implicazioni e avviare un embrione di soluzione. Il monopolio della Tesoreria di Stato pose, come abbiamo visto, la Banca d'Italia in una posizione anche formalmente diversa da quella degli istituti meridionali, dando una sanzione piccola se si vuole,

---

[41] Il Consiglio del 10 dicembre era stato così acceso che si ritenne opportuno rimandare la discussione al giorno seguente, quando l'ordine del giorno fu approvato con 10 voti contro 9 (ASBI, Verbali del Consiglio superiore, 11 dicembre 1894, p. 1138). Il 7 gennaio un'assemblea straordinaria approvò la Convenzione, a eccezione della svalutazione del capitale che fu approvata a larga maggioranza in altra assemblea straordinaria il 25 febbraio 1895 (Banca d'Italia, *Adunanza generale degli azionisti*, Roma 1895, pp. 64-66).

ma significativa, al ruolo di leader che già le conferiva la dimensione. Fu un primo passo verso la banca unica. I rapporti conflittuali tra azionisti e governo non solo furono risolti a favore del secondo, ma furono l'occasione per affermare, anche sul piano di principio, il primato dell'interesse pubblico nell'azione della Banca. Diedero anche modo al direttore di ricavare per sé un ruolo di mediatore tra i due poli e si sa che ogni mediatore accorto è in grado di trarne un certo grado di autonomia. Iniziò qui il percorso verso un governo in buona misura monocratico, tipico delle moderne banche centrali, che verrà a maturazione durante il lungo direttorato di Stringher. Il 26 febbraio 1896 il Consiglio approvò un nuovo statuto[42]. Stabiliva che la Banca «ha lo scopo di esercitare il commercio bancario e di emettere biglietti al portatore nei limiti e con le norme di legge»: nella forma nulla veniva recepito di quanto era cambiato nella sostanza nei due anni precedenti.

Il 1º marzo 1896, un corpo di spedizione italiano forte di 15.000 uomini, guidato dal generale Baratieri, fu sconfitto ad Adua, in Abissinia, dall'esercito sei volte più numeroso del Negus Menelik II. La battaglia, come si sa, mise in soffitta per un quindicennio le ambizioni tardoimperialiste del Regno d'Italia e pose fine all'ultimo governo Crispi che si dimise il 10 marzo[43]. Fu sostituito da di Rudinì, il cui secondo governo[44] durò solo quattro mesi, fino al 5 luglio. Nel terzo gabinetto dello statista siciliano rivale di Crispi (20 luglio 1895-18 settembre 1897), il dicastero del Tesoro fu assegnato a Luigi Luzzatti che lo tenne anche nei due successivi governi presieduti dallo stesso di Rudinì fino alla fine di giugno 1898.

Veneziano, professore di economia, esponente della cosiddetta «scuola lombardo-veneta» che si opponeva al liberismo ortodosso, protagonista della legislazione bancaria e attivo apostolo del credito cooperativo, Luzzatti (1841-1927) aspirava a «una Banca d'Italia rapidamente risanata – a confronto dei tempi lunghi previsti da Sonnino e dalla legge – [...]

---

[42] Approvato poi con R.D. 26 aprile 1896, n. 126.
[43] Sulla battaglia di Adua e le sue conseguenze cfr., tra gli altri, Quirico (2004).
[44] Di Rudinì, si ricorderà, era stato per la prima volta presidente del Consiglio dal febbraio 1891 al maggio dell'anno successivo.

che gode[sse] della piena fiducia del pubblico; organo che autonomamente assume[sse] a propria guida gli obiettivi della politica monetaria imposti dagli interessi del paese», capace di un'azione di coordinamento con gli obiettivi del Tesoro e da questo strettamente sorvegliato (Bonelli, Cerrito 2003, p. 113). Pur condividendo con Sonnino la visione di una supremazia dell'interesse pubblico su quello privato, sia negli obiettivi, sia nell'azione quotidiana della Banca, Luzzatti riteneva che ciò dovesse essere raggiunto con un sistema di incentivi, consultazioni e scambio d'informazioni piuttosto che con l'esercizio diretto del potere di comando (ivi, p. 114)[45]. È interesse del Paese, scrisse Luzzatti nel 1896, che la Banca d'Italia sia forte e sana, che la circolazione si restringa e che le immobilizzazioni si riducano rapidamente ma, «per diventare forte e sana, la Banca d'Italia dovrebbe allargare il più possibile la circolazione, ritardare il più possibile la liquidazione delle immobilizzazioni in quanto queste danno un reddito che non si saprebbe altrimenti come ottenere» (Bonelli 1991, pp. 162-164, documento 3)[46]. Il ministro del Tesoro si proponeva di risolvere questa inevitabile contraddizione trovando alla Banca nuove fonti di guadagno, riducendo le tasse di circolazione e le spese, diminuendo il capitale per renderlo proporzionale a una circolazione altrettanto ridotta e facendo in modo che esso fosse impiegato unicamente in buoni del Tesoro (che così avrebbe anche vantaggiosamente consolidato buona parte del proprio debito fluttuante).

Il ministro si proponeva (siamo all'inizio del suo mandato) di raggiungere questi obiettivi con l'ormai collaudato strumento della convenzione con la Banca stessa, accompagnata da modificazioni alla legge bancaria vigente. Una nuova convenzione fu firmata il 28 novembre 1896[47]. Prevedeva, tra l'altro, la diminuzione di 30 milioni nel capitale della Banca e un calendario accelerato di riduzione della circolazione, garantita da 300 milioni di riserva metallica intoccabile e da una

---

[45] Quando anche Luzzatti avrà lasciato il governo, tra i due non mancherà uno scambio polemico in argomento (Bonelli 1991, pp. 188-198, doc. 7).
[46] Il documento, manoscritto senza data né firma, ma certamente di Luzzatti, è conservato all'archivio dell'Istituto Veneto di Scienze, Lettere ed Arti.
[47] Approvata con R.D. 6 dicembre 1896, n. 517.

prelazione sulla quasi totalità delle poste attive del bilancio. Quali incentivi, venivano offerte alla Banca riduzioni della tassa di circolazione[48], scadenzate al raggiungimento degli obiettivi stabiliti. Dopo il compimento dell'intero percorso, raggiunta la prevista situazione di equilibrio, la Banca avrebbe avuto facoltà di impiegare 40 milioni della riserva metallica in operazioni in titoli esteri. Approvando la convenzione, il Consiglio superiore fece notare che si era aspettato «concessioni più efficaci» e che il consenso veniva dato perché la Banca aveva bisogno di un «costante buon accordo con il governo»[49]. Il malcontento degli azionisti era evidente, ed emerse ancora a fine anno chiedendo l'esenzione dalla tassa sulla circolazione emessa per la liquidazione della Banca Romana[50]. Era però chiaro da quale parte stesse ormai la maggiore forza contrattuale. Adottando un sistema di incentivi e una certa flessibilità negoziale, Luzzatti si era dimostrato più abile del suo predecessore nello svuotare in parte le ragioni della protesta, che non assunse i toni dell'anno precedente. Il peso dell'azionariato privato veniva a poco a poco ridotto anche se, dopo un breve ritorno di fiamma a fine secolo che molto amareggiò Marchiori, la sua eutanasia fu completata solo da Stringher.

Il quinto governo di Rudinì si dimise alla fine di giugno 1898 in una situazione sociale nuovamente tesa. Gli successe un militare, Luigi Pelloux, che restò in carica, formando due gabinetti successivi, fino al 24 giugno 1900. Al Tesoro, Luzzatti fu sostituito da Pietro Vacchelli[51], a sua volta rimpiazzato da Paolo Boselli nel maggio 1899. Entrambi, seppure per diversi motivi, non ebbero il modo, forse neppure l'interesse o la competenza, di dedicare particolare attenzione alle questioni monetarie e bancarie. Comunque sia, dopo la caduta del governo di Rudinì, Marchiori non ebbe più un forte referente

---

[48] Una volta ridotta sino all'1 per mille la tassa di circolazione, lo Stato avrebbe ottenuto una partecipazione agli utili della Banca pari a un terzo degli utili netti quando superassero il 5% e non eccedessero il 6%, pari alla metà oltre il 6%.
[49] ASBI, Verbali del Consiglio superiore, 6 dicembre 1896, p. 1512.
[50] ASBI, Verbali del Consiglio superiore, 28 dicembre 1896, pp. 1605 ss. e 18 gennaio 1897, pp. 31 ss.
[51] 1837-1913. Cremonese, garibaldino, deputato, poi senatore. Fu anche ministro delle Finanze nel breve secondo governo Fortis (dicembre 1905-febbraio 1906).

politico e la Banca visse altri momenti di tensione nei rapporti tra governo e azionisti.

Un'assemblea straordinaria degli azionisti approvò, nel marzo 1899, un'importante modifica dello statuto che, riducendo da due a uno il numero dei vicedirettori generali[52], aboliva la collegialità della direzione, adottando il sistema monocratico di gestione che caratterizzava gli altri istituti di credito, sistema che resterà in vigore sino alla riforma del 2005. Abbiamo visto però – e lo nota opportunamente Gigliobianco (2006, p. 70) – che i problemi sperimentati da Marchiori nella gestione della Banca non derivavano da difficili rapporti con Levi Della Vida e Morro e nemmeno dalla relativa limitatezza dei suoi poteri statutari, quanto piuttosto dalla fronda di una parte dell'azionariato riflessa in una combattiva minoranza in seno al Consiglio superiore, la cui opposizione, più o meno esplicita, fu contenuta quando al Tesoro sedettero personalità di rilievo come Sonnino e Luzzatti, ma divenne più fastidiosa dopo il 1898, obbligando il direttore generale a dedicare tempo ed energie anche emotive nella ricerca di compromessi.

Il 20 novembre 1899, in seguito alle dimissioni di Levi della Vida, il Consiglio superiore nominò vicedirettore Luigi Cavallini (1839-1907): banchiere romano, consigliere di reggenza a Roma e poi membro del Consiglio superiore della Banca Nazionale, dal quale era passato in quello della Banca d'Italia fin dall'inizio e ne era stato eletto vicepresidente.

3. *Bonaldo Stringher direttore generale*

L'11 novembre 1900, Giuseppe Marchiori morì prematuramente, a soli 52 anni, per un attacco cardiaco. Negli anni precedenti, la corrispondenza testimonia le preoccupazioni degli amici per lo stato della sua salute e non è difficile immaginare che le tensioni alle quali fu sottoposto ne abbiano affrettato la fine[53]. Il 18 novembre il Consiglio superiore elesse

---

[52] Domenico Morro era morto nel settembre 1897 e non era stato sostituito.
[53] Il Consiglio superiore riconobbe alla famiglia Marchiori per due anni lo stipendio pieno da direttore di 50.000 lire (ASBI, Verbali del Consiglio superiore, 3 dicembre 1900, p. 886).

4 – Costruzione di una banca centrale

all'unanimità Bonaldo Stringher nuovo direttore generale[54]. Stringher restò alla guida della Banca d'Italia per i successivi trent'anni, lasciando la propria forte impronta sull'evoluzione del *central banking* italiano. È dunque opportuno dedicare più di qualche riga alla sua biografia, posto che la qualità dei protagonisti, sempre rilevante nello sviluppo delle istituzioni, lo è ancor più nel caso delle banche centrali e particolarmente in quello della Banca d'Italia.

Bonaldo Stringher[55] era nato a Udine il 18 dicembre 1854. Il padre, Marco, fervente patriota corso nel 1848 a combattere per la Repubblica di Venezia, faceva il commesso in una libreria; la madre Giovanna Trevisan non aveva portato dote alla famiglia che era dunque di modeste condizioni economiche, tanto che, nel 1871, il giovane perito commerciale Bonaldo poté iscriversi solo grazie a una borsa di studio alla Scuola superiore di commercio che il governo, su sollecitazione di Luzzatti, aveva creato tre anni prima a Venezia, nello splendido Palazzo dei Foscari in «volta de Canal» che gli austriaci avevano adibito ad acquartieramento di truppe[56]. Nota come Ca' Foscari, la scuola offriva per la prima volta, su un modello già sperimentato ad Anversa, l'insegnamento dell'economia al di fuori delle facoltà di giurisprudenza, tradizionale insediamento accademico dell'economia politica. A dirigere la Scuola superiore era stato chiamato sin dall'inizio Francesco Ferrara, il decano indiscusso della scuola liberista. Malgrado un così illustre direttore, Ca' Foscari fu all'inizio più nota per gli studi aziendali che per quelli di teoria economica. Fabio Besta, padre della ragioneria italiana, vi insegnò dal 1872 al 1919[57]. Il giovane Stringher non aveva, evidentemente, un'inclinazione ragionieristica né, d'altra parte, si sentiva attratto

---

[54] ASBI, Verbali del Consiglio superiore, 18 novembre 1900, p. 836.
[55] Ove non diversamente indicato le informazioni che seguono sulla biografia di Stringher sono tratte soprattutto da Gigliobianco (2006). Si vedano anche: Bonelli (1985), Segreto (2019), De Lucia Lumeno (2021) e la prefazione di Ignazio Visco allo stesso volume.
[56] La Regia Scuola Superiore di Commercio di Venezia fu creata nel 1868 con il R.D. 6 agosto 1868, n. 4530. Fu all'inizio finanziata da Comune, Provincia e Camera di Commercio e solo successivamente ricevette contributi statali.
[57] Faidra, collezioni digitali, Fabio Besta (o:30547), disponibile in https://phaidra.cab.unipd.it/collections/storia_ca_foscari.

dalla speculazione astratta dell'economia classica professata da Ferrara. I suoi interessi si volsero piuttosto alla scuola lombardo-veneta, che aveva allora il proprio centro principale a Padova e nel «Giornale degli Economisti», fondato nel 1875, il principale punto di riferimento scientifico, ispirandosi alle correnti tedesche del socialismo della cattedra e della cosiddetta «scuola storica tedesca», ma caratterizzandosi, soprattutto, per una forte impostazione empirica e statistica. Fu probabilmente questo l'aspetto che più attrasse il giovane Stringher, oltre alla presenza, tra i massimi esponenti della corrente lombardo-veneta, di Luigi Luzzatti. Del gruppo raccolto attorno al «Giornale degli Economisti» facevano parte, oltre a Luzzatti, Fedele Lampertico, Angelo Messedaglia, Luigi Cossa e inizialmente il cattolico Giuseppe Toniolo. A Ca' Foscari, Stringher ebbe come maestro di economia politica non Ferrara ma Luigi Bodio, che nel 1872 assunse la direzione della statistica ufficiale italiana presso il ministero di Agricoltura, Industria e Commercio. «La tendenza all'indagine positiva metteva Bodio sulla stessa lunghezza d'onda dei lombardo-veneti» (Gigliobianco 2006, p. 88), pur mantenendo ottimi rapporti con Ferrara. Bodio dovette intuire il valore del giovane Stringher se nel 1875 lo volle con sé, appena ventunenne, quale «ufficiale straordinario di statistica». Fu l'inizio di una carriera nella burocrazia ministeriale che, in un quarto di secolo, avrebbe portato Stringher prima, assai giovane, alla direzione generale del Tesoro e poi alla guida della Banca d'Italia. Bodio si era circondato di un gruppo di giovani brillanti – Cusumano, Ellena, Benini, Schanzer – destinati a occupare posizioni di rilievo nell'amministrazione e nella politica e, nel frattempo, a creare quel clima di vivace interazione intellettuale tra coetanei che è, di solito, la migliore scuola di pensiero e di vita.

Il giovane udinese approfittò appieno delle occasioni che di volta in volta gli si aprirono. Su incarico di Bodio svolse un'ampia rassegna dei regimi monetari stranieri, in preparazione del ritorno alla convertibilità della lira del 1883. Si occupò di banche di emissione sostenendo, sin dal 1881, la costituzione di una banca unica. Si radicò presto in lui l'idea, che costituirà un asse portante del *central banking* italiano, «che il fenomeno monetario non può essere isolato dagli altri fenomeni economici, che i provvedimenti monetari devono seguire, piuttosto che precedere gli sviluppi dell'economia reale [e che] rimarrà al centro del suo pensiero» (ivi, pp. 90-91). Fece la prima importante esperienza internazionale nel 1881 quando Luzzatti lo volle tra i «segretari» della delegazione che guidò alla conferenza di Parigi sul bimetallismo. Il politico veneziano ebbe in quell'occasione modo di apprezzare il valore di Stringher e lo volle con sé tre anni dopo alla conferenza che decise il rinnovo della pur moribonda Unione Monetaria Latina. Queste esperienze internazionali, accanto a una personalità come quella di Luzzatti, furono certamente decisive per la maturazione culturale e operativa di Stringher che, a 30 anni, aveva già acquisito quella visibilità e quell'apprezzamento dei superiori che lo lanciarono verso una brillante carriera.

Promosso «caposezione» nel 1884 e trasferito al ministero delle Finanze, Stringher continuò a collaborare con Luzzatti, questa volta per la costituzione della Cassa nazionale di assicurazioni per gli infortuni sul lavoro, mentre Ellena lo volle segretario della commissione d'inchiesta che preparò la svolta protezionista del 1887. A chi faceva rilevare la contraddizione, nell'impostazione dell'inchiesta, tra il liberismo invocato per l'agricoltura[58] e le misure protezionistiche proposte per l'industria, Stringher oppose un'argomentazione che richiamava la teoria della protezione dell'industria nascente formulata nella prima metà del secolo da Friedrich List. Per Stringher, la protezione dell'agricoltura, invocata a gran voce dagli agrari minacciati dalla diminuzione dei costi di trasporto, si sarebbe risolta nella creazione di una rendita aggiuntiva per i proprietari terrieri a danno delle classi lavoratrici e della stessa produzione industriale. La protezione industriale avrebbe, invece, aiutato la crescita della produzione italiana senza ridurre il grado di concorrenza interno. Quest'ultima argomentazione era piuttosto ardita, ma si inquadrava nel pensiero ormai maturo di Stringher che guardava lontano all'industrializzazione come unico vero motore dello sviluppo e della modernizzazione del Paese. Le cose, come si sa, andarono diversamente: per

---

[58] La parte agraria dell'inchiesta era stata redatta da Lampertico e Miraglia.

essere approvata, la legislazione tariffaria aveva bisogno dei voti degli agrari, sovrarappresentati in Parlamento, e si arrivò a quel *pactum sceleris*, il peggior compromesso possibile, che si risolse nella protezione sia dell'agricoltura, sia della manifattura. Successivamente Stringher, pur riconoscendo i vantaggi del libero scambio, sostenne che la tariffa era divenuta necessaria con l'adozione di misure protezionistiche da parte di tutti i paesi europei, a eccezione dell'Inghilterra. Vide però la nuova legislazione doganale alla stregua di quella che i francesi chiamano *tarif de combat*: punto di indispensabile ancoraggio per negoziare trattati doganali che ne mitigassero l'asprezza (Stringher 1889 e, con sguardo retrospettivo, 1911). I trattati saranno poi il *Leitmotiv* della politica doganale nell'età giolittiana.

Nel 1891 fu promosso al grado di ispettore generale delle Finanze. La migliore e più sicura posizione economica gli permise di sposare Lucia Canali, nobildonna lombarda, figlia del capo di gabinetto del ministro. Ebbero poi otto figli[59]. All'inizio del Novecento, Stringher, sempre legato al Friuli, acquisterà a Martignacco, pochi chilometri a ovest di Udine, una casa settecentesca, chiamata casale Fontanini, che farà restaurare e alla quale tornerà frequentemente con piacere, dando alla collina sulla quale sorge la casa il nome di Poggio Stringher[60].

Con il primo governo Giolitti, Stringher passò al Tesoro. Fu l'inizio di un rapporto costante di stima reciproca e collaborazione. Stringher, l'abbiamo già detto, fu uno dei protagonisti occulti della legge bancaria del 1893: la relazione che accompagna il disegno di legge è probabilmente in gran parte opera sua (Negri 1989, p. 25). Il 23 novembre 1893, un giorno prima delle dimissioni del governo Giolitti, Stringher fu nominato direttore generale del Tesoro. «Il fatto che non cada in disgrazia – scrive Gigliobianco (2006, p. 95) – pur essendo stato nominato all'ultimo momento dall'arcinemico del nuovo presidente del consiglio Crispi, mostra in primo luogo che la

---

[59] Paolo, Vittorio, Giovanni (che fu amministratore delegato e presidente del Credito Italiano), Gilia, Bonaldino, Francesco, Anna e Diego (Segreto 2019).

[60] Blasoni (2010). Lo stesso articolo ricorda che Lucia Canali Stringher morì nel 1956.

sua competenza era apprezzata in tutti gli ambienti, in secondo luogo che egli aveva appreso a navigare nei mari procellosi della politica»[61]. Nei sei anni successivi, sia per la carica ricoperta, sia per la sua competenza e riconosciuta abilità diplomatica, Stringher fu al crocevia di tutte le decisioni economiche del governo. Il suo archivio testimonia l'ampiezza dei rapporti con esponenti del governo e del Parlamento, con alti burocrati, con banchieri italiani e stranieri, con economisti accademici e intellettuali di vario genere[62]. Sonnino, che pure aveva un rapporto privilegiato con Marchiori, confidò a Stringher il proprio «dispiacere» per la timidezza della Banca d'Italia sulla questione dello sconto che tanto gli stava a cuore[63], lo pregò di adoperarsi perché i giornali scrivessero cose corrette sugli immobilizzi[64], lo incaricò di parlare confidenzialmente a Marchiori stesso prima che gli toccasse «richiamarlo per lettera a maggiore vigilanza»[65]. I rapporti che Stringher subito intrattenne con i vertici delle due nuove grandi banche, soprattutto con la Commerciale, si mantennero stretti, benché ambigui e altalenanti da entrambe le parti, per il resto della sua vita.

Non siamo in grado di chiarire i motivi che indussero Stringher a lasciare la direzione del Tesoro. Gigliobianco (ivi, p. 96) parla di un non meglio specificato desiderio di puntare «a più alti traguardi», fuori dall'amministrazione pubblica. Fu, comunque, un distacco lento. Nel 1898, Luzzatti lo fece nominare al Consiglio di Stato, ma Stringher tenne il vecchio incarico sino alla fine del 1899 e solo all'inizio del nuovo secolo fece il proprio ingresso nella nuova carica. Le numerose lettere di congratulazioni e auguri che ricevette in quella circostanza,

---

[61] D'altronde, i rapporti con lo statista siciliano datavano da anni prima se questi trasmise a Stringher nel 1890 la propria proposta per la creazione della banca unica di emissione. ASBI, Carte Stringher, Memoria senza titolo datata solo 1890 (102/4.04/02).
[62] Il 22 luglio 1897 fu nominato socio corrispondente dell'Accademia dei Lincei.
[63] ASBI, Carte Stringher, Sonnino a Stringher, 24 agosto 1894.
[64] ASBI, Carte Stringher, Sonnino a Stringher, 8 settembre 1894.
[65] ASBI, Carte Stringher, Sonnino a Stringher, 18 agosto 1895. Il ministro era furioso per episodi scandalistici verificatisi alle filiali della Banca d'Italia e del Banco di Napoli. I rapporti cordiali traspaiono anche dalla chiusa della lettera: «si decida ad andare in vacanza, sennò finirà che non ci va più, e lei ha bisogno di un po' di riposo».

anche da parte di banchieri stranieri, testimoniano l'ampiezza della rete di contatti che aveva stabilito e la considerazione di cui godeva. Stringher puntava però a qualcosa di diverso, di nuovo. Nelle elezioni del giugno 1900 si candidò, con una lettera agli elettori, al collegio di Gemona-Tarcento in Friuli e venne eletto al primo turno. Fu subito nominato sottosegretario al Tesoro nell'effimero governo Saracco[66]. L'improvvisa scomparsa di Marchiori interruppe, forse, un'incipiente carriera politica, ma Stringher trovò un ruolo che gli si dimostrò congeniale e che non abbandonò fino alla morte, nel 1930.

Il giorno della nomina un amico scrisse al nuovo direttore della Banca: «Nell'ambiente che pare vada purificandosi di questa benedetta Italia tu entri come un Messia»[67]. In effetti, come si è visto, la congiuntura economica era già volta decisamente al bello: l'accelerazione della crescita, evidente da alcuni anni, si andava consolidando. Il bilancio dello Stato, i conti con l'estero, l'andamento del cambio mostravano una stabilità che mai avevano goduto dal momento dell'unificazione. La situazione sociale e politica era invece ancora fragile. Non si erano ancora spenti gli echi delle cannonate con le quali, nel 1898 durante il governo Pelloux, il generale Bava Beccaris aveva «domato» le manifestazioni popolari di Milano, ricevendone pubblica lode dal re insieme alla nomina a senatore e alla croce di grande ufficiale dell'ordine militare di Savoia (Colapietra 1970). Alla fine di luglio, re Umberto I era caduto sotto le pistolettate di Bresci. Il governo Saracco, dal quale Stringher si dimise per incompatibilità con il nuovo incarico, era evidentemente una soluzione transitoria, facilitò il passaggio dalla guida del militare Pelloux a quella di Zanardelli e Giolitti.

La prima seduta del Consiglio superiore alla quale Stringher partecipò, il 3 dicembre 1900[68], si svolse in un clima di

---

[66] 24 giugno 1900-15 febbraio 2001. Ministro del Tesoro fino al 21 dicembre 1900 fu Giulio Rubini (seguirono nel restante mese e mezzo di vita del ministero Bruno Chimirri e Gaspare Finali).
[67] ASBI, Carte Stringher, Filippo Brandolini a Stringher, 22 novembre 1900.
[68] In apertura di seduta si diede lettura di una nota del ministro del Tesoro Rubini (governo Saracco) che comunicava l'approvazione della nomina del suo ex sottosegretario, ovviamente concordata in precedenza e voluta dallo stesso governo (ASBI, Verbali del Consiglio superiore, 3 dicembre 1900, p. 885).

deferenza per il nuovo direttore, inusuale anche per un organismo non parco di lodi, più o meno sincere, verso i propri membri. Non aveva sbagliato di molto l'amico Brandolini a parlare dell'arrivo di un messia. Nel ringraziamento di rito Stringher riassunse brevemente le convinzioni che era venuto formandosi in anni di lavoro al Tesoro e di attenzione per tutte le vicende economiche del Paese. «Per me – disse – fra Banca e Stato non può essere dissidio. Comune deve essere l'intento di migliorare le condizioni dell'attività nazionale e di migliorarne le sorti. Ma comunanza di intenti non significa menomamente rinunzia alla piena autonomia nell'esercizio del credito entro i confini segnati dalle leggi e dagli statuti». Aggiunse che si sarebbe sforzato di «tutelare le ragioni dei nostri azionisti, avendo sempre rivolto lo sguardo all'interesse generale della economia italiana»[69]. Non poteva mandare un messaggio più chiaro: il tempo della contrapposizione tra azionisti e governo era finito. Se tensioni si fossero nuovamente verificate, il direttore non voleva lasciare dubbi sin dal primo giorno su quale parte egli avrebbe preso.

4. *Liquidazione del passato*

Era chiaro sia a Marchiori sia a Stringher che le circostanze che avevano dato vita alla Banca d'Italia ne avevano caricato il bilancio di immobilizzazioni e crediti difficilmente recuperabili e che ciò costituiva un vincolo pesante all'operatività del nuovo Istituto sia nel campo monetario, sia in quello creditizio. L'ingessatura del bilancio condizionava la manovra del tasso di sconto, obbligava ad accantonamenti che riducevano tanto la capacità di credito quanto gli utili per gli azionisti, contribuendo alle tensioni degli anni di Marchiori; ne risultavano ridimensionate l'elasticità dell'offerta di moneta e le possibili dimensioni di operazioni di credito di ultima istanza che, l'esperienza mostrava, potevano rendersi improvvisamente necessarie. La riduzione progressiva degli immobilizzi, seguendo e possibilmente anticipando le scadenze

---

[69] Ivi, pp. 881-882.

stabilite dalla legge e dalle convenzioni, rivestiva, dunque, la massima priorità, anche dal punto di vista della reputazione, fondamentale per la principale banca di emissione del Paese[70].

L'ispezione governativa del 1894 aveva valutato in 449 milioni le immobilizzazioni della Banca d'Italia, un ammontare pari al 54% dell'attivo, che saliva al 66% considerando il conto per la liquidazione della Banca Romana. Quasi i due terzi delle immobilizzazioni facevano capo a una decina di società o persone (Confalonieri 1975, p. 103). Il Consiglio superiore giudicò inizialmente troppo elevata la stima della commissione Finali, perché non avrebbe adeguatamente considerato la qualità dei crediti, ma anni dopo riconobbe che essa «non aveva dato il valore a tutte le operazioni aventi carattere di immobilità allora esistenti»[71]. La cifra complessiva, considerando alcuni aumenti degli anni successivi, fu di 520 milioni. Nel 1894, dopo l'ispezione, la Banca cercò di fare maggiore chiarezza sulla contabilizzazione delle partite incagliate (oggi si userebbe l'acronimo NPL, *Non Performing Loans*): ben 137 milioni sui 234 di immobilizzazioni in portafoglio furono classificati come impieghi diretti, trattandosi di cambiali garantite da ipoteca o di partite assunte in forza dalle convenzioni stipulate col governo[72]. D'altro canto, il governo fece contabilizzare tra le immobilizzazioni anche partite che tali non erano e furono regolarmente incassate a scadenza, rendendo più facile il processo di liquidazione dei primi anni: 52 milioni furono liquidati già prima del 31 dicembre 1894.

Con la legge del 1895[73], della quale si è già detto, fu allungata la finestra temporale per lo smobilizzo, stabilendo che le immobilizzazioni dovessero diminuire del 20% ogni 3 anni[74]. Ai fini dello smobilizzo, la Banca era obbligata a fare

---

[70] Maggiorino Ferraris aveva descritto la Banca d'Italia sulla «Nuova Antologia» come «un nuovo aborto economico e monetario [a cui si sarebbero legate] le sorti del paese per vent'anni» (Confalonieri 1975, p. 81).

[71] Banca d'Italia, *Adunanza generale ordinaria degli azionisti*, Roma 1909, p. 37.

[72] Ministero del Tesoro (1895), «Bollettino mensile», Appendice 1, nn. 1-6 (1 semestre 1895), Bertero, Roma. La ripartizione tuttavia appare diversa da quella presentata nella Relazione per il 1901, p. 20.

[73] Legge 8 agosto 1895, n. 486, che recepiva la convenzione tra Tesoro e Banca d'Italia del 30 ottobre 1894 (approvata con regio decreto del 10 dicembre 1894).

[74] Marchiori affermò che un allungamento dei tempi era necessario per evi-

forti accantonamenti[75]. Pur rispettando questi obiettivi la Banca riuscì a «legittimamente e legalmente distribuire utili agli azionisti»[76], che però non superarono le 40 lire per azione.

Merito di Marchiori, che come si è visto dovette affrontare i malumori opposti di azionisti e governo, fu una prima drastica riduzione delle «partite non consentite» dalla legge istitutiva dell'agosto 1893. In cinque anni gli immobilizzi si ridussero a 250 milioni. Fu di qualche aiuto la migliorata congiuntura, ma la cura fu ugualmente drastica e penosa: oltre alle somme incassate attraverso la cancellazione di debiti cambiari e di conto corrente e le trasformazioni di titoli comunali e provinciali, si ricorse anche a due svalutazioni del capitale sociale per un totale di 60 milioni, pari al 20% del totale[77].

In questa fase, lo smobilizzo riguardò solo in modo marginale il patrimonio immobiliare, perché le condizioni del mercato non erano ancora ritenute adeguate per procedere a vendite consistenti. Tra il 1899 e il 1900 il volume delle immobilizzazioni si ridusse di soli 5 milioni ma si iniziarono

---

tare che gli speculatori ne approfittassero «facendo affidamento sulla imperiosa necessità [...] di liquidare le operazioni in un tempo troppo ristretto» (*Assemblea generale degli azionisti*, Roma 1896, p. 28).

[75] 4 milioni nel 1894, 5 nel 1895, 6 dal 1896 al 1903 (tale accantonamento in realtà proseguì fino al 1908). Inoltre, per la liquidazione delle partite della Banca Romana, per vent'anni la Banca d'Italia avrebbe dovuto accantonare ogni anno 2 milioni (all'art. 1 la convenzione stabiliva che «La liquidazione della Banca Romana [...] sarà assunta dalla Banca d'Italia a suo rischio e pericolo, liberando essa lo Stato dalle perdite che potessero derivare da tale liquidazione»).

[76] Relazione per l'anno 1895, p. 27.

[77] Nel 1893, il capitale versato di Banca Nazionale nel Regno, Banca Nazionale Toscana e Banca Toscana di Credito ammontava a 176 milioni: la legge impose di innalzarlo a 210 milioni, portando quello nominale a 300 milioni di lire, diviso in 300.000 azioni da 1.000 lire di valore nominale e 700 versate. Nel 1894 ci fu una prima svalutazione, che fece scendere a 900 lire il valore nominale di ogni azione. Una seconda svalutazione ebbe luogo nel 1896, quando si utilizzarono 30 milioni di capitale in riduzione delle perdite presenti nelle immobilizzazioni: il capitale nominale scese a 240 milioni e quello versato a 180 milioni (800 lire per azione al valore nominale, 600 versate). Questa fu la ripartizione dei 274,5 milioni mobilizzati tra il 1894 e il 1900:
- 56,8 da incasso di valori cambiari
- 36,6 da titoli venduti
- 19,4 da vendita di immobili
- 96,4 da incassi di crediti vari
- 60 con le svalutazioni
- 5,3 con mutuo con l'Istituto di Credito Fondiario.

a porre le basi per un intervento decisivo. L'interesse del Comune di Roma al rilancio dello sviluppo di quartieri quali Porta Pia, Salario, Ghetto, Gianicolo, Esedra, dove si trovava la maggior parte del vasto patrimonio immobiliare della Banca, coincideva con quello della Banca stessa di valorizzare i propri immobili. Nel 1898, la collaborazione tra Banca d'Italia e Comune per interventi di risanamento urbano fu sancita da una convenzione che, nel tempo, contribuì al miglioramento della qualità abitativa e all'aumento dei prezzi degli immobili permettendo a Stringher di accelerare la loro dismissione.

Dal 1902, con l'aumento del valore dei titoli pubblici, gli impieghi immobiliari guadagnarono nuovamente l'interesse degli investitori e la Banca d'Italia era pronta a vendere. Per la dismissione delle proprietà immobiliari Stringher adottò una nuova strategia. Sino ad allora, la vendita di immobili era risultata poco remunerativa poiché i compratori, sapendo che la Banca d'Italia doveva rispettare ogni tre anni gli impegni di smobilizzo presi con il governo per fruire di generosi sgravi fiscali, aspettavano la scadenza del triennio per acquistare a prezzo più basso (Confalonieri 1975, p. 123). Stringher pensò dunque di cedere gli immobili a una società *ad hoc*, promuovendo la costituzione, nel 1904, dell'Istituto Romano di Beni Stabili. La sottoscrizione del capitale, principalmente da parte degli stessi azionisti della Banca d'Italia, fu un successo. All'istituto furono ceduti interi blocchi di immobili e successivamente anche i crediti della Banca verso l'Impresa dell'Esquilino in liquidazione[78]. Nel complesso, le vendite dal 1901 al 1908 fruttarono ben 116 milioni. Di questi, 82,5 servirono per lo smobilizzo, gli altri furono assorbiti dai mutui gravanti sulle proprietà vendute.

Ci vollero quindici anni, 60 milioni di svalutazioni e più di 100 milioni di utili accantonati a fronte delle perdite per ristabilire l'ordine nei conti della Banca d'Italia. Nel complesso, la neonata Banca dimostrò inaspettata tenacia nell'opera di risanamento del proprio bilancio, aiutata sia dal miglioramento della congiuntura e del mercato immobiliare, sia dagli incen-

---

[78] I dettagli possono esser trovati nella nota 1 a p. 43 della Relazione per il 1908, dove viene riassunta la storia del processo di smobilizzo.

tivi dello Stato. Oltre agli sgravi fiscali sulla compravendita degli immobili (legge 8 agosto 1895), il governo si impegnò a diminuire gradualmente la tassa di circolazione secondo scaglioni parametrati al livello di immobilizzazioni, accettando una notevole diminuzione dei proventi complessivi dello Stato provenienti dall'attività della Banca[79]. Se gli azionisti sopportarono forti perdite sia in conto capitale, sia nella riduzione della cedola, non va sottovalutato il costo che tutta l'operazione ebbe anche per il contribuente italiano.

Nel 1909, Stringher poté dichiarare chiuso il processo di liquidazione della pesante eredità della crisi *sub-prime* del 1888-1894. «Incomincia – scrisse – un'era novella per il nostro istituto, liberato da vincoli che poterono essere considerati molesti, ma che contribuirono prima alla sua salvezza, poscia alla sua ricostruzione organica, e in fine alla presente sua posizione finanziaria e morale rispetto allo Stato e al paese, i quali ormai si volgono a esso con simpatia e con fiducia»[80].

5. *La politica monetaria*

Si cercherebbero invano nel lessico politico ed economico di fine Ottocento le parole «politica monetaria» nell'uso che divenne progressivamente corrente dopo la Prima guerra mondiale. Né si troverebbero riferimenti a una «banca centrale», come definita negli anni Venti da Lord Norman, governatore della Banca d'Inghilterra. Si trovano, invece, sia nei documenti del Tesoro e della Banca d'Italia, sia nella letteratura economica e nella pubblicistica, richiami a una «sana circolazione» o alla necessità di «risanarla». Da questo concetto bisogna, dunque, partire per tradurre, per quanto possibile, il linguaggio e la pratica del tempo nell'idea che oggi abbiamo di politica monetaria.

---

[79] Al di là dell'aliquota, anche la riduzione della circolazione voluta per legge ha avuto impatto sull'ammontare della tassa corrisposta. Dal 1909 la tassa sulla circolazione raggiunse lo 0,10% e iniziò la partecipazione dello Stato agli utili (anche se già dal 1906 c'erano stati dei trasferimenti compensativi, che anticipavano tale partecipazione; cfr. Relazione per il 1908, p. 13).

[80] Banca d'Italia, *Adunanza generale ordinaria degli azionisti*, Roma 1909, p. 53.

La legge bancaria del 1893, modellata su quelle precedenti, non dava alla Banca d'Italia una «missione» per il governo della moneta come quella che si trova nelle leggi e negli statuti di molte moderne banche centrali. Chi la volesse cercare dovrebbe ricavarla in negativo dai vincoli posti dalla legge alla circolazione delle banconote degli istituti di emissione che, alla fine di un periodo transitorio[81], non avrebbe potuto essere superiore a 2 volte e mezzo la riserva metallica. La Banca d'Italia avrebbe, comunque, dovuto ridurre per quattordici anni le proprie banconote in mano al pubblico entro il limite massimo di 630 milioni[82]. Si noti che un limite massimo alla circolazione non era coerente con le «regole del gioco» del *gold standard*. Questi vincoli, soprattutto quello quantitativo, furono con il passare del tempo considerati troppo stringenti dalla Banca d'Italia che chiese «la necessaria flessibilità per adattarsi alle condizioni del mercato» (Canovai 1911, p. 178). Nel 1907, il ministro Carcano si fece interprete di questa esigenza facendo approvare al Parlamento una legge (29 dicembre 1907, n. 799) che alzava da 630 a 660 milioni il limite massimo della circolazione concesso alla Banca d'Italia. Non era gran cosa.

La «missione» implicita della politica monetaria era dunque quella di mantenere entro binari e limiti precisi l'offerta di moneta in senso stretto, evitando i passati sforamenti di tali limiti, incoraggiati o richiesti spesso dallo stesso governo, e provvedendo gradatamente al «risanamento» della circolazione. La moneta «sana» – alla quale facevano riferimento la pubblicistica, gli esponenti politici e gli stessi documenti degli istituti di emissione – era peraltro definita tautologicamente come quella che riposava su una riserva metallica di almeno il 40% e non superava limiti quantitativi preassegnati. Dati questi vincoli, l'obiettivo della «politica monetaria» non era solo implicitamente la stabilità dei prezzi (contenere l'inflazione entro valori desiderati), ma quello della stabilità del tasso di cambio. Malgrado non fosse mai stata rimossa la «sospensione» del *gold standard*, cioè dell'obbligo di conversione dei biglietti

---

[81] Era, come si è visto, prevista una deroga per i primi quattro anni.
[82] Il che comportava una riduzione del 21% rispetto al valore del 1893.

4 – Costruzione di una banca centrale

di banca in oro[83], l'obiettivo perseguito dalla Banca d'Italia fu in questi anni quello di tenere il valore di mercato della lira in prossimità della parità aurea legale della lira[84], cioè del controvalore in oro che si sarebbe ottenuto qualora la carta fosse stata convertibile. Ciò significava mantenere il cambio della lira rispetto alle monete convertibili in prossimità di tale valore[85]. La teoria monetaria prevalente riteneva che la stabilità del cambio avrebbe consentito di ottenere simultaneamente non solo la stabilità dei prezzi interni, ma anche, proposizione più controversa, la stabilità del sistema bancario, impedendo un'eccessiva creazione di credito e, pertanto, dissesti bancari sistemici.

Quanto allo strumento per raggiungere l'obiettivo della stabilità del cambio, la dottrina prevalente, derivante dalla prassi consolidata della Banca d'Inghilterra, lo indicava nella manovra del tasso di sconto: verso l'alto quando il cambio si svalutava, verso il basso quando si apprezzava. Gli istituti di emissione italiani disponevano di due tassi ai quali poter scontare le cambiali commerciali presentate soprattutto, ma non solo, da altri istituti di credito: quello ufficiale e quello ridotto. Il tasso di sconto ufficiale era stabilito con decreto del ministro del Tesoro, su proposta delle banche di emissione ed era uguale per tutte. Accanto a questo vi era un tasso cosiddetto ridotto, o di favore, applicabile ai clienti più solidi. Anche il limite minimo di questo era stabilito dal Tesoro ma, entro questo limite, le banche erano libere di muoversi come ritenevano più opportuno. Il tasso di sconto ufficiale fu variato solo raramente, restò stabile al 5% dal 1897 al 1906 (fig. 4.1). L'effettivo strumento di «politica monetaria» era

---

[83] Tecnicamente, la Banca restava obbligata a convertire le banconote da essa emesse, ma poteva farlo, a propria scelta, in metallo o in biglietti di Stato ed erano questi a essere inconvertibili in oro.

[84] La lira valeva 0,290322581 grammi di oro fino 900, uguale a quello dei franchi francese, svizzero e belga. Il contenuto aureo della sterlina era di 7,32 grammi, il cambio con i franchi e la lira era di 1 a 25. 1 dollaro equivaleva a 1,50476 grammi d'oro, il marco tedesco 0,358423 grammi d'oro.

[85] Nel sistema detto «tallone aureo» (*gold standard*) il cambio fluttuava attorno a un valore centrale, definito dal contenuto aureo di ciascuna valuta, in un intervallo delimitato dai cosiddetti «punti dell'oro», definiti dal costo (trasporto e assicurazione) di importazione ed esportazione dell'oro da un paese all'altro.

```
6,00
5,80
5,60
5,40
5,20
5,00
4,80
4,60
4,40
4,20
4,00
     1897 1898 1899 1900 1901 1902 1903 1904 1905 1906 1907 1908 1909 1910 1911 1912 1913
```

------- Tasso medio ponderato ——— Tasso ufficiale al 31 dic.

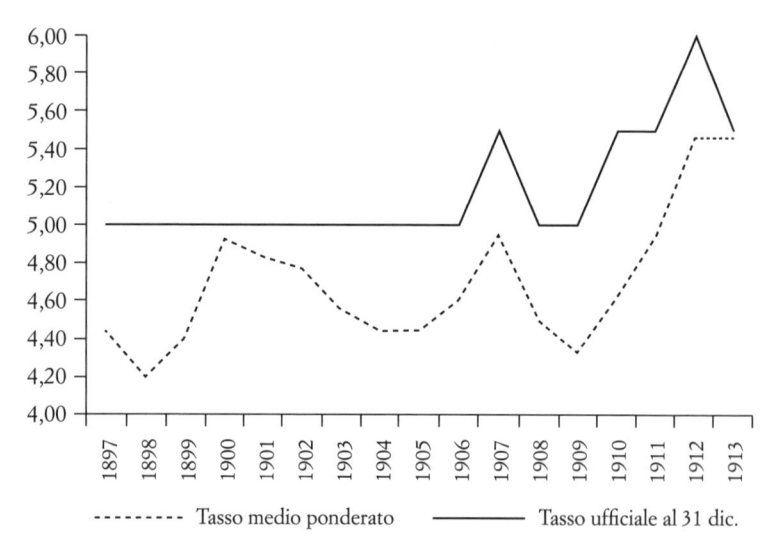

Fig. 4.1. Tasso di sconto.
Nota: Il tasso medio ponderato considera le operazioni effettuate a tasso ridotto.
Fonte: Tamagna (1960) e Confalonieri (1967).

dunque il tasso ridotto che gli istituti di emissione applicavano discrezionalmente. Contrariamente a quanto avveniva in Inghilterra, però, il risconto di cambiali presso la Banca d'Italia non era una prassi generalizzata, tale da creare un vasto ed efficiente mercato. Da un lato, le banche preferivano spesso le aperture di credito in conto corrente con gli istituti di emissione invece del classico strumento cambiario, d'altro lato la posizione ambigua della Banca d'Italia, contemporaneamente «regolatore del credito» e concorrente diretto delle banche sul mercato, rendeva queste ultime riluttanti, per quanto possibile, a ricorrere al risconto. Torneremo su questo punto parlando dei rapporti tra Banca d'Italia e sistema bancario, qui serve solo notare che la variazione dello sconto (ridotto) non era sufficiente a raggiungere gli obiettivi di regolazione del credito e dell'offerta di moneta e la Banca adottò altri strumenti, soprattutto «razionando» le anticipazioni in conto corrente, applicando di volta in volta criteri di maggiore o minore severità nella selezione della clientela. Quanto all'altra importante componente dell'offerta di moneta, i depositi a

4 – Costruzione di una banca centrale

vista presso la Banca d'Italia, essa si ridusse da 1,4 miliardi di lire nel 1894 a meno di 600 milioni alla fine del 1906 e, dopo un modesto aumento nell'anno successivo, si mantenne su quel livello sino al 1913 (Caron, Di Cosmo, Scartaccini 1993). Questo andamento, sul quale torneremo, sembra indicare una progressiva percezione della Banca d'Italia da parte del pubblico come «banca delle banche» piuttosto che come concorrente degli altri istituti di credito che però continuarono invece a vederla in quella luce.

Tra le 113 opere di Stringher censite nella bibliografia compilata dal figlio Bonaldo Junior[86] sono poche quelle dedicate esplicitamente alla politica monetaria[87]. I suoi lavori spaziano dalle tariffe doganali allo zucchero, dall'economia della Gran Bretagna agli scambi commerciali italiani, dalla metodologia statistica alla finanza pubblica. Non manca un interesse, seppure minoritario rispetto agli altri, per le questioni bancarie e per la stessa circolazione dei biglietti di banca, trattate soprattutto dal punto di vista istituzionale, dando per scontato l'assioma di cui abbiamo detto. Quella che oggi chiamiamo politica monetaria ha come obiettivo una circolazione «sana», di dimensione «adeguata» alle «esigenze del commercio», obiettivo che si raggiunge con la convertibilità, di fatto o di diritto, della carta moneta in metallo[88]. La stessa impostazione si trova nel lavoro mandato al Congresso degli Stati Uniti da Tito Canovai (1911), responsabile del Gabinetto del direttore generale, che conteneva un'area «studi» (Tuccimei 2005), e dal 1914 vicedirettore generale. Pertanto, per comprendere gli orientamenti e le giustificazioni della politica monetaria della Banca d'Italia negli anni che precedono la Grande Guerra, le fonti più utili, seppure anch'esse assai scarne, sono le relazioni lette ogni anno dal direttore all'Assemblea ordinaria degli azionisti.

---

[86] Elenco degli scritti di Bonaldo Stringher, a cura di Bonaldo Stringher jr., con la collaborazione di Franco Bonelli e Livia Cannizzaro, ASBI, Carte Stringher, Cartone 53.
[87] Alcuni saggi giovanili sul corso forzoso e quattro lavori sulla circolazione e il «risanamento monetario» negli anni Venti del Novecento.
[88] Uno dei lavori più interessanti a questo proposito, pubblicato in occasione dell'abolizione del corso forzoso, contiene un'articolata e prudente critica al sistema monetario bimetallico (Stringher 1893).

Confalonieri (1975, vol. 3, p. 143) sostiene che la politica dei tassi di sconto «speciali», i soli ad «avere qualche significato ai fini della manovra monetaria», fosse dettata, «come nella vecchia Banca Nazionale, da preoccupazioni di ordine aziendale». Benché la Banca sostenesse di muoversi a vantaggio sia proprio sia del pubblico, in realtà cercava di spingere il più possibile gli impieghi di portafoglio fino ai livelli massimi consentiti dalla circolazione. Indipendentemente dalle motivazioni soggettive della direzione e del Consiglio superiore, bisogna chiedersi se questa politica «aziendale», perseguita soprattutto negli anni di fine secolo, fosse contraria all'interesse collettivo. La Banca si era data come obiettivo, peraltro dettato dalla stessa legge istitutiva, la progressiva liquidazione degli immobilizzi di bilancio. La massimizzazione degli utili, che consentiva la formazione di riserve liquide, era funzionale a questo fine che peraltro rispondeva contemporaneamente alle esigenze «aziendali» e all'interesse pubblico, che consisteva nel dare al Paese una banca di emissione con un bilancio costituito in larghissima parte da attività a scadenza breve, «autoliquidantesi» come allora si diceva, a fronte di un passivo composto in larga misura da banconote, liquide per definizione. A contenere la tentazione di un'eccessiva espansione del credito stavano i limiti posti alla circolazione che, contrariamente a quanto era avvenuto prima del 1893, furono normalmente rispettati anche perché il governo da un lato vigilò con maggiore attenzione e, dall'altro, fu molto più cauto nel fare pressioni per ottenere dalla Banca interventi di natura «sociale».

A mano a mano che le immobilizzazioni di bilancio venivano liquidate si fece sentire il vincolo posto dalla progressiva riduzione, prevista dalla legge, dei limiti massimi posti alla circolazione. Nel 1901 Stringher mise in evidenza «le difficoltà nelle quali devono muoversi gli istituti di emissione in presenza dei crescenti bisogni del paese e rimpetto alle riduzioni annuali di quei limiti», ma concluse che «sovra ogni altra cosa, debbasi guardare al miglioramento della circolazione»[89].

---

[89] Banca d'Italia, *Adunanza generale ordinaria degli azionisti*, Roma, 1901, p. 12. Più sotto: «La vostra Amministrazione intende di governare la sua circolazione in modo da contenerla entro il limite normale, ritenendo che debba farsi uso moderato degli aumenti legali oltre quel limite, e semplicemente nei

Fratianni e Spinelli (1997, p. 99) individuano l'emergere, all'inizio del secolo, di un «modello» di politica monetaria consistente nel sostenere la produzione interna «aggiustando lo *stock* di moneta in circolazione sia al limite legale sia alla quantità di riserve». Questo schema, se coerentemente perseguito, sarebbe stato compatibile con l'obiettivo di massimizzazione dei profitti, conciliando in tal modo – si può aggiungere – la natura privatistica della Banca con il suo ruolo pubblico. È una razionalizzazione troppo schematica del governo della moneta nei primi anni del Novecento. I due studiosi rilevano, a ragione, che la Banca «comprese rapidamente il vincolo esterno alla propria politica» (*ibid.*) messo in evidenza anche dallo spazio dedicato nelle relazioni annuali all'analisi dei principali avvenimenti politici ed economici internazionali e al loro risvolto sull'andamento dei mercati. Sottovalutano però il fatto che fu soprattutto il limite legale, oltre il quale la circolazione doveva essere interamente coperta da riserva, a contenere l'aumento della circolazione, mentre la Banca perseguì una strategia di accumulazione di riserve metalliche e valutarie. Se il rapporto tra quella che gli economisti definiscono base monetaria in senso stretto (circolazione più depositi a vista delle banche) si mantenne costante rispetto al PIL, adeguando l'offerta di moneta alla domanda, ciò si deve alla dinamica dei depositi in conto corrente presso le banche, che raddoppiarono tra il 1900 e il 1906, mentre la circolazione crebbe solo del 16%. Se poi nell'offerta di moneta (M2) si includono anche i depositi vincolati, di dimensione assai maggiore di quelli a vista, allora l'offerta di moneta crebbe costantemente nel periodo considerato.

La teoria monetaria del tempo guardava soprattutto alla circolazione ed è questa la variabile di politica considerata dalla Banca. Vi era però anche un'attenzione alla quantità complessiva del credito esistente nel sistema e la consapevolezza che essa era legata indirettamente all'ammontare dei biglietti di banca emessi. Era però, come si è visto, di decisiva importanza la qualità sia della circolazione sia del credito. Per entrambe

---

casi di straordinari bisogni. Così soltanto la circolazione dei biglietti della Banca d'Italia potrà conservare elasticità» (ivi, p. 14).

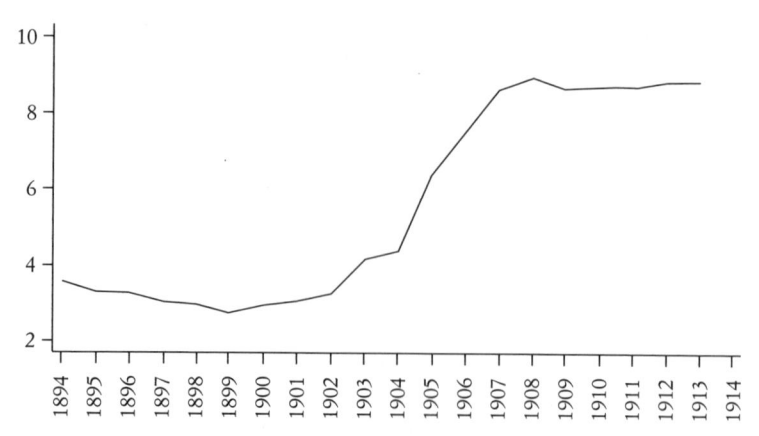

Fig. 4.2. Riserva metallica (miliardi di lire).
Fonte: Caron, Di Cosmo, Scartaccini (1993).

queste variabili contava la liquidità: la moneta considerata «sana» era quella a fronte della quale stavano beni liquidi (oro, valute convertibili, buoni ordinari del Tesoro), mentre il credito di qualità era quello a breve termine e sostenuto da garanzie reali di pronta esecuzione.

Cerchiamo ora di seguire brevemente la politica monetaria della Banca nei primi anni del Novecento. La Banca si mosse tra due obiettivi: non fare mancare mezzi di pagamento e credito a un'economia che realizzava finalmente una crescita robusta e accrescere il volume delle riserve auree e valutarie. Il tasso di cambio della lira, o il prezzo dei titoli sovrani italiani a lungo termine alla Borsa di Parigi, costituivano gli obiettivi intermedi della politica monetaria[90]. Le due variabili erano strettamente connesse: nel 1901, rilevando che erano salite le quotazioni della Rendita italiana alla Borsa di Parigi, Stringher ne attribuì la causa al miglioramento delle condizioni economiche e finanziarie dell'Italia che era «proceduto di conserva con la soddisfacente soluzione di questioni politiche. Questi fatti, in concorso costante con il miglioramento della circolazione

---

[90] Il cambio della lira con il franco francese, che nel 1894 era svalutato del 12%, migliorò progressivamente sino a raggiungere la parità nel 1902, per mantenerla sostanzialmente fino al 1913 (dopo il 1908 si mantenne attorno a quota 1,01).

bancaria, agirono efficacemente sulla discesa del cambio che solo un contrario elemento psicologico poteva, prima d'ora, tenere a non giustificata altezza»[91]. Nel complesso, Stringher prestò crescente attenzione alle

> condizioni del mercato internazionale [che] esercitano un influsso diretto e immediato su quello italiano, con inevitabile ripercussione sul movimento delle operazioni della Banca. La qual cosa conferma che oggidì il nostro paese, non più isolato dagli altri, risente più viva l'azione delle correnti monetarie internazionali e attesta che la Banca d'Italia, risanata, esercita nel mercato italiano la funzione che le spetta[92].

In questo quadro, almeno fino al 1907, la politica monetaria della Banca seguì uno schema costante. Nelle fasi di espansione della domanda, l'aumento del disavanzo della bilancia commerciale, strutturalmente deficitaria, tendeva a essere compensato, mitigando il vincolo esterno, dai flussi valutari in entrata dovuti in gran parte alle rimesse degli emigranti, ma anche al progressivo ridursi, nella percezione dei mercati, del «rischio Italia», che era stato invece responsabile, negli anni Novanta, del deflusso di capitali che aveva innescato e reso tanto severa la crisi. Tuttavia, nelle fasi di maggiore espansione ciclica, il flusso dei capitali in entrata non era sufficiente a compensare il forte aumento delle importazioni e la conseguente uscita netta di oro e valute. In queste fasi la Banca privilegiava l'obiettivo di difesa delle riserve alzando il tasso di interesse di favore o riducendo il volume delle operazioni alle quali era applicato[93]. Quando, invece, la domanda aggregata cresceva meno rapidamente producendo un avanzo nella bilancia valutaria, la Banca tendeva a fornire maggiore liquidità al sistema (Fratianni, Spinelli 1997, p. 100). Nel complesso, si trattava di un comportamento anticiclico quale era postulato dal modello teorico del *gold standard*, pur

---

[91] Banca d'Italia, *Adunanza generale ordinaria degli azionisti*, Roma 1902, pp. 6 e 9.
[92] Banca d'Italia, *Adunanza generale ordinaria degli azionisti*, Roma 1906, p. 7.
[93] Per esempio, nella relazione relativa al 1903 si legge: «La Banca, decisa a non favorire indirettamente il movimento espansionista, si è astenuta deliberatamente dal consentire operazioni al saggio minimo autorizzato del 3,5%» (Banca d'Italia, *Adunanza generale ordinaria degli azionisti*, Roma 1904, p. 20).

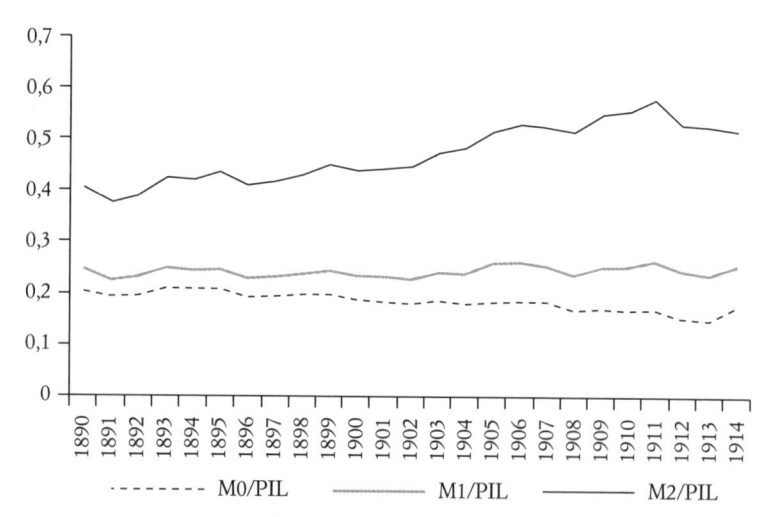

Fig. 4.3. Aggregati monetari.
Fonte: Barbiellini Amidei *et al.* (2016).

essendo la lira ufficialmente non convertibile. Vi era tuttavia una differenza rispetto alla teoria: la Banca non si limitava a mantenere costante il livello delle proprie riserve ma sfruttava la fiducia dei mercati nell'Italia, in un quadro di intensa mobilità internazionale dei capitali, per accrescere le riserve stesse (fig. 4.3).

Questa politica di costante, seppure lento, aumento delle riserve, accompagnata dalla moderazione fiscale, aveva, in sé, un'intonazione blandamente deflattiva. Questa era però contrastata anzitutto dall'«allargamento delle circolazione cartacea interamente coperta da specie metalliche e perciò indipendente dal limite normale della circolazione»[94] per accomodare, come allora si diceva, «l'esigenze del commercio» non facendo mancare i mezzi di pagamento a un'economia finalmente in espansione, anche a costo di qualche sacrificio «aziendale» per la Banca d'Italia[95]. Soprattutto, l'offerta di

---

[94] Banca d'Italia, *Adunanza generale ordinaria degli azionisti*, Roma 1903, p. 13.
[95] La circolazione totalmente coperta da riserva costava alla Banca assai più di quella coperta solo per una frazione. Sull'impegno della Banca d'Italia a fornire sempre al mercato i mezzi di pagamento richiesti insiste particolarmente Confalonieri (1975, pp. 146 ss.).

TAB. 4.1. *L'offerta di moneta, 1895-1913 (dati in migliaia di euro)*

	Circolazione/ circolante	Altre voci	M0	Depositi bancari a vista e in c/c	C/c postali	M1	Depositi a risparmio/ depositi con durata prestabilita	Altri depositi postali e bancari/depositi rimborsabili con preavviso	M2
1895	1.220,4	63,2	1.283,6	245,8	0,0	1.529,4	914	236	2.678,5
1896	1.196,4	66,6	1.263,0	242,7	0,0	1.505,7	914	243	2.662,6
1897	1.236,0	73,5	1.309,5	238,6	0,0	1.548,1	955	272	2.775,2
1898	1.233,6	84,0	1.317,6	256,2	0,0	1.573,7	994	289	2.856,6
1899	1.265,7	83,2	1.348,9	304,2	0,0	1.653,1	1.061	319	3.032,5
1900	1.249,4	80,3	1.329,7	321,2	0,0	1.650,9	1.084	346	3.081,
1901	1.249,1	83,7	1.332,9	349,6	0,0	1.682,5	1.139	365	3.186,4
1902	1.264,6	80,2	1.344,8	345,5	0,0	1.690,3	1.194	398	3.281,5
1903	1.294,2	85,6	1.379,9	407,0	0,0	1.786,8	1.279	441	3.506,6
1904	1.308,7	93,3	1.402,0	453,4	0,0	1.855,4	1.375	498	3.728,6
1905	1.342,9	100,4	1.443,3	571,2	0,0	2.014,5	1.456	542	4.012,6
1906	1.440,6	96,0	1.536,6	605,8	0,0	2.142,4	1.572	615	4.329,1
1907	1.564,9	111,5	1.676,4	602,2	0,0	2.278,6	1.701	720	4.699,2
1908	1.532,9	110,8	1.643,7	657,4	0,0	2.301,1	1.886	765	4.952,6
1909	1.547,1	106,0	1.653,1	759,7	0,0	2.412,8	2.032	804	5.248,7
1910	1.571,9	118,5	1.690,4	833,0	0,0	2.523,5	2.121	900	5.544,2
1911	1.668,5	129,6	1.798,1	952,3	0,0	2.750,4	2.285	950	5.985,5
1912	1.668,8	118,5	1.787,4	1.034,5	0,0	2.821,8	2.310	990	6.121,5
1913	1.710,2	117,1	1.827,3	1.088,7	0,0	2.916,0	2.411	1.064	6.391,2

Fonte: Barbiellini Amidei *et al.* (2016).

mezzi di pagamento era sostenuta dall'aumento dei depositi bancari a vista e a tempo, che aumentarono assai più rapidamente della circolazione (tab. 4.1) sostenuti anche dalla ritrovata fiducia nelle banche, minata dalla crisi dei primi anni Novanta.

Soprattutto, la coerente politica monetaria perseguita dalla Banca d'Italia e quella, ugualmente coerente, dei governi di diverso colore succedutisi sino al 1914, ridussero progressivamente il «rischio Italia» percepito dai mercati interni ed esteri, favorendo gli investimenti nel Paese. Già nel 1903 Stringher notava che il mercato internazionale aveva mostrato «inclinazione efficace verso i valori» italiani e che «l'elemento finanziario e l'elemento economico, congiunti al progressivo risanamento della circolazione bancaria, determinarono in breve volger di tempo [la rivalutazione del cambio della lira fino a raggiungere la parità aurea], a ciò concorrendo potentemente e con rapida azione l'elemento *psichico*»[96]. L'aumento delle quotazioni della Rendita italiana (il principale titolo irredimibile) trascinava verso il basso i tassi d'interesse con effetti favorevoli sulla domanda di investimenti.

6. *La Banca d'Italia e il sistema bancario*

La formazione di una moderna banca centrale in Italia trovava un limite nell'essere la Banca d'Italia una società per azioni quotata, operante nel settore del credito. La sua politica era, dunque, influenzata sia dal dovere in qualche modo soddisfare gli azionisti con adeguati rendimenti e valutazioni del titolo, sia dal mantenere una presenza concorrenziale sul mercato.

Del rapporto con gli azionisti e delle difficoltà che esso creò a Marchiori si è detto sopra. Stringher affermò gradualmente il prevalere del ruolo pubblico della Banca. Riteneva che «la difesa degli azionisti costitui[sse] la condizione non lo scopo» dell'azione di una banca centrale (Ciocca 1978, p. 196). Agli azionisti fu garantito un lento ma costante apprezzamento del valore del titolo dal minimo storico di

---

[96] Banca d'Italia, *Adunanza generale ordinaria degli azionisti*, Roma 1902, pp. 7-8.

722 lire nel 1896 al massimo di 1.444 lire del 1911[97]. La «parsimoniosa politica dei dividendi» (ivi, p. 184), che pure aumentarono, fu dunque compensata dall'aumento di valore e dalla bassa volatilità delle quotazioni del titolo, dovuti anche al rafforzamento patrimoniale che tale politica produceva, soddisfacendo contemporaneamente all'esigenza «pubblica» di ridare liquidità all'attivo della Banca promuovendo, come si disse, un progressivo risanamento della circolazione. Ciò permise quella lenta eutanasia dell'azionista che accentuò nel tempo il ruolo pubblico della Banca. Dopo il 1900, dunque, la natura di istituto di credito quotato con azionariato privato diffuso non costituì un rilevante ostacolo alla realizzazione della politica monetaria. L'ormai raggiunto «smobilizzo» dell'attivo consentì, come vedremo, nel 1907 alla Banca di giocare un ruolo decisivo nel prevenire il contagio che la crisi della Società Bancaria Italiana avrebbe potuto diffondere al sistema creditizio.

Meno favorevole alla formazione di una moderna banca centrale, che si configura tipicamente quale banca delle banche, era la presenza della Banca d'Italia sul mercato del credito, in concorrenza con gli altri intermediari (De Bonis, Marinelli, Vercelli 2018). Abbiamo visto che le banche di emissione erano state create in Italia alla metà dell'Ottocento come grandi istituti di credito con due obiettivi che si ritenevano allora complementari: la monetizzazione dell'economia attraverso la diffusione della moneta cartacea convertibile e la promozione dello sviluppo. Quest'ultima funzione mise le banche di emissione in concorrenza non solo tra loro, ma anche con quelle commerciali, spingendole alla fine a quell'eccesso di creazione di credito che ebbe come esito la crisi bancaria del 1889-1893 e le conseguenti immobilizzazioni. Nel 1894-1895 il consolidamento delle banche di emissione aveva eliminato la concorrenza tra le banche di emissione, sostituendola con la collaborazione che caratterizzò soprattutto i rapporti tra Banca d'Italia e Banco di Napoli. Negli stessi anni erano nate, sulle ceneri delle due grandi banche di origine francese, la

---

[97] Media annuale del corso secco in lire correnti. Nel 1912-1913 si verificò una lieve flessione, ma il titolo rimase sopra le 1.400 lire.

Banca Commerciale e il Credito Italiano. Soprattutto la prima, con direzione e capitali in prevalenza tedeschi, modellata come banca universale, assunse subito una dimensione tale da assicurarle una posizione di preminenza nel segmento degli istituti di credito costituiti come società per azioni. Tra le casse di risparmio, quella delle Provincie Lombarde, fondata nel 1823, aveva realizzato nel tempo una crescita e una solidità patrimoniale tali da farne di gran lunga il primo di tali istituti e il punto di riferimento per tutto il comparto. Il resto del sistema era costituito da banche popolari e cooperative e da piccoli istituti privati non quotati che oggi diremmo «di nicchia». A inizio secolo, il sistema bancario italiano contava ben 2.166 unità, in gran parte minuscole, un numero quasi doppio rispetto a un decennio prima[98].

Stringher, come si è visto, aveva dell'offerta di moneta l'idea prevalente tra i suoi contemporanei, i quali tendevano a restringerne la definizione alla sola circolazione di banconote e monete metalliche. Tuttavia, «[Stringher] aveva confusamente percepito che, accanto alla circolazione dei biglietti, prendeva sempre maggiore rilievo, ai fini [della politica] monetaria la creazione di "moneta bancaria"» (Confalonieri 1980, vol. 3, p. 456). Se la consapevolezza della rilevanza degli aggregati bancari nell'offerta di moneta si fece strada solo lentamente nella teoria e nella prassi del *central banking* italiano, Stringher aveva però subito «compreso appieno l'importanza essenziale di un sistema di buoni rapporti con le grandi banche» (ivi, pp. 456-457) per dare al sistema creditizio quell'unità di indirizzo alla quale aveva puntato sin dal proprio insediamento dicendo, nella sua prima relazione all'assemblea degli azionisti: «la Banca deve farsi moderatrice dell'organismo finanziario italiano e intende alla colleganza delle varie istituzioni di credito, tenendo presente che le eccessive rivalità e le asperità di una concorrenza tra esse adducono a conseguenze ruinose»[99].

---

[98] Tra queste, 972 banche di credito cooperativo (erano solo 44 nel 1890), 795 banche popolari, 240 casse di risparmio e «solo» 158 banche commerciali.
[99] Banca d'Italia, *Assemblea generale ordinaria degli azionisti*, Roma 1901, p. 46.

4 – Costruzione di una banca centrale

L'esigenza di un sistema di regole e controlli per tutto il sistema bancario[100] si fece sentire in modo embrionale solo con la crisi del 1907 e in modo più forte e preciso con quella del 1914. A inizio secolo si trattava soprattutto di creare forme di coordinamento, ottenibili soprattutto tramite rapporti personali che facessero perno sull'obiettiva comunanza di interessi per il buon andamento del sistema. Ciò si otteneva facilmente quando gli obiettivi aziendali dei grandi istituti coincidevano con quelli generali. Fu questo tipicamente il caso dei consorzi creati per l'assunzione e il collocamento di prestiti o per la realizzazione di operazioni quali le conversioni della Rendita, di cui diremo tra poco. Il coordinamento era, ovviamente, meno facile quando gli interessi di una o più delle grandi banche non erano allineati con quelli della Banca d'Italia, che per parte sua li vedeva come coincidenti con quelli generali. I motivi che, nei primi anni del secolo, rendevano quantomeno complicati i rapporti tra la Banca d'Italia e il sistema bancario erano sostanzialmente due: la concorrenza che la Banca faceva agli altri intermediari e la scarsa efficacia degli strumenti dei quali disponeva via Nazionale per rafforzare la propria capacità di persuasione. A questi se ne aggiungeva un terzo, meno percepibile ai più perché coperto da reciproche attestazioni di deferenza e stima: la sottile rivalità, che emergeva e scompariva come un torrente carsico, tra la Banca d'Italia e la principale banca commerciale del Paese.

La Banca d'Italia, come i due istituti minori, continuava a svolgere, oltre all'emissione di biglietti una «normale attività di intermediazione»: riceveva depositi e «[offriva] credito alle famiglie e alle imprese non finanziarie» oltre che al resto del sistema bancario (Ciocca 1978, p. 186). Ciò faceva della Banca un concorrente degli altri istituti di credito. È ben vero che la legge poneva vincoli sia alla raccolta di depositi sia alla forma tecnica e alla durata dei prestiti, ma essi non erano tali da rendere le operazioni della Banca sul mercato sostanzialmente diverse da quelle effettuate dagli altri intermediari. Tanto più che la Banca d'Italia era insofferente, con

---

[100] A parte le banche di emissione della cui regolamentazione e supervisione da parte del Tesoro abbiamo detto, solo le casse di risparmio erano regolate e vigilate dal ministero dell'Agricoltura, Industria e Commercio.

qualche buona ragione[101], ai vincoli posti alla propria raccolta di depositi in conto corrente e riuscì a farli allentare nel 1907 e liberalizzare due anni dopo (legge 15 luglio 1909, n. 492) (Confalonieri 1982, vol. I, p. 127). Quanto all'erogazione di credito a privati e imprese non finanziarie, si trattava di una componente importante della redditività delle banche di emissione le quali peraltro argomentavano da un lato che i profitti rappresentassero una «delle determinanti principali della loro forza patrimoniale» e pertanto «della fiducia che il pubblico era disposto ad accordare loro; d'altro lato che dalla conservazione di una quota sostanziale del credito bancario complessivo [...] dipendeva la [loro] capacità di influire sui tassi di interesse di mercato e quindi l'efficacia della stessa politica monetaria» (Ciocca 1978, p. 187). Insomma, secondo la Banca d'Italia, il perseguimento del proprio interesse quale società per azioni privata non solo si conciliava con il perseguimento della propria funzione pubblica, ma ne era indispensabile elemento. Erano argomenti usati da altre banche di emissione europee che avevano, all'epoca, buone giustificazioni, data la loro natura giuridica e la struttura dei sistemi bancari, soprattutto continentali. Vi erano però controindicazioni almeno altrettanto robuste. La presenza della Banca d'Italia in un mercato altamente concorrenziale la metteva nella contraddittoria posizione di criticare gli eccessi di concorrenza come pericolosi per la stabilità del sistema – la crisi degli anni Novanta era stata letta in questa chiave – e cercare al tempo stesso di ottenere maggiori strumenti per parteciparvi ad armi pari. Per esempio, quando la Commissione ispettrice del Tesoro mosse alcuni rilievi alle banche di emissione circa la qualità del loro portafoglio, la risposta congiunta fu che esse avevano in qualche modo la necessità di difendersi dalla concorrenza di banche che non dovevano sottostare ai loro stessi vincoli (quali i divieti di aperture di credito mediante conti correnti allo scoperto e di svolgere operazioni di riporto, sulle quali avremo modo di tornare)[102].

---

[101] Richiamava, tra l'altro, il ruolo di tali depositi per la politica monetaria della Banca d'Inghilterra e della Banca di Francia.
[102] Banca d'Italia, *Adunanza generale ordinaria degli azionisti*, Roma 1906, pp. 20-21.

4 – Costruzione di una banca centrale

Ma lo scadere dei requisiti per l'accesso al credito della Banca d'Italia e l'auspicato rilassamento delle norme su conti correnti e riporti avrebbe indebolito quella stessa solidità dell'attivo della Banca che si voleva salvaguardare e accrescere tramite l'aumento di profitti.

L'operare della Banca d'Italia in concorrenza con gli altri istituti di credito contribuiva a un clima di diffidenza di questi ultimi verso la prima che li rendeva poco propensi a condividere con via Nazionale informazioni rilevanti, soprattutto riguardo alla rischiosità del proprio portafoglio e alla qualità dei clienti. In tempi normali ciò spiegava in parte la riluttanza di molte banche a riscontare le proprie cambiali presso la Banca d'Italia. Nella crisi del 1907, e soprattutto in quella del 1914, l'incompletezza delle informazioni sugli intermediari rese più difficile alla Banca l'operare come creditore di ultima istanza e ne ridusse l'autorevolezza nell'esercizio della necessaria opera di persuasione.

Torneremo in questo capitolo sui rapporti della Banca d'Italia con il sistema bancario, soprattutto con i massimi esponenti dello stesso, parlando della conversione della Rendita, della gestione della crisi del 1907 e dei finanziamenti alle grandi imprese. Possiamo intanto delineare alcuni tratti caratteristici, necessariamente ambigui, di questi rapporti.

Servono anzitutto alcune parole sui protagonisti, che incontreremo a più riprese sino alla fine del ventesimo secolo. Abbiamo visto che il posto delle due grandi banche uscite di scena nel 1894 fu preso, in quello stesso anno, dalla Banca Commerciale Italiana e, l'anno dopo, dal Credito Italiano. La prima, fondata con 20 milioni di capitale sottoscritto da banche straniere[103], si sviluppò subito rapidamente coprendo il vuoto lasciato dalla Banca Generale e dal Credito Mobiliare. Negli anni successivi, il capitale della Comit (come venne subito conosciuta negli ambienti finanziari) fu progressivamente ceduto a cittadini italiani (Toniolo 1994) ma il management rimase tedesco sino allo scoppio della Prima guerra mondia-

---

[103] Il 78,8% fu sottoscritto dalle sei principali banche tedesche, il 13% da una banca viennese e il resto da tre istituti svizzeri (Confalonieri 1980, vol. II, p. 32). Una partecipazione trascurabile (0,5%) fu lasciata al conte Vimercati per potergli dare la presidenza della banca.

le. Più faticosa fu la nascita del Credito Italiano dalla Banca di Genova, guidata da Erasmo Piaggio, anch'essa messa in ginocchio dalla crisi dei primi anni Novanta. Capitali freschi vennero da Berlino, Milano e Roma a condizione che i vecchi azionisti accettassero una posizione di estrema minoranza (il capitale fu portato da 5 a 20 milioni) e che la banca si aprisse a una radicale trasformazione fino a modificare la denominazione in Credito Italiano. L'avvio delle operazioni fu più tormentato che nel caso della Banca Commerciale, anche per un lungo tentativo, poi fallito, di fusione con quanto restava della Banca Generale in liquidazione (Confalonieri 1980, vol. II, pp. 35-39). Il Credito Italiano, pur divenendo la seconda società ordinaria di credito del Paese, non raggiunse mai le dimensioni della Commerciale. Nel 1906 aveva un attivo di 343 milioni contro i 633 dell'istituto milanese. Altre due banche meritano di essere ricordate, per motivi diversi: il Banco di Roma e la Società Bancaria Italiana. Il primo, fondato nel 1880, visse inizialmente la vita «stentata di un modesto organismo a carattere locale»: ancora a fine secolo il suo attivo era di soli 10 milioni, un sedicesimo di quello della Banca Commerciale. Legato alla finanza cattolica – dal 1903 ne fu presidente Ernesto Pacelli[104] – a inizio secolo il Banco di Roma iniziò una robusta espansione con acquisizioni e l'apertura di succursali all'estero (Malta, Tripoli, Bengasi, Salonicco, Il Cairo, Alessandria d'Egitto, Barcellona, Tarragona). La quarta banca del Paese, fondata come Società Bancaria Milanese, ebbe a inizio secolo uno sviluppo vertiginoso seguito da una crisi che, come vedremo, rischiò di coinvolgere l'intero sistema. Le restanti 143 società bancarie per azioni, dette «di credito ordinario», avevano complessivamente un valore dell'attivo pari a quello delle prime quattro.

Dagli anni Venti dell'Ottocento si era sviluppata, soprattutto nell'Italia centrosettentrionale, una rete di casse di risparmio (erano 231 nel 1905), il cui attivo di bilancio superava complessivamente, nel 1906, quello delle società bancarie per

---

[104] Civitavecchia 1859-Roma 1925, cugino di Eugenio, il futuro Pio XII. Dopo un impiego nella Banca Nazionale Toscana, fu assunto al Banco di Roma «che sin dalla sua costituzione nel marzo 1880 fu la vera "banca del papa", capace di gestire una buona parte delle finanze vaticane» (Pegrari 2014).

azioni. Il gigante di questo comparto, la Cassa di Risparmio delle Provincie Lombarde, era con i suoi 838 milioni di attivo (il 35% del totale del settore), dopo la Banca d'Italia, il maggiore istituto di credito del Paese. Infine, il sistema bancario italiano era completato da una miriade di banche popolari, ben 768 nel 1905, di piccole dimensioni, capillarmente diffuse, fragili e spesso di durata effimera (Natoli *et al.* 2016). Nel quadro così articolato di un sistema bancario dal 1890 molto cresciuto per numero di istituti, capitalizzazione e valore dell'attivo, l'aspirazione del massimo istituto di emissione era, come abbiamo visto, quella di «garantire l'unicità di indirizzo al mercato monetario» (ivi, vol. III, p. 459), da un lato temperando per quanto possibile un livello di concorrenza ritenuto eccessivo e dall'altro cercando, come si è visto, di ottenere per sé il maggior spazio di manovra possibile proprio per fronteggiare senza mani legate la concorrenza dei maggiori istituti.

Il problema più rilevante per una banca centrale in via di sviluppo era probabilmente la riluttanza delle banche a depositare in via Nazionale le proprie disponibilità liquide. Canovai, vicedirettore della Banca d'Italia, disse alla commissione monetaria statunitense che gli istituti di credito trattenevano presso di sé «la propria scorta monetaria» (Canovai 1911). Era, secondo Confalonieri, un'affermazione eccessiva «in quanto un certo meccanismo di conti interbancari esisteva anche allora» e, si può aggiungere, non avrebbe potuto essere diversamente. Questa testimonianza sta piuttosto «con certezza a indicare la tenuità dei legami, in questo campo, tra il grosso del sistema bancario e il massimo istituto di emissione» (Confalonieri 1980, vol. III, p. 462). Vi erano naturalmente eccezioni, anche cospicue. Una di queste era la Cassa di Risparmio delle Provincie Lombarde che intratteneva un conto corrente attivo con la Banca d'Italia nel quale fluivano a volte somme importanti[105]. Anche per questo motivo, i rapporti tra la maggiore banca d'emissione e la principale cassa di risparmio furono sempre buoni, meno sofferti di quelli con le grandi società bancarie per azioni, in particolare con la Banca Commerciale.

---

[105] Al 31 dicembre 1907, per esempio, il saldo attivo di questo conto era di 13,1 milioni (Confalonieri 1982, vol. I, tab. 29).

Sia Stringher sia Otto Joel[106], il potente direttore e poi amministratore delegato della grande banca milanese che curava i rapporti con Roma, erano convinti della reciproca utilità di un'attiva collaborazione tra i due istituti. Ma interessi sovente divergenti, rappresentati da personalità robuste, competenti, convinte delle proprie ragioni e identificate con il ruolo ricoperto, non rendevano facile il coordinamento di obiettivi e strumenti. I contatti personali, necessariamente frequenti, erano improntati alla migliore cortesia, che richiedeva anche l'interessamento alla vita personale dell'interlocutore, la salute, la famiglia, le vacanze, oltre all'espressione di stima e, soprattutto verso Stringher, di ossequioso rispetto. Ma, come rilevò Cesare Mangili, «i nostri rispettivi ruoli nel mondo degli affari sono essenzialmente diversi», aggiungendo che le banche di emissione tendevano a vedere la crescita dei grandi istituti commerciali «piuttosto che come la migliore garanzia per essi stessi e per il mercato come una minaccia alla loro importanza» (ivi, p. 461). Non erano, si deve aggiungere, idilliaci nemmeno i rapporti tra le grandi banche: la Commerciale e il Credito Italiano ebbero di volta in volta momenti di collaborazione e di forte contrasto (Confalonieri 1975, vol. I, pp. 291 ss.).

Nella tessitura della diplomazia bancaria tra Milano e Roma nel primo quindicennio del secolo, svolse un ruolo di primo piano Cesare Mangili[107], grazie alla conoscenza di prima mano di entrambi gli ambienti, avendo tenuto la presidenza del Consiglio superiore della Banca d'Italia prima di quella del Consiglio di amministrazione della Banca Commerciale. Imprenditore attento alla realtà sociale e politica milanese e nazionale[108], con estesi legami nel mondo degli affari lombardo, nel 1898

---

[106] Danzica 1856-Milano 1916. Entrato nel 1887 nella Banca Generale, vi rimase sino al 1894 quando, con Federico Weil, giocò un ruolo fondamentale nella fondazione della Banca Commerciale della quale divenne direttore centrale e, nel 1908, amministratore delegato. Per una biografia, sino alla fondazione della Banca Commerciale Italiana, cfr. Garruccio (2002).

[107] Milano 1850-1917. Le notizie biografiche che seguono sono tratte da Piluso (2007).

[108] La famiglia Mangili controllava un'importante impresa di spedizioni, la Innocente Mangili & Co., costituita nel 1839, che dal 1865 gestiva anche la navigazione a vapore sui laghi Verbano e Benaco, rilevata dalla Società ferrovie dell'Alta Italia.

Mangili fu eletto nel Consiglio superiore della Banca d'Italia e ne fu presidente dal 1903 al 1905, quando a norma di statuto si dimise dopo la nomina a senatore del regno. Nel 1906, Joel, impegnato ad allargare la rappresentanza italiana nella compagine della Commerciale, lo fece cooptare nel Consiglio di amministrazione del quale divenne presidente l'anno successivo.

Il direttore della Banca d'Italia teneva con il presidente del Consiglio superiore i rapporti piuttosto stretti necessari al buon governo dell'organo e alla rappresentanza esterna dell'Istituto. Si stabilì così tra Stringher e Mangili una cordialità destinata a continuare. Joel, per parte sua, conosceva Stringher ancora prima della creazione della Banca Commerciale[109], ma si trattava della conoscenza formale tipica delle persone che vivono nel medesimo ambiente. Fu Mangili, appena diventato presidente della Banca d'Italia, a favorire una più stretta frequentazione tra Stringher e Joel[110], che permise di instaurare un legame di stima e comprensione che si rivelò importante, insieme alla costante mediazione di Mangili che alla Banca Commerciale giocava un ruolo più attivo di quello di un normale presidente, soprattutto, come vedremo, nel 1907 e nel 1911.

7. *Banca, governo e conversione della Rendita*

Abbiamo visto come, nella conduzione della politica monetaria, Stringher cercasse di armonizzare l'interesse generale con quello degli azionisti e, in caso di conflitto tra i due, di fare pendere la bilancia a favore del primo, pur evitando di ricreare le tensioni che avevano reso difficile la vita al suo predecessore. Fu aiutato sia dal rapido miglioramento della congiuntura economica, che si rifletteva sull'andamento dei

---

[109] Si vedano per esempio le congratulazioni di Joel a Stringher per la nomina a direttore del Tesoro (Joel a Stringher, 22 novembre 1893, Archivio Storico Banca Intesa, Copialettere Joel, vol. II).

[110] «Già a più riprese – scrisse Joel a Mangili – ho passato parecchie ore con l'ottimo amico Comm. Stringher trovandomi – con mia grande soddisfazione – d'accordo con lui su tutti i punti più importanti» (Joel a Mangili, 2 ottobre 1903, Archivio Storico Banca Intesa, Copialettere Joel, vol. V). «Anche Stringher – fu la soddisfatta risposta di Mangili – mi ragguaglia dei colloqui con lei e provo vivo compiacimento nel constatare che loro si affiatano completamente» (Mangili a Joel, 13 novembre 1903, *ibid.*).

conti e sul dividendo, sia dalla fiducia di cui godeva presso l'*establishment* politico ed economico. A poco a poco, la Banca d'Italia acquistò fiducia nel proprio ruolo e quell'autorevolezza che, in altre fasi della sua storia, sarà la maggiore garanzia della propria indipendenza. Si realizzò, nei primi tre lustri del secolo, una lenta, benché parziale, trasformazione della banca di emissione ottocentesca in un istituto prossimo alla moderna banca centrale. Almeno altri tre elementi, oltre alla gestione degli aggregati monetari, erano necessari per realizzare questa trasformazione: stabilire rapporti fiduciari privilegiati con il governo, conquistare un ruolo di guida piuttosto che di concorrente all'interno del sistema bancario e dimostrarsi capace di tutelarne la stabilità quando esso fosse minacciato da crisi potenzialmente sistemiche.

I rapporti tra governo e Banca d'Italia diverranno progressivamente sempre più stretti fino a coprire anche molte aree difficilmente riconducibili all'attività di banca centrale. Già nei tre lustri precedenti la guerra la collaborazione con l'esecutivo, soprattutto Tesoro e presidenza del Consiglio, divenne progressivamente più intensa. L'area nella quale si sviluppò maggiormente fu, accanto a quella tradizionale dell'assistenza nell'emissione di titoli del debito pubblico, quella per l'Italia più innovativa della conversione di vecchi titoli in nuovi a minore tasso di rendimento nominale.

Di che cosa si trattava? L'abbondanza del capitale internazionale liberamente circolante produceva una lenta diminuzione dei tassi di interesse di mercato. Questa tendenza accelerò dopo la fine della guerra civile in America e la pace del 1871 tra la Francia e l'Impero tedesco. La diminuzione dei rischi politici e la diffusione del *gold standard* accrebbero le opportunità degli investimenti internazionali. I governi approfittarono della tendenza al ribasso dei tassi emettendo titoli a rendimento via via inferiore. Tuttavia, una buona parte del debito pubblico consisteva, in molti paesi, in titoli perpetui (detti consolidati) che non prevedevano rimborso, ma solo il pagamento annuale di una rendita. Prototipi di tali titoli erano i *consols*[111] britannici, apprezzati dalle categorie di investitori

---

[111] Abbreviazione originaria di *consolidated annuities* emesse per la prima

più avverse al rischio, interessate a godere del flusso costante di una rendita. Per trarre beneficio dalla diminuzione dei tassi di interesse anche sui titoli di questo tipo, non soggetti a scadenza, i governi di vari paesi congegnarono operazioni di conversione di titoli perpetui in altri, con le medesime caratteristiche, ma fruttanti un interesse minore. Era naturalmente importante che l'operazione fosse del tutto volontaria per non dare nemmeno lontanamente l'impressione di una ristrutturazione del debito che non sarebbe piaciuta ai mercati, avrebbe minato la reputazione dello Stato emittente e, in ultima analisi, frustrato l'obiettivo desiderato della riduzione del peso degli interessi nel bilancio dello Stato. Tipicamente, ai portatori dei titoli perpetui veniva offerta la scelta tra essere rimborsati alla pari o convertire il proprio titolo in una rendita fruttante un interesse inferiore[112].

Le conversioni ottocentesche di titoli di rendita perpetua furono numerose. La più importante, sia per la rilevanza internazionale del mercato di Londra, sia per la quantità di titoli convertiti[113], fu quella del 1888 con la quale Goschen[114], Cancelliere dello Scacchiere del governo Salsbury, riunì le varie classi di titoli perpetui in unico titolo, i *consols* 2,75%, ridotti al 2,5% dal 1903, con l'impegno a non effettuare nuove conversioni fino al 1923 (Harley 1976). Parigi, secondo mercato finanziario del mondo e borsa di riferimento per i titoli di Stato italiani, attuò ben sette conversioni dal 1825; l'ultima, dal 3,5 al 3,0%, avvenne nel 1902[115] (Vaslin 2007) e non ebbe tutto il successo sperato (Visco 1990).

Dopo quella Goschen del 1888, la conversione del 1906

---

volta dalla Banca d'Inghilterra nel 1751. Nel gergo finanziario corrente nell'Ottocento significavano «debito perpetuo consolidato» che lasciava al governo l'opzione di ritirarlo alla pari.

[112] Al momento della prima emissione di titoli perpetui come i *consols*, lo Stato emittente riservava a sé la possibilità, ma non l'obbligo, di offrire questa opzione dopo un numero di anni predeterminato.

[113] Si convertirono 17 milioni di titoli per un valore di 560 milioni di sterline, pari al cambio ufficiale «a 14 miliardi di lire italiane su un debito pubblico totale di 18 miliardi» (Flora 1906, p. 71).

[114] George Joachim Goschen (1831-1907), Cancelliere dello Scacchiere nel governo Salsbury, 1886-1892.

[115] Riguardò titoli per un valore di circa 6,8 miliardi di lire o franchi (ivi, p. 71).

della Rendita italiana fu la più importante d'Europa per dimensione. L'operazione fu condotta dal governo e sanzionata dal Parlamento, ma la collaborazione della Banca d'Italia, soprattutto nella persona di Stringher, fu stretta e andò ben oltre il supporto tecnico. Vale dunque la pena di raccontarla anche con qualche dettaglio perché mette in luce il rapporto sostanzialmente nuovo che si creò tra i governi succedutisi nel tempo e il direttore della Banca d'Italia.

Alla fine del 1900, quando Stringher lasciò il Tesoro, vi si discuteva da tempo di conversione della Rendita[116]. Il rapido succedersi di tre titolari del ministero tra fine giugno 1900 e febbraio 1901 non favorì la formulazione di un progetto organico. Nel governo Zanardelli, insediato l'11 febbraio, il Tesoro fu affidato a Ernesto Di Broglio[117] la cui «nomina suscitò non poche sorprese» (Rossi 1991)[118]. Di carattere chiuso, il nuovo ministro ebbe non poche difficoltà nei rapporti con i colleghi e forti attriti con il presidente del Consiglio. Convinto sostenitore della conversione, Di Broglio presentò un disegno di legge (d.d.l. 30 settembre 1901, n. 361)[119] per la conversione di un particolare titolo, la Rendita 4,5%[120] in Rendita 3,5%. L'operazione non presentava grandi difficoltà sia perché il capitale nominale da convertire era solo di 1,3 miliardi sia, soprattutto, perché il titolo, destinato per legge al solo mercato interno, non era quotato alla Borsa di Parigi. Stringher contribuì alla stesura del disegno di legge[121], temperando tut-

---

[116] Sonnino ne aveva parlato nel 1899 e da allora si lavorava in particolare alla preparazione delle condizioni necessarie alla quotazione dell'eventuale nuovo titolo alla Borsa di Parigi, dove l'ammissione di titoli stranieri richiedeva, tra l'altro, il benestare del ministero degli Esteri (Ballini 2017, pp. 9-13).

[117] Resana (Treviso) 1840-Roma 1918. Deputato dal 1886, senatore del Regno e presidente della Corte dei Conti dal 1907.

[118] Si ricorse a lui «solo dopo che, per ragioni diverse, Luzzatti, Finali, Guicciardini e Wollemborg (che poi accettò le Finanze) rifiutarono».

[119] Il disegno di legge prevedeva la sostituzione del vecchio titolo 4,5% (gravato dal 20% di imposta e dunque con rendimento netto del 3,6%) con un nuovo al 3,5% esente da imposte presenti e future e non nuovamente convertibile fino al 1916. Si prevedeva l'eventuale conversione nel nuovo titolo di altri debiti dello Stato, in particolare delle obbligazioni emesse per le costruzioni ferroviarie.

[120] Creato con legge 22 luglio 1894, n. 339.

[121] Più tardi, nel mandargli copia a stampa della Relazione che aveva accompagnato il disegno di legge, Di Broglio scrisse a Stringher «nelle disquisizioni che

4 – *Costruzione di una banca centrale*

tavia l'entusiasmo del ministro che dava a questa conversione il compito di prepararne una prossima della Rendita 5%, di gran lunga il principale titolo del debito pubblico italiano. La quotazione internazionale del nuovo titolo doveva, secondo Stringher, essere ben preparata, garantendo tra l'altro che esso non sarebbe stato nuovamente convertito per molti anni a venire, prima che si potesse pensare a un'operazione analoga per l'enorme massa dei titoli della Rendita 5%[122]. Insomma, Stringher consigliava di vedere l'accoglienza in borsa del nuovo titolo e preparare minuziosamente le condizioni finanziarie e diplomatiche necessarie al successo dell'eventuale conversione della Rendita 5%. Ciò non piacque a Di Broglio e creò per qualche tempo tensioni tra ministero e Banca d'Italia.

Il disegno di legge rimase nei cassetti della Camera per circa sei mesi, ma nella primavera del 1902 il ministro del Tesoro chiese a Stringher di farsi promotore di un consorzio bancario di garanzia della buona riuscita dell'operazione di creazione del nuovo titolo di Rendita 3,5% da quotarsi, questa volta, sui mercati internazionali. In quell'occasione, il ministro ritenne importante «affermare il precedente che il primo istituto del regno deve avere la parte principale in tutte le grandi operazioni finanziarie dello stato»[123]. Stringher si mise subito al lavoro per creare un'«Unione» di banche italiane che garantisse il successo dell'operazione. Dopo averla incoraggiata, però, Di Broglio ebbe ripensamenti, temendo che così si togliesse «lo spirito di concorrenza che gli era tanto caro»[124], sicché Stringher disse a Joel che «le idee del ministro mi sembrano ancora confuse»[125]. La legge (n. 166) fu approvata da Camera e Senato il 2 giugno 1902 senza che fosse firmato un accordo tra il ministero e il consorzio bancario per la realizzazione dell'operazione. Corsero voci

---

essa contiene non hai mancato di influire» (Di Broglio a Stringher, 7 dicembre 1901, ASBI, Carte Stringher, 203/1.01/30).

[122] Stringher a Di Broglio, 22 novembre 1901, ASBI, Carte Stringher, 203/1.01/2. Diede nella stessa lettera consigli su come migliorare il disegno di legge, anche convertendo altri titoli nella nuova Rendita 3,5%.

[123] Di Broglio a Stringher, 24 aprile 1902, ASBI, Carte Stringher, 203/1.01/38.

[124] Credito Italiano (senza firma) a Stringher, 10 maggio 1902, ASBI, Carte Stringher, 203/1.01/50.

[125] Stringher a Joel, 12 maggio 1902, ASBI, Carte Stringher, 203/1.01/52.

che il ministro stesse trattando, oltre che con l'Unione delle Banche Italiane, anche con altri banchieri tanto che Stringher dovette chiedere un chiarimento: «Mi si dice – scrisse a Di Broglio – che hai già disposto [di dare ad altri] circa la metà del 3,5 emittendo. È vero? Devi dirmelo subito perché non posso tenere il mio gruppo nell'incertezza»[126].

Nei giorni seguenti si aprì uno scontro piuttosto duro tra il ministro del Tesoro e la Banca d'Italia. Per comprendere le ragioni dell'uno e dell'altra bisogna forse ricordare quale fosse il ruolo dei consorzi bancari nelle operazioni di conversione di titoli perpetui in altri che fruttavano interessi inferiori. L'operazione aveva senso per l'erario solo se una piccola parte dei portatori di titoli avesse optato per il rimborso alla pari. Ma perché ciò convenisse ai possessori di Rendita bisognava non solo che questa quotasse sopra la pari, ma anche che il prezzo di mercato previsto per il nuovo titolo fosse superiore alla pari e non lontano da quello originario, scoraggiando sia la conversione, sia la vendita per chi volesse poi reinvestire in titoli di Rendita. Per creare queste condizioni, il governo doveva contare su buoni «fondamentali» economici (soprattutto bilancio dello Stato in equilibrio strutturale e conti con l'estero tali da non minacciare la stabilità del cambio) e su risorse finanziarie liquide di dimensioni sufficienti a consentire sia il rimborso dei vecchi titoli a chi l'avesse chiesto, sia il sostegno del prezzo di quelli nuovi prima, durante e dopo la conversione. La Banca d'Italia possedeva riserve tali da garantire il successo dell'operazione anche nel caso di richieste di rimborso molto superiori al previsto ma, oltre a essere sempre riluttante a sostituirle con un credito nei confronti del Tesoro, non aveva, soprattutto all'estero, la credibilità e la capacità operativa per sostenere i corsi dei titoli, convertendi e convertiti, in caso di attacco speculativo. Per questo motivo riteneva indispensabile alla riuscita di qualunque operazione di conversione della Rendita il supporto di banchieri privati che garantissero l'acquisto (tecnicamente l'assunzione a fermo) di una quantità adeguata dei nuovi titoli per collocarli poi sul mercato quando le condizioni consentissero di venderli

---

[126] Stringher a Broglio, 12 giugno 1902, ASBI, Carte Stringher, 203/1.01/75.

sopra la pari. Per questo la Banca d'Italia riteneva necessaria la partecipazione al consorzio di garanzia di case bancarie solide e di indiscusso prestigio. Questa partecipazione aveva naturalmente un costo che, per parte sua, il ministro del Tesoro pensava fosse suo dovere contenere al massimo. Di Broglio si rivolse pertanto anche ad altre banche, all'insaputa di Stringher, di Joel e degli altri partecipanti all'Unione. Le cose si complicarono quando cominciarono a girare voci che non meglio specificati gruppi privati offrivano a Parigi il nuovo titolo 3,5%, dichiarando di essere mandatari del governo italiano. Per chiarire le cose, Stringher chiese udienza a Zanardelli, presidente del Consiglio e in rapporti non ottimi con il ministro del Tesoro[127], che riuscì in qualche modo a rasserenare l'atmosfera se, appena rientrato a via Nazionale, il direttore generale si affrettò a dire al presidente del Consiglio che gli istituti dell'Unione avrebbero mandato in giornata la lettera ufficiale di partecipazione all'operazione.

Di Broglio uscì, tutto sommato, vincitore dalla breve ma intensa contesa con la Banca d'Italia e i banchieri a essa collegati. Apparve a molti come il campione della libera concorrenza contro il cartello e le pretese dell'alta finanza italiana, appoggiata da quella internazionale. La tensione si sarebbe però almeno in superficie dissipata se il ministro non avesse offerto alla Camera una ricostruzione dell'operazione in termini che parvero a Stringher offensivi. Di Broglio disse di avere ricevuto due offerte di acquisto a fermo, provenienti da «due categorie di persone: le une appartenenti alla così detta Banca maggiore le altre alla così detta Banca minore»[128]. Quest'ultima, fatta da «uomini non ignoti che da venti e più anni prestano quasi quotidianamente i loro servigi all'amministrazione dello stato» era migliore di quella fatta «dalla grande banca italiana». Di Broglio disse di avere accettato l'offerta più vantaggiosa assegnando al gruppo «minore» 30 milioni di Rendita da convertire. Sin qui la Banca d'Italia, che guidava il consorzio perdente, non avrebbe potuto eccepire molto. Il ministro però aggiunse che «il giorno successivo la

[127] Stringher a Zanardelli, 14 giugno 1902, ASBI, Carte Stringher, 203/1.01/80.
[128] AP, Camera dei deputati, Legislatura XXI-2ª sessione-Discussioni, 2ª Tornata del 18 giugno 1902, p. 3154.

rappresentanza della Banca maggiore [cioè Stringher], non richiesta da me, domandò di essere ricevuta» e «in poche ore accettò senza dibattito il prezzo che avevo combinato [con il gruppo "minore"]»[129]. Come spiegare, continuò Di Broglio alla Camera, la diversa valutazione fatta dai due gruppi? Il motivo era uno solo: «a diversità di apprezzamento del valore del titolo. L'alta Banca lo quotava meno: io, avendo fede nel suo avvenire, lo quotavo molto di più. Chi ha avuto ragione? Il modesto ministro del Tesoro»[130], il quale concluse dicendosi orgoglioso di non aver «sacrificato i milioni dei contribuenti, per accontentare le brame della speculazione e per ottenere il suo plauso»[131].

Le accuse, formulate nell'ufficialità della Camera dei deputati, erano pesanti, nemmeno velate dalle forme di cortesia normalmente usate in queste circostanze. Non sappiamo se Stringher abbia accarezzato per qualche ora l'idea di dimettersi, certo dovette fare smentire ufficialmente le notizie delle sue dimissioni date da vari giornali. Lo confortò e forse lo convinse a restare la solidarietà di Zanardelli[132], assai più importante di quella unanime, ma scontata, dei principali banchieri e del Consiglio superiore della Banca d'Italia, subito riunito. Stringher dovette convivere con Di Broglio per altri quattordici mesi; i rapporti, formalmente corretti, non ebbero mai il timbro della stima, della cordialità, a volte perfino dell'amicizia, che caratterizzò quelli con altri titolari del ministero di riferimento per la Banca.

L'episodio mette in luce come, in questa prima fase della sua storia, la Banca d'Italia, benché guidata da un direttore forte, autorevole, proveniente dai ranghi del Tesoro, soffrisse dell'ambiguità irrisolta di un Istituto di natura privata, orientato al profitto, al quale era assegnato il ruolo non ben definito di «banca dello Stato». Stringher si diceva convinto

---

[129] Ivi, p. 3155.
[130] Ivi, p. 3156.
[131] Ivi, p. 3157.
[132] «Presidente del Consiglio, altri ministri e autorevolissimi parlamentari manifestarono vivo rincrescimento per noto discorso (Stringher a Dalforno, s.d. ma 19 giugno 1902, ASBI, Carte Stringher, 203/1.02/21). Stringher fece anche sapere a Pirelli di essere amareggiato per il «contegno tendenzioso del "Corriere della Sera"».

che questo Giano bifronte avrebbe risolto, da solo, la propria intrinseca schizofrenia. Aveva buone ragioni per crederlo e si adoperò con notevole successo a conciliare le due personalità dell'istituzione, facendo progressivamente emergere quella che avrebbe dato priorità al servizio dello Stato. Il percorso fu però lungo e, come dimostra questo episodio, non privo di battute d'arresto. Di Broglio fu maldestro e alla Camera non seppe controllare le proprie emozioni, ma la questione che sollevava non era di poco conto: poteva lo Stato mettersi incondizionatamente nelle mani della «prima banca italiana», obbligata a produrre utili non solo per ammortizzare le enormi immobilizzazioni di cui era stata caricata in forza di una legge dello Stato, ma anche per distribuire dividendi adeguati ai propri azionisti? Se la Banca d'Italia stava sul mercato, aveva ragione di scandalizzarsi, o di ironizzare, per il tentativo del ministro di introdurre elementi di concorrenza? Queste domande persero a poco a poco la loro rilevanza con l'allontanarsi, di fatto, della Banca dalla fisionomia privatistica, ma nel 1902 erano ancora scottanti.

Il nuovo titolo 3,5% fu all'inizio quotato solo alle borse italiane, ma l'ammissione alla Borsa di Parigi restava l'obiettivo da raggiungere come condizione indispensabile alla conversione dei titoli 5% lordo e 4% netto alla quale si puntava. Per arrivare a Parigi bisognava anzitutto che si creassero relazioni internazionali favorevoli al necessario nulla osta del Quai d'Orsay all'ammissione alla Bourse del titolo italiano. Qui possiamo solo fare un breve accenno alle relazioni tra Francia e Italia[133] delle quali la Banca d'Italia fu osservatrice attenta ma, ovviamente, non protagonista. Nel luglio 1902 fu lanciata sul mercato francese la conversione della *rente* che prese il nome dal ministro delle Finanze Rouvier. Il buon svolgimento di questa operazione era condizione preliminare al lancio di quella italiana, non potendo questa competere con la prima. Il 28 giugno 1902 era stato firmato a Berlino il rinnovo anticipato della Triplice Alleanza mentre procedevano parallelamente le trattative per un avvicinamento dell'Italia

---

[133] Rimandiamo ai lavori di Ballini (1994; 2017), De Cecco (1990a; 1990b), Visco (1990).

alla Francia che portarono poco dopo a un'intesa tra i due paesi con la quale l'Italia si impegnava alle neutralità qualora la Francia fosse stata oggetto di aggressione. Restava, tuttavia, aperta la questione dell'influenza dei due paesi, e della Germania, sull'Africa settentrionale che fu risolta solo con la conferenza che si tenne nella cittadina spagnola di Algeciras tra gennaio e aprile 1906. Solo allora, come vedremo, la finanza francese giudicò maturo il momento per il varo della conversione italiana, anche perché solo da poco (settembre 1905) era stato firmato a Portsmouth (New Hampshire) il trattato di pace che poneva fine alla guerra tra Russia e Giappone[134], fonte di incertezza anche sui mercati europei.

Nell'attesa che maturassero le condizioni favorevoli all'operazione, Stringher non smise di lavorare al progetto di conversione, più spesso consigliando prudenza che spingendo per una rapida conclusione, mentre Luzzatti, l'uomo politico più di chiunque altro impegnato a realizzare al più presto la conversione, svolgeva all'estero una propria diplomazia parallela. Si trattava di ottenere la partecipazione dell'alta banca francese senza tagliare fuori quella tedesca, mentre gli inglesi si tenevano ai margini. Le cose andarono a rilento, forse anche per la diffidenza di molti banchieri verso Di Broglio, al quale non perdonavano il comportamento tenuto in occasione della «piccola conversione»[135].

Il 3 novembre 1903 cadde il ministero Zanardelli e Giolitti tornò alla presidenza del Consiglio, con Luzzatti al Tesoro. Era il tandem con il quale Stringher aveva maggiore vicinanza e meglio si intendeva. Pochi giorni dopo la fiducia, Luzzatti riprese con maggiore autorità le fila del progetto che non aveva mai abbandonato. Già il 14 dicembre Stringher poté scrivergli di avere avuto un'adesione di massima delle principali banche italiane per la formazione di un consorzio di garanzia guidato dalla Banca d'Italia che avrebbe assunto la responsabilità dell'intera operazione sul mercato nazionale con un consorzio internazionale come «sub-accollatario»[136].

---

[134] Le ostilità, come è noto, durarono dal febbraio 1904 al settembre 1905.
[135] Joel, per esempio, lamentava il «carattere così poco sicuro» del ministro (Joel a Maraini, 8 aprile 1903, in De Cecco 1990a, p. 462, doc. 81).
[136] Stringher a Luzzatti, 14 dicembre 1903, ASBI, Carte Stringher, 203/2.01/32.

Le rendite da convertire (5% lordo e 4% netto) ammontavano a poco più di 8 miliardi di lire, dei quali si stimava che meno di 700 milioni fossero collocati all'estero. Malgrado ciò, il successo dell'operazione dipendeva in modo cruciale dall'accoglienza che essa avrebbe avuto nelle borse straniere, in particolare in quella di Parigi. Nei primi giorni del 1904, Luzzatti ebbe a Nizza un incontro con i ministri francesi degli Esteri (Declassé)[137] e del Tesoro (Rouvier) che assicurarono la collaborazione amichevole del loro governo alla quotazione a Parigi della Rendita italiana 3,5%, aspettandosi in cambio dall'Italia amichevoli comportamenti in politica estera[138] (Ballini 2017, p. 51). Il placet del governo francese sembrò aprire la strada alla realizzazione di quel consorzio internazionale per il quale le trattative erano sino ad allora rimaste al livello di ipotesi generali. Poco dopo però, lo scoppio della guerra tra Russia e Giappone mise nuovamente in stallo il progetto di conversione. A Parigi, la Rendita italiana 5% crollò da 102 a 92 (De Cecco 1990b, p. 277), con una parallela svalutazione della lira, evidenziando sia la dipendenza dei mercati dalla politica internazionale, sia l'importanza di avere alle spalle un gruppo internazionale dalle tasche molto profonde, in grado di sostenere le quotazioni nel corso dell'operazione di conversione. Nonostante il via libera del proprio governo, l'alta banca parigina non aveva fretta, né desiderio, di impegnarsi fino a quando fosse tornata la pace in Estremo Oriente e si fosse allentata la tensione tra Francia e Germania, condizioni che si verificarono solo, come abbiamo visto, nella primavera 1906.

Senza entrare nei dettagli tecnici del negoziato condotto per oltre due anni dopo l'incontro di Nizza, basta dire che i banchieri stranieri rappresentati dalla Casa Rothschild ponevano come condizione alla loro partecipazione l'impegno a fare in modo che, per un lungo periodo dopo la conversione, il nuovo titolo rendesse il 3,75% netto. Chiedevano inoltre la garanzia che, per un ventennio, non ci sarebbe stata una

---

[137] La legge francese subordinava ogni operazione finanziaria di privati all'estero al benestare del Quai d'Orsay.
[138] Chiesero, in particolare, il sostegno della posizione francese nella questione del protettorato cattolico in Oriente e il coordinamento delle reciproche politiche in Abissinia.

nuova conversione. Il governo italiano, d'altra parte, voleva l'operazione sia per ottenere un risparmio nella spesa per interessi sia, soprattutto, per dare un segno tangibile alla finanza domestica e internazionale che, a dieci anni di distanza dalla gravissima crisi bancaria, il bilancio dello Stato era stato posto permanentemente su un sentiero di sostenibilità e che si potevano fare buoni investimenti in un'Italia stabile e affidabile, al riparo dal rischio sovrano e dal rischio di cambio. Era pertanto indispensabile che, poco dopo la conversione, il rendimento netto del nuovo titolo, Rendita italiana 3,5, corrispondesse nei fatti al proprio nome. Le trattative rimasero a lungo ferme su queste posizioni mentre si attendeva, soprattutto da parte dei francesi, la maturazione di condizioni geopolitiche favorevoli.

Nel novembre 1904 si rischiò di arrivare a una situazione simile a quella che aveva prodotto la frattura tra Di Broglio e Stringher. Non meglio specificati banchieri e uomini d'affari francesi offrirono a Luzzatti di «attuare a breve temine la conversione del consolidato passando automaticamente in quattro anni dal 3,75 al 3,5%». Il ministro, questa volta, ne informò immediatamente Stringher che giudicò subito di basso livello la composizione del gruppo. «Può – disse al ministro – uno Stato come l'Italia mettersi nelle mani di un gruppo siffatto? Non si ripeterebbe in proporzioni gigantesche il caso Di Broglio, immischiatosi con i cambia valute e salvato poco dopo da una crisi per l'intervento della Banca? L'eventualità di un malumore dell'alta banca europea non potrebbe nuocere seriamente al credito italiano? E per noi non sarebbe una *diminutio capitis*?»[139]. Il banchiere Dreyfus, rappresentante del gruppo che aveva fatto l'offerta, venne a Roma, si fece ricevere da Giolitti che lo mandò da Luzzatti il quale, dicendosi malato, lo indirizzò a Stringher che gli diede solo vaghe assicurazioni di essere tenuto in qualche considerazione[140]. Tesoro e Banca d'Italia, in questo caso, vedevano le cose allo stesso modo.

All'inizio del 1905, lo stesso Stringher divenne impaziente di concludere. In marzo scrisse una bozza di convenzione con

---

[139] Stringher a Mongili, 30 novembre 1904, ASBI, Carte Stringher, 203/3.01/90.
[140] Stringher a Luzzatti, 2 dicembre 1904, ASBI, Carte Stringher, 203/3.01/123.

le banche francesi. Il momento gli parve buono: gli italiani avevano molto risparmio da impiegare, i titoli sarebbero restati in Italia, i rendimenti medi erano tra il 3 e il 3,5%, le quotazioni della precedente «piccola» conversione andavano bene e così quelle dei nuovi titoli ferroviari. Soprattutto c'erano chiare prospettive di pace in Estremo Oriente[141]. Ma i francesi non erano ancora pronti. Stringher fece qualche velato tentativo di premere sul Crédit Lyonnais, ma gli fu detto chiaramente che tutta l'alta banca era concorde che la Casa Rothschild era la capofila dell'operazione e la sola abilitata a trattare per tutti. Il 16 marzo il secondo governo Giolitti fu sostituito da un effimero gabinetto Tittoni, seguito fino al febbraio 1906 da due governi guidati da Alessandro Fortis, con Carcano al Tesoro. Nemmeno lui condusse a termine l'operazione. Tra febbraio e maggio 1906, Luzzatti tornò brevemente al Tesoro nel governo Sonnino dando un definitivo impulso alla conversione che fu però condotta in porto da Majorana-Calatabiano[142], nel terzo governo Giolitti.

Conviene soffermarsi un momento sul caleidoscopico succedersi dei governi e dei responsabili del Tesoro dal momento della «piccola conversione» della Rendita 4,5% a quello della conclusione della grande operazione del 5%. Nell'arco di sei anni, tanto durò la gestazione della conversione, il direttore della Banca d'Italia collaborò con sei governi e cinque ministri del Tesoro (Luzzatti resse il dicastero in due diversi governi). In tutto questo tempo, Stringher garantì la continuità di rapporti con i grandi banchieri italiani ed esteri, con l'alta burocrazia del Tesoro, con uomini d'affari e membri del Parlamento. Fu il depositario della memoria di tutte le trattative e ne mise a parte, di volta in volta, i successivi titolari del Tesoro. Resse, insomma, le fila dell'operazione, consigliò, scrisse memorie e bozze di accordi. Alla fine, come vedremo, parve naturale dargli l'inusuale incarico di plenipotenziario del governo nella

[141] Stringher a Luzzatti, 11 febbraio 1905, ASBI, Carte Stringher, 203/3.01/136.
[142] Catania 1865-1910. Figlio di Salvatore. Professore universitario, rettore dell'Università di Catania, deputato dal 1896, politicamente vicino a Giolitti che lo volle sottosegretario alle Finanze nel suo secondo governo. Ministro delle Finanze nel primo governo Fortis. Si dimise da ministro del Tesoro del terzo governo Giolitti nel maggio 1907 per l'aggravarsi della malattia che lo condurrà alla morte tre anni dopo (Conti 2006).

trattativa internazionale e riuscì a concludere l'accordo malgrado la caduta del governo Sonnino e del ministro Luzzatti a un miglio dal traguardo. Era dunque nell'ordine delle cose che la breve durata dei governi rafforzasse l'autorevolezza di un direttore della Banca d'Italia, tecnicamente competente e politicamente avvertito, nella gestione dei più delicati passaggi della vita economica del Paese.

I negoziati per la conversione diminuirono di intensità, ma non si interruppero durante i due governi presieduti da Fortis, con Carcano al Tesoro, e videro Stringher in prima fila mentre Luzzatti continuava una propria diplomazia parallela. Il progresso, tuttavia, segnò il passo sia in attesa della conclusione della sanguinosa guerra tra Russia e Giappone, sia per l'affievolito interesse del governo francese.

Quando tacquero le armi in Estremo Oriente, nuovi motivi d'incertezza produssero un'ulteriore dilazione alla ripresa conclusiva dei negoziati per la realizzazione del consorzio internazionale, guidato dai Rothschild, ritenuto essenziale alla riuscita della conversione. In gennaio si aprì, nella città spagnola di Algeciras, la delicata conferenza internazionale per affrontare la questione dell'influenza francese in Marocco, che qualche mese prima aveva provocato una forte tensione tra la stessa Francia e la Germania[143]. L'Italia, alleata della Germania, ma da alcuni anni riavvicinatasi alla Francia dopo la rottura sulla questione tunisina, non solo aveva interessi strategici e mire territoriali in Nord Africa ma, in quella circostanza, anche una posizione negoziale di una certa forza. Il governo francese era ben consapevole dell'importanza, anche simbolica, che i governi italiani davano alla conversione quale coronamento di un percorso di risanamento della finanza pubblica che segnalasse una nuova più forte posizione raggiunta dal Paese non solo in campo economico. Condizionò pertanto il proprio assenso alla partecipazione della finanza di Parigi alla conversione, alla convergenza della diplomazia italiana sulle posizioni francesi sulla questione marocchina[144].

---

[143] Il controllo dei porti marocchini era ritenuto di importanza strategica per regolare l'accesso al Mediterraneo.
[144] Così, per esempio, scriveva al ministero degli Esteri il rappresentante

4 – Costruzione di una banca centrale

La conferenza di Algeciras si concluse all'inizio di aprile[145]. Solo quando il suo risultato fu chiaro, Edmond de Rothschild accettò di incontrare Stringher a Mentone, il 28 marzo 1906. L'incontro non fu decisivo. Stringher ne uscì convinto di avere ottenuto un accordo di massima, mentre la posizione francese restava ancora attendista. Il direttore della Banca era convinto che esistessero ormai le condizioni favorevoli all'operazione. Dei circa 8,1 miliardi di Rendita nominale da convertire, un miliardo e mezzo era detenuto dalla Cassa Depositi e Prestiti (sostanzialmente dallo stesso Tesoro) e da varie opere pie, solo l'8% dei titoli da convertire era collocato all'estero e il raggiunto equilibrio di bilancio non faceva prevedere nuove emissioni nette di titoli di Stato a lungo termine[146].

La marcia verso la conversione fu nuovamente rallentata dall'impegno richiesto alla finanza parigina dal governo russo per il lancio di un importante prestito indispensabile, a conclusione della guerra, anche per consolidare il fragile equilibrio sociale seguito alla rivoluzione. Si costituì un consorzio internazionale la cui formazione fu, come sempre, condizionata anche da considerazioni politiche (il governo tedesco pose il veto alla partecipazione delle banche del *Reich*). Nemmeno l'Italia partecipò, nonostante l'invito arrivato da Oltralpe. Nel caso italiano, tuttavia, le considerazioni economiche prevalsero su quelle politiche: il governo avrebbe visto bene un affiancamento delle banche italiane a quelle degli altri paesi, ma prevalsero le perplessità sollevate da Stringher, in consonanza con Joel, basate sulle condizioni del mercato del credito italiano rese più strette da un'eruzione del Vesuvio all'inizio di aprile. Il prestigio di Stringher era ormai tale che le sue opinioni pesavano presso il governo anche quando si trattava di questioni a forte caratura politica.

---

francese alla Conferenza: «Con la conversione, che non può realizzarsi senza la nostra buona volontà [...], noi disponiamo di un mezzo di pressione tale che l'Italia non oserebbe mancare [di darci il suo appoggio]» (Ballini 2017, p. 119). La Francia offriva anche la propria «benevolenza» verso le mire italiane sulla Tripolitania, realizzate cinque anni dopo.

[145] Il conclusivo «Atto Generale» fu firmato il 17 aprile 1906.

[146] Stringher a Edmond de Rothschild, 3 aprile 1906 (ASBI, Carte Stringher, 203/3.02/67) e 13 marzo 1906 (ASBI, Carte Stringher, 203/3.02/69).

Le elezioni francesi e l'acuirsi dei conflitti sociali in Italia, rendendo più difficili i rapporti parlamentari tra governo e partiti dell'estrema sinistra tanto da portare alla crisi, ritardarono ancora la conclusione delle trattative per la conversione. Il 15 maggio Sonnino conferì a Stringher i «poteri necessari a portare a compimento i negoziati con la Casa Rothschild e per concluderli e firmarli»[147]. Poiché la convenzione doveva avvenire tra lo Stato italiano e un consorzio di banche straniere guidato da Rothschild, il direttore della Banca assumeva il ruolo, per lui inedito, di plenipotenziario del governo di Roma. Due giorni dopo Sonnino si dimise. La crisi durò fino al 29 maggio quando ottenne la fiducia il terzo governo Giolitti con al Tesoro, come accennato sopra, il quarantenne Angelo Majorana-Calatabiano, già ministro delle Finanze nel primo breve governo Fortis (Conti 2006). Con quest'ultimo, Stringher era già nei cordiali termini del «tu», con il presidente del Consiglio aveva una lunga consuetudine che lo faceva a volte identificare tra i «giolittiani», mentre restava, nemmeno troppo defilata, la presenza di Luzzatti, utile anche per la vasta rete di rapporti internazionali. La continuità nella conduzione della lunga gestazione della conversione era, dunque, assicurata.

Stringher aggiornò subito Giolitti e Majorana sullo stato delle trattative[148], ricevendo l'indicazione che il governo desiderava non solo una loro rapida conclusione, ma anche un risparmio di 50 milioni che si sarebbe potuto ottenere se sin dal 1908 il nuovo titolo avesse pagato il 3,5% netto. Stringher però temeva che i mercati non avrebbero accolto bene una transizione troppo rapida dal 4 al 3,5%. In un successivo appunto, poi approvato dal governo, suggerì che la cedola sui titoli della Rendita da convertire fosse pagata al 5% sino alla fine del 1906, che poi sino al 1° luglio 1909 il rendimento fosse del 3,75% per passare infine al definitivo 3,5%. Era un compromesso tra i desideri del governo e le richieste dei banchieri parigini che volevano che l'interesse sulla Rendita fosse

---

[147] Sonnino a Stringher, 15 maggio 1906 (ASBI, Carte Stringher, 203/3.04/1).
[148] Stringher, appunto autografo, ASBI, Carte Stringher, 203/3.04/4: «Oggi 10 giugno ho fatto conoscere tutto il piano al presidente Giolitti, presente il Mo. Majorana».

4 – Costruzione di una banca centrale

mantenuto al 3,75% per un periodo assai più lungo. Quanto ai consorzi bancari, italiano e straniero, l'appunto prevedeva che dovessero impegnarsi a convertire tutti i titoli in possesso degli istituti consorziati, a fare fronte alle domande di rimborso fino a un miliardo e sostenere il corso del nuovo titolo per almeno tre mesi al 101,5% sulle borse di Parigi, Londra e Berlino[149]. Sulla base di quest'appunto, Giolitti e Majorana rinnovarono a Stringher il mandato a «recarsi a Parigi per trattare con la Casa Rothschild l'eventuale conversione della rendita» aggiungendo che qualora le trattative non fossero andate a buon fine, Stringher era «sin d'ora autorizzato ad aprire negoziati anche con altri istituti di credito sia sulla piazza di Parigi sia altrove, sulle basi da noi concordate avvertendo che gli appunti scritti rappresentano gli estremi limiti che noi consideriamo insuperabili»[150]. Queste qualificazioni erano state richieste probabilmente dallo stesso direttore della Banca d'Italia per rafforzare la propria posizione negoziale.

A Parigi, la distanza tra le posizioni italiane e quelle dei banchieri rappresentati da Rothschild si rivelò nuovamente assai ampia. Ancor prima dell'arrivo di Stringher, Neuburger, membro della Casa Rothschild, aveva fatto sapere al rappresentante del Tesoro italiano che l'operazione si sarebbe potuta fare solo se il nuovo titolo avesse pagato per dieci anni un interesse del 3,75%[151]. Era un chiaro gioco delle parti. Privatamente Edmund Rothschild deplorò il duro linguaggio del proprio socio e si disse disposto ad accettare solo otto anni di interessi al 3,75%. Aggiunse però che sarebbe stato difficile difendere il corso della Rendita a 101,5, come volevano Stringher e il governo italiano, e che gli esempi di Germania e Svizzera, le cui conversioni non avevano avuto i risultati sperati, «erano contro l'Italia».

Dopo anni di negoziati, le posizioni del governo italiano e dei banchieri guidati da Rothschild restavano molto lontane.

---

[149] Appunto dattiloscritto, s.d., ma probabilmente 11 giugno 1906 (con versione anche in francese), ASBI, Carte Stringher, 203/3.04/5-9.
[150] Giolitti e Majorana a Stringher, 11 giugno 1906, ASBI, Carte Stringher, 203/3.04/2.
[151] Stringher a Majorana da Parigi, 16 giugno 1906, ASBI, Carte Stringher, 203/3.04/26. La lettera contiene una specie di diario delle trattative.

Stringher tentò di trattare con il Crédit Lyonnais, l'unica grande istituzione che avrebbe potuto guidare il consorzio al posto dei banchieri di rue Lafitte, ma trovò una netta chiusura: ancora una volta i banchieri del consorzio internazionale dissero che la voce del barone Rothschild era quella di tutti. Si arrivò pertanto a un punto morto. Se, come Stringher assolutamente voleva, bisognava servirsi solo di finanzieri di rango, era necessario reimpostare il negoziato. Un suggerimento venne dagli stessi Rothschild che avevano probabilmente rifiutato di ammorbidire le proprie condizioni proprio per arrivare a una soluzione diversa da quella sino ad allora perseguita dal governo italiano. Il 14 giugno, i Rothschild dissero finalmente a Stringher che, se non avesse accettato le loro condizioni, si sarebbe potuto sostituire con un semplice prestito il sindacato di garanzia sino ad allora al centro del negoziato: i banchieri internazionali avrebbero messo a disposizione del governo italiano la valuta necessaria per rimborsare i titoli non convertiti all'estero, lasciando al governo «l'alea della conversione».

Il passo era rischioso. Stringher fu dapprima incline a respingere la proposta e a cercare nuovamente banchieri disposti ad accettare quella italiana. Poco dopo però maturò un'opinione diversa: «ben considerato – scrisse[152] – il nuovo disegno merita qualche attenzione benché non corrisponda alla nostra idea epperò gioverebbe lo esaminassero subito [...] i rappresentanti dell'alta banca italiana». Nei giorni successivi fece un ultimo tentativo con il Crédit Lyonnais, offrendo commissioni più elevate purché il consorzio accettasse il breve intervallo di tempo entro il quale il governo italiano riteneva necessario limitare il rendimento a 3,75%. Nei giorni successivi i negoziati ripresero su questa proposta, complicati dal desiderio di Rothschild di «ridurre la parte tedesca per favorire i suoi amici di Londra». Stringher si oppose perché, «date le relazioni economiche, finanziarie e politiche con la Germania, all'Alta Banca tedesca va data una partecipazione maggiore che non a quella inglese, anzi con visibile distacco»[153]. Il negoziatore non

---

[152] Siamo sempre nella lettera-memorandum a Majorana del 16 giugno 1906, ASBI, Carte Stringher, 203/3.04/26.
[153] Stringher a Majorana, 18 giugno 1906, ASBI, Carte Stringher, 203/3.04/41.

aveva mai perso di vista i vincoli posti dall'esigenza di tenere conto delle delicate relazioni internazionali dell'Italia dopo la conclusione della Conferenza di Algeciras: il riavvicinamento alla Francia e all'Inghilterra non andava spinto troppo avanti.

Si continuò a trattare ancora per qualche giorno. Il governo italiano giunse fino a offrire il 3,75% per sei anni. Stringher fece un altro inutile tentativo di dividere il consorzio internazionale, cercò i buoni uffici del governatore della Banca di Francia, Pellin, e del governo, incontrando Poincaré, allora ministro delle Finanze nel breve governo Sarrien. Trovò simpatia e interesse, ma non riuscì a sbloccare il negoziato nel senso voluto. Già convinto in cuor suo, Stringher scrisse dunque a Majorana: «Gioverà affrontare la questione se non ci convenga di acconciarci al secondo progetto dei Rothschild e cioè: il governo fa l'operazione perché è sicuro della riuscita di essa ma, perché non può disporre per il momento di tutti i fondi necessari, si assicura mercé un sindacato internazionale che dispone di un miliardo di credito per il pagamento dei titoli da convertire»[154].

A Roma perdurava tuttavia l'incertezza, forse si accarezzava nuovamente l'idea di rivolgersi a «uomini di borsa». Finalmente, Stringher scrisse una lettera ufficiale al ministro del Tesoro, quasi un velato ultimatum, in vista della scadenza posta dai banchieri per concludere entro 48 ore. Chiese che si dissipassero le diffidenze e si accantonassero i dubbi, che lui pure aveva avuto giungendo infine però alla persuasione che «la cautela e la prudenza sono necessarie ma la diffidenza può nuocere». Aggiunse che, se non avesse avuto un *affidavit* per il giorno dopo avrebbe dovuto accontentarsi «di parola onorata e onorevole»[155]. Il direttore della Banca d'Italia si assumeva, dunque, sulla base dei poteri ricevuti, la responsabilità di chiudere l'operazione. Ottenuto, poche ore dopo, il placet del governo si accinse a scrivere gli articoli del disegno di legge che a suo parere avrebbe dovuto essere varato in seguito ai negoziati. Aggiunse, anche a futura memoria: «gli emendamenti che potevano ottenersi ho ottenuti, di più e di meglio non

[154] *Ibid.*
[155] Stringher a Majorana, 24 giugno 1906, ASBI, Carte Stringher, 203/3.04/51.

si può: quindi *c'est à prendre ou à laisser*»[156]. L'indomani, 26 giugno, l'accordo fu firmato da Stringher, poche ore prima della scadenza posta dai Rothschild, con la futile scusa che il barone Edmund sarebbe dovuto partire per Londra[157].

Dopo un negoziato trascinatosi per quattro anni, nel susseguirsi di sette governi, durante il quale Stringher aveva garantito continuità non solo tecnica, ma anche nella diplomazia finanziaria, dopo incertezze protrattesi sino alla ventitreesima ora, il governo si mosse con grande rapidità. Il disegno di legge abbozzato da Stringher fu presentato alla Camera alle tre pomeridiane del 29 giugno. Prima di notte era stato approvato da entrambi i rami del Parlamento con amplissima maggioranza.

La scommessa, che Stringher fece accettare al governo, di assumere tutto il rischio dell'operazione con la sola rete di un credito stand-by per la liquidità necessaria a fare fronte ai rimborsi, andò a buon fine oltre ogni previsione. Dei circa 8,1 miliardi di Rendita esistenti sul mercato fu chiesta la conversione solo per 53,5 milioni (Ballini 2017, p. 161), lo 0,7%. Il titolo convertito quotò sopra 102 sino alla fine dell'anno, il cambio fluttuò attorno alla parità aurea, sempre entro i punti dell'oro. All'Assemblea del 26 marzo 1907, Stringher ricordò la conversione come «il fatto saliente dell'anno economico finanziario non solo per l'Italia», fu generoso di riconoscimenti per il governo e per le banche del consorzio italiano, accennò sobriamente ai meriti della Banca d'Italia, descrisse la vicenda come tipica della «collaborazione efficace con il Tesoro»[158]. Collaborazione evidentemente efficace, come nota Visco (1990), se il suo esito fu scontato dai mercati prima della conclusione formale della vicenda.

La conversione della Rendita è un momento importante del percorso della Banca d'Italia, destinata a restare ancora per trent'anni formalmente società per azioni di diritto privato seppure regolata da norme speciali, verso l'assunzione delle responsabilità di una banca centrale. Altre tappe importanti

---

[156] Stringher a Majorana, 25 giugno 1906, ASBI, Carte Stringher, 203/3.04/55.
[157] *Ibid.*
[158] Banca d'Italia, *Assemblea generale ordinaria degli azionisti*, Roma 1907, pp. 55, 6-7.

saranno la gestione della crisi del 1907, che evidenziò un rapporto nuovo con il sistema bancario, e il ruolo svolto durante la Grande Guerra che rafforzarono ed estesero la collaborazione con il governo che, con la conversione, aveva già assunto caratteri nuovi.

Tra gli altri numerosi episodi di collaborazione stretta con il governo si possono ricordare l'apertura di un'agenzia in Eritrea e la promozione, senza coinvolgimento diretto, della partecipazione italiana alla creazione di banche nazionali all'estero. Nel luglio 1906 i codici italiani e le leggi bancarie vennero applicati alla colonia eritrea. In vista di ciò il governo chiese alla Banca di essere presente almeno ad Asmara. Stringher accettò ma, poiché l'operazione non si prospettava lucrosa, chiese che alla costituenda «Agenzia *sui generis*»[159] fosse annesso il servizio di Tesoreria dello Stato[160]. Agli azionisti disse che obiettivo dell'operazione era il rendere un servizio al Paese cercando di creare in Africa «quasi un centro finanziario, intorno al quale possano sorgere e svolgersi elementi capaci di promuovere l'incremento economico della Colonia»[161].

La Banca, su richiesta del governo, si fece promotrice della partecipazione, con il 25% del capitale, di un gruppo finanziario italiano[162] per la creazione della Banca d'emissione dell'Abissinia, accanto a un gruppo francese e alla Banca Nazionale d'Egitto rappresentante degli interessi britannici. Anche in questo caso, l'obiettivo dichiarato era d'interesse generale: si trattava di promuovere «iniziative di carattere veramente nazionali, le quali possano determinare un movi-

---

[159] Il significato della qualificazione *sui generis* fu spiegato dallo stesso Stringher: «Per la lontananza dalla madre patria, l'agenzia non potrebbe certo funzionare con le norme che regolano l'azione delle Agenzie della Banca che operano nel Regno. Da ciò la necessità di conferirle una maggiore libertà di azione e una certa autonomia, determinando opportuni limiti sopra tutto per quanto riguarda l'ammissione delle cambiali allo sconto, non essendo possibile seguire su questo punto le norme che regolano le operazioni presso le attuali Agenzie» (Banca d'Italia, *Adunanza generale ordinaria degli azionisti*, Roma 1906, p. 11).
[160] *Ibid.*
[161] *Ibid.*
[162] Lo statuto impediva alla Banca d'Italia di partecipare con capitali propri alla formazione di altre istituzioni finanziarie. Fu la Banca però a designare un proprio funzionario nel consiglio d'amministrazione della Banca d'Abissinia (si veda anche cap. 10, p. 641).

mento più gagliardo di schietta attività italiana nel mercato mondiale»[163]. Lo stesso schema fu ripetuto poco dopo per la creazione della Banca del Marocco[164].

8. *1907*[165]

Nell'anno passato, continuò l'introduzione di specie metalliche, segnatamente auree, dall'estero. La qual cosa è di particolare importanza se si considerano le condizioni del mercato monetario internazionale nell'anno stesso, nel quale fu più viva ovunque la ricerca dell'oro e alcuni grandi Istituti dell'estero dovettero difendere le riserve rispettive elevando elevate barriere allo sconto[166].

È uno Stringher sicuro di sé e orgoglioso dei risultati raggiunti quello che, il 28 marzo 1908, diede sinteticamente conto agli azionisti di quello che fu il più importante successo della Banca in un anno segnato da crisi finanziarie in molti paesi, inclusa l'Italia. Era passata poco più di una dozzina d'anni dalla crisi che aveva messo in ginocchio i maggiori istituti di credito e dato origine alla Banca d'Italia, eppure quello sembrava un tempo lontano: la crisi del 1907 fu vissuta da un'Italia più prospera e sicura di sé, nella quale il principale Istituto di emissione aveva acquisito forza patrimoniale e autorevolezza sufficienti a esorcizzare, con una buona dose di successo, il pericolo di contagio derivante dagli effetti di un violento crack di borsa sul bilancio di una banca «sistemica», in un quadro internazionale denso di incertezza. Il superamento di questa prima importante prova della capacità di lavorare per la stabilità del sistema finanziario fu per la Banca d'Italia una tappa importante nell'acquisizione dei caratteri tipici di banca centrale. Vale dunque la pena di guardare con un po'

---

[163] Banca d'Italia, *Adunanza generale ordinaria degli azionisti*, Roma 1906, p. 18.
[164] Banca d'Italia, *Assemblea generale ordinaria degli azionisti*, Roma 1907, pp. 9-10.
[165] Questa parte si è giovata più intensamente di altre dello splendido lavoro di ricerca di Francesco Vercelli (ora Vercelli 2022) che resta, ovviamente, del tutto innocente per gli errori e le inesattezze in essa contenuti.
[166] Banca d'Italia, *Assemblea generale ordinaria degli azionisti*, Roma 1908, p. 22.

di attenzione alla crisi del 1907 e al ruolo che in essa ebbe l'Istituto di via Nazionale.

I prodromi della crisi che nel 1907 investì il sistema bancario degli Stati Uniti e di alcuni paesi europei[167] sono piuttosto concordemente indicati dagli studiosi nel rilevante incremento delle esportazioni di oro dal Regno Unito agli Stati Uniti che si verificò nell'autunno del 1906. Minore concordia esiste invece sulla causa di questo fenomeno: Friedman e Schwartz (1963) la vedono nei sussidi all'importazione d'oro introdotti dal segretario al Tesoro Leslie Shaw, altri nell'imprudente finanziamento di Londra alle banche di Wall Street impegnate nella speculazione di borsa. La tesi prevalente[168] è quella che fa risalire l'abnorme domanda d'oro a un evento esogeno al sistema economico: il terremoto di magnitudo 8,3 che il 18 aprile 1906 rase al suolo una larga parte di San Francisco provocando circa 3.000 vittime. La catastrofe (il cui costo stimato fu l'1% del PIL statunitense) impegnò le compagnie di assicurazione e riassicurazione straniere (soprattutto inglesi, ma anche francesi e tedesche) in risarcimenti per somme tali da tradursi in una domanda straordinaria di mezzi di pagamento aurei, soprattutto alla Banca d'Inghilterra. Quest'ultima, ammaestrata anche dal caso Baring di sedici anni prima, alzò repentinamente il tasso di sconto dal 3,5 al 6% (Pantaleoni 1909, p. 530) e introdusse vincoli informali allo sconto di cambiali americane emesse a Londra. Queste misure ottennero il risultato voluto, dapprima rallentando poi invertendo il deflusso dell'oro. L'aumento del costo del denaro si fece sentire subito negli Stati Uniti dove la riduzione del credito agli operatori di borsa diede avvio a una discesa dei titoli azionari. Questi erano abbondantemente rappresentati nei portafogli delle banche e soprattutto di *trust companies*, enormemente cresciute nel decennio precedente, trasformandosi da tranquilli strumenti per la gestione di patrimoni privati in «veicoli», simili alle *shadow banks* degli anni Duemila, usati spesso dalle stesse banche per investimenti azionari vietati loro dalla legge. Come le più recenti *shadow banks*, anche i

---

[167] Per gli aspetti internazionali e comparati della crisi cfr. Kindleberger (1978).
[168] Cfr. per esempio Odell e Weidenmier (2004).

trusts godevano, agli occhi dei banchieri, del non trascurabile vantaggio di non essere sottoposti a regole e supervisione.

Nell'estate del 1907 i *trusts* si trovarono tutti in difficoltà, in alcuni casi molto serie. Le quotazioni dei titoli azionari erano molto diminuite, con conseguenti perdite patrimoniali. Allo stesso tempo, la Banca d'Inghilterra aveva bloccato un lucroso mercato per le banche e gli stessi *trusts*: quello della sottoscrizione e girata di cambiali americane emesse a Londra con le quali normalmente si finanziavano gli acquisti di prodotti agricoli. Le richieste dei depositanti trovarono le *trust companies* con scarsa liquidità, limitato capitale, portafoglio più rischioso e mancanza di accesso al credito di ultima istanza della Clearing House, in assenza di una banca centrale che sarebbe nata solo nel 1913, proprio come risposta alla crisi del 1907. La vendita dei titoli per accrescere la liquidità determinò considerevoli perdite e spinse ulteriormente verso il basso i prezzi delle azioni, in un circolo vizioso ben collaudato in molte crisi precedenti. Quando, dopo il fallimento di piccole banche e un crollo di borsa che aveva impoverito molti investitori, la crisi sembrava lentamente avviarsi al superamento, il 22 ottobre i depositanti presero d'assalto gli sportelli del Knickerbrocker Trust Company, la terza maggiore *trust company* di New York (Sprague 1908). Come accennato nel capitolo 1, il contagio, sul punto di diffondersi ad altre banche, fu bloccato, in una notte, dall'autorevolezza di Pierpoint Morgan che riunì nella propria casa in Madison Avenue il gotha dei banchieri di Wall Street[169]. Chiusi i colleghi nella propria biblioteca, Morgan giurò che li avrebbe lasciati tornare a casa solo se avessero consentito alla creazione di un *pool* di liquidità sufficiente a stroncare l'incertezza sulla solvibilità della Knickerbrocker, bloccando la corsa ai depositi. Ai colleghi riluttanti a contribuire a salvare un concorrente, fallito il quale pensavano di potersi dividere clienti e quote di mercato, Morgan fece comprendere che se non si fosse annunciata, prima dell'apertura della borsa, la creazione di un solido salvagente per la banca in difficoltà, gli sportelli delle loro stesse banche sarebbero stati presi

---

[169] Nella crisi, le *national banks*, vigilate e reputate sicure, avevano aumentato dell'8% i propri prestiti alla clientela mentre le *state banks* li avevano ridotti dell'11% e le *trust companies* addirittura del 37% (Tallman, Moen 2012).

d'assalto sin dalla mattina seguente. Dopo una notte tesa e drammatica, le porte della biblioteca di Morgan si aprirono per lasciare uscire gli esausti banchieri, mentre il padrone di casa si affrettava a comunicare alla stampa che era stato costituito un fondo di garanzia di dimensioni tali da mettere al sicuro Knickerbrocker. Nel corso della giornata i tassi di interesse a brevissimo termine, che avevano toccato livelli mai raggiunti sulla piazza di New York, si sgonfiarono rapidamente. La fase più calda della crisi era superata anche se ci vollero molti mesi e faticose ristrutturazioni per riportare alla normalità il mercato del credito newyorkese. Quest'episodio, diverso per molti aspetti da quello italiano, ha tuttavia con questo anche assonanze che varrà la pena di sottolineare.

La crisi statunitense e quella italiana hanno anzitutto in comune, negli anni precedenti il 1907, un rapido aumento degli indici di borsa, sostenuto da una forte espansione del credito bancario a imprese e operatori finanziari. Il rapido aumento del credito è una caratteristica comune delle fasi che precedono quasi tutte le crisi bancarie, ma il caso americano e quello italiano di inizio Novecento hanno una peculiarità in comune: l'eccesso di credito fu generato da intermediari relativamente nuovi, in parte privi di esperienza e bisognosi di affermarsi sul mercato, in un quadro di assenza di regolazione e supervisione. Negli Stati Uniti si trattò delle *trust companies*, in Italia delle banche universali nate sulle ceneri dei fallimenti del 1894 e in particolare della più giovane di esse, la Società Bancaria Italiana, la meno attrezzata sul piano manageriale, impegnata a conquistare quote di un mercato fortemente presidiato da Banca Commerciale e Credito Italiano.

Il quadro economico italiano e internazionale nel quale si collocano le vicende che condussero alla crisi del 1907, brevemente tratteggiato sopra, fu caratterizzato da un'accelerazione della crescita della produzione, della produttività e degli investimenti, da una crescente integrazione dei mercati italiani dei prodotti, dei capitali e del lavoro in quelli internazionali, da un allargamento e irrobustimento del settore bancario. Questa vitalità dell'economia reale si accompagnò, è importante notarlo, a un'eccezionale vitalità del mercato dei titoli azionari, eccezionale nel senso che esso visse una

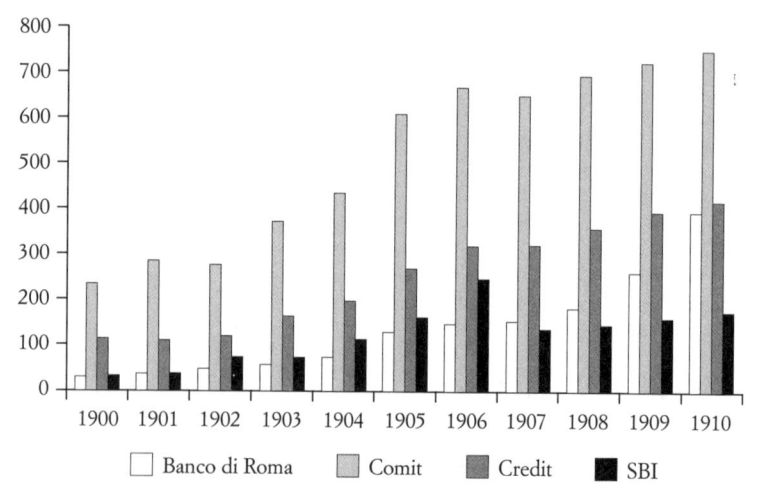

FIG. 4.4. Attivo nelle 4 banche miste (milioni).
Fonte: Dati ASCI.

dinamica nuova e promettente rispetto al passato, destinata però subito a interrompersi.

Per capire la crisi italiana del 1907 bisogna dunque tenere conto di tre fattori tra loro collegati: *i*) l'accelerazione della crescita della produzione industriale, dopo la fine dell'avventurismo crispino, caratterizzata da un notevole aumento degli investimenti in impianti e macchinari, *ii*) la vigorosa espansione delle società ordinarie di credito (per azioni) che operavano largamente come «banche universali» (fig. 4.4)[170] e *iii*) il boom delle quotazioni azionarie alla Borsa di Milano.

---

[170] Il peso dell'attivo delle quattro banche principali (Banca Commerciale, Credito Italiano, Banco di Roma e Società Bancaria Italiana) sul totale delle società ordinarie di credito salì dal 52 al 66% tra il 1902 e il 1906; divennero sempre più importanti anche in termini di raccolta di depositi, con una quota in rapida ascesa dal 31 al 50% nello stesso arco temporale. Svettava la Banca Commerciale Italiana che nel 1902 possedeva il 24% del totale attivo delle Società Ordinarie di Credito italiane mentre il Credito Italiano si fermava alla metà (12%), la Società Bancaria Italiana al 7,4% e il Banco di Roma al 4,8%. Alla vigilia della crisi (dicembre 1906), tutte e quattro le banche erano assai cresciute: continuava a dominare la Comit con il 31% del mercato delle Società Ordinarie di Credito, seguivano il Credito Italiano (15,1%), la Società Bancaria Italiana (11,7%) e il Banco di Roma (7%). Si noti che, sino al 1912, quando fu superata dalla Banca Commerciale, la Cassa di Risparmio delle Provincie Lombarde fu la prima banca italiana per dimensione dell'attivo, dopo la Banca d'Italia.

4 – *Costruzione di una banca centrale*

Fig. 4.5. Indice della Borsa di Milano (indice 70 titoli; base gennaio 1901).
Fonte: Baia Curioni (2000).

La fase che precedette la crisi seguì lo schema tipico descritto da Kindleberger (1978): il consolidarsi delle aspettative di crescita si tradusse in domanda di investimenti accompagnata da una rapida espansione del credito che sostenne anche l'esuberanza degli operatori in borsa; l'indice di 70 titoli quotati a Milano crebbe del 70% tra l'estate del 1901 e l'autunno del 1905 (fig. 4.5).

È importante ricordare brevemente gli strumenti utilizzati dalle banche di credito ordinario per finanziare gli investimenti industriali. La cambiale, strumento principe dell'attività bancaria tradizionale, stava perdendo sempre più rilevanza nel finanziamento all'industria: rimaneva una posta di bilancio importante nelle banche popolari e nelle più piccole tra le società di credito ordinario[171] orientate a servire il commercio e il mercato locale, mentre oscillava tra il 20 e il 10% nel caso delle quattro banche maggiori. Queste ultime affermavano che avrebbero voluto impiegare maggiori risorse nel portafoglio

---

[171] Le cambiali costituivano ancora il 42% dell'attivo delle banche popolari e il 35% delle Società Ordinarie di Credito di piccole dimensioni. Gli sconti rappresentavano, invece, meno di un quinto dell'attivo per la Comit e per il Credit, e scendevano addirittura sotto al 10% per la Società Bancaria Italiana nel 1902.

cambiario, ma che sul mercato era scarsa la disponibilità di carta commerciale di buona qualità: la colpa, a loro avviso, era della concorrenza esercitata da parte degli istituti di emissione. A loro volta le banche di emissione accusavano le banche miste di utilizzare i conti correnti come sostituti dello sconto cambiario, facendo però risalire la responsabilità ultima al governo: era l'eccessiva tassazione di bollo a rendere poco convenienti le cambiali[172]. Al netto delle reciproche accuse, le cause del declino della cambiale erano molteplici. Confalonieri (1975, p. 109) sottolinea come la mutata composizione della produzione industriale richiedesse strumenti differenti rispetto al passato: se le cambiali erano indicate per il settore tessile, la concessione di crediti rispondeva meglio alle esigenze delle nuove industrie, l'elettrica, la meccanica, la siderurgica. Tali settori si basavano su investimenti di lungo periodo in impianti e macchinari, difficilmente realizzabili con soli aumenti di capitale e che pertanto rendevano indispensabile il sostegno di lungo termine delle banche che male si adattava alla breve durata della carta commerciale. Tra le ragioni del declino della cambiale vi era pure la diffusione dell'integrazione verticale, che produceva un peggioramento della qualità della carta commerciale (le firme di garanzia appartenevano spesso a imprese del medesimo conglomerato e sottoposte dunque agli stessi rischi). Quali che fossero le cause della scarsità di cambiali sul mercato, la Banca d'Italia, come si è già detto, ne era fortemente preoccupata perché risultava indebolito quello che in paesi come l'Inghilterra e la Francia era lo strumento cardine della politica monetaria: l'attività di risconto.

Per finanziare gli investimenti, le grandi banche utilizzarono abbondantemente l'apertura di credito in conto corrente (i

---

[172] In una lettera del 30 novembre 1906 al ministro del Tesoro Majorana (Bonelli 1991, p. 200, doc. 8), Stringher afferma che il livello del bollo sulle cambiali «si risolve in un dazio all'esportazione», favorendo l'evasione e la creazione di «aperture di credito allo scoperto, utili forse in tempi normali, pericolosissime in tempi di crisi». Il tema compare anche nella Relazione sull'esercizio del 1905 (p. 20), in cui Stringher si lamenta della concorrenza operata dalle banche commerciali che usavano le aperture in conto corrente anziché le cambiali, al fine di evitare la tassa di bollo. Tale concorrenza finiva per limitare i margini di manovra della politica monetaria (Ciocca 1978).

4 – Costruzione di una banca centrale

cosiddetti conti correnti attivi di corrispondenza)[173]. Si trattava di uno strumento formalmente a breve termine che poteva però essere rinnovato indefinitamente, senza i problemi che comportava il rinnovo del credito cambiario. Dal punto di vista della banca universale, sempre più coinvolta nella vita delle imprese, questo strumento aveva il non piccolo vantaggio di consentirle di condizionarne il rinnovo a nuove clausole, per esempio la presenza di un rappresentante della banca nel consiglio d'amministrazione dell'impresa, e a nuove forme di garanzia, peraltro sempre labili trattandosi di impianti il cui valore dipendeva dal flusso di reddito che erano in grado di generare. Tra le conseguenze dello sviluppo dei conti correnti attivi di corrispondenza, oltre alla riduzione dell'ammontare della carta commerciale, vi era l'accresciuto rischio per il settore bancario: tali conti creavano uno squilibrio tra il passivo bancario composto da depositi largamente a breve termine e un attivo per sua natura di fatto a lungo termine e composto da strumenti per lo più sprovvisti di garanzie facilmente liquidabili che includevano crediti di lento realizzo[174].

Oltre ai conti correnti, le grandi banche miste usarono in questo periodo abbondantemente il contratto di riporto[175] per finanziare i propri clienti. In un caso eccezionale, la Società Bancaria Italiana impiegò nel 1902 ben il 70% del proprio attivo in operazioni di riporto e anche negli anni successivi la loro quota oscillò tra il 50 e il 40%. Secondo la Banca d'Italia

---

[173] Fu soprattutto la Comit a usare largamente questo strumento che sino al 1906 pesò per circa il 40% nel suo bilancio. A inizio Novecento, il peso dei conti correnti attivi era ugualmente elevato per il Credit, ma scese sotto il 30% dopo il 1903, arrivando a convergere con i livelli detenuti da Società Bancaria Italiana e Banco di Roma.

[174] Confalonieri (1975, p. 64) riporta per alcuni anni la composizione dei conti correnti di corrispondenza: sotto questo nome si celavano operazioni diverse, sia a breve termine come i conti detenuti presso banche all'estero o i conti «transitori» o «di pronto realizzo», sia a più lungo termine come nella voce «corrispondenti per crediti accordati».

[175] Con il contratto di riporto, il cliente (riportato) trasferisce per un dato prezzo la proprietà dei titoli alla banca (riportatore), la quale si impegna a restituire la medesima quantità di titoli della stessa specie a un prezzo prefissato. Contrariamente a quanto avviene nel caso dell'anticipazione su titoli, dati alla banca in garanzia ma non in proprietà, nel caso del riporto la banca può disporre pienamente dei titoli, anche vendendoli; è sufficiente che sia in grado di restituirne di simili a scadenza.

la preferenza per i riporti era dovuta a norme che penalizzavano le anticipazioni sia circa l'importo erogabile, che non poteva superare i 4/5 del valore dei titoli dati in garanzia, sia soprattutto circa il trattamento fiscale (Bonelli 1991, doc. 10, p. 259)[176]. Vedeva anche nei riporti, che le erano vietati, uno strumento di concorrenza indebita nei suoi confronti.

Ma, negli anni che precedono il 1907, c'era un'altra ragione dietro lo sviluppo vorticoso dei riporti: il loro stretto collegamento con le lucrose operazioni di collocamento di titoli sul mercato per conto delle imprese che volevano quotarsi o fare aumenti di capitale. Per un illuminante esempio in proposito, quello del rapporto tra la Banca Commerciale e la Società Molini Alta Italia, possiamo seguire Confalonieri (1975, pp. 150-151). Nel 1899 la Banca Commerciale aveva guidato il sindacato di collocamento della Molini Alta Italia. Questa aveva un capitale sociale suddiviso in 48.000 azioni, di cui 4.560 erano possedute dalla Banca Commerciale Italiana. Ma altre 19.500 azioni figuravano ugualmente nel bilancio della stessa sotto forma di riporti. Ciò significava che buona parte del collocamento tra il pubblico era stato effettuato finanziando gli stessi sottoscrittori con operazioni di riporto. Con questo artificio contabile le banche mascheravano l'effettivo ammontare di obbligazioni societarie e azioni in portafoglio. Si cercava cioè di nascondere il rischio di immobilizzazioni, facendo perno sull'elevata liquidità formale dei riporti. Ma nella pratica i riporti venivano rinnovati automaticamente, né in molti casi si sarebbe potuto fare diversamente per non rischiare di mettere a repentaglio la vita stessa delle imprese che, come nel caso dei conti correnti attivi, avevano fatto i propri programmi di investimento contando sulla continuità dell'apporto delle banche, indipendentemente dalla natura giuridica a breve termine dei contratti che a esse le legavano.

---

[176] In un articolo pubblicato sulla «Nuova Antologia» l'1 giugno 1906 si afferma che era normale che le banche investissero in riporti a fronte dell'aumento delle risorse raccolte (in particolar modo i depositi). Infatti le cambiali non erano sufficientemente diffuse e i crediti in conto corrente potevano trasformarsi in immobilizzazioni. I riporti invece erano considerati un'operazione «legittima e sicura» se prendevano il posto delle anticipazioni, semplicemente per ragioni fiscali (Confalonieri 1982, p. 490). Si sottolineava tuttavia il rischio che invece tali operazioni servissero solamente ad alimentare la speculazione borsistica.

Lo sviluppo dei riporti si spiega con il rapido aumento delle quotazioni azionarie che li rendeva assai convenienti per i clienti e apparentemente a basso rischio per le banche. Al tempo stesso, il largo utilizzo di questo strumento di credito relativamente nuovo, almeno nell'estensione del suo uso, aveva favorito la cosiddetta speculazione nell'operare al rialzo. Occorre qui fare brevemente un passo indietro. Per tutto l'Ottocento, il mercato azionario era stato, in Italia, limitato a un numero relativamente basso di titoli, negoziati in varie borse regionali, poco trasparenti, dominate da un piccolo numero di operatori. A questa endemica debolezza avevano contribuito due fattori strettamente collegati tra loro: la scarsa capitalizzazione delle imprese italiane e l'orientamento alla banca della finanza d'impresa. Ci vollero oltre vent'anni, dopo l'unificazione politica, per arrivare a una discreta unificazione del mercato finanziario (Toniolo, Conte, Vecchi 2003). Soltanto alla fine del secolo, l'impegno delle nuove banche universali in sindacati di collocamento di nuove emissioni non solo cominciò ad allargare l'offerta di titoli sul mercato, ma diede nuovo spessore alla Borsa di Milano dove si andò concentrando la maggioranza delle contrattazioni, facendone di gran lunga la maggiore borsa del Paese (Baia Curioni 1995). Nel primo quinquennio del nuovo secolo, insieme ai prezzi dei titoli aumentarono considerevolmente anche il numero delle società quotate[177] e il volume delle contrattazioni: la borsa italiana pareva avviata ad acquistare la liquidità, l'efficienza e la protezione dei contratti, che in altri paesi ne avevano da tempo fatto uno strumento indispensabile, accanto alla varietà degli intermediari bancari, per lo sviluppo economico moderno. Nel breve volgere di un lustro, e soprattutto tra il 1902 e il 1905, il mercato azionario italiano assorbì una quantità di nuove emissioni (nuove quotazioni e aumenti di capitale), che resterà a lungo senza confronto nella sua storia, catalizzando, con l'apporto decisivo dalle banche miste, la quasi totalità degli aumenti di capitale (ivi, p. 243). Questa dinamica promettente fu interrotta dalla crisi del 1907. Dopo di allora, il

---

[177] Nel 1903 il listino della Borsa di Milano contava 55 titoli. Erano diventati 152 nel 1907 (nel 2017 le azioni quotate a Milano erano 242).

mercato mobiliare italiano rimase, per quasi un secolo, molto sottodimensionato rispetto all'entità di un'economia avviata a essere tra le prime sette del mondo lasciando la finanza italiana zoppa, squilibrata verso la sola dimensione bancaria.

Il rapido sviluppo del mercato azionario italiano aveva elementi di intrinseca debolezza che resero effimera la stagione della sua fioritura: essi furono in parte eliminati con la crisi del 1907 ma, privata degli elementi che la sostenevano e la rendevano contemporaneamente fragile, la borsa italiana non tornò più agli splendori di quella breve stagione. Un fattore importante di fragilità derivava dalla dipendenza del mercato dai grandi operatori bancari (*ibid.*) che traevano utili importanti dalle operazioni di collocamento dei titoli, per sostenere le quali incoraggiavano le imprese a politiche di generosa distribuzione degli utili, funzionali alla crescita dei valori e del listino, ma tali da limitare l'autofinanziamento delle imprese che le avrebbe rese più indipendenti dalle banche stesse (Bonelli 1971, p. 19). Inoltre, le risorse raccolte sul mercato non erano sempre utilizzate per investimenti in capitali fissi: ad esempio, le società del *trust* siderurgico si impegnarono in operazioni finanziarie e in scambi di partecipazioni volti ad accreditare un'immagine di grandi conglomerati industrial-finanziari (ivi, p. 20); vedremo poi gli esiti di queste politiche aziendali e gli interventi che essi resero necessari, anche da parte della Banca d'Italia. Infine, la regolazione e l'organizzazione del mercato erano ancora deboli, mentre gli operatori (agenti di cambio), ben più numerosi che nelle principali borse europee, mancavano spesso di adeguate competenze ed esperienza e avevano sovente posizioni finanziarie fragili anche a causa di un limitato giro d'affari (Bonelli 1991, p. 698, doc. 57).

Nel luglio 1905, Stringher pose con forza il problema, che da tempo gli stava a cuore, della eccessiva e non regolata concorrenza bancaria, sottolineando gli effetti distorsivi del credito al mercato mobiliare (Confalonieri 1980, vol. III, p. 478). Tornò sull'argomento in settembre (Baia Curioni 1995, p. 263). Il volume dei contratti di riporto raggiunse il massimo in agosto. La successiva diminuzione fu guidata dalla Banca Commerciale e dal Credito Italiano. Solo la Società Bancaria Italiana, tra le grandi banche, mantenne «un impegno sul fronte mobiliare che [l'avrebbe condotta] a un dissesto in parte annunciato» (ivi, p. 268).

La crisi del 1893 era stata principalmente causata da un'eccessiva assunzione di rischi nell'elargizione del credito al settore delle costruzioni. Per trarre elevati rendimenti dall'abbondante liquidità generata dall'afflusso di capitali seguito alla reintroduzione della convertibilità, le banche non avevano guardato troppo per il sottile circa la serietà e l'affidabilità di chi domandava prestiti, contando sulla garanzia reale di immobili la cui rivalutazione sembrava non avere limiti. Ne derivò, come abbiamo visto, un caso precoce, di *sub-prime crisis*. La crisi del 1907 fu invece un caso di quella che Alan Greenspan ha chiamato *irrational exhuberance* degli operatori sul mercato mobiliare e si sviluppò secondo lo schema tipico codificato da Kindleberger (1978). L'introduzione di innovazioni tecniche e ristrutturazioni aziendali, accompagnate da una buona dinamica degli investimenti, produsse aspettative di ulteriore crescita in un clima di generale ottimismo, trasmesso al mercato mobiliare a sua volta sostenuto dal credito e dall'attività delle banche miste nel sollecitare e collocare aumenti di capitale e quotazioni iniziali di imprese. Come nello schema di Kindleberger, l'esuberante domanda di investimenti si risolse in un eccesso di capacità produttiva, che divenne evidente negli anni successivi al 1907, mentre il rapporto prezzo/rendimento delle azioni arrivò a livelli incompatibili con ulteriori aumenti delle quotazioni. Dopo la metà del 1905, i più avveduti tra gli operatori di borsa cominciarono a realizzare i propri guadagni di capitale. Le quotazioni cominciarono a muoversi verso valori maggiormente compatibili con la dinamica dei rendimenti attesi. Le due maggiori banche ridussero gradualmente la propria esposizione verso gli operatori di borsa. È questa, sempre secondo Kindleberger, una fase delicata nella quale è possibile un'ordinata uscita dall'*esuberanza*, con un ritorno degli indici azionari a valori più vicini a quelli compatibili con le variabili «fondamentali» dell'economia. La delicatezza del momento sta nell'elevata probabilità dell'incidente di percorso. È raro che la fase «euforica» non lasci in eredità l'insolvenza di imprese, agenti di borsa e, soprattutto, intermediari bancari. Se questi ultimi sono sufficientemente grandi, le probabilità del contagio al resto del sistema finanziario e all'economia reale sono elevate.

L'umore ribassista, che sin dall'aprile 1906 si era diffuso nel mercato per il rialzo dei tassi di interesse internazionali in seguito al disastroso terremoto di San Francisco, si consolidò, in ottobre, per l'insolvenza dell'agente di borsa Ferruccio Prina, che, operando con la Banca Commerciale, aveva preso a riporto titoli siderurgici, in particolare quelli della Terni della quale era presidente. I titoli della società furono investiti da una forte ondata di vendite che durò qualche settimana, poi contenuta da un'immissione di liquidità da parte della Banca d'Italia (Bonelli 1982, p. 56). Quest'ultima derubricò «la depressione di Genova, che ebbe momenti acuti» come semplice «crisi di borsa» con caratteri propri, da non confondersi con le condizioni del mercato italiano che, a suo giudizio, restavano solide. Anzi, secondo la Banca d'Italia, la crisi aveva messo in luce la «saldezza nella struttura della finanza genovese», che offriva alla comunità degli affari addirittura un «ammonimento di ordine morale»[178]. Questo commento evidenzia la convinzione della Banca che gli alti e bassi delle borse non meritassero troppa attenzione, a meno che non compromettessero la stabilità di importanti istituti di credito, della quale si sentiva invece già responsabile. Dal giudizio complessivo della Banca sugli avvenimenti del 1906 traspaiono anche la rinnovata diffidenza per l'eccessiva concorrenza tra gli istituti di credito, per la quale lamentava di non possedere strumenti di intervento, e il disprezzo per la «speculazione», in mano a piccoli *parvenus*, accanto alla lode per la «mirabile potenza assorbitrice e riparatrice» della finanza «sana», gestita da mani esperte e prudenti. Entrambe queste convinzioni caratterizzeranno a lungo la cultura di via Nazionale.

La relativa tranquillità del mercato fu di breve durata. Nel gennaio 1907, il crollo della Borsa di Tokyo rese illiquidi o insolventi numerosi istituti di credito provocando una corsa agli sportelli. Tra marzo e aprile, le piazze finanziarie in diversi paesi registrarono forti tensioni ribassiste. In maggio,

---

[178] Banca d'Italia, *Adunanza generale ordinaria degli azionisti*, Roma, 28 marzo 1907, pp. 6-7.

un altro genovese, Francesco Parodi, si dichiarò insolvente su contratti rialzisti allo scoperto (Baia Curioni 1995, p. 268) relativi soprattutto ad azioni della «Società Ligure Ramifera». In maggio Stringher organizzò un incontro con le quattro maggiori banche miste per proporre un accordo affinché la riduzione degli investimenti nel mercato mobiliare avvenisse in maniera graduale, limitando i costi dell'aggiustamento. La proposta tuttavia fu rifiutata: i dirigenti della Comit, del Credit e del Banco di Roma affermarono di non ritenere particolarmente grave la situazione. La Società Bancaria Italiana, che non partecipò all'incontro, si imbarcò nell'impresa di sostenere da sola i prezzi dei titoli che aveva in portafoglio. Le altre banche miste, invece, abbandonarono la borsa (Bonelli 1971, p. 64). Intanto, gli agenti e il Sindacato di borsa, con il pretesto di non voler cominciare nuove contrattazioni finché i titoli sospesi non fossero stati liquidati, rimandarono con uno sciopero la liquidazione di fine mese. Era un'azione illegale che consentiva però ai più esposti tra loro di cercare di ricoprirsi (Baia Curioni 1995, p. 269). Si creò così una situazione di incertezza economica e istituzionale.

La crisi si fece più intensa quando emerse che i riporti sulle azioni della Ligure Ramifera erano stati in larga parte finanziati dalla Società Bancaria Italiana. La Banca d'Italia si mise in prima linea per calmare il mercato, ma si scontrò con la scarsa collaborazione della Comit e del Credit. Nota Bonelli che in quell'occasione Stringher si rese conto per la prima volta quanto i due maggiori istituti ordinari di credito fossero disposti a rischiare pur di trarre vantaggio dalle difficoltà di una banca rivale (Bonelli 1971, p. 68). L'intervento richiese dunque più tempo del previsto e la Borsa di Genova rimase chiusa parecchi giorni. La Banca d'Italia, responsabile della stanza di compensazione, fu accusata, insieme al governo e alla magistratura, di aver protetto gli speculatori. Sulla scia degli scandali borsistici, fu approvato il decreto 9 giugno 1907, n. 299, volto a limitare i comportamenti speculativi. Le nuove disposizioni stabilirono che, ai fini dell'ammissione in borsa, le società dovessero avere pubblicato i bilanci per almeno due esercizi e modificarono la disciplina sulla formazione del listino, che rispecchiava una parte troppo limitata dei contratti (Galanti, D'Ambrosio, Guccione 2012, pp. 265-267). I nuovi interventi furono da più parti considerati insufficienti (Confalonieri 1982, vol. II, p. 490), anche perché poco incisivi riguardo agli agenti di cambio, spesso privi di formazione, competenze e capitali adeguati (Bonelli 1991, p. 698, doc. 57).

La discesa degli indici azionari non cessò. Coinvolse i principali titoli del listino, tra i quali quello della Banca d'Italia. Stringher, dopo avere ridotto, l'anno prima, i tassi per non fare mancare i mezzi necessari alle liquidazioni di borsa, decise in luglio di alzare quelli di favore al 5%, allineandoli con quello ufficiale di sconto (ivi, p. 554), anche per rendere più costoso l'operare al ribasso (Bonelli 1971, p. 72). In una lettera al presidente della Camera di Commercio di Genova, Stringher spiegò le ragioni ufficiali del provvedimento. La Banca d'Italia – scrisse – era precedentemente intervenuta per fornire i mezzi necessari a un buon svolgimento delle liquidazioni. Raggiunto l'obiettivo, tuttavia, «sarebbe stato non pure errore ma vera colpa se essa non avesse provveduto con efficacia al tutelare le proprie riserve e la propria circolazione» (Baia Curioni 1995, p. 272). Con la stretta monetaria, il mercato continuò a contrarsi.

La situazione precipitò in settembre, in coincidenza con un forte ribasso dei prezzi delle azioni nelle principali borse mondiali. Le banche estere tagliarono le linee di credito non solo agli «speculatori», ma anche agli istituti corrispondenti dei paesi periferici, tra cui l'Italia. La politica delle grandi banche miste italiane, utile allo sviluppo di un'economia in ritardo, era stata poco attenta ai rischi d'immobilizzo, che divennero insostenibili per la più debole tra esse, la Società Bancaria Italiana.

Facciamo, a questo punto, brevemente un passo indietro. La Società Bancaria Italiana, ultima arrivata tra le grandi «banche miste»[179], aveva realizzato una rapida crescita vista con favore a via Nazionale, alla cauta ricerca di contrappesi al potere dei due colossi milanesi che avevano scelto, come abbiamo visto, una linea di indipendenza, per quanto prudente

---

[179] Era nata nel 1898 come Società Bancaria Milanese e aveva cambiato la ragione sociale in «Italiana» nel 1904.

4 – Costruzione di una banca centrale

e rispettosa, dal principale istituto di emissione. Al contrario della Banca Commerciale e del Credito Italiano, la Società Bancaria si affacciava sovente alla finestra del risconto di via Nazionale (Bonelli 1971, p. 32). Le difficoltà della Società Bancaria Italiana emersero all'improvviso, o almeno colsero di sorpresa la Banca d'Italia il cui ispettore[180], Domenico Gidoni, poco più di un anno prima aveva assicurato Stringher che su di essa «nulla vi [era] da dire di men che favorevole». Gidoni aveva sottolineato la presenza «di giri di comodo per procurarsi liquidità» e di un «largo ricorso al credito», ma ne aveva derubricato il pericolo anche per l'imminenza del versamento delle quote di un aumento di capitale perfezionato poco prima e fortemente sponsorizzato dalla stessa Banca d'Italia. Gidoni aveva enfatizzato anche l'abilità e la fortuna con cui la sede di Genova della Società Bancaria era diretta da Giuseppe Bruzzone[181]. Gidoni però mancò di indicare nel proprio rapporto che i fratelli Bruzzone, insieme a Bozano e Cortese, tra i più spregiudicati speculatori alla Borsa di Genova, detenevano complessivamente quasi il 50% delle azioni della banca. Le successive difficoltà della Società Bancaria Italiana sorsero in buona parte proprio perché gli azionisti del gruppo genovese avevano sfruttato la propria posizione dominante per finanziare operazioni di borsa (ivi, p. 36). Qualche mese dopo il rapporto di Gidoni, nel dicembre dello stesso anno, lo sviluppo vorticoso degli impieghi, evidenziando l'elevato grado di immobilizzo della banca, destò, forse per la prima volta, la preoccupazione di Stringher.

È probabile che inizialmente Credit e Comit sperassero di trarre vantaggio dalla crisi della Società Bancaria Italiana, da sempre vista come un *parvenu* incompetente. Compresero però presto il rischio di essere a loro volta contagiate dal panico

---

[180] La Banca d'Italia non ebbe poteri ispettivi sul sistema bancario sino al 1926. Per conoscere la situazione di singoli istituti si avvaleva soprattutto delle istruttorie effettuate dalle proprie filiali in occasione della concessione di linee di credito. Nei casi più rilevanti, come era certamente quello della Società Bancaria Italiana, l'istruttoria era svolta con particolare cura, chiedendo accesso ai dati del cliente e condotta da funzionari esperti, ispettori incaricati delle ispezioni presso le filiali stesse.

[181] Gidoni a Stringher, 22 maggio 1906, ASBI, Ispettorato, Cartella 211 (Bonelli 1991, pp. 682 ss., doc. 56).

prodotto dalla corsa agli sportelli. Si accinsero pertanto a tagliare il credito ai clienti per accrescere la liquidità disponibile (ivi, p. 58). Causarono in tal modo un considerevole aumento delle richieste di sconto presso la Banca d'Italia la quale dopo la metà di agosto rispose, secondo il precetto di Bagehot, con l'aumento del tasso di favore e la soddisfazione di quasi tutte le domande di sconto e anticipazione su titoli. Stringher temeva che la crisi di una grande banca si trasmettesse alla produzione e all'occupazione, mettendo in difficoltà soprattutto gli istituti minori che, di fronte al razionamento del credito da parte delle grandi banche miste, avevano aumentato l'attività di sconto di cambiali industriali, riscontandole poi presso la Banca d'Italia. Se la crisi avesse determinato un forte aumento dei fallimenti di imprese industriali, le difficoltà degli istituti di credito minori avrebbero avuto ripercussioni sulla stessa Banca, appesantendone il bilancio di nuove immobilizzazioni (ivi, p. 87).

In settembre, mentre giungevano notizie non confortanti dalle piazze straniere, si diffusero voci sulle difficoltà della Società Bancaria, determinando non solo un'ulteriore flessione del titolo in borsa, ma soprattutto un considerevole ritiro dei depositi che si ridussero nel solo giro di un mese da 36 a 32 milioni. Fu chiaro che la Società Bancaria non sarebbe stata in grado di far fronte a lungo alle richieste di rimborso. L'attivo liquido ammontava ormai a poco più di 7 milioni, poiché la maggior parte del portafoglio cambiario era difficilmente liquidabile e i 45,7 milioni di capitale erano investiti in riporti, titoli e partecipazioni di difficile realizzo (ivi, p. 95). Non era d'altronde facile per la Bancaria ottenere nuove aperture di credito dalla Banca d'Italia, che l'aveva sino ad allora costantemente sostenuta: il risconto era elevatissimo (22,5 milioni al 30 settembre) ed erano rimasti ben pochi titoli di Stato utili per ottenere anticipazioni.

La Banca d'Italia fu dunque costretta ad agire. Al senso di responsabilità per la stabilità finanziaria del Paese si intrecciavano gli interessi privati della Banca: da un lato il bisogno di invertire il trend negativo del proprio titolo in borsa, dall'altro la necessità di proteggere sia i crediti diretti concessi alla Società Bancaria Italiana, sia le cambiali garantite da personaggi a essa legati. Dati i vincoli all'aumento della

4 – Costruzione di una banca centrale

circolazione, la Banca fece fronte alle «esigenze del mercato col ritiro di crediti all'estero» e con la graduale riduzione dei titoli cambiari precedentemente scontati in condizioni di prezzo favorevoli[182]. Il ritiro delle linee di credito all'estero, prassi comune alle banche di emissione dei principali paesi, veicolava la trasmissione internazionale della crisi.

All'inizio di settembre fu costituito a Genova un consorzio per salvare la ditta De Ferrari prendendo a riporto dalla stessa 6.900 azioni della Società Ligure Ramifera. Vi parteciparono le principali case bancarie della piazza, a eccezione della Banca Commerciale e della Banca d'Italia. Quest'ultima però fornì al consorzio stesso «i fondi occorrenti per attuare la propria azione» di salvataggio. La Banca acconsentì all'operazione per evitare, disse Stringher, se possibile, «la rovina di quel mercato, liquidando per gradi una posizione che potrebbe avere gravi conseguenze da un repentino tracollo»[183]. Di fronte alle perplessità di alcuni consiglieri e dello stesso Tesoro, Stringher disse che l'intervento «vivamente invocato» era stato fatto «nell'interesse generale del mercato», anche in coerenza con posizioni più volte espresse dal Consiglio superiore circa «l'azione della Banca e la sua cooperazione a vantaggio dell'andamento finanziario ed economico del paese»[184]. In occasione di un'operazione relativamente minore di credito di ultima istanza, la Banca d'Italia espresse, in modo semiufficiale, la visione, ormai pacificamente accettata almeno al proprio interno, della propria missione di tutela della stabilità dell'intero sistema economico. A poche settimane di distanza, questa razionalizzazione del ruolo assunto di fatto dalla Banca, con il consenso tacito di governo e Parlamento, venne buona per giustificare un intervento di ben altre dimensioni.

Alla fine di settembre, la direzione centrale di via Nazionale giunse alla conclusione che l'esposizione complessiva di 22,5 milioni verso la Società Bancaria Italiana era eccessiva. Ci si era arrivati perché le locali commissioni di sconto, tra loro

---

[182] ASBI, Banca d'Italia, Verbali del Consiglio superiore, seduta del 26 agosto 1907, pp. 403-404.
[183] ASBI, Banca d'Italia, Verbali del Consiglio superiore, seduta del 16 settembre 1907, p. 433.
[184] Ivi, pp. 435-436.

scarsamente coordinate, avevano sempre ritenuto di scontare cambiali sicure perché di ottima firma. A fine settembre, per seguire la prosa asettica di Stringher, «si manifestarono delle preoccupazioni per la situazione della Società (Bancaria) nella tema che essa avesse eccessivamente immobilizzato le sue disponibilità»[185]. È quanto abbiamo visto sopra. Stringher pensò, dunque, di costruire un consorzio di banche, capeggiate dalla Comit e dal Credit, per il sostegno alla Società Bancaria Italiana. Le trattative iniziarono il 1° ottobre, ma la ripartizione dei 50 milioni da raccogliere si rivelò subito complicata: Stringher disse di poterne mettere 7, considerando che aveva già in essere con la Società Bancaria 23 milioni di risconti e anticipazioni. Comit e Credit però misero come condizione alla loro partecipazione un contributo aggiuntivo degli istituti di emissione di 25-30 milioni. Stringher dapprima resistette ma, quando vide nei conti decadali del 10 ottobre che l'esposizione della Banca d'Italia era salita di 7,2 milioni dall'inizio del mese[186], comprese che le condizioni della Bancaria erano critiche e non vi era un giorno da perdere. Accettò dunque le condizioni poste da Credit e Comit. L'11 ottobre fu costituito un «Consorzio Sovventore della Bancaria». Le banche consorziate si impegnarono a scontare cambiali dell'istituto illiquido per un totale di 20 milioni; una volta esauriti questi, sarebbero intervenuti gli istituti di emissione con 25 milioni; in ultima istanza, le banche consorziate avrebbero aggiunto altri 5 milioni. La liquidità necessaria a mettere in campo i 20 milioni forniti dal Consorzio sarebbe arrivata tramite risconti presso la Banca d'Italia di pagherò rilasciati a tali banche dalla Società Bancaria Italiana, in modo da non ridurre, in un momento delicato, la liquidità degli istituti appartenenti al Consorzio. Restò dunque sulle spalle della Banca d'Italia la responsabilità di fornire al sistema tutto il credito di ultima istanza necessario.

L'operazione richiedeva però alla Banca d'Italia un aumento straordinario della circolazione. Da tempo Stringher, proprio

---

[185] ASBI, Banca d'Italia, Verbali del Consiglio superiore, seduta del 28 ottobre 1907, pp. 463-464.
[186] Fu la sede di Milano a concedere 7 milioni di sconto nei primi giorni di settembre, mentre già si negoziava la costituzione del Consorzio (ivi, p. 464).

4 – Costruzione di una banca centrale

in previsione di circostanze come quella dell'autunno 1907, aveva cercato inutilmente di ottenere dal governo maggiore flessibilità nella determinazione dei tassi e dei volumi di emissione[187]. La memoria dei primi anni Novanta e la diffidenza del Parlamento e dell'opinione pubblica circa la capacità degli istituti di emissione di fare buon uso di una flessibilità discrezionale avevano sino ad allora vanificato le richieste di Stringher. Né parve opportuno al governo, benché «amico» della Banca[188], concedere deroghe formali alle richieste di via Nazionale sotto il «ricatto» dell'emergenza. L'aiuto del governo fu decisivo ma avvenne in segreto trasferendo, tra settembre e novembre, sul proprio conto presso la Banca d'Italia 60 milioni in metallo dalla propria riserva (Bonelli 1971, pp. 136-138). Ciò permise all'istituto di emissione di aumentare la circolazione senza derogare alle leggi vigenti: la quasi totalità dei biglietti emessi oltre il limite normale godette pertanto di una piena copertura metallica (ivi, p. 182, tab. 18). Fu, dunque, l'elevato ammontare di riserve auree di cui poteva in quel momento disporre il Tesoro a rendere possibile una tempestiva gestione della crisi[189], evitando gli strascichi di polemiche e gli effetti sui mercati che avrebbero accompagnato l'approvazione d'urgenza di un disegno di legge per accrescere i limiti alla circolazione. La legge a lungo auspicata da Stringher fu poi varata non appena superata l'emergenza.

L'immissione di liquidità fu notevole: in un mese, tra il 20 settembre e il 20 ottobre, la circolazione della Banca d'Italia aumentò di oltre il 6% ma i risultati, almeno inizialmente, furono limitati. A metà ottobre, all'indomani dell'accordo, i corsi delle azioni della Società Bancaria crollarono nuovamente. Furono attaccati anche i titoli dei partecipanti al Consorzio, della solidità dei quali il mercato cominciava a dubitare, nel timore – che si dimostrò presto fondato – che le risorse stanziate

---

[187] Ad esempio, si può vedere un documento indirizzato dalla Banca d'Italia al ministro Carcano del 25 gennaio 1907 (Bonelli 1971, pp. 203 ss., doc. 9).
[188] Si tratta del III governo Giolitti, in carica dal maggio 1906 al dicembre 1909, con Carcano al Tesoro.
[189] L'opera del governo ebbe comunque degli aspetti contraddittori. Infatti da un lato facilitò l'immissione di liquidità da parte della Banca d'Italia, dall'altra richiese sul proprio conto presso la Banca d'Italia un tasso di interesse rilevante (1 punto percentuale in più oltre la tassa di circolazione; Bonelli 1971, p. 86, n. 48).

per la banca pericolante risultassero insufficienti. A rendere ancora più difficile la situazione, un ispettore della stessa Società Bancaria scoprì che il direttore Bruzzone della sede di Genova aveva tenuto nascosti alla propria direzione generale dati contabili essenziali: un forte ritiro di depositi e rilevanti chiusure di linee di credito estere. I riporti erano inoltre più elevati di quanto dichiarato e così le perdite complessive[190]. Dei 20 milioni di sovvenzioni del Consorzio, 15 erano stati già utilizzati e 5 lo sarebbero stati entro una settimana.

In questo quadro, Stringher si stava convincendo che non ci fosse alternativa a una liquidazione ordinata della Società Bancaria (ivi, p. 119), gestita dal Consorzio Sovventore. Sia Comit sia Credit dissero però di non essere in grado di assumersi anche gli impegni della liquidazione. Stringher, stupito dal fatto che le due grandi banche non cogliessero l'occasione per liberarsi di un concorrente, vide che non gli restava altra strada che continuare l'impegno per il salvataggio (ivi, p. 120). Il 7 novembre, a seguito di un nuovo accertamento sulle effettive necessità, il Consorzio Sovventore della Bancaria giunse a un nuovo accordo, in base al quale le risorse messe a disposizione della banca in crisi sarebbero quasi raddoppiate (ivi, pp. 210-211, tab. 38), a condizione che gli amministratori della stessa si «obbligassero personalmente e solidalmente fra loro a garantire il pagamento integrale e puntuale di tutti i creditori sociali [...] fino alla concorrenza di 30 milioni»[191]. Su questa base, furono forniti al Consorzio mezzi freschi[192]. Complessivamente, i due accordi ammontavano a 90 milioni, di cui 63 risultarono effettivamente utilizzati al 9 dicembre. Per farsi un'idea dell'ammontare del sostegno offerto alla Società Bancaria Italiana basta dire che, al 31 dicembre 1906, il totale attivo di quest'ultima era pari a 246 milioni e il totale del patrimonio (incluse le riserve) sfiorava i 60 milioni. Più di

---

[190] ASBI, Banca d'Italia, Verbali del Consiglio superiore, seduta del 18 novembre 1907, p. 504.
[191] Ivi, p. 506.
[192] 24 milioni furono conferiti dagli istituti di emissione (20 la sola Banca d'Italia) e 16 da parte di Comit, Credit e Banco di Roma (quest'ultimo solo per un milione). Le altre banche del Consorzio non stanziarono risorse aggiuntive rispetto agli accordi dell'11 ottobre.

metà dei fondi effettivamente utilizzati fecero capo alla Banca d'Italia (34 milioni); seguirono la Comit (11,5 milioni) e il Credit (8,6 milioni). Il ruolo del Banco di Napoli e di quello di Sicilia fu marginale.

Il nuovo accordo fu siglato in un clima di forte apprensione, nel momento in cui stava per raggiungere l'acme la diffusione all'Europa della crisi iniziata negli Stati Uniti. Nei primi giorni di novembre le principali banche di emissione, per proteggere le riserve, deliberarono nuovi aumenti dei tassi ufficiali di sconto, in un quadro in cui ciascuno cercava con ogni mezzo di accaparrare liquidità. Fu in quel frangente che Luigi Luzzatti si convinse della necessità di ridurre i rischi di «guerra monetaria» intensificando la cooperazione internazionale (Toniolo 2005). Nel giro di una decina di giorni, la Bank of England portò il tasso di sconto dal 4,5 al 7%, la Reichsbank dal 5,5 al 7,5%, la Banque Nationale de Belgique dal 5 al 6%. Si diffusero voci, non confermate né smentite, che la Banque de France fosse intervenuta con anticipazioni a favore della Bank of England[193], le cui riserve si erano troppo assottigliate. L'8 novembre anche il governo italiano, in accordo con Stringher, decise di aumentare il saggio ufficiale di sconto dal 5 al 5,5%: era la prima modifica dal 1894. Governo e Banca d'Italia giustificarono il provvedimento dicendo di essere pronti a mettere in sicurezza il sistema bancario e finanziario, ma di volere essere, al tempo stesso, intransigenti con la speculazione. Si trattava, comunque, del tasso più basso tra quelli dei principali paesi, segno che l'efficace gestione della crisi bancaria aveva in gran parte scongiurato la minaccia di una forte uscita di capitali. Per fare seguire alle parole i

---

[193] È molto interessante studiare l'operato della Banque de France durante la crisi del 1907; Bonelli (1971, p. 42) ne traccia un breve riassunto. Nel marzo del 1907, di fronte alla discesa dei corsi, la Banque de France innalzò i tassi di 50 punti base dal 3 al 3,5% (lo fece ancora nel novembre): una mossa importante per un'istituzione abituata a muovere raramente il saggio ufficiale. Ritirò oro a New York e liquidò il proprio portafoglio su Londra, impedendo che tale piazza potesse usare le risorse per finanziare la speculazione americana. Raccolse e custodì in tal modo importanti risorse che si rivelarono determinanti in autunno quando la Bank of England si trovò a dover affrontare la fuoriuscita di oro: a quel punto, tramite la piazza londinese, la Banque de France riuscì a far immettere nei circuiti internazionali la liquidità di cui c'era bisogno.

fatti, il 13 novembre fu approvato un decreto che mirava a colpire l'uso speculativo dei contratti a termine, introducendo il «diritto allo sconto» in base al quale il compratore poteva chiedere al venditore la consegna anticipata dei titoli contro il pagamento del prezzo convenuto. Questa norma fu però oggetto di forti critiche, non solo riguardo all'efficacia, ma anche alla sua legalità[194].

Stringher si spese anche per la costituzione di un altro consorzio, chiamato «Consorzio di difesa», a sostegno dei corsi. La Banca d'Italia, già fortemente immobilizzata, poteva solo esercitare pressioni morali sugli istituti bancari invitati a partecipare. Questi però ritennero fondamentale il coinvolgimento della Società per le Strade Ferrate Meridionali (una finanziaria nata dalla nazionalizzazione del 1905) e, soprattutto, della Cassa di Risparmio delle Province Lombarde. Quest'ultima, pur essendo la maggiore azienda di credito italiana per dimensione dell'attivo, mostrava da sempre ritrosia verso operazioni che potevano minare la sua indiscutibile solidità, allontanandola dal ruolo di impeccabile custode dei depositi. La trattativa, dunque, si protrasse a lungo, tanto che il 12 novembre Stringher riferì a Joel il disappunto di Giolitti per il ritardo chiedendogli di intervenire con maggiore decisione presso le altre banche per chiudere l'accordo. Il 15 novembre la Cassa di Risparmio delle Province Lombarde si convinse a firmare un accordo con il quale si impegnava a fornire in comodato al Consorzio di difesa i titoli di Stato necessari a ottenere anticipazioni dalla Banca d'Italia. Il Consorzio ebbe finalmente le risorse necessarie per iniziare a operare. Intanto un gruppo di industriali si era rivolto a Giolitti per costituire un proprio consorzio per il sostegno dei corsi. Stringher si oppose: dovevano essere le banche a occuparsene, facendo attenzione a non incorrere in immobilizzazioni industriali o a finanziare la speculazione. Oltretutto Stringher era scettico sulla capacità degli industriali di intervenire. L'episodio evidenzia le

---

[194] Si veda la discussione nella seduta del 16 dicembre 1907 della Camera dei deputati (pp. 18374-18390). La storiografia si è divisa sulla rilevanza del provvedimento: Confalonieri afferma che esso giocò un ruolo decisivo nell'arrestare la corrente ribassista (Confalonieri 1982, p. 490), Bonelli invece ne ridimensiona la portata (Bonelli 1982, p. 61).

4 – Costruzione di una banca centrale

difficoltà del mondo della produzione stretto tra razionamento del credito e chiusura del canale di finanziamento in borsa (Bonelli 1971, p. 143).

Attorno alla metà di novembre, il grande panico dei mercati azionari si attenuò, dando luogo a un rimbalzo durato un paio di mesi[195], ma sufficiente a migliorare le aspettative. Nel giro di poco tempo si erano coagulati provvedimenti che contribuirono ad allentare la pressione ribassista: era stato aumentato il tasso ufficiale, introdotto il «diritto di sconto», reso operativo il Consorzio di difesa. Anche le notizie che provenivano dall'estero contribuirono a migliorare il clima interno. Soprattutto, la Società Bancaria Italiana reagiva sorprendentemente bene alla cura somministratagli dal Consorzio, allontanando i timori di diffusione del contagio ad altri intermediari[196].

La commissione di vigilanza sulla gestione della Società Bancaria, composta da un membro della Banca d'Italia, uno della Comit, uno del Credit, impose una svalutazione di 30 milioni dell'attivo, utilizzando 10 milioni delle riserve e 20 del capitale sociale, che fu poi reintegrato dai vecchi azionisti e da investitori stranieri, soprattutto francesi (ivi, p. 153). Un tassello importante dell'operazione fu, nel marzo 1908, la designazione alla direzione della Bancaria di Roberto Calegari, direttore della filiale di Torino della Banca d'Italia e fidato collaboratore di Stringher. Grazie alla sua prudente gestione e agli stretti rapporti con via Nazionale, nel giugno 1908 tutti i debiti con gli enti sovventori erano stati estinti, in parte grazie alla liquidazione di partite attive e alle nuove immissioni di capitale, in parte con l'accresciuto risconto alla Banca d'Italia. Il Consorzio fu sciolto alla fine del 1908. La Banca d'Italia, il cui prestigio era già cresciuto con la conversione della Rendita, uscì rafforzata dalla crisi del 1907. Tanto che ottenne a fine anno da governo e Parlamento due misure

---

[195] Gli indici di borsa, dopo una breve ripresa, continuarono a scendere fino al 1909, con alcuni episodi più intensi come quello del febbraio 1908 (cfr. fig. 4.5).
[196] L'esposizione della Banca d'Italia verso la Società Bancaria Italiana, cresciuta nel solo mese di novembre da 31 a 43 milioni, era già scesa di 2 milioni il 17 dicembre (ASBI, Banca d'Italia, Verbali del Consiglio superiore, seduta del 21 dicembre 1907, p. 575).

che aveva da tempo richieste. Una convenzione stipulata il 26 novembre con il governo modificò in importanti aspetti quelle del 1894 e del 1896. Riconoscendo alla Banca di avere ridotto della metà le partite immobilizzate[197], il governo consentì alla riduzione della tassa sui biglietti in circolazione da 25 a 10 centesimi di lire. Il mese dopo, la legge 31 dicembre 1907, n. 804, modificò le precedenti leggi bancarie accogliendo in buona parte le richieste della Banca d'Italia. In particolare, i limiti alla circolazione furono resi più ampi e flessibili, venne allargata la facoltà di applicare tassi di sconto «di favore» e «ridotti» e fu aumentato fino a nove decimi del valore dei titoli dati in pegno l'ammontare dell'anticipazione consentita. Tutte queste misure rispondevano all'esigenza sentita da Stringher, resa più forte dalla crisi del 1907, di disporre di maggiore flessibilità nella gestione della politica monetaria e delle situazioni di illiquidità degli intermediari. L'esperienza di questa prima importante crisi bancaria successiva alla nascita della Banca d'Italia e gli strumenti di intervento utilizzati in questa occasione si riveleranno utili in analoghe circostanze successive.

9. *Salvare la siderurgia*

Nata a Terni nel 1884 (Bonelli 1975) con l'aiuto dello Stato, la moderna siderurgia italiana era, a fine secolo, ancora nella sua infanzia[198], con dimensioni molto al di sotto di quelle dei maggiori paesi europei. Sfavorite dalle scarsità di minerali di ferro e di carbone domestici, alla quale si era cercato di porre rimedio nel 1887 con la protezione doganale, le imprese metallurgiche italiane di fine Ottocento producevano a costi elevati, in impianti per lo più di piccole dimensioni, alimentati in larga misura dal rottame. A inizio secolo fu creato «un

---

[197] Sino ad allora, il governo non aveva riconosciuto la riduzione perché ottenuta in parte con accantonamenti piuttosto che con l'effettiva alienazione delle partite immobilizzate.
[198] La produzione di acciaio nel 1897 era di sole 60.000 tonnellate (Romeo 1988, p. 62) e quella di semilavorati di ferro e acciai di circa 163.000 (Ciccarelli, Fenoaltea 2014, pp. 34-35).

grande gruppo siderurgico cantieristico (Odero-Orlando), favorito dallo Stato con la concessione praticamente gratuita dello sfruttamento delle miniere dell'Elba» (Romeo 1988, p. 61). Nel 1897 nacque la Società Altiforni e Fonderie di Piombino per la produzione di ghisa all'altoforno a coke. Grazie a queste iniziative, la produzione nazionale di acciaio ebbe un enorme sviluppo, raggiungendo nel 1913 quasi il milione di tonnellate; quella di semilavorati di ferro e acciaio superò le 700.000 tonnellate (Ciccarelli, Fenoaltea 2014, pp. 34-35), sostituendo in buona misura i prodotti importati, malgrado l'elevato prezzo dei prodotti nazionali sostenuto non solo dalla dogana, ma anche da accordi (cartelli) per il sostegno della produzione e dei prezzi stessi (Amatori, Felisini 2017; Barbiellini Amidei, Gomellini 2017). In queste condizioni tecniche e strutturali, il rallentamento della crescita della domanda dopo il 1908 aveva prodotto una situazione di eccesso di capacità produttiva che fu all'origine del primo rilevante intervento della Banca per il sostegno, seppure indiretto, di un settore manifatturiero.

Il 28 marzo 1911, il direttore generale informò riservatamente la Giunta del Consiglio superiore che le maggiori imprese siderurgiche, «allo scopo di impedire una sovraproduzione che risulterebbe dannosa all'industria e di evitare pericolose conseguenze nei prezzi, sono venute tra loro a un'intesa per un esercizio industriale che avrà la durata di dodici anni. Questo accordo, mediante una ben regolata ripartizione del lavoro, renderà meno costosa la produzione e consentirà alla società gerente di utilizzare opportunamente tutte le forze di cui dispongono le consociate»[199]. In altre parole, Stringher si riferiva alla blindatura, in forma societaria, di un cartello per regolare le produzioni siderurgiche e quindi i prezzi dei prodotti. I cartelli, accordi per limitare la concorrenza e sostenere i prezzi, erano diffusi nell'Europa di inizio secolo e l'Italia non faceva eccezione. Ma perché se ne occupava la Banca d'Italia? Trattandosi di un'istituzione che ambiva ad assumere i caratteri di una moderna banca centrale e aveva

---

[199] ASBI, Verbali della Giunta del Consiglio superiore, 28 marzo 1911, pp. 69-70.

mosso, come si è visto, grandi passi in quella direzione, la domanda va indubbiamente posta. La risposta semplice, ma parziale, si trova in un secondo accordo, di natura finanziaria, siglato tra banche e imprese siderurgiche per la «sistemazione» finanziaria di queste ultime al quale l'Istituto di via Nazionale partecipò in veste di banca creditrice.

Abbiamo già osservato che l'avere mantenuto un rapporto diretto con imprese non finanziarie male si conciliava con l'obiettivo di divenire una moderna banca centrale, soprattutto perché rendeva ambigui i rapporti con gli istituti di credito dei quali pure avrebbe voluto essere il banchiere di riferimento per il risconto. Se formalmente la Banca d'Italia fu coinvolta nella vicenda siderurgica in veste di creditore, essa fu il maggiore artefice dell'accordo finanziario e quindi, indirettamente, di quello economico-societario. Essa giocò nella crisi siderurgica una partita simile a quella giocata nel salvataggio della Società Bancaria Italiana. In quest'ultimo caso, tuttavia, la Banca svolgeva indubbiamente un compito tipico di una banca centrale, quello che principalmente la distingue da una semplice banca di emissione: tutelare la stabilità del sistema dei pagamenti e del credito. Nel caso della siderurgia, invece, la Banca si mosse per salvare un settore ritenuto importante, addirittura strategico, per lo sviluppo del Paese la cui crisi non minacciava però di diventare sistemica provocando il fallimento a catena degli istituti creditori. È pertanto quantomeno dubbio che l'intervento diretto a favore di un settore manifatturiero in crisi, con il pericolo, come sottolineò lo stesso Stringher, di appesantire il bilancio del suo Istituto di nuovi immobilizzi, andasse nella direzione di creare una banca centrale secondo i criteri che si andavano allora affermando. Non sappiamo se Stringher si sia posto seriamente il problema; in ogni modo il «salvataggio» dell'acciaio fu il primo di molti a favore di conglomerati manifatturieri ai quali la Banca d'Italia partecipò, in diverso modo, sino alla fine degli anni Trenta.

La questione siderurgica è stata molto dibattuta all'epoca e molto studiata successivamente. Riprendere i termini della discussione ci porterebbe lontano dal tema di questo libro. Per comprendere le ragioni del coinvolgimento della Banca d'Italia nella riorganizzazione del settore è però utile capire il ruolo che allora si attribuiva alla siderurgia per lo sviluppo di un Paese che possedeva in quantità limitata le materie prime necessarie alla produzione di acciaio (carbone e minerale di ferro). Nel 1881, l'Italia produceva meno di 300.000 tonnellate di prodotti ferrosi semifiniti (Fenoaltea 2017), contro i circa due milioni di tonnellate del Regno Unito e il milione della Germania. La produzione avveniva principalmente in piccole e medie fonderie sparse sul territorio nazionale, operanti con tecnologie arretrate e gravate dall'elevato costo della materia prima nazionale. Nel 1883 il ministero della Marina promosse un'indagine sulla produzione d'acciaio e indicò Terni come la località più adatta, soprattutto per ragioni strategiche, alla localizzazione di un moderno impianto siderurgico. L'anno dopo, un gruppo di industriali, riunito attorno a Stefano Breda, fondò la Società degli Altiforni e Fonderie di Terni, con la garanzia di commesse militari e il finanziamento di grandi istituti di credito tra i quali la Banca Nazionale nel Regno[200]. Per sostenere la poco competitiva industria italiana, la tariffa doganale del 1887 introdusse forti dazi all'importazione di prodotti siderurgici. La Terni continuò tuttavia a operare con impianti sovradimensionati rispetto alla domanda interna, in gran parte pubblica.

Dopo il fallimento dei principali istituti finanziatori nel 1893-1894, la neonata Banca d'Italia intervenne con una nuova linea di credito, di natura difensiva dei prestiti già erogati, condizionata a un riassetto societario. Entrarono allora nella Terni Attilio Odero e Giuseppe Orlando, industriali del settore, sostenuti dalla Banca Commerciale e dal Credito Italiano. Nel 1905 la Terni e la Siderurgica Savona fondarono l'Ilva che, per sfruttare le agevolazioni fiscali previste dalla legge del 1904 per il risorgimento economico di Napoli, costruì a Bagnoli un grande impianto a ciclo integrale per la produzione di acciaio.

Questo, in estrema sintesi, l'antefatto del salvataggio della siderurgia italiana che impegnò la Banca d'Italia. La storia degli interventi per sostenere il mercato dell'acciaio comincia nel novembre 1907 quando un gruppo di industriali genovesi[201]

---

[200] Per una storia della Terni cfr. Bonelli (1978).
[201] In rappresentanza del gruppo si recò dal prefetto Garroni una delegazione

si rivolse al prefetto della città per ottenere l'interessamento di Giolitti, presidente del Consiglio, a un progetto di consorzio tra le principali società siderurgiche, sovvenzionato dalla Banca d'Italia (Cerioni 2001, p. 12). La siderurgia, scrive Confalonieri (1982, p. 48) era entrata «nel 1907 in pieno sforzo di ammodernamento e sviluppo degli impianti: sforzo che trova le sue espressioni di maggiore significato nelle iniziative toscane dell'Elba e della Piombino e nella grande intrapresa napoletana dell'Ilva». Dal 1902, la produzione di acciaio risultò notevolmente aumentata, partendo peraltro da una base molto modesta. Era stato però uno sviluppo caratterizzato da «scompensi organizzativi» (ivi, p. 64), da bassi investimenti e da un eccessivo ricorso al finanziamento esterno rispetto al capitale proprio. Il boom di borsa di inizio secolo aveva nascosto queste difficoltà e consentito alle grandi banche di largheggiare con il credito. Il crollo dei valori azionari del 1907 fu, probabilmente, l'elemento catalizzatore dell'iniziativa degli industriali genovesi.

Il telegramma del prefetto di Genova con la richiesta di un autorevole avallo per ottenere «un'erogazione di larghissimi mezzi» fu da Giolitti subito passata a Stringher: sette società siderurgiche chiedevano alla Banca d'Italia lo sconto di cambiali per complessivi 18 milioni[202]. Era prassi piuttosto normale per imprenditori in difficoltà il rivolgersi all'autorità politica per un «autorevole» intervento presso le banche di emissione, ritenute non a torto le più vicine al governo, per ottenere un credito non coerente con lo stretto rispetto delle regole, in questo caso probabilmente quelle sulla bancabilità degli effetti presentati allo sconto. L'immediata reazione di Giolitti indica che il destino della siderurgia, alla quale erano state dedicate molte risorse in termini di commesse pubbliche, stava molto a cuore al governo. La risposta fu però negativa. Impegnato a chiudere il salvataggio della Società Bancaria Italiana, Stringher, pur dicendosi pronto a esaminare richieste

---

composta da Attilio Odero, Giuseppe Orlando, Giuseppe Fasce e dall'avvocato Rolandi Ricci che, secondo Stringher, aveva «ordito la trama» della faccenda (Cerioni 2001, p. 12, n. 21).

[202] Si trattava di Ligure Metallurgica, Siderurgica di Savona, Ferriere Italiane, Terni, Elba, Ilva e Acciaierie di Bolzaneto (ivi, p. 13).

più limitate, convinse Giolitti che l'operazione proposta non era consentita dalla legge e, soprattutto, che nuovi immobilizzi avrebbero compromesso il lungo sforzo compiuto dalla Banca d'Italia per fare di sé un «vero istituto di emissione» (Cerioni 2001, pp. 13). Al momento, il progetto fu dunque accantonato.

Nel 1909, il prezzo dell'acciaio subì in tutta Europa una considerevole flessione, probabilmente aggravata da vendite sottocosto dei produttori inglesi. Secondo dati della società Piombino (Confalonieri 1982, p. 73), la produzione italiana di acciaio era nel 1909 di 700.000 tonnellate mentre le vendite raggiungevano appena le 600.000. La sovrapproduzione dipendeva non solo da un eccesso d'investimenti dovuto a scarso coordinamento, benché molte delle società fossero legate tra loro da partecipazioni incrociate, ma anche, secondo Joel, da un eccesso di concorrenza. Anche Stringher attribuiva le difficoltà del settore a mancanza di coordinamento. Se questa era la diagnosi, gli industriali genovesi trassero la conclusione che fossero maturi i tempi per tirare fuori dal cassetto il progetto di cartello che, benché archiviato, aveva piantato un seme attirando l'attenzione del governo e, dunque, di Stringher dal quale il presidente del Consiglio aveva ottenuto la promessa di studiare il problema. Il direttore generale raccolse dunque le informazioni necessarie a comprendere le necessità finanziarie delle imprese siderurgiche, avvalendosi anche della collaborazione di Roberto Calegari, direttore della Società Bancaria Italiana ed Enrico Rava del Credito Italiano e presidente delle Ferriere Italiane (Cerioni 2001, p. 14). Nel gennaio 1908, arrivò sul tavolo di Giolitti un rapporto riservato della Banca dal titolo «Fabbisogno finanziario delle società siderurgiche».

Le trattative per un accordo ripresero tra le imprese potenzialmente coinvolte, ma stentarono a decollare per la diversità degli interessi, in particolare tra quelli del gruppo Terni da una parte e della Alti Forni e Acciaierie di Piombino dall'altra (Bonelli 1975, pp. 15). Stringher seguiva la vicenda tenendo i contatti con il principale tessitore della tela dell'accordo, l'avvocato e *brasseur d'affaires* Rolandi Ricci, senza per il momento intervenire se non con la collaudata autorevolezza della persuasione[203]. Tra i suoi collaboratori, si avvalse principalmente, in questa vicenda, di Niccolò Introna[204] per l'analisi dei bilanci e della coerenza logica delle previsioni presentate dalle diverse società siderurgiche (Gigliobianco 2004). Questo episodio dette conferma a Stringher delle capacità di Introna, che divenne il suo braccio destro negli anni Venti.

Conviene fermarci un momento di nuovo sulla *moral suasion* di Stringher. Da che cosa derivava la sua forza? Su quali convinzioni si basava? Quali ostacoli incontrava? Soprattutto dopo il 1906, la forza di Stringher si basava su tre pilastri. Il primo era la dimensione finanziaria della Banca d'Italia e la sua posizione quale banchiere di molti (ma non dei principali) istituti di credito e il ruolo che manteneva nel mercato del cosiddetto «credito ordinario». La riluttanza di abbandonare quest'ultima controversa funzione si capisce non tanto con la giustificazione ufficiale dell'essere strumento di conoscenza del mercato, ma proprio per il potere che dava alla Banca di intervenire in affari commerciali e pertanto di esercitare, all'occasione, un'influenza «morale», accanto a quella finanziaria, sul loro svolgimento e conclusione. Il secondo elemento di forza di Stringher stava nei suoi rapporti con il governo e segnatamente quelli molto stretti con uomini politici di peso come Giolitti e Luzzatti, giustificati e rafforzati dall'idea ormai prevalente che la Banca dovesse essere anzitutto al servizio degli interessi generali, dunque governativi. La forza di questi rapporti stava soprattutto nel mutuo interesse alla collaborazione. Il governo poteva disporre di uno strumento finanziariamente potente, da utilizzare certo con parsimonia, ma anche con decisione quando necessario. Alla Banca il sostegno dell'esecutivo, decisivo in alcuni delicati passaggi parlamentari, serviva soprattutto per rafforzarne la leadership su tutto il sistema bancario. Era proprio la percezione diffusa di rapporti privilegiati e duraturi tra Banca e governo ad accrescere la forza persuasiva di Stringher, facilitandogli il perseguimento sia degli interessi ritenuti generali, sia di

---

[203] «Voglio sperare non sia vero – scrisse a Rolandi Ricci nel settembre 1908 riferendosi alle difficoltà che la Terni cercava di creare alla Piombino – Non sono tempi di lotte e di dispetti ma di unione» (ivi, p. 15).

[204] A Introna si affiancò Aristide Vita, capo del Servizio Sconti (ivi, p. 53).

quelli dell'Istituto. Un terzo elemento di forza stava nella stessa reputazione personale che Stringher aveva costruito risolvendo i problemi complessi dei quali abbiamo detto: il rapido risanamento del bilancio dell'Istituto, il negoziato internazionale per la conversione della Rendita, la gestione della crisi del 1907.

Nel caso della siderurgia, alla quale il governo era particolarmente attento, l'opera di persuasione di Stringher si volse a favorire in ogni modo la nascita del cartello. Rolandi Ricci fu il mediatore, scelto dalle parti, ma gradito a Stringher. Un ruolo importante giocò Mangili, in ottimi rapporti sia con Stringher sia con «i milanesi». Si tratta di sviluppare due azioni strettamente interdipendenti, l'una per giungere a un accordo industriale tra le imprese interessate, l'altra per coagulare un consorzio di finanziatori capace di sostenere investimenti e produzione, una volta stabilizzata la posizione finanziaria delle imprese. Le cose però andarono a rilento, anche perché la crisi del mercato non facilitava le trattative: da un lato le imprese ne erano diversamente colpite e avevano pertanto interessi non collimanti; d'altro lato il peggioramento delle prospettive del comparto siderurgico rendeva più cauti i potenziali finanziatori. Nel 1910 aumentarono le difficoltà della società Piombino. Soffriva anche il gruppo Terni. Rolandi Ricci si rivolse al Banco di Roma, il solo grande istituto non esposto verso la siderurgia, che però prese tempo e alla fine rimandò tutto al 1911 (Cerioni 2001, pp. 17).

Alla fine del 1910, Stringher comunicò in gran segreto alla Giunta del Consiglio superiore che «gli stabilimenti siderurgici [stavano] negoziando per unirsi in un consorzio [il cui] vantaggio sarebbe evidente»[205]. Era un segnale che aveva deciso di impegnarsi a condurre presto in porto la trattativa. Aveva probabilmente colto una crescente fragilità finanziaria delle imprese, spinte a farsi un'accesa concorrenza di prezzo. La borsa registrava questo indebolimento mentre all'estero si diffondevano voci, non disinteressate, di un imminente collasso della siderurgia italiana. Le condizioni poste da Stringher per

---

[205] ASBI, Verbale della Giunta del Consiglio superiore, 21 dicembre 2010, p. 218.

il successo del progetto, e pertanto per la partecipazione della Banca d'Italia, erano: *a)* che l'unione dei grandi stabilimenti risolvesse sia la questione industriale, sia quella finanziaria, *b)* che al consorzio finanziario partecipassero tutte le grandi banche del Paese, *c)* «che il governo [fosse] favorevole a tutto ciò e il ministro del Tesoro approvasse il modo e la forma della partecipazione della Banca d'Italia»[206].

Per Stringher, si trattava, ancora una volta, di un «salvataggio» motivato in ultima analisi anche dai pericoli per la stabilità del sistema bancario, appena uscito dalla crisi. «Il vantaggio delle cose proposte – disse ancora al Comitato – è evidente. Basti pensare che nell'industria onde trattasi sono impegnati non meno di 200 milioni per comprendere quali sarebbero le conseguenze di un'inerzia che si riverbererebbe inesorabilmente su tutta la compagine del lavoro nazionale con ripercussioni sui bilanci di non pochi istituti"»[207]. È probabile che il pensiero del direttore generale andasse anzitutto all'appena risanata Società Bancaria Italiana, la più esposta verso i siderurgici.

Le cose si mossero in fretta. Il 22 gennaio Stringher comunicò alla Giunta che era «intervenuto l'accordo» per la costituzione del consorzio industriale e che si lavorava all'accordo finanziario[208]. Passarono però altri mesi senza una formalizzazione dell'accordo industriale che poteva solo avere luogo contestualmente alla firma di quello finanziario. Soltanto il 26 aprile, dopo una serie di riunioni tenute nello studio di Stringher (Confalonieri 1982, pp. 76), fu raggiunto un accordo per la sistemazione finanziaria della Piombino (Cerioni 2001, p. 22), indispensabile per la partecipazione dei creditori delle aziende del gruppo Terni, finanziariamente meno fragile della concorrente. Passarono altri mesi nei quali Stringher continuò a spendersi per ottenere le condizioni che gli parevano indispensabili alla partecipazione della Banca e, dunque, al successo dell'operazione. Tra queste vi era la partecipazione della Cassa di Risparmio delle Provincie Lombarde, avversata

---

[206] Ivi, p. 219.
[207] Ivi, p. 220.
[208] ASBI, Verbale della Giunta del Consiglio superiore, 22 gennaio 2011, pp. 12-13.

4 – *Costruzione di una banca centrale*

dalla Banca Commerciale, ma ritenuta indispensabile proprio per contenerne il peso tramite la presenza di un istituto con il quale la Banca d'Italia aveva rapporti più facili che con quello di piazza della Scala.

Solo il 4 agosto 1911 furono definitivamente formalizzati gli accordi industriali, seguiti tre giorni dopo da quelli finanziari. Le società direttamente interessate all'accordo furono Ilva, Elba, Savona, Ligure Metallurgica, Ferriere Italiane e Piombino. Tranne quest'ultima, tutte le altre erano parte del gruppo Terni. L'accordo aveva quale obiettivo dichiarato il garantire una più efficiente gestione industriale, ma mirava soprattutto a sostenere i prezzi dei prodotti, sostegno per il quale i dazi erano ritenuti insufficienti. Questi obiettivi si sarebbero potuti meglio raggiungere con una fusione tra le società aderenti all'accordo, ma per motivi soprattutto fiscali si scelse la strada di conferire all'Ilva, che godeva delle agevolazioni previste dalla legge per il risorgimento economico di Napoli, un mandato *ad negotia* irrevocabile per dodici anni da parte di tutti gli altri contraenti[209]. L'indispensabile complemento all'intesa industriale fu un accordo commerciale che prevedeva di conferire a una società creata *ad hoc* il monopolio della vendita dei prodotti siderurgici. A essa parteciparono non solo gli aderenti agli accordi industriali, ma anche 23 altri piccoli produttori, la quasi totalità di quelli nazionali. Si realizzò dunque un blindatissimo cartello di produttori e venditori.

Gli accordi industriale e commerciale furono immediatamente seguiti da quello finanziario. Sei grandi banche, la Società delle Ferrovie Meridionali (trasformata in finanziaria a seguito della nazionalizzazione delle ferrovie) e altri finanziatori non bancari garantirono linee di credito consolidate per 106,2 milioni. La Banca d'Italia che era stata, se non proprio il motore certo il catalizzatore di tutta l'operazione, si espose solo per 11,2 milioni. La cautela era motivata sicuramente dalla preoccupazione generale a contenere al massimo le cosiddette immobilizzazioni ma, nel caso specifico, derivava forse anche da perplessità sulla solidità economica e finanziaria complessiva dell'operazione. L'analisi contabile di Confalonieri (1982,

---

[209] Per i dettagli degli accordi cfr. Confalonieri (1982, pp. 76 ss.).

pp. 85 ss.) dipinge, per l'insieme delle società che firmarono l'accordo, «una struttura finanziaria squilibrata»: a fronte di un capitale sociale di 70 milioni, al netto delle partecipazioni incrociate, stavano debiti a breve per 87,2 milioni[210]. Stringher si preoccupò che l'accordo desse priorità al pagamento di interessi e ammortamenti del debito rispetto ai dividendi e che, in coerenza con i fini del cartello, fossero bloccati nuovi investimenti che accrescessero la capacità produttiva.

A una prudenza analoga a quella della Banca d'Italia si attenne la Banca Commerciale, mentre tra le motivazioni inespresse degli accordi per la siderurgia vi furono quelle relative alla stabilità della Società Bancaria Italiana, da poco salvata, e fortemente esposta verso i produttori di acciaio, ai quali si sarebbe ulteriormente avvicinata nel 1914 con la fusione che avrebbe dato vita all'«italianissima» Banca Italiana di Sconto.

Nel complesso, gli accordi allontanarono il pericolo di una crisi industriale che avrebbe potuto avere effetti pesanti anche sul sistema bancario, a pochi anni dalla crisi del 1907, ma non riuscì a porre la siderurgia italiana su basi più solide e moderne, che avrebbero richiesto una razionalizzazione degli impianti introducendo la produzione su larga scala a ciclo integrale alla quale non si arrivò pienamente che nel secondo dopoguerra.

10. *L'organizzazione*

«La Banca d'Italia ha sede in un palazzo costruito una trentina d'anni fa, la cui facciata monumentale è tra le opere architettoniche più importanti della città». Così si apriva, alquanto enfaticamente, il rapporto di una missione inviata a Roma nel 1913 dal Governatore della Banque de France per studiare l'organizzazione della consorella italiana[211]. La

---

[210] Confalonieri (ivi, p. 86) aggiunge maliziosamente: «Oggi, da noi, strutture finanziarie del genere apparirebbero addirittura esemplari: ma ben diverse erano allora le tradizioni in tema di finanza aziendale e, soprattutto, i rischi assunti dai finanziatori».

[211] AHBdF, *Mission en Italie*, 15 luglio 1913, Secrétariat du Conseil, bordereau 1450197202, boite 56.

4 – Costruzione di una banca centrale

direzione generale della Banca e la sua sede romana occupavano il palazzo detto Koch dal nome dell'architetto[212] che la Banca Nazionale nel Regno aveva scelto, dopo un concorso a inviti del 1882, per creare un edificio degno del principale istituto di emissione. I lavori, iniziati nel 1886, non si erano conclusi che nel 1893. Il palazzo fu dunque pronto per insediarvi sin dall'origine la Banca d'Italia, che vi risiede tuttora. La missione della Banque de France, che visitò il palazzo nel 1913, trovò che «l'amministrazione centrale dispone di spazi abbondanti: sui larghi corridoi si affacciano vasti uffici, ben illuminati e areati. Al contrario, la sede [di Roma al piano terreno] lascia un'impressione meschina che contrasta con la grandiosità del monumento. La sala del pubblico e gli uffici degli impiegati – scrissero i francesi – non rispondono più alle moderne esigenze, tanto che la Banca ha in animo di trasferire i servizi di sportello a un edificio in altro quartiere di Roma». La stessa missione giudicò inadeguate le misure di sicurezza interna, tranne la protezione, «complessa e originale», del caveau situato nel sottosuolo. Apprezzò, invece, sia l'illuminazione interamente elettrica, sia il sistema di riscaldamento e raffreddamento ad aria. Quanto alla tecnologia, i francesi trovarono interessanti le macchine utilizzate per confezionare ben 50 rotoli di monete d'oro in 9 secondi e gli strumenti elettrici Brionvega per il calcolo dei tassi di interesse e di sconto. La stamperia dei biglietti, con macchine tedesche Koening & Bauer, lasciava, viceversa, sempre secondo i visitatori d'Oltralpe, molto a desiderare. «La stessa Banca d'Italia ha riconosciuto già da molti anni che la fabbricazione dei biglietti non è più all'altezza dei tempi»[213].

---

[212] Gaetano Koch (1849-1910). Laureato in ingegneria nel 1872. Quando vinse il concorso per l'edificio che avrebbe preso il suo nome aveva già progettato edifici di un certo rilievo in via Principe Amedeo e nella stessa via Nazionale. L'opera al numero 91 della medesima via lo lanciò definitivamente come uno dei maggiori architetti dell'epoca. Poco dopo progettò il Palazzo Regina Margherita (oggi sede dell'ambasciata degli Stati Uniti). Lasciò la propria maggiore impronta nei due edifici semicircolari con porticato che delimitano piazza Esedra, ora piazza della Repubblica (Koch, Gaetano, in Dizionario biografico degli italiani, vol. 62, Treccani, Roma 2004).
[213] AHBdF, *Note sur la fabrication des billets de la Banque d'Italie*, s.d. ma luglio 1913, Secrétariat du Conseil, bordereau 1450197202, boîte 56.

In effetti, la Banca era almeno da qualche anno consapevole della propria arretratezza tecnologica. Nel 1910 aveva avviato un progetto per passare alla fabbricazione diretta anche della cartamoneta, sino ad allora appaltata alle cartiere Milani, installandone la produzione in via dei Serpenti, accanto a Palazzo Koch. Fu scelta, su concessione della Banca di Francia, la macchina Dupont, ritenuta all'avanguardia nella fabbricazione di banconote di difficile falsificazione. L'Officina Carte Valori era stata riorganizzata con un regolamento emanato nel 1902 che, tra l'altro, snelliva le procedure da osservare nelle diverse operazioni di fabbricazione di banconote, vaglia, assegni e altri titoli di vario genere. Si trattava di una vera e propria struttura industriale che, nel 1909, era arrivata a comprendere reparti di fabbricazione, tipografia, legatoria, laboratori di galvanoplastica, falegnami, fabbri e meccanici, magazzini della carta, del ferro, degli inchiostri per la stampa (Contessa, De Mattia 1993, p. 59). Nel 1910 fu inaugurato a Palazzo Koch «un nuovo impianto telefonico a batteria centrale con apparecchi a disposizione di tutti i capiservizio e capiufficio della direzione generale»[214]. Pochi mesi dopo entrò in funzione anche un ufficio telegrafico all'interno della Banca[215] (ivi, p. 62).

Non sempre si ricorda che un istituto di emissione, e la Banca d'Italia non fa certo eccezione, è un'organizzazione complessa che consta di elementi tra loro eterogenei la cui gestione unitaria presenta difficili problemi organizzativi. L'Officina Carte Valori aveva caratteri propri di un'impresa manifatturiera, l'esistenza di riserva metallica (prevalentemente aurea, ma con una consistente componente d'argento) richiedeva strutture e personale adatti alla custodia di beni di grande valore, così come il trasporto di banconote da una parte all'altra d'Italia presupponeva un'organizzazione in grado di gestirla con rapidità e sicurezza. La Tesoreria dello Stato richiedeva una capillare diffusione sul territorio di funzionari a conoscenza della legislazione sulla contabilità di Stato, mentre la gestione delle operazioni di sconto e anticipazione doveva basarsi sulle

---

[214] Ordine di servizio 119 del 7 ottobre 1910.
[215] Ordine di servizio 121 del 17 marzo 1911.

4 – Costruzione di una banca centrale

competenze tipiche del funzionario di banca, prima fra tutte la capacità di valutare la solvibilità futura dei clienti. Vale dunque la pena di vedere brevemente l'evoluzione di questa multiforme organizzazione nel suo primo ventennio di vita.

La Banca d'Italia era nata con 1.530 dipendenti effettivi[216], provenienti dai tre istituti di emissione fusi con la legge bancaria del 1893. Tre anni dopo erano cresciuti di 300 unità. Alla vigilia della Grande Guerra, nel 1913, la Banca d'Italia contava 2.116 dipendenti, dei quali 138 avventizi. L'aumento del personale dipese in massima parte dalla diffusione della Banca sul territorio, con l'apertura di nuove sedi, filiali, agenzie. Solo il 20% del personale lavorava presso la direzione generale romana (ivi, p. 35). Il titolo IV del dettagliatissimo (609 articoli) Regolamento Generale del 1903 dettava minutamente le norme relative al personale della Banca al quale chiedeva di avere «una condotta costantemente informata ai principi di dignità, di moralità, d'ordine e di solidarietà verso l'Istituto e i colleghi» (art. 539), di «ubbidire ai superiori e rispettarli, usare modi cortesi, [...] conservare il più scrupoloso segreto sugli affari della Banca [...] prestare l'opera anche in ore straordinarie [...] supplirsi a vicenda nelle incombenze del proprio ufficio» (art. 540).

Per l'ammissione negli uffici amministrativi, legali e tecnici erano necessarie la licenza liceale, quella di un istituto tecnico («preferibilmente di ragioneria»), ovvero laurea in giurisprudenza o ingegneria o diploma delle scuole superiori di commercio, come quella di Ca' Foscari frequentata a suo tempo da Stringher. Le domande di assunzione, corredate da curriculum e titoli, venivano esaminate dal direttore del personale «coadiuvato da un ispettore e da un capo di ufficio, designati dal direttore generale» che predisponevano una «lista di candidati considerati idonei», tra i quali lo stesso direttore generale sceglieva i «candidati o volontari» da ammettere a un tirocinio, senza stipendio, di durata annuale alla fine del quale venivano «iscritti a ruolo, purché l'esperimento risultasse a essi in tutto favorevole»[217].

Gli stipendi andavano dalle 12.000 lire annue di un ca-

---

[216] Devo questi dati a una ricerca in corso di Paolo Croce. Solo per gli anni successivi al 1904 è possibile ricostruire anche la serie del personale avventizio.
[217] ASBI, Verbali del Consiglio superiore, 21 gennaio 1901, pp. 106-108.

poservizio di I classe, alle 1.000-1.500 di uscieri, custodi e uomini di fatica[218]. Il direttore generale percepiva 40.000 lire, oltre a un'indennità di rappresentanza e al godimento di un appartamento all'interno di Palazzo Koch. Al vicedirettore generale spettavano 25.000 lire, oltre all'alloggio. Il ventaglio delle retribuzioni era, dunque, più ampio di quanto sarebbe poi stato nel secondo dopoguerra. Nel 1908, superata la crisi bancaria, condotta a termine la conversione della Rendita e raggiunto anzitempo il traguardo dello smobilizzo dell'attivo di bilancio, Stringher pensò fosse giunto il momento di allentare un po' l'austera politica di economia nei costi di gestione, a cominciare dalle «condizioni economiche del Personale, alle cui retribuzioni non si erano recati da molto tempo miglioramenti tali da porle in relazione con le crescenti esigenze della vita»[219]. La Banca assunse, dunque, interamente a proprio carico il pagamento dell'imposta di ricchezza mobile sugli stipendi, stabilì un premio annuale di 450 lire per custodi, uscieri e uomini di fatica, promozioni automatiche al grado superiore e aumenti di stipendio per tutti coloro che guadagnavano fino a 3.500 lire annue. Fu anche creato un fondo previdenziale per gli operai dell'Officina Carte Valori, sino ad allora privi della pensione prevista per il restante personale.

Organizzazione maschile – e sostanzialmente maschilista – la Banca vide per la prima volta l'inserimento di «impiegate straordinarie» in seguito all'introduzione delle prime macchine da scrivere e calcolatrici per l'utilizzo delle quali si ritenne che le donne possedessero maggiore pazienza e precisione (ivi, p. 62): un interessante caso di progresso tecnico che crea non solo nuovi posti di lavoro, ma un nuovo tipo di manodopera. Non per questo si giunse alla parità salariale e normativa tra personale maschile e femminile: quest'ultimo, oltre a essere meno pagato, era anche assoggettato a regole particolari, più o meno esplicite, tra le quali la preferenza data all'assunzione di donne nubili. Si trattava di condizioni normali nelle aziende

---

[218] Nei gradi più elevati, le retribuzioni erano un po' superiori a quelle di analoghe posizioni nell'amministrazione dello Stato (un direttore generale percepiva circa 10.000 lire annue), mentre gli stipendi di commessi e uscieri erano allineati a quelli statali (ISTAT 1968, p. 129).

[219] ASBI, Verbali del Consiglio superiore, 27 gennaio 1908, p. 16.

di allora e la Banca non intendeva certo essere tra le prime a fare eccezione. Solo nel 1919 il personale femminile, sino allora «avventizio», venne inserito nei ruoli, sebbene con l'unica qualifica di «applicata», con separato trattamento economico, pensionistico e di carriera. Bisognerà attendere il 1962 per un'equiparazione delle donne agli uomini nei ruoli della Banca.

Con la guida di Stringher, cambiò lentamente il modello decisionale. Dalla Banca Nazionale nel Regno, il nuovo istituto aveva mutuato, come abbiamo visto, una struttura nella quale gli azionisti avevano un peso importante nell'indirizzare le grandi decisioni tramite il Consiglio Generale i cui membri erano eletti nelle singole sedi. Superate le tensioni tra direzione e consiglio, il direttore generale venne progressivamente concentrando nelle proprie mani le decisioni anche di carattere strategico. La rinuncia a nominare un secondo vicedirettore dopo la morte di Domenico Morro nel 1897 segnò la fine di quello che configurava una specie di triumvirato: il vicedirettore divenne una figura più chiaramente caratterizzata come sostituto del direttore o suo delegato per specifiche funzioni, soprattutto dopo le dimissioni, nel 1899, del dinamico Levi Della Vida e la sua sostituzione con Luigi Cavallini.

Nel 1903 la direzione centrale era organizzata in dieci uffici. Il gabinetto del direttore generale annoverava esperti di economia e statistica, successivamente inquadrati in un vero e proprio «ufficio studi economici e finanziari». La biblioteca, dapprima accorpata con l'archivio, divenne un ufficio autonomo nello stesso gabinetto del direttore. Era stato Marchiori a volere che i volumi sparsi nei vari uffici fossero riuniti in una struttura centrale, successivamente alimentata con un organico piano di acquisti che costituì «il nucleo centrale di quella che è oggi una delle due maggiori biblioteche economiche in Italia (l'altra è quella dell'Università Bocconi)» (Gigliobianco 2006, p. 69).

Nel 1902, alcuni dipendenti, guidati da Efisio Piana, allora caposervizio, poi vicedirettore generale, fondarono la Cassa di sovvenzioni e risparmio tra gli impiegati della Banca d'Italia[220]. Del tutto autonoma, la Cassa era però vista con «vivo

---

[220] Riconosciuta con decreto del Tribunale Civile del 17 dicembre 1902 come società anonima cooperativa a capitale illimitato (Rossi 1991, p. 17).

interessamento» dalla Banca che la considerava come un utile complemento del «welfare aziendale» basato principalmente sul fondo pensioni. La direzione generale aiutò dunque la nuova banca cooperativa con depositi vincolati oltre che con la concessione di uffici e materiali, consentendole di fare piccoli prestiti, garantiti dalla cessione di un quinto dello stipendio e, poco tempo dopo, di dare inizio all'attività principale che ne caratterizzerà la vita: la concessione di mutui fondiari a tassi agevolati ai dipendenti della Banca d'Italia.

Stringher ha occupato interamente le pagine di questo capitolo, ma esso non può essere chiuso senza ricordare i suoi principali collaboratori. A Luigi Cavallini, che Stringher trovò alla Banca e rimase vicedirettore sino alla morte nel 1907, ho già fatto cenno. Di lui Gigliobianco dice che si occupò prevalentemente degli «affari», cioè delle operazioni di credito, dell'andamento delle filiali, dei rapporti con i maggiori clienti, «faceva insomma il mestiere che aveva sempre fatto, quello del banchiere» (Gigliobianco 2006, p. 81), mestiere che Stringher non aveva mai fatto. In questa storia, che è quella di una banca centrale, il lavoro bancario, commerciale, quotidiano non riceve che minima attenzione, ma non va dimenticato che prima del 1936, e soprattutto prima del 1914, esso occupava una parte preponderante delle risorse umane e finanziarie dell'istituto, contribuendo in modo decisivo al bilancio e alla formazione dell'utile che consentiva, tra l'altro, di distribuire il dividendo e sostenere la quotazione del titolo in borsa. Dopo la morte di Cavallini, i tre vicedirettori succedutisi sino alla nomina di D'Aroma nel 1926 vennero dalle file interne della Banca, dove avevano percorso quasi tutti i gradi della carriera interna. Efisio Piana[221], nominato nel giugno del 1907, fedelissimo di Stringher, era entrato assai giovane nell'amministrazione della Banca Nazionale dalla quale fu posto, nel 1892, a capo dell'Ispettorato, l'organo di controllo interno dell'azienda. Nel 1895 Banca d'Italia gli affidò la responsabilità di gestire l'importante ufficio immobilizzazioni che condusse con il

---

[221] Cagliari 1842-Roma 1914. Figlio di un pescatore, «forse diplomato in una scuola tecnica, non si sottrasse alla fatica dell'emigrazione». Fu assunto alla filiale di Ferrara della Banca Nazionale, fu poi a Genova, Firenze e infine a Roma dopo aver retto provvisoriamente alcune filiali (Gigliobianco 2006, p. 128).

successo che abbiamo visto. Fu scelto da Stringher non solo per la fedeltà – requisito quasi essenziale[222] – ma soprattutto perché l'esperienza professionale ne aveva fatto un profondo conoscitore degli uomini e delle strutture della Banca. Non aveva grande esperienza diretta degli affari ma, da ispettore, ne aveva conosciuto le regole, i pericoli, le opportunità. Accanto ai due vicedirettori che affiancarono Stringher negli anni che precedettero la Grande Guerra, si distinsero, in posizioni di responsabilità, Tito Canovai, Arrigo Rossi e Niccolò Introna destinati a diventare a loro volta vicedirettori generali (Introna fu poi, come vedremo, brevemente commissario straordinario e direttore generale). Canovai ebbe in questi anni, tra l'altro, il compito di fare crescere la struttura che produceva studi, statistiche e informazioni, Rossi fu impegnato in varie missioni all'estero, di Introna abbiamo visto il ruolo nel «salvataggio» della siderurgia al quale seguì, nel 1912, la nomina a capo dell'Ispettorato (ivi, p. 157).

Il Consiglio superiore, composto da 19 membri eletti dalle assemblee delle sedi regionali della Banca, era convocato una volta al mese, salvo casi eccezionali che richiedessero un'ulteriore seduta. Le sue riunioni erano precedute da quelle di un Comitato ristretto composto dal presidente, dal vicepresidente e da due membri del Consiglio superiore oltre che dal direttore generale. Il Comitato aveva un ruolo in qualche misura istruttorio delle questioni che sarebbero state trattate dal Consiglio, ma a volte vi si discutevano argomenti che richiedevano una riservatezza che non ci si poteva aspettare dal consesso più ampio. Quest'ultimo discuteva e decideva, come ogni Consiglio di amministrazione, su tutte le questioni relative alla gestione dell'Istituto: concessione di crediti, vendite di immobili, svincoli di ipoteche, malleverie, promozioni del personale, misure disciplinari, per citarne solo alcune. Spesso si trattava di prendere atto di operazioni che il direttore aveva già fatto nell'ambito delle proprie deleghe, generali o concessegli per affari specifici. Le pratiche erano istruite dagli uffici

---

[222] Nota Gigliobianco (ivi, p. 127): «La valorizzazione massima della fedeltà, utile nel breve periodo per dare coesione all'istituto, costituì elemento di debolezza nel lungo periodo, perché fece mancare gli incentivi alla crescita di management forte e autorevole, in grado di garantire la successione di Stringher».

e sottoposte al direttore prima di essere presentate al Consiglio che, nei casi più frequenti, le approvava senza discussione. L'unanimità era quasi la regola. Il ruolo del presidente del Consiglio superiore era quello formale di dirigerne le sedute e, in occasioni ufficiali, rappresentare la Banca accanto al direttore. Con la progressiva «eutanasia degli azionisti», il suo peso nella vita della Banca dipese sostanzialmente dai rapporti di fiducia, a volte di amicizia, che si instauravano con il direttore. Tra il 1894 e il 1914 si succedettero alla presidenza solo sei personalità, di diversa caratura. Si trattò soprattutto di uomini di industria e finanza, bene inseriti nella realtà economica locale, ma proiettati alla dimensione nazionale. Il primo fu Francesco Ceriana, banchiere, del quale abbiamo detto al capitolo precedente. La sua presidenza durò un solo anno, ma restò nel Consiglio fino alla morte, ascoltato per la sua esperienza e per il ruolo della Banca Ceriana in importanti operazioni industriali[223]. Gli successe l'avvocato Vittorio De Rossi (1838-1910), di prominente famiglia israelita livornese, imparentata, stando alla sua stessa testimonianza, con la famiglia del primo ministro inglese Disraeli[224]. Di lui si sa poco. Gli successe Tommaso Bertarelli[225], industriale farmaceutico milanese. Dopo di lui, la presidenza toccò a Enrico Rossi[226], banchiere genovese al quale seguì, tra il 1903 e il 1905 Cesare Mangili, che abbiamo già incontrato, indubbiamente la figura più rilevante tra i presidenti del Consiglio superiore degli anni antecedenti la Grande Guerra. Lasciò, come si è visto, la Banca d'Italia per assumere la presidenza della Banca Commerciale, ma mantenne stretti rapporti con Stringher, del quale aveva saputo conquistare la stima, circostanza che ne fece una specie di ambasciatore di piazza della Scala nei non facili rapporti con via Nazionale. Nel 1908 vi fu una breve presidenza di Giovanni Donn (?-1914), proprietario dell'omonima banca torinese.

---

[223] La Banca Ceriana partecipò, tra l'altro, alla fondazione della FIAT nel 1899 e ne divenne la banca di fiducia (Scalpelli 1979).
[224] Poi Lord Beaconsfield, del quale De Rossi era secondo cugino per parte di madre, Rachel Tedesco, nata Disraeli.
[225] 1837-1924. Fu presidente del Consiglio superiore tra il 1897 e il 1899 e di nuovo tra il 1906 il 1908.
[226] Non se ne conoscono le date di nascita e morte.

CAPITOLO QUINTO

UNA BANCA PER L'ECONOMIA DI GUERRA

1. *Economia di guerra*

«L'intera arte della guerra – diceva l'economista inglese Charles Davenant[1] – si riduce in un certo senso al solo denaro, cosicché il successo arriderà al principe che saprà meglio di altri trovare i mezzi per nutrire, vestire e pagare le proprie truppe piuttosto che a quello i cui eserciti siano i più valorosi». Se questo è sempre stato vero – fu Cicerone a chiamare il denaro «nerbo della guerra» (*Filippiche*, V, ii, 5) – nel 1914-1918 lo fu come mai prima di allora: il conflitto venne risolto dalle risorse economiche e dalla capacità di mobilizzarle efficacemente. L'11 novembre 1918, al momento della firma dell'armistizio nel vagone ferroviario di Compiègne, i tedeschi occupavano ancora la maggior parte del Belgio, tutto il Lussemburgo e parti rilevanti del territorio francese. Nonostante il blocco navale alleato, la Germania era riuscita, sino alla primavera del 1918, a garantire alla popolazione un livello accettabile di consumi alimentari. Nella seconda metà

A evitare eventuali accuse di «autoplagio», ricordo che scrissi per la prima volta della Banca d'Italia nella Grande Guerra in Toniolo (1989) e che l'introduzione a quel volume fu ripubblicata in forma ridotta e leggermente rivista in Toniolo (2003). Una rivisitazione e rifacimento in lingua inglese di questi lavori si trova in Toniolo (2019). A circa trent'anni di distanza da quel primo lavoro, questo capitolo tiene conto di studi apparsi nel frattempo, di nuove ricerche quantitative e di documenti allora non considerati. Non c'è stato, tuttavia, motivo di cambiare la ricostruzione di molte vicende e gran parte delle conclusioni alle quali arrivai allora. Nel riprenderle ho usato in taluni casi parafrasi o sintesi, ma il lettore che volesse controllare troverebbe anche alcuni passaggi che riprendono «verbatim» i testi di allora. Spero di averli sommariamente segnalati ma, qualora non fossi stato abbastanza diligente, mi giustifico sin d'ora dicendo che considero l'«autoplagio» un peccato piuttosto veniale.

[1] Londra 1656-1714. Autore di *An Essay on the Ways and Means of Supplying the War*, pubblicato a Londra nel 1694.

del 1918, però, l'entità media dei consumi «eccedeva appena quanto necessario alla sussistenza» (Ritschl 2005, p. 57). Non ci fu alternativa alla resa perché l'economia aveva esaurito la capacità di nutrire popolo e armata.

Quella che fu detta la Grande Guerra, combattuta prevalentemente ma non solo in Europa, ebbe un nuovo carattere globale, che fu compreso solo a poco a poco dopo il primo anno di ostilità. La quantità di risorse impiegate da ciascun contendente dipese dalla sua popolazione, dall'estensione del territorio e dal prodotto interno lordo (Broadberry, Harrison 2005, p. 5). L'esito, incerto sino all'estate 1918, dipese dalla quantità di mezzi che i due campi riuscirono a produrre e indirizzare allo sforzo bellico. La partecipazione finale degli Stati Uniti giocò un ruolo importante aprendo all'Intesa l'accesso, non condizionato dalle regole della neutralità, ai prodotti alimentari e ai manufatti nordamericani. Tuttavia, sin dal 1914 era evidente la superiorità demografica ed economica delle potenze dell'Intesa rispetto agli Imperi centrali. Francia, Regno Unito e Russia avevano, senza contare le colonie, una popolazione di 259 milioni contro i 117 di Germania e Austria-Ungheria e un prodotto interno lordo circa doppio rispetto a questi ultimi paesi (*ibid.*).

Nella primavera del 1915, l'Italia portò in dote agli alleati un esercito tratto da 36 milioni di abitanti e un prodotto interno lordo pari al 70% di quello francese e al 40% di quello del Regno Unito. Queste risorse aggiuntive non erano, tuttavia, immediatamente mobilizzabili per la guerra: si trattava di potenzialità che, come vedremo, il Paese si impegnò a sviluppare pienamente solo dalla seconda metà del 1916 quando il governo, i capitani di impresa e lo stesso Stato maggiore accettarono pienamente l'evidenza che si sarebbe trattato di una guerra lunga, terribilmente sanguinosa ed enormemente dispendiosa. Evidenza che per altro non sarebbe dovuta sfuggire a chi, sin dal 1914, avesse osservato, senza pregiudizi, quanto succedeva sui fronti occidentale e orientale. Quando però l'Italia intraprese energicamente la mobilitazione delle risorse economiche necessarie a una guerra lunga e logorante ottenne, considerate le condizioni di partenza, un risultato che a priori non era scontato. Seppure tra incertezze, inefficienze e una buona dose di corruzione, l'economia italiana riuscì a fare fronte a gran parte delle esigenze militari.

Nel 1914, malgrado gli enormi progressi compiuti nel ventennio precedente, l'Italia era ancora, nel quadro europeo, un Paese moderatamente arretrato, con un reddito per abitante considerevolmente inferiore a quello degli alleati e dell'Impero tedesco, ma superiore, tra i grandi futuri belligeranti, a quello dell'Austria-Ungheria, della Russia e dell'Impero ottomano.

È opinione generale degli storici militari che l'Italia sia entrata in guerra piuttosto impreparata. La maggior parte dei responsabili politici e delle stesse alte sfere militari era ancora prigioniera dell'illusione di una guerra breve e relativamente poco dispendiosa di uomini e mezzi, illusione che era stata una delle cause non secondarie della leggerezza con la quale le élite europee si erano accinte al conflitto nell'agosto 1914. Il punto di riferimento era ancora per molti la «campagna» prussiana in Francia del 1870; pochi avevano studiato e pochissimi compreso le indicazioni che si sarebbero dovute trarre dalla guerra angloboera in Sudafrica e soprattutto da quella russo-giapponese del 1905. La stessa spedizione italiana in Libia del 1911-1912 aveva richiesto e inghiottito più mezzi di quanti erano stati preventivati, depauperando, tra l'altro, le riserve di materiali e munizioni. Se l'idea di una «campagna» che sarebbe finita per Natale appariva poco fondata ai più attenti osservatori nell'estate 1914, essa era ingiustificabile nella primavera dell'anno successivo quando le vicende dei fronti occidentale e orientale non potevano lasciare dubbi sulla natura totalmente nuova che aveva assunto il conflitto. Comunque sia, nel maggio 1915 l'esercito italiano era relativamente piccolo e aveva gravi carenze dal lato della logistica. Cadorna, che pure prevedeva un conflitto relativamente breve, da concludersi probabilmente nel 1916, attribuì alla carenza di uomini e mezzi dei quali era stato dotato dal governo dopo le «gloriose giornate di maggio» il fallimento del suo piano per una rapida avanzata fino a Lubiana (Mondini 2017). Il fronte fu, come si sa, subito stabilizzato in Friuli dando luogo a una guerra di logoramento in trincea. «Questa è una guerra [...] di materiale e di industria» aveva scritto Einaudi (1959b) poco dopo l'inizio delle ostilità, ma ci vollero ancora molti mesi perché venisse accettata la realtà di una guerra lunga e micidiale nella quale avrebbero vinto non tanto le armate quanto i sistemi economici più solidi. Questa incertezza e iniziale incomprensione della nuova natura della guerra spiegano il ritardo con il quale si arrivò a organizzare una vera e propria «economia di guerra». Ancora nel dicembre 1915, l'Intendenza generale dell'esercito dipingeva una situazione prossima al collasso, con artiglierie di grosso calibro «pressoché inesistenti», scorte di munizioni insufficienti, aviazione allo sbando (Mondini 2017, p. 187).

Prima di accennare brevemente ai risultati e ai limiti dell'economia italiana di guerra, è utile dire qualcosa degli strumenti istituzionali messi in atto per mobilitare l'economia nazionale ai fini bellici. All'inizio di luglio del 1915 fu istituito un Comitato supremo per i rifornimenti delle armi e delle munizioni e creato, nel ministero della Guerra, un sottosegretariato per le Armi e Munizioni (R.D. 9 luglio 1915, n. 1065)[2], guidato dal generale Alfredo Dallolio[3]. Dallolio, direttore generale di Artiglieria e Genio, attento osservatore degli sviluppi sia industriali sia della tecnica militare, aveva partecipato, negli anni precedenti il conflitto, alla lenta maturazione in alcuni minoritari ambienti militari e civili della «trasformazione del concetto e dei problemi della "mobilitazione militare" in quelli della "mobilitazione nazionale"» (Barsali 1986). Rimasto ininterrottamente alla guida del sottosegretariato e, dal giugno 1917, del ministero delle Armi e Munizioni, Dallolio fu al centro della gestione di tutte le questioni tecniche, logistiche, produttive e finanziarie che si presentarono a mano a mano che la guerra si rivelava, per lo più inaspettatamente, non solo molto più lunga del previsto, ma soprattutto come un'enorme voragine non solo di vite umane, ma anche di mezzi materiali. Due giorni prima della dichiarazione di guerra, la legge per la difesa militare ed economica dello Stato (legge 22 maggio 1915, n. 993) aveva dato alle autorità poteri straordinari in tema di ordine pubblico, economia, imposizione fiscale e spesa dello Stato. Un decreto dell'agosto 1914 autorizzò i

---

[2] Le funzioni del sottosegretariato furono ampliate con d.lgs. 30 marzo 1916, n. 370.
[3] Bologna 1853-Roma 1952. Per una breve biografia cfr. Barsali (1986).

committenti pubblici a derogare, nei contratti con i privati, alle norme della contabilità generale dello Stato e al controllo della Corte dei Conti (Caracciolo 1978, p. 218). Il potere legislativo del Parlamento fu limitato a favore dell'esecutivo e del capo di Stato maggiore che, in zona di guerra, assumeva ogni potere civile e militare (Latini 2010). I lavoratori delle imprese occupate nella produzione bellica furono sottoposti a rigorosa disciplina e alla giurisdizione militare. Al governo fu dato il potere di emanare direttive all'industria privata circa gli investimenti e le produzioni belliche. Sulla base anche di questi poteri, Dallolio divenne «quel dittatore della condotta economica della guerra che da più parti si veniva chiedendo» (Caracciolo 1978, p. 206). Soggetto, come scrive Mondini (2017, p. 159), «a una *damnatio memoriae* curiosamente *bipartisan*», accusato dagli imprenditori di essere un socialista in uniforme e da alcuni storici di avere schiavizzato gli operai, Dallolio fu uno dei maggiori artefici della vittoria italiana. Le accuse contemporanee e postume non sono d'altronde centrate: un'economia di guerra richiede un grado di pianificazione e coordinamento attuate con modalità a volte simili a quelle di un regime socialista[4], ma gli industriali furono abbondantemente compensati da elevati profitti e abbondanti flussi di liquidità; gli operai, sottoposti a ritmi di lavoro molto pesanti e soggetti in parte alla disciplina militare, ebbero tuttavia la ventura di evitare la ben più dura vita di trincea e l'elevato rischio di morte o invalidità.

L'inadeguatezza iniziale degli armamenti e degli stessi effettivi italiani ad affrontare una guerra come quella già sperimentata sui diversi fronti nel 1914 è riassumibile in poche cifre significative. Nel 1913, l'Italia produceva 900.000 tonnellate d'acciaio contro i 17,8 milioni della Germania, i 7,8 milioni della Gran Bretagna, i 4,6 milioni della Francia e della Russia. Nel maggio 1915 l'esercito italiano disponeva di 618 mitragliatrici, quello tedesco di 3.000. Ugualmente deficitaria era la disponibilità di pezzi d'artiglieria, soprat-

---

[4] Nota, tra l'altro, Caracciolo (1978, pp. 216-217) che «si mettevano alla testa degli uffici operanti per conto del governo personalità molto vicine a interessi di private industrie» come Crespi (Banca Commerciale), Ferraris (FIAT), Conti (industria elettrica), Pirelli (industria della gomma).

tutto campale (Caracciolo 1978, p. 201). I primi 9 mesi del conflitto mostrarono quanto rapide fossero le distruzioni e l'usura dei mezzi indispensabili alla guerra e, dunque, quanto importante fosse non solo la dotazione iniziale, ma anche la capacità di produrre velocemente i necessari rimpiazzi[5]. Eppure non molti nel governo e nel Parlamento avevano compreso quanti uomini e mezzi avrebbe richiesto la guerra totale, né la debolezza e l'impreparazione dell'Italia. Malgrado l'evidenza di 9 mesi di combattimenti, i firmatari del patto di Londra vivevano ancora nell'illusione che si sarebbe trattato di una guerra breve, che i soldati avrebbero celebrato il Natale a casa. Cadorna e alcuni ufficiali di Stato maggiore[6] erano più consci dell'imponenza dello sforzo che li aspettava, ma sottovalutarono la forza dell'esercito austroungarico e si mossero convinti, o almeno facendo credere di esserlo, di poter attuare una rapida avanzata su Trieste e di lì verso Lubiana, puntando poi addirittura su Vienna.

Questi brevi cenni sul modesto grado di preparazione dell'Italia alla guerra totale sono sufficienti, ai nostri fini, a dare un'idea dell'imponenza dello sforzo economico compiuto dall'Italia durante il primo conflitto mondiale. All'opinione di molti storici che la grande macchina bellica messa in piedi dall'Italia con i quasi 6 milioni di uomini mobilitati sia stata caratterizzata da scarsa efficienza, Rochat (1997) rispose che, nelle circostanze di allora, l'unico criterio per misurare l'efficienza di un esercito era la sua capacità di continuare a combattere sino all'esaurimento del nemico, capacità della quale l'esercito italiano seppe dare prova. Se Rochat sottolinea soprattutto gli elementi di coesione della struttura militare che le consentirono di superare anche momenti di drammatica crisi, non v'è dubbio che i fattori decisivi per la resistenza fino alla fine vanno cercati anche, se non soprattutto, sul terreno economico.

---

[5] Nell'inverno 1914-1915, una «crisi delle munizioni», aveva quasi paralizzato le operazioni dell'esercito britannico sul fronte occidentale, mentre i russi soffrivano per la loro cronica disorganizzazione logistica.

[6] Nel marzo 1914, il generale Pollio, predecessore di Cadorna come capo di Stato maggiore, aveva presentato al presidente del Consiglio Salandra un rapporto che descriveva con lucidità le deficienze dell'esercito italiano e l'enorme sforzo necessario a portarlo «all'altezza degli eserciti delle altre grandi potenze europee» (Salandra 1928).

TAB. 5.1. *Prodotto interno lordo dei principali belligeranti, 1913-1920 (1913 = 100)*

	Regno Unito	Francia	Russia	Austria-Ungheria	Germania*	Italia
1913	100	100	100	100	100	100
1014	101	84	100	92	90	95
1915	112	72	96	88	81	92
1016	113	81	85	76	76	100
1917	115	79	80	63	74	100
1918	113	66			71	97
1919	100	72			61	92
1920		77			71	83

* Reddito nazionale netto.
Fonti: Broadberry e Harrison (2005, capitoli sui diversi paesi). Per l'Italia Baffigi (2013).

Tra i principali paesi europei belligeranti, solo il Regno Unito finì la guerra con un PIL più elevato di quello del 1913. Francia, Germania, Austria-Ungheria e Russia si trovarono nel 1918 con un reddito nazionale ridotto del 20-30% rispetto a cinque anni prima (tab. 5.1). Considerate anche le condizioni di partenza, fu dunque un relativo successo quello dell'Italia, che riuscì nell'ultimo anno di guerra a produrre tanto quanto aveva prodotto nel 1913[7].

Non si trattò, tuttavia, di un andamento lineare. Il 1914 fu caratterizzato da una profonda recessione, dopo la lunga crescita del quindicennio precedente. La ripresa del 1915 fu modesta, e il PIL tornò solo l'anno dopo al livello del 1913. L'agricoltura, che nel 1913 produceva il 25% del prodotto interno lordo, riuscì a mantenere i livelli produttivi raggiunti nel 1914, malgrado le fossero sottratte milioni di braccia maschili, mostrando una sorprendente capacità di adattamento e al tempo stesso evidenziando la grande quantità di sottoccupazione allora esistente nelle campagne italiane. Malgrado ciò, la necessità di nutrire più abbondantemente, se non meglio,

---

[7] La forte inflazione tipica del tempo di guerra si accompagnò a un violento e rapido mutamento dei prezzi relativi che rende non facile la stima degli aggregati economici a prezzi costanti (i dati sono quelli di Baffigi 2013, a prezzi 1938). I confronti internazionali implicano margini di indeterminatezza ancora maggiori. Gli ordini di grandezza degli andamenti relativi del PIL dei paesi citati sono però tali da rendere plausibili le generali conclusioni raggiunte nel testo.

che in tempo di pace i milioni di uomini inviati alle trincee fece, come vedremo, aumentare la domanda di importazioni. I problemi della bilancia delle partite correnti e quello collegato del tasso di cambio della lira costituirono, per tutta la durata della guerra, uno dei principali assilli dei ministri del Tesoro e del direttore della Banca d'Italia. L'industria manifatturiera (il 20% del PIL) seppe riprendersi dallo shock bellico iniziale e rispondere, seppure a costi elevati e con distorsioni che resero difficile il dopoguerra, alla gran parte della domanda bellica di uniformi, armi, munizioni, automezzi, imbarcazioni. La mobilitazione industriale, articolata in comitati regionali guidati da un alto ufficiale, aveva nel 1916 alle proprie dipendenze 797 stabilimenti, che salirono a 1.463 nel 1917 e a 1.976 nel 1918 (Caracciolo 1978, pp. 108-110). L'imperativo di «produrre a ogni costo» diede complessivamente buoni risultati, almeno durante il conflitto armato (vedremo nel prossimo capitolo i problemi di sovrapproduzione e inefficiente allocazione delle risorse che esplosero nell'immediato dopoguerra). Osserva Caracciolo (ivi, p. 216) che il sistema di «commesse e controlli adottato [era] certamente tale da rendere per molti versi agevole ai privati la realizzazione di eccezionali profitti». Tra il 1915 e il 1918 furono prodotti, tra l'altro, 2,5 milioni di fucili, 14.289 pezzi di artiglieria, 25.000 mitragliatrici, 12 milioni di bombe a mano, 12.000 aeroplani, 79 navi da guerra e 71 sottomarini (ivi, p. 226). L'industria automobilistica raggiunse, con la guerra, un grado di penetrazione nel mercato nazionale ed economie di scala che le consentirono di continuare poi un notevole sviluppo (Galassi, Harrison 2005; Caracciolo 1978). Detto questo, bisogna aggiungere che lo sforzo industriale per la produzione bellica fu concentrato negli anni 1916 e 1917. Il 1915 scontò sia la pervasività dell'illusione della guerra breve che impedì una convinta e immediata mobilitazione totale, sia l'arretratezza complessiva dell'economia che richiese l'ampliamento degli impianti esistenti e la creazione di nuovi che non raggiunsero subito la piena capacità produttiva. Il rallentamento del 1918 è, invece, indice del fatto che l'economia aveva raggiunto la propria massima capacità espansiva, anche per le difficoltà di reperimento delle materie prime, e pone la domanda: per quanto tempo ancora l'Italia avrebbe potuto sopportare il peso della guerra totale?

Questi pochi dati consentono di intuire quanto cruciale divenne, nel corso della guerra, la questione del cosiddetto «approvvigionamento di materie prime». Il problema si fece progressivamente più grave per tutti i paesi europei coinvolti a mano a mano che la durata del conflitto si allungava. Per l'Italia, Paese trasformatore povero di materie prime, il tema degli approvvigionamenti fu ancora più grave che per altri. Mentre la guerra sottomarina diminuiva il flusso delle merci attraverso l'Atlantico e ne aumentava i costi, era necessario reperire le valute necessarie a pagare le importazioni, visto che si poteva contare sempre meno sui ricavi delle esportazioni, sia per la chiusura di molti dei tradizionali mercati delle merci italiane, sia per lo spostamento dei capitali e della manodopera dalle industrie esportatrici a quelle direttamente impegnate nella produzione bellica. Se nel 1913 la valuta estera guadagnata dalle esportazioni di beni e servizi copriva circa i due terzi del costo delle importazioni e il resto era finanziato in larga misura dalle rimesse degli emigrati, nel 1918 la vendita all'estero di prodotti e servizi italiani era pari solo al 22% del valore delle importazioni, mentre era quasi del tutto inaridito il flusso delle rimesse. Gli approvvigionamenti dall'estero potevano essere pagati solo con un indebitamento crescente: i prestiti esteri divennero, come vedremo, uno degli assilli principali per i responsabili della condotta economica della guerra e, in particolare, per la Banca d'Italia.

I consumi pubblici, che nel «piccolo stato» del 1913 costituivano solo l'11% del PIL, raggiunsero nell'ultimo anno di guerra il 34%. In termini reali, cioè al netto dell'inflazione, i consumi delle famiglie si ridussero di quasi il 65% tra il 1913 e il 1918[8]. Se i consumi alimentari pro capite dei militari al

---

[8] I dati disponibili quando scrissi il primo lavoro sull'economia di guerra (Toniolo 1989) davano un quadro ben diverso. Questi dati sono tratti, come tutti quelli di contabilità nazionale, da Baffigi (2013). Vale qui ripetere quanto già detto: le stime a prezzi costanti possono essere molto distorte in tempi di forte inflazione e mutamento dei prezzi relativi, inoltre il deflatore usato qui è quello del PIL mentre, per valutare l'impatto della guerra sul consumo di beni essenziali bisognerebbe usare un paniere, purtroppo non disponibile, dei beni che figurano nei bilanci delle famiglie. Gli ordini di grandezza di cui si

fronte, inclusi contabilmente tra i consumi pubblici, furono più elevati di quelli ai quali i soldati erano stati abituati da civili, i cittadini non chiamati alle armi per ragione di età e genere videro progressivamente diminuire la quantità e la qualità della loro dieta. Ancora prima della dichiarazione di guerra, nel marzo 1915, una «crisi granaria» indusse il governo a regolare sia il confezionamento, sia il contenuto del pane, nel quale la farina di frumento veniva in parte sostituita da quella di riso, di granturco e perfino di castagne. Nel 1916, successivi provvedimenti introdussero forme di calmiere dei prezzi di grano e zucchero. Fu razionata la vendita di bevande negli esercizi pubblici e limitata quella della carne con la chiusura obbligatoria delle macellerie in alcuni giorni della settimana. Nel 1917 si arrivò alla tessera annonaria. Nell'ultimo anno di guerra l'allocazione della carne bovina al consumo privato si limitò a 135 grammi settimanali pro capite[9]. Se si deve riconoscere che il sistema economico italiano sorprese e sorprende per la capacità di resistenza, va anche detto che, nell'autunno 1918, esso era probabilmente arrivato al limite delle proprie possibilità.

2. Neutralità e intervento

Nella seconda metà del luglio 1914, i corsi delle azioni e dei titoli di Stato furono sotto crescente pressione nelle borse europee. Le valute di tutti i paesi, tranne quelle dei piccoli creditori netti (Belgio, Paesi Bassi e Svizzera) si svalutarono rispetto alla sterlina, a mano a mano che i fondi detenuti all'estero dai sudditi britannici tornavano in patria. Benché movimenti simili si fossero verificati per brevi periodi di tempo durante le crisi del 1890 e dei primi mesi del 1914, questa volta essi costituirono i «sintomi premonitori della rottura del sistema monetario internazionale» (Brown 1940, p. 9). A mano a mano che la situazione si faceva più preoccupante, le

---

tratta, tuttavia, sono tali da non lasciare dubbi circa un'importante contrazione quantitativa dei consumi.
[9] Queste notizie sui consumi alimentari sono prese da Dentoni (1995).

5 – Una banca per l'economia di guerra

banche inglesi, perno dei pagamenti internazionali, riducevano progressivamente i crediti alla clientela per accumulare liquidità da usare se la crisi si fosse trasformata in panico. La sterlina diventò sempre più scarsa, mentre ne cresceva la domanda. La quotazione della moneta inglese nelle borse di tutto il mondo divenne puramente nozionale, data l'impossibilità tecnica di ottenerla. Quando il 31 luglio 1914 chiuse anche la Borsa di Londra[10], il sistema dei pagamenti internazionali cessò di funzionare.

In quel momento, i paesi europei erano poco preparati militarmente e industrialmente alla guerra che stavano per combattere. Erano ancora meno preparati a fronteggiare il panico e la crisi finanziaria innescati dalle dichiarazioni di guerra. Tra tutti, solo il *Reich* tedesco aveva messo a punto, sin dal 1891, un piano, formulato dal Tesoro Imperiale e dalla Reichsbank, per la gestione finanziaria della guerra. Anche questo piano era però basato sull'ipotesi di una guerra breve, finanziata dalla banca centrale che, come nel 1871, si sarebbe poi rifatta con le riparazioni. Nella torre di Spandau, il governo custodiva un tesoro di guerra di 120 milioni di marchi oro, frutto di una parte dei pagamenti imposti alla Francia. Anche la Germania, tuttavia, insieme agli altri paesi, a cominciare dal Regno Unito, fu presa quasi alla sprovvista dalla corsa al ritiro dei depositi bancari che si verificò a partire dalle ore immediatamente precedenti la dichiarazione di guerra dell'Austria-Ungheria alla Serbia (Roberts 2016). Tutte le banche centrali, a eccezione della Banca d'Inghilterra, sospesero la convertibilità aurea delle proprie monete: nell'enorme incertezza prodotta dalle dichiarazioni di guerra, restare fedeli all'impegno di convertire la carta in oro avrebbe avuto il solo effetto di dissipare le riserve, minando ulteriormente la fiducia degli operatori senza per questo risolvere i problemi del cambio (Brown 1940, p. 15). Furono chiuse tutte le borse valori, per ultima quella di Londra. Ma queste due misure non potevano bloccare la corsa ai depositi bancari, tipica dei momenti di più drammatica incertezza. Semmai, l'impatto psicologico di provvedimenti tanto eccezionali aggravava la crisi di fiducia.

---

[10] Riaprirà solo il 4 gennaio 1915.

In Germania, il *Reichstag* prese in considerazione una moratoria nel rimborso di tutti debiti ma, su pressione della Reichsbank, la banca centrale tedesca, rifiutò di adottarla come misura generale, anche se rese meno stringenti le norme sugli assegni, consentendo di posporne il pagamento se il ritardo fosse dovuto alla guerra. Soprattutto, fu concessa una moratoria per il pagamento delle cambiali, per evitare fallimenti (Roberts 2016). Nella maggior parte degli altri paesi furono adottate misure più rigide, sollevando le banche dall'obbligo di rimborsare a vista i depositi in conto corrente. Nel Regno Unito, il 2 agosto fu concessa alle banche di sconto una misura, pudicamente chiamata «vacanza bancaria», che consentiva di posporre di un mese il pagamento di tutte le cambiali scontate. Il 3 agosto il Parlamento approvò il *Postponment of Payments Act* che, con alcune eccezioni, consentiva di ritardare il rimborso di tutti i debiti.

Inutile dire che Stringher seguì con crescente preoccupazione l'evoluzione della situazione internazionale durante il mese di luglio. Lo assillavano soprattutto le possibili ripercussioni sulle banche italiane. All'amico Della Torre che – come abbiamo visto – era il suo principale «ufficiale di collegamento» con l'alta banca milanese scriveva candidamente di non essere in grado di decidere il *quid agendum*. E infatti – continuava – «le cause (della fragilità), per la più gran parte, sono generali, e talune gravi di politica internazionale». Temeva che «quei signori», come spesso chiamava riservatamente i vertici della Banca Commerciale e del Credito Italiano, si pronunciassero «apertamente o intimamente per l'astensione» dall'intervenire sui mercati a sostegno delle quotazioni: e peggio ancora, diceva, sarebbe stato se «i tentativi di fare fossero senza risultato, o dessero occasione a interpretazioni o commenti sfavorevoli sul mercato, già così profondamente incline al pessimismo»[11]. Stringher era preoccupato soprattutto per la quotazione della Rendita, mentre i vertici della Banca Commerciale temevano che la caduta del titolo in borsa incoraggiasse tentativi di scalata[12]. In luglio, Della Torre suggerì dunque di coagulare

---

[11] Stringher a Della Torre, 20 luglio 1914, ASBI, Rapporti con l'interno-Operazioni Finanziarie, prat. 261, fasc. 2.
[12] «Alla Comit, evidentemente, la situazione del mercato interessa assai;

un accordo tra i principali istituti per interventi coordinati di acquisto, mirato a pochi titoli da portare poi immediatamente alla Banca d'Italia come collaterale allo sconto. «Se nel mese prossimo, in eventuali giornate di panico [le grandi banche] esercitassero il diritto di sconto, il mercato resterebbe sotto l'impressione che qualcuno vigila, che è pronto a intervenire e basterebbe tale impressione a impedire l'organizzarsi di forze deprimenti speculative»[13]. Pochi giorni dopo, con la dichiarazione di guerra dell'Austria alla Serbia (28 luglio 1914), i problemi da affrontare divennero di dimensione ben maggiore e le soluzioni necessarie ben più radicali.

La dichiarazione di guerra dell'Austria-Ungheria alla Serbia creò, anche sul mercato italiano, la corsa alla liquidità tipica delle situazioni di grande incertezza. Il 31 luglio, la Banca d'Italia, «preoccupata per il moltiplicarsi delle domande di sconto e anticipazione» dispose che a tutte queste operazioni fosse indistintamente applicato il tasso ufficiale, che un decreto governativo del 1° agosto portò al 6%, escludendo dunque la concessione di tassi di favore[14]. La rapida diminuzione delle quotazioni di borsa dei titoli ammessi a garanzia delle anticipazioni sulla base del loro valore nominale fece temere alla Banca d'Italia che fosse conveniente per le banche abbandonare i titoli stessi piuttosto che restituire l'anticipazione ricevuta. Fu dunque aumentato l'ammontare dei titoli richiesti e ammessi solo quelli dello Stato o da esso garantiti, accettati sulla base di una prudente valutazione del prezzo di mercato atteso. Lo stesso decreto dispose la chiusura di tutte le borse valori[15].

Il 2 agosto, al termine della riunione del Consiglio dei ministri, fu emesso un comunicato che affermava ufficialmente la volontà dell'Italia di mantenere la neutralità tra i due blocchi in conflitto ed esortava i cittadini a comportarsi di

---

lasciando libera senza freno la speculazione al ribasso, potrebbe a un certo momento non essere facile il trattenere un attacco contro le sue azioni», Della Torre a Stringher, 22 luglio 1914, *ibid.*

[13] Della Torre a Stringher, 23 luglio 1914, *ibid.*
[14] ASBI, Verbali del Consiglio superiore, 24 agosto 1914, p. 350.
[15] Il 26 luglio Joel e Balzarotti avevano chiesto a Stringher di adoperarsi con il governo per un decreto di sospensione dei contratti a termine (Telegramma Della Torre a Stringher, 26 luglio 1914, ASBI, Rapporti con l'interno-Operazioni Finanziarie, prat. 261, fasc. 2).

conseguenza[16]. Il chiarimento ufficiale della posizione italiana non bastò a ridurre l'incertezza. Il panico che si era diffuso alla fine di luglio si stemperò solo con l'emanazione da parte del governo di un decreto sollecitato dalla stessa Banca d'Italia.

Per contenere il deflusso della liquidità dalle banche, alcune delle quali oggetto di una vera e propria corsa agli sportelli, il decreto prorogò di 20 giorni il pagamento delle cambiali in scadenza il 1° agosto e, soprattutto, limitò l'ammontare delle somme che ogni depositante avrebbe potuto ritirare dal proprio conto corrente. La Banca raccomandò alle filiali di adottare un comportamento flessibile nei centri industriali qualora la liquidità fosse servita al pagamento dei salari «per evitare la disoccupazione degli operai»[17].

Stringher notò che la corsa al ritiro dei depositi si era verificata soprattutto nelle grandi banche e diede questa spiegazione del fenomeno: «le banche mezzane e più piccole [...] godono in genere della fiducia che si accorda al vicino di casa ben noto, mentre le grandi banche [...] sono più soggette a risentire delle conseguenze del propagarsi del panico generale»[18]. A ogni buon conto, la Banca d'Italia, priva di formali poteri ispettivi, esortò le proprie filiali ad «assumere speciali informazioni sugli istituti di credito e risparmio onde regolarci nelle eventuali straordinarie richieste di aiuto»[19].

Il ricorso delle banche, affamate di liquidità, alle varie forme di rifinanziamento presso la Banca d'Italia subì un'impennata. I grandi istituti privati dovettero accantonare la propria consolidata riluttanza a ricorrere al risconto presso gli istituti di emissione e vi attinsero a piene mani[20]. La Banca d'Italia largheggiò, preoccupandosi tuttavia delle garanzie offerte dalle banche e dei tempi di smobilizzo di quelli che considerava

---

[16] «Trovandosi alcune potenze d'Europa in istato di guerra ed essendo l'Italia in istato di pace con tutte le parti belligeranti, il governo del re, i cittadini e le autorità del Regno hanno l'obbligo di osservare i doveri della neutralità secondo le leggi vigenti e secondo i princìpi del diritto internazionale» (Albertini 1943, p. 305).
[17] ASBI, Verbali del Consiglio superiore, 24 agosto 1914, p. 354.
[18] Ivi, pp. 356-357.
[19] Ivi, p. 355.
[20] Il debito della sola Banca Commerciale superò i 100 milioni di lire, circa un ventesimo dell'intera circolazione della Banca d'Italia.

crediti di emergenza. Stringher chiese ai direttori di filiale precisi rapporti sulle condizioni, soprattutto patrimoniali, degli istituti di credito e sull'andamento dei ritiri dei depositi in atto e prevedibili. Privi di poteri di supervisione, i direttori di filiale si avvalsero di informazioni raccolte in vario modo nell'ambiente e di quelle che ottenevano in quanto banchieri che operavano direttamente sul mercato. Ma la fonte principale delle informazioni derivò dalla collaborazione volontaria delle banche che, nel complesso, non venne a mancare, dato l'interesse generale alla stabilità del sistema.

Stringher tuttavia si rendeva conto della potenziale fragilità di un assetto basato sulla cooperazione volontaria degli istituti di credito, soprattutto di quelli maggiori sui quali non sempre la *moral suasion* di via Nazionale si era dimostrata pienamente efficace. Salandra gli diede piena copertura politica per ottenere informazioni riservate dalle banche. Domandando a sua volta informazioni a Stringher, il presidente del Consiglio gli scrisse: «Non esitare a procurarmele in qualunque modo, anche ordinando di autorità una ispezione, a cui non possono sottrarsi banche le quali, pur essendo private, godono di un regime eccezionale di moratoria del quale sono accusate, non del tutto a torto, di giovarsi nel loro esclusivo interesse, senza tenere conto di altri interessi che pure meritano la tutela del governo»[21]. Venne in questa occasione autorevolmente formulato – forse su suggerimento dello stesso Stringher – il principio generale sul quale si basa la legittimità della vigilanza sul sistema bancario: a tutele particolari – quali erano appunto le norme amministrative sulla moratoria e, in generale, il credito di ultima istanza – non possono che corrispondere obblighi altrettanto particolari. Dodici anni dopo, come vedremo, il potere ispettivo della Banca d'Italia venne sancito da una legislazione *ad hoc*.

La moratoria aveva necessariamente effetti deflattivi che furono contrastati con abbondanti aumenti della circolazione necessari, per usare il linguaggio tra il criptico e il burocratico della Banca, «per fronteggiare straordinari bisogni, rimpetto

---

[21] Salandra a Stringher, 5 settembre 1914, ACS, Presidenza del Consiglio, Guerra Europea, cart. 14, fasc. 4.

ai quali sarebbero riusciti inadeguati i mezzi consentiti dalle disposizioni organiche delle leggi bancarie vigenti»[22]. Nella buona sostanza si trattò di allargare di un terzo, in tre riprese[23], la circolazione dei biglietti, sforando il limite della copertura metallica, con il pagamento da parte degli istituti di una tassa straordinaria di circolazione. Fu anche aumentato il limite delle anticipazioni che, per legge, gli istituti stessi erano tenuti a fare allo Stato (decreto legge 19 settembre 1914, n. 1007)[24].

Nei giorni della grande incertezza, la moratoria nel pagamento dei debiti godette del consenso quasi generale di banchieri e imprenditori di tutta Europa. Ma, non appena sembrò passata la prima emergenza, almeno nell'Italia avviata per il momento sulla strada della neutralità, cominciarono a levarsi voci di dissenso e a fiorire proposte alternative. Verso la metà di settembre, un ordine del giorno della Camera di Commercio di Milano chiese la cessazione della moratoria e una contestuale apertura di credito praticamente illimitata alle banche da parte degli istituti di emissione, con garanzia per questi ultimi da parte dello Stato[25]. Si chiedeva, in sostanza, una politica monetaria radicalmente diversa da quella seguita nelle settimane precedenti osservando che, se nel momento caldo della crisi d'agosto il provvedimento legislativo aveva scongiurato i pericoli sia di una crisi bancaria, sia di un eccessivo aumento della circolazione, esso limitava il regolare funzionamento dei mercati con costi gravi in un anno di depressione come il 1914. Inutile dire che questa proposta taceva degli effetti che una sua adozione avrebbe avuto sull'inflazione e sul cambio della lira.

Stringher si oppose decisamente al mutamento della linea seguita sino ad allora. Era ancora fresca la memoria della fatica che era stato necessario fare per ripulire la Banca degli immobilizzi e ridare al bilancio la necessaria elasticità per sottovalutare il pericolo di caricare l'attivo della Banca

---

[22] Banca d'Italia, *Assemblea ordinaria degli azionisti*, 31 marzo 1915, p. 14.
[23] Decreti legge 4 agosto 1914, n. 791, 13 agosto 1914, n. 825, 23 novembre 1914, n. 1284.
[24] Decreto legge 19 settembre 1914, n. 1007.
[25] Stringher a Giulio Rubini (ministro del Tesoro), 19 settembre 1914, ACS, Presidenza del Consiglio, Guerra Europea, cart. 17, fasc. 4.

di titoli sostanzialmente illiquidi. Se gli istituti di credito, diceva il direttore generale, non hanno più bisogno della moratoria, riprendano i pagamenti senza chiedere garanzie statali, lasciando la Banca d'Italia libera di accogliere o non accogliere il loro risconto[26]. Inoltre, a Stringher non dispiaceva la moratoria anche perché essa gli garantiva maggiori margini di azione discrezionale. Durante la crisi d'agosto la politica del risconto era stata assai generosa, anche dopo la proclamazione della moratoria. Ciò aveva avuto inevitabili ripercussioni sul volume della circolazione creando una situazione giudicata assai grave. Con tre decreti successivi era stato raddoppiato il limite oltre il quale la tassa sulla circolazione non coperta da riserva aurea cresceva gradualmente fino a raggiungere il livello del saggio di sconto. Oltre a ciò, Stringher aveva ottenuto un fondo di 300 milioni, gestito dalla Banca d'Italia per conto del Tesoro, al fine di potere concedere anticipazioni su titoli di Stato alle casse di risparmio e ai monti di pietà. Stringher riteneva molto importante, nelle persistenti condizioni di incertezza, il potere utilizzare discrezionalmente un largo spettro di strumenti – decreti, risconti, fondi per anticipazioni garantiti dal Tesoro – senza legarsi le mani con meccanismi automatici. Poiché, infatti, la situazione non aveva precedenti ed era impossibile formulare previsioni attendibili, la Banca d'Italia si attenne a una linea di estrema prudenza che consigliava di godere della massima flessibilità consentita. In settembre la moratoria fu prorogata sino alla fine dell'anno consentendo, però, ai depositanti, di ritirare quote maggiori dei propri averi. Essa fu successivamente estesa al 31 marzo 1915.

La prova dell'agosto 1914 fu, per il sistema bancario italiano, la più difficile dopo quella del 1893. Date le circostanze, essa venne superata in modo sostanzialmente ordinato. La Banca d'Italia assunse un ruolo di protagonista nella gestione di questa crisi, ciò le consentì da un lato di accrescere la propria autorità morale rispetto alla grande maggioranza del sistema bancario, dall'altro di migliorare la propria capacità di intervento anche per gli anni a venire. L'obiettivo della stabilità del sistema bancario ebbe la meglio su tutti gli altri,

---

[26] Stringher a Gidoni, 21 settembre 1914, ASBI, Carte Stringher, 30/1.02/19.

in particolare su quelli tradizionali della tutela delle riserve e del contenimento della crescita della circolazione cartacea.

La congiuntura politica ed economica italiana creata dalla dichiarazione di guerra dell'Austria-Ungheria alla Serbia stimolò la creazione di due istituzioni assai diverse tra loro, ma entrambe destinate a giocare un ruolo non marginale sia nel finanziamento della guerra, sia nella crisi finanziaria che seguì alla sua conclusione. La prima di esse, il Consorzio per Sovvenzioni su Valori Industriali, nacque alla fine del 1914[27] e aveva come scopo il «consentire sovvenzioni cambiarie dirette, anche se munite di una sola firma, garantite da deposito a titolo di pegno di azioni e obbligazioni di società industriali»[28]. Il Consorzio, analogo alle coeve casse di prestito tedesche, aveva essenzialmente lo scopo di consentire indirettamente agli istituti di emissione di erogare finanziamenti, che di fatto sarebbero stati a lungo termine, aggirando la norma che li obbligava a scontare solo cambiali a doppia firma. Nella sostanza, le imprese industriali avrebbero scontato presso il Consorzio proprie cambiali, garantendole con il deposito di propri titoli azionari o obbligazionari. Il Consorzio si sarebbe a sua volta rifinanziato presso gli istituti di emissione, aggiungendo alle cambiali industriali la propria firma e pertanto rendendole formalmente atte a essere presentate per il risconto. Il capitale iniziale del Consorzio, pari a 22 milioni portati poi a 25, fu sottoscritto dai tre istituti di emissione e da alcuni istituti bancari di natura pubblica[29] e presieduto, per statuto, dal direttore generale della Banca d'Italia[30]. Il Consorzio rispondeva esplicitamente all'esigenza avvertita dai vertici della Banca di potere disporre di strumenti «quando i bisogni incalzassero e divenisse insufficiente l'opera degli Istituti bancari esistenti, o questi abbisognassero di farsi disponibilità con il pegno dei titoli ricevuti a riporto». Sarebbe insomma dovuto servire,

---

[27] R.D. 20 dicembre 1914, n. 1372. L'atto costitutivo fu stipulato il 27 gennaio 1915, approvato con R.D. 15 febbraio 1915, n. 90. Iniziò a operare il 22 febbraio 1915.
[28] Ivi, art. 2.
[29] Monte dei Paschi di Siena, Istituto delle Opere Pie di San Paolo, Cassa di Risparmio delle Provincie Lombarde, Casse di Risparmio di Torino, Genova, Bologna, Firenze e Palermo.
[30] La banca partecipò al capitale con 9,5 milioni.

nelle intenzioni dei promotori, sia a fronteggiare future crisi della liquidità, sia a finanziare la produzione bellica qualora, come ormai sembrava molto probabile, l'Italia si fosse lasciata coinvolgere nel conflitto. La precauzione si rivelò ridondante: durante il conflitto l'operatività del Consorzio fu relativamente modesta (Biscaini, Gnes, Roselli 1985) mentre svolse, come vedremo, un ruolo rilevante nel dopoguerra, soprattutto tramite una «Sezione Speciale Autonoma» costituita come strumento di finanziamento di ultima istanza di imprese in gravi difficoltà, finendo per diventare la progenitrice dell'IRI.

Il duro confronto tra neutralisti e interventisti che, tra l'agosto 1914 e il maggio dell'anno dopo, assorbì la gran parte delle energie politiche del Paese, coinvolse in vario modo gli ambienti dell'industria e della banca. I sostenitori dell'intervento italiano accanto alle potenze dell'Intesa ebbero facile gioco propagandistico nel seminare sospetti nei confronti della Banca Commerciale, dipinta come emanazione del grande capitale tedesco. Il vero obiettivo della propaganda nazionalista contro la grande banca milanese, il cui capitale era peraltro da anni in larga maggioranza già in mani italiane, era volto da un lato a indebolire un istituto ritenuto vicino agli ambienti giolittiani e dall'altro a creare un clima favorevole alla nascita di una grande banca «italianissima». Fu proprio questo clima, creatosi dopo le dichiarazioni di guerra dell'agosto 1914, a consentire a un gruppo di finanzieri guidati da Angelo Pogliani[31] di portare a conclusione «il progetto, che circolava da tempo, di un grande organismo bancario, che raccogliesse e concentrasse una parte notevole del capitale investito in alcuni istituti di credito» (Falchero 1990, p. 31). La Banca Italiana di Sconto fu fondata il 31 dicembre 1914 e immediatamente fusa con la Società Bancaria Italiana e la Società Italiana di Credito Provinciale, entrambe fortemente partecipate da capitale francese. Il ruolo, politico e professionale, giocato da Nitti nella nascita della «banca italianissima» è ben documentato (ivi, pp. 34-36). La stampa italiana non

---

[31] Milano 1871-Roma 1951. Dal 1899 direttore generale della Banca di Busto Arsizio, fusa nel 1911 con la Banca di Verona creando la Società Italiana di Credito Provinciale della quale divenne amministratore delegato, carica che, dal 1915, ricoprì nella Banca Italiana di Sconto (Falchero 2015).

mancò di sottolineare che il nuovo istituto nasceva «in qualità di contrappeso italiano all'influenza della Banca Commerciale» con l'appoggio, oltre che dei nazionalisti, anche di Salandra e di Stringher (ivi, p. 36). È probabile che il direttore generale della Banca d'Italia abbia cautamente incoraggiato il progetto e sulla plausibilità del suo appoggio si basarono i giornali che vi fecero cenno; mancano però prove documentarie di un suo diretto interessamento. Fu costretto invece a occuparsene, seppure sempre con cautela, durante la guerra e molto direttamente nella crisi bancaria postbellica innescata proprio dall'illiquidità della Sconto.

3. *Finanziare la guerra: la moneta*

Si è visto che l'economia di guerra implicò un importante e, soprattutto, rapido trasferimento di risorse dai consumi e dagli investimenti, caratterizzati in tempo di pace da un «piccolo stato» e dalla larga prevalenza del settore privato verso i consumi pubblici. La rapidità e l'efficacia con cui lavoro e capitali furono trasferiti agli usi bellici, minimizzando gli sprechi e, soprattutto, le tensioni sociali, dipese, come si è detto, da fattori istituzionali, organizzativi, logistici e, in senso lato, dalla coesione sociale e dal consenso della popolazione agli obiettivi della guerra. Questi fattori si combinarono variamente nei diversi paesi producendo risultati più o meno efficaci. Ma con quali strumenti tecnici si operò il trasferimento dal settore privato al pubblico di quello che Schumpeter chiama «comando» sulle risorse reali? Gli strumenti utilizzati furono sostanzialmente quattro: tassazione, debito interno ed estero, inflazione (effetto della monetizzazione del debito pubblico con la creazione di moneta) e requisizioni (appropriazione forzosa di beni privati come automobili e animali da parte del potere pubblico). Quest'ultimo strumento fu utilizzato con una certa parsimonia, in casi di evidente necessità (famoso è quello dei taxi di Parigi per condurre le truppe al fronte), da eserciti operanti in territorio nazionale: la sua arbitrarietà lo rendeva particolarmente odioso e dunque tale da minare il consenso patriottico alla guerra.

Kindleberger (1984) sostiene che fecero maggiore affidamento sulla tassazione nel finanziamento della spesa bellica i paesi caratterizzati da forte coesione sociale e fiducia nelle istituzioni, in particolare il Regno Unito. Gli altri si affidarono in misura maggiore all'indebitamento e alla stampa di moneta non convertibile in oro. In realtà, la politica fiscale del Regno Unito, almeno fino al 1917, fu governata dalla cosiddetta «regola di McKenna»[32] secondo la quale la politica fiscale doveva generare entrate sufficienti a coprire la normale spesa pubblica di pace e gli interessi sul debito (Broadberry, Harrison 2005, p. 217). Le necessità belliche furono, dunque, coperte anche nel Regno Unito con l'indebitamento e, in misura minore, con l'inflazione.

Durante le guerre napoleoniche, David Ricardo asserì l'equivalenza degli effetti sulla domanda aggregata della tassazione e dell'indebitamento come metodo di finanziamento della spesa pubblica. La scelta dell'una o dell'altro non avrebbe, dunque, influenzato la capacità dell'economia di produrre le risorse necessarie alla guerra. Non teneva però conto degli effetti che lo strumento scelto per finanziare la spesa bellica avrebbero avuto sulla distribuzione del reddito sia durante la guerra, sia tra la generazione che ne sopportava il costo di sangue e privazioni e le generazioni successive. La sostenibilità sociale e politica dello sforzo bellico consiglia di finanziarlo con indebitamento e inflazione piuttosto che con l'aumento delle imposte. Queste forme di finanziamento non mettono, tuttavia, al riparo dalle conseguenze di più lungo periodo dell'accumulazione di un enorme debito o di una grande massa monetaria. Nel caso della Grande Guerra, indebitamento e inflazione proiettarono i loro effetti per almeno un decennio dopo la fine delle ostilità e furono tra le principali cause indirette della grande depressione degli anni Trenta, consumando – come vedremo – gran parte delle attenzioni domestiche e internazionali delle banche centrali.

I debiti di guerra furono collocati in gran parte sui mercati nazionali. Ma l'indebitamento estero assunse, seppure con

---

[32] Reginald McKenna (1862-1942), ministro dell'Interno e poi (1915-1916) del Tesoro (Cancelliere dello Scacchiere) nel governo Asquith. Rassegnò le dimissioni nel 1916 quando Lloyd George sostituì Asquith come primo ministro.

differenze importanti tra i diversi paesi, dimensioni cospicue trattandosi, come accennato sopra, di affrontare un punto nevralgico delle economie di guerra: la capacità di importare alimenti, materie prime e armi da alleati e paesi neutrali. L'indebitamento sull'estero in valuta era dunque il solo mezzo per sostenere l'accresciuta domanda di importazioni, vista la riluttanza di tutti i governi a usare, se non in casi estremi, le riserve auree, che si sarebbero comunque rivelate insufficienti. All'andamento della bilancia delle partite correnti si collegava, ovviamente, quello del cambio della valuta nazionale con quelle dei paesi alleati e neutrali che assumeva anche un significato psicologico, vista la convinzione dei mercati che i perdenti non avrebbero potuto ripagare i debiti (Toniolo, Pellegrino 2020).

Grazie al proprio impero, all'assistenza dei *Dominions* e alla forza della piazza finanziaria londinese, il Regno Unito riuscì a finanziare il 76% dei crescenti disavanzi del bilancio dello Stato con l'emissione di titoli del debito pubblico a lungo e breve termine. L'aumento della base monetaria coprì solo il 5% del deficit, al resto si provvide con mezzi di finanza straordinaria diversi dal debito e dalle imposte (Broadberry, Harrison 2005, p. 218). Il risultato di queste politiche fu un aumento in cinque anni del rapporto debito/prodotto interno lordo dal 26,2 al 116,3%. In compenso, l'inflazione dei prezzi al dettaglio fu contenuta entro una media annua del 13%, un risultato invidiabile nel quadro bellico europeo. Il Regno Unito riuscì a finanziare la guerra contenendo inflazione e indebitamento estero entro limiti che ne permisero, seppure a fatica e non senza costi sociali, la gestione postbellica sino alla reintroduzione, nel 1925, della convertibilità aurea della sterlina al cambio prebellico.

Le conclusioni della ricerca più recente sul finanziamento della guerra nell'Impero tedesco smentiscono l'opinione di autorevoli studiosi (Kindleberger 1978; Keynes 1940), nata soprattutto considerando l'iperinflazione postbellica, che il debito sia stato finanziato prevalentemente stampando moneta. Negli anni del conflitto, il *Reich* riuscì a contenere, entro il limite relativamente modesto del 17%, il contributo della monetizzazione al finanziamento del debito. Di conseguenza, tra il 1914 e il 1918, i prezzi all'ingrosso crebbero in media solo dell'8,5% l'anno (Ritschl 2005, pp. 59-64)[33]. Evidentemente, «non venne mai meno la buona disposizione del pubblico verso i titoli obbligazionari emessi dal *Reich*» (ivi, p. 63).

Contrasta con la gestione della finanza pubblica tedesca quella dell'Austria-Ungheria, l'alleato meridionale. «La doppia monarchia entrò in guerra con una finanza pubblica in condizioni peggiori di quella di qualunque altro belligerante, con la possibile eccezione della Turchia» (Schulze 2005, p. 98). Il conflitto espose un sistema economico arretrato e debole a uno stress insostenibile: nel 1917 il PIL era ridotto al 60% di quello prebellico (tab. 5.1) e solo il robusto apporto dell'alleato settentrionale produsse le risorse necessarie allo sfondamento delle linee italiane a Caporetto, in un momento in cui le condizioni alimentari in Austria, più compromesse che nella fertile Ungheria, erano già vicine al limite di sussistenza. In questa situazione e date le non sopite tensioni tra Vienna e Budapest, l'imperial-regio governo non riuscì o non volle accrescere la pressione fiscale mentre gli risultò difficile anche il collocamento del debito. Si ricorse pertanto alla stampa di cartamoneta, con il risultato che tra, il 1914 e il 1917, il costo della vita aumentò al tasso medio annuo del 62% (dati da Schulze 2005).

Per completare il confronto tra le modalità di finanziamento della guerra adottate in Italia, delle quali diremo subito, resta da fare un accenno alla Francia, il Paese che, seppure economicamente e finanziariamente più sviluppato del nostro, forse meglio di altri si presta a un raffronto con l'economia di guerra italiana. Tra il 1913 e il 1918 la spesa pubblica francese crebbe dal 10 al 53% del PIL, mentre le entrate pubbliche restarono stabili attorno al 10%[34]. Il disavanzo pubblico da finanziare raggiunse, pertanto, dimensioni enormi, vicine alla metà del prodotto interno lordo. A prezzi correnti il debito

---

[33] Interessa notare che i prezzi all'ingrosso aumentarono in media del 14% nei primi tre anni di guerra, ma subirono addirittura una diminuzione nel 1918. Questi dati non sono comparabili con quelli citati sopra per il Regno Unito che si riferiscono a prezzi al consumo.
[34] Le entrate pubbliche si ridussero dal 10 all'8,8% del PIL tra il 1913 e il 1916 per poi risalire fino al 9,7% nel 1918 e al 14% nel 1920 (Hautcoeur 2005, p. 184).

pubblico aumentò, dunque, di quasi quattro volte, da 33,4 a 123,8 miliardi di franchi (Hautcoeur 2005, p. 184); ai prezzi del 1913, tuttavia, il debito francese quasi raddoppiò (da 33,5 a 77 miliardi). La gran parte dell'aumento fu pertanto monetizzata, cioè finanziata con la tassa di inflazione. I prezzi al consumo crebbero progressivamente sino a raggiungere nel 1918 il 24%. La Francia, pertanto, finanziò con moneta la spesa bellica più di quanto fece la Germania.

Le fonti del finanziamento bellico dell'Italia sono sintetizzate nella tabella 5.2[35]. Circa due terzi della spesa bellica italiana furono finanziati con l'indebitamento, interno ed estero. La parte restante delle risorse finanziarie necessarie fu distribuita quasi ugualmente tra nuova imposizione fiscale e aumento dell'offerta di moneta. La Banca d'Italia ebbe un ruolo attivo di carattere tecnico nell'emissione e nella gestione dei prestiti interni, non ebbe un ruolo rilevante nella formulazione della politica fiscale, partecipò attivamente a fianco del governo alla negoziazione dei prestiti esteri. Di questi importanti aspetti della sua operatività durante la guerra diremo più sotto, descrivendo l'evoluzione delle varie attività della Banca durante la guerra. Qui esaminiamo la gestione della moneta durante il conflitto perché essa da un lato costituisce il nocciolo istituzionale dei compiti deputati al principale istituto di emissione e, dall'altro, ha un carattere sostanzialmente unitario che conviene vedere complessivamente piuttosto che nei singoli periodi che formano l'ossatura cronologica della restante parte di questo capitolo.

Nel finanziamento della guerra, la politica monetaria assunse in Italia un ruolo residuale: si stampò tutta la moneta necessaria a coprire la differenza tra le spese dello Stato e le entrate derivanti dal fisco e dall'indebitamento. Entrambe queste fonti di finanziamento avevano limiti difficilmente superabili. La tassazione non poteva essere aumentata oltre un livello compatibile con il mantenimento di un accettabile grado di consenso della popolazione civile verso lo sforzo bellico e

---

[35] Rispetto alla tabella 1 in Toniolo (1989, p. 13), non cambiano i totali delle spese e delle entrate mentre cambiano quelli relativi all'aumento della circolazione, basati su dati più recenti (Barbiellini Amidei *et al.* 2016), e di conseguenza quelli relativi all'incremento del debito, calcolati come residuo.

5 – *Una banca per l'economia di guerra*

TAB. 5.2. *Incremento delle spese e delle risorse finanziarie dello Stato durante la guerra (milioni di lire; tra parentesi, valori percentuali)*

Esercizi finanziari[b]	Incremento spese[a]		Incremento risorse finanziarie		
	a prezzi costanti[c]	a prezzi correnti	entrate fiscali[d]	aumento circolazione[e]	aumento debito[f]
1914-1915	1.716	2.144	−27 (−1,3)	1.924 (89,7)	247 (11,5)
1915-1916	4.502	7.560	643 (8,5)	829 (11,0)	6.088 (80,5)
1916-1917	5.136	13.290	1.643 (12,4)	1.824 (13,7)	9.823 (73,9)
1917-1918	5.478	21.830	3.681 (16,9)	4.768 (21,8)	13.381 (61,3)
1918-1919	6.462	30.883	6.372 (20,6)	2.760 (8,9)	21.751 (70,4)
Totale	23.294	75.707	12.312 (16,3)	12.105 (16)	51.290 (67,7)

[a] Pagamenti, comprese le gestioni fuori bilancio. Eccedenze rispetto ai corrispondenti flussi del periodo giugno 1913-giugno 1914 (pari a milioni 3.202 per le spese, 2.540 per le entrate finali, zero per l'aumento di circolazione a debito dello Stato, 662 per l'aumento del debito).
[b] Terminano il 30 giugno di ogni anno.
[c] Deflatore per le spese: media dell'indice dei prezzi all'ingrosso e di quello del costo della vita; base 1913-1914 (ISTAT 1958, p. 172).
[d] Tributarie ed extratributarie (incassi).
[e] Aumento della circolazione di Stato e della circolazione bancaria a favore dello Stato rispetto al giugno precedente.
[f] Problemi di contabilizzazione dei prestiti esteri hanno fatto preferire il calcolo residuale: Spese meno Entrate meno Circolazione; sono pertanto qui incluse anche le variazioni del fondo di cassa del Tesoro.

i suoi obiettivi, consenso che non poteva che assottigliarsi a mano a mano che la guerra si rivelava più lunga, sanguinosa e penosa per la popolazione civile di quanto si era creduto o fatto credere nelle «gloriose giornate di maggio» e nei primi mesi del conflitto. L'indebitamento trovava il proprio limite nella disponibilità degli investitori domestici e internazionali a dare credito al governo di Roma. I limiti della creazione di moneta fiduciaria erano assai più elastici, purché si riuscisse a fare convivere il Paese con crescenti tassi di inflazione attuando un'informale indicizzazione delle retribuzioni e accettando, come male minore, l'impatto che queste ultime avevano sui prezzi accelerandone la crescita.

Il 16 novembre 1917, due settimane dopo il ripiegamento dell'esercito italiano sulla linea difensiva del Piave, Stringher informò il Consiglio superiore[36] che era stato necessario accrescere la spedizione di contanti verso le zone di guerra e che ciò era stato possibile «grazie all'intensificazione della produzione dei nostri biglietti, oggi più che mai necessari per i bisogni dello stato». Nel 1913 le officine, gestite direttamente dalla Banca, avevano fabbricato biglietti per 5 milioni di lire, nel 1917 si erano superati i 18 milioni. La necessità di riorganizzare, non senza difficoltà, la produzione di biglietti per tenere il passo con la crescita della domanda, soprattutto per finanziare la spesa pubblica, sintetizza bene quel carattere «residuale» della politica monetaria il cui solo vincolo parrebbe essere quello tecnico della disponibilità di macchine, carta e personale qualificato. Con il nemico alle porte, la moneta diventò un'arma come le altre. A mitigare i «danni collaterali» – inflazione, svalutazione del cambio, speculazione – si sarebbe pensato a emergenza finita.

Tra il 1914 e il 1918, la circolazione cartacea aumentò del 389%, quella metallica si contrasse, l'offerta di moneta totale (la cosiddetta M2, comprensiva dei depositi bancari) crebbe del 290%. Il peso delle banconote in circolazione sul totale della moneta passò dal 27,6 al 38,2%: l'immissione sul mercato di moneta cartacea era il canale più rapido e diretto per soddisfare la crescente domanda di mezzi di pagamento[37]. È quasi inutile sottolineare che i limiti legali alla circolazione furono più volte accresciuti, a volte superati con accordi informali prima che la legislazione in materia fosse aggiornata, in particolare per la cosiddetta «circolazione per conto dello Stato». Furono creati regimi fiscali favorevoli al risconto di effetti ritenuti di pubblico interesse, in particolare quelli del Consorzio Sovvenzioni su Valori Industriali del quale diremo poi.

La politica monetaria fu, dunque, durante la guerra, in Italia come negli altri paesi belligeranti tranne il Regno

---

[36] ASBI, Verbali del Consiglio superiore, seduta del 16 novembre 1917, pp. 499 ss.
[37] Per i dati, cfr. Barbiellini Amidei *et al.* (2016).

Tab. 5.3. *Moneta e prezzi 1914-1918*

	Circola-zione*	Offerta di moneta **	Indice dei prezzi***	Prezzo pane	Prezzo carne bovina
1914	100	100	100	100	100
1915	131	114	107	119	116
1916	167	145	134	124	159
1917	264	206	189	133	212
1918	355	282	264	157	474

* Banconote e monete metalliche.
** Circolazione e depositi bancari.
*** Indice dei prezzi al consumo delle famiglie di operai e impiegati.
Fonti: Aggregati monetari: Barbiellini Amidei *et al.* (2016); Prezzi: ISTAT (2011).

Unito, quasi interamente governata dall'imperativo ultimo della vittoria, al quale erano peraltro subordinate altre e più importanti considerazioni, a cominciare dal benessere e dalla vita stessa dei soldati, spesa con grande liberalità in una condotta delle operazioni largamente basata su «ondate» di assalti alle trincee nemiche.

La direzione, il Consiglio superiore e gran parte del personale della Banca d'Italia professavano un ardente patriottismo, temperato come vedremo solo dalla difesa di alcuni privilegi, e non misero quasi mai in discussione, e solo da parte di piccole minoranze subito rientrate, l'idea che la moneta fosse un'arma, e che arma, da utilizzare quanto le altre per raggiungere l'obiettivo della vittoria finale.

La subordinazione della moneta alle esigenze belliche non consentì di contrastare l'elevato aumento dei prezzi (tab. 5.3) derivante dalla limitata offerta di beni di consumo privati, da strozzature e inefficienze nella riallocazione delle risorse, dai prezzi dei prodotti importati (Ciocca, Rinaldi 1997). Il tasso di inflazione medio annuo dei prezzi dei beni consumati dalle famiglie di operai e impiegati fu, nella media del quadriennio bellico, di circa il 28% annuo, con un'accelerazione nel secondo biennio. L'aumento dei prezzi fu tra i più elevati tra i belligeranti. Come sempre accade in simili casi, un'inflazione elevata comportò una variazione dei prezzi relativi, anche perché le autorità cercarono di controllare e calmierare quelli di alcuni beni essenziali: la tabella 5.3 mostra il caso del prezzo controllato del pane rispetto a quello libero della carne di bue, che divenne sempre meno accessibile alla popolazione civile (quella disponibile era destinata prioritariamente ai combattenti).

La Banca non si sottrasse dal partecipare a iniziative volte a limitare l'aumento dei prezzi, benché esse non rientrassero nei suoi compiti istituzionali. Per esempio, sin dal tempo della neutralità, a cavallo tra il 1914 e il 1915, il governo costituì Consorzi provinciali granari, con lo scopo di stabilizzare il prezzo dei cereali. Questi enti poterono accedere al finanziamento della Banca d'Italia riscontando cambiali garantite dai grani che avevano in deposito. La Banca, scrisse Stringher, compiva «siffatti uffici straordinari ed eccezionali non a scopo di lucro, ma per non venir meno ai doveri che impongono le necessità del singolare momento»[38].

4. Finanziare la guerra: il debito interno

L'insieme dell'aumento delle imposte e della circolazione monetaria (quest'ultimo riflesso nell'ingigantito bilancio della Banca d'Italia) finanziò la spesa bellica per circa un terzo (tab. 5.2). I due terzi restanti furono reperiti accrescendo l'indebitamento interno ed estero per un totale di 51 miliardi di lire. L'emissione di debito per importi tanto elevati richiese uno sforzo organizzativo e propagandistico di dimensioni e complessità senza precedenti.

Al momento della firma del trattato di pace lo *stock* di debito era pari a circa il 139% del prodotto interno lordo[39]. La parte collocata all'interno – pari a circa il 72% del totale – era composta per oltre la metà da titoli a lungo termine o irredimibili derivanti da cinque grandi emissioni di prestiti nazionali, oltre che da quelle prebelliche, e solo per un terzo da buoni del Tesoro ordinari a scadenza inferiore a un anno. Nel complesso si può dire che l'Italia emerse dal conflitto con un debito pubblico interno che, rispetto al reddito nazionale,

---

[38] Banca d'Italia, *Adunanza generale degli azionisti*, Roma 1915, p. 24.
[39] Dati sul debito da Stringher (1920, p. 81). Il rapporto debito-PIL è stimato da Francese e Pace (2008).

non superava di molto l'indebitamento contratto durante le guerre di indipendenza, che furono di ben minore impegno e durata. Le difficoltà maggiori, durante e dopo la guerra, derivarono dal debito estero pari, nel 1919, a cinque volte il valore delle esportazioni.

La Banca d'Italia coordinò i consorzi per le sottoscrizioni delle varie emissioni del Prestito Nazionale. Il clima psicologico degli anni di guerra spiega in buona parte la relativa facilità con la quale lo Stato riuscì a indebitarsi con i propri cittadini senza ricorrere a prestiti forzosi. Gli elementi psicologici in gioco furono due: il clima collettivo di fervore patriottico, al quale aderivano anche molti di coloro che nel 1914 erano stati in favore della neutralità, e quella che gli economisti chiamano «illusione monetaria» per la quale molti sottoscrittori delle varie emissioni di titoli guardavano al rendimento monetario e non a quello reale (al netto, cioè, dell'aumento dei prezzi). Benché i prestiti nazionali fossero emessi a tassi superiori a quelli degli anni di pace e crescenti nel tempo, l'inflazione fu sempre ben più elevata dei tassi stessi che furono dunque negativi in termini reali. Se molti furono inconsapevoli vittime dell'illusione monetaria, i prestiti vennero sottoscritti anche da coloro che non ne soffrivano perché costituivano comunque una conveniente alternativa al tenere i denari in depositi a rendimento inferiore presso le banche, considerata l'impossibilità di investire all'estero. Alle banche, l'incentivo principale alla sottoscrizione dei prestiti nazionali fu creato dagli istituti di emissione con l'offerta quasi illimitata di anticipazioni su titoli di Stato a condizioni tali da garantire non trascurabili margini netti di guadagno. Quest'incentivo fu usato da quasi tutti i paesi belligeranti[40]. Si deve anche aggiungere che a volte i fornitori dello Stato dovevano accettare in pagamento buoni del Tesoro.

Le spese per il rafforzamento dell'esercito e della marina aumentarono subito dopo l'apertura delle ostilità in Europa, mentre l'Italia doveva mantenere un contingente di truppe in Libia. Tra agosto e ottobre 1914, le spese aumentarono di 181 milioni e la loro copertura con le imposte o con debito assunse

---

[40] Cfr. anche Sraffa (1920, p. 16).

subito rilevanza politica. Alla fine di ottobre, il Consiglio dei ministri respinse la richiesta di nuove imposte avanzata dal ministro del Tesoro Rubini che si dimise provocando la caduta del governo. Nel secondo ministero Salandra, insediatosi il 5 novembre, il principale ministero economico fu affidato a Paolo Carcano, che lo resse per i successivi tre anni. La grande fiducia che il nuovo titolare del Tesoro riponeva in Stringher e il fatto che quest'ultimo si fosse allineato alla scelta del governo di privilegiare il finanziamento in debito della spesa produssero una forte sintonia tra Banca e Tesoro e l'assunzione di responsabilità pubbliche sempre più rilevanti da parte della Banca d'Italia. Il nuovo governo annunciò maggiori spese per circa 400 milioni e aumenti di imposte per soli 35 milioni[41]. Sin dai mesi della neutralità il Paese imboccò, senza sostanziali opposizioni e con il consenso almeno implicito della Banca d'Italia, la strada di una finanza di guerra basata quasi interamente sul debito e sull'emissione monetaria. Il cosiddetto «debito fluttuante», costituito da buoni del Tesoro, raggiunse prima della fine dell'anno i 2 miliardi di lire.

Anche al fine di allungare la scadenza media del debito, fu deciso nel dicembre 1914 di emettere un prestito consolidato[42]. La Banca d'Italia promosse e guidò il Consorzio bancario di garanzia. Questo fu il primo di sei «prestiti nazionali» ai quali si ricorse per il finanziamento della guerra. La sottoscrizione pubblica, nel gennaio 1915, non fu soddisfacente: furono collocati 881 milioni dei 1.000 offerti. Quelli restanti dovettero essere assunti dai membri del Consorzio secondo le rispettive quote.

Nel primo anno di guerra[43], la spesa pubblica raddoppiò rispetto al già elevato livello dell'anno fiscale 1914-1915. Il suo finanziamento si basò per oltre l'80% sul debito, diviso equamente tra breve e lungo termine. Einaudi sostenne che

---

[41] *Le spese militari e i nuovi provvedimenti finanziari*, in «La Finanza Italiana», 21 novembre 1914, pp. 689-690.
[42] Le condizioni di questo primo Prestito Nazionale furono: prezzo di emissione 97, cedola 4,5% (pari a un rendimento effettivo del 4,64%), rimborso entro 25 anni e comunque non prima di 10.
[43] Come è noto, il 23 maggio 1915 l'Italia dichiarò guerra all'Impero austroungarico.

l'indebitamento, che allora parve di enormi dimensioni, non destava preoccupazione poiché il pagamento degli interessi poteva essere coperto con qualche ritocco immediato delle aliquote e assorbito poi con la crescita del reddito ipotizzata per il dopoguerra (Einaudi 1915, p. 28).

Pochi giorni dopo la dichiarazione di guerra, Tesoro e Banca d'Italia si misero al lavoro per il secondo Prestito Nazionale[44]. L'apporto tecnico della Banca fu importante. Poiché il nuovo prestito aveva un rendimento effettivo superiore a quello dell'emissione precedente, fu consentita ai portatori di quest'ultimo la conversione dei vecchi in nuovi titoli a condizioni non penalizzanti. Inoltre, in previsione del fatto che le condizioni di mercato avrebbero accresciuto nel futuro i rendimenti dei prestiti via via emessi, venne inserita una clausola «Secondo la quale i nuovi sottoscrittori avrebbero fruito di diritto delle condizioni più favorevoli accordate a ulteriori emissioni»[45]. La raccolta netta del secondo Prestito Nazionale di guerra fu considerevolmente più elevata di quella del primo. Tuttavia, circa la metà del disavanzo del bilancio dello Stato del 1915-1916 fu coperta dall'emissione di buoni del Tesoro a breve e medio termine, acquistati in larga quantità dalla Banca d'Italia. Alla fine del 1915 fu emesso un terzo Prestito Nazionale[46].

Nel 1916 le esigenze del Tesoro furono coperte con emissioni di titoli a breve e medio termine, meno costose ma complessivamente tali da ridurre la scadenza media del debito pubblico, riduzione non desiderabile nei momenti di grande incertezza tipici della guerra. Il quarto Prestito Nazionale fu emesso, all'inizio del 1917[47], nella forma di Rendita irredimibile allo scopo di allungare la scadenza media del debito pubblico, anche consentendo il pagamento con titoli a breve e medio termine. L'obiettivo fu raggiunto solo in parte. I buoni

---

[44] R.D.L. 15 giugno 1915, n. 869, tasso 4,5% netto, emesso a 95 lire per 100 di nominale (93 per i detentori di titoli del primo prestito).
[45] Banca d'Italia, *Assemblea ordinaria degli azionisti*, Roma 1915, p. 26.
[46] R.D. 22 dicembre 1915, n. 1800, 5% netto, emesso a 97,5.
[47] R.D. 2 gennaio 1917, n. 3. Rendita perpetua 5%, prezzo di emissione 97,5 (più elevato, dunque dei tre precedenti). I detentori del titolo 4,5% potevano convertirli nel nuovo titolo e pagavano 2,5 lire per ogni 100 sottoscritte. Ai possessori di titoli 5% fu invece offerto uno sconto di 3 lire ogni 100 convertite.

del Tesoro continuarono a essere preferiti dagli intermediari finanziari e dalle imprese e la loro emissione riprese senza difficoltà non appena concluse le operazioni del Prestito Nazionale[48]. D'altra parte, la Banca sosteneva le quotazioni dei titoli di Stato tenendo in portafoglio forti quantità di buoni del Tesoro a breve scadenza, mentre occultava anonimamente a bilancio sotto la voce «partite varie» titoli di Stato a lunga scadenza, forzando lo spirito, se non la lettera, della legge bancaria. Un quinto prestito nazionale fu emesso alla fine del 1917 (R.D. 6 dicembre 1917, n. 1860).

Per ciascuno di questi prestiti, la Banca d'Italia coordinò il Consorzio di collocamento, che arrivò a comprendere oltre 160 istituti di credito. Svolse un ruolo di consulenza tecnica per il Tesoro nella preparazione dei decreti e dei «manifesti»[49], definendo le condizioni tecniche dei prestiti (ammontare, tasso, prezzo di emissione, convertibilità dei prestiti precedenti in quelli nuovi). Rafforzò pertanto considerevolmente quella competenza tecnica in materia di gestione del debito pubblico che aveva già posto al servizio del governo al tempo della conversione della Rendita del 1906.

5. *Finanziare la guerra: debito estero e cambio*

L'accesso ai mercati dei paesi neutrali per l'importazione di prodotti essenziali era di importanza strategica decisiva. In fondo era proprio a questo che si riferivano gli autori mercantilisti del Seicento quando vedevano nell'argento la materia prima principale della guerra. L'avevano ben compreso i tedeschi che, bloccata dalla Royal Navy la flotta di superficie nei porti del Nord, avevano creato una straordinaria forza sottomarina che, nel 1917, riusciva ad affondare nell'Atlantico settentrionale un mercantile su quattro. Per l'Italia, Paese povero di materie prime, un regolare flusso di importazioni

---

[48] Toniolo (2003, p. 196), ASBI, Verbali del Consiglio superiore, seduta del 23 aprile 1917, p. 168.
[49] Si vedano, ad esempio, le lettere di Carcano a Stringher dell'11 giugno 1916 (ASBI, Carte Stringher, 302/1.02/8) e del 14 giugno 1916: «Ho predisposto lo schema del *Manifesto* [...]. A te il perfezionarlo» (ivi, 302/1.02/9).

5 – *Una banca per l'economia di guerra*

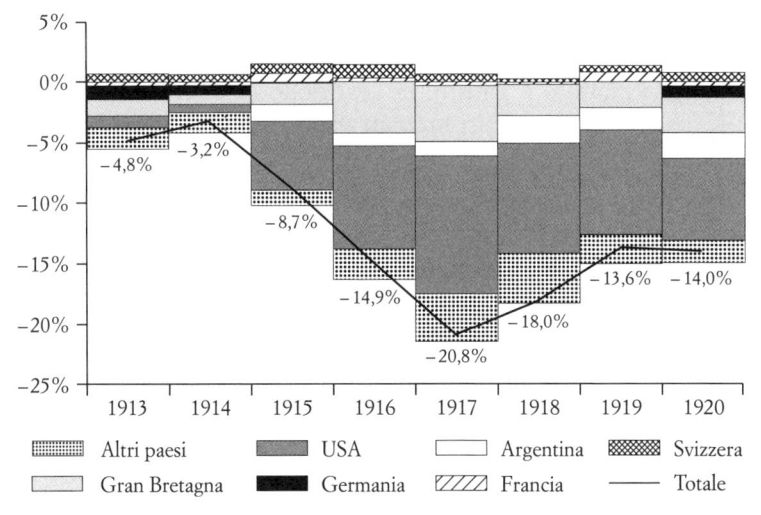

Fig. 5.1. Saldo della bilancia commerciale italiana (in rapporto al PIL) durante la guerra e contributo dei principali partner.
Fonte: Toniolo, Pellegrino (2020).

dall'estero era ancora più importante che per i suoi alleati occidentali. Era pertanto di vitale importanza trovare i mezzi per pagare queste importazioni.

«Nel 1913 – scrisse Stringher[50] – l'eccedenza delle importazioni italiane [di merci] sulle esportazioni era di 1,134 milioni di lire» (che oggi stimiamo pari al 4,8% del PIL, fig. 5.1), facilmente compensate «dalle somme spedite in patria dai cittadini italiani emigrati all'estero [...] e dalle spese di ogni specie dei turisti stranieri viaggianti in Italia». Per tutto il decennio prebellico, «gli elementi attivi della bilancia dei pagamenti fra l'Italia e l'estero riuscirono a compensare un cospicuo assorbimento di titoli dello Stato, fondiari e sociali che erano già stati collocati all'estero, e qualche impiego favorito dalla differenza fra il reddito di allora dei titoli italiani e quello più alto di parecchi titoli stranieri». Insomma, l'Italia era diventata, seppure in modesta misura, esportatrice netta di capitali.

---

[50] Anonimo (ma probabilmente Bonaldo Stringher), *Note su la circolazione bancaria e i cambi con l'estero*, Roma, Banca d'Italia 1920, ivi, prat. 55, doc. 11.

Questa fortunata condizione fu ribaltata dalla guerra. Mentre cresceva la domanda di prodotti esteri necessari per nutrire l'esercito e fornire le fabbriche di energia e materie prime, si chiusero molti mercati di sbocco delle esportazioni, il turismo fu quasi azzerato e si ridussero le rimesse degli emigrati. Lo squilibrio da finanziare tra importazioni ed esportazioni di merci superò il 20% della produzione italiana di merci e servizi e restò, come vedremo, assai elevato anche nel biennio postbellico. L'Italia mantenne un esiguo avanzo commerciale con Francia e Svizzera mentre non sorprende che il complessivo crescente disavanzo derivasse in massima parte dalle importazioni da Stati Uniti, Argentina e Regno Unito. Il problema economico forse più assillante della guerra fu costituito dalla necessità di acquisire la valuta aurea necessaria a pagare importazioni in assenza delle quali – è bene ripeterlo – la macchina bellica si sarebbe rapidamente fermata.

Ben consapevoli di questo, benché ancora nell'illusione di una guerra breve, i negoziatori del Patto di Londra (26 aprile 1914)[51], con il quale l'Italia si impegnava ad aprire un fronte meridionale a fianco dell'Intesa, vi avevano fatto includere un impegno da parte della Gran Bretagna a «facilitare l'immediata conclusione» di un prestito di 50 milioni di sterline emesso sul mercato di Londra[52].

I negoziati per un primo prestito cominciarono nei primi giorni di maggio. Stringher inviò a Londra il responsabile dei servizi esteri Arrigo Rossi per assistere l'ambasciatore Imperiali[53] nella trattativa. La difficoltà principale fu la richiesta di invio in Inghilterra di una quantità d'oro in copertura – diceva il governo inglese – delle previste quote di pagamento che, a sua volta, la Banca d'Inghilterra avrebbe dovuto fare per conto dell'Italia *in oro* all'estero. La questione non era di poco rilievo: gli inglesi si preoccupavano di mantenere alla sterlina la

---

[51] Fu firmato dall'Italia e da Francia, Russia e Gran Bretagna.
[52] Art. 14 del Memorandum detto «Patto di Londra».
[53] Guglielmo Imperiali (Salerno 1858-Roma 1944). Iniziò la carriera diplomatica nel 1882. Ambasciatore a Costantinopoli e poi a Londra (1910-1921), assistette Sonnino nella negoziazione del Patto di Londra. Membro della delegazione italiana alla conferenza di Parigi. Delegato italiano alla Società delle nazioni nel 1922. Si ritirò con l'avvento del fascismo (Grassi Orsini 2004a).

posizione internazionale goduta prima del 1914. Ciò implicava una difesa del cambio col dollaro con spedizioni di oro oltre Atlantico che già gravavano sulle loro riserve. D'altra parte, anche in Italia l'oro rivestiva un'evidente rilevanza politica che consigliava il governo e la Banca d'Italia, che ancora si aspettavano una guerra breve, a limitare al massimo l'uso delle riserve nei pagamenti internazionali, anche perché le riserve del Tesoro e degli istituti di emissione, benché elevate in rapporto alla circolazione[54], lo erano meno rispetto al deficit commerciale[55]. Un secondo problema riguardava la quota dei crediti ottenuti che sarebbe stata vincolata ad acquisti sul mercato inglese, quota che Londra voleva elevata, sia per limitare l'esborso di oro all'estero, sia per favorire le imprese britanniche, mentre per Roma era importante potersi muovere liberamente sui mercati neutrali per i propri approvvigionamenti.

La distanza delle rispettive posizioni sulla questione dell'oro[56] provocò una rottura delle trattative londinesi. Il governo britannico e la Banca d'Inghilterra consigliarono gli italiani di rivolgersi alla Casa Hambro, con la quale da decenni esistevano cordiali rapporti. Era un vecchio espediente negoziale, che abbiamo già visto utilizzato dai francesi nel 1906. Fu, infatti, subito chiaro che gli Hambro non erano disposti a impegnarsi nemmeno per una somma pari alla metà di quanto stabilito dal patto di Londra. Era impensabile che in una questione di grande rilevanza politica e tale da pesare comunque sulle riserve inglesi, gli Hambro prendessero una posizione diversa da quella del Cancelliere dello Scacchiere e della Banca d'Inghilterra.

La questione tornò, dunque, nelle mani della diplomazia, che promosse un incontro a Nizza tra i responsabili del Tesoro dei due paesi, Reginald McKenna[57] e Paolo Carcano, assistiti

---

[54] 2 miliardi di lire a fine 1914, per una circolazione di 3,6 miliardi, quindi assai al di sopra del minimo legale del 40%.
[55] 728 milioni nel 1914, già cresciuti a oltre 2 miliardi nel 1915.
[56] Gli inglesi chiesero inizialmente un deposito pari a un terzo della somma concessa mentre Stringher, che da Roma dava istruzioni telegrafiche a Rossi, non era disposto ad andare oltre un sesto (ASBI, Rapporti con l'estero, prat. 311, fasc. 3, sottofasc. 5, p. 25, che contiene anche il testo dell'accordo finale).
[57] Londra 1863-1943. Finanziere. Primo Lord dell'Ammiragliato (1908).

rispettivamente da Cunliffe[58], governatore della Banca d'Inghilterra, e da Stringher. L'accordo, firmato a Nizza il 5 giugno 1915, prevedeva un prestito di 60 milioni di sterline, a fronte del quale il governo italiano avrebbe depositato in Inghilterra 10 milioni in oro. La garanzia restante era costituita da buoni del Tesoro italiano, scontati al tasso corrente dei buoni del Tesoro inglese[59]. Nell'accordo, Carcano volle specificare che «il governo italiano intende valersi della Banca d'Italia per dare esecuzione a tutte o parte delle operazioni di cui trattasi». Un ulteriore passo verso la banca di Stato, riconosciuta internazionalmente come tale. A sua volta, la Banca d'Inghilterra volle inserire una clausola esplicita nella quale la Banca d'Italia si impegnava a fare «tutto il possibile per mantenere il cambio a un livello non sfavorevole alla Gran Bretagna; a tal uopo nel periodo di durata dell'operazione si [sarebbe astenuta] dall'importare direttamente o indirettamente da Londra valuta aurea»[60].

La gestione del cambio della lira restò per tutta la guerra fonte di grandi preoccupazioni, di controversie e incomprensioni. Poco più di un mese dopo Nizza, Carcano avvertì Stringher dell'accreditamento di un milione di sterline per mantenere il cambio a 29 lire (quello aureo prebellico era di 25 lire per sterlina, la svalutazione della nostra moneta era, pertanto, ancora

Cancelliere dello Scacchiere dal maggio 1915 al dicembre 1916. Resta noto soprattutto per la sovrattassa sul reddito personale e di impresa (*The McKenna duties*) introdotta per finanziare lo sforzo bellico (Encyclopedia Britannica online).

[58] Walter Cunliffe (1855-1920), governatore della Bank of England dall'aprile 1913 al marzo 1918. Presiedette il comitato che produsse il *Cunliffe Currency Committee Report* (agosto 1918) sulla convertibilità della sterlina che stabilì l'agenda della politica monetaria inglese e internazionale nel decennio successivo.

[59] Carcano e Stringher cercarono di rinegoziare le condizioni proponendo un tasso fisso del 4%. La cosa fece cattiva impressione a Londra e il tentativo non ebbe esito favorevole. Nathan a Stringher, 3 settembre 1915, ASBI, Segretariato, car. 681.

[60] *Ibid.* La clausola relativa all'oro rimase ambigua. Esso venne inviato a titolo di deposito che sarebbe stato restituito quando l'Italia avesse rimborsato le anticipazioni ottenute. Poiché però l'accordo parlava dell'estinzione dei buoni del Tesoro tramite un prestito sul mercato inglese, non fu chiaro se la restituzione dell'oro dovesse avvenire al momento dell'accensione di tale prestito o quando esso fosse stato a sua volta interamente rimborsato. Ciò generò equivoci e incomprensioni nel dopoguerra.

5 – *Una banca per l'economia di guerra*

modesta)[61]. Due mesi dopo, a margine di analoga comunicazione per un ulteriore accredito, Stringher annotò «non è troppo poco»?[62] Era troppo poco. L'oro di Nizza si stava esaurendo più rapidamente del previsto. Alla fine di ottobre 1915, dunque, Stringher fu di nuovo a Londra per trattare, insieme a Imperiali, un nuovo accordo finanziario[63]. La trattativa non si focalizzò, come cinque mesi prima, sul pegno aureo, ma piuttosto sul mercato nel quale sarebbe stata autorizzata la spesa delle sterline prestate. In pochi mesi il deflusso delle sterline dal Regno Unito era aumentato al punto da preoccupare seriamente governo e Banca d'Inghilterra. I negoziatori inglesi acconsentirono subito alla somma richiesta di 122 milioni di sterline[64], da erogare nel corso di un anno, e si accontentarono di un decimo di questa somma quale pegno in oro. Insistettero però per limitare a 20 milioni il credito spendibile nelle Americhe, somma che il direttore generale della Banca d'Italia reputava appena sufficiente a coprire il Nord America. Stringher incontrò confidenzialmente Cunliffe che comprese le esigenze italiane e, benché la sua massima preoccupazione fosse la convertibilità postbellica della sterlina, si adoperò perché il Tesoro le tenesse in maggiore conto. Un nuovo schema proposto dagli inglesi consentiva all'Italia di spendere sino a 52 milioni di sterline fuori dal Regno Unito, somma che Stringher riuscì a portare a 65 milioni. Quanto al controllo britannico sui pagamenti italiani, esso si ridusse all'impegno a informare e coordinarsi con gli inglesi «per quanto possibile»[65] sulla gestione dei cambi

---

[61] Carcano a Stringher, 27 luglio 1915, ASBI, Rapporti con l'estero, cart. 220, fasc. 7.

[62] *Ibid.* Fu la Banca d'Italia a curare, per conto del Tesoro, il trasferimento dell'oro e dei titoli di Stato da Roma a Londra (Toniolo 1989, p. 37).

[63] La corrispondenza dei due negoziatori con il ministro degli Esteri Sonnino consente una buona ricostruzione delle trattative, in parte riassunta nelle righe che seguono (cfr. ASBI, Rapporti con l'estero, cart. 311, fasc. 3, sottofasc. 5, pp. 5-24).

[64] Si parla comunque di somme con sconto anticipato degli interessi.

[65] «Il governo italiano informerà possibilmente il governo britannico al principio di ogni mese dei probabili pagamenti da effettuarsi in base al presente accordo [...] Il governo italiano, nel suo stesso interesse, si gioverà, per quanto sarà possibile, dell'opera dei suoi rappresentanti a Londra per acquisti di materiale da guerra e altre merci negli Stati Uniti d'America e nello Impero britannico, e procurerà che questi rappresentanti agiscano in consultazione con le Autorità Britanniche».

con il Nord America[66]. In questa trattativa, Stringher giocò un ruolo da protagonista, anche moderando le pretese di Sonnino che rischiavano di portare a uno stallo. Lo stesso Imperiali, ad accordo raggiunto, conoscendo le preoccupazioni e le ragioni di Londra, scrisse al ministro degli Esteri: «sarebbe stato molto difficile ottenere più e meglio di quanto Stringher con tatto, abilità e pazienza ammirabili è riuscito a strappare, tenuto debito conto della tutt'altro che facile posizione in cui trovasi [il] Cancelliere»[67].

I divergenti interessi di Londra e di Roma diedero luogo a diverse interpretazioni dell'accordo. In dicembre, il Foreign Office[68] chiese di regolare gli acquisti effettuati sulla base degli accordi di Londra tramite la Commissione Internazionale di Vettovagliamenti (CIR)[69], e che il governo italiano nominasse un agente finanziario a Londra con poteri per trattare con il governo inglese. Stringher suggerì cautela nella risposta a tale richiesta che riteneva non conforme agli impegni presi[70]. Su suggerimento di Imperiali, tuttavia, il governo decise di non sollevare una questione formale sull'interpretazione degli accordi di Londra e Stringher dovette accontentarsi di portare qualche limatura marginale a una risposta del governo italiano che accettava la sostanza delle richieste inglesi[71].

L'aumento delle spese per importazione dagli Stati Uniti nel corso del 1916 suscitò nuovi contrasti con Londra sull'impiego

[66] «Il governo italiano avendo notizia di speciali disposizioni prese dal governo britannico per regolare il corso dei cambi col Nord America, si gioverà delle disposizioni stesse per i suoi pagamenti da farsi negli Stati Uniti in base ai crediti del presente atto».
[67] Imperiali a Sonnino, 6 novembre 1915, ASBI, Carte Stringher, 20 fasc. 1, p. 53.
[68] Ivi, pp. 57-59.
[69] La CIR nasce ad agosto 1914 per coordinare gli acquisti francesi in Gran Bretagna ed evitare concorrenza negli acquisti esteri. Inizialmente è limitata a materiale militare. L'Italia era stata ammessa al CIR il 15 settembre 1915 per Del Vecchio (1915).
[70] ASBI, Rapporti con l'estero, prat. 311, fasc. 3, sottofasc. 5, p. 68.
[71] Stringher commentò privatamente con Carcano una memoria che Nathan aveva ricevuto da un funzionario inglese sul funzionamento dei crediti alla Russia che confermava «la giustezza della nostra interpretazione dei patti di Londra» mettendo in luce il meccanismo attraverso il quale i russi si coordinavano con gli inglesi per gli acquisti finanziati a credito senza dover ottenere come condizione necessaria l'approvazione di Londra (ivi, p. 55).

dei crediti concessi, date le crescenti difficoltà britanniche nel procurarsi dollari (Falco 1983). Una richiesta italiana di nuovi prestiti per il primo semestre del 1917 fu respinta. In seguito, con un accordo provvisorio del 22 marzo 1917, in attesa dell'entrata in guerra degli USA, Londra garantì 8 milioni di sterline al mese per acquisti fuori dagli USA (Keynes 1983, pp. 227, 229-230)

La ricerca delle cause della svalutazione del cambio della lira rispetto al dollaro alimentò, anche oltre la durata della guerra, un dibattito tra il Tesoro e la Banca d'Italia che fu particolarmente vivace quando, nel governo Orlando[72], il ministero fu retto da Nitti. Gli esponenti del governo e in generale molti uomini politici alla ricerca di rimedi efficaci alla svalutazione cercavano spiegazioni che consentissero di individuarne precisamente i «colpevoli», identificati anzitutto nei banchieri e negli speculatori al ribasso nei confronti dei quali si chiedevano misure atte, se non a eliminare, almeno ad attenuare il fenomeno. Stringher era, invece, convinto che la svalutazione del cambio dipendesse dall'andamento della bilancia dei pagamenti e aveva un atteggiamento pessimista, quasi rassegnato all'ineluttabile continuo deprezzamento della lira. A Salandra che gli chiedeva se lui, Carcano[73] e Sonnino[74] si rendessero conto della «gravità dell'impressione che si va diffondendo nel mondo parlamentare e anche fuori di esso»[75] per la continua svalutazione della moneta rispondeva: «I motivi [del deprezzamento] sono noti. Per superare le gravissime difficoltà, sarebbe necessario un larghissimo-liberissimo prestito all'estero. Potrà il governo ottenere, nelle presenti condizioni di *tutti* i paesi belligeranti, quanto più occorre al nostro?»[76]. Non aggiunse, come invece pensava, che un eccesso di indebitamento estero, oltre quanto necessario per gli acquisti

---

[72] Come è noto, il 29 ottobre 1917, al governo Boselli, dimessosi dopo Caporetto, succedette un gabinetto presieduto da Vittorio Emanuele Orlando nel quale Nitti tenne il portafoglio del Tesoro.
[73] Ministro del Tesoro nei governi Salandra e Boselli.
[74] Ministro degli Esteri nei governi Salandra, Boselli e Orlando.
[75] Salandra a Stringher, 5 marzo 1917 (Toniolo 1989, p. 245, doc. 70). Salandra era allora un semplice parlamentare.
[76] Stringher a Salandra, 5 marzo 1917 (ivi, p. 246, doc. 7).

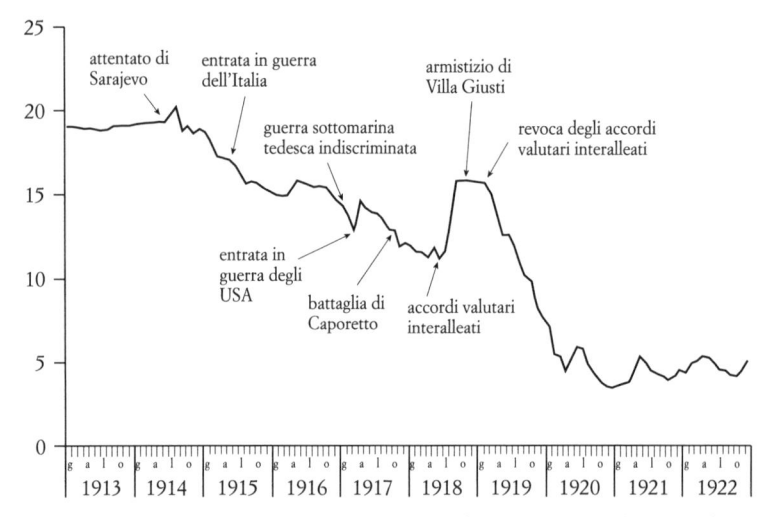

Fig. 5.2. Tasso di cambio lira/dollaro e principali avvenimenti politici e militari (centesimi di dollaro per lira italiana).

Fonte: Toniolo, Pellegrino (2020), fonte primaria: Federal Reserve Bank of Saint Louis (1943).

indispensabili alla guerra, da spendere nella difesa del cambio non gli sembrava comunque desiderabile[77].

La convinzione di Stringher che l'andamento del cambio dipendesse in larga misura da quello della bilancia commerciale e dalle risorse finanziarie disponibili per coprire il suo enorme deficit aveva un robusto fondamento. L'andamento del cambio (fig. 5.2) seguì assai più le notizie sulla conclusione di accordi per i prestiti inglesi e statunitensi che quelle provenienti dal fronte. La forte rivalutazione della lira realizzata dal giugno 1918 coincise con la conclusione di un importante prestito statunitense, malgrado l'incertezza circa l'esito della «battaglia del Solstizio» in Veneto (15-25 giugno) e dell'offensiva tedesca sul fronte occidentale. Gran parte dell'opinione pubblica informata, tuttavia, guardava all'andamento del cambio sulle piazze neutrali anche come termometro delle attese circa l'esito

---

[77] Nel marzo 1916, Stringher aveva affermato pubblicamente che i debiti «possono essere poi cagione di larvati pericoli per l'avvenire sia nei rispetti politico-finanziari sia in quelli economici» (Banca d'Italia, *Assemblea generale degli azionisti*, Roma 1916, p. 16).

5 – Una banca per l'economia di guerra

della guerra. Ciò conferiva forte valenza politica a un indicatore di carattere finanziario, tenuto in poca considerazione dal pubblico in tempi normali. Nei momenti di accelerazione della svalutazione, drammatizzati dalla stampa come «crisi del cambio»[78], giungevano a Stringher da membri del governo e del Parlamento richieste di spiegazioni e di proposte di soluzione. A queste il direttore generale tipicamente reagiva chiedendo notizie e spiegazioni ai direttori delle principali filiali. Le risposte erano unanimi nell'indicare nella scarsità di valuta[79] la principale ragione dello slittamento della lira verso il basso, anche se non mancavano di individuare come concause fattori diversi, anch'essi a ben vedere dipendenti dalla disponibilità di valute estere. «Penso – scriveva il direttore di Milano Dalforno – che una vera e propria speculazione sui cambi non esiste, esiste però un accaparramento inteso ad assicurare in anticipazione i mezzi per fronteggiare bisogni veri e reali che matureranno più tardi»[80]. Ricevute le risposte dei suoi dirigenti, Stringher rispondeva a ministri e parlamentari che gli avevano chiesto lumi. Risposte che spesso parafrasavano quanto scrisse nella relazione all'assemblea degli azionisti del marzo 1916: «è già un risultato notevole quello di temperare l'asprezza e di regolare il movimento [verso il basso] dei cambi esteri»[81]. Un mese prima, Arrigo Rossi, responsabile del servizio esteri della Banca, certamente autorizzato da Stringher, aveva scritto una lettera al ministro del Tesoro Carcano[82] proponendo un meccanismo di controllo del mercato dei cambi per limitare l'oscillazione della lira che prevedeva un obbligo per le banche di motivare le cessioni di divise estere e di costituire un *trust* per i loro acquisti. Era, al momento, il massimo al quale la Banca d'Italia fosse disposta ad arrivare.

---

[78] In particolare: ottobre-dicembre 1916, febbraio 1917, giugno-luglio 1917, ottobre 1917, marzo-giugno 1917 (Toniolo 1989, p. 16).
[79] «I cambi [sono] ricercatissimi. Molte domande restano insoddisfatte. Da ciò l'aumento» scriveva a Stringher il 31 ottobre 1916 il direttore della filiale di Milano (ivi, p. 236).
[80] Dalforno a Stringher 31 ottobre 1916 (ivi, p. 237, doc. 66), ASBI, Rapporti con l'estero.
[81] Banca d'Italia, *Assemblea generale degli azionisti*, Roma 1916, p. 16.
[82] ASBI, Rapporti con l'estero, Copialettere, cart. 17, Arrigo Rossi al ministro del Tesoro Carcano, 9 febbraio 1916.

Un provvedimento del settembre 1917 stabilì di subordinare la concessione di permessi per l'esportazione di sete all'obbligo degli esportatori di stipularne il prezzo in valuta svizzera da offrire in prelazione al Tesoro[83]. La Banca fu incaricata della gestione di questo meccanismo che prefigurava, per un singolo settore, aspetti del successivo monopolio dei cambi. Sulle proposte di dare allo Stato il monopolio delle negoziazioni in valuta estera, Stringher assunse anche ufficialmente una posizione negativa. «È evidente – si legge nella relazione annuale del 31 marzo 1917 – il pericolo al quale si andrebbe incontro, se l'eventuale instaurazione di un regime di monopolio, dichiarato o larvato, si risolvesse, com'è verosimile, in un diminuito sforzo per la produzione del cambio, e in un permanente conflitto di contraddittori interessi». Stringher auspicò solo «una più stretta e intima colleganza degli organi statali e bancari, intesa a rendere meno urtante la sensibilità dei cambi e a moderarne possibilmente le asprezze». Per cultura ed esperienza prebellica, il direttore generale privilegiava gli accordi volontari e la cooperazione tra poteri pubblici e finanza privata. Non era estranea a questa preferenza la consapevolezza che, come per il passato, la Banca d'Italia poteva giocare un ruolo rilevante, probabilmente decisivo, nella formazione e gestione di tali accordi. Pensava, insomma, che la sua esperienza e la sua persona fossero in grado di «moderare l'asprezza» della svalutazione meglio di un monopolio statale. Pensò di averne prova nel luglio 1917, quando la Banca d'Italia e la Bank of England siglarono un accordo per l'apertura di crediti in sterline a Londra da parte di un gruppo di banche inglesi a favore di un consorzio di istituti bancari italiani, promosso dalla Banca d'Italia, con garanzia cambiaria avallata dalla stessa Banca[84]. Carcano aveva affidato a Stringher la trattativa per l'accordo, che condusse direttamente con il Governatore della Banca d'Inghilterra[85].

---

[83] Carcano all'Associazione Filandieri.
[84] Stringher a Baring Brothers, 2 luglio 1917, ASBI, Rapporti con l'estero, cart. 220, fasc. 12.
[85] Stringher a Carcano, 15 maggio 1917, ASBI, Rapporti con l'estero, Copialettere 18.

La dichiarazione di guerra degli Stati Uniti alla Germania[86] creò nuove prospettive per il finanziamento dello sforzo bellico italiano. L'assenza della Banca d'Italia dalla piazza di New York, dove da anni operavano il Banco di Napoli, la Banca Commerciale e il Credito Italiano, rendeva meno facile cogliere le occasioni offerte dalla nuova situazione, tanto più quando la Banca d'Inghilterra e poi quella di Francia stabilirono accordi di rappresentanza reciproca nei rispettivi paesi con la Federal Reserve Bank di New York. Subito dopo l'entrata in guerra degli Stati Uniti, nel maggio 1917, Stringher inviò a New York Domenico Gidoni[87] per «studiare quell'ambiente allo scopo di stringere efficaci relazioni tra questo istituto e quei maggiori che si considerano di speciale influenza nel mercato finanziario e monetario del Nord America». L'incarico era «moralmente appoggiato dal governo»[88]. Si trattava, in effetti, di concludere un accordo simile a quello stipulato tra la Federal Reserve e la Banca d'Inghilterra, per fare della Banca d'Italia il fulcro dei rapporti bancari e finanziari italo-americani (Toniolo 1989, p. 195). In settembre fu firmato un accordo preliminare di corrispondenza tra la Banca d'Italia e la Federal Reserve Bank di New York[89].

L'arrivo di Nitti al ministero del Tesoro nel governo Orlando, formato subito dopo Caporetto, diede una svolta dirigista alla gestione del mercato valutario. Poco dopo la nomina, il nuovo ministro convocò una riunione dei principali banchieri ai quali espose l'intenzione di costituire un «istituto per il controllo dei cambi con l'estero» (Barbagallo 1984, p. 263). Stringher, non aveva cambiato opinione in proposito e non nascose l'ostilità propria e dell'intero sistema bancario al

---

[86] Il 2 aprile 1917 il presidente Wilson chiese al Congresso l'autorizzazione a dichiarare guerra alla Germania. L'autorizzazione fu approvata da entrambi i rami quattro giorni dopo. Un primo piccolo contingente di soldati statunitensi sbarcò in Francia il 26 giugno 1917.
[87] Già dipendente della Banca d'Italia, Gidoni era passato alla direzione della Banca Italiana di Sconto con il beneplacito di Stringher, nell'intesa che «sarebbe stata guardata con benevolenza la sua richiesta di rientrare con grado non inferiore a quello prima goduto». Da alcuni mesi Gidoni aveva lasciato la Sconto e la Banca l'aveva riassunto il 1° maggio 1917 (ASBI, Verbali del Consiglio superiore, seduta del 21 maggio 1917, p. 189).
[88] Ivi, p. 90.
[89] ASBI, Verbali del Consiglio superiore, seduta del 14 settembre 1917.

progetto nittiano[90]. Qualora, tuttavia, il ministro fosse stato fermamente deciso a realizzarlo, il direttore della Banca lo avvertì che sarebbe stato indispensabile un importante fondo iniziale di valuta pena un gravissimo e quasi certo insuccesso[91]. Il tono della lettera, impensabile in una corrispondenza con il precedente ministro Carcano, non lascia dubbi circa il mutamento nei rapporti tra Banca e Tesoro. Erano finiti i tempi in cui la Banca d'Italia proponeva soluzioni tecniche che venivano immancabilmente accolte. Pochi giorni più tardi, Stringher scrisse amaramente a Nicola Miraglia, direttore del Banco di Napoli e uno dei pochi amici ai quali apriva pienamente il proprio animo: «auguriamoci che non sia un pericolosissimo salto nel buio. Io ho fatto il dover mio, e ora avvenga ciò che vuole avvenire»[92].

Per la prima volta emergeva, tra Tesoro e Banca d'Italia, una diversa concezione del ruolo che lo Stato e il mercato avrebbero dovuto giocare in un'economia di guerra e forse non soltanto in essa. Nitti non aveva condiviso molti aspetti della politica economica attuata sino ad allora. In particolare riteneva che gli sforzi produttivi non fossero stati bene coordinati, che i costi di produzione fossero eccessivi e i profitti troppo elevati[93]. Nell'istituire il monopolio, Nitti non fece mistero che il suo obiettivo era centralizzare le risorse e limitare gli eccessivi guadagni delle banche. Al contrario, Stringher, sempre convinto che la caduta della lira dipendesse soprattutto dagli squilibri commerciali, temeva che traumatici riassetti nell'organizzazione dei mercati potessero avere ripercussioni indesiderabili sulle aspettative e sul sistema di incentivi che sino ad allora avevano garantito la riallocazione delle risorse

---

[90] Tra l'altro il direttore della Banca d'Italia pensava che il buon funzionamento dell'Ufficio dei cambi tedesco dipendesse dal «sentimento di ferrea disciplina negli enti bancari che in Italia fa difetto» (Forsyth 1998, p. 209).
[91] Stringher a Nitti, 23 novembre 1917, ASBI, Carte Stringher, 302/1.03/10.
[92] ASBI, Carte Stringher, 303/1.01/56 (Toniolo 1989, p. 271).
[93] Cfr., ad esempio, l'intervento di Nitti alla Camera del 20 ottobre 1917. «Io credo che la suprema necessità di guerra è quella di coordinare tutte le spese, e alla dipendenza del Tesoro. [...] Non so spiegarmi come in industrie che hanno largamente ammortizzato, e alcune anche più di una volta, vi debbano essere degli extraprofitti enormi che non sia possibile prevedere» (AP, Camera dei deputati, Legislatura XXIV, sessione 1913-17, *Discussioni*, vol. XIV, p. 14797).

agli usi militari. Nella sua visione, gli extraprofitti erano un male necessario se si voleva che le imprese lavorassero a pieno regime per il governo e che le banche non lesinassero il sostegno del credito.

Il decreto costitutivo dell'Istituto Nazionale per i Cambi con l'Estero (INCE) fu promulgato l'11 dicembre[94]. Stringher ottenne solo che Nitti rinunciasse a inserirvi un articolo per la cessione forzosa degli averi finanziari detenuti da cittadini italiani in paesi neutrali o alleati, misura che peraltro aveva dato buoni risultati nel Regno Unito. Abilmente Nitti volle che il nuovo organo fosse presieduto dal suo principale oppositore, del quale riconosceva la lealtà. A sua volta, Stringher disse ai suoi di avere fatto il possibile per esimersi dall'accettare la presidenza, non solo perché già schiacciato da troppo lavoro, ma anche per «le difficoltà che vi saranno da superare per mettere in movimento il nuovo ente»[95]. Il funzionamento dell'INCE fu demandato ai tre istituti di emissione che contribuirono al capitale con 5,5 milioni su 10 (dei quali 3,5 vennero dalla Banca d'Italia)[96]. I quattro maggiori istituti di credito ordinario, che pure avevano osteggiato la creazione dell'INCE, sottoscrissero la parte restante del capitale[97], per non essere esclusi dalle operazioni valutarie, stante la credibile minaccia del ministro di tagliarli completamente fuori dall'operazione comandando i loro addetti al mercato valutario al servizio presso il nuovo istituto, come consentito dalla legislazione eccezionale di guerra[98].

In queste condizioni, l'avvio delle operazioni valutarie in regime di monopolio si dimostrò, secondo le previsioni di Stringher, lento e complesso[99]. È facile immaginare le difficoltà organizzative e burocratiche che si dovettero superare per mettere in moto una macchina che accentrava tutte le

---

[94] Dec. Luog. 11 dicembre 1917, n. 1956.
[95] ASBI, Verbali del Comitato del Consiglio superiore, Adunanza del 20 dicembre 1918, p. 34.
[96] Il Banco di Napoli sottoscrisse 1.175.000 lire, il Banco di Sicilia 900.000.
[97] Banca Commerciale (1,8 milioni), Credito Italiano (1,2 milioni), Banca Italiana di Sconto (1 milione), Banco di Roma (900.000).
[98] Nitti a Stringher, 19 novembre 1917 (Toniolo 1989, pp. 259-260).
[99] L'INCE iniziò a operare l'11 marzo 1918.

operazioni di acquisto e vendita di valuta estera. Il problema principale, tuttavia, era la cronica scarsità di dollari e sterline ed ebbe parziale soluzione solo dopo la negoziazione di nuovi prestiti con il governo degli Stati Uniti. Se ben organizzato e funzionante, l'INCE avrebbe potuto migliorare l'allocazione all'economia delle scarse valute, indirizzandone i flussi verso i settori e le imprese ritenuti maggiormente utili allo sforzo bellico[100]. Strumenti simili, fioriti in Europa tra gli anni Trenta e gli anni Settanta, si rivelarono utili alla «programmazione» economica, ma nemmeno essi poterono creare riserve valutarie dal nulla. L'idea di Nitti però era che il nuovo ente potesse quantomeno limitare le fluttuazioni e addolcire la svalutazione esterna della lira. Per questo sarebbe stato necessario disporre di un fondo non piccolo di valute pregiate (dollari, sterline, franchi svizzeri) da usare per interventi di sostegno del corso della nostra moneta. Ma lo strutturale disavanzo di parte corrente della bilancia dei pagamenti e l'esaurimento dei prestiti londinesi resero impossibile la costituzione di un cuscinetto valutario dedicato alla gestione quotidiana del cambio della lira sino a quando accordi con il nuovo alleato transatlantico non assicurarono al governo italiano un flusso stabile di valuta.

I negoziati con il Tesoro degli Stati Uniti per la concessione di linee di credito in dollari non iniziarono sotto i migliori auspici. Il sottosegretario al Tesoro americano Oscar T. Crosby[101], in visita in Italia, non riuscì a ottenere informazioni adeguate sul commercio estero e sulla bilancia dei pagamenti italiana e fu male impressionato dalla litigiosità dei suoi ospiti, in particolare dalla mancanza di collaborazione tra Banca Commerciale e Banca Italiana di Sconto e dall'evidente reciproca ostilità tra Crespi, sottosegretario agli Approvvigionamenti, e

---

[100] Accanto all'INCE fu creata nel gennaio 1918 una giunta tecnica interministeriale per le licenze all'importazione, proprio al fine di controllarne il flusso indirizzandolo alle produzioni belliche. A capo della Giunta, Nitti pose un suo fedelissimo, Vincenzo Giuffrida.
[101] 1861-1947. Ingegnere. Presidente di società elettriche e ferroviarie. Contrario alla guerra e presidente del World – Federation League. Sottosegretario al Tesoro durante la guerra fu presidente dell'Inter-Allied Council for War Purchases and Finance. Importante collezionista di antichi manoscritti iraniani (Encyclopedia Iranica, disponibile in http://www.iranicaonline.org/articles/crosby-oscar-terry-born-ponchatoula-louisiana-21-april-1861-d).

Nitti. Fu anche colpito dalla «mancanza di coordinamento tra Banca d'Italia e Tesoro». Partì in fretta senza nulla promettere (Forsyth 1998, p. 212). In effetti, i rapporti fra il Tesoro e la Banca non erano fluidi come al tempo di Carcano: Nitti e Stringher vedevano in modo diverso la questione valutaria italiana e, se il ministro del Tesoro aveva abilmente messo il direttore della Banca a dirigere l'INCE, restava una diffidenza reciproca[102]. Ai colloqui con Crosby parteciparono Nitti e Stringher.

Nelle settimane e nei mesi seguenti, gli uomini della Banca d'Italia, quasi sempre in qualità di rappresentanti dell'INCE, furono molto impegnati nella conduzione dei negoziati per ottenere credito dagli Stati Uniti. Da Roma, Stringher – nella doppia veste di presidente dell'INCE e di direttore generale della Banca d'Italia – seguiva e coordinava il lavoro di Joe Nathan a Londra e Domenico Gidoni a New York.

Il 20 aprile 1918, Stringher produsse una nota sui conti con l'estero dell'Italia che soddisfò il governo americano consentendo ai negoziati di riprendere, a Washington e New York. All'inizio di maggio fu raggiunto un accordo preliminare per un primo credito di 100 milioni di dollari (Keynes 1983, p. 247), formalizzato il 27 luglio[103] con un memorandum firmato da Nitti, Crosby e Bonar Law[104]. La complessità di questo e dei successivi negoziati derivò dall'intrecciarsi di diversi obiettivi e interessi. Ottenuto il massimo ammontare di dollari possibile, bisognava negoziare quali somme andassero dedicate al sostegno del cambio della lira, quali destinate ad acquisti sul mercato statunitense e quali spendibili nei paesi neutrali (soprattutto Argentina, Cile e Svizzera). Il negoziato con gli Stati Uniti doveva inoltre tenere conto delle esigenze degli altri principali alleati (Regno Unito e Francia), anch'essi

---

[102] L'ipotesi, non difficile da formulare, sembra tra l'altro confermata da un telegramma di Attolico a Giuffrida che commenta l'esito della missione della delegazione del Tesoro americano guidata da Crosby a Roma a metà marzo 1918 (ASBI, Rapporti con l'estero, prat. 313, fasc. 2, sottofasc. 1).
[103] ASBI, Rapporti con l'estero, prat. 313, fasc. 2, sottofasc. 1. La lettera a Stringher è a p. 23. Gli allegati alle pp. 2-41.
[104] Andrew Bonar Law (1858-1923), leader del partito conservatore, Cancelliere dello Scacchiere nel governo bellico di coalizione guidato da Lloyd George, fu poi brevemente primo ministro tra il 1922 e il 1923.

assetati di valuta pregiata, che premevano perché parte dei dollari ottenuti dall'Italia fosse usata per rimborsare crediti che essi stessi vantavano con l'alleato. Vi era infine, tra inglesi e americani, una diversa valutazione dell'utilità dei crediti all'Italia per la loro stessa economia. A differenza di Londra, che – almeno in una fase iniziale – era stata relativamente generosa nel concedere che le sterline prestate venissero spese in parte su mercati neutrali, Washington e New York si dimostrarono molto più rigide nel richiedere che i dollari concessi fossero impiegati sui loro mercati. Questo diverso approccio dipendeva anche dal differente grado di utilizzo della capacità produttiva dei due paesi creditori: il Tesoro inglese, influenzato da Keynes, riteneva che una spesa aggiuntiva non avrebbe giovato molto all'economia britannica in un momento di pieno utilizzo della capacità produttiva quale quello bellico. I vincoli che successivamente gli inglesi posero all'uso delle sterline su altri mercati dipesero soprattutto da preoccupazioni circa la stabilità della sterlina. Al contrario, gli Stati Uniti, la cui economia aveva ancora un significativo potenziale di espansione, si dimostrarono relativamente generosi sulla quantità di credito concesso, ma a condizione che i dollari fossero spesi per l'acquisto di merci americane.

L'accordo con gli Stati Uniti prevedeva una linea di credito di 100 milioni di dollari da parte della Banca della Riserva Federale di New York da utilizzare prevalentemente per la stabilizzazione del cambio della lira a Wall Street, mentre il Tesoro americano avrebbe provveduto fondi per coprire il disavanzo commerciale con gli Stati Uniti (Forsyth 1998, p. 2013) insistendo al tempo stesso perché l'Italia approcciasse i governi di Argentina, Cile e Svizzera per ottenere aperture di credito in valuta locale per finanziare gli acquisti su quei mercati[105].

Il 27 e il 29 luglio 1918 furono firmati anche accordi con Londra e Parigi[106]. La prima aveva sollevato riserve circa l'impiego massiccio di sterline per il sostegno del cambio

---

[105] Appunto riservato, 17 ottobre 1918, ASBI, Rapporti con l'estero, prat. 313, fasc. 5, p. 13.
[106] Per i dettagli cfr. ASBI, Rapporti con l'estero, prat. 313.0, fasc. 5, pp. 19-21.

della lira nella City ma, come osserva Forsyth (ivi, p. 217), i britannici non erano «in grado di opporsi agli sforzi americani a sostegno della lira, essendo essi stessi dipendenti dagli USA per la sterlina». Gli italiani a loro volta lamentavano che venissero dedicate tante risorse al sostegno di franco e sterlina, valute relativamente forti e sostenute da riserve ancora piuttosto abbondanti.

All'inizio di giugno, la lira cominciò una fase di notevole apprezzamento (fig. 5.2), grazie, probabilmente, al duplice effetto degli accordi con gli Stati Uniti e della svolta che si delineava nell'andamento della guerra, e grazie soprattutto all'arrivo di circa un milione di soldati americani. In giugno, sul fronte italiano, fu respinto l'ultimo forte tentativo degli austroungarici di sfondare la linea del Piave. Il 20 luglio fu risolta a favore dell'Intesa, rafforzata dagli uomini e dai materiali statunitensi, la seconda battaglia della Marna. A inizio agosto fu frustrato un ultimo attacco tedesco ed ebbe inizio la cosiddetta «offensiva alleata dei 100 giorni» che avrebbe concluso la guerra. La lira continuò ad apprezzarsi sul dollaro fino a novembre.

6. *Finanziare la guerra: il sistema bancario*

Le preoccupazioni per la liquidità del sistema bancario, minacciato da corse ai depositi, che avevano angosciato Stringher nella seconda parte del 1914 svanirono con la dichiarazione di guerra all'Austria-Ungheria. Nei primi mesi del conflitto, il direttore della Banca d'Italia non volle abbassare la guardia, ma ben presto si accorse che il finanziamento dell'economia di guerra con la stampa di moneta presentava, accanto a svantaggi e pericoli che non sfuggivano a un banchiere formatosi nel diciannovesimo secolo, certamente il vantaggio di creare un ambiente caratterizzato da abbondante liquidità, purché gli istituti di emissione non lesinassero anticipazioni e risconti. Inoltre, le imprese che lavoravano su commesse del governo godevano di cospicui anticipi e di rapidi pagamenti a saldo grazie alla semplificazione delle procedure di spesa dello Stato (Caracciolo 1978, pp. 215-220). Al tempo stesso, gli elevati prezzi praticati e i conseguenti profitti consentivano maggiori margini di autofinanziamento che aumentavano le disponibilità liquide tenute dalle imprese presso le banche mentre diminuiva la necessità di ricorrere al credito bancario, che peraltro gli intermediari potevano facilmente rifinanziare presso gli istituti di emissione.

Svanita, per il momento, la minaccia di una crisi di liquidità, nei rapporti con il sistema bancario, la Banca d'Italia cercò di guardare anche oltre le contingenze di guerra, ricordando agli istituti di credito che si trattava di una situazione transitoria che non consentiva di abbassare la guardia circa la composizione del proprio attivo, evitando pericolosi immobilizzi. Vedremo nel prossimo capitolo che queste raccomandazioni non furono molto seguite, con conseguenze che pesarono sul sistema per più di un decennio dopo la fine del conflitto. Stringher insistette anche con le banche perché prestassero attenzione alla diminuzione del rapporto tra mezzi propri e mezzi amministrati prodotta dal forte aumento delle quantità nominali di questi ultimi, raccomandando di accrescere gli accantonamenti. La tendenza alla sottocapitalizzazione venne in parte contrastata dagli aumenti di capitale deliberati da importanti istituti, approfittando dell'accresciuta quotazione in borsa dei propri titoli. La Banca d'Italia fu preventivamente informata di queste operazioni, e, con ogni probabilità, diede la propria benedizione, seppure in modo informale e privato.

Le raccomandazioni di Stringher si limitarono tuttavia quasi sempre a richiami generici alla prudenza e a tenere conto dell'eccezionalità e transitorietà delle condizioni belliche. Non andarono oltre. Non vi furono opposizioni e nemmeno moniti chiari e forti allo stretto, pericolosissimo, connubio tra Banca Italiana di Sconto e Ansaldo, legati da scambi azionari incrociati e da una forte dipendenza del conglomerato manifatturiero dal finanziamento della Sconto. Nemmeno via Nazionale obiettò ai legami, seppure meno univoci, tra il Credito Italiano e il gruppo FIAT, né, a quanto pare, attrasse la sua attenzione il fatto che «il gruppo Ansaldo-Sconto si stesse facendo rapidamente strada [...] verso il raggiungimento dell'obiettivo che i suoi dirigenti si erano posti, e che non avevano mai nascosto, sin dalla seconda metà del 1914: il dominio sull'economia

5 – Una banca per l'economia di guerra

dell'intera penisola» (Falchero 1990, p. 120). Si trattava di una politica aziendale basata sullo stretto connubio tra la banca e il conglomerato industriale che, come presto si vide e come si vedrà nuovamente negli anni Venti, creava forti rischi di instabilità per tutta l'economia. Durante la guerra il rischio fu quantomeno sottovalutato sia perché il gruppo Ansaldo costituiva il perno della produzione bellica, sia perché l'abbondante liquidità garantita al sistema consentiva alla Banca d'Italia di erogare al gruppo Sconto-Ansaldo tutto il credito richiesto. La crisi arriverà, come vedremo, con la fine dell'economia di guerra.

Gli storici hanno parlato di «guerre parallele» tra gruppi capitalisti, negli anni del conflitto[107]. Un macroscopico episodio di tali guerre fu la scalata che, tra la fine del 1917 e giugno 1918, Angelo Pogliani e i fratelli Perrone, che controllavano il gruppo Ansaldo-Sconto, condussero per impadronirsi della Banca Commerciale, cercando di realizzare così quel dominio su gran parte dell'economia italiana al quale aspiravano sin dalla fondazione della Banca Italiana di Sconto. In parallelo, un'alleanza tra Gualino e Agnelli cercò di conquistare il Credito Italiano, la seconda banca mista del Paese.

La cronaca di questo importante episodio della storia finanziaria e politica[108] dell'Italia ci porterebbe lontano dalla storia della Banca d'Italia proprio perché essa rimase, almeno pubblicamente, alla finestra. Basta pertanto ricordare brevemente l'episodio. Nel febbraio 1918 si verificò un forte apprezzamento in borsa dei titoli delle due principali banche italiane a seguito degli importanti acquisti che ne fecero i gruppi Ansaldo-Sconto e Agnelli-Gualino. Questi ultimi si erano mossi anche per evitare che, qualora l'operazione dei Perrone avesse avuto successo, la FIAT si fosse trovata priva di un forte e autonomo riferimento bancario. La scalata al Credito Italiano si concluse con un accordo che prevedeva la creazione di un sindacato di blocco tra i vecchi azionisti della banca e il gruppo Agnelli-Gualino al quale fu garantita una

---

[107] Per esempio, Giorgio Mori (1973) ha parlato di «guerre parallele» tra le grandi compagnie elettriche.
[108] Per quest'ultima e i suoi riflessi nella stampa italiana cfr. Falchero (1990, pp. 126-130).

partecipazione al consiglio d'amministrazione. La scalata alla Banca Commerciale ebbe una prima conclusione in giugno con la creazione di un consorzio tra gli azionisti della Banca, rappresentati da Toeplitz e Fenoglio, il Gruppo Marsaglia, guidato da Giuseppe Volpi, e il gruppo Ansaldo con i fratelli Perrone. Questi ultimi dicevano di essersi mossi anche per garantire la piena italianizzazione della Banca Commerciale. Si trattò però solo di una tregua armata. La resa dei conti ebbe luogo, come vedremo, nei primi mesi del 1919 (ivi, pp. 123-126 e 130-135).

La Banca d'Italia, che in altre occasioni non si era certo astenuta dall'esercitare la propria influenza sugli assetti del sistema bancario, tenne in questa occasione, per quanto si è riusciti a indagare, un atteggiamento di distaccata neutralità. Alla fine del Consiglio superiore del 17 giugno 1918, nel momento usualmente dedicato a interventi su argomenti che non figuravano all'ordine del giorno, il consigliere Ambron rivolse al direttore una specie di interrogazione:

> Alcuni gruppi industriali (specialmente siderurgici) i quali hanno avuto larghi profitti di guerra hanno incettato forte numero di azioni bancarie per rendersi dominatori dell'andamento e dell'indirizzo di alcuni istituti di credito, o di aziende che avevano ingerenza in industrie affini. Ora di ciò deve preoccuparsi anche la Banca d'Italia pei gravi pericoli ai mercati finanziari che questo fatto presenta. Poiché, oltre la grave agitazione che si ripercuote sul mercato dei pubblici valori, anche gli stessi Istituti di credito potrebbero un giorno risentirne il danno, ed essere obbligati a rivolgersi alla Banca d'Italia per i relativi aiuti[109].

Ambron concluse con una domanda evidentemente retorica: «Si è sufficientemente occupata di questo la Banca d'Italia?». L'intervento non piacque a Stringher che rispose in modo inusualmente al limite della scortesia. Gli episodi ai quali si riferiva il consigliere – disse – costituivano un «movimento anomalo» dei mercati che si era manifestato in forme poco simpatiche. Ma casi simili si erano sempre verificati nella storia quando la circolazione cartacea era abbondante. «Se questo movimento si può deplorare – aggiunse – per

---

[109] ASBI, Verbali del Consiglio superiore, seduta del 17 giugno 1918, p. 284.

l'eccesso di esaltazione, non si deve esagerarne né la portata né le conseguenze e nessuna azione il direttore generale ritiene possa essere promossa dalla Banca». Visto poi, disse ancora Stringher, che sia l'intervento di Ambron sia la propria risposta verranno messe a verbale, «è verisimile [che il direttore] prenderà qualche provvedimento di tutela ma se nessun provvedimento accoglierà, vorrà dire che reputerà non esservene bisogno». Quanto alla Banca d'Italia, essa deve limitarsi a essere vigilante, «pur tenendo conto delle situazioni che potranno affacciarsi a pace conclusa»[110]. Non sappiamo se, in questa occasione, Stringher abbia poi esercitato l'usuale *moral suasion* sui protagonisti quantomeno per limitare gli eccessi che a parole deplorava.

7. *Da Caporetto a Vittorio Veneto*

Nel momento di massima incertezza dopo lo sfondamento austriaco oltre l'Isonzo, quando non era ancora chiara l'esatta dinamica degli avvenimenti, né se la nuova linea difensiva si sarebbe attestata al Tagliamento, al Piave o addirittura all'Adige, Stringher scrisse una singolare lettera ai responsabili delle filiali. L'interesse del documento non consiste nel fatto che il direttore generale sentisse il dovere di indirizzare ai dipendenti un appello di carattere patriottico, quanto nel riconoscere che con la guerra la Banca era diventata il «grande centro della vita economica e finanziaria del paese». Secondo Stringher, tale posizione era accompagnata da un «prestigio morale» che, nelle tragiche circostanze del momento, andava speso per ottenere da istituti di credito e imprese comportamenti caratterizzati da «un tono elevato di serenità, di calma, di fermezza»[111].

Il serpeggiare di tendenze a una corsa ai depositi nelle zone a ridosso del nuovo fronte[112] fu bloccato sul nascere

---

[110] Ivi, pp. 286-287.
[111] Stringher a tutte le filiali, 30 ottobre 1917, ASBI, Rapporti con l'estero, cart. 310. Questa frase è ripresa nella Prefazione di Ignazio Visco a De Lucia Lumeno (2021).
[112] Cfr. per esempio il telegramma del prefetto di Ferrara al ministro dell'Interno, 8 novembre 1917, ASBI, Segretariato, cart. 377.

da una generosa somministrazione di liquidità: nel corso dei dieci giorni più difficili della guerra, la Banca d'Italia diede alle proprie filiali – soprattutto in Veneto, Lombardia ed Emilia – liquidità aggiuntiva per un ammontare pari a circa l'11% della circolazione. Si preferì, dunque, accomodare la domanda di liquidità del sistema piuttosto che prendere in considerazione la proposta di una nuova moratoria.

Insieme alla liquidità, la Banca diede non solo alle proprie filiali ma anche agli istituti di credito delle zone invase dal nemico tutta l'assistenza tecnica possibile per facilitare la soluzione di problemi contingenti quali la custodia dei valori e il trasferimento in sedi provvisorie.

Caporetto colpì violentemente anche la Banca, che si vide improvvisamente incaricata di gestire quella che anche per essa fu una situazione di grande emergenza. Dopo avere mandato un omaggio al re «che sta lassù tra i soldati alla difesa suprema del Paese contro l'invasione tedesca e turchesca, e alla difesa della civiltà occidentale contro la prepotenza teutonica»[113], il Consiglio superiore prese atto della situazione e delle misure adottate. Apprese che sin dal 1915 i depositi e i valori delle succursali della costa adriatica e del Veneto erano stati prudentemente trasferiti in sedi più lontane dal fronte come Brescia, Firenze, Bologna e Perugia. «Quando irruppe inaspettatamente il nemico, la succursale di Udine fu svuotata», restò aperta fino a tutto il 27 ottobre[114] per essere poi trasferita a Bologna. I valori e i documenti di Treviso e Belluno furono per prudenza mandati a Firenze, mentre provvedimenti prudenziali furono presi per Venezia e Padova «predisponendo tutto per qualsiasi avvenimento e ciò per suggerimento del ministro della Guerra di alleggerire le filiali che si trovano al di là dell'Adige». Però le due filiali furono tenute aperte e «continuarono ad accogliere depositi, tanto liberi che chiusi in cassette, purché confezionati in modo questi ultimi da poter essere trasportati in valige»[115]. Queste operazioni furono gestite dai direttori di filiale in condizioni di confusione e incertezza, con comunica-

---

[113] ASBI, Verbali del Consiglio superiore, 16 novembre 1917, p. 487.
[114] Cadorna lasciò il Comando di Udine alle 3 pomeridiane del 27 ottobre per trasferirsi con lo Stato maggiore nel Palazzo Revedin di Padova.
[115] ASBI, Verbali del Consiglio superiore, 16 novembre 1917, p. 491.

zioni a dir poco precarie, strade intasate, linee ferroviarie con precedenza assoluta alle tradotte militari, difficoltà di reperire mezzi di trasporto. Da Roma si mandarono somme di denaro per le spese del personale trasferito e funzionari per aiutare a trovare alloggi e sedi adeguate per le filiali trasferite, spesso presso sedi della Banca stessa.

In questa circostanza, la Banca d'Italia svolse, rispetto agli altri istituti di credito, soprattutto a quelli minori, una funzione tipicamente pubblica. Non solo offrì assistenza materiale e organizzativa alle banche che dovettero lasciare in fretta l'area occupata dal nemico, ma si occupò di pianificarne la riallocazione lontano dal fronte, riunendo attorno alle proprie filiali traslocate le istituzioni di credito delle provincie che a esse avevano fatto capo, «ritenendo che una tale riunione [giovasse] alla sistemazione dei rapporti di esse con la Banca d'Italia, principalmente nell'interesse dei profughi dispersi nelle varie provincie d'Italia»[116]. Fu istituito un «Ufficio speciale per gli Istituti di Credito e di Risparmio trasferiti dalle Provincie Venete» per mettere al servizio di queste banche l'opera delle filiali e dei corrispondenti della Banca d'Italia, anzitutto per raccogliere notizie delle «diverse banche profughe» e poi per offrire un servizio di deposito gratuito dei valori di dette banche e accordare a esse il saggio massimo sui depositi di contanti.

Nella gestione del credito alle banche e alle popolazioni profughe, Stringher scelse la via della prudenza. Di fronte a richieste di anticipazioni che gli parvero eccessive, probabilmente dettate da motivi precauzionali, abolì il tasso di favore e alzò quello normale dal 5 al 5,5%, ma allo stesso tempo ottenne dal governo il ripristino di un fondo speciale da esso garantito per le anticipazioni a casse di risparmio, monti di pietà, società cooperative di credito e casse rurali, già sperimentato nel 1914-1915. Via Nazionale raccomandò, comunque, alle proprie filiali di preferire operazioni di sconto a breve scadenza e facile liquidabilità. «In massima, l'azione della Banca deve consistere nel fornire gli aiuti realmente necessari, evitando la formazione di inconsulte riserve di

---

[116] Ivi, p. 492.

biglietti a tutto danno della circolazione, ma non può e non deve rifiutare aiuti di evidente necessità»[117].

8. *La vita di una banca centrale in guerra*

Prima di vedere, nel prossimo capitolo, il contributo della Banca d'Italia alla gestione economica del dopoguerra, diamo un'occhiata a come l'istituzione visse, nella quotidianità del suo lavoro, il lungo e drammatico periodo della prima guerra totale nella storia dell'Europa contemporanea.

Anzitutto, quale fu, nei mesi della neutralità, il sentimento dei vertici dell'Istituto di via Nazionale circa la prospettiva di un intervento? Il mondo della banca e della finanza era nettamente diviso. La cosiddetta «alta banca» – identificata nella Banca Commerciale e nel Credito Italiano, con la galassia delle banche minori e delle imprese che facevano riferimento ai due istituti – aveva assunto sin dal luglio 1914 posizioni neutraliste, nette nel caso della Commerciale, più sfumate in quello del Credito Italiano. Premevano, invece, per l'intervento ambienti che negli anni precedenti avevano mostrato crescente insofferenza per l'egemonia delle due banche maggiori sul mercato del credito, soprattutto quello industriale delle grandi imprese. Principale obiettivo di strali più o meno coperti era la Banca Commerciale, gestita da manager stranieri benché il capitale fosse ormai in maggioranza in mani italiane. Nel 1914, questi ambienti diedero vita, come abbiamo visto, all'«italianissima» Banca Italiana di Sconto subito favorevole all'intervento, anche perché legata a un grande conglomerato metalmeccanico. Vicino agli ambienti giolittiani, ma molto attento nelle espressioni pubbliche delle proprie opinioni politiche, incluse quelle relative all'opportunità della partecipazione dell'Italia alla guerra, Stringher è annoverato tra i neutralisti, seppure tra quelli più misurati. Né ci si aspetterebbe qualcosa di diverso da un prudente banchiere centrale. Ma lo era davvero? Nel febbraio 1915, Della Torre, il banchiere milanese che spesso fungeva da *liaison* tra la Banca d'Italia e gli ambienti

---

[117] Ivi, p. 496.

milanesi e con il quale Stringher intratteneva rapporti quasi confidenziali, nel dargli notizie sull'aria politica e sociale che si respirava a Milano, scrisse «lo spirito pubblico non è favorevole all'intervento, lo accetterà se sarà necessario»[118]. La risposta rivela un pensiero e uno stato animo forse nuovi, forse da tempo presenti e mai espressi, certo diversi da quelli di un convinto neutralista. «Speriamo pure – scrisse Stringher all'amico – nella nostra neutralità, ma più penso e leggo e più mio malgrado stento a persuadermi che l'Italia possa rimanere in pantofole[119] e non debba uscire armata, per far valere anche il suo peso, a tempo, nel colossale conflitto. Ed è anche per ciò che io avrei veduto molto volentieri una intesa fra codesti istituti bancari per non distribuire dividendi e costituire forti riserve temporanee»[120]. Era una cauta ma chiara professione di patriottismo interventista, unita alla preoccupazione del banchiere centrale di preparare sin da quel momento munizioni per garantire stabilità bancaria e credito all'industria bellica. Non sappiamo che cosa pensò Stringher nelle «gloriose giornate di maggio», probabilmente come uomo d'ordine guardò con una certa diffidenza le manifestazioni di piazza, ma altrettanto probabilmente, se fosse stato deputato, non si sarebbe recato con molti altri in via Cavour per portare il proprio biglietto da visita a Giolitti, in segno di consenso alla politica di neutralità.

Una settimana prima della dichiarazione di guerra dell'Italia all'Austria-Ungheria, a conclusione della seduta del Consiglio superiore, il presidente rivolse «il pensiero alla storica situazione che gli avvenimenti hanno creato [...] la guerra è una grave, una immensa calamità e certamente a essa non saremo tratti senza che il decoro e l'onore della nazione lo rendano necessario», invocò poi la concordia nazionale e concluse gridando «Viva il Re, Viva l'Italia»[121].

A una lettura superficiale dei verbali del Consiglio di

---

[118] Della Torre a Stringher, 15 febbraio 1915, ASBI, Carte Stringher, *Pratiche*, n. 20.0, fasc. 3, p. 75.
[119] Sottolineato nel testo di Stringher.
[120] Stringher a Della Torre, 18 febbraio 1915, ASBI, Carte Stringher, *Pratiche*, n. 20.0, fasc. 3, p. 76.
[121] ASBI, Verbali del Consiglio superiore, seduta del 17 maggio 1915, p. 28.

presidenza e del Consiglio Generale gli echi della guerra sembrano giungere attutiti nelle stanze di Palazzo Koch. La gestione ordinaria della Banca occupa la grande maggioranza delle pagine: statistiche, voci contabili, fondi cassa delle filiali, assunzioni, decessi e nomine di funzionari, ispezioni, dissesti di clienti, cancellazioni di ipoteche e tutte le altre questioni di ordinaria amministrazione. La vita della Banca sembra fluire con il ritmo ordinato di sempre. I consiglieri defunti furono rispettosamente commemorati, quelli che ottennero riconoscimenti debitamente congratulati, ai membri del governo si inviarono ossequiosi messaggi, gli organi interni furono eletti come di consueto, le assemblee annuali degli azionisti si svolsero regolarmente. Anche laddove la guerra sembra arrivare con notizie eccezionali dal fronte, essa appare quasi esorcizzata dalle rituali espressioni di fiducia nel re, in Cadorna, nel governo e nella sicura vittoria, che servirà alla «difesa della civiltà occidentale contro la prepotenza teutonica»[122]. Ma sarebbe questa un'impressione, appunto, superficiale. La guerra rivoluzionò non solo, come si è visto, la missione del banchiere centrale, ma anche la vita quotidiana dell'Istituto.

Il conflitto impattò anzitutto sul personale e sull'organizzazione. Con la coscrizione obbligatoria, nel luglio 1915, ci si accorse, quasi con stupore, che gli impiegati chiamati alle armi erano molto numerosi e la Banca si trovò improvvisamente con un organico inadeguato. La risposta ovvia sarebbe stata quella dell'assunzione di nuovi impiegati, ma essa fu scartata per paura che alla fine della guerra la Banca si ritrovasse con personale in eccesso. Si provvide, dunque, con avventizi, contratti a tempo determinato diremmo oggi, che aumentarono un po' la presenza femminile nei ranghi più bassi. Il problema più acuto riguardò i cassieri: si trattava di lavoratori specializzati che dovevano avere non solo adeguato addestramento ma, per statuto, impeccabili qualità morali e la capacità patrimoniale di offrire malleverie. Dei 148 cassieri in servizio prima della guerra, ben 81 furono quasi subito chiamati a vestire la divisa. Ci si arrangiò con trasferimenti e

---

[122] Lettera di congratulazioni inviata dal Consiglio superiore al neoministro del Tesoro Nitti (ASBI, Verbali del Consiglio superiore, seduta del 21 dicembre 1917, p. 546).

il richiamo in servizio di pensionati, ma non bastò: la Banca fece pressioni sul governo perché la professione di cassiere rientrasse tra quelle per le quali era previsto l'esonero dal servizio. Ma solo 18 cassieri furono smobilitati. Si assunsero nuovi aiuto-cassieri, sostenuti nel tirocinio dalla «sperimentata benevolenza dell'Amministrazione per i propri impiegati»[123]. Nel complesso, malgrado il forte aumento del lavoro sia per l'intensificarsi di quello tradizionale, sia per l'assunzione di nuovi compiti da parte della Banca, nel corso della guerra il numero dei dipendenti rimase pressoché invariato: erano 2.222 (dei quali 155 avventizi) alla fine del 1914 e 2.153 (con 87 avventizi) quattro anni dopo (Croce 2020).

L'insufficienza del personale assunse un carattere di grande urgenza, che divenne quasi drammatica subito dopo la ritirata di Caporetto. Il finanziamento della guerra richiese di stampare un numero crescente di banconote mettendo progressivamente in tensione le risorse umane dell'Officina Carte Valori, malgrado queste fossero state dichiarate «stabilimento ausiliario» e gli addetti maschi fossero pertanto esentati dal servizio militare. Nel 1917 furono acquisiti nuovi ampi locali dotati di macchine più moderne che lavoravano ininterrottamente per 12 ore al giorno. Non si trovavano però tipografi maschi e la Banca fu «costretta» ad assumere solo personale femminile. Nell'autunno del 1917 erano addetti alla produzione di banconote 47 operai e 181 operaie che si dimostrarono capacissime, sfatando il diffuso preconcetto che vi fossero mestieri – tra i quali quello del tipografo – inadatti al fisico e al carattere femminili.

> Per agevolare gli operai e fare a essi meno grave il disagio di un lavoro prolungato – scrisse la «benevola Amministrazione» – si è pensato fornire a detto personale la minestra a un prezzo moderato, pur con l'attuale rincaro dei viveri e si è impiantata al piano terreno dell'edificio destinato all'officina una cucina con 4 caldaie con fornelli a gas. Vi vengono distribuite ogni giorno 250 minestre al prezzo di lire 0,20 ciascuna. L'officina è stata fornita di un armadio sanitario per il pronto soccorso[124].

---

[123] ASBI, Verbali del Consiglio superiore, seduta del 27 luglio 1915, p. 18.
[124] ASBI, Verbali del Consiglio superiore, seduta del 2 ottobre 1917, p. 501.

La guerra obbligò a ripensare e aggiornare quasi continuamente la politica retributiva sia verso gli impiegati chiamati alle armi, sia verso tutto il personale e, infine, anche verso i pensionati per adeguare almeno in parte il potere d'acquisto delle retribuzioni reali all'inflazione galoppante, che allora si chiamava «caro viveri». I banchi meridionali, con la loro natura pubblica, seguirono la politica retributiva adottata dallo Stato; la Banca d'Italia, che doveva dare in qualche modo conto anche agli azionisti del proprio operato, elaborò autonomi criteri di equità nella distribuzione tra le diverse categorie di dipendenti degli aumenti di stipendio con il risultato che alcuni di essi ebbero un trattamento migliore, altri uno peggiore rispetto agli impiegati dello Stato.

Quando la guerra era ormai imminente, nel febbraio 1915, la Banca stabilì di pagare lo stipendio pieno agli impiegati chiamati alle armi ammogliati o con carico di famiglia, mentre gli scapoli avrebbero ricevuto i 2/3 dello stipendio se soldati semplici e 1/3 se ufficiali, considerato che questi ultimi avrebbero goduto anche di uno stipendio da parte delle forze armate, commisurato al grado[125]. Sin dal 1916 emerse il problema delle promozioni dei dipendenti sotto le armi. L'esame per l'avanzamento di carriera fu sospeso fino al congedo ma, per evitare una disparità di trattamento rispetto ai colleghi esonerati dalla leva in ragione del servizio prestato in Banca (soprattutto cassieri e addetti alla stampa delle banconote), l'avanzamento di questi ultimi fu sospeso fino al congedo, e al rientro in Banca, della classe di leva alla quale appartenevano[126].

L'adeguamento delle retribuzioni al «crescimento del costo dei viveri», che il personale cominciò a chiedere alla fine del 1915, assunse con il passare dei mesi il carattere di una rivendicazione quasi sindacale, sino allora sconosciuta. Nel 1915, ancora nell'ottica di una guerra breve, la Banca non volle adottare misure di carattere generale, ma si attenne alla politica paternalistica che aveva seguito, sin dalla fondazione, fatta di «benevole disposizioni» soprattutto per

---

[125] ASBI, Verbali del Consiglio superiore, seduta del 22 febbraio 1915, p. 169.
[126] ASBI, Verbali del Consiglio superiore, seduta del 18 agosto 1916, p. 380.

5 – Una banca per l'economia di guerra

gli impiegati nelle zone vicine al fronte «ove si lamenta una carestia determinata dall'addensamento e dalle requisizioni per le truppe»[127]. Pochi mesi dopo, tuttavia, fu concesso un soprassoldo, successivamente varie volte aumentato, in percentuale decrescente al crescere dello stipendio[128]. Nel 1917, la prosa prudente e ufficiale dei verbali fa intravedere un salto di qualità nell'organizzazione del personale per ottenere adeguamenti delle retribuzioni all'inflazione. Il direttore generale rivelò per la prima volta che i dipendenti gli avevano rivolto richieste tramite i loro «capi»[129]. Gli aumenti furono presi «in benevola considerazione entro i giusti confini»[130] e concessi in misura tale da non coprire l'aumento dell'indice del costo della vita per le famiglie di operai e impiegati, già cresciuto di oltre il 50% dall'inizio della guerra.

Nell'estate 1917 si fecero sentire anche i pensionati, con petizioni che presero il via dalla sede di Firenze. Le loro richieste furono l'occasione di un dibattito di asprezza inusuale nelle adunanze del Consiglio superiore. Stringher propose subito e senza mezzi termini di respingere le richieste dei pensionati dei quali la Banca, disse, non si è mai occupata, «ogni cura essendo rivolta a dare maggiore remunerazione a chi presta servizio, segnatamente in tempi difficili». Aggiunse che non era solo una questione di diritto, ma che la «concessione» avrebbe dato luogo a una forte spesa e si sarebbe tradotta «quasi in un premio a favore di quegli impiegati che intendessero abbandonare l'amministrazione proprio in questi momenti». D'altra parte, ricordò che anche il governo aveva respinto le richieste dei propri pensionati. Concluse però con un'apertura allo sperimentato paternalismo: la Banca «cercherà di aiutare casi pietosi, con redditi molto bassi, particolarmente se vedove e orfani»[131]. A Stringher rispose il consigliere Rocca con un

---

[127] ASBI, Verbali del Consiglio superiore, seduta del 20 dicembre 1915, p. 542.
[128] ASBI, Verbali del Consiglio superiore, seduta del 29 marzo 1916, p. 142.
[129] «[...] il direttore generale informa che il personale va facendo remissivamente sentire per mezzo dei propri capi il desiderio di conseguire qualche miglioramento nella misura del soprassoldo» (ASBI, Verbali del Consiglio superiore, seduta del 21 maggio 1917, p. 213). Sono anche aumentate del 20% le indennità di trasferimento, ferme al 1903.
[130] *Ibid.*
[131] ASBI, Verbali del Consiglio superiore, seduta del 27 agosto 1917, p. 382.

intervento inusualmente fermo. Dopo avere affermato che «oltre il diritto si hanno pure la giustizia e l'equità», disse che la Banca d'Italia era bensì privata ma «di stretta collegianza col governo e con la nazione della quale siamo la vigile scolta», così da non poterne ignorare le istanze sociali, tanto più che essa si trovava in una situazione [di bilancio] prospera e felice» il che le dava doveri non solo verso gli impiegati, ma anche verso i poveri pensionati che «devono vivere con una pensione stremata per i nuovi aggravi del terremoto della guerra». Il consigliere Ambron si associò osservando che quando erano state stabilite le pensioni si era voluto creare un trattamento dignitoso, in un quadro di prezzi stabili: qualche provvedimento equitativo era ora indispensabile «perché non si rinnovino casi dolorosissimi in questi ultimi tempi verificatisi»[132]. Stringher replicò che «equiparare chi lavora a chi riposa creerebbe una evidente ingiustizia», che molti lasciavano la Banca in «buona età e trovavano uffici lucrosi fuori di essa, che la Banca era sì florida ma aveva [già] rafforzato la Cassa di Previdenza con 12 milioni». Concluse con un inusuale appello al Consiglio a pensare bene a come votare. Rocca e Ambron si dichiararono insoddisfatti dalla risposta del direttore generale ma alla fine le richieste dei pensionati furono respinte all'unanimità. Si trattò tuttavia di un voto volto a salvare la faccia di Stringher perché nella seduta successiva il Consiglio superiore concesse un congruo aumento a 625 degli 848 pensionati con trattamento inferiore alle 2.500 lire annue. Qualcuno chiese un ulteriore allargamento delle «provvidenze» per gli impiegati, ma Stringher rispose che le condizioni favorevoli del bilancio non erano durature e che bisognava pensare anche agli azionisti «le cui aspirazioni sono in contrasto con quelle degli impiegati»[133].

L'interesse degli azionisti non era stato tuttavia chiamato in causa qualche mese prima quando il Comitato di presidenza aveva scritto al Consiglio superiore che non poteva «più oltre essere differito il debito di gratitudine e di doverosa giustizia verso il nostro illustre direttore, il quale ha fatto interamente percorrere alla Banca d'Italia la via della luminosa redenzione

---

[132] Ivi, pp. 383-390.
[133] ASBI, Verbali del Consiglio superiore, seduta del 24 settembre 1917, p. 420.

e con l'opera sua provvida e supremamente proficua per le finanze dello Stato ha circondato di un'aureola di patrie benemerenze l'Istituto che Egli rappresenta e in lui si identifica». Il Consiglio unanime delegò il Comitato a determinare «un aumento dell'assegno al direttore»[134].

La grande espansione della circolazione e dei suoi impieghi aumentò enormemente la dimensione del bilancio della Banca e ne fece accrescere gli utili, almeno in termini nominali. Nel 1917, per esempio, questi segnarono un aumento del 21,3% rispetto all'anno precedente, dovuto soprattutto agli interessi sui titoli pubblici detenuti in portafoglio. Stringher si premurò di contenere l'entusiasmo, e l'appetito, degli azionisti. «Sono – disse – le circostanze eccezionali del grave momento che attraversiamo che hanno contribuito ai favorevoli risultati del bilancio. Con cuore di italiani dobbiamo anzi augurarci che – rientrati nello stato normale – si abbiano, un altro anno, utili meno vistosi ma dovuti non alle operazioni straordinarie dipendenti dallo stato di guerra, ma alle operazioni normali della Banca»[135]. La legge non consentiva di distribuire più dell'8% del valore delle azioni. Il resto fu accantonato in una «riserva speciale degli azionisti» che, a parere del direttore generale, rendeva «possibile guardare con tranquillità l'avvenire, anche fra le incertezze della situazione economica e finanziaria del momento che attraversiamo»[136]. Fra i tanti mutamenti portati dalla guerra alla Banca d'Italia, di non trascurabile importanza fu la lenta eutanasia dell'azionista il cui ruolo, messo in sordina dalle esigenze belliche, fu definitivamente ridotto a ben poca cosa. Le sedi continuarono a eleggere i membri del Consiglio superiore tra esponenti locali del mondo

---

[134] ASBI, Verbali del Consiglio superiore, seduta del 18 dicembre 1916, pp. 512-513. Lo stipendio di Stringher, inizialmente di 40.000 lire annue, poi aumentato a 60.000, venne portato a 100.000 lire (incluse 10.000 per spese discrezionali di rappresentanza). L'aumento del 50% copriva abbondantemente la perdita di potere d'acquisto dovuta all'inflazione. Lo stipendio massimo di un caposervizio della Banca era di 12.000 lire annue, quello del direttore generale era dunque di 7 volte e mezzo superiore a quello del suo dipendente più alto in grado. Era pari a 100 volte il salario più basso di un dipendente della Banca, quello di uomo di fatica (ASBI, Verbali del Consiglio superiore, seduta del 28 gennaio 1918, p. 54).
[135] *Ibid.*
[136] Ivi, p. 53.

economico e finanziario, spesso su cauto suggerimento di via Nazionale. I possessori di azioni continuarono, per diciotto anni dopo la fine della guerra, a percepire un flusso costante di interessanti dividendi ma, nella buona sostanza, il titolo assunse di fatto quasi la natura di un'obbligazione, al possessore della quale altro diritto non era concesso se non quello di ritagliare la cedola.

La figura di Stringher domina queste pagine perché, nel 1918, il direttore generale era il *dominus* incontrastato della Banca, un po' a causa della forte personalità dell'uomo, con la sua grande intelligenza, vasta cultura e straordinaria capacità di lavoro, un po' per la struttura organizzativa della Banca che dava al vertice poteri elevati, formali e informali, come d'altronde avveniva nella maggior parte delle banche centrali. Ma la Banca non era solo Stringher. Accanto a lui lavoravano personalità di notevole spessore, seppure assai meno del capo esposte alla luce dei riflettori. Tito Canovai, nominato, come abbiamo visto, vicedirettore generale alla vigilia della guerra; Guido Paletti era a capo del riformato «gabinetto» del direttore; Giovanni Santaponte dirigeva l'Ufficio studi economici e finanziari; Eugenio Petrelli l'ufficio stampa. Abbiamo già incontrato Arrigo Rossi quale responsabile del servizio rapporti con l'estero, così come abbiamo giù detto di Gidoni e Nathan, influenti rappresentanti della Banca a New York e Londra, che svolgeranno ruoli importanti nel dopoguerra.

Quella che passò nella memoria collettiva come la Grande Guerra, fu un momento di cesura nella storia d'Italia e d'Europa e non poté che esserlo anche della Banca d'Italia. Strumento non secondario dello sforzo bellico, la Banca fu posta e si pose con convinzione al servizio dello Stato. Ciò comportò la perdita di molti gradi di libertà decisionale operativa. Al tempo stesso, la Banca acquisì nuove competenze, affinò capacità operative in vari campi, spesso supplendo a carenze dell'apparato statale, che rimasero acquisite al patrimonio culturale e tecnico dell'Istituto. Seppure subordinata al governo, fu però in grado di esercitare una efficace *moral suasion*, soprattutto finché Carcano rimase alla guida del Tesoro. Nel complesso, la Grande Guerra obbligò la Banca d'Italia, come altre banche centrali europee, a estendere la propria operatività oltre il tradizionale perimetro istituzionale per svolgere attività di supporto allo sforzo bellico. Questa nuova capacità operativa non andò distrutta con il ritorno all'economia di pace, quando lentamente la Banca riacquistò un più autonomo controllo delle variabili monetarie e finanziarie.

Capitolo sesto

L'ETÀ DELLE BANCHE CENTRALI

1. *Economia internazionale e banche centrali*

L'età delle banche centrali è il titolo dell'importante libro di Curzio Giannini, citato nel capitolo 1, che vede la rilevanza della banca centrale crescere e stabilizzarsi con la definitiva affermazione «della tecnologia dei pagamenti fondata sulla moneta "convertibile" che si conclude negli anni Trenta del Novecento» (Giannini 2004, p. 224). La convincente analisi di Giannini muove soprattutto dal fondamentale piano istituzionale delle tecniche di pagamento. Qui prendo a prestito il titolo del suo libro in un modo più riduttivo, ma non in contrasto con la sua impostazione. Negli anni Venti, l'enfasi, quasi l'ossessione, dei governi per la reintroduzione, dopo la sospensione bellica, della «tecnologia di pagamento» basata, come allora si diceva, sul tallone aureo consegnò alle banche centrali un ruolo preminente nella ricostruzione del sistema dei pagamenti internazionali. Esse ottennero pertanto un prestigio del quale collettivamente non avrebbero più goduto sino almeno ai successivi anni Ottanta. È in questa luce che riprendo per questo capitolo il titolo del libro di Giannini. Le banche centrali, va detto subito, giocarono quel ruolo armate di una cultura, non solo economica, poco cambiata dall'anteguerra. Il conflitto ne aveva, come si è visto, allargato il campo d'azione, dato loro nuovi strumenti e competenze, rafforzato i rapporti con i poteri politici, ma le aveva in buona misura espropriate del controllo dell'offerta di moneta del quale, finita la guerra, puntarono a riappropriarsi, mantenendo al tempo stesso almeno in parte ruoli e capacità ottenuti durante il conflitto. La ricostruzione del sistema dei pagamenti internazionali sulla base di un *gold exchange standard* fu realizzata a fatica e in modo che si dimostrò effimero, per essere definitivamente distrutto negli anni Trenta, contribuendo, insieme alla insoddisfacente gestione della Grande Crisi, a minare il prestigio delle banche centrali aprendo la strada a una loro maggiore dipendenza dal potere politico, fino alla nazionalizzazione, esplicita o larvata, di molte di esse. La prima delle età delle banche centrali fu pertanto limitata nel tempo racchiuso tra la fine della Grande Guerra e la Grande Crisi.

I due pilastri sui quali poggiò l'età delle banche centrali negli anni Venti furono l'affermazione della loro indipendenza, parte di una esplicita «teorizzazione» della loro natura e funzione, e la cooperazione che si instaurò tra loro, tanto preziosa quanto rara nelle avvelenate relazioni internazionali ereditate dalla guerra e dallo sciagurato trattato di pace. Nel mondo fratturato che caratterizzò la tregua nella «seconda guerra dei trent'anni», le relazioni improntate a uno sforzo cooperativo che si stabilirono, non senza fatica, tra banchieri centrali furono una benvenuta eccezione.

Nel 1921, Montagu Norman[1], da poco eletto governatore della Banca d'Inghilterra alla cui guida resterà per un quarto di secolo, pubblicò un vero e proprio manifesto del *central banking* nel quale descriveva i caratteri che una banca di emissione avrebbe dovuto possedere per potersi definire «banca centrale». Essa doveva essere indipendente dal governo, non svolgere funzioni di banca commerciale, godere di poteri di supervisione sul sistema bancario ed essere incline alla collaborazione internazionale. L'intento era normativo piuttosto che descrittivo. Per il resto della vita, Norman si dedicò a diffondere, con maggiore o minore successo, il proprio modello di banca centrale sia stimolando le banche di emissione esistenti ad acquisire i caratteri che gli parevano essenziali, sia promuovendo la nascita di banche centrali in paesi che ne erano sprovvisti, soprattutto quelli del *Commonwealth* britannico. I successi più importanti li ottenne con la nascita, nel 1935,

---

[1] 1871-1950. Educato a Eton e al King's College di Cambridge, nel 1895 entrò nella Martins Bank della quale il padre era partner. Combatté in Sudafrica nella seconda guerra boera. Nel 1907 fu eletto nel consiglio della Banca d'Inghilterra. Lasciata la Martins, durante la Prima guerra mondiale fu consulente finanziario del governo. Nel 1917 divenne vicegovernatore della Banca d'Inghilterra per succedere poi a Brien Cokayne quale governatore nel 1920. Nel 1944, dimessosi dalla carica, fu nominato barone Norman di St. Clere nel Kent.

della Bank of Canada[2] e della Reserve Bank of India[3]. Lo scopo di Norman, non del tutto coerente con l'indipendenza che chiedeva alle banche centrali, era soprattutto quello di creare nel *Commonwealth* istituzioni capaci di allineare la propria politica monetaria con quella dell'area della sterlina, dettata da Londra. Vedremo più avanti la politica di Norman verso la Banca d'Italia.

A livello internazionale, la definizione di «banca centrale» comportava, nella visione di Norman, l'impegno alla cooperazione. Negli anni Venti si trattava soprattutto, secondo il Governatore dalla Banca d'Inghilterra, di lavorare all'unisono per la ricostruzione del sistema monetario internazionale sulla base di un *gold standard* riformato per consentire la convertibilità delle monete nazionali non solo in oro, ma anche in valute di altri paesi, purché convertibili in oro, al fine di allentare il vincolo alla creazione di liquidità internazionale insito nella limitata quantità di oro monetario disponibile.

Prima del 1914, la cooperazione tra le banche di emissione dei diversi paesi era stata assai limitata. Si pensava, secondo la teoria monetaria prevalente, che l'accettazione da parte di ciascuna di esse delle regole del gioco del sistema aureo sarebbe stata sufficiente a garantire la stabilità del sistema dei pagamenti internazionali. La guerra mise in luce l'esigenza di una collaborazione tra autorità monetarie (Tesoro e banche centrali), non fosse altro che per la gestione dei flussi di pagamento generati dai prestiti internazionali e per gli interventi

---

[2] «[...] la Banca d'Inghilterra era particolarmente ansiosa di creare nei *Dominions* banche centrali che rispondessero al proprio disegno [...] ci si aspettava che queste banche centrali si comportassero come il loro genitore che avrebbe offerto loro consigli e personale» (Cain 1996, p. 342). La creazione anche in Canada di una banca centrale fu raccomandata da una Royal Commission presieduta da Lord Macmillan. Lo scopo di Norman era soprattutto quello di avere nei più importanti *Dominions* istituzioni capaci di allineare la propria politica monetaria con quella dell'area della sterlina, alla quale peraltro il Canada non apparteneva. Nel 1921 era stata creata la Banca Centrale del Sudafrica. La Commonwealth Bank of Australia, dapprima banca del governo, assunse a poco a poco negli anni Venti i caratteri di banca centrale. Nel 1933 fu fondata la Reserve Bank of New Zealand.

[3] Su suggerimento di Norman, il comitato costituito per creare la banca centrale indiana comprendeva il vicegovernatore della Banca d'Inghilterra, Harvey, e W.H. Clegg, autorevole membro del board della banca stessa (Chandavarkar 1989, p. 110).

sui mercati valutari. Vediamo adesso, soffermandoci sul caso italiano, l'evoluzione della cooperazione nel decennio postbellico. È però utile premettere qualche cenno sull'andamento complessivo dell'economia in Italia.

2. *L'economia italiana negli anni Venti*

Tra la fine della guerra e l'inizio della Grande Crisi, il reddito per abitante dell'Italia crebbe in media del 2,8% annuo, contro il 3,2% realizzato dall'insieme dei dodici paesi più sviluppati dell'Europa occidentale (Maddison 2003), ai quali, dopo la guerra che l'aveva formalmente consacrata al rango di «potenza», l'Italia pensava di appartenere a buon diritto, pur avendo un reddito pro capite inferiore di un terzo alla loro media. La crescita dell'economia italiana negli anni Venti fu realizzata in tre brevi fasi, molto diverse tra loro, che seguirono solo in parte il ciclo economico europeo.

La fine delle ostilità fu seguita dal rapido succedersi di un'espansione e una recessione, cosicché nel 1922 il reddito per abitante degli italiani era sostanzialmente identico a quello dell'ultimo anno di guerra (Baffigi 2013), mentre la Francia aveva vissuto nel medesimo periodo un vero e proprio boom e la stessa Germania sconfitta aveva già superato dell'11% il PIL del 1918. Solo la più ricca delle grandi economie europee, il Regno Unito, visse un ristagno postbellico simile a quello italiano. Vedremo tra poco ciò che rese più faticoso che altrove il ritorno dell'Italia alla crescita economica: crisi bancarie, ridimensionamento dei grandi conglomerati industriali, elevato debito pubblico interno ed estero. Problemi analoghi esistevano in altri paesi, ma nella penisola pesarono più che altrove. È impossibile scindere le cause squisitamente economiche del ristagno produttivo da quelle politiche e sociali, che assunsero in Italia quel carattere unico che condusse all'esito fascista: le lotte operaie, la violenta reazione, l'occupazione di alcune fabbriche, il susseguirsi di ben sette governi tra l'armistizio e la marcia su Roma, le divisioni, la frustrazione per le speranze deluse della vittoria. Tutto ciò si tradusse in un senso di precarietà che, permeando la vita del Paese, non poteva che scoraggiare investimenti e progetti a medio-lungo termine.

Segni di ripresa si notarono probabilmente già nella seconda metà del 1922, prima della formazione del governo Mussolini. Il governo di coalizione che il 31 ottobre 1922 giurò nelle mani del re, ottenendo un mese dopo la fiducia di entrambe le Camere, contava solo 3 ministri fascisti su 13. Uno dei 3, al dicastero delle Finanze, era Alberto De Stefani. Il ministero del Tesoro fu affidato a Vincenzo Tangorra[4], esponente del Partito Popolare, che lo resse però solo per poche settimane. Alla sua morte, seguita a un malore che lo aveva colto durante una seduta del Consiglio dei ministri, il Tesoro fu accorpato con le Finanze, sotto la guida di De Stefani. Quest'ultimo inaugurò un rapporto con la Banca d'Italia più determinato di quello dei suoi predecessori d'anteguerra nell'affermare la preminenza del Tesoro. È utile dunque dedicare qualche riga alla sua personalità. Nato a Verona nel 1879, Alberto De Stefani si era formato a Ca' Foscari e all'Università di Padova dove aveva subito l'influenza di Fedele Lampertico e del pensiero di Giuseppe Toniolo. Della scuola lombardo-veneta apprezzava soprattutto «la tempestività nel rilevare i mutamenti intervenuti nel sistema economico-sociale, visto non più quale istituzione esterna all'ordine economico – come era per la tradizionale scuola liberista – ma di questo parte integrante» (Marcoaldi 1991). Al tempo stesso, De Stefani non disconobbe l'importanza del pensiero liberista, soprattutto quello di Francesco Ferrara, caposcuola riconosciuto, il cui spirito ancora aleggiava a Ca' Foscari quando il futuro ministro vi era stato studente[5]. Questa formazione lasciò al pensiero di De Stefani quel carattere di sincretismo che lo caratterizzò per tutta la vita, pur con oscillazioni dall'uno all'altro polo, tra un liberismo temperato e uno statalismo

---

[4] 1866-1922. A lungo funzionario della Corte dei Conti, conseguì in età adulta (1892) il diploma presso la Scuola Superiore di Commercio di Ca' Foscari a Venezia. Insegnò economia politica a Roma e a Pisa dove divenne ordinario nel 1904. La sua produzione scientifica si occupò prevalentemente di scienza delle finanze. Nel dopoguerra aderì al Partito Popolare e fu eletto due volte alla Camera dei deputati.

[5] Francesco Ferrara morì a Venezia nel 1900, a 90 anni. De Stefani si laureò a Padova nel 1903, avendo frequentato la Scuola veneziana negli anni precedenti.

altrettanto moderato. Ciò lo espose ad accuse di incoerenza, rendendolo a volte sospetto sia all'uno sia all'altro campo, sino alla censura che subirono negli anni Trenta alcuni suoi articoli che, benché riconducibili alla sua vena statalista, non sembrarono sufficientemente allineati all'ortodossia fascista. Dopo aver combattuto nel Cadore come ufficiale subalterno, De Stefani, convinto fascista antemarcia, fu eletto alla Camera nel giugno 1921. Personalità già di spicco nel partito, nessuno si stupì che gli fosse affidato un importante dicastero economico. Di venticinque anni più giovane di Stringher, il nuovo ministro del Tesoro apparteneva non solo a una generazione diversa da quella del direttore generale della banca ma anche, malgrado la comune formazione cafoscarina, a una cultura e a un ambiente diversi. Contrariamente a Stringher, formatosi nell'alta burocrazia, De Stefani era cresciuto come accademico. Il suo essere *homo novus*, senza un precedente *cursus honorum*, non ne rallentò la rapida ascesa in politica, semmai la facilitò[6]. Non sorprende, come vedremo, che ministro e direttore faticassero a comprendersi, forse anche a stimarsi. Fu questo uno dei tanti elementi inediti dell'epoca che si era aperta nel 1919.

Nel triennio 1922-1925, il prodotto interno lordo crebbe in media del 6,2% l'anno (5,5 per abitante), contro il 3,8% realizzato in media dai già ricordati dodici paesi dell'Europa occidentale. Il Paese pareva avviato a valorizzare nuovamente, dopo gli shock delle due riconversioni (dall'economia di pace a quella di guerra e viceversa), i fattori che ne avevano favorito la crescita prebellica, soprattutto nel decennio precedente la crisi del 1907: basso costo della manodopera, agricoltura intensiva pregiata orientata all'esportazione, espansione manifatturiera nei settori a elevata intensità di lavoro. Le esportazioni, il cui valore a prezzi costanti nel 1922 era ancora inferiore di un terzo a quello del 1913, crebbero, aiutate anche dalla svalutazione della lira del 19% l'anno, arrivando nel 1925 a superare il livello prebellico. I consumi privati, già nel 1923 più elevati

---

[6] Conclusa la fase ministeriale, De Stefani – pur restando nel Parlamento e nel Consiglio Nazionale del partito – tornò alla vita accademica di studioso piuttosto rispettato, pur non perdendo mai la speranza di riacquistare un maggiore peso nella vita pubblica. Morì a Roma nel 1969.

di quelli del 1913, aumentarono al ritmo del 9% annuo. Gli investimenti in impianti, macchinari e mezzi di trasporto recuperarono nel triennio le perdite belliche, pur restando al di sotto del massimo volume realizzato prima della guerra. La politica macroeconomica, che Mussolini lasciò sostanzialmente nelle mani di De Stefani, cercò di riallacciarsi a quella prebellica, per quanto consentito dall'elevato debito estero, dal cambio fluttuante attorno a un trend rapidamente discendente e dalle tese relazioni internazionali. Queste non impedirono peraltro che tra il 1922 e il 1926 fossero stipulati ben 19 trattati doganali che diminuirono considerevolmente il livello medio della protezione offerta alle merci nazionali (Salsano, Toniolo 2010, p. 14). Con il pieno sostegno di Mussolini, il ministro delle Finanze e del Tesoro riuscì ad azzerare il disavanzo del bilancio dello Stato, riducendo fortemente la spesa pubblica (Ministero dell'Economia e delle Finanze 2011, p. 36), e il peso del debito pubblico interno[7] sul PIL. Nel complesso la politica economica favorì una crescita a ritmi probabilmente non sostenibili nel lungo andare perché dovuti, con il ritorno a condizioni di «normalità», alla domanda di consumi a lungo insoddisfatti e alla necessità delle imprese di procedere a un rinnovo degli impianti da tempo dilazionato.

Il 1925, anno di cesura tra due distinte fasi della politica economica del primo dopoguerra, fu aperto dallo storico discorso di Mussolini dal quale si data l'inizio conclamato della dittatura fascista. Sul piano economico due furono, in quello stesso anno, gli avvenimenti destinati a lasciare il segno nel lungo andare. Il primo fu un forte crollo dei valori azionari alla Borsa di Milano, le cui cause furono, come vedremo, da molti imputate a De Stefani. Le grandi banche – appoggiate dalla Banca d'Italia – intervennero sul mercato con forti acquisti di titoli, dei quali avevano a bilancio ingenti quantità, per sostenerne i corsi. Queste partecipazioni azionarie furono poi trattenute nel portafoglio degli istituti di credito. Fu allora che si verificò, come disse Pasquale Saraceno (1978), la trasformazione delle banche miste in banche holding, premessa

---

[7] Sul debito estero ci soffermeremo più sotto, considerando il coinvolgimento della Banca d'Italia nei negoziati per la sua rateizzazione.

della insolvenza durante la Grande Crisi che rese necessario, nel 1931-1933, un intervento pubblico per il loro «salvataggio».

Anche a causa delle critiche mossegli per la gestione della crisi, Mussolini decise di sostituire il professore liberista con Giuseppe Volpi, grande capitalista del quale diremo brevemente più avanti, che pose subito mano al secondo degli importanti avvenimenti economici del 1925: l'avvio di una fase protezionistica destinata a durare fino agli anni Cinquanta. Gli interessi dell'agricoltura ortofrutticola e della piccola e media impresa manifatturiera esportatrice furono sacrificati a quelli della cerealicoltura per lo più inefficiente e dell'industria pesante a elevata intensità di capitale, per la quale l'Italia non possedeva un vantaggio comparato (Toniolo 1980; Salsano, Toniolo 2010; Gomellini, Toniolo 2017). La svolta protezionista del regime ormai consolidato fu completata, dopo il famoso discorso di Mussolini a Pesaro, con politiche volte a ottenere dapprima una rivalutazione della lira e poi, dopo il dicembre 1927, il mantenimento del nuovo regime di *gold exchange standard* con la difesa del cambio a Quota 90. L'insieme di queste politiche (protezionismo ed elevati tassi di interesse) produsse un forte rallentamento del ritmo di crescita dell'economia reale. Tra il 1925 e il 1928 il prodotto interno lordo crebbe in media solo dell'1,7% l'anno (1% pro capite, contro il 2,7 dei 12 paesi europei che abbiamo preso come riferimento).

3. *Politica monetaria, crisi bancarie e inflazione*

La circolazione dei biglietti – scrisse Stringher nella relazione del marzo 1920 – derivi essa dalle necessità dello Stato o dai bisogni dei commerci e delle industrie, va ora più che mai curata, e ogni opera dev'essere rivolta alla sua riduzione graduale. [...]. Riduzioni affrettate, anche se possibili, la qual cosa non crediamo, sarebbero poco consigliabili, ed è bene di guardare in faccia la realtà, per non creare illusioni, che potrebbero essere pericolose nell'ordine politico non meno che in quello sociale[8].

---

[8] Banca d'Italia, *Adunanza generale ordinaria degli azionisti*, Roma, 31 marzo 1920, p. 15.

Tornato alla testa della Banca dopo la breve parentesi alla guida del Tesoro, Stringher dovette affrontare una situazione densa di rischi sociali ed economici. Era una situazione inedita per lui stesso e per le classi dirigenti liberali, non solo italiane, che cinque anni prima si erano buttate con inconsapevole leggerezza nell'avventura di una guerra della quale non avevano intuito né la durata né l'inesauribile voracità di uomini e ricchezze né le conseguenze di medio e lungo termine. Deposte le armi, si trattava di riorientare la produzione nazionale ai consumi privati in un quadro che la guerra consegnava caratterizzato da elevata inflazione interna, svalutazione del valore esterno della lira ed elevato debito pubblico interno ed estero. Queste condizioni privavano i governi di gran parte degli strumenti necessari a guidare la conversione a un'economia di pace. Soprattutto, la guerra consegnava a chi doveva gestire lo shock del ritorno alla pace una società completamente trasformata da quello che storici e sociologi hanno sinteticamente chiamato l'«ingresso delle masse nella vita sociale e politica». In una situazione tanto difficile e nuova, nel marzo 1920 la sola cosa che Stringher poté dire ai propri azionisti era che la prudenza era d'obbligo. Certo, aggiunse, è indispensabile asciugare l'eccesso bellico di offerta di moneta e ricondurre entro limiti fisiologici l'aumento dei prezzi ma bisognava farlo molto gradualmente perché una robusta deflazione non sarebbe stata né possibile né desiderabile. I due anni successivi furono un navigare a vista tra gli scogli della disoccupazione, del debito e dell'inflazione, presto tutti sovrastati dalla forte tempesta delle crisi bancarie.

In questo quadro, le parole pronunciate da Stringher davanti ai propri azionisti nel marzo 1920 suonavano come un auspicio più che come l'annuncio di una chiara linea di politica monetaria. Ciò non stupisce. Sino al 1914, la politica monetaria aveva avuto due ancoraggi precisi: la stabilità del cambio e i vincoli di legge all'espansione monetaria. Nel 1919 entrambi erano venuti meno, privando di obiettivi e vincoli condivisi i responsabili della politica monetaria. Sul piano internazionale, la fine degli interventi statunitensi a sostegno delle valute europee le abbandonò a un inusitato regime di cambi flessibili. La lira, non più puntellata dal regime mono-

TAB. 6.1. *Offerta di moneta e prezzi, 1918-1929*

	Circolazione	M1*	M2**	Inflazione***
1918		12.269,8	18.566,4	39,4
1919	11.005,0	18.048,4	26.634,5	1,5
1920	12.889,2	22.183,3	33.107,4	31,4
1921	12.369,6	22.795,3	35.833,2	18,3
1922	11.412,4	21.703,3	35.802,1	–0,6
1923	10.578,8	21.061,9	36.480,2	–0,6
1924	11.221,6	24.332,9	41.119,8	3,5
1925	11.489,5	25.516,5	42.816,7	12,3
1926	11.151,9	25.992,3	43.232,7	7,9
1927	10.917,6	27.417,4	45.042,0	–8,6
1928	10.294,5	27.703,7	46.064,3	–7,3
1929	10.393,2	27.288,0	46.107,2	1,5

* Circolazione più depositi a vista presso le banche e il sistema postale.
** M1 più depositi vincolati (a tempo).
*** Tasso di crescita medio annuo dei prezzi al consumo per le famiglie di operai e impiegati.

Fonte: Moneta: Barbiellini Amidei *et al.* (2016); Prezzi: ISTAT (2011, tab. 21.7).

polistico dell'Istituto Nazionale per i Cambi con l'Estero, si svalutò rapidamente. Quanto ai limiti quantitativi alla circolazione, essi erano già stati alterati, come si è visto, durante la guerra perdendo «di rilevanza come punto di riferimento per mantenere il valore del biglietto bancario e assicurare un ordinato svolgimento dell'attività economica» (Cotula, Spaventa 1993, p. 26). Quanto al vincolo della riserva minima, il venire meno dei crediti alleati con il perdurare di un forte disavanzo con l'estero ne rendevano impossibile l'osservanza pratica.

Oltre alla perdita dei punti di riferimento generalmente accettati, benché non sempre osservati, che sino ad allora avevano orientato la politica monetaria, questa era resa operativamente più difficile – notano Cotula e Spaventa (ivi, p. 27) – dall'ulteriore riduzione del mercato cambiario, sempre limitato in Italia, e dalla debole domanda di credito delle imprese. Ciò diminuiva la capacità di controllo della domanda di moneta, che continuava, invece, ad aumentare sia per le richieste di finanziamento del Tesoro, sia per i bisogni ordinari, sia per sostenere e poi salvare quelle che oggi diremmo «banche sistemiche» e grandi imprese. Il ruolo di prestatore di ultima istanza, definitivamente acquisito nel 1907 e nel 1914, fu nel dopoguerra dilatato al massimo, tanto da fare temere per la solidità del principale istituto di emissione e da ricondurlo a quella situazione di bilancio fortemente immobilizzato dalla quale era da pochi anni riuscito a liberarsi. Infine, nel triennio 1919-1922, pesarono sulla gestione della politica monetaria due enormi fattori di incertezza: la situazione sociale e politica interna e la fine della solidarietà tra alleati che lasciava irrisolta la questione dei debiti esteri di guerra e impediva, con le riparazioni chieste alla Germania, la ricostruzione di uno stabile sistema di pagamenti internazionali.

Tra il 1918 e il 1921 l'offerta di moneta (M2, tab. 6.1) quasi raddoppiò. Il debito pubblico, che alla fine della guerra non superava il 100% del PIL, schizzò fino al 158% nel 1921, in gran parte a causa della contabilizzazione del debito estero del quale diremo più avanti. I disavanzi di bilancio delle pubbliche amministrazioni furono in buona misura finanziati da moneta creata con rapidità superiore a quella registrata durante la guerra. Fu uno dei momenti della storia della Banca d'Italia nei quali l'emergenza economica, ma soprattutto sociale, determinò la sottomissione della politica monetaria a quella fiscale. Il costo non poteva essere che un elevato tasso di inflazione il cui effetto sulla stabilità sociale, che la politica monetaria intendeva puntellare, restava dubbio. Anche l'inflazione ebbe, tuttavia, il proprio paradosso: nel 1919, a fronte di un'espansione monetaria di circa il 25%, i prezzi al consumo restarono sostanzialmente stabili (tab. 6.1). Crebbero poi molto rapidamente nel biennio successivo. In parte la bassa inflazione del 1919 può essere attribuita al mantenimento del controllo dei prezzi di alcuni beni di prima necessità a fronte di un aumento della loro offerta a uso civile, anche prodotta sottocosto dallo Stato. Fratianni e Spinelli (1997, pp. 24-25) danno un'interpretazione originale della contraddizione tra forte aumento dell'offerta di moneta e bassa inflazione attribuendola al gioco delle aspettative. Secondo i due autori, durante la guerra si era creata la forte convinzione, sia tra consumatori sia tra produttori, che alla pace sarebbe seguita una deflazione di prezzi che li avrebbe riportati al livello «naturale» del 1913, con il ritorno al *gold standard*. Le attese di una riduzione dei prezzi, si sa, tendono per un po' ad autoalimentarsi perché i consumatori riducono la domanda non immediatamente necessaria pensando di poter fare in futuro i propri acquisti a prezzi inferiori. Solo quando fu chiaro che i prezzi non diminuivano secondo le attese, i consumatori si precipitarono sui mercati facendo esplodere i prezzi verso l'alto. È difficile dire quanta parte della relativa stabilità dei prezzi del 1919 possa essere attribuita all'attesa di un improbabile ritorno al *gold standard* al cambio prebellico ma, come vedremo, la questione del cambio aureo delle monete europee, compresa la lira, mantenne una duratura valenza politica, soprattutto per i suoi risvolti sulla distribuzione del reddito.

Nell'immediato dopoguerra, scrive Polsi (2001, p. 33), «il problema della riconversione dell'industria bellica fu trattato in maniera molto aggressiva offrendo per molti mesi un significativo sostegno alla domanda pubblica». Quest'ultima aveva prodotto, durante la guerra, un'eccezionale espansione di molte grandi imprese manifatturiere, quali Ilva, FIAT, Ansaldo. Si erano anche rafforzati i legami tra numerose imprese e le principali banche miste, anche tramite partecipazioni azionarie incrociate. Come abbiamo visto, verso la fine del conflitto, i conglomerati industriali e bancari si erano combattuti senza esclusione di colpi per il controllo degli istituti di credito, con tentativi di «scalate» che bruciarono molti dei profitti di guerra. La fine delle ostilità lasciò una grande capacità produttiva (capitale e lavoro) priva della domanda di armamenti e di altri materiali bellici che ne aveva sostenuto la crescita. La conversione a produzioni civili richiedeva tempo sia per ragioni tecniche sia per motivi economici collegati soprattutto alla riorganizzazione del mercato interno e alla riapertura di quelli esteri che a loro volta dipendevano dalla soluzione dei problemi monetari e finanziari internazionali lasciati aperti dalla fine della guerra e sostanzialmente ignorati nelle discussioni parigine che condussero al trattato di pace. Tra il 1919 e il 1921, l'elevata espansione dell'offerta di moneta doveva servire, nelle intenzioni, a garantire la liquidità necessaria alle imprese per adeguarsi alla nuova situazione. Ma la Banca d'Italia assecondò anche abbondantemente l'espansione fiscale (spesa pubblica in disavanzo) posta in essere dai successivi governi in un clima sociopolitico teso e confuso che i ceti dirigenti politici, finanziari e industriali facevano fatica a decifrare. Già all'inizio degli anni Novanta dell'Ottocento, la politica monetaria aveva avuto il duplice obiettivo di cercare di stabilizzare il sistema bancario e di ammorbidire le tensioni sociali. Nel primo dopoguerra ciò avvenne su scala ben più vasta.

Gli avvenimenti di trent'anni prima erano ancora vivi nella memoria di un osservatore privilegiato quale era stato Bonaldo Stringher. Toccò ancora a lui un ruolo di rilievo, forse meno centrale ma ben più complesso di quello svolto nel 1907, nella gestione di una nuova crisi bancaria che spiega in gran parte la gestione della politica monetaria.

Su richiesta di Keynes, il ventiquattrenne Pietro Sraffa[9] scrisse nel 1922 per l'«Economic Journal» un articolo sullo svolgimento e le cause della crisi bancaria postbellica che resta ancora vivo, soprattutto per l'analisi dei problemi strutturali del sistema bancario italiano che ne causarono, sino al 1931, l'endemica instabilità.

> Il finanziamento (a lungo termine) delle imprese è ritenuto dalle banche italiane come una delle loro funzioni principali [...]. Per le imprese questa politica bancaria è una necessità assoluta. Per via della scarsità di capitali nel paese, della generale riluttanza a investire proprietà personali e della timidezza e ignoranza dei capitalisti, le imprese non potrebbero ottenere in altro modo i capitali dei quali hanno bisogno. Ma evidentemente questo comporta un rischio per le banche nell'avere immobilizzata una importante quota delle somme a loro affidate a vista o a breve termine (Sraffa 1922, p. 194).

La soluzione di obbligare le banche a limitare la propria azione alle «operazioni bancarie classiche», cioè allo sconto cambiario, non era realistica in Italia – aggiunse Sraffa – per lo scarso sviluppo del commercio, soprattutto internazionale, e quindi per l'insufficiente quantità di titoli in grado di alimen-

---

[9] 1898-1983. Uno dei più insigni economisti italiani del ventesimo secolo. Laureato in giurisprudenza a Torino con Luigi Einaudi, si specializzò alla London School of Economics. Amico di Gramsci, Rosselli, Mattioli. Ottenne giovanissimo la cattedra all'Università di Cagliari ma nel 1927 fu assunto all'Università di Cambridge dove rimase per il resto della vita. Tra le sue opere si ricordano particolarmente *Production of Commodities by Means of Commodities* (Cambridge 1960) e la monumentale edizione delle opere di Ricardo.

tare un vivace mercato dello sconto. D'altra parte, aggiunse, le banche «hanno la certezza di poter sempre ricorrere, in caso di necessità, a quell'inesauribile fonte di liquidità che è l'aumento inflazionistico della circolazione» (ivi, p. 195). Il pericolo maggiore del finanziamento bancario delle imprese, concluse Sraffa, è dato dalla stretta relazione che si forma tra banca e industria con la conseguenza che le banche usano la propria influenza sul debitore per obbligarlo a scelte vantaggiose per sé stesse ma non per le imprese, mentre queste ultime cercano di rendersi indipendenti acquistando il controllo delle banche. «Questa contrapposizione di interessi viene tendenzialmente eliminata dalla formazione di grandi gruppi di imprese di varia natura concentrati attorno a una banca attraverso il mutuo scambio azionario e la nomina di consiglieri d'amministrazione graditi a entrambi» (ivi, p. 196). Rispetto all'anteguerra – osservò da parte sua Bachi (1919, p. 47) – «Il quadrumvirato bancario[10] ha acquistato un potere economico e politico (tale da soverchiare) ormai gli istituti di emissione nella funzione direttiva del giro creditizio».

Armati di questa lucida e tuttora valida analisi, vediamo il ruolo giocato dalla Banca d'Italia nella crisi bancaria postbellica che vide come protagonisti due dei maggiori istituti di credito: la Banca Italiana di Sconto e il Banco di Roma, tenendo sullo sfondo un'ultima osservazione di Sraffa: «l'enorme potere politico e finanziario accumulato da questi grandi gruppi e l'uso che essi frequentemente ne fanno per influenzare la politica estera e interna del governo» (Sraffa 1922, p. 196).

Il rumore delle armi era appena cessato quando, nel febbraio 1919, «i dirigenti dell'Ansaldo [...] decisi a ottenere denaro al più presto, ripresero ad acquistare in borsa azioni della Banca Commerciale» (Falchero 1990, p. 186). Questa «seconda scalata alle banche», che presto coinvolse il Credito Italiano, si concluse il 25 febbraio con un accordo in base al quale venivano costituiti due enti, il Consorzio Mobiliare Finanziario e la Compagnia Finanziaria Nazionale ai quali vennero conferite azioni sufficienti per consentire rispettivamente

---

[10] Banca Commerciale, Credito Italiano, Banca Italiana di Sconto e Banco di Roma.

agli amministratori della Commerciale e del Credito Italiano di mantenere il controllo dei rispettivi istituti. «L'operazione, realizzata mediante esercizi di alta acrobazia finanziaria, suscitò numerose polemiche, risoltesi in un procedimento giudiziario presso l'Alta Corte di Giustizia[11] contro gli amministratori dei due istituti, accusati di aggiotaggio, ma ottenne i risultati voluti, precludendo agli industriali qualsiasi possibilità di tentare ulteriori scalate» (ivi, p. 194). Non interessano qui i dettagli tecnici di questa seconda scalata[12] se non per dire che la sconfitta del gruppo Ansaldo-Sconto, chiudendogli l'accesso sperato a un'abbondante fonte di finanziamento, segnò l'inizio della fine della banca, con un conseguente forte ridimensionamento del conglomerato industriale.

La crisi si sviluppò lentamente, innescata dalle difficoltà del gruppo Ansaldo, e precipitò drammaticamente alla fine del 1921. Il gruppo Ansaldo era cresciuto durante la guerra soprattutto grazie all'autofinanziamento, alimentato dalle commesse statali a prezzi elevati e dagli abbondanti anticipi ricevuti sulle stesse, tanto che alla fine del 1918, l'esposizione dell'Ansaldo verso la Banca Italiana di sconto era irrilevante (Confalonieri 1994, p. 77). Con la fine di gran parte delle commesse pubbliche, le esigenze finanziarie del gruppo aumentarono rapidamente e con esse il ricorso al credito della Sconto che, nel giro di due anni, si trovò esposta verso le imprese controllate per circa 750 milioni (Falchero 1990, p. 149).

La Banca Italiana di Sconto, nel 1914 un *parvenu* nel Gotha bancario italiano, era cresciuta durante la guerra sino ad assumere una dimensione non lontana da quella della Banca Commerciale, grazie anche al favore con il quale governo e forze armate guardavano all'«italianissima» banca. Ma già nell'aprile 1916 Domenico Gidoni[13] aveva avvertito Stringher

---

[11] Sia la Commerciale sia la Sconto, nota maliziosamente Sraffa (1922, p. 184), erano state «sufficientemente accorte da nominare nei propri consigli membri del Senato che, secondo lo Statuto, dovevano essere processati dal Senato stesso costituito in Corte di Giustizia, cosicché i processi durarono a lungo e non mancarono di assumere coloriture politiche».

[12] Chi è interessato può utilmente vedere Falchero (1990, pp. 188 ss.).

[13] 1866-1927. Assunto dalla Banca Nazionale nel Regno nel 1891, restò alla Banca d'Italia sino al 1915 quando, su indicazione di Stringher, assunse la carica di direttore centrale capo della Banca Italiana di Sconto. Tornò, come si

non solo delle crescenti, preoccupanti, immobilizzazioni della Sconto, delle aperture di credito allo scoperto ma soprattutto dell'inesistenza di una vera e propria organizzazione (Toniolo 1989, p. 186). Carenze organizzative, nota Confalonieri (1994, p. 83), si erano già ritrovate nella crisi degli anni 1907-1908 della Società Bancaria Italiana, della quale la Sconto aveva raccolto l'eredità. Sennonché – aggiunge Confalonieri – la Società Bancaria Italiana non aveva presentato una concentrazione anormale dei rischi, mentre la Banca Italiana di Sconto era esposta per circa un terzo del proprio attivo verso il solo gruppo Ansaldo e, per il resto, verso un numero limitato di clienti industriali (ivi, p. 84).

Superata in qualche modo la recessione del 1919, sia la Banca sia l'Ansaldo furono aiutati dalla ripresa economica e dall'inflazione dell'anno successivo durante il quale, con un'aggressiva campagna pubblicitaria, la Sconto riuscì a tenere il passo con le maggiori banche nell'acquisizione di nuovi sportelli, ricorrendo contemporaneamente in modo massiccio al risconto presso gli istituti di emissione. «Finché durò il boom, questi artifici consentirono alla Banca di Sconto di andare avanti a rotta di collo, tanto che il bilancio per il 1920[14] dichiarò un avanzo di circa 40 milioni (certamente inesistenti) e distribuì un dividendo dell'8%» (Sraffa 1922, p. 185). Nel 1921, tuttavia, le cose peggiorarono a causa della seconda recessione postbellica e di voci che si diffusero circa le cattive condizioni dell'Ansaldo che si riflettevano sulla banca che, nei soli mesi di gennaio e febbraio 1921, vide diminuire i propri depositi dell'8% circa. Dopo una pausa, le richieste di rimborso dei depositi ripresero negli ultimi mesi dell'anno. A dicembre si formarono code di correntisti davanti agli sportelli della Sconto. Non vi furono, tuttavia, fenomeni di contagio: nel 1921 i depositi presso gli altri istituti bancari crebbero di circa il 10%. Il 29 dicembre 1921 la Banca Italiana di Sconto chiuse definitivamente i propri sportelli al pubblico.

è visto, alla Banca d'Italia che rappresentò a New York. Dal 1922 presiedette il comitato liquidatore della Sconto.

[14] Presentato all'assemblea degli azionisti il 9 marzo 1921.

Sin qui, in estrema sintesi, la storia del fallimento della quarta banca italiana, nata per contrastare l'egemonia delle due maggiori concorrenti, entrambe, seppure con diversa intensità, accusate di essere portatrici di interessi non italiani. Dobbiamo ora vedere il comportamento della Banca d'Italia in questa crisi. La domanda che molti si fecero sin da allora è la seguente: perché la Banca d'Italia lasciò cadere la Banca di Sconto mentre, pochi mesi dopo, salvò il Banco di Roma? Fu una decisione corretta dal punto di vista del «prestatore di ultima istanza» quale ormai era divenuto l'Istituto di via Nazionale?

Il 24 novembre 1921, quando il ritiro dei depositi era ormai manifesto, ma la vera situazione della Sconto non era completamente nota, la Banca d'Italia promosse un consorzio fra i tre istituti di emissione, la Banca Commerciale, il Credito Italiano e il Banco di Roma che si impegnò a contribuire fino a 600 milioni per favorire lo smobilizzo dei crediti della Sconto verso l'Ansaldo. L'idea del consorzio ricalcava la soluzione adottata nel 1907, ma la situazione questa volta era diversa: non c'erano pericoli immediati di contagio, la crisi non aveva le dimensioni internazionali di quella di quattordici anni prima e, soprattutto, i rapporti tra gli istituti di credito privati erano tanto deteriorati a causa delle due «scalate» che questi erano diventati refrattari alle pressioni della Banca d'Italia volte a indurli a intervenire con larghezza. «La Banca Commerciale e il Credito Italiano – disse senza mezzi termini Stringher – hanno sempre tenuto un contegno meno benevolo e resistente [di quello degli altri due principali istituti di credito], mentre se gli aiuti non sono volonterosi e pronti, mancano di efficacia»[15]. La maggior parte dell'onere dell'operazione toccò dunque agli istituti di emissione. Alla fine di dicembre, quando ormai la situazione precipitava, consigliando allo stesso Consorzio di sospendere ulteriori concessioni di credito alla Banca di Sconto, Stringher, forse strumentalmente intuendo già la risposta delle banche milanesi, propose la creazione di un non meglio specificato «organismo», dotato di 200 milioni di capitale, con lo scopo di «mobilizzare una massa di crediti

---

[15] ASBI, Verbali del Consiglio di Presidenza del Consiglio superiore, Adunanza straordinaria del 20 gennaio 1922, p. 202.

della Banca [...] salvo l'intervento del Consorzio per valori industriali»[16]. Il rifiuto delle due grandi banche milanesi a investire altre risorse, motivato dalla necessità di non minare il proprio credito all'estero, e quello dello Stato di garantire agli istituti di emissione «l'eventuale scoperto», condussero alla decisione che null'altro si potesse fare se non lasciare che la Banca Italiana di Sconto chiedesse una moratoria, sulla base di un decreto legge affrettatamente approvato, e portasse i propri libri in tribunale.

Interventi a favore di banche della dimensione della Sconto, complessi sul piano politico, oltre che tecnico e finanziario, richiedono una buona dose di cooperazione tra il prestatore di ultima istanza e il governo. Ma nel dopoguerra, l'abbiamo già notato e lo vedremo subito anche nel caso del Banco di Roma, era venuta meno quella fluidità dei rapporti di Stringher con l'esecutivo che aveva caratterizzato il suo primo quindicennio al timone della Banca d'Italia. Nella fase acuta della crisi, era ministro del Tesoro, nel governo Bonomi, Giuseppe De Nava[17], con il quale Stringher ebbe rapporti non facili, almeno a giudicare da una lettera, che colpisce per l'assenza delle usuali formule di cortesia, nella quale De Nava gli scrisse:

> Le speciali condizioni che si vanno formando nei riguardi del Tesoro verso gl'istituti di emissione, sia per quanto spetta alla funzione di vigilanza demandata al primo dalle leggi in vigore, sia per l'attuazione dei provvedimenti adottati negli ultimi tempi, mi fanno sembrare assai opportuno il ritorno a una maggiore intimità di contatti fra la Direzione Generale dell'Istituto e l'ispettorato del Tesoro[18].

La risposta di Stringher è rivelatrice, nel suo inusuale formalismo burocratico: «La lettera di V.E. in data 22 corr.,

---

[16] Ivi, p. 203.
[17] 1858-1924. Calabrese, deputato della destra liberale, sostenitore dei governi Giolitti, ministro dell'Industria dal 1916 nel governo Boselli, dei Trasporti nel governo Orlando e delle Finanze nel governo Nitti.
[18] De Nava a Stringher, 22 febbraio 1922, ASBI, Direttorio Stringher, *Pratiche*, n. 12.0, fasc. 3. Dopo la dichiarazione della moratoria per la Banca Italiana di Sconto, De Nava aveva scritto una lettera analogamente dura e asciutta: «Sarò grato a V.E. se vorrà prendere nota del mio desiderio che nessun nuovo impegno venga assunto sulle disponibilità [del Consorzio] senza preventivo accordo con il ministero del Tesoro» (De Nava a Stringher, 31 dicembre 1921, ivi, p. 20).

n. 684, è in mie mani. Ne prendo atto»[19]. Rapporti personali a parte, il disaccordo tra Banca e Tesoro verteva soprattutto su due richieste fatte dalla Banca prima della moratoria della Sconto[20] e reiterate per la gestione della liquidazione della stessa: una garanzia dello Stato sul buon fine dei collaterali che la Banca Italiana di Sconto avrebbe dato in garanzia di nuove anticipazioni e un'espressa dichiarazione di esenzione dagli obblighi di riserva della circolazione creata per tali anticipazioni. De Nava era risolutamente contrario a entrambe le richieste. Negandole, scrisse il ministro al presidente del Consiglio, obbligherò gli istituti «a procedere con la massima cautela e li stimolerò a operare in guisa da riassorbire al più presto possibile il nuovo eccesso di cartamoneta»[21]. La Banca d'Italia, da parte sua, sottolineò le conseguenze di un mancato salvataggio della Sconto, soprattutto un possibile contagio agli istituti sani e alla stessa Banca d'Italia. Quest'ultima, in effetti, a fine 1921, aveva visto lievemente diminuire i depositi dei propri clienti privati.

Le posizioni del governo e della Banca d'Italia erano quelle che si ripresentano di fronte a una crisi bancaria, soprattutto in mancanza di una condivisione di opinioni circa il suo carattere non sistemico. Il governo Bonomi era preoccupato soprattutto di contenere la creazione di moneta e quindi l'inflazione e la conseguente svalutazione del cambio della lira. Voleva anche evitare nuove immobilizzazioni dei portafogli degli istituti di emissione che, come la storia recente mostrava, sarebbero state di lunga e faticosa liquidazione. Era, paradossalmente, la posizione che ci si sarebbe potuti aspettare da una banca centrale, piuttosto che da un governo. La Banca d'Italia era invece preoccupata per la stabilità del sistema bancario. C'era anche un motivo meno confessabile: la difesa della banca «italianissima», la cui nascita Stringher aveva salutato con favore nella speranza che facesse da contrappeso ai due istituti milanesi

---

[19] Stringher a De Nava, 24 febbraio 1922, ASBI, Direttorio Stringher, *Pratiche*, n. 12.0, fasc. 3.
[20] ASBI, Verbali del Consiglio di Presidenza del Consiglio superiore, Adunanza straordinaria del 20 gennaio 1922, p. 204.
[21] De Nava a Bonomi, 16 febbraio 1922, ASBI, Direttorio Stringher, *Pratiche*, n. 12.0, fasc. 3.

ai quali rimproverava non la scarsa italianità, ma la ritrosia a collaborare con via Nazionale. Quest'ultima fece un'ulteriore richiesta, derivante dall'essere ancora banca privata tenuta a distribuire dividendi agli azionisti: chiese che il governo non traesse «lucro da una situazione come l'attuale»[22]. Chiedeva, cioè, di pagare solo la normale tassa sulla circolazione creata per l'operazione di salvataggio a pro della collettività, senza essere obbligata, come voleva la legge, a coprirla con costose riserve aggiuntive.

La Banca Italiana di Sconto fu liquidata, con perdite consistenti per azionisti e grandi depositanti (si trattò di un *bail in* con cospicuo *haircut*, diremmo oggi). Il concordato con i creditori, pazientemente costruito da Domenico Gidoni, fu approvato dal Tribunale di Roma il 23 marzo 1922. La liquidazione della Sconto fu affidata a un istituto *ad hoc*, la Banca Nazionale di Credito creata il 13 maggio 1922 (Falchero 1990, pp. 230 ss.). La presidenza della nuova banca fu assunta dallo stesso Gidoni. Vi fece la prima importante esperienza di lavoro Donato Menichella, futuro governatore della Banca d'Italia, assunto, venticinquenne, nel 1921. Ai creditori della Sconto fu chiesto di cedere i propri crediti in cambio di azioni del nuovo Istituto di credito. La Banca d'Italia, che gestì direttamente la creazione della Banca Nazionale di Credito, volle non solo metterci a capo un proprio uomo, fedelissimo di Stringher e da poco rientrato da New York dove aveva creato la rappresentanza della Banca e dell'Istituto Italiano dei Cambi con l'Estero, ma anche affiancarlo con persone di fiducia, provenienti dalle proprie fila.

La crisi bancaria postbellica non finì però con la sistemazione della Sconto. Già si notavano le avvisaglie delle grandi difficoltà del Banco di Roma. Prima di vedere come questo istituto fu salvato, invece di essere liquidato al pari della Sconto, bisogna ancora dire qualcosa sul lato industriale del connubio banca-impresa. Sistemata o tamponata la crisi finanziaria, restò aperta quella dell'Ansaldo, una delle maggiori imprese italiane. La richiesta della Banca di Sconto di smobilizzare il proprio

---

[22] ASBI, Verbali del Consiglio di Presidenza del Consiglio superiore, Adunanza straordinaria del 20 gennaio 1922, p. 206.

credito verso l'Ansaldo, che aveva dato origine al Consorzio interbancario, postulava che i nuovi creditori, cioè le banche consorziate, assumessero il controllo dell'impresa industriale. Dopo la loro uscita dalla Sconto, tuttavia, i fratelli Perrone[23] riuscirono a mantenere il controllo di quest'ultima, grazie a «un giro di complicati pacchetti azionari» facenti capo alla Banca Industriale Italiana (ivi, p. 100).

La delicata matassa fu dipanata da Stringher con una complessa azione d'ingegneria finanziaria che condusse l'Ansaldo a finire, seppure indirettamente, sotto il controllo della stessa Banca d'Italia. Subito dopo l'uscita dei Perrone dalla Banca Italiana di Sconto, Stringher chiese al Banco di Roma di risolvere il problema del controllo dell'Ansaldo. Sotto l'occhio vigile di via Nazionale, il Banco promosse il 24 dicembre 1921 un «Consorzio ligure Ansaldo» al quale i fratelli Perrone cedettero il pacchetto di controllo della Banca Industriale Italiana. Qualche mese dopo, il pacchetto passò alla Banca Nazionale di Credito, liquidatrice della Sconto. Poteva sembrare un ritorno al passato: una banca tornava a controllare il conglomerato industriale. La novità stava nel fatto che la Nazionale di Credito fosse guidata da Domenico Gidoni, messo alla presidenza da Stringher del quale, l'abbiamo detto più volte, godeva la piena fiducia. Fu dunque il direttore della Banca d'Italia, come nota Falchero (ivi, p. 101), a compiere le scelte fondamentali per la sistemazione del gruppo e a ottenere il benestare del governo. Fu un'operazione densa di conseguenze. Il coinvolgimento, seppure indiretto, della Banca d'Italia, nella gestione di un'impresa industriale non aveva precedenti e comportava rischi sia economici, come il riaffacciarsi degli immobilizzi faticosamente liquidati nell'anteguerra, sia politici, sia, infine, sul piano preziosissimo della reputazione. D'altronde si trattava di una scelta quasi obbligata: sin dal 1920 la Banca d'Italia aveva accresciuto la propria esposizione verso il conglomerato genovese, l'aveva fatto nonostante le perplessità espresse dalla sede di Genova circa le pressioni del prefetto, preoccupato «delle gravi con-

---

[23] Il 22 dicembre 1921, i fratelli Perrone si erano dimessi dal Consiglio di amministrazione della Banca Italiana di Sconto.

seguenze [sociali] che un rifiuto [avrebbe potuto] arrecare»[24]. Per la Banca d'Italia si trattava anzitutto di difendere i propri crediti. Né erano diminuite, siamo nella primavera del 1922, le ragioni sociali e, pertanto, politiche che avevano spinto a cercare ogni mezzo per salvare la Banca Italiana di Sconto e che, dopo la sua caduta, si presentavano ancora più forti considerata la dimensione della manodopera occupata dall'Ansaldo, concentrata a Genova, ma diffusa anche altrove.

L'assunzione di responsabilità finanziarie e perfino gestionali verso l'Ansaldo richiedeva tuttavia che la Banca non fosse formalmente coinvolta. Il Consorzio Sovvenzioni su Valori Industriali, prudenzialmente creato, come abbiamo visto, nel 1914, ma non molto utilizzato durante la guerra, costituì il veicolo adatto a finanziare a lungo termine l'Ansaldo. Il Consorzio si rifinanziava a sua volta presso gli istituti di emissione, scontando cambiali a breve, ma di sicuro rinnovo, consentite dalla legge bancaria. La forma della legge era salva, non certo la sostanza.

Poco prima della caduta del governo Bonomi, il 26 febbraio 1922, Giuseppe De Nava aveva scritto al presidente del Consiglio, in merito al concorso della Banca d'Italia alle operazioni di smobilizzo dell'attivo della Banca Italiana di Sconto:

qualora le operazioni pel concordato dovessero effettuarsi per tramite del Consorzio per le sovvenzioni su valori industriali, questo dovrebbe a tal uopo istituire una gestione separata, ben distinta da quella ordinaria; nel preciso intento di escludere dai rischi nascenti dallo speciale compito che gli si affiderebbe la quota di partecipazione al Consorzio della Cassa Depositi e Prestiti, epperò dei fondi da essa attinti dal risparmio postale[25].

Il dossier fu uno dei primi affrontati da Camillo Peano[26], ministro del Tesoro nel primo governo Facta, insediato il 26

---

[24] Stringher a Evangelisti (direttore della sede di Genova), 27 agosto 1920 (Guarino, Toniolo 1993, p. 206).
[25] De Nava a Bonomi, 16 febbraio 1922, ASBI, Direttorio Stringher, *Pratiche*, n. 12.0, fasc. 3, p. 37.
[26] 1863-1930. Piemontese. Fece una brillante carriera burocratica al ministero dell'Interno. Ministro dei Lavori Pubblici nel primo governo Nitti e nel quinto governo Giolitti. Poi senatore del Regno e presidente della Corte dei Conti (1922-1926).

febbraio 1922. In pochi giorni, fu creata una Sezione Speciale Autonoma del Consorzio Sovvenzioni su Valori Industriali (R.D. 4 marzo 1922, n. 233). Questa nacque soprattutto per tranquillizzare i depositanti della Sconto, poi solo in parte rimborsati, con la dote di un miliardo da parte degli istituti di emissione. Le preoccupazioni di Stringher riguardavano a questo punto principalmente la sorte della banca da lui diretta, che rischiava di dovere sostenere ingenti perdite, mentre il titolo era sotto pressione in borsa. Non fu la creazione di un nuovo istituto giuridico a rassicurare i mercati, ma il fatto che dietro di esso «si intuiva la presenza dello Stato» (Gigliobianco 1993, p. 174). A un consigliere della Corte dei Conti fu affidato il compito di controllare, seppure riservatamente, le operazioni della Sezione[27] della quale Stringher assunse la presidenza[28] e dalla quale vennero escluse le banche private, pur presenti nel Consorzio, perché non finanziavano la Sezione. La Banca d'Italia fu dunque il *dominus* della nuova istituzione. Questa aveva un bilancio interamente separato da quello del Consorzio, nel quale ufficialmente non compariva, essendo la Sezione esentata dal rendere pubblici i propri bilanci (ivi, p. 176). La Sezione fu coinvolta nella liquidazione della Sconto e, prima ancora di nascere, in finanziamenti al Banco di Roma, prodromici di un lungo e tortuoso salvataggio. Ma fu soprattutto il finanziamento dell'Ansaldo a fare dire a Pasquale Saraceno che la Sezione Autonoma è stata un precursore dell'IRI (Saraceno 1956, pp. 325-338). L'Ansaldo, la cui sorte era strettamente connessa alla liquidazione della Sconto della quale era il maggiore debitore, ricevette dalla Sezione, nel solo 1922, 300 milioni di lire (Gigliobianco 1993, p. 178). Negli anni successivi, l'Ansaldo transitò, come vedremo, dalla Sezione Speciale Autonoma all'Istituto di Liquidazioni e da questo all'IRI.

Torniamo ora alla crisi, anch'essa densa di implicazioni politiche ed economiche, che si profilò all'orizzonte mentre ancora si dipanavano quelle collegate della Sconto e dell'Ansaldo. Il Banco di Roma, al quale Stringher aveva affidato

---

[27] Che però non ebbe mai personalità giuridica.
[28] Stringher mantenne anche la presidenza del Consorzio.

il compito di sciogliere l'ultimo legame rimasto tra i fratelli Perrone e l'Ansaldo, aveva, come gli altri, adottato il modello di banca mista acquisendo partecipazioni e finanziando a lungo termine imprese manifatturiere, di navigazione e di servizi. Il Banco aveva condiviso l'ottimismo dei mesi seguiti all'armistizio espandendo sia la propria rete di filiali, sia le operazioni industriali, finanziandosi in piccola misura con un aumento di capitale realizzato nel 1918 e, per il resto, con nuovi depositi e l'emissione di una notevole quantità di assegni circolari, raddoppiando complessivamente, nel solo 1919, le proprie disponibilità. Nel settembre 1919 una nuova emissione di azioni portò il capitale del Banco da 100 a 150 milioni (De Rosa 1983, pp. 255-256). L'espansione era dovuta in gran parte allo stretto legame con il Credito Nazionale, banca di riferimento della Federazione Bancaria Italiana, che raggruppava 12 banche cattoliche. Fu il Credito Nazionale a mettere propri uomini alla guida del Banco: Carlo Santucci alla presidenza, e i due amministratori delegati, Giuseppe Vicentini per le questioni interne e Ferdinando Bussetti per il settore estero.

La crisi successiva seguì, nelle linee generali, il copione tipico di tante crisi bancarie: rapida espansione degli impieghi all'interno e all'estero, assunzione di rischi crescenti, crediti industriali a lungo termine, partecipazioni azionarie in imprese non finanziarie, dubbi del mercato, ritiri di depositi, illiquidità, intervento del prestatore di ultima istanza. Appena si scende un po' nel dettaglio, però, ogni crisi appare diversa dalle altre. Nella storia della Banca d'Italia, la crisi del Banco di Roma, con il suo complesso e mai pienamente risolutivo salvataggio, si distingue per il contesto nel quale si svolse: la fase di consolidamento della «rivoluzione» fascista. Intervennero nella vicenda, come protagonisti o comprimari, esponenti del Partito Fascista, di quello Popolare, cardinali, esponenti della nobiltà nera accanto a industriali e banchieri. Le scelte di fondo furono compiute, più che per il passato, da decisori politici e la Banca d'Italia dovette rapportarsi a *homines novi* la cui cultura e i cui obiettivi le erano meno familiari e meno congeniali. Si aprì probabilmente con la gestione di questa crisi un lungo periodo nel quale venne progressivamente ridotta l'autonomia di fatto che la Banca si era conquistata nell'anteguerra.

La grande e fragile espansione del Banco di Roma, guidato da Giuseppe Vicentini, giunse al capolinea sul finire del 1921 quando, anche a causa del coinvolgimento con la vicenda Ansaldo, i depositi cominciarono a diminuire. Nel 1922 «scesero a precipizio» da 2.230 a 1.721 milioni. La chiara prosa di Confalonieri sintetizza così la reazione della direzione del Banco:

non potendo ovviamente richiamare i crediti, si provvide a «integrare», per così dire, i mezzi a disposizione con un pesantissimo ricorso al risconto di portafoglio. Gli effetti riscontati – per la massima parte presso la Banca d'Italia e il Consorzio per Sovvenzioni su Valori Industriali, che è come dire gli istituti di emissione – passarono da 341 milioni a fine 1921 a ben 1.266 milioni a fine 1922 (il 78,4% del portafoglio totale) (Confalonieri 1994, p. 273).

Come la Banca di Sconto, anche il Banco di Roma era carico di partecipazioni di scarsa redditività e, soprattutto, non liquidabili se non nel lungo periodo: oltre a numerosi titoli industriali, figuravano nel portafoglio del Banco enormi investimenti in bonifiche agrarie (De Rosa 1983, p. 300). Andarono peggiorando molte situazioni delle numerose filiali estere, aperte negli anni precedenti, mentre crebbero le perdite su operazioni in valuta estera (ivi, p. 303). Questo stato di cose non poteva essere tenuto completamente nascosto. Le notizie rimbalzarono sulla stampa (ivi, pp. 304-306), scatenando una vera e propria campagna contro il Banco, del quale era nota la stretta vicinanza al mondo cattolico e allo stesso Vaticano. Stringher continuò a scontare gli effetti del Banco, pur scrivendo agli amministratori che non si poteva «andare avanti all'infinito» e confidando le proprie preoccupazioni, come sempre, all'amico Miraglia, direttore del Banco di Napoli (Confalonieri 1994, p. 274; De Rosa 1983, p. 313). In aprile Stringher scrisse a Vicentini, amministratore delegato del Banco, che gli era stato riferito che la liquidità ottenuta con il risconto veniva usata per il sostegno del titolo, comprando azioni proprie, «cosa gravissima se vera». Vicentini rispose respingendo l'accusa e promettendo improbabili risanamenti di bilancio, pur escludendo un nuovo aumento di capitale. Al tempo stesso chiese a Sturzo di intervenire presso Camillo Peano, ministro del Tesoro nel primo governo Facta (28 febbraio-1° agosto 1922) perché premesse su Stringher per la concessione di nuovi crediti, indicando in Introna, capo dell'Ispettorato della Banca d'Italia, di fede evangelica, il nemico del Banco cattolico (De Rosa 1983, pp. 313-318).

Nel maggio 1922, mentre si attuava la liquidazione della Banca di Sconto, la condizione del Banco di Roma rappresentava dunque un pericolo per il sistema bancario italiano e poneva ancora una volta alla Banca d'Italia l'eterno problema del prestatore di ultima istanza: continuare a finanziare l'istituto pericolante, che però opponeva un muro di gomma a ogni richiesta di ristrutturazione e riorganizzazione, sperando di salvarlo e mettere così al sicuro anche la Banca d'Italia, oppure chiudere l'accesso al risconto, accettando il fallimento del Banco e sostenendo gravi perdite proprie?

Lo scioglimento del dilemma fu rimandato di qualche mese perché un miglioramento stagionale della congiuntura consentì a Vicentini di ridurre leggermente l'esposizione con gli istituti di emissione, anche se non verso il Consorzio per Sovvenzioni su Valori Industriali. Stringher, ormai contrario alla concessione di nuovi crediti, si piegò all'intervento diretto del ministro del Tesoro. In agosto, quando dopo le dimissioni del primo governo Facta si parlò di un ministero Meda, Mussolini scrisse un durissimo articolo sul «Popolo d'Italia» attaccando non solo Meda e il Banco di Roma, ma tirando in ballo anche Stringher e la Banca d'Italia (ivi, pp. 322-327). Anche questo salvataggio bancario, come quelli precedenti e futuri, divenne ostaggio della polemica politica, tanto aspra quanto confusa, in uno dei momenti più drammatici della storia d'Italia.

Lo stallo durò ancora qualche mese tra le ripetute richieste di Stringher, che continuava ad attendere l'esito di trattative dirette tra il Banco e il governo[29], l'alternarsi di vaghe promesse e minacce da parte di Vicentini, un tentativo fallito di aumento di capitale e contatti con la Santa Sede (ivi, pp. 327-338). Stringher pensava che sarebbe stato necessario procedere a

---

[29] Ministro del Tesoro nel secondo governo Facta era Giuseppe Paratore.

una ispezione del Banco e alla rimozione degli amministratori, ma gli mancavano gli strumenti giuridici per farlo. Sempre più preoccupato per le ripercussioni che i finanziamenti al Banco potevano avere sulla Banca d'Italia, teneva informato il governo dell'evolversi della situazione e continuava a chiedere che la tassa di circolazione sull'emissione di moneta necessaria al sostegno dell'istituto romano fosse accantonata a riserva per eventuali perdite che la Banca d'Italia potesse subire in seguito a questi interventi. Gli premeva, insomma, che fosse chiaro e restasse agli atti che via Nazionale agiva nell'interesse pubblico, su richiesta del governo.

La vicenda ebbe un primo sbocco solo dopo l'insediamento del governo Mussolini, con l'appoggio del Partito Popolare, un esponente del quale, Vincenzo Tangorra[30], fu per qualche settimana ministro del Tesoro. Cinque giorni dopo il giuramento del governo, Stringher scrisse a Miraglia: «stento a credere che la presente compagine ministeriale possa permettere una catastrofe come quella che deriverebbe dalla caduta del B.R.»[31]. In effetti, la questione del Banco, che stava particolarmente a cuore al Partito Popolare, fu una delle prime a finire sul tavolo di Tangorra. All'inizio di novembre Vicentini formulò una nuova proposta per la «definitiva» sistemazione della banca da lui guidata. Stringher la trovò insoddisfacente. Chiese al Banco maggiori informazioni e reiterò al governo la richiesta di accantonamento della tassa di circolazione a garanzia di perdite future. Pesavano ancora una volta in Banca d'Italia le memorie del 1894: la fatica e il tempo necessari a smaltire le conseguenze della liquidazione della Banca Romana e delle perdite ereditate per i falliti tentativi di salvataggio dei due grandi istituti di credito. Stringher ricevette però, forse dallo stesso Mussolini, assicurazioni su tutti i fronti (ivi, pp. 349 ss.). Doveva, d'altra parte, scegliere il minore di due mali: continuare sulla strada del salvataggio gli parve tale. «O si è disposti a fare per il Banco tutto ciò che sia strettamente necessario per la sua salvezza, e quindi anche per la tranquillità

---

[30] 1866-1922. Deputato dal 1919 al 1921, sottosegretario al Tesoro nel ministero Bonomi.
[31] Stringher a Miraglia, 3 novembre 1922 (Guarino, Toniolo 1993, p. 329, doc. 50).

del mercato creditizio e anche monetario; o devesi affrontare la crisi con tutte le sue conseguenze»[32]. Il 24 novembre 1922, fu firmata una convenzione tra gli istituti di emissione che dava il via a un'operazione per una sistemazione del Banco di Roma, che si sperava definitiva. A fronte di un impegno che i capi degli istituti di emissione assumevano con poca convinzione, essi ottennero dal governo, seppure ancora ufficiosamente, tre contropartite: la proroga del privilegio di emettere moneta, l'accantonamento a riserva di tre quarti della tassa di circolazione, l'esonero della copertura metallica per le operazioni fatte dal Consorzio Sovvenzioni e dalla sua Sezione Speciale Autonoma[33].

Gli accordi del 24 novembre non segnarono però il giro di boa nel risanamento del Banco di Roma, tanto che, a fine dicembre, il Banco chiese con urgenza una nuova «sovvenzione di 25 milioni» che Stringher dovette concedere, scrivendo però a De Stefani[34] che l'aveva fatto solo per il «timore delle gravi perturbazioni che un'eventuale insolvenza del Banco di Roma nelle liquidazioni di fin anno sarebbero derivate nell'economia del paese». Il copione continuava a ripetersi senza sostanziali variazioni. Un segnale di cambiamento di atteggiamento verso il Banco si trovava tuttavia nella chiusa della lettera di Stringher al ministro del Tesoro: «È nostro desiderio di concertarci coll'E.V. circa una vigilanza, da esercitarsi da parte nostra in caute forme, intorno all'andamento delle operazioni di detto Banco, ora che conosciamo il pensiero del governo deciso a non lasciare mano libera alla attuale amministrazione»[35]. Come nel 1914, la crisi bancaria metteva in luce la asimmetria dell'informazione tra il prestatore di ultima istanza e gli istituti di credito in difficoltà, dando a questi ultimi il potere di contrattare con il primo sotto il ricatto di conseguenze sistemiche che la Banca d'Italia non era in grado di valutare

---

[32] Stringher a Tangorra, 15 novembre 1922 (ivi, p. 330, doc. 51).
[33] Stringher a Tangorra, 21 novembre 1922 (ivi, pp. 339-342).
[34] De Stefani, ministro delle Finanze, aveva assunto anche il dicastero del Tesoro.
[35] Stringher a De Stefani, 31 dicembre 1922 (ivi, p. 351, doc. 57). Una richiesta in tal senso della Banca d'Italia era stata respinta dal Banco il 15 novembre (De Rosa 1983, p. 352; De Stefani 1960).

con precisione. De Stefani, avverso all'amministrazione del Banco, ma critico anche della Banca d'Italia e del suo direttore, rispose a modo suo a questa richiesta incaricando una persona di propria fiducia, Carlo Vitali direttore del Credito Commerciale di Cremona, di svolgere per conto del ministro un'indagine sui conti della banca in difficoltà. Era un segnale chiaro che il governo avrebbe assunto un ruolo incisivo nella direzione della crisi.

De Stefani, con il pieno avallo di Mussolini, promosse, o per meglio dire impose, un cambiamento nei vertici della banca in difficoltà. Alla fine di gennaio preparò un appunto informale che fece avere al Vaticano insieme a un rapporto di Vitali che suggeriva, appunto, riforme radicali, prima fra tutte immediate sostituzioni ai vertici con persone «che [dessero] affidamento di grande purezza amministrativa e [fossero] elevati esponenti degli interessi nazionali e del mondo cattolico» (Guarino, Toniolo 1993, p. 358, doc. 58). Nel proprio appunto De Stefani diceva: «si richiede che il Vaticano assecondi lo sforzo di moralizzazione del Banco [...] si desidera avere la simpatia del Vaticano verso la nuova amministrazione [...] si ha fiducia che il Vaticano, apprezzato il programma e la capacità e austerità dei nuovi amministratori, vorrà a suo tempo segnalare al mondo cattolico la sua compiacenza per il nuovo indirizzo» (*ibid.*). Questo documento, consegnato da De Stefani a padre Giovanni Genocchi (1860-1926), insigne biblista, fu visto e approvato da Pio XI e dal segretario di Stato Gasparri[36].

Compiuta questa necessaria mossa diplomatica, De Stefani, con l'appoggio di Mussolini, si mosse in fretta. I vertici del Banco furono convocati il 5 febbraio a Palazzo Venezia e invitati senza mezzi termini a convocare telegraficamente

---

[36] Scrive Genocchi in un promemoria conservato nell'archivio del Banco di Roma, datato 1º febbraio 1923: «Ho parlato ieri sera prima con il S. Padre poi col cardinal Gasparri, ai quali avevo mandato 24 ore prima il documento dattilografato consegnatomi da S.E. il ministro De Stefani, accompagnandolo con una mia nota scritta [...] La S. Sede non vede per ora bisogno di colloqui con S.E. il Ministro, di cui apprezza la deferenza e l'energia. Non avrebbe altri suggerimenti da dare. Confida nel reciproco segreto, ma agirà prudentemente in conformità delle informazioni, ricevute con riconoscenza» (Guarino, Toniolo 1993, pp. 360-361, doc. 59).

per due giorni dopo un'assemblea della banca, alla quale avrebbero dovuto presentarsi dimissionari, ponendo all'ordine del giorno la nomina di un nuovo presidente e di un amministratore delegato, cariche alle quali erano già stati designati rispettivamente il principe Francesco Boncompagni Ludovisi (1886-1955)[37] e lo stesso Vitali che era stato l'anima tecnica di tutta l'operazione. Stringher non poteva che approvare la sostituzione di un vertice verso il quale aveva da tempo perso la fiducia, ma restò estraneo alla scelta dei successori.

Il Banco galleggiò con l'acqua alla gola fino all'estate quando Stringher lanciò un nuovo allarme in un memorandum per De Stefani nel quale risonava, quasi con le stesse parole, il dilemma del novembre precedente: «se da una parte il sagrifizio complessivo per salvare il Banco è assai grave, dall'altra parte gli effetti della caduta sarebbero perniciosissimi al credito del paese e all'economia nazionale»[38]. Si trattava, in sostanza, come nel caso della Banca di Sconto, di salvare sia la banca, sia le imprese da essa partecipate o finanziate che costituivano il motivo principale della situazione di perdurante illiquidità del Banco. Il 21 settembre 1923 Stringher presentò a De Stefani un piano di smobilizzo, concordato a grandi linee in una riunione alla quale aveva partecipato anche Mussolini[39], nel quale le perdite del Banco, «calcolate complessivamente in 1.668 milioni», venivano in gran parte assunte da una Società Finanziaria per l'Industria e il Commercio in cambio della cessione dei titoli di proprietà e credito delle imprese non finanziarie sino ad allora detenute dal Banco. La società finanziaria, che avrebbe acquisito anche una partecipazione nel Banco di Roma, fu autorizzata a scontare cambiali per lo stesso ammontare presso il Consorzio per Sovvenzioni su Valori Industriali. Gli istituti di emissione ottennero in cambio benefici fiscali. Era uno schema simile a quello che, su scala più vasta, verrà attuato nel 1931 per lo

---

[37] Deputato del Partito Popolare, eletto nel 1919 e nel 1921. Al momento della nomina al Banco aveva da poco aderito al movimento nazionalista. Nel 1924 fu eletto alla Camera nella Lista Nazionale. Nel 1927 divenne sottosegretario alle Finanze, fu governatore di Roma dal 1928 al 1935.
[38] Memorandum datato solo luglio 1923 (ivi, p. 365, doc. 61).
[39] Si era tenuta l'8 agosto 1923.

smobilizzo della Banca Commerciale e del Credito Italiano. Nel 1923 la Banca d'Italia si ritrovò, a trent'anni dalla nascita, nuovamente appesantita da molte attività illiquide, seppure dietro il duplice velo del Consorzio e della società finanziaria. Ma per la Banca d'Italia non si trattava solo di una questione di bilancio, seppure pesante: il controllo di imprese non finanziarie e di parte dello stesso Banco di Roma[40] metteva la banca centrale in una posizione indesiderabile anche per i rischi politici e di reputazione inevitabilmente connessi alla gestione, seppure indiretta e il più possibile coperta, di imprese commerciali. Il nodo verrà sciolto, come vedremo, nel 1926 con la soppressione della Sezione Speciale Autonoma e la cessione di tutte le sue attività e passività all'Istituto di Liquidazioni[41] che, contrariamente alla Sezione, ebbe un proprio fondo di dotazione e una propria personalità giuridica che lo sottrasse al controllo dalla Banca d'Italia. Le ragioni di questa innovazione istituzionale, in relazione anche alla politica monetaria, saranno più chiare quando diremo delle vicende che condussero alla stabilizzazione della lira.

Il salvataggio del 1923 permise al Banco di Roma di sopravvivere e di orientare almeno in parte la propria organizzazione verso attività di banca commerciale. Nei due anni seguenti, la Banca d'Italia lavorò ancora una volta ad alleggerirsi delle conseguenze dei salvataggi. La Banca Nazionale di Credito fu ceduta a un gruppo di finanzieri facenti capo al Credito Italiano. Già si profilavano però nuove situazioni di crisi, soprattutto delle banche cattoliche e della Banca Agricola Italiana che vedremo più avanti.

Come giudicare i salvataggi del 1921-1923? L'opportunità dell'intervento era difficilmente valutabile allora e resta

---

[40] Le azioni della Società Finanziaria e per l'Industria e il Commercio che davano il controllo del Banco di Roma e appartenevano al Banco stesso, furono date in pegno alla Sezione Speciale Autonoma. La Banca d'Italia divenne dunque di fatto l'azionista di maggioranza della terza banca del Paese. Nel 1925 le azioni della società finanziaria vennero fatte vendere dal Banco per una lira alla Sezione Speciale Autonoma. Contemporaneamente fu formato un nucleo di compratori, tra i quali la Banca Commerciale Italiana e il Credito Italiano, aggregato attorno alla Società Mobiliare Italiana, che a poco a poco le acquisì dalla Sezione Speciale Autonoma (ivi, pp. 56-57).
[41] Istituito con R.D. 6 novembre 1926, n. 1832.

tale anche per chi cerchi di farlo oggi. La difficoltà deriva dall'intrinseca opinabilità tecnica *ex ante* delle probabilità di contagio della crisi di un intermediario, dal cosiddetto «rischio morale», dalle inevitabili polemiche alimentate dagli espliciti o nascosti interessi politici che sempre accompagnano l'azione del prestatore di ultima istanza. Ma soprattutto, il fatto che la Banca d'Italia fosse al tempo stesso partecipe del mercato e deputata, ormai esplicitamente, alla sua stabilità, oltre che a quella della moneta, rendeva i due obiettivi poco compatibili nel contesto dell'immediato dopoguerra.

Stringher era, per esperienza, consapevole delle complesse ambiguità intrinseche all'azione del prestatore di ultima istanza. Dopo avere evitato il fallimento della Banca Italiana di Credito e Valori nel momento in cui si stava chiudendo il salvataggio del Banco di Roma per non pregiudicarne la riuscita, decise poi di lasciarla andare al proprio destino. Scrisse a Mussolini di essere consapevole che ciò avrebbe provocato «qualche turbamento nell'Umbria, nel Lazio e in talune provincie del Mezzogiorno» dove la banca, di media dimensione, era maggiormente presente ma, aggiunse, «oggimai siamo giunti al punto di considerare se non sia utile, forse necessario, di negare ulteriori salvataggi costosi, e di lasciare che la posizione creditizia del paese si chiarisca con l'abbandono di corpi gravemente malati e incapaci assolutamente di vivere, anzi vivacchiare, senza sagrifizi di forze le quali possono essere meglio impiegate a vantaggio della collettività nazionale». Non vedeva in questo caso pericoli di contagio e, dunque, ragioni di portata sistemica a favore del salvataggio. Al tempo stesso, dichiarò abilmente di non essere «in grado di giudicare la portata di considerazioni di carattere politico messe innanzi per l'invocato intervento a pro della banca»[42]. Era questo, da parte di Stringher, un tentativo di affrontare il problema dell'azzardo morale, segnalando al mercato che gli interventi a sostegno degli intermediari in crisi non erano

---

[42] Stringher a Mussolini, 12 dicembre 1923 (ivi, p. 400, doc. 65). Nell'agosto del 1924 la Banca Italiana di Credito e Valori iniziò le trattative per un concordato stragiudiziale. L'assemblea del 20 aprile 1925 annullò il capitale sociale e lo reintegrò a 1 milione di lire. Non sono state trovate notizie della Banca posteriori al 1928 (ivi, nota 4).

atti dovuti da parte della Banca d'Italia e che essa li avrebbe valutati caso per caso. Era anche un modo di rispondere ai critici che pensavano come Luigi Einaudi: «se lo Stato garantisse le private iniziative contro le perdite, quale spaventevole abisso si spalancherebbe dinanzi al paese!»[43].

Si è visto che la crisi del dopoguerra, come quella del 1914, ripropose più volte la questione delle ispezioni agli istituti di credito in difficoltà da parte del governo o, per sua delega, del prestatore di ultima istanza. Stringher richiedeva poteri in merito, ma non voleva rinunciare all'attività bancaria ordinaria svolta da via Nazionale che costituiva oggettivamente un ostacolo all'acquisizione di un potere di ispezione che avrebbe dato alla Banca d'Italia accesso a informazioni riservate di propri potenziali concorrenti. A questo si sarebbe potuto ovviare affidando la vigilanza allo Stato, ma anche questa soluzione aveva controindicazioni. Einaudi era contrarissimo alla «sorveglianza delle banche da parte dello stato» perché essa «darebbe soltanto una mano a banchieri furbi e disonesti per accalappiare i depositanti squadernando nei manifesti e negli annunci al pubblico il controllo dello stato e menandone un vanto assordante» (Einaudi 1959a, p. 553). La questione dell'azzardo morale non era facilmente risolvibile. Non sorprende che la contrarietà a regimi di vigilanza fosse espressa senza mezzi termini dalle due grandi banche milanesi, da sempre gelose dalla propria autonomia da Roma. Balzarotti, presidente del Credito Italiano[44], prevedeva che il pubblico rifuggirebbe «dall'affidare depositi e affari a organismi dove possano sindacare funzionari governativi»[45]. Era un argomento opposto a quello di Einaudi, ma la conclusione pratica era la medesima.

La crisi bancaria del primo dopoguerra fu indubbiamente la più grave dopo quella degli anni Novanta del secolo precedente. Essa assorbì gran parte delle energie e delle risorse della

---

[43] Luigi Einaudi, *L'azione del governo e la Banca di Sconto*, in «Il Corriere della Sera», 14 febbraio 1922 (ora in Einaudi 1959a, p. 553).
[44] Federico Ettore Balzarotti, 1866-1928. Passò la propria vita professionale quasi interamente al Credito Italiano. Direttore centrale nel 1903, amministratore delegato dal 1914 al 1921, poi presidente fino alla morte.
[45] Balzarotti a Orsi, 10 gennaio 1922 (Guarino, Toniolo 1993, p. 258, doc. 28). Orsi era amministratore delegato del Credito Italiano.

Banca d'Italia. Come sempre in questi casi, il giudizio sull'esito degli interventi non è facile sia perché scenari controfattuali non sono univocamente ipotizzabili, sia per l'intrecciarsi della vicenda bancaria con una delle più drammatiche crisi sociali e politiche della storia italiana. A quarant'anni di distanza dai fatti, Alberto De Stefani, riandò in chiave essenzialmente politica alla vicenda della quale era stato uno dei protagonisti. «Stringher – scrisse – aveva rinviato la caduta del Banco di Roma, con gravissimo rischio della propria banca e suo personale, sprovveduto delle necessarie autorizzazioni [...] altrettanto non fece lo Stringher nel caso della Banca di Sconto che non aveva dietro di sé un partito già delineatosi potente nel nascere, il Partito Popolare» (De Stefani 1960, p. 55). La Banca di Sconto, a parere di De Stefani, «non era un'azienda in sfacelo ma era molto più avversata [di quanto fosse il Banco di Roma] dalle grandi banche concorrenti, laiche e massoniche, collegate alla finanza capitalistica anglogermanica». De Stefani, «uomo nuovo», non aveva simpatia per Stringher che considerava persona del secolo precedente, del *gold standard*, del «paradigma Bank of England», ma aveva buoni motivi per sottolineare l'intreccio, del quale peraltro era stato protagonista, tra economia e politica che aveva caratterizzato i salvataggi del 1921-1923. Ne aveva invece assai meno nel dipingere la Banca di Sconto come solida e in buona salute e nell'immaginare un'alleanza tra la Banca d'Italia e i due grandi istituti milanesi a danno della stessa Sconto.

I difficili rapporti tra «quei signori» di Milano e via Nazionale erano noti e rendevano meno agevole la gestione della politica monetaria sia in tempi normali, sia soprattutto in quelli burrascosi, tanto che lo stesso Stringher, nella inevitabile ricerca del colpevole delle crisi, non aveva esitato a indicarlo nella «insufficienza delle direttive delle aziende bancarie»[46]. Le grandi banche, d'altra parte, ribaltavano le responsabilità sugli istituti di emissione e, dunque, sulla Banca d'Italia. Non è mai avvenuto – scrisse Balzarotti, presidente del Credito Italiano – un dissesto bancario nel quale [gli

---

[46] Banca d'Italia, *Assemblea generale ordinaria degli azionisti*, Roma 1924, p. 55.

istituti di emissione] siano risultati impegnati al di là di ogni non solo ragionevole, ma credibile dubbio»[47]. Osservava che nelle crisi, passate e presenti, «il bubbone è scoppiato quando le banche di emissione si sono sentite saturate», cioè quando, dopo avere sostenuto banche pericolanti, si sono trovate esse stesse troppo esposte a rischi giudicati insostenibili e hanno deciso di negare ulteriori sconti. Balzarotti criticò duramente anche gli «appelli» di Stringher alle banche private che avevano adottato una gestione prudente perché sostenessero quelle pericolanti, vittime della loro stessa imprudente condotta. Attilio Cabiati arrivò a scrivere sulla «Stampa» che le crisi si sarebbero potute evitare se solo gli istituti di emissione avessero minacciato per tempo di chiudere il fido alle banche poco prudenti[48]. A queste critiche la Banca d'Italia aveva più volte risposto che per valutare compiutamente la situazione di una banca è necessario un potere di ispezione. Ma questo era anatema per i milanesi che rispondevano dicendo che la valutazione del merito di credito poteva essere fatta di volta in volta sulla base di informazioni che le banche, volendo accedere al risconto, avrebbero fornito volontariamente nel proprio stesso interesse.

A un secolo di distanza, è ancora difficile rispondere alla domanda – cruciale per valutare la politica del prestatore di ultima istanza – se sarebbe stato possibile o opportuno salvare la Banca di Sconto. Una volta lasciata quest'ultima al proprio destino, la politica successiva era probabilmente tracciata: salvare il Banco di Roma per evitare un tracollo generale simile a quello del 1894 che avrebbe potuto mettere in gravi difficoltà gli stessi istituti di emissione, e lasciare invece che la Banca di Credito e Valori, non sistemica, si avviasse alla liquidazione. Immaginare un percorso alternativo, probabilmente anche politico e sociale, alla liquidazione della Banca di Sconto è, come si è detto, esercizio tecnicamente impossibile e storicamente futile.

---

[47] Balzarotti a Orsi, 10 gennaio 1922 (Guarino, Toniolo 1993, doc. 28); cfr. anche Confalonieri (1994, pp. 433-436). Balzarotti era allora presidente del Credito Italiano del quale Orsi era amministratore delegato.

[48] «La Stampa», 24 aprile 1924, cit. in Confalonieri (1994, p. 433).

4. Svalutazione della lira e debiti esteri

Nella prima parte del 1919 (dal 18 gennaio al 23 giugno), Stringher sostituì Nitti come ministro del Tesoro nel governo presieduto da Vittorio Emanuele Orlando[49]. Come più tardi fecero Giovanni Acanfora[50] e Luigi Einaudi[51], non si dimise dalla carica di direttore della Banca d'Italia, che Canovai guidò pur restando vicedirettore generale. Come ministro, Stringher non pare abbia lasciato realizzazioni importanti. Il suo metodo di lavoro fu quello della soluzione di tanti problemi contingenti, del raccogliere informazioni, del dare pareri autorevoli. Lavorò attivamente alla ricerca di credito dall'estero seppure, come vedremo, con magri risultati. La sua fu, insomma, una gestione tecnocratica più che politica. D'altronde, l'attenzione politica e l'attività del governo erano concentrate sulle trattative parigine per la pace nelle quali, come denunciò Keynes (1919), le questioni economiche, a parte quella anch'essa densamente politica delle riparazioni, furono sostanzialmente escluse. In particolare, rimasero praticamente fuori dalla Conferenza le questioni dei debiti e del finanziamento della ricostruzione. Il progetto presentato dagli inglesi di un consolidamento dei debiti interalleati e di un piano generale di restaurazione economica fallì per l'opposizione degli americani che erano ormai i principali detentori dei cordoni della borsa. Malgrado la pressante richiesta di Alberto Pirelli che si recasse con urgenza a Parigi, il ministro del Tesoro non vi mise mai piede durante la Conferenza di pace[52].

I mesi che Stringher trascorse alla guida del ministero del Tesoro furono caratterizzati da cronici contrasti con il collega

---

[49] In carica dal 30 ottobre 1917 al 23 giugno 1919.

[50] Lo vedremo nel capitolo 10 quale direttore generale della Banca d'Italia dal 22 maggio 1940 e ministro per gli Scambi e le Valute nel primo governo Badoglio dal 26 luglio 1946.

[51] Governatore della Banca d'Italia dal gennaio 1945, vicepresidente del Consiglio e ministro delle Finanze e del Tesoro dal 31 maggio 1947, si dimise formalmente dalla carica di governatore con l'elezione a presidente della Repubblica nel maggio 1948.

[52] Pirelli a Stringher, 3 marzo 1919 (De Cecco 1993, p. 497, doc. 67). «Mi permetto di esporre a V.E. – scrisse Pirelli – con tutta franchezza che la quasi completa assenza del governo italiano da Parigi, per quanto riguarda questo genere di trattative, non può continuare senza grave danno al paese».

Augusto Ciuffelli[53] (Barbagallo 1984, p. 302) che reggeva il dicastero dell'Industria, Commercio e Lavoro. Quest'ultimo, accusato da ambienti industriali di lentezza nello smantellare l'economia di guerra, si difese promettendo un graduale ripristino delle libertà economiche. Nel giugno 1919, per mantenere la promessa, fu irremovibile nel sostenere la totale liberalizzazione del commercio delle valute estere, contro il parere di Stringher, favorevole a una maggiore gradualità. L'insanabile contrasto tra i due ministri provocò la caduta del governo Orlando il 19 giugno 1919. Nitti, che non aveva mai legato con Stringher, disse a Beneduce, nell'aprile 1919: «Sono stato sempre molto cortese e riservato con Stringher. Ma mi pare ormai che la politica del Tesoro precipiti verso la rovina, si va di debolezza in debolezza. Si ha paura di tutti i pescecani, di tutti i furfanti, di tutti i predoni» (ivi, p. 296).

Tra il novembre 1918 e il febbraio del 1919, prima come direttore della Banca d'Italia e poi come ministro del Tesoro, Stringher riuscì faticosamente a ottenere limitate proroghe dei flussi di credito concessi dagli alleati (Asso 1993, pp. 18-24). Una prima offerta inglese di un credito conclusivo di 50 milioni di sterline fu fatta in novembre, ma Stringher la considerò insoddisfacente: al netto di rimborsi e interessi sui crediti precedenti, il suo valore netto sarebbe stato quasi nullo[54]. Nel gennaio 1919 gli Stati Uniti rinviarono di un anno la cessazione dei finanziamenti per gli acquisti sul mercato americano[55]. Complessivamente, continuarono a concedere 445 milioni di dollari nel corso del 1919[56]. A febbraio, l'ultimo accordo con gli inglesi aggiunse 41,5 milioni di sterline alla somma accordata a novembre, in cambio – il punto è politicamente interessante – di una garanzia sulle future riparazioni tedesche. Nella seconda metà del 1919 il valore dei finanziamenti esteri netti al Tesoro italiano calò fino a

---

[53] 1866-1921. Funzionario del Genio Civile. Prefetto a Siena, Cagliari, Ravenna e Verona. Prima di fare parte del governo Orlando, era stato ministro delle Poste e Telegrafi nel governo Luzzatti e dei Lavori Pubblici nei governi Salandra I e II.
[54] ASBI, Rapporti con l'estero, prat. 313, fasc. 6, p. 17; prat. 311, fasc. 1.
[55] ASBI, Rapporti con l'estero, prat. 313, fasc. 2, sottofasc. 2, p. 21.
[56] La metà di quello americano.

esaurirsi, mentre il deficit commerciale italiano restava elevato (Toniolo, Pellegrino 2020)[57].

In definitiva, le ultime aperture di credito furono insufficienti per quantità e durata a evitare la recessione postbellica (Forsyth 1998, p. 227). A gennaio 1919 l'import di carbone, di cui l'Italia era totalmente dipendente dall'estero, fu il più basso dall'inizio della guerra (ivi, p. 238). Nello stesso mese, la penuria di carne (Orlando stimò che le disponibilità per i consumi sarebbero terminate nel giro di 10 giorni) fu tale da portare le autorità italiane a rivolgersi direttamente al primo ministro britannico Lloyd George per ottenere crediti di breve durata per acquisti in mercati neutrali.

L'immediata fine della solidarietà finanziaria tra Alleati segna una delle importanti differenze tra le gestioni del primo e del secondo dopoguerra. La repentina fine dei flussi di credito verso l'Italia ha spiegazioni sia politiche sia economiche. Da parte inglese le motivazioni erano soprattutto finanziarie, legate alla situazione dei conti britannici con l'estero, fortemente deteriorata durante la guerra, e alla conseguente debolezza della sterlina. Keynes era contrario a concedere nuovi crediti all'Italia che si sarebbero tradotti in un aumento del già considerevole indebitamento inglese verso gli Stati Uniti[58]. Il Tesoro britannico intendeva dunque chiudere l'assistenza finanziaria il più rapidamente possibile, «compatibilmente con l'evitare una rottura delle relazioni amichevoli» (ivi, p. 229). Da parte americana, soprattutto nella fase iniziale, pesarono le posizioni italiane sulla questione adriatica. In particolare vi era la preoccupazione che i crediti potessero finanziare operazioni dell'esercito italiano volte a forzare una soluzione alla questione dei confini jugoslavi[59] (Asso 1993, p. 19). Keynes stesso rite-

---

[57] Stimato intorno al 14% del PIL, la metà del quale derivante dagli scambi con gli USA.

[58] ASBI, Rapporti con l'estero, prat. 311, fasc. 2, sottofasc. 3, p. 27.

[59] In particolare, sembra che emergessero divisioni tra i funzionari americani: Norman Davis (e Paul Cravath) sostenevano che l'Italia avrebbe avuto bisogno di crediti per un prestito ponte (di 2-3 anni) per la ricostruzione. Crosby e Harris erano per una linea più dura, ritenendo che l'Italia non meritasse assistenza a causa della sua cattiva gestione delle finanze pubbliche, della sua possibilità di essere autosufficiente dal punto di vista agricolo, e per non appoggiare le pretese espansionistiche nell'Adriatico (Forsyth 1998, p. 241).

neva che l'assistenza del Tesoro americano all'Italia avrebbe potuto essere maggiore se le sue pretese territoriali fossero state più moderate (ivi, p. 241). Queste tensioni emersero in modo netto nel febbraio del 1919 quando il sottosegretario al Tesoro Norman Davis informò Stringher che nuovi crediti sarebbero dipesi dalla riapertura dei collegamenti ferroviari diretti con la Jugoslavia che l'esercito italiano aveva da poco interrotto. Le rassicurazioni di Stringher sbloccarono 10 milioni di dollari residui per l'acquisto di carne argentina.

Dopo il mese di febbraio 1919, tuttavia, la tattica politica statunitense abbandonò l'uso della leva finanziaria per fare pressioni sull'Italia. Nonostante la proposta di H. Bartlett Harris, rappresentante a Roma della Federal Reserve Bank di New York, di interrompere sin da gennaio il sostegno della lira, esso finì solo il 22 marzo, contemporaneamente a quello della sterlina e del franco. Prevalse pertanto la linea di Davis, per il quale l'uso diretto di pressioni finanziarie al fine di ottenere concessioni politiche dai governi alleati sarebbe stato controproducente (ivi, p. 249). Nemmeno l'abbandono da parte dell'Italia della Conferenza di Versailles indusse il governo americano a mutare gli impegni finanziari esistenti.

Stringher, ministro del Tesoro, continuò tuttavia a temere che i difficili rapporti stabiliti a Versailles tra Italia e Stati Uniti compromettessero l'assistenza finanziaria USA (ivi, p. 251), ritenendo, probabilmente a torto, che la questione adriatica avesse influenzato il fallimento delle trattative per prestiti privati statunitensi, delle quali diremo[60]. Si sentì obbligato a spiegare a Orlando che la forte dipendenza, commerciale e finanziaria, dagli USA rendeva poco auspicabile un raffreddamento dei rapporti diplomatici con Washington[61].

L'arrivo di Nitti alla presidenza del Consiglio segnò l'avvio di una linea tesa alla ricerca di un maggiore sostegno finanziario, moderando le pretese territoriali (ivi, p. 253). Più

---

[60] Tuttavia, secondo Forsyth, la causa sarebbe più da ricercarsi in un momento del mercato dei capitali non favorevole. Inoltre le banche americane avrebbero voluto garanzie sui prestiti in Europa dal Tesoro americano, cosa che quest'ultimo non era disposto a dare. Anche altri paesi non avrebbero avuto più successo dell'Italia.
[61] ASBI, Carte Stringher, 21/304/1/10.

che dalla questione adriatica, tuttavia, la ritrosia americana a prolungare il sostegno finanziario nel primo dopoguerra dipese dalla svolta isolazionista che stava prendendo piede oltre Atlantico. Ciò apparve sin dai giorni successivi all'armistizio, quando il sottosegretario al Tesoro Crosby si giustificò con Stringher adducendo l'impotenza del governo americano rispetto alla volontà del Congresso di chiudere rapidamente il sostegno finanziario all'Europa[62]. Effettivamente, il Congresso americano approvò solo nel febbraio 1919 una legge di portata estremamente modesta che autorizzava la proroga dei crediti fino alla firma del trattato di pace (Falco 1983, p. 64).

Con l'esaurirsi del credito delle tesorerie anglosassoni, il governo italiano tentò di aprire nuovi canali di finanziamento con paesi neutrali (Asso 1993, pp. 24-58). Nel novembre 1918, un consorzio di banche italiane, guidato dalla Banca d'Italia, ottenne un prestito di 18 milioni di fiorini dai Paesi Bassi (Keynes, che voleva tenere lontane da Londra le richieste italiane, pare sia intervenuto per fare aumentare l'ammontare del prestito; si trattò, comunque di poca cosa; ivi, pp. 24-32). Poco dopo, Stringher avviò negoziati con Svizzera, Spagna, Canada e Danimarca e ne portò a termine uno con la Svezia avviato l'anno precedente. In un rapporto per Orlando, Stringher, ministro del Tesoro, scrisse che le trattative avevano messo in luce lo scarso peso contrattuale del governo italiano[63]. Osserva giustamente Asso (ivi, p. 32) che dalla vicenda «emerge una nuova rappresentazione della vittoria mutilata e della scarsa fiducia con cui la finanza internazionale guardava alle prospettive di ricostruzione e sviluppo dell'economia italiana». La stessa impressione si trae dai risultati di trattative intraprese in questo periodo con la finanza privata che misero in luce come, senza l'appoggio dei governi, anche quella strada fosse sostanzialmente preclusa. Nell'aprile 1919, un veto della Banca d'Inghilterra frustrò un tentativo di Stringher di collocare buoni del Tesoro italiani presso la Barclays, né maggior successo, probabilmente per la freddezza di Chamberlain (Forsyth 1998, p. 257), ebbe poi Nitti nel cercare di piazzare

---

[62] ASBI, Rapporti con l'estero, prat. 313, fasc. 6, p. 17.
[63] Stringher a Orlando, 6 giugno 1919, ASBI, Carte Stringher, 3.04/101/60-64.

titoli italiani presso la Hambro. Anche il cosiddetto «Prestito Attolico» fu un fallimento. Nel settembre 1919[64], divennero ufficiali le trattative riservate iniziate in maggio a New York da Gidoni, al quale Nitti volle appunto affiancare Bernardo Attolico, nominato per l'occasione ministro plenipotenziario del governo italiano a New York (Asso 1993, p. 46). Dei 100 milioni di dollari attesi ne furono raccolti solo 11,3. Pesarono negativamente sia la politica monetaria restrittiva di Strong, sia l'esclusione di Gidoni dall'ultima parte delle trattative voluta da Carlo Schanzer, nuovo ministro del Tesoro, nonostante le proteste di Stringher. Contemporaneamente Nitti era a Londra per proporre il prestito da parte di un sindacato di banche britanniche a un consorzio italiano per finanziare importazioni dall'Impero britannico. Ancora una volta pesò il bando informale della Banca d'Inghilterra ai prestiti esteri (Forsyth 1998, p. 266). Fallì anche un tentativo di convincere Lloyd George ad autorizzare un nuovo credito all'Italia. L'Italia dei governi Nitti e Giolitti era particolarmente debole per la recessione, l'elevato debito, l'inflazione e, soprattutto, i forti conflitti sociali ai quali la classe politica liberale non era preparata a dare una risposta, per cultura prima ancora che per le divisioni interne. Non sorprende dunque l'impossibilità di ottenere significativi prestiti esteri. Vedremo però che la percezione di un paese economicamente debole e non del tutto affidabile pesò anche sulle vicende finanziarie degli anni successivi, quando la crescita divenne più robusta e la finanza pubblica meno squilibrata.

Queste vicende influirono sul valore esterno della lira che, dopo l'apprezzamento seguito al prestito americano dell'estate 1918, si svalutò rapidamente (figg. 5.2 e 6.1). Al persistere dello squilibrio delle partite correnti con l'estero, non più finanziato dai prestiti alleati, si aggiungeva l'incertezza di medio termine sulla possibilità dell'Italia di ripagare questi stessi debiti e, più in generale, sulla tenuta della debole economia italiana nell'incerto quadro economico e dei pagamenti internazionali della primavera del 1919.

[64] Gidoni a Stringher, 8 maggio 1919, ASBI, Rapporti con l'estero, prat. 86. Interessante è l'elogio di Cravath all'azione di Gidoni in una lettera a Nitti, ACS, Presidenza del Consiglio dei ministri, f.n. 19.29.15, 10 novembre 1919.

Alla fine del 1920, il debito italiano in valuta estera ammontava a circa 1,06 miliardi di sterline[65], pari a circa il 123% del PIL[66]. Il 57,6% (611 milioni) era dovuto al Regno Unito e il resto agli Stati Uniti, trascurando i modesti debiti con Canada, Brasile e Svezia. Mentre l'inflazione riduceva il valore nominale del debito interno, quello estero aveva raggiunto un livello chiaramente incompatibile con la possibilità per l'economia italiana di farvi fronte. L'àncora alla quale il governo doveva necessariamente agganciarsi era quella di legare la restituzione del debito interalleato alle riparazioni attese dalla Germania e ancora non definitivamente stabilite. Stati Uniti e Regno Unito, per parte loro, non intendevano stabilire un legame tra debiti e riparazioni[67].

Insieme a quella dei debiti internazionali, la questione delle svalutazioni del valore delle varie monete nei mercati valutari rappresentava l'altra eredità della guerra sulla via della ricostruzione economica e finanziaria. I cambi nominali delle monete nazionali, negoziati quotidianamente nelle borse valori, avevano subito svalutazioni di diversa entità. Ma anche l'aumento dei prezzi interni era stato diverso nei diversi paesi, con un diverso impatto sul cosiddetto «cambio reale» (o parità di potere d'acquisto), con effetti disuguali sulla competitività internazionale delle diverse economie (fig. 6.1; Toniolo, Pellegrino 2020). Per riportare in equilibrio i tassi di cambio reali sarebbero state necessarie politiche diverse, ma coordinate tra i vari paesi. Ciò incontrava enormi difficoltà soprattutto

---

[65] 611 milioni di sterline e 1.648 milioni di dollari (Ministero del Tesoro 1988, p. 33). La cifra di 1,06 miliardi di sterline è ottenuta convertendo in sterline il debito in dollari al cambio medio dollaro/sterlina del 1920 di 3,664.
[66] PIL in Baffigi (2013) e cambio medio sterlina/lira italiana pari a 74,92.
[67] La Conferenza di Spa (luglio 1920) attribuiva alla Francia il 52% delle riparazioni tedesche, alla Gran Bretagna il 22% e all'Italia solo il 10%. A quest'ultima sarebbe spettata la parte del leone delle riparazioni dovute da Austria e Ungheria secondo i Trattati di Saint-Germain-en-Laye e Neuilly-sur-Seine, che tuttavia non le quantificarono vista la precaria situazione economica di questi due paesi (Lefebvre D'Ovidio 2016, pp. 52-53). All'Italia sarebbe dunque toccata una somma pari a 819 milioni di sterline, inferiore all'ammontare del proprio debito, anche se Bonar Law, nel breve periodo in cui guidò il governo di Londra, si disse disposto ad accettare un rimborso uguale a quanto l'Italia avrebbe ricevuto dalla Germania, stabilendo così implicitamente un legame tra debiti e riparazioni che Washington continuò a rifiutare.

6 – L'età delle banche centrali

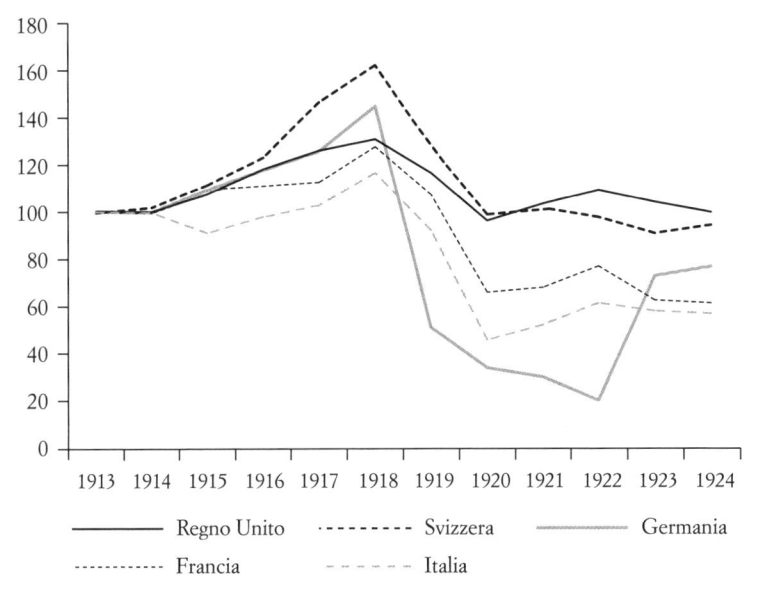

Fig. 6.1. Cambio reale della lira, 1913-1924 (1913 = 100).
Fonte: Toniolo, Pellegrino (2020).

di politica interna. La svalutazione nominale premiava i debitori (tipicamente Stato e imprese) a svantaggio dei creditori (tipicamente sottoscrittori del debito, percettori di redditi fissi, famiglie risparmiatrici in genere). La svalutazione reale favoriva gli esportatori a scapito di chi produceva solo per il mercato interno. I tentativi dei vari governi europei di conciliare questi interessi si protrassero a lungo e accompagnarono la ricerca di un nuovo equilibrio nel sistema dei pagamenti internazionali che si raggiungerà, in modo effimero, solo alla fine degli anni Venti.

In questo quadro, non sorprende che, nel marzo 1922, Stringher lamentasse che la lentezza nel cammino dei vari paesi «sulla via del riassetto postbellico» aveva frustrato «molte illusioni circa un ritorno abbastanza rapido delle singole economie nazionali a condizioni analoghe a quelle prebelliche, considerate *normali*»[68]. Pesavano, a suo parere, le condizioni

[68] Banca d'Italia, *Adunanza generale ordinaria degli azionisti*, Roma, 31 marzo 1922, p. 8.

economico-finanziarie della Germania, le incertezze circa la soluzione del problema delle riparazioni e di quello dei debiti interalleati di guerra, gli squilibri delle bilance dei pagamenti e gli elevati debiti pubblici. Rilevava una riduzione del disavanzo pubblico accompagnata da un aumento della circolazione «per conto del commercio» dovuta a una forte pressione di domanda di credito rivolta soprattutto al Consorzio Sovvenzioni su Valori Industriali[69]. In altre parole, come si è visto, la politica monetaria era stata dettata dai salvataggi bancari e industriali finanziati quasi interamente con base monetaria piuttosto che dalla finanza pubblica. Si scelse l'imposta occulta di inflazione piuttosto che quella palese della tassazione diretta e indiretta. Per proteggere almeno in parte i propri conti, stressati dai nuovi immobilizzi patrimoniali, la Banca d'Italia non seguì l'esempio dei principali paesi europei che nel 1921 avevano ridotto il tasso di sconto.

5. *Bruxelles e Genova, tentativi di cooperazione*

La relazione che Stringher, tornato a via Nazionale, lesse all'assemblea degli azionisti il 31 marzo 1920, si aprì constatando che le previsioni ottimiste che avevano caratterizzato i mesi seguiti agli armistizi di novembre avevano ceduto a un orizzonte politico ed economico preoccupante, tanto che il Consiglio Supremo degli Alleati «aveva creduto necessario di lanciare al mondo un manifesto a incitamento della restaurazione economica dell'Europa» chiedendo la collaborazione di tutti i cittadini al rilancio della produzione e ai governi di «prendere in esame i mezzi adatti a persuadere i propri sudditi, di tutte le classi sociali, della necessità di sopprimere spese inutili e di ridurre tutte le altre, in modo da superare lo squilibrio [...] tra la domanda e l'offerta delle merci indispensabili». Si trattava insomma di un invito alla deflazione volontaria, alla quale lo stesso Consiglio Supremo chiedeva si aggiungesse l'azione diretta dei governi per ridurre «senza indugio» i debiti pubblici e la circolazione cartacea. Per ottenere

---

[69] Ivi, p. 11.

tutto ciò, il Consiglio riconosceva «la necessità di un'opera associata di coordinamento nella molteplice azione di tutti gli Stati europei»[70]. Quest'invito rimase inascoltato tranne che nei tentativi di cooperazione tra banche centrali per la effimera ricostruzione di un sistema di pagamenti internazionali.

Sono noti i motivi che resero difficile, di fatto impossibile, la ricerca di quella convergenza di interessi, che è la base necessaria per una efficace cooperazione internazionale[71]. Ma i problemi politici, militari ed economici, tra loro strettamente intrecciati, ereditati da una guerra che aveva sconvolto la cultura e la società europea senza risolvere, anzi aggravando, i preesistenti squilibri internazionali e domestici, erano di dimensioni tali da rendere sostanzialmente impossibile il raggiungimento dei necessari compromessi. Sicurezza dei confini, rivendicazioni territoriali e coloniali, zone di influenza, indennità di guerra, debiti tra alleati erano tra loro strettamente intrecciati e rendevano difficile, se non altro per l'incertezza che generavano, affrontare le questioni, anch'esse a forte connotato politico, dell'inflazione, delle bilance dei pagamenti, della stabilizzazione delle valute. Queste difficoltà erano accresciute dalla nascita nel cuore dell'Europa di nuovi Stati, di dimensioni relativamente modeste ed economicamente deboli, ciascuno con la propria politica monetaria, fiscale e soprattutto tariffaria.

In questo quadro, la posizione dell'Italia era particolarmente debole. Uscita dalla guerra formalmente come una delle quattro (cinque se si include il Giappone) «grandi potenze», non aveva né la forza economica, né la coesione interna per realizzare una coerente politica estera. Se il mito della «vittoria mutilata» poteva servire, nel breve andare, sul piano interno, l'enfasi perdente sulla questione adriatica indebolì la forza contrattuale complessiva del Paese. Questa debolezza apparve evidente dopo il ritiro della delegazione italiana dalla Conferenza di pace quando i tre grandi semplicemente dichiararono l'Italia inadempiente alla dichiarazione di Londra, con la quale

---

[70] Banca d'Italia, *Adunanza generale ordinaria degli azionisti*, Roma, 31 marzo 1920, pp. 6-7.
[71] Per una sintesi che resta ancora oggi lucida e penetrante cfr. Carr (1937).

l'Italia aveva aderito all'Intesa, e decisero di procedere alla firma del trattato di pace con la Germania anche in assenza dell'Italia. Questo episodio contribuì a fare sì che, tra il 1919 e il 1922, i governi italiani non fossero «considerati alleati affidabili dalla Francia e dall'Inghilterra» (Lefebvre D'Ovidio 2016, vol. 1, xiv)[72]. La formazione del governo Mussolini fu vista con favore dalle élite conservatrici di Francia, Inghilterra e Stati Uniti per la stabilizzazione interna che prometteva di realizzare, ma non dissipò le diffidenze circa la politica estera italiana. Un paio di settimane dopo la formazione del suo governo, Mussolini pronunciò alle Camere un discorso nel quale delineava le linee strategiche della politica estera, della quale tenne personalmente la direzione sino al 1929 come ministro *ad interim*. Ai fini della nostra storia importa notare che negli anni Venti la posizione internazionale dell'Italia tese ad allinearsi con quella del Regno Unito. In particolare, sul piano economico-finanziario l'Italia cercò di inserirsi nelle politiche perseguite, spesso in modo concorde, dall'asse Londra-Washington. Tuttavia, non sempre, come vedremo, questa linea strategica fu seguita con coerente efficacia[73].

Una prima mossa per cercare di avviare una cooperazione multilaterale fu fatta nel febbraio 1920 dalla neonata Società delle Nazioni deliberando la convocazione di una conferenza internazionale «allo scopo di studiare la crisi finanziaria e di ricercare i mezzi per scongiurarne e per attenuarne le conseguenze dannose» (Vinci 1920, p. 540). Furono invitati i 26 Stati allora aderenti alla Società e 10 che non avevano aderito[74]. Annunciata con un «generale spirito di urgenza», vista la diffusa percezione di una incombente crisi finanziaria

---

[72] Non si dimentichi che sia Nitti sia Giolitti, a capo dei primi due governi postbellici, erano stati entrambi neutralisti. Tommaso Tittoni (1855-1931), ministro degli Esteri con Nitti e capodelegazione alla Conferenza di pace, non aveva nascosto, prima dell'intervento, le proprie simpatie per la Triplice Alleanza.

[73] Secondo Lefebvre D'Ovidio (2016, vol. I, pp. xvi ss.) ciò dipese dal fatto che l'Italia mussoliniana reclamava una parità di status anche formale con le altre potenze vincitrici e che questa impostazione veniva letta come il comportamento di chi, volendo entrare in un club, pone condizioni invece di accettare le regole stabilite dai fondatori. Di qui un'impostazione che presupponeva, implicitamente, una minaccia di cambiare fronte e che pertanto esponeva la politica estera italiana al sospetto di ambiguità e, dunque, non piena affidabilità.

[74] Tra questi gli Stati Uniti e la Germania.

internazionale (Eichengreen 1992), l'apertura della conferenza, originariamente prevista per la fine di maggio, fu rinviata prima a luglio e infine a settembre nell'attesa delle decisioni della Conferenza che si svolgeva a Spa sulla determinazione delle riparazioni[75]. La Conferenza di Bruxelles si tenne infine dal 24 settembre all'8 ottobre 1920[76]. Le delegazioni che si recarono nella capitale belga erano composte solo da economisti, banchieri centrali e tecnici. L'assenza, certo non casuale, di delegati con forte peso politico che ritenevano prematura l'iniziativa spiega anche la sostanziale irrilevanza pratica delle raccomandazioni finali della Conferenza.

Il Rapporto di apertura – stilato da Cassel[77], Pigou[78], Gide[79], Bruins[80] e Pantaleoni – indicò quattro problemi da affrontare, in quattro commissioni distinte: inflazione, instabilità dei tassi di cambio delle monete, scarsità di capitali, commercio internazionale. Le raccomandazioni finali delle Commissioni (League of Nations International Financial Conference 1920)[81] si mossero cautamente tra l'ortodossia economica prevalente e le esigenze della politica. Le prescrizioni della Commissione Finanza Pubblica furono, tra tutte, le più ortodosse: equilibrio di bilancio, visto come condizione necessaria al controllo dell'inflazione, da ottenersi con un taglio netto alle spese per gli armamenti e con l'eliminazione di sussidi e calmieramenti di prezzo sui beni di prima necessità e sui servizi pubblici. Le

---

[75] Cfr. doc. 68 di De Cecco (1993).

[76] Il comitato organizzatore della conferenza era composto da J. Monnet (presidente), W. Layton (segretario), e da J. Avenol (Francia), A. Beneduce (Italia), J.M. Gonzales (Spagna), D. Ward (Gran Bretagna), C.E. Ter Meulen (Olanda). Per una ricostruzione dei lavori della conferenza cfr. Silverman (1982, pp. 271 ss.) e Mouton (1984).

[77] Gustav Cassel, 1866-1945. Professore alla Stockholm School, uno dei maggiori economisti della prima metà del ventesimo secolo. In preparazione alla Conferenza di Bruxelles, la Società delle Nazioni pubblicò il suo *Memorandum on the World's Monetary Problems* (Bruxelles 1920).

[78] Arthur Pigou, 1877-1959. Professore all'Università di Cambridge. Pioniere dell'economia del benessere con la sua opera forse più influente, *The Economics of Welfare* (1920). Amico intimo di Keynes malgrado la loro differente impostazione teorica.

[79] Charles Gide, 1847-1932. Economista francese, professore a Bordeaux, Montpellier e Parigi, zio del premio Nobel per la letteratura André Gide.

[80] Professore all'Università Commerciale di Rotterdam.

[81] ASBI, Beneduce, cart. 109, fasc. 1, p. 9.

conclusioni della Commissione Moneta e Cambi si concentrarono sulla rimozione di «controlli artificiosi» dei mercati delle valute. La Commissione raccomandò inoltre di garantire – come insisteva Montagu Norman – l'indipendenza delle banche centrali e di pianificare prudentemente un percorso di ritorno al *gold standard* prebellico, secondo l'indirizzo del Rapporto Cunliffe[82]. Le diverse proposte, tanto ambiziose quanto politicamente irrealizzabili, di creare unità di conto o monete internazionali non furono ritenute utili a risolvere le tensioni dei mercati valutari. La Commissione Commercio internazionale chiese, prevedibilmente, la rimozione delle restrizioni alla libertà degli scambi. La cosa forse più utile fatta da questa commissione fu il rilevare l'incompletezza e la disomogeneità delle statistiche del commercio estero che rendevano impossibile «determinare la bilancia commerciale di taluni paesi» (Vinci 1920, p. 541)[83]. Le conclusioni più controverse e ambiziose vennero dalla Commissione Crediti Internazionali che propose la creazione di un organismo finanziario in seno alla Società delle Nazioni per gestire emissioni di titoli di debito destinati soprattutto alla ricostruzione. I tempi per una simile iniziativa non erano però maturi e gli Stati Uniti, principali creditori internazionali, si dissero subito contrari a questo tipo di cooperazione.

I risultati più interessanti, e forse più utili nel più lungo periodo, non furono tanto le scontate e generiche conclusioni della conferenza quanto i dibattiti sui tassi di cambio. Di particolare importanza fu la raccomandazione di Cassel che la stabilizzazione monetaria si adeguasse alla parità di potere d'acquisto, concetto allora sostanzialmente nuovo. «Quando due circolazioni (monetarie) hanno subito una (diversa) inflazione – disse Cassel – il nuovo corso normale del cambio sarà uguale all'antico moltiplicato pel quoziente dei gradi

---

[82] Nel gennaio 1918 il governo inglese aveva incaricato una commissione presieduta da Walter (Lord) Cunliffe (1855-1920), governatore della Banca d'Inghilterra (si dimise però nel marzo seguente), di considerare i problemi che sarebbero sorti nei mercati monetari e valutari nel periodo della ricostruzione postbellica. Il rapporto finale della commissione fu licenziato nel dicembre 1919.

[83] Di qui la raccomandazione di instaurare «solidarietà e coordinazione dei lavori tra gli uffici di statistica delle varie nazioni», poi perseguita con notevole successo dalla Società delle Nazioni.

6 – L'età delle banche centrali 393

d'inflazione dei due paesi» (cit. *ibid.*). Sulla base di questa osservazione, Cassel ritenne relativamente agevole per il Regno Unito il ritorno alla parità aurea prebellica. A Francia e Italia consigliò invece la stabilizzazione delle monete alle parità di potere d'acquisto postbelliche. Vedremo che queste considerazioni, allora tutt'altro che scontate, assunsero forte rilievo qualche anno dopo quando le politiche di stabilizzazione furono effettivamente avviate.

I delegati italiani ufficiali alla Conferenza di Bruxelles[84] erano Alberto Beneduce, Maggiorino Ferraris[85], Ferdinando Quartieri[86] e Vittorino Rolandi Ricci[87]. In qualità di consiglieri parteciparono rappresentanti del mondo industriale e bancario[88], tra i quali, per la Banca d'Italia, Arrigo Rossi[89] e Giuseppe Nathan[90], posti pertanto formalmente sullo stesso piano degli esponenti di banche private. Stringher non partecipò[91] e la delegazione italiana fu di fatto guidata da Beneduce, uno degli organizzatori della conferenza[92]. Toccò

[84] ASBI, Direttorio Azzolini, prat. 111, fasc. 1, p. 42.
[85] 1856-1929. Senatore. Ministro delle Poste e Telegrafi nel quarto governo Crispi (1893-1894) e delle Terre Liberate nel primo governo Facta (marzo-agosto 1922). Diresse la «Nuova Antologia», importante periodico culturale.
[86] 1865-1936. Imprenditore, filantropo, aveva partecipato come esperto alla Conferenza di pace di Parigi.
[87] 1860-1951. Avvocato. Per il suo ruolo nelle vicende bancarie e finanziarie prima del 1914, cfr. cap. 5.
[88] Figurano anche rappresentanti della Banca Italiana di Sconto, della Banca Commerciale, del Banco di Roma e del Credito Italiano.
[89] Nominato, come vedremo, vicedirettore generale della Banca d'Italia il 28 luglio 1921.
[90] 1887-1952. Figlio di Ernesto Nathan (1845-1921) sindaco di Roma dal 1907 al 1913. Giuseppe fu lungamente (dal 1916 al 1938) rappresentante a Londra della Banca d'Italia e, dal 1918, anche dell'INCE, ed è in quest'ultima veste che partecipò alla Conferenza di Bruxelles. Vedremo che giocò un ruolo importante negli anni successivi anche come consigliere di Stringher e Azzolini, apprezzato negli ambienti della Bank of England.
[91] «Fu una dolorosa sorpresa» – scrisse Nathan a Stringher – il constatare la sua assenza dalla delegazione ufficiale (Nathan a Stringher, 16 settembre 1920, ASBI, Rapporti con l'estero, Copialettere 138).
[92] Molto ampio è il materiale disponibile sulla conferenza stessa rinvenibile tra le sue carte (ASBI, Beneduce, cartt. 109-113). Beneduce aveva proposto un incontro, preliminare alla Conferenza di Bruxelles, tra i ministri finanziari e i banchieri centrali dei paesi alleati (includendo dunque la Banca d'Italia) allo scopo di coordinare le varie posizioni in vista della Conferenza di Bruxelles, che prevedeva sarebbe stata poco produttiva anche a causa del numero di partecipanti (ivi, cart. 109). Gli Alleati, come è noto, si riunirono a San Remo

dunque a Beneduce illustrare la posizione italiana[93]. Affermata la necessità di risanare gli squilibri commerciali e di finanza pubblica ereditati dalla guerra, la delegazione italiana riteneva indispensabile adattare tempi e modi del «risanamento», con la necessaria deflazione, al contesto specifico di ciascun paese, tenendo conto degli effetti delle politiche monetarie e di finanza pubblica sull'economia reale. Di qui il rifiuto a impegnarsi in una stabilizzazione prematura del tasso di cambio (De Cecco 1993)[94]. Era palese il disaccordo con la politica del Regno Unito e con le raccomandazioni di Norman, che ritenevano la capacità produttiva raggiunta nel periodo bellico non sostenibile in un'economia di pace.

È opinione quasi unanime dei contemporanei e degli storici (cfr. Siepmann 1920; Eichengreen 1992) che la Conferenza di Bruxelles sia stata sostanzialmente inutile. Certo fu preparata male, ebbe un numero troppo elevato di partecipanti, fu viziata dal principio di unanimità nelle deliberazioni. Questi difetti, tuttavia, avrebbero potuto essere facilmente corretti se vi fosse stata, soprattutto da parte degli Alleati, maggiore consapevolezza dell'importanza della cooperazione economica nella ricostruzione, anche sociale e politica, dell'Europa.

Nathan tenne informato Stringher sull'andamento della conferenza, con rapporti frequenti e precisi[95]. A parere di Nathan, la conferenza operò «con la museruola» perché furono esplicitamente esclusi dai suoi lavori i temi più controversi dei trattati di pace, primo tra tutti quello delle riparazioni, la cui soluzione era cruciale per la ricostruzione economica e finanziaria dell'Europa[96]. Un giudizio meno severo è forse

---

nell'aprile 1920 e a Spa, nel luglio 1920, per discutere dell'importo complessivo delle riparazioni di guerra tedesche, ma non affrontarono se non marginalmente i temi centrali discussi a Bruxelles.

[93] ASBI, Beneduce, cart. 109, fasc. 1, p. 44.

[94] I quattro maggiori istituti di credito avevano scritto a Beneduce chiedendogli di farsi promotore di una liberalizzazione del mercato dei cambi (la fine del monopolio INCE) e di una politica di rigore fiscale. Si dissero scettici circa ogni proposta di «moneta internazionale» (ASBI, Beneduce, cart. 110, fasc. 2).

[95] ASBI, Rapporti con l'estero, Copialettere 128.

[96] Nathan fu anche molto critico sulla gestione della delegazione italiana da parte del presidente Maggiorino Ferraris, rilevando la mancanza di un «coordinamento efficace». Lamentò anche che i risultati della Commissione sui Crediti Internazionali non fossero stati discussi nella delegazione italiana.

possibile se si tiene conto del momento in cui si svolse la conferenza, preparata quando venivano ancora negoziati alcuni trattati di pace e svoltasi quando l'inchiostro era ancora fresco sull'ultimo di essi, quello di Sèvres con la Turchia[97]. La Società delle Nazioni, promotrice della conferenza, aveva tenuto a Ginevra la propria prima sessione nel gennaio precedente ed era ancora in fase di organizzazione. Malgrado ciò, questa prima conferenza economica internazionale postbellica fu tutt'altro che inutile. Anche Nathan riconobbe che, se i tempi non erano maturi per deliberazioni importanti, proprio il fatto di avere luogo meno di due anni dopo gli armistizi aveva offerto una preziosa occasione di confronto e mutua conoscenza tra esponenti della politica, della finanza e dell'industria di paesi, alleati e nemici, reduci da uno spaventoso conflitto del quale erano ancora aperte le ferite materiali e morali. In un ambiente che tentava faticosamente di riallacciare relazioni internazionali, Bruxelles garantì quantomeno una importante platea a economisti influenti per esprimere idee attorno alle quali, negli anni successivi, verterà gran parte del dibattito sulla ricostruzione del sistema dei pagamenti internazionali.

Alla Conferenza di Bruxelles erano stati invitati i rappresentati di 21 paesi, tra i quali la Germania. La Russia[98] era stata però esclusa. Nel raccomandare la concessione di aiuti pubblici e privati al governo russo per alleviare la carestia della quale il Paese soffriva, la Conferenza di Bruxelles indicò due condizioni: il riconoscimento dei debiti esteri dell'impero e la creazione di condizioni che rendessero sicuri i crediti futuri. Il governo sovietico rispose con una nota del 28 ottobre 1921 (Fink 1984, pp. 4 ss.) dalla quale prese avvio la seconda delle tre conferenze economiche internazionali convocate negli anni tra le due guerre, quella che si tenne a Genova nel 1922 e che finì per sviluppare temi ben più ampi dei soli aiuti alla Russia[99].

---

[97] Concluso il 10 agosto 1922.
[98] L'Unione Sovietica fu proclamata il 30 dicembre 1922. Prima di allora aveva assunto il nome di Repubblica Russa, Federale, Socialista, Sovietica.
[99] Per quanto riguarda la Russia, la Conferenza di Genova produsse comunque risultati significativi. In particolare, diede origine a trattative che il governo sovietico intavolò con quello tedesco dalle quali nacque il Trattato di Rapallo (16 aprile 1922) nel quale i due paesi rinunciarono a ogni reciproca pretesa territoriale e finanziaria risultante dal Trattato di Brest-Litovsk che

Una riunione di esperti incaricata di preparare la conferenza economica internazionale di Genova si tenne a Londra tra il 20 e il 28 marzo. I delegati dell'Italia furono Guido Jung, futuro ministro del Tesoro, e Francesco Giannini[100], quali rappresentanti del Tesoro (Fink 1986). Anche in questo caso, la Banca d'Italia fu lasciata sostanzialmente fuori dalla partita. A questa esclusione non furono probabilmente estranei i cattivi rapporti tra Camillo Peano, ministro del Tesoro nel primo governo Facta, e Stringher. Poco dopo la conclusione della riunione londinese degli esperti, Stringher scrisse al ministro una lettera dalla quale traspare l'irritazione per non essere stato informato delle conclusioni degli esperti stessi, «V.E. mi farebbe cosa grata se volesse farmi mettere al corrente di quanto è stato predisposto in merito dai Rappresentanti del Tesoro. Ciò sarebbe specialmente utile se gli istituti chiamati a cooperare al riordinamento monetario e che sono indicati colla qualifica di Banche Centrali, dovranno essere, come pare verosimile, quelli di emissione»[101]. Stringher non era, ovviamente, all'oscuro dei risultati di Londra essendo stato informato, passo a passo, da Nathan[102]. Il tono al limite della cortesia istituzionale con il quale si rivolse al ministro è dunque, ancora una volta, segno di rapporti tesi. Il richiamo alla dicotomia lessicale tra «banca centrale» e «banca di emissione»

---

nel 1917 aveva posto fine alle ostilità tra le due potenze. La Germania aveva già riconosciuto, nel maggio 1921, il governo sovietico come unico legittimo rappresentante del popolo russo.

[100] Personaggio poco noto e alquanto misterioso, ricordato soprattutto per il ruolo di collegamento che ebbe tra il governo tedesco, non invitato alla Conferenza di Genova, e la delegazione russa in preparazione a quello che sarà conosciuto come il Trattato di Rapallo. Con la formazione del governo Mussolini fu «l'architetto del riconoscimento fascista della Russia Sovietica» (Fink 1986, pp. 49 ss.).

[101] Stringher a Peano, 2 aprile 1922, ASBI, Rapporti con l'estero, prat. 47, fasc. 3.

[102] ASBI, Rapporti con l'estero, Copialettere 139. Per esempio, il 22 marzo, secondo Nathan i lavori della riunione degli esperti procedevano «non molto affrettatamente ma in modo soddisfacente», notando la concordia tra i delegati italiani, quelli inglesi e quelli giapponesi, che contrastava con l'intransigenza dei francesi. Nathan fece anche da *trait d'union* tra Stringher e Jung. Nel complesso, a parere di Nathan il lavoro dei delegati italiani era stato molto positivo tanto che «la voce dell'Italia ha avuto un peso senza precedenti per merito dei nostri rappresentanti».

mette in luce una certa lontananza delle istituzioni italiane dal dibattito in atto da qualche tempo in Europa sul ruolo e sul concetto stesso di «banca centrale». Non si trattava di mero nominalismo, la distinzione lessicale rifletteva in parte una maturazione non completa della Banca d'Italia, tra l'altro ancora attiva sul mercato del credito commerciale, ma diverrà strumentale, come vedremo, nel negare che via Nazionale possedesse tutti i caratteri che Norman riteneva distintivi della banca centrale.

La conferenza fu aperta con grande pompa il 10 aprile 1922. La numerosa delegazione italiana era guidata dal presidente del Consiglio Luigi Facta e dal ministro degli Esteri Carlo Schanzer. Anche Londra inviò una rappresentanza al massimo livello, con il primo ministro David Lloyd George e il Cancelliere dello Scacchiere Robert Horne. Raymond Poincaré, presidente del Consiglio francese, decise invece di non partecipare per non legarsi le mani (il capo delegazione francese non era plenipotenziario). La novità politica importante fu la presenza russa, con folta delegazione, anche se Lloyd George rimase deluso per l'assenza di Lenin. La conferenza non migliorò molto le relazioni politiche internazionali. La presa di distanza della Francia che, irrigidita sulle riparazioni, non firmò il documento finale, la riluttanza dell'Inghilterra a concedere qualcosa sul terreno dei debiti interalleati, l'irritazione per l'autonomia con la quale Germania e Russia siglarono negli stessi giorni (18 aprile 1922)[103] l'Accordo di Rapallo e le eccessive aspettative iniziali che essa potesse ristrutturare l'ordine politico prebellico spiegano, secondo gli storici, il suo sostanziale fallimento. Probabilmente il fallimento dipese da qualcosa di più profondo se si condivide l'osservazione di Fink (1984, pp. 305-306) che i protagonisti della conferenza erano prigionieri di una visione dell'Europa quale era stata fino al 1913, ma resa obsoleta dalla durata della guerra, dall'arrivo degli Stati Uniti nel vecchio continente, dalla rivoluzione sovietica e, soprattutto, dall'irrompere di nuovi attori sociali nella vita di tutti i paesi. Detto questo, bisogna aggiungere che

---

[103] Il trattato aveva come oggetto la ripresa dei rapporti diplomatici ed economici tra i due paesi.

molte delle risoluzioni in tema di finanza pubblica, trasporti, moneta e tassi di cambio crearono le fondamenta per tentativi di cooperazione internazionale ripresi dalla Lega delle Nazioni negli anni seguenti.

Il ministro conservatore della Guerra nel governo di Lloyd George, Laming Worthington-Evans, guidò la Commissione finanziaria, assegnandole il compito iperbolico di dare al mondo un «codice finanziario non meno importante del codice civile di Giustiniano» (Fink 1986, p. 232). I delegati – con Arrigo Rossi e Joe Nathan rappresentanti della Banca d'Italia[104] – si diedero obiettivi più modesti, riuscendo quantomeno a definire con una certa precisione i problemi che andavano affrontati e a stabilire criteri e strumenti per farlo.

La recente comune esperienza delle fluttuazioni dei tassi di cambio e del loro impatto sull'inflazione faceva sì che l'obiettivo di un ritorno a un sistema di cambi fissi ancorato all'oro fosse da tutti condiviso. I problemi che si posero furono dunque soprattutto tre: i tempi della reintroduzione del *gold standard*, il tasso di cambio delle singole monete con l'oro, la cooperazione per la gestione delle riserve. La Gran Bretagna e i paesi neutrali, pur desiderando un rapido ritorno alla parità aurea, erano riluttanti a prendere posizione finché non si fosse trovata una soluzione alle questioni delle riparazioni e dei debiti di guerra (Moggridge 1969). Francia, Italia e Belgio erano invece propensi a rimandare la stabilizzazione monetaria, poiché tanto la svalutazione formale rispetto al cambio aureo prebellico quanto un suo improbabile ripristino avrebbero posto problemi economici e sociali al momento insormontabili. Inoltre, avversavano sistemazioni definitive che riducessero le riparazioni tedesche o accrescessero la loro dipendenza da Gran Bretagna e Stati Uniti[105]. Così, la relazione finale della Commissione[106] riprese le raccomandazioni della Conferenza di Bruxelles e della riunione preliminare degli

---

[104] Stringher non vi partecipò, contrariamente a quanto scrisse Keynes sul «Manchester Guardian» del 15 aprile, includendolo tra i rappresentanti delle banche centrali.
[105] Cfr. Fink (1984, in partic. pp. 232-242), per un'analisi di dettaglio sui lavori e gli interessi in gioco della Commissione.
[106] ASBI, Direttorio Azzolini, prat. 111, fasc. 3, p. 26.

esperti di Londra, ma aggiunse l'impegno a convocare in tempi brevi una riunione delle banche centrali per coordinare le loro politiche e rendere sostenibili le parità auree con una convenzione internazionale che trovasse il modo di coordinare la domanda di oro, evitando larghe fluttuazioni nel potere d'acquisto del metallo.

Sui tempi della stabilizzazione e sul tasso di cambio desiderabile, la delegazione italiana assunse una posizione attendista: chiese che il testo della dichiarazione finale dicesse che il tasso di cambio «non dovesse essere necessariamente uguale alla precedente parità», lasciando dunque aperte tutte le opzioni[107]. Stringher si tenne in stretto contatto con i suoi uomini a Genova, preoccupato per la scarsa cooperazione del Tesoro e piuttosto scettico sul *gold exchange standard*. De Cecco (1993, p. 23) vede, in questo periodo, uno Stringher prudentemente nazionalista, alieno al concetto di autonomia della banca centrale, desideroso di coordinarsi con gli altri attori della politica economica domestica e poco propenso alla cooperazione con le altre banche centrali. La preoccupazione immediata di Stringher fu dunque che a Genova non si prendessero impegni vincolanti. A Rossi telegrafò di vigilare a che non si adottassero «deliberazioni [che] possano nuocere Istituti emissione italiani da esperti che hanno in mano ogni cosa senza avere alcuna responsabilità»[108].

La conferenza si chiuse con un progetto embrionale di cooperazione tra le banche centrali, la cui realizzazione venne però demandata a una futura riunione che avrebbe dovuto essere promossa dalla Banca d'Inghilterra ma non ebbe mai luogo (Fink 1984). L'opinione di Stringher in proposito non è chiara, mentre il governo si era già detto assai favorevole[109].

---

[107] Ivi, pp. 55-57.
[108] Stringher a Rossi, 17 aprile 1922, ivi, p. 88. Rossi si affrettò a rassicurarlo in proposito. Per parte sua, Nathan scrisse di dubitare che si sarebbero prese decisioni vincolanti per la Banca d'Italia, posto che la Commissione tendeva a rimandare ad altre sedi, come la Lega delle Nazioni o ulteriori Conferenze, qualunque decisione controversa.
[109] Jung a Stringher, 24 giugno 1922, ivi, p. 99.

6. Debiti interalleati e prestiti internazionali

Passando in rassegna i principali avvenimenti del 1922, Stringher fece trasparire un proprio moderato ottimismo: «Malgrado lo scetticismo onde sembrano oggimai avvolti i lavori dei consessi internazionali, non si potrebbe sinceramente asseverare che le conferenze del 1922 sieno passate senza una qualche utile azione sul bilancio dell'annata, ancora che non abbiano recato i maggiori benefizi che i più fiduciosi attendevano»[110]. Riparazioni e debiti premevano però «in grave modo su ogni movimento verso il sospirato riassetto»[111]. Quanto all'Italia, in osservanza alla posizione ufficiale del governo, Stringher disse che «l'acquisto, storicamente e politicamente legittimo, degli attuali confini non può davvero essere collocato sulla bilancia attiva per far riscontro al passivo dei debiti esterni, non compensati dalle riparazioni che avrebbero dovuto pesare sull'inimico»[112]. Insomma, o compensazione tra debiti interalleati e riparazioni o cancellazione dei debiti. Dopo avere pagato il proprio tributo alla retorica ufficiale, tuttavia, il direttore generale rilevò che «la Gran Bretagna si [era] accomodata con gli Stati Uniti d'America per la sistemazione del proprio debito a patti per essa accettabili»[113]. Era il primo passo verso soluzioni soddisfacenti per i debitori, nel rispetto del principio, imprescindibile per Washington, che non si stabilisse una connessione tra contratti di debito liberamente sottoscritti e riparazioni imposte dai vincitori ai vinti.

Già il 1° agosto 1922, con la cosiddetta Nota Balfour[114], il governo britannico, consapevole del danno all'economia mondiale prodotto dal perdurare dalla situazione esistente, si era detto pronto a rinunciare a ogni ulteriore pretesa di riparazioni verso la Germania, purché ciò avvenisse nell'ambito

---

[110] Banca d'Italia, *Adunanze generali straordinaria ordinaria degli azionisti*, 29 marzo 1923, Roma, pp. 5-6.
[111] Ivi, pp. 6-7.
[112] Ivi, p. 8.
[113] Loc. cit. Stringher si riferisce ovviamente al fatto che alla fine di marzo erano già noti i termini dell'accordo che sarà firmato il 19 giugno 1923.
[114] Arthur Balfour (1848-1930) era ministro degli Esteri britannico nel governo guidato da David Lloyd George (maggio 1919-ottobre 1922). Era stato primo ministro dal luglio 1902 al dicembre 1905.

di un piano generale atto ad affrontare il grande problema dei pagamenti internazionali trovando una soluzione adeguata. Nello stesso 1922, tuttavia, il Congresso degli Stati Uniti aveva istituito una War Debt Commission per negoziare in termini favorevoli ai debitori il rimborso dei crediti concessi durante la guerra a 17 paesi. All'inizio del 1923, il nuovo governo di Londra[115], desideroso di procedere sulla via del ritorno alla convertibilità aurea della sterlina con la cooperazione degli Stati Uniti, inviò a Washington una delegazione per negoziare l'accordo, al quale si riferiva Stringher, per una lunga rateazione del rimborso del debito britannico verso gli Stati Uniti.

L'accordo tra Londra e Washington fu siglato in un momento in cui l'occupazione della Ruhr da parte degli eserciti francese e belga, accompagnati da ingegneri minerari italiani, e l'avvitarsi dell'iperinflazione tedesca sembravano allontanare piuttosto che favorire una sistemazione complessiva dei rapporti economici e finanziari internazionali. Si dimostrò invece di essere il primo passo verso una soluzione cooperativa con il cosiddetto Piano Dawes dell'ottobre 1924.

I primi esperimenti di cooperazione multilaterale furono promossi dalla Società delle Nazioni nel 1923 con l'obiettivo di riaprire l'accesso al mercato internazionale dei capitali a piccoli paesi dell'Europa centrale e orientale per favorire la ricostruzione delle loro economie (Decorzant, Flores 2012). Sotto l'egida formale della Lega furono promossi prestiti internazionali che segnalarono un ritorno di fiducia degli investitori verso i paesi interessati. Inutile dire che si trattò anzitutto di operazioni politiche e, pertanto, controverse sia nei paesi beneficiari dei prestiti sia in quelli creditori. Gli interessi commerciali rendevano per l'Italia particolarmente rilevante la partecipazione al prestito all'Austria. Ma proprio questi interessi consigliavano a molti, tra i quali Stringher, di stabilire un generale accordo bilaterale, economico e finanziario, piuttosto che partecipare all'iniziativa della Società

---

[115] Nell'ottobre 1922 era stato formato un esecutivo guidato da Bonar Law con Stanley Baldwin quale Cancelliere dello Scacchiere, carica che tenne per sé quando, nel maggio 1923, fu chiamato a sostituire Bonar Law alla guida di un nuovo governo.

delle Nazioni che, come affermò Pantaleoni[116], sembrava egemonizzata dall'Inghilterra la quale, non più in grado di muoversi da sola, chiedeva l'appoggio incondizionato di Ginevra, sede della Società delle Nazioni (Asso 1993, p. 106). L'Italia rinunciò dunque a partecipare a un primo prestito ponte a breve termine.

Il governatore della Banca d'Inghilterra, Montagu Norman, maestro nel dosare blandizie e morbide ma inequivocabili espressioni di disappunto, scrisse a Stringher chiedendogli «cortese assistenza» e appoggio per ottenere la partecipazione delle banche italiane al prestito austriaco. «Le condizioni economiche italiane», aggiungeva il Governatore della Banca d'Inghilterra, «sono favorevoli all'emissione del debito in Italia»[117]. Non appena ricevuta la lettera di Norman, Stringher si affrettò a mandarla in copia a Mussolini aggiungendo. «dati i buoni rapporti, anche personali, che corrono con la Banca d'Inghilterra e con chi la dirige, devo dichiarare che io vedrei ben volentieri che i desideri espressimi in questo momento fossero assecondati»[118]. Mussolini diede il proprio assenso a un consorzio bancario diretto, ma senza partecipazione finanziaria, dalla Banca d'Italia che curò l'emissione della *tranche* italiana del prestito austriaco[119].

Il prestito internazionale all'Austria fu il primo di molti che si susseguirono fino alla Grande Crisi. La presenza italiana in queste operazioni fu cospicua, superiore a quella della Francia. Tra il 1923 e il 1933, l'Italia partecipò a 20 prestiti internazionali sottoscrivendo un totale di 2.269,5 milioni di lire (ivi, p. 331, tab. 2). Le ragioni di questo attivismo non furono univoche: nota Asso (ivi, p. 120) che «gran parte di

---

[116] Cfr. Relazione del presidente del Comitato di Controllo dei governi garanti del prestito austriaco, Maffeo Pantaleoni, sul programma per il risanamento economico dell'Austria (De Cecco 1993, pp. 741-742, doc. 115).

[117] Norman a Stringher 25 aprile 1923 (ivi, doc. 114). «Avverto il Governo – scrisse Pantaleoni – che l'Inghilterra strapperà gradatamente tutti i crediti per riparazioni e soccorsi alla Commissione delle riparazioni passandone i problemi alla Lega delle Nazioni, dopo ché, uno per uno, tutti questi crediti saranno posposti per venti o trent'anni alle esigenze dei creditori inglesi».

[118] Stringher a Mussolini, 2 maggio 1923 (ivi, pp. 744-745, doc. 116).

[119] Per i dettagli del prestito cfr. la comunicazione che ne fece Stringher al Consiglio superiore del 25 giugno 1923 (ivi, pp. 745-746, doc. 117).

queste trattative ebbe storia a sé». Ma lo stesso Asso aggiunge che per un breve periodo, tra la fine del 1923 e la primavera del 1925, la concomitanza di una relativa stabilità della lira e della debolezza economica della Francia diede all'Italia l'illusione di poter giocare una «politica di potenza finanziaria» a sostegno della «penetrazione commerciale italiana in alcune aree dell'Europa centrorientale, laddove il capitale e i prodotti americani facevano fatica ad arrivare. Per un breve tempo, nel corso del 1924, si cominciò a parlare di grandi utopie tra le quali, non ultima, la creazione di un'"area della lira" nell'Europa centrorientale» (ivi, p. 121). Nel 1925, le crisi della Borsa di Milano e del cambio della lira fecero svanire le utopie, riconducendo l'attenzione della Banca d'Italia alla debolezza economica e finanziaria del Paese. Intanto però si era creata nei fatti un'alleanza tra governo e grandi istituti di credito privati per la continuazione politica di proiezione finanziaria verso l'estero, alleanza che vide la Banca d'Italia volta per volta favorevolmente coinvolta o perplessa e defilata. In ogni caso, l'Istituto di via Nazionale giocò un ruolo rilevante, anche se non sempre in veste di protagonista, nelle trattative per i vari prestiti internazionali.

La maggiore partecipazione italiana a un prestito internazionale fu a quello del 1924 a favore della Polonia. La *tranche* italiana fu di 400 milioni di lire, il doppio di quella sottoscritta nel prestito austriaco e addirittura quattro volte quella del ben più importante prestito tedesco che vedremo subito. Senza entrare nei dettagli tecnici e diplomatici del prestito polacco, serve forse ricordare che esso diede luogo a uno scontro di non poco conto tra Banca d'Italia da un lato e Comit e Tesoro dall'altro. L'iniziativa del collocamento in Italia di un'importante quota del prestito alla Polonia fu presa da una cordata guidata dalla Banca Adriatica di Trieste, un istituto di media stazza, con il concreto incoraggiamento del governo che promise la propria garanzia ai titoli polacchi collocati dal consorzio italiano. Stringher, informato solo quando l'operazione era già avviata, cercò di convincere Mussolini e De Stefani che la garanzia statale costituiva un pericoloso precedente, ma si rimise al governo riconoscendo alla questione un carattere squisitamente politico. Nel frattempo si affacciò la trattativa per un prestito alla Jugoslavia, questa volta guidato dalla Banca Commerciale. Le proteste di Stringher furono accolte con un gelido «ne prendo atto» da parte del ministro del Tesoro. Stringher si lamentò anche di essere tagliato fuori da altre trattative internazionali. Mai prima di allora, neppure al tempo di Nava, i rapporti tra la Banca e il Tesoro erano stati tanto tesi[120].

Dal punto di vista della politica europea, il più importante prestito internazionale al quale l'Italia partecipò fu quello alla Germania, noto come Prestito Dawes[121] dal nome del generale e banchiere statunitense che ne coordinò la realizzazione. Il 1924 segnò la prima importante svolta nelle relazioni internazionali postbelliche avvelenate dalla irrisolta questione delle riparazioni tedesche che, nel gennaio 1923, aveva indotto Francia e Belgio a occupare la Ruhr, aprendo le cateratte della iperinflazione tedesca. Nell'estate si verificò finalmente un riavvicinamento tra Francia e Inghilterra, contraria all'invasione della Ruhr, dopo che a loro volta i tedeschi avevano cessato la resistenza passiva nella regione mineraria. Il fallimento del colpo di Stato tentato a Monaco da Hitler e dalle SA di Ernst Röhm[122] contribuì alla normalizzazione della situazione interna tedesca. Nel migliorato clima internazionale, la Commissione alleata per le Riparazioni poté nominare due comitati di esperti, il primo sui mezzi per equilibrare il bilancio e stabilizzare la moneta tedesca, il secondo per favorire il rientro in Germania dei capitali esportati. Il problema delle riparazioni fu finalmente messo all'ordine del giorno in funzione della stabilizzazione monetaria e della ricostruzione finanziaria della Germania. I comitati sottomisero i propri rapporti alla Commissione allea-

---

[120] La trattativa con la Jugoslavia finì in un binario morto per la caduta del governo di Belgrado nel luglio 1924. Questo capoverso è la sintesi di Asso (1993, pp. 143-148) al quale rimando per interessanti dettagli.

[121] Charles Gates Dawes (1865-1951), banchiere, generale (servì sul fronte francese nella Prima guerra mondiale), rappresentante degli Stati Uniti nell'Allied Reparations Commission, vicepresidente degli Stati Uniti (con Coolidge alla presidenza) dal 1924 al 1929. Per avere promosso la «riconciliazione fra Germania e Francia», condivise con Austen Chamberlain il premio Nobel per la pace per l'anno 1925, assegnato nel 1926. Fu ambasciatore degli Stati Uniti a Londra dal 1929 al 1932.

[122] Noto anche come *Putsch della birreria*, 8-9 novembre 1923.

ta nell'aprile 1924. Il Rapporto Dawes esaminò la realtà del bilancio e delle risorse tedesche, indicò le misure necessarie per stabilizzare la moneta e suggerì un piano di pagamento delle riparazioni ritenuto sostenibile per l'economia tedesca. La Germania ne accettò sostanzialmente il contenuto e in agosto si giunse finalmente a un accordo tra alleati e tedeschi, apparentemente duraturo perché soddisfacente per tutti, sulla questione delle riparazioni.

Questo breve richiamo alla portata storica degli accordi del 1924 consente di mettere nel contesto generale questioni più direttamente pertinenti alla nostra narrazione. Va anzitutto notato che l'attuazione del Piano Dawes si concretizzò, tra l'altro, in una riforma della Reichsbank il cui consiglio d'amministrazione fu composto da sette personalità tedesche e altrettante straniere, una delle quali italiana[123]. La guida della banca centrale tedesca fu affida a Hjalmar Schacht che, a fine agosto 1924, si recò a Roma per incontrare Stringher, nell'ambito di un giro delle maggiori capitali europee intrapreso non solo per definire i dettagli del prestito ma soprattutto per sollecitare, come scrisse Stringher a De Stefani, «un vigoroso e rapido affiatamento delle potenze finanziarie d'Europa, cancellando quanto più possibile i passati e presenti dissidi, allo scopo di fronteggiare, in blocco, l'azione economico-finanziaria degli Stati Uniti che potrebbe diventare molto pericolosa per l'Europa»[124]. Con l'occasione il presidente della Reichsbank chiese al collega italiano informazioni su Carlo Feltrinelli[125], designato a fare parte del «direttorio» della banca da lui presieduta[126]. La nomina di quest'ultimo era stata fatta dal

---

[123] Le altre erano di nazionalità inglese, francese, belga, statunitense, olandese e svizzera.
[124] Stringher a De Stefani, 31 agosto 1924, ASBI, Rapporti con l'estero, prat. 11, fasc. 17, p. 4. Al resoconto Stringher aggiunse un commento: «Questa dichiarazione, fattami con calore che dovrebbe rilevare schietto convincimento, da un tedesco nella posizione dello Schacht, mi ha sorpreso, benché anch'io sia persuaso che una sopraffazione americana sarebbe fatale per l'Europa, che verrebbe a trovarsi in una condizione somigliante a quella della Grecia antica rispetto alla Roma imperiale».
[125] 1881-1935. Industriale e banchiere. Consigliere del Credito Italiano.
[126] Schacht a Stringher, 29 settembre 1924, ASBI, Rapporti con l'estero, prat., 11, fasc. 3, p. 8.

governo, ancora una volta senza consultare la Banca d'Italia[127], ma Feltrinelli, per la durata del mandato, mandò a Stringher dettagliati resoconti delle sedute del consiglio.

La Banca d'Italia non partecipò alle trattative per il Piano Dawes. A Londra, la delegazione italiana fu guidata da Alberto De Stefani che però pare non fosse «invitato a partecipare alle riunioni ufficiose tra gli uomini politici e i banchieri rappresentanti della finanza internazionale che si svolgevano dietro le quinte» (Asso 1993, p. 165). Le ragioni di questa esclusione si devono forse cercare nella vicenda di un prestito alla «Banca tedesca di sconto aureo», caldeggiata nei mesi precedenti da Norman come parte del suo disegno di collaborazione tra banche centrali, al quale Stringher avrebbe volentieri partecipato, ma che fu bloccato per ragioni politiche da Mussolini e De Stefani. La successiva maggiore freddezza del Governatore della Banca d'Inghilterra nei confronti della Banca d'Italia, considerata, come vedremo, troppo dipendente dal governo, trasse probabilmente origine anche da questa vicenda. Non va peraltro dimenticato che, dopo il delitto Matteotti, «il governo italiano si venne a trovare in una posizione di estrema debolezza di fronte all'opinione pubblica internazionale» (Lefebvre D'Ovidio 2016, p. 514) che frustrò ulteriormente la possibilità della delegazione italiana di svolgere un ruolo efficace nel negoziato. La fase finale delle trattative per la partecipazione italiana al Prestito Dawes si svolse a Londra, dapprima tra Stringher e Schacht e poi tra quest'ultimo e Nathan. La Germania chiese all'Italia non solo una partecipazione importante ma anche che essa fosse emessa in Italia in sterline. Entrambe le richieste parvero inaccettabili a Stringher. Si arrivò quasi a una rottura che avrebbe forse compromesso l'intera operazione, visto che francesi, belgi e gli stessi banchieri americani facevano di un'importante partecipazione italiana la condizione per il loro stesso impegno. Volarono parole pesanti. Nathan, certo sulla base di istruzioni

---

[127] «[Schacht] mi ha chiesto se consentiva nel nome del Dr. Carlo Feltrinelli, che gli era stato segnalato. Gli ho risposto che non avevo obiezioni da fare: ma lui e io avremmo preferito un membro del Consiglio superiore della Banca d'Italia (p.e. Milius o Pavoncelli che sanno il tedesco)» (Stringher a De Stefani, 31 agosto 1924, ASBI, Rapporti con l'estero, prat. 11, fasc. 17, p. 4).

1.

2.

3.

4.

5.

6.

7.

8.

9.

10.

11.

12.

13.

14.

15.

16.

S. M. IL RE IMPERATORE ALLA CERIMONIA DELL'INIZIO DEI LAVORI
PER LA COSTRUZIONE DELLA NUOVA SEDE DELLA BANCA D'ITALIA IN NAPOLI

Napoli, 9 Maggio XVIII.

17.

18.

19.

20.

21.

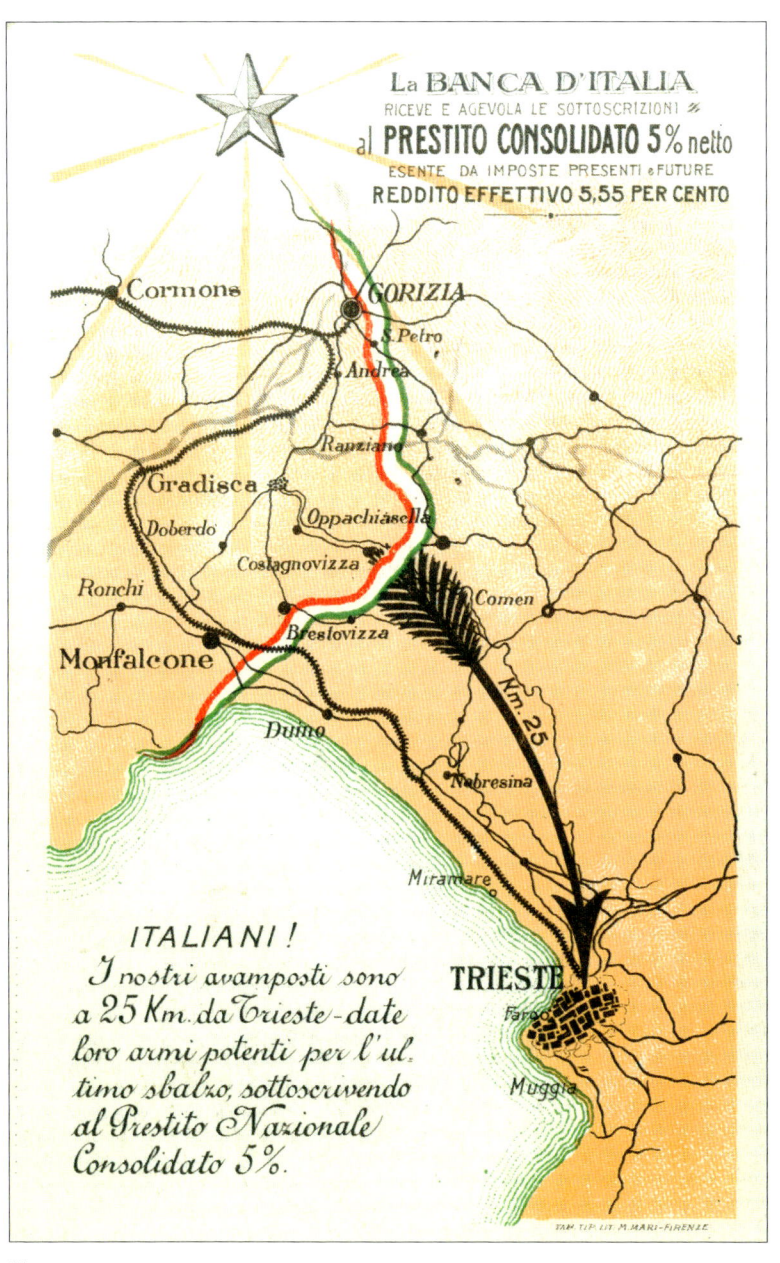

La BANCA D'ITALIA
RICEVE E AGEVOLA LE SOTTOSCRIZIONI
al **PRESTITO CONSOLIDATO 5%** netto
ESENTE DA IMPOSTE PRESENTI e FUTURE
REDDITO EFFETTIVO 5,55 PER CENTO

ITALIANI!
I nostri avamposti sono a 25 Km. da Trieste - date loro armi potenti per l'ultimo sbalzo, sottoscrivendo al Prestito Nazionale Consolidato 5%.

23.

24.

Ritratti

1. Giacomo Grillo (Fratelli Alinari, 1868).
2. Giuseppe Marchiori (Studio fotografico Schemboche, seconda metà Ottocento).
3. Bonaldo Stringher (Carlo Maria Mariani, Collezione della Banca d'Italia - © by SIAE 2022).
4. Vincenzo Azzolini (Stefano Di Stasio, Collezione della Banca d'Italia).
5. Il direttorio della Banca d'Italia nel 1937. Da sin. a dx: Niccolò Introna, Vincenzo Azzolini, Pasquale Troise.

Edifici

6. Gaetano Koch, *Palazzo Koch in via Nazionale a Roma*, sede centrale della Banca d'Italia dal 1893, 1888 (Collezione della Banca d'Italia).
7. La sede provvisoria della succursale di Messina dopo il terremoto, maggio 1909. Al centro Niccolò Introna.
8. Prospetto principale della sede di Milano della Banca d'Italia (1925 ca.).
9. Prospetto principale di Palazzo Manin, sede della Banca d'Italia di Venezia (prima metà anni Trenta ca.).
10. Salone aperto al pubblico della sede di Genova della Banca d'Italia.
11. Edificio della filiale di Tripoli della Banca d'Italia e scorcio della città, 1940 ca. (Studio fotografico Luigi Costa).
12. Banca d'Italia, filiale di Tripoli. Salone aperto al pubblico, 1940 ca. (Studio fotografico Luigi Costa).

Eventi e cerimonie

13. Membri del Board della BRI all'uscita dell'Hotel de l'Univers (Basilea, 1930). Da sin. a dx: il rappresentante belga Maurice Frère, Vincenzo Azzolini e Alberto Beneduce (© BRI).
14. Assemblea annuale della Banca d'Italia, 1936.
15. Inaugurazione della filiale di Gondar della Banca d'Italia (Etiopia, 1937).
16. S.M. il Re Imperatore alla cerimonia dell'inizio dei lavori per la costruzione della nuova sede della Banca d'Italia in Napoli (9 maggio 1940).
17. Il banditore fa conoscere alla popolazione nativa l'apertura in Hargheisa dell'Ufficio della Banca d'Italia (Somalia, 15 agosto 1940).
18. IV Giornata del soldato, Dopolavoro della Banca d'Italia, Palermo (7 maggio 1942).

Manifesti, banconote, dipinti

19. Banconota della Banca Nazionale nel Regno d'Italia, 1867 (Collezione della Banca d'Italia).
20. Tallero, 5 lire, colonia Eritrea, emissione 1896, esemplare 5188 (Collezione della Banca d'Italia).
21. Rupia della Somalia italiana, esemplare 6597, R.D. 13 maggio 1920 n. 600 (Collezione della Banca d'Italia).
22. Manifesto del prestito nazionale rendita consolidata 5%, 1916.
23. Cartolina del prestito consolidato 5% netto, 1916.
24. Giacomo Balla, *La seggiola dell'uomo strano*, 1929 (Collezione della Banca d'Italia - © by SIAE 2022).

Avvertenza: laddove non diversamente indicato le fotografie sono tratte dall'Archivio storico fotografico della Banca d'Italia e i documenti provengono dall'Archivio storico della Banca d'Italia (ASBI).

avute, dichiarò che «l'Italia di oggi non era un paese che avrebbe subito imposizioni da chicchessia» (Asso 1993, p. 168). Toni roboanti rispetto ai quali fu poi necessario fare marcia indietro, anche per la forza delle pressioni tedesche e inglesi, i due principali interessati al buon esito finanziario della trattativa. Alla fine l'Italia si impegnò per 100 milioni di lire, meno del 3% dell'importo complessivo del prestito, un quarto della partecipazione al prestito polacco. La riluttanza, anche di Stringher, a essere tra i protagonisti della più importante operazione politico-finanziaria internazionale degli anni Venti non giovò alla successiva reputazione dell'Italia. La comunicazione della conclusione dell'accordo fatta da Stringher al Consiglio superiore non avrebbe potuto essere più fredda e stringata per un avvenimento tanto atteso. «In conformità alle deliberazioni della Conferenza di Londra – disse Stringher – il governo germanico emette un prestito internazionale in varie emissioni per un totale di 800 milioni di marchi oro. Il ministero delle Finanze ha autorizzato l'emissione nel regno di una porzione di tale prestito per 100 milioni di lire. L'emissione è affidata a un consorzio presieduto dalla Banca d'Italia al quale partecipano le principali banche private. Gli istituti di emissione non fanno parte del consorzio per il fatto che i titoli non portano la garanzia dello Stato italiano ma aiutano il consorzio anche accettando prenotazioni presso propri sportelli»[128].

Caso tedesco a parte, la partecipazione dell'Italia ai prestiti internazionali fu vista con un certo favore non solo dalla Banca d'Italia, ma anche dalle maggiori banche, a cominciare dalla Commerciale, mentre il governo, sempre preoccupato per la stabilità del cambio, fu costantemente cauto, tanto che nel dicembre 1924 Stringher stese una breve memoria[129] per cercare di dimostrare che la partecipazione ai prestiti della Società delle Nazioni non aveva influito sul valore esterno della lira. Il mese prima, Montagu Norman aveva scritto al direttore della Banca d'Italia per chiedergli di partecipare a un prestito

---

[128] ASBI, Verbali del Consiglio superiore, 27 ottobre 1924, p. 438.
[129] Appunto dattiloscritto con correzioni a mano di Stringher del 15 dicembre 1924 (De Cecco 1993, p. 771, doc. 126).

a favore dei rifugiati greci. Stringher aveva risposto in modo un po' lamentoso: «l'Italia non è un paese ricco e soltanto con sacrificio essa ha potuto essere a fianco delle altre nazioni nell'opera sin qui svolta per la ricostruzione dell'Europa»[130]. Ma il vero motivo, imprudentemente adombrato alla fine della lettera, era il veto del governo all'operazione. Questo episodio peggiorò ancora i rapporti tra Stringher e Norman (De Cecco 1993, p. 40), già scettico sulla indipendenza di via Nazionale dall'esecutivo, della quale diremo nel prossimo capitolo.

7. *Una politica monetaria per la crescita, 1922-1925*

Nella relazione letta agli azionisti nel marzo 1923, cinque mesi dopo il giuramento del governo Mussolini, Stringher diede voce alle speranze diffuse che il nuovo corso politico aprisse a una fase di stabilità e crescita. «Chiusa, con la ratifica del Trattato di Rapallo, la serie degli accordi politici seguiti alla guerra; rassicurato il risparmio interno circa la nominatività dei titoli, incoraggiato il capitale estero [...] via via si manifesterà più rapida e intensa quella ripresa di attività onde si scorgono i segni»[131]. In realtà, come si è visto, già nel 1922 l'economia italiana aveva realizzato un robusto aumento del PIL e della produzione industriale, sebbene la cosa non fosse stata percepita dall'opinione pubblica nei mesi precedenti la marcia su Roma. Stringher volle comunque sottolineare gli effetti positivi della politica annunciata e già in parte avviata dal nuovo governo, in particolare la fine di «sterili agitazioni» e l'impegno a conseguire l'equilibrio dei conti pubblici. L'anno dopo salutò il procedere «con alacrità sulla via del pareggio, il cui conseguimento suggellerà un'opera di storica importanza»[132]. Nel 1925 sottolineò con soddisfazione la previsione di De Stefani di un pareggio di bilancio al 30 giugno 1926[133].

---

[130] Stringher a Norman, 17 febbraio 1924 (ivi, pp. 770-771, doc. 124).
[131] Banca d'Italia, *Adunanza generale straordinaria ordinaria degli azionisti*, 23 marzo 1923, Roma, p. 9.
[132] Banca d'Italia, *Adunanza generale straordinaria ordinaria degli azionisti*, 28 marzo 1924, Roma, p. 14.
[133] Banca d'Italia, *Adunanza generale straordinaria ordinaria degli azionisti*, 31 marzo 1925, Roma, p. 15.

La politica di «risanamento del bilancio dello stato» impostata da De Stefani[134], con il pieno appoggio di Mussolini, si basò soprattutto su una sostanziale riduzione della spesa complessiva che, misurata a prezzi costanti, si dimezzò nel quadriennio 1922-1926 (Ministero dell'Economia e delle Finanze 2011, tab. 18), mentre la pressione fiscale si ridusse assai poco (*ibid.*). Il rapporto tra prodotto interno lordo e debito pubblico sottoscritto all'interno del Paese si ridusse dall'80 al 40% (Francese, Pace 2008, p. 31). In particolare, «diminuirono sensibilmente le spese militari, l'istruzione, e la spesa sociale, nonché gli "interventi in campo economico" dietro i quali si celavano i lavori pubblici» (Petri 2002, p. 63). Malgrado le aspettative positive che generò, questa politica fiscale avrebbe avuto impatto recessivo, considerata la sua dimensione e la concentrazione in pochi anni, se non fosse stata accompagnata da una politica monetaria che restò moderatamente accomodante, forse oltre i desideri dei responsabili.

Nel settembre 1923 il privilegio dell'emissione fu rinnovato a Banca d'Italia, Banco di Napoli e Banco di Sicilia fino al 1930. L'offerta di moneta crebbe del 20% tra il 1922 e il 1926. A fronte di una circolazione sostanzialmente costante, aumentarono i depositi bancari a vista e vincolati che costituivano ormai circa i 2/3 dell'offerta totale di moneta (la cosiddetta M2). Il prodotto interno lordo a prezzi costanti aumentò anch'esso del 20%. Il livello dei prezzi al consumo crebbe in media del 5% l'anno. La velocità di circolazione aumentò di circa il 2% l'anno (Fratianni, Spinelli 1997, p. 131), una dinamica significativa, non più realizzata sino alla Seconda guerra mondiale, ma non tale da giustificare, in un semplice schema monetarista, l'affermazione che la politica monetaria abbia avuto effetti espansivi sulla crescita dell'economia reale. Tali effetti dipesero, secondo Cotula e Spaventa (1993, pp. 110 ss.), dalla «componente privata della creazione di moneta» da parte degli istituti di emissione guidati dalla Banca d'Italia. Che cosa intendono i due autori per «componente privata»? Si

---

[134] Si noti però che già il ministro Tangorra, subito dopo l'insediamento del governo Mussolini, aveva preso l'impegno di «ridurre il disavanzo statale, restringendo la spesa e semplificando l'ordinamento tributario» (Cotula, Spaventa 1993, p. 89).

tratta di quanto abbiamo sovente ricordato: la Banca d'Italia e le sue due minori consorelle univano alla funzione monetaria propriamente detta (creazione di moneta ad alto potenziale con l'emissione nel sistema di proprie passività a vista) un'attività di banca privata che, come le altre, forniva credito alle imprese soprattutto con operazioni di sconto e anticipazione. «In queste condizioni – scrivono Cotula e Spaventa (ivi, pp. 113-114) – ci si può attendere che la componente privata della base monetaria abbia una relazione più immediata con le variabili nominali: che, in altre parole, la trasmissione sia più veloce e più potente». La generosa espansione delle anticipazioni dirette al settore privato, mentre diminuivano quelle allo Stato, furono dunque un canale importante di politica monetaria «accomodante» nel significato letterale del termine: la Banca accomodò largamente la domanda di credito che le rivolgevano le imprese[135]. In una fase di riduzione della spesa pubblica con l'obiettivo di raggiungere in pochi anni il pareggio di bilancio, la scelta della Banca, corretta dal punto di vista macroeconomico, rispondeva alla missione che si era da anni tacitamente assegnata di sostenere la crescita dell'economia reale.

Vi erano, naturalmente, costi impliciti a una politica monetaria di questo genere: un'inflazione non molto elevata ma, comunque, percepibile e, soprattutto, la svalutazione del valore esterno della lira. Era questa la variabile sulla quale si appuntava soprattutto l'attenzione del mondo politico e dei commentatori (assai meno, invece, quella degli ambienti produttivi). In una fase nella quale in tutta Europa si puntava a stabilizzazioni monetarie orientate al ritorno alla convertibilità aurea delle monete, l'andamento dei cambi era una variabile politicamente assai sensibile. Vedremo più avanti l'attenzione che a essa dedicò Mussolini. La ricetta ortodossa di chi, nella prospettiva di un ripristino della convertibilità aurea, non si rassegnava o non voleva mostrare di rassegnarsi alla revisione della parità aurea legale della lira (era ancora for-

---

[135] Fu utilizzato lo strumento dei tassi di favore mentre il tasso ufficiale, portato dal 6 al 5,5% nell'agosto 1922, rimase a quel livello fino al marzo 1925 quando venne aumentato di 50 punti base.

malmente vigente quella d'anteguerra) consisteva nel ridurre la quantità di banconote in circolazione sino a rendere il loro ammontare compatibile con la riserva aurea esistente e non facilmente aumentabile. Da un punto di vista tecnico-contabile, la riduzione della circolazione – che avrebbe avuto effetti macroeconomici pesantemente recessivi – cozzava contro un forte ostacolo: l'elevata esposizione del Consorzio Sovvenzioni su Valori Industriali verso la Banca d'Italia, esposizione che, benché ridotta, era nel 1924 di 3.720 milioni, pari a solo il 6% dell'attivo dell'Istituto di via Nazionale, ma a circa il 30% della circolazione. Stringher lamentava che la Sezione Autonoma del Consorzio, che considerava un po' come propria creatura, fosse diventata la «testa di turco» dei critici[136]. Da banchiere centrale concedeva che «sarebbe desiderabile una riduzione della circolazione scoperta, tanto più necessaria quanto, accanto alla circolazione normale, vi sono 7.298 milioni di circolazione per conto dello stato», ma rivendicava il buon lavoro fatto nel ridurre lentamente i crediti immobilizzati della Banca verso la Sezione, lavoro che doveva necessariamente procedere lentamente per evitare cessioni di cespiti in perdita. Chiedeva pertanto pazienza e perseveranza, evitando di «sacrificare a un gesto seducente il rapido riassetto di una situazione anormale», aggiungendo che «non sono alcune centinaia di milioni in più o in meno che possono modificare la situazione dei cambi e dei prezzi», situazione che – citando Achille Loria – attribuiva soprattutto a «un vero fenomeno psicologico». Dovere della Banca – concluse Stringher – è di «cooperare efficacemente con il Tesoro – governato da un nocchiero esperto come l'attuale ministro delle Finanze – nell'ardua sua opera di sistemazione e risanamento»[137].

Al tributo pubblico di prammatica reso a De Stefani non corrispondeva però, l'abbiamo già visto, un rapporto perso-

---

[136] ASBI, Verbali del Consiglio superiore, seduta del 24 novembre 1924, p. 549.
[137] Ivi, p. 552. Stringher si riferisce a Loria (1924). Nel medesimo contesto, il direttore generale si lanciò in una critica al volume uscito l'anno prima, ma non ancora tradotto in italiano da Sraffa per Treves (1925) di J.M. Keynes (1923) «che penserebbe di sconvolgere tutti i sistemi monetari del mondo dando di frego al passato, così nell'ordine scientifico, come nell'ordine pratico, s'intende a beneficio della finanza anglosassone!».

nale tale da facilitare la collaborazione tra Banca e Tesoro. Fu proprio la valutazione della politica monetaria che, all'inizio del 1925, inasprì nuovamente i rapporti tra direttore generale e ministro[138]. Quest'ultimo, contrariamente al primo, riteneva l'andamento della circolazione responsabile della flessione della lira sui mercati valutari che, dopo una dinamica relativamente moderata tra 1922 e 1924, stava accelerando in modo preoccupante[139]. Stringher rispose dapprima che gli istituti di emissione non avevano l'obbligo di garantire la stabilità del cambio, né erano in grado di farlo. Poco dopo però, cambiando idea rispetto a un mese prima, chiese un aumento del tasso di sconto. La richiesta fu accolta e il tasso ufficiale fu rapidamente innalzato dal 5,5 al 6% (9 marzo), e poi in rapida successione al 6,5% (3 giugno) e al 7% (18 giugno) livello al quale venne mantenuto fino al marzo 1928. Gli effetti sul cambio si fecero sentire solo in settembre quando la quotazione della sterlina scese da 132 a 119 per mantenersi poi attorno a quota 120 fino alla primavera del 1926 quando, come vedremo nel prossimo capitolo, riprese a svalutarsi rapidamente inducendo Mussolini a pronunciare il discorso di Pesaro e Volpi a prendere direttamente in mano la gestione del cambio. La concessione da parte del Tesoro dell'aumento del tasso ufficiale di sconto non placò la polemica epistolare tra Stringher e il ministro che, il 12 marzo, lamentò che l'accresciuto costo del denaro non aveva rallentato la dinamica del credito. Ma Stringher aveva già dichiarato di voler «evitare che le restrizioni [del credito] danneggiassero il movimento economico del paese»[140], confermando ancora una volta la priorità che la Banca d'Italia assegnava alla crescita economica rispetto ad altri obiettivi. Stringher, d'altronde, si trovava a dover mediare tra le pressioni che riceveva dal suo

---

[138] Si veda, tra i tanti scambi di questi mesi, la forma durissima, a cominciare dell'inusuale apertura («Sig. Direttore») di una lettera di De Stefani: «Richiamo ancora una volta a la sua attenzione su questa circostanza [aumento della circolazione]. Desidero che ella mediti su queste tre cifre [seguono alcuni dati]», De Stefani a Stringher, 5 aprile 1925, ASBI, Direttorio Stringher, fondo 1, sottofondo 7, n. 17, p. 194.

[139] La media delle quotazioni del settembre 1924 fu di 101,4 lire per sterlina, quella del febbraio 1925 di 116,2 (Cotula, Spaventa 1993, tav. A14, p. 858).

[140] Stringher a De Stefani, 18 gennaio 1925 (ivi, p. 430, doc. 58).

principale interlocutore istituzionale nel governo e quelle, meno perentorie ma non per questo meno determinate, che gli venivano dal mondo produttivo, rappresentato anche nel proprio Consiglio superiore[141].

I rapporti tra De Stefani e Stringher, mai facili ma divenuti particolarmente tesi nei primi mesi del 1925, si spiegherebbero meglio se fosse vero, come pare, che il ministro stesse proprio in quel periodo cercando di scalzare il banchiere udinese dalla guida della Banca per sostituirlo con Guido Jung. Cotula e Spaventa (1993, p. 125) giudicano l'intenzione di De Stefani come «probabile», ma la documentazione che producono è piuttosto solida. In marzo Luigi Lusignani[142], avvocato e politico parmense vicino a Farinacci, aveva informato Stringher[143] che Farinacci stesso e il ministro Rocco avevano annunciato a Mussolini l'intenzione di dimettersi nel caso di una sostituzione alla guida della Banca d'Italia con Jung o altri. I due esponenti del Partito Nazionale Fascista avevano anche affermato, in polemica con De Stefani che avocava a sé la decisione in merito, che essa spettava invece al Consiglio dei ministri. L'episodio divenne pubblico e fu ripreso da una nota di agenzia. Lusignani era personaggio a dir poco ambiguo tanto da rendere poco comprensibili i suoi rapporti con Stringher. È tuttavia probabile che quanto riferito

---

[141] I disaccordi tra Stringher e De Stefani non si limitarono a questioni di politica monetaria. Tra la fine del 1924 e l'inizio del 1925 essi riguardarono, tra l'altro, l'azione legale contro gli ex amministratori del Banco di Roma. De Stefani, forte di un parere dell'Avvocatura Generale dello Stato, sosteneva che l'azione avrebbe dovuto essere intrapresa dalla Sezione Autonoma del Consorzio Sovvenzioni su Valori Industriali. Stringher, sulla base di una memoria dell'avvocato della Banca, riteneva invece che l'azione spettasse ai sindaci (revisori contabili) del Banco e che solo qualora questi, formalmente investiti del compito, non vi avessero ottemperato, la Sezione Autonoma avrebbe potuto intervenire. Non è possibile, in questa sede, approfondire il merito della questione che viene ricordata solo per aggiungere un elemento di contesto ai difficili rapporti tra Banca e Tesoro (per approfondimenti cfr. Stringher a De Stefani, Riservatissima, 19 gennaio 1925, ASBI, Direttorio Stringher, prat. 15, fasc. 1, sottofasc. 1, p. 40, e i documenti sul medesimo argomento contenuti nello stesso sottofascicolo).

[142] 1877-1927. Giolittiano, sindaco discusso di Parma, approdò nel dopoguerra al Partito Fascista dal quale fu presto espulso e poi riammesso. Arrestato per il fallimento di una piccola banca da lui presieduta, si suicidò in carcere.

[143] La lettera è custodita in ASBI, Carte Stringher.

dall'avvocato parmense, seppur convenientemente gonfiato, non fosse troppo lontano dal vero. Non è dato comunque di sapere né quanto serio sia stato il tentativo di De Stefani, né quali probabilità di successo avrebbe avuto, anche in assenza dell'intervento dei due esponenti fascisti. Nei pochi mesi che precedettero il «cambio della guardia» tra De Stefani e Volpi (7 luglio 1925), Stringher – forse più sicuro in sella, come suggeriscono Cotula e Spaventa (*ibid.*) – indirizzò direttamente anche a Mussolini le comunicazioni prima inviate al solo ministro del Tesoro.

Un decreto legge (R.D.L. 30 dicembre 1924, n. 2013) prorogò a tutto il 1930 la durata della Sezione Ordinaria del Consorzio Sovvenzioni su Valori Industriali, consentendo a quest'ultimo di finanziarsi con l'emissione di buoni fruttiferi. Stringher considerò il provvedimento come un proprio successo: da un lato esso riconosceva implicitamente il valore dei servizi resi dal Consorzio, del quale Stringher era stato sempre sostenitore, dall'altro riduceva il ricorso del Consorzio al risconto presso la Banca d'Italia in coerenza con l'obiettivo di «risanare» la circolazione. Fu anche rafforzata la separazione della Sezione Speciale Autonoma da quella ordinaria del Consorzio[144]. In quell'occasione Stringher ricordò, in polemica con chi, in particolare De Stefani[145], vedeva nel Consorzio una tra le maggiori cause delle difficoltà che si frapponevano a una drastica riduzione della circolazione, che nel novembre 1922 era stato Tangorra, a nome di Mussolini, a chiedere agli istituti di emissione di «evitare, seppure con sagrifizi, una seconda grave crisi bancaria la quale avrebbe prostrato il paese e che a tal fine la circolazione creata per il Consorzio era stata liberata dell'obbligo di una riserva in specie metalliche». La rigidità successiva dell'offerta di moneta era, per Stringher, il prezzo pagato per avere evitato, due anni prima, un male ben maggiore[146].

---

[144] ASBI, Verbali del Consiglio superiore, seduta del 26 gennaio 1924, pp. 3-7.
[145] ASBI, Stringher a De Stefani, 17 novembre 1924, Direttorio Stringher, prat. 17, p. 104, doc. 2.
[146] Ivi, p. 55.

8. *1925*

Il 1925 costituisce una cesura epocale nella storia d'Italia. Il discorso pronunciato da Mussolini il 3 gennaio alla Camera dei deputati segna, nell'opinione quasi unanime degli storici, l'inizio della dittatura conclamata[147]. In ottobre, il cosiddetto Patto di Palazzo Vidoni stabilì che solo la Confindustria e le corporazioni fasciste potessero stipulare contratti collettivi di lavoro. In dicembre il duce divenne capo del governo, in posizione sovraordinata agli altri ministri[148] e fu approvata una legge che limitava fortemente la libertà di stampa[149]. Il diritto di sciopero fu abolito nell'aprile 1926[150]. Nel 1928[151], la legge elettorale del 1923 (la cosiddetta Legge Acerbo)[152], fortemente maggioritaria, che nel giugno 1924 aveva assicurato a Mussolini un'ampia maggioranza assoluta alla Camera, fu sostituita con un sistema che prevedeva un'unica lista nazionale di candidati scelti dal Gran Consiglio del Fascismo che gli elettori potevano solo approvare o respingere in blocco. Sono cose assai note e qui basta un brevissimo, ma necessario richiamo. Un po' meno noto è, forse, il fatto che – come accennato sopra – il 1925 sia stato un anno di «cesura» anche per la politica economica (Toniolo 1980). Inutile dire che questa cesura fu strettamente collegata a quella politica dalla quale dipese e che, a sua volta, contribuì a rafforzare.

Un segnale inequivocabile che Mussolini, attuata la svolta autoritaria, intendeva imprimere una svolta anche alla politica economica venne, il 10 luglio 1925, dal «cambio della guardia» tra Alberto De Stefani e Giuseppe Volpi alla guida del Tesoro. È difficile immaginare una personalità più diversa di Volpi da quella del ministro uscente. Li univa solo la comune origine veneta, veronese De Stefani, veneziano il nuovo titolare del Tesoro e delle Finanze. Giuseppe Volpi era quanto più lontano si possa immaginare dall'uomo di studi quale De Stefani amava considerarsi, tanto fascista per convinzione quanto

---

[147] Cfr., per tutti, il massimo storico del regime, Renzo De Felice (2005).
[148] Legge 24 dicembre 1925, n. 2263.
[149] Legge 21 dicembre 1925, n. 2307.
[150] Legge 3 aprile 1926, n. 563.
[151] Legge 17 maggio 1928, n. 1019.
[152] Legge 18 novembre 1923, n. 2444.

Volpi lo fu per cinica opportunità. Di famiglia relativamente modesta, Volpi, nato nel 1877, aveva creato a soli 22 anni una prima impresa che crebbe rapidamente con attività di import-export soprattutto con l'Europa centrale e i Balcani. Negli anni successivi le sue attività si erano allargate, anche grazie alla vicinanza con la Banca Commerciale di Toeplitz che gli consentì di fondare, nel 1905, un'impresa di produzione idroelettrica (la Società Adriatica di Elettricità) destinata a durare fino alla nazionalizzazione del 1962. Vicino a Giolitti fu, nel 1912, ministro plenipotenziario nelle trattative di Losanna con la Turchia, dopo l'annessione italiana della Libia. Nel 1917 fu tra gli animatori della realizzazione di Porto Marghera nella laguna di Venezia al quale, da ministro, concesse importanti vantaggi fiscali. Massone, nel gennaio 1922 aderì al fascismo. Tra il 1922 e il 1925 fu governatore della Tripolitania e in quella veste avallò la brutale repressione di Graziani che consentì all'Italia di assumere finalmente il controllo della colonia. Chiusa l'esperienza ministeriale, fu presidente della Confindustria, carica dalla quale fu rimosso da Mussolini nel 1943, e delle Assicurazioni Generali. Presidente della Biennale, promosse l'Esposizione Internazionale d'Arte Cinematografica a Venezia. Arrestato dalle SS, fu poi rilasciato e contribuì a finanziare la resistenza veneta. Morì nel 1947[153].

La discontinuità con l'impostazione del professore veronese apparve subito chiara dai provvedimenti doganali presi dal nuovo ministro. Questi segnarono un radicale rovesciamento della politica economica, sino a quel momento condotta per molti aspetti in continuità con quella dei governi liberali prebellici: la stessa tariffa doganale del 1921, formalmente protezionista, si inseriva nella lunga tradizione di stabilire dazi piuttosto elevati, ma negoziabili bilateralmente in regime di «nazione più favorita». De Stefani aveva mantenuto la sospensione, disposta in tempo di guerra, del dazio di importazione dei cereali e, tra il 1921 e il 1925, aveva adottato vari provvedimenti che avevano ridotto le imposte di confine sia su generi alimentari di largo consumo, per cercare di contenere il cosiddetto «carovita», sia su macchinari, materie prime e concimi necessari

---

[153] Per una biografia cfr. Romano (1997).

all'industria manifatturiera e all'agricoltura. Nel complesso, come si è detto, la robusta crescita degli anni 1922-1925 si era realizzata nel quadro di una visione dell'economia italiana partecipe degli scambi internazionali, valorizzando i vantaggi italiani nell'agricoltura pregiata e nella manifattura leggera, a elevata intensità di lavoro a costo relativamente basso. Questa impostazione venne ribaltata nel 1925, anzitutto con il ripristino del dazio sui cereali (R.D.L. 24 luglio 1925, n. 1129) dopo la magniloquente proclamazione della «battaglia del grano» fatta da Mussolini alla Camera dei deputati il 20 giugno 1925. Fu aumentata la protezione all'industria saccarifera[154], a quella siderurgica e alla meccanica pesante.

Il 1925 si era aperto per Stringher con un ennesimo duro scontro con il titolare del Tesoro. Si trattava dell'ormai endemica questione della circolazione che De Stefani riteneva responsabile della svalutazione del cambio. Da Parigi, dove affermava di constatare «il discredito della lira italiana», il ministro scrisse:

una diminuzione [della circolazione] avrebbe potuto contro pesare le ripercussioni finanziarie della politica interna. Questo non fu fatto, ed Ella dice che [...] gli istituti di emissione non sono in grado e non hanno d'altronde l'obbligo di fare. È questo il punto di vista che va riesaminato, perché non è ammissibile che alla politica del Tesoro, che deve avere la più assoluta libertà di manovra, contrastino gli istituti di emissione[155].

L'ormai lungo disaccordo sulla politica monetaria si estendeva esplicitamente alla questione dell'indipendenza della banca centrale, che dominerà negli anni successivi i rapporti tra quest'ultima e il governo, in particolare con il ministero del Tesoro. Due mesi dopo, sempre più preoccupato per la tenuta della lira, De Stefani osservò nuovamente, in modo ruvido, a Stringher che «l'andamento delle operazioni di banca [era] in aperto contrasto con le direttive che dovrebbero essere adottate e necessarie per ridurre la circolazione»[156].

---

[154] De Stefani aveva resistito alle pressioni degli zuccherieri, meritandosi l'approvazione, tra gli altri di Attilio Cabiati (Cabiati a De Stefani, 8 febbraio 1925 in Marcoaldi 1986, pp. 128-130).
[155] De Stefani a Stringher, 12 gennaio 1925 (ivi, pp. 127-128).
[156] De Stefani a Stringher, 12 marzo 1925 (ivi, p. 131).

In marzo, nella consueta relazione agli azionisti, Stringher si soffermò sulla lentezza con la quale procedeva la normalizzazione dell'economia internazionale, sui progressi della sterlina nell'avvicinamento al cambio prebellico con il dollaro e, dunque, sul tema irrisolto dell'«ordinamento monetario, e di quelli che ne rampollano: della stabilizzazione, della deflazione e della svalutazione, i quali problemi risguardano anche l'Italia»[157]. Auspicò una soluzione per i debiti interalleati. Notò con soddisfazione la vitalità della produzione industriale italiana e la veloce marcia della finanza pubblica verso il pareggio di bilancio, con effetti positivi sui tassi di interesse e sui titoli di Stato. Dedicò più pagine, in larvata polemica con De Stefani, alla riduzione della circolazione. Non poté però ignorare, dopo avere constatato la stabilità del cambio della lira nel corso del 1924, che nelle ultime settimane la valuta italiana aveva subito preoccupanti perdite di valore sui mercati internazionali. I mesi successivi, come disse più tardi Stringher, furono «molto laboriosi e in alcuni momenti, come in sulla fine di marzo e in quella di giugno, assai malagevoli»[158]. Nella primavera del 1925, si interruppe il ciclo espansivo delle quotazioni azionarie che era stato sospinto sia dalla liquidità derivante dalla diminuzione delle emissioni del Tesoro, sia dalla politica monetaria accomodante. Secondo Guarneri (1988, p. 109), l'accelerazione della svalutazione della lira sui mercati internazionali, alimentata dall'aumento dei prezzi interni e dallo squilibrio della bilancia delle partite correnti con l'estero (Fratianni, Spinelli 1997, pp. 138-139), creò una situazione di incertezza che non mancò di riflettersi sui valori azionari. Tra l'inizio del 1924 e il mese di febbraio del 1925, l'indice azionario italiano aveva guadagnato circa il 50%: basta forse questo dato a fare capire che una «correzione» era nell'ordine delle cose e che il clima di incertezza la rese più profonda e duratura. I livelli delle quotazioni di inizio 1925 non furono più raggiunti fino al 1940.

La crisi della borsa italiana fu aggravata da misure prese da De Stefani per tentare di arginare la speculazione al ribas-

---

[157] Banca d'Italia, *Adunanza generale ordinaria degli azionisti*, 31 marzo 1925, Roma, p. 13.
[158] ASBI, Verbali del Consiglio superiore, 31 agosto 1925, p. 330.

so. In febbraio, l'indice di borsa toccò il massimo. Il 26 di quel mese, su suggerimento di Stringher[159] (Cotula, Spaventa 1993, p. 125), il ministro varò un decreto che disciplinava le operazioni a termine, sia in cambi sia in titoli. Prescrisse anche un margine in contanti, subito ridotto per evitare una crisi di liquidità. De Stefani emanò inoltre disposizioni dirette a limitare la circolazione (Cavalcanti 2011, p. 91). Stringher tuttavia vanificò le prescrizioni ministeriali fornendo alle grandi imprese, i cui titoli avevano cominciato a essere abbondantemente venduti, la liquidità necessaria ad acquistarli esse stesse. In giugno si ripeté una più grave «crisi di fiducia» che – disse Stringher – «si è potuta arrestare e superare grazie all'uso avveduto di larghi mezzi: il rifiuto anche parziale dei quali avrebbe potuto avere dolorose conseguenze per l'economia nazionale»[160]. Il massiccio acquisto di propri titoli da parte delle grandi imprese quotate, nel vano tentativo di sostenerne le quotazioni, realizzò la trasformazione della banca mista in quella che Saraceno chiama «banca holding». Questi acquisti rallentarono solo moderatamente la caduta delle quotazioni, ma le banche accumularono nei propri portafogli titoli azionari che, negli anni successivi, non poterono essere ricollocati sul mercato se non con perdite tali da obbligarle a portare i libri in tribunale. È dunque nel 1925-1926 che si creano le premesse per la crisi e i relativi salvataggi del 1930-1931 (Toniolo 1980).

Se, nel nuovo corso del fascismo, la sostituzione di De Stefani era nell'ordine delle cose quale tassello necessario al cambiamento della politica economica, una ripresa della svalutazione della lira e il crollo della Borsa di Milano offrirono le motivazioni immediate per il «cambio della guardia».

La svalutazione della lira rappresentava, seppure in dimensione ridotta, il problema emerso durante la guerra di come spiegarne le cause agli interlocutori politici e fare loro comprendere l'ampiezza delle munizioni da mettere in campo

---

[159] Nota maliziosamente De Ianni (2009, p. 199) che Stringher avesse dato volutamente un cattivo consiglio al ministro, con il quale era ormai sempre ai ferri corti e sospettava di volerlo sostituire con Jung alla testa della Banca, per renderlo impopolare con il mondo delle imprese e della finanza.
[160] ASBI, Verbali del Consiglio superiore, 31 agosto 1925, p. 330.

qualora le autorità volessero contrastare lo scivolamento del cambio con acquisti di lire sui mercati. Alla fine del 1924, la congiuntura era particolarmente favorevole all'accensione di debiti in valuta. La fine dell'iperinflazione tedesca e, soprattutto, la sistemazione, seppure provvisoria, delle riparazioni e il prestito internazionale a favore di Berlino avevano aperto all'Europa le porte dei capitali statunitensi. Le grandi banche d'affari di New York erano pronte a cogliere le opportunità di investimento all'estero[161]. In particolare, le previsioni che si sarebbe giunti in tempi brevi alla sistemazione «politica» dei prestiti interalleati di guerra come condizione necessaria a una generale stabilizzazione monetaria, cioè al ritorno alla convertibilità delle monete, rendevano finalmente interessante il mercato europeo. La Germania ne fu la prima beneficiaria. Anche l'Italia appariva attraente: governo stabile, pace sociale, un'economia di grandi dimensioni, grazie alla demografia, in rapida crescita. Governo e Banca d'Italia avevano, come si è visto, partecipato, non sempre con entusiasmo, ai prestiti internazionali patrocinati dalla Lega delle Nazioni. Si presentavano adesso condizioni interessanti per passare dal ruolo di erogatore a quello di fruitore di capitali internazionali. Così, poco dopo l'emissione del Prestito Dawes, nel novembre 1924 era stata aperta una trattativa per un primo, piccolo, prestito in dollari all'Italia. Wall Street 23 a New York, sede della Casa Morgan, era indubbiamente il più importante indirizzo finanziario degli Stati Uniti, emersi dalla guerra come la più vitale potenza finanziaria mondiale. Attraverso successive trasformazioni, la banca Morgan tracciava le proprie origini sino alla Bank of Manhattan fondata da Aaron Burr nel 1799, l'anno prima di essere eletto vicepresidente di Thomas Jefferson. Era, dunque, anche una delle più antiche banche statunitensi, con un pedigree di prestigio. La Banca d'Italia trovò in Thomas Lamont (1870-1948), socio della J.P. Morgan, un interlocutore attento alle questioni italiane anche se, a suo stesso dire, non sempre capace di comprenderle in

---

[161] Sullo scorcio del 1924, i nuovi delegati della Banca d'Italia a New York, Podestà e Pennacchio, mandarono a Stringher rapporti ottimisti circa la ripresa dell'interesse e dell'attività dei banchieri statunitensi sui mercati esteri (Asso 1993, pp. 206-207).

pieno. Lamont aveva allora 55 anni e una notevole esperienza di affari europei, iniziata durante la guerra e continuata quale rappresentante del Tesoro americano alla Conferenza di pace. Era stato uno dei principali estensori del Piano Dawes. A differenza di altri banchieri, Lamont amava visitare ripetutamente i paesi ai quali prestava denaro. Rappresentava in Italia la Casa Morgan, curandone i rapporti quasi quotidiani con il governo e il mondo delle banche, Giovanni Fummi, finanziere vicino a Volpi e al Vaticano[162] (Chernow 1991). Nel dicembre 1924 De Stefani confermò davanti al Parlamento il mutato atteggiamento del governo di fronte ai prestiti esteri: l'Italia non sarebbe stata solo esportatrice, ma anche importatrice di capitali. Fu Lamont a sconsigliare Stringher e, tramite suo, il ministro del Tesoro dal negoziare per lo Stato un prestito a breve che, se non avesse avuto pieno successo, avrebbe danneggiato la reputazione finanziaria del Paese e reso meno agevoli operazioni future. Il momento, a parere di Lamont, non era ancora favorevole perché anche il Belgio, dopo un'analoga operazione francese, stava per emettere un prestito obbligazionario all'estero (Asso 1993, p. 209). Si optò dunque per una piccola operazione, con i caratteri di un test del mercato, consistente in un prestito della Casa Morgan alla Banca d'Italia di soli 5 milioni di dollari. Il contratto fu stipulato alla fine di gennaio 1925[163].

Questo primo ritorno della Banca d'Italia sul mercato internazionale di capitali le servì a stabilire contatti e a familiarizzarsi con le prassi della finanza statunitense con la quale non vi erano stati contatti nei decenni precedenti: la Banca si mosse almeno formalmente in autonomia. De Stefani era stato infatti chiarissimo: non ci sarebbe stata alcuna garanzia dello Stato. A questo primo assaggio, seguì un'operazione ben più rilevante che vedremo nel prossimo capitolo.

---

[162] Benché vicino al fascismo, con facile accesso a Palazzo Venezia, Fummi rimase sempre un po' sospetto al regime per i legami con gli Stati Uniti e la moglie inglese. Venne arrestato nel 1940. Rilasciato dopo pochi giorni, grazie ai buoni uffici di Lamont e del Vaticano, si rifugiò a St. Moritz. Nel 1941, da Londra, curò il trasferimento dell'oro vaticano da Roma a New York (Chernow 1991).
[163] Per i dettagli tecnici dell'operazione cfr. Asso (1993, pp. 209-212).

CAPITOLO SETTIMO

QUOTA 90 E POLITICA MONETARIA, 1925-1929

1. *L'economia italiana, 1925-1929*

Nel marzo 1925, la Banca d'Inghilterra tornò a cambiare in oro le sterline di carta presso uno speciale sportello della propria sede in Threadneedle Street a Londra. Dopo il Piano Dawes dell'anno prima, era questo un segnale altamente simbolico che il mondo stava riavendosi dal trauma bellico, cercando di tornare alla normalità. Ogni sterlina valeva 7,3 grammi d'oro a 22 carati, il rapporto già fissato nel 1717 da Isaac Newton e ufficializzato nel 1817, quattro anni prima del ritorno alla convertibilità dopo la sospensione durante le cosiddette «guerre francesi». Il cambio della sterlina in oro era poi stato mantenuto inalterato fino alla nuova sospensione della convertibilità nel 1914. Undici anni dopo, la City aveva vinto la battaglia per la propria credibilità internazionale. Poteva affermare che il valore aureo della sterlina era rimasto invariato per oltre duecento anni, salvo le sospensioni durante due grandi conflitti. Il conto fu pagato dall'industria britannica, soprattutto esportatrice.

Alla fine del 1925, 39 paesi avevano ripreso la convertibilità delle proprie monete o realizzato una stabilizzazione *de facto* rispetto al dollaro[1]. Con Regno Unito e Germania nel *gold exchange standard*[2], nella seconda parte degli anni Venti la politica monetaria internazionale e l'attenzione delle banche centrali furono dominate dall'obiettivo di portare gli altri

---

[1] Gli Stati Uniti avevano ripreso la piena convertibilità del dollaro in oro sin da giugno 1919.
[2] Il *gold exchange standard* innovava rispetto a quello prebellico poiché le banche centrali erano libere di scegliere al momento della conversione se consegnare oro o monete di altri paesi convertibili in oro. Questa innovazione, della quale abbiamo detto parlando delle Conferenze economiche di Bruxelles e Genova, aveva come obiettivo il sottrarre l'offerta di moneta mondiale al vincolo stretto della disponibilità di oro.

grandi paesi dell'Europa occidentale (Francia, Italia, Belgio e Spagna) nel concerto del sistema internazionale di cambi fissi ancorati all'oro.

«La cronaca dell'anno 1927 – scrisse la Banca Commerciale – è tutta dominata dalla preparazione della riforma monetaria» (Banca Commerciale 1928). Il 1927 fu l'anno della reintroduzione della convertibilità della lira in oro, mai formalmente ripresa dopo il 1893, ma la questione della stabilizzazione del cambio dominò la politica monetaria dalla seconda metà del 1925. Anche dopo il «ritorno all'oro», il valore esterno della lira, fissato a un livello quasi unanimemente ritenuto troppo elevato, restò un punto focale della politica economica, soprattutto per il Tesoro e la Banca d'Italia. Anche la legge bancaria del 1926, che diede all'Istituto di via Nazionale il monopolio dell'emissione di moneta, fu un tassello importante della complessiva strategia di stabilizzazione monetaria (più complesse furono, come vedremo, le ragioni delle norme che conferirono alla Banca poteri di vigilanza).

L'andamento complessivo dell'economia dipese sia dalle politiche monetarie e doganali, sia dal ciclo internazionale. Dopo il boom dei primi anni Venti, il PIL restò pressoché costante nel 1926[3], ebbe una modesta riduzione nel 1927 (il PIL diminuì di circa il 2%), seguita da due anni di crescita media del 5,5% (Baffigi 2013). Il risultato di queste fluttuazioni fu che, nel 1929, il PIL superava solo del 10% il livello raggiunto nel 1925. Seguì la Grande Crisi e il livello di reddito raggiunto nel 1929 fu nuovamente toccato, come vedremo, solo nel 1935.

Colpito dalla rivalutazione del cambio, il volume delle esportazioni, che era quasi raddoppiato tra il 1922 e il 1925, si riprese solo nel 1929 quando superò del 13% il livello del 1925. Quanto alle importazioni, l'effetto dei provvedimenti doganali del 1925 fu un po' mitigato dall'andamento del cambio solo nel 1928-1929. Nel complesso, alla fine degli anni Venti, l'apertura internazionale dell'economia italiana restava inferiore a quella del 1913[4].

---

[3] Il PIL aumentò dello 0,8%.
[4] Misurato come rapporto tra esportazioni di beni e servizi e PIL, pari al 14% nel 1929.

2. Verso la convertibilità della lira

«Ormai, il più vasto problema monetario s'affaccia, per chiedere di essere convenientemente risolto. E prima o poi dovremo pur disporci ad affrontarlo, uniti in una meditata e compiuta preparazione»[5]. Così, alla fine dell'agosto 1925, Stringher si rivolgeva ai membri del suo Consiglio superiore. Tra marzo e luglio la navigazione era stata, come si è visto, burrascosa, con il crollo delle borse, il «cambio della guardia» al Tesoro, la ripresa dell'inflazione e della svalutazione della lira. In giugno, aveva rivelato poco prima Stringher ai suoi, si era verificata una crisi di fiducia che si era «potuta arrestare e superare grazie all'uso avveduto di larghi mezzi: il rifiuto anche parziale dei quali avrebbe potuto avere dolorose conseguenza per la comunità nazionale»[6]. La crisi di giugno era stata poco percepita dall'opinione pubblica nell'aspetto che più aveva preoccupato Stringher: i segni di panico tra i detentori di depositi bancari. Erano invece sotto gli occhi di tutti la caduta dei corsi azionari e del valore esterno della lira. Il cambio lira/dollaro, salito molto lentamente da 24,06 a 24,62 tra gennaio e maggio, era balzato a 26,11 in giugno fino a raggiungere un massimo di 27,83 l'8 agosto, per poi scendere e stabilizzarsi attorno alle 24,80 lire sino al giugno del 1926 quando, come vedremo, un secondo forte ribasso indurrà Mussolini e Volpi ad accelerare la politica di rivalutazione sino al ritorno della convertibilità aurea della lira, nel dicembre 1927.

La crisi fece accettare a De Stefani, come si è visto, un consistente aumento del tasso di sconto dal 5,5 al 7%. Il 21 giugno, Stringher convocò segretamente a Roma i principali banchieri. Concordando che le condizioni economiche dell'Italia non giustificavano il ritiro dei depositi e la vendita di lire contro valuta, attribuiti a «panico di carattere interno e movimento speculativo»[7], i banchieri si impegnarono con

---

[5] ASBI, Verbali del Consiglio superiore, 31 agosto 1925, p. 331.
[6] Ivi, p. 330.
[7] La delegazione del Tesoro a Parigi riferiva di un banchiere americano arrivato dall'Italia rimasto «male impressionato dalle manifestazioni di alcuni nostri personaggi» e dubbioso circa la durata del regime. Commenti negativi

il governo, «attraverso il direttore generale della Banca d'Italia», ad attuare un razionamento di fatto delle vendite di valute, limitandole «ai soli bisogni effettivi e indeclinabili di pagamenti»[8].

Avvenuta poche settimane dopo la stabilizzazione della sterlina[9], la fiammata estiva di una svalutazione del cambio pari al 13% focalizzò maggiormente l'attenzione di Mussolini sulla questione del valore esterno della lira, accelerando probabilmente i tempi del «cambio della guardia» tra De Stefani e Volpi alla guida del Tesoro.

La stabilizzazione del valore esterno della lira richiedeva alcune condizioni interne ed esterne. Alla metà del 1925, le prime erano in qualche modo realizzate con il raggiungimento dell'equilibrio del bilancio dello Stato e la riduzione dell'inflazione entro limiti tollerabili. La principale condizione esterna era la piena riammissione dell'Italia al mercato internazionale dei capitali sia privati sia pubblici, ma ciò postulava, soprattutto agli occhi degli americani, una soluzione concordata all'annosa questione dei debiti interalleati di guerra.

Qui è necessario un passo indietro al prestito di 5 milioni negoziato dalla Banca d'Italia con la Casa Morgan con il quale si è chiuso il capitolo 6. Questo primo contatto diretto con Wall Street raggiunse l'obiettivo che si era prefisso di avviare relazioni personali con banchieri statunitensi. In aprile, Thomas Lamont, partner di J.P. Morgan, arrivò in Italia, vide Mussolini che gli fece ottima impressione tanto da appenderne in ufficio il ritratto con autografo, incontrò Stringher che gli parlò bene del duce e fece un lungo giro in automobile per la penisola, alla fine del quale scrisse «L'Italia che ho attraversato sembra lavoratrice e prospera. I titoli dei quotidiani di New York e Londra mi paiono proprio esagerati» (Chernow 1991, pp. 280-282). Lamont «insegnò a Mussolini come rendersi attraente

---

sull'Italia venivano anche pubblicati sui giornali francesi. Il volume degli affari in lire trattati a Parigi, anche per ordini provenienti da altre piazze, sembrava al rappresentante del Tesoro «presentare qualche pericolo» (Telegramma Poma a Direzione Generale Tesoro, 22 giugno 1925, ASBI, Rapporti con l'estero, prat. 15, fasc. 3, sottofasc. 1, pp. 13-14).

[8] Stringher a De Stefani, 22 giugno 1925, ivi, pp. 4-5.

[9] Il *Gold Standard Act* era stato approvato il 13 maggio.

all'opinione pubblica angloamericana, gli mise in bocca frasi zuccherine con le quali rendere presentabili all'estero le sue politiche [...] il problema italiano fu ridefinito come problema di relazioni pubbliche» (ivi, p. 281)[10]. Si parlò presto di un prestito di 100 milioni all'Italia. Il segretario di Stato Kellog mise in chiaro che prima di concederlo era necessario risolvere la questione del debito di guerra[11]. Si trovò, tuttavia, un compromesso: il Dipartimento di Stato non avrebbe obiettato a un prestito, ridotto a 50 milioni, qualora si fosse trattato di un rapporto tra istituti di credito, senza intervento dei governi e senza collocazione dei titoli presso il pubblico. Questa condizione fu comunicata solo informalmente alle autorità italiane, per evitare che fosse interpretata dal pubblico come una pressione americana (Lefebvre D'Ovidio 2016, vol. II, p. 918).

Il buon esito del negoziato fu messo a rischio dalla prospettiva di un prestito italiano all'Albania, del quale ci occuperemo nel capitolo 11, nell'ambito della cosiddetta «svolta albanese» che, «nella primavera-autunno 1925 rappresentò il "punto di frattura" tra fase moderata e quella aggressiva della politica estera fascista» (Asso 1993, p. 219)[12]. La promessa di un prestito all'Albania trovò l'opposizione di Stringher e dello stesso De Stefani. Il primo, in particolare, fu messo in allarme dallo sfavore con il quale i mercati ne accolsero la

---

[10] «Se il signor Mussolini dichiarasse che il regime parlamentare è finito in Italia, questa dichiarazione costituirebbe uno shock per gli anglosassoni. Se al contrario Mussolini spiegasse che le vecchie forme parlamentari hanno fallito in Italia generando caos e governi inefficienti e che pertanto dovevano essere temporaneamente sospese e del tutto riformate, allora gli anglosassoni capirebbero» (Lamont a Fummi, 11 dicembre 1925, cit. in Chernow 1991, p. 281, nota 25).
[11] «Il Dipartimento di Stato si opporrebbe alla collocazione pubblica del debito o all'ampliamento del credito al governo italiano se questi non facesse convenienti passi in vista della sistemazione o del rimborso del suo debito verso il governo degli Stati Uniti (Frank G. Kellog a Lamont, 29 maggio 1925, ASBI, Rapporti con l'estero, prat. 16, fasc. 2, sottofasc. 3, p. 3).
[12] Per chi non volesse arrivare tanto avanti nella lettura, si può anticipare qui che il 25 marzo 1925 fu firmata da Mario Alberti (direttore centrale del Credito Italiano e plenipotenziario del governo di Roma) e Mufid Bey Libohova (ministro delle Finanze albanese) una convenzione «per la costituzione della Banca Nazionale Albanese e la concessione di un prestito di 300 milioni da parte dell'Italia (Lefebvre D'Ovidio 2016, vol. II, p. 606). Il capitale della banca a maggioranza italiana era sottoscritto da Banca Commerciale, Credito Italiano, Banco di Roma e Banca Nazionale di Credito.

notizia proprio in un momento nel quale tutte le munizioni avrebbero dovuto essere impiegate per contrastare la crisi della lira. Questa volta il direttore della Banca d'Italia e il ministro del Tesoro si mossero di conserva, convincendo Mussolini a fermare la concessione del credito all'Albania[13] (ivi, p. 220).

Rimosso l'ostacolo albanese, si spianò la strada all'apertura del credito Morgan. Il negoziato fu probabilmente iniziato dalla Banca d'Italia sin dalla visita primaverile di Lamont a Roma e continuato poi con Fummi, il rappresentante della Casa Morgan in Italia. Il 25 maggio 1925, Stringher scrisse a De Stefani che la trattativa era in dirittura d'arrivo. Si trattava di un credito *revolving*[14], della durata di un anno, concesso agli istituti di emissione guidati dalla Banca d'Italia per 50 milioni di dollari che avrebbero assorbito i 5 milioni del prestito di gennaio. Il ricavato sarebbe servito a «difendere il cambio della lira italiana sulla piazze di New York»[15]. Il contratto fu concluso il 1° giugno. Malgrado la garanzia dello Stato italiano richiesta da Morgan, che intascò una commissione del 2% sulla somma totale, fu stabilito un tasso dell'1% superiore al saggio di sconto della Federal Reserve Bank di New York e, in ogni caso, non inferiore al 4,5%[16]. I cattivi rapporti tra via Nazionale e il Tesoro si tradussero in iniziative autonome da parte di quest'ultimo che non giovarono alla reputazione del Paese sui mercati internazionali.

Il giorno prima dell'accordo con Morgan, all'insaputa di Stringher, De Stefani mandò segretamente a Londra Guido Jung per cercare di negoziare con la Casa Hambro un ulteriore prestito di 5 milioni di sterline (quasi 25 milioni di dollari), senza sapere che, pochi giorni prima, un'autonoma offerta di un milione da parte della banca inglese era stata respinta dallo stesso Stringher, che aveva definitivamente scelto Morgan come controparte per un prestito pubblico in vista

---

[13] Questo fu poi emesso il 12 novembre 1925 (Asso 1993, p. 219).
[14] Si tratta di un accordo che permette al debitore di accedere ripetutamente a una linea di credito fino a un limite prestabilito mentre ripaga con rate costanti il proprio debito. Ogni pagamento del debitore ricostituisce l'ammontare del suo credito disponibile.
[15] Stringher a De Stefani, 25 maggio 1925 (in De Cecco 1993, doc. 129, p. 782).
[16] Fummi a Stringher, 1° giugno 1925 (ivi, p. 786, doc. 132).

di un probabile ritorno all'oro, benché le condizioni offerte dagli Hambro fossero meno onerose di quelle degli americani. Malgrado questo precedente, Jung si presentò a Norman, governatore della Banca d'Inghilterra, come rappresentante degli istituti di emissione italiani. Norman però lo accolse come rappresentante del governo, negando il proprio consenso all'operazione, aggiungendo che nei «prossimi due anni per operazioni del genere tutti dovranno rivolgersi all'America» (Asso 1993, pp. 226-268). Il ritorno all'oro della sterlina era una scommessa troppo recente e troppo rischiosa perché la Banca d'Inghilterra acconsentisse all'uscita di preziosi capitali. D'altronde, lo stesso Stringher sottolineò pochi mesi dopo, forse con velato rammarico, che la guerra aveva dato al dollaro «l'impero monetario» e la sterlina stava solo allora avviandosi «a riprendere, con meditata prudenza, il posto che aveva raggiunto nei primi anni del ventesimo secolo»[17].

Torniamo ora alla fiammata inflazionistica della seconda metà del 1925 e alle prime mosse per la stabilizzazione del cambio. Il secondo prestito Morgan si accompagnò a un piano di restrizione creditizia (De Cecco 1993, docc. 134-136), richiesto esplicitamente dai banchieri di Wall Street come condizione per l'utilizzo dei crediti[18]. Sull'intensità di questa manovra si creò nuovamente un disaccordo tra De Stefani e Stringher che riteneva insufficiente il ritocco del tasso di sconto concesso dal Tesoro[19]. Dopo la caduta di De Stefani, il piglio autoritario di Volpi non tardò a manifestarsi. Il 25 agosto, il Consiglio dei ministri assegnò al governo, cioè al ministro delle Finanze, la sorveglianza dei cambi. Pochi giorni dopo un decreto legge (R.D.L. 29 agosto 1925, n. 1508) attribuì al governo la facoltà di emanare norme in materia di cambi, che Volpi tradusse immediatamente in controlli e divieti nell'utilizzo di lire da parte dei non residenti. In pratica, una soffice restrizione ai movimenti di capitale.

---

[17] Banca d'Italia, *Adunanza generale ordinaria degli azionisti*, 31 marzo 1925, Roma 1926, p. 10.
[18] ASBI, Rapporti con l'estero, cart. 16, fasc. 2, 30 maggio 1925, Appunto Anonimo «nuova operazione Morgan».
[19] ASBI, Rapporti con l'estero, cart. 16, fasc. 2, 2 giugno 1925, Stringher a De Stefani.

La conclusione, in quegli stessi giorni (18 agosto), di un accordo tra Stati Uniti e Belgio per la sistemazione del debito di guerra, mise Francia e Italia sotto pressione per regolare anche le loro posizioni. Il negoziato tra Roma e Washington, che si trascinava stancamente da giugno, ricevette un nuovo impulso politico. Una delegazione italiana guidata da Volpi[20] arrivò a Washington l'11 novembre 1925. Non vi faceva parte alcun rappresentante della Banca d'Italia, mentre ne erano membri Alberto Pirelli e Mario Alberti, direttore centrale del Credito Italiano[21]. Il 14 novembre fu firmato l'accordo tra Volpi e il segretario al Tesoro degli Stati Uniti Mellon. Le condizioni furono particolarmente favorevoli all'Italia. Il debito di 2,042 miliardi di dollari sarebbe stato rimborsato in 62 rate annuali crescenti al tasso medio di 0,4%. Sino al 1930, l'Italia avrebbe pagato solo 5 milioni l'anno. Complessivamente, il valore attuale del debito si ridusse, nel bilancio dello Stato, da 23,1 a 17,7 miliardi di lire oro[22].

Mentre l'accordo sul debito di guerra era chiaramente avviato alla conclusione, il governo italiano riprese il negoziato, rimasto sino ad allora incagliato per il veto di Washington, per un prestito di 100 milioni di dollari, ancora da parte di Morgan, ma questa volta direttamente al governo italiano. L'operazione pare sia stata concepita inizialmente, all'insaputa di Stringher, da Beneduce che vi lavorava fin dal 1922-1923 (Franzinelli, Magnani 2009, p. 162). Il contratto con la Casa Morgan fu firmato da Volpi solo tre giorni dopo la conclusione dell'accordo sul debito di guerra. Il prestito *Kingdom*

---

[20] Comprendeva Dino Grandi, sottosegretario agli Esteri, l'ambasciatore italiano a Washington De Martino, Bonin-Longare e Buti, entrambi del ministero degli Esteri. A questi «si aggiunsero successivamente Giovanni Fummi, l'illustre statistico Corrado Gini e Alberto Beneduce» (Franzinelli, Magnani 2009, p. 162).

[21] Su questo personaggio, molto presente nella diplomazia finanziaria di questi anni, cfr. cap. 11.

[22] Banca d'Italia, *Adunanza generale ordinaria degli azionisti*, 31 marzo 1925, Roma 1926, p. 17. «In termini assoluti, fu l'accordo più favorevole fra quelli raggiunti da paesi europei con gli USA, anche se alcuni sottolinearono che, in termini relativi alla situazione economica del Paese, l'Italia risultava più duramente colpita dei suoi alleati europei» (Ministero del Tesoro 1988, p. 37). Secondo De Cecco (1993), invece, le condizioni sono «da paese sconfitto» ovvero pari a quelle ottenute dalla Germania nel Prestito Dawes (in termini di tassi, di opzione di riscatto anticipato, con lo scopo esplicito di stabilizzare la lira).

of Italy[23] fu «in termini assoluti la più importante operazione finanziaria lanciata sul mercato americano nel 1925 a favore di un governo straniero» (Asso 1993, p. 204). Quando la notizia circolò riservatamente in Italia, Stringher, tenuto all'oscuro da Volpi, dovette chiedere a Podestà, delegato della Banca a New York, di dire al ministro che «per opportune direttive» gli sarebbe giovato «conoscere riservatamente scopo fondamentale prestito cento milioni perché qui parlasi di stabilizzazione del cambio insieme a riforma monetaria»[24]. Solo allora, Volpi istruì il proprio capo di gabinetto a Roma di informare «anche» il direttore della Banca d'Italia. Era il giorno prima dell'offerta pubblica alla Borsa di New York[25]. Il nuovo finanziamento servì ad aumentare le riserve di proprietà del Tesoro ai fini della stabilizzazione del cambio, consentendo a Volpi di avocare a sé, come scrisse Stringher a Podestà, «direzione e coordinamento difesa nostra valuta»[26].

Alla conclusione del negoziato di Washington seguì rapidamente un accordo con Londra sul debito di guerra, firmato da Volpi e Churchill il 14 gennaio 1926[27]. Nemmeno in questo caso la Banca d'Italia partecipò alla trattativa. Nella relazione letta agli azionisti il 31 marzo 1926, Stringher si limitò a commentare la sistemazione dei debiti esteri di guerra dicendo che essa era «resa possibile dalle solide basi sulle quali poggiano oggidì le finanze statali» e che, insieme alla soluzione di altre «importanti questioni di politica internazionale e affari

---

[23] Il prestito, al 7% nominale, 7,48 effettivo, aveva durata venticinquennale, fu emesso a 95 ma il governo italiano incassò solo 90 milioni, essendo 5 milioni assorbiti da commissioni e spese dei Morgan e delle banche che avrebbero partecipato alla collocazione presso il pubblico.

[24] ASBI, Rapporti con l'estero, cart. 16 (in De Cecco 1993, pp. 797-798, doc. 137).

[25] Ivi, doc. 138.

[26] Ivi, doc. 198.

[27] Per dettagli cfr. Asso (1993) e Lefebvre D'Ovidio (2016). Le condizioni furono più favorevoli di quelle ottenute con gli Stati Uniti: «il debito di 611 milioni di sterline fu ridotto a 276,7 milioni» (Ministero del Tesoro 1988, p. 37). Secondo i calcoli di Moulton, Pasvolsky (1926), basati sul valore attuale dei pagamenti previsti scontati al 5%, le riduzioni effettive dei debiti americano e inglese risultavano essere rispettivamente dell'80 e dell'85% (cfr. anche Toniolo 1980, pp. 105-107 e Salvemini, Zamagni 1993, p. 153). Astore e Fratianni (2019) giungono però a una stima sensibilmente inferiore.

coloniali», gli accordi di Washington e Londra «concorrono di certo con efficacia a spiegare le vie al nostro lusinghiero avanzamento economico»[28].

Sistemate le annose pendenze belliche e acquisita valuta che considerava sufficiente, Volpi ritenne di avere posto le condizioni per una stabilizzazione del cambio della lira. In effetti, l'obiettivo del prestito Morgan era la stabilizzazione del valore esterno della moneta, ma rimase un'ambiguità di fondo: stabilizzazione legale, come intendeva la banca americana o stabilizzazione *de facto* «ripetendo, da una posizione di maggiore forza, l'infelice esperimento tentato nel (precedente) mese di giugno»? Neppure Stringher era a conoscenza degli obiettivi di Volpi (Asso 1993, p. 244). Ben presto, tuttavia, l'intento del ministro fu chiaro. Appoggiandosi alla Banca Commerciale, con la quale aveva stabilito stretti rapporti sin dall'inizio del secolo, Volpi operò direttamente sul mercato valutario. Ricorrendo largamente a operazioni a termine, riuscì a mantenere il cambio della lira attorno a 24,8 lire per dollaro per circa cinque mesi, da inizio gennaio alla metà di maggio 1926, quando si verificò una nuova «crisi del cambio». Si dimostrò illusoria l'idea che togliendo alla Banca d'Italia il controllo delle riserve e operando direttamente sul mercato con tecniche ritenute d'avanguardia si potesse risolvere un problema strutturale, non dipendente da una malevola speculazione. Mentre Morgan scioglieva il sindacato di istituti di credito statunitensi di collocamento e sostegno del prestito *Kingdom of Italy* (Franzinelli, Magnani 2009, p. 163), Volpi sospese il sostegno della lira, per non perdere inutilmente altra valuta convertibile. Un effetto collaterale non trascurabile dell'inutile tentativo di Volpi fu quello di guastare i rapporti con la piazza di New York, dove il valore dei titoli *Kingdom of Italy* si svalutava, trovando scarsi sottoscrittori, contrariamente ad altre emissioni su mercati europei. Si raffreddarono in particolare le relazioni con la Casa Morgan, sino ad allora grande amica dell'Italia, che ritenne l'uso del prestito fatto da Volpi contrario, se non alla lettera, quantomeno allo spi-

---

[28] Banca d'Italia, *Adunanza generale ordinaria degli azionisti*, 31 marzo 1925, Roma 1926, p. 15.

rito del contratto stipulato in gennaio. La *querelle* coinvolse anche la Banca d'Italia che però era stata lasciata fuori sia dai negoziati, sia dalla gestione dei dollari Morgan (Asso 1993, pp. 248-256).

Sulle cause della svalutazione e, in particolare, sulla relazione tra offerta di moneta, inflazione e valore esterno della lira abbiamo visto la discussione tesa, spesso polemica, tra Stringher e De Stefani. Il primo indicava nel disavanzo della bilancia commerciale una delle cause primarie della debolezza della lira, il secondo incolpava soprattutto la dinamica della circolazione. Non v'è dubbio che le cause strutturali pesassero fortemente sul cambio ma Cotula e Spaventa (1993, p. 116) osservano che vi furono anche responsabilità «specifiche della politica monetaria per aver consentito o favorito condizioni di liquidità e di credito palesemente incompatibili con un obiettivo di stabilizzazione del cambio». Si tratta, tuttavia, di responsabilità che i due autori attribuiscono, più che agli uomini, all'assetto istituzionale, a cominciare da quella mancanza di indipendenza dal governo sulla quale insistevano, come vedremo, le banche centrali degli altri paesi. La politica fiscale aveva creato una delle condizioni necessarie alla stabilizzazione del cambio ma, per quanto riguarda la politica monetaria, il governo tenne, non per la prima né per l'ultima volta, una posizione quantomeno ambigua. Se da un lato chiedeva alla Banca d'Italia di ridurre la circolazione, dall'altro era riluttante a concedere aumenti del tasso ufficiale di sconto. Soprattutto, però, il potere politico chiedeva alla Banca d'Italia di farsi carico dei numerosi salvataggi bancari ai quali è dedicato il prossimo capitolo. La Banca stessa, peraltro, come già più volte osservato, si manteneva in una condizione ambigua operando direttamente sul mercato in concorrenza con gli altri intermediari, negando a sé stessa uno degli importanti caratteri che Norman associava a una banca centrale.

La circolazione toccò nel 1925 un punto di massimo nuovamente raggiunto solo nel 1938. La modesta contrazione del 1926 fu più che compensata dalla crescita dei depositi: l'offerta di moneta (M2) continuò ad aumentare fino al 1929 (Barbiellini Amidei *et al.* 2016). Si ridussero, tuttavia, soprattutto nella seconda metà dell'anno, i crediti all'economia.

Aumentarono invece considerevolmente i titoli di Stato nel portafoglio della Banca.

Nel marzo 1926, un nuovo crollo di borsa mise in difficoltà le banche che già l'anno prima avevano, come si è visto, fortemente accresciuto il proprio portafoglio titoli. Fu dunque costituita in tutta fretta una «Società finanziamento titoli» (SOFTIT) tra le principali banche volta, appunto, a puntellare i bilanci delle banche stesse mediante nuovi acquisti in borsa dei titoli in loro possesso per sostenerne il prezzo. Non è chiaro chi abbia preso l'iniziativa. Confalonieri osserva che secondo i verbali della Banca Commerciale fu questa a fare il primo passo mentre, secondo quelli del Credito Italiano, l'iniziativa fu «suggerita dal governo» (Confalonieri 1994, pp. 140-141). La Banca d'Italia sembra avere subito l'iniziativa[29]. Era tuttavia inteso che la SOFTIT, con un capitale di soli 100 milioni, doveva poter contare su ampio risconto di proprie cambiali presso l'istituto di emissione. Scrivendo a Toeplitz, amministratore delegato della Banca Commerciale, Stringher disse di avere parlato con Volpi del «noto progetto, inteso a sostenere nel limite del ragionevole le quotazioni di borsa per i titoli» e che il ministro, pur dando il beneplacito all'iniziativa, della quale peraltro avrebbero beneficiato anche società a lui vicine, escludeva che i fondi necessari all'operazione potessero venire dal Tesoro. Bisognava dunque ricorrere alla Banca d'Italia e cioè a un aumento della circolazione. Il ministro raccomandava di «moderare le operazioni e graduarle opportunamente», di non superare un limite massimo di 400 milioni[30], di operare senza «richiamare l'attenzione del pubblico»[31]. La Banca d'Italia avrebbe pertanto scontato, a un tasso di favore inferiore dell'1% rispetto a quello ufficiale[32], cambiali a quattro mesi, accettate dalla costituenda società e, *pro rata*, dai quattro grandi istituti di credito ordina-

---

[29] Stringher mandò a Toeplitz uno stringato e formale telegramma: «Prendo atto volentieri avvenuta costituzione Società e nomina Vossignoria a Presidente. Ossequi» (Stringher a Toeplitz, 10 marzo 1926, ASBI, Sconti, prat. 68, fasc. 1, sottofasc. 1, p. 4).
[30] Successivamente accresciuti a 500 (Confalonieri 1994, p. 141).
[31] Stringher a Toeplitz, 6 marzo 1926, ASBI, Direttorio Stringher, prat. 17, p. 321, doc. 2.
[32] Toeplitz a Stringher, 8 marzo 1926, ivi, p. 11.

rio[33] che avrebbero depositato presso la Banca stessa i titoli acquistati come garanzia complementare.

Gidoni, direttore della Banca Nazionale di Credito, agì come fiduciario milanese di Stringher. Quest'ultimo avrebbe visto di buon occhio la presenza di un'altra persona di propria fiducia nel consiglio d'amministrazione della SOFTIT, ma Toeplitz si oppose categoricamente[34] e il direttore della Banca d'Italia fece marcia indietro, costretto a scusarsi con la persona che aveva già scelto per l'incarico[35]. L'episodio, in sé modesto anche se non del tutto marginale, è indicativo dei rapporti mai facili tra via Nazionale e piazza della Scala, sede della principale banca italiana. Quest'ultima riuscì a imporsi sulla Banca d'Italia malgrado il bisogno che in quel momento aveva dell'istituto di emissione. Stringher poté solo pregare Gidoni di esercitare la propria influenza per ottenere «armonia fra componenti [la] costituenda società i quali devono evitare di operare ciascuno pro rata per suo conto formando compartimenti nelle operazioni. Può comunicare questo mio concetto avvertendo essere fondamentale se costituenda società vuol contare sul nostro aiuto»[36].

La creazione della SOFTIT, dotata di mezzi inadeguati a scoraggiare la speculazione al ribasso sui principali titoli italiani, ebbe come solo risultato quello di accrescere il coinvolgimento delle grandi banche nel capitale delle imprese italiane quotate, con la benedizione del governo e il finanziamento agevolato della Banca d'Italia. Per la prima volta, l'istituto di emissione si impegnò, seppure dietro il sottile velo dell'apertura di credito a

---

[33] La SOFTIT fu costituita il 10 marzo 1926. Il capitale fu sottoscritto dalla Banca Commerciale per 41 milioni, dal Credito Italiano per 30 milioni, dalla Banca Nazionale di Credito per 28 milioni e dal Banco di Roma per 10 milioni. Un consiglio di 8 membri nominò Toeplitz presidente e Orsi vicepresidente. Una Convenzione speciale regolò i patti tra soci, stabilendo che in caso di dissenso arbitro fosse Stringher (Gidoni a Stringher, 10 marzo 1926, ASBI, Sconti, prat. 68).

[34] Gidoni aveva proposto di elevare a 9 il numero dei consiglieri per nominare un rappresentante della Banca d'Italia nel comitato tecnico, organo esecutivo delle operazioni (Gidoni a Stringher, 7 marzo 1926, ASBI, Sconti, fasc. 1, sottofasc. 1, p. 3).

[35] Stringher a Giacomini, 7 marzo 1926, ASBI, Sconti, prat. 68, fasc. 1, sottofasc. 1, p. 17.

[36] *Ibid.*

una società privata, in un'operazione intesa a sostenere i prezzi di borsa di titoli azionari. Si trattava, peraltro, di un intervento che si collocava nel solco di una tradizione ormai consolidata di sostegno non solo al sistema bancario, ma anche a imprese non finanziarie a esso collegate. Era però poco compatibile con le funzioni di una banca centrale immaginate da Norman nel suo «manifesto». Cinque anni dopo, come vedremo, l'ulteriore crollo della borsa italiana ridurrà da 550 a 101 milioni il valore di mercato del portafoglio titoli di SOFTIT (Confalonieri 1994, pp. 142 e 605), con un riflesso sui bilanci delle banche partecipanti che contribuirà a produrne una crisi di liquidità e, probabilmente, di insolvenza, obbligando lo Stato e la Banca d'Italia ad attuare un'operazione di salvataggio di dimensioni non viste in Italia né prima né dopo, con forte rischio per lo stesso istituto di emissione.

Nella tarda primavera del 1926, la lira riprese, come abbiamo visto, a svalutarsi. Una prima avvisaglia si verificò alla metà di maggio con uno scivolone da 25,1 a 28 lire per dollaro nel giro di due giorni. Volpi decise di abbandonare gli interventi[37]. Questi, a parere di Stringher, avevano incentivato «la speculazione internazionale a operare larghi arbitraggi sulla lira». Le disposizioni di controllo restrittivo del mercato delle valute[38], raffreddando temporaneamente il mercato, stabilizzarono il cambio per qualche settimana. In giugno, tuttavia la lira ricominciò a svalutarsi. Secondo Stringher, fu lo sciopero generale inglese a innescare la vendita di lire di metà maggio, ma sia lui sia Volpi compresero che il sostegno della lira, mentre si svalutavano i franchi francese e belga, offriva un'eccellente occasione di speculare contro la valuta italiana «nella speranza – come scrisse Volpi – di un grosso margine e un grosso utile in caso di peggioramento» e in caso contrario la sicurezza di non perdere, data la decisione del governo italiano di difendere la sua valuta[39]. La svalutazione aveva però

---

[37] Volpi a Mussolini, 12 maggio 1926 (Cotula, Spaventa 1993, doc. 82, pp. 505-509).
[38] ASBI, Verbali del Consiglio superiore, 22 maggio 1926, pp. 197-198.
[39] Volpi a Mussolini 12 maggio 1926 (Cotula, Spaventa 1993, doc. 82, p. 508). Per un'analisi comparata dei cambi e delle politiche monetarie di Belgio, Francia e Italia cfr. Falco e Storaci (1975).

cause strutturali, delle quali né Volpi né Stringher amavano parlare, date dal passivo della bilancia commerciale con l'estero compensato solo in parte dalle entrate turistiche mentre le rimesse degli emigrati erano molto diminuite, anche a causa dell'instabilità del cambio. Era necessario pertanto un buon flusso di capitali stranieri per garantire l'equilibrio dei conti con l'estero. Ma i capitali erano riluttanti a impegnarsi in Italia se prima non si fosse raggiunta una credibile stabilizzazione di fatto seguita da quella *de iure*. Nell'incertezza, gli italiani, come i francesi, cercavano di spostare all'estero i propri capitali. Di qui le restrizioni amministrative, non si sa quanto efficaci, all'esportazione dei medesimi, alle quali si aggiunsero, da parte della Banca d'Italia, limiti all'aumento delle anticipazioni e agli sconti, pur cercando di accomodare le esigenze della campagna serica e degli impieghi in titoli di Stato[40].

Facciamo un breve passo indietro prima di tornare all'estate 1926. Il 26 aprile, il direttore generale, dopo essersi debitamente congratulato con il duce per essere scampato all'attentato[41], aveva «confidato» ai propri consiglieri «la decisione del governo di concentrare l'emissione dei biglietti nella Banca d'Italia» pur aggiungendo che «quale sarà la forma e quale il momento non si può dire». La riforma, disse ancora Stringher, rappresenta quasi una rivoluzione nel regime della circolazione»[42]. Il monopolio dell'emissione era una delle caratteristiche ritenute da Norman come indispensabili a una banca centrale e, pertanto, necessarie a instaurare una collaborazione con la Banca d'Italia.

Il 6 maggio 1926 fu stabilito che, a partire dal 1° luglio successivo, l'emissione di banconote a corso legale fosse affidata esclusivamente alla Banca d'Italia[43]. Il provvedimento, completato da quelli di settembre sulla vigilanza bancaria dei

---

[40] Ivi, pp. 199-202. Questi provvedimenti scontentano alcuni consiglieri ai quali Stringher risponde che, tutto sommato, non vi sarà una stretta creditizia.

[41] Il 7 aprile 1926 Violet Gibson, una squilibrata donna irlandese, esplose un colpo di pistola contro Mussolini che però se la cavò con una lieve ferita al naso.

[42] ASBI, Verbali del Consiglio superiore, 26 aprile 1926, p. 163.

[43] R.D.L. 6 maggio 1926, n. 812, convertito in legge il 25 giugno 1362. Accompagnava il provvedimento legislativo una Convenzione del 26 giugno 1926 tra governo, Banca d'Italia, Banco di Napoli e Banco di Sicilia, approvata con R.D. 1° luglio 1925, n. 1192.

quali diremo nel prossimo capitolo, stabilì: *a*) la cessazione della facoltà dei banchi meridionali di emettere biglietti di banca; *b*) il passaggio alla Banca d'Italia delle riserve metalliche degli stessi banchi a fronte dell'assunzione a debito da parte di via Nazionale della loro circolazione; *c*) l'attribuzione alla Banca d'Italia dei crediti dei Banchi di Napoli e di Sicilia verso la Sezione Speciale Autonoma del Consorzio Sovvenzioni su Valori Industriali e di quelli per anticipazioni straordinarie al Tesoro. Il Banco di Napoli e quello di Sicilia furono trasformati in istituti di credito di diritto pubblico.

L'unificazione dell'emissione si inquadrava, disse Stringher ai propri azionisti, nella «decisione del regio governo di applicare, a difesa e miglioramento del corso della lira, un piano studiato di deflazione cartacea» consistente nella riduzione della circolazione cartacea, nell'aumento delle riserve, nel porre un limite alla cosiddetta «circolazione per conto del commercio» e infine nella riduzione anche della moneta emessa direttamente dallo Stato[44]. Mussolini non aveva «dubbio che una (almeno) delle cause della svalutazione di una moneta [fosse] l'aumento della circolazione»[45] e aveva agito di conseguenza. Stringher, da sempre poco convinto dello stretto legame tra circolazione e valore esterno della moneta, aprì la relazione agli azionisti sul 1926 illustrando le vicende inglesi di quell'anno come velato ammonimento sui pericoli della deflazione. Citando Cassel[46] si chiese, in modo solo formalmente dubitativo, se con il ritorno al *gold standard*, data la scarsa offerta di oro, non bisognasse «per avventura, prepararsi a una costante discesa dei prezzi e alle conseguenze che essa adduce con sé»[47].

Indipendentemente dalle motivazioni contingenti che ne determinarono l'adozione nel maggio 1926, il conferimento alla Banca d'Italia del monopolio dell'emissione di moneta,

---

[44] Banca d'Italia, *Assemblea ordinaria degli azionisti*, 31 marzo 1927, Roma, pp. 58-59.
[45] Mussolini a Stringher, 2 luglio 1926 (Cotula, Spaventa 1993, p. 515, doc. 85).
[46] Il riferimento specifico è a un articolo dell'economista svedese sul «Times» del 14 febbraio 1927.
[47] Banca d'Italia, *Assemblea ordinaria degli azionisti*, 31 marzo 1927, Roma, p. 7.

da tempo ritenuto opportuno, ma non molto enfatizzato al momento della sua attuazione[48], costituì una tappa istituzionale rilevante nel percorso verso la creazione in Italia di una moderna banca centrale.

3. Quota 90 e indipendenza della banca centrale

Dal 20 luglio 1926 alla fine di agosto, ci furono solo due giorni nei quali il dollaro scese sotto le 30 lire (circa 147 lire per sterlina). Le monete francese e belga si erano, in precedenza, svalutate più della lira, ma era una modesta consolazione visto che, con la moneta italiana, si trattava delle tre principali valute a non avere ancora realizzato una stabilizzazione legale su base aurea e sulle quali pertanto si concentrava l'attenzione dei mercati. Il 22 luglio si formò a Parigi un governo di unità nazionale guidato da Raymond Poincaré che aveva chiesto i pieni poteri in materia fiscale e finanziaria, votati a grande maggioranza dall'Assemblea Nazionale riunita eccezionalmente a Versailles. Il giorno dell'insediamento, Moreau, governatore della Banca di Francia, scrisse nel suo famoso diario: «si annuncia che Poincaré ha accettato di formare il ministero. Il franco si rivaluta sensibilmente» (Moreau 1954, p. 38). Ancor prima che il nuovo governo rendesse noto il proprio programma, la moneta francese scese sotto la soglia psicologica dei 200 franchi per sterlina (40,9 per dollaro). Il 31 luglio il tasso ufficiale di sconto alla Banca di Francia fu portato dal 6 al 7,5% radicando le attese di rivalutazione (Blancheton 1997, p. 717; Dornbusch 1989, pp. 178-180). Negli ultimi quattro mesi dell'anno i capitali che erano fuggiti in Svizzera tornarono a casa e il franco si rivalutò di oltre il 40%.

È difficile pensare che le vicende francesi non abbiano fatto riflettere Mussolini che già soffriva la svalutazione della lira come la sola macchia in una gestione politica e di governo

---

[48] Lo stesso Stringher ne parla, nella relazione agli azionisti letta nel marzo 1927, solo a partire da pagina 50, dopo avere trattato molti altri argomenti che, in prospettiva, appaiono di minore importanza.

che giudicava di grande successo, confortato anche da più o meno autorevoli o interessati pareri stranieri. L'8 agosto, dunque, il duce scrisse a Volpi: «Oggi la svalutazione della lira esce dal campo economico: è ormai un problema di psicologia, quindi di volontà e di fede»[49]. Diventava un problema squisitamente politico.

Il 18 agosto, Mussolini scelse un comizio tenuto a Pesaro per lanciare la propria politica di rivalutazione del cambio. «Noi condurremo – disse – con la più strenua decisione la battaglia economica per la difesa della lira e da questa piazza a tutto il mondo civile dico che difenderò la lira fino all'ultimo respiro, fino all'ultimo sangue». Aggiunse che il regime fascista era disposto a «imporsi tutti i sacrifici necessari». In verità, l'annuncio non produsse, come in Francia, effetti immediati sul cambio. In assenza di indicazioni circa le misure che il governo avrebbe attuato, i mercati restarono fermi sulle 30 lire per dollaro sino alla fine del mese, quando furono annunciati i primi provvedimenti a difesa della lira.

La rivalutazione della lira fino a «Quota 90» ha ricevuto grande attenzione dagli storici per quanto dice circa la forza ormai raggiunta dal regime che riuscì a imporla malgrado una forte opposizione interna e l'universale scetticismo della finanza internazionale circa la sua sostenibilità. Contrariamente a quanto aveva previsto Keynes[50], Mussolini riuscì a «dare l'olio di ricino alla lira», cosa che, in un regime più democratico, non sarebbe riuscita nel 1928 al presidente del Consiglio francese Raymond Poincaré per la forza dell'opposizione dei sindacati, di gran parte degli industriali e della stessa banca centrale. Gli storici economici hanno studiato la «battaglia della lira» soprattutto per l'impatto sull'economia reale (reddito e occupazione) negli anni immediatamente precedenti la Grande Crisi. Effetti giudicati unanimemente negativi. Per la storia della Banca d'Italia, «Quota 90» interessa soprattutto sotto due profili: i rapporti con il governo e quelli con la

---

[49] Mussolini a Volpi, 8 agosto 1926 (Cotula, Spaventa 1993, p. 532, doc. 88).
[50] Keynes aveva scritto nel 1923 «la lira non ubbidisce nemmeno a un dittatore né si può darle per questo l'olio di ricino» (Keynes 1923, la citazione è dalla traduzione di Pietro Sraffa, edizione italiana: *La riforma monetaria*, Feltrinelli, Milano 1975, p. 113).

comunità dei banchieri centrali e, più, in generale con la finanza internazionale. Si tratta di due temi che riconducono in parte alla questione dell'indipendenza delle banche centrali, ritenuta da Norman essenziale per stabilire tra esse rapporti di collaborazione, a loro volta essenziali per la riuscita delle stabilizzazioni monetarie su base aurea. Conviene, dunque, fare brevemente un passo indietro, alla primavera del 1926.

Negli anni Venti la cooperazione tra le banche centrali aveva un importante obiettivo, quasi esclusivo: ricostruire un sistema monetario internazionale basato sui cambi fissi ancorati all'oro, seppure nella versione del *gold exchange standard* (impegno a convertire la moneta cartacea in oro o in valute convertibili in oro) che si immaginava potesse ovviare a una delle debolezze del sistema aureo puro: la scarsa elasticità dell'offerta di oro rispetto alla domanda crescente di mezzi di pagamento internazionali. Nell'aprile 1926, oltre agli Stati Uniti che avevano ripreso i pagamenti in oro sin dal 1919, in Europa avevano già adottato il sistema aureo Austria, Germania, Gran Bretagna, Paesi Bassi, Svezia e Ungheria. Nel complesso, su 48 monete censite dalla Lega delle Nazioni, 28 erano ormai su base aurea (League of Nations. Economic, Financial, and Transit Department 1944). Alla fine del 1928, solo Spagna, Portogallo, Romania e Giappone non avevano ancora adottato l'oro (la Cina usava tradizionalmente lo standard argenteo).

Tra le 20 monete che, all'inizio del 1926, dovevano ancora essere stabilizzate, franco francese, lira e franco belga erano, come si è detto, di gran lunga le più importanti. Su di esse, in particolare sulla prima, si concentrava l'attenzione dei due strateghi della ricostruzione monetaria postbellica, Montagu Norman, governatore della Bank of England e Benjamin Strong, presidente della Federal Reserve Bank di New York alla quale, per l'importanza della piazza ove operava, erano tradizionalmente demandate le relazioni internazionali del Federal Reserve System, il sistema di banca centrale statunitense. Tecnicamente, la cooperazione tra banche centrali era necessaria alla stabilizzazione su base aurea di una moneta per offrire al paese in questione un prestito in valuta convertibile che, nel delicato momento dell'introduzione della convertibilità, garantisse riserve adeguate a scoraggiare la speculazione.

Soprattutto, la concessione del prestito segnalava ai mercati che le banche centrali avevano valutato le condizioni economiche e finanziarie del paese richiedente ritenendole adeguate a garantire non solo la restituzione del prestito, ma soprattutto la sostenibilità del nuovo regime aureo, al tasso scelto di conversione della carta in metallo. Di fatto, la negoziazione del prestito serviva, come avvenne nel secondo dopoguerra per gli interventi del Fondo Monetario Internazionale, per instaurare una trattativa triangolare tra il governo del paese richiedente, la sua banca di emissione e i rappresentanti del «concerto» internazionale delle banche centrali (Norman e Strong) circa le politiche fiscali e monetarie più idonee rispetto all'obiettivo della stabilizzazione.

Norman si rifaceva ai criteri stabiliti dal proprio «manifesto» nello stabilire rapporti di cooperazione con le altre banche centrali. L'indipendenza dal governo era ritenuta condizione necessaria per collaborare, essendo escluso che la Bank of England stabilisse rapporti finanziari diretti o indiretti con poteri politici. Sino a poche settimane prima della ufficiale reintroduzione del *gold standard* in Italia, vedremo che Norman fu molto riluttante a includere la Banca d'Italia nel novero delle istituzioni con le quali collaborare; cedette soprattutto grazie alle pressioni di Strong, più pragmatico e più amico dell'Italia. Per parte sua, Stringher, come nota lucidamente De Cecco, era «lontano per natura e per la sua educazione nazionalista dal concetto di autonomia della banca centrale dal potere politico e dagli altri poteri economici» (De Cecco 1993, p. 22). Soffriva tuttavia, nell'Italia nata nel 1922, il «disagio di essere considerato un corpo estraneo rispetto al cuore della dirigenza economica» e, nel tentativo di «difendere con tutti i mezzi possibili l'operatività della sua banca», comprese presto «i vantaggi che potevano derivargli dal disegno di restaurazione finanziaria architettato a Londra [...] con l'elaborazione di concetti stringenti di autonomia della banca centrale e di cooperazione tra banche centrali; tuttavia, fu proprio la condotta di una politica monetaria e finanziaria [da parte del governo italiano] alternativa a quella della Banca» a convincere Norman che «Stringher non avrebbe mai potuto condurre il proprio istituto a una gestione autonoma» (ivi, p. 23). Ai fatti, Volpi aggiunse le parole. Nel marzo 1926, a Norman che accennava a come la cooperazione tra banche centrali richiedesse «un certo grado di indipendenza della Banca d'Italia», il ministro rispose senza mezzi termini: «Stringher non la otterrà mai e, in effetti, sta meglio senza di essa». Aggiungendo che lui stesso avrebbe «diretto la politica della banca centrale che non andava separata dalla politica generale»[51]. Un paio di mesi dopo Norman scrisse chiaramente a Strong che si apprestava a visitare Roma: «Finché le norme che regolano la Banca d'Italia rimangono quelle che sono e finché il ministro persiste nel gloriarsi di dominarne il governatore, non voglio avere molto a che vedere con la Banca. Penso che questo sia anche il tuo modo di vedere»[52]. Su quest'ultimo punto, Norman si sbagliava: Strong trasse dalla propria visita a Roma un'impressione meno sfavorevole di quella del collega, che peraltro non volle mai visitare la capitale italiana.

Meno ideologico e più pragmatico di Norman, il presidente della Federal Reserve Bank of New York incontrò Mussolini, Volpi, Stringher giungendo alla conclusione che la posizione finanziaria dell'Italia fosse più solida di quella di altri paesi candidati alla stabilizzazione e che quest'ultima fosse possibile a tre condizioni: un livello dei prezzi in relazione al valore della lira compatibile con l'equilibrio dei conti con l'estero, una concreta determinazione a promuovere la pace in Europa e «una sufficiente indipendenza della banca centrale, tale da assicurarle libertà da influenze politiche e fiscali». Si chiese infine se fosse possibile che l'Italia procedesse immediatamente alla stabilizzazione, senza aspettare la Francia[53]. Sulla questione dell'indipendenza, Strong ebbe l'impressione che Stringher volesse l'indipendenza e avesse ottenuto anche qualche successo in proposito, aggiungendo «penso che la nostra visita abbia

---

[51] Norman a Strong, 4 marzo 1926, FRBNY Historical Archives, Strong Papers 1116.6, anche in De Cecco (1993, p. 189, doc. 9).
[52] Norman a Strong, 25 maggio 1926, FRBNY Historical Archives, C261, ITA 5/1917-1954, 554393.
[53] Strong a Lamont, 30 maggio 1926, ivi. Strong pensò anche alla nomina di un comitato segreto di banchieri, industriali ed economisti per esaminare e riferire sul progetto di stabilizzazione.

rafforzato la sua posizione al riguardo». Più in generale, però, il direttore della Banca d'Italia gli parve «piuttosto anziano ed eccessivamente cauto. Si è parlato di affiancarlo con un vice o un direttore associato più giovane, più vigoroso e più attivo, mantenendo Stringher nella posizione di una specie di emerito, in modo da non perdere il beneficio della sua lunga esperienza»[54].

L'abbandono dell'aggancio della lira al dollaro e la seguente svalutazione mise fine al cauto ottimismo riflesso anche nel pensiero di Strong. Scrivendo a Beneduce in giugno, Giuseppe Nathan, l'abile rappresentante della Banca e dell'INCE a Londra, rilevava il «sensibilissimo mutamento nelle disposizioni [degli ambienti finanziari] riguardo alle condizioni e alle prospettive economiche del nostro paese [...] credo, tra l'altro che la condotta della cosiddetta battaglia della lira non sia stata giudicata eccessivamente seria»[55].

Qualche giorno dopo il discorso di Pesaro, Stringher vedeva un futuro ancora incerto. Gli pareva cosa fatta la stabilizzazione francese mentre «qui nulla vi è ancora di deciso, ma si finirà per andarvi, a cagione dell'andamento delle cose speciale e generale, epperò giova di preparare il terreno». Quanto al discorso di Pesaro, aggiunse sibillinamente: «se io non ne scrivo significa che la situazione non rende agevole lo scrivere»[56]. Stringher non poteva rivelare al proprio sottoposto di avere scritto il giorno prima a Volpi argomentando l'inopportunità di fissare un limite rigido alla circolazione. Ma la decisione era solo politica e il 31 agosto 1926 il Consiglio dei ministri varò un decreto in forza del quale il governo cedeva alla Banca i dollari ottenuti con il prestito Morgan in cambio di 2,5 miliardi di banconote emesse per lo Stato che

---

[54] Strong a Harrison, 9 giugno 1926, ivi.
[55] Nathan a Beneduce 23 giugno 1926, ASBI, Copialettere Nathan, da giugno 1926 a gennaio 1927, pp. 552-553. Le lettere di Nathan, competente e perspicace osservatore del mercato finanziario inglese, sono una miniera di dati e considerazioni sinora poco esplorata. È interessante la franchezza con la quale riferisce a Beneduce, ovviamente contando sulla sua riservatezza e forse su una comunanza di opinioni, di come Londra avesse percepito la politica monetaria italiana. Una simile franchezza non si trova nei rapporti con altri corrispondenti.
[56] Stringher a Eugenio Petrelli (delegato della Banca d'Italia e dell'INCE a Parigi), 21 agosto 1926 in De Cecco (1993, p. 245, doc. 16).

vennero cancellate. Cosa più importante, il decreto stabiliva il blocco della circolazione per conto del commercio, come allora si diceva per distinguerla da quella per conto dello Stato, ponendo un limite di 7 miliardi, grosso modo il livello di fine agosto (Cotula, Spaventa 1993, pp. 133-134). Per mettere bene le cose in chiaro, Mussolini scrisse direttamente a Stringher proclamandosi «fanatico della politica deflazionista». Perché non restasse ombra di equivoco, il capo del governo aggiunse: «se si vuole, come io fermissimamente e sinceramente voglio, rivalutare la lira, *bisogna deflazionare sul serio* [sottolineatura nel testo]. E di ciò io so che ella è convinta al pari di me»[57]. Stringher non poté che rispondere proclamandosi «nemico dell'inflazione e amico della riduzione»[58]. Mussolini, come De Stefani, credeva in un nesso strettissimo tra circolazione e cambio. D'altra parte, come notano Cotula e Spaventa (ivi, pp. 140-142) «né Mussolini né Stringher si ponevano problemi della variabilità della domanda di moneta, nonostante la caduta di velocità di circolazione che il drastico mutamento del regime monetario e del cambio aveva certamente provocato».

Nell'imporre la rivalutazione come scelta politica, Mussolini aveva comunque dalla sua parte l'opinione di importanti economisti, come quelli che facevano riferimento a Benvenuto Griziotti, che auspicavano una forte rivalutazione, addirittura fino al cambio prebellico. Altri, tra i quali Luigi Einaudi[59], più prudenti, suggerivano una rivalutazione lenta in corrispondenza a un'altrettanto lenta diminuzione dei prezzi. Il dibattito accademico fu, comunque, ampio e sostanzialmente libero[60]. Sul piano economico e sociale, la rivalutazione da un lato era coerente con la scelta a favore dell'industria cosiddetta «pe-

[57] Mussolini a Stringher, 2 settembre 1926, ASBI, Direttorio Stringher, cart. 30, anche in Cotula e Spaventa (1993, pp. 550-551, doc. 92).
[58] Stringher a Mussolini, 3 settembre 1926, ASBI, Direttorio Stringher, cart. 30, anche in Cotula e Spaventa (1993, p. 550, nota al doc. 9).
[59] «La Riforma Sociale», da Francesco Saverio Nitti e Luigi Roux nel 1902 e diretta da Einaudi dal 1908 al 1935, prese posizione contro la rivalutazione a favore della posizione di Cassel per una stabilizzazione al tasso di cambio corrente con articoli tra gli altri di Carlo Rosselli (1926). Attilio Cabiati (1926) si espresse molto chiaramente contro la politica di deflazione.
[60] Non è questo il luogo per dare conto, anche in succinte sintesi, delle diverse posizioni. Per un'ottima breve rassegna è utile rifarsi a Marconi (1982, pp. 39-50).

sante» concentrata sul mercato nazionale operata nel 1925 e, dall'altro, promuoveva una «stabilizzazione sociale» favorendo i sottoscrittori di titoli di Stato, i percettori delle varie pensioni di guerra e, in genere, le classi medie detentrici di piccole e meno piccole rendite. Perdere di vista questi aspetti significherebbe sottostimare la conoscenza del sistema economico da parte di persone del calibro di Volpi o «attribuire la rivalutazione della lira alle sole capacità persuasive di Mussolini» (Fratianni, Spinelli 1997, p. 141)[61].

Tecnicamente, la politica monetaria di rivalutazione attuata dopo la fine di agosto 1926 si basò, secondo i canoni teorici del tempo e le convinzioni dei decisori politici, sul controllo della circolazione monetaria (M0)[62] quale «strumento intermedio» rispetto all'obiettivo finale del controllo del cambio. In pratica, tuttavia, la riduzione di M0 fu di dimensioni relativamente modeste: 2,1% nel 1927, anno che si concluse con il ritorno ufficiale alla convertibilità aurea della lira. L'offerta totale di moneta, comprendente i depositi a vista e quelli a risparmio con durata prestabilita (M2), aumentò invece del 4,2% (Barbiellini Amidei *et al.* 2016, tavv. 1 e 2). Non sorprende che, date le attese di riduzione dei prezzi e di rivalutazione del valore aureo della moneta, questa sia stata tesaurizzata nei depositi bancari con l'effetto anche di ridurne la velocità di circolazione. Una modesta riduzione della circolazione serviva a Mussolini per mostrare il rigore della propria politica e a Stringher per rassicurare gli interessi rappresentati nel suo Consiglio superiore che l'offerta di moneta avrebbe in ogni caso avuto un andamento compatibile con le esigenze dell'economia reale. Comunque sia, la deflazione appare poco spiegabile con l'andamento dell'offerta di moneta. Essa si comprende, invece, guardando gli aggregati creditizi: tra la fine di agosto 1926 e il dicembre 1927, l'insieme degli sconti e delle anticipazioni della Banca d'Italia si ridusse del 43%

---

[61] Anche su questo aspetto essenziale della storia della politica economica fascista non possiamo qui addentrarci rimandando semmai, oltre che ai citati Fratianni e Spinelli (1997) e all'indispensabile De Felice (1968), a Toniolo (1980) e Gualerni (1976).
[62] Circolazione cartacea e metallica più vaglia e altri depositi minori (Barbiellini Amidei *et al.* 2016, tav. 1).

(Cotula, Spaventa 1993, p. 847). Stringher spiegò la riduzione delle poste attive di bilancio con «le migliorate condizioni dei maggiori istituti bancari per effetto dei notevoli prestiti ottenuti dalle industrie loro debitrici all'estero, in dollari o in sterline. Con questi prestiti esse industrie hanno rimborsato le banche loro creditrici e così queste sono state in grado di liberarsi di debiti verso la Banca d'Italia»[63]. Secondo questa interpretazione, il credito estero avrebbe, in parte, sostituito quello interno. Mancano dati affidabili sul flusso dei capitali dall'estero, è però assai improbabile che essi abbiano largamente compensato il dimezzamento di sconti e anticipazioni. La deflazione, dunque, si ottenne soprattutto con la riduzione del credito all'economia. La valuta estera affluita alla Banca d'Italia non fu tutta immessa nella circolazione, ma in parte utilizzata per accrescere il rapporto tra le riserve e la circolazione stessa.

Un tassello ritenuto indispensabile alla stabilizzazione della valuta italiana era la riduzione del debito cosiddetto fluttuante, cioè a breve e medio termine, per evitare che rimborsi o vendite di titoli di Stato producessero indesiderati aumenti di circolazione. Un decreto legge (R.D.L. 6 novembre 1926, n. 1831) stabilì la conversione obbligatoria, contrariamente a quanto era avvenuto nel 1906, di 20,5 miliardi di titoli di Stato di durata uguale o inferiore ai sette anni in titoli a scadenza trentennale, con rendimento del 5% annuo. La sottoscrizione a quello che fu chiamato Prestito Littorio fu aperta anche a chi non possedeva vecchi titoli da convertire. L'operazione ebbe un buon successo, e raggiunse complessivamente 27,5 miliardi, drenando non poca liquidità dal sistema.

Il consolidamento forzoso del debito nel Prestito Littorio è tecnicamente una forma di *default*; insieme alla «sospensione» del pagamento dei prestiti di guerra del 1934 e a quella del servizio dei debiti esteri emessi tra il 1925 e il 1927 fu uno dei tre soli episodi di questo tipo nella lunga storia della finanza pubblica italiana, caratterizzata da livelli di rapporto debito/PIL quasi sempre più elevati di quelli dei maggiori paesi

---

[63] ASBI, Verbali del Consiglio superiore, seduta del 25 aprile 1927, pp. 190-191.

(Bastasin, Toniolo 2020). Si trattò però di un consolidamento incoraggiato dai principali banchieri centrali, addirittura posto come condizione per il sostegno della finanza internazionale alla stabilizzazione della lira. Un rapporto interno della Bank of England, dopo avere sottolineato che la sola obiezione alla conversione del debito fluttuante nel Prestito Littorio era il suo carattere obbligatorio, aggiungeva subito «ma i suoi termini appaiono favorevoli ai detentori di titoli a breve perché offre considerevoli vantaggi in termini di capitale e interesse», confrontando favorevolmente le condizioni dell'operazione forzosa italiana con quella belga degli stessi mesi[64]. Né obiezioni a operazioni forzose vennero da altri governatori. Schacht, non solo riteneva indispensabile evitare i pericoli derivanti dal debito a breve, ma era anche convinto che ciò si potesse ottenere solo in modo forzoso. Strong era meno apodittico ma pensava, comunque, che un consolidamento obbligatorio non avrebbe danneggiato il credito all'estero del Paese[65]. La finanza internazionale era, insomma, più preoccupata del completamento dell'architettura del sistema monetario internazionale che di un *default* tecnico, più di forma che di sostanza, funzionale al raggiungimento dell'obiettivo generale.

Abbiamo già accennato all'idea diffusa tra gli operatori di una «simpatia» tra l'andamento dei cambi dei franchi francese e belga e quello della lira. Si trattava in gran parte di una di quelle idee con scarso fondamento razionale che ogni tanto si radicano nei mercati, derivante forse dal fatto che i tre paesi avevano legato tra loro le sorti delle rispettive monete, fondando nel 1865 l'Unione Monetaria Latina[66]. La motivazione razionale era quella già ricordata: consisteva semplicemente nel fatto che si trattava delle tre principali valute non ancora convertibili in oro. Quest'ultima circostanza diede origine a un dibattito tra i fautori di una stabilizzazione simultanea e

---

[64] *The Funding of the Italian Floating Debt*, Memo, Bank of England Historical Archives, OV36_01.
[65] *Memorandum* di R.B. Warren, *Conversation of August 27, 1926*, FRBNY Historical Archives, Strong Papers 1926, pp. 8-9.
[66] L'Unione Monetaria Latina, depotenziata sin dagli anni Ottanta (l'Italia adottò la convertibilità aurea anziché bimetallica sin dal 1883), perse ogni residuo significato nel 1914 anche se fu formalmente dissolta solo il 1° gennaio 1927.

7 – *Quota 90 e politica monetaria, 1925-1929*

concordata delle tre monete e quelli che suggerivano che ciascun paese procedesse indipendentemente dagli altri. In ogni caso, nell'estate 1926 si realizzarono in Francia e in Italia le condizioni politiche per la reintroduzione della convertibilità aurea. Queste condizioni si erano già verificate in maggio a Bruxelles con la formazione del primo governo Jaspar[67] nel quale il banchiere Émile Franqui[68] era entrato come ministro senza portafoglio con la precisa delega di attuare la stabilizzazione monetaria.

A inizio agosto 1926 si incontrarono ad Amsterdam, ospiti di Gerard Vissering (1865-1927) governatore della Nederlandsche Bank, Strong, Norman, Hjalmar Schacht (1877-1970), presidente della Reichsbank e Franqui. Il tema della riunione era la stabilizzazione del franco belga che Franqui riteneva dovesse avvenire a un tasso attorno a 175 franchi per sterlina, cioè grosso modo al tasso di mercato allora prevalente. Né la Banca d'Italia né quella di Francia erano state invitate benché si trattasse anche di esaminare l'opportunità o meno di una stabilizzazione simultanea delle tre monete. Norman riteneva infatti che solo le banche dei paesi con monete convertibili dovessero partecipare ai prestiti per la stabilizzazione delle altre. Si discusse anche dell'indipendenza della Banque Nationale de Belgique e della Banque de France, senza nominare l'Italia[69].

A fine agosto si tennero all'Hotel Princess di Parigi cinque incontri consecutivi tra Benjamin Strong e un suo collaboratore (R.B. Warren) con due rappresentanti della Banque de France, Pierre Quesnay (1895-1937), brillante giovane capo del Servizio Studi, e Charles Rist (1874-1955), professore alla

---

[67] Henri Jaspar (1870-1939) membro del partito cattolico deputato dal 1919, ministro degli Esteri. Il suo governo di unità nazionale si insediò il 20 maggio 1926 e restò in carica fino al 21 novembre 1927. Jaspar succedette a sé stesso e il suo secondo governo restò in carica fino al 6 giugno 1931.
[68] 1863-1935. Dopo una carriera nell'amministrazione coloniale divenne amministratore delle ferrovie belghe e fu poi posto a capo della Banque d'Outremer. Dopo la guerra partecipò all'elaborazione del Piano Dawes e lavorò alla sistemazione del debito di guerra. Ministro senza portafoglio nel 1918 restò al governo anche dopo le dimissioni di Jaspar.
[69] Strong a Harrison, 8 agosto 1926, FRBNY Historical Archives, Strong Papers 1926.

Sorbonne, economista di fiducia di Emile Moreau[70], appena nominato governatore della banca centrale francese, che partecipò all'ultimo incontro. I dettagliati resoconti di queste riunioni interessano la nostra storia sia perché in essi si parlò a più riprese dell'Italia, sia perché danno un'idea piuttosto precisa di come Strong e Norman vedessero le condizioni necessarie alla concessione dei prestiti internazionali per le stabilizzazioni. Gli incontri erano finalizzati a definire un preciso piano per il ripristino della convertibilità aurea del franco francese e mettono in luce il rigore con cui Quesnay e Rist affrontavano la questione e il puntiglio con il quale Strong li incalzava con richieste di chiarimenti e abbondanti consigli. Una simile rigorosa preparazione mancò all'analoga operazione italiana.

Tutti i partecipanti alle riunioni parigine concordarono circa l'utilità di un periodo breve di preparazione alla stabilizzazione, «solo per determinare il cambio appropriato» e per preparare gli strumenti tecnici, altrimenti i governi sarebbero stati costretti a operazioni di sostegno del cambio (*pegging*) «costose e molto probabilmente fallimentari». L'esperienza di Belgio e Italia stava lì a dimostrarlo[71]. Apparve chiaro a più riprese in questi colloqui che i banchieri centrali favorivano la stabilizzazione a tassi di cambio vicini a quelli di equilibrio esistenti nel momento di effettuare l'operazione. Politiche deflattive erano sconsigliate, vi era anzi preoccupazione da parte francese per una diminuzione dei prezzi che imputavano agli Stati Uniti, preoccupazione alla quale Strong rispose polemicamente dicendo che l'unico pericolo di deflazione veniva dai paesi che non avevano ancora stabilizzato la moneta e argomentando, in modo piuttosto contorto, che l'inflazione era la causa del basso potere d'acquisto degli europei che, riducendo gli acquisti di prodotti alimentari statunitensi, causavano la diminuzione dei prezzi oltre Atlantico[72]. Quanto alle preoccupazioni dei governatori in vista delle stabilizzazioni,

---

[70] 1868-1950. Governatore della Banque de France dal 1926 al 1930. Presidente della Banque de Paris et des Pays-Bas (Paribas) dal 1931 al 1940.

[71] *Memorandum* di R.B. Warren, Conversation of August 26, 1926, FRBNY Historical Archives, Strong Papers 1926, p. 5.

[72] Ivi, p. 7.

la principale per Norman era sempre l'indipendenza della banca centrale, per Vissering (Paesi Bassi) la scelta del tasso di cambio, per lo svizzero Gottlieb Bachmann[73] la sistemazione del debito fluttuante e un sufficiente credito estero[74].

Strong restava convinto dell'utilità di procedere alla simultanea stabilizzazione delle tre monete, ma questo non piaceva ai francesi perché, data la più forte posizione della Banque de France rispetto alle altre due, temevano che se le cose fossero andate male si sarebbe pensato che essa avesse forzato gli altri due paesi[75]. Incontrando Volpi e Stringher pochi giorni dopo, tuttavia, Strong raccomandò di non procedere fino a quando non fossero veramente pronti e avessero formulato un piano dettagliato, cosa «che non hanno ancora fatto». Li mise anche in guardia sui pericoli di procedere prima che «i francesi avessero sistemato la propria situazione»[76]. Le cose andarono, come vedremo, in modo diverso.

A dispetto delle opinioni dei banchieri centrali esteri, Volpi si imbarcò in un nuovo tentativo di rivalutazione della lira sul mercato. Le misure prese alla fine di agosto e il consolidamento del debito a breve e medio termine nel Prestito Littorio, insieme all'orientamento ormai evidente di Belgio e Francia, convinsero i mercati (la «speculazione» nel linguaggio di allora) che questa volta l'Italia aveva buone probabilità di rendere convertibile la lira. Una volta create attese di rivalutazione, queste si autoverificarono, tanto che Nathan, constatando che, tra agosto e fine ottobre, la lira si era rivalutata del 30%, si lamentò con Stringher della eccessiva rapidità del processo, «che si ripercuote sul commercio [internazionale italiano], della deflazione esagerata che, oltre a determinare uno stato di crisi ingiustificato, tende [a produrre] la tesaurizzazione del contante». Tutto ciò, aggiunse Nathan, «si sarebbe potuto evitare [...] il Tesoro avrebbe benissimo potuto contenere la

---

[73] 1874-1939. Dal 1925 al 1939 *chief executive officer* della Banca Nazionale Svizzera, presidente dal 1939 al 1947.
[74] *Memorandum* di R.B. Warren, Conversation of August 27, 1926, FRBNY Historical Archives, Strong Papers 1926, pp. 8-9.
[75] Ivi, p. 9.
[76] Strong a Pierre Jay, London, 9 settembre 1926, FRBNY Historical Archives, Strong Papers 1926.

rivalutazione entro i limiti desiderabili in funzione di una moderata e prudente deflazione [...] mi auguro – concluse il rappresentante londinese della Banca – che l'Italia faccia cose mirabili ma è mio dovere dire che cosa si dice e si fa in questo primario osservatorio della finanza mondiale»[77]. Come previsto da Strong e altri, i banchieri stranieri osservavano con crescente perplessità l'andamento della lira. Ma le ragioni della propaganda interna erano altre. Da inizio settembre a fine anno, il rapporto di cambio tra sterlina e lira passò da 150 a 108.

Non fu la Francia, come auspicato da Strong, ma il Belgio a tornare per primo alla convertibilità. L'operazione mise in luce sia la difficoltà della Banca d'Italia nello stabilire rapporti con le principali banche centrali sia, ancora una volta, almeno nella visione di Norman, la sua limitata indipendenza dal governo. Alla fine di agosto, su richiesta di Stringher, Nathan incontrò Norman a Londra per sapere se corrispondessero al vero le voci circa trattative per un prestito internazionale di stabilizzazione a favore di Bruxelles[78]. Il Governatore della Bank of England smentì queste voci, annotando nel proprio diario un'insofferenza per le insistenze di Stringher. In realtà le cose si stavano già muovendo e le prime riunioni per il prestito belga si svolsero a metà settembre. Il 6 ottobre 1926 fu decisa la concessione di un credito in dollari e sterline per la stabilizzazione legale del franco belga da parte di un consorzio di banche centrali. Volpi e Stringher ne vennero a conoscenza solo qualche giorno prima. La loro preoccupazione fu che si stesse orchestrando una stabilizzazione simultanea in Belgio e Francia, tagliando fuori l'Italia. Il direttore della Banca d'Italia fu in grado di rassicurare il ministro che le cose non stavano andando in quella direzione. Restava però un problema di immagine: perché l'Italia non era stata invitata, con le altre banche centrali, a partecipare al prestito di stabilizzazione belga? La spiegazione ufficiale era che il

---

[77] Nathan a Stringher, 1° novembre 1926, ASBI, Copialettere Nathan, 1926, pp. 786-790.
[78] Nel dare conto, solo ai fini della nostra storia, della vicenda della stabilizzazione belga seguo, se non altrimenti indicato, la ricostruzione di Asso (1993, pp. 266-274).

prestito era riservato alle sole banche di paesi che avevano già adottato il *gold exchange standard*. Stringher cercò di superare l'ostacolo offrendo direttamente a Frank, governatore della Banca Nazionale Belga, la partecipazione dell'Italia al prestito, ma ottenne un rifiuto motivato dall'opposizione di Norman. Poco dopo si seppe che la Banca di Francia, sempre informata del procedere della trattativa, benché la sua valuta non fosse convertibile in oro, aveva chiesto e ottenuto di partecipare al prestito. Strong e Norman non poterono, dunque, che invitare anche l'Italia, ma lo fecero a due condizioni: che la quota italiana fosse piccola, quasi simbolica e che la cosa restasse segreta. Si trattava, da parte di Norman, di un mero atto di cortesia[79]. Stringher, piccato e amareggiato, diede a Volpi un parere nettamente contrario all'accettazione dell'invito. Ma l'autonomia decisionale della Banca d'Italia era, in un affare del genere, assai limitata. Volpi impose l'accettazione della partecipazione italiana[80]. Una legge del 25 ottobre 1926 rese il franco belga nuovamente convertibile in oro a un tasso di 175 per sterlina, pari a sette volte quello prebellico. Un'economia aperta relativamente piccola aveva interesse a stimolare le esportazioni sottovalutando il cambio della propria valuta.

La vicenda fece riflettere Norman sulla situazione italiana. «Non vedo ragioni [economiche] – scrisse al governatore della Banque Nationale de Belgique – perché l'Italia non abbia stabilizzato sei o otto mesi fa o perché non debba farlo adesso». Dandosi da solo la risposta, aggiunse che per rendere possibile la stabilizzazione serviva il supporto dei banchieri privati e delle banche centrali e perché queste dessero il proprio consenso era necessario che la Banca d'Italia godesse di un'effettiva indipendenza.

> Dubito – aggiunse – che in quel paese qualcuno goda di indipendenza e che, sotto quel regime, il nostro amico Stringher possa gestire la Banca con criteri economici piuttosto che politici [...] non c'è libera stampa, o libertà di critica o commento, nemmeno libertà personale che i metodi dell'amministrazione tendono sempre più a ridurre [...] per quel che mi riguarda, esiterei a prendere impegni

---

[79] Norman a Strong, 29 ottobre 1926 (De Cecco 1993, p. 820, doc. 144).
[80] *Ibid.*

di qualche importanza con Stringher persino sulla questione della stabilizzazione[81].

La diffidenza della Banca d'Inghilterra verso la consorella italiana giunse al punto da informare le banche centrali di Francia, Germania, Olanda e Belgio che intendeva «mantenere gravi riserve in merito alle questioni italiane»[82].

Sino a marzo 1927, il cambio si mantenne attorno a 22 lire per dollaro (107 per sterlina). In aprile la lira si rivalutò sensibilmente e da maggio rimase sostanzialmente stabile attorno alle 92 lire per sterlina fino a dicembre quando la moneta italiana divenne legalmente convertibile in oro[83]. La prudente politica dell'offerta di moneta, il tasso ufficiale di sconto fermo al 7%, le riserve auree, alimentate soprattutto da prestiti esteri privati alle imprese (Asso 1993, p. 284) e la stabilità del franco francese rendevano credibile agli operatori l'impegno annunciato a Pesaro. La gestione del cambio da parte del ministero del Tesoro si incaricava di smussare le fluttuazioni quotidiane. L'operazione di stabilizzazione di fatto si fondava dunque, nella prima parte del 1927, su basi più solide di quella dell'anno prima. Eppure, se la cosiddetta speculazione continuava a scommettere su una lira rivalutata, restava invece tra i banchieri centrali e i grandi banchieri privati, una cospicua dose di scetticismo circa la capacità dell'Italia di stabilizzare la lira, soprattutto al tasso di cambio raggiunto in maggio.

La stabilizzazione legale richiedeva, come abbiamo visto, il collocamento di un prestito delle banche centrali concesso alla consorella italiana soprattutto come sigillo di affidabilità. Su questo punto Norman, sempre diffidente verso l'Italia di Mus-

---

[81] Norman a Louis Frank, 9 novembre 1926 (Cotula, Spaventa 1993, pp. 829-830, doc. 147).

[82] Conversazione tra M. Siepman e MM. Rist & Quesnay, sabato 19 novembre 1927, Archive Historique de la Banque de France, cabinet des Sous-Gouverneurs, 1037200603/23. Ma in novembre, come disse Siepman, la Bank of England stava cambiando atteggiamento verso l'Italia (cfr. *infra*).

[83] In giugno il cambio lira-sterlina arrivò brevemente fino a 83 inducendo Volpi a mettere in atto un piano articolato in 10 punti, approvato da Mussolini, per bloccare a quota 90 la rivalutazione della lira sui mercati (Cotula, Spaventa 1993, pp. 280-284, docc. 24 e 25).

solini, restava fermo nel porre come condizione preliminare a ogni discussione l'indipendenza della Banca dall'esecutivo[84]. Fintanto che questa non fosse stata riconosciuta, Norman era riluttante a includere la Banca d'Italia nel club delle banche centrali. A questo proposito è illuminante un episodio che amareggiò Stringher. Nelle riunioni all'Hotel Princess di fine agosto 1926, Strong si era opposto alla richiesta dei francesi di convocare una conferenza delle banche centrali, auspicata dalla Conferenza di Genova del 1922 e mai attuata. «Risultati più utili – disse – si possono ottenere con contatti individuali [tra banchieri centrali]»[85]. Nel 1927 Strong cambiò in parte idea: le preoccupazioni, mai cessate dal 1925, sulla tenuta della sterlina, che si riflettevano sui rapporti tra la Banca d'Inghilterra e la Banca di Francia affamata d'oro, lo convinsero a organizzare una riunione dei principali banchieri centrali che si tenne a Long Island, nello Stato di New York, tra il 1º e il 6 luglio 1927, alla quale furono invitati i responsabili delle banche centrali inglese, francese e tedesca oltre naturalmente alla Federal Reserve Bank di New York che ospitava l'incontro (Clarke 1984, p. 122). La Banca d'Italia si aspettava un invito che non arrivò, con notevole rammarico del suo direttore generale[86].

Norman restò fermo nella propria intransigenza per buona parte del 1927. Alla fine, l'ammorbidimento che consentì di stipulare la linea di credito delle banche centrali per la stabilizzazione italiana derivò soprattutto dal paziente lavo-

---

[84] A Moreau, governatore della Banque de France, che in novembre gli aveva chiesto quali fossero le precondizioni per la stabilizzazione italiana, Norman disse: «Per quanto concerne le banche centrali, immagino che il primo requisito sia l'indipendenza della Banca d'Italia dal governo o quantomeno che essa sia sufficientemente indipendente da poter controllare il proprio mercato senza alcuna interferenza nelle questioni di politica monetaria», *Memorandum. Confidential*, Paris, 26 novembre 1926, Bank of England Historical Archives, GI/307, 458, 2536/4.
[85] *Memorandum* di R.B. Warren, *Conversation of August 25, 1926*, FRBNY Historical Archives, Strong Papers 1926, p. 5.
[86] Norman scrisse a Strong che «Beneducci (*sic!*) dichiarandosi amico di Stringher [...] gli aveva detto "quasi casualmente" che Stringher era rimasto deluso di non essersi trovato a New York in luglio con gli altri uccelli del suo stesso piumaggio» Norman a Strong, 26 ottobre 1927, Bank of England Historical Archives, Italy S 62, GI/307, 458, 2536/4.

ro di Benjamin Strong. Già a fine 1926, quest'ultimo aveva espresso direttamente al collega inglese le proprie riserve su una definizione troppo rigida e uniforme dell'indipendenza.

Mi pare un errore – aveva scritto a Norman – attendersi un trattamento uguale delle banche di emissione in differenti paesi [...] ciò che conviene e funziona in un paese anglosassone, o forse in Germania e Olanda, può essere del tutto inadatto in Italia o Francia o in un paese quale la Finlandia! Molto dipende dalle persone, assai più che dalle leggi o dalle teorie [...] la stabilizzazione è più importante del tuo concetto ortodosso di indipendenza. Per parte mia propenderei a procedere subito con la stabilizzazione italiana qualora fosse richiesta e a cercare, per quanto possibile, di giungere a un compromesso riguardo l'indipendenza [...] credo anche che [in merito ai rapporti con la Banca d'Italia] il governo italiano abbia avuto negli ultimi anni un comportamento simile, se non migliore, a quello di qualunque altro[87].

Su quest'ultimo punto Strong andava forse oltre il suo stesso pensiero, ma l'argomento gli serviva per arrivare al punto che più di ogni altro gli interessava: «Non vedo come qualcuno di noi possa permettersi di fermare lo splendido progresso in corso per la riorganizzazione monetaria dell'Europa solo per affermare o imporre al governo italiano una particolare teoria di indipendenza nella gestione della banca centrale»[88].
A Threadneedle Street, sede della Bank of England, questa posizione parve ingenuamente semplicista. Un appunto interno, proprio in vista di una visita di Stringher, scritto da Harry Arthur Siepmann[89], uno degli esponenti più influenti della Banca, enunciava esplicitamente le ragioni sottostanti alla strategia delle stabilizzazioni monetarie: per essere utili, disse, esse devono servire «motivazioni e obiettivi che sono spesso politici» e, notazione interessante, proprio a perseguire questi obiettivi serve l'indipendenza. Gli americani – aggiunse l'autore dell'appunto – privi di esperienza, puntano all'universalità delle

---

[87] *Extract from Letter from Mr. Strong [to Montagu Norman] dated 26th November 1926*, Bank of England Historical Archives, Italy S 62, GI/307, 458, 2536/4.
[88] *Ibid.*
[89] 1889-1963. Dopo avere lavorato al Tesoro britannico, nel 1926 passò alla Bank of England come uno dei principali consiglieri del governatore. Dal 1945 al 1954 fu membro esecutivo del consiglio della stessa banca.

stabilizzazioni, poco curandosi degli obiettivi di politica europea. «Sappiamo che l'Italia è in un umore di estrema violenza e sappiamo anche che desidera la stabilizzazione. Dobbiamo pesare il vantaggio di progredire verso l'universalità [del sistema aureo] rispetto al rischio che questo progresso, attuato con la nostra stessa collaborazione, sia usato per sconfiggere gli obiettivi [politici] della stabilizzazione stessa»[90].

Intanto le notizie dall'Italia erano contraddittorie. Nel novembre 1926, il governatore della Banque Nationale de Belgique, Frank, visitò Roma riportando a Norman un'opinione positiva sulla situazione economica e dicendo che sarebbe stato sbagliato negare sostegno internazionale alla stabilizzazione. Al contrario, l'ambasciata inglese riferiva a Londra di un malessere dei circoli finanziari e industriali italiani. La Bank of England teneva dunque una posizione attendista, per non dire contraria, in merito all'operazione italiana[91].

Tra gennaio e agosto 1927, Strong continuò probabilmente a lavorare riservatamente per convincere i colleghi, soprattutto l'inglese, dell'opportunità di stabilizzare legalmente la lira. Nell'agosto 1927 fece una prima mossa stabilendo una relazione operativa tra Banca d'Italia e Federal Reserve Bank of New York e scrivendo a Norman che ciò avrebbe «prodotto risultati migliori dello starsene lontani apparendo un po' sospettosi»[92]. Alla metà di ottobre, Nathan si recò da Harry Arthur Siepmann, tra i più ascoltati collaboratori di Norman, per prospettare l'intenzione della Banca d'Italia di «concentrare presso la Bank of England la maggior parte dei propri depositi sulla piazza di Londra [affermando di parlare] in qualità di rappresentante di una banca centrale indipendente, responsabile verso i propri azionisti e non più soggetta a interferenza governativa»[93]. La mossa, forse suggerita da Strong, non mancò di avere qualche effetto (la Banca d'Inghilterra era sempre assetata d'oro) dato

---

[90] H.A. S. *Note to the Governor in anticipation to Signor Stringher visit (28)*, Bank of England Historical Archives, Italy S 62, GI/307, 458, 2536/4.
[91] *Confidential, Italy*, Bank of England Historical Archives G1_307.
[92] Strong a Norman, 25 agosto 1927, Bank of England Historical Archives, Italy S 62, GI/307, 458, 2536/4. Uno scambio di telegrammi tra Stringher e Norman espresse il mutuo piacere per la «rinnovata cooperazione».
[93] *Ibid.*

che, pochi giorni dopo, Norman scrisse al collega di New York che «il corteggiamento tra la Banca d'Italia e la Banca d'Inghilterra procede e genera speranze primaverili piuttosto che autunnali»[94].

In ottobre Beneduce si recò a Londra per cercare di vincere le «resistenze di Norman all'ingresso della moneta italiana nel sistema aureo [...] L'attività negoziale di Beneduce via via si accentuava mentre quella di Volpi diminuiva». Mussolini probabilmente comprese che accogliere le richieste di Norman e Strong sull'autonomia della banca centrale implicava la delega a Stringher del negoziato finale per la stabilizzazione (Franzinelli, Magnani 2009, pp. 164-165).

La storia delle trattative che seguirono merita di essere raccontata in dettaglio. A fine novembre, Volpi avvertì Lamont che Stringher si sarebbe recato a Londra per negoziare un credito, «siamo – disse – all'ultimo stadio del programma che le ho annunciato nel novembre 1925»[95]. Prima di mettersi in viaggio, Stringher fece una piccola gaffe: chiese a Strong, tramite Fummi rappresentante italiano di Morgan & Co., di indicargli una persona di sua fiducia alla quale rivolgersi riservatamente a Londra. Strong rispose, sempre tramite Fummi, che Stringher poteva tranquillamente parlare con Norman che gli avrebbe riferito tutto[96]. Se il direttore della Banca d'Italia pensava di giocare su due tavoli, non aveva ben compreso che, quali che fossero le differenze di opinioni tra Londra e New York, i due governatori avevano tutto l'interesse a mostrarsi agli altri come concordi in tutto. Infatti, Norman scrisse subito a Strong che la visita di Stringher gli era giunta del tutto inaspettata, decisa solo due giorni prima[97], aggiungendo di avergli detto che, se avesse voluto trattare il credito, avrebbe

---

[94] Norman a Strong (dalla nave *Mauretania*), 26 ottobre 1927, Bank of England Historical Archives, Italy S 62, GI/307, 458, 2536/4.
[95] Volpi a Lamont, 23 novembre 1927, FRBNY Historical Archives, 554393, Italy, C261.1 Foreign Files.
[96] Strong a Fummi, 23 novembre 1927, FRBNY Historical Archives, 554393, Italy, C261.1 Foreign Files.
[97] Harrison, vice di Strong, riferì che Norman era rimasto sconcertato dalla «procedura seguita da Stringher nell'organizzare la discussione e dal breve preavviso che ha dato a tutti noi» (Harrison Memorandum, 29 novembre 1927, 23 novembre 1927, FRBNY Historical Archives, 554393, Italy, C261.1 Foreign Files).

7 – Quota 90 e politica monetaria, 1925-1929

dovuto rivolgersi direttamente allo stesso Strong[98]. Quest'ultimo, consapevole dei persistenti dubbi del collega londinese sull'operazione italiana, rispose «se Stringher vuole parlare di stabilizzazione noi saremo, a certe condizioni, ben contenti di partecipare a un credito di banche centrali all'Italia»[99].

Il giorno prima dell'incontro con Stringher, l'appunto già citato di Siepmann per Norman sulle questioni da discutere con il collega italiano evidenziò le incertezze ancora presenti a Threadneedle Street sull'opportunità di procedere con un prestito delle banche centrali all'Italia. Diceva, tra l'altro: «il rischio di estendere all'Italia il campo della stabilizzazione è relativamente piccolo, poiché una crisi finanziaria, sociale e politica dell'Italia potrebbe verificarsi senza produrre reazioni troppo gravi al di là delle Alpi». Siepmann aggiunse che la stabilizzazione italiana si sarebbe potuta fare senza l'Inghilterra, ma al costo della rottura della cooperazione transatlantica e di una indesiderabile «dipendenza materiale e morale dell'Italia [dagli Stati Uniti]»[100]. Non sottovalutando la determinazione di Strong a chiudere il ciclo delle stabilizzazioni monetarie, Norman accettò di procedere, seppure con qualche disagio, non sempre ben dissimulato.

Il 29 novembre 1927 Stringher incontrò Norman a Londra per dirgli che, in vista di una probabile stabilizzazione, desiderava assicurarsi la cooperazione della Bank of England per un prestito di 100 milioni di dollari fatto solo dalle banche centrali di Londra e New York. Norman rispose che questa richiesta cozzava contro lo spirito stesso della cooperazione che richiedeva il coinvolgimento di tutte le principali banche centrali[101]. Stringher chiese allora la partecipazione di Strong o di un suo rappresentante a un successivo colloquio da tenersi nel più breve tempo possibile e se ne tornò a Roma, pronto però a riprendere non appena possibile la strada di Londra.

---

[98] Norman a Strong, 26 novembre 1927, 23 novembre 1927, FRBNY Historical Archives, 554393, Italy, C261.1 Foreign Files.
[99] Strong a Norman, 28 novembre 1927, 23 novembre 1927, FRBNY Historical Archives, 554393, Italy, C261.1 Foreign Files.
[100] A.S. Note to the Governor in anticipation to Signor Stringher visit (28), Bank of England Historical Archives, Italy S 62, GI/307, 458, 2536/4.
[101] Harrison Confidential Memorandum for Strong, 28 novembre 1927, Subject; Bank of England, FRBNY Historical Archives, Strong Papers, 1140 Italy.

Malgrado la non buona salute[102], sarebbe morto meno di un anno dopo, e il «dispiacere di perdere il party di Natale»[103], Strong riteneva tanto importante la conclusione della stabilizzazione italiana[104] da non fidarsi di mandare un delegato e si imbarcò sulla prima nave in partenza, il *Minnetonka*, un cargo che ospitava anche passeggeri. Mentre era in viaggio, i giornali americani pubblicarono notizie che rischiavano di danneggiare il buon andamento degli incontri londinesi. La prima riguardava il pagamento degli operai della FIAT e della SNIA Viscosa che i giornali descrissero come fatto con «pezzi di carta» (evocarono addirittura gli *assignat* francesi) invece che in moneta sonante, a causa delle difficoltà monetarie dell'Italia. Si trattava invece di un primo esperimento di pagamenti con assegni. Strong si irritò molto, sia perché temeva conseguenze sul processo di stabilizzazione, sia perché era stato lui stesso a insistere, nell'ultima visita in Italia, per l'uso degli assegni nelle buste paga[105]. Il secondo spiacevole episodio riguardò la notizia, data da un'agenzia di stampa, che Stringher si sarebbe recato a Londra per ottenere il sostegno delle banche centrali alla stabilizzazione legale provocando un flusso di capitali speculativi verso l'Italia che portò i tassi di mercato sotto quello ufficiale di sconto. Strong si chiese da chi fosse venuta la fuga di notizie «che mi mette in difficoltà»[106]. Concluse che essa veniva da Washington sulla base di una considerazione curiosa: «per temperamento gli italiani mantengono i segreti». Sono – aggiunse – anche «sospettosi [...] se Stringher pensa di non potersi fidare nel darci informazioni riservate, ci sarà difficile venire a sapere quanto ci serve sulla posizione della Banca d'Italia»[107].

---

[102] Dal 1918 aveva combattuto con la tubercolosi. Durante il viaggio stette a letto 18-20 ore al giorno (Strong a Harrison, 10 dicembre 1927, FRBNY Historical Archives, Strong Papers, 1140 Italy).

[103] Strong a McGarrath, 10 dicembre 1927, FRBNY Historical Archives, Strong Papers, 1140 Italy.

[104] «Questo sarà un viaggio estremamente interessante», Strong a Harrison, 10 dicembre 1927, ivi.

[105] Strong a Mellon, 2 dicembre 1927, FRBNY Historical Archives, Strong Papers, 1140 Italy.

[106] Strong a Harrison, 8 dicembre 1927, FRBNY Historical Archives, Strong Papers, 1140 Italy.

[107] Strong a Harrison, 10 dicembre 1927, FRBNY Historical Archives, Strong Papers, 1140 Italy.

7 – *Quota 90 e politica monetaria, 1925-1929*

Per il secondo viaggio di Stringher a Londra furono prese curiose precauzioni per assicurarne la segretezza. In occasione della visita precedente, Stringher aveva lasciato i propri effetti personali al Brown's Hotel, dove era sceso con l'intenzione di ritornarvi. Un'ingenuità della moglie di Nathan passò l'informazione a un certo Manzi e il «Times» accennò vagamente a un prossimo ritorno di Stringher nella capitale inglese. Allarmatissimo, Nathan si recò al Brown's a ritirare i bagagli di Stringher dicendo che la visita era stata annullata e ne avrebbe curato lui stesso la spedizione in Italia. Prenotò invece un appartamento ammobiliato al Queen Anne's Mansions, consigliato dalla Banca d'Inghilterra per la riservatezza. Scrisse poi a Stringher consigliandolo di non viaggiare insieme a Beneduce, cosicché questi raggiunse Londra via Berlino, mentre il direttore generale vi arrivò da Parigi, imbarcandosi però a Le Havre invece che a Calais, dove avrebbe potuto essere più facilmente notato[108]. Nel complesso, il suo viaggio durò 48 ore.

Tra il 13 e il 19 dicembre 1927 si tenne finalmente a Londra una serie di incontri per taluni versi simili a quelli che si erano svolti nell'agosto precedente all'Hotel Princess di Parigi tra le banche centrali di Inghilterra e Francia per valutare le condizioni di una futura stabilizzazione. I colloqui di Londra furono però più operativi, volti a concludere in breve tempo la concessione di un prestito. Stringher era accompagnato da Beneduce e da Nathan, il solo dei tre che parlava un buon inglese. Norman era affiancato dall'indispensabile Siepmann, mentre Strong non si era fatto seguire da collaboratori. Agli italiani furono chieste informazioni sull'economia del Paese e sui rapporti tra Banca d'Italia e governo: il tema dell'indipendenza fu variamente declinato in modo quasi ossessivo. Strong trovò la «conversazione molto interessante». In tono professorale riferì al proprio vice Harrison che gli italiani avevano «risposto in modo soddisfacente a tutte le domande che avevo preparato in nave. L'unico punto di disaccordo [restava] il tasso di conversione»[109]. Sia americani sia inglesi

---

[108] Nathan a Stringher, 3 dicembre 1927, ASBI, Nathan Copialettere riservato al Comm. Stringher, vol. VI.
[109] Strong a Harrison, 14 dicembre 1927, FRBNY Historical Archives, Strong Papers, 1140 Italy.

avrebbero voluto una parità aurea ben più alta di «Quota 90». Ma su questo punto gli italiani avevano un mandato politico che non consentiva margini negoziali. Tra le condizioni per la concessione del prestito, gli inglesi chiesero e facilmente ottennero l'impegno della Banca d'Italia a cooperare con le altre banche centrali. Più prosaicamente cercarono di condizionare l'utilizzo dei fondi depositati presso la Bank of England dalla banca centrale italiana al solo scopo di mantenere stabile il tasso di cambio tra lira e sterlina, escludendo dunque pagamenti sull'estero per motivi diversi[110].

Alla fine, il pragmatismo di Strong prevalse sulla chiusura di Norman circa il tasso di cambio di «Quota 90» e su quella di Stringher sull'esclusione di altre banche centrali dal prestito. Il 20 dicembre fu diffuso un compiaciuto comunicato stampa che annunciava la conclusione di un'operazione che «conferma e rafforza il principio della cooperazione tra banche centrali, essenziale per lo sviluppo delle relazioni economiche tra popoli e paesi». L'accordo prevedeva un credito *stand-by* alla Banca d'Italia per 75 milioni di dollari concesso da un consorzio di 16 banche centrali[111] e un secondo prestito di 50 milioni di dollari al governo italiano da parte di un gruppo di banchieri privati[112]. Nessuna delle due facilitazioni fu poi attivata ed entrambe furono lasciate cadere alla scadenza contrattuale di un anno senza richiesta di rinnovo.

Il giorno dopo, un decreto legge[113] fece «obbligo alla Banca d'Italia di convertire, dietro presentazione presso la sede centrale di Roma, i propri biglietti in oro o, a scelta della Banca, in divise di paesi esteri nei quali sia vigente la convertibilità dei biglietti di banca in oro». La parità fu fissata in 7,919 grammi d'oro per 100 lire, pari a 92,46 lire per

---

[110] Appunto di Siepmann per Norman 19 novembre 1927 (De Cecco 1993, p. 309, doc. 33).

[111] Oltre alla Federal Reserve Bank di New York e alla Bank of England, parteciparono con vari importi le banche centrali di Austria, Belgio, Cecoslovacchia, Danimarca, Egitto, Finlandia, Francia, Germania, Giappone, Ungheria, Paesi Bassi, Polonia, Svezia e Svizzera. La quota di New York non raggiunse il 20%, Londra contribuì per il 13%, alla pari di Parigi e Berlino.

[112] J.P. Morgan al 50%, il resto diviso tra gli inglesi Hambro, Baring e Rothschild.

[113] R.D.L. 21 dicembre 1927, n. 2325. Il cambio fu fissato entro lo stretto intervallo di 18,9-19,1 lire per dollaro.

sterlina e 19 lire per dollaro. Rispetto allo standard aureo del 1914, la svalutazione era pari al 72%. Mussolini poteva però dire di avere restituito agli italiani la lira al valore al quale l'aveva trovata nel 1922, al momento della marcia su Roma.

Nonostante il dovuto tono fiducioso del comunicato stampa, l'operazione italiana non contribuì all'armonia tra le principali banche centrali. La richiesta di partecipazione al prestito, arrivata in seguito a un accordo concluso a loro insaputa, fu poco gradita ai responsabili degli istituti di Francia, Germania e Belgio. A Schacht, sorpreso e risentito, Norman rispose ipocritamente di essere stato sorpreso lui stesso aggiungendo di avere respinto la richiesta italiana per una partecipazione dei soli due partner anglosassoni proprio in nome dei comuni principi di cooperazione[114]. Moreau e Frank scrissero a Norman in termini simili e ottennero risposte analoghe.

4. *La politica monetaria dopo Quota 90*

Nella successiva principale comunicazione pubblica annuale della Banca, Stringher salutò con entusiasmo, né poteva essere diversamente, gli accordi di dicembre. L'Italia, disse, «giovandosi di un governo che con vigore le ha ridato e conservato la pace sociale e la sicurezza di sé [si pone] alla pari delle nazioni più avanzate»[115]. Privatamente continuava probabilmente a nutrire i dubbi avanzati nei mesi precedenti circa la scelta di un cambio troppo elevato. Nel triennio che gli restò da vivere, Stringher dovette gestire una politica monetaria orientata all'obiettivo della stabilità del cambio, senza perdere di vista le esigenze dell'economia interna.

Nel 1928-1929 non sarebbe stato facile tenere il cambio entro i limiti di legge anche se la parità fissata fosse stata più elevata. Quota 90 rese davvero arduo il compito della Banca. I mercati internazionali dei capitali furono caratterizzati da un

---

[114] Norman a Schacht, 28 dicembre 1927, copia in: FRBNY Historical Archives, Strong Papers, 1140 Italy.
[115] Banca d'Italia, *Assemblea generale ordinaria degli azionisti*, Roma, 31 marzo 1928, p. 9.

aumento dei tassi negli Stati Uniti che, inteso a moderare la speculazione di borsa, ebbe il solo effetto pratico di attrarre oltre Atlantico capitali impiegati in Europa. In Italia, dopo una lieve recessione del 1927, il 1928 vide una benvenuta ripresa della produzione industriale e del PIL[116], che però si tradusse fisiologicamente in una forte crescita delle importazioni di beni e servizi. Il disavanzo dei pagamenti con l'estero lievitò al 3,5% del PIL nel 1928, si ridusse al 2,8% l'anno successivo, anche grazie alle accresciute entrate valutarie del movimento turistico.

La stabilità del cambio richiedeva che le cosiddette partite invisibili (sostanzialmente movimenti di capitale e rimesse degli emigrati) coprissero la differenza tra importazioni ed esportazioni di merci e servizi e che si mettesse mano alle riserve valutarie per finanziare l'eventuale squilibrio residuo. Stringher stesso, nella sua prosa già allora un po' arcaica, sintetizzò subito il problema e la sua inevitabile soluzione.

> Non è agevol cosa – disse ai suoi azionisti nel marzo 1929 – il determinare gli elementi detti invisibili della bilancia dei pagamenti internazionali; ma tutto lascia credere che non vi sia stato in essi un avanzamento così cospicuo, nei mesi decorsi, da coprire interamente il maggior deficit risultante dal confronto delle importazioni con le esportazioni di merci; e che, per ciò, si sia trovata, in forza delle cose, una compensazione nell'uso delle divise da noi raccolte, come temporanea copertura di pagamento dei saldi debitori dell'Italia con l'estero.

Insomma, il cambio fu tenuto entro i limiti legali attingendo alle riserve valutarie. Esclusa una ben più dura deflazione interna che nessuno, a cominciare da Mussolini, voleva era «inevitabile – per usare ancora le parole di Stringher – una riduzione della massa delle divise [...] a meno che fatti assolutamente eccezionali non avessero mutate le condizioni dei nostri traffici con l'estero, in guisa da rendere attiva veramente e largamente la bilancia dei pagamenti internazionali»[117].

---

[116] Oggi stimiamo che la crescita del PIL, al netto dell'andamento dei prezzi, sia stata del 6% nel 1928 e del 5% nel 1929, quella della produzione industriale rispettivamente del 6 e del 10% (Baffigi 2013).
[117] Banca d'Italia, *Assemblea generale ordinaria degli azionisti*, Roma, 31

Nei due anni successivi all'introduzione della convertibilità della lira, la Banca d'Italia accettò una diminuzione delle riserve pur di non togliere ossigeno all'economia. Non vi era, d'altra parte, motivo di immediata preoccupazione poiché il livello delle riserve eccedeva abbondantemente il rapporto minimo del 40% della circolazione stabilito dalla legge. La circolazione fu un po' ridotta nel 1928 e lievemente accresciuta l'anno dopo, ma l'offerta complessiva di moneta non diminuì che nel 1930. Sconti e anticipazioni toccarono un minimo nel maggio 1928 per poi risalire. La Banca, evidentemente, non volle ostacolare la ripresa, piuttosto robusta, dei redditi e dei consumi seguita alla recessione del 1927. Il tasso di sconto, segnale dell'orientamento dei responsabili della politica monetaria, più che efficace strumento di intervento, fu ridotto in due riprese.

Gli economisti sia contemporanei, sia successivi hanno molto discusso tanto degli effetti di Quota 90 sull'economia reale[118], quanto dei motivi dell'ostinazione di Mussolini nell'imporre un tasso di cambio così elevato. Il caso italiano fu, quantomeno in superficie, meno drammatico del «ritorno all'oro» della Gran Bretagna nel 1925 che provocò le ire di Keynes, lo sciopero generale del 1926, l'aumento della disoccupazione e il sostanziale ristagno dell'economia. Il regime in via di crescente consolidamento e consenso nel Paese usò abilmente la «vittoria» nella battaglia della lira come efficace arma propagandistica[119]; d'altro lato, la rivalutazione del cambio fu accompagnata da una diminuzione del livello generale dei prezzi. Gli economisti italiani del tempo conoscevano, come si è visto, la teoria di Cassel della «parità di potere d'acquisto» delle monete (Fratianni, Spinelli 1997, pp. 148-149), cioè della relazione fra il tasso di cambio nominale e il rapporto

---

marzo 1929, pp. 23-24. Nel 1928 le riserve complessive della Banca diminuirono dell'8,6% (ivi, p. 85).

[118] Tra i contemporanei va ricordato soprattutto Del Vecchio (1928), tra gli autori successivi, per esempio, Baffi (1965), Cohen (1972), Toniolo (1980), Marconi (1982), Cotula e Spaventa (1993).

[119] Il comunicato che annunciava l'approvazione del decreto legge di «riforma monetaria» emesso il 21 dicembre diede subito il tono alla propaganda successiva: «la difesa della lira proclamata a Pesaro è stata vittoriosa su tutta la linea» (Toniolo 1980, p. 120).

tra i prezzi interni e quelli esteri che determina il cosiddetto «cambio reale», la quantità di beni esteri che è possibile acquistare con una unità di moneta domestica. I decisori politici, consapevoli o meno della teoria, adottarono misure anche forzose per la riduzione dei prezzi e dei salari che attenuarono, nel complesso, l'impatto della rivalutazione del cambio sulla competitività delle imprese esportatrici, attutito anche dalla diminuzione del prezzo in lire delle materie importate. La rivalutazione completò la «svolta» del 1925 aggiungendo la protezione del cambio a quella della dogana per i settori che producevano solo per il mercato interno. Si trattò, insomma, del tassello di un disegno complessivo di politica economica e sociale. Sugli effetti economici complessivi di Quota 90, non vedo pertanto motivo di mutare il giudizio che ne diedi molti anni fa (Toniolo 1980), confortato più tardi da quello di Cotula e Spaventa (1993, p. 144) i quali, pur convinti che «un cambio meno ambizioso [...] sarebbe stato meno pregiudizievole all'economia nazionale», pensano tuttavia che le conseguenze negative della rivalutazione della lira non siano state tanto pesanti quanto ha ritenuto la maggioranza degli industriali di allora e degli studiosi odierni. A una diversa conclusione si potrebbe arrivare per quanto concerne la distribuzione del reddito, ma su questa mancano ricerche puntuali relative al triennio 1926-1928.

Una valutazione delle conseguenze macroeconomiche di Quota 90 deve però guardare oltre il 1929. Essa pose, infatti, un'ipoteca pesante sulla politica monetaria degli anni della Grande Crisi. Se la stabilizzazione fosse stata fatta a 120 lire per sterlina (circa 24,7 per dollaro), l'Italia sarebbe arrivata alla crisi con un'economia comunque più dinamica e un sistema bancario probabilmente più robusto, ma soprattutto un cambio meno difficile da sostenere e maggiori riserve valutarie che avrebbero consentito una diversa gestione della politica monetaria per contrastare la caduta della domanda.

Come accennato sopra, alla fine di maggio 1928, Raymond Poincaré progettava di rivalutare il franco oltre la media di 120 per sterlina alla quale era stato di fatto stabilizzato per mesi. Emile Moreau, governatore della Banque de France si oppose fermamente dicendogli che, se la stabilizzazione legale non fosse stata fatta entro un mese al cambio corrente di 120, si sarebbe dimesso e avrebbe convocato una conferenza stampa per spiegare il motivo delle proprie dimissioni (Moreau 1954). Il 25 giugno 1928 la convertibilità del franco fu ristabilita a un cambio ufficiale pari a circa 121 sterline[120]. Avrebbe Stringher potuto fare altrettanto? Nella Francia democratica, Moreau, malgrado avesse contro i Rothschild e il potente *Comité des forges* che raggruppava gli industriali siderurgici, poteva contare su una stampa abbastanza libera e sull'appoggio non solo di molti imprenditori, ma anche dei sindacati. La posizione di Stringher era invece debole sia perché il regime autoritario era ormai consolidato, sia per una posizione personale meno sicura come testimoniano le frequenti voci di un suo «pensionamento», raccolte anche dai banchieri centrali stranieri, e la nomina, di lì a poco, di Azzolini come direttore generale. Probabilmente le sue dimissioni sarebbero state accolte quasi con sollievo dal governo e avrebbero anticipato di tre anni la nomina di Azzolini alla guida della Banca.

---

[120] Il «Franc Poincaré», chiamato popolarmente «Franc à quatre sous», che sostituiva il «Franc Germinal» creato nel 1803 dal primo console Napoleone, corrispondeva a 6,585 grammi d'oro.

CAPITOLO OTTAVO

PRIME ESPERIENZE DI VIGILANZA

1. *La legge bancaria del 1926*

Negli anni Venti, le banche centrali esistenti e quelle che si andavano progressivamente formando non avevano compiti formali di vigilanza sul sistema bancario. Gli Stati Uniti costituivano una cospicua eccezione. Il Sistema della Riserva Federale, nato nel 1913 sulla spinta della crisi bancaria del 1907, ebbe sin dalla nascita tra i propri compiti quello di «introdurre un sistema più efficace di supervisione bancaria negli Stati Uniti»[1]. In Italia, lo Stato aveva poteri di vigilanza, oltre che sulle banche di emissione, su categorie di intermediari che godevano di statuti e privilegi particolari, come le casse di risparmio[2] e gli intermediari di diritto pubblico[3], ma le società ordinarie di credito, considerate dal codice di commercio del 1882 alla stregua di ogni altra impresa commerciale, non erano soggette a particolari forme di regolazione e supervisione, se non all'obbligo di depositare presso il Tribunale le proprie

---

[1] Preambolo del *Federal Reserve Act* del 1913. Si trattava in effetti di un potere condiviso con il Comptroller of the Currency al quale erano principalmente affidate le ispezioni. La sezione 21 del *Federal Reserve Act* del 1913 stabiliva però che «Oltre alle ispezioni fatte dal Comptroller of the Currency, ciascuna banca della Riserva Federale può, con l'approvazione del rappresentante del Federal Reserve Board, condurre ispezioni speciali delle banche appartenenti alla riserva federale localizzate nel proprio distretto».

[2] La legge 15 luglio 1888, n. 5546, prendendo atto che nelle casse di risparmio prevaleva ormai la natura creditizia su quelle di opera pia, estese per la prima volta a enti creditizi diversi dalle banche di emissione alcuni strumenti di vigilanza governativa che erano applicati a queste ultime, aggiungendo poteri di intervento quali il potere di sciogliere il consiglio di amministrazione nel caso di gravi perdite o irregolarità. I poteri di vigilanza furono assegnati al ministero dell'Agricoltura, Industria e Commercio (Galanti, D'Ambrosio, Guccione 2012, p. 41).

[3] Istituto Nazionale di Credito per la Cooperazione (dal 1929 Banca Nazionale del Lavoro), Istituto Bancario San Paolo di Torino e Monte dei Paschi di Siena ai quali si aggiunsero nel 1926 i banchi meridionali.

situazioni mensili[4]. Il valore pratico di questa disposizione era tuttavia modesto vista la sommarietà, se non peggio, di questi documenti.

La necessità di avere accesso alle situazioni contabili delle banche aveva iniziato a farsi strada presso la Banca d'Italia a mano a mano che le sue funzioni di prestatore di ultima istanza erano diventate più esplicite e potenzialmente costose. La crisi del 1907 aveva stimolato, nel 1908, una proposta di legge da parte del ministro Cocco-Ortu per la protezione dei piccoli risparmiatori, bloccata però dal presidente del Consiglio Giolitti (Bonelli 1991, p. 39). Allora Stringher si era detto favorevole solo a forme di autoregolazione del settore bancario (ivi, pp. 39-40). Nel 1913 fu Francesco Saverio Nitti, ministro dell'Agricoltura, Industria e Commercio a formulare un disegno di legge che prevedeva limiti minimi di liquidità, riserve prudenziali e l'assoggettamento alla vigilanza per gli istituti che accettavano depositi dal pubblico. Anche questa proposta era finita su un binario morto (Gigliobianco, Giordano, Toniolo 2009, p. 53). Durante la moratoria del 1914 fu, come si è visto, lo stesso primo ministro Salandra ad autorizzare Stringher a procedere comunque a ispezioni, considerati i benefici dei quali le banche godevano sotto l'ombrello protettivo della moratoria e della liquidità assicurata dalla Banca d'Italia (cfr. cap. 5). Abbiamo anche visto la resistenza opposta dai maggiori banchieri, sostenuti in questo da valenti economisti, a ogni forma di interferenza dello Stato sul loro operare. Interferenza ritenuta inammissibile anche adducendo l'argomento, non peregrino, che la Banca d'Italia operava sul mercato in diretta concorrenza con le banche commerciali[5].

I caotici salvataggi bancari e industriali dei primi anni Venti (cfr. cap. 6) avevano consentito l'accesso della Banca alle situazioni contabili delle banche oggetto dei propri interventi,

---

[4] Codice di commercio, art. 177.
[5] Non erano, peraltro, mancati sin da un progetto di legge Sella del 1870, studi e proposte «intese a regolare in modo organico l'assetto del credito» (per riferimenti specifici cfr. Guarino, Toniolo 1993, p. 48). Essi traevano però origine da esigenze pratiche ed erano avanzati da membri del Parlamento mentre gli economisti restavano in maggioranza contrari a interventi pubblici anche nel settore del credito.

accesso giustificato dal ruolo di prestatore di ultima istanza dell'istituto di emissione. Ma si trattava di informazioni, non sempre complete, assunte quando era ormai tardi per consigliare o imporre interventi volti a scongiurare o limitare i danni di potenziali insolvenze. Al contrario, il trascinarsi di soluzioni parziali, sempre con l'illusione che fossero definitive, dipese anche dalla mancanza di complete informazioni. In ogni modo, la fragilità, ancora una volta emersa, del sistema bancario italiano ridiede fiato a coloro che ritenevano necessario tutelare il pubblico risparmio «per quanto è possibile con l'applicazione di regole generali e obiettive»[6]. Alcune modeste eccezioni al principio generale della libertà delle banche di operare senza vincoli e controlli furono introdotte nei primi anni Venti: il regime di autorizzazione per le banche estere (1919), controlli ispettivi sull'emissione di assegni circolari (1923), regole relative al diritto di sconto (1924) (Toniolo 1993, p. 48). Sino ai primi giorni del 1926, tuttavia, non sono rimaste tracce di progetti o discussioni formali sull'opportunità di regolare e vigilare le società ordinarie di credito. Unica eccezione è un «progetto di decreto» del settembre 1923 esistente nell'archivio della Banca d'Italia (Guarino, Toniolo 1993, pp. 403-412, doc. 66), probabilmente ma non sicuramente attribuibile a una sua iniziativa. Il progetto prevedeva, per le «società che ricevono depositi fiduciari», norme piuttosto rigorose sulla trasparenza verso il pubblico delle proprie situazioni contabili e limiti prudenziali all'esposizione verso un singolo cliente (concentrazione dei rischi) e a taluni tipi di investimenti (quelli immobiliari). Secondo questa proposta, ogni banca avrebbe dovuto costituire un fondo di riserva pari al 20% dei depositi, investito in titoli di Stato depositati presso uno degli istituti di emissione. Ampi poteri ispettivi si sarebbero dovuti conferire a un comitato di sorveglianza formato dai tre direttori delle banche di emissione, presieduto da quello della Banca d'Italia. Il comitato avrebbe potuto proporre al ministro delle Finanze la revoca dell'autorizzazione a ricevere depositi agli istituti che violassero le norme introdotte dal decreto. Si trattava di una

---

[6] Banca d'Italia, *Assemblea generale ordinaria degli azionisti*, Roma, 31 marzo 1928, p. 55.

proposta non solo innovativa ma, nei primi anni Venti, fortemente interventista. Come è facile immaginare, essa incontrò la decisa opposizione non solo dell'Associazione Bancaria ma, ed è questa forse la prima ragione della prudenza di Stringher, anche delle due grandi banche milanesi, in particolare della Commerciale di Toeplitz (Guarino 1993, pp. 109-110). Forse per questo motivo, chiunque ne sia stato l'autore, il progetto fu tenuto nel cassetto in attesa di condizioni favorevoli a una sua esumazione.

All'inizio del 1926, quelle condizioni si erano evidentemente realizzate se un gruppo di persone era al lavoro presso la Banca per preparare una bozza di legislazione per la regolazione del sistema creditizio. Oltre a Stringher, ne facevano parte l'avvocato generale della Banca, Gustavo Bonelli[7], e l'onnipresente Beneduce. Il gruppo produsse un progetto di decreto che fu mandato, per un parere preliminare, a Luigi Pace, direttore generale del Tesoro, prima di parlarne con Volpi. «A fronte della completezza del progetto del 1923 – scrive Guarino (ivi, p. 110) – colpisce la stringatezza della nuova elaborazione», si trattava di soli 8 articoli contro i 32 di tre anni prima. La vigilanza era prudentemente attribuita a un corpo di ispettori ministeriali, anche se Stringher sembrò voler lasciare aperta la questione, evitando comunque di autoproporre la Banca d'Italia: «occorre di stabilire meditatamente a chi debba essere affidato il controllo»[8]. Mancava al nuovo testo la parte relativa alla cosiddetta risoluzione delle crisi bancarie. La bozza prevedeva che un ufficio di vigilanza fosse istituito presso la Banca d'Italia, senza il concorso degli altri due istituti, evidentemente perché era già prevista l'unificazione dell'emissione[9]. La bozza non rimase riservata: già prima della sua trasmissione ufficiale al ministro, Giuseppe Bianchini[10],

---

[7] 1853-1926. La sua carriera di giurista si svolse tutta negli istituti di emissione, dapprima nella Banca Nazionale nel Regno e poi nella Banca d'Italia della quale divenne avvocato generale nel 1918. Fu membro di varie commissioni incaricate di istruire riforme legislative (Ciocca 2017, p. 24).

[8] Stringher a Volpi, 10 febbraio 1926 (Guarino, Toniolo 1993, doc. 71).

[9] Il testo si trova in Guarino, Toniolo (ivi, pp. 413-415, doc. 67).

[10] 1876-1970. Primo direttore generale dell'Associazione Bancaria, costituita nel 1919 (Calabresi 1996), della quale divenne presidente nel 1933. Fu poi deputato e sottosegretario alle Finanze (1935-1936).

direttore generale dell'Associazione Bancaria Italiana, espresse a Beneduce la totale chiusura dell'ambiente che rappresentava a qualsiasi ipotesi di riforma. «Non occorrono congegni nuovi – scrisse – basterebbe funzionassero quelli esistenti: il problema è di uomini ed è un problema politico nel senso che è precisamente l'inframmettenza politica il pericolo più grave e quello che sino a oggi ha impedito il risanamento mediante l'intervento dello Stato nei salvataggi»[11].

Nella primavera del 1926, il clima politico e i rapporti di forza erano però cambiati rispetto al 1923. Mussolini e Volpi erano impegnati nel primo tentativo di stabilizzare la lira: l'unificazione della circolazione monetaria (cfr. cap. 7) e la riduzione dei rischi di crisi bancarie si inscrivevano nella strategia complessiva di stabilizzazione e rivalutazione della moneta. Era essenziale evitare che, come negli anni precedenti, la politica monetaria fosse condizionata da importanti salvataggi bancari.

Una nuova bozza di decreto, preparata tra la primavera e l'estate, nulla concesse alle tesi dei rappresentanti del mondo bancario se non l'attribuzione della vigilanza alla Banca d'Italia, invece che al governo, come alcuni volevano. Per il resto, la nuova versione propose una regolamentazione più pervasiva rispetto alla bozza di gennaio, istituendo un albo delle banche e subordinando a un'autorizzazione l'apertura di filiali. Fu anche ripresa la proposta del 1923 sul limite alla concentrazione dei rischi per singolo debitore, elevandolo al 15% del totale[12].

In agosto, Felice Guarneri, allora presidente di ASSONIME, fece un ultimo tentativo di scongiurare l'ormai imminente varo della legge bancaria ripetendo gli argomenti che ne sottolineavano l'inutilità. Ma ormai la decisione politica era presa e una numerosa commissione stava predisponendo

---

[11] Bianchini a Beneduce, 2 febbraio 1926, in Guarino, Toniolo (1993, pp. 419-420, doc. 70). Stringher trasmise la bozza di decreto a Volpi il 10 febbraio, insieme ad appunti circa l'unificazione dell'emissione dei biglietti di banca.
[12] Sull'opportunità di recuperare il limite di concentrazione dei rischi riflette a gennaio lo stesso Gustavo Bonelli, insieme a Beneduce parte del «gruppo di lavoro ristretto» di Stringher per la legge bancaria (appunto del gennaio 1926, doc. 68, ivi, p. 416).

gli articoli della legge[13], che di fatto furono però redatti da un gruppo ristretto all'interno della Banca d'Italia, nel quale giocò un ruolo centrale Pasquale D'Aroma.

All'inizio di settembre, un regio decreto (7 settembre 1926, n. 1511), denominato «provvedimenti per la tutela del risparmio», stabilì che tutte le società ed enti che raccolgono depositi fossero sottoposti a regolazione e vigilanza da parte della Banca d'Italia e all'obbligo di pubblicità dei bilanci. La specificazione delle norme prudenziali alle quali gli istituti di credito dovevano attenersi fu demandata a un successivo regolamento (R.D. 6 novembre 1926, n. 1830), che venne predisposto dalla Banca d'Italia. Giuseppe Bianchini, confermando il giudizio negativo dell'Associazione Bancaria, chiese al ministro che venisse perlomeno adottata la bozza di regolamento predisposta in via Nazionale, che consentiva «una interpretazione sufficientemente larga per evitare complicazioni»[14]. L'attribuzione della vigilanza alla Banca era, per i rappresentanti del mondo bancario, un male minore rispetto all'«ingerenza» dello Stato e della sua burocrazia. Si pensava che la Banca sarebbe stata incentivata a usare con prudenza i propri poteri, perché a essa le banche si sarebbero rivolte qualora, come sembravano paventare i banchieri, le nuove norme avessero prodotto una caduta dei depositi e minori possibilità di impegnarli nell'industria (Guarino, Toniolo 1993, p. 118). A favore dell'affidamento della vigilanza alla Banca d'Italia si espresse, scrivendo a D'Aroma, anche

---

[13] La Commissione era formata da: Bonaldo Stringher, Pasquale D'Aroma, Alberto Beneduce, Luigi Pace (direttore generale del Tesoro), Alessandro Ceresa (ispettore generale del Tesoro), Ignazio Giordani (direttore generale del Lavoro, Previdenza Sociale e Credito), Felice Guarneri, Edmondo Valdiserra (direttore generale della Cassa di Risparmio delle Provincie Lombarde), Giuseppe Bianchini, Angelo Pancino (presidente della Cassa di Risparmio di Venezia e consigliere della Federazione Bancaria Italiana), Concino Concini (presidente di sezione della Corte dei Conti), Federico Flora (Università di Bologna), Cesare Tumedei (deputato), Vittorio Friederichsen (direttore generale dell'Istituto Federale di Credito), Pietro Fenoglio, Carlo Orsi e Giacomo Battistella (presidente della Cassa di Risparmio della Tripolitania). Cfr. ivi, p. 426, nota 1.

[14] Igino Brocchi, *Appunto per il ministro*, 26 settembre 1926 (ivi, p. 441, doc. 78). Brocchi, capo di gabinetto di Volpi, riferiva al ministro una conversazione con il direttore dell'ABI. A margine Volpi annotò «Le considerazioni del Comm. Bianchini hanno certo molto valore e sono state opportunamente vagliate anche dal Comm. D'Aroma e da me».

Federico Flora[15], professore e membro della commissione poiché «il controllo di un ente politico inspira sempre dal lato della obiettività e imparzialità serie diffidenze». Flora, assai vicino al mondo bancario, si disse «alquanto scettico intorno alla efficacia della tutela legislativa dei depositanti» e, comunque, favorevole a norme «elastiche, flessuose», che tenessero conto dell'eterogeneità del settore. Restava anche convinto dell'importanza delle banche universali, almeno fino a quando in Italia non si fosse formato uno spesso mercato obbligazionario.

Nel caso della legge bancaria, Volpi, che pure aveva sostanzialmente avocato a sé la politica monetaria e la gestione del cambio, si affidò interamente alla competenza della Banca d'Italia. In questo caso, gli obiettivi del governo e di via Nazionale coincidevano nel cercare di ridurre i rischi derivanti da un sistema bancario la cui endemica instabilità era fonte di tensioni sociali, oltre che finanziarie, che finivano per subordinare la politica monetaria alle esigenze del credito emergenziale di ultima istanza. D'altra parte, Volpi era consapevole che la Banca aveva esperienze e competenze non rinvenibili nella burocrazia ministeriale. Infine, il ministro proveniva da un ambiente, con il quale teneva stretti contatti, che non poteva ignorare del tutto le richieste di organi come l'Associazione Bancaria e l'ASSONIME[16]. Scrivendo al collega Rocco, Volpi definì «quello che fascisticamente abbiamo fatto», cioè il varo della legge e del regolamento, come «taglio del nodo gordiano»[17].

Se le pressioni del mondo bancario non riuscirono a bloccare il varo di una legge che introduceva la regolazione e la supervisione degli intermediari che raccoglievano depositi dal pubblico, esse ebbero comunque l'effetto di addolcirne le norme, soprattutto per quanto riguarda i requisiti patrimoniali e di liquidità. Rispetto al progetto dell'estate 1926, il regolamento varato in novembre aumentò il limite dei depositi da dieci a

---

[15] Lettera di Federico Flora a D'Aroma, 22 agosto 1926, doc. 73 in Guarino, Toniolo (1993).
[16] Associazione tra le società anonime (per azioni).
[17] Lettera di Volpi a Rocco, 14 settembre 1926, doc. 77 in Guarino, Toniolo (1993).

venti volte il patrimonio[18] e dal 15 al 20% del patrimonio stesso il limite massimo di fido a un singolo cliente. Scomparve il vincolo di impiegare in attività a breve almeno la metà dei depositi e delle passività a corto termine. Il regolamento potenziò invece, sempre rispetto alla bozza estiva, il potere ispettivo della Banca d'Italia, rafforzando l'«obbligo di esibire ai funzionari tutti gli atti e i documenti richiesti nell'esercizio delle loro attribuzioni»[19] e concedendo alla Banca stessa un maggiore margine discrezionale. Fu Pasquale d'Aroma a insistere su quest'ultimo punto, ovviamente gradito sia a via Nazionale sia all'Associazione Bancaria[20].

Giunto finalmente a ottenere per la Banca quella supervisione sugli intermediari bancari che riteneva indispensabile, probabilmente sin dal 1907, certamente dal 1914, Stringher era però consapevole dei pericoli insiti nei nuovi poteri consegnati all'Istituto che dirigeva, anzitutto quelli che oggi chiamiamo di rischio morale e quelli connessi ai possibili effetti sulla reputazione del vigilante per colpe o fallimenti del vigilato. Volle dunque mettere in chiaro che il nuovo regime non faceva venire meno la necessità di una «disciplina di mercato», e che esso non avrebbe potuto fare ricadere sulla Banca d'Italia la responsabilità giuridica o morale di eventuali crisi bancarie (come un po' subdolamente suggerito da alcuni esponenti delle aziende di credito)[21].

È ovvio – ricordò Stringher agli azionisti nel marzo 1928 – che spetta esclusivamente al depositante l'accorgimento di riporre la propria fiducia in organismi che ne siano meritevoli, e dieno affidamento di un'amministrazione sagace, oculata, prudente e di non lasciarsi con facilità adescare dall'allettamento di forti ragioni di interesse o di vantaggi di altro genere. Ma, mentre nessuno può impedire al malcauto depositante di regolarsi a suo modo, e quindi di subire

---

[18] È curioso notare come Gustavo Bonelli considerasse troppo basso persino il limite precedente, fissato al 10% (cfr. l'appunto citato del gennaio 1926, in ivi, p. 416, doc. 68).
[19] Sul desiderio della Banca di ottenere più penetranti poteri ispettivi, cfr. anche Polsi (2001).
[20] D'Aroma a Igino Brocchi (capo di gabinetto di Volpi) del 29 settembre 1926 (Guarino, Toniolo 1993, doc. 79).
[21] Lettera di Giuseppe Bianchini e di Felice Guarneri (ASSONIME) a Volpi del 26 agosto 1926 (ivi, doc. 74).

le conseguenze del fatto proprio, la legge – considerata la funzione sociale ed economica del risparmio – senza togliere alcunché alle iniziative e alle responsabilità piene degli amministratori delle aziende di credito, ha voluto subordinarne l'azione a determinate condizioni[22].

L'anno successivo, le polemiche e gli equivoci non si erano evidentemente placati se Stringher tornò sull'argomento rivolgendosi questa volta più direttamente ai banchieri, dicendo che la garanzia per i depositanti

più che da norme legislative, è da trarre, soprattutto, dalla capacità, dal vigile accorgimento nell'optare e dalla rettitudine degli uomini, cui sono affidate le sorti delle aziende di credito. Il nuovo provvedimento – che, in tutto il suo insieme, ha evitato norme di speciale rigore, per non recare intralcio al libero svolgersi del credito – vuole e deve avere, soprattutto, la portata di monito, il quale risvegli la coscienza delle proprie responsabilità in chiunque sia chiamato ad amministrare il risparmio del popolo italiano[23].

2. *Prima organizzazione della vigilanza*

Varata la legge, si trattò, per la Banca d'Italia, di applicarla in un contesto tutt'altro che facile. Fu Stringher stesso a descrivere senza pietà le condizioni del mercato del credito prima del 1926.

La facilità con la quale era possibile di raccogliere depositi in regime d'inflazione cartacea aveva fatto sorgere numerose banche sfornite di capitali effettivi adeguati, e forse anche di dirigenti capaci. Essa aveva spinto vecchie e nuove aziende a estendere senza misura l'azione rispettiva, impiantando costose dipendenze, con lo scopo di assorbire biglietti di banca, anche se a saggi di interesse molto alti; e assorbirli sotto tutte le forme possibili di depositi fiduciari. Si determinò così, in varii luoghi, un afflusso di somme cospicue nelle casse di banche e banchieri, i quali si avventurarono in operazioni speculative, immobilizzando capitali e, spesso, pregiudicando le ragioni altrui[24].

---

[22] Banca d'Italia, *Assemblea generale ordinaria degli azionisti*, Roma, 31 marzo 1928, pp. 55-56.
[23] Banca d'Italia, *Assemblea generale ordinaria degli azionisti*, Roma, 28 marzo 1929, p. 71.
[24] Ivi, pp. 52-53.

In un simile quadro, non è difficile comprendere l'ostilità di gran parte del mondo bancario alla regolazione e alla supervisione. Il mondo delle banche non era, né allora né dopo, una monade isolata dal resto della società, al contrario esso aveva legami più o meno stretti con variegate rappresentanze di interessi economici (la grande impresa, la cooperazione, le varie espressioni del mondo agricolo) che il fascismo stava organizzando in corporazioni non prive di una qualche autonoma capacità di influenza. Né il settore del credito era isolato dalla dinamica della «grande» politica così come da quella spicciola, locale, quotidiana. Occorreva dunque attrezzarsi sul piano dell'organizzazione e delle competenze, ma anche imparare a muoversi su un terreno che, seppure in gran parte conosciuto, andava visto in un'ottica inconsueta per la Banca. Si trattava, insomma, di formare una cultura della supervisione accanto a quella tradizionale della politica monetaria e dello stesso esercizio del credito di ultima istanza. Prima di vedere casi concreti di difficoltà che la Banca dovette affrontare nei primi anni di gestione della vigilanza, è utile dire come questa funzionasse concretamente.

Alla Banca d'Italia era demandata la vigilanza sull'«osservanza delle norme» contenute nei decreti di settembre e novembre. Questa nuova missione dell'ormai unico Istituto di emissione consisteva sostanzialmente: *i*) nell'istruire le pratiche di autorizzazione ministeriale alla creazione di nuove società che intendevano ricevere depositi, controllando tra l'altro la corrispondenza del capitale alle soglie minime previste; *ii*) nel fare rispettare l'obbligo di compilazione di bilanci annuali e della loro trasmissione alla Banca stessa; *iii*) nel controllare che non fossero superati i limiti sulla concentrazione dei rischi e *iv*) nell'assicurarsi che i depositi non fossero superiori a venti volte il capitale e venisse accantonata la prevista riserva su una quota dei depositi stessi. Le nuove norme si applicavano immediatamente ai nuovi istituti di credito, mentre a quelli esistenti erano concessi fino a quattro anni per adeguarvisi, termine del quale gli istituti stessi chiesero subito una proroga. Fu poi «raggiunto un compromesso nel senso che si sarebbe valutato caso per caso se fare uso dei poteri» delegati alla Banca di concedere proroghe (Guarino 1993, p. 147).

La vigilanza si attuò sin dall'inizio in due modi, quello detto «cartolare», consistente nell'esame dei bilanci che le banche erano tenute a depositare, e quello delle ispezioni presso le sedi degli istituti di credito. La legge incaricava la Banca di disporre, «di tempo in tempo, ispezioni delegandovi funzionari tecnici, i quali, nell'esercizio delle loro funzioni, sono considerati pubblici ufficiali e tenuti al segreto d'ufficio» (R.D.L. 7 settembre 1926, n. 1511, art. 4).

L'ufficio preposto alla vigilanza fu organizzato in tempi brevi, avvalendosi del personale che aveva già esperienza nell'esame dei bilanci delle aziende di credito che chiedevano anticipazioni e sconti. A capo di questa struttura Stringher pose Niccolò Introna, che incontreremo più volte in seguito e del quale diremo qualcosa alla fine di questo capitolo. Poco più di un anno dopo l'entrata in vigore della legge, Stringher si sentì di affermare che la vigilanza era stata «alacremente esercitata»[25]. Il direttore generale si era impegnato direttamente nel dotare la Banca di un'organizzazione adeguata al nuovo compito.

In poco più di tre anni – scrive Guarino – Stringher pose le basi durature dell'edificio, sulle quali avrebbe poggiato l'attività della Banca d'Italia in tutti i decenni successivi. [...] Si può ben dire che principalmente per effetto delle rigorose messe a punto di Stringher, e non per le sole formali enunciazioni delle leggi, la Banca d'Italia a partire dal 1926 non è stata più quella di prima, e si sono create le condizioni perché la sua collocazione nella costituzione formale e materiale e il suo ruolo divenissero quelli che ancora oggi fondamentalmente la caratterizzano (ivi, p. 141).

L'organizzazione della vigilanza si basò largamente sulla delega di molte funzioni alle filiali stesse della Banca per motivi sia di efficienza amministrativa, sia di valorizzazione della loro conoscenza dei mercati e degli istituti locali del credito. Una circolare inviata a tutte le filiali formalizzò le istruzioni per la vigilanza[26]. Essa dava direttive dettagliate sulle procedure da seguire per l'apertura di nuove banche e sportelli, le fusioni,

---

[25] Banca d'Italia, *Adunanza generale ordinaria degli azionisti*, Roma, 28 marzo 1929, p. 51.
[26] Circolare 676 del 7 marzo 1927, doc. 129 in Guarino, Toniolo (1993).

i processi di rendicontazione, l'accertamento dei requisiti patrimoniali e dei limiti di concentrazione dei rischi, la gestione delle ispezioni. I direttori di filiale acquisirono un'importanza centrale nell'organizzazione della vigilanza, quale «cerniera» tra la direzione generale e il sistema bancario locale, istruendo le pratiche documentali e trasmettendo le informazioni ritenute comunque rilevanti (quella che oggi chiameremmo *soft information*).

L'autorizzazione all'apertura di nuove filiali delle banche vigilate diede subito luogo a una frizione con i rappresentanti del mondo bancario. La Banca d'Italia diede una definizione ampia di filiale, includendovi «sedi, succursali, agenzie, subagenzie, recapiti, rappresentanze e uffici anche provvisori» onde evitare ogni equivoco che rendesse possibile l'elusione della norma. Su pressione dell'Associazione Bancaria, Volpi chiese a Stringher di escludere dalla definizione di filiali le rappresentanze aperte da una banca nel comune ove già essa fosse presente[27]. Benché il testo della legge si prestasse a questa interpretazione, Stringher mantenne ferma la propria interpretazione restrittiva per non svilire la portata del processo autorizzativo[28].

Per la Banca d'Italia, la vigilanza aveva anche una funzione di supporto al lavoro di sconto, in una visione che vedeva le due attività come intrecciate e funzionali al più ampio disegno di regolazione del sistema creditizio. I direttori di filiale furono pertanto tenuti a inviare alla direzione generale una duplice copia delle «situazioni, dei bilanci, rendiconti annuali e relative relazioni», una per l'Ispettorato Generale della Banca, l'altra per il Servizio Sconti.

Anche riguardo ai requisiti patrimoniali, Stringher curò di definirne in dettaglio la composizione, per esempio chiarendo che non ne facevano parte «il fondo per valutazione titoli, il fondo pensione, previdenza, beneficenza e simili». Allo stesso tempo, si premurò di chiarire che la Banca d'Italia non aveva la responsabilità di accertare che l'entità delle riserve depositate presso di essa coprisse il requisito patrimoniale richiesto,

---

[27] Volpi a Stringher, 8 novembre 1926 (Guarino, Toniolo 1993, doc. 120).
[28] Stringher a Volpi, 30 giugno 1927 (ivi, doc. 136).

responsabilità che cadeva interamente sugli amministratori dell'azienda vigilata.

Quanto alle ispezioni, la direttiva di Stringher fu che dovessero «essere fatte gradatamente a tutte le aziende di credito che vi sono soggette, senza escluderne alcuna»; lasciò tuttavia ai direttori di filiale ampi margini di autonomia nel decidere i tempi delle ispezioni, che dovevano però essere autorizzate dalla direzione centrale, che si riservava anche il diritto di deciderle autonomamente. L'ispezione doveva vertere sugli obblighi di legge (adeguatezza patrimoniale, accantonamenti a riserva, esposizione sui fidi), senza escludere la facoltà degli ispettori di «chiedere spiegazioni e chiarimenti su le singole voci, e di farsi esibire atti e documenti». Anche su questo punto l'Associazione Bancaria cercò di intervenire per limitare queste facoltà, ma Stringher, sostenuto da Volpi, restò fermo nel mantenere questo punto essenziale alla natura stessa della facoltà ispettiva[29].

La fase iniziale dell'applicazione della legge sulla vigilanza bancaria mostrò tutta la delicatezza e la complessità della nuova funzione affidata a via Nazionale. Benché avesse raccomandato ai suoi di usare «circospezione, prudenza e riservatezza, affinché nessuno possa avere motivo a interpretare la visita [degli ispettori] come segno di sfiducia verso l'ente ispezionato», si sparsero subito voci allarmistiche come quella di un anonimo informatore che, nel settembre 1928, scrisse al capo della polizia che «l'ufficio di sorveglianza bancaria con le sue ispezioni produce un panico formidabile tra i risparmiatori e si sono verificati casi in cui il passaggio dell'ispettore della Banca d'Italia è stato immediatamente seguito dall'afflusso dei risparmiatori agli sportelli»[30]. Niccolò Introna fu bersaglio di critiche pesanti di «incompetenza e impreparazione che raggiungono l'inverosimile»[31]. Più plausibilmente, fu criticato per la rigidità della quale dava prova: «non è un uomo, ma un regolamento vivente, senza alcuna duttilità e larghezza anche

---

[29] Volpi a Stringher, dell'8 novembre 1926 (ivi, doc. 120) e Stringher a Volpi, 30 giugno 1927 (*ibid.*).
[30] ACS, P.S. Polizia Politica b. 174, f. 7 (poi f. 8) 26 settembre 1928, cit. da Polsi (2002, pp. 275-276).
[31] Ivi, f. 7, 7 settembre 1927.

minima di vedute»[32]. Nell'estate del 1928, il capo dell'Ispettorato[33] fu oggetto di una violenta campagna di stampa sui giornali «L'Impero» e «Il Tevere» orchestrata da Alvaro Marinelli, un affarista di pochi scrupoli, vicino a Bottai e ad altri esponenti del regime[34]. La campagna provocò una risentita reazione di Stringher verso Volpi in difesa di Introna. D'altra parte, secondo un altro informatore della polizia, Stringher e Introna non erano «che una stessa anima in due corpi diversi»[35]. Dalla fine del 1928 la novità delle ispezioni cominciò però a essere più accettata dal sistema bancario, tanto che gli informatori della polizia registrarono un cambiamento del clima intorno alla vigilanza (Polsi 2002, p. 276).

La Banca d'Italia condivideva la funzione di vigilanza sulle casse di risparmio con il ministero dell'Economia Nazionale[36], geloso di questa antica prerogativa e insofferente di spartirla ora con la Banca. Appoggiato in questo da Volpi, Stringher vinse le resistenze del ministro Belluzzo ottenendo che le casse inoltrassero le proprie pratiche direttamente alle filiali della Banca d'Italia invece che al ministero, per il successivo inoltro alla Banca stessa[37]. Questa vicenda è meno marginale di quanto sembri poiché permise di unificare il flusso informativo sui mercati locali del credito, condizione ovviamente necessaria per un efficace governo del credito.

Nella gestazione, varo e avvio della supervisione del sistema bancario, vi fu maggiore sintonia, tanto nella visione strategica quanto nell'operatività, tra Banca d'Italia e ministero del Tesoro di quanta non ve ne fu nella politica monetaria e nella gestione del cambio. Sia nella fase che potremmo chiamare istruttoria, lasciata da Volpi in buona misura a Stringher e ai suoi, sia nel resistere alle pressioni del mondo bancario, sia infine nelle prime fasi di organizzazione e avvio dell'attività ispettiva, il ministro appoggiò l'azione della Banca. Possia-

---

[32] Ivi, f. 7, 18 maggio 1927.
[33] Come vedremo, Introna fu nominato vicedirettore generale il 3 luglio 1928.
[34] La vicenda di Marinelli è discussa in Conti (2003).
[35] ACS, P.S. Polizia Politica b. 174, f. 7, 26 settembre 1928, cit. da Polsi (2002, p. 276). Marinelli come vedremo fu poi arrestato per bancarotta fraudolenta.
[36] Dal 1929 anche con il ministero dell'Agricoltura.
[37] Lettera di Stringher a Belluzzo dell'8 aprile 1927 (doc. 131) e di Belluzzo a Stringher del 26 aprile 1927 (doc. 132) in Guarino, Toniolo (1993).

mo solo speculare sulle ragioni di questa sintonia tra Banca e governo. Da un lato, l'estensione del controllo dei poteri pubblici su un settore tanto delicato e vitale dell'economia era coerente con la fase della politica economica e della politica senza aggettivi inaugurata nel 1925, né probabilmente dispiaceva già allora a Mussolini e Volpi limitare l'influenza di corpi sociali rappresentanti di robusti interessi come l'Associazione Bancaria Italiana. D'altro lato, conveniva a Volpi mettere la Banca d'Italia invece del ministero in prima linea nello svolgimento di una funzione non destinata a grande popolarità, pur mantenendo al governo l'ultima parola sulle decisioni più sensibili.

3. *La vigilanza all'opera, 1927-1930*

Stringher, Volpi e, in questo, anche Belluzzo, concordavano su una strategia di gestione della vigilanza volta a «razionalizzare il sistema nelle sue frange periferiche e intermedie», lasciando fuori le grandi banche (Polsi 2002, p. 274) che non vennero mai ispezionate. Questa esclusione andava bene sia a Volpi, i cui legami con la Banca Commerciale non si erano mai interrotti, sia a Stringher che con i «milanesi» aveva, come si è visto, rapporti ambigui e non facili. Non mancava, tra le ragioni che consigliavano di evitare ispezioni ai massimi istituti, la percezione nel pubblico che la visita degli ispettori segnalasse difficoltà della banca in questione (Confalonieri (1994, p. 437). Va detto però che il trattamento riservato alle grandi banche dipendeva, oltre che da considerazioni latamente politiche, da una inadeguata comprensione da parte sia della Banca, sia del Tesoro di quanto fosse cambiata, soprattutto dal 1925, la natura delle cosiddette banche miste, divenute ormai holding industriali. Si trattava di una carenza culturale comune ai regolatori di quasi tutti i tempi che tendono a valutare i rischi sulla base di esperienze passate, ma raramente anticipano quelli derivanti da trasformazioni e innovazioni in atto o prevedibili. La pericolosità dello stretto legame tra un singolo intermediario e un'impresa era stata messa in luce chiaramente dal caso della Banca Italiana di Sconto. La legge del 1926 tentò di ridurre rischi di questo tipo limitando a una quota del capitale sociale il credito erogabile a una singola persona fisica o giuridica. La crisi di borsa del 1925 aveva però, come abbiamo visto, indotto le grandi banche, sostenute da un forte prestito della Banca d'Italia, a fare massicce acquisizioni in borsa di azioni di imprese partecipate dalle banche stesse e fortemente indebitate verso di esse. Questa operazione, fatta per sostenere il corso dei titoli e quindi lo stato patrimoniale dei maggiori istituti di credito, li aveva fatti diventare azionisti di maggioranza o di riferimento di un numero di aziende quotate che, nel 1931, si scoprirà essere ingentissimo. Si trasformarono, appunto, da banche in holding finanziarie, legando indissolubilmente il proprio destino di istituti di credito a quello delle imprese e del loro valore di borsa. La legge del 1926 non tenne conto di questa evoluzione della natura dei grandi istituti di credito, pericolosissima per la stabilità del sistema, e non stabilì alcun vincolo alla partecipazione delle banche nel capitale delle imprese. Sotto questo profilo, «la legge del 1926 nacque dunque obsoleta ancora prima di diventare operativa, tanto è vero che i suoi estensori fecero esplicito riferimento alle proposte del 1908 e del 1911» (Gigliobianco, Giordano, Toniolo 2009, p. 46).

Il principale indirizzo adottato nei primi anni di vigilanza consistette nel favorire una «razionalizzazione» del sistema bancario che era, a parere di molti, cresciuto in modo eccessivo e disordinato durante i primi anni Venti. L'autorizzazione all'apertura di nuovi istituti di credito e sportelli fu concessa con parsimonia. Già nella prima circolare alle filiali, Stringher aveva disposto che, nel valutare l'opportunità di autorizzare nuovi sportelli, si considerasse non solo la consistenza patrimoniale dei richiedenti, ma anche la domanda di credito locale e la misura in cui fosse soddisfatta dall'offerta esistente. Nei primi due anni fu accolta solo la metà delle domande presentate (Polsi 2002, p. 269). Nel dicembre 1928 fu temporaneamente sospesa l'apertura di nuovi sportelli. Parallelamente a questa stretta, si favorì il processo di concentrazione. «La Banca d'Italia – disse Stringher – di fronte al numero pletorico di aziende di credito esistenti, [ritenne] di dover assecondare, in massima, i concentramenti bancari, quante volte la struttura degli istituti desse affidamento di ottenere un organismo veramente più forte e più vitale»[38]. Anche questa era una linea coerente con quella del governo, che si mosse allo stesso modo nel comparto di sua competenza, quello delle casse di risparmio il cui numero fu progressivamente dimezzato con l'accorpamento di istituti di piccole dimensioni[39]. Stringher fu tuttavia contrario a procedere a processi di fusione o acquisizione in via autoritaria[40], cercando di evitare che piccoli istituti sani venissero inutilmente aggregati sulla base di mere logiche espansioniste di banche maggiori[41].

Gli obblighi di iscrizione all'albo e di presentazione dei bilanci, accompagnati dalla revoca, per chi non vi si adeguasse, dell'autorizzazione alla raccolta di depositi, provocarono l'uscita dal mercato di molte banche marginali, rafforzando la solidità complessiva del sistema. Nel 1926 un'indagine della Banca d'Italia aveva contato a Napoli 80 società bancarie. Di queste solo 57 si iscrissero all'albo entro il termine prescritto. In seguito alle richieste di chiarimenti della vigilanza e a opportune fusioni ne rimasero solo 46 alla fine del 1929 (ivi, p. 234). Pare, dunque, che l'operare congiunto della deflazione dei prezzi e dell'attività di vigilanza abbia provocato un processo di selezione virtuosa tra gli intermediari.

È difficile valutare complessivamente i risultati ottenuti dalla Banca nei primi anni della sua attività di vigilanza. La legge del 1926 era per molti aspetti obsoleta fin dalla nascita (Gigliobianco, Giordano, Toniolo 2009; Gigliobianco, Giordano 2012), soprattutto riguardo ai rapporti proprietari banca-industria. D'altronde, come accennato sopra, la Banca d'Italia non poté o non volle ispezionare le maggiori banche miste. Tuttavia, recenti pionieristiche ricerche nell'enorme archivio di vigilanza della Banca d'Italia consentono di apprezzare gli effetti della supervisione sulle banche di media e piccola

---

[38] Banca d'Italia, *Adunanza annuale ordinaria degli azionisti*, Roma, 31 marzo 1930, pp. 55-56.
[39] Il R.D.L. 10 febbraio 1927, n. 269, obbligava alla fusione le casse con depositi inferiori ai 5 milioni.
[40] Stringher a Belluzzo, 11 febbraio 1927 e 8 giugno 1928 (Guarino, Toniolo 1993, doc. 141).
[41] Banca d'Italia, *Adunanza annuale ordinaria degli azionisti*, Roma, 31 marzo 1930, pp. 55-56.

dimensione soprattutto circa l'adeguatezza del capitale sociale (Molteni, Pellegrino 2021)[42]. Risultò particolarmente incisiva la norma sulla concentrazione dei rischi: nel 1926 circa un quarto del credito totale esteso dalle banche italiane era classificabile come «fido in eccesso», ovvero concesso a singoli debitori senza garanzie reali per un importo superiore a un quinto del capitale sociale della banca. Questo dato, indicativo dei forti intrecci tra imprese e banche anche di medie e piccole dimensioni, scese sostanzialmente a zero nel 1930. Per rispettare la norma, molte banche preferirono aumentare il capitale piuttosto che tagliare i fidi ai propri clienti. Un altro effetto non trascurabile della legge bancaria fu l'applicazione di norme previste dal codice di commercio, che prima dell'introduzione della vigilanza erano di fatto lettera morta, in particolare quella che prescriveva di reintegrare il capitale sociale in caso di perdite superiori a un terzo dello stesso[43]. In numerosi casi la vigilanza obbligò gli amministratori al rispetto di questa norma. L'attività di supervisione si resse sull'obbligo fatto agli istituti di credito di fornire ogni informazione contabile richiesta dalla vigilanza, obbligo assente nei decreti del 1926, ma consolidato come prassi grazie all'impegno di Stringher in tal senso. Infine, l'obbligo del deposito dei bilanci presso la Banca d'Italia ne migliorò la qualità e quindi quella delle informazioni al pubblico circa la situazione dei singoli istituti di credito.

Poco prima di lasciare Roma per il *buen retiro* di Martignacco, nel luglio 1930, sperando che giovasse ad alleviare i sintomi della nefrite che lo affliggeva, Stringher stese una sintesi, forse consapevolmente a futura memoria, dei primi anni di attività di vigilanza.

Durante il 1927 e 1928 – scrisse tra l'altro – sono state compiute 668 ispezioni con risultati positivi, nel senso di indurre le amministrazioni responsabili a mettersi sulla retta via o di contestare loro le deficienze riscontrate, con invito a porvi riparo, e in guisa tale da rendere le amministrazioni stesse inescusabili di fronte alla legge

---

[42] Un'analisi incrociata dei bilanci delle società ordinarie di credito e dei rispettivi fascicoli d'archivio mostra come larga parte delle banche relativamente sottocapitalizzate abbia aumentato il capitale proprio tra il 1926 e il 1930, per effetto diretto delle nuove norme e sotto sollecitazione della vigilanza cartolare.

[43] Art. 149 del codice di commercio.

nel caso di sospensione di pagamenti. I riferimenti che l'Istituto di emissione fa quotidianamente mettono in condizione l'On. Ministro delle Finanze di richiamare a mezzo dei Prefetti le aziende riottose. Risulta quindi dimostrato che l'Istituto di emissione adempie col massimo scrupolo e con risultati che non sono certo spregevoli alle funzioni che gli sono state demandate, ma in ordine alle aziende che già erano da tempo bacate, mentre non vi sono rimedi possibili, l'Istituto di emissione fa uso di tutto il tatto necessario alla delicatezza del caso per evitare che l'esercizio della vigilanza possa contribuire comunque a scuotere la fiducia e determinare un panico [...] quanto a salvataggi, se si eccettua quello di Santo Spirito, reso necessario dalle condizioni della Capitale, e qualche contributo di misurata importanza per qualche altra azienda, nessun altro ne è stato fatto che meriti la pena di essere menzionato[44].

4. *Crisi bancarie e salvataggi, 1926-1930*

Nel dicembre 1930, quando emerse in tutta evidenza l'illiquidità, forse l'insolvenza, delle maggiori banche, il governo varò un primo provvedimento d'urgenza per puntellare il Credito Italiano. Vedremo nel prossimo capitolo che il decreto, secretato, a favore della seconda banca del Paese conteneva anche e soprattutto misure che regolarizzavano formalmente interventi compiuti dallo Stato e dalla Banca d'Italia negli anni precedenti, durante i quali si erano susseguite sui tavoli dei ministri delle Finanze e del vertice della Banca d'Italia richieste di intervento a favore di istituti di credito in gravi difficoltà. Le vicende bancarie della Grande Crisi hanno sinora un po' distolto l'attenzione degli studiosi da quelle della seconda metà degli anni Venti puntellate da numerose situazioni critiche di banche locali, non sempre però di dimensioni trascurabili, e di almeno una tra le maggiori banche nazionali. Ricerche recenti stanno cominciando a colmare la lacuna, con importanti analisi quantitative delle crisi degli istituti di credito di medie e piccole dimensioni (Molteni 2020a; 2021).

I fondi Stringher e Introna nell'Archivio Storico della Banca d'Italia raccontano l'accumularsi sui tavoli del direttore e del vicedirettore di richieste urgenti d'interventi provenienti sia

[44] ASBI, Carte Stringher, prat. 23, fasc. 2, sottofasc. 1.

dal mondo bancario sia dal governo. Ciascuna crisi ha caratteri specifici quali la dimensione della banca, il territorio di riferimento, i legami con altri istituti o con imprese di maggiori o minori dimensioni. C'è però un tratto che le accomuna tutte: la rapida crescita dell'attività economica e l'abbondanza di liquidità avevano favorito una forte assunzione di rischi e impegni a lungo termine per il finanziamento di imprese industriali e commerciali che si tradusse, dopo il 1925-1926, in immobilizzi non liquidabili. Come vedremo nel prossimo capitolo, questa dinamica non risparmiò nemmeno i maggiori istituti di credito, ma i loro immobilizzi emersero quasi all'improvviso solo nel 1930. Una sequenza di questo tipo aveva caratterizzato, come si è visto, gli anni 1888-1893 quando la caduta dei grandi istituti di credito era stata preceduta da una miriade d'insolvenze di banche locali.

In questo quadro di fragilità, al quale non era estranea la politica di rivalutazione del cambio, la Banca d'Italia, appena acquisiti, con il monopolio dell'emissione, i poteri di vigilanza, si trovò ad affrontare numerosi casi di istituti di credito prossimi al fallimento. Contrariamente a quanto avvenne dopo il 1930, alla Banca d'Italia toccò il ruolo principale di analisi, di ricerca di soluzioni e di reperimento delle risorse necessarie alle diverse «sistemazioni», naturalmente in stretto contatto con il ministro delle Finanze e mantenendo costanti rapporti con Palazzo Venezia.

Stringher, ultrasettantenne, impegnò molto tempo e fatica nel cercare di puntellare il sistema creditizio che apriva in continuazione nuove faglie. Un tributo a questo impegno eccezionale gli fu dato anche da Giuseppe Toeplitz, amministratore delegato della Banca Commerciale, che in occasione della soluzione escogitata da Stringher per i debiti con banche inglesi di una impresa italiana, gli manifestò grande ammirazione per «la fredda e appassionata opera intesa a evitare scossoni e danni all'economia generale del Paese e a indirizzare l'azione del singolo con schietta obiettività di giudizio e ferma energia»[45].

---

[45] Toeplitz a Stringher, 8 maggio 1929 (ASBI, Direttorio Stringher, prat. 17, doc. 4, p. 39).

4.1. Banche cattoliche

Nella fase di disgelo tra il regime fascista e il Vaticano che portò alla firma dei Patti Lateranensi, emerse una crisi, che si preparava da qualche tempo, di numerose banche legate in vario modo al mondo cattolico che si rifacevano più o meno direttamente all'esperienza della cooperazione e mantenevano legami con numerose casse rurali capillarmente diffuse soprattutto nell'Italia settentrionale.

Molte di queste banche avevano creato, nel gennaio 1914, la Federazione Bancaria Italiana «allo scopo di coordinare servizi e strategie delle banche aderenti» e, alcuni mesi dopo, il Credito Nazionale quale organo bancario di riferimento della Federazione, con il compito di facilitare le operazioni di scambi di fondi e le operazioni finanziarie tra le banche federate (Pegrari 2011, p. 260; Conti 2003, p. 21; Pessina 1987, p. 289). Il Credito Nazionale – che in taluni casi aveva salvato banche affiliate – aveva acquisito, nel 1923, una partecipazione di maggioranza nel Banco di Roma che il governo aveva fatto dismettere in occasione della sistemazione del Banco, salvato – come scrisse Sturzo – «due volte dalle sue non liete speculazioni le quali non sono state fatte certo in nome della religione e dello spirito cristiano»[46]. Furono così tagliati i legami tra il terzo istituto di credito del Paese e buona parte delle banche cattoliche. Si trattava di una misura difficilmente criticabile sul piano tecnico, posto che il Banco di Roma aveva perso gran parte del proprio capitale ed era stato ricapitalizzato con fondi pubblici. Così il governo si era comportato con i Perrone, così farà con gli azionisti delle banche salvate tra il 1930 e il 1931 (Toniolo 1993, p. 59). Difficile immaginare come avrebbe potuto fare diversamente. Tuttavia, sia i contemporanei, sia autorevoli storici (De Rosa 1991; 1983) vi videro anche, se non soprattutto, un disegno politico del regime volto a privare il Partito Popolare di un retroterra economico di rilievo. D'altronde, i vecchi amministratori del Banco avevano offerto a Mussolini l'occasione perfetta per perseguire un obiettivo politico con un mezzo

---

[46] Luigi Sturzo in *Popolarismo e Fascismo* (1924) cit. da Pegrari (2011).

non solo legittimo, ma necessario. Il Banco di Roma continuò peraltro a vivere una vita grama, in gran parte perché non abbandonò le consolidate abitudini di elargire crediti a lungo termine finanziandosi con depositi a vista. Nel 1928 i suoi immobilizzi erano nuovamente tanto pesanti (Guarino, Toniolo 1993, doc. 89) da richiedere un nuovo intervento della Banca d'Italia, accompagnato da un cambiamento al vertice dell'istituto di credito romano.

Dopo il 1926, i tentativi del governo e della Banca d'Italia di stabilizzare il segmento fragile e non irrilevante del sistema bancario legato al mondo cattolico si collegarono con la complessa vicenda dei rapporti tra il regime fascista e il Vaticano, nella fase delicata delle trattative sul Concordato e delle sue immediate conseguenze. Si intrecciarono anche, come quasi sempre succede in situazioni di instabilità bancaria, con scandali creati da piccoli e grandi speculatori al limite della legalità, a volte protetti o tollerati dal governo, oltre che a episodi di vera e propria criminalità economica.

La fragilità di molte banche, non solo di quelle cosiddette cattoliche, derivava in buona misura dal fatto che anche esse, seppure su scala assai minore, «si erano spinte negli anni precedenti troppo avanti negli impieghi in prestiti e partecipazioni» (La Francesca 2004, p. 147). È pertanto probabile che avesse qualche ragione Giuseppe Vicentini, *dominus* del Credito Nazionale, nel vantarsi che tra il 1923 e il 1925 il suo istituto aveva «procurato lucri straordinari alle banche federate» (De Rosa 1991, p. 136), ma ciò era stato possibile soprattutto grazie all'estensione di linee di credito a clienti rischiosi o incompetenti. Quota 90 e la recessione, seppure breve, del 1927 accrebbero di molto i crediti dubbi o inesigibili. Già nel 1925 era anche circolata la voce di gravi difficoltà del Credito Nazionale che molti, tra i quali lo stesso Volpi, attribuirono ai rapporti di Vicentini con Max Bondi[47],

---

[47] 1881-1927. Si tratta dello stesso Bondi che abbiamo incontrato parlando delle vicende del Consorzio Siderurgico. Nel novembre 1925, non potendo affrontare la liquidazione di fine mese, il Bondi lasciò l'Italia recandosi prima a Parigi, poi a Londra e a Berlino, donde, per sfuggire a un mandato di cattura, riparò in Norvegia, paese che non concedeva l'estradizione. La liquidazione del suo fallimento accertò un attivo di 30 milioni contro un passivo di 100 nel 1925 (Bonelli, Barsali 1969).

8 – Prime esperienze di vigilanza

finanziere di dubbia reputazione, tanto che uno dei primi atti del nuovo ministro del Tesoro fu ottenere l'allontanamento di Vicentini dal Credito Nazionale ma non, come avrebbe voluto, anche la sua incriminazione (Toniolo 1993, p. 60; ivi doc. 97)[48]. Nel 1927 il Credito Nazionale era in difficoltà tali da suggerirne la liquidazione. Si trattava però di trovare il modo di sostenere le banche cattoliche in difficoltà nel momento in cui perdevano la fonte «interna» di rifinanziamento. La Federazione Bancaria Italiana, alla quale faceva capo il Credito Nazionale, chiese un salvataggio pubblico generalizzato delle banche in difficoltà, mentre la Banca d'Italia e il Tesoro erano concordi nel propugnare interventi selettivi a favore dei soli istituti con buona probabilità di sopravvivenza, abbandonando al proprio destino quelli irrimediabilmente compromessi. Il ritardo nell'intervento dipese in parte da questa divergenza, in parte dalla necessità di avere un quadro chiaro della situazione, in parte infine dal «cambio della guardia» al ministero delle Finanze e del Tesoro voluto da Mussolini il 7 luglio 1928. A sostituire Volpi fu designato Antonio Mosconi[49].

È utile fare una breve digressione sul ministro che, oltre a occuparsi delle crisi bancarie, gestì la politica economica negli anni della Grande Crisi, con il quale la Banca d'Italia non ebbe facili rapporti. Vicentino, laureato in giurisprudenza a Padova, vincitore di concorso al ministero dell'Interno, Antonio Mosconi stabilì nel 1908 uno stretto rapporto con Giolitti che ne «accelerò la già brillante carriera» (Gagliardi 2012). Nel 1919 fu commissario straordinario per la gestione del Comune di Trieste. In questa veste si occupò dell'«italianizzazione» della Venezia Giulia, compito che lo fece avvicinare al movimento nazionalista e poi al fascismo, anche se ne prese la tessera solo nel 1926. Nei primi anni Venti, consigliere di Stato, fu presidente di alcuni enti pubblici. Al momento della nomina a ministro, Mosconi era, pertanto, un alto funzionario di notevole esperienza amministrativa, ma non certo una figura di

---

[48] «Quando si è creduto – scrisse Volpi a Mussolini – di salvare il Banco di Roma [...] si ebbe il torto non solo di non levare dalla circolazione il Vicentini ma di lasciarlo padrone della situazione delle banche cattoliche, con a capo il Credito Nazionale» (lettera citata in Pegrari 2011).
[49] Vicenza 1866-Roma 1955.

primissimo piano, tanto che la sua designazione da parte di Mussolini colse di sorpresa il mondo politico ed economico. Era però proprio la figura di burocrate competente, ma non eccessivamente brillante quella che serviva a Mussolini, nel luglio 1928, per sostituire una personalità forte, autorevole, a volte autonoma come quella di Giuseppe Volpi con un «collaboratore meno ingombrante e più fedele alle direttive, cui sarebbero spettati compiti di gestione tecnica più che l'esecuzione di complesse iniziative politiche» (Gagliardi 2012) quali erano state certamente quelle connesse alla rivalutazione e stabilizzazione della lira. Presentandolo al re, Mussolini disse che assegnava a Mosconi il compito «di fare della grande, precisa, proba ma nel complesso ordinaria amministrazione» (Toniolo 1980, p. 127). Il suo compito, dopo il 1929, si rivelò inaspettatamente ben più arduo, tale da richiedere assai più di un probo amministratore.

Qualche mese prima del «cambio della guardia» al ministero, la Federazione Bancaria Italiana nominò una commissione con il compito di esaminare la situazione contabile ed economica del Credito Nazionale. Era composta dai presidenti della Cassa di Risparmio di Venezia e della Banca Cattolica Vicentina, Angelo Pancino[50] e Nicola Bevilacqua[51] e da Emilio Punturieri, professionista gradito sia al governo sia al mondo cattolico. Il 25 aprile 1928, Punturieri consegnò alla Federazione uno studio (Guarino, Toniolo 1993, p. 529, doc. 93) nel quale stimava in 500 milioni le perdite complessive delle banche federate, evidenziava i legami proprietari incrociati tra le banche stesse, suggeriva la creazione di un nuovo organismo che le collegasse tra loro per porre in essere un salvataggio

---

[50] «Un liberale di matrice cattolica indifferente al regime», presidente della Cassa di Risparmio di Venezia dal 1919 al 1945 (Paladini 2003, p. 106).

[51] 1875-1936. Attivo nel movimento cattolico vicentino, Bevilacqua era stato tra i protagonisti della costituzione, nel 1914, della Federazione Bancaria Italiana della quale fu presidente della giunta esecutiva. Fu anche amministratore di varie banche federate (Banca Cattolica Atestina di Este-Padova, Banca della Venezia Giulia di Trieste, Credito Padano di Mantova, Credito Veneto di Padova). Fu sindaco dal 1916 al 1919, quindi consigliere di amministrazione fino al 1923 del Banco di Roma (Archivio Storico Intesa San Paolo, disponibile in https://asisp.intesasanpaolo.com/intesa-web/detail/bav/IT-ISP-AS00001-0002589/nicola-bevilacqua.html).

complessivo del sistema. Due giorni dopo, Filippo Crispolti[52], presidente della Federazione, trasmise a Volpi il lavoro di Punturieri facendo propria la proposta di creare un istituto centrale delle banche cattoliche come strumento di salvataggio a carico del governo o della Banca d'Italia (ivi, pp. 517-518). Su richiesta di Volpi, Stringher chiese a Menichella, ancora impegnato nella liquidazione della Sconto, anche se formalmente dipendente della Banca Nazionale di Credito (Gigliobianco 2004, p. 220), di dirigere l'azione di risanamento. Il futuro Governatore esaminò attentamente lo studio di Punturieri con il quale ebbe, l'8 maggio 1928, un incontro che sintetizzò in una memoria.

Domandatogli – scrisse Menichella – chi avrebbe coperto la perdita [Punturieri] ha risposto che evidentemente né il governo né la Banca d'Italia avrebbero potuto apertamente dichiarare agli uomini del movimento cattolico che la perdita sarebbe stata coperta da quegli enti; ma che avrebbe dovuto essere cura mia di assicurarmi tale copertura. Ciò è in perfetto contrasto con quanto mi disse il giorno 5 il comm. Stringher, che mi assicurò di aver chiesto di insistere nel concetto che la Banca d'Italia non dovesse perdere nemmeno un soldo[53].

Pochi giorni dopo, avuta conferma da Stringher e dall'ispettore Rodolfo Montelatici, molto vicino anche al ministro Belluzzo, che la Banca d'Italia non intendeva in alcun modo coprire le perdite delle banche cattoliche, Menichella rinunciò all'incarico, salvo tornare sui propri passi dopo un altro incontro con Stringher, in seguito al quale scrisse di avere ricevuto da questi «dichiarazioni circa gli intendimenti del governo in questa materia, dichiarazioni che non affido alla

---

[52] Rieti 1857-Roma 1942. Figlio di una influente personalità del movimento cattolico, dopo la laurea in giurisprudenza si dedicò al giornalismo fino a diventare direttore del giornale cattolico «Il Cittadino». Contribuì alla fondazione del Partito Popolare. Deputato dal 1919 al 1921, fu nominato senatore nel 1922. Favorevole alla legge Acerbo, nel 1924 fu il redattore del manifesto che 150 personalità cattoliche sottoscrissero in vista delle elezioni del 1924 per appoggiare la Lista Nazionale. Nel 1926 definì Mussolini «il protetto della divina provvidenza». Al Senato presentò l'ordine del giorno per l'approvazione dei Patti Lateranensi e si dichiarò «serenamente» favorevole ai provvedimenti per la difesa della razza (Albertazzi 1984).
[53] ASBI, Direttorio Menichella, cart. 102, fasc. 2, p. 2.

carta avendole bene in mente»[54]. Rimessosi al lavoro, Menichella concluse che, nella situazione di gravi perdite (riteneva una sottostima quella di Punturieri, troppo legato al mondo delle banche cattoliche) l'intervento dei pubblici poteri «si profila e si giustifica con l'opportunità politica di evitare un fragoroso e simultaneo crollo di parecchie banche». Riteneva tuttavia che il progetto della Federazione Bancaria per la creazione di un nuovo ente centrale non avrebbe avuto altro risultato che lo spostare scarse risorse «a danno delle banche buone verso quelle più dissestate [...] trascinando fatalmente il governo a coprire in un secondo momento le perdite globali». Menichella escluse, dunque, che fosse possibile seguire la via suggerita dalla Federazione e ne propose una diversa. Questa consisteva nel dare «la sensazione agli uomini del movimento cattolico di essere abbandonati a loro stessi» in modo che, accortisi «dei pericoli della situazione delle banche in peggiore stato, i dirigenti di esse si determinassero spontaneamente alle procedure di concordato e liquidazione che rappresentano il letto meno spinoso sul quale le banche avariate possono cessare la loro esistenza». Solo a quel punto, poiché il concordato non sarebbe stato possibile senza un ente finanziatore, si sarebbe potuto ragionevolmente costituire un tale ente al cui finanziamento avrebbero potuto intervenire i «Pubblici Poteri con oneri relativamente bassi».

Per concludere – scrisse in modo inequivocabile il giovane Menichella – la formazione attuale di un Istituto centrale fra le varie banche cattoliche, costituito con i danari delle stesse, non può che portare al salvataggio di tutte (con i danari dello Stato) o alla caduta di tutte (se i danari dovessero essere in seguito negati). Per non dare i danari, o per darli in misura modesta attenuando, per fini di interesse generale, le conseguenze della caduta di quelle banche che sono in condizioni più dissestate, senza che il male si propaghi alle altre, conviene aiutare i concordati e le liquidazioni, ma dal di fuori del movimento cattolico e in apparente e sostanziale contrasto con gli uomini del movimento stesso [...] non già assumendo con essi quotidiane solidarietà che non possono sboccare se non a un totale clamoroso fallimento o a un totale costosissimo salvataggio[55].

---

[54] *Ibid.*
[55] Promemoria del 15 maggio 1928 (Guarino, Toniolo 1993, pp. 534 ss.,

8 – Prime esperienze di vigilanza

Era una lucida lezione di come gestire il credito di ultima istanza: evitare sia l'azzardo morale, sia il contagio delle banche malate a quelle sane, minimizzare l'uso di risorse pubbliche, allontanare i responsabili delle cattive gestioni alla base delle insolvenze.

La soluzione del problema delle banche cattoliche non fu però immediata. Il nuovo ministro approvò la linea dell'«intervento selettivo» e scrisse a Mussolini di avere parlato con gli esponenti delle banche cattoliche escludendo «nel modo più reciso qualsiasi sacrificio da parte del Tesoro o dell'Istituto di Emissione»[56]. Gli esponenti della Federazione continuarono però a premere sul Governatore[57]. Stringher scrisse dunque nuovamente a Mosconi mantenendo il proprio parere negativo circa la creazione dell'Istituto centrale delle banche cattoliche, ma aggiungendo che, se esso fosse stato autorizzato dal ministero nonostante il parere contrario della Banca, avrebbe dovuto sottostare a tutte le norme contenute nelle leggi bancarie[58]. A questo punto, Mosconi aveva cambiato parere. Non è probabilmente una coincidenza che il 23 novembre l'avvocato Francesco Pacelli, incaricato da Pio XI delle trattative con il governo italiano, avesse fatto avere a Mussolini un promemoria nel quale si faceva cenno all'improvviso irrigidirsi della Banca d'Italia, a suo dire inizialmente favorevole al salvataggio. Pacelli sottolineò la vastità degli interessi, cattolici e non, coinvolti, il rischio per due miliardi di depositi, la posizione di vescovi e parroci interessati alla vita delle banche (Pegrari 2011, p. 261). Intervenne anche padre Pietro Tacchi Venturi[59], l'attivo e riservato diplomatico dietro le quinte delle trattative concordatarie, al quale Strin-

doc. 95). Gli autori attribuiscono il documento erroneamente a Volpi mentre esso è indubbiamente di Menichella.

[56] Mosconi a Mussolini 7 settembre 1928 (ivi, p. 564, doc. 99).
[57] Come vedremo sotto, Stringher era stato da poco nominato governatore.
[58] Stringher a Mosconi, 2 ottobre 1928 (Guarino, Toniolo 1993, pp. 566 ss., doc. 100).
[59] 1861-1956. Segretario generale della Compagnia di Gesù (1914-1921). Trattò con il governo italiano la cessione della biblioteca Chigi al Vaticano (1922), ottenne l'introduzione del catechismo nelle scuole primarie secondo il testo approvato dai vescovi locali e concluse l'accordo riguardante l'Azione Cattolica nel 1931. Scrisse, tra l'altro, una *Storia della Compagnia di Gesù in Italia* (Enciclopedia Treccani online, disponibile in http://www.treccani.it/enciclopedia/pietro-tacchi-venturi/).

gher disse che la Banca non aveva né intenzione né ragione di desiderare un crollo delle banche cattoliche, pur lasciando intuire ancora la sua perplessità sull'intervento dello Stato[60]. Nel riferire al cardinale Gasparri, segretario di Stato vaticano, Tacchi Venturi si disse convinto che «il capo del governo (come mi lasciò intendere avrebbe fatto nel colloquio meco) avesse significato al Governatore la sua decisa volontà di conservare i pericolanti istituti»[61]. Mosconi rispose, pertanto, a Stringher: se l'istituto ottempera alle modalità e condizioni previste dalla legge, «non mi sembra che si possa – senza assumersi una non lieve responsabilità – decidere di negargli l'autorizzazione ministeriale»[62].

Alla fine del 1928[63] nacque il nuovo Istituto Centrale di Credito, «organo federale delle banche cattoliche, sotto il controllo della Banca Cattolica Vicentina e la presidenza di Nicola Bevilacqua» (Chiapponi, Guizzi 2007, p. 103). Salutandone la nascita sulla rivista dell'Università Cattolica, Carlo Draghi (1929, p. 54) scrisse che esso aveva «il compito di intervenire nella liquidazione di immobilizzazioni nel patrimonio di banche cattoliche, liquidazione che non potrebbe essere interamente affidata alle banche stesse senza che l'esercizio della loro normale attività ne risenta qualche danno, per la fiducia assoluta che una banca deve godere nel pubblico». Oltre a ciò, l'istituto sarebbe servito a coordinare l'attività delle banche sparse sul territorio, vicine ai clienti, delle quali non pareva opportuna la fusione, ma piuttosto il coordinamento.

La creazione dell'istituto era forse condizione necessaria, ma certo non sufficiente, ad avviare a soluzione la crisi delle banche cattoliche che nel frattempo continuò ad acuirsi con la chiusura degli sportelli del Credito Meridionale, forse la maggiore tra le banche cattoliche e del Piccolo Credito di Ferrara, così come le estreme difficoltà di numerose banche

---

[60] ARSI, Fondo padre P. Tacchi Venturi, fasc. 1048. La lettera è del 20 novembre 1928, cit. da Pegrari (2011, p. 262).
[61] ARSI, Fondo padre P. Tacchi Venturi, fasc. 1048. Lettera del 29 novembre 1928, cit. da *ibid.*
[62] Mosconi a Stringher, 16 ottobre 1928 (Guarino, Toniolo 1993, p. 568, doc. 101).
[63] Costituito il 19 dicembre 1928 fu autorizzato all'esercizio del credito con decreto ministeriale del 20 gennaio 1929.

venete e le gravi difficoltà della Società Bancaria Marchigiana, innescate dalla crisi di fiducia prodotta dal concordato preventivo chiesto dal Credito Meridionale. Il ritardo nel trovare soluzioni dipese dallo stallo creato tra la posizione dei dirigenti dell'Istituto Centrale di Credito, che ancora contavano su una piena copertura delle perdite da parte dei poteri pubblici, e quella di questi ultimi (Banca d'Italia e Tesoro) che attendevano da parte dei dirigenti delle banche cattoliche l'avvio di un piano di liquidazione delle banche insolventi, richiesto da Menichella.

Nell'ultima fase delle trattative per i Patti Lateranensi, il governo diede precise istruzioni al prefetto di Ancona per evitare il diffondersi del panico e la corsa agli sportelli della Marchigiana (Toniolo 1993, p. 63). Ma in questi casi vi è ben poco che i prefetti possano fare. Già in dicembre, il direttore della banca (Augusto Rovigatti) aveva sollecitato il governo affinché intervenisse sulla Banca d'Italia perché allargasse lo sconto a non meglio specificate «cambiali agricole»[64]. Stringher rispose di aver già largamente scontato effetti di carattere ordinario, ma che non intendeva farlo con «carta di finanziamento che l'azienda assai impropriamente chiama agricola e che nasconde buona parte delle sue perdite», perdite avvenute a causa di improprie speculazioni[65]. A fine gennaio la Società Bancaria Marchigiana fu ammessa alla procedura di concordato. Secondo l'arcivescovo di Fermo, Carlo Castelli, l'Istituto Centrale delle Banche Cattoliche non era alieno all'intervento, ma pareva «non sapesse decidersi». Castelli si rivolse a padre Tacchi Venturi, anch'egli marchigiano, affinché interessasse Stringher alla questione, per asciugare le lacrime «a tanta povera gente rovinata dalla fiducia cieca nella Bancaria, la cosiddetta Banca dei preti»[66]. Tacchi Venturi espresse a Stringher la preoccupazione del papa per «la caduta della Marchigiana», chiedendogli di «consolare l'animo del Romano

---

[64] ASBI, Direttorio Introna, prat. 28, fasc. 1, sottofasc. 6, p. 20. Rovigatti «Implorò dal Duce una azione immediata presso la Banca d'Italia per indurla ad aiutare le banche con spirito costruttivo, accettando cioè allo sconto cambiali agricole di primo ordine».
[65] *Ibid.*
[66] Castelli a Tacchi Venturi, 1° marzo 1929 (Guarino, Toniolo 1993, p. 573, doc. 103).

Pontefice proprio in un momento così solenne nella storia d'Italia e del mondo»[67]. Alla fine, il governo, sempre vincolato dalla necessità di limitare l'aumento della circolazione, interessò la Banca Nazionale del Lavoro, diretta da Arturo Osio[68], che organizzò la fusione di 11 banche locali in una nuova Banca delle Marche e degli Abruzzi a capo della quale pose due persone di propria fiducia. La nuova banca, creata su solide basi, trascinò a lungo l'eredità dei procedimenti concordatari per il recupero di crediti di difficile realizzazione che diedero luogo a una trentina di procedimenti giudiziari (Castronovo 2003, pp. 120, 128), nei quali fu coinvolto quale testimone anche Introna.

La crisi delle banche cattoliche fu particolarmente acuta e diffusa in Veneto, dove erano più numerose, quasi tutte con forti perdite, in molti casi tali da avere annullato il capitale. Particolarmente stretti erano i legami tra esse, strutturate in forme consortili come il Sindacato Agricolo Industriale Veneto e l'Unione Economica delle Venezie (Robiony 2018, pp. 58 ss.). Nel corso del 1929, sia Introna sia il sottosegretario alla Finanze Ettore Rosboch[69] cercarono di tenere ferma la linea Menichella di intervento selettivo[70] e non mancarono di farla conoscere agli esponenti di banche cattoliche e ai vertici dell'istituto di credito. Più tiepido fu l'atteggiamento di Mosconi.

La situazione di stallo si trascinò a lungo. A ridosso del Natale 1929, Bernardino Nogara[71], a nome della Santa Sede,

---

[67] Tacchi Venturi a Stringher, 3 marzo 1929 (ivi, p. 572, doc. 103). La lettera fu inviata in copia a Mussolini.
[68] 1890-1968. Dal 1925 direttore generale dell'Istituto Nazionale di Credito per la Cooperazione, trasformato nel 1929 in Banca Nazionale del Lavoro che diresse fino al 1942 (Pegrari 2013b).
[69] 1893-1944. Legionario, concorse alla fondazione della filiale di Fiume della Banca d'Italia. Deputato dal 1924 al 1934, sottosegretario alle Finanze dal luglio 1928 al luglio 1931.
[70] Rosboch aveva evidentemente sposato la tesi della Banca d'Italia se, scrivendo al capo del governo, disse che provvedere alla sistemazione e al risanamento delle banche meno dissestate era la soluzione migliore «perché evita gli ingenti danni di una crisi bancaria, risana gran parte del sistema creditizio italiano, elimina finalmente un gravissimo pericolo che dura da sei anni, salva una cospicua parte del risparmio nazionale e contiene l'onere in una cifra relativamente modesta rispetto ai risultati». Rosboch a Mussolini, 9 aprile 1929 (Guarino, Toniolo 1993, p. 574).
[71] Nogara a Stringher, 21 dicembre 1929 (ivi, pp. 282-284, doc. 106). Bernardino Nogara (1870-1958), ingegnere, di famiglia lombarda «con secolari radici

offrì 50 milioni per il salvataggio delle banche cattoliche sotto forma di un prestito sessennale al tasso del 2% annuo. Stringher, evidentemente sotto pressione politica, attese due mesi prima di reagire all'offerta di Nogara, scrivendo a Mussolini che la Banca d'Italia avrebbe potuto contribuire al salvataggio con un massimo di 10 milioni, purché lo Stato ne avesse messi altrettanti, «sempre che i 50 milioni della Santa Sede fossero versati senza concorso di alcuna garanzia a carico dell'Istituto di emissione»[72]. Passarono ancora alcune settimane prima che Nicola Bevilacqua, alla vigilia di essere sostituito, su indicazione dello stesso Mussolini, dal senatore Stefano Cavazzoni[73] alla guida dell'istituto, scrivesse a Stringher chiedendo un prestito «eccezionale e straordinario» di 50 milioni[74]. Qualche giorno prima, Stringher aveva avuto un colloquio con il capo del governo nel quale aveva dovuto capitolare, concedendo finalmente i 50 milioni richiesti, la metà dei quali anticipati dalla Banca per conto dell'Istituto di Liquidazioni che, come vedremo, fu il veicolo finanziario al quale vennero addossati, alla fine del 1930, tutti gli interventi di salvataggio passati e quello, ancora da effettuare, del Credito Italiano. Alle banche cattoliche, l'Istituto di Liquidazioni concesse nel 1930 un mutuo di 50 milioni[75], seguito nel 1931 da un nuovo credito di 40 milioni[76].

Il salvataggio di varie banche cattoliche venete fu attuato per il tramite tecnico della Banca Cattolica Vicentina, anch'essa

---

e sentimenti cattolici», mise in luce notevoli doti diplomatiche che gli valsero la partecipazione alla delegazione italiana per i trattati di pace del 1919-1920. Fu consigliere d'amministrazione della Banca Commerciale Italiana dal 1925 alla morte. Tra il 1929 e il 1954, fu a capo dell'Amministrazione Speciale della Santa Sede che gestiva i fondi versati dal governo italiano a seguito dei Patti Lateranensi (Pegrari 2013b).

[72] Stringher a Mussolini, 25 febbraio 130 (Guarino, Toniolo 1993, p. 584, doc. 107).

[73] 1881-1951. Fu tra i fondatori del Partito Popolare. Eletto deputato nel 1919 e nel 1921. Ministro del Lavoro nel primo governo Mussolini. Espulso nel 1923 dal Partito Popolare fu rieletto alla Camera nella Lista Nazionale (1924). Senatore dal 1929.

[74] Bevilacqua a Stringher, 3 aprile 1930 (Guarino, Toniolo 1993, p. 586, doc. 108).

[75] Si veda la lettera di Stringher a Mosconi del 4 aprile 1930 (ivi, doc. 109). Inoltre: ASBI, Vigilanza sulle aziende di credito, prat. 7499, fasc. 1, pp. 438-440.

[76] Cavazzoni a Stringher, 14 aprile 1931, ivi, pp. 223-225.

peraltro in condizioni non floride tanto da doversi appoggiare alla Banca di San Liberale di Treviso, cattolica ma non aderente alla Federazione Bancaria. Nel 1930, la Vicentina incorporò per fusione la Banca Cadorina, la Banca Cattolica Atestina e la Banca Cattolica di Udine, assumendo il nome di Banca Cattolica del Veneto. Altre tre incorporazioni di istituti pericolanti furono realizzate nel 1931[77]. Nel complesso, secondo un rapporto di Rosboch a Mussolini[78], alla fine del 1930, gli interventi della Banca d'Italia e del governo avevano consentito di salvare banche cattoliche per un totale di 3,5 miliardi di depositi[79] e di avviarne al concordato preventivo altre per circa un miliardo di depositi. Una minoranza assai piccola era stata lasciata fallire o liquidata.

4.2. *Firenze e Napoli*

Insolvenze o gravi sofferenze di istituti di credito non si limitarono, nella seconda metà degli anni Venti, alle sole banche cattoliche.

Un caso esemplare fra i tanti è quello del Credito Toscano[80] che, fortemente immobilizzato, chiese aiuto alla Banca d'Italia. Stringher acconsentì all'erogazione di liquidità di emergenza sotto forma di sconto cambiario, ma al tempo stesso esercitò la propria influenza sul Monte dei Paschi di Siena, banca di rara solidità (Asso, Nerozzi 2016, p. 13)[81], perché

---

[77] Archivio Storico Intesa San Paolo, disponibile in https://asisp.intesasanpaolo.com/intesa-web/soggetti-produttori/IT-ISP-SP00001-0000007/Banca-Cattolica-del-Veneto.html. Su richiesta di Mussolini, Rosboch gli trasmise un quadro riassuntivo degli esiti.

[78] Memoria di Rosboch a Mussolini, 15 dicembre 1930, ASBI, Direttorio Introna, prat. 28, fasc. 1, sottofasc. 2.

[79] Il calcolo di Rosboch comprende circa 2 miliardi di depositi del Banco di Roma risalenti al salvataggio del 1923.

[80] Si trattava di una banca cattolica aderente alla Federazione Bancaria, ma non compresa negli interventi visti sopra.

[81] «Grazie all'andamento prudenziale della propria gestione e a un contesto territoriale poco coinvolto, nel ben e nel male, dai processi di sviluppo industriale e finanziario, la banca era riuscita nel corso degli anni Venti a preservare condizioni di buona redditività e di ragguardevole solidità» (Asso, Nerozzi 2016, p. 13).

8 – Prime esperienze di vigilanza

partecipasse con un finanziamento e gestisse una fusione tra il Credito Toscano e la Banca di Firenze[82]. Era, questo, uno schema che, come nel caso della Banca Nazionale del Lavoro, la Banca d'Italia cercava di applicare sovente: favorire fusioni e aggregazioni per limitare l'intervento della Banca stessa o dello Stato. Dopo un primo esame della situazione, il Monte dei Paschi accettò di farsi carico dell'operazione, salvo poco dopo tornare sui propri passi, avendone meglio valutata l'onerosità. Nel giugno 1929 si creò una situazione di stallo, pericolosa anche perché le notizie dell'operazione erano trapelate e il nulla di fatto generò una fuga dei depositanti dal Credito Toscano[83]. Le cose si trascinarono però ancora a lungo. A metà settembre Stringher si rivolse direttamente a Mussolini per un intervento atto a sbloccare la situazione[84]. In ottobre gli fece avere un memorandum: il Monte dei Paschi aveva acquisito il Credito Toscano e stava per farlo con la Banca di Firenze, ma non intendeva accollarsi 20 milioni di perdite. La Banca d'Italia era pronta a mettere 10 milioni qualora se ne fossero trovati altrettanti. Il Monte avrebbe potuto reperirli se fosse stato sollevato dall'esattoria in perdita del comune di Napoli cedendola al Banco. Quest'ultimo rifiutò, ma offrì al Monte un'apertura di credito ventennale di 25 milioni a un tasso di favore che avrebbe consentito alla banca senese di guadagnare 10 milioni[85]. Nemmeno questa soluzione andò in porto e Stringher, ormai preoccupato per una probabile corsa agli sportelli, si vide costretto a mettere sul piatto 15 milioni a fondo perduto e 5 per l'acquisto di azioni della Banca che sarebbe dovuta nascere dalla fusione delle due dissestate, con l'impegno del Monte dei Paschi di riacquistarle lentamente[86]. In marzo, il Monte stava finalmente per procedere alla fusione quando si accorse che la crisi degli oleifici (le esportazioni italiane stavano riducendosi consistentemente) aveva creato un buco di 35 milioni nei conti del Credito Toscano che la banca

---

[82] Appartenente al gruppo bancario Marinelli.
[83] La vicenda è riassunta in una lunga lettera di Stringher a Mosconi del 20 giugno 1929 (ASBI, Direttorio Stringher, prat. 17, doc. 4, p. 83).
[84] Stringher a Mussolini, 14 settembre 1929, ivi, pp. 168-169.
[85] Stringher a Mussolini, 12 ottobre 1929, ivi, pp. 172 ss.
[86] Stringher a Mosconi, 2 novembre 1929, ivi, p. 207.

senese non era in grado di sopportare. Stringher, che ormai si rivolgeva prima a Mussolini che a Mosconi pur tenendo quest'ultimo informato, scrisse al capo del governo: «se non si trova il modo di agevolare la difficile posizione si andrebbe incontro a una lunga serie di contemporanei fallimenti» anche perché restavano ancora irrisolte le crisi delle banche cattoliche e della Banca Agricola Italiana (che vedremo subito). La sola soluzione possibile fu trovata in un intervento dell'Istituto di Liquidazioni, cosa dura – disse Stringher – «per la Banca e i suoi azionisti ma, trattandosi della difesa del credito nazionale, non esito a ritenere questa la via meno scabrosa»[87].

La Banca Toscana, fusione dei due istituti fiorentini e controllata dal Monte dei Paschi di Siena, nacque il 4 giugno 1930. Vedremo sotto come la sistemazione di tutte queste partite finì all'Istituto di Liquidazioni, qui basta dire che la ricostruzione dei dettagli di questa operazione aiuta, nell'economia di questa storia, a mettere in luce l'estrema complessità delle operazioni di salvataggio che richiedevano la convergenza di molti attori, la formulazione di piani tecnici, il mettere sul piatto la minore quantità possibile di risorse pubbliche o della Banca e, infine, l'intervento coordinato di quest'ultima con istituzioni pubbliche.

Stringher cercava, come poteva, di prevenire le crisi. Così, quando venne a sapere che il Banco di Napoli chiedeva gli fosse conferita la funzione di credito fondiario per tutto il Mezzogiorno, si affrettò a manifestare al ministro la propria radicale opposizione a questa richiesta con una lettera particolarmente diretta e dura, rivelatrice anche del suo pensiero sul Mezzogiorno. «Purtroppo – scrisse – l'attuale indirizzo del Banco di Napoli fa sorgere in qualche parte gravi dubbi intorno all'avvenire, forse non lontano, di esso per la moltiplicazione delle operazioni immobilizzatrici che sono state compiute e che si vanno preparando a fini soprattutto politici». Dopo avere rilevato che il credito fondiario era già ben gestito da un istituto speciale «che non fa mancare il credito a chi effettivamente lo merita», Stringher richiamò l'opinione

---

[87] Stringher a Mussolini, 21 marzo 1930, ivi, p. 279 (l'informazione in copia a Mosconi è di otto giorni dopo).

di Antonio Salandra sull'«economia del Mezzogiorno (da lui ben conosciuta) la quale ha bensì bisogno di credito, ma all'infuori di eccessive facilitazioni, le quali ne altererebbero le condizioni, con nocumento della popolazione agraria e della stessa agricoltura». Quasi temendo di non essere stato abbastanza esplicito, Stringher concluse la lettera a Mosconi dicendo che la concessione al Banco di Napoli dell'esercizio del credito fondiario «potrebbe portare conseguenze sostanzialmente perniciose a un istituto, appena risorto con gli ausili dello Stato, e a una regione la quale ha bisogno di procedere cautamente, ma saldamente»[88].

4.3. *La Banca Italo-Britannica*

Particolarmente delicata fu la gestione dell'insolvenza della Banca Italo-Britannica, perché mise a rischio i rapporti con la finanza inglese e con la stessa Bank of England. Nel gennaio 1915, la London, County and Westminster Bank aveva inviato in Italia un proprio funzionario per esplorare le possibilità di crearvi una banca inglese. In seguito a queste esplorazioni, la Westminster – con il sostegno del Tesoro di Sua Maestà – decise di creare due istituzioni: la British Italian Corporation a Londra e la Compagnia Italo-Britannica in Italia. Quest'ultima ottenne importanti finanziamenti dalla City. Il Tesoro britannico garantì per cinque anni un rendimento minimo del 5% ai capitali investiti. L'interesse del governo britannico era quello di orientare gli affari della neutrale Italia verso il Regno Unito sottraendoli alla Germania (Jones 1995, pp. 231-232; Segreto 1988). La Corporation, il cui azionariato era per il 71% in mano a banche e assicurazioni inglesi[89], creò nel 1922 la Banca Italo-Britannica. Questa crebbe nella prima metà degli anni Venti fino a diventare uno dei maggiori istituti di credito della penisola. Come le proprie consorelle italiane, anche la Italo-Britannica assunse rischi e immobilizzi eccessivi. Nel gennaio 1929, la Bank of England, avuta notizia

---

[88] Stringher a Mosconi, 18 giugno 1929 (ivi, p. 80).
[89] Il dato si riferisce al 1929.

che la Banca Italo-Britannica era insolvente, inviò un proprio fiduciario a verificare la situazione. Quest'ultimo riferì che la banca era gestita con metodi «che sarebbe caritatevole definire incompetenti» e che addirittura il management della filiale romana «era coinvolto nella corruzione di uomini politici e perfino nella prostituzione» (Jones 1995, p. 234). In giugno 1929 Otto Niemeyer[90] arrivò a Roma e si fece ricevere da Stringher, da Mosconi e dallo stesso Mussolini. La natura della sua missione restò ambigua. Niemeyer veniva, senza peraltro dirlo esplicitamente, solo come rappresentante delle banche inglesi creditrici della Italo-Britannica, ma era ben nota la sua appartenenza alla Bank of England e la fiducia che in lui riponeva il governatore Norman. Gli interlocutori italiani trovarono Niemeyer arrogante e la sua posizione quasi ricattatoria. Non solo rese noto che le banche inglesi, esposte per 620.000 sterline, stavano considerando la liquidazione dell'Italo-Britannica, con gravi conseguenze sull'economia italiana, ma disse senza mezzi termini alle autorità italiane che dovevano trovare un modo di intervenire a sostegno della Italo-Britannica per evitare «un atteggiamento [inglese] che potrebbe forse nuocere al credito dell'Italia»[91]. Mussolini diede pertanto istruzioni di assecondare «per quanto possibile le premure rivolte dal governatore della Banca d'Inghilterra», in nome del quale si pensava Niemeyer parlasse. Messa così alle strette, la Banca d'Italia depositò per un anno un milione di lire presso la British Italian Corporation a Londra[92], non senza avere messo in chiaro che «né la Banca d'Italia né il regio governo hanno nulla a che fare con le perdite subite dalla Italo-Britannica, causate da mala amministrazione» e che la Banca d'Italia si occupava «dell'argomento – come in genere si occupa di ogni altro problema che interessa la vita bancaria del paese – specialmente perché interessata dal Governatore

---

[90] 1883-1971. Assunto al Tesoro britannico nel 1906 divenne principale consigliere del Cancelliere dello Scacchiere prima di essere reclutato, nel 1907, dalla Bank of England nella quale passò il resto della propria carriera. Molto stimato da Norman assunse spesso un ruolo di rappresentante «diplomatico» della Banca in Europa e nel *Commonwealth*.
[91] Promemoria (sull'incontro con Niemeyer) del 10 giugno 1929 (ASBI, Direttorio Stringher, prat. 17, doc. 4, p. 68).
[92] Stringher a Niemeyer, 7 giugno 1929, e 20 giugno 1929 (ivi, pp. 64 e 88-90).

della Banca d'Inghilterra»[93]. Il gioco ambiguo di Niemeyer, che Stringher considerava «non certo animato da spirito di benevolenza verso l'Italia»[94], aveva funzionato, evocando alle proprie spalle l'ombra di Norman.

La sgradevole vicenda non finì però così. A Londra, l'instancabile e pervicace Nathan si fece ricevere da Norman. Gli disse anzitutto che il suo rappresentante aveva assunto a Roma «un atteggiamento piuttosto altero, avanzando pretese ingiustificate e ingiustificabili» alle quali Stringher aveva risposto con «la massima condiscendenza [...] per portare innanzi l'azienda [Italo-Britannica]». Non contento del risultato ottenuto, aggiunse Nathan, Niemeyer «pretendeva che il governo italiano assumesse obblighi e impegni [a favore della banca] assurdi e inammissibili». A questo punto Norman disse esplicitamente che, nella missione romana, Niemeyer rappresentava solo le banche creditrici della British Italian Corporation e non la Banca d'Inghilterra. Chiarito finalmente l'intenzionale equivoco, Nathan riferì delle minacce più o meno velate di «rappresaglie ai danni della lira e dell'economia italiana». Il Governatore, secondo Nathan, «rimase visibilmente impressionato» e si disse all'oscuro di tutto. Aggiunse, con imbarazzo, che la faccenda si era «manifestata fin dall'inizio così increciosa e piena di complicazioni» da fare perdere ai banchieri interessati la calma e la capacità di ragionare. Se ne scusava vivamente con Stringher, assicurando che «finché fosse rimasto al suo posto, non avrebbe mai permesso alla piazza di Londra di rendersi colpevole di bassezze morali» a danno dell'Italia[95].

5. *Crisi di una grande banca: l'Agricola Italiana di Gualino*

Abbiamo visto le ragioni per le quali le due maggiori banche – Commerciale e Credito Italiano – non furono mai ispezionate negli anni Venti. Vedremo, nel prossimo capitolo, i rapporti che si instaurarono con esse quando, tra la fine del

---

[93] Promemoria (sull'incontro con Niemeyer) del 10 giugno 1929 (ivi, p. 68).
[94] Stringher a Mosconi, 20 giugno 1929 (ivi, p. 88).
[95] Nathan a Stringher, 22 giugno 1929 (ivi, pp. 114-116).

1930 e il 1931, venne alla luce la loro illiquidità e sostanziale insolvenza. Gli altri due grandi istituti di credito – Banco di Roma e Banca Nazionale di Credito, nata dalla liquidazione della Sconto – non furono mai completamente risanati durante gli anni Venti, vivendo in condizioni di fragilità. Entrarono poi anch'essi nella grande operazione di salvataggio degli anni 1930-1934. Nel dopoguerra, era emersa una quinta banca commerciale di notevoli dimensioni che si sviluppò rapidamente. Ebbe però vita effimera. Si tratta della Banca Agricola Italiana la cui crisi e «sistemazione» si svolse tra il 1929 e il 1931: ne parliamo qui perché la conclusione della vicenda, seppure in parte cronologicamente sovrapposta al grande salvataggio pubblico delle banche miste del quale diremo nel prossimo capitolo, fu gestita in modo indipendente da esso.

La parabola dell'Agricola si intreccia con la terza e più fortunata delle numerose fasi di straordinario successo e altrettanto rapida caduta che caratterizzarono la vita di Riccardo Gualino[96], uno dei più interessanti e controversi imprenditori italiani della prima metà del ventesimo secolo. Nell'ottobre 1920, quando insieme a Giovanni Agnelli acquisì il controllo della Banca Cravario & Co. trasformandola in Banca Agricola Italiana, Gualino aveva già alle spalle una serie di spettacolari acquisizioni, in Italia e all'estero, soprattutto in Europa orientale, fondate sul ricorso sistematico all'indebitamento e su un meccanismo per cui ogni nuova acquisizione serviva da garanzia ai crediti ottenuti per la successiva, mentre «alla base di questa piramide di debiti» stava solo un piccolo capitale. Già nel 1912, un gruppo di piccole banche piemontesi fortemente esposte verso Gualino aveva dovuto «fare fronte al panico della clientela e a una corsa agli sportelli» per il crollo di un castello di carte costruito dal finanziere biellese

---

[96] Biella 1879-Firenze 1964. Gualino fu indubbiamente uno dei più immaginifici capitalisti italiani della prima metà del ventesimo secolo. Cosmopolita, alla varietà delle sue imprese e alla capacità di ripartire dopo ogni fallimento, unì un interesse e una sensibilità per le arti, soprattutto figurative, non comune tra i suoi pari italiani. Visto con sospetto e spesso emarginato dal mondo degli affari, fu più a proprio agio in quello della cultura e delle arti. Esistono numerose biografie di Gualino, tra queste quella di Caponetti (2018) si raccomanda per agilità di scrittura e per l'enfasi sulla vita privata del protagonista e i personaggi del mondo artistico e culturale dei quali si circondò.

(Chiapparino 2003). Ma questi, allora e in molte occasioni successive, mostrò la vitalità della Fenice nel risorgere dalle proprie ceneri. Durante la guerra «si inserì, in combinazione con Agnelli, nel grande affare del trasporto degli aiuti americani alle potenze dell'Intesa», operando con la sua Società di Navigazione Italo-Americana (SNIA) e due proprie imprese statunitensi, calamitosamente fallite nel dopoguerra «valendo non di meno ingenti profitti al loro fondatore» (*ibid.*). Nel dopoguerra, l'impegno con Agnelli nella lotta contro il Gruppo Ansaldo dei Perrone e il successo nella parziale scalata al Credito Italiano portarono definitivamente Gualino alla ribalta della scena finanziaria italiana. Nel 1921, la difficile riconversione della SNIA ottenne forti finanziamenti dal Consorzio Sovvenzioni su Valori Industriali presieduto da Stringher con il quale era entrato in contatto sin dal 1907. Nel 1913-1914, una grave crisi debitoria di imprese facenti capo al finanziere biellese fu risolta «grazie al sostegno di un gruppo di banche, favorito dalla Banca d'Italia». In quell'occasione Gualino instaurò un rapporto epistolare diretto con Stringher (Donato 2019, p. 274). In seguito, la Banca d'Italia continuò a tenere d'occhio la posizione debitoria di Gualino che, «nonostante la prudenza di Stringher che sovente negava o ridimensionava le richieste di ammissione allo sconto, riuscì spesso a ottenere i finanziamenti richiesti, attraverso le attività di risconto della Banca Agricola Italiana» (ivi, p. 275).

Gualino e il suo stile industriale e finanziario, fortemente basato sull'indebitamento, erano dunque ben noti quando, come lui stesso ricordò con apparente candore a Stringher, assunse il controllo della Banca Agricola Italiana, al fine esplicito di «ottenere gradualmente dalla banca» i finanziamenti necessari a sviluppare la propria impresa (SNIA Viscosa) per la produzione di seta artificiale[97]. Si trattava, dunque, dall'inizio, di un'operazione simile a quella programmata dai fratelli Perrone nell'acquisire il controllo della Banca Italiana di Sconto per farne la fonte privilegiata di finanziamento del gruppo Ansaldo. Come nel caso della Sconto, anche l'Agri-

---

[97] Promemoria (di Riccardo Gualino) 14 ottobre 1929 (Guarino, Toniolo 1993, pp. 66 e 597 ss., doc. 112).

cola finì per sovvertire il tradizionale modello aziendale della banca mista o universale. Quest'ultimo era basato sulla concessione di crediti a lungo termine e l'assunzione di partecipazioni di imprese manifatturiere o di servizi. Al contrario, nel caso della Sconto e dell'Agricola, fu l'impresa manifatturiera ad assumere il controllo della banca facendone, come scrisse Gualino a Stringher, il proprio braccio finanziario. La provvista di fondi a breve termine per finanziare investimenti a lungo, sostanzialmente immobilizzati, era, nel caso dei Perrone e di Gualino, ancora più rischiosa di quella adottata dalle «banche miste» che avevano un portafoglio titoli diversificato e un management i cui obiettivi ultimi erano la profittabilità della banca piuttosto che quella dell'impresa manifatturiera e dei suoi azionisti di riferimento. Erano, invece, gli interessi di questi ultimi a prevalere nella gestione della Sconto e dell'Agricola.

In questa simbiosi banca-impresa, la SNIA Viscosa crebbe a ritmi molto elevati, facendo dell'Italia il secondo produttore mondiale di seta artificiale dopo gli Stati Uniti e dell'impresa di Gualino la società italiana con più elevato capitale sociale (un miliardo) e la prima a essere quotata a Wall Street, mentre la Banca Agricola Italiana acquistava nuove filiali da banche minori pericolanti per allargare la raccolta di depositi[98]. L'80% della produzione della SNIA era collocato sui mercati esteri, dove il consumo pro capite di rajon era maggiore che in Italia (Toniolo 1980, p. 67) e subì, pertanto, un duro colpo con la rivalutazione della lira. Gualino non si limitò ad aggiungere la propria voce a quella degli altri imprenditori tessili nel chiedere moderazione nel processo di rivalutazione, ma mostrò più coraggio che saggezza scrivendo, il 28 giugno 1927, una lunga lettera a Mussolini nella quale dipinse in termini drammatici le condizioni dell'industria italiana, delineando un quadro fosco per il futuro economico del Paese. Questa iniziativa non gli fu perdonata (Salsano, Toniolo 2010, p. 36). La Agricola dovette sostenere la SNIA Viscosa in crisi,

---

[98] Nel citato promemoria del 14 ottobre 1929, Gualino sottolinea abilmente come queste operazioni fossero in realtà salvataggi, attuati «sempre d'intesa con la Banca d'Italia, per i quali la Banca Agricola Italiana ebbe a sostenere ingenti perdite».

acquistandone azioni e, soprattutto, fornendo «imprestiti di ingenti somme» al gruppo Gualino[99].

È probabile che, nell'estate 1929, in via Nazionale si nutrissero dubbi sulla situazione della Banca Agricola Italiana, dato che Gualino pensò bene di riferire a Stringher di avere viaggiato da Genova a Torino con Introna e di averlo informato dettagliatamente della situazione della banca, definendola «perfettamente normale»[100]. La situazione era, in realtà già tanto drammatica da indurre Gualino, poche settimane dopo, a bussare, per chiedere aiuto, alla porta di via Nazionale con il citato promemoria del 14 ottobre nel quale, dopo avere dato la propria versione delle difficoltà dell'Agricola, propose uno schema di salvataggio, ancora una volta basato su un castello di debiti, come quelli che avevano caratterizzato le precedenti operazioni del finanziere biellese.

Per quanto perplesso, Stringher comunicò a Mosconi la proposta, che implicava nuovi forti esborsi dello Stato o della Banca d'Italia, presentandola come una strada obbligata, viste «le conseguenze per l'economia generale se non si [fosse trovato] il modo per evitare un dissesto»[101]. Dieci giorni dopo fu firmata, nello studio di Mosconi, la prima di tre convenzioni tra il ministro delle Finanze, la Banca d'Italia e Gualino[102], il cui contenuto non manca di stupire, considerando che la storia finanziaria e imprenditoriale del finanziare biellese era ben nota in via Nazionale. Essa mette anche in luce la differenza tra questo salvataggio bancario, peraltro sostanzialmente fallito, e quelli attuati pochi mesi dopo, tra la fine del 1930 e l'estate del 1931, da Beneduce e Menichella.

La Banca Agricola Italiana aveva immobilizzi per circa 944 milioni, 494 dei quali classificati come perdite irrecuperabili. La prima convenzione aveva come obiettivo il reintegro delle perdite nel bilancio dell'Agricola attraverso due operazioni principali: un contributo a fondo perduto dell'Istituto di

---

[99] Promemoria (di Riccardo Gualino) 14 ottobre 1929, ASBI, Direttorio Introna, 30/1/325 (Guarino, Toniolo 1993, p. 599, doc. 112).
[100] Gualino a Stringher, 4 settembre 1929 (ASBI, Direttorio Stringher, prat. 17, doc. 4, p. 169).
[101] Stringher a Mosconi, 21 ottobre 1929 (ivi, p. 174).
[102] Convenzione fra il ministro delle Finanze, la Banca d'Italia e Riccardo Gualino, 31 ottobre 1929 (Guarino, Toniolo 1993, pp. 608 ss., doc. 117).

Liquidazioni per 200 milioni e la realizzazione di una plusvalenza di bilancio di 278 milioni tramite la vendita a Gualino stesso di azioni Salpa a un prezzo superiore al loro valore di carico nel bilancio dell'Agricola. La Salpa era un'impresa per la produzione di cuoio riciclato dai cascami, che stava solo allora diventando pienamente operativa e della quale lo stesso Gualino era azionista di riferimento. Essendo, tuttavia, il finanziere biellese del tutto privo di mezzi liquidi (si vide presto che era già ampiamente insolvente), la convenzione prevedeva che il suo acquisto delle azioni Salpa, per un totale di quasi 392 milioni, sarebbe stato finanziato dalla Banca d'Italia e restituito da Gualino, per 90 milioni con rate mensili pagabili dal 31 gennaio 1930 al 30 giugno 1932 e con una rata finale a saldo di quasi 302 milioni. Per fornire all'Agricola immediata liquidità, senza la quale non avrebbe potuto continuare a operare se non per pochi giorni, la Banca d'Italia si impegnò a scontare, fino a un massimo di 90 milioni, cambiali di accettazione Gualino, sottoscritte dalla banca francese Oustric & Co., nella quale lo stesso Gualino aveva un'interessenza, consegnate a fronte del debito con la Banca d'Italia stessa. In sostanza, tutta l'operazione era finanziata da via Nazionale, sulla base di garanzie molto labili.

È difficile spiegare come la Banca d'Italia abbia potuto accettare senza obiezioni la firma della banca parigina di Albert Oustric[103], socio francese di Gualino in un piccolo impero finanziario-industriale d'Oltralpe che, nel 1928, comprendeva ben 17 società inclusa la SNIA quotata anche alla Borsa di Parigi, nel quale la banca svolgeva, come l'Agricola in Italia, il ruolo di procacciatrice di fondi a breve per finanziare a medio e lungo termine imprese manifatturiere. Possiamo pensare che la Banca d'Italia fosse del tutto ignara che la Oustric aveva subito enormi perdite per il crack di Wall Street ed era sostanzialmente fallita? Pochi giorni dopo la firma della prima convenzione tra la Banca d'Italia e Gualino, la banca parigina fu al centro di uno scandalo politico-finanziario e oggetto di una commissione d'inchiesta parlamentare che riempì le prime

---

[103] Carcassonne 1887-Toulouse 1971. Imprenditore e finanziere. La sua banca, fondata nel 1919, era specializzata nella ristrutturazione di imprese in difficoltà.

pagine dei giornali francesi. Eppure la Banca d'Italia continuò ad accettare le cambiali sottoscritte da due personaggi dei quali era palese lo stato non solo di illiquidità, ma di sostanziale insolvenza[104], oltre che la dubbia affidabilità.

Con la convenzione del 31 ottobre, Gualino si era impegnato a «non diminuire minimamente il proprio patrimonio consistente in immobili, partecipazioni, titoli, collezioni artistiche e altre cose mobili che egli dichiarò di destinare completamente e senza restrizioni di sorta a garanzia degli impegni assunti»[105]. Il patrimonio netto di Gualino, a garanzia del debito di 392 milioni, era stimato nella convenzione in circa 355 milioni[106]. Quest'ultima, costruita su una proposta di Gualino stesso in buona parte accettata da Mosconi e da Stringher, era sostanzialmente basata sulla scommessa che Gualino sarebbe stato in grado di realizzare dalla vendita delle proprie azioni nella società Salpa[107] i 392 milioni, oltre all'interesse annuo del 5%, ottenuti dalla Banca d'Italia. Nessuna *due diligence* era però stata fatta sulla Salpa, sulla quale gli imprenditori piemontesi nutrivano già molti dubbi, senza considerare che la convenzione fu firmata quando da oltre un mese le borse mondiali stavano crollando (il 24 ottobre, Wall Street aveva perso in un solo giorno l'11%).

Si manifestarono presto forti perplessità sul rispetto della convenzione e sul suo esito. A Leandro Arpinati[108], sottosegre-

---

[104] Nel novembre 1930, Albert Oustric fu arrestato. Lo scandalo provocò il 4 novembre 1930 la caduta del governo presieduto da Albert Tardieu (France Archives, disponibile in https://francearchives.fr/fr/facomponent/485117e99e2 0a947238ff35475484719015a3665).
[105] Articolo IX della citata convenzione del 31 ottobre 1929. L'articolo prevedeva che ogni cambiamento della situazione patrimoniale di Gualino fosse autorizzato dal Governatore. Ma l'inchiostro era ancora fresco sulla firma della convenzione quando Gualino «informò» il Governatore di avere dovuto vendere azioni di una società francese per rimborsare debiti verso la banca Oustric.
[106] Il valore complessivo dell'attivo era stimato in 613 milioni a fronte dei quali stavano passività per 257 milioni. Si vide presto che l'attivo era sovrastimato e il passivo sottostimato.
[107] Si trattava di una società con base a Terranova, fondata da Gualino stesso nel 1928 per la fabbricazione di cuoio artificiale rigenerato, un'innovazione alla quale Gualino credeva tanto da mettere in cantiere la costruzione di grandi unità di produzione, oltre che in Italia anche in Francia e negli Stati Uniti (Chiapparino 2003).
[108] 1892-1945. Romagnolo, di modesta famiglia, si diplomò alle scuole serali.

tario agli Affari Interni (il dicastero era formalmente tenuto dallo stesso Mussolini), che chiedeva notizie sull'Agricola, Stringher non poté dare una risposta rassicurante, limitandosi a fare presente al sottosegretario di avere parlato personalmente con Mussolini «che [era] a conoscenza piena della situazione reale delle cose»[109]. A fine gennaio 1930, avendo Gualino ottemperato all'obbligo di acquistare le azioni Salpa con la scommessa di ottenere a breve una forte plusvalenza dalla loro vendita, l'Istituto di Liquidazioni erogò all'Agricola i primi 100 milioni pattuiti ma, nel frattempo, le difficoltà di quest'ultima avevano già obbligato la Banca d'Italia a riscontarle un totale di 63 milioni sull'ammontare massimo di 90 milioni previsto dalla convenzione[110]. A fine febbraio, a soli quattro mesi dalla firma della prima convenzione, Stringher dovette nuovamente ricordare, questa volta al preoccupato Mosconi, che Mussolini aveva approvato l'accordo con Gualino. Aggiunse però che restavano solo 15 milioni da scontare alla Banca Agricola sui 90 pattuiti come ammontare massimo. «Ciò induce a pensare – aggiunse il Governatore – che cosa si dovrà fare e quale dovrà essere il nostro atteggiamento il giorno, purtroppo non lontano, in cui, esaurite anche queste ultime risorse, ci troveremo di fronte a nuovi bisogni dell'Agricola. A me pare che sarebbe opportuno prospettarci subito il problema»[111].

Il 25 marzo 1930 Stringher, dopo avere scritto a Mussolini che la Banca Agricola Italiana avrebbe presto chiuso

---

Interventista anarchico, si avvicinò a Mussolini, fu tra i fondatori del Fascio bolognese, poi a lungo segretario federale del capoluogo emiliano del quale divenne podestà nel 1926. Nel 1929 espresse la propria contrarietà ai Patti Lateranensi, ma fu ugualmente nominato sottosegretario agli Interni. Spirito piuttosto libero, avverso al corporativismo e all'intervento statale nell'economia, rappresentò in quegli anni un elemento dissidente, «una specie di conservatore liberale, o meglio liberista» (Salvatorelli, Mira 1956, p. 548). Sospettato di dissidenza, malgrado la fiducia di Mussolini, si dimise dal governo nel 1933. L'anno seguente fu arrestato e mandato al confino. Liberato, non accettò l'invito di Mussolini a raggiungerlo a Salò. Ospitò nella propria tenuta ufficiali inglesi evasi dal campo di prigionia e alcuni partigiani. Fu ucciso da un gruppo di partigiani comunisti il 22 aprile 1945 (Voce anonima «Arpinati Leandro», in Dizionario biografico degli italiani, 1962, vol. 4, Treccani, Roma).

[109] Stringher ad Arpinati, 3 dicembre 1929 (ASBI, Direttorio Stringher, prat. 17, doc. 4, p. 233).
[110] Stringher a Mosconi, 22 gennaio 1930 (ivi, p. 251).
[111] Stringher a Mosconi, 28 febbraio 1930 (ivi, p. 266).

gli sportelli, a meno che non intervenissero «in tempo provvidenze di eccezionale carattere»[112], salì le scale di Palazzo Venezia per incontrare il capo del governo. Il giorno dopo, gli scrisse proponendo interventi dell'Istituto di Liquidazioni a favore dell'Agricola per 100 milioni, oltre ai 200 già previsti e un'anticipazione delle spese per completare gli impianti Salpa, non ancora pienamente operativi. «Il signor Gualino – aggiunse Stringher – dovrebbe abbandonare tutto ciò che possiede all'Istituto di Liquidazioni, dopo avere estinto i debiti personali». Per regolare queste cose, suggerì Stringher, sarebbe stato opportuno un decreto legge che avrebbe anche sistemato e disciplinato gli altri interventi dell'istituto, quelli per le banche cattoliche e toscane, «ritardandone peraltro la pubblicazione al momento in cui l'E.V. lo ordinerà»[113]. Quest'ultima condizione, che sarà ripresa a fine anno per il salvataggio del Credito Italiano, era ritenuta dal Governatore essenziale per non frustrare l'obiettivo di tutta l'operazione, scatenando una corsa agli sportelli.

Solo a fine marzo, Stringher delegò un proprio dirigente, Giovanni Battista Da Campo, uno dei due ispettori dell'Agricola, a controllare l'uso che veniva fatto dei fondi forniti dall'Istituto di Liquidazioni, obbligando l'amministratore delegato Tibò a nominare lo stesso Da Campo direttore centrale senza retribuzione della Banca Agricola Italiana. Il consiglio d'amministrazione dovette accettare una clausola assai pesante: tutti gli atti degli amministratori, compresi quelli di Tibò, dovevano essere controfirmati dal fiduciario del governatore[114]. Fu una decisione probabilmente tardiva che forse rallentò di qualche tempo il deterioramento della situazione della Banca Agricola Italiana, ormai, come Stringher sapeva, avviata alla chiusura, mentre Gualino, incurante degli obblighi assunti con la convenzione di ottobre, ai quali era stato nuovamente richiamato da Introna, continuava nell'alienazione di propri cespiti patrimoniali[115].

---

[112] Stringher a Mussolini, 21 marzo 1930 (ivi, p. 279).
[113] Stringher a Mussolini, 26 marzo 1930 (ivi, p. 279). Interessante notare che solo dopo lo scambio di lettere e la visita di Stringher a Mussolini, il Governatore ne informò Mosconi (Stringher a Mosconi, 29 marzo 1930, ivi, p. 273).
[114] Stringher a Mosconi, 27 marzo 1930 (ivi, p. 320).
[115] Stringher a Gualino, 2 giugno 1930 (ivi, p. 338). Pochi giorni dopo, Strin-

All'inizio di giugno, Ettore Binocchi, direttore della sede di Torino, informò Stringher che le perdite dell'Agricola avevano raggiunto 565 milioni a fronte di capitale e riserve per soli 89 milioni. Contemporaneamente ricevette dal Governatore un rapporto sulla Salpa, redatto non dalla Banca d'Italia, ma dall'ispettore superiore delle imposte dirette di Milano, su incarico di Mosconi. L'azienda, sulle plusvalenze della quale Gualino aveva scommesso per salvare la Banca Agricola Italiana, si rivelava come ben misera cosa. Nel 1928, la Salpa aveva fatturato solo 4,9 milioni sui quali aveva accumulato una perdita di 63.357 lire. Da febbraio a maggio, le azioni Salpa avevano perso in borsa il 25% del loro valore. «Qui a Milano – scrisse l'ispettore – la Salpa Italiana non è pigliata sul serio e parrebbe non lo fosse nemmeno a Torino, dove il disfavore potrebbe in parte spiegarsi con le antipatie di cui è circondato il nome di Gualino». Dopo avere concluso, con rammarico, di non essere riuscito a trovare elementi positivi in un'azienda che produceva cuoio rigenerato per sostituire quello naturale importato ma che, sino a quel momento, aveva solo venduto «marocchino» ai fabbricanti di cappelli, l'ispettore scrisse «in Gualino non c'è l'industriale come fine, ma semplicemente come mezzo, in quanto le sue tendenze sono per la speculazione in campo borsistico»[116].

Nel corso dell'estate, Stringher si assentò lungamente da Roma per cercare di curare, nella sua casa di Martignacco in Friuli, la nefrite che lo aveva colpito in febbraio e della quale sarebbe morto qualche mese dopo. Nella fase finale, il dossier della Banca Agricola Italiana fu gestito da Azzolini e Introna. In estate la banca recuperò una piccola parte dei depositi che aveva perduto in primavera, senza che ciò ne mutasse la traiettoria verso la liquidazione, mentre Gualino attraversava una propria crisi «assai grave» che gli rendeva difficile pagare le rate del debito di 90 milioni contratto con la Banca

---

gher ricevette un nuovo rapporto sulla Salpa che inviò a Binocchi (Stringher a Binocchi, 9 giugno 1930, ivi, p. 360): l'azienda non aveva capitali per espandersi, le sue azioni non avevano mercato in borsa e Gualino aveva cercato inutilmente di disfarsene interessando alla cosa la Banca Commerciale.

[116] Stringher a Ettore Binocchi, 3 giugno 1930 (ivi, p. 343).

d'Italia[117]. La situazione si trascinò ancora per qualche mese, con il sostegno dell'Istituto di Liquidazioni che in meno di un anno finanziò a fondo perduto l'Agricola per 140 milioni. Il 19 settembre si giunse, finalmente, a una seconda convenzione, gestita soprattutto dal ministero delle Finanze (Toniolo 1993, p. 68). In forza di questa seconda convenzione, Gualino cedette allo Stato e alla Banca d'Italia tutti i propri beni mobili e immobili, inclusa la preziosa collezione d'arte della quale diremo qualcosa nel capitolo 10. Negli anni successivi gran parte di questi beni fu venduta all'asta. Il ricavato riuscì a soddisfare i creditori di Gualino, tranne i due principali che, dopo il 1933, erano l'IRI e la Banca d'Italia.

Pochi giorni dopo la firma della seconda convenzione, Mussolini definì pubblicamente Gualino «Cagliostro Economico». In ottobre fu arrestato a Parigi il suo socio francese Albert Oustric e il 19 gennaio 1931 fu lo stesso Gualino a essere mandato al confino a Lipari.

Nel marzo 1931, ormai nel pieno della crisi bancaria della quale diremo nel prossimo capitolo, la Banca d'Italia, per rassicurare i depositanti impauriti dal diffondersi di notizie sempre più allarmistiche, chiese al Monte dei Paschi, uno dei pochi istituti di credito, a parte le casse di risparmio, rimasti solidi nella tempesta, di farsi garante dei depositi e dei pagamenti delle filiali toscane dell'Agricola. Le sedi del Meridione furono affidate alla garanzia del Banco di Napoli (Asso, Nerozzi 2016, p. 19). In cambio furono poi ceduti ai due istituti sportelli dell'Agricola, avviando la prassi a lungo seguita successivamente di ottenere un contributo al salvataggio di banche pericolanti in cambio di un aumento della dotazione di sportelli[118].

Nel 1932, Mosconi, che pure aveva, con lo stesso Mussolini, avallato la gestione del dossier Agricola, chiese alla Banca d'Italia di giustificare la facilità con la quale erano stati erogati a quella banca dall'Istituto di Liquidazioni i primi 100 milio-

---

[117] Introna a Mosconi, 25 luglio 1930 (ASBI, Direttorio Stringher, prat. 17, doc. 4, p. 398).
[118] Devo quest'ultima considerazione all'anonimo commentatore del mio manoscritto.

ni, poco dopo la firma della prima convenzione. In risposta al capo del governo, Azzolini ricordò che nell'autunno 1929 esistevano ragionevoli speranze di raddrizzare la situazione e che nessuno avrebbe potuto prevedere il crollo dei mercati azionari di tutto il mondo nell'anno successivo (Toniolo 1993, p. 68). Fu una generosa, ma debole difesa dell'operato di Stringher. Se è indubbio che nessuno, nell'autunno 1929, avrebbe potuto prevedere la gravità della crisi mondiale degli anni seguenti, è altrettanto vero che sia le condizioni dell'Agricola, sia quelle patrimoniali di Gualino, sia la sua storia finanziaria erano ben noti e avrebbero consigliato una tempestiva e accurata *due diligence*, la richiesta di più solide garanzie e un immediato commissariamento della banca. Nei mesi successivi, fu questa, come vedremo, la condotta adottata verso le grandi banche illiquide. Non era però né avrebbe potuto essere questo lo stile di gestione della supervisione bancaria che, negli anni immediatamente seguenti la legge del 1926, aveva creato una struttura di vigilanza sorprendentemente efficace nel gestire i rapporti con gli istituti di credito di piccole e medie dimensioni, ma assai meno in grado di farlo con quelli maggiori. Nel caso dell'Agricola fece forse velo a Stringher un certo apprezzamento per le capacità, vere o presunte, di Gualino come imprenditore industriale. Né va del tutto sottovalutata la difficoltà di acquisire in tempi brevi informazioni dettagliate sulle complesse e ramificate operazioni dell'imprenditore biellese, che assunsero in varie circostanze caratteri di *Ponzi finance*.

6. Le persone e l'organizzazione

Abbiamo visto che la Grande Guerra e gli anni Venti produssero importanti mutamenti nel ruolo e nelle operazioni della Banca d'Italia, mutamenti richiesti da contesti economici, sociali e politici, sia domestici, sia internazionali diversi da quelli prevalenti prima del 1914. Le leggi bancarie del 1926 e la stabilizzazione della lira nell'anno seguente regolarono formalmente una situazione che, in buona parte, si era già venuta creando di fatto, negli anni precedenti. Abbiamo visto che la legislazione rispose anche, seppure in modo piuttosto ambiguo, alla sollecitazione che veniva dal «concerto delle banche centrali» dei principali paesi per una maggiore convergenza della Banca d'Italia verso standard comuni, in particolare circa il monopolio dell'emissione di moneta e l'indipendenza dal potere esecutivo. Tutto ciò non poteva che riflettersi sull'organizzazione interna della Banca, fatta di regolamenti, prassi, strutture fisiche, ma soprattutto di persone e di «cultura aziendale». Vediamo, dunque, succintamente, alcuni aspetti della organizzazione interna della Banca.

Nel 1929, il bilancio della Banca d'Italia era di 2,57 miliardi di dollari, pari a quello della Bank of England (2,61 miliardi), ben più ampio di quello della Reichsbank (1,56 miliardi), ma considerevolmente inferiore a quello della Banque de France (3,52 miliardi). La Federal Reserve statunitense, che serviva un Paese assai più ampio di quelli europei, aveva un bilancio di 5,45 miliardi[119]. La dimensione dei bilanci delle banche centrali dipende da molti fattori, anche istituzionali, dei paesi in cui operano e il confronto serve solo a dare un ordine di grandezza, molto approssimativo, del peso economico di ciascuna banca; nondimeno costituisce un'indicazione della dimensione della Banca d'Italia rispetto a quella delle maggiori consorelle, alla vigilia della Grande Crisi.

Tra il 1918 e il 1929, il numero degli impiegati e degli operai della Banca aumentò del 72%, da 2.153 a 3.714[120]. Nel 1923 fu varato un nuovo regolamento del personale, con relativa pianta organica, nella quale fu per la prima volta inserito il lavoro femminile, sino ad allora oggetto di un regolamento speciale. Le donne avevano, però, un inquadramento diverso dagli uomini, erano confinate ai gradi più bassi (personale d'ordine) e dovevano essere nubili. Più volte il Consiglio superiore approvò il licenziamento di impiegate che avevano contratto matrimonio. A parità di grado e anzianità, il personale femminile aveva stipendi inferiori del 23-28% rispetto a quello maschile. Fu innalzata da 18 a 21 anni l'età minima

---

[119] Dati sui bilanci delle banche centrali da Ferguson, Schaab, Schularick (2015), sui tassi di cambio in Jordà, Schularick, Taylor (2016).
[120] Dati al 31 dicembre di ciascun anno, fonte Croce (2020).

per l'assunzione di impiegati maschi e, per la prima volta, venne regolamentato lo status degli operai delle Officine Carte Valori (Contessa, De Mattia 1993, pp. 91-93). Dal punto di vista organizzativo, nel 1927, la Banca era strutturata in 13 servizi, oltre alla segreteria particolare, alla cassa generale e alle officine. Nello stesso anno, le filiali italiane erano 134, ben 40 in più rispetto a inizio secolo. Negli anni Venti, la Banca consolidò ed estese la propria presenza nelle colonie, ma di questo diremo al capitolo 10, in un quadro che comprenderà soprattutto il suo ruolo nella conquista dell'effimero impero.

Le leggi del 1926 sull'unificazione del diritto di emissione e sulla vigilanza, e quella del 1927 sulla convertibilità aurea della lira consegnarono alla Banca nuovi compiti e uno status anche formalmente più vicino a quello di una banca centrale sul modello continentale, piuttosto che su quello inglese. I nuovi compiti richiesero un adeguamento dello statuto, sul quale pare non sia stato facile raggiungere un accordo con il governo. Il poco che possiamo intuire sulla difficoltà della trattativa è desumibile solo da un accenno fatto da Stringher ai membri del Comitato del Consiglio superiore, ma non ripetuto poi al plenum del Consiglio stesso. Le discussioni, disse furono lunghe e portarono a modificazioni «abbastanza sensibili allo statuto». Le opposte posizioni si possono intuire da un accenno, piuttosto vago e compiaciuto:

> A evitare la possibilità di una trasformazione del nostro Istituto, [il direttore generale] ha cercato di dimostrare le ragioni che consigliano a non toccare la base del suo ordinamento e amministrazione. Radicali trasformazioni non si addicono agli istituti di emissione: l'organizzazione della Banca di Francia è rimasta quale era nel secolo passato e la Banca d'Inghilterra, dal 1844, non ha subito alcuna riforma costituzionale[121].

Al Tesoro c'era ancora Volpi: è facile immaginare che egli volesse un legame di maggiore dipendenza, anche formale, della Banca dallo Stato e, forse, la rinuncia a operazioni di raccolta depositi presso il pubblico e di finanziamento a imprese non

---

[121] ASBI, Verbali del Comitato del Consiglio superiore, 15 maggio 1928, p. 542.

finanziarie[122]. Ci fu anche, certamente, un braccio di ferro su chi dovesse accollarsi le spese di Tesoreria dello Stato.

La trattativa con il governo produsse una importante revisione statutaria approvata da un'assemblea straordinaria degli azionisti della Banca[123]. Il discorso che Stringher tenne in quell'occasione riandò alla storia della Banca, che fece risalire alla fusione, nel 1850, della Banca di Genova e di quella di Torino nella Banca Nazionale degli Stati Sardi. Quest'ampiezza di prospettiva fu, forse, scelta per non concentrare tutta l'esposizione sulla propria opera ormai quasi trentennale. Quando vi arrivò lo fece con elegante modestia che non nascondeva la soddisfazione per i risultati raggiunti sotto la sua guida. Stringher sarebbe restato alla guida di via Nazionale ancora per due anni e mezzo, ma questo discorso assomigliò a un testamento spirituale. Anche perché, con la riforma statutaria del 1928, il vecchio capo fu sì nominato governatore, alla stregua dei suoi colleghi delle principali banche centrali, ma affiancato dal quarantasettenne Vincenzo Azzolini come direttore generale e dall'energico Niccolò Introna quale vicedirettore generale. Il trio fu costituito in «direttorio», per occuparsi, disse Stringher, «del lavoro più saliente a sollievo del capo»[124]. La decisione fu motivata con l'aumento del lavoro della Banca e la necessità, per il Governatore, di avere un sostituto «anche per l'eventualità di sue missioni all'estero intese a soddisfare le esigenze di rapporti crescenti da un più stretto collegamento fra gli istituti di emissione di Europa e d'America»[125]. Ma più che di viaggiare, l'ultima sua missione all'estero era stata quella a Londra del dicembre 1927 e non ve ne sarebbero state altre, Stringher aveva appunto bisogno di «sollievo». Questo era apparso chiaro, già due anni prima, a un osservatore esperto come Benjamin Strong quando aveva rilevato la stanchezza del direttore generale e raccolto a Roma

---

[122] Volpi accennò a Stringher l'obiettivo di fare della Banca d'Italia la «banca delle banche» (Volpi a Stringher, 1° maggio 1928, ASBI, Direttorio Stringher, n. 26, fasc. 1, sottofasc. 4).
[123] L'assemblea si tenne il 29 maggio 1928, la convenzione tra Banca e governo e il nuovo statuto furono approvati con R.D. 21 giugno 1928, n. 1404.
[124] ASBI, Verbali del Consiglio superiore, seduta del 28 maggio 1928, p. 237.
[125] Ivi, p. 236.

voci circa l'intenzione di affiancarlo con una persona più giovane, candidata alla successione (cfr. cap. 7). Non sappiamo se il braccio di ferro con il governo che condusse alla modifica dello statuto abbia avuto anche un aspetto personale nella possibile riluttanza di Stringher all'affiancamento di Azzolini, imposto da Mussolini e Mosconi.

Altri aspetti della riforma statutaria andarono nella direzione di accentrare, anche formalmente, il governo della Banca in un numero minore di persone. Fu formalizzato, con poteri statutariamente stabiliti, il Comitato Esecutivo[126], sino ad allora organo informale del Consiglio superiore, consesso pletorico di oltre 30 membri, che assunse, a detta di Stringher, «la figura di un organo autorevolissimo di controllo permanente degli azionisti sulla direzione e l'amministrazione dell'Istituto»[127]. Fu soppresso il limite di tre anni alla permanenza in carica del presidente del Consiglio superiore, per non privare – si disse – l'istituto di valide esperienze e competenze. Il potere dei 1.855 azionisti, concentrati per 4/5 nel «triangolo industriale», fu ridimensionato tramite un aumento di capitale, da 240 a 500 milioni, riservato alle casse di risparmio, controllate dal potere politico, anticipando il criterio per l'assegnazione delle quote di capitale che verrà adottato nel 1936.

I nomi di alcuni dei protagonisti della vita della Banca durante gli anni Venti sono già apparsi più volte, è il caso adesso di ricordarne brevemente le biografie, anche perché quasi tutti continueranno ad avere ruoli preminenti fino alla Seconda guerra mondiale. Il nuovo numero due della Banca, il napoletano Vincenzo Azzolini, era nato nel 1881, «da famiglia borghese; il padre era funzionario del Banco di Napoli e la madre figlia di un magistrato» (Gigliobianco 2006, p. 38). Si laureò in giurisprudenza con una tesi in scienza delle finanze, avendo come relatore Francesco Saverio Nitti con il quale mantenne rapporti duraturi che «si rinsaldarono al rientro di Nitti in Italia dopo la Seconda guerra mondiale» (Finoia 1988). Stringher aveva lasciato il Tesoro da cinque

---

[126] Ne facevano parte il direttorio e sei membri eletti dal Consiglio superiore tra i propri componenti.
[127] ASBI, Verbali del Consiglio superiore, seduta del 28 maggio 1928, p. 239.

anni quando Azzolini vi iniziò la propria carriera; ben presto tuttavia ebbe modo di conoscerlo e di farsi stimare da lui perché Luzzatti lo chiamò a partecipare ai lavori preparatori per la conversione della Rendita. Anche grazie alla buona conoscenza del francese e alla comprensione dell'inglese, cosa non comune nel ceto dirigente di allora, fu mandato a Parigi quale delegato del Tesoro presso i Rothschild, con l'incarico di seguire da vicino l'andamento sul mercato della Rendita italiana, andamento molto dipendente dagli interventi in borsa della stessa Casa Rothschild. Rimase nella capitale francese fino allo scoppio della guerra quando rientrò in Italia per arruolarsi volontario come tenente di complemento di fanteria. Fu presto promosso capitano. Ferito nel combattimento di Gabina sull'Isonzo, si conquistò una medaglia d'argento al valor militare (Finoia 1988; Gigliobianco 2006, p. 139). Dal 1917 al 1919, tornato al ministero, fu segretario del Comitato dei ministri per gli approvvigionamenti sui mercati stranieri, collaborando strettamente con le persone che si succedettero alla guida del dicastero. Si fece dunque nuovamente apprezzare da Stringher. Svolse numerose missioni all'estero, confermando la propria attitudine ai rapporti e ai negoziati internazionali. Negli anni Venti collaborò nuovamente con Stringher. Lavorò con Giorgio Mortara, con il quale mantenne poi, lo vedremo, un rapporto di collaborazione e stima. Nel 1927 divenne direttore generale del Tesoro e di qui, come aveva fatto Stringher, approdò un anno dopo alla Banca d'Italia. Nei prossimi capitoli, Azzolini, che Gigliobianco (ivi, p. 138) definisce «funzionario innovatore», occuperà, come ogni governatore, un ruolo preminente sul proscenio della nostra storia. La sua personalità resta controversa e, al tempo stesso, in qualche modo tragica, come i tempi nei quali gli toccò di operare.

Tra i vicedirettori che si susseguirono negli anni Venti, abbiamo già accennato ad Arrigo Rossi (1857-1936), che nel 1921, all'età di 64 anni, sostituì Tito Canovai, a lungo competente e leale collaboratore di Stringher. Rossi aveva alle spalle una lunga carriera iniziata alla Banca Nazionale nel Regno e ininterrottamente continuata in via Nazionale. Come vicedirettore generale continuò a occuparsi di quanto aveva dato prova di sapere fare meglio: rapporti finanziari internazionali e questioni relative al cambio della lira, partecipando tra l'altro, come abbiamo visto, alla Conferenza di Genova. La sua cultura di nobiluomo liberale e la sua forte esperienza internazionale non gli consentirono di comprendere la politica e l'economia italiane emerse dalla guerra né, tantomeno, il clima che si delineò nel 1924-1925. Presentò le proprie dimissioni nel 1926, restando però in vario modo legato alla Banca che aveva servito per tutta la vita[128].

Il primo meridionale a entrare nel direttorio[129] della Banca (ivi, p. 133) fu Pasquale D'Aroma (1875-1928), nominato nell'agosto 1926 al posto di Rossi. Abruzzese, era nato a Rocca di Cambio, paesino in provincia dell'Aquila, da una famiglia della piccola borghesia. Entrò a 21 anni nell'agenzia delle imposte e vi percorse l'intera carriera fino a diventarne direttore generale nel 1919. Perito ragioniere, nel 1911 si laureò a Roma da «studente lavoratore» in Scienze commerciali e sociali. Partecipò alla Commissione Meda per il passaggio dallo stato di guerra a quello di pace, lavorando con studiosi come Einaudi, Griziotti, Gini e Cabiati (ivi, p. 134). Anche D'Aroma, come Stringher e Azzolini, veniva dunque da una carriera nella pubblica amministrazione, piuttosto che all'interno della Banca d'Italia. Secondo un rapporto della polizia politica citato da Gigliobianco (ivi, p. 135), D'Aroma era visto come probabile successore di Stringher in un momento nel quale perdeva quota l'autorevole candidatura di Beneduce, forse per lo scarso interesse di questi ad assumere la guida della Banca d'Italia. Nel breve periodo trascorso tra la nomina e la morte, avvenuta nell'aprile 1928, D'Aroma svolse un'attività importante: organizzò la struttura necessaria alla supervisione bancaria, lavorò all'avvio dell'Istituto di Liquidazioni, partecipò al difficile negoziato con il ministero delle Finanze che condusse a una convenzione del maggio 1928 che regolava questioni rilevanti come la tassa di circolazione

---

[128] Restò fino al 1934 presidente dalla Cassa per Sovvenzioni e Risparmio tra il personale della Banca, fu membro del Consiglio di reggenza della sede di Roma e, dal 1930 al 1936, membro del Consiglio superiore (Gigliobianco 2006, p. 132).

[129] Tecnicamente, come si è visto, il «direttorio» fu formalmente istituito solo nel 1928.

sulle banconote, le anticipazioni al Tesoro, l'attribuzione dei rendimenti derivanti dall'impiego dei dollari del prestito Morgan (ivi, p. 136).

Scomparso D'Aroma, la vicedirezione della Banca fu affidata a Niccolò Introna[130]. Per la lunga carriera, compiuta tutta nella Banca, per la conoscenza del sistema bancario e per la grande integrità universalmente riconosciutagli, Introna avrebbe potuto essere un candidato naturale alla carica di direttore generale e successore *in pectore* di Stringher. Così non fu e la sua biografia ne spiega in parte la ragione. Barese, di famiglia benestante, di fede evangelica, Niccolò Introna percorse tutta la vita professionale dapprima nella Banca Nazionale, dove entrò nel 1888, e poi nella Banca d'Italia. Nel 1901, direttore della filiale di Lecce, attirò l'attenzione della direzione centrale per la fermezza e l'energia con la quale aveva contrastato l'azione di un potente gruppo di pressione sociale e politica volta a favorire la tolleranza, adottata dai precedenti direttori della filiale, verso importanti debitori morosi. In quella occasione, l'ispettore inviato da via Nazionale restò impressionato dalla fermezza e dalla concretezza con la quale Introna aveva gestito la difficile situazione, notando che «in lui sovrabbonda l'impeto giovanile e un temperamento nervoso; però la sua mente è sagace ed equilibrata e ha chiara visione dell'opportunità e degli interessi dell'Istituto»[131]. Nominato a sua volta ispettore, fu inviato da Stringher in Eritrea in vista della possibile apertura, sollecitata dal governo, di una filiale nella colonia. Nel 1911, fu il principale collaboratore del direttore generale nelle trattative per la sistemazione della siderurgia. Si dimostrò tanto capace da essere promosso a capo del Servizio ispettorato della Banca e designato membro del consiglio d'amministrazione dell'Istituto Nazionale di Credito per la Cooperazione (la futura Banca Nazionale del Lavoro). Nell'immediato dopoguerra fu il fiduciario di Stringher nella gestione delle crisi bancarie, anche come membro del direttivo della Società Finanziaria per l'Industria e il Commercio, la holding creata per lo smobilizzo

---

[130] 1868-1955. Ove non altrimenti indicato, le notizie biografiche su Introna derivano da Gigliobianco (2006, pp. 155-168).
[131] Relazione dell'ispettore Salvatore Aloj al direttore della Banca d'Italia del 5 ottobre 1901 citata da Gigliobianco (ivi, p. 167).

degli investimenti industriali del Banco di Roma. Continuò a occuparsi di banche in difficoltà per tutti gli anni Venti. Seguì, manifestando un pensiero critico, la redazione delle leggi bancarie del 1926 e fu in prima linea, come si è visto, nella gestione delle crisi degli anni successivi. Nel 1928, alla morte di D'Aroma, Introna aveva 60 anni, una conoscenza seconda a nessuno dei problemi del sistema bancario italiano e la stima di Stringher. Rapporti della polizia politica (ivi, p. 160, n. 95) notarono l'ovvio includendolo tra i candidati più probabili alla carica di direttore generale lasciata libera dal neogovernatore Stringher. Il governo però scelse Azzolini. Tre anni dopo, come vedremo, gli fu preferito Pasquale Troise nel ruolo di direttore generale, in seguito alla nomina di Azzolini a governatore. Sulle ragioni del lungo blocco della carriera di Introna si può solo speculare. Probabilmente si trattava di un insieme di circostanze sfavorevoli. Non era iscritto al Partito Nazionale Fascista (prese la tessera solo nel 1939) e si era fatto molti nemici nel gestire con fermezza, appoggiato da Stringher, ma non sempre da Mosconi, alcune crisi bancarie[132]. Vi era poi la sua appartenenza, né dissimulata né marginale, alla Chiesa evangelica valdese della quale fu attivissimo membro[133]. In anni ben lontani dall'ecumenismo cristiano e nell'imminenza della conclusione dei Patti Lateranensi, la sua appartenenza ecclesiale poteva difficilmente essere irrilevante per la nomina a una delle posizioni di vertice della Banca d'Italia.

---

[132] Il non essere iscritto al partito e l'avere contrastato con fermezza il malgoverno e la corruzione di banchieri a esso vicini, in particolare Alvaro Marinelli, gli valsero «le campagne condotte tra il 1927 e il 1933 contro di lui dal giornale "l'Impero"» («Niccolò Introna», Società di studi valdesi, in Dizionario biografico dei protestanti in Italia, disponibile in http://www.studivaldesi.org/dizionario/evan_det.php?secolo=XX&evan_id=479).
[133] «A partire del 1907 fu più volte eletto nel Consiglio della Chiesa, con gli incarichi di anziano, diacono e cassiere. Inviato più volte come deputato al Sinodo Valdese, a partire dagli anni Venti ricoprì il ruolo di presidente dell'ACDG (Associazione Cristiana dei Giovani) di Roma» (*ibid.*).

CAPITOLO NONO

LA GRANDE CRISI

1. *Le banche centrali durante e dopo la crisi*

L'età delle banche centrali finì con la Grande Crisi. Nel clima teso delle relazioni internazionali seguito alla «tregua» di Versailles avevano creato una rete di cooperazione che aveva consentito l'effimero e velleitario ritorno alla convertibilità aurea delle monete della quale erano state a lungo sacerdotesse, le sole iniziate ai misteri degli arcani dei «punti dell'oro», degli *swap*, dei risconti e della manovra dei tassi di sconto. Quando ormai la loro età andava sbiadendo, seppero mettere in piedi la Banca dei Regolamenti Internazionali, un'istituzione cooperativa, il primo organismo monetario internazionale.

Il 25 settembre 1931, l'Inghilterra abbandonò la convertibilità aurea della sterlina. Pare che un importante politico laburista, forse il primo ministro Ramsey MacDonald, abbia esclamato «Nessuno ci aveva mai detto che avremmo potuto farlo» (Moggridge 1969, p. 9). Malgrado Keynes l'avesse definito «barbara reliquia», il *gold standard* sembrava ai banchieri centrali il solo sistema possibile e di esso la Banca d'Inghilterra era la suprema custode, l'unica capace di padroneggiarne le tecniche. Il collasso del *gold standard* tolse alle banche centrali parte del prestigio del quale avevano goduto come insindacabili guardiane del sistema che aveva visto lo zenit prima del 1914. «Si è facili profeti – scrisse «The Economist» – nel dire che Lunedì 25 settembre 1931 sarà ricordato come una data storica [che] segnerà chiaramente la fine di un'epoca nello sviluppo finanziario ed economico del mondo»[1].

Il 1931 segnò una cesura nella storia non solo della Bank of England, la venerabile «Vecchia signora», ma anche della gran parte delle altre banche centrali. Nemmeno quelle che

[1] *The End of an Epoch*, in «The Economist», sabato, 29 settembre 1931, p. 547.

l'instancabile governatore Norman si prodigò a fare nascere negli anni Trenta riprodussero fedelmente il modello inglese. La storia successiva trasformò quelle che alla fine dell'Ottocento erano private banche di emissione, incaricate dai governi della pubblica funzione di mantenere la convertibilità della moneta, in istituzioni che negli anni Quaranta e Cinquanta del Novecento divennero quasi ovunque, di fatto o di diritto, enti pubblici caricati di un ampio spettro di responsabilità, esercitate però nell'ambito di stretti rapporti, spesso di sostanziale subordinazione, con i rispettivi governi.

Con il collasso, tra il 1931 e il 1936, del precario *gold exchange standard* degli anni Venti, finì dunque la prima età dell'oro delle banche centrali. Nella Grande Crisi, esse furono obbligate a percorrere terreni in gran parte sconosciuti. Gli anni Trenta videro un'ondata di leggi sui sistemi bancari e le banche centrali. I primi furono regolati in modo più rigoroso e assoggettati a supervisione, per le seconde furono disegnati nuovi statuti. Fu rafforzato il ruolo dei governi nella gestione del cambio e della politica monetaria. In Germania e in Italia questo ruolo fu esercitato dalle dittature in modo particolarmente penetrante. Alle banche centrali fu lasciato il compito, non banale ma subalterno, di inventare e gestire i mezzi tecnici idonei a raggiungere gli obiettivi dettati dai governi. Private del *gold standard*, esse si adattarono lentamente alle nuove circostanze. Nelle economie chiuse degli anni Trenta impararono a gestire i nuovi strumenti dell'autarchia quali il controllo quantitativo del credito e dei movimenti internazionali dei capitali, la gestione dei cosiddetti *clearing* (accordi commerciali bilaterali), l'indirizzo del credito bancario verso investimenti giudicati prioritari dai governi.

La popolarità delle banche centrali uscì ammaccata dalla Grande Depressione. Nella gestione della moneta, la funzione per la quale erano nate, si mostrarono spesso incerte e ancorate a schemi non più adeguati. Sia la scuola monetarista, sia quella keynesiana ritengono, seppure per motivi diversi, che la risposta della politica monetaria all'inizio della crisi, tanto negli Stati Uniti quanto in Europa, sia stata a dir poco inadeguata. Questa inadeguatezza non fu il fattore scatenante della crisi, ma la rese più lunga e profonda di quanto avrebbe potuto essere se la cura monetaria fosse stata applicata tempestivamente nella quantità necessaria (Toniolo 2011, pp. 58-60).

Diverso è il giudizio che si può dare sull'attività di credito di ultima istanza che ottenne alcuni buoni risultati quando le banche centrali, obbligate o indirettamente sostenute dai governi, ruppero prassi e tabù consolidati utilizzando strumenti non convenzionali. La Bank of England, sommo sacerdote dell'ortodossia, infranse ogni regola scritta e ogni prassi consolidata quando, intervenendo «confidenzialmente, velocemente e in modo deciso» per salvare banche decotte, si ritrovò con un portafoglio carico delle loro azioni (Sayers 1976, p. 263). Non solo: nel 1928 essa intervenne direttamente per salvare dalla bancarotta l'impresa di armamenti Vickers-Armstrong, finendo per essere coinvolta nella sua ristrutturazione e nella sua gestione. Negli anni più duri della crisi, la banca centrale inglese fu sempre più coinvolta in salvataggi di imprese manifatturiere. Il governatore Norman considerò quest'impegno come il proprio «efficace contributo al rilancio dell'industria e alla riduzione della disoccupazione» (ivi, p. 322). Tecnicamente, ciò avvenne con la creazione di un «veicolo», il *Securities Management Trust*, attraverso il quale la Banca faceva affluire fondi alle imprese, uno schema necessario per aggirare le norme statutarie, come lo erano stati in Italia la Sezione Speciale del Consorzio Sovvenzioni su Valori Industriali e l'Istituto di Liquidazioni, lo strumento per la gestione iniziale della crisi delle tre maggiori banche.

In Austria e in Germania, il salvataggio delle banche universali coinvolse, dietro un pudico quanto sottile velo di istituti *ad hoc*, le banche centrali, nelle strategie di gestione di imprese manifatturiere, nella scelta e nella supervisione del management. La Goldiskontobank, creata al tempo della stabilizzazione del marco e interamente controllata dalla Reichsbank, fu tenuta in vita per garantire le passività degli istituti di credito (Toniolo 2011, p. 15). Il governo istituì una Akzept & Guarantee Bank al solo scopo di provvedere alla terza firma sulle cambiali, formalmente necessaria per il risconto presso la banca centrale, finanziatore di ultima istanza (Kindleberger 1984, p. 377). La Reichsbank finì per controllare i tre principali istituti di credito tedeschi (James

1985, p. 210), acquisendo enorme potere, esercitato sotto il controllo sempre più penetrante del governo.

Tra il 1930 e il 1933, la Francia visse due ondate di crisi bancarie che la Banca di Francia cercò di mitigare offrendo liquidità alle banche in difficoltà, ma anche scontando direttamente cambiali di imprese non finanziarie, cercando in questo modo di contrastare il costo crescente dell'intermediazione finanziaria, conseguenza dei fallimenti bancari. Al tempo stesso, la Banca mantenne una politica monetaria restrittiva per tenere il franco agganciato all'oro (Bignon, Flandreau 2018, pp. 228-229). Questa politica è da molti ritenuta responsabile dell'esperimento parafascista del governo Laval nel 1935. Comunque sia, la difesa a oltranza della deflazione interna, anche con l'uso massiccio della stampa, «espose la Banca di Francia alla rabbia del pubblico» che, caduto Laval, produsse una legge bancaria (24 luglio 1936) che diede a persone nominate dal governo la maggioranza negli organi sociali della Banca: un cambiamento che diede inizio a un'epoca di minore indipendenza dal potere esecutivo (ivi, p. 230).

Dopo la fine del breve periodo di convertibilità aurea dello yen (1930-1931), la Banca del Giappone operò in stretta collaborazione con il governo, sottoscrivendone il debito, collocandolo presso gli istituti di credito e tenendo i tassi di interesse artificialmente bassi. Dal 1931, con il crescente impegno bellico del Paese, «la Banca del Giappone, si dedicò interamente all'obiettivo nazionale di combattere la guerra, sotto il controllo del governo» (Shizume 2018, p. 344).

La storia del *central banking* negli anni Trenta è fatta, forse ancora più di quella dei decenni precedenti, di situazioni tra loro molto diverse, come diverse furono le circostanze politiche, economiche, istituzionali e sociali nelle quali le singole banche operavano. L'operatività e l'evoluzione delle varie banche centrali ebbero andamenti dissimili, spesso tra loro divergenti. Se ho accennato brevemente ad alcuni casi importanti è solo per sottolineare come tutti, nella loro diversità, abbiano un solo elemento in comune: l'allontanamento dal modello classico entro il quale, almeno idealmente, si era formata in molti paesi la prassi dei banchieri centrali che, negli anni Venti, Montagu Norman aveva cercato, con qualche successo, di ricondurre a un solo copione. La storia degli anni Trenta e della Seconda guerra mondiale condusse le banche centrali e i loro governi a seguire, talvolta a esplorare, strade diverse da quelle percorse sino al 1930-1931.

2. *L'economia italiana nella Grande Crisi*

Nell'ultima sua relazione all'assemblea degli azionisti, nel marzo 1930, Stringher diede succintamente conto dell'andamento dei mercati azionari internazionali nei mesi precedenti e del preoccupante riflusso di capitali statunitensi verso New York, in particolare di quelli investiti in Germania. Offrì però un quadro tranquillizzante dell'economia italiana: esportazioni in aumento, cambio stabile, bilancio pubblico in equilibrio. Quanto alla produzione industriale essa aveva «continuato l'opera faticosa del suo assestamento, superando non lievi ostacoli interni»[2]. L'anno dopo, Azzolini dovette invece riconoscere la pesantezza di una «crisi con caratteristiche non notevolmente difformi nei vari paesi» e il suo impatto sul sistema economico italiano che aveva imposto «una sosta nel lavoro di assestamento e nel già iniziato movimento di ripresa», aggiungendo, tuttavia, che l'«organismo economico» stava opponendo «efficace resistenza» alla crisi, anche per «effetto delle provvidenze adottate di buon'ora dal governo nazionale»[3]. Di nuovo, l'anno seguente, il Governatore dovette constatare le «difficoltà intensamente sviluppatesi», pur non mancando di ricordare la resistenza a esse opposta dall'«organismo economico» al quale non era «mai mancata la guida sostenitrice del governo fascista»[4].

Quando Azzolini faceva queste considerazioni, il reddito medio degli italiani aveva perso circa il 7% rispetto al 1929 (cfr. tab. 9.1 per i dati citati di seguito). Le ricerche condotte dalla Banca d'Italia in occasione del centocinquantesimo

---

[2] Banca d'Italia, *Assemblea generale ordinaria degli azionisti*, Roma, 31 marzo 1930, p. 21.
[3] Banca d'Italia, *Assemblea generale ordinaria degli azionisti*, Roma, 23 marzo 1931, pp. 16-17.
[4] Banca d'Italia, *Assemblea generale ordinaria degli azionisti*, Roma, 31 marzo 1932, p. 12.

TAB. 9.1. *La Grande Crisi in Italia. Principali variabili economiche*

	1929	1930	1931	1932	1933	1934	1935
PIL	100	95,3	94,3	96,0	95,1	95,0	100,0
PIL per abitante	100	94,7	92,8	94,1	92,3	91,4	95,6
Investimenti fissi	100	106,3	99,4	96,0	95,7	100,6	113,8
Consumi privati	100	93,7	91,1	94,8	93,6	90,6	92,2
Esportazioni	100	91,1	88,9	70,8	72,7	72,4	65,5
Valore aggiunto industria	100	95,1	83,5	78,5	86,5	88,9	95,3
Valore aggiunto agricoltura	100	89,4	93,2	102,2	92,7	88,1	96,4
Valore aggiunto servizi	100	96,7	96,5	98,8	96,3	97,2	100,7
Occupati equivalenti a pieno tempo	100	98,4	95,6	93,5	93,0	93,3	95,7
Prezzi al consumo operai e impiegati	100	96,8	87,5	85,2	80,0	76,1	77,1

Fonti: Contabilità nazionale a prezzi costanti e occupati equivalenti a tempo pieno: Baffigi (2013, Data Appendix A2-A4 e A6). Prezzi al consumo per le famiglie di operai e impiegati: ISTAT (2011, p. 898).

anniversario dell'Unità d'Italia (cfr. Toniolo 2013) hanno, tra l'altro, rivisto le stime dell'andamento delle principali variabili economiche durante la Grande Crisi che appare oggi forse più profonda nell'aggregato, ma soprattutto più duratura e diversa negli andamenti settoriali di quanto sino ad allora si riteneva (ad esempio Toniolo 1980, pp. 143 ss.). Nel 1934, il reddito per abitante era ancora inferiore dell'8,6% rispetto al 1929 e tornò al livello precrisi solo nel 1937, insieme agli occupati equivalenti a tempo pieno, dato più sicuro rispetto alle diverse stime della disoccupazione. Si trattò di uno dei due «decenni persi» dell'economia italiana in tempo di pace (l'altro si situa negli anni 2008-2019, prima dello scoppio della crisi generata dalla pandemia di Covid-19).

La crisi fu più severa e prolungata per il settore industriale, la cui produzione, nel 1932, era inferiore di oltre il 21% rispetto al 1929. L'agricoltura si riprese nel 1932 per poi subire una seconda forte riduzione produttiva, seguita da una lenta risalita. Il settore dei servizi, peraltro quello di più incerta misurazione, resse meglio degli altri alla caduta della domanda, anche grazie all'aumento del 28%, in gran parte assistenziale, dell'occupazione nella pubblica amministrazione[5].

---

[5] Gli occupati equivalenti a tempo pieno nei servizi pubblici crebbero di 146.000 unità tra il 1929 e il 1935 (Baffigi 2013, Appendix A-6).

Dal lato della domanda, la crisi dei primi anni Trenta si caratterizza, rispetto a quella del 2008-2019, per una migliore tenuta degli investimenti fissi, che già nel 1934 erano tornati al livello del 1929, rispetto ai consumi privati che recuperarono tale livello solo nel 1948. La domanda fu sostenuta da una robusta crescita dei consumi pubblici (52% tra 1929 e 1935), anche se il loro contributo complessivo fu relativamente modesto dato il limitato peso (9% circa nel 1929) sul totale dell'economia. Le esportazioni furono l'elemento della domanda aggregata italiana che si ridusse maggiormente durante la Grande Crisi. Anche in questo caso, il volume del 1929 fu nuovamente raggiunto solo nel secondo dopoguerra. Nel complesso, la politica fiscale svolse un ruolo moderatamente espansivo. Vedremo subito quello della politica monetaria, intanto basta osservare la forte deflazione che caratterizzò la dinamica dei prezzi dei beni compresi nel paniere ISTAT dei consumi delle famiglie di operai e contadini.

Nel confronto dell'andamento dell'economia italiana rispetto a quello di altri paesi durante la crisi, le nuove stime della produzione industriale (Baffigi 2013) obbligano a rivedere verso il basso precedenti valutazioni (Toniolo 1980, p. 143; Feinstein, Temin, Toniolo 2008, p. 96) che davano per l'Italia l'impressione di un crollo a due cifre, ma meno forte di quello di Francia, Belgio e Paesi Bassi. Oggi riteniamo che la caduta della produzione industriale italiana nel 1932 rispetto al 1929 sia stata solo di poco inferiore a quella della Francia e del Belgio, paesi che, come il nostro, tennero il cambio ancorato all'oro, e maggiore di quello dei Paesi Bassi, anch'essi membri del blocco dell'oro.

L'accenno al *gold standard* consente di vedere il tasso di cambio quale variabile di politica economica, considerata da gran parte della letteratura cruciale nello spiegare l'andamento delle diverse economie durante la Grande Crisi. Per collocare l'economia italiana nel quadro internazionale, è utile vederla alla luce delle politiche economiche seguite dai diversi paesi, secondo lo schema di Feinstein, Temin, Toniolo (ivi, p. 136).

Come ogni tassonomia, quella della tabella 9.2 è solo un possibile schema per impostare considerazioni sugli effetti di un importante, ma certo non unico, strumento della politica

TAB. 9.2. *Politiche del cambio e PIL pro capite, 1929-1938 (1929 = 100)*

	1929	1932	1935	1938
Svalutazione precoce ed espansione interna				
Regno Unito	100,0	93,5	105,0	113,9
Svezia	100,0	94,8	109,4	122,1
Giappone	100,0	96,8	104,6	120,8
Svalutazione precoce, protezionismo, sostituzione di importazioni				
Brasile	100,0	89,5	101,1	112,2
Colombia	100,0	100,4	111,4	122,5
Controllo movimenti di capitale ed espansione interna				
Germania	100,0	83,0	101,7	123,3
Italia	100,0	94,1	95,6	107,3*
Pianificazione centrale e autarchia				
Unione Sovietica	100,0	103,8	136,3	155,1
Svalutazione tardiva				
Stati Uniti	100,0	71,1	77,5	87,0
Blocco dell'oro (deflazione continua)				
Francia	100,0	84,0	86,8	94,8
Belgio	100,0	90,2	93,4	95,6

* 1939.
Fonte: Feinstein, Temin, Toniolo (2008, Italia tab. 9.2, p. 136).

economica in vari paesi. Non tiene conto delle diversità strutturali delle economie, del livello di reddito raggiunto prima della crisi, di altri strumenti di politica economica (anzitutto quello fiscale), del carattere degli investimenti che guidarono la ripresa. Inoltre, la collocazione dei singoli paesi in una delle caselle sintetiche di politica economica è necessariamente imprecisa. Ciò è particolarmente vero, come vedremo, nel caso italiano che sarebbe meglio collocato in una categoria a sé che contempli un'adesione al blocco dell'oro seguita da una politica di tipo tedesco e austriaco. Dopo la svalutazione della sterlina (settembre 1931), Germania e Italia seguirono per circa due anni politiche diverse: Berlino introdusse controlli sui movimenti internazionali dei capitali sin dall'agosto 1931 e cominciò ad adottare politiche espansive nella seconda metà dell'anno seguente, ancora prima della conquista del potere da parte di Hitler, che le rafforzò e le perseguì negli anni seguenti. L'Italia volle invece mantenere la convertibilità aurea anche quando, dopo la svalutazione della sterlina, ciò significò «difendere» Quota 65[6]. Solo quando questa difesa si dimostrò impossibile, furono progressivamente estesi i controlli sui movimenti internazionali dei capitali che consentirono la politica espansiva di riarmo in vista dell'invasione dell'Etiopia. Vedremo tutto questo in maggior dettaglio attraverso la prospettiva di via Nazionale.

3. *Il nuovo vertice della Banca*

Il 18 novembre 1930, Bonaldo Stringher completò il trentesimo anno alla guida della Banca d'Italia. Era stato al vertice dell'Istituto più a lungo di chiunque altro, sino a oggi, in Italia e in Europa. Nemmeno l'inossidabile Montagu Norman, governatore della Banca d'Inghilterra dal 1920 al 1944, durò tanto quanto Stringher alla testa di una banca centrale. L'anniversario passò sotto silenzio al Consiglio superiore del 28 novembre, nel quale Azzolini si limitò a portare «i saluti di S.E. il Governatore, augurandosi che egli possa intervenire alla prossima riunione»[7]. Da molti mesi Stringher mancava alle riunioni del Consiglio, l'ultima alla quale aveva preso parte era stata quella del 30 maggio. Da febbraio soffriva di una nefrite, progressivamente aggravata che, come già detto, cercò per molti mesi di curare nella quiete della sua tenuta di Martignacco in provincia di Udine. Forse sentendosi meglio, tornò a Roma dove però si spense il 24 dicembre. Cinque giorni dopo, la seduta del Consiglio superiore fu dedicata interamente alla commemorazione di Stringher. Fu un segno dei tempi che l'orazione del presidente Camillo Fraschetti[8], futuro senatore del regno, dedicasse cinque pagine della propria biografia del governatore scomparso agli anni compresi tra la nascita e la Grande Guerra, solo quattro righe alla sua opera nella crisi del 1921-1922 e poi più nulla. Nessun cenno all'opera per la stabilizzazione della lira e le leggi bancarie[9], il credito doveva andare ad altri. Azzolini, nella commemorazione ufficiale

---

[6] Era questo il tasso di cambio della lira con la moneta britannica dopo la svalutazione del 1931.
[7] ASBI, Verbali del Consiglio superiore, 28 novembre 1930, p. 394.
[8] 1854-1944.
[9] ASBI, Verbali del Consiglio superiore, 29 dicembre 1930, p. 429.

all'assemblea degli azionisti del marzo successivo, salutandolo come «il grande Governatore della Banca d'Italia», scelse invece, abilmente, una diversa interpretazione dell'opera del predecessore negli anni più recenti.

Nell'immediato dopoguerra – scrisse – per tutte le complesse difficoltà, aggravate da debolezze del governo, gli sforzi di Stringher in difesa della nostra valuta non ebbero appoggio alcuno e solo nella sana politica finanziaria, instaurata dal Regime Fascista, e, specialmente, nella decisa volontà del capo del governo, l'opera Sua trovò pieno consenso ed efficace sostegno [...] i pregi dell'Uomo rifulsero nell'opera data ai grandi fatti dell'unificazione dell'emissione, dell'abolizione del corso forzoso e della stabilizzazione della lira[10].

Contrariamente a Fraschetti che, volendo dipingere Stringher come uomo di un'epoca finita, scelse di non parlare della sua opera negli anni del dopoguerra, Azzolini volle accreditarne l'immagine come quella del tecnico servitore dello Stato messo in condizione di operare utilmente solo grazie al sostegno del regime fascista. Si trattava, in entrambi i casi, di semplificazioni a caldo di una storia complessa, incapsulate in una retorica tutta politica. Ciò nonostante, esse racchiudevano due diversi modi di intendere la proiezione futura della Banca: quella di chi vedeva nella scomparsa del vecchio governatore il punto di arrivo di una lunga fase da archiviare per scrivere un capitolo interamente nuovo e quella del nuovo capo dell'Istituto che preferiva proiettare di sé un'immagine di continuità con un recente passato nel quale la competenza tecnica era stata messa al servizio dei grandi disegni politici del regime e da questo sostenuta e apprezzata.

In prospettiva di lungo andare, è difficile sopravvalutare il contributo di Stringher alla formazione della banca centrale italiana. «Con lui la Banca d'Italia assunse prestigio nazionale e internazionale, divenne fondamentale consigliere in materia economico-finanziaria dell'autorità di governo, si trasformò da Istituto d'emissione (e azienda di credito) in moderna banca centrale, volta al mantenimento della stabilità monetaria e finanziaria» (Visco 2021, p. 19).

---

[10] Banca d'Italia, *Assemblea generale ordinaria degli azionisti*, Roma, 23 marzo 1931, p. 10.

Il 10 gennaio 1931, il Consiglio superiore, dopo avere preso una lunga serie di misure ordinarie e straordinarie, tra le quali la riduzione degli stipendi e l'accettazione, con riluttanza e gratitudine, della rinuncia da parte del governatore, non ancora nominato, al 20% dello stipendio e a quella del 15% da parte degli altri due membri del direttorio, si riunì in seduta straordinaria. Dopo che il direttore e il vicedirettore avevano lasciato la seduta, il Consiglio «con acclamazione e lungo applauso» nominò Azzolini governatore[11]. Nella stessa riunione, fu approvata l'istituzione di una Fondazione Bonaldo Stringher per l'assegnazione di «borse per studio di perfezionamento all'estero di Lire 12.000 annue ciascuna a favore di studenti di istituti superiori di studi»[12]. Fu anche deliberata una pensione per la vedova di Bonaldo Stringher[13].

Il 30 gennaio, dopo l'approvazione della nomina da parte del governo, il neogovernatore pronunciò un breve discorso di insediamento, nel quale disse: «non potrà non esistere armonia di rapporti fra lo Stato e la nostra Banca, essendo comune l'intento». Era facile cogliere un'eco delle parole pronunciate da Stringher nel 1900, ma allora si era trattato di un auspicio, perché «comune deve essere l'intento», accompagnato a una forte affermazione dell'autonomia della Banca[14]. Nel 1931, le parole di Azzolini avevano un sapore diverso. Il Governatore, riferendosi implicitamente alla recente creazione della Banca dei Regolamenti Internazionali, disse anche che si proponeva «di contribuire a intensificare sempre più la collaborazione fra i principali istituti di emissione»[15]. Un proposito che si sarebbe rivelato di difficile realizzazione, ma indicativo forse di una più attenta sensibilità in proposito.

La nomina di Azzolini era stata implicitamente decisa nel

---

[11] ASBI, Verbali del Consiglio superiore, 10 gennaio 1931, p. 44. Ci fu anche una votazione formale, successiva all'applauso, nella quale Azzolini risultò eletto all'unanimità.

[12] Ivi, p. 3.

[13] Si trattava di 60.000 lire annue al netto di ogni imposta. La pensione era «reversibile, in caso di morte della titolare, in parti uguali alle due figlie nubili finché non passino a nozze» (ivi, p. 4).

[14] Discorso del direttore generale della Banca d'Italia al Consiglio superiore, 3 dicembre 1900, cit. in Bonelli (1991, p. 8).

[15] ASBI, Verbali del Consiglio superiore, 30 gennaio 1931, p. 50.

1928 quando era divenuto direttore generale, quantomeno con il consenso, probabilmente con il favore, di Stringher. Eppure, Gigliobianco (2006, p. 141) osserva che nel gennaio 1931 i rapporti della polizia politica non davano Azzolini tra i più quotati e riferirono che la decisione del Consiglio superiore veniva «considerata come una vittoria della Burocrazia sulla Politica che preferiva De Stefani»[16]. Lo stesso Azzolini, nel 1948, ricordò di essere stato eletto con voto unanime e segreto da 30 consiglieri, dei quali solo 12 iscritti al Partito Nazionale Fascista. Nulla comunque sappiamo del dibattito che forse ci fu tra coloro che contavano nel decidere la successione. Tra questi è difficile non includere Beneduce, il che implicherebbe che avesse già deciso di non candidarsi a un ruolo al quale il suo nome era stato sovente associato. Il disinteresse, probabile, di Beneduce al vertice della Banca d'Italia starebbe a indicare la sua consapevolezza che le decisioni importanti, come quelle già assunte alla fine del 1930, non sarebbero passate da via Nazionale[17].

Il 30 gennaio, il Consiglio superiore nominò all'unanimità Pasquale Troise direttore generale. Pare che la sua nomina fosse giunta del tutto inattesa, tanto che il suo nome apparve nei soliti rapporti informativi di polizia solo il giorno prima della decisione (ivi, p. 170). Troise era sconosciuto a molti membri del Consiglio superiore, sicché nel breve verbale di nomina l'asciutto compiacimento di Azzolini fu accompagnato dall'assicurazione che il nuovo direttore generale avrebbe saputo «conquistarsi la fiducia del Consiglio superiore come si acquistò quella del regio governo»[18]. Queste parole, inusualmente fredde, rafforzano l'ipotesi di Gigliobianco (ivi, p. 169) che la nomina «non fu, verosimilmente, oggetto di discussione con Azzolini».

---

[16] Altri candidati, sempre secondo gli informatori della polizia, erano Ciano, Rocco, il direttore del Banco di Napoli Frignani, Paratore e, come sempre, Beneduce (Gigliobianco 2006, p. 141, n. 12).

[17] Contraria a questa ipotesi è la tesi del settimanale parigino di fuorusciti italiani «la Libertà» secondo la quale, invece, Beneduce «aspirava a essere governatore della Banca d'Italia» ma «i fascisti gli hanno preferito» Azzolini (cit. da Franzinelli, Magnani 2009, p. 205).

[18] ASBI, Verbali del Consiglio superiore, 30 gennaio 1931, p. 120.

Pasquale Troise era nato a Caserta nel 1871[19]. Laureato in giurisprudenza a Roma nel 1893, entrò nell'amministrazione delle Finanze. Dal 1907 al 1909 fu segretario particolare del ministro del Tesoro Paolo Carcano. In quel ruolo è probabile che abbia avuto modo di conoscere bene Stringher, impegnato con il ministro a sbrogliare la difficile crisi bancaria. Tornato al ministero delle Finanze, ne divenne segretario generale nel 1916. Nel 1923 fu nominato direttore generale delle dogane e delle imposte indirette. In questa veste partecipò a negoziati internazionali per la stipulazione di trattati commerciali. Arrivò, dunque, alla Banca, come d'altronde Azzolini e prima di lui Stringher, dopo una carriera interamente compiuta nella pubblica amministrazione. Solo negli anni Settanta si insediò per la prima volta al vertice della Banca d'Italia una persona, Paolo Baffi, che nella Banca stessa si era formato e aveva percorso tutta la propria carriera.

Anche in questa occasione Niccolò Introna fu lasciato, come si è visto, al proprio posto di vicedirettore generale, benché, poche settimane prima, si fosse parlato di lui come governatore e, dopo la nomina di Azzolini, ci fosse stata una diffusa attesa che sarebbe diventato il numero due della Banca.

4. *La politica monetaria*

Sin dall'Ottocento la politica monetaria italiana era stata dominata dal tentativo di conciliare due obiettivi in contrasto tra loro: la tenuta del cambio e il mantenimento della stabilità del sistema bancario quando parti non irrilevanti di esso erano minacciate da crisi di liquidità. Di volta in volta, però, uno dei due obiettivi era necessariamente prevalso sull'altro. Nella prima metà degli anni Venti, il contrasto fu risolto subordinando, in un regime di cambi flessibili, il contenimento della svalutazione del valore esterno della lira al sostegno delle banche e delle imprese in maggiore difficoltà. Questa scelta della Banca di Stringher, attenta ai bisogni degli istituti di credito e delle imprese, aveva causato tensioni con il go-

---

[19] Morì a Roma, come vedremo, nel 1940.

verno, interessato, almeno dal 1922, all'aspetto simbolico, e quindi politico, del valore sia interno sia esterno della moneta. Tuttavia, la scelta compiuta nei fatti da via Nazionale non fu contrastata sino in fondo dal ministro delle Finanze che non poteva a sua volta restare indifferente agli interessi del credito e della produzione, tanto da sollecitare l'intervento della Banca a favore di casi specifici. Nella seconda metà degli anni Venti, la situazione si capovolse. La politica monetaria assunse come priorità l'obiettivo della rivalutazione del cambio orientata al ritorno alla convertibilità aurea. Ciascuno dei due obiettivi ebbe, dunque, alternativamente la preminenza, con il secondo a esso subordinato.

Dal 1930, nella Grande Crisi internazionale, furono assegnati alla politica monetaria italiana simultaneamente entrambi gli obiettivi. Mussolini si ostinò di mantenere, fino al 1934, una non del tutto fittizia convertibilità aurea della lira, anche dopo l'adozione da parte della Germania di controlli sui movimenti di capitale, l'abbandono della convertibilità aurea della sterlina e la svalutazione del dollaro, con la partecipazione dell'Italia al cosiddetto «blocco dell'oro» guidato dalla Francia. Posto il trilemma, successivamente formalizzato da Mundell e Fleming[20], per cui un paese non può avere contemporaneamente cambi fissi, libertà di movimenti di capitale e autonomia della politica monetaria, la scelta del governo implicava necessariamente l'abbandono di una politica monetaria volta a mitigare la crisi e a garantire la liquidità necessaria alle banche che oggi diremmo «sistemiche», essendo necessario assegnare a essa l'obiettivo, tutto politico, di mantenere la stabilità del cambio. Tuttavia, come vedremo, i grandi «salvataggi bancari» del 1931-1933 divennero un altro imprescindibile obiettivo del governo. Caricata di due obiettivi, entrambi politicamente irrinunciabili, ma tecnicamente incoerenti, la politica monetaria dovette muoversi di volta in volta tra l'uno e l'altro, sacrificando una buona dose delle riserve auree fino a quando, nel 1934, non fu tolto di mezzo uno dei corni del trilemma, la libertà di movimento dei capitali.

[20] Quello che è conosciuto come «modello Mundell-Fleming» fu elaborato e formalizzato separatamente nei primi anni Sessanta da Robert Mundell (1960; 1963), premio Nobel per l'economia nel 1999, e Marcus Fleming (1962).

Il 25 luglio 1931, con la crisi delle grandi banche tedesche vicina all'apice, Nathan manifestò ad Azzolini la propria preoccupazione per un possibile abbandono della convertibilità aurea della sterlina «qualora si disorganizzino le finanze dell'Europa Centrale e crolli il sogno di Norman per un risanamento definitivo della economia europea sulla base del *gold standard*»[21]. Nei giorni precedenti (20-23 luglio 1931) una conferenza convocata urgentemente a Londra per tentare di coordinare un sostegno finanziario alla Germania aveva passato la palla a un comitato di esperti che, a sua volta, aveva solo potuto raccomandare ai governi di concordare tra loro misure adeguate (Toniolo 2005, p. 127). Era questo il clima, rafforzato dal pessimismo della stampa britannica, che informava il giudizio di Nathan, peraltro non condiviso da Beneduce che si trovava a Londra per la conferenza. Lo stesso Nathan, tuttavia, concludeva che «anche prevedendo una catastrofe del genere» non era possibile da parte italiana «aggravare la situazione della Banca d'Inghilterra» convertendo in oro i saldi in sterline.

Il 21 settembre fu annunciata la «sospensione» della convertibilità aurea della sterlina. Solo una settimana dopo Ernest Harvey, vicegovernatore della Banca d'Inghilterra, scrisse ad Azzolini, con tipico *understatement*,

temo che le conseguenze [della svalutazione] debbano inevitabilmente causarvi inconvenienti e disturbi, ma mi è impossibile pensare a un mezzo pratico qualsiasi per evitarvi le conseguenze della nostra decisione [...] devo lasciare a voi di decidere se prelevare o meno le disponibilità che avete presso di noi [...] Finora – aggiunse a mo' di dissuasione – non vi è stato alcun prelevamento da parte di banche centrali[22].

All'inizio di ottobre, Nathan incontrò Keynes, molto soddisfatto della svalutazione che aveva fortemente caldeggiato. All'obiezione di Nathan che la posizione dell'Italia era molto diversa e che pertanto «non era necessario modificare il [suo]

---

[21] Nathan ad Azzolini, 25 luglio 1931, ASBI, Rapporti con l'estero, cop. 146, riprodotto in De Cecco (1993, p. 423, doc. 48).
[22] Harvey ad Azzolini, 28 settembre 1931, in ASBI, Direttorio Azzolini, cart. 112, cit. in Roselli (2000, p. 71).

regime monetario», l'economista di Cambridge rispose dicendo che era inevitabile che tutti i paesi seguissero l'esempio dell'Inghilterra. Aggiunse però che restava aperta all'Italia, qualora avesse voluto mantenere la convertibilità aurea della lira, la possibilità di introdurre efficaci controlli dei movimenti internazionali di capitali[23].

È utile qui aprire una breve parentesi nella ricostruzione della politica monetaria e valutaria. Le riserve denominate in sterline rappresentavano, al cambio aureo precedente il 21 settembre, circa l'8% del bilancio della Banca d'Italia. Con una svalutazione della sterlina vicina al 25%, la Banca sopportava una minusvalenza pari al 2% del proprio attivo. Non era una perdita catastrofica, ma certo assai fastidiosa, anche per motivi di prestigio e politici. L'ampia posizione in sterline derivava dalle condizioni nelle quali l'Italia aveva aderito, nel 1927, al *gold exchange standard*, nonostante la diffidenza di Stringher verso questo sistema che lo aveva spinto, nel 1928, a concordare con Mussolini un programma di lento alleggerimento della posizione in sterline della Banca con la conversione in oro, da attuarsi però con gradualità e cautela «senza disturbare gli istituti centrali»[24]. La pressione della Banca d'Inghilterra era stata tale da rallentare il processo più di quanto Stringher avrebbe voluto. D'altronde, il fatto che la maggior parte delle transazioni internazionali dell'Italia si svolgessero in sterline sul mercato londinese obbligava a mantenere i migliori rapporti possibili con la City. Dopo il settembre 1931, come vedremo, la composizione delle riserve della Banca si spostò costantemente verso l'oro. Azzolini parlò di un «*gold standard* temperato, quale fu concepito da Crispi e concretamente attuato da Sonnino e da Stringher»[25].

Malgrado l'inequivocabile affermazione di Harvey che nulla poteva fare la Banca d'Inghilterra per limitare il danno derivante alla Banca d'Italia dalla svalutazione della sterlina, il

---

[23] Nathan ad Azzolini, 7 ottobre 1931, ASBI, Rapporti con l'estero, cop. 146, in De Cecco (1993, p. 445, doc. 55).
[24] Stringher a Nathan, 2 marzo 1928, in De Cecco (ivi, p. 992, doc. 208).
[25] Banca d'Italia, *Assemblea generale ordinaria degli azionisti*, Roma 1933, p. 38. Il riferimento a Crispi pare piuttosto fuori luogo, ma comprensibile nel contesto del tempo.

9 – La Grande Crisi

governo si mosse per ottenere un risarcimento. Beneduce stese un memorandum per l'ambasciatore a Londra e per Nathan nel quale sosteneva che «i centri finanziari internazionali a base aurea [...] assumono la funzione di trust e quindi responsabilità di ordine internazionale», aggiungendo però che «per ora» il governo italiano non intendeva sollevare una questione. Il meccanismo suggerito riguardava la valutazione dell'oro italiano ancora detenuto a Londra in deposito di garanzia per i debiti di guerra. Con una nota, il marchese Reading, ministro degli Esteri del Regno Unito, rispose chiaramente che il governo di sua maestà non poteva considerare alcuna soluzione che in qualsiasi modo implicasse il riconoscimento di una responsabilità del Tesoro britannico per le perdite di valore subite da chiunque sui depositi in sterline detenuti a Londra. Nathan confermò ad Azzolini che non vi era la benché minima possibilità che il governo inglese accedesse alle richieste italiane, cosa peraltro scontata visto che una loro accettazione anche parziale avrebbe creato un precedente che, se seguito, avrebbe ridotto i benefici attesi dallo sganciamento della sterlina dall'oro. Per oltre duecento anni, attraverso numerose crisi, il Regno Unito aveva privilegiato la stabilità della sterlina rispetto ad altri obiettivi come il contenimento della disoccupazione che divennero preminenti dopo il 1931. Gli interessi della City continuarono a occupare un posto importante tra gli obiettivi del governo, ma non godettero più dell'assoluta preminenza. Lo scambio di note tra Roma e Londra continuò per un po', pur nella consapevolezza delle parti che l'esito era scontato.

Non finì, invece, in poco tempo la disputa interna circa l'attribuzione allo Stato o alla Banca d'Italia delle perdite sulla riserva in sterline, alimentando sia la tensione, mai del tutto sopita, nei rapporti personali tra Azzolini e Mosconi, sia la polemica circa la duplice natura pubblica o privata della Banca d'Italia. Azzolini richiese che l'onere fosse assunto dallo Stato, argomentando che la costituzione di una riserva in valuta piuttosto che in oro era stata una condizione necessaria per l'assistenza inglese e americana alla stabilizzazione monetaria. Mosconi rispose che la Banca d'Italia era stata ed era autonoma nella gestione della composizione delle riserve, e la componente valutaria di queste era aumentata dopo il 1926. In termini generali questo rilievo era infondato poiché la quota valutaria sul totale delle riserve era scesa nel precedente quinquennio. Era vero, tuttavia, che la riduzione delle riserve aveva riguardato la componente in dollari e non quella in sterline. Un accordo sulla copertura di queste perdite fu raggiunto solo con l'avvicendamento di Jung a Mosconi alla guida del ministero delle Finanze, all'inizio del 1933, con una salomonica divisione della perdita tra la Banca d'Italia e lo Stato (attraverso l'INCE)[26].

Torniamo ora alla politica monetaria durante la Grande Crisi. Benché Keynes, Wicksell, Fisher e altri avessero fatto molto progredire la teoria monetaria, la Banca d'Italia, come altre banche centrali, guardava ancora alla circolazione come alla variabile di riferimento per la politica monetaria e al tasso ufficiale di sconto come al principale strumento per regolarla. Già alla metà del 1928, come si è visto, la politica monetaria statunitense aveva assunto una direzione più restrittiva provocando una contrazione dei crediti all'estero, soprattutto di quelli verso la Germania e l'Europa centrale. Al riflusso dei capitali verso New York, le banche centrali di molti paesi avevano risposto con un aumento dei tassi ufficiali di sconto. All'inizio del 1929, Londra aveva alzato di un punto (dal 4,5 al 5,5%) il proprio tasso di riferimento, per poi aumentarlo di un altro punto in novembre. In seguito, tuttavia, l'evoluzione di una crisi sempre più preoccupante aveva indotto la Banca d'Inghilterra a una serie di tagli del tasso di sconto fino a portarlo al 2,5% nel maggio 1931. La Francia, che già aveva un tasso di sconto meno elevato di quelli dei principali paesi, lo abbassò dal 3,5 al 3,0% nel gennaio 1930 e due altre volte nel corso dello stesso anno fino al 2%.

Nel 1928, la Banca d'Italia e il Tesoro, realizzata la stabilizzazione, avevano ridotto di un punto il tasso ufficiale portandolo al 5,5% tre settimane prima che la Riserva Federale statunitense si muovesse in direzione opposta. Tra gennaio e marzo 1929, tuttavia, tensioni sul cambio indussero Stringher

---

[26] Convenzione tra Tesoro e Banca d'Italia del 20 maggio 1933, doc. 149, in Cotula, Spaventa (1993, p. 768). Per un resoconto più dettagliato di questa vicenda, si rimanda a Roselli (2000, pp. 75-81).

e Mosconi ad aumentare due volte, in rapida successione, il tasso di sconto al 7%, un livello molto più elevato di quello dei principali altri paesi. Una lettera di Mussolini a Stringher del 13 novembre 1929 dà chiaramente il senso sia della preminenza dell'obiettivo del cambio su tutti gli altri, sia del quadro politico e dei rapporti istituzionali nei quali si doveva muovere la gestione della moneta da parte della Banca d'Italia. Ricordando al Governatore di avere più volte richiamato la sua attenzione su «voci che annunciavano un attacco in grande stile alla lira», Mussolini gli comunicò di avere ordinato in proposito un'indagine a Parigi i cui risultati, attendibili o meno, obbligavano «a prepararsi». Con questa premessa, il capo del governo impartì precise istruzioni sulla condotta della politica monetaria: «*a)* tenere il livello attuale del tasso di sconto e al caso tempestivamente aumentarlo, *b)* aumentare le riserve e diminuire la circolazione»[27]. Chiese anche di riprendere i contatti con Morgan per un'apertura di credito che Stringher e Beneduce già avevano chiesto in aprile ottenendo però un sostanziale rifiuto dalla Casa di New York, motivato ufficialmente con la pubblicità negativa che ne sarebbe derivata per la posizione valutaria italiana[28] ma, probabilmente, dovuto anche alla ormai generale riluttanza dei banchieri statunitensi a investire in Europa. La Casa Morgan, comunque, non chiuse completamente le porte, non escludendo che un prestito avrebbe potuto essere nuovamente richiesto quando l'Italia avesse deciso di liberalizzare pienamente i movimenti di capitale, realizzando «il passo finale dell'intero piano di stabilizzazione»[29].

Le circostanze cambiarono però rapidamente. Il progredire della crisi indusse la Banca a ridurre di un punto e mezzo il tasso ufficiale tra marzo e maggio 1930. Nello stesso anno, tuttavia, la circolazione (la variabile di interesse per Mussolini) si contrasse di oltre il 4% e continuò poi a diminuire fino al

---

[27] Mussolini a Stringher, 13 novembre 1929, ASBI, Carte Stringher, 401/2.02/34, autografo, in Cotula, Spaventa (1993, pp. 714-715, doc. 135).
[28] Lamont a Fummi, 8 maggio 1929, *Thomas Lamont Collection*, in De Cecco (1993, p. 846, doc. 155).
[29] Lamont a Fummi, 16 maggio 1929, *Thomas Lamont Collection* (ivi, doc. 156).

1934 per un totale di quasi il 20% rispetto al 1929. Diminuì anche considerevolmente l'offerta di moneta comprensiva dei depositi a vista e a durata prestabilita (M2) (Barbiellini Amidei *et al.* 2016, tav. 2). I prezzi all'ingrosso cominciarono a diminuire nel marzo del 1929, dapprima lentamente poi più rapidamente tanto che, nell'estate 1934, quando tornarono a crescere, il loro livello era inferiore del 38% rispetto a quello dei primi mesi del 1929 (una deflazione media annua pari al 9%). Nel Regno Unito, i prezzi all'ingrosso diminuirono del 35%, tra gennaio 1929 e settembre 1931, molto più rapidamente che in Italia, ma si stabilizzarono dopo la svalutazione della sterlina. Lo stesso accadde negli Stati Uniti dopo lo sganciamento del dollaro dall'oro nell'estate 1933. Solo nella Francia caparbiamente decisa a mantenere la convertibilità del franco, la deflazione dei prezzi all'ingrosso fu più severa di quella italiana[30]. La politica monetaria italiana, vincolata al mantenimento della convertibilità aurea della lira, fu pertanto pro ciclica, aggravando invece di mitigare la caduta dei prezzi, dei redditi e dell'occupazione.

Dati i vincoli politici (stabilità del cambio e un certo grado di libertà di movimento internazionale dei capitali) le mani della Banca d'Italia erano legate. Azzolini, come vedremo subito, ne era consapevole e cercò a più riprese di ottenere una restrizione alla mobilità dei capitali, che gli avrebbe consentito maggiore libertà nel ridurre il tasso di sconto e accrescere la circolazione. Tuttavia, come notano Cotula e Spaventa (1993, p. 166), con una simile caduta dei prezzi all'ingrosso «anche l'azzeramento dei tassi di interesse nominali avrebbe comunque lasciato i tassi reali di interesse effettivi elevati». Inoltre, lo shock deflattivo del 1926-1927 aveva lasciato le imprese con un livello elevato di debito «reale» a prezzi costanti, creando una situazione che Irving Fisher avrebbe poi chiamato di «deflazione da debiti» (Fisher 1933) nella quale il peso dell'indebitamento, fisso in termini nominali, sul conto economico delle imprese cresceva malgrado la proporzionale diminuzione sia degli altri costi sia dei ricavi[31]. Ciò spiega par-

---

[30] Dati da Cotula, Spaventa (1993, pp. 866-868).
[31] Un concetto simile fu espresso da Giorgio Mortara in un appunto au-

zialmente l'alto numero di fallimenti e protesti e la contrazione della domanda di credito da parte delle imprese, in un quadro di attese di continua diminuzione dei prezzi. Solo lo shock di una importante svalutazione della lira avrebbe potuto invertire le aspettative, come dimostrano i casi inglese, statunitense e dei paesi europei che svalutarono insieme alla sterlina. Ma questa strada era ritenuta politicamente impraticabile.

5. *Convertibilità della lira e riserve valutarie*

Nel marzo 1930, il ministro delle Finanze Mosconi, indubbiamente con il beneplacito di Palazzo Venezia, introdusse una piena liberalizzazione dei movimenti dei capitali (allora si diceva del «commercio dei cambi»)[32], eliminando le restrizioni introdotte tra il 1925 e il 1926 per accompagnare la stabilizzazione della lira. La decisione segnò un netto distacco rispetto alla politica fortemente interventista di Volpi sul mercato valutario. Le ragioni di questa scelta di Mosconi, a dir poco controcorrente quando ormai la crisi era conclamata su entrambe le sponde dell'Atlantico, paiono oggi poco comprensibili. Secondo Guarneri (1988, p. 264) si trattò solo di una sottovalutazione delle circostanze e di un'eccessiva fiducia nella solidità dell'Italia. A suo parere, era ancora opinione diffusa che la crisi borsistica dell'ottobre precedente fosse una mera correzione di un'eccessiva tendenza rialzista. Al tempo stesso, le riserve della Banca d'Italia erano ancora elevate (coprivano il 55% della circolazione e degli impegni a breve, rispetto al limite legale del 40%) mentre gli investimenti italiani all'estero controbilanciavano i debiti in valuta. Tuttavia, Stringher, nell'ultima relazione che lesse all'assemblea degli azionisti pochi giorni dopo la pubblicazione del decreto di liberalizzazione, pur essendosi detto fiducioso «nell'opera di restaurazione perseguita nel mondo», aveva sottolineato le condizioni che

tografo per Mussolini: «parecchi elementi del costo si sono dimostrati ribelli all'adattamento [alla nuova parità e alla diminuzione dei prezzi], o addirittura non erano passibili di adattamento» (ACS, *Autografi del Duce*, busta 8, fasc. 8, ivi, p. 716, doc. 134).

[32] R.D.L. 12 marzo del 1930, n. 125. Per i dettagli cfr. Raitano (1995, p. 317).

sin dal 1929 «avevano indotto gli istituti centrali europei alle difese del proprio oro»[33]. Non tutti, dunque, erano tranquilli circa la situazione valutaria dell'Italia. È possibile che, più della sottovalutazione della crisi ipotizzata da Guarneri, abbia pesato sulla decisione di Mosconi l'influenza delle grandi banche, già in difficoltà, desiderose di piena libertà nel gestire le posizioni sull'estero proprie e dei clienti. Giorgio Mortara, stimato sia nella Banca d'Italia, sia nella Banca Commerciale, scrisse a Mussolini chiedendo di favorire l'acquisto di titoli italiani quotati a New York: «Se io desidero spendere 3.000 dollari per l'acquisto di un'automobile Chrysler nessuno me lo vieta, se desidero acquistare 3.000 dollari [di titoli] del Prestito Morgan rischio di andare al confino»[34].

Per quasi tutta la durata della crisi, fino al 1934, la lira restò faticosamente agganciata all'oro in un regime di discreta libertà di movimento internazionale dei capitali, benché il contesto si fosse fatto molto più difficile dopo la svalutazione della sterlina nel settembre 1931 e di quella del dollaro nel luglio 1933. L'Italia partecipò, invece, alla generale *escalation* protezionista degli anni Trenta, che Eichengreen e Irwin (2010) spiegano come motivata dall'esigenza di riequilibrare la bilancia dei pagamenti, particolarmente forte nei paesi che mantennero la convertibilità della moneta, più che dalla difesa di interessi particolari. Nel caso italiano ciò sembra confermato dal fatto che le prime misure protezioniste furono adottate tre giorni dopo la svalutazione della sterlina con un dazio generale sulle merci importate «per le quali non si sia stabilito un trattamento di favore»[35]. Non si trattò tuttavia, in questa fase, di iniziative protezioniste significative poiché il governo sarebbe stato «trattenuto dal timore che in una lotta condotta a base

---

[33] Banca d'Italia, *Assemblea generale ordinaria degli azionisti*, Roma, 31 marzo 1930, p. 1.

[34] L'argomentazione è inserita, paradossalmente, in un appunto su come favorire gli investimenti esteri in Italia, peraltro in un clima, descritto dallo stesso autore, di forti aspettative di svalutazione della lira. Giorgio Mortara, *Sull'investimento di capitali esteri in Italia*, 5 febbraio 1930, ACS, *Autografi del Duce*, busta 8, fasc. 8, in Cotula, Spaventa (1993, p. 719, doc. 134).

[35] R.D.L. 24 settembre 1931, n. 1187, misure rafforzate con i R.D.L. nn. 1574 e 1680 del 21 dicembre 1931 (De Cecco 1993, p. 433, nota 1). Cfr. anche Guarneri (1988, p. 354).

di ritorsioni, di divieti e controdivieti, le esportazioni italiane, specie agricole, avrebbero avuto la peggio» (Guarneri 1988, p. 357). È comunque opinione condivisa dalla maggior parte degli economisti che, per vari motivi, lo strumento doganale non sia quello adatto, se l'obiettivo è la riduzione del disavanzo commerciale con l'estero.

Subito dopo la svalutazione della sterlina, si fecero molto più insistenti le voci di una prossima svalutazione della moneta italiana insieme a quelle dei tanti paesi che seguirono Londra su quella strada, alimentando le vendite di lire[36]. Il 23 settembre il governo e la Banca d'Italia riaffermavano, in una dichiarazione ufficiale, che non erano in discussione la stabilità della lira e la convertibilità delle banconote[37]. La Banca d'Italia dovette intervenire largamente sul mercato per sostenere il cambio e il 28 settembre alzò il tasso di sconto dal 5,5 al 7%[38]. Contemporaneamente la Banca d'Italia mise a punto disposizioni per contrastare la fuga dei capitali, comunicandole agli istituti di credito tramite il loro organo di categoria[39], l'Associazione Tecnica Bancaria, che emanò una serie di circolari[40] per disciplinare il commercio delle valute[41]. Azzolini inviò disposizioni a tutte le filiali invitandole «a richiamare l'attenzione delle banche sul fatto che le norme in parola avranno la più rigida e intransigente applicazione e

[36] Appunto anonimo del 22 settembre in ASBI, Direttorio Azzolini, 3 febbraio 22. Documento 216, in De Cecco (1993, p. 1010).

[37] Cfr. Associazione Tecnica Bancaria, *Relazione per il 1931*, in «Rivista Bancaria», supplemento al n. 5, maggio 1932, p. 418; cit. in De Cecco (ivi, p. 1021, nota 2).

[38] Negli Stati Uniti e in Francia il tasso ufficiale di sconto era 2,5%.

[39] Confederazione Nazionale Fascista del Credito e della Assicurazione, Disposizioni sul commercio delle divise, Milano, 27 settembre 1931, in ASBI, Rapporti con l'estero, bob. 34/2129-2130, riferimento da Storaci (1993, p. 458, nota 46). L'organo che in seguito tenne i contatti fra la Banca d'Italia e gli istituti di credito fu l'Associazione Tecnica Bancaria Italiana.

[40] ASBI, Rapporti con l'estero, cart. 99, da De Cecco (1993, nota 3, p. 1013).

[41] Furono richieste segnalazioni giornaliere sulla posizione in cambi alla Banca d'Italia; vennero predisposte indagini sul fabbisogno di divise e accertamenti sugli accreditamenti in lire in favore dell'estero; furono vietati gli acquisti di titoli sui mercati esteri e i riporti in cambi, consentendo però l'acquisto di cambi a consegna collegati all'esportazione e alla vendita per la copertura delle importazioni, sempre che le relative operazioni rispondessero a reali e controllate necessità dell'industria e del commercio; fu posto un limite massimo per ogni spedizione di biglietti italiani all'estero (*ibid.*).

che sanzioni molto gravi in confronto degli eventuali trasgressori verranno immediatamente poste in atto verso chiunque tenti di sottrarsi alla scrupolosa osservanza delle disposizioni prescritte»[42]. Si trattava, tuttavia, di misure largamente basate su controlli informali affidati alla capacità di persuasione della Banca d'Italia, il cui difficile obiettivo era quello di «porre qualche freno alla libera contrattazione delle divise»[43] senza peraltro limitare l'erogazione di valuta estera per il pagamento di merci e servizi, e in questo modo queste misure furono pubblicizzate all'estero[44]. In particolare, «il divieto all'acquisto di titoli esteri era espresso sotto forma di istruzioni e non di sanzioni» (De Cecco 1993, p. 432, n. 2).

La Banca d'Italia si era mossa, comunque, immediatamente con un provvedimento amministrativo che segnalava soprattutto la sua determinazione a regolare i movimenti di capitali verso l'estero a difesa della lira. Il governo rispose con un decreto legge (R.D.L. 29 settembre 1931, n. 1207) che attribuiva al ministro delle Finanze la facoltà di disciplinare con propri decreti il commercio valutario. Questi provvedimenti non mancarono di credibilità se l'incaricato d'affari statunitense a Roma, Alexander Kirk, scrisse al segretario di Stato che il governo italiano era determinato a mantenere la parità aurea[45]. Mosconi, tuttavia, non si avvalse mai della facoltà di intervento conferitagli dalla legge, malgrado le ripetute insistenze di Azzolini che vedeva in cogenti misure di controllo sui movimenti internazionali di capitale il solo modo efficace di «difendere» la lira (Roselli 2000, pp. 157 e 164).

Alla Banca d'Italia non restò che cercare di usare al meglio le riserve per interventi sul mercato delle valute. Contrariamente a Volpi, che aveva avocato a sé gli interventi sul

---

[42] ASBI, Direttorio Azzolini, cart. 100 (ivi, p. 1014).
[43] Cfr. Istcambi, *Bilancio 1931*, p. 9, riferimento da Storaci (1993, p. 459, nota 50).
[44] Storaci (ivi, nota 51). Ad esempio nei confronti della Banca per i Regolamenti Internazionali cfr. Pennacchio ad Azzolini, 25 novembre 1931, in ASBI, Rapporti con l'estero, bob. 34/2267.
[45] De Cecco (1993, p. 435, doc. 53). Azzolini a sua volta scrisse a Harrison, presidente della Federal Reserve Bank of New York, illustrando i provvedimenti presi e confermando la volontà di mantenere la parità aurea al cambio vigente (ivi, p. 433, doc. 52).

9 – La Grande Crisi

mercato e operato largamente sul cambio a termine, Azzolini diede istruzioni a Luigi Podestà, rappresentante della Banca e dell'INCE a New York, di intervenire in difesa della lira solo sul mercato a pronti[46]. Per avere maggiore spazio di manovra, le autorità italiane ampliarono la banda di fluttuazione del cambio lira/dollaro attorno al cambio ufficiale (i cosiddetti «punti dell'oro» nel linguaggio tecnico del *gold standard*)[47].

Una segnalazione di Azzolini, convinto che le grandi banche milanesi operassero al ribasso, indusse Mosconi a convocare due volte i dirigenti della Banca Commerciale Italiana e del Credito Italiano per rivolgere moniti e minacciare sanzioni che però non arrivarono[48]. Nell'ultima parte del 1931, Azzolini rilevò un forte aumento di rimborsi anticipati o mancati rinnovi di debiti a breve di società italiane verso banche estere, con conseguente aumento dell'offerta di lire che la Banca d'Italia fu costretta a riassorbire. Si rivolse pertanto a Mosconi rinnovando la richiesta di più stringenti interventi legislativi sugli scambi di valute[49]. Il Governatore tornò alla carica il mese successivo chiedendo almeno il divieto di acquisto sui mercati stranieri di titoli e valori esteri, nonché di titoli italiani emessi in moneta estera[50]. Mosconi, che pure qualche giorno prima aveva chiesto ad Azzolini di proporre misure atte a frenare l'emorragia di riserve[51], rispose con un *non possumus* data la contrarietà di Mussolini a questi provvedimenti[52]. Mentre è nota e comprensibile la ferma posizione del duce circa la stabilità

---

[46] Si vedano i telegrammi scambiati tra Podestà e Azzolini in ASBI, Rapporti con l'estero, prat. 23, 26, 27 (ivi, p. 95).

[47] De Cecco (ivi, p. 101). Il riferimento è ai capitoli «Moneta» dell'autorevole rassegna annuale, Giorgio Mortara, *Prospettive Economiche*, Città di Castello, vari anni.

[48] ASBI, Rapporti con l'estero, bob. 34/2123 e 1430, riportato da Storaci (1993, p. 459, nota 53).

[49] Azzolini a Mosconi, 2 febbraio 1932 (Cotula, Spaventa 1993, p. 730, doc. 140). Azzolini propone un vero e proprio testo legislativo: «È vietata l'esportazione di lire senza autorizzazione del Tesoro. Tale divieto s'intende riferito non solo ai biglietti di banca, agli assegni, chèques o vaglia, ma anche a tutti i titoli di credito, stilati in lire, emessi e pagabili in Italia, nonché alle azioni e obbligazioni di Società private e ai titoli di Stato».

[50] Azzolini a Mosconi, 7 marzo 1932 (De Cecco 1993, p. 1019, doc. 221).

[51] Mosconi ad Azzolini, 18 marzo 1932 (Cotula, Spaventa 1993, p. 746, doc. 143 a-b).

[52] Mosconi ad Azzolini, 28 marzo 1932 (De Cecco 1993, p. 1021, doc. 222).

del cambio aureo della lira, meno evidenti sono i motivi della sua contrarietà a qualsiasi regolazione del mercato valutario, quando ormai questa era la prassi di molti paesi. Già un anno prima, tuttavia, scrivendo allo stesso Mussolini di avere recepito le sue «direttive di dare la sensazione che ogni offerta di lire sui mercati esteri trovi facile assorbimento», Azzolini si era evidentemente reso conto che il capo del governo temeva che il controllo sui movimenti di capitale avesse l'effetto contrario a quello desiderato, dando un'impressione di debolezza che accelerasse la vendita di lire[53]. Questa interpretazione appare confermata da Mosconi, che temeva che eventuali misure potessero «destare panico e dar luogo a sfavorevoli commenti all'estero sulla stabilizzazione»[54].

Considerata la chiusura del governo al controllo dei movimenti internazionali di capitale, lo stesso Azzolini suggerì che si ricorresse almeno allo strumento della dogana per rendere meno competitive le importazioni, già però ridotte per la caduta della domanda aggregata. Come abbiamo visto, nemmeno questa richiesta trovò il favore di Mosconi. Una vera e propria svolta protezionista non ebbe luogo se non alla fine del 1932, aprendo la strada a un «succedersi a getto continuo» di provvedimenti doganali tra il 1933 e il 1934 (Guarneri 1988, pp. 423-424).

La seconda svolta protezionista, dopo quella del 1925, fu dovuta all'aggravarsi della situazione economica e valutaria dalla quale dipese, almeno in parte, la sostituzione, nel luglio 1932, di Antonio Mosconi con Guido Jung al ministero delle Finanze e del Tesoro. Abbiano visto che Mosconi avversava i divieti commerciali e gli accordi di *clearing* (scambi bilaterali), ritenendo che le compensazioni private fossero il modo migliore per evitare temutissime ritorsioni (Storaci 1993, p. 461). Il «cambio della Guardia» alle Finanze rientrava in un «significativo rimpasto ministeriale orientato a un riequilibrio, all'interno del regime, in favore delle tendenze centralizzatrici» (De Ianni 2004) e certamente Jung era più favorevole del

---

[53] Azzolini a Mussolini, 9 maggio 1931 (ivi, p. 1009, doc. 215).
[54] Mosconi a Ministero delle Corporazioni e Ministero degli Affari Esteri, 13 maggio 1932, in ASBI, Rapporti con l'estero, bob. 34/1332-1334), cit. da Storaci (1993, p. 460, nota 58).

9 – *La Grande Crisi*

predecessore all'intervento pubblico in economia, inclusa la regolazione degli scambi commerciali.

A 57 anni, Guido Jung[55] aveva accumulato importanti esperienze internazionali e creato una notevole rete di contatti. Stimato da De Stefani, si era occupato su sua richiesta del salvataggio del Banco di Roma cercando senza successo di promuoverne la fusione con la Banca Nazionale di Credito. Abbiamo visto che lo stesso De Stefani aveva probabilmente cercato di sostituire Stringher con Jung alla guida della Banca d'Italia. Con l'arrivo di Volpi alle Finanze, Jung era tornato a dedicarsi più attivamente all'azienda familiare. Nel 1926 aveva promosso con Pirelli la creazione di un Istituto Nazionale Esportazioni (INE) del quale era diventato presidente (*ibid.*). Al momento della nomina a ministro, Guido Jung era impegnato, come vedremo subito, accanto a Beneduce nella complessa opera di salvataggio pubblico delle tre maggiori banche italiane[56].

In questi anni, la domanda ricorrente, rimpallata tra Finanze, Banca d'Italia e Palazzo Venezia era: da che cosa dipende la pressione sulla lira? La risposta generica prevalente fu quella di attribuire le tensioni del cambio alla «speculazione». Più precisamente, governo e Banca d'Italia vedevano nell'attività sull'estero delle banche, in proprio e per i clienti, la causa principale dell'uscita di capitali, sia per acquisto titoli, sia per rimborsi anticipati di debiti. Si arrestarono anche alcuni «spalloni» carichi di banconote ai valichi per la Svizzera. Meno

---

[55] Guido Jung nacque a Palermo nel 1876 da famiglia israelita di origine svizzero-tedesca. Abbandonati gli studi di ingegneria, iniziò la vita professionale, dopo un intenso apprendistato a Londra, nell'azienda di famiglia tra Milano e Palermo. Schieratosi con i nazionalisti, partecipò alla guerra come ufficiale di complemento, ottenendo tre medaglie d'argento al valore e la promozione a capitano. Partecipò alla Commissione finanziaria della delegazione italiana alla Conferenza di pace di Parigi. Ebbe poi altri incarichi in commissioni internazionali e, nel 1922-1923, passò sette mesi a Washington come consigliere finanziario dell'ambasciatore. Per una corposa biografia di Jung cfr. De Ianni (2009) e, per una breve sintesi, Id. (2004).

[56] Incontreremo Jung nella nostra storia anche dopo la sua sostituzione al ministero con Paolo Thaon di Revel il 24 gennaio 1935. Partecipò come volontario alla guerra d'Etiopia. Rimase fascista convinto, malgrado le leggi razziali, sino alla Seconda guerra mondiale alla quale pure, malgrado l'età, volle partecipare come volontario. Fu brevemente ministro delle Finanze nel primo governo Badoglio. Morì nel 1949.

frequente, rispetto all'analogo dibattito avvenuto durante la Prima guerra mondiale, era l'attenzione all'andamento della bilancia delle partite correnti con l'estero, benché le misure doganali adottate per cercare di contenere le importazioni riconoscessero implicitamente che il disavanzo dei conti con l'estero era quantomeno una causa importante del fenomeno della diminuzione delle riserve. Vedremo nel prossimo capitolo che tale questione fu affrontata con energia solo alla fine del 1934.

Quali furono realmente le cause della continua emorragia di riserve tra il 1929 e il 1934? La risposta non è facile ancora oggi. Le stime di Tattara (1993, p. 406) sulle partite correnti con l'estero (che includono le cosiddette «partite invisibili» quali noli, turismo e rimesse degli emigrati) mostrano che il saldo fu negativo fino al 1930 e positivo nei due anni seguenti, i più duri della crisi, quando la caduta della domanda aggregata ridusse le importazioni più delle esportazioni. Fino al 1930 compreso, dunque, la diminuzione delle riserve fu determinata soprattutto dall'andamento dei conti con l'estero, mentre nel triennio successivo esso dipese dal deflusso di capitali. Nel complesso, tra il 1929 e il 1934 uscirono dall'Italia circa 6,5 miliardi di lire (ivi, p. 408). Secondo Pietro Grifone (1971, p. 83), dopo la svalutazione della sterlina si assistette «alla rapida contrazione dei crediti bancari a breve termine accordati dalle principali banche estere alle banche italiane. Crediti a breve, ma che venivano costantemente rinnovati e costituivano perciò una massa di mezzi liquidi su cui la banca italiana era abituata ormai a contare come di cosa destinata a non venir mai meno». Ne derivò una situazione di illiquidità, della quale diremo. Non mancò un fenomeno, che si ripeterà nel secondo dopoguerra in situazioni di grande incertezza, denunciato da Azzolini: accantonamenti di divise «da parte di esportatori di manufatti [...] che hanno lasciato all'estero le divise per non correre l'alea del cambio»[57]. Tuttavia, è probabile che il grosso dei deflussi di capitali sia stato a lungo termine. Albert Hirschman, attento osservatore delle vicende italiane, commentò

---

[57] Azzolini alla seduta dell'INCE del 10 febbraio 1932, cit. da Tattara (1993, p. 404).

9 – La Grande Crisi

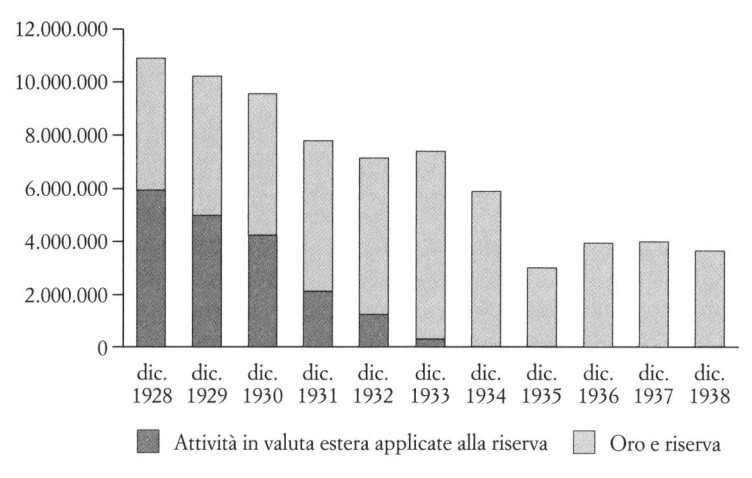

Fig. 9.1. Riserve della Banca d'Italia (milioni di lire correnti).
Fonte: Elaborazioni su dati Caron, Di Cosmo, Scartaccini (1993).

che durante gli anni Trenta, «In Italia l'attenzione si concentrò principalmente sulla cessione dei crediti italiani all'estero e dei titoli stranieri e italiani emessi all'estero» (Hirschman 1987, p. 188). Nel complesso, l'esportazione di capitali, a breve e lungo termine, produsse una costante riduzione delle riserve della Banca d'Italia (fig. 9.1) la cui parte valutaria si azzera nel 1933, lasciando solo la componente aurea che la Banca cercò di accrescere tramite acquisti di oro sul mercato italiano a prezzi superiori a quello ufficiale.

Il cambio della lira, che Mussolini aveva voluto stabilire nel 1927 a un tasso più elevato di quello francese e belga, ostinandosi a mantenerlo invariato dopo le svalutazioni della sterlina e del dollaro, non era evidentemente ritenuto sostenibile nel lungo andare né dagli operatori esteri, né da quelli italiani. L'esportazione di capitali, nelle sue varie forme, ebbe una sola ragione di fondo: l'attesa di una inevitabile svalutazione, rimandata per alcuni anni solo grazie all'abbondanza iniziale delle riserve, progressivamente sacrificate sull'altare di un malriposto prestigio nazionale o del supposto costo politico che avrebbe comportato l'ammissione di un errore. Mussolini, d'altronde, aveva solo un'elementare infarinatura di economia e gli economisti del tempo, per convinzione e in qualche caso per opportunismo, non fecero sentire voci critiche verso una politica monetaria e del cambio inevitabilmente destinata a fallire.

Ottenuto finalmente, nel 1934, il controllo dei movimenti di capitale verso l'estero, Azzolini poté esprimere ufficialmente quanto aveva privatamente sostenuto da anni.

Senza i cospicui investimenti all'estero – disse – la bilancia dei pagamenti avrebbe potuto presentare un saldo attivo, con conseguente aumento delle riserve auree. Si produsse dunque, il trasferimento delle disponibilità della riserva posseduta dall'Istituto di emissione, nell'interesse dell'economia e della difesa dell'intera nazione, a quella dell'economia individuale di poche migliaia di enti e di privati[58].

6. *Rapporti internazionali: la BRI, la Conferenza di Londra e il blocco dell'oro*

Le mai sopite tensioni internazionali resero impossibile l'adozione della sola ricetta in grado di mitigare la Grande Crisi iniziata nel 1929: una reflazione coordinata fra tutti i paesi. Tra il 1931 e il 1936, i vari governi abbandonarono la convertibilità aurea in tempi e modi diversi con l'intento, più o meno esplicito, di attuare svalutazioni competitive che minarono progressivamente la fiducia reciproca. Le tariffe doganali e i controlli sui movimenti di capitale fecero il resto. La cooperazione tra le banche centrali si ridusse a poca cosa, ma non cessò del tutto. Si mantenne per taluni aspetti tecnici, peraltro rilevanti, dei pagamenti internazionali, anche grazie ai frequenti incontri tra governatori per la discussione della situazione economica internazionale e lo scambio di informazioni. L'istituzione, il «club», che tenne vivi i rapporti personali e istituzionali tra banche centrali fu la Banca dei Regolamenti Internazionali (BRI) nella nascita e gestione della quale la Banca d'Italia ebbe un ruolo forse superiore al proprio peso economico, grazie allo status di potenza vincitrice della guerra. Vale, dunque, la pena di dedicare un po' di attenzione a quella che fu la prima organizzazione economica

---

[58] Banca d'Italia, *Assemblea generale ordinaria degli azionisti*, Roma, 30 marzo 1935, p. 13.

internazionale, tuttora viva e vitale, e alla partecipazione che in essa ebbe la Banca d'Italia.

La BRI è un buon esempio di eterogenesi dei fini. Nata soprattutto per gestire i trasferimenti delle riparazioni dalla Germania ai vincitori della Prima guerra mondiale, vide molto presto ridotta a poca cosa la principale ragione originaria della sua esistenza, ma seppe poi valorizzare il proprio secondo scopo statutario, che aveva suscitato molto scetticismo, quello di «promuovere la cooperazione tra banche centrali e creare strumenti aggiuntivi per i pagamenti internazionali»[59].

L'atto formale di fondazione della BRI fu firmato a Roma il 27 febbraio 1930. I fondatori si recarono nella capitale italiana per cortesia verso Stringher che, già seriamente ammalato, avrebbe avuto difficoltà a muoversi. Il vecchio Governatore, tuttavia, non ebbe un ruolo importante nella partecipazione italiana alla nuova organizzazione. Fu Alberto Beneduce, che ormai godeva di buona reputazione negli ambienti finanziari internazionali e di un rapporto diretto e privilegiato con Mussolini, a gestire la partecipazione italiana alla BRI e a contribuire direttamente alla sua nascita.

Nel 1929, quando partecipò al Comitato Young sulle riparazioni tedesche e poi a quello per l'organizzazione della BRI riunito a Baden-Baden[60], il cinquantaduenne Beneduce era già al centro della vita economica italiana come presidente della Bastogi, primaria holding finanziaria privata, di due istituti di diritto pubblico per il credito a medio e lungo termine (ICIPU e CREDIOP) e membro del Consiglio di amministrazione di numerose società. Nel 1927 lo abbiamo visto affiancare Stringher nella trattativa londinese per la stabilizzazione della lira. Negli anni Trenta, la sua attività si intreccerà continuamente con quella della Banca d'Italia. È dunque utile ricordarne brevemente la figura, benché essa sia largamente nota[61]. Alberto Beneduce era nato a Caserta nel 1877, aveva studiato matematica e statistica a Napoli prima di trovare occupazione al ministero di Agricoltura, Industria

---

[59] Art. 3 dello statuto del 1930.
[60] Di seguito, ove non diversamente indicato, le notizie sulla nascita della BRI sono tratte da Baffi (2002) e Toniolo (2005).
[61] Per la biografia di Beneduce cfr. Bonelli (1966) e Franzinelli, Magnani (2009).

e Commercio. Le sue pubblicazioni nel campo delle scienze demografiche e attuariali gli valsero la libera docenza (1911) e la cattedra al Regio Istituto Superiore di Studi di Genova (1914). Le sue competenze attuariali e finanziarie attrassero l'attenzione di Francesco Saverio Nitti che gli chiese di collaborare alla creazione dell'INA (Istituto Nazionale delle Assicurazioni) nel 1912, del quale fu poi consigliere d'amministrazione. In politica, Beneduce si schierò con il gruppo socialriformista guidato da Leonida Bissolati, accanto al quale e a Nitti sostenne l'intervento in guerra a fianco delle potenze dell'Intesa. In coerenza con questa posizione si arruolò volontario quale ufficiale del Genio fino a quando fu chiamato a Roma quale amministratore delegato dell'INA. Per il resto della guerra collaborò strettamente con Nitti e con Stringher. Creò l'Opera Nazionale Combattenti che mirava al reinserimento dei reduci nella vita civile. Nel 1919 entrò nel Consiglio d'amministrazione dell'Istituto Nazionale dei Cambi con l'Estero.

Nel 1919, Beneduce si dimise dall'INA e dall'università per candidarsi, con il gruppo socialriformista di Ivanoe Bonomi, alle elezioni nel collegio di Caserta che rappresentò in due legislature, tra il 1919 e il 1924. Fece, dunque, parte di quel nucleo di funzionari pubblici nittiani che «passarono dall'impiego alla vita politica, non come a un campo diverso di attività, ma come un allargamento del campo originario, quali rappresentanti di un sistema amministrativo che, chiarendo e raggiungendo la coscienza di sé, divenne sistema politico»[62]. C'è qui forse una penetrante chiave interpretativa della scelta di vita che fece dopo il 1924. Tra il luglio 1921 e il febbraio 1922 Beneduce fu ministro del Lavoro e della Previdenza Sociale nel gabinetto Bonomi, ma l'esperienza lo lasciò insoddisfatto. Il 16 novembre 1922, Beneduce, insieme a molti cattolici, liberali, socialriformisti, votò la fiducia al governo Mussolini. Non aderì tuttavia al nascente regime, al contrario la sua posizione critica gli valse un assalto delle camicie nere alla sede casertana del proprio collegio elettorale. Non si ricandidò alle

---

[62] Dalla «Rassegna Liberale» diretta da Piero Gobetti, cit. da Franzinelli, Magnani (2009, p. 114).

elezioni del 1924. Fu chiamato da Genova all'Università di Roma e si dedicò all'ICIPU e al CREDIOP che realizzavano una sua visione di come la finanza potesse servire l'economia reale con l'emissione di obbligazioni dedicate al finanziamento di investimenti a lungo termine in infrastrutture cruciali per lo sviluppo del Paese. «Nel 1925, le sue qualità lo resero una risorsa strategica per la svolta che Mussolini stava compiendo anche in campo economico» (Franzinelli, Magnani 2009, p. 166). Gli enti che presiedeva erano essenziali al disegno del duce. «Non siamo ancora al rapporto fiduciario assoluto che il duce stabilirà con lui nel giro di pochissimi anni, ma le qualità dell'uomo, già note a Mussolini, lo resero il candidato migliore a guidare l'intervento pubblico in campo finanziario» (ivi, p. 153). La sua esperienza internazionale, lo abbiamo visto alle conferenze economiche del dopoguerra, lo rese utile nei negoziati per la sistemazione delle riparazioni tedesche dai quali possiamo riprendere il filo della nostra storia.

Detto brevemente di questo importante protagonista, torniamo alle vicende internazionali che videro Beneduce protagonista del ruolo giocato dall'Italia. Nella seconda metà del 1928, completata la stabilizzazione monetaria europea, con la Germania in rapido sviluppo, si realizzarono le condizioni per una definitiva sistemazione delle riparazioni tedesche che avevano dominato, avvelenandole, le relazioni internazionali. Il Piano Dawes del 1924 aveva stabilito l'ammontare dei pagamenti tedeschi, ma lasciato a un futuro accordo la determinazione della loro durata nel tempo. Già nel 1927 l'agente generale incaricato della raccolta e della distribuzione delle riparazioni ne aveva sollecitato la definitiva sistemazione, chiesta anche dai banchieri privati, soprattutto americani, che investivano in Germania. Ma anche Berlino premeva per una soluzione perché l'ammontare dei pagamenti era legato al «benessere» del Paese e, dunque, aumentava con la crescita dell'economia. Il governo di Parigi, capitale dei falchi in materia di riparazioni, desiderava che la questione fosse risolta prima di affrontare, nel 1929, il dibattito parlamentare sulla ratifica degli accordi per la sistemazione dei debiti di guerra. In questo clima politico, il 16 settembre 1928, i governi delle sei potenze vincitrici annunciarono l'apertura di trattative per il ritiro delle loro truppe dalla Renania e la creazione di un comitato di esperti per definire la questione delle riparazioni.

Il comitato, presieduto dal banchiere statunitense Owen D. Young, si riunì a Parigi tra febbraio e giugno del 1929. L'Italia era rappresentata da Alberto Pirelli, allora presidente della Camera di Commercio Internazionale e da Fulvio Suvich, membro del comitato finanziario della Lega delle Nazioni. I supplenti erano Giuseppe Bianchini, dell'Associazione Bancaria, e Bruno Dolcetta del gruppo Banca Commerciale. Francia e Germania avevano inviato i governatori delle rispettive banche centrali e il Regno Unito rappresentanti della Bank of England (Baffi 2002, p. 11, n. 4). La Banca d'Italia non fu invece ufficialmente coinvolta nel comitato. Pirelli, tuttavia, inviò documentazione e chiese consiglio sia a Stringher sia a Beneduce. Quest'ultimo si recò almeno una volta a Parigi durante i lavori del comitato[63]. La posizione del governo italiano su quella che sarà poi chiamata Banca dei Regolamenti Internazionali può essere definita «minimalista». Mussolini aveva dato come direttiva «né favorire, né sabotare». Era comunque vista come strettamente legata alla sola questione delle riparazioni. Stringher, Beneduce e, più cautamente, Pirelli erano invece interessati anche alla seconda missione della banca internazionale che si veniva delineando: la cooperazione, seppure ancora vagamente definita, tra le banche centrali. Il 25 marzo 1929, fu annunciato un progetto per la creazione di una nuova banca internazionale. È a prima vista sorprendente che l'annuncio sia stato dato prima che gli esperti si accordassero sull'ammontare totale delle riparazioni e sul numero di rate annuali, ma il nuovo organismo internazionale si rivelò essere condizione necessaria al raggiungimento dell'accordo. Sia vari governi, non ufficialmente rappresentati dagli esperti ma costantemente consultati, sia i banchieri che sedevano al tavolo dell'Hotel George V di Parigi ritenevano indispensabile ottenere subito una buona quota del valore attuale dei futuri pagamenti tedeschi sotto forma di un prestito internazionale da

---

[63] Pirelli a Stringher, 21 marzo 1929, Archivio Privato Alberto Pirelli, Comitato Young, D/II/a/1, in De Cecco (1993, p. 654, doc. 96).

lanciare sui mercati. La creazione di un organismo finanziario internazionale rispondeva, come nota Simmons (1993), a due esigenze: *i*) accrescere le probabilità che i contratti venissero rispettati per un gran numero di anni futuri e *ii*) correggere l'asimmetria delle informazioni, per disegnare contratti convenienti a entrambe le parti. Un tale organismo era pertanto ritenuto necessario per la migliore commercializzazione del prestito, al cui servizio avrebbe dovuto provvedere il flusso dei pagamenti tedeschi gestiti, in qualità di garante (*trustee*), dalla nuova istituzione finanziaria internazionale. Nei mesi seguenti, caratterizzati da discussions accese e spesso molto tese, si arrivò a fissare «definitivamente» la questione delle riparazioni, con il varo del cosiddetto Piano Young[64], dieci anni dopo la firma del Trattato di Versailles.

Poiché il comitato era, tecnicamente, costituito solo da esperti privati, il 6 agosto 1929 si riunì all'Aia una conferenza dei governi interessati per valutarne i suggerimenti e prendere decisioni ufficiali. Non si trattò di una mera ratificazione delle proposte degli esperti, le discussioni furono molto dure e la conferenza si concluse solo il 31 agosto 1929 con un protocollo che accettava «in linea di principio» il Piano Young, dando a ben sette comitati il compito di lavorare sui dettagli da approvare poi in una seconda conferenza dell'Aia. Il comitato organizzatore della Banca dei Regolamenti Internazionali si riunì a Baden-Baden, cittadina termale tedesca del Baden-Württemberg occidentale, nota anche per la sfortunata casa da gioco di Tolstoj e Dostoevskij. Questa volta i rappresentanti dei vari paesi furono scelti dalle banche centrali. Alberto Beneduce rappresentò l'Italia, avendo come supplente Azzolini, direttore generale della Banca d'Italia. La posizione di Beneduce si rifaceva alla visione di Luzzatti di un'istituzione in grado di evitare le «guerre monetarie» che «avrebbero potuto sorgere indipendentemente dal problema delle riparazioni, a iniziativa delle banche centrali», lasciando poi i governi liberi di decidere se affidare a questa organizzazione il problema delle riparazioni «dopo avere preso conoscenza

---

[64] I dettagli delle discussioni e del piano non interessano la nostra storia, chi fosse interessato ad approfondire la questione può vedere Baffi (2002, pp. 9-40).

di statuti che non spetta a loro di elaborare e che rifletteranno i termini di un contratto societario stretto tra banche centrali» (Baffi 2002, p. 45). Il tedesco Schacht voleva addirittura che il nuovo istituto si occupasse di promuovere lo sviluppo economico, una specie di World Bank *ante litteram*. La posizione francese era vicina a quella italiana tanto che si parlò di «tesi latina»; quella inglese, che finì per prevalere, concordava con quella italiana e francese intesa a creare un luogo istituzionale per la cooperazione tra banche centrali, ma insisteva sul coinvolgimento dei governi che le avrebbero affidato ufficialmente il compito di gestire le riparazioni, entro lo schema del Piano Young. Fu questa la linea che prevalse a Baden-Baden e fatta propria dalla seconda conferenza dell'Aia (3-20 gennaio 1930) che approvò il protocollo e gli statuti della BRI, insieme all'accordo che la rendeva garante (*trustee*) dei trasferimenti delle riparazioni tedesche ai beneficiari e a una convenzione con la Svizzera per l'insediamento della BRI a Basilea, a pochi chilometri dai confini francese e tedesco, dopo avere scartato Bruxelles per l'opposizione di Berlino. Come abbiamo già visto, la fondazione avvenne a Roma pochi giorni dopo.

Appena nata, la BRI fu criticata per motivi opposti, sintetizzabili in quelli di Cassel e Einzig, che divenne poi feroce avversario dell'istituto di Basilea. «Cassell riteneva che la cooperazione tra banche centrali fosse già sufficiente, mentre Einzig la giudicava insufficiente. Questa contraddizione rifletteva le difficoltà e l'instabilità delle relazioni tra banche centrali ed è in questo quadro ambiguo che la BRI iniziò le proprie operazioni, oberata di critiche che derivavano da un eccesso di aspettative e da grande incertezza» (Yago 2012, p. 15). In Italia, la pubblicistica fascista, che peraltro non diede grande rilievo alla nuova organizzazione internazionale, la vide come strumento di subordinazione delle banche centrali «alle direttive della Banca d'Inghilterra, la quale poi si identifica con il governo imperiale britannico» (Roselli 2000, p. 188)[65]. Anche l'ambizione della BRI di essere assolutamente indipendente dai governi era vista con scetticismo o ostilità: il dogma

---

[65] Roselli cita a questo proposito Alberti (1937, pp. 3, 11).

dell'autonomia delle banche centrali, sul quale Norman aveva costruito la cooperazione degli anni Venti, stava cedendo al nuovo modo di intenderle come strumenti della politica dei governi[66].

La BRI cominciò a operare il 17 maggio 1930 a Basilea, nei locali del Grand Hotel et Savoy Hotel Univers, sede provvisoria che però rimase tale fino al 1977 quando traslocò nella Torre che è tuttora la sua principale sede. A presiederla fu chiamato l'americano Gates McGarrath, proveniente dal mondo delle banche private, cooptato dal Consiglio d'amministrazione perché il governo statunitense aveva vietato la partecipazione ufficiale della Banca della Riserva Federale di New York, per il nesso tra la nuova organizzazione internazionale e le riparazioni, non riconosciute dagli Stati Uniti che mai avevano ratificato il Trattato di Versailles. Quale direttore generale (*general manager*) fu scelto, con l'opposizione dei tedeschi, l'*enfant prodige* della Banca di Francia, Pierre Quesnay. Lo statuto prevedeva che fossero membri di diritto del consiglio d'amministrazione i governatori delle banche centrali dei principali paesi vincitori della guerra[67] e quello della Germania. A questi si aggiunsero sette membri, nominati dagli stessi governatori tra personalità della loro stessa nazionalità, «rappresentative del mondo della finanza, dell'industria e del commercio». Si potevano inoltre aggiungere rappresentanti di non più di nove paesi tra quelli che avevano sottoscritto quote del capitale sociale della BRI.

Stringher che, ammalato, non partecipò alla riunione di maggio né a quelle successive, nominò come secondo membro italiano Alberto Beneduce che restò in carica fino al 1939. Azzolini, succeduto a Stringher, restò fino al 1944.

Con un francese quale direttore generale e un tedesco, Ernst Hulse, condirettore generale, toccò all'Italia il posto di segretario generale. Stringher avrebbe visto volentieri Giuseppe Nathan in questa posizione (ivi, p. 190) ma questi preferì restare a Londra. La scelta cadde su Raffaele Pilotti (1885-1974), che aveva diretto l'Istituto Nazionale per le

---

[66] Sulle reazioni in vari paesi alla nascita della BRI cfr. Toniolo (2005, pp. 52-60).
[67] Belgio, Francia, Gran Bretagna, Italia, Giappone, Stati Uniti.

Esportazioni, voluto da Beneduce e Jung, prima di diventare, nel 1928, direttore generale del ministero dell'Industria e Commercio. Tra Azzolini e Pilotti si stabilì negli anni un «vivo rapporto di stima» (*ibid.*). Sia Beneduce sia Azzolini furono piuttosto assidui ai consigli d'amministrazione mensili e alle loro pre-riunioni seguite dalla cena. Per tutti gli anni Trenta, i governatori trovarono utili questi incontri, che frequentarono con costanza, quali momenti, se non per una collaborazione resa sempre più difficile dai loro governi, almeno per lo scambio di informazioni o semplicemente per tenere vivi reciproci rapporti di colleganza. Tra una riunione e l'altra, Pilotti tenne una costante corrispondenza con il Governatore informandolo di quanto si diceva a Basilea sia sulla Banca d'Italia, sia sulle vicende economiche e politiche internazionali.

Nel primo anno di vita, mentre la Grande Crisi internazionale diventava sempre più pesante, il bilancio della BRI crebbe da 59 a 370 milioni di dollari grazie ai depositi a lungo termine, ai quali gli accordi dell'Aia obbligavano i governi creditori e la Germania, e depositi liberi a breve di governi e banche centrali. Non erano ammesse operazioni per conto di banche private o singoli individui: la BRI si qualificò dunque fin dalla nascita come banca delle banche centrali. Uno dei motivi per cui l'istituto di Basilea ritenne subito indispensabile disporre di «adeguate munizioni» fu il contribuire alla stabilità del *gold standard* con interventi sui mercati valutari volti a «smussare l'andamento dei cambi». Un secondo motivo, caro all'americano McGarrath, fu quello di ottenere una posizione finanziaria tale da togliere alla BRI lo stigma di «essere solo la banca delle riparazioni» (Toniolo 2005, p. 73).

Nel 1930, il governo spagnolo chiese alla Banca dei Regolamenti Internazionali assistenza per introdurre la convertibilità aurea della peseta, abbandonata nel 1880. Per motivi di prestigio o di politica interna, il governo preferì rivolgersi a un'organizzazione internazionale piuttosto che alla Banca d'Inghilterra e alla Riserva Federale, come avevano fatto gli altri paesi negli anni Venti. La BRI offrì soprattutto consulenza tecnica e un piccolo prestito, inteso a segnalare l'approvazione di Basilea e candidandosi alla guida di un consorzio di banche centrali. Il piano non andò in porto per motivi politici, ma diede un'indicazione di come la direzione della BRI intendeva il proprio ruolo futuro, sollevando però perplessità da parte sia dell'Inghilterra sia della Germania. Era, probabilmente, irrealistico, nel 1930-1931, proporre per la BRI un ruolo simile a quello del Fondo Monetario Internazionale. Ma a Basilea si continuò a pensare all'utilità di una istituzione internazionale di quel tipo e, nel corso degli anni Trenta, furono qui affinate idee che sarebbero state riprese dai fondatori dell'architettura di Bretton Woods[68]. Durante la crisi bancaria e finanziaria europea del 1931, la BRI partecipò a vari prestiti internazionali[69], ma il suo ruolo fu soprattutto quello di coordinare la partecipazione di varie banche centrali.

Nata principalmente come «banca delle riparazioni», e per questo accettata, tollerata o invisa, la BRI perse di fatto questo ruolo con la moratoria nel pagamento delle riparazioni stesse (e dei prestiti di guerra) proposta dal presidente degli Stati Uniti Herbert Hoover il 20 giugno 1931 e accettata dai principali paesi il 6 luglio successivo. La moratoria, prevista per un anno, finì per durare indefinitamente. Alla BRI restarono alcune incombenze formali in merito alle riparazioni sospese, ma cadde il suo compito di agente responsabile della loro riscossione e distribuzione. Restò dunque all'istituto di Basilea solo la seconda delle missioni affidatele dallo statuto, quella di essere, sostanzialmente, la banca centrale delle banche centrali, accettandone depositi, facendo loro anticipazioni a breve, custodendone l'oro. Ma fu soprattutto il «club» nel quale i banchieri centrali continuarono a incontrarsi per tutti gli anni Trenta, nonostante il clima teso che si creò tra i rispettivi governi.

Solo un anno e mezzo dopo essere stato salutato come l'accordo che avrebbe definitivamente seppellito i veleni di Versailles, il Piano Young era superato. La moratoria di ripa-

---

[68] Per Jacobsson (1894-1963), consigliere economico della BRI dal 1931 al 1956 e uno dei più attivi nel pensare a come istituzionalizzare la cooperazione monetaria internazionale, fu direttore generale del Fondo Monetario Internazionale dal 1956 al 1963.
[69] La BRI organizzò e/o partecipò ai prestiti internazionali alla Banca Nazionale d'Austria, a quella ungherese e a quella jugoslava, alla Reichsbank e alla Banca di Danzica (Toniolo 2005, pp. 88-114).

razioni e debiti alleati sarebbe dovuta durare per un anno, il tempo necessario a una nuova revisione di tutta la questione, anche alla luce della crisi che stava cambiando la valutazione ottimista dell'economia tedesca sulla base della quale erano stati fissati i pagamenti nel Piano Young. A questo scopo fu costituito un comitato di esperti, noto come Comitato Wiggin, dal nome del suo presidente. Di esso fece parte Beneduce, in qualità di banchiere (era presidente del CREDIOP). Si decise di convocare una conferenza a Losanna, entro luglio 1932, quando sarebbe dovuta cessare la moratoria Hoover. Per preparare la conferenza fu formato un altro comitato, presieduto da Beneduce, che produsse un rapporto alla fine del 1931 (Baffi 2002, pp. 155 ss.). Neanche in questo caso vi fu il coinvolgimento della Banca d'Italia che non fu nemmeno rappresentata alla successiva Conferenza di Losanna (luglio 1932). Quest'ultima ridusse le riparazioni a una cifra quasi simbolica e convocò, per l'anno dopo, a Londra, una conferenza economica mondiale. Su questa occorre spendere qualche parola perché ebbe conseguenze di non poco rilevo per la politica economica e monetaria italiana.

La Conferenza Economica Mondiale di Londra (12 giugno-17 luglio 1933) fu l'ultima della serie di conferenze intergovernative cominciate con quella di Bruxelles del 1920 (Clarke 1973). Se quella di Londra non riuscì a raggiungere gli obiettivi dichiarati di aggiustare gli squilibri nell'economia mondiale derivanti sia dalla guerra sia dalla Grande Crisi, ciò non dipese da improvvisazione o carente preparazione. Alla fine del 1932, si mise al lavoro una Commissione preparatoria di esperti della quale faceva nuovamente parte Beneduce[70]. Anche Azzolini questa volta fu coinvolto, tramite la BRI, che ebbe un ruolo importante nella preparazione della Conferenza di Londra e il cui consiglio d'amministrazione discusse a più riprese i temi di maggiore interesse per le banche centrali (Toniolo 2005, pp. 136 ss.). Seppure con non piccole differenze, i governatori ritenevano indispensabile ritrovare la stabilità monetaria, sulla base di un ancoraggio aureo. Norman stesso

---

[70] Beneduce era membro del sottocomitato sulle questioni finanziarie, presieduto da Leonardus Trip, presidente della banca centrale olandese.

pensava fosse ancora valida la posizione ufficiale secondo la quale l'inconvertibilità della sterlina era una provvisoria misura emergenziale. Malgrado ciò, Beneduce era scettico sulla possibilità di raggiungere un accordo internazionale, rilevando il dissenso tra la posizione inglese, favorevole a un'espansione dei mezzi di pagamento internazionali e quella degli altri paesi, ancora preoccupati per un eventuale risorgere di tendenze inflazionistiche, peraltro improbabili nelle condizioni di allora[71]. L'obiettivo ufficiale della conferenza restava comunque la stabilizzazione aurea; le differenze riguardavano soprattutto la sequenza temporale delle politiche: chi aveva già svalutato riteneva che misure espansive volte ad aumentare il livello dei prezzi dovessero precedere la stabilizzazione del cambio, mentre chi era ancora agganciato all'oro aveva come priorità il ritorno immediato di tutti i paesi alla parità aurea (Clarke 1973, pp. 26-27). La BRI produsse un documento nel quale si sosteneva la seconda posizione, dicendo chiaramente che un aumento dei prezzi «non era desiderabile» e proponendo un *gold standard* molto simile a quello che si immaginava avesse funzionato prima del 1914. Quanto alle banche centrali, la loro funzione principale doveva essere quella di assicurare fluidi movimenti internazionali dell'oro. Questa raccomandazione non piacque ad Azzolini che suggerì di distinguere tra accettabili movimenti temporanei e inaccettabili movimenti permanenti dell'oro (Toniolo 2005, pp. 142-143).

Il 5 aprile 1933, le varie posizioni furono sovvertite dalla decisione di Roosevelt, da pochi giorni insediato alla Casa Bianca, di sospendere per un tempo indefinito la convertibilità aurea del dollaro. A Londra, la notizia colse di sorpresa gli stessi delegati statunitensi nel Comitato Preparatorio della Conferenza. Quando, il 12 giugno, questa iniziò i propri lavori, le questioni monetarie furono discusse assumendo che la sospensione della convertibilità del dollaro fosse solo una misura di breve durata. Norman propose, con l'approvazione della delegazione statunitense guidata dal segretario di Stato Cordell Hull, una stabilizzazione dei cambi per tutta la durata

---

[71] Appunto di Beneduce del 2 novembre 1932, ASBI, Azzolini, cart. 99, in De Cecco (1993, p. 451, doc. 57).

della conferenza. A questo punto, Roosevelt intervenne con quella che è ricordata come la «dichiarazione bomba» che fece naufragare la conferenza. Il 2 luglio, scrisse a Hull: «sarebbe una tragedia mondiale se [la conferenza], chiamata a realizzare una maggiore prosperità per le masse di tutti i paesi, prima di fare un serio sforzo per considerare le più vaste questioni, si lasciasse andare fuori strada da un esperimento puramente artificiale e temporaneo che riguarda il tasso di cambio solo di pochi paesi»[72].

Il giorno seguente, i rappresentanti dei governi belga, francese, lussemburghese, italiano, olandese, polacco e svizzero sottoscrissero una dichiarazione congiunta nella quale confermavano la «volontà di mantenere il libero funzionamento della base aurea nei loro rispettivi paesi alla parità aurea attuale» e chiedevano «alle proprie banche centrali di mantenersi in stretto contatto per dare alla presente dichiarazione il massimo di efficacia». Era la nascita di quello che verrà conosciuto come il «blocco dell'oro». La conferenza di Londra continuò a discutere delle riparazioni, ma le questioni monetarie non avevano più ragione di ottenere una seria attenzione. L'8 luglio si riunirono a Parigi i governatori delle banche centrali dei sei paesi per dare maggiore contenuto alla dichiarazione. Azzolini scrisse in una memoria interna «A nome della Banca d'Italia ho firmato [un Accordo di cooperazione tra banche centrali] trovando conforme il contenuto di esso agli statuti della Banca e alle direttive impartitemi da S.E. il capo del governo e da S.E. il ministro delle Finanze». L'accordo, rimasto segreto[73], prevedeva – scrisse ancora Azzolini – «un'assistenza reciproca, segnatamente contro eventuali attacchi speculativi, che le banche centrali si erano impegnate a prestarsi, segnatamente con una costante sorveglianza sul mercato dei cambi e, ove occorra, con un intervento sul mercato medesimo»[74]. Azzolini fu particolarmente soddisfatto del rapporto stabilito con Clément Moret, governatore della Banca di Francia, che aveva

---

[72] Il messaggio fu inviato da Roosevelt al segretario di Stato Cordel Hull che lo rese pubblico il 3 luglio (Toniolo 2005, p. 146).
[73] Cfr. in proposito Storaci (1993, p. 467).
[74] Appunto anonimo [ma di Azzolini] datato Roma, 24 luglio 1933, ASBI, Rapporti con l'estero, cart. 108, in De Cecco (1993, pp. 459-462, doc. 59).

9 – *La Grande Crisi* 567

già sostenuto il cambio della lira al momento delle tensioni sul mercato seguite alla sospensione della convertibilità del dollaro. A caldo, il giorno dopo la bomba di Roosevelt, Beneduce pronunciò alla Conferenza di Londra un orgoglioso discorso, non particolarmente adatto all'uditorio, ma diretto all'opinione pubblica italiana. La politica del presidente americano disse,

si alimenta all'illusione di poter superare la crisi senza sforzi e senza perdite reali. Con essa si prepara sicuramente, a breve scadenza, una nuova formidabile crisi che forse potrà colpire il mondo mentre ancora [non siano] passati quattro anni di durata della presidenza democratica statunitense. La civiltà latina, con la sua esperienza di secoli, ha ispirato, invece, la dichiarazione fatta testé a Londra dai paesi che hanno la loro valuta ancorata all'oro e vogliono mantenerla, nell'interesse della ricostruzione economica e finanziaria del mondo, sulle basi attuali[75].

Poco più di un anno dopo queste orgogliose parole, la convertibilità della lira resterà solo formale, dietro la sostanza del controllo statale dei movimenti di capitale.

Nel corso del 1934 si tennero varie conferenze tra i rappresentanti dei paesi del blocco dell'oro. I governatori delle rispettive banche centrali ebbero molte occasioni di discuterne i problemi alle riunioni mensili della Banca dei Regolamenti Internazionali. Nel settembre 1934 si tenne a Ginevra una conferenza ufficiale del «blocco» a conclusione della quale fu emesso un comunicato che riaffermava la determinazione delle «Potenze che restano nel *gold standard* [di mantenere intatta] l'attuale parità aurea, come condizione essenziale per il rilancio economico e finanziario del mondo» (Hodson 1938, p. 361). Il mese successivo, un'altra conferenza, riunita a Bruxelles, impegnò i partecipanti ad accrescere del 10% il volume degli scambi commerciali reciproci. Ma gli interessi dei partecipanti erano opposti: la Francia godeva di forte *surplus* commerciale che desiderava mantenere, mentre gli altri paesi, con bilance dei pagamenti correnti in disavanzo, avevano interesse a ridurlo. I paesi del blocco dell'oro non

---

[75] Intervento di Beneduce alla Conferenza Economica di Londra, 4 luglio 1933, ASBI, Beneduce, cart. 342 (ivi, p. 458, doc. 58).

avevano la complementarità di quelli del *Commonwealth* ancorati alla sterlina inconvertibile. Malgrado le dichiarazioni di intenti, il «blocco» fu irrilevante sotto il profilo commerciale (Eichengreen, Irwin 2010), né riuscì a stabilizzare le riserve auree dei partecipanti. Con la nuova convertibilità del dollaro a 35 dollari l'oncia, nel marzo 1934, si verificò in soli due mesi un flusso d'oro verso gli Stati Uniti per 690 milioni di dollari, un ammontare circa uguale all'uscita del metallo da Francia, Svizzera e Paesi Bassi (Hodson 1938, p. 363).

È difficile vedere il blocco dell'oro se non come espediente per mostrare, anzitutto alle opinioni pubbliche domestiche, l'esistenza di una coesione tra i paesi che, per motivi di politica interna, non erano disposti ad abbandonare il *gold standard*. Non fu, secondo Marcello De Cecco (1993, p. 100), «se non il coincidere di alcuni paesi nella stessa politica di rivalutazione a oltranza. Non ebbe alcun carattere di sistema monetario regionale, anche perché comprendeva paesi tra i quali le relazioni economiche erano relativamente scarse».

Benché il «blocco» abbia dato di sé, ai contemporanei e agli storici, un'immagine di disorganizzazione e scarsa coesione (Feinstein, Temin, Toniolo 2008, p. 147), sostanzialmente quella di una mera operazione di facciata (Kindleberger 1984, p. 385), non mancarono episodi di cooperazione. Nella seconda metà del 1933 nessuna banca centrale chiese l'applicazione dell'Accordo di Parigi, vista la tranquillità del mercato dei cambi. Nel febbraio del 1934, tuttavia, ripresero le tensioni sul cambio della lira e la Banca d'Italia richiese l'assistenza della Banca di Francia, ai sensi dell'accordo. La Banca di Francia prestò franchi alla consorella italiana, a garanzia dei quali, come previsto, via Nazionale fece un *earmarking*[76] del proprio oro a nome di Parigi. Alla fine di dicembre, la Banca d'Italia aveva accantonato oro per 1,3 miliardi di lire a favore della Banca di Francia. La situazione valutaria italiana era però, come vedremo, tale da rendere necessaria l'introduzione del controllo sui movimenti di capitale. La Banca di Francia

---

[76] Si tratta di una prassi comune tra banche: invece della spedizione fisica dell'oro, questo viene tenuto nel *caveau* del debitore, ma contrassegnato (*earmarked*, contabilizzato) come dato in pegno al creditore.

cominciò pertanto a chiedere che l'oro venisse trasferito fisicamente a Parigi. Le spedizioni arrivarono a coprire l'intero ammontare di oro *earmarked*[77].

7. Salvataggi bancari e IRI

Nei primi anni Trenta, gli Stati Uniti e molti paesi europei furono devastati da gravi crisi bancarie. Restarono immuni, o solo moderatamente colpiti, quelli che abbandonarono la convertibilità aurea insieme alla Gran Bretagna (Grossman 1994), come Svezia (Lönnborg, Ögren, Rafferty 2011), Norvegia (Nordvik 1995), Portogallo (Reis 1995), oltre allo stesso Regno Unito (Capie 1995) e alla Spagna che non aveva mai adottato la convertibilità della peseta (Tortella, Palafox 1984). Le crisi bancarie in Europa caratterizzarono dunque soprattutto i paesi con valute agganciate all'oro, a eccezione della Francia che, pur restando ancorata all'oro fino al 1933, soffrì di crisi bancarie relativamente modeste, tali da non minacciare la stabilità del sistema (Lescure 1995).

Alla fine del 1930, il fallimento della Bank of the United States, che aveva fortemente investito nel settore delle costruzioni, segnò l'inizio di una lunga crisi bancaria che, con alterne fasi di maggiore e minore intensità, non finì che nel 1933 (Feinstein, Temin, Toniolo 2008, pp. 97 ss.). In Europa centrale, la crisi che finì per travolgere le valute di molti Stati si annunciò, nel novembre 1929, con il fallimento del Bodencreditanstalt, la seconda banca austriaca per dimensione. Il governo fece pressioni per un salvataggio tramite una fusione con il Creditanstalt, la maggiore banca del Paese che aveva

---

[77] Storaci (1993, p. 468) cita i seguenti documenti: Azzolini a Moret, 25 febbraio e 3 marzo 1934, in ASBI, Rapporti con l'estero, bob. 37/1675, 1680-1683; Pennacchio ad Azzolini, Parigi, 27 febbraio e 1° marzo 1934, ivi, 1676-1679; Bankitalia a Banque de France, 28 febbraio 1934, tel., in ASBI, Rapporti con l'estero, bob. 99/608. In Banque de France, PV 8 marzo 1934 è registrato il primo accrescimento dell'oro in cassa per 43 milioni di franchi «che sono stati (conformemente agli accordi intervenuti al mese di luglio 1933 fra le banche di emissione fedeli al tallone aureo) piazzati sous dossier della Banca di Francia da parte della Banca d'Italia, contro franchi messi a sua disposizione per sostenere la lira sul mercato dei cambi».

la Casa Rothschild quale principale azionista. Ne risultò una banca universale molto debole, fortemente indebitata sull'estero, con un attivo immobilizzato in finanziamenti a lungo termine a imprese non solo austriache, poiché negli anni Venti la banca aveva «operato imprudentemente come se l'Impero asburgico esistesse ancora» (ivi, p. 98). Nel maggio 1931 anche il Creditanstalt rivelò di essere non solo illiquido, ma insolvente. Il governo cercò dapprima di salvare il *gold standard* esaurendo ben presto le riserve auree, per poi ricorrere a un rigido controllo dei movimenti di capitali mentre la banca centrale e, in piccola parte, gli azionisti stranieri mettevano a punto un piano di salvataggio della maggiore banca del Paese. Nell'estate 1931, in Germania crollarono insieme sia il marco, sia le tre principali banche universali, una perfetta «crisi gemella» della quale non mancheranno, nei decenni successivi, numerosi altri esempi (tipica quella asiatica del 1997-1998). Nello stesso 1931 si videro code agli sportelli di importanti banche in Ungheria, Romania, Turchia. Negli Stati Uniti fallirono circa 1.800 banche. I fallimenti bancari furono effetto della crisi e al tempo stesso ne ampliarono la dimensione e la durata.

Questo breve accenno a vicende molto studiate aiuta a mettere in prospettiva i «salvataggi bancari» italiani degli anni 1930-1934. Le vicende sono piuttosto note, soprattutto come causa prima, seppure non intenzionale, della nascita dell'IRI. Le riassumerò dunque solo brevemente nell'ottica della gestione della Grande Crisi in Italia. Se, come abbiamo visto, la politica monetaria, vincolata al mantenimento della stabilità del cambio, fu certamente pro ciclica e tale da aggravare invece che mitigare la crisi dell'economia reale, i «salvataggi bancari» dei primi anni Trenta furono indubbiamente una politica di successo che garantì la tenuta del sistema bancario e industriale, risparmiando all'Italia un crollo dell'economia reale che avrebbe potuto assumere le dimensioni di quello tedesco.

Nell'inserire l'importante vicenda del salvataggio pubblico delle banche miste, divenute banche holding, nella storia della Banca d'Italia è necessario riconoscere che, come nel caso della politica monetaria, anche in una tipica funzione della banca centrale come quella di prestatore di ultima istanza, i gradi di libertà di via Nazionale, già erosi negli anni Venti, divennero sempre più limitati nel corso degli anni Trenta. Nella progettazione ed esecuzione degli interventi volti a evitare l'illiquidità dei maggiori istituti di credito del Paese, la Banca d'Italia svolse un ruolo relativamente modesto mentre fu ovviamente importante la sua partecipazione finanziaria alle varie operazioni e dovette gestirne ancora una volta le conseguenze sul proprio bilancio, che a un certo punto si profilarono come molto serie. Va detto, però, che anche il governo e gli apparati burocratici pubblici furono tenuti piuttosto ai margini e chiamati a intervenire con i necessari strumenti amministrativi e legislativi quasi solo a cose fatte. Il *dominus* dell'operazione, che si venne delineando e completando strada facendo, fu Alberto Beneduce, sostenuto direttamente da Mussolini, con il quale aveva rapporti non filtrati da intermediari, e assistito da poche persone di sua scelta, anzitutto dal futuro governatore della Banca d'Italia Donato Menichella.

Nel racconto del salvataggio pubblico dei maggiori istituti di credito durante la Grande Crisi bisogna partire da un decreto legge pubblicato sulla «Gazzetta Ufficiale» del 31 dicembre 1930 (R.D.L. 26 dicembre 1930, n. 1693), che prolungava per la Banca d'Italia la facoltà di emettere biglietti e stabiliva, in modo vago, che decreti del governo avrebbero determinato, entro lo stesso 31 dicembre, i compiti e gli ordinamenti dell'Istituto di Liquidazione. Quest'ultimo, che abbiamo incontrato parlando degli interventi a sostegno di banche pericolanti, era stato creato nel novembre 1926 (R.D.L. 6 novembre 1926, n. 1832) in vista della stabilizzazione monetaria, allo scopo di alleggerire la Banca d'Italia dai forti immobilizzi che pesavano sul suo bilancio dietro il sottile velo della Sezione Speciale Autonoma del Consorzio per Sovvenzioni su Valori Industriali[78], strumento degli interventi di emergenza per imprese industriali e istituti di credito. All'Istituto di Liquidazioni,

---

[78] Istituita, come si è visto, con R.D.L. 4 marzo 1922, n. 233, allo scopo di fornire liquidità alla Banca Italiana di Sconto in liquidazione, ma ben presto chiamata a fornirla al Banco di Roma, all'Ansaldo, alla Banca di Credito e Valori (cfr. Relazione di Bilancio della Sezione Speciale Autonoma del Consorzio per Sovvenzioni su Valori Industriali, fine 1926 o inizio 1927, ASBI, serie nera, cart. 64, in Guarino, Toniolo 1993, pp. 474 ss., doc. 87).

ente di diritto pubblico dotato di un capitale di soli 5 milioni, furono trasferite attività e passività della Sezione che venne soppressa. Obiettivo dichiarato del governo era la «rapida sistemazione delle attività immobilizzate che [la Sezione] aveva acquisito» chiudendo la lunga fase delle crisi bancarie postbelliche (Comei 1998, p. 56). Per questo motivo, l'istituto fu esplicitamente dichiarato «ente provvisorio» destinato a essere a sua volta liquidato non appena compiuta la sua missione. Volpi non aveva avuto difficoltà a convincere «Stringher, e probabilmente anche Beneduce, a percorrere rapidamente la strada della riforma della Sezione Autonoma, trasformandola in un nuovo ente che meglio rispondesse alle esigenze del momento ma che contemporaneamente mantenesse ferme alcune caratteristiche che la Sezione aveva avuto e che secondo la Banca d'Italia non avevano esaurito la loro funzione» (ivi, p. 49). La nomina del comitato direttivo dell'istituto spettava al ministro delle Finanze, sentito il direttore generale della Banca d'Italia. La presidenza fu affidata al senatore Elio Morpurgo[79], che la tenne sino al 1931. Pasquale D'Aroma rappresentava la Banca nel comitato. L'istituto continuò la gestione delle imprese industriali facenti capo alla Sezione Speciale Autonoma ma, quale ente di diritto pubblico, fornì un'immagine pubblica di autonomia rispetto alla Banca d'Italia, che se ne giovò anche nei rapporti internazionali, benché, nella sostanza, essa restasse l'unica finanziatrice di ultima istanza delle operazioni dell'istituto.

Il 31 dicembre 1930 un decreto del capo del governo, che rimase segreto, assegnò formalmente all'Istituto di Liquidazione i compiti, che di fatto aveva già assunto, per la sistemazione delle crisi bancarie della seconda metà degli anni Venti che abbiamo visto al capitolo 8[80]. In chiusura, il decreto incaricava

---

[79] 1858-1944. Esponente della comunità israelita di Udine, città della quale fu sindaco, deputato, sottosegretario, senatore del Regno dal 1920. Fu «uno dei maggiori esponenti del fascismo friulano», insignito da Mussolini del Gran cordone dei Santi Maurizio e Lazzaro per meriti politici. Il 26 marzo 1944 fu prelevato dall'ospedale di Udine ove era ricoverato, condotto a San Sabba e poi avviato ad Auschwitz dove non arrivò. Morì nel convoglio e la sua salma non fu mai ritrovata (Pietro Ioly Zorattini, *Morpurgo Elio*, disponibile in http://www.dizionariobiograficodeifriulani.it/morpurgo-elio/). Cfr. anche Bon (2012).

[80] Si trattava delle seguenti banche: Istituto San Paolo di Torino, Banca Po-

sibillinamente l'istituto di anticipare «fino a lire trecentotrenta milioni alla Società Finanziaria Italiana, secondo accordi da stipularsi dal Ministro delle Finanze e dal Governatore della Banca d'Italia con il Credito Italiano e con la Banca Nazionale di Credito». Si trattava di una somma assai superiore a quella di 224 milioni stanziata per la «sistemazione» di tutti gli istituti di credito elencati nella prima parte del decreto, senza alcuna specificazione dell'uso al quale i 330 milioni erano destinati. Per spiegare questo criptico codicillo a un documento dedicato alla sistemazione contabile di operazioni già quasi tutte attuate, bisogna fare qualche passo indietro. Non è necessario raccontare nuovamente una storia già nota[81], ma solo inquadrarla in quella della Banca d'Italia. Ricorda Pasquale Saraceno che, nella seconda metà degli anni Venti, il problema delle maggiori banche non era tanto quello della scadenza a lungo termine dei finanziamenti concessi alle imprese, rispetto a quella a breve delle passività, ma piuttosto il fatto che le banche, oltre che creditrici, erano diventate «azioniste delle imprese e che quelle azioni avevano in gran parte perduto il loro valore; per di più, le banche erano nei casi più frequenti azioniste di maggioranza delle imprese ed erano quindi responsabili della scelta del management e della formulazione dei loro indirizzi di gestione» (Saraceno 1978, p. 6). Abbiamo più volte notato che la banca mista tardo-ottocentesca era mutata in «banca capogruppo», con crediti verso le imprese delle quali deteneva partecipazioni di controllo che si sarebbero dovute convertire in capitale o addirittura contabilizzare come partite inesigibili. Inoltre, nota ancora Saraceno, le banche «avevano utilizzato risorse ottenute con la raccolta dei depositi per fare acquistare le proprie azioni da imprese finanziarie e industriali di cui esse avevano il comando» (*ibid.*). Infine, la sopravvalutazione del

---

polare di Novara, Banca Nazionale dell'Agricoltura, Banca Agricola Provinciale di Rovigo, Consorzio delle Casse di Risparmio Venete, Banca delle Marche e degli Abruzzi, Banca Toscana, Banca Agricola Italiana, Istituto Centrale di Credito delle Banche Cattoliche.

[81] Tra i molti lavori che hanno ricostruito quelle vicende ricordo: Cianci (1977), Toniolo (1978), Guarino, Toniolo (1993), Confalonieri (1994), Falchero (2012b), Ciocca (2014a).

cambio aveva reso conveniente l'indebitamento all'estero delle maggiori banche, che avevano facile accesso ai mercati finanziari stranieri.

Antonio Confalonieri, il maggiore studioso del rapporto tra banche miste e grandi imprese in questo periodo, non è tenero con la gestione della Sezione Speciale Autonoma da parte della Banca d'Italia che aveva amministrato l'importante patrimonio industriale dei due enti guidata da una «visuale strettamente liquidatoria» delle imprese controllate, volta cioè a realizzare quanto possibile, senza una strategia industriale. La Sezione avrebbe pertanto commesso lo stesso errore delle grandi banche miste, quello di non attrezzarsi da società finanziaria per compiti tipicamente di gestione attiva. Ciò avrebbe comportato, continua Confalonieri, «un impegno di riorganizzazione industriale (Ansaldo, Officine Romeo, ecc.) certo difficile, ma che avrebbe forse limitato i danni della crisi bancaria e probabilmente [ma l'ipotesi è piuttosto azzardata] evitato il passaggio all'IRI del Credito Italiano» (Confalonieri 1994, p. 443). Per corroborare la propria tesi, Confalonieri cita il maggiore successo ottenuto dalla Banca d'Inghilterra nel salvataggio e rilancio di imprese come la Vickers-Armstrong e la National Shipbuilders e altre, delle quali aveva convertito crediti in azioni e che aveva poi risanato, attrezzando la propria struttura a gestire problemi normalmente non congrui all'attività di *central banking*. «A Stringher forse mancò – sostiene sempre Confalonieri (ivi, p. 448) – quel gusto per i problemi industriali che caratterizzarono il suo collega inglese». Va detto però che la Banca d'Italia ebbe minori margini di iniziativa, anche a causa della miriade di imprese che si trovò a gestire, e che lo Stato, come gestore di industrie, attraverso l'Istituto di Liquidazioni, non ebbe certamente maggiori capacità innovative rispetto a quelle della Banca d'Italia. Negli anni Venti, insomma, né le grandi banche, né l'istituto di emissione, né lo Stato furono all'altezza dei compiti di rilancio della parte non piccola dell'apparato industriale italiano che si trovarono a dover gestire. Questo quadro va tenuto presente nel valutare la successiva più fortunata esperienza dell'IRI.

Su questo sfondo, posso riprendere il filo della storia dal segretissimo decreto di San Silvestro 1930, che stanziava 330 milioni a favore del Credito Italiano. Quest'ultimo, dopo avere resistito nel 1928 alle insistenze di Volpi per una fusione con il Banco di Roma, si era invece fuso per incorporazione, nel febbraio 1930, con la Banca Nazionale di Credito[82], nata dalla liquidazione della Banca Italiana di Sconto. L'operazione, dichiarata di pubblica utilità, contenne alcuni degli elementi che furono sviluppati nei due anni successivi con lo smobilizzo delle banche holding. Oltre alle due banche, vennero fuse per incorporazione in un'unica holding, chiamata Banca Nazionale di Credito (nuova), la Compagnia Nazionale Finanziaria del Credito Italiano e l'Istituto Finanziario Nazionale della Banca Nazionale di Credito. Si trattava delle casseforti nelle quali i due istituti avevano concentrato le proprie partecipazioni in imprese industriali. L'intento era di separare maggiormente la gestione e il finanziamento delle imprese dall'attività ordinaria di banca sulla quale il Credito Italiano si impegnò a concentrarsi. L'impegno, tuttavia, si dimostrò subito impossibile da mantenere. Mentre la crisi si faceva più pesante, era impossibile tagliare di punto in bianco le linee di credito alle imprese controllate dalla banca, dietro il sottilissimo velo di una holding separata (Toniolo 1978, pp. 297-298; 1990). Nell'estate 1930, fu progressivamente chiaro che la crisi economica internazionale non sarebbe stata né breve, né di lieve entità. I vertici del Credito Italiano[83], più vicini al regime di quelli della Commerciale, si mossero in fretta e molto riservatamente per preparare la strada a un importante intervento pubblico a sostegno del loro istituto. Si sa poco di questa trattativa, ma il suo esito si trova nella destinazione, prevista dal decreto del 31 dicembre, di 330 milioni a una Società Finanziaria Italiana ancora inesistente (fu fondata il 27 gennaio 1931). Il 20 febbraio, «presi gli ordini dal capo del governo», Credito Italiano, ministero delle Finanze e Banca d'Italia firmarono una Convenzione, «a carat-

---

[82] Autorizzata dal ministero delle Finanze con decreto 11 febbraio 1930, dichiarata di pubblico interesse a tutti gli effetti (anche quelli fiscali) dall'art. 2 del R.D.L. 13 febbraio 1930, n. 37, e approvata dall'assemblea straordinaria del Credito Italiano del 18 marzo 1930 (Confalonieri 1994, p. 674; Falchero 2012b; Ciocca 2014a).

[83] Ai vertici stavano imprenditori come Feltrinelli, Pirelli e Motta.

tere strettamente segreto sotto l'impegno d'onore dei partecipanti», con la quale la seconda banca italiana si impegnava a limitarsi al solo «credito ordinario» (a breve termine), cedeva tutte la proprie partecipazioni industriali alla Società Finanziaria Italiana (SFI), teoricamente indipendente dalla banca[84], ricevendo in cambio dall'Istituto di Liquidazioni i 330 milioni previsti nel decreto segreto di fine anno[85], considerati necessari al Credito Italiano per operare nel solo segmento del credito a breve termine. La convenzione prevedeva anche che una seconda società, la Banca Nazionale di Credito rinominata Elettrofinanziaria, tenesse nel portafoglio i titoli delle aziende elettriche, telefoniche e immobiliari delle quali Giacinto Motta[86] e il gruppo Edison non erano disposti a perdere, nemmeno formalmente, il controllo (Toniolo 1978, p. 304). I tre firmatari della convenzione erano convinti di avere sistemato definitivamente la seconda maggiore banca italiana mettendola al sicuro, con l'intero sistema finanziario, dalla tempesta della Grande Crisi. Si noti che l'intervento pubblico a sostegno del Credito Italiano fu preparato e condotto a termine segretamente e in un tempo relativamente breve, tre mesi prima che la crisi del Creditanstalt viennese, ampiamente pubblicizzata e tardivamente affrontata, aprisse quella terribile stagione di fallimenti bancari in Europa che fu l'estate del 1931. La convenzione del 20 febbraio 1931 si rivelò però non il punto di approdo di un risanato Credito Italiano e della lunga vicenda degli interventi pubblici a sostegno di banche pericolanti, ma solo la prima mossa di un processo, concluso nel 1934, che coinvolse anche la Banca Commerciale, il principale istituto bancario italiano.

---

[84] Il Credito Italiano non partecipava al capitale della SFI, ma ne erano azioniste imprese e persone a esso strettamente legate. A presiedere la società fu designato Mario Rossello, uomo legatissimo al gruppo (Toniolo 1978, p. 303).

[85] Tecnicamente, l'Istituto di Liquidazioni concesse alla SFI un mutuo infruttifero di 330 milioni che la SFI versò al Credito Italiano in parziale pagamento del valore delle azioni da questo cedute alla finanziaria, valutate in 1.010 milioni. La banca restava dunque creditrice verso la SFI per 680 milioni. Restava inteso che il debito sarebbe stato soddisfatto con il ricavato della vendita («smobilizzo») delle azioni delle quali la SFI era entrata in possesso (ivi, p. 304).

[86] 1870-1943. Direttore generale poi presidente del gruppo Edison del quale fu il leader indiscusso negli anni Venti e Trenta.

Il ruolo della Banca d'Italia nel salvataggio del Credito Italiano consistette sostanzialmente nell'anticipare all'Istituto di Liquidazioni le somme che esso avrebbe girato alla SFI. In questa funzione la Banca aveva scarsa autonomia: i finanziamenti per la sistemazione del Credito Italiano, così come quelli per gli altri salvataggi in corso, erano previsti dal decreto di fine anno. Alla Banca d'Italia spettò, in questa prima fase della vicenda, anche la supervisione dell'attività della SFI oltre che del Credito Italiano. Sul merito delle decisioni strategiche, però, essa ebbe poca o nessuna voce. La segretezza dell'operazione Credito Italiano fu tale da privare, almeno a livello ufficiale, Azzolini anche della conoscenza precisa del contenuto del decreto del 31 dicembre 1930, tanto che il Governatore dovette, ben sei mesi dopo l'emanazione, chiederne il «testo definitivo» al ministro delle Finanze[87]. L'occasione di questa richiesta era la necessità per via Nazionale di risolvere il problema della contabilizzazione di operazioni che dovevano restare segrete. Sino a quel momento, la Banca aveva temporaneamente iscritto le somme versate all'Istituto di Liquidazioni per i salvataggi bancari alla voce «partite varie» che aveva però assunto dimensioni troppo elevate per sfuggire a un occhio esperto che avesse attentamente esaminato i bilanci di via Nazionale. Azzolini informò Mosconi che la «sistemazione contabile», in una partita *ad hoc*, dei crediti verso l'Istituto di Liquidazioni sarebbe avvenuta «con gradualità, decade per decade». L'attenzione alle formalità contabili sottendeva quella per la segretezza dell'operazione, messa in luce da Mario Pennacchio, delegato della Banca a Parigi. Questi informò Azzolini che la «Gazzetta di Francoforte» aveva accennato a non meglio specificati «provvedimenti e leggine che prevedono notevoli interventi statali a favore dell'industria privata» e che la cosa non era sfuggita allo staff della Banca dei Regolamenti Internazionali, tanto che il Governatore avrebbe fatto bene ad aspettarsi da parte dei colleghi domande in argomento in occasione della riunione mensile[88].

---

[87] Azzolini a Mosconi, 15 giugno 1931, ASBI, Direttorio Introna, prat. 43, fasc. 1, sottofasc. 5, p. 74.
[88] Pennacchio ad Azzolini, 15 giugno 1931, ivi, p. 72.

La totale riservatezza è impossibile quando il segreto è condiviso da molte persone e il diffondersi di «voci» incontrollate non è quasi mai preferibile alla trasparenza ufficiale. Ma la scelta fatta andava perseguita con coerenza. Quando, in luglio, si discusse circa l'opportunità di un nuovo decreto, l'opinione di Azzolini fu assolutamente contraria poiché esso avrebbe attirato «troppo l'attenzione di coloro che nel Parlamento e fuori hanno manifestato giudizi non scevri da grave preoccupazione». I giornali esteri, evidentemente quelli domestici non creavano apprensione, avrebbero potuto trarre «motivo per tentare di prospettare dubbi sulla compagine finanziaria statale e sull'Istituto di emissione»[89]. Le notizie che arrivavano dalla Germania e le avvisaglie di difficoltà della Banca Commerciale davano senza dubbio ad Azzolini un buon motivo per tenere ancora ben coperta l'operazione Credito Italiano.

Durante l'estate si fecero sempre più palesi le difficoltà della Banca Commerciale il cui amministratore delegato, Giuseppe Toeplitz[90], aveva sino ad allora pensato di riuscire a doppiare da solo il «capo delle tempeste». I problemi derivavano dalle difficoltà delle imprese industriali e finanziarie controllate, dal crollo dei valori di borsa[91], dall'abnorme possesso di azioni proprie[92], dal ritiro di depositi esteri. Queste circostanze avevano reso la Commerciale dipendente, per la sua stessa sopravvivenza, dai finanziamenti della banca centrale che, nel corso dell'estate, dovette farle anche un prestito di 20 milioni di dollari per le esigenze delle filiali di Londra e New York (Toniolo 1978, p. 307). Per concordare il prestito Toeplitz e Azzolini si incontrarono in gran segreto «tra le tombe dei grandi italiani, in Santa Croce a Firenze» (Malagodi 1978, p. 276). In questo quadro, è comprensibile l'affermazione

---

[89] Azzolini a Mosconi, 6 luglio 1931, ivi, p. 84.
[90] 1866-1938. Cittadino russo di famiglia polacca, prese nel 1912 la cittadinanza italiana. Entrò nel 1906 nella Banca Commerciale Italiana e ne divenne amministratore delegato nel 1917. Consigliere di molte imprese controllate dalla stessa banca.
[91] L'indice generale dei titoli azionari quotati a Milano scese del 24% nei primi sei mesi del 1931.
[92] «La quasi totalità del capitale Comit era nelle mani della Comit stessa» (Malagodi 1982, p. 308). Le azioni erano in misura minore possedute direttamente, in larga parte collocate nel controllato Consorzio Mobiliare Italiano o in mano a un sindacato, anch'esso finanziato dalla stessa Commerciale.

di Giovanni Malagodi, giovane protagonista della vicenda accanto a Mattioli, che l'azione della Banca d'Italia e del Tesoro fu «quasi, o senza quasi, carente; [...] via Nazionale e Piazzetta delle Finanze avrebbero dovuto esigere spiegazioni dai dirigenti [delle banche] cui riscontavano massicciamente il portafoglio» (ivi, p. 273). Il tacito accordo per cui le grandi banche milanesi non venivano ispezionate sarebbe dovuto cadere di fronte a una crisi di proporzioni mai viste.

In agosto la situazione della Commerciale divenne tanto pesante da non lasciare a Toeplitz alternativa al chiedere udienza a Mussolini, con il quale non aveva mai avuto rapporti diretti. Anche in questo caso rimando ai numerosi lavori in argomento per i dettagli della storia dei due mesi che portarono al salvataggio pubblico della maggiore banca italiana. È però necessario dire qualcosa sul ruolo giocato da Beneduce[93] in questo caso. Il presidente della Bastogi, che Franzinelli e Magnani (2009) non esitano a chiamare «il padrone della finanza», benché costantemente informato, non pare abbia partecipato attivamente alla formulazione dell'operazione per il Credito Italiano che, alla fine del 1930, era ancora inserita, concettualmente e finanziariamente, nell'insieme degli interventi a sostegno di banche in difficoltà posti in essere nella seconda metà degli anni Venti. Inoltre, i vertici della banca di piazza Cordusio a Milano avevano goduto di un accesso diretto a Palazzo Venezia che rendeva forse superflua la mediazione tecnica di Beneduce. In pochi mesi, però, la congiuntura mondiale e italiana era mutata in peggio. La Banca Commerciale, di dimensioni e rilevanza internazionale ben maggiori del Credito Italiano, aveva tenuto con il regime un rapporto non di ostilità, ma nemmeno di particolare vicinanza. Si trattava, dunque, di una partita diversa e Beneduce vi partecipò sin dall'inizio, non sappiamo quanto per scelta propria o su richiesta del governo, finendo per costruire a mano a mano una soluzione che portò, un anno e mezzo dopo, alla creazione dell'Istituto per la Ricostruzione Industriale (IRI) del quale il finanziere casertano divenne il primo presidente.

---

[93] Ricostruito abbastanza in dettaglio da Franzinelli, Magnani (2009, pp. 187-215) che qui seguo.

Dalla metà degli anni Venti, Beneduce e Toeplitz avevano intrattenuto «un rapporto cordiale [...] caratterizzato da reciproca convenienza» (ivi, p. 194) che aveva permesso all'amministratore delegato della Commerciale di pregare Beneduce, in agosto, di ottenere da Mussolini di autorizzare un'operazione per fronteggiare la forte esposizione in valuta estera della banca. L'autorizzazione non venne e, l'11 settembre, Toeplitz chiese per la prima volta in vita sua udienza al capo del governo nel corso della quale gli presentò una nota che prefigurava un piano complessivo «Per la regolamentazione dell'economia italiana» nel quale collocare un intervento a favore della propria banca. La nota era stata stilata dal trentaseienne Raffaele Mattioli, capo della segreteria di Toeplitz[94]. Nei giorni seguenti la Banca Commerciale presentò una proposta più dettagliata al centro della quale si sarebbe collocato un istituto posseduto dal Tesoro e dalla Cassa Depositi e Prestiti che «avrebbe acquisito una partecipazione di minoranza nella finanziaria (Comofin) che a sua volta avrebbe acquistato la quasi totalità delle azioni Commerciale e una quota minoritaria nella ricapitalizzazione di una società chiamata Sofindit nella quale sarebbero state trasferite le partecipazioni industriali della Commerciale» (ivi, p. 196). In sostanza, lo Stato avrebbe dato un sostegno alla Banca Commerciale che però avrebbe mantenuto il controllo sia sul capitale proprio sia su quello delle sue partecipazioni industriali. Questa soluzione non piacque a Beneduce che intervenne per modificarla sostanzialmente. Partendo dal presupposto che fosse necessario impedire «il disperdimento dei mezzi raccolti» dalla Commerciale e «preservarne la capacità di lavoro all'interno e all'estero»[95], Beneduce riteneva che fosse giunto il momento di risolvere «il problema fondamentale della or-

---

[94] Vasto 1895-Roma 1973. Studiò all'istituto superiore di economia di Genova. Volontario nel 1915, fu ferito nel 1916 e nel 1917. Volontario con D'Annunzio a Fiume. Assistente di Cabiati ed Einaudi all'Università Bocconi. Dopo tre anni quale segretario generale della Camera di Commercio di Milano, fu assunto nel 1925 da Toeplitz quale proprio segretario alla Banca Commerciale Italiana. Fece una rapida carriera sino alla promozione a direttore centrale nel 1931. Nel dopoguerra, sarà uno dei protagonisti della vita bancaria italiana (Pino 2008).
[95] Si tratta di una nota del 21 ottobre 1931 in ASBI CB, cart. 9, fasc. 5, pp. 37-45, cit. in Franzinelli, Magnani (2009, pp. 197-199).

ganizzazione bancaria italiana: separare cioè le funzioni di credito mobiliare dalle funzioni di credito commerciale». Beneduce non aveva ancora del tutto chiaro come arrivare allo scioglimento di questo nodo, la cui importanza non era mai stata chiaramente vista dalla Banca d'Italia, ma l'obiettivo gli era ben presente e fu da lui perseguito nei tentativi, per approssimazioni successive, dei mesi e degli anni seguenti fino alla legge bancaria del 1936.

In un incontro, che assunse i toni drammatici di una fine d'epoca, avvenuto il 31 ottobre 1931 a Palazzo Koch tra i vertici della Banca Commerciale, Azzolini e Beneduce, Toeplitz fece un ultimo tentativo per fare accettare la propria proposta e mantenere il controllo della banca. Beneduce raccontò così il momento più drammatico e risolutivo della riunione: «Non appena mi resi conto che Toeplitz non capiva ancora la gravità della situazione [...] dissi al consigliere delegato della Commerciale che con i soldi dello Stato non si poteva scherzare e che era bene che si convincesse di essere ormai un uomo finito»[96]. Il pomeriggio stesso fu firmata una convenzione tra ministero del Tesoro, Banca d'Italia e Banca Commerciale Italiana in base alla quale quest'ultima cedeva tutte le partecipazioni industriali a una società finanziaria, la già esistente Sofindit, il cui capitale fu portato da 100 a 300 milioni e sostanzialmente sottratto al controllo della banca in virtù di un accordo per il quale la metà del consiglio d'amministrazione avrebbe dovuto essere nominato dalla Banca d'Italia, il cui assenso era anche necessario per la scelta del presidente[97]. L'Istituto di Liquidazioni versò alla stessa Sofindit un miliardo di lire che servirono a dare alla Commerciale un acconto sull'acquisto delle azioni industriali da essa possedute e valutate a circa 4 miliardi. L'Istituto di Liquidazioni versò altri 800 milioni a Sofindit per una parte delle azioni della Banca Commerciale in mano al sindacato (Comofin) al quale ho accennato sopra[98]. La Banca Commerciale si impegnò a svolgere solo operazioni

---

[96] Testimonianza di Eugenio Scalfari (Franzinelli, Magnani 2009, 204).
[97] A presiedere Sofindit fu designato Guido Jung che pochi mesi dopo sarebbe diventato ministro delle Finanze.
[98] Per i dettagli di questa complessa operazione che qui posso solo sintetizzare cfr., per esempio, Toniolo (1978, p. 308).

di credito a breve termine, impegno che nei mesi successivi si dimostrò impossibile da onorare pienamente.

Per assicurare la liquidità del credito della Commerciale verso Sofindit, credito che poco dopo fu accresciuto fino a più di tre miliardi, era esplicitamente previsto che la società si rivolgesse «a un esercizio per il credito mobiliare, da costituire sotto gli auspici del ministero delle Finanze e della Banca d'Italia» (Falchero 2012b, p. 161). Si pensava, lo pensava soprattutto Beneduce, che una sua nuova creatura, modellata su quelle già collaudate (CREDIOP e ICIPU), abilitata a emettere obbligazioni garantite dallo Stato e pertanto auspicabilmente gradite ai risparmiatori, sarebbe stata in grado di garantire la liquidità sufficiente a chiudere l'operazione senza creare eccessivi immobilizzi nel bilancio della Banca d'Italia. Il nuovo ente, chiamato Istituto Mobiliare Italiano (IMI), fu creato con R.D.L. 13 novembre 1931, n. 1398. Un primo progetto aveva previsto che l'IMI fosse gestito da un comitato di direzione presieduto dal governatore della Banca d'Italia e avesse natura temporanea, come l'Istituto di Liquidazioni. La versione definitiva escluse il governatore da responsabilità gestionali e di controllo. Le funzioni di direttiva politica e di vigilanza sulla gestione furono accentrate nelle mani del ministro delle Finanze (Lombardo, Zamagni 2009, p. 5).

La convenzione del 31 ottobre 1931 non aveva previsto che Sofindit dovesse disporre di fondi per la ricapitalizzazione delle imprese, mentre vietava esplicitamente alla Commerciale di compiere direttamente tali operazioni. L'IMI ricevette dunque pressanti richieste dal management della Commerciale per interventi di ricapitalizzazione delle imprese controllate da Sofindit, nelle quali i vecchi azionisti avevano mantenuto importanti interessi, sebbene spesso di minoranza. Il presidente dell'IMI, Teodoro Mayer[99], in accordo con Mussolini e Mosconi, oppose un netto rifiuto a queste richieste (ivi, p. 15). L'IMI non aveva né la dimensione finanziaria né, tantomeno, la capacità tecnica per realizzare operazioni di ricapitalizzazione di imprese industriali (si ipotizzò l'emissione di obbligazioni

---

[99] 1860-1942. Triestino, fondatore del giornale locale «Il Piccolo», senatore dal 1920.

convertibili). Il problema restò dunque irrisolto, nell'anno più difficile della Grande Crisi, e finì per pesare sulle spalle dell'Istituto di Liquidazioni e cioè del suo unico finanziatore, la Banca d'Italia. Questa scomoda posizione, finanziaria e giuridica, fu fonte di comprensibili forti preoccupazioni per il Governatore e produsse un'ennesima occasione di tensione con il ministro Mosconi che mantenne con il nuovo vertice la diffidenza, a volte l'antagonismo, che avevano caratterizzato i rapporti con Stringher. In seguito a una lettera con la quale il ministro dava all'Istituto di Liquidazioni istruzioni per nuove erogazioni, arrivata ad Azzolini solo per conoscenza[100], il Governatore non poté che ricordare a Mosconi quanto questi sapeva benissimo: «Poiché l'Istituto di Liquidazioni non ha i mezzi per effettuare siffatte erogazioni, si rivolgerà necessariamente alla Banca d'Italia, la quale [...] verrà ad aumentare il proprio ingente credito verso l'Istituto e quindi anche la circolazione»[101]. La risposta del titolare del Tesoro fu tanto stizzita quanto fantasiosa: la Banca aumenti i depositi vincolati e non la circolazione. Ad Azzolini, che chiedeva un'esplicita autorizzazione per i crediti all'Istituto di Liquidazioni, Mosconi diede dapprima una risposta che di nuovo non nascondeva l'irritazione: non ho mai dato alcuna autorizzazione né mi è possibile darne «giacché ciò rientra esclusivamente nelle sfere di facoltà del Governatore». Questo inopinato richiamo all'indipendenza della banca centrale quando quest'ultima era ridotta a mero ufficiale pagatore non poteva che impensierire Azzolini che rispose immediatamente ribadendo che i nuovi crediti all'Istituto di Liquidazioni potevano essere concessi solo su autorizzazione del ministro «trattandosi di sovvenzioni [...] di cui risponde lo Stato verso il sovventore»[102]. Era un argomento difficilmente controvertibile, anche sul piano tecnico, per rispondere al quale, senza dovere esplicitamente contraddire la posizione precedente, il ministro rispolverò la

---

[100] Mosconi a Istituto di Liquidazioni 4 febbraio 1932, ASBI, Direttorio Introna, prat. 2, doc. 1, p. 79.
[101] Azzolini a Mosconi, 17 febbraio 1932, ASBI, Direttorio Introna, prat. 43, doc. 1, p. 77.
[102] Azzolini a Mosconi, 9 marzo 1932, ASBI, Direttorio Introna, prat. 43, doc. 1, p. 91.

legge del 1922 istitutiva del Consorzio Sovvenzioni su Valori Industriali, del quale l'Istituto di Liquidazioni era l'erede, che autorizzava la Banca a erogare crediti a banche e imprese in difficoltà e che Mosconi interpretò come concessa, una volta per tutte, anche all'istituto, senza necessità che fosse ripetuta volta per volta[103]. Questo scambio non poteva lasciare tranquillo, anche sul piano personale, il Governatore stretto tra due imperativi politici ugualmente pressanti: garantire simultaneamente tanto la tenuta del cambio, quanto la liquidità delle grandi banche (e di altre che, nel 1932, bussarono alla porta di via Nazionale), necessaria sia a scongiurare un effetto domino sul sistema finanziario, sia a tenere in vita le maggiori imprese.

Le convenzioni del 1931 non avevano previsto il modo di sostituire efficacemente la dipendenza di molta parte dell'industria italiana dai finanziamenti delle banche holding che si volevano ricondurre all'esercizio del solo credito a breve termine. Né l'IMI, né le tre finanziarie nate dalle convenzioni (SFI, Elettrofinanziaria e Sofindit) avevano i mezzi economici e tecnici per sostituirsi di punto in bianco alle grandi banche nel rapporto con le imprese. Non avere previsto questo fu un errore non trascurabile compiuto nello stilare le convenzioni, soprattutto quella con la Commerciale, nel cui bilancio figuravano enormi crediti a lungo termine con le aziende passate alla Sofindit[104]. Fu giocoforza che queste ultime continuassero a rivolgersi alle banche con le quali avevano rescisso solo i rapporti proprietari non quelli personali, intricatissimi, né quelli basati sulle linee di credito. La Banca Commerciale, nella conduzione della quale Raffaele Mattioli aveva ormai affiancato Toeplitz, e in misura minore il Credito Italiano, ripresero nel 1932 l'attività di banca mista, gestendo importanti aumenti di capitale di imprese controllate da Sofindit e SFI, con la consueta tecnica di trasformare i crediti in capitale di

---

[103] Mosconi ad Azzolini, 18 marzo 1932, ASBI, Direttorio Introna, prat. 43, doc. 1, p. 97.
[104] Nel bilancio semestrale della Banca Commerciale al 30 giugno 1932 figuravano finanziamenti a lungo termine (esclusi quelli alla Sofindit) per 6,3 miliardi di lire contro soli 592 milioni (l'8,6% del totale) a breve termine (Toniolo 1978, p. 311).

rischio, cedendo poi le azioni alle società finanziarie (Toniolo 1978, pp. 310-313). Al lettore che avesse perso un po' il filo di queste complesse transazioni, basterà tenere presente che esse accrescevano sia la dimensione delle partecipazioni azionarie non liquidabili di Sofindit e SFI, sia il debito di queste ultime verso la Banca d'Italia, la sola in grado, in ultima istanza, di fornire la liquidità necessaria.

In giugno i vertici della Commerciale dissero ad Azzolini di avere in cassa solo 88 milioni a fronte di impegni urgenti di 173 milioni chiedendo, entro tre giorni, «sovvenzioni per non meno di 200 milioni». Il Governatore sottopose la questione direttamente a Mussolini che autorizzò l'operazione «senza di che si sarebbe avuta senz'altro la chiusura degli sportelli»[105]. In quell'occasione, Azzolini fece nuovamente notare a Mosconi che «mancando un'azione efficace da parte di altri enti[106] appositamente creati per l'alleggerimento della complessa operazione, il peso della medesima viene a gravare esclusivamente, e con tutte le sgradite conseguenze, sull'Istituto di emissione»[107]. Il Governatore, sempre più preoccupato per il proprio bilancio, cercò di raccomandare che gli aumenti di capitale delle aziende industriali avvenissero solo nella misura strettamente necessaria (ivi, p. 313), ma l'abile condotta di Mattioli e il «cambio della guardia» al ministero delle Finanze (20 luglio 1932) tra Mosconi e Jung, sino ad allora presidente di Sofindit, oltre all'evidente necessità di tutelare imprese troppo importanti per essere abbandonate, avevano accresciuto, rispetto all'ottobre precedente, l'influenza e il potere contrattuale dei vertici di piazza della Scala a Milano[108]. Questa continuò a richiedere e ottenere nuovi finanziamenti.

Furono necessarie due «convenzioni aggiuntive» per sistemare i rapporti economici e giuridici tra banche, imprese e poteri pubblici nei mesi successivi a quelle che si era pensato sarebbero state definitive[109]. Quella con il Credito Italiano fu

---

[105] Azzolini a Mosconi, 3 luglio 1932, ASBI, Direttorio Introna, 3/1/163, in Guarino, Toniolo (1993, pp. 786-787, doc. 157).
[106] Il riferimento è, ovviamente, all'IMI.
[107] Azzolini a Mosconi, 3 luglio 1932, ASBI, Direttorio Introna, 3/1/163, in Guarino, Toniolo (ivi, p. 787, doc. 157).
[108] Sede storica della Banca Commerciale Italiana.
[109] Il 16 luglio 1932 fu firmata quella tra ministero delle Finanze, Banca

di portata relativamente modesta, quella con la Banca Commerciale portò il portafoglio di azioni industriali passato dalla banca alla Sofindit a più di 4,6 miliardi (ivi, p. 316). Nell'agosto 1932, anche il Banco di Roma, terza banca italiana per dimensione, sostenuta dalla Banca d'Italia e dallo Stato per tutti gli anni Venti, chiese aiuto. Nemmeno queste convenzioni furono definitive. Da un lato, continuavano a lasciare sostanzialmente irrisolto il finanziamento a lungo termine, dall'altro avevano gravato la Banca d'Italia di cambiali industriali, avallate dalle ex banche holding, che costituivano non solo un enorme immobilizzo, incompatibile con l'elasticità necessaria a svolgere le funzioni di banca centrale, ma erano anche in molti casi inesigibili. Ricorda Pasquale Saraceno[110] (1978, p. 10) che alla fine del 1932, «la Banca d'Italia era esposta verso istituti vari di salvataggio[111] per 7,4 miliardi» a fronte di una circolazione complessiva di 15,3 miliardi. Secondo Ciocca (2014b, p. 43), «si paventò il dissesto» dell'Istituto di emissione. Tra l'altro, questa condizione di bilancio obbligava la Banca a razionare, direttamente o indirettamente, il credito alle imprese, soprattutto piccole e medie, che non erano entrate nell'orbita dei grandi istituti salvati.

Con il facile senno di poi, formato anche dall'esperienza delle crisi del ventunesimo secolo, appare assai probabile che, se si fosse portata a termine, sin dall'inizio del 1931, una radicale ricapitalizzazione pubblica delle imprese e delle banche, nei mesi successivi si sarebbe verificata una più contenuta diminuzione del reddito e dell'occupazione. In una situazione di rapida caduta della domanda, è cruciale la rapidità con la quale si mettono in atto interventi a sostegno

---

d'Italia, Credito Italiano, SFI ed Elettrofinanziaria, il 19 novembre 1932 quella tra ministero delle Finanze, Banca d'Italia, Banca Commerciale e Sofindit. Convenzioni di minore importanza furono siglate per smobilizzare l'Istituto Italiano di Credito Marittimo e il Banco di Santo Spirito.

[110] Morbegno 1903-Roma 1991. Iniziò giovanissimo a lavorare dopo la morte prematura del padre. Si laureò alla Bocconi. Entrò all'IRI sin dalla fondazione nel 1933, voluto da Menichella, con il quale aveva già collaborato. Nel dopoguerra ebbe un ruolo di primo piano all'IRI, fondò la SVIMEZ della quale divenne presidente nel 1970, fu tra i promotori della Cassa del Mezzogiorno. Dal 1959 insegnò Tecnica Industriale a Ca' Foscari (Venezia) come professore ordinario.

[111] Intende Sofindit, SFI, Elettrofinanziaria e altri minori.

della liquidità delle imprese e delle banche. In Italia, come in molti altri paesi, si dovette attendere che la situazione peggiorasse ulteriormente perché si creassero le condizioni politiche (il necessario consenso) a favore di interventi radicali. Questi furono attuati solo nel 1933-1936.

Il 6 dicembre 1932, Giuseppe Toeplitz propose a Guido Jung, da luglio ministro delle Finanze, una soluzione che desse alla propria banca la possibilità di operare nel ruolo ormai accettato di istituto di credito ordinario (come si cominciava a dire e come sancirà la legge del 1936). L'amministratore delegato chiedeva di ridurre i tassi ufficiali di sconto, «distaccare chiaramente Banca Commerciale Italiana da Sofindit», sollevare la banca dal debito verso l'istituto di emissione, metterla in condizioni concorrenziali tali da poter competere nel campo del credito a breve termine, «frenare il fabbisogno delle industrie e fare funzionare l'IMI»[112]. Chiedeva insomma una soluzione che restituisse alla Banca Commerciale l'indipendenza dalle sovvenzioni della Banca d'Italia. Si trattò di un ultimo tentativo del vecchio leone di garantire almeno l'autonomia della Commerciale, nelle mani degli azionisti tradizionali, cancellando, nella buona sostanza, i debiti accumulati con la banca centrale e lo Stato, in quasi due anni di crisi. Fu un atto probabilmente dovuto al proprio mondo di riferimento da parte di un uomo che sapeva di essere ormai alla fine di una lunga vita professionale.

Gli orientamenti del governo andavano però verso una soluzione più radicale, nella quale si fondevano motivazioni economiche e politiche. Pare che Mussolini abbia «vissuto ore angosciose» nel timore che un fallimento della Banca Commerciale facesse colare a picco l'intero sistema bancario e con esso l'intero regime (Castronovo 2011, p. 22). Le vicende della Germania in quegli stessi mesi non potevano lasciare tranquillo alcuno. La storia dei due progetti che vennero approntati all'inizio del 1933 e di come si arrivò a scegliere quello proposto da Beneduce e inizialmente osteggiato da Mussolini è stata ben raccontata ed è inutile dettagliarla qui

---

[112] Toeplitz a Jung, 6 dicembre 1932, ASBBI, Carte Mattioli, cart. 1, in Guarino, Toniolo (1993, pp. 804-823, doc. 161).

un'altra volta. D'altronde, la Banca d'Italia fu sostanzialmente estranea agli aspetti istituzionali della vicenda[113]. Tuttavia, pur non partecipando in modo rilevante al processo decisionale, condivise le motivazioni di fondo che condussero alla nascita dell'IRI che, seguendo la sintesi di Ciocca, furono essenzialmente tre: «sventare il tracollo della banca centrale e della moneta[114], tutelare il risparmio affidato alle grandi banche commerciali insolventi, conservare all'economia del paese sia industrie che i capitalisti privati si erano dimostrati non all'altezza di gestire, sia banche che si erano dimostrate incapaci di alimentare quelle industrie in condizioni di equilibrio finanziario» (Ciocca 2014a, p. 44).

L'IRI nacque il 23 gennaio 1933 (R.D.L. 23 gennaio 1933, n. 5), nella forma di ente di diritto pubblico, articolato in due sezioni: «finanziamenti» e «smobilizzi». La prima ebbe una dotazione di 100 milioni, sottoscritti da enti pubblici, e la facoltà di emettere obbligazioni. La seconda assunse le partecipazioni azionarie in mano alle società create con le convenzioni del 1931 e i crediti verso le stesse e le banche vantati dall'Istituto di Liquidazioni, che fu soppresso. Fu confermato quanto pattuito con le convenzioni in merito all'obbligo, per le tre maggiori banche italiane, di limitarsi alla sola attività di credito a breve termine alimentato dal flusso dei depositi. Al momento della costituzione, si immaginava ancora che l'IRI potesse avere un carattere temporaneo, quantomeno nella sezione smobilizzi, che avrebbe dovuto progressivamente collocare sul mercato le partecipazioni azionarie affidatele. Alla sezione finanziamenti era assegnato il compito di provvedere al credito a lungo termine alle imprese controllate dall'IRI, compito al quale sia le banche holding sia l'IMI, per motivi diversi, si erano dimostrati inadeguati. Per finanziare efficacemente imprese, l'IRI doveva poter contare su due elementi. Il primo, che era mancato alle banche, si fondava sulla capacità del nuovo ente pubblico di finanziarsi con il collocamento di

---

[113] Si vedano in proposito: Cianci (1977), Saraceno (1978), Toniolo (1978), Franzinelli, Magnani (2009), Castronovo (2011), Falchero (2012b), Ciocca (2014a).

[114] Secondo Jung, l'IRI avrebbe dovuto prima di tutto ridurre l'indebitamento del sistema bancario verso l'istituto di emissione (Castronovo 2011, p. 26).

obbligazioni a lunga scadenza, anche convertibili in azioni, ben accette dal mercato perché garantite dallo Stato e dallo stesso capitale dell'IRI. Il secondo elemento, mancato invece all'IMI, era la conoscenza profonda del sistema industriale e delle singole imprese, indispensabile per un'efficace allocazione del credito a loro favore. Le competenze necessarie furono trovate dall'IRI attingendo al capitale umano delle banche salvate e delle finanziarie bancarie. Per fare un solo esempio, pertinente alla nostra storia, il trentasettenne Donato Menichella, futuro governatore della Banca d'Italia, proveniva dalla Banca Nazionale di Credito fusa, come si è visto, con il Credito Italiano. Nel 1931, dopo un decennio di esperienza nella gestione di salvataggi e credito industriale, era diventato direttore generale della SFI, uno dei due veicoli utilizzati per lo smobilizzo del Credito Italiano in base alla convenzione con il ministero delle Finanze e la Banca d'Italia. Aveva pertanto vissuto «dall'interno le tensioni che avevano spinto sull'orlo del fallimento i maggiori istituti creditizi del paese, banca centrale compresa» (Ciocca 2009). Beneduce, che dell'IRI fu il primo presidente, lo volle al proprio fianco, inizialmente a dirigere la sezione smobilizzi, poi anche quella finanziamenti e, infine, come direttore generale dell'IRI.

La creazione dell'IRI fu una tappa, la seconda dopo quella delle convenzioni del 1931, di un percorso che si concluse con la legge bancaria del 1936 e, un anno dopo, il riconoscimento formale dell'IRI come ente permanente, che diede alla finanza e all'industria italiane un assetto che, nelle linee essenziali, durò per circa mezzo secolo. Alla fine del 1933, l'IRI possedeva direttamente il 21,5% del capitale nominale delle aziende italiane quotate, che gli consentiva di controllarne quasi la metà. Nel 1934 acquisì anche le tre principali banche del Paese[115].

La ragione fondante delle misure prese nel quinquennio 1931-1936 derivò dalla volontà di affrontare in modo sistematico, per la prima volta dal 1894, l'instabilità endemica del

---

[115] Nel dicembre 1933 l'IRI presentò uno studio sulla situazione del sistema bancario e di ciascuna delle tre maggiori banche, condotto sotto la guida di Menichella, che indicò il controllo pubblico dei grandi istituti di credito come la sola via per risolverne definitivamente la crisi (D'Antone 2012, pp. 180 ss.).

sistema finanziario italiano. La separazione delle funzioni di credito a breve e medio-lungo termine fu il principale pilastro dell'operazione. Ma esso non poteva dirsi solido prima che fosse risolta anche la rigidità del bilancio dell'istituto di emissione, dovuta all'enorme quantità di poste attive «immobilizzate» (illiquide), che lo privavano della elasticità indispensabile per l'operatività della banca centrale sia nella gestione degli aggregati monetari, sia nella funzione di prestatore di ultima istanza. L'incertezza sulla esigibilità dei propri crediti rendeva incerta, soprattutto nel regime di *gold standard* che si voleva mantenere, anche la solvibilità della Banca d'Italia, tanto più grave quanto essa svolgeva ancora un'attività creditizia verso il settore delle imprese non finanziarie. Il 31 dicembre 1932, la Banca d'Italia era creditrice nei confronti dell'Istituto di Liquidazioni e delle banche salvate per 7,353 miliardi. Questi crediti erano contabilizzati alla voce «portafoglio a breve termine su piazze italiane» che pertanto nascondeva per circa la metà del suo valore totale «immobilizzi in imprese e perdite». È quindi legittimo – nota Saraceno (1978, p. 10) – «dire che oggetto del risanamento fu anche, e direi soprattutto, la banca di emissione». Era una situazione più grave di quella del 1894, per sanare la quale occorsero a Marchiori e Stringher ben tre lustri di prudente gestione di bilancio. Nelle circostanze delle quali ci stiamo occupando, l'immobilizzo della Banca d'Italia, pari a circa il 34% di M1 (banconote in circolazione più depositi a vista)[116], fu regolato con varie operazioni compiute dall'IRI e dallo Stato tra il dicembre 1932 e il maggio 1937 quando l'istituto presieduto da Beneduce assunse carattere permanente. La più importante di queste misure, delle quali diremo anche nel prossimo capitolo, fu però la nascita stessa dell'IRI, che tagliò definitivamente la dipendenza delle imprese da esso controllate dal credito finanziario, sotto forma di cambiali sempre rinnovate, della Banca d'Italia, credito che

---

[116] La stima è fatta sulla base delle nuove serie dell'offerta di moneta (Barbiellini Amidei *et al.* 2016) nelle quali M0 comprende, oltre ai biglietti in circolazione, «altre voci» liquide (vaglia, depositi minori a vista e piccole voci). Autori che hanno scritto prima della compilazione di queste nuove serie danno percentuali un po' diverse del debito dell'IRI verso la Banca d'Italia rispetto alla circolazione. Si tratta, in ogni modo, di differenze che non alterano sostanzialmente l'ordine di grandezza del debito e le osservazioni fatte nel testo.

9 – La Grande Crisi

le aveva tenute in vita negli anni più duri della Grande Crisi. Tra il 1933 e il 1936, il debito verso l'Istituto di emissione fu ridotto a 4,8 miliardi, utilizzando buona parte dei ricavi delle vendite di partecipazioni azionarie («riprivatizzazioni») che consentì di portare l'esposizione della Banca d'Italia verso l'IRI a circa il 24% di M1.

Se l'abbondante iniezione di liquidità a tre istituti di credito «troppo grandi per fallire» risparmiò all'Italia una catastrofe bancaria e industriale come quella tedesca, è assai probabile che ciò abbia avuto ripercussioni sulla parte dell'economia non direttamente coinvolta nell'operazione. Abbiamo visto che gli impegni per i «salvataggi» assorbirono circa la metà della circolazione e che il regime di *gold standard*, che si volle mantenere per tutta la fase più acuta della Grande Crisi, richiedeva che essa non eccedesse il 150% della riserva aurea e valutaria. È dunque inevitabile chiedersi se non sia stato necessario razionare il credito alla parte del sistema bancario e delle imprese non direttamente coinvolta nei grandi salvataggi. Non ci sono ancora analisi che consentano di dare una risposta precisa a questa non trascurabile domanda. Una ricerca recente (Molteni 2020a) contribuisce però quantomeno a fornire dati coerenti con l'ipotesi di razionamento di credito alle banche medie e piccole e, pertanto, anche alle imprese a esse collegate. Tra il 1929 e il 1934, le tre maggiori banche (quelle salvate), poterono aumentare seppure di poco il volume del credito erogato, dapprima con la liquidità fornita dalla Banca d'Italia e, dopo il 1932, anche con l'aumento dei depositi, indice che la sfiducia del pubblico nei loro confronti era stata superata grazie al sostegno dello Stato e della banca centrale. L'erogazione di credito diminuì, invece, nel complesso degli altri istituti di credito. Le casse di risparmio, non toccate da una crisi di fiducia, aumentarono la raccolta di depositi e ridussero solo marginalmente il credito ai clienti mentre le banche cooperative (sia ordinarie sia rurali) e le società bancarie per azioni lo diminuirono di oltre il 50%. L'ipotesi che ciò fosse dovuto a una diminuzione della domanda piuttosto che dell'offerta di finanziamento bancario sembra essere contraddetta dalla parallela forte diminuzione dei depositi in queste categorie di istituti di credito. Posto che essi finanziavano piccole e medie imprese, si può ipotizzare che queste ultime furono quelle maggiormente colpite dalla politica monetaria che la Banca d'Italia dovette seguire per rispettare il vincolo della convertibilità aurea. Questi dati non autorizzano, per ora, a stabilire un nesso di causalità tra la profusione di liquidità a favore delle grandi banche e delle maggiori imprese e il suo razionamento al resto dell'economia che si sarebbe, comunque, potuto evitare con un abbandono della convertibilità della lira insieme a quella della sterlina nel settembre 1931.

8. *La legge bancaria del 1936*

La legge bancaria del 1936[117], che modificò radicalmente quella del 1926, creò l'ossatura del quadro istituzionale entro il quale ha avuto luogo l'evoluzione successiva della Banca d'Italia. Con alcune importanti ma non radicali modifiche dell'immediato dopoguerra, essa regolò il settore del credito sino all'inizio degli anni Novanta. Benché cronologicamente ricada nell'intervallo temporale scelto per il prossimo capitolo, è utile parlarne qui perché la sua origine e molti aspetti della sua stessa struttura si ricollegano direttamente ai salvataggi bancari del 1931-1933 e alla nascita dell'IRI.

Un piccolo ricordo personale aiuta forse a comprendere la genesi della legge e la cultura che la informò. Negli anni Ottanta del Novecento, passeggiando per Villa Borghese, Pasquale Saraceno mi disse, indicando uno dei numerosi sedili sparsi per il parco: «Su quella panchina Menichella e io abbiamo fatto la legge bancaria». Era probabilmente un vezzo, un tocco di leggerezza per ricordare un evento di grande rilievo, ma sintetizzava efficacemente l'ambiente e la cultura che avevano prodotto la legge. L'ambiente è quello dell'IRI di Beneduce, con Menichella direttore generale, nel quale convivevano la cultura nittiana e un efficientismo cattolico ispirato alla dottrina sociale della Chiesa, quest'ultimo rappresentato soprattutto dallo stesso Saraceno e da Sergio Paronetto[118].

---

[117] R.D.L. 12 marzo 1936, n. 375, convertito con lievi modifiche in legge 7 aprile 1938, n. 363.
[118] Saraceno sarà tra gli estensori del Codice di Camaldoli che nel luglio

Nel 1935, Paolo Ignazio Thaon di Revel, che aveva da poco sostituito Jung alla guida del Tesoro[119], indisse alcune riunioni di banchieri e alti burocrati per discutere la perenne questione dell'eccesso di sportelli bancari e di come meglio coordinarne e regolarne l'autorizzazione. Fu incaricata la Banca d'Italia di abbozzare una proposta[120], alla quale seguì una riunione della Corporazione del Credito che produsse solo generali affermazioni di principio (Cassese 1998). Fu forse, secondo Polsi (2001, p. 69), l'inconcludenza di questo dibattito a indurre Mussolini ad affidare a Beneduce l'incarico di redigere una nuova legge bancaria. Si trattò di una scelta politica che era nell'ordine delle cose creato dalle convenzioni del 1931, dal rapporto di Beneduce a Mussolini del 5 dicembre 1933 e dalle convenzioni definitive del 1934 che avevano posto le basi di un nuovo ordinamento bancario. Al ruolo tanto centrale, quanto riservato, del gruppo capeggiato da Beneduce e Menichella nella formulazione della legge corrispose, dunque, «l'irrilevanza del contributo degli ambienti corporativi» (Franzinelli, Magnani 2009, p. 225). Quanto alla Banca d'Italia, la sua emarginazione dal processo decisionale fu maggiore di quanto era stata nel 1926, tanto da poter dire che, nel 1936, il suo apporto fu «pressoché inesistente» (Guarino 1993, p. 160).

Nel settembre 1933, via Nazionale stese una bozza di decreto sulla tutela del risparmio[121] che rifletteva le esperienze maturate nell'ambito della supervisione bancaria per chiedere maggiori poteri di vigilanza e più severe sanzioni[122]. Non veniva

---

1943 elaborò la visione cattolica dello Stato e dell'economia per il dopoguerra. I due promotori dell'iniziativa furono Vittorino Veronese (1910-1986) e Sergio Paronetto (1911-1945), anch'egli brillante economista, conterraneo di Saraceno, assunto all'IRI nel 1934. Lo stesso Paronetto contribuì alla stesura della legge bancaria del 1936 (Fumi 2014).

[119] Si veda il prossimo capitolo per alcuni cenni biografici.

[120] Promemoria del giugno 1935, ASBI, Direttorio Azzolini, in Guarino, Toniolo (1993, pp. 915 ss., doc. 175).

[121] Bozza di decreto preparata dalla Banca d'Italia-Disposizioni per la tutela del risparmio, 8 settembre 1933, ASBI, Direttorio Introna, 14 gennaio 1963, in Guarino, Toniolo (ivi, pp. 889 ss., doc. 171).

[122] Il documento fu consegnato a Jung che non lo tenne in gran conto se, due anni dopo, quando si cominciò a discutere pubblicamente di riforma, Azzolini dovette scrivere a Thaon di Revel, che aveva pronunciato un discorso alla Camera toccando l'argomento, per ricordargli la bozza prodotta da via Nazionale.

però toccato il tema della riforma della stessa Banca d'Italia. Nel 1935 Azzolini temette che la legge, dalla cui preparazione era tenuto ai margini, riducesse l'autonomia della Banca e manifestò a Thaon di Revel la propria preoccupazione, senza ottenere una reazione positiva. La Banca si ridusse a combattere fino all'ultimo una battaglia di retroguardia perché le fossero mantenuti i rapporti con clienti non bancari. Azzolini scrisse in proposito a Mussolini[123] e produsse una memoria dell'ultima ora nella quale sostenne che la norma che si veniva delineando avrebbe indebolito la Banca nella funzione di regolatore del credito e avrebbe avuto conseguenze pesanti sul suo bilancio. C'era in questa posizione una certa contraddizione con la rivendicazione dell'autonomia che, almeno nella versione classica di Norman, implicava la rinuncia al rapporto diretto con una clientela commerciale (Toniolo 1993, p. 99). Le ragioni dell'emarginazione della Banca d'Italia nel processo di formazione della sua stessa riforma[124] furono le stesse che la esclusero dai salvataggi bancari del 1931 e dalla loro successiva sistemazione: la fiducia di Mussolini in Beneduce, la capacità di quest'ultimo di creare un piccolo ma brillante *brain trust*, l'opinione che si aveva di Azzolini come affidabile *grand commis*, capace di muoversi efficacemente entro le direttive assegnategli, ma non in grado di innovare autonomamente. Era questa l'immagine che proiettava l'intera Banca, ancora priva di un brillante Servizio Studi. Va a merito di Azzolini, come vedremo, l'avere cominciato a colmare quest'ultima lacuna sin dai mesi seguenti il varo della legge bancaria del 1936 e negli anni successivi.

La riforma bancaria fu emanata con decreto legge il 12 marzo 1936 e perfezionata in due passaggi fino alla stesura definitiva del 1938[125]. L'impianto rimase comunque quello del 1936. Per quanto riguarda la Banca d'Italia, le innovazioni

---

[123] Azzolini a Mussolini, 11 giugno 1935, ASBI, Direttorio Introna, cart. 7, fasc. 1, in Guarino, Toniolo (1993, p. 913, doc. 174).

[124] Per una rassegna della letteratura sull'*iter* della legge cfr. Galanti (2012, pp. 84 ss., in part. nota 215, pp. 84-85).

[125] Il passaggio fondamentale fu quello iniziale del R.D.L. 12 marzo 1936, n. 375. A esso seguì un R.D. 17 luglio 1937 che recepiva alcuni emendamenti votati dal Senato in sede di conversione e, infine, il testo definitivo convertito anche dalla Camera dei deputati (legge 7 marzo 1938, n. 141).

riguardarono soprattutto i compiti di vigilanza, il divieto di raccogliere depositi e di intrattenere rapporti di credito con imprese non finanziarie, la sua trasformazione in ente di diritto pubblico. Per il resto, si riscrissero le norme relative alle caratteristiche delle diverse fattispecie bancarie, alle fusioni, all'amministrazione straordinaria e alla liquidazione degli istituti di credito. I poteri di vigilanza, prima divisi tra la Banca d'Italia e vari ministeri, furono attribuiti a un unico Ispettorato per la difesa del risparmio e l'esercizio del credito, sottoposto alle direttive di un Comitato di ministri[126] presieduto dallo stesso Mussolini. Il Governatore fu posto a capo dell'Ispettorato che aveva come braccio operativo la rete delle filiali periferiche della Banca e si sarebbe ampiamente avvalso della direzione per la vigilanza che da dieci anni operava in via Nazionale. Formalmente indebolito dalla creazione dell'Ispettorato, il ruolo della Banca d'Italia nella vigilanza sul sistema bancario fu invece di fatto rafforzato dalla legge bancaria. Nota Guarino (1993, pp. 161-162) che, volendo unificare i poteri di vigilanza prima esercitati da una molteplicità di enti ed essendo allora politicamente impossibile affidarli a un ente che non fosse formalmente parte dell'amministrazione pubblica,

l'invenzione del combinato organizzatorio Comitato dei ministri-Ispettorato consentiva di sostituire i ministri stessi con una più alta autorità. Il Comitato, presieduto dal capo del governo, rendeva possibile utilizzare per i compiti attuativi un ufficio specializzato quale era appunto l'Ispettorato. La Banca d'Italia non veniva esclusa, ma anzi associata alle decisioni in quanto lo stesso governatore era preposto all'Ispettorato e veniva ammesso, fatto del tutto eccezionale, a partecipare alle sedute del Comitato dei Ministri.

Il resto, come in molte altre circostanze nella storia della Banca d'Italia, venne da sé. L'Ispettorato non aveva né la struttura, né le risorse umane necessarie a svolgere il compito affidatogli e appoggiò la propria azione sulle strutture periferiche e centrali della Banca d'Italia che, nella buona sostanza, si trovò dunque ad avere sostituito tutti i ministri nell'esercizio dei poteri di supervisione sull'intero sistema creditizio.

---

[126] Vi facevano parte i ministri delle Finanze, dell'Agricoltura e delle Corporazioni. Il governatore partecipava senza diritto di voto.

Malgrado la strenua opposizione di Azzolini, la legge limitò le operazioni di risconto consentite alla Banca esclusivamente a quelle con aziende di credito sottoposte al controllo dell'Ispettorato, vietando lo sconto a imprese non finanziarie e a singoli clienti. Restò tuttavia consentito ai privati l'accesso alla Banca per operazioni di anticipazioni su titoli, una facoltà necessaria al collocamento dei titoli di Stato e al buon funzionamento del loro mercato.

Il nuovo quadro normativo richiese una modifica allo statuto della Banca, approvata nel giugno 1936 (R.D.L. 11 giugno 1936, n. 1067), recependo le disposizioni di legge relative soprattutto a proprietà, Consiglio superiore, operazioni consentite. I poteri di amministrazione dell'Istituto di emissione continuarono a risiedere nell'assemblea, nel Consiglio superiore e nel direttorio costituito dal governatore, dal direttore generale e da un vicedirettore generale. Vedremo meglio il nuovo assetto che, nella sostanza, non cambiò molto. Formalmente, la Banca d'Italia perse buona parte della relativa indipendenza della quale aveva sino ad allora goduto. Azzolini però colse lo spirito del tempo dicendo che lo statuto armonizzava «l'autonomia del funzionamento tecnico della Banca con le maggiori garanzie per le superiori esigenze dell'interesse del paese»[127]. La politica monetaria divenne, come vedremo, ancora più subordinata alle decisioni del governo, così come le scelte strategiche relative al controllo del credito. La legge e lo statuto, tuttavia, schermarono la Banca d'Italia dalle interferenze del Partito Fascista, che si facevano sentire soprattutto a livello locale, e della Corporazione del Credito. La Banca mantenne, pertanto, quel carattere di efficace e competente strumento tecnico che si volle riservare anche all'IRI. Se poi quest'ultimo restò nei fatti più indipendente dal governo ciò dipese dalla diversità sia dei compiti affidati ai due istituti, sia della statura dei rispettivi vertici.

Dopo gli interventi del 1931-1934, il settore del credito era già controllato direttamente o indirettamente, dallo Stato. Restavano fuori dal perimetro pubblico solo banche private

---

[127] Banca d'Italia, *Assemblea generale ordinaria dei partecipanti*, Roma, 31 marzo 1937.

di piccola e media dimensione e una parte di quelle cooperative, peraltro in buona misura sotto l'influenza del regime. La legge disciplinò il settore dividendo gli enti autorizzati all'esercizio del credito in tre grandi categorie: *a*) istituti di credito di diritto pubblico e banche di interesse nazionale[128], *b*) istituti, imprese ed enti raccoglitori di risparmio a breve termine[129], *c*) istituti autorizzati alla raccolta del risparmio a medio e lungo termine[130]. La legge non vietò esplicitamente alle banche dette di «credito ordinario» di compiere investimenti in imprese non finanziarie, ma i grandi istituti si erano già impegnati in questo senso con le Convenzioni del 1931 e, per le altre, l'Ispettorato aveva i poteri necessari a fare rispettare il divieto.

Nel 1937, la Corporazione del Credito tornò a chiedere che fosse concesso alle banche di credito ordinario l'esercizio del credito mobiliare a medio termine. La risposta venne, significativamente, dall'IRI, con una lunga memoria anonima, quasi certamente a opera di Menichella e Saraceno, anche per il riferimento esplicito all'esperienza pratica piuttosto che alle teorie accademiche citate dalla corporazione[131]. Gli autori rilevarono anzitutto che nella recente storia italiana il problema del credito mobiliare consolidato nel tempo aveva spesso richiesto l'intervento dello Stato e che nessuno voleva che questo si riproponesse regolarmente ogni 10-15 anni. D'altra parte, continuò la nota, «un sano esercizio del credito mobiliare non può essere disgiunto da facoltà di assumere partecipazioni»; osservò anche che «i crediti comunque ottenuti sono fungibili», tanto che, malgrado le condizioni formali del contratto, le banche erano state «nella maggior parte dei casi legate all'azienda [debitrice] e hanno subito in pieno le vicende negative di essa». Ciò avvenne anche perché «il mestiere dell'ordinario raccoglitore di depositi e di concedente crediti a brevissima scadenza è profondamente diverso da

---

[128] Titolo IV.
[129] Titolo V.
[130] Titolo VI.
[131] «Nota dell'IRI sulla proposta di consentire a istituti di credito ordinario l'esercizio del credito a medio termine», febbraio 1937, ASBI, Direttorio Introna, prat. 45, fasc. 1, sottofasc. 13, pp. 44-77.

quello dell'imprenditore industriale», tanto che le due cose non possono, secondo gli autori della memoria, coesistere nella stessa persona, benché, sfortunatamente, la facilità di disporre di denaro induca «in ciascuno la convinzione di essere un buon costruttore di affari»: buoni funzionari di banca «che non avrebbero rischiato una lira del proprio, discutono, consigliano, seguono gli affari di decine di imprese da loro finanziate, senza nemmeno farsi assistere da tecnici». D'altronde, continuano gli estensori della nota, anche «l'esercizio del credito a breve termine è una difficile arte, per esempio nella delicata gestione dei picchi stagionali, e non tutti i banchieri ne dominano le sottigliezze, per questo la legge bancaria dà agli ispettori anche la funzione di aiutare le banche nel discernimento del rischio». Quanto al credito industriale, era l'ovvia seppure non espressa conclusione, meglio lasciarlo all'IRI, dotato delle necessarie competenze.

L'impianto complessivo della legge era rigidamente dirigistico. Il Comitato dei ministri poteva, tra l'altro, porre limiti ai tassi attivi e passivi, alle provvigioni, alle diverse categorie di investimenti «sia in rapporto alla liquidità sia alle diverse branche di attività alle quali si riferiscono gli investimenti» e poteva stabilire l'ammontare delle riserve anche in deroga alle leggi vigenti (art. 32). Mentre la legge del 1926 quantificava i rapporti massimi tra capitale, depositi e singoli investimenti, quella del 1936 lasciava al Comitato dei ministri, in pratica alla Banca d'Italia, la massima libertà di valutare, secondo le circostanze, l'adeguatezza di questi e altri indicatori di liquidità, solidità patrimoniale, diversificazione degli impieghi.

Pochi giorni dopo l'approvazione della legge bancaria, Azzolini diede all'assemblea degli azionisti la propria interpretazione del principio cardine che l'aveva ispirata: «la raccolta del risparmio fra il pubblico, sotto ogni forma, e l'esercizio del credito sono funzioni di interesse pubblico [poiché] difendere il risparmio di un popolo laborioso e parsimonioso, qual è il popolo italiano, è nello stesso tempo un dovere morale e una necessità economica dello Stato»[132]. Il susseguirsi di crisi

---

[132] Banca d'Italia, *Assemblea generale degli azionisti*, Roma, 31 marzo 1936.

bancarie per tutti i primi quarant'anni di vita della Banca aveva posto la stabilità del sistema al centro delle preoccupazioni e della cultura stessa di via Nazionale. La convinzione tecnocratica che un controllo stretto sia dell'insieme sia dei singoli istituti di credito avrebbe evitato all'Italia il ripetersi delle crisi bancarie si sposava bene con gli intenti programmatori e di controllo diffuso della vita economica non solo propri della fase matura del fascismo, ma emersi anche dagli anni Trenta in paesi democratici, seppure con intensità e forme diverse.

La portata della nuova legge bancaria, in una proiezione di lungo periodo, fu lucidamente sintetizzata da Paolo Baffi nel dicembre 1936. Il futuro governatore, del cui lavoro in Banca negli anni Trenta dirò più avanti, era stato «ceduto» ad Azzolini da Mortara[133], del quale era assistente alla Bocconi, con personale rammarico, accompagnato però dalla certezza di assicurare così all'allievo il brillante futuro che era certo meritasse e alla Banca un elemento di straordinario livello. Stesa in vista di una traduzione in inglese[134], la memoria di Baffi evidenziò il «rafforzamento della posizione dell'istituto di emissione [tramite una] veste giuridica adatta alle sue funzioni di governo del credito e della moneta» in un quadro che «estende i poteri pubblici a ogni aspetto dell'attività bancaria». Nel mettere il governatore a capo dell'Ispettorato, aggiunse Baffi, è stata tenuta presente «la necessità di una stretta coordinazione tra politica monetaria e politica del credito, che per tanti aspetti formano una cosa sola». La memoria sottolineò anche i prevedibili benefici per la stabilità derivanti da un'azione capillare dell'Ispettorato nel curare la sicurezza sia delle singole banche (vigilando sulla liquidità delle operazioni, la ripartizione dei rischi, la relazione tra credito e caratteri dei mezzi propri e altrui di cui una banca dispone), sia dell'intera economia «perseguendo l'eliminazione

---

[133] «Mi distacco da lui – scrisse Mortara – con l'animo della suocera che consegna la figlia al marito», Mortara ad Azzolini, 17 marzo 1936, ASBI, Direttorio Azzolini, prat. 29, fasc. 1, p. 9.

[134] «Appunto del Dr. Baffi sulle origini e le attività dell'Ispettorato per la difesa del risparmio e l'esercizio del credito (steso in una forma adatta a facilitare la traduzione in inglese) consegnato al Governatore 17/12/36» (a mano). Interessante, nel contesto, il riferimento al duce come «il signor Mussolini». ASBI, Direttorio Azzolini, prat. 72, fasc. 1, sottofasc. 2, pp. 2-6.

degli sprechi propri della libera concorrenza [...] coordinando l'attività delle varie aziende [di credito]». È una visione che, lo vedremo nel secondo volume, prevarrà con i necessari ma non eccessivi aggiustamenti, per molti anni dopo la fine della Seconda guerra mondiale.

CAPITOLO DECIMO

AUTARCHIA E GUERRE

1. Otto anni di economia di guerra, 1935-1943

Le forze armate italiane furono impegnate in operazioni belliche per circa il 75% dei giorni intercorsi fra il 3 ottobre 1935 e l'8 settembre 1943, senza contare le azioni per la «pacificazione» dell'effimero impero proclamato il 9 maggio 1936. I militari italiani furono impegnati in Etiopia, Spagna, Albania, prima di unirsi alla Germania nazista in Francia, Nord Africa, Jugoslavia, Grecia e Russia. Nei pochi mesi di pace tra la fine della guerra in Etiopia e l'inizio di quella di Spagna e poi tra il ritiro delle truppe dalla penisola iberica e l'attacco alla Francia, l'economia fu in gran parte orientata a preparare il successivo conflitto. L'intero periodo fu dunque caratterizzato da un'economia di guerra, seppure con caratteri e intensità, almeno fino al 1940, diversi da quelli degli anni 1915-1918.

Nel 1935 il PIL tornò al livello del 1929, ma la lunga crisi dell'economia italiana non era ancora superata: nel 1936 il reddito nazionale diminuì nuovamente del 3,2%. Una ripresa della crescita si realizzò nel triennio 1937-1939, con un robusto tasso medio annuo del 6,1%. Tra il 1940 e il 1942 l'economia si contrasse a un ritmo ancora relativamente moderato (circa –3% l'anno) per poi precipitare in un drammatico crollo che si arrestò solo nel 1945, con il PIL tornato ai livelli del primo Novecento. Solo nella seconda parte degli anni Quaranta, l'occupazione raggiunse il livello del 1929.

Se si vuole prestare fede ai dati di Maddison (2003), almeno come ordini di grandezza, tra il 1935 e il 1939, il reddito per abitante dell'Italia, tenuto conto delle differenze nel potere d'acquisto delle varie monete, aumentò più lentamente di quello dei principali paesi poi coinvolti nella Seconda guerra mondiale. Tra i futuri alleati, la Germania e il Giappone, anch'essi orientati a un'economia di guerra, realizzarono tassi di crescita assai superiori a quelli italiani. Anche Francia e Regno Unito ottennero, in questi anni, risultati economici migliori di quelli italiani, seppure non di molto.

Questi andamenti aggregati furono il frutto di diverse dinamiche settoriali, tipiche di un'economia di guerra, sia dal lato dell'offerta, sia da quello della domanda. La produzione agricola, circa un terzo di quella totale, crebbe tra il 1935 e il 1939 dell'1,9% l'anno, mentre quella industriale, aumentò al ritmo annuo del 6,9%. La crescita fu particolarmente sostenuta[1] nei settori allora definibili come «moderni» – metallurgia, meccanica e chimica – verso i quali andò la maggior parte della domanda pubblica dettata dalle esigenze belliche. Nel decennio 1929-1939 il peso di questi settori sul totale della produzione manifatturiera passò dal 37 al 47%, avvicinando molto l'Italia alla struttura produttiva tipica delle economie allora più mature (Gomellini, Toniolo 2017, p. 122).

Se l'uscita dalla Grande Crisi, in gran parte trainata dalla spesa per le esigenze militari, fu relativamente robusta, essa aveva tuttavia una debolezza sostanziale: la diminuzione della cosiddetta «produttività totale dei fattori», per la quale non abbiamo dati annuali ma che, nel decennio 1929-1939, si ridusse ogni anno di quasi un punto percentuale (Broadberry, Giordano, Zollino 2013, p. 216). L'aumento del prodotto interno lordo dipese in larga misura dalla crescita della domanda di investimenti e di parte dell'occupazione, mentre diminuì l'efficienza complessiva nell'uso del capitale e del lavoro (Giordano, Zollino 2020). Il dato aggregato oscura, ovviamente, situazioni settoriali e anche aziendali tra loro assai diverse, tra le quali non mancarono innovazioni interessanti. Nei pochi anni tra l'introduzione dell'autarchia e l'inizio della Seconda guerra mondiale furono creati nuovi laboratori e centri di ricerca, in particolare nell'industria chimica e della gomma. Lo sviluppo di nuove tecnologie assurse a questione di interesse nazionale. Tuttavia, la collaborazione tra i centri di ricerca, tra università e laboratori aziendali fu decisamente meno significativa che in Germania, negli Stati Uniti o in Giap-

---

[1] 10,3% l'anno tra 1929 e 1939 (Gomellini, Toniolo 2017, p. 122).

pone. La scarsa interazione tra scienza e industria fu una delle principali debolezze del sistema industriale italiano. Benché resa più difficile dalla situazione valutaria, l'importazione di tecnologia straniera attraverso brevetti, licenze e *joint ventures* continuò a giocare un ruolo importante, particolarmente nelle industrie chimica ed elettrotecnica (Barbiellini Amidei, Cantwell, Spadavecchia 2013).

I consumi pubblici fecero un forte balzo con la guerra d'Etiopia (+35% tra 1934 e 1935) per poi segnare il passo, costretti dal vincolo di un bilancio pubblico troppo gonfiato. Nell'anno fiscale 1938-1939, le spese in armamenti furono pari al 37% di quelle totali (Ristuccia 1998, p. 51). Tra il 1935 e il 1939, gli investimenti fissi in macchinari e mezzi di trasporto aumentarono al ritmo di quasi il 9% annuo, quelli in abitazioni e opere pubbliche subirono una drastica diminuzione. Nel medesimo quinquennio i consumi privati crebbero complessivamente solo del 6% per poi diminuire rapidamente fino al 1943 quando non arrivarono al 40% del livello ottenuto nel 1939.

Questo è, in estrema sintesi, il contesto macroeconomico degli anni 1935-1943. Prima di inserire la Banca d'Italia in questo quadro, è utile vedere qualche altro aspetto generale dell'economia italiana, in un periodo segnato da tragiche vicende sociali e politiche, lasciando ai paragrafi successivi notizie su andamenti settoriali e politiche economiche che si intrecciano direttamente con le vicende dell'Istituto di emissione profondamente riformato nel 1936 con un assetto istituzionale sostanzialmente pubblicistico.

Quanto alle cause dell'andamento tutto sommato non insoddisfacente dell'economia, il governatore Azzolini lo spiegò «solo in parte come frutto del ravvivarsi di una economia strutturalmente rinvigorita, mentre per il resto esso è risultato di temporanei interventi statali, di artificiose estensioni di credito e di ingenti spese per gli armamenti»[2]. Parlava dell'economia mondiale, ma si riferiva implicitamente anzitutto a quella italiana.

---

[2] Banca d'Italia, *Assemblea generale dei partecipanti*, Roma, 30 marzo 1937, p. 5.

I benefici della ripresa, trainata in buona parte dalla domanda generata dalle guerre del regime, non furono equamente distribuiti tra aree geografiche e gruppi sociali. Dal punto di vista geografico, lo sviluppo fu concentrato nelle regioni già maggiormente sviluppate. Tra il 1931 e il 1938, il prodotto interno lordo, corretto per tenere conto della diversità nel potere d'acquisto tra le singole aree, crebbe rispettivamente del 22 e dell'11% nel Nord-Ovest e nel Nord-Est del Paese mentre rimase sostanzialmente invariato nelle regioni centrali, meridionali e insulari. Nel 1938, la regione più produttiva (Liguria) aveva un reddito per abitante pari al 150% della media italiana, quella meno produttiva (Abruzzo) non raggiungeva il 65% della stessa. Il divario era aumentato sensibilmente rispetto al 1931 (Vecchi 2017, tab. 7 A4). Il crescente squilibrio si spiega con l'iniziale composizione settoriale della produzione nelle diverse aree del Paese che vedeva la manifattura concentrata nel cosiddetto «triangolo industriale», e con le politiche di allocazione delle risorse seguite dal governo fascista in questa lunga fase bellica e autarchica. Gli investimenti si concentrarono nelle aree già dotate di fabbriche «moderne», mentre la protezione dell'agricoltura («battaglia del grano» e autarchia) scoraggiò la conversione dell'agricoltura meridionale dalla cerealicoltura alle produzioni per le quali il Mezzogiorno aveva un vantaggio comparato, quali l'orticoltura, la frutticoltura, le produzioni di olio e vino, senza con questo conseguire l'obiettivo della «indipendenza» nazionale dalle importazioni granarie (Tattara 1978). L'economia meridionale fu anche colpita dalla crisi dell'industria estrattiva e dalla caduta delle esportazioni di prodotti agricoli pregiati dovuta alla sopravvalutazione del cambio e, dopo il 1930, alla diminuita domanda mondiale. I fatti, ricostruiti dalle ricerche più recenti, sono dunque lontani dalla vulgata propagandistica di regime, sintetizzata nella voce «Questione meridionale» della solitamente rigorosa Enciclopedia Treccani[3], nella quale si legge: «di una questione meridionale non si può più oggi, legittimamente, parlare perché tante differenze sono scomparse e perché ormai

---

[3] Redatta nel 1935 da Raffaele Ciasca.

sono in piena attuazione i provvedimenti del governo fascista» (Felice 2013, p. 109).

Ugualmente lontani dall'immagine divulgata dal regime furono i risultati ottenuti in termini di benessere collettivo, riassumibili in alcune variabili significative. La mortalità infantile, sensibilmente ridotta negli anni Venti, rimase sostanzialmente costante nel decennio successivo, così come la speranza di vita alla nascita (Vecchi 2017, tabb. 3 A4 e 3 A3); l'incidenza del lavoro minorile, che pure aveva, nel decennio postbellico, segnato un trend discendente, aumentò in misura notevole negli anni Trenta (ivi, tab. 4 A1). La percentuale degli italiani malnutriti crebbe fortemente tra la metà degli anni Venti e il 1941 (ivi, p. 31); la ripresa economica dopo la Grande Crisi non rallentò questo trend che portò la malnutrizione ai livelli degli anni Ottanta dell'Ottocento. I salari reali orari restarono sostanzialmente costanti, ma quelli mensili diminuirono per la riduzione delle ore mediamente lavorate (Zamagni 1975; Gabbuti 2020)[4]. Non diminuì la disuguaglianza di genere nelle retribuzioni (Gabbuti 2020). Quanto alla distribuzione personale del reddito e all'incidenza della povertà, non esistono dati per gli anni 1931-1961. Grazie a Gabbuti (*ibid.*) sappiamo invece qualcosa sulla distribuzione funzionale: la quota di reddito nazionale attribuita ai salari. Questa passò dal 55 al 45% tra il 1933 e il 1937, rimase pressoché costante fino al 1941 per poi nuovamente diminuire. Questo insieme di dati sembra lasciare pochi dubbi circa il peggioramento delle condizioni di vita dell'italiano medio negli anni Trenta e soprattutto nel corso del lungo periodo bellico oggetto di questo capitolo. Il molto propagandato «stato sociale» fascista riuscì a fare ben poco per contrastare le tendenze che abbiamo visto, di fronte alle quali nasce la domanda, che qui resta necessariamente priva di risposta, circa le cause del consenso del quale godette il regime, dal 1929 fino almeno al momento della proclamazione dell'impero (De Felice 1990, vol. 1). È una domanda che De Felice non poteva compiutamente porsi perché i dati che la

---

[4] Nota Vera Zamagni (1975, pp. 543-546) che, durante la Grande Crisi, i salari reali erano diminuiti più rapidamente negli Stati Uniti e in Germania che in Italia, ma che nella seconda metà degli anni Trenta erano cresciuti in questi paesi mentre restarono costanti o diminuirono in Italia.

suscitano sono frutto di ricerche successive alla pubblicazione dei suoi lavori. Eppure, se ne avesse disposto, questi dati non avrebbero probabilmente cambiato le conclusioni del grande storico del fascismo: tra i Patti Lateranensi e la guerra d'Etiopia, la politica di Mussolini, sostenuta da una potente macchina propagandistica e dalla soppressione delle opinioni critiche, riuscì a dare agli italiani un senso di orgoglio nazionale che, per alcuni anni, fece passare in secondo piano la durezza della crisi, gli effetti della politica autarchica e i sacrifici necessari al riarmo, facendo balenare promesse di un benessere futuro che allora molti credettero possibile.

I principali assilli dei responsabili della politica economica italiana che più direttamente coinvolsero l'attività della Banca d'Italia furono in parte comuni a quelli dei loro colleghi di altri paesi, in particolare quelli legati ai conti con l'estero, evidenziati dall'andamento del cambio e delle riserve, il finanziamento del Tesoro e, nell'ultima parte del periodo considerato, l'andamento dei prezzi interni. Bilancia dei pagamenti e finanza pubblica erano state, sin dall'Unità, sempre al centro dell'attenzione dei responsabili della politica economica ma posero, nella seconda metà degli anni Trenta, questioni particolarmente pressanti sia per la frammentazione dell'economia internazionale, sia perché la politica economica fu più che mai subordinata a quella estera e militare. Assai meno centrale, rispetto ai precedenti periodi della storia unitaria, divenne invece la preoccupazione per la stabilità del sistema bancario, efficacemente avviata a soluzione tra il 1931 e il 1936.

Il quadro nel quale dovette muoversi la politica economica italiana fu quello, ben noto, di un mondo frammentato in diverse aree valutarie e commerciali, caratterizzato dalla caduta del commercio mondiale alla quale tutti i paesi dettero la medesima risposta, seppure in modi diversi: aumenti dei dazi e controlli quantitativi delle importazioni, restrizioni al movimento internazionale dei capitali, ricerca di accordi commerciali bilaterali in sostituzione delle più efficienti, ma sempre meno praticabili, relazioni multilaterali. Si è visto che la Grande Crisi produsse la fine del sistema di pagamenti internazionali su base aurea, da poco faticosamente ricostruito e, almeno in teoria, adatto a favorire relazioni commerciali multilaterali. Nacquero tre principali aree valutarie: quella della sterlina (comprendente il *Commonwealth*, la Scandinavia e parte dei paesi latinoamericani), quella del dollaro (che contendeva alla sterlina i mercati latinoamericani), quella detta del «blocco dell'oro», guidata dalla Francia, alla quale aderì l'Italia. Germania e Giappone puntarono a creare proprie aree commerciali: quella tedesca interessata soprattutto all'Europa centrale e orientale e quella giapponese con obiettivi egemonici sull'Asia sudorientale[5].

Se, nella Grande Crisi, la riduzione della domanda interna aveva avuto un effetto benefico sulla bilancia commerciale riducendo le importazioni, le cose cambiarono specularmente con la ripresa. Nel 1934 e nel 1935 si registrarono rilevanti disavanzi commerciali[6], nel 1936 tornò un modesto avanzo, nel 1937 le importazioni superarono nuovamente le esportazioni. Per il resto del periodo, inclusi i primi anni della Seconda guerra mondiale, la bilancia commerciale italiana fu costantemente attiva. Per il totale dei conti con l'estero, la cosiddetta bilancia delle partite correnti (inclusi, dunque, rimesse degli emigrati, e movimenti netti di capitali), le ricostruzioni disponibili sono molto più incerte. Banca d'Italia e Tesoro videro però con crescente preoccupazione l'assottigliarsi delle riserve valutarie, sicuro indice di disavanzo delle partite correnti, al quale si volle dare anche una risposta di propaganda patriottica con la campagna per la donazione di «oro alla patria».

Il vincolo dei conti con l'estero fu al centro di cinque sviluppi che segnarono quest'epoca: il controllo sui movimenti di capitale, la fine del *gold standard* italiano, i pagamenti in regime di *clearing* bilaterale, le sanzioni della Società delle Nazioni, la politica autarchica. Sui primi tre, basta un cenno perché il coinvolgimento diretto o indiretto della Banca d'Italia ne fa oggetto delle pagine seguenti. Gli altri due resteranno più sullo sfondo, per cui è utile inquadrarli brevemente nell'economia di questi anni.

---

[5] Per una breve sintesi di questi sviluppi e delle loro caratteristiche cfr. Feinstein, Temin, Toniolo (2008).

[6] I dati di cui disponiamo (Baffigi 2013; 2015), compilati per la stima del prodotto interno lordo, comprendono beni e servizi (principalmente turismo e noli marittimi).

Dato il *non possumus* politico di un'uscita ufficiale dal «blocco dell'oro» anche dopo l'abbandono del Belgio (marzo 1935), il governo italiano rafforzò nel 1935 i provvedimenti di controllo dei movimenti di capitale introdotti alla fine del 1934. Era la soluzione adottata sin dal 1931 dalla Germania per evitare una formale svalutazione del marco, che avrebbe evocato emotivamente lo spettro dell'iperinflazione dei primi anni Venti, per quanto poco plausibile fosse un suo riaccendersi nelle condizioni deflattive di dieci anni dopo. Il razionamento dell'uscita dei capitali italiani rallentò il deflusso delle riserve, ma un aumento della competitività delle esportazioni si ebbe solo nell'ottobre 1936, con la svalutazione, nominale e reale, del cambio della lira, dopo l'analoga decisione presa dal governo di Léon Blum in Francia, nell'ambito dell'Accordo Tripartito con Regno Unito e Stati Uniti, accordo che per un breve tempo dette l'illusione di una «normalizzazione» del sistema dei pagamenti internazionali. Nel 1937, le esportazioni italiane aumentarono del 38% a prezzi costanti e raddoppiarono a prezzi correnti.

L'assottigliarsi della disponibilità di valute (soprattutto sterline e dollari) con le quali si saldavano normalmente i rapporti commerciali multilaterali con l'estero incentivò la negoziazione, sin dal 1932, di accordi bilaterali di scambio (chiamati *clearing*) stipulati sulla base di prezzi e quantità tali da produrre un bilanciamento del valore delle importazioni e delle esportazioni tra i due paesi contraenti. Inizialmente questi accordi regolarono una piccola parte del commercio internazionale dell'Italia, ma nella seconda metà degli anni Trenta «più del 50% del commercio era regolamentato in *clearing*» (Tattara 1993, p. 435), cioè in regime di baratto.

Con una risoluzione del 6 ottobre 1935, il Consiglio della Società delle Nazioni espresse una condanna ufficiale dell'attacco italiano all'Etiopia alla quale seguì l'approvazione di sanzioni economiche che entrarono in vigore il 18 novembre. La decisione, per quanto moralmente necessaria, ebbe conseguenze alla lunga negative sugli equilibri politici ed europei: consolidò la popolarità di Mussolini e ottenne risultati modesti sul piano economico (Ristuccia 2000). La ferma presa di posizione italiana dopo il tentato colpo di

Stato nazista in Austria (luglio 1934) aveva rafforzato l'avvicinamento di Roma a Londra e Parigi, inteso a contenere il già evidente espansionismo tedesco. Le sanzioni, votate con qualche riluttanza dalla Francia, ebbero l'effetto opposto di avviare il processo di avvicinamento dell'Italia alla Germania che portò, nel 1939, alla firma del Patto d'acciaio tra Hitler e Mussolini. All'interno del Paese, le sanzioni furono viste come immotivato attacco, tanto più venendo da parte di due potenze coloniali come Francia e Regno Unito, e produssero una reazione patriottica che coinvolse anche persone che non avevano aderito al fascismo e ne erano critici autorevoli[7]. Il regime colse l'occasione per propagandare una campagna di raccolta di «oro alla patria» che culminò il 18 dicembre nella «giornata della fede» nella quale milioni di italiani donarono il proprio anello nuziale ricevendone in cambio uno di ferro.

Al momento della dichiarazione di guerra del Regno Unito alla Germania (3 settembre 1939), l'apparato militare italiano era relativamente modesto, indebolito da quattro anni di guerra, dall'autarchia e da un perpetuo disavanzo della bilancia dei pagamenti, che si era cercato di contenere perfino vendendo armi ai paesi che sarebbero ben presto diventati nemici. Nel 1939 la spesa militare era pari all'8% del PIL, contro l'11% del 1936-1937 (Zamagni 1998, p. 203, tab. 5.14). La produzione di aeroplani e naviglio da combattimento[8] era inferiore a quella del 1936-1937. Insomma, lo sforzo produttivo bellico, alla vigilia del conflitto al quale Mussolini si era impegnato a partecipare siglando il Patto d'acciaio, era inferiore a quello dispiegato per le guerre d'Etiopia e di Spagna. Consapevole, almeno in parte, della debolezza dell'industria bellica italiana, Mussolini ritardò l'entrata in guerra fino a quando fu convinto della sua breve durata e della possibilità di una rapida e vantaggiosa pace.

Nel 1940-1943, malgrado l'aumento delle risorse dedicate alle forze armate, la spesa militare italiana in rapporto al PIL fu la più bassa tra quelle delle principali potenze combattenti.

---

[7] Tra questi, Luigi Albertini e Benedetto Croce che donarono alla «Patria» la propria medaglia di senatori.

[8] Nel triennio 1936-1938 erano stati varati 45 sottomarini, tra il 1939 e il 1941 ne furono varati solo 27 (Zamagni 1998, p. 194, tab. 5.10).

Contrariamente a quanto era avvenuto nel primo conflitto mondiale, durante il secondo «l'industria italiana non riuscì a generare una consistente espansione, a causa dell'insufficiente diponibilità di materie prime» (ivi, pp. 213-214). L'autarchia si era rivelata fallimentare anche dal punto di vista, privilegiato dal regime, della forza militare. Dopo il 1940 pesò la difficoltà di approvvigionamento sui mercati neutrali, così importante nel 1915-1918, e l'impossibilità di accedere a prestiti alleati, fu anzi l'Italia a fornire risorse alla Germania. «La difficoltà di espandere la produzione di armamenti fu dovuta anche alla mancanza di un'organizzazione industriale adeguata» (ivi, p. 214). Di qualche interesse può essere il confronto con il Giappone, Paese di 71 milioni di abitanti contro i 43 dell'Italia, ma economicamente meno sviluppato, con un PIL pro capite, a parità di potere d'acquisto, pari solo al 73% di quello italiano e una dimensione numerica delle Forze armate sino al 1943 inferiore a quella dell'Italia. Contrariamente a quest'ultima, però, il paese del Sol Levante seppe mantenere costante o aumentare lievemente il prodotto interno lordo, la produzione industriale e in particolare quella bellica, per esempio quadruplicando tra il 1941 e il 1944 il numero di motori aerei prodotti, e contenendo l'inflazione interna entro limiti accettabili (Hara 1998). Pur partendo come l'Italia, e in parte la Germania, da una produzione industriale basata sulla piccola e media impresa[9], nel corso della guerra il Giappone, come la stessa Germania, «scoprì i vantaggi della conversione alla produzione standardizzata di massa degli armamenti. Il fallimento della produzione bellica italiana fu in parte dovuto alla sua struttura industriale basata sulla piccola impresa» (Harrison 1998, p. 40)[10].

---

[9] Questo handicap italiano nella produzione bellica era già stato sottolineato da Azzolini nel 1943, lamentando «Il frazionamento delle iniziative in numerosissime imprese prevalentemente piccole e medie; e insieme la stessa estrema varietà delle produzioni da esse attuate in tempo di pace» (Banca d'Italia, *Assemblea generale ordinaria dei partecipanti*, Roma, 30 marzo 1942, p. 7)

[10] Tipico è il caso dell'industria aeronautica il cui difetto principale era la limitatezza della catena di produzione, condizionata da un numero eccessivo di modelli, a sua volta dovuto all'eccessivo numero di piccole imprese coinvolte» (Zamagni 1998, p. 192). Solo all'inizio del 1943 si arrivò a formare 12 gruppi di imprese tra loro coordinate, una riorganizzazione probabilmente ancora pletorica che arrivò comunque troppo tardi.

2. Controllo sul movimento di capitali e autarchia

La battaglia della lira era stata lanciata a Pesaro, nell'agosto 1926, con la poco augurale metafora della sanguinosa conquista, nella Grande Guerra, di una delle innumerevoli alture del Carso, identificate solo con un numero. Il ritorno alla convertibilità, nel dicembre 1927, era stato pagato a caro prezzo dall'economia italiana, soprattutto dopo la svalutazione della sterlina del 1931. Da allora, la battaglia fu combattuta sempre più sulla difensiva, con una costante emorragia di riserve, che gli altri paesi, chiusi con l'Italia nella ridotta del «blocco dell'oro», non vollero o non poterono rallentare. La lunga guerra di posizione fu finalmente perduta all'inizio del 1935. La svalutazione dell'ottobre 1936 fu solo la constatazione notarile della sconfitta.

Il 7 gennaio 1935, Mussolini congedò Jung, con l'abituale stringato ringraziamento per il lavoro svolto, nominando al suo posto Paolo Ignazio Thaon di Revel che, tra i ministri delle Finanze e del Tesoro, sarà quello che siederà più a lungo alla scrivania di Quintino Sella. Il nuovo ministro, nato nel 1888, apparteneva all'antica nobiltà piemontese. Il nonno Ottavio era stato, nel 1848, ministro delle Finanze del Regno di Sardegna e lo zio Paolo aveva servito come capo di Stato maggiore della marina durante la Prima guerra mondiale. Paolo Ignazio non seguì le tradizioni militari della famiglia, alle quali era legata anche la madre irlandese. Laureato in scienze commerciali alla Scuola Superiore di Commercio di Torino, mantenne per tutta la vita un interesse alle questioni economiche, anche con numerose pubblicazioni. Interventista, partecipò alla guerra come ufficiale di artiglieria. La passione per lo sport lo accompagnò per tutta la vita. Fortissimo spadista, vinse con la squadra italiana la medaglia d'oro alle olimpiadi di Anversa del 1920. Fascista ante-marcia, nel 1929 era stato nominato podestà di Torino e quattro anni dopo senatore del Regno[11].

---

[11] Dopo la Seconda guerra mondiale, Paolo Thaon di Revel si occupò soprattutto di attività sportive nell'ambito del Comitato Olimpico Internazionale, nel quale fu membro della commissione esecutiva. Fu presidente del comitato organizzatore delle Olimpiadi invernali di Cortina del 1956. Morì a Poirino (Torino) nel 1973. Per maggiori notizie cfr. Guazzoni (2019).

Occorre qui fare un breve passo indietro, alla fine del 1934, quando la Banca scrisse una memoria molto preoccupata sull'andamento delle riserve auree e valutarie[12]. Queste erano costantemente diminuite dal 1928 (cap. 9, fig. 9.1)[13,] con l'eccezione del 1933 che aveva fatto sperare in una loro stabilizzazione. Alla fine del 1934, a fronte di consistenti passività a breve sull'estero delle imprese e delle banche italiane, la riserva in valuta era sostanzialmente azzerata[14], quella aurea era ridotta a circa 6 miliardi, rispetto ai 7,5 del dicembre precedente. Contrariamente ad altre circostanze, quando si era cercato di vedere nella speculazione la causa di andamenti sfavorevoli dei cambi e delle riserve, questa volta la Banca fu molto chiara: «le cifre della diminuzione delle riserve [vengono] a eguagliarsi con quelle della bilancia dei pagamenti»[15]. Era pertanto impossibile ridurre il disavanzo dei conti con l'estero senza svalutare la lira, in un quadro internazionale di crescente protezionismo che rallentava le esportazioni e in un Paese, scarso di materie prime, impegnato nel riarmo. Aumenti dei dazi, quote all'importazione e accordi di *clearing* potevano avere solo effetti limitati sulla bilancia commerciale. L'assottigliarsi delle riserve divenne una delle maggiori preoccupazioni della Banca, che sottolineò anche l'importanza dell'oro in caso di guerra[16]. Con questi vincoli, il solo strumento utile a limitare la riduzione delle riserve era il controllo quantitativo sull'esportazione di valuta verso l'estero, o «controllo di cambi» nel gergo di allora, misura che la Germania aveva adottato sin dal 1931, per

---

[12] *Note sulla diminuzione della riserva della Banca d'Italia e sulla Bilancia dei Pagamenti* (senza data ma novembre-dicembre 1934), ASBI, Direttorio Azzolini, prat. 59, fasc. 1, sottofasc. 7, pp. 1-25.

[13] Si veda, per la consistenza e la composizione delle riserve, Caron, Di Cosmo, Scartaccini (1993, pp. 753 ss., tav. 4).

[14] In parte, sottolineava la Banca d'Italia, ciò era dovuto agli acquisti di oro contro valute fatti nel 1928-1933 e alle svalutazioni della sterlina (1931) e del dollaro (1933).

[15] *Note sulla diminuzione*, cit., p. 21.

[16] La Banca notò che la Germania aveva utilizzato un versamento di 600 milioni di marchi oro fatto dalla Russia «anziché al miglioramento delle avverse condizioni della riserva aurea della Reichsbank, come avrebbe dovuto avvenire, per la costituzione di un fondo di accantonamento per i bisogni della guerra», ivi, p. 8.

evitare la formale svalutazione del *Reichsmark*, politicamente inaccettabile dopo l'esperienza dell'iperinflazione dei primi anni Venti.

Ho già accennato (cfr. *supra*, cap. 9) a un decreto ministeriale del 26 maggio 1934 che vietava operazioni in divisa estera che non corrispondessero a necessità commerciali o turistiche, nel tentativo di limitare l'esportazione di capitali dall'Italia. Anche se avesse funzionato bene, il provvedimento non affrontava però il problema principale: il disavanzo della bilancia commerciale, il cui passivo era aumentato, nei primi dieci mesi del 1934, dell'80% rispetto al corrispondente periodo dell'anno precedente[17]. Questo dato fece, probabilmente, accelerare l'assunzione di nuove misure che erano comunque nell'ordine delle cose. Alla fine del 1934[18] fu ripristinato per l'INCE il monopolio delle valute estere, assegnatogli durante la Grande Guerra e abolito da Stringher come ministro del Tesoro. Vennero rese obbligatorie la cessione delle divise in possesso di banche e imprese e la dichiarazione di quelle detenute all'estero (Ufficio Italiano dei Cambi 1995, p. 19). Dopo il «cambio della guardia» al ministero delle Finanze e del Tesoro, tutte le importazioni furono soggette a licenza ministeriale obbligatoria, con la sola eccezione di quelle stabilite da accordi bilaterali (*clearing*) (d.m. 16 febbraio 1935), che il nuovo ministro riteneva utili strumenti per sostenere le esportazioni più che come freno alle importazioni, molte delle quali incomprimibili (Toniolo 1980, p. 280). L'insieme di questi due provvedimenti segnò, soprattutto simbolicamente, una radicale cesura rispetto a due pilastri della politica economica internazionale dell'Italia. L'obbligo di cedere allo Stato la valuta a un cambio ufficiale equivaleva a tutti gli effetti pratici a una svalutazione della lira, subito manifestatasi sui mercati esteri paralleli a quello ufficiale, solo velatamente camuffata dalla formale appartenenza al blocco dell'oro, dal quale Belgio e Lussemburgo stavano peraltro per uscire. Quanto alla politica commerciale, l'Italia abbandonava la pratica, seguita sin dall'Unità, dei trattati commerciali basati sulla clausola della

---

[17] Ivi, p. 17.
[18] R.D.L. 8 dicembre 1934, n. 1942 e decreti ministeriali in pari data (Ufficio Italiano dei Cambi 1995, p. 18).

nazione più favorita, esplicitamente voluta come strumento di progressiva e simmetrica riduzione dei dazi doganali.

I due provvedimenti trovarono le amministrazioni pubbliche del tutto impreparate a gestirli. Le merci si accumularono nei porti e ai valichi di frontiera in attesa delle licenze. Un testimone così descrisse la situazione: «nel labirinto delle disposizioni intese a disciplinare la materia dei rapporti di scambio e di pagamento internazionali, e nella molteplicità degli organi chiamati ad applicarle, il mondo degli affari si muoveva disorientato e inquieto, alla ricerca degli organi competenti a decidere, mentre il governo non riusciva ad abbracciare e dominare la materia» (Guarneri 1988, p. 462). Per parte sua, la Banca d'Italia, che aveva già superato il limite statutario nel rapporto tra circolazione e riserve, dovette limitare l'offerta di valuta estera a quella che affluiva all'INCE. In un promemoria per Mussolini, Azzolini fece presente l'enorme mole di lavoro che la Banca si era improvvisamente trovata sulle spalle, con 26.000 dichiarazioni di banche e 62.000 di privati cittadini arrivate in sei settimane[19]. Dal pubblico arrivavano proteste per l'incapacità della Banca di gestire il nuovo insieme di norme. Azzolini non ne riconobbe l'infondatezza, ma si giustificò dicendo che i disguidi erano l'inevitabile conseguenza del «brusco trapasso da un regime di libertà a un altro di severa costrizione»[20]. Lentezze, ritardi e anche errori erano pertanto inevitabili. Sotto pressione erano soprattutto le filiali periferiche inondate di pratiche, a fronte delle quali non stavano risorse umane aggiuntive. Malgrado ciò, il Governatore difese la qualità del lavoro della propria amministrazione, affermando che essa svolgeva un vaglio attento delle pratiche, non disgiunto dalla «necessaria severità». Severità che espose la Banca anche a qualche passo politicamente inopportuno, come nel caso della richiesta di valuta per il pagamento di una vettura di lusso acquistata a Vienna dal barone Bonin Longare[21], che la Banca respinse ritenendo «inopportuna»

---

[19] Azzolini a Mussolini, 20 gennaio 1935, ASBI, Direttorio Azzolini, cart. 4, fasc. 7, p. 2. Dall'8 dicembre, le riserve erano aumentate di 109 milioni.

[20] Azzolini a Mussolini, 24 gennaio 1935, ASBI, Direttorio Azzolini, cart. 46, doc. 2, p. 24.

[21] Si tratta con ogni probabilità di uno stretto parente di Lelio Bonin Longare,

una spesa tanto elevata (85.000 lire) «per un articolo nel quale l'industria italiana primeggia». L'intervento dell'Ambasciata austriaca creò un piccolo caso diplomatico risolto compiendo il pagamento utilizzando scellini accantonati per altro scopo[22].

Più serie e rilevanti furono le tensioni con gli istituti di credito, a loro volta subissati dalle domande dei clienti. Particolarmente tesi divennero i rapporti con la Banca Commerciale le cui richieste di valuta Azzolini giudicò inappropriate, perché avanzate senza il necessario anticipo di tempo e prima che l'istituto di piazza della Scala avesse esaurito le proprie disponibilità[23]. Ai rappresentanti delle cinque banche autorizzate al commercio convocati in via Nazionale fu ricordato l'obbligo di attenersi alle disposizioni dell'INCE, concedendo divise per importazioni solo entro l'ammontare della valuta raccolta nello stesso giorno[24]. Era evidentemente una norma di emergenza inconciliabile con il bisogno degli operatori di conoscere in anticipo i mezzi di pagamento dei quali avrebbero potuto disporre. Essa aveva già prodotto un accumularsi di debiti commerciali verso l'estero e suscitato manifestazioni di protesta. Nei rapporti della polizia politica, la situazione fu descritta come un «labirinto», in cui industriali e commercianti venivano «mandati da Erode a Pilato», perseguitati da «una burocrazia specificatamente e sbalorditoriamente (*sic!*) ignorante», «dalle sue lungaggini», dalle «inevitabili interferenze» e dalle «fatali beghe tra i gerarchi e i loro tirapiedi»[25].

---

autorevole figura della diplomazia, incaricato di importanti missioni da Volpi, Grandi e dallo stesso Mussolini.

[22] Banca d'Italia, promemoria del 12 febbraio 1935, ASBI, Direttorio Azzolini, cart. 61, fasc. 1, sottofasc. 3, p. 3.

[23] Azzolini a Mussolini, 29 gennaio 1935, ASBI, Direttorio Azzolini, cart. 44, doc. 2, p. 304. Le banche continuarono a lamentarsi di non ricevere dall'INCE valuta sufficiente. Si veda in proposito la stizzita risposta di Azzolini a Mattioli: «È davvero strano che si avvalori con l'autorità di tecnici l'erronea impressione che l'Istcambi possa essere in grado di servire integralmente ogni richiesta anche al di là delle divise che è riuscito a raccogliere» (Azzolini a Mattioli, 19 maggio 1935, ASBI, Direttorio Azzolini, prat. 27, fasc. 9, p. 238).

[24] Azzolini a Mussolini, 5 febbraio 1935, ASBI, Direttorio Azzolini, n. 4, fasc. 7, p. 23.

[25] Rapporto del 13 maggio 1935 in ACS, MI, Dir. gen. PS, Div. Polizia Politica, b. 172, fascicolo «Istituto nazionale Cambi», cit. da Zani (1988, p. 82).

Intervenne la Confederazione bancaria[26] chiedendo che la materia fosse regolata «in modo unitario da un organo centrale», concentrando «in una sola mano» la determinazione dei diritti di importazione e la concessione della relativa valuta. La concentrazione e la razionalizzazione dei poteri in materia di scambi, dispersa tra INCE e ministeri delle Finanze, degli Esteri e delle Corporazioni, fu chiesta anche dal mondo industriale e commerciale, che lamentava la complessità e le difficoltà delle norme (Zani 1988, p. 82). D'altronde, già nel 1934, Giovanni Agnelli aveva auspicato che gli scambi fossero «regolati e disciplinati da una volontà superiore nell'interesse pubblico» (ivi, p. 83).

Tutto ciò mise Azzolini in serie difficoltà che lo indussero a cercare l'appoggio di Mussolini, come testimonia l'inusuale frequenza delle lettere che, in tre settimane, partirono da via Nazionale per Palazzo Venezia. In aprile il Governatore inviò al capo del governo un rapporto nel quale faceva un bilancio negativo delle nuove norme. Rilevando che gli esborsi di divise avevano ecceduto gli incassi per 100.000 lire, Azzolini disse chiaramente che «i provvedimenti restrittivi in materia di importazioni non [avevano] sortito tutto l'effetto desiderato»[27]. Le autodifese del Governatore non dovettero sembrare al duce molto convincenti se, all'inizio di maggio, fu Mussolini stesso a rilevare quanto caotica fosse diventata la situazione, aggiungendo alle disfunzioni evidenziate da banchieri e industriali, lo sviluppo di una borsa nera delle valute, il rincorrersi di voci su una prossima svalutazione della lira e, *in cauda venenum*, una crescente sfiducia verso la Banca d'Italia, che non riusciva a «fronteggiare la situazione»[28].

La soluzione fu trovata un paio di settimane dopo e andò nella direzione auspicata dalla Confederazione bancaria. Il 20 maggio 1935 fu istituita presso il Consiglio dei ministri e

---

[26] *Note sul controllo dei capitali e sul commercio con l'estero, 1935*, anonimo ma proveniente dalla Confederazione bancaria ASBI, Direttorio Azzolini, cart. 70, fasc. 1, sottofasc. 4.

[27] Azzolini a Mussolini, 19 aprile 1935, ASBI, Direttorio Azzolini, n. 4, fasc. 7, p. 44.

[28] Appunto di Mussolini, 3 maggio 1935, in Cotula, Spaventa (1993, p. 788, doc. 154).

sotto il «diretto comando» di Mussolini una Sovrintendenza allo scambio delle valute[29], a capo della quale fu posto Felice Guarneri, un altro dei «tecnici» estranei alla pubblica amministrazione ai quali il duce affidò in questi anni la gestione di problemi complessi. Come Beneduce, Menichella e pochi altri, anche Guarneri aveva, agli occhi di Mussolini, il duplice pregio della competenza e della lontananza dalle faide di partito verso le quali il duce provava crescente insofferenza. Guarneri[30] era nato nel 1888 in provincia di Cremona in una famiglia di imprenditori agricoli non proprietari. Come Stringher, si era laureato in economia e commercio a Ca' Foscari, iniziando la carriera alla Camera di Commercio di Genova, dalla quale arrivò poi all'Unione delle Camere di Commercio a Roma. Sottotenente di fanteria, fu fatto prigioniero durante la ritirata di Caporetto e trascorse una lunga prigionia in Germania. Tornato in Italia, diresse gli uffici economici della Confindustria, tenendo contemporaneamente la direzione dell'Associazione Nazionale delle Società per Azioni (ASSONIME), ottenendo la fiducia di industriali quali Ettore Conti, Gino Olivetti e Giuseppe Volpi. Ebbe modo di farsi apprezzare dallo stesso Mussolini e da Beneduce che lo mise a capo della commissione per la riorganizzazione dei cantieri navali. Al momento della nomina alla Sovrintendenza, Guarneri era, dunque, un tecnico di prestigio, ben inserito nell'ambiente industriale, lontano dalla politica militante, ma certo non critico del regime[31].

La creazione della Sovrintendenza, comunicatagli da Mussolini con brusco e burocratico telegramma[32], non poteva piacere ad Azzolini che «non perse occasione di manifestare

---

[29] R.D.L. 20 maggio 1935, n. 654. Successivamente diventò sottosegretariato (dicembre 1935) e poi ministero (novembre 1937).

[30] Per la biografia di Felice Guarneri cfr. Zani (1988; 2003), dai quali sono tratte queste brevi note biografiche.

[31] Per completare lo schizzo biografico di Guarneri si può ricordare che si dimise da ministro per gli Scambi e le Valute nell'ottobre 1939. Dal 1940 al 1944 fu vicepresidente della Bastogi, con forti responsabilità nella fase di declino della salute di Beneduce e presidente del Banco di Roma. Nel dopoguerra «riprese in pieno il suo ruolo quale punto di riferimento dei grandi gruppi privati» (Zani 2003) ricoprendo numerose cariche di presidente e consigliere d'amministrazione di imprese private. Morì a Roma nel 1955.

[32] Mussolini ad Azzolini, 23 maggio 1935, ASBI, Direttorio Azzolini, cart. 4, p. 48.

la propria ostilità» (Zani 1988, p. 86). I primi sei mesi di convivenza tra Sovrintendenza e Banca d'Italia furono dunque difficili, con punte al limite della scortesia da parte di Azzolini, risposte piccate di Guarneri e il deferimento da parte di entrambi all'autorità di Mussolini, che però riceveva il sovrintendente «tre volte la settimana e anche più se necessario» (Guarneri 1988, p. 470) e al quale confermò in dicembre la fiducia nominandolo sottosegretario. La Banca visse per anni come «ferita non rimarginata» la perdita di controllo dell'INCE (Zani 1988, p. 88), posto alle dipendenze del sottosegretariato (d.m. 4 marzo 1936)[33], ma già un anno prima «organizzato come centro di raccolta e distribuzione delle divise, secondo le direttive impartite dalla Sovrintendenza» (ivi, p. 466). Pare che nessuno si fosse assunto il compito di informare la Banca d'Italia della trasformazione della Sovrintendenza in Sottosegretariato. Fu Troise a telegrafare ad Azzolini, in villeggiatura, di averne avuto notizia dai giornali[34]. In poco tempo, la Banca d'Italia si trovò a essere, in campo valutario, poco più di un esecutore, seppure indispensabile per la competenza tecnica, degli ordini di pagamento emessi dall'istituto, il cui amministratore delegato, Alberto d'Agostino, godeva peraltro della fiducia sia di Guarneri[35] sia di Azzolini[36]. Anche l'azione di vigilanza soffrì per l'attribuzione all'INCE di controlli in materia valutaria, prima affidati a via Nazionale, per le «ripetute invasioni [da parte dell'INCE] nella verifica delle infrazioni valutarie commesse dagli istituti di credito» (Gagliardi 2005). Con l'approvazione della legge bancaria, nello stesso marzo 1936, si sancì di fatto una diarchia nella quale via Nazionale aveva competenze di regolazione e supervisione del settore

[33] Il sottosegretario Guarneri assunse la presidenza dell'INCE, sostituendo Azzolini che restò un semplice membro del Consiglio di amministrazione. Pochi mesi prima, Guarneri aveva chiaramente preso posizione contro il controllo ancora formalmente esercitato dalla Banca d'Italia sull'INCE (e quindi sull'amministrazione dei *clearings* e della distribuzione delle valute): scrivendo a Thaon di Revel il 24 ottobre 1935, stigmatizzò il «sistema di mezzadria» nella direzione dell'INCE che danneggiava in primo luogo l'istituto stesso (Carte Felice Guarneri, b. 3, fasc. «1935», cit. in Zani 1988, p. 84).
[34] ASBI, Direttorio Azzolini, cart. 63.
[35] Guarneri affidò a D'Agostino «compiti delicati difficili e più volte fece proprie le sue proposte» (Zani, *Introduzione* a Guarneri 1988, p. 51).
[36] Nel 1942, Azzolini propose D'Agostino alla presidenza del Banco di Roma.

bancario mentre la gestione dei rapporti economici e valutari con l'estero era concentrata presso la Sovrintendenza. La banca centrale perse dunque il controllo delle sue proprie riserve, con gli effetti che vedremo sulla politica monetaria.

Se la «ferita rimase aperta», come ebbe a dire Introna anni dopo chiedendo il ritorno dell'INCE sotto il controllo della Banca[37], Azzolini non poté fare altro che accettare la nuova situazione. Lo fece abilmente, sia riportando i rapporti con Guarneri nell'ambito dell'usuale cortesia formale sia, soprattutto, fornendo una plausibile versione pubblica del nuovo assetto istituzionale. Nella relazione all'assemblea degli azionisti del 31 marzo 1936, disse che l'assegnazione di mezzi di pagamento sull'estero si era trasformata ormai

in una necessità politica, nell'orbita della quale riusciva difficile all'Istituto di emissione di discriminare, nell'assegnazione delle divise, la tempestività e la inderogabilità delle richieste. Si ritenne perciò opportuno sottoporre alle autorità competenti la necessità di costituire un organo di natura essenzialmente politico-economica, il quale, mentre doveva avere tutti i poteri necessari per coordinare gli acquisti all'estero, tenendo conto delle esigenze indispensabili dell'economia e della difesa nazionale, avesse altresì poteri discrezionali, per determinare e applicare un regime preferenziale per le assegnazioni delle divise disponibili per i pagamenti all'estero[38].

Le considerazioni di Azzolini, addotte per giustificare *ex post* una soluzione sgradita, riflettevano comunque una situazione che la Banca aveva interesse ad accettare, per due motivi. Il primo è che la distribuzione di valuta e licenze d'importazione aveva tutta la potenzialità di diventare un potente strumento per il dirigismo economico dell'ultima fase dell'economia fascista perché consentiva di favorire i settori e perfino le imprese ritenuti necessari agli obiettivi, soprattutto ma non solo militari, che si volevano raggiungere. Questa non poteva che essere una scelta operata al massimo

---

[37] Scrivendo al ministro del Tesoro Soleri, Introna definì l'istituzione della Sovrintendenza come il momento in cui «cominciò la deviazione»; Introna a Soleri, 30 giugno 1944 ASBI, Archivio Introna, cart. 3, fasc. «Corrispondenza con il ministro del Tesoro Ecc. Soleri», cit. da Zani (1988, p. 88).

[38] Banca d'Italia, *Assemblea ordinaria degli azionisti*, Roma, 31 marzo 1936, p. 37.

livello, di «alta politica» si potrebbe dire. Il secondo motivo riguardava la piccola politica quotidiana, quella delle *lobbies*, degli equilibri tra le diverse componenti del partito e della società e, inevitabilmente, dei favori. Guarneri, che aveva dato alla Sovrintendenza una struttura snella di direzione, dispose che le domande d'importazione fossero presentate alle varie federazioni di categoria, per essere esaminate da giunte nominate dal ministero delle Corporazioni. La Sovrintendenza stabiliva contingenti di importazioni per ogni categoria di merci, ma toccava poi alle singole federazioni allocarle tra le diverse imprese richiedenti. Erano dunque «le rappresentanze dirette delle categorie interessate» a scegliere la ripartizione delle valute tra le varie domande. L'apparato amministrativo era, dunque, abilmente usato «come camera di compensazione degli interessi organizzati, luogo di mediazione di conflitti economici e, in parte, sociali» (Zani 1988, p. 100). Lo stesso Guarneri vide lucidamente il ministero per gli Scambi e le Valute come organo «di comando e insieme luogo di mediazione corporativa» (Guarneri 1988, p. 467). La Banca d'Italia non avrebbe tratto alcun vantaggio a condividere questo tipo di responsabilità di comando e mediazione. A ben vedere, benché l'orgoglio fosse rimasto comprensibilmente ferito, fu una fortuna per l'istituzione di via Nazionale il non essere coinvolta nella gestione delle valute e delle importazioni.

I controlli valutari e commerciali divennero ancora più stringenti e dettagliati dopo che, l'11 ottobre 1935, la Società delle Nazioni impose le già accennate sanzioni all'Italia per l'aggressione all'Etiopia. Le cinque risoluzioni approvate a Ginevra prevedevano che i paesi aderenti alle sanzioni adottassero verso l'Italia l'embargo sull'esportazione di armi e materiale bellico, il divieto di concedere crediti a enti, imprese e cittadini italiani, la proibizione di importare merci di qualunque genere, l'embargo al commercio di materie prime[39]. L'esigenza di contrastare, come possibile, queste misure aveva accelerato la nascita del sottosegretariato e la trasformazione

---

[39] Come è noto, tra i grandi paesi, non aderirono alle sanzioni gli Stati Uniti, che non erano mai entrati nella Società delle Nazioni, Germania e Giappone che ne erano usciti. Tra i paesi che avevano votato le sanzioni, Spagna e Jugoslavia furono quantomeno lassisti nell'applicazione.

dell'INCE in ente di diritto pubblico. Basta scorrere i verbali del Comitato Interministeriale Scambi e Valute, le cui riunioni furono molto frequenti tra il 1935 e il 1936, per avere un'idea dei minuti interventi con i quali si cercò di orientare la produzione verso il mercato interno. Prendiamo a esempio gli obiettivi stabiliti per l'industria cotoniera, non diversi da quelli di altri settori: «favorire il rifornimento dall'estero di materie prime alle aziende esportatrici», lasciando alle altre la ricerca di un'alternativa al cotone importato, al fine di «spingere l'industria cotoniera a badare a sé stessa e non gravare ulteriormente sulla bilancia valutaria del paese»[40]. La questione era talmente importante che il vecchio generale Alfredo Dallolio[41], direttore del Commissariato Generale per le Fabbricazioni di Guerra, chiese che il fabbisogno bellico si mantenesse «nei limiti strettamente necessari» facendo presente che «oggi la prima arma è la valuta»[42].

A solo titolo di esempio, tra le questioni delle quali si occupò minutamente il Comitato troviamo il prezzo dei bozzoli, i premi all'esportazione della canapa, i dazi sui bottoni, sul bestiame, sul frumento, le licenze di importazione di acciaio inossidabile dalla Svezia (non concessa perché «è tempo che quest'acciaio si fabbrichi in Italia»)[43], il regime doganale delle colonie, il consumo di nafta per uso civile, la proposta, respinta da Mussolini, di chiudere i distributori di benzina per un giorno la settimana. L'elenco potrebbe continuare, ma credo possa bastare a dare l'idea del ginepraio d'interessi contrapposti, ciascuno sponsorizzato da una corporazione o da uno dei gerarchi, nel quale si sarebbe trovata la Banca d'Italia se non le fosse stata sottratta la responsabilità primaria per il controllo delle valute. Tanto più che questo meccanismo di distribuzione minuta di divieti e incentivi non riuscì a creare un'economia di guerra passabilmente efficiente nel raggiungere

---

[40] Comitato Interministeriale Scambi e Valute, Riunione del 25 marzo 1936, ASBI, Direttorio Azzolini, prat. 86, fasc. 1, p. 361.
[41] 1853-1952. Lo abbiamo visto, durante la Grande Guerra, come architetto della mobilitazione industriale a capo del Sottosegretariato armi e munizioni.
[42] Comitato Interministeriale Scambi e Valute, Riunione del 21 ottobre 1935, ASBI, Direttorio Azzolini, prat. 86, fasc. 1, p. 632.
[43] Comitato Interministeriale Scambi e Valute, Riunione dell'8 giugno 1936, ivi, p. 248.

gli obiettivi di riarmo ai quali voleva servire, né a impedire il depauperamento delle riserve valutarie della nazione. Non fu replicato l'esito che ebbe la mobilitazione industriale realizzata tra il 1915 e il 1918. Quanto alle riserve, il Servizio Studi della Banca stimò che, tra gennaio e agosto 1936, le esportazioni di merci erano diminuite del 40%, mentre le importazioni erano calate solo del 26%, lasciando all'incirca invariato il disavanzo commerciale dell'Italia. Quest'ultimo era stato coperto solo per il 58% dalle riserve, diminuite di oltre un miliardo, ma erano cresciuti i debiti netti delle imprese verso l'estero[44]. L'estensore della nota concluse, con un tocco di ottimismo, scorgendo un risveglio del commercio estero in agosto. Guarneri (1988, pp. 611 ss.) parla di «vigorosa ripresa» dei rapporti economici con l'estero dopo la fine delle sanzioni. In effetti, importazioni ed esportazioni videro nel 1937 un aumento considerevole rispetto ai livelli del 1935-1936, i più bassi dal 1921. Ma negli anni successivi il commercio internazionale dell'Italia visse un sostanziale ristagno, senza mai tornare al livello del 1929. D'altronde l'Italia non era il solo Paese ad avere adottato forti misure protettive. Migliorò tuttavia il saldo della bilancia commerciale, rallentando la riduzione delle riserve, ormai sotto il livello legale di copertura della circolazione.

Nel maggio 1936, al Governatore della Banca d'Italia fu affidata la presidenza dell'Istituto Mobiliare Italiano e del Consorzio per Sovvenzioni su Valori Industriali, che ne era sezione autonoma[45]. Ne accenno qui perché il provvedimento fu un tassello non del tutto marginale della politica autarchica e del ruolo che in essa veniva assumendo la Banca d'Italia. Questa, mentre le veniva sottratto il controllo del mercato valutario e delle proprie riserve, acquisiva, seppure indirettamente, un ruolo centrale nell'erogazione del credito a lungo termine. In altre parole, via Nazionale perdeva una funzione tipica della banca centrale mentre ne acquisiva, seppure indirettamente tramite il governatore, una di carattere allocativo assolutamente

---

[44] Servizio Studi, *La bilancia commerciale italiana gennaio-agosto 1936* - Riservato, ottobre 1936, ASBI, Direttorio Azzolini, prat. 96, fasc. 1, sottofasc. 5, p. 30.

[45] Art. 20 dello Statuto dell'Istituto Mobiliare Italiano, allegato al R.D. 28 maggio 1936, n. 957, norme complementari per l'attuazione del R.D.L. 12 marzo 1936, n. 376.

impropria, almeno in una visione ortodossa del *central banking*. La cosa non era in sé nuova. Il Consorzio Sovvenzioni su Valori Industriali era stato a lungo presieduto dal governatore e, soprattutto nell'immediato dopoguerra, aveva compiuto, come si è visto, importanti scelte di investimento industriale. Ma allora la giustificazione derivava dall'eccezionalità dei tempi, così come le condizioni eccezionali della Grande Crisi avevano giustificato il coinvolgimento della Banca d'Inghilterra, il campione dell'ortodossia, nel finanziamento a lungo termine e perfino nella gestione di imprese manifatturiere. Nell'Italia del 1936, però, si sarebbe potuto pensare che la creazione dell'IRI, con un management competente nella conduzione e riorganizzazione di imprese, avrebbe semmai consigliato un legame tra lo stesso IRI e l'IMI. Ma questo non era, evidentemente, nei desideri né di Beneduce e Menichella, né tantomeno del governo che, avendo dato all'IRI ampia autonomia pur entro confini ben precisi, intendeva però mantenere un controllo quasi totalitario sul settore del credito, con la tollerata parziale eccezione della Banca Commerciale.

Inutile dire che la presidenza dell'IMI congiunta a quella dell'Ispettorato del Credito creava per Azzolini un conflitto d'interesse, dopo che la legge bancaria aveva affidato all'Ispettorato la supervisione anche degli istituti di credito a medio e lungo termine e di quelli speciali. Tuttavia, la riforma dello statuto dell'IMI era proprio una «norma complementare» della stessa legge bancaria. Nella visione fascista del ruolo dello Stato non solo come regolatore, ma come supremo organizzatore dell'economia dirigistica autarchica, non c'era posto per pesi e contrappesi garantiti da organismi autonomi; il concetto stesso di conflitto d'interessi non si inquadrava in tale visione, secondo la quale essi sarebbero stati comunque composti da una superiore, inappellabile istanza. Per Azzolini, la nuova presidenza fu forse anche una compensazione per la perdita di quella dell'INCE. La presidenza del governatore permise all'IMI di realizzare quelle che uno degli storici dell'istituto definisce «sinergie operative», di fatto soprattutto agevolazioni a senso unico, quali «la possibilità di ottenere con privilegio di anticipo l'autorizzazione all'emissione di nuove serie obbligazionarie», la partecipazione ai sindacati di collocamento dei titoli di Stato, l'utilizzo delle filiali della Banca come «rete periferica per la promozione dell'attività di finanziamento, e la raccolta di informazioni utili all'esame istruttorio, il collocamento e l'amministrazione dei titoli emessi dall'IMI» e altre ancora (Lombardo 1998, p. 325). Queste «sinergie» non potevano che essere viste come benefiche per l'intera economia nazionale da una cultura economica e politica che riteneva la concorrenza come sommamente dannosa.

Nel luglio 1935 fu sospeso «temporaneamente» (avverbio già usato dagli inglesi nel 1931) l'obbligo di conversione in oro della lira[46], peraltro in pratica già difficile da ottenere. Si volle tuttavia evitare di seguire Belgio e Lussemburgo nell'uscita formale dal blocco dell'oro, del quale peraltro l'Italia violava da tempo gli accordi. Si trattò comunque di una svalutazione di fatto. Per correggere lo squilibrio fra il tasso ufficiale di cambio e il minore potere d'acquisto interno della valuta, fu adottata una politica di cambi multipli («extracambi») secondo il tipo di operazione sottostante. Importante fu la creazione, il 20 marzo 1936, di una «lira turistica» svalutata del 23,5% rispetto al cambio ufficiale, che le banche erano autorizzate a concedere, entro determinati limiti, per viaggi a scopo di turismo. Per gli scambi commerciali, la svalutazione si manifestò sotto forma di sussidi alle esportazioni in molteplici forme, attraverso «facilitazioni», «premi», compensazioni private, «diritti di *clearing*» (Hirschman 1987, p. 232). All'inizio del 1936, il viceconsole americano a Milano Constance Harvey stimò che «il valore della lira italiana come mezzo di pagamento di beni stranieri si [fosse] di fatto dimezzato»[47].

---

[46] R.D.L. 21 luglio 1935, n. 1293, *Temporanea sospensione dell'applicazione del primo comma dell'art. 4 del R.D.L. 21 dicembre 1927, n. 2325.*

[47] «Il cambio per regolare i saldi ferroviari internazionali è superiore dell'1,8% a quello ufficiale della Banca d'Italia. Il tasso dell'Italcable lo è del 2,8%. La valuta estera riveniente da esportazioni costa in lire, in Italia, dal 30 al 40% in più (esclusi costi aggiuntivi), negli accordi di compensazione privati. Le banconote italiane esportate illegalmente si vendono all'estero con uno sconto che va dal 30 al 40%. Quelle esportate legalmente, da restituire come rimesse per gli immigranti, sono scontate del 20-30%. Gli sconti sulle lire crescono ovviamente di più nelle transazioni illegali che in quelle legali; ma i premi alle esportazioni registrano gli sconti maggiori». Rapporto del viceconsole statunitense a Milano, Constance Harvey, 6 febbraio 1936 (De Cecco 1993, p. 1054, doc. 231).

Il 15 luglio 1936 cessarono le sanzioni. Si pose il problema della liquidazione dei debiti commerciali contratti dall'Italia prima della loro imposizione. Si decise di affrontare la non facile situazione offrendo di saldarli con l'invio di merci, soprattutto tramite accordi bilaterali, ma evitando ogni esborso in valuta (Guarneri 1988, p. 618). La gestione del cambio impostata prima dell'aggressione all'Etiopia e delle sanzioni restò inalterata, anche perché già si profilava un altro pesante impegno militare. A fine luglio 1936 erano partiti per la Spagna, in soccorso a Franco, i primi bombardieri Savoia-Marchetti. All'inizio del 1937 cominciarono ad arrivare truppe «volontarie» mandate da Mussolini. Sarebbero rimaste in Spagna, malgrado la sconfitta di Guadalajara, fino all'aprile 1939.

3. *Svalutazione e politica monetaria*

Dopo il 1933, delle tre principali monete internazionali solo la minore, il franco francese, aveva conservato la convertibilità aurea al cambio stabilito nel 1928, il cosiddetto *Franc Poincaré*, il cui valore, rispetto al dollaro e alla sterlina, poté essere mantenuto solo con pesanti politiche deflattive e, dunque, al prezzo di una tiepida ripresa dalla Grande Crisi e di un elevato livello di disoccupazione, socialmente sostenibile solo perché colpiva soprattutto gli immigrati. Finché durò il governo di estrema destra presieduto da Pierre Laval (giugno 1935-gennaio 1936), una svalutazione del franco fu fuori discussione. Le cose cambiarono quando, nel giugno 1936, la vittoria elettorale del Fronte Popolare portò alla formazione di un governo di sinistra presieduto da Léon Blum. Questi, appena insediato, non mancò di dichiarare il proprio impegno a mantenere la parità aurea del franco, benché si stesse già convincendo della necessità della svalutazione. Per attuarla, serviva però alla Francia un accordo internazionale, una condizione che sarebbe diventata normale nel mondo multilaterale del secondo dopoguerra, ma che allora non aveva precedenti. Si trattava di ottenere la garanzia che Regno Unito e Stati Uniti non avrebbero reagito a quella francese con proprie svalutazioni competitive (Feinstein, Temin, Toniolo 2008, p. 175). Nell'estate, gli Stati Uniti chiesero a Blum se una dichiarazione angloamericana che i due paesi non avrebbero reagito di fronte a una ragionevole svalutazione francese avrebbe facilitato il processo politico interno in quella direzione, ma Blum ritenne che ciò avrebbe dato l'impressione di una svalutazione unilaterale, contro la quale si era battuto nella campagna elettorale.

Solo quando, all'inizio di settembre, l'annuncio di un piano di riarmo per 12 miliardi di franchi provocò un forte quanto inaspettato deflusso di oro, il governo francese riprese i contatti con Londra e Washington. Questi non furono facili, anche per motivi di propaganda interna in ciascuno dei tre paesi. I governi britannico e statunitense volevano evitare forti richiami sia alla cooperazione, sia al *gold standard*. Gli Stati Uniti di Roosevelt erano anche contrari a ogni riferimento alle «classi sociali», importante per il socialista Blum sul piano interno, ma ritenuto da Washington sgradito al pubblico americano. Più di sostanza era la preoccupazione di Londra per la mancanza di una chiara quantificazione da parte di Parigi dell'ammontare previsto di svalutazione del franco. Il 19 settembre 1936 gli americani fecero una proposta che «manteneva le fiorite espressioni francesi sulla pace e la libertà mentre offriva una ragionevole stabilità del dollaro, accettava la svalutazione del franco e prometteva cooperazione con i governi francese e britannico» (ivi, p. 176). Dopo un'altra settimana di negoziati, soprattutto tra Londra e Washington, per una leggera svalutazione del dollaro che alla fine non ebbe luogo, il 26 settembre i tre governi annunziarono un Accordo Tripartito largamente basato sulla proposta americana. Il Parlamento francese approvò una svalutazione tra il 25 e il 34% accettata dagli altri due governi, seppure senza promesse per il futuro da parte di Londra che non intendeva legarsi le mani in materia di politica monetaria. Ci furono anche riferimenti alla riduzione delle barriere doganali e dei controlli sui movimenti di capitale, poi ben poco attuata, soprattutto da parte francese, e a una maggiore cooperazione tra le banche centrali.

L'Accordo Tripartito del 25 settembre 1936[48] certificò la fine del poco che restava del *gold standard* e mise in luce

---

[48] L'accordo fu concluso nel pomeriggio di venerdì 25 settembre 1936 e

quanto limitata rimanesse la cooperazione internazionale che aveva condotto alla sua reintroduzione nella seconda metà degli anni Venti. Se un accordo simile fosse stato politicamente possibile cinque anni prima, coordinando la svalutazione della sterlina con quella delle altre principali monete, la storia economica della Grande Crisi e degli anni successivi sarebbe stata diversa. Nel 1936, l'Accordo restò solo un estremo tentativo di cooperazione internazionale che non diede i risultati sperati: nei tre anni successivi, la sterlina e il dollaro rimasero piuttosto stabili, ma il franco resse solo per pochi mesi per poi riprendere a svalutarsi sino allo scoppio della guerra in Europa. Al contrario di quanto era successo negli anni Venti, i negoziati furono condotti esclusivamente dai governi. Le banche centrali vennero lasciate ai margini con compiti largamente esecutivi. Gli incontri mensili dei governatori alla Banca dei Regolamenti Internazionali si dimostrarono, comunque, utili soprattutto per la circolazione di informazioni e di pareri tecnici. Un valido ruolo diplomatico fu giocato da Leonard Trip e Gottlieb Bachmann, presidenti rispettivamente delle banche centrali dei Paesi Bassi e della Svizzera, due paesi di medie dimensioni economiche, appartenenti al blocco dell'oro, dotati di robusti sistemi finanziari: essi favorirono la conclusione dell'accordo facendo leva sulla minaccia di svalutare autonomamente le proprie monete invece di allinearne, come poi fecero, il valore esterno con le nuove parità stabilite dalle tre principali potenze finanziarie (Toniolo 2005, pp. 181-182).

Se non diedero frutti immediati, i negoziati per l'Accordo Tripartito produssero almeno qualche seme di piante future. Per la prima volta fu accettata formalmente l'idea che la gestione dei cambi non potesse che essere materia di accordi multilaterali, piuttosto che bilaterali (Sayers 1976, p. 481). Un altro importante effetto di lungo termine dell'Accordo Tripartito fu il segnale dato da Roosevelt di voler uscire dall'isolazionismo economico assumendo un ruolo di guida negli affari monetari internazionali (Ikenberry 1993, pp. 64-66). Infine, il pensiero di Keynes e White, entrambi sostenitori

---

annunciato nella notte tra venerdì e sabato, a mercati chiusi, per questo viene normalmente ricordato come «Accordo del 26 settembre».

dell'Accordo, fu influenzato dalle discussioni che condussero alla sua conclusione, tanto che si ritrovano nell'Accordo Tripartito molte delle intuizioni che furono poi sviluppate negli accordi di Bretton Woods (Toniolo 2005, p. 182).

Le trattative per l'accordo furono condotte molto riservatamente, anche perché, come si è visto, i francesi restarono per tutta l'estate incerti sulla strada da seguire. La sospensione, tra luglio e ottobre, degli incontri dei governatori a Basilea impedì anche il normale scambio di opinioni tra loro. Il 27 settembre, fu annunciata la svalutazione del franco svizzero, che però rimase convertibile in oro. Tre giorni dopo, Gottlieb Bachmann, presidente della Banca Nazionale Svizzera, scrisse ad Azzolini scusandosi di non averlo avvertito prima e affermando che lui stesso non aveva avuto idea di quanto stava maturando in Francia e che solo il 25 settembre la possibilità di una svalutazione era stata ventilata al Consiglio Federale svizzero. Si era trattato, aggiunse, di una decisione sofferta dettata dall'esigenza di impedire un forte deflusso d'oro e dall'impossibilità di forzare ulteriormente verso il basso la dinamica di prezzi, costi di produzione e salari. La decisione, secondo Bachmann, «fece una penosa impressione al popolo svizzero», del quale «solo una minoranza era favorevole alla svalutazione»[49].

Non sono noti i dettagli di come si arrivò alla decisione italiana di svalutare, anche perché storici e contemporanei non hanno attribuito all'episodio la rilevanza che ebbero le svalutazioni del 1936 in altri paesi. Guarneri racconta che la reazione immediata di Mussolini all'annuncio francese fu di irrigidimento, rafforzato da pressioni tedesche perché la lira restasse agganciata al marco. Furono, sempre secondo Guarneri, lui stesso e Thaon di Revel a trovare l'escamotage propagandistico: la lira sarebbe tornata al valore di Quota 90 promesso nel discorso di Pesaro, con una svalutazione che si sarebbe solo allineata a quella della sterlina nel 1931 (Guarneri 1988, p. 643). Difficile sapere quale ruolo abbia giocato Azzolini nella decisione. Una bozza del discorso fatto da Mussolini al

---

[49] Bachmann ad Azzolini, 30 settembre 1936, ASBI, Rapporti con l'estero, prat. 107, fasc. 2, p. 23.

Consiglio dei ministri del 5 ottobre (R.D.L. 5 ottobre 1936, n. 1750), datata 30 settembre, conservata nell'archivio della Banca d'Italia[50], indica che Azzolini era già a conoscenza della decisione e quasi certamente aveva contribuito a specificarne aspetti tecnici. La scelta propagandistica di Palazzo Venezia consistette, oltre che nell'enfatizzare come la promessa fatta a Pesaro fosse ancora mantenuta e che l'Italia agiva in uno stato di necessità del quale non aveva alcuna colpa[51], nell'additare la Gran Bretagna come responsabile della situazione che si era creata.

La svalutazione del franco francese è il corollario di una situazione protrattasi da anni alla quale gli atteggiamenti monetari internazionali del governo inglese hanno portato un contributo più che negativo, addirittura rovinoso [...] forti dell'impero e della posizione sui mercati soggetti all'influenza della sterlina, le autorità inglesi hanno [potuto compiere] un esperimento che ha portato al rimaneggiamento generale per il quale gli inglesi si sono tanto a lungo battuti.

Questa visione mandava sostanzialmente assolti Francia e Stati Uniti, democrazie deboli, sfibrate da «situazioni interne contrastate e di ogni tipo». Sul piano tecnico, il cambio fu stabilito in 19 lire per dollaro, con una svalutazione pari a quella del dollaro del 1933[52]. Fu consentita una fluttuazione del 10% sopra o sotto la nuova parità. Gli estensori del decreto legge non si fecero comunque illusioni sui suoi effetti. La bozza dell'articolo 5 del decreto consentiva sospensioni delle «disposizioni in materia di movimenti di capitali e scambi con l'estero», ma il testo aveva solo funzioni propagandistiche; la relazione affermava invece la «necessità di procedere, anche dopo la rivalutazione (*sic*!) della lira, secondo linee restrittive, data l'impossibilità da parte nostra di disporre di un'adeguata massa di manovra per difendere la nuova parità»[53].

---

[50] «Relazione al Consiglio dei ministri sulla svalutazione della lira», datata a matita 30 settembre 1936, XIV, ASBI, Direttorio Azzolini, prat. 90, fasc. 2. Alla relazione seguono bozze di comunicati stampa e di telegrammi da inviare ai governatori delle principali banche centrali.
[51] «Aderiamo esclusivamente perché si tratta di un fenomeno che coinvolge la totalità dei paesi [...] abbiamo resistito più di ogni altro paese e siamo stati i più convinti assertori della nuova parità».
[52] Il riferimento al dollaro fece sì che il nuovo cambio della sterlina fosse 93,67, lievemente svalutato rispetto a quello di 92,47 stabilito nel 1927.
[53] «Relazione al Consiglio dei ministri sulla svalutazione della lira», datata

La svalutazione annullò temporaneamente lo squilibrio tra prezzi italiani ed esteri, permettendo l'abolizione dei premi all'esportazione, dello scarto della lira turistica e un'attenuazione del controllo dei cambi, segnalata da alcune misure attuate alla fine del 1936. Albert Hirschman (1987, p. 171) vide nella svalutazione del 1936 il ripristino di un «dialogo con l'economia mondiale», ben presto però nuovamente perduto. La politica autarchica e i preparativi militari postulavano un controllo sempre più rigido delle risorse nazionali mentre, come vedremo subito, le politiche fiscali espansive collegate al riarmo produssero un aumento dei prezzi interni che vanificò i vantaggi della svalutazione. Il nuovo aumento del deficit commerciale del 1937 rese necessaria una stretta nel controllo dei cambi. Il cambio della «lira turistica» si mosse nuovamente al ribasso. Dalla metà del 1938, al mercato ufficioso di Parigi, la lira fu quotata con uno sconto oscillante tra il 35 e il 50% rispetto al cambio ufficiale stabilito nell'ottobre 1936 (ivi, pp. 234 e 253, fig. 1).

Fino al 1935, la politica monetaria era stata, come si è visto, condizionata soprattutto dall'esigenza di sostenere il cambio e contenere la diminuzione delle riserve valutarie e auree. Le cose mutarono nel 1935 per due motivi: il più stringente controllo dei movimenti valutari e delle merci, del quale abbiamo detto, e la necessità di finanziare il forte aumento della spesa pubblica necessario per la preparazione e l'attuazione dell'invasione dell'Etiopia. Nel 1935, la spesa delle amministrazioni pubbliche balzò dal 23,6 al 37,9% del PIL. L'anno successivo arrivò al 47,3%, il livello più elevato dall'Unità, nuovamente toccato solo nel 1983. Tra il 1937 e il 1938 la spesa in rapporto al PIL si assestò attorno a un livello non molto superiore a quello del 1934[54] (tab. 10.1), simile a quello di Francia e Regno Unito, ma ben inferiore a quello

---

a matita 30 settembre 1936, XIV, ASBI, Direttorio Azzolini, prat. 90, fasc. 2, p. 12. Con l'occasione la Francia aveva costituito un fondo per la difesa del cambio, con una rivalutazione contabile dell'oro della banca centrale, che creò una plusvalenza di 10 miliardi di franchi assegnati al fondo stesso. Stati Uniti e Regno Unito avevano già costituito fondi analoghi.

[54] Tra il 1934 e il 1939, la spesa delle amministrazioni pubbliche crebbe in media ogni anno del 17,6% in termini monetari e del 10% in termini reali.

TAB. 10.1. *Spesa pubblica in rapporto al PIL, 1929-1943*

	Spese/PIL %	Saldo primario/PIL %	Indebitamento/PIL %
1929	15,2	3,5	0,1
1930	17,0	3,6	0,2
1931	19,2	3,7	−0,2
1932	20,5	2,3	−2,0
1933	23,8	3,0	−2,9
1934	23,8	4,6	−1,2
1935	37,9	1,6	−2,7
1936	44,9	−2,5	−6,9
1937	26,8	−2,8	−6,6
1938	24,4	−2,6	−6,5
1939	27,7	−1,6	−5,1
1940	40,2	−9,7	−13,0
1941	43,8	−12,1	−15,6
1942	43,5	−9,5	−13,5
1943	46,0	−25,1	−27,4

Fonte: Spesa: Ministero dell'Economia e delle Finanze (2011); PIL a prezzi correnti: Baffigi (2013); Saldo primario e indebitamento: International Monetary Fund, *Modern History Database* (https://imf.org).

tedesco (Pedone 2012, p. 3). La ripresa dopo la Grande Crisi, realizzata nel quinquennio fino al 1939, quando il PIL reale italiano toccò il livello massimo dall'Unità d'Italia, fu dunque sostenuta dal tono decisamente espansivo assunto dalla politica fiscale, dopo i lunghi anni di «austerità», come si direbbe oggi, dettata principalmente dalla necessità di sostenere il cambio.

L'allentamento del vincolo esterno creato dai controlli valutari e delle importazioni consentì anche l'attuazione di una politica monetaria maggiormente espansiva rispetto alla cautela tenuta negli anni più severi della Grande Crisi. L'offerta totale di moneta (M2) aumentò in media del 6,1% annuo tra il 1935 e il 1939, un ritmo assai inferiore a quello del reddito monetario, con conseguente diminuzione del rapporto tra offerta di moneta e prodotto interno lordo (tab. 10.2). L'andamento dell'aggregato fu però il risultato della diversa dinamica dei depositi e della moneta circolante: i primi crebbero solo del 4,5% annuo, la seconda del 10,8%. Le ragioni della modesta crescita dei depositi bancari in anni di robusta ripresa dell'economia non sono chiare: Barbiellini Amidei e colleghi lo attribuiscono alla sfiducia nelle banche,

TAB. 10.2. *Reddito, prezzi, moneta 1929-1943*

	PIL (prezzi costanti 1938) (1)	PIL (prezzi correnti) (2)	Indice prezzi consumo (3)	Variaz. % prezzi consumo (4)	Circolaz. (M0) (5)	Circolaz.+ depositi (M2) (6)	M2/PIL (%) (7)
1929	100,0	100,0	100,0	1,6	100,0	100,0	56,8
1930	95,3	88,0	96,8	-3,2	95,3	99,5	64,5
1931	94,3	78,4	87,5	-10,1	87,9	93,6	67,8
1932	96,3	73,6	86,2	-1,5	84,6	90,6	70,0
1933	95,2	67,3	80,1	-7,6	79,3	91,9	77,5
1934	94,9	67,4	76,0	-5,4	81,8	89,4	75,5
1935	100,1	74,7	77,1	1,4	100,0	89,5	68,3
1936	96,1	77,4	82,9	7,0	101,3	92,3	67,8
1937	106,1	97,4	90,8	8,7	104,4	94,3	55,7
1938	109,2	106,2	97,7	7,1	111,4	100,9	54,1
1939	116,0	117,2	102,1	4,3	133,5	115,7	55,6
1940	113,6	165,8	119,1	14,3	154,7	136,9	56,0
1941	112,2	206,6	137,8	16,6	210,7	134,0	64,1
1942	106,7	281,8	159,3	13,5	320,1	238,8	69,3
1943	90,0	551,3	267,1	60,3	492,9	402,3	81,2

Colonne (1) e (2): Prodotto interno lordo a prezzi di mercato, costanti e correnti (Baffigi 2013).
Colonne (3) e (4): Indice nazionale dei prezzi al consumo per le famiglie di operai e impiegati (ISTAT 2011).
Colonne (5), (6) e (7): Barbiellini Amidei *et al.* (2016).

causata dai «dissesti bancari e dai salvataggi delle principali banche miste» (Barbiellini Amidei *et al.* 2016, p. 12). I primi, tuttavia, caratterizzarono tutti gli anni Venti e i secondi furono realizzati nel 1931 e non impedirono, negli anni della Grande Crisi, la crescita del rapporto depositi/PIL (tab. 10.2), che invece cominciò a diminuire con la ripresa dell'attività economica e dell'occupazione[55]. Un'ipotesi alternativa è che la sfiducia non riguardasse le banche in quanto tali, ma piuttosto la possibilità di disporre liberamente in futuro dei fondi depositati, generata dai crescenti controlli amministrativi alla mobilità dei capitali. L'abbondante aneddotica sull'esportazione

---

[55] Supporterebbe l'ipotesi di sfiducia nelle banche più che la paura di interventi governativi, il dato su conti correnti e libretti postali che in questi anni crescono o sono stabili, mentre scendono decisamente quelli bancari (cfr. Barbiellini Amidei *et al.* 2016). Nello stesso senso andrebbero i dati sulle quote di mercato delle casse di risparmio dal lato dei depositi (cfr. anche Cotula, Raganelli 1996, ad esempio p. 34).

illegale di capitali, documentata dalle denunce di polizia che si ritrovano anche nell'Archivio Storico della Banca, sembra coerente con questa ipotesi. Inoltre, si può ipotizzare che la modesta crescita dei depositi nella seconda metà degli anni Trenta fosse dovuta a una parziale disintermediazione degli istituti bancari prodotta da un aumento degli investimenti in titoli obbligazionari e azionari da parte di privati e imprese, collegato alla ripresa della borsa. La dinamica dei depositi era, in ogni modo, una componente dell'offerta di moneta che la Banca d'Italia aveva pochi mezzi per influenzare.

Il principale strumento di politica monetaria, quello sul quale si concentrava anche l'attenzione quasi quotidiana di Mussolini, era come sempre l'andamento della circolazione. Questa crebbe, tra il 1935 e il 1939, del 10,8% l'anno, solo mezzo punto percentuale meno dell'aumento medio del PIL nominale. Le anticipazioni alle imprese e allo Stato costituirono il principale canale di creazione di moneta[56], resa più facile dopo che la Banca era stata, nel luglio 1935, sollevata dall'obbligo della convertibilità e della copertura aurea dei biglietti. Alla fine del 1936[57], una convenzione con lo Stato tolse di fatto ogni vincolo all'indebitamento del Tesoro, alzando il limite delle anticipazioni temporanee a 1 miliardo e condizionando quelle straordinarie solo a un accordo tra il ministro delle Finanze e il governatore, dietro rilascio alla Banca di buoni ordinari del Tesoro[58]. Quest'ultima clausola, di nessun valore sostanziale, era stata inserita su richiesta di Azzolini per non dare l'impressione che il Tesoro potesse chiedere «la somministrazione di biglietti senza alcuna limitazione» (Ferro, Mulone 1993, pp. 314-315 e n. 58). La convenzione, che servì anche a regolarizzare contabilmente *ex post* anticipazioni per 3 miliardi fatte al Tesoro nel corso del 1936[59], segnò un «momento di svolta nel rapporto finanziario

[56] Nel 1937, le anticipazioni ammontarono a circa 5,5 miliardi contro 2,5 miliardi di sconti (portafoglio commerciale) (Caracciolo 1992, p. 138, tav. 1).
[57] Firmata il 31 dicembre 1936. Per il testo cfr. Caracciolo (ivi, pp. 157-167, doc. 4).
[58] Art. 2 della Convenzione.
[59] Nel 1937 le anticipazioni al Tesoro si ridussero a 1 miliardo, salirono a 3 miliardi nel 1938, a 9 miliardi nel 1939 e a 16 miliardi nel 1940 (Caracciolo 1992, p. 138, tav. 1).

tra Banca e Tesoro», sino ad allora strutturato, nell'ambito del servizio di tesoreria, quale «cuscinetto» per «assorbire gli squilibri temporanei tra entrate e uscite, con un fondo minimo di cassa che il Tesoro doveva lasciare alla Banca», senza che fosse contemplato «un vero e proprio conto corrente che prevedesse quindi la possibilità di sbilanci negativi per il Tesoro» (ivi, p. 317). La convenzione abolì il fondo minimo di cassa, stabilendo che il Tesoro potesse indebitarsi senza limiti presso la Banca d'Italia. Dal 1938 in avanti, questa fonte di finanziamento monetario della spesa pubblica fu utilizzata per somme rapidamente crescenti.

In teoria, l'abolizione dell'obbligo di riserva per le banconote in circolazione, il più rigido controllo dei movimenti valutari e la stessa svalutazione del cambio avrebbero potuto accrescere la discrezionalità della Banca nella gestione della politica monetaria. Nei fatti non fu così, per un motivo politico e uno tecnico. Di quello politico ho appena detto. Sul piano tecnico, questo periodo fu caratterizzato da un importante mutamento nella composizione delle operazioni di rifinanziamento, all'epoca principale strumento di politica monetaria. «Si ridusse il normale risconto cambiario a favore delle anticipazioni, incentivate dall'applicazione di tassi ridotti per quelle garantite da particolari titoli pubblici e dall'esigenza di facilitare le operazioni fiscali straordinarie di questo periodo»[60] (Gelsomino 1992, p. 118). Rispetto alle operazioni di risconto, sia le anticipazioni al Tesoro, sia quelle all'economia erano caratterizzate da un grado assai maggiore di automatismo che ridusse progressivamente la discrezionalità della politica monetaria della Banca, facendola dipendere, direttamente e indirettamente, dalle scelte del governo. In un'economia autarchica orientata alla guerra, la Banca d'Italia perse a poco a poco la funzione di «banca delle banche», che si volle darle con la legge bancaria del 1936, per diventare la «banca del Tesoro», a servizio delle scelte politiche e, soprattutto, militari dello Stato.

---

[60] Si tratta di un prestito forzoso sul valore degli immobili dell'ottobre 1937, delle imposte straordinarie sul capitale delle società per azioni (ottobre 1937) e delle imprese costituite in forma diversa dalla società anonima (novembre 1938).

L'assetto istituzionale che veniva di fatto instaurato diede alla politica monetaria un tono moderatamente espansivo, complementare a quello della spesa pubblica in disavanzo. Dopo la riduzione del maggio 1936, il tasso di sconto rimase fermo al 4,5% in tutto il periodo considerato. Con un aumento medio annuo dei prezzi pari al 10,4%, i tassi di interesse reali collegati a quello ufficiale divennero abbondantemente negativi. Abbiamo visto che l'offerta di banconote (M0) crebbe circa al ritmo del PIL nominale ma, tenuto conto che la velocità di circolazione aumentò di circa il 5% l'anno, essa ebbe un effetto moderatamente espansivo.

Nonostante il forte aumento della spesa e disavanzi elevati, il rapporto tra il debito pubblico totale e il prodotto interno lordo scese, tra il 1935 e il 1939, da 80,7 a 69,4%, il livello più basso toccato dal 1866 e inferiore, alla vigilia della Seconda guerra mondiale, a quello dei due principali futuri nemici (la Germania, al contrario, aveva quasi azzerato il debito pubblico, ridotto a un mero 20% del PIL: Pedone 2012). L'andamento decrescente del rapporto debito/PIL italiano nella seconda metà degli anni Trenta dipese dal fatto che, in un mercato finanziario isolato da quello internazionale tramite controlli sui movimenti di capitale, i tassi di interesse pagati per il servizio del debito poterono essere mantenuti a un livello inferiore a quello della crescita del reddito nazionale a prezzi correnti.

4. *Vigilanza e banche*

Abbiamo visto che la legge bancaria aveva strutturato la vigilanza su tre pilastri: il Comitato dei ministri con il compito di definire la politica bancaria, l'Ispettorato per la difesa del risparmio e l'esercizio del credito, presieduto dal governatore della Banca d'Italia, che partecipava alle riunioni del comitato per assicurare il coordinamento tra i due organi, e la stessa Banca d'Italia quale «braccio secolare» dell'Ispettorato nei rapporti con i singoli istituti di credito. Le relazioni fra i tre organi, tuttavia, non si svilupparono secondo le intenzioni del legislatore. Dopo i primi mesi successivi al varo della legge, le riunioni dei Comitato si diradarono, lasciando all'Ispettorato il compito di proporre misure che erano poi accolte, di solito integralmente, dall'organo politico (Polsi 2002, p. 292).

Il Comitato dei ministri – scrisse la Commissione economica della Costituente – anziché funzionare quale «preposto» all'Ispettorato fu da tale organo guidato nelle iniziative e nella soluzione delle questioni poste al suo esame e, sia perché mancante della capacità tecnica per formulare giudizi, impartire direttive, influenzare o dirigere l'attività creditizia, sia perché preferì non intervenire [...] l'Ispettorato del credito, organo esclusivamente tecnico nella composizione e non guidato dal parere del Comitato dei ministri, dette, a sua volta, alla propria attività una impronta nettamente tecnica di vigilanza, inspirandosi a questi criteri anche nell'esplicazione dei poteri discrezionali aventi ripercussioni nel governo della moneta e del credito (Assemblea Costituente 1946, p. 8).

Il nuovo assetto della vigilanza non poteva piacere alla Banca d'Italia, formalmente subordinata all'Ispettorato, malgrado avesse ormai acquisito esperienza in materia e affinato la propria organizzazione[61]. Ma furono proprio esperienza e organizzazione, insieme alla presidenza dell'Ispettorato stesso, a mantenere alla Banca un ruolo centrale nell'azione di vigilanza sugli istituti di credito. Malgrado ciò, o forse proprio per questo, non mancarono frizioni tra i due organi. Nella prima riunione del comitato fu stabilito che l'Ispettorato sarebbe stato coadiuvato dalla Banca d'Italia per il lavoro ispettivo, d'indagine e consultivo[62]. In particolare l'Ispettorato si sarebbe avvalso, per i compiti esecutivi, del Servizio vigilanza della Banca e delle sue filiali, e per quelli consultivi del Servizio Studi[63]. Sulla carta, dunque, l'Ispettorato «era un organo distinto dalla Banca d'Italia, ma nei fatti non fu mai percepito come nettamente separato» (Polsi 2002, p. 288).

---

[61] Alla vigilia della promulgazione della legge bancaria, un memorandum della Banca d'Italia aveva sottolineato i nove anni di esperienza nella vigilanza acquisiti, creando tradizioni e prassi che sarebbe stato un peccato «lasciar cadere» (Guarino, Toniolo 1993, doc. 176).
[62] Cenni sull'attività dell'Ispettorato per la difesa del risparmio e per l'esercizio del credito, dalla sua costituzione alla prima decade del maggio 1937 in ASBI, Direttorio Azzolini, cart. 9, cit. da Roselli (2000, p. 142).
[63] Appunti per discorsi del governatore, 10 febbraio 1937, in ASBI, Direttorio Azzolini, cart. 1, cit. *ibid*.

Sulla nomina del direttore dell'Ispettorato si verificò uno degli assai rari momenti di disaccordo tra Azzolini e Beneduce. Quest'ultimo fece prevalere il proprio candidato, Alessandro Baccaglini, direttore generale dell'Istituto San Paolo di Torino, su Raffaele Pilotti, segretario generale della Banca dei Regolamenti Internazionali, fortemente voluto dal Governatore (Roselli 2000, p. 145). Più della metà del personale dell'Ispettorato fu distaccata dalla Banca d'Italia. Sul tema del personale, si ebbero subito contrasti tra Azzolini e Baccaglini. Il primo voleva mantenere il più possibile entro l'istituto di emissione le persone esperte di vigilanza bancaria, anche per evitare un controllo indiretto del Comitato dei ministri sulla Banca (Caracciolo 1992, p. 354, doc. 43), mentre Baccaglini chiedeva risorse umane qualificate che solo la Banca d'Italia era in grado di fornire (Roselli 2000, p. 146).

Se gli estensori della legge bancaria avevano pensato di evitare tensioni tra Banca d'Italia e Ispettorato, mettendo a capo di quest'ultimo il governatore, non avevano fatto i conti con le prevedibili dinamiche che si sarebbero instaurate tra le due burocrazie i cui compiti, seppure formalmente distinti, erano di fatto sovrapposti. Una memoria anonima del settembre 1936[64], critica verso la Banca d'Italia, dà conto di alcuni motivi di tensione tra i due enti. Secondo l'estensore «Il Comm. Azzolini con una errata visione degli alti compiti e della grande importanza del nuovo ente nella vita finanziaria del paese, aveva ritenuto, per consiglio anche del Beneduce, di poter organizzare economicamente l'Ispettorato utilizzando i servizi della Banca d'Italia, senza avvertire il contrasto che non poteva [fare] a meno di sorgere fra controllante e controllata, ambedue posti sotto la sua unica direzione». Curiosa ma interessante l'opinione, probabilmente ancora diffusa, che la Banca d'Italia fosse assimilabile a un qualunque istituto di credito, ignorando che la vigilanza sull'Istituto di emissione era demandata al Tesoro. La memoria si chiude con una nota di forzata comicità: «Il servizio "Vigilanza" della Banca d'Italia, geloso di vedersi privato delle sue prerogative ha rifiutato di accedere alle richieste dell'Ispettorato, e da qui è nata una

---

[64] Documento n. 43 in Caracciolo (1992, p. 354).

serie di contestazioni che hanno trovato il loro sbocco in un attivo carteggio che porta da una parte la firma del Comm. Azzolini, quale capo dell'Ispettorato, e dall'altra la firma dello stesso Comm. Azzolini, quale Governatore della Banca d'Italia!» (Caracciolo 1992, p. 354, doc. 43). Un'opinione opposta era già allora quella di Introna che, nel 1944, chiedendo l'abolizione dell'Ispettorato, lo definì organizzazione pletorica che si era rivelata «praticamente superflua in quanto i veri e propri compiti di vigilanza e di assistenza bancaria sono sempre stati in effetti svolti essenzialmente dall'Istituto di emissione a mezzo della sua estesa rete di filiali e regolata dall'apposito servizio centrale di vigilanza operante fin dal 1926» (ivi, p. 369)[65].

Abbiamo visto che la riforma del 1936 non vietò esplicitamente il modello della banca mista o universale, ma un divieto *de facto* ne fu il filo conduttore. Lo smobilizzo delle partecipazioni industriali, realizzato tramite le convenzioni con le tre grandi banche, fu attuato per gli istituti bancari medi e piccoli attraverso l'attività di vigilanza. L'Ispettorato istituì uno schedario di tutte le partecipazioni delle banche in imprese non finanziarie[66], invitandole ad «adoperarsi per il graduale smobilizzo delle partecipazioni in essere, escluse quelle a enti economici creati o promossi dallo Stato, a enti morali o a consorzi di carattere finanziario con fini di pubblico interesse» (Polsi 2002, p. 292). L'obiettivo era anche quello di centralizzare le decisioni d'investimento in organi specializzati, anzitutto l'IMI, anch'esso presieduto dal governatore (Contessa, De Mattia 1993, p. 204).

In un'analisi lessicale condotta da Gigliobianco e Giorgiantonio (2017, pp. 154-159), sulla prima pagina del giornale «La Stampa», la parola «concorrenza» appare negli anni Trenta quasi tre volte più frequentemente che nel decennio precedente, ma sempre con una connotazione negativa. Il quotidiano torinese rifletteva la cultura politica, giuridica ed

---

[65] La memoria datata 26 giugno 1944, pochi giorni dopo l'entrata delle truppe alleate, è anonima ma è facile l'attribuzione a Niccolò Introna che il 29 luglio il governo Bonomi avrebbe nominato commissario straordinario della Banca d'Italia per le zone liberate.
[66] «Bollettino» del 15 aprile 1936.

economica del tempo che ammetteva la regolazione amministrativa dei mercati quando la libertà d'impresa sembrasse non garantirne l'ordinato sviluppo, valutava positivamente i cartelli come strumenti atti a facilitare l'autoregolazione dei mercati, limitava la disciplina della concorrenza sleale ai soli rapporti tra imprese. Nel complesso, l'interpretazione dominante confinava la concorrenza «nell'ambito della tutela degli interessi dati e degli imprenditori già operanti o addirittura organizzati [...] essa non era considerata né come fattore di sviluppo dell'economia, e quindi del benessere collettivo, né tantomeno come strumento di tutela dei consumatori» (ivi, p. 175). L'organizzazione corporativa rifletteva e nutriva questo *humus* culturale. La Corporazione Fascista della Previdenza e del Credito non faceva eccezione. La politica di compressione della concorrenza bancaria, tesa al controllo e alla stabilità del sistema bancario, prese maggiore vigore con i salvataggi del 1931-1934 e con la successiva legge bancaria.

Nel 1932 era stato istituito un cartello tra le banche per la determinazione dei tassi massimi per le operazioni passive, fondato su un accordo sottoscritto tra l'Associazione Bancaria Italiana, il ministero delle Finanze e la Banca d'Italia, che delegava a quest'ultima le azioni necessarie per farlo rispettare[67]. Si andò, dunque, oltre lo spirito della vigilanza della seconda metà degli anni Venti, teso a limitare la concorrenza solo qualora risultasse particolarmente rischiosa per la stabilità del sistema. Nella prima metà degli anni Trenta, benché la Banca d'Italia avesse adottato criteri molto più restrittivi rispetto al passato nel dare il proprio parere circa l'autorizzazione all'apertura di filiali, il ministero ne autorizzò un numero inferiore a quello proposto dalla Banca (Molteni, Pellegrino 2021).

Dal 1936, le restrizioni alla concorrenza nel settore bancario si fecero ancora più stringenti. Secondo Baffi (Caracciolo 1992, p. 336, doc. 40), che rifletteva l'opinione della Banca

---

[67] Il cartello sui tassi di interesse sui depositi fu istituito il 1° ottobre 1932. La vigilanza della Banca d'Italia fu incaricata della sua applicazione. Venne stabilito il 23 agosto 1932, durante una riunione presso la Banca d'Italia cui parteciparono il ministro delle Finanze, il governatore della Banca d'Italia, e rappresentanti di banche pubbliche, casse di risparmio, banche per azioni, e banche popolari. Cfr. A.M. Biscaini, *Il cartello interbancario in Italia (1936-*

d'Italia, la stabilità del sistema era l'obiettivo primario, da perseguire attraverso

l'eliminazione degli sprechi propri della libera concorrenza (sotto forma, principalmente, di moltiplicazione degli sportelli e delle aziende); coordinando l'attività delle varie aziende, in modo da introdurre un opportuno grado di specializzazione nella natura delle operazioni e nella zona territoriale di azione di ciascuna azienda; intervenendo a eliminare, attraverso la fusione o la liquidazione, organismi che non abbiano una giustificazione economica sufficiente.

Culmine del processo fu il «piano sportelli», preceduto da un censimento della struttura bancaria su tutto il territorio, sulla base del quale fu imposta la chiusura di agenzie e filiali ritenute ridondanti. In una relazione per la Corporazione della Previdenza e del Credito, l'Ispettorato spiegò che gli obiettivi generali del piano erano «migliorare, in primo luogo, l'organizzazione bancaria del paese – eliminando dannose e onerose sovrastrutture e favorendo l'assorbimento o la liquidazione degli organismi meno vitali – e, in secondo luogo, assicurare che, nello sforzo che la nazione sta compiendo per il conseguimento della autarchia economica, non mancasse l'indispensabile apporto di mezzi finanziari». Quanto alla realizzazione del piano stesso, «prendendo contatto con le diverse aziende interessate e conciliando le opposte esigenze, è stato possibile procedere alla chiusura di 317 sportelli, di cui 255 con trapasso delle attività e delle passività ad altre aziende, per lo più coesistenti sulla piazza». Con questa «energica operazione», concluse l'Ispettorato, «la struttura bancaria nazionale dovrebbe esser considerata adeguata alle attuali necessità»[68]. Non c'è dubbio, come osserva Polsi (2002), che né prima di allora, né poi si arrivò a un livello tanto elevato di dirigismo nell'organizzazione del sistema bancario italiano.

1974), in Banca d'Italia, «Bollettino», n. 3-4, luglio-dicembre 1980, pp. 377 ss., cit. da Polsi (2002, p. 294).
[68] *Appunti sull'attività dell'Ispettorato nel periodo successivo all'ultima riunione ordinaria della Corporazione della previdenza e del credito (1 gennaio 2937 XV-30 giugno 1939-XVII)*, ASBI (Caracciolo 1992, pp. 346-353, doc. 42).

5. *In Abissinia*

Già negli anni Ottanta dell'Ottocento, la Banca Nazionale era stata sollecitata dal governo perché aiutasse la formazione di società commerciali[69] che operassero in Africa orientale nell'ambito della cosiddetta «gestione coloniale indiretta». Quando si passò al dominio diretto – in Eritrea nel 1890, in Somalia nel 1908 e, dopo il Trattato di Losanna (1912), in Cirenaica e Tripolitania – fu chiesto alla Banca d'Italia di aprire succursali nelle colonie. Salvo i brevi accenni fatti nel capitolo 4 (pp. 235-236), non ci siamo interessati sinora di questo tema perché l'importanza economica delle colonie italiane era stata trascurabile (Federico 1998) e pertanto l'impegno oltremare di risorse e attenzioni della Banca fu relativamente modesto. Le cose cambiarono con la conquista dell'impero, nel 1935-1936, che richiese uno sforzo finanziario e organizzativo considerevole[70], e con l'autarchia, che orientò verso le colonie una quota non trascurabile del commercio estero[71].

Prima del 1936, le banche italiane avevano dimostrato un tiepido interesse a estendere l'attività alle colonie italiane nel Corno d'Africa. Maggiore attenzione era stata riservata alla Libia, in particolare da parte del Banco di Roma, e ai possedimenti del Dodecaneso. L'apertura di filiali nei possessi eritrei e somali, poverissimi e poco popolosi, richiedeva spese elevate che difficilmente potevano essere coperte da un'attività creditizia a favore dei pochi commercianti europei e locali. Quando, nel 1905, il governo chiese alla Banca d'Italia di aprire un'agenzia ad Asmara, Stringher inviò Niccolò Introna in Eritrea per valutare la situazione. Il rapporto del futuro direttore generale non fu incoraggiante. Stringher, conscio che l'apertura di un'agenzia non si prospettava come «profittevole per la Banca», ma non potendo opporre al governo un rifiu-

---

[69] Si tratta della Società Italiana per l'Africa Orientale, dell'effimera Società Filonardi e della Società del Benadir (Tuccimei 1999, pp. 25 ss.).

[70] Sino al 1934, la spesa pubblica per le colonie si mantenne quasi sempre sotto il 2% del totale (non superando mai lo 0,4% del PIL). Nel 1936-1937 le colonie assorbirono il 53% del bilancio dello Stato, per dimezzarsi successivamente (Federico 1998, tab. 2).

[71] Le esportazioni verso le colonie, pari al 5% del totale nel 1934, raggiunsero il 24% nel 1937 (ivi, tab. 4).

to, cercò di ottenere contropartite che riducessero almeno le perdite, chiedendo l'emanazione di una legge bancaria per l'Eritrea che desse all'agenzia della Banca d'Italia un quadro entro il quale operare (Tuccimei 1999, pp. 60-61). La decisione fu rimandata.

La questione dell'attività oltremare della Banca fu riesaminata dopo la conquista della Cirenaica e della Tripolitania, tenendo conto della presenza di istituti di credito italiani nella nuova colonia che avrebbe consentito alla Banca d'Italia di svolgere attività di risconto. Fu necessario cambiare lo statuto perché, nel 1913, potessero cominciare a operare una succursale a Tripoli e un'agenzia a Bengasi[72]. Nello stesso anno fu anche aperta la succursale di Asmara (ivi, pp. 65 ss.), nella «colonia primigenia», dopo che il governo ebbe concesso il servizio di tesoreria. A quella di Asmara seguirono, sempre in Eritrea, le filiali di Massaua (1914), Cheren (1917) e Adi Cajeh (1920) (Battilocchi, Melini 2017, p. 37). In Somalia la Banca arrivò solo nel 1920, con la filiale di Mogadiscio[73]. Nel 1926, dopo l'aggiunta alla colonia somala dei sultanati settentrionali già sotto protettorato italiano e dell'area meridionale chiamata Oltre Giuba[74], fu aperta una dipendenza a Khisimaio, all'estremo sud della colonia, «approdo eccellente che non ha pari in tutta l'Africa Orientale italiana»[75]. Nel

---

[72] La modifica statutaria approvata dall'Assemblea del 30 marzo 1912 prevedeva per la succursale di Tripoli modalità di funzionamento particolari, «utilizzando un capitale prelevato dalla riserva» e configurandola per taluni aspetti «come corpo estraneo alla Banca» tanto da prevedere la possibilità di accedere al risconto presso la sede di Palermo «a condizioni di favore analoghe a quelle praticate agli istituti intermediari esistenti in Italia» (Battilocchi, Melini 2017, p. 36).

[73] Il Consiglio superiore, sollecitato dal ministero delle Colonie, aveva deliberato la creazione della filiale di Mogadiscio sin dal 1917, ma si attese la fine della guerra per dare esecuzione alla delibera (ivi, p. 37).

[74] L'Oltre Giuba, altopiano steppico e semidesertico al confine del Kenya britannico, abitato nel 1926 da 120.000 persone, era stato promesso dal Regno Unito all'Italia con il Patto di Londra e le fu ceduto con un protocollo italo-britannico del luglio 1924. Fu governato autonomamente come «Colonis d'Oltregiuba» fino al dicembre 1926 quando divenne parte dell'allargata Somalia Italiana.

[75] Fu così definita in una relazione a Stringher dal responsabile della dipendenza locale della Banca (Tuccimei 1999, p. 117). La sopravvalutazione delle potenzialità delle colonie era diffusa tra i funzionari pubblici italiani e quelli della Banca non facevano sovente eccezione.

1925 il Consiglio superiore approvò la creazione di una filiale a Rodi, con servizio di Regia Tesoreria[76]. Il possedimento del Dodecaneso era economicamente assai più sviluppato delle colonie africane e vi operavano da tempo alcune banche locali e numerosi cambiavalute. Tra il 1927 e il 1937, con l'eccezione del 1931, la filiale di Rodi fu però costantemente in perdita, anche per la concorrenza che le fece sull'isola il Banco di Sicilia. Utili netti si ottennero solo alla fine del decennio «in conseguenza dei maggiori lavori pubblici di carattere militare e di un'accresciuta presenza di militari e turisti» (Tuccimei 1999, p. 133).

Benché da tempo Mussolini ambisse a essere il vendicatore di Adua, i preparativi per l'invasione dell'Etiopia cominciarono, dapprima in sordina, solo negli anni Trenta. In questo quadro preparatorio si inserisce un episodio marginale, ma non privo di significato, del quale fu protagonista involontaria la Banca d'Italia. Alla fine di agosto 1931, l'amministrazione centrale della Banca ricevette, tramite il ministero delle Colonie, un telegramma del ministro plenipotenziario italiano in Etiopia[77] che informava di una richiesta confidenziale dell'imperatore Hailé Selassié, da pochi mesi salito al trono, di «aprire un conto personale riservatissimo di 6.000 sterline presso la filiale di Asmara della Banca d'Italia». La nota aggiungeva che «S.E. Astuto[78] si [era] offerto di trasferire personalmente la somma di cui si tratta»[79]. La questione fu subito trattata al massimo livello, coinvolgendo Mussolini. Azzolini ordinò venisse corrisposto un «interesse annuo speciale del 4%»[80] (circa il doppio di quello praticato sui normali depositi a un anno), trattandosi di un deposito «al quale il governo annette molta importanza politica». Il deposito personale dell'imperatore fu rinnovato

---

[76] ASBI, Verbali del Consiglio superiore, 25 luglio 1925, pp. 276-277.
[77] Gaetano Paternò, resse la rappresentanza italiana ad Addis Abeba dal 1930 al 1932.
[78] Riccardo Astuto di Lucchese (1882-1952), a lungo direttore generale del ministero delle Colonie, dal luglio 1930 al gennaio 1935 governatore e segretario federale fascista dell'Eritrea.
[79] Ministero Colonie a Governatorato Banca Italia, 29 agosto 1931, ASBI, Rapporti con l'estero, prat. 273, fasc. 5, p. 2.
[80] Amministrazione centrale a filiale Asmara, 9 settembre 1931, ivi, p. 4. L'interesse fu successivamente alzato al 5%.

a ogni scadenza annuale. Nel gennaio 1935, quando in tutta Europa si parlava ormai apertamente dei preparativi italiani per inviare un importante corpo di spedizione nel Corno d'Africa, la filiale di Asmara ricevette un telegramma dalla Bank of Ethiopia, che fungeva come vedremo da banca centrale dell'impero, nel quale si chiedeva il trasferimento del conto dell'imperatore alla Société Générale de Crédit Industriel et Commercial di Parigi. La questione assunse subito carattere politico. Il ministero degli Esteri chiese un'immediata esecuzione dell'ordine per «evitare che difficoltà e ritardi vengano erroneamente interpretati in Addis Abeba»[81]. La Banca d'Italia non poteva però eseguire un ordine che non fosse firmato dal titolare del conto, cioè dallo stesso imperatore. Quella che per la Banca era una mera questione tecnica finì per assumere carattere politico al massimo livello. Via Nazionale si rivolse alla Legazione italiana ad Addis Abeba perché ottenesse il formale benestare dell'imperatore[82]. Incerta su come districarsi tra il dicastero delle colonie, che voleva uno scontro con il Negus, e quello degli esteri che voleva evitarlo, la Legazione chiese esplicitamente istruzioni: bloccare o favorire il trasferimento?[83] Lo stallo si risolse solo con un intervento diretto di Mussolini che ordinò di non esitare a pagare, vista la delicatezza del momento. Superate le difficoltà di Roma, ne nacquero ad Addis Abeba poiché la firma di Hailé Selassié sull'ordine di trasferimento dei fondi avrebbe significato un riconoscimento che il conto era intestato personalmente all'imperatore, che però aveva creato il deposito proprio per mantenerne coperta l'intestazione. Alla fine, per uscire dall'impasse, la Banca si accontentò di un ordine firmato dal segretario di Hailé Selassié e trasferì 718.000 sterline alla Bank of Ethiopia perché fossero girate a Parigi.

Il 5 maggio 1936, Badoglio entrò in Addis Abeba, dalla quale il Negus Negesti si era appena allontanato, diretto a Gibuti e di lì in Europa. Dieci giorni dopo, arrivò nella ca-

[81] Ministero degli Esteri a Banca d'Italia, 4 gennaio 1935, ivi, p. 24.
[82] Amministrazione centrale Banca d'Italia a Ministero Esteri, 9 gennaio 1935, ivi, p. 21.
[83] Legazione italiana Addis Abeba a Ministero Esteri, 12 gennaio 1919, ivi, pp. 31-32.

pitale etiopica Vittorio Forte, un funzionario della Banca d'Italia che aveva trascorso vari anni nell'Africa italiana[84]. Avremo modo di incontrarlo ancora ad Atene, durante l'occupazione tedesca e italiana. Compito di Forte era l'installazione, nel più breve tempo possibile, di una filiale pienamente operativa della Banca, anzitutto per provvedere alle necessità immediate di pagamenti alle truppe di occupazione e ai civili che stavano rapidamente arrivando. Nella capitale dell'impero, Forte trovò una situazione caotica. Privo di una qualsiasi struttura operativa, si affrettò a telegrafare ai quindici funzionari inviati da Azzolini[85] e già in viaggio per Addis Abeba perché acquistassero in Egitto «lettini da campo e altri accessori perché è impossibile trovare *in loco* alloggi e detti oggetti»[86]. Pressato da Badoglio che voleva vedere subito la Banca d'Italia perfettamente funzionante[87], Forte organizzò un precario sistema di emissione di vaglia cambiari e ordini di pagamento sull'Italia. Non potendo attrezzare un ufficio contabilità, inviò ogni giorno in aereo ad Asmara le «matrici per la scritturazione»[88].

Uno dei provvedimenti presi dal governatore Badoglio prima di rientrare in Italia, fu la chiusura della Bank of Ethiopia, nei cui locali Forte aveva pensato di insediarsi, malgrado le perplessità di Azzolini, ansioso di evitare di dare l'impressione che la banca etiopica proseguisse la propria attività. Tutto doveva essere nuovo, con il cambio di regime. La Bank of Ethiopia era stata fondata nel 1931, in seguito alla messa in liquidazione della Bank of Abyssinia, creata nel 1905, su con-

[84] Forte ad Azzolini, telegramma del 14 maggio 1936, ASBI, Direttorio Azzolini, prat. 21, fasc. 11, p. 104.
[85] Azzolini a Forte, telegramma del 15 maggio 1936, ivi, p. 106. Il personale da inviare nella colonia era stato selezionato e preparato nei mesi precedenti, tenendo conto anche dell'idoneità fisica al lavoro in Africa (Tuccimei 1999, p. 190).
[86] Forte ad Azzolini, telegramma del 14 maggio 1936, ASBI, Direttorio Azzolini, prat. 21, fasc. 11, p. 104.
[87] Badoglio era probabilmente a sua volta pressato da Roma se, sin dal 2 maggio, Azzolini aveva dovuto rassicurare Mussolini, che teneva l'*interim* del ministero delle Colonie, che la Banca era pronta a insediarsi con proprie filiali in Abissinia, come aveva fatto da sola e con buoni risultati negli altri possedimenti italiani (ivi, p. 190).
[88] Forte ad Azzolini, telegramma del 14 maggio 1936, ASBI, Direttorio Azzolini, prat. 21, fasc. 11, p. 106.

cessione del Negus Menelik II, con capitali raccolti dalla National Bank of Egypt[89], una importante partecipazione di gruppi francesi e italiani e sede legale ad Alessandria. La concessione comprendeva il monopolio dell'attività bancaria, inclusa la Tesoreria del governo, l'emissione di titoli pubblici, la stampa di banconote di vario taglio denominate in talleri e il conio di monete (Schaefer 1992, p. 366). Subito dopo la salita al trono, Hailè Selassiè fece mettere in liquidazione la Bank of Abyssinia (decreto imperiale del 29 agosto 1931), vista come *longa manus* dell'imperialismo britannico[90]. Dopo un lungo negoziato, attività e passività furono trasferite a una nuova Bank of Ethiopia. Il governo etiopico acquisì il 60% del capitale e fece in modo che un altro 32,6% finisse in altre mani nazionali (ivi, p. 388). Il ministero delle Finanze assunse la supervisione su tutte le operazioni della banca. Le filiali[91], gran parte del management, compreso il direttore generale, il canadese Charles Collier, e quasi tutto il personale della Bank of Abyssinia passarono al nuovo istituto, facendone una delle prime banche autoctone del continente africano, con compiti sia di banca centrale, sia di commerciale, analogamente al modello realizzato nei paesi finanziariamente meno sviluppati dell'Europa ottocentesca. Gli italiani trovarono dunque una funzionante struttura di banca centrale della quale avrebbero potuto acquisire il controllo, per avvalersi di una trentennale dimestichezza con l'economia e le istituzioni locali. Preferirono invece liquidarla, sostituendola con la presenza diretta della Banca d'Italia, certo meno dotata

[89] Il capitale di 500.000 sterline era stato riservato per il 55% a quattro gruppi di investitori che avevano creato l'istituzione: 25.000 sterline a un gruppo angloegiziano, 12.500 a un gruppo francese, 25.000 a un gruppo italiano e 5.000 al Consiglio di amministrazione. Gli italiani che avevano partecipato al gruppo che aveva promosso l'iniziativa erano Bohor Naggar, Raphael Finzi e Humbert Ebano. La sede della banca ad Addis Abeba fu progettata dall'architetto italiano Castagna e costruita sotto la direzione di un altro italiano, Vaudetto (Peter Symes, *Banknotes and Banking in Abyssinia and Ethiopia*, s.d., disponibile in http://www.pjsymes.com.au/articles/Abyssinia.htm). Per la partecipazione italiana cfr. cap. 4, p. 235.

[90] Secondo uno dei presidenti della banca, «non deve esistere differenza tra il governo di sua Maestà da una parte e la National Bank of Egypt e la Bank of Abyssinia dall'altra» (Schaefer 1992, p. 367).

[91] Nel maggio 1936, la Bank of Ethiopia aveva filiali a Dire Daua, Gore, Dessié, Debré Tabor, un'agenzia a Gamballa e un ufficio di transito a Gibuti (National Bank of Ethiopia, disponibile in https://nbebank.com/history-of-banking/).

di esperienza e conoscenza del territorio appena occupato. Dopo la liberazione dal dominio italiano e il ritorno di Hailé Selassié, il filo della tradizione bancaria etiopica fu ripreso dalla State Bank of Ethiopia quale banca centrale dell'impero[92].

I dirigenti e il personale della Bank of Ethiopia, che pure perdevano impieghi ben remunerati, offrirono a Forte consigli e collaborazione, la sorella del *general manager* mise a disposizione la propria casa, riducendosi in due piccole stanze. Ben presto ci si rese conto che gli uffici della Bank of Ethiopia offrivano spazi e attrezzature non reperibili altrove e la Banca d'Italia vi si insediò, superando le perplessità di Azzolini. Le principali questioni che la Banca d'Italia dovette affrontare in Etiopia furono tre: l'organizzazione delle proprie filiali, la creazione di un sistema monetario, l'autorizzazione all'insediamento di banche italiane e la loro supervisione.

Come è noto, immediatamente dopo la proclamazione dell'impero, i possedimenti italiani in Africa Orientale furono unificati in un'unica colonia divisa in sei unità amministrative, ciascuna con un proprio governatore, alle dipendenze del viceré che risiedeva ad Addis Abeba[93]. Secondo le direttive del governo, la Banca si sarebbe dovuta insediare nelle sedi di ciascun governatorato e in importanti centri commerciali, evitando però «i danni derivanti da organizzazioni pletoriche»[94]. Tramite le proprie filiali, la Banca avrebbe dovuto svolgere anzitutto servizio di tesoreria. In deroga alla legge bancaria, che non si ritenne applicabile alle colonie, la Banca d'Italia svolse anche attività di credito. La missione affidatale dal governo era ampia e piuttosto generica: si trattava sostanzialmente di «fare opera di avviamento bancario, affiancante l'azione politica del regio governo», anche diffondendo la moneta italiana e tenendo lontani istituti di credito stranieri[95].

---

[92] Nel 1963, una legge bancaria separò le funzioni di banca commerciale (trasferite alla Commercial Bank of Ethiopia) da quelle di banca centrale ridenominata National Bank of Ethiopia (*ibid.*).
[93] Amara, Galla e Sidamo, Harar, Eritrea, Somalia e governatorato di Addis Abeba. Nel 1939, esistevano inoltre tre filiali in Eritrea (Massaua, Asmara e Assab) e tre in Somalia (Mogadiscio, Chisimaio e nel porto bananiero di Merca).
[94] *Note sull'organizzazione monetaria e creditizia nei territori conquistati*, senza data, ASBI, Direttorio Introna, prat. 21, sottofasc. 1, p. 4.
[95] Ivi, pp. 2 ss.

La creazione delle prime due filiali, a Dire Daua e Harar, procedette speditamente. Dire Daua, importante centro commerciale, si trovava sulla linea ferroviaria, la sola dell'impero, che univa la capitale al porto francese di Gibuti. Fu dunque relativamente facile rendervi operativa una filiale sin dal 24 giugno (Tuccimei 1999, p. 191). Ad Harar, centro commerciale raggiungibile abbastanza agevolmente sia da Dire Daua, sia dai possedimenti somali di Italia, Francia e Gran Bretagna, la Banca d'Italia cominciò a operare all'inizio di dicembre. Nel 1937 si insediò a Gondar, l'anno dopo a Gimma, ad Assab, storico primo piccolo insediamento italiano in Africa, e nel porto bananiero di Merca. Infine, nel 1939, fu aperta la succursale di Dessié, «sulla via carovaniera più frequentata»[96].

Il compito di introdurre la moneta italiana in tutto il territorio dell'impero si rivelò particolarmente difficile. Per comprendere la natura delle difficoltà, è utile ricordare brevemente il carattere del sistema monetario dell'Etiopia, dove l'esistenza stessa di moneta coniata era relativamente recente. Scomparse, nel nono secolo dopo Cristo, le monete axumite[97], per circa novecento anni gli scambi avevano avuto luogo in regime di baratto o con l'uso di «monete primitive» come barre di sale, stoffe, lingotti di ferro e simili. La moneta coniata era nota solo nell'Harar, che ne produceva una propria, e nei più importanti centri mercantili, dove a volte comparivano monete arabe, veneziane e austriache, per l'uso nel commercio a lunga distanza (Pankhurst 1961). Solo tra la fine del Settecento e l'inizio dell'Ottocento cominciò a diffondersi nel Paese il tallero di Maria Teresa, una moneta d'argento che l'imperatrice iniziò a coniare nel 1751 e che godette subito di grande popolarità, non solo nei domini austriaci, ma anche

---

[96] Ivi, p. 5.
[97] Si tratta di monete, d'oro, argento e altri metalli, coniate nel regno di Axum a partire dal terzo fino al settimo secolo e rimaste poi in circolazione per i due secoli successivi. Nel periodo della sua massima espansione, il regno di Axum si estendeva in zone dell'odierna Eritrea, dell'Etiopia, dello Yemen e dell'Arabia Saudita. La capitale Axum era l'attuale città omonima del Tigré, nella parte settentrionale dell'Etiopia, la città santa nella quale tradizionalmente venivano incoronati gli imperatori d'Etiopia. La coniazione si spense con il declino del regno nel settimo secolo. Fino al decimo secolo non vi furono altre coniazioni monetarie nell'Africa subsahariana.

in altre parti del mondo, tra le quali il Messico e il Medio Oriente, tanto che, dopo la morte di Maria Teresa nel 1780, l'Austria decise di continuarne la coniazione. La diffusione in Etiopia di questa moneta esogena procedette lentamente, ma costantemente, nel corso dell'Ottocento. In preparazione della campagna d'Africa del 1896, il governo italiano fece coniare a Vienna, che ne deteneva il monopolio, oltre 6 milioni di talleri che, spesi dalle truppe e dai ras che si volevano corrompere, accrebbero la diffusione di quella moneta in Eritrea e nell'Etiopia settentrionale. L'imperatore Menelik fece coniare una propria moneta d'argento che però ebbe scarsa fortuna: nel 1911 circolavano in Etiopia circa 300.000 talleri di Menelik contro ben 58 milioni di talleri di Maria Teresa. Malgrado ciò, tuttavia, il tallero non era ampiamente diffuso tra la popolazione (Pankhurst 1963, p. 13). Uno dei limiti della moneta d'argento, soprattutto negli scambi internazionali, era dato dalle ampie fluttuazioni del suo valore, in relazione a quelle del prezzo del metallo rispetto all'oro al quale erano ancorate le valute europee, almeno dall'ultimo quarto dell'Ottocento. La Bank of Ethiopia aveva emesso proprie banconote convertibili, ma la carta era guardata con grande sospetto al di fuori di Addis Abeba e di qualche centro commerciale. Quanto al commercio locale, il valore del tallero era troppo elevato per le piccole transazioni quotidiane. Si produssero vari tipi di suoi sottomultipli che non contribuirono all'omogeneità del sistema monetario. La pratica del baratto non scomparve mai del tutto. Fu questa, dunque, la situazione monetaria dell'impero che si presentò ai nuovi padroni.

In vista dell'impresa africana, nel luglio 1935, la Zecca italiana aveva acquistato da quella di Vienna il diritto di coniare talleri, garantitole dal Trattato di Saint-Germain del 1919. Le Zecche di Parigi e Bruxelles si diedero anch'esse a produrre talleri. Vienna protestò per la violazione del trattato di pace, ma francesi e belgi risposero che l'Austria aveva implicitamente rinunciato al proprio diritto concedendo il conio all'Italia. A Londra, il mercato dei talleri era monopolizzato dalla ditta Johnson Matthey, che importava da Hong Kong argento messo sul mercato dal governo cinese per l'acquisto di materiali bellici. Esportati ad Aden, i talleri inglesi[98] si diffondevano sulle due sponde del golfo e affluivano in Etiopia, generando ottimi profitti[99]. Nei primi anni dell'occupazione italiana, l'Etiopia fu dunque inondata di talleri, che ne complicarono la situazione monetaria, anche perché quelli di recente produzione erano diversi da quelli originali per qualità del conio e contenuto di argento fino. La lunga familiarità con il tallero delle popolazioni locali consentiva loro di distinguerne facilmente la diversa provenienza, dando luogo a prezzi diversi per quelle che a prima vista sembravano monete identiche. Quelle coniate in Francia avevano «un suono differente» dalle altre[100]. La diversa qualità pare fosse addirittura riconosciuta dagli etiopi al tatto della corona sovrastante lo stemma asburgico sul rovescio della moneta. Di migliore fattura erano, invece, i talleri coniati a Bruxelles perché la zecca locale aveva casualmente ritrovato uno stampo originale settecentesco, risalente al dominio asburgico delle Fiandre.

In questa complessa situazione, Vittorio Forte consigliò ad Azzolini un'introduzione molto graduale della moneta italiana, temporeggiando sulla richiesta del governo di iniziare subito la conversione dei talleri in lire «essendo la determinazione del cambio molto difficile»[101]. Prudenza fu anche suggerita da un esperto, Lefebvre D'Ovidio, in una memoria per Azzolini, nella quale ricordò che «l'argento è ormai nella mentalità della popolazione come metallo pregiato e misura del valore» e che, d'altra parte, le grandi potenze coloniali non avevano, nella maggior parte dei casi, introdotto la moneta nazionale nei possedimenti oltremare[102]. In attesa di un ordine di Mussolini, che aveva avocato a sé la decisione sul regime monetario dell'impero, Thaon di Revel si affrettò a

---

[98] Johnson Matthey coniava talleri dal 1930 in virtù di un contratto con Vienna.
[99] Azzolini a Thaon di Revel, 10 novembre 1937, ASBI, Direttorio Azzolini, prat. 9, fasc. 1, p. 84. Il contratto fu rescisso dal governo austriaco contestualmente alla concessione del diritto all'Italia (Tuccimei 1999, p. 226).
[100] Azzolini a Thaon di Revel, 20 dicembre 1937, ASBI, Direttorio Azzolini, prat. 9, fasc. 1, p. 12.
[101] Forte ad Azzolini, telegramma del 14 maggio 1936, ASBI, Direttorio Azzolini, prat. 21, fasc. 11, p. 106.
[102] Lefebvre D'Ovidio ad Azzolini, *Il problema monetario etiopico*, 29 maggio 1935, ASBI, Direttorio Azzolini, prat. 4, fasc. 7, pp. 25 ss.

mandare ad Azzolini le proprie direttive che lasciavano al governatore ben poca autonomia: tutto sarebbe stato deciso dal ministero che si accingeva a mandare un ispettore che avrebbe preso «opportuni accordi con il direttore della filiale di Addis Abeba» della Banca[103].

Mussolini prese in fretta la sua decisione sul regime monetario, in vista di una rapida italianizzazione dei territori conquistati. Il 2 luglio 1936[104] il corso legale della lira fu esteso a tutta l'Africa orientale italiana, affidando alla Banca d'Italia il compito di cambiare in lire i talleri d'argento, le monete divisionali e le banconote della Bank of Ethiopia (Tuccimei 1999, p. 226). L'obiettivo della legge monetaria per l'Etiopia fu espresso in termini altisonanti: bisognava «penetrare tutte le forme dell'attività commerciale, disciplinarle e avviarle a estrinsecarsi con le norme in uso dei popoli evoluti [con una] opera di civilizzazione, meta principale della nostra impresa militare»[105]. Si trattava, nelle intenzioni del governo, di creare un'«area della lira», simile a quella della sterlina, cancellando «al più presto il ricordo del tallero di Maria Teresa». Considerando che le popolazioni locali erano abituate all'uso dell'argento si ritenne necessario, «in un primo tempo», creare una circolazione di monete italiane d'argento, «con preferenza per quelle da 20 lire, perché vicine quanto a dimensione al tallero rendendo, comunque, obbligatorio il regolamento di ogni transazione in lire», pur riconoscendo la difficoltà dell'operazione in un territorio ancora «poco controllato» dagli italiani[106]. Benché gradualmente diminuite di intensità, la resistenza e la guerriglia non cessarono mai negli anni dell'occupazione italiana.

---

[103] Thaon di Revel ad Azzolini, 25 maggio 1936, ASBI, Direttorio Introna, prat. 21, fasc. 1, sottofasc. 2, p. 5. Le banconote della Bank of Ethiopia avrebbero dovuto essere convertite in lire a un cambio provvisorio, con diritto di un saldo al momento della fissazione definitiva del cambio; quanto al tallero, visto il prezzo dell'argento sulla piazza di Londra, il ministro prevedeva un tasso di conversione di 4 lire per tallero.

[104] R.D.L. 2 luglio 1936, n. 1371, convertito con legge 11 gennaio 1937, n. 260.

[105] Banca d'Italia, *Note sull'organizzazione monetaria e creditizia nei territori conquistati*, s.d. ma giugno o luglio 1936, ASBI, Direttorio Introna, prat. 21, sottofasc. 1, p. 2.

[106] Ivi, pp. 3-5.

Quella di sostituire in pochi mesi una moneta di elevato valore intrinseco, radicata nelle abitudini quotidiane, con una valuta sconosciuta e, almeno in parte, cartacea fu una scelta volontaristica, tutta politica, destinata a fallire. Nel sostenerla, si fece riferimento al recente precedente storico della relativa facilità con la quale, nel 1918, la corona austriaca fu sostituita con la lira nei territori conquistati all'ex Impero asburgico. Le condizioni di allora erano tuttavia ben diverse da quelle che abbiamo visto esistere in Etiopia, non solo per motivi culturali, ma soprattutto perché, in Friuli e Trentino, si trattava di sostituire la moneta, prevalentemente cartacea, di un Paese sconfitto e smembrato, rapidamente avviato all'iperinflazione, con quella, altrettanto cartacea, ma emessa da una potenza vincitrice, non ostile, che sembrava avere maggiore probabilità di stabilità. Se le autorità di Roma e Addis Abeba avessero invece ricordato il precedente dell'unificazione monetaria del Regno d'Italia, considerando le difficoltà che permisero di condurla a termine solo a fine secolo, soprattutto nel Mezzogiorno caratterizzato da un'importane circolazione di argento, avrebbero compreso che non era facile sostituire il metallo pregiato con banconote dal disegno sconosciuto e solo formalmente convertibili. Né avrebbero sottovalutato i tempi necessari all'assuefazione alle nuove monete, ancorché argentee, ma di peso e forma nuovi, con nuovi multipli e sottomultipli. Se si fossero rifatti all'unificazione monetaria del regno, i volontaristici architetti del sistema monetario imperiale avrebbero anche compreso che il corso legale della nuova moneta, priva di valore intrinseco, avrebbe incentivato la tesaurizzazione della vecchia moneta merce argentea.

All'errore d'impostazione iniziale, il volere introdurre in pochi mesi la lira in tutta l'Africa orientale italiana, si aggiunse un'incerta gestione delle procedure per la conversione del tallero in lire. Il primo tasso di cambio ufficiale fu stabilito da Mussolini in 5 lire per tallero, maggiorato di un non meglio specificato incentivo alla conversione. Poco dopo, avendo evidentemente meglio valutato la situazione, il Tesoro non poté che ammorbidire le proprie direttive sui tempi della conversione che raccomandò avvenisse «molto gradualmente», per evitare che i talleri prendessero la via delle frontiere. Molti talleri, d'altronde, erano stati prodotti in Italia ed erano necessari per le importazioni dai paesi del golfo, non conveniva dunque ritirarli rapidamente. Il ministero comprese anche che il cambio non poteva essere rigidamente stabilito per legge «dovendosi tenere conto delle quotazioni che questa singolare moneta avrà nelle varie regioni che differiscono in modo sensibilissimo a causa della distanza e delle possibilità di comunicazione»[107]. La moneta cartacea denominata in talleri, così come quella divisionale, fu convertita più facilmente nella moneta italiana al cambio di 3 lire per tallero. Il conio d'argento fu invece portato alla conversione solo in minima parte, mentre tra l'agosto 1935 e il maggio 1937 la zecca di Roma coniò e inviò in Africa orientale 18 milioni di «talleri italiani» uguali per contenuto di argento fino a quelli di Maria Teresa che si aggiunsero ai circa 43 milioni di talleri originali e di Menelik che si stimava fossero già circolanti nell'impero e a quelli, di conio inglese, francese e belga, stimati nel 1937 da Nathan in 10 milioni di pezzi[108].

Si creò, dunque, una situazione paradossale che non solo non consentiva di controllare la quantità di moneta in circolazione, ma rendeva convenienti esportazioni di lire in Europa, malgrado ciò fosse vietato, e quindi difficile e pericoloso, in patria. I tassi ai quali venivano cambiati i talleri in lire rendevano conveniente importarli in Africa per convertirli nella moneta italiana da vendere, con lauto profitto, sulle piazze europee a prezzo più favorevole di quello stabilito per la cosiddetta «lira turistica», la sola della quale era consentita legalmente l'uscita dall'Italia, in piccole quantità concesse per uso personale all'estero. Il governo coloniale cercò senza successo di bloccare questa forma di speculazione regolando rigidamente l'esportazione di lire: il confine verso il Sudan angloegiziano era lungo e poroso, attraversato da molte carovane, mentre

---

[107] Direttore generale del Tesoro ad Azzolini, 16 giugno 1936, ASBI, Direttorio Introna, prat. 21, fasc. 1, sottofasc. 2, p. 19. A questa considerazione si ispirò l'art. 2 del decreto legge per l'ordinamento monetario dell'Africa Orientale Italiana, che stabilì che il cambio dei talleri di Maria Teresa dovesse avvenire «al tasso che verrà periodicamente stabilito con decreti dei governatori [regionali]».
[108] Azzolini a Thaon di Revel, 11 marzo 1938, cit. da Tuccimei (1999, p. 228, doc. 21).

i commercianti indiani, arabi ed europei che operavano tra il mar Rosso e il golfo di Aden avevano da secoli stabilito canali riservati per il regolamento degli scambi reciproci e il trasferimento di fondi al Cairo, a Beirut, a Bombay e di lì a Londra e Parigi, le piazze ove era maggiormente trattata la lira sul mercato parallelo a quello ufficiale, praticamente inesistente. Inutile fu anche il progressivo innalzamento del cambio di riferimento del tallero, che fu portato dalle 5 lire iniziali progressivamente fino a 13,50 lire, tasso prossimo alle 14-15 lire che si ottenevano al mercato nero in Eritrea[109]. Nel gennaio 1938[110] fu deciso di sospendere la convertibilità ufficiale della lira in argento. Da quel momento il tallero fu considerato dalle autorità alla stregua di una qualsiasi altra merce, abbandonando gli sforzi di stabilirne un prezzo ufficiale. Privato del potere liberatorio legale, il tallero di Maria Teresa continuò a essere utilizzato come mezzo di pagamento, oltre che come unità di conto, secondo un costume più che centenario.

Oltre che della propria organizzazione in Africa orientale e della questione monetaria, la Banca d'Italia dovette occuparsi dell'insediamento e della supervisione delle banche italiane nell'impero, direttamente o tramite l'Ispettorato. Tranne il Banco di Roma, che si era insediato in Libia, i grandi istituti di credito italiani si erano tenuti sino allora lontani dalle colonie. Il loro atteggiamento cambiò con la conquista dell'impero, tanto che la «tendenza espansionista» degli istituti di credito preoccupò subito via Nazionale. Ma il governo voleva porre un freno alla penetrazione straniera con la presenza di banche italiane, pur essendo consapevole che l'attività bancaria in Etiopia avrebbe avuto, almeno inizialmente, una scarsa redditività. La direttiva, dunque, fu quella di autorizzare l'apertura di sportelli in Africa orientale, seppure evitando «organizzazioni pletoriche»[111]. Nonostante i ripetuti inviti alla

---

[109] Azzolini a Thaon di Revel, 4 dicembre 1937, ASBI, Direttorio Azzolini, prat. 9, fasc. 1, p. 37.
[110] D.m. 5 gennaio 1938, entrato in vigore il 7 febbraio 1938.
[111] Banca d'Italia, *Note sull'organizzazione monetaria e creditizia nei territori conquistati*, s.d. (ma giugno o luglio 1936) ASBI, Direttorio Introna, prat. 21, sottofasc. 1, pp. 4-5.

prudenza dell'Ispettorato e della Banca d'Italia, si scatenò da parte di alcune banche una corsa ad aprire sportelli nell'impero (Tuccimei 1999, p. 173). Veroi, amministratore delegato del Banco di Roma, sottopose a Mussolini un piano organico per il sistema bancario nell'impero che prevedeva, accanto alla Banca d'Italia, la sola presenza del proprio istituto, per il quale chiese direttamente il monopolio del credito da tre a cinque anni per consolidare la propria organizzazione (ivi, p. 176). Il piano non poteva essere accettato, ma il Banco ebbe l'autorizzazione ad aprire filiali in numero maggiore degli altri due istituti (Banca Nazionale del Lavoro e Banco di Napoli) che lo seguirono nell'impero[112], prima che l'Ispettorato decidesse di congelare sino al 1939 l'autorizzazione di altri istituti di credito nell'Africa orientale, provocando le proteste degli esclusi, soprattutto del Credito Italiano.

Le banche svolsero principalmente attività connesse al pagamento degli stipendi dei militari, degli impiegati civili e degli operai italiani occupati nella costruzione di strade, uno dei pochi lasciti positivi della breve dominazione italiana (Bertazzini 2021). Anche le altre operazioni di rilievo – rimesse, emissioni di vaglia, incasso di effetti – si svolsero prevalentemente nel mercato creato dalla presenza di cittadini italiani (Mauri 1967).

In vista della scadenza del divieto di apertura di nuove filiali bancarie, prevista per il 30 giugno 1939, la Banca d'Italia[113] tracciò un bilancio non lusinghiero dell'esperienza bancaria in Africa orientale, caratterizzata da passività consistenti, malgrado i tassi attivi e le commissioni fossero ben più elevati di quelli praticati in Italia. Quanto agli impieghi, essi contribuivano poco allo sviluppo locale perché i capitali raccolti venivano in buona misura impiegati in Italia in operazioni meno rischiose di quelle possibili in Africa. Dopo un boom iniziale seguito all'occupazione militare, l'economia era tornata a una normalità

---

[112] La Banca Nazionale del Lavoro si insediò ad Addis Abeba, il Banco di Napoli aprì uno sportello a Mogadiscio. Per dettagli sull'organizzazione del credito in Etiopia durante il dominio italiano, il migliore lavoro resta quello di Mauri (1967).
[113] Studio del Nuovo Ordinamento Creditizio dell'Africa Orientale, s.d. (ma fine 1938), ASBI, Direttorio Introna, prat. 21, fasc. 1, sottofasc. 1, pp. 10 ss.

non certo brillante. Il traffico dell'impero si era gradualmente spostato da Massaua ai porti stranieri di Gibuti e Aden. In questo quadro, l'attrezzatura bancaria creata all'inizio si era dimostrata eccessivamente estesa. D'altra parte era stato concesso un ingiustificato oligopolio a favore di pochi istituti di credito. Per ovviare a questi inconvenienti, creare sviluppo e fare affluire capitali freschi occorreva, secondo la Banca d'Italia, coinvolgere tutte le grandi banche in un'azione caratterizzata da unicità di indirizzo, impiego *in loco* del risparmio raccolto, assenza di speculazione, fissando un «profitto normale» e controllando i costi. Era, infine, necessario creare anche in Africa Orientale strutture in grado di erogare credito a medio e lungo termine con capitale sottoscritto dalle assicurazioni, dagli istituti di credito di diritto pubblico, dalle casse di risparmio. Quanto al credito ordinario, gli obiettivi di unicità d'indirizzo e di coinvolgimento delle principali banche italiane si sarebbero potuti raggiungere simultaneamente creando una Banca dell'Africa Orientale Italiana, partecipata da tutte le banche italiane interessate, alla quale sarebbe stato concesso il monopolio di tutte le operazioni nell'impero, rilevando le filiali esistenti del Banco di Roma, della Banca Nazionale del Lavoro e del Banco di Napoli. Alla Banca d'Italia sarebbe rimasto il compito di governare la circolazione e controllare la politica creditizia, benché non escludesse di mantenere un «intervento diretto anche nel credito ordinario».

Mancò il tempo per discutere e fare approvare dal governo questo piano. Nell'agosto del 1940 gli italiani obbligarono la Gran Bretagna ad abbandonare per breve tempo il proprio possedimento somalo. Sei mesi dopo, truppe inglesi, sudafricane, indiane, nigeriane e francesi rioccuparono i territori perduti e iniziarono la conquista dell'Etiopia e dell'Eritrea. Il 5 aprile 1941, gli italiani abbandonarono Addis Abeba pur continuando a resistere nel Nord del Paese, fino alla resa finale in novembre.

All'inizio di gennaio 1941, con le comunicazioni ormai quasi impossibili tra Roma e l'Etiopia, Azzolini indirizzò al direttore della filiale di Addis Abeba un burocratico messaggio di addio: dopo avere autorizzato il direttore stesso a diramare, senza interpellarlo preventivamente, disposizioni relative alla situazione di emergenza e avere promesso ai dipendenti che sarebbero stati indennizzati con larghezza, aggiunse un augurio particolare a quanti di essi avrebbero preso le armi[114]. È l'ultima comunicazione della quale è rimasta traccia.

Con le truppe britanniche arrivò in Etiopia la Barclays Bank che il 1° luglio 1941 aprì una filiale ad Addis Abeba nei locali prima occupati dalla Banca Nazionale del Lavoro. Tuttavia, in una situazione di notevole confusione monetaria, l'amministrazione militare britannica permise agli italiani di depositare le proprie lire nelle banche italiane che erano rimaste aperte, seppure con limiti alle loro operazioni. La Banca d'Italia fu autorizzata a operare dal 1° luglio 1941 al 14 febbraio 1942 (Tuccimei 1999, p. 261), quando tutte le banche italiane furono chiuse[115]. I beni dei cittadini nemici, compresi quelli degli istituti di credito, furono poi sequestrati e, nel maggio 1942, la loro amministrazione fu affidata a un ente apposito[116], guidato dall'ex governatore della Bank of Ethiopia, Charles Collier[117].

6. *Gestione, personale (e arte)*

La legge bancaria del 1936 e lo statuto che la accompagnò (R.D. 11 giugno 1936, n. 1067), sostituendo quello del 1928 (R.D. 21 giugno 1928, n. 1404), investirono anche l'organizzazione interna della Banca d'Italia, trasformata da società per azioni in istituto di diritto pubblico. L'ammontare del capitale (300 milioni) non variò ma le azioni, dal 1893 in mano a privati, furono trasformate in «quote» nominative che potevano essere sottoscritte solo da casse di risparmio, istituti di credito di diritto pubblico, banche di interesse nazionale (in mano all'IRI), istituti di previdenza e di assicurazione. La Banca stessa

---

[114] Azzolini ai direttori di filiale dell'AOI, 9 gennaio 1941, ASBI, Vigilanza, prat. 781, fasc. 81, p. 48.
[115] La Banca d'Italia operò ancora qualche settimana (sino al 7 marzo) per le autorità britanniche, anche per le operazioni di chiusura delle banche italiane.
[116] Custodian of Enemy Property, con sede ad Asmara.
[117] Azzolini a Thaon di Revel, 9 settembre 1942, ASBI, Direttorio Azzolini, prat. 10, fasc. 2, p. 201.

costituì un consorzio tra gli enti ammessi alla sottoscrizione delle quote[118]. Delle 300.000 quote di 1.000 lire ciascuna, 185.056 (il 62%) andarono alle 88 casse di risparmio. Quelle rimanenti furono ripartite tra gli altri istituti aventi diritto alla sottoscrizione, per un totale di 109 enti partecipanti. Inutile dire che l'allocazione delle quote tra i membri del consorzio fu abilmente guidata dal governatore che ne aveva la presidenza. Ai possessori di quote fu destinato un dividendo pari al 6% del loro valore nominale. La parte restante degli utili netti doveva essere devoluta allo Stato, dopo l'assegnazione a riserva ordinaria del 20% e, con il consenso del ministro delle Finanze, di un altro 20% a fondi speciali di riserva.

Ai vecchi azionisti furono rimborsate 1.300 lire per azione, sulla base di una valutazione calcolata sul bilancio 1935. Gli azionisti non protestarono, almeno pubblicamente, contro il rimborso forzoso di un titolo che, per molti decenni, aveva offerto una discreta stabilità di quotazione, un rendimento superiore a quello dei titoli di Stato e garantito ai maggiori tra essi la presenza, seppure ormai largamente formale, entro un'istituzione che, come Giano, guardava tanto allo Stato quanto al mercato. Se le proteste si limitarono a mugugni privati, ciò non dipese tanto dalla forza coercitiva del regime quanto dalla costante diminuzione, sin dal primo decennio del secolo, del ruolo e del potere dell'azionariato. Nota efficacemente Scatamacchia (2008, p. 344) che nel 1936 fu solo celebrato il «funerale ritardato» degli azionisti privati della Banca.

Il Consiglio superiore, prima composto da 31 consiglieri, 26 dei quali nominati dai consigli di reggenza delle sedi e 5 dall'assemblea degli azionisti, fu ridotto a 15 consiglieri, 12 dei quali nominati dalle sedi regionali[119] e 3 dalla Corporazione della Previdenza e del Credito, mantenendo così, scrisse Azzolini, «il principio della rappresentanza regionale, accanto

---

[118] Il Consorzio fu creato il 9 aprile 1936 e presieduto dal governatore. Le somme sottoscritte dagli istituti consorziati dovevano essere versate entro il 25 maggio e assunsero forma di capitale il 1° giugno 1936, data dalla quale cominciò il rimborso delle azioni precedentemente possedute (Banca d'Italia, *Assemblea generale ordinaria dei partecipanti*, Roma, 31 marzo 1937, p. 63).

[119] Le due sedi toscane, Firenze e Livorno, dovevano esprimerne congiuntamente uno solo.

al principio nuovo della rappresentanza corporativa»[120]. Al Consiglio superiore era demandata la nomina e la revoca del governatore, del direttore generale e del vicedirettore generale, ma le nomine dovevano essere approvate con decreto reale promosso dal capo del governo, di concerto con il ministro delle Finanze, sentito il Consiglio dei ministri. Il trio di vertice continuò a costituire il «direttorio», introdotto dallo statuto del 1928. Azzolini e Introna mantennero i rispettivi ruoli di governatore e vicedirettore generale per tutto il periodo considerato in questo capitolo. Il direttore generale Pasquale Troise morì nel maggio 1940, «vinto dal malore che pochi giorni prima lo aveva sorpreso al tavolo di lavoro» (Gigliobianco 2006, p. 171). Fu sostituito da Giovanni Acanfora[121], allora cinquantaseienne, che aveva percorso tutta la propria carriera al ministero delle Finanze, dove era ispettore generale al momento della nomina. Lascerà, come vedremo, la carica nel luglio 1943, in seguito alla nomina a ministro per gli Scambi e le Valute nel primo governo Badoglio con il quale però perse contatto in seguito alla fuga verso il sud del maresciallo e del re, dopo la quale riuscì avventurosamente a sottrarsi alla cattura da parte dei fascisti.

Abbiamo visto che alla perdita di autonomia nelle decisioni di maggiore rilevanza per la politica economica si accompagnò, per la Banca, un aumento di funzioni tecniche e amministrative, in relazione alla maggiore pervasività dell'intervento dello Stato nell'attività economica. Negli anni Trenta Azzolini si propose di semplificare l'organizzazione degli uffici[122] che giudicava «alquanto pletorica», con una diminuzione del loro numero, lasciando però sostanzialmente invariata l'articolazione della Banca in Servizi (Croce 2020, p. 38). Il numero delle dipendenze non variò molto: raggiunse un massimo di 147 nel 1928, toccò un minimo di 139 nel 1935, risalì a 143 nel 1939. Con le dipendenze nell'impero e nei territori occupati tra il 1940 e il 1943 crebbe il numero delle filiali all'estero. Vi furono,

---

[120] Banca d'Italia, *Assemblea generale ordinaria dei partecipanti*, Roma, 31 marzo 1937, p. 64.
[121] Castellamare di Stabia 1884-1976.
[122] Soprattutto con un ordine di servizio del 12 gennaio 1933 (Croce 2020, p. 38).

tuttavia, riorganizzazioni e ridimensionamenti: nel 1934 si chiusero, per esigenze di bilancio, cinque agenzie in costante perdita[123]. Altre sette furono declassate a succursali[124]. Questi cambiamenti, attuati per dare un esempio alle banche la cui organizzazione era giudicata «pletorica», avevano un delicato impatto sociale sulle comunità locali, alle quali la presenza della Banca conferiva posti di lavoro e soprattutto prestigio, tanto da dover essere approvate personalmente da Mussolini (Battilocchi, Melini 2017, p. 38). Su sollecitazione del duce fu però aperta un'agenzia a Littoria, in un moderno edificio inaugurato dallo stesso Mussolini.

Ci siamo già più volte imbattuti nella corrispondenza, a volte di importanza notevole, da e per le «delegazioni all'estero». È utile a questo punto ricordarle sinteticamente, tenendo conto che esse avevano la duplice veste di delegazione della Banca e rappresentanza dell'Istituto Nazionale per i Cambi con l'Estero. Le prime a essere create, durante la Grande Guerra, furono quelle nei principali paesi alleati: Londra nel 1917, New York e Parigi nel 1918. In concomitanza con il Piano Dawes (1924) fu aperta la rappresentanza di Berlino. Ebbe vita breve (1927-1930) quella di Rio de Janeiro. La competenza sul Brasile fu poi affidata alla delegazione di Buenos Aires, istituita nel 1937. Nel 1928 la Banca aprì una rappresentanza a Zurigo, con competenza anche sui Paesi Bassi, data l'importanza dei mercati finanziari svizzero e olandese. Da Zurigo, il delegato della Banca tenne, dopo il 1930, anche i rapporti con la Banca dei Regolamenti Internazionali. Dopo la dichiarazione di guerra dell'Italia al Regno Unito, la delegazione di Londra fu spostata nella neutrale Lisbona, considerata come un buon punto di osservazione delle piazze finanziarie e della politica della Gran Bretagna (ivi, pp. 47-52).

A Londra, Stringher aveva mandato Giuseppe (Joe) Nathan

---

[123] Bressanone, Iglesias, Postumia, Tolmino e Torre Annunziata. In particolare, quelle di Bressanone, Tolmino e Postumia «si trovavano nelle "terre redente" dove la Banca, nell'immediato dopoguerra, era stata sollecitata dal governo a insediarsi e dove era rimasta per "spirito di italianità" pur sopportando costanti perdite [...] su Iglesias e Torre Annunziata pesava la crisi economica di miniere e pastifici» (Battilocchi, Melini 2017, p. 39).

[124] Asti, Barletta, Brindisi, Carrara, Grosseto, Pola, Sondrio.

profondo conoscitore della City, che abbiamo già più volte incontrato. I suoi rapporti «sono un'autentica miniera di informazioni non solo sugli argomenti di stretta pertinenza italo-inglese, ma in generale su tutto lo svolgersi della vicenda internazionale» degli anni Venti e Trenta (De Cecco 1993, p. 23). Il suo grande contributo alla Banca e all'Italia non lo salvò, come vedremo, dalle conseguenze delle cosiddette leggi razziali. A Parigi arrivò nel 1933 Mario Pennacchio, a sostituire Eugenio Petrelli. Restò nella capitale francese anche durante l'occupazione nazista. Anche la sua corrispondenza, benché non di livello pari a quella di Nathan, è ricca di informazioni di prima mano. A Berlino, capitale di crescente importanza per la Banca, fu inviato nel 1932 Antonino Cimino[125], che svolse un ruolo rilevante, soprattutto durante le sanzioni, nelle trattative per il *clearing* italo-tedesco, fortemente sbilanciato a favore della Germania, tanto che Berlino chiese una cessione d'oro che consentisse alla Reichsbank di «sbarazzarsi delle lire delle quali in modo crescente diffidava» (Roselli 2000, p. 207).

Negli anni Trenta, i delegati inviavano direttamente ad Azzolini rapporti riservati a cadenza spesso settimanale, con informazioni sulla finanza, l'economia e la politica dei paesi dove si trovavano. A sua volta il Governatore passava questa corrispondenza, debitamente ricopiata e in modo riservato, direttamente a Mussolini che poteva così disporre di informazioni di fonti indipendenti da quelle dei «servizi», spesso inclini a confermare le aspettative del duce, a volte infiltrati da agenti doppiogiochisti.

Se l'aumento del lavoro della Banca ebbe solo effetti marginali sul numero delle dipendenze, esso richiese invece numerose nuove assunzioni. Nel 1920 la Banca d'Italia contava 2.852 dipendenti di ruolo e avventizi, ne contava 5.366 nel 1930,

---

[125] Antonino Cimino (1885-1958) è ricordato soprattutto, ne parleremo nel secondo volume di questa storia, per il breve periodo (febbraio-luglio 1944), durante il quale fu direttore generale del troncone della Banca d'Italia situato al Nord, nella Repubblica Sociale Italiana. Siciliano, prima di arrivare a Berlino era stato ispettore del Tesoro e funzionario della Banca Commerciale Italiana (disponibile in https://www.bancaditalia.it/chi-siamo/storia/governatori-direttori-generali/direttori-generali/antonino-cimino/index.html).

6.340 nel 1939 e 7.665 nel 1943. A questi vanno aggiunti gli operai, sostanzialmente gli addetti alle Officine Carte Valori, in gran parte avventizi, per i quali non si hanno dati fino al 1935 quando erano 550, numero che restò sostanzialmente stabile fino al 1940.

La componente femminile restò limitata: nel 1935, le impiegate erano solo il 7,5% del totale, salite nel 1939 al 9,7%, oltre la metà delle quali avventizie[126]. Tra gli operai, le donne erano invece la maggioranza. Tra il 1930 e il 1940, si ridusse dal 52 al 29% il peso del personale classificabile nella carriera direttiva, ma parallelamente aumentò sino al 10% del totale la quota dei laureati (ivi, p. 218).

Nel 1934, per la seconda volta dopo il 1930, fu disposta una riduzione tra il 6 e il 12% degli stipendi del personale dello Stato e degli enti parastatali (R.D.L. 14 aprile 1934, n. 561). Era giustificata da una diminuzione del 24% dei prezzi al consumo per le famiglie degli impiegati e operai, ma non era il modo migliore per contrastare la deflazione. Il provvedimento si inquadrava nelle misure di difesa del cambio e delle riserve, non essendo ancora state introdotte stringenti misure di controllo dei movimenti di capitale. La Banca si adeguò, come nel passato, «nello spirito dello "spontaneo coordinamento" con le decisioni governative» (ivi, p. 236). Nel 1937 gli emolumenti furono aumentati dell'8%, riportando il potere d'acquisto della retribuzione di un coadiutore al livello del 1929 (ISTAT 2011, p. 511). Alcuni «benefici aziendali» riflettono lo «spirito dei tempi»: il personale di tesoreria non strettamente indispensabile fu lasciato libero, non oltre le ore 13, ogni sabato per consentirgli «di tenersi a disposizione dei propri gruppi e prender parte alle varie manifestazioni indette dalle organizzazioni del regime nel quadro del sabato fascista»[127]. L'orario di lavoro fu uniformato a quello degli uffici pubblici con un'interruzione di soli 30 minuti per consumare la colazione in ufficio, al fine di facilitare i

---

[126] Tra gli impiegati di sesso maschile, gli avventizi erano il 38% del totale. Devo queste informazioni alla cortesia di Paolo Croce, della Banca d'Italia, che mi ha messo a disposizione dati ancora in fase di elaborazione (ma definitivi per quelli citati nel testo).
[127] Circolare n. 913 del 5 ottobre 1935.

risparmi energetici voluti dal governo. Dal 1935 fu stabilito di assegnare il 24 dicembre, giornata della maternità, un premio di natalità ai dipendenti con 4 o più figli, dei quali uno nato nell'anno (Contessa, De Mattia 1993, pp. 135-136). Il premio andava, necessariamente, ai dipendenti di genere maschile perché alle «signorine» non era ancora consentito diventare «signore», pena il licenziamento. L'obbligatoria condizione di nubile diede luogo a situazioni paradossali come quella di un'impiegata della sede di Napoli, «sempre indicata nubile nelle schede annuali, che nel 1935 dichiarò di essere rimasta vedova essendosi sposata due anni prima ma essendosi ben guardata dall'informare la Banca» (Curli 1993, p. 77). Nella seconda metà degli anni Trenta si cominciarono però a notare casi di impiegate sposate che non furono licenziate. La norma sul nubilato delle dipendenti, che esisteva sin dalla fondazione della Banca, venne dapprima silenziosamente disattesa poi abrogata, perché in contrasto con la politica fascista sulla famiglia e la natalità.

Non è possibile chiudere queste brevi note sull'organizzazione e la vita interna della Banca negli anni Trenta senza un accenno al nucleo della grande collezione d'arte creato con l'acquisizione di una parte importante della collezione Gualino. Abbiamo seguito abbastanza in dettaglio, al capitolo 8, il tentativo sostanzialmente fallito di salvare la Banca Agricola Italiana, in seguito al quale Riccardo Gualino aveva dato nel 1930 tutti i propri beni in pegno alla Banca d'Italia a parziale garanzia dei crediti concessi. Del patrimonio Gualino faceva parte una importante collezione d'arte, costruita sapientemente negli anni con la consulenza di Lionello Venturi[128], comprendente dipinti che spaziavano dai Duecenteschi al primo Novecento, sculture orientali, raccolte d'armi, vetri antichi. Una parte della collezione fu venduta in diverse aste per soddisfare creditori minori, la parte principale, valutata

---

[128] Modena 1885-Roma 1961. Forse il maggiore storico e critico d'arte italiano della prima metà del Novecento. Conobbe Gualino nel 1918, gli consigliò gli acquisti di Modigliani e con lui sostenne pittori come Felice Casorati e il gruppo dei sei. Professore universitario a Roma, nel 1931 rifiutò di giurare fedeltà al fascismo ed emigrò prima a Parigi poi negli Stati Uniti. Dopo la guerra riprese la propria cattedra a Roma.

1.994.400 lire[129], restò vincolata alla soddisfazione dei crediti vantati in parti uguali dalla Banca d'Italia e dall'IRI. Poiché quest'ultimo non era interessato al possesso di opere d'arte, la Banca acquistò per 997.000 lire la parte della collezione Gualino vincolata all'istituto di via Veneto, perché questo importante patrimonio artistico non andasse ulteriormente disperso. Prese così avvio, da una collezione privata creata da un grande storico dell'arte e sostenuta dalla curiosità culturale del proprietario, l'importante raccolta di opere d'arte, alimentata nei successivi decenni, che oggi si trova a Palazzo Koch (Rigano 2019).

Purtroppo, tra i dipinti posseduti da Gualino erano stati venduti, prima del 1939, pezzi straordinari tra i quali ben sette Modigliani, importanti lavori di Casorati e il celebre ritratto della cugina Argia di Fattori. Alla Banca restarono[130] però un paesaggio di Monet, dipinti di Spadini, Soffici, Carena e qualche opera del cosiddetto «gruppo dei sei di Torino»[131], attivo tra il 1928 e il 1935, noto anche per il rifiuto dei canoni artistici fascisti del movimento Novecento, guidato da Margherita Sarfatti. Nel dopoguerra arrivò a via Nazionale la quasi totalità delle opere d'arte dell'Estremo Oriente, tutte di notevole pregio, provenienti dalla collezione Gualino, delle quali si erano perse le tracce, depositate e dimenticate nella sede torinese della Banca.

Negli anni di guerra, Azzolini promosse l'acquisto di libri rari e preziosi, soprattutto per le illustrazioni, stampati tra il quindicesimo e il diciannovesimo secolo che bisogna ricordare qui perché lo scopo delle acquisizioni non era quello di arricchire la biblioteca della Banca, ancora relativamente modesta, quanto di evitare l'espatrio di opere preziose. Arricchita nell'immediato dopoguerra e collocata in una vetrina nell'anticamera dello studio di Einaudi, la collezione è nota in Banca come quella del «salottino del governatore» (Schioppa 2021).

---

[129] Pari a circa 1.800.000 euro a potere d'acquisto 2020.
[130] Disponibile in https://collezionedarte.bancaditalia.it/portal/web/guest/percorsi-tematici.
[131] Si tratta di Jessie Boswell, Luigi Chessa, Nicola Galante, Carlo Levi, Francesco Menzio ed Enrico Paulucci delle Rocole. Ebbero come mentori Casorati, Venturi e lo stesso Gualino ed erano legati dall'ispirazione al post-impressionismo e al fauvismo oltre che da un'ideologia antifascista.

7. Il Servizio Studi

Il rilancio, di fatto la creazione, del Servizio Studi è un evento rilevante nella storia della Banca durante gli anni Trenta, soprattutto se visto alla luce dell'importanza che il servizio assunse nel dopoguerra nel creare una moderna banca centrale e nel sostenerne quell'autonomia di fatto, fondata anzitutto sull'efficacia della sua azione e l'autorevolezza delle sue analisi, che sarà uno dei tratti caratterizzanti dell'esperienza italiana di *central banking*.

Non era, ovviamente, mancata sin da fine Ottocento un'attività sia di raccolta di dati e informazioni, sia di analisi. Ma si era trattato quasi esclusivamente dell'impegno di pochi singoli, sollecitato da circostanze ed esigenze occasionali. Stringher aveva la formazione, la curiosità e l'interesse per essere lui stesso un ottimo studioso, autore di numerose pubblicazioni soprattutto nei campi della politica monetaria e del commercio con l'estero. Tito Canovai aveva steso una testimonianza sull'azione di banca centrale in Italia per l'indagine conoscitiva del Congresso degli Stati Uniti in vista della creazione del Sistema della Riserva Federale. È un documento che ancora oggi si legge con interesse. Un minimo di attività per l'acquisizione di informazioni, peraltro difficilmente definibile come ricerca, era stata svolta sin dalla nascita della Banca nell'ambito del «Gabinetto del Direttore Generale» diretto da Canovai, all'interno del quale fu costituito nel 1914 un Ufficio di Studi Economici e Finanziari (Tuccimei 2005, pp. 13-18, 21). Nel 1926, con l'estensione dei compiti della Banca, Stringher creò un Servizio Studi Economici e Statistica, formato da tre uffici: Studi Economici e Finanziari, Statistica e Biblioteca (ivi, p. 26)[132]. Passarono però tre anni prima che le nuove strutture diventassero operative ed ebbero, comunque, durante il governatorato Stringher, modesta visibilità interna ed esterna alla Banca, perché il Governatore le vide e le usò prevalentemente per funzioni di documentazione e raccolta di dati. Ancora alla metà degli anni Trenta si trattava, nel

---

[132] A capo del servizio fu posto Giovanni Santaponte, con Carlo Rodella alla guida dell'ufficio studi e Rinaldo Denti a quello di statistica.

ricordo di Giannino Parravicini[133], «più che altro, di un ufficio stampa che si occupava di selezionare notizie e articoli; la Banca era tutta operativa e non si sentiva bisogno di tanta ricerca» (Roselli 2000, p. 223).

Non sono chiari i motivi che spinsero Azzolini a rilanciare, ma di fatto a creare, il Servizio Studi. Secondo Roselli (ivi, p. 222), i vertici della Banca compresero che le nuove responsabilità nel governo della moneta e nella vigilanza «non potevano essere affrontate senza un supporto analitico adeguato». La rifondazione degli «Studi» cominciò a delinearsi quando i primi vincitori delle Borse Stringher, probabilmente pensate da lui stesso e create da Azzolini nel gennaio 1931, cominciarono a rientrare dai periodi di studio all'estero. Giannino Parravicini, che ne aveva ottenute due, fu assunto dalla Banca nel 1935. Un anno prima era arrivato a via Nazionale Armando Pescatore. Erano promettenti economisti per i quali non era facile trovare nella struttura della Banca una collocazione adeguata. La loro assunzione indica che probabilmente il direttorio già pensava a un potenziamento del Servizio Studi prima dell'approvazione della legge bancaria. Con Baffi, assunto come abbiamo visto nel marzo 1936, arrivarono Alberto Campolongo[134], Agostino De Vita[135] e Giuseppe Di Nardi[136], nel 1937 si aggiunse per

---

[133] 1910-2001. Vincitore di Borse Stringher nel 1932 e nel 1934, assunto dalla Banca d'Italia forse alla fine del 1935. Si dimise dalla Banca nel 1961 quando vinse la cattedra di scienza delle finanze all'Università di Firenze (Sarcinelli 2014).

[134] 1913-1990. Bocconiano, andò con Baffi a Londra nel 1931 con una borsa di studio dell'università e vinse poi la Stringher nel 1933. Nel periodo considerato si occupò soprattutto del commercio estero italiano. Nel 1937 tradusse in italiano *The End of Laissez Faire* di Keynes e, successivamente, per UTET la *General Theory*. Lasciò la Banca nel 1941 per impieghi nel settore privato (Ansaldo e Pignone). Nel 1954 entrò all'ufficio studi della CECA e nel 1958 a quello della BEI del quale fu nominato direttore. Nel 1973, vinto un concorso a professore ordinario, fu chiamato alla cattedra di Organizzazione economica internazionale dell'Università di Pavia (Tuccimei 2005, p. 71; Garavello 1991).

[135] 1912-1990. Napoletano. Laureato in scienze politiche all'università della sua città, redattore de «La vita economica d'Italia» diretta da Corrado Gini. Lavorò in Banca d'Italia dal 1936 al 1939 per passare poi alla Confindustria e successivamente all'Istituto di Economia di Milano, diretto da Libero Lenti. Nel 1974 ottenne la cattedra di Politica economica e finanziaria all'Università di Pavia (Tuccimei 2005, p. 72).

[136] 1911-1992. Laureato in scienze economiche all'Università di Bari, borsista

un paio d'anni Frank Tamagna[137], fresco di un dottorato a Yale. Erano tutti destinati a posizioni di rilievo, soprattutto accademiche, nel secondo dopoguerra (Tuccimei 2005, p. 39).

A Carlo Rodella, capo degli «Studi», fu chiesto di preparare un programma di riorganizzazione del servizio. Ma Azzolini voleva evidentemente una seconda opinione che chiese all'amico Mortara la cui proposta finì per prevalere, anche perché più dettagliata (ivi, pp. 37-38). La scelta non mancò di suscitare qualche critica: un successivo appunto sul riordinamento del servizio sostenne l'inopportunità che esso «fosse completamente improntato alla scuola del prof. Mortara [mentre il servizio] dovrebbe restare aperto a tutti gli indirizzi e non rinchiudersi negli schemi di una sola scuola»[138].

Il servizio fu diviso in due sezioni, Italia ed Estero. Alla prima, diretta da Baffi, fecero capo Campolongo, De Vita, Di Nardi e la sola donna nel gruppo dei laureati ricercatori, Matilde Sleiter. La sezione Esteri, guidata da Emidio Panzironi, divisa per aree geografiche, doveva soprattutto produrre analisi e statistiche sui principali paesi con i quali l'Italia aveva relazioni economiche, contando molto sui rapporti dei delegati nelle varie capitali, aveva anche funzioni di carattere generale tra le quali l'«aggiornamento dati dell'agenda del signor Governatore»[139]. Vi fecero parte, tra gli altri, Giannino Parravicini e Francesco Masera (ivi, pp. 40-42).

Tra il 1936 e il 1938, il Servizio Studi così potenziato svolse principalmente due attività, entrambe in collaborazione con la Banca Commerciale che disponeva già di una più robusta struttura di analisi e documentazione. La prima

---

Stringher nel 1935, professore ordinario a Bari (1948), Napoli (1953) e Roma (1957). Socio nazionale dell'Accademia dei Lincei (ivi, p. 73).

[137] 1910-1991. Dopo la laurea a Pavia (1934) ottenne un dottorato in Economia a Yale. Alla Banca rimase solo per un biennio. Nel 1939 lasciò l'Italia per gli Stati Uniti dove fu, tra l'altro, consigliere del governo, del comando delle truppe di occupazione a Tokyo, della Fed e della BRI prima di diventare professore di economia alla American University di Washington.

[138] *Osservazioni sul progetto di riordinamento del Servizio Studi* (giugno 1938, probabilmente opera dell'ispettore Vecchia), ASBI, Direttorio Azzolini, prat. 59, fasc. 9, sottofasc. 2.

[139] ASBI, Direttorio Azzolini, Memorie per la riorganizzazione del Servizio Studi (1937), prat. 59, fasc. 1, sottofasc. 1, p. 18.

consistette nella compilazione di una statistica nazionale del credito bancario classificato secondo le attività economiche alle quali era destinato. Classificazione non facile che diede luogo a una discussione tra Mortara, che la voleva impostata nel modo tradizionale (attività agricole, industriali e di servizi) e il suo giovane allievo Baffi che suggeriva di seguire il criterio, già adottato dalla Banca Commerciale con la quale si era instaurata una collaborazione, impostato sui «cicli di produzione-trasformazione-distribuzione delle singole materie o derrate, ossia lungo la linea dei rapporti di credito (da venditore a compratore) che è anche la linea di probabile differenziazione congiunturale» (Baffi 1990, p. 25). Mortara esaminò attentamente la cosa e finì per concordare con Baffi.

La seconda, più importante, attività del Servizio Studi in questi anni fu la preparazione di un'opera in tre volumi sull'economia italiana dal 1931 al 1936 (Banca d'Italia 1938). L'idea originale venne da Mattioli che propose una sintesi dell'evoluzione economica italiana concepita come «prontuario per banchieri». Azzolini volle qualcosa di più: «una documentata storia economica del periodo» e incaricò il Servizio Studi di predisporre un progetto che fu approvato dalla Comit e da Mortara, in qualità di consulente gradito a entrambe le istituzioni (Tuccimei 2005, pp. 44-46). Il lavoro si svolse tra il 1937 e il 1938, con lunghi soggiorni milanesi di Baffi e altri per collaborare con il Servizio Studi della Banca Commerciale diretto da Antonello Gerbi[140] e Ugo La Malfa[141]. Quest'ultimo e Alberto Campolongo, per la Banca d'Italia, assunsero un ruolo, seppure informale, di redazione, coordinamento e scrittura di numerosi capitoli. Per ragioni evidentemente politiche, il nome di La Malfa non fu incluso tra quello dei redattori di quest'opera collettiva. Tra i collaboratori esterni

---

[140] Antonello Gerbi (1904-1976), laureato in Giurisprudenza a Roma, assunto da Mattioli alla Banca Commerciale nel 1932 come capoufficio studi. Nel 1938 fu trasferito da Mattioli al Banco Italiano-Lima, un'affiliata della Comit in Perù, per sottrarlo alle disposizioni della legislazione antiebraica. Vi rimase fino al 1948 quando riprese il proprio posto alla Comit dove restò fino al 1970 (Pertici 2000).

[141] Ugo La Malfa (1904-1979) siciliano, laureato in Economia e Commercio a Ca' Foscari (Venezia), futuro segretario del Partito Repubblicano Italiano e ministro del Tesoro, nel 1934 fu assunto da Mattioli alla Banca Commerciale come vicecapo dell'ufficio studi (Pertici 2004).

incaricati della redazione di capitoli o parti di essi figurano d'Albergo, Lenti, Di Fenizio e Saraceno (ivi, pp. 47-48)[142]. La prefazione, scritta da Mortara, fu firmata da Azzolini[143]. L'opera resta tuttora un'indispensabile fonte per chi voglia studiare l'economia italiana degli anni Trenta.

Poiché il Servizio Studi fu rilanciato nel pieno del periodo dell'«assedio economico», non mancarono lavori sul commercio estero in regime di sanzioni, sul finanziamento dell'autarchia e sull'applicabilità all'Italia del «modello tedesco». Questi lavori consentirono ad Azzolini di avanzare, nella relazione letta all'Assemblea della Banca il 31 marzo 1938, una spiegazione delle differenze tra l'economia italiana e quella tedesca secondo la quale quest'ultima aveva ricostruito la propria economia negli anni Venti per trovarsi poi, durante la Grande Crisi, con una forte capacità inutilizzata che aveva consentito successivamente di finanziare la ripresa con ampia creazione di moneta, senza per questo creare inflazione. Un'interpretazione che, senza disturbare Keynes, Ciocca e Tuccimei (1991) riconducono a quella che Einaudi avrebbe definito «ipotesi Bresciani»[144].

Nel giugno 1938 Azzolini, evidentemente insoddisfatto della riorganizzazione degli «Studi» del 1936, chiese a Mario Pennacchio un progetto di riorganizzazione del servizio che ovviasse a un grave inconveniente, quello di un'organizzazione che tendeva a creare compartimenti stagni. Una memoria dell'ispettore Paolo Vecchia, a commento del rapporto di Pennacchio, mise in luce alcune disfunzioni anche nei rapporti personali, che aveva potuto osservare da vicino. Giudicò Baffi l'elemento più valido tanto da proporlo per la direzione del servizio, ma criticò la marginalizzazione di altri ottimi studiosi. All'obiezione che questi «avendo altre mire dedicano

---

[142] Pare che all'opera abbia collaborato anche Ferruccio Parri, che in quegli anni collaborava con il Servizio Studi della Edison.

[143] Mortara inviò ad Azzolini, che lo ringraziò calorosamente, la «bozza» dell'introduzione che avrebbe poi firmato. Mortara ad Azzolini, 13 luglio 1938 e Azzolini a Mortara, 15 luglio 1938, ASBI, Direttorio Azzolini, prat. 29, fasc. 1, p. 29 e p. 36. Poco tempo dopo, come vedremo, Mortara fu costretto dalle leggi antiebraiche a lasciare l'Italia per il Brasile.

[144] Si tratta, ovviamente, di Costantino Bresciani Turroni, studioso, tra l'altro, di economia tedesca e autore di uno degli studi tuttora di riferimento sull'iperinflazione del primo dopoguerra.

poco tempo al servizio» rispose che bisognava obbligarli a scegliere «fra il dedicarsi completamente alla Banca, come ha fatto il dr. Baffi, e l'andarsene». Ridicolizzò il servizio stampa chiamandolo «ufficio sforbiciamento giornali, quasi sempre di carattere politico, con molte duplicazioni» e traduzioni della stampa estera che «lasciano molto a desiderare», per esempio traducendo *étalon-or* con «stallone d'oro»[145].

Il rapporto di Pennacchio si fondò sulla premessa che la nuova struttura non avrebbe dovuto essere «soltanto un ufficio di studi ma altresì un organo di osservazione e di informazione pratica, pronto e agile, che sia in grado di lavorare sul terreno dei fatti concreti attuali [per] rendere meno arduo il prevedere». Per questo, suggeriva di «limitare la produzione normale continuativa, purché si ottenga per contro la sua permanente efficienza a compiere rapidamente, quando occorra, indagini e lavori saltuari imprevisti»[146]. La struttura prevedeva ancora le sezioni Italia ed Estero, segreteria, archivio e biblioteca per un totale di 42 persone, delle quali 13 laureate. Non sembra che gli «Studi» abbiano mai raggiunto una simile dimensione e con l'avvicinarsi della guerra, nell'estate 1939, e il richiamo alle armi di alcuni addetti, il Servizio subì una «semplificazione» proposta al Governatore dal suo stesso direttore Carlo Rodella (ivi, p. 59).

Nella memoria collettiva della Banca d'Italia, Azzolini è ricordato come colui che pose le basi di un moderno Servizio Studi che, nel secondo dopoguerra, sarebbe divenuto uno dei maggiori punti di forza della banca centrale italiana. Queste basi furono, però, assai modeste, con circa 30 addetti sui 6.340 dipendenti della Banca. I «compartimenti stagni» denunciati da Vecchia e l'esigenza, segnalata da Pennacchio, di una maggiore osmosi con gli altri servizi sono indici da un lato dell'inevitabile tendenza all'individualismo di giovani intelligenti e preparati, dall'altro dell'estraneità, oltre che delle persone, dello stesso progetto rispetto alla cultura e all'organizzazione della Banca d'Italia del tempo. Inoltre, il progetto era figlio soprattutto di Mortara che aveva l'autorità intellettuale e accademica per

---

[145] Paolo Vecchia, *Osservazioni sul progetto di riordinamento del servizio studi (2 giugno 1938)*, ASBI, Direttorio Azzolini, fasc. 9, prat. 59, sottofasc. 2, pp. 4-6.
[146] Pennacchio ad Azzolini, 8 luglio 1938, ivi, pp. 22 ss.

10 – Autarchia e guerre

coagulare le energie individuali in un progetto collettivo, come nel caso dei volumi sull'economia nel sessennio 1931-1936. Ma, nel 1937-1938, Mortara aveva, come vedremo, ben altre preoccupazioni personali e lasciò poi l'Italia. La guerra diede poi a tutti altre priorità. Il piccolo Servizio Studi, creato dalle Borse Stringher e dall'amicizia tra Azzolini e Mortara e tenuto insieme dall'intelligente dedizione di Baffi fu, dunque, poco più di un seme, peraltro importante per la qualità delle realizzazioni e, soprattutto, per la raccolta e la formazione di giovani intelligenze che daranno contributi rilevanti all'Italia postbellica. Perché gli «Studi» acquistassero l'importanza che ebbero nel dopoguerra, fu necessaria una seconda rifondazione, assicurata dalla continuità della presenza di Paolo Baffi.

8. *Rapporti con il Partito Nazionale Fascista*

Nella brillante sintesi dell'opera che occupò la maggior parte della sua vita, Renzo De Felice osserva che «se, sia in Unione Sovietica sia nella Germania nazista, lo Stato sarebbe stato subordinato e quindi fagocitato dal partito, nell'Italia fascista si sviluppò un processo inverso: al centro del regime era lo Stato, con il partito confinato per certi versi in una posizione secondaria» (De Felice 2016, pp. 39-40). Obiettivo del fascismo, prima e dopo la conquista del potere, fu l'edificazione di uno Stato nuovo, attuata in buona misura attraverso la trasformazione, piuttosto che il sovvertimento, delle istituzioni dell'Italia liberale. Questo sovvertimento avvenne per gradi e mai completamente. Se il regime si presentava come una struttura monolitica e totalitaria, sovrastata dalla figura del duce, «dietro la facciata vi era un complesso di forze diverse, tenute insieme dal compromesso che il fascismo aveva stabilito con le forze tradizionali, gestito dall'arte mediatrice e carismatica di Mussolini» (Gentile 2005, p. 154). Un'importante pietra miliare nel superamento del dualismo tra partito e Stato fu la costituzionalizzazione del Gran Consiglio, il 9 dicembre 1928[147], stabilendone per legge l'ordinamento e le

---

[147] Legge 9 dicembre 1928, n. 2693 sull'ordinamento e le attribuzioni del

attribuzioni, tra le quali figurava anche un ruolo nel processo di successione dinastica al trono d'Italia.

Si tratta di tesi ben note, seppure in parte controverse, agli studiosi del fascismo ma è utile ricordarle, nell'introdurre il tema dei rapporti tra la Banca d'Italia e il Partito Nazionale Fascista (PNF), soprattutto per comprendere la difficoltà di distinguerli chiaramente da quelli instaurati quotidianamente con il governo, i ministri del Tesoro e altre istituzioni statali, dei quali si è detto. Difficoltà che crebbero nel tempo a mano a mano che procedeva la fascistizzazione dello Stato, sia con l'immissione di nuove forze nell'apparato amministrativo, sia con l'adeguamento della vecchia burocrazia alla nuova situazione. Nella storia narrata sin qui abbiamo visto l'evolversi delle relazioni tra via Nazionale, il governo, i ministri, le istituzioni. Si tratta ora di vedere anche i rapporti con il PNF, per quanto sia possibile isolarli dal contesto complessivo della costruzione dello Stato fascista.

Nel 1922, Bonaldo Stringher aveva 68 anni, la sua formazione, la sua brillante carriera, le sue relazioni sociali ne avevano fatto un elemento di spicco della classe dirigente dell'Italia liberale. La sua intelligenza e la sua esperienza gli permisero di adattarsi al mondo postbellico, ma non fu mai pienamente a suo agio con tempi e uomini «nuovi». Abbiamo visto i rapporti non facili che ebbe con i tre ministri del Tesoro con i quali lavorò e la perdita di una parte di quell'autonomia di fatto che era riuscito a creare per sé e per la Banca prima del 1915. Si parlò talvolta di sostituirlo ma, nella prima fase del regime, i suoi contatti e la sua reputazione, anche internazionale, se rendevano difficile dimissionarlo si rivelavano anche utili agli scopi del governo, come si è visto nella vicenda della stabilizzazione della lira, sul livello della quale Stringher non ebbe però la possibilità di influire. I suoi rapporti con il PNF vanno visti in questa luce. Stringher non prese mai la tessera del partito. Fino al 1926 non c'è traccia negli archivi di «erogazioni della Banca d'Italia al direttorio del PNF, alle federazioni, ai fasci di combattimento o al duce» (Della

---

Gran Consiglio del Fascismo e norme per l'ordinamento del Partito Nazionale Fascista.

Torre 2018a, p. 184). Nel 1926 e nel 1927 troviamo alcune elargizioni di ammontare contenuto, tra le 500 e le 1.000 lire che diventano più consistenti nel 1928 e nel 1929[148]. La sola importante erogazione della Banca guidata da Stringher fu fatta nel novembre 1929, su sollecitazione di Giovanni Marinelli, e consistette nella devoluzione alle opere di assistenza del PNF della quota assegnata alla Banca degli utili del consorzio per il riscatto dei titoli italiani all'estero (ivi, pp. 184 e 189, n. 29).

Anche Arrigo Rossi, vicedirettore fino al 1926, quasi coetaneo di Stringher, cresciuto culturalmente e professionalmente nell'Italia liberale, si tenne nell'ambito istituzionale il più lontano possibile dalla militanza fascista. Quando però si dimise, nel 1926, fu sostituito da Pasquale D'Aroma, di quasi vent'anni più giovane, pensando a lui come sostituto del vecchio governatore del quale si aspettavano in tempi non lunghi le dimissioni. La scelta di una personalità non di primo piano e forse ritenuta più malleabile, è indicativa dei tempi che stavano maturando (Gigliobianco 2006, pp. 135-136)[149]. Quanto ad Azzolini, inserito nella Banca dopo la morte di D'Aroma, il suo biografo non ha dubbi: «fu fascista e probabilmente orgoglioso di esserlo [...] ebbe alto il senso dell'autonomia dell'istituto di emissione, non specificamente di fronte al regime, ma più in generale di fronte agli apparati dello Stato, tuttavia la sua adesione al fascismo non può essere messa in discussione, anche se di essa è possibile individuare diversi limiti» (Roselli 2000, p. 237). I due direttori generali che si succedettero negli anni che stiamo considerando – Pasquale Troise (1931-1940) e Giovanni Acanfora (1940-1943) – tennero un profilo piuttosto basso, occupandosi di questioni tecniche e organizzative. È difficile dire, sulla base dei documenti, il loro grado di adesione al partito. Diverso è il caso di Niccolò Introna, del quale abbiamo già visto l'avversione al regime che gli impedì, per ben tre volte, di ottenere la direzione generale della Banca per la quale aveva tutte le caratteristiche tecniche e morali.

---

[148] Tra i beneficiari l'Istituto coloniale, i Fasci all'estero, la Federazione dell'urbe per le colonie estive (Della Torre 2018a, p. 184).
[149] D'Aroma morì, come si è visto, nel 1928.

Negli anni Trenta, la «costituzionalizzazione» del PNF nello Stato totalitario, non priva di antagonismi, tensioni e rivalità tra ras e potentati oligarchici, si tradusse in una crescente simbiosi tra le istituzioni statuali e il partito, «deciso a esercitare in modo estensivo e soverchiante il potere di controllo e di vigilanza che gli era attribuito, nei confronti della burocrazia statale» oltre che delle altre organizzazioni del regime (Gentile 2005, pp. 183-184). Vi furono, come è noto, forme di resistenza soprattutto passiva, attuate in gran parte con tentativi di maggiore o minore successo di mantenere un'autonomia sostanziale. Tra le istituzioni di carattere economico, l'IRI di Beneduce riuscì a mantenere ampi spazi di discrezionalità nelle proprie decisioni. La Banca Commerciale di Mattioli riuscì meglio di altre a tenersi a qualche passo di distanza dal regime. La veste «parastatale» rese impossibile, come si è visto, alla Banca d'Italia il difendere un'autonomia nella politica monetaria; maggiore fu la sua capacità di «resistenza passiva» nella gestione quotidiana della vigilanza bancaria. Riuscì invece, in buona misura, a tenere alta la qualità del proprio personale con assunzioni meritocratiche, come si è visto nel caso del Servizio Studi.

Nella vita quotidiana, tuttavia, l'osmosi tra PNF e istituzioni pubbliche si fece sentire anche alla Banca d'Italia. Nel 1932, poco dopo la nomina di Achille Starace a segretario del PNF, Azzolini indirizzò ai direttori di filiale una circolare riservatissima intimandoli a vigilare sulla condotta dei dipendenti anche al di fuori dell'orario d'ufficio e a «far conoscere con lettera personale riservatissima al governatore le abitudini di vita, le relazioni e il modo di pensare e di agire nel campo politico del personale». Si arrivò così a una schedatura interna del personale (Roselli 2000, p. 241) che portò a qualche doloroso episodio di discriminazione politica e a licenziamenti di dipendenti antifascisti. Non risultano però massicce delazioni della Banca alle autorità di polizia o del regime (ivi, p. 242). L'iscrizione al partito non fu mai obbligatoria per i dipendenti, ma nell'ottobre 1940, a guerra iniziata, l'amministrazione centrale della Banca mandò una circolare a tutti i direttori di filiale incaricandoli di compilare un modulo per tutti i dipendenti iscritti al PNF, al GUF, ai Fasci femminili e di indicare i dipendenti sprovvisti di tessera[150]. Poche settimane prima, era stato pubblicato sulla «Gazzetta Ufficiale»[151] un decreto del segretario del PNF che incaricava la Banca d'Italia a raccogliere direttamente le quote dei tesseramenti.

La presenza del PNF nella vita della Banca si avvalse molto del Dopolavoro, alle cui cerimonie e premiazioni non mancò di partecipare il Governatore. Le attività offerte andavano dalle competizioni sportive, all'uso delle colonie climatiche della Gioventù italiana del Littorio, a un vivace centro teatrale, a viaggi in comitiva in Italia e all'estero. Ai dipendenti «non indispensabili al lavoro» divenne obbligatorio per la banca come per le altre amministrazioni statali e parastatali concedere permessi per partecipare a «riunioni o adunate disposte da Gruppi fascisti». Accortosi che tali permessi si prestavano, come era d'altronde inevitabile, ad abusi, Azzolini diramò una severa circolare ai capiservizio invitandoli a valutare personalmente che i dipendenti lasciati liberi fossero effettivamente «non indispensabili al servizio»[152]. Nel 1939, la Banca concesse ai dipendenti «squadristi», di provata documentazione, un premio di 1.500 lire nominali in Rendita 5%[153].

Negli anni Trenta divennero più numerose e consistenti le elargizioni della Banca, in varie forme, a organizzazioni fasciste. A questo proposito è utile dire che i rapporti finanziari tra il Direttorio Nazionale del PNF e le istituzioni periferiche dipendenti fu quantomeno complesso. Si trattava di organizzazioni capillarmente diffuse sul territorio: Federazioni provinciali, Fasci di combattimento, Gruppi universitari fascisti, Opere nazionali Balilla, Dopolavoro, istituzioni assistenziali. Le organizzazioni periferiche erano i principali collettori di fondi, una parte dei quali veniva inviata al Direttorio Nazionale, il resto trattenuto per le attività locali (Della Torre 2018b, p. 7). Questa situazione creava notevoli problemi alla Banca d'Italia

---

[150] Circolare dell'Amministrazione centrale del 29 ottobre 1940, ASBI, Tecnologico, OCV, prat. 52, fasc. 2. p. 8.
[151] In data 19 settembre 1940. La pubblicazione sulla «Gazzetta Ufficiale» di un «decreto» del segretario del PNF è un'interessante indicazione di quanto fosse proceduta l'osmosi tra Stato e partito.
[152] Governatore ai capiservizio, 21 gennaio 1938, ASBI, Tecnologico, OCV, prat. 52, fasc. 2, p. 40.
[153] Azzolini al direttore delle Officine, 28 agosto 1939, ivi, p. 8.

e ai maggiori istituti di credito diffusi sul territorio che, per un controllo sia nel merito sia nell'entità delle elargizioni «benefiche», intendevano accentrarne le decisioni presso le direzioni centrali. Ciò metteva però in difficoltà i direttori delle filiali, sovente pressati, anche in modo piuttosto rude, dai ras locali a finanziare questa o quell'opera del partito. Azzolini fu piuttosto energico nel difendere le filiali da richieste di finanziamenti che andavano oltre limiti modesti, assumendo sull'Amministrazione centrale la responsabilità dei dinieghi. Non si possiedono però, al momento, dati sull'entità dei finanziamenti alle organizzazioni fasciste periferiche da parte di sedi e filiali della Banca. Una ricerca recente (Della Torre 2018a) ci permette invece di conoscere le elargizioni di via Nazionale al PNF, che negli anni Trenta aumentarono in numero e dimensione media rispetto agli anni di Stringher. Si trattò spesso della messa a disposizione del duce, quindi non del segretario del partito, di somme il cui uso era lasciato alla discrezionalità del destinatario, salvo poi suggerirne l'impiego specifico, evidentemente previo accordo con Palazzo Venezia. A volte, le elargizioni al duce rispondevano a sollecitazioni di personaggi importanti, come quella di 500.000 lire per l'Ospedale dell'Ordine Mauriziano di Aosta, patrocinato dal Grande Ammiraglio Paolo Thaon di Revel, vicino alla casa reale e zio dell'omonimo ministro[154]. In molti casi, tuttavia, la Banca elargì somme, anche importanti, direttamente a specifiche federazioni del PNF, della GIL, del Dopolavoro. Ingenti erogazioni, ciascuna per un milione di lire, furono fatte per il decennale della marcia su Roma, il palazzo del Littorio, «l'azione di resistenza contro le sanzioni», la solennizzazione della fondazione dell'impero, il bimillenario di Augusto. Complessivamente, tra il 1932 e il 1942, «furono erogate al Duce e ad altre entità del PNF somme per più di 26 milioni di lire» (ivi, p. 184).

Interessante, soprattutto per gli aspetti istituzionali e finanziari, fu la partecipazione della Banca alla costruzione della «Casa Littoria», poi chiamata Farnesina, destinata inizialmente

---

[154] Azzolini al Grande Ammiraglio, Duca del Mare Paolo Thaon di Revel, 24 dicembre 1938, ASBI, Direttorio Azzolini, prat. 9, fasc. 2, p. 9.

a grandiosa sede del Direttorio del partito ma dal 1940 occupata dal ministero degli Affari Esteri. I fondi necessari dovevano venire da varie fonti (elargizioni di istituzioni, imprese, persone, ma anche «bollini» sulle tessere del partito). Furono raccolti 51 milioni, insufficienti al completamento dell'opera faraonica. Il PNF decise pertanto di emettere un prestito obbligazionario venticinquennale al 5% per 125 milioni. Le obbligazioni per la Casa Littoria ottennero la garanzia dello Stato. La Banca d'Italia svolse, probabilmente, il ruolo di consulente finanziario del PNF, certo le fu assegnato l'incarico di gestire l'operazione[155]. Il prestito fu emesso in due *tranches*, nel 1930 e nel 1939, e preso a fermo da un consorzio guidato dalla Banca d'Italia con la partecipazione di INA, Bastogi, Federazione delle Casse di Risparmio e di altri 16 istituti di credito, compresi tutti i principali.

Si colloca tra gli aneddoti di colore, che non mancarono in questi anni, un episodio ancora vivo nella memoria collettiva della Banca, documentato da Roselli (2000, pp. 242-244). Nel 1940, in riferimento a un disegno di legge per la demolizione delle cancellate, Mussolini chiese al Governatore di smantellare quella che cingeva la sede della Banca dal lato di via Nazionale, per ricavarne ferro a uso militare. Azzolini prese tempo, adducendo motivi di sicurezza, tra i quali fu ingenuamente inclusa la presenza della riserva aurea nell'edificio. Ma, sfortunatamente per il Governatore, la Banca si trovava lungo il tragitto compiuto quotidianamente dal duce tra Villa Torlonia e piazza Venezia. Mussolini osservava, dunque, con crescente impazienza che la sua richiesta non veniva soddisfatta. Finalmente, continuando a vedere intatta la cancellata, perse la pazienza e fece fare dal segretario una telefonata ultimativa ad Azzolini: al proprio ritorno a casa la sera stessa il duce voleva vedere fervere i lavori di smantellamento. Azzolini dovette cedere: il manufatto «di puro ferro omogeneo svedese» fu utilizzato, a spese della Banca, per l'involucro di bombe da 100 chilogrammi (ivi, p. 244).

---

[155] *Convenzione fra il PNF e la Banca d'Italia per la gestione del Prestito «Casa Littoria»*, 21 giugno 1938, e lettere successive tra Achille Starace (segretario del PNF) e Azzolini, ASBI, Rapporti con l'interno, Operazioni finanziarie, prat. 518, fasc. 20.

9. La Banca e la «difesa della razza»

Dopo gli studi sul genoma di Luigi Cavalli-Sforza, per citare solo un grande studioso italiano, è impossibile parlare di «razze umane»[156]. Proprio per questo, tuttavia, è interessante notare che la mostruosa legislazione fascista contro gli ebrei, allora chiamata «leggi sulla difesa della razza italiana», rimane a tutt'oggi nota come «leggi razziali» piuttosto che come legislazione antiebraica quale era. In quanto segue ricorrerò alla terminologia dell'epoca, lontana dalla sensibilità contemporanea, ma necessaria a restituire la durezza della realtà storica.

L'Italia non era stata immune dall'antisemitismo endemico nella cultura e nella società europee, sia cattoliche sia protestanti, ravvivato negli ultimi decenni dell'Ottocento. Non aveva però mai raggiunto «anche nelle forme più acute, la diffusione e il peso che ebbe in altre realtà come la Francia e la Germania» (Luzzatto Voghera 1998, p. 68). Negli anni Venti, l'antisemitismo si fece più virulento in Italia, purtroppo anche tra fedeli, sacerdoti e vescovi cattolici[157]. Alcuni organi di stampa, in particolare «L'Impero», «Il Tevere» e, significativamente, «Il Regime Fascista», usarono toni crescentemente antisemiti, soprattutto in chiave nazionalista. Fu diffuso il linguaggio del «complotto demo-pluto-giudaico-massonico» contro la nazione italiana. Mussolini non intervenne mai per moderare questi toni (De Felice 1968, p. 164). Nel complesso, tuttavia, nel primo decennio fascista la propaganda antisemita del regime si mantenne entro limiti relativamente contenuti, anche se non mancò qualche manifestazione violenta. I rapporti istituzionali con le Comunità israelitiche furono abbastanza distesi, talvolta di cooperazione[158]. I toni della propaganda

---

[156] Un episodio che vide protagonista Alberto Mortara conferma quanto già allora la «razza» fosse da molti scienziati ritenuta priva di fondamento. Nel compilare la scheda obbligatoria per tutti i funzionari statali circa la loro condizione razziale, Mortara cancellò con un tratto di penna l'espressione «razza ebraica» sostituendola con «religione israelitica». Con una nota a lato ne spiegò la ragione. «N.B. Il sottoscritto non può dichiarare di appartenere a una razza della quale scientificamente nega l'esistenza. Fornisce tuttavia gli elementi atti a una classificazione che parta da criterio opposto» (Baffigi, Magnani 2008).
[157] Cfr. ad esempio Miccoli (1997).
[158] Il d.l. 30 ottobre 1930, n. 1731, sulle Comunità israelitiche, fu negoziato

antisemita si fecero più accesi dopo il 1933, con l'ascesa al potere di Hitler che aveva fatto della «questione ebraica» uno dei punti di forza della propria propaganda elettorale. La pubblicistica antiebraica trasse alimento dall'arrivo in Italia di alcune migliaia di ebrei dalla Germania e dall'Europa orientale, molti di essi per imbarcarsi verso gli Stati Uniti e la Palestina (Luzzatto Voghera 1998, p. 170). Il razzismo fascista si manifestò in forza durante la guerra d'Etiopia. La lotta contro il «meticciato», con il divieto di matrimoni misti, inaugurò «sul piano giuridico, l'adozione di un razzismo biologico fondato sul principio della purezza del sangue [e rappresentò] un cambiamento radicale nelle concezioni che erano prevalse fino ad allora in materia di cittadinanza e di identità» (Matard-Bonucci 2008, p. 65). Gli storici non sono tutti concordi sul ruolo di questa rottura di una consolidata tradizione giuridica italiana nell'accelerazione della campagna antiebraica che ebbe luogo dopo la nascita dell'impero. Resta quantomeno la coincidenza temporale, che ovviamente non prova la causalità.

I momenti principali della persecuzione degli ebrei italiani sono noti, ne ricordo solo i principali per inquadrare cronologicamente il coinvolgimento della Banca d'Italia nella vicenda. Nel 1937, si intensificò la campagna di stampa antisemitica, con toni di vera e propria caccia all'ebreo. Il 14 luglio 1938, «Il Giornale d'Italia» pubblicò un «manifesto» firmato da 10 docenti e assistenti universitari[159] dal titolo *Il fascismo e i problemi della razza*, ripreso il 5 agosto sul primo numero del quindicinale «La difesa della razza» fondato da Telesio Interlandi[160]. Seguì, all'inizio di settembre, una prima raffica di provvedimenti legislativi persecutori relativi alla scuola, che crearono un rigoroso *apartheid* scolastico[161], e agli ebrei

---

dai loro rappresentanti e il «governo fascista accettò pressoché *in toto* il punto di vista ebraico» (De Felice 2020, pp. 101-108).

[159] Si trattava di 4 assistenti, un professore incaricato e 5 professori ordinari. La metà dei firmatari era composta da medici, vi erano 2 antropologi, 2 zoologi e un demografo, il presidente dell'ISTAT, Franco Savorgnan che, con l'endocrinologo Nicola Pende, era la firma più nota del gruppo, per il resto piuttosto poco prestigioso.

[160] 1894-1965. Siciliano, combattente, massone, caporedattore dell'«Impero» e del «Tevere». Diresse il quindicinale razzista fino al 1943.

[161] R.D.L. 5 settembre 1938, n. 1390, e R.D.L. 23 settembre 1938, n. 1630, entrambi modificati e ampliati con R.D.L. 15 novembre 1938, n. 1779.

stranieri[162]. Il 6 ottobre 1938, il Gran Consiglio del Fascismo approvò una dichiarazione, quasi una *Magna Charta* dell'Italia razzista, che conteneva i principi essenziali ai quali si sarebbe ispirata la successiva legislazione: definizione di appartenenza alla razza ebraica, divieto di matrimoni tra italiani e persone di razze non ariane, espulsione degli ebrei stranieri, provvedimenti discriminatori nei confronti degli ebrei cittadini italiani. Tra questi vi erano quelli di carattere economico, i più attinenti alla storia della Banca d'Italia: divieto di possedere o dirigere aziende con più di cento addetti e di essere proprietari di più di cinquanta ettari di terreno, limitazioni all'accesso alle professioni[163]. Tutto ciò fu sancito da un regio decreto legge emanato il 17 novembre 1938[164]. La legislazione dell'autunno 1938 fu seguita da «una notevolissima produzione di decreti, di leggi e soprattutto di circolari; dal settembre 1939 al settembre 1943 ne furono emesse circa 180», emanate da vari organi dello Stato per «dare sostanza e concretezza ai provvedimenti di carattere generale [che servirono] ad aggravare progressivamente la pressione nei confronti dei perseguitati» (Pavan 2004, pp. 10-11).

Gli aspetti della «questione ebraica» che investirono, istituzionalmente, la Banca d'Italia furono soprattutto due: l'attuazione della norma antisemita che imponeva alle banche, incluso l'istituto di emissione, il licenziamento degli impiegati ebrei e i riflessi finanziari delle disposizioni sull'espulsione degli ebrei stranieri e sulle limitazioni patrimoniali e professionali imposte a quelli con cittadinanza italiana. Entrambi coinvolgevano via Nazionale soprattutto nel suo ruolo di supervisore del sistema bancario. Prima di dare conto di questi aspetti del coinvolgimento istituzionale della Banca nelle politiche

---

[162] R.D.L. 7 settembre 1938, n. 1381, poi non convertito ma ripreso in novembre (cfr. *infra*). Fu vietato l'ingresso a scopo di residenza di nuovi ebrei stranieri e stabilito un termine entro il quale quelli di essi che avevano assunto la residenza dopo il 1928 avrebbero dovuto lasciare l'Italia.

[163] Era anche previsto il divieto agli ebrei di insegnamento nelle scuole di ogni ordine e grado e di iscrizione al PNF, ma non venivano discriminati i cittadini ebrei ex combattenti, iscritti al partito tra il 1919 e il primo semestre 1924 e con eccezionali benemerenze fasciste da accertarsi tramite apposita commissione.

[164] R.D.L. 17 novembre 1938, n. 1728, *Provvedimenti per la difesa della razza italiana*.

antiebraiche, è utile vedere la «capillare [attività] informativa» (Roselli 2000, p. 246) che Azzolini svolse soprattutto per Mussolini, ma anche per Thaon di Revel e Ciano, sulle politiche antisemite attuate in altri paesi.

Due anni prima dell'emanazione dei primi provvedimenti legislativi per la «difesa della razza», Azzolini informò Mussolini che «gli israeliti tedeschi che si trasferiscono definitivamente all'estero avrebbero la possibilità di assumere un nome diverso da quello portato in Germania», ritenendo la cosa importante per coloro «che vogliono spostare attività economiche e professionali all'estero»[165]. La rilevanza della notizia non è chiara se non nella prospettiva che i nuovi nomi rendessero più difficile l'identificazione etnica di coloro che si trasferissero in Italia. Nei mesi successivi, il Governatore continuò a informare Mussolini sulle notizie che gli venivano dall'estero riguardanti in qualche modo gli ebrei[166]. Il 20 marzo 1937, diede al duce due informazioni tratte da giornali tedeschi. La prima riguardava la presenza di ebrei nel Consiglio dei Commissari del Popolo dell'Unione Sovietica. La seconda concerneva un'affermazione del «sindaco israelita di New York, Fiorello La Guardia»[167], secondo il quale Benjamin Franklin avrebbe messo in guardia gli Stati Uniti contro i pericoli «della continua immigrazione di elementi ebrei» (Gerbi 1995, p. 129). Anche in questo caso è difficile vedere i motivi istituzionali di una simile comunicazione da parte del Governatore al capo del governo. Nel gennaio 1938, Azzolini scrisse di avere fatto una specie di sondaggio tra i colleghi del consiglio della BRI circa la «questione ebraica» nei rispettivi paesi (Roselli 2000, p. 249). Il tema affiorava, evidentemente, nei colloqui informali di Basilea, che costituivano il vero motivo dei viaggi mensili nella città renana (Toniolo 2005), e rifletteva un clima antiebraico diffuso in Europa. Ma, ancora,

---

[165] Azzolini a Mussolini, 4 luglio 1936, ASBI, Direttorio Azzolini, prat. 4, fasc. 8, p. 35, riportato anche in Roselli (2000, p. 245).
[166] Ad esempio sui matrimoni di cittadini italiani «benestanti» con donne ebree straniere (ivi, p. 248).
[167] La Guardia (1882-1947) fu sindaco di New York dal 1934 al 1945. Era figlio di Achille e di Irene Coen Luzzatto, triestina, di famiglia mitteleuropea israelita.

perché riferirne subito in dettaglio a Mussolini? Il linguaggio della lettera (una banca svizzera «non desidera che tra i suoi impiegati si *intrufolino* [corsivo aggiunto] elementi ebrei»), seppure lontano da quello della esagitata campagna di stampa che stava montando, ha però un che di stonato e gratuito, uscendo dalla penna di un Governatore attento all'uso burocratico della lingua. Senza esagerarne la portata, la precoce attenzione di Azzolini alla «questione ebraica», su temi non pertinenti al suo ufficio, sembra non lasciare dubbi sulla sua sostanziale consonanza con lo spirito del tempo[168], al quale appartiene anche la comunicazione, al ministro degli Esteri Galeazzo Ciano, di un'iniziativa del banchiere svizzero Paul Dreyfus[169] per soccorrere gli ebrei privi di mezzi entrati nella Confederazione[170].

Rientrò, invece, nei compiti istituzionali della Banca, l'attenzione alle reazioni dei governi esteri e dei mercati finanziari alla politica razziale italiana e, soprattutto, quella rivolta all'esportazione illegale di capitali da parte di «elementi di razza ebraica». Azzolini era preoccupato per le voci che gli giungevano circa la pressione degli Stati Uniti per l'adozione di provvedimenti doganali contro i paesi totalitari e, soprattutto, per la vendita sui mercati di New York e Londra di titoli italiani (Cardarelli 2001, p. 247) attribuita da molti all'azione diretta degli ebrei o comunque alla loro influenza sugli operatori finanziari.

Ugualmente di carattere istituzionale furono, poco prima e dopo la legislazione dell'autunno 1938, le informazioni date dal Governatore al ministro degli Esteri Galeazzo Ciano circa la costituzione illegale da parte di ebrei italiani di capitali

---

[168] Azzolini a Ciano, 17 settembre 1938, ASBI, Direttorio Azzolini, prat. 7, fasc. 1 p. 76.
[169] 1895-1967. Appartenente a una famiglia di banchieri originari dell'Alsazia. Fondatore di ORT (Obshestvo Remeslenofo zemledelcheskofo Truda, Organizzazione per il lavoro artigianale e agricolo) in Svizzera, un'organizzazione per la promozione della formazione professionale tra gli ebrei. Durante la Seconda guerra mondiale si impegnò per l'ammissione di ebrei tedeschi in Svizzera.
[170] Azzolini a Ciano, 25 ottobre 1938, ASBI, Direttorio Azzolini, prat. 7, fasc. 1, p. 56. In un'altra missiva il Governatore informò il ministro che capitalisti francesi, olandesi e svizzeri «starebbero costituendo società finanziarie a Tangeri» (Azzolini a Ciano, 28 novembre 1938, ivi, p. 31).

in Brasile. L'attenzione all'esportazione illegale di capitali, già fonte di forte preoccupazione per la difesa delle riserve, si focalizzò sui notevoli acquisti legali di valuta da parte di ebrei. Il 26 agosto 1938 il ministro Thaon di Revel inviò ad Azzolini una nota informativa proveniente da Mussolini circa il problema dell'acquisto di valuta e di metalli preziosi da parte di ebrei italiani e stranieri. Il ministro chiese, come sempre in casi simili, un maggior controllo alle frontiere, un inasprimento delle pene per i reati valutari e il «segnalamento obbligatorio da parte delle banche dei prelevamenti molto considerevoli da parte di persone sospette» (ivi, p. 248). Le preoccupazioni per l'esportazione di valuta crebbero dopo il varo dei provvedimenti per l'espulsione dei circa 8.000 ebrei stranieri residenti nel regno[171] che, assai comprensibilmente, cercavano in ogni possibile modo di assicurarsi mezzi di sostentamento fuori dall'Italia, trasferendo all'estero quanto più potevano del proprio patrimonio. Benché Azzolini avvertisse delle difficoltà pratiche sia per le esigenze di traffico, sia per la conformazione del valico di Chiasso, Thaon di Revel non poté che ordinare una nuova, inutile, stretta ai controlli valutari alle frontiere.

La Banca d'Italia, l'Ispettorato del Credito, l'Istituto Nazionale dei Cambi con l'Estero e il ministero per gli Scambi e le Valute furono incaricati di regolare la cessione di valuta per l'espatrio degli ebrei stranieri e di dare il benestare per l'esportazione di loro beni mobili. Si creò un ingorgo burocratico che rallentò e rese faticoso l'ottenimento delle relative autorizzazioni, anche perché ai funzionari era raccomandato di esaminare le pratiche «con l'abituale severità». Particolare attenzione fu posta alle richieste di assegnazione di valuta per spese di viaggio da parte di ebrei non colpiti dall'ordine di espatrio, con l'evidente intento «di controllare per via amministrativa, senza ricorrere a nuovi provvedimenti di legge» un temuto espatrio di ebrei di cittadinanza italiana (ivi, p. 250).

L'articolo 13 del decreto legge del 17 novembre 1938 proibiva agli istituti di credito di diritto pubblico, ai quali la

---

[171] Il R.D. 17 novembre 1938, n. 1728, seguito a quello del 7 settembre, dava tempo fino al 12 marzo 1939 agli ebrei stranieri per lasciare l'Italia.

Banca d'Italia era in questo caso assimilata, e alle banche di interesse nazionale di avere ebrei tra i propri dipendenti. Da una prima indagine basata sui cognomi ordinata da Azzolini, risultò che 193 dipendenti della banca, il 4,9% del totale, erano di «razza ebraica». Il 9 settembre 1938, il direttore generale del Tesoro invitò la Banca a svolgere un censimento dei dipendenti, che Azzolini attuò tramite schede compilate da ciascuno di essi. Alla fine di queste due procedure furono licenziati 23 dipendenti (15 di ruolo e 8 avventizi). La discrepanza tra i risultati della rilevazione interna e quella ordinata dal Tesoro fa pensare che quest'ultima abbia portato a una definizione più restrittiva delle persone definibili di «razza ebraica» rispetto alla prima. Il 29 novembre 1938, il Consiglio superiore prese anche atto delle dimissioni offerte «per motivi particolari» da 33 funzionari periferici non dipendenti dalla Banca, reggenti, consiglieri e censori presso le filiali (ivi, p. 252). Il più alto in grado tra i dirigenti allontanati fu Giuseppe Nathan, più volte incontrato nelle pagine precedenti, che per molti anni aveva servito l'Istituto da Londra. Anche Giorgio Mortara, che abbiamo visto collaboratore e amico di Azzolini, dovette lasciare il posto di professore universitario e la collaborazione con la Banca. Entrambi, generosamente, testimoniarono a favore dell'ex governatore nel processo intentatogli nel 1944.

La Banca dovette assumere «funzioni di polizia» per l'attuazione delle norme antiebraiche presso gli istituti bancari in merito allo svolgimento del censimento del personale e all'applicazione delle norme. Nel complesso del settore bancario furono licenziati almeno 218 dipendenti in Italia: oltre la metà di essi apparteneva alle tre banche di interesse nazionale. Vi erano poi ben 812 dipendenti ebrei presso le filiali o affiliate estere di banche italiane (ivi, p. 255). Con questi si tenne una mano molto più leggera, anche perché al ministero degli Esteri premeva dare un'immagine il meno cruda possibile di quello che succedeva in Italia (De Felice 2020, pp. 402 ss.).

L'espulsione degli ebrei stranieri e l'emigrazione volontaria di ebrei cittadini italiani pose, oltre al problema valutario, quello dei loro debiti con il sistema bancario. A tale fine, il 29 novembre 1938, l'Ispettorato per il Credito dispose una rilevazione dei crediti vantati dalle banche nei confronti di ebrei stranieri, intimando alle banche stesse di non rilasciare il necessario lasciapassare per l'espatrio prima che tutte le pendenze fossero state saldate[172]. La disposizione accrebbe enormemente la difficoltà di rispettare l'obbligo di emigrare entro meno di quattro mesi, soprattutto per chi aveva in corso operazioni di credito fondiario o immobiliare. Le stesse banche ebbero difficoltà a completare il censimento in tempi brevi e chiesero un'estensione della scadenza prevista per la trasmissione delle informazioni.

I beni immobili dei cittadini ebrei, con imponibile superiore a quello fissato dal decreto del 17 novembre, furono divisi in una «quota consentita», che rimaneva in loro possesso, e in una «quota eccedente» trasferita a un Ente di Gestione e Liquidazione Immobiliare (EGELI) che ne avrebbe curato l'amministrazione e la vendita per conto dello Stato (Pavan 2004, p. 73)[173]. Si pose il problema delle garanzie reali che i beni immobili rappresentavano per mutui e altre aperture di credito. Nel dicembre 1938, la Federazione Nazionale Fascista delle Casse di Risparmio, forse eccessivamente zelante o giustamente preoccupata per future disposizioni più restrittive, chiese all'Ispettorato indicazioni circa i rinnovi e gli aumenti dei fidi concessi a tali clienti. Azzolini chiese a sua volta istruzioni alla Direzione Generale per la Demografia e la Razza del ministero dell'Interno. In attesa di una risposta, «prima di impartire disposizioni in tal senso» Azzolini, come capo dell'Ispettorato, scrisse da un lato che nulla era cambiato a questo riguardo in seguito alla legislazione antiebraica ma che, dall'altro, «la possibilità pratica di compiere tali opera-

---

[172] L'Ispettorato si avvalse delle filiali regionali della Banca d'Italia i cui direttori chiesero a tutti gli istituti bancari della propria regione «la distinta dei crediti di qualsiasi natura che le aziende di credito vantano verso la clientela di razza ebraica con cittadinanza straniera residente nel regno. Ciò per evitare che detti ebrei, partendo, lascino insolute pendenze verso le aziende di credito italiane». Tale distinta doveva contenere le generalità complete del debitore, l'importo attuale del debito, la data di scadenza, la natura dell'eventuale garanzia.

[173] Era previsto che i beni immobiliari fossero valutati a un prezzo pari a un multiplo predeterminato del valore catastale e che il pagamento di quelli acquisiti dall'EGELI avvenisse tramite buoni fruttiferi nominativi al 4%, trasferibili solo a persone di razza ebraica. L'EGELI si dimostrò particolarmente inefficiente: si stima che nel 1943 solo il 7,6% dei fabbricati «eccedenti» fu preso in consegna dall'ente e che esso riuscì a venderne solo una piccola parte (Dodi 2015, p. 6).

zioni è pressoché nulla, in quanto potrebbero venire offerti in garanzia immobili che dovranno essere in futuro sottoposti a esproprio» (Pavan 2004, pp. 76-77)[174].

Le disposizioni che limitavano i diritti dei cittadini italiani di razza ebraica furono seguite in febbraio da un decreto legge[175] di ben 80 articoli dedicato specificamente alle limitazioni di carattere patrimoniale. La pubblicazione della legge fu preceduta da una circolare del sottosegretario agli interni[176], Guido Buffarini Guidi[177], ai prefetti per sensibilizzarli circa la rilevanza del provvedimento (ivi, p. 74). Due mesi prima, Azzolini, dopo un incontro con il ministro delle Finanze, aveva trasmesso a Mussolini e a Thaon di Revel un «appunto» riservato con suggerimenti circa l'attuazione delle norme del decreto legge del 17 novembre relative alle proprietà degli ebrei. L'appunto si apriva con un'odiosa quanto infondata giustificazione del provvedimento, visto come benefico per l'economia italiana, affermando che gli azionisti «di razza ebraica spesso danno un'impronta personale alla gestione delle imprese [e che] ciò può tornare a pregiudizio dell'andamento [delle aziende] in quanto molti buoni clienti se ne allontanano e i componenti ariani dei Consigli d'amministrazione mal sopportano l'influenza diretta o indiretta degli elementi di razza non ariana». Seguiva il suggerimento che azioni e partecipazioni degli ebrei fossero acquistate da un istituto di credito da designare, valutandole «con criteri affatto prudenziali» a non più del 50% del loro valore e pagandole con titoli a reddito fisso. L'istituto di credito le avrebbe poi collocate sul mercato

---

[174] Il 6 maggio 1939 il ministro dell'Agricoltura vietò agli Istituti di Credito Agrario di concedere prestiti ad agricoltori di razza ebraica (ASBI, Ispettorato del credito, prat. 1201, fasc. 1).

[175] R.D.L. 9 febbraio 1939, n. 126, *Norme di attuazione e integrazione delle disposizioni di cui all'art. 10 del RDL 17/171938, n. 1728, relative ai limiti di proprietà immobiliare e attività industriale e commerciale di cittadini italiani di razza ebraica*.

[176] Dal 1933, titolare del ministero era lo stesso Mussolini, Buffarini Guidi svolgeva però di fatto le mansioni di ministro.

[177] 1895-1945. Pisano. Podestà, federale e deputato della sua città. Dal 1933 al 1943 sottosegretario agli Affari Interni. Dal settembre 1943 al febbraio 1945 fu ministro dell'Interno della Repubblica Sociale Italiana. Condannato a morte il 29 maggio 1945 da una Corte d'Assise Straordinaria, fu fucilato il 10 luglio successivo.

e, qualora il ricavato avesse superato la valutazione stabilita, la differenza avrebbe potuto «essere attribuita all'antico possessore di razza ebraica, sempre in titoli a reddito fisso»[178].

Gli aspetti di queste norme che maggiormente riguardavano l'Ispettorato per la difesa del credito e del risparmio erano due: il divieto per i cittadini ebrei di esercitare la professione di cambiavalute e la revoca dell'autorizzazione all'esercizio del credito per le banche controllate da ebrei. La prima questione fu risolta dal ministero per gli Scambi e le Valute che dispose la revoca a cittadini ebrei delle licenze a esercitare la professione. Azzolini si limitò a incaricare i direttori delle filiali di dare esecuzione alle disposizioni ministeriali (Cardarelli 2001, p. 57). Quanto alle banche, le norme persecutorie non contenevano disposizioni specifiche. Cadevano però anch'esse, qualora avessero più di 100 dipendenti, nella disposizione generale che non consentiva a cittadini ebrei «non discriminati»[179] di esserne amministratori, sindaci o direttori. Nel 1938 esistevano in Italia 9 ditte bancarie ebraiche. Sei di queste cessarono l'attività o vennero cedute prima del marzo 1940. La Banca Loria & Co. di Milano fu venduta e assorbita dal Banco di Napoli, la Banca Ravà di Firenze fu posta in liquidazione volontaria e ceduta, la Banca Federico del Vecchio pure di Firenze fu ceduta ai figli del titolare, non colpiti dalle leggi razziali, la Banca Gallia di Milano fu chiusa per l'emigrazione in Svizzera dei proprietari[180]. Guillaume Assayas, cittadino francese non espulso per ragioni di età, titolare dell'omonima ditta bancaria milanese, cessò di fatto l'attività dopo la dichiarazione di guerra della Germania alla Francia, in previsione di un sequestro nel probabile caso di entrata in guerra di Mussolini a fianco di Hitler. L'ispettorato, su proposta di Azzolini, mise in liquidazione la sua banca (*ibid.*).

---

[178] Appunto trasmesso da Azzolini a Thaon di Revel il 6 dicembre 1938, in seguito a un colloquio con lo stesso del giorno precedente (Cardarelli 2001, p. 256), sui titoli e le quote di partecipazione al capitale sociale «appartenenti a persone di razza ebraica», ASBI, Direttorio Azzolini, prat. 9, fasc. 2, p. 32.

[179] Si chiamavano «discriminati», gli ebrei che potevano vantare meriti particolari verso la patria o il regime, ai quali non si applicavano le norme razziali.

[180] Devo questa ricostruzione puntuale alle nuove ricerche di Marco Molteni nei fondi Vigilanza e Ispettorato dell'ASBI.

Il caso della Ditta Vizza Ovazza[181] illustra bene gli effetti della persecuzione anche nei confronti di cittadini di «razza» ebraica attivi nel mondo del credito dall'Unità d'Italia e vicini al fascismo tanto da ottenere la qualifica di «discriminati»[182]. La Vizza Ovazza era una piccola ma stimata e solida banca torinese, fondata nel 1866, che svolgeva tra l'altro attività di intermediazione borsistica, appoggiandosi ad Alfredo Ovazza, uno dei soci, agente di borsa. Nel 1934, la banca, sin dagli anni Venti rilevante azionista della società Venchi, acquistò dall'IRI tutte le azioni dell'azienda dolciaria Unica, condizionando l'operazione all'autorizzazione, subito concessa, per la fusione tra le società Venchi e Unica. L'operazione fu valutata molto positivamente dai vertici della Banca d'Italia, in particolare da Azzolini e Introna con i quali Alfredo Ovazza rimase poi in contatto. Nel 1937 la banca partecipò almeno a un'altra operazione di dismissione del patrimonio IRI[183]. Le leggi razziali resero poi impossibili simili attività. Negli anni Trenta, dunque, l'Ovazza era un istituto di credito che svolgeva attività di *investment banking* a ottimi livelli con soddisfazione delle autorità. Nel novembre 1938, Alfredo Ovazza, benché non obbligato a farlo, diede, forse per solidarietà con i colleghi, le dimissioni da agente di cambio presso la Borsa di Torino. L'attività della banca subì un rallentamento che evidentemente fece suonare un allarme, visto che, già alla fine del 1938, gli Ovazza iniziarono trattative per la cessione volontaria delle proprie quote, prima con il Banco di Napoli poi con la banca Balbis-Guglielmone-Villa interessata a entrare nella piazza di Torino. Non è chiaro il ruolo svolto dalla Banca d'Italia nella cessione: secondo uno degli acquirenti essa avvenne «su invito dell'ispettorato»[184].

---

[181] Sono grato a Giorgio Barba Navaretti per la documentazione su questa banca, risalente a un ramo della sua famiglia.

[182] Alfredo Ovazza a Troise, 6 maggio 1939, ASBI, Vigilanza, prat. 1274, fasc. 1, comunica «per deferenza» di avere avuto ufficiale comunicazione della propria «discriminazione».

[183] Abbiamo notizia certa della partecipazione della Banca Ovazza, nel giugno 1937, al consorzio che rilevò le azioni FISA, un'impresa di filati di Como.

[184] Un appunto dell'Ispettorato dell'aprile 1943, dice: «Villa (*sic!*) è stato rilevato, dopo i provvedimenti sulla difesa della razza dalla ditta predetta (Balbis-Guglielmone-Villa) su invito, come ci ha assicurato il Guglielmone,

Il 16 marzo 1940 il ministro delle Finanze informò la Banca d'Italia che il ministero dell'Interno «presi gli ordini Superiori, [era] venuto nella determinazione di vietare l'esercizio del credito agli appartenenti alla razza ebraica, anche se discriminati». In seguito a queste disposizioni fu messo in liquidazione il Banco Cambio Levi Moise Ettore di Mondovì, e furono ceduti la Banca Sigismondo Mayer & C. di Firenze e il Banco Cambio Augusto Bachi di Torre Pellice. Non si hanno notizie di che cosa successe a quest'ultimo nel dopoguerra. Dopo il 1945, tutte le altre banche ripresero l'attività con nuove licenze ai vecchi proprietari o agli eredi, eccetto la Banca Ovazza, perché la famiglia dei proprietari originali non era più interessata all'attività bancaria.

---

dell'Ispettorato» (Ispettorato per la Difesa del Risparmio, Banca Balbis Guglielmone, Villa – Pinerolo [Torino], Andamento aziendale. Aprile 1943, ASBI, Isp. del credito, prat. 1108. fasc. 1). Devo queste informazioni anche alle ricerche di Marco Molteni, oltre che alla citata cortesia di Giorgio Barba Navaretti.

CAPITOLO UNDICESIMO

LA BANCA NELLA GUERRA TOTALE

1. *Finanziare la guerra totale, 1939-1943*

I «volontari» della guerra di Spagna erano rientrati in Italia da una sola settimana quando, tra il 7 e l'8 aprile 1939, circa 22.000 uomini del regio esercito occuparono l'Albania, obbligando il re Ahmet Zog a fuggire in Grecia. Quattro giorni dopo Vittorio Emanuele III aggiunse al titolo di imperatore quello di re d'Albania. Il 1° settembre successivo, con l'invasione della Polonia da parte della Germania, cominciò la Seconda guerra mondiale alla quale l'Italia partecipò dal 10 giugno 1940. È questo il quadro cronologico generale entro il quale si colloca la storia della Banca fino all'8 settembre 1943, data alla quale si ferma questo primo volume.

Se, come si è detto, gli anni 1935-1943 furono vissuti quasi interamente in un quadro di economia di guerra, la partecipazione a un conflitto totale, al quale il Paese non era né economicamente né militarmente preparato, ne assorbì le risorse materiali, umane e politiche in misura ben maggiore che nel quinquennio precedente, peraltro con gli insoddisfacenti risultati che abbiamo visto all'inizio del capitolo precedente.

Un ordine di servizio del settembre 1939, che limitava l'attività degli automezzi della Banca, raccomandando l'uso di «camminatori e ciclisti», dipinge con chiarezza la scarsità di risorse, in questo caso di carburante, con la quale l'Italia si accingeva a partecipare alla guerra. Accompagnando a casa i dirigenti per colazione, gli autisti dovevano «lasciare lì le macchine [...] ritornando a casa loro con il tram oppure consumando il proprio pasto in qualche locale vicino agli alloggi del dirigente»[1]. Queste regole minute divennero sempre più

---

[1] Ordine di servizio 263 del 5 settembre 1939, ASBI, Direttorio Introna, prat. 17, fasc. 2, sottofasc. 4. La circolare assicurava che la Banca avrebbe rimborsato

stringenti con il passare dei mesi.

Questo piccolo caso di vita vissuta evidenzia uno dei due principali problemi che la Banca dovette affrontare nel corso della Seconda guerra mondiale: la scarsità di valuta necessaria alle importazioni. Il secondo problema fu quello del finanziamento monetario della guerra, in un quadro definito dal cosiddetto «circuito dei capitali».

«In tempo di pace – scrisse Keynes (1940, p. 4) – la dimensione della torta dipende dalla quantità del lavoro svolto. In tempo di guerra, invece, la dimensione della torta è fissa. Se lavoriamo più intensamente, possiamo combattere meglio, ma non dobbiamo consumare di più». Questo significa che, in un'economia di guerra con piena occupazione e produttività costante, le risorse (lavoro e capitale) destinate alle produzioni belliche possono crescere solo sottraendole a quelle destinate ai consumi privati. Ciò può essere ottenuto con la tassazione, con il razionamento amministrativo dei consumi, con la creazione nelle mani dello Stato di potere d'acquisto aggiuntivo tramite prestiti o emissione di moneta. Tutti questi mezzi furono utilizzati da molti paesi durante la guerra. Tuttavia, l'aumento della tassazione ha un costo politico elevato, scarsamente praticabile in condizioni belliche. Quanto all'indebitamento, esso dipende dall'ammontare di risparmio che i privati sono disposti a investire in titoli pubblici. L'aumento dell'offerta di moneta è l'opzione più facilmente realizzabile e la meno impopolare, purché non si traduca in un aumento dei prezzi socialmente insostenibile. La soluzione proposta da Keynes consisteva nel convogliare la parte di reddito eccedente i consumi necessari in conti bloccati sino alla fine della guerra presso istituti di credito autorizzati. Questi conti, tornata la pace, sarebbero stati resi disponibili ai proprietari per i consumi la cui domanda era rimasta insoddisfatta nelle condizioni belliche. In queste condizioni, sostenne l'economista di Cambridge, sarebbe stato possibile creare moneta anche al fine di aumentare i salari monetari, incentivando così il lavoro, senza che ciò provocasse un aumento generalizzato dei prezzi.

---

all'autista la spesa del pranzo in trattoria, rendendo probabilmente l'ordine di servizio assai popolare presso gli autisti.

È uno schema, afferma lo stesso Keynes, applicabile solo in una democrazia caratterizzata da un rapporto di fiducia tra governati e governanti che permetta di ottenere prestazioni presenti contro una promessa per il futuro.

Il «circuito dei capitali» realizzato per alcuni anni in Italia aveva anch'esso l'obiettivo di gestire il rapporto tra consumo insopprimibile e reddito (Borgatta 1940, p. 552), destinando alla produzione bellica il prodotto non consumato (Gattei, Dondi 1990). Mancava però al circuito dei capitali italiano e di altri paesi la dimensione sociale e politica dello schema keynesiano. In quello italiano, il finanziamento non inflazionistico della guerra era pensato come un circuito che iniziava e si chiudeva nel breve volgere di qualche mese. In questo schema, il circuito viene messo in moto da un aumento dell'offerta di moneta, tipicamente con anticipazioni della Banca d'Italia al Tesoro per finanziare la spesa bellica ed è poi chiuso assorbendo la liquidità in eccesso con l'emissione di titoli di Stato, in gran parte a breve termine. La chiusura è perfetta se l'espansione della spesa pubblica in deficit si traduce interamente nella crescita dello stock di titoli dello Stato nelle mani del pubblico. A quel punto il processo può ricominciare e, teoricamente, continuare per un tempo indefinito (Della Torre 2000a). Se questa era la teoria, era difficile pensare che, tra l'emissione di moneta e il suo assorbimento nei titoli di Stato, non si verificassero sfasamenti dovuti a inefficienze burocratiche, a errori di previsione e soprattutto, come vedremo, a repentini aumenti della propensione del pubblico a detenere denaro contante, causati da eventi non prevedibili. Gli stessi teorici del circuito ritenevano, dunque, che esso dovesse essere accompagnato da misure amministrative quali il razionamento dei consumi e il blocco dei prezzi.

Una forma di circuito dei capitali si instaurò dopo il 1935, quando fu tolto il limite alle anticipazioni al Tesoro da parte della Banca. Fino al 1940, tuttavia, il finanziamento monetario del Tesoro si mantenne al di sotto del 10% del debito totale del Tesoro stesso (ivi, p. 8). Le emissioni di titoli non sottoscritte dal pubblico o dal sistema bancario furono facilmente assorbite da istituti di credito pubblici, soprattutto dalla Cassa Depositi e Prestiti (Asso 2000, pp. 275 ss.; Della Torre

2000b, p. 64). Nel 1938, un articolo del «Messaggero»[2] fece molto irritare Azzolini incitando la banca a «dare la necessaria precedenza alle esigenze di tesoreria dello stato» (Caracciolo 1992, pp. 21-22), Dopo l'inizio della guerra in Europa, l'entità del finanziamento diretto della banca al Tesoro aumentò progressivamente.

Il «circuito» ebbe negli economisti raccolti attorno all'Istituto Nazionale di Finanza Corporativa il principale centro di elaborazione teorica e di suggerimenti operativi. L'istituto era stato fondato nel dicembre 1939 su iniziativa di Thaon di Revel, Azzolini e Benvenuto Griziotti[3]. Vi aderirono vari istituti universitari, servizi studi di ministeri, organismi corporativi, banche, IRI, CNR e altri. Presieduto dal governatore, aveva sede nella stessa Banca d'Italia e, come segretario generale, Celestino Arena[4], uno dei maggiori fautori accademici del «circuito dei capitali»[5]. All'attività dell'istituto parteciparono a vario titolo alcuni tra i più affermati economisti e altri, più giovani, destinati a occupare posizioni accademiche e istituzionali di rilievo nei primi decenni postbellici, accanto ai membri del Servizio Studi della Banca d'Italia. Oltre ad Arena e Griziotti, diedero il loro contributo Costantino Bresciani Turroni[6],

---

[2] L'articolo fu pubblicato il 5 maggio 1938 con il titolo *Battaglia autarchica*, ne era autore Francesco Spinedi, che aveva già polemizzato con la Banca l'anno prima. Quando, mortificato, chiese udienza al Governatore, questi lo fece ricevere da Rodella, dell'ufficio studi, in presenza di Baffi che scrisse poi un dettagliato resoconto della riunione (Caracciolo 1992, p. 22).

[3] Pavese, 1884-1956. Allievo di Pareto a Losanna. Fondatore e direttore dell'Istituto di finanza dell'Università di Pavia. Sul suo impegno quale cofondatore dell'Istituto Nazionale di Finanza Corporativa cfr. Griziotti (1941).

[4] 1890-1967. Calabrese. Laureato a Napoli in giurisprudenza. Tra gli animatori della Scuola di studi corporativi fondata nel 1930 da Bottai. Dal 1935 straordinario di Diritto del lavoro e poi di Economia del lavoro a Camerino e Pisa, poi ordinario a Napoli e Roma. Sul circuito dei capitali cfr. per esempio Arena (1942).

[5] Sulle origini e organizzazione dell'istituto cfr. *Relazione del Segretario Generale dell'Istituto nazionale di finanza corporativa, poi Istituto nazionale di finanza, prof. Celestino Arena, 31 dicembre 1943* (Caracciolo 1992, pp. 231-240, doc. 19).

[6] Verona 1882-Milano 1963. Professore ordinario a Palermo dal 1909 al 1919. Ufficiale di complemento durante la guerra. Consulente finanziario dell'Agente generale per le riparazioni, creato con il Piano Dawes a Berlino. La lunga permanenza in Germania gli suggerì il tema della sua opera più famosa *The Economics of Inflation* (Londra 1937). Dopo avere insegnato economia al Cairo, tornò in Italia all'Università di Milano nel 1937. Nel dopoguerra fu pre-

Gino Borgatta[7], Giovanni Demaria[8], Marco Fanno[9]. Lo stesso Thaon di Revel seguì da vicino i lavori dell'istituto, partecipando ad alcune riunioni e contribuendo con propri saggi sul circuito dei capitali[10]. Nel complesso, fu prodotta «una quantità imponente di raccolte documentarie, di bozze di studio, di saggi» (ivi, p. 26). Nel 1942, fu nominato segretario dell'istituto Sergio Steve[11], importante studioso di scienza delle finanze della generazione successiva.

La decisione di impostare sul circuito dei capitali il finanziamento della guerra, che inizialmente si prevedeva breve, accrebbe il ruolo della Banca d'Italia nella gestione della politica economica, anche se esso non fu pari a quello svolto nella Prima guerra mondiale. Tra il 1939 e il 1942 il debito pubblico espresso in lire correnti raddoppiò e raddoppiò anche la parte di esso finanziata direttamente dalla Banca d'Italia[12] (Roselli 2017, p. 143). Nota Caracciolo che alla gestione tecnica si aggiunse, a via Nazionale, la consapevolezza strategica, condivisa con l'IRI e la «parte più intelligente della finanza», che la guerra avrebbe richiesto «approcci nuovi» fondati sul «primato dell'attrezzatura industriale e della modernizzazione tecnologica». È in prossimità della guerra che, nelle relazioni

---

sidente del Banco di Roma, direttore esecutivo della Banca Internazionale per la Ricostruzione e lo Sviluppo, deputato e brevemente ministro del Commercio estero (Gambino 1972).

[7] Donnanz 1888-Valmadonna 1949. Economista, professore nelle Università di Venezia, Sassari, Torino, Pisa e Milano, Socio nazionale dell'Accademia dei Lincei.

[8] Torino 1899-Milano 1998. Dal 1934 professore all'Università Bocconi e dal 1938 direttore del «Giornale degli Economisti». Tra il 1945 e il 1947 presiedette la commissione economica per la Costituente.

[9] Conegliano 1878-Padova 1965. Professore ordinario a Messina, Parma e Padova. Fu costretto dalle leggi razziali a lasciare l'insegnamento. Reintegrato, passò il resto della sua vita lavorativa all'Università di Padova.

[10] Cfr., per esempio: Thaon di Revel (1942).

[11] La Spezia 1915-Roma 2006. Si laureò in giurisprudenza a Genova. Dal 1939 assistente di Griziotti a Pavia. A Roma, dal 1942 collaborò con Ezio Vanoni e Pasquale Saraceno alla stesura di un codice delle leggi tributarie andato perduto. Nel 1943 aderì alla corrente di sinistra del Partito Liberale Italiano. Collaboratore del ministro del Tesoro Marcello Soleri, coordinò poi i lavori della sottocommissione Finanza della Commissione Economica del Ministero della Costituente. Fu poi funzionario della Commissione economica per l'Europa delle Nazioni Unite. Fu professore di Scienza delle finanze a Urbino, Venezia, Milano e Roma (Bognetti 2019).

[12] Passando da meno dell'8 a oltre il 16% del totale.

lette da Azzolini all'assemblea annuale, compare per la prima volta la parola «sviluppo» come sinonimo di avanzamento dell'industria e come sostanza del generico discorso «sulle produzioni autarchiche». Anche i discorsi di Mussolini «si spostarono dalla retorica ruralista a una maggiore attenzione ai problemi industriali» (Caracciolo 1992, pp. 35-36). Due mesi prima dell'entrata in guerra dell'Italia, Azzolini sottolineò l'esigenza di «ridurre i costi e aumentare le quantità prodotte» e di preparare a tal fine «una disciplina organica delle autorizzazioni all'apertura di impianti industriali», accompagnandola con un razionamento dei prodotti di prima necessità[13].

Considerate le circostanze belliche, il circuito dei capitali svolse per un paio d'anni abbastanza bene la propria funzione di contenimento dell'inflazione. Fino all'ultima parte del 1942, l'aumento dei prezzi al consumo fu mantenuto entro valori inferiori a quello della circolazione e dell'offerta di moneta (M2, tab. 10.2), valori cioè comparabili a quelli dei successivi anni Settanta. Nota però, giustamente, Baffi che l'obiettivo di «sostenere il morale della nazione distribuendo equamente gli oneri della guerra» ebbe un limitato successo «perché lo stato non seppe imporre a se stesso una disciplina altrettanto severa; ossia proporzionando i propri impegni al gettito della tassazione e del circuito dei capitali» (Baffi 1961, p. 455).

La produzione bellica fu finanziata in modo crescente con l'aumento della circolazione creata per finanziare il Consorzio Sovvenzioni su Valori Industriali che si aggiunse a quella per le anticipazioni al Tesoro e per l'acquisto di titoli pubblici a breve scadenza. Diminuì l'apporto relativo del sistema bancario; i depositi presso gli istituti di credito aumentano, tranne che nel 1941, a ritmi inferiori a quelli della circolazione. Le ragioni della scarsa dinamica dei depositi furono soprattutto tre. In una prima fase, si verificò una disintermediazione del sistema bancario che spostò l'impiego dei risparmi dai conti correnti all'acquisto diretto di titoli pubblici e privati. A questa contribuì anche la politica delle autorità monetarie, con la manovra dei tassi di cartello «divenuti anch'essi, in un

---

[13] Banca d'Italia, *Assemblea generale ordinaria dei partecipanti*, Roma, 30 marzo 1940, pp. 26-28.

certo senso, tassi ufficiali, nel fissare i quali è difficile pensare che non fossero tenute presenti anche considerazioni di politica monetaria» (Gelsomino 1992, p. 121). Mentre i tassi attivi di cartello vennero più volte aumentati, quelli passivi, corrisposti sui vari tipi di deposito, restarono bloccati dal 1937 al 1944, traducendosi in rendimenti reali negativi. Un secondo motivo di allontanamento del pubblico dai depositi bancari fu la crescente incertezza dovuta al prolungarsi di una guerra che era stata annunciata come breve e vedeva invece un susseguirsi di cattive notizie dai diversi fronti nei quali erano impegnate le truppe italiane. Vi fu, infine, un motivo tecnico: il periodico rarefarsi della disponibilità di banconote presso le banche, dovuto anche a problemi relativi alla loro produzione. Lo spostamento delle preferenze del pubblico dai depositi al contante costituì, come notò lo stesso Azzolini (1943), l'anello debole della catena del circuito che si riflesse sulla capacità delle banche di erogare credito.

Il circuito dei capitali difese accettabilmente il potere d'acquisto della lira, sino «ai primi bombardamenti sulle grandi città italiane dell'autunno 1942 e al panico che seguì» (Baffi 1961, p. 455), eventi che segnarono una svolta nella percezione pubblica dell'andamento della guerra, con le notizie dell'avanzata alleata in Tunisia e della sconfitta di El Alamein. Sino ad allora, secondo Baffi, «i prezzi si aggiravano su un livello appena doppio di quello del 1938 e il mercato nero non aveva ancora preso grande sviluppo» (ivi, p. 456)[14]. Tuttavia, dubbi sulla tenuta del circuito si erano affacciati già all'inizio dell'anno. Tra il 6 e il 9 marzo 1942 si riunì presso l'Istituto Nazionale di Finanza Corporativa una Commissione per lo studio sul finanziamento della guerra, voluta da Thaon di Revel che partecipò al primo giorno dei lavori. Funse da segretario Giovanni Acanfora (1884-1976)[15], direttore generale

---

[14] Sempre secondo Baffi (1961, p. 456) l'ultimo successo nello «schiumare la liquidità» tramite emissione di buoni poliennali fu ottenuto da quella dell'aprile 1942.

[15] Campano. Di famiglia modesta, aveva percorso una lunga «carriera nel ministero delle Finanze, dove era divenuto ispettore generale». Fu direttore generale della Banca d'Italia dal 22 maggio 1940 al 26 luglio 1943, quando divenne ministro per gli Scambi e le Valute nel primo governo Badoglio (Gigliobianco 2006, p. 171). Rimase a Roma dopo che il re e lo stesso Badoglio

della Banca d'Italia. La commissione era composta solo da nove persone[16]. Il ministro enfatizzò la necessità di «accorciare il circuito» per contenere l'inflazione e ridurre l'area dei prezzi politici. Si disse anche contrario alla diminuzione della pressione fiscale, a imposte sul capitale e a un prestito obbligatorio. Giovanni Demaria, con un intervento molto franco, rilevò «che tutti i mezzi discussi [per finanziare la guerra] non potranno coprire che una parte assai limitata delle spese (il 30% nel 1942-1943) e che è necessario prepararsi sin d'ora ad affrontare il pericolo che il circuito arrivi a un punto critico [considerando che] anche i mezzi più gravi sono preferibili all'inflazione». Lamentò anche la carenza di dati necessari a prendere le decisioni[17]. La discussione si sviluppò poi sul modo migliore di «mobilizzazione del capitale a fini bellici» e sulle cause della rottura del circuito che, secondo Borgatta, andavano trovate nell'eccessivo aumento dei salari. Alla fine del secondo giorno dei lavori fu chiesto a Demaria, che riteneva insufficienti i mezzi suggeriti dalla commissione per contenere l'inflazione, di preparare una propria memoria. Presentata il giorno successivo, la relazione Demaria partì dalla constatazione che, in tempo di guerra, la domanda di titoli pubblici è insufficiente perché, per paura dell'inflazione, si «preferisce investire in beni reali anche a caro prezzo». Questa difficoltà poteva essere superata, secondo Demaria, con uno schema in base al quale, sull'esempio delle *building societies* britanniche e statunitensi, lo Stato emettesse «titoli immobiliari al 2-3%». Alla fine della guerra, i sottoscrittori avrebbero potuto usare i titoli posseduti quale anticipo del pagamento di un appartamento e per l'accesso a mutui ventennali a tasso agevolato per coprire la parte restante del prezzo»[18]. Questa

---

si rifugiarono al Sud, il 9 settembre 1943. Ricercato dai repubblichini di Salò, riuscì a sfuggire alla cattura.

[16] Oltre ad Acanfora, i professori Amoroso, Bresciani Turroni, Demaria, Griziotti, i commendatori Tenti e Coppola d'Anna e Paolo Medolaghi, membro della Commissione Finanze del Senato e autore di una memoria (*Finanziamento della guerra*, s.d., ASBI, Studi, prat. 308, fasc. 8, pp. 2-10, per i verbali dei lavori cfr. *Riunione della Commissione di studio sul finanziamento della guerra, 6-9 marzo 1942 XX*, ivi, pp. 183 ss.).

[17] Ivi, p. 187.

[18] Ivi, p. 193.

proposta fu giudicata troppo complessa dalla commissione. Il rapporto finale al ministro delle Finanze rifletteva sia la diversità di opinioni tra gli esperti, sia, soprattutto, la difficoltà della situazione. Dopo avere riconosciuto nell'inflazione «il massimo pericolo da evitare perché minaccia di sconvolgere, insieme, gli assetti economici, sociali e politici del paese», il rapporto riconobbe la difficoltà di formulare un piano di finanziamento della guerra perché non se ne conosceva la durata. Rilevava inoltre la mancanza dei dati necessari, senza i quali «non si può sviluppare una tecnica del circuito dei capitali». D'altronde, continuò il rapporto, in una realtà dinamica «non avrebbe valore un rigido schema induttivo. L'istituto sperava però di arrivare a qualche conclusione per approssimazione». Seguirono suggerimenti scontati: ridurre i tempi di chiusura del circuito e considerare la possibilità di aumentare le imposte. Invitava, infine, alla consapevolezza che il «circuito è solo un correttivo che tende a ostacolare l'aumento dei mezzi di pagamento»[19] e che un'inflazione, seppure da contenere al massimo, è inevitabile. In conclusione, il gruppo di economisti consultati dal ministro invitava genericamente a «perseguire una politica vigilante, tempestiva e massimamente severa, che non indulga a facili illusioni», benché, fu la chiusa di prammatica, «in materia economico finanziaria la politica [possa] fare dei miracoli che l'arida tecnica si rifiuterebbe di credere»[20].

L'istituto aveva sede in via Nazionale, i suoi lavori erano seguiti, oltre che da Acanfora, dal Servizio Studi che contribuiva in quei giorni alla stesura della Relazione annuale agli azionisti che Azzolini diffuse a fine marzo, improntata a toni meno ottimisti rispetto a quella dell'anno precedente, ancora pervasa dall'illusione di una guerra breve e vittoriosa[21]. Nel marzo 1941, Azzolini aveva sottolineato la differenza tra il 1915 e il 1940: in quest'ultimo caso, scrisse, «la diversa

---

[19] Ivi, p. 211.
[20] Ivi, p. 218.
[21] La relazione si dilunga sui vantaggi che già pensava di vedere derivanti dalla prossima vittoria dell'Asse: allargamenti territoriali, nuove sfere di influenza che avrebbero ridimensionato quelle delle economie sino ad allora dominanti (Banca d'Italia, *Assemblea generale ordinaria dei partecipanti*, Roma, 29 marzo 1941, pp. 6 ss.).

preparazione psicologica delle popolazioni ha evitato quasi dappertutto la corsa al ritiro dei depositi, l'applicazione di moratorie, la tesaurizzazione, in genere, il prodursi di quei fattori che avevano allora ostacolato l'afflusso al mercato delle disponibilità liquide»[22]. Un'economia di guerra già ben funzionante dal 1935 riduceva la portata degli adattamenti necessari alla nuova situazione e permetteva «l'assorbimento dell'eccesso dei redditi spendibili tramite la politica finanziaria approntata dal Regime»[23]. La relazione, pubblicata a fine marzo 1942, quando già era apparsa evidente la debolezza dell'apparato militare italiano tanto in Grecia quanto in Libia, ricalcava, per quanto possibile in un documento pubblico, le conclusioni pessimiste dell'istituto sul funzionamento del circuito dei capitali che in nessun caso aveva ottenuto «la completa saldatura che rappresenta la meta a cui tende questa tecnica», anzi «si è ancora lontani da questo risultato [...] sia per gli imponderabili elementi psicologici», sia perché non si poteva «dare alla teoria una formulazione matematica definita», sia soprattutto «perché un grave ostacolo al buon funzionamento del circuito [stava] proprio nella crescente espansione della spesa pubblica»[24]. Nel marzo 1942, Azzolini auspicò già l'adozione di forti misure coercitive sui prezzi dei beni, sui salari, sugli investimenti, sugli impieghi bancari, un tema che avrebbe costituito il filo conduttore della relazione all'assemblea dell'anno successivo[25], l'ultima letta da Azzolini, quando, dopo le sconfitte dell'Asse in Nord Africa e in Russia, la conferenza di Casablanca tra Roosevelt e Churchill (14-24 gennaio 1943) aveva già autorizzato gli Stati maggiori a predisporre i piani per lo sbarco alleato in Sicilia del luglio seguente.

Se è vero, come sostenne Azzolini, che per tutta la durata della guerra non si verificarono corse ai depositi delle banche, come quelle bloccate dalla moratoria nel 1914, tra il 1941 e il 1943 non mancarono crisi striscianti di liquidità.

---

[22] Ivi, p. 15.
[23] Ivi, pp. 26-27.
[24] Banca d'Italia, *Relazione all'assemblea generale ordinaria dei partecipanti*, Roma, 30 marzo 1942, pp. 23-24.
[25] Banca d'Italia, *Relazione all'assemblea generale ordinaria dei partecipanti*, Roma, 30 marzo 1943.

11 – La Banca nella guerra totale

Al precisarsi della minaccia di guerra, e poi nel corso di questa, la composizione delle attività liquide detenuta dal settore privato si era venuta gradualmente spostando dai depositi bancari e dai buoni ordinari del Tesoro verso i biglietti. Al sopravvenire di ogni crisi [...] si produceva uno spostamento verso il biglietto che in parte almeno si consolidava nei mesi successivi – col fattore insicurezza concorrendo l'impoverimento relativo delle città rispetto alle campagne e, dal 1942, lo sviluppo del mercato nero (Baffi 1961, p. 456).

Le crisi di ritiro dei depositi dell'autunno 1938, 1939 e 1941 furono fronteggiate senza grandi difficoltà provvedendo abbondantemente di banconote gli istituti di credito[26]. Molto più difficile da arginare fu la fuga dal deposito bancario dell'autunno-inverno 1942-1943, fuga che fu tra le principali cause della rottura del meccanismo del circuito dei capitali. Secondo Azzolini, essa era dovuta in parte allo sfollamento delle città che consigliava di partire con abbondante riserva di contante e con la paura di nuove misure restrittive, ma dipendeva soprattutto dai mancati reinvestimenti da parte delle imprese che obbligavano la Banca «a immettere nella circolazione masse di nuovi biglietti anche per la ordinaria amministrazione»[27]. A queste cause ormai strutturali si aggiunse quella contingente della difficoltà di aumentare adeguatamente la produzione di banconote. Negli anni Trenta, l'Officina Carte Valori della Banca era stata modernizzata con nuovo macchinario e si era attrezzata per la produzione della carta filigranata, prima affidata alle Cartiere di Fabriano[28]. Nel dicembre 1939, «per ordine superiore dovuto a motivi di sicurezza»[29], era stato deciso di trasferire le officine a L'Aquila, ritenuta più pro-

---

[26] Azzolini a Giovanni Cima (capoispettore che si trova a Milano), 7 dicembre 1942 (ASBI, Azzolini, prat. 16, fasc. 14, p. 26).

[27] Ivi, p. 27. Aggiunse Azzolini: «Solo a Milano, da luglio a ottobre 1942, la sezione di Regia Tesoreria [della Banca d'Italia] ha eseguito pagamenti alle grandi industrie militari per oltre 900 milioni che non sono rifluiti».

[28] Le Cartiere di Fabriano, tra le più antiche d'Europa, fondate da Pietro Milani nel 1782, avevano prodotto la carta per i biglietti di banca fino al 1930 quando, acquisite da un gruppo inglese, si ritenne inopportuno che un gruppo straniero conoscesse in anticipo la domanda di carta per circolazione e scorte. La Banca decise dunque di attrezzarsi con 4 macchine per la produzione di carta (ivi, pp. 24 ss.).

[29] Ivi, p. 25.

tetta dalle incursioni nemiche rispetto a Roma[30]. Le officine cominciarono la produzione nella nuova sede nel dicembre 1941, consentendo di passare in meno di un anno da 180.000 a 500.000 biglietti prodotti ogni mese. Malgrado ciò, alla fine del 1942, L'Aquila non riusciva a soddisfare interamente la domanda di biglietti da parte delle banche, tanto che Azzolini fece aumentare ancora la produzione. Si arrivò anche a dare corso legale ai biglietti che la Banca aveva a suo tempo predisposto per la circolazione in Africa orientale[31]. La Banca d'Italia era però convinta che alle banche facesse comodo attribuire la carenza di liquidità all'inadeguata produzione di biglietti mentre, come si è visto, via Nazionale era convinta che la causa principale fosse una carenza di impieghi da parte degli istituti di credito che bloccava il circuito, non rimettendo in circolo la liquidità. Ciò creò tensioni e incomprensioni con le grandi banche, tanto che Azzolini dovette inviare un ambasciatore di fiducia per placare la malcelata irritazione di Giovanni Stringher, amministratore delegato del Credito Italiano[32]. Nel 1942, si intensificarono anche gli interventi, sia tramite circolari, sia con mirati interventi diretti, perché gli impieghi fossero «orientati verso attività comunque concernenti il potenziamento bellico della nazione e l'approvvigionamento del paese»[33] e perché fosse contrastata dall'ispettorato la «tendenza all'accaparramento di merci e in genere all'acquisizione di beni in natura [che] non [trovava] ostacolo nell'azione

---

[30] Malgrado ciò, l'8 dicembre 1943 le officine dell'Aquila subirono un duro bombardamento alleato nel quale perirono 19 persone. Cessarono definitivamente di operare nel giugno 1944 e poco dopo fu riaperta l'officina di via dei Serpenti, adiacente alla sede centrale della Banca a Roma (https://www.bancaditalia.it/servizi-cittadino/musei-collezioni/museo-banconota/impianti-attrezzature/index.html). La costruzione delle nuove officine a L'Aquila era stata accompagnata da polemiche circa la proprietà dei terreni sui quali erano costruite. Azzolini affermò che si trattava di proprietà demaniali. Fu anche predisposto un piano per il trasferimento a L'Aquila, in caso di emergenza, di tutto il personale dell'amministrazione centrale, tranne il direttorio (Roselli 2000, pp. 283-285).

[31] Decreto del ministro delle Finanze del 25 novembre 1942, ASBI, Direttorio Azzolini, prat. 10, fasc. 2, p. 138.

[32] L'ambasciatore fu il capoispettore Giovanni Cima (Cima ad Azzolini, 10 dicembre 1942, ASBI, Direttorio Azzolini, prat. 16, fasc. 14, p. 20).

[33] Circolare dell'Ispettorato del Credito, 14 dicembre 1942.

delle aziende di credito»[34]. Alla sempre minore propensione al deposito di contanti presso le banche contribuì anche la Polizia tributaria con inchieste presso le banche e la richiesta di documentazione di singole transazioni[35].

La sensazione che non tutte le banche collaborassero pienamente allo sforzo bellico e la conseguente quasi endemica tensione con l'Ispettorato e la Banca d'Italia, emerse anche, forse soprattutto, nel delicato ambito della gestione delle scarse valute, essenziali all'approvvigionamento all'estero di materie prime e materiali bellici. Il 5 agosto 1939, Felice Guarneri aveva inviato a Mussolini un lungo rapporto sulla difficile posizione valutaria del Paese[36], per migliorare la quale non vedeva che due possibili vie: la prima consisteva in un rafforzamento dell'autarchia[37], «e quindi [nel] rinvio dei grandi programmi di armamento», la seconda avrebbe dovuto «condurre al ristabilimento dell'equilibrio puntando soprattutto all'aumento delle disponibilità valutarie, attraverso l'adeguamento del valore della moneta alle attuali quotazioni del mercato internazionale [che] presuppone l'allentamento dell'attuale regime di monopolio e di rigido controllo dei cambi» (Guarneri 1988, p. 952). La prima strada non era tecnicamente percorribile nelle condizioni dell'amministrazione italiana, che Thaon di Revel e Azzolini giudicavano strutturalmente inadeguata a ottenere risultati simili a quelli della Germania. La seconda urtava contro il pregiudizio del duce contro le svalutazioni del cambio. Entrambe escludevano per l'Italia la possibilità di combattere una guerra moderna, come quella che sarebbe cominciata nemmeno un mese dopo. Guarneri attribuì successivamente al proprio promemoria il

---

[34] Thaon di Revel ad Azzolini, 10 gennaio 1942, ASBI; Direttorio Azzolini, prat. 10, fasc. 2, p. 270.
[35] Thaon di Revel ad Azzolini, 22 maggio 1943, ASBI, Direttorio Azzolini, prat. 11, fasc. 1, p. 89; il ministro precisò che esistevano disposizioni perché gli uffici competenti «si astenessero da indagini sui conti correnti presso gli istituti di credito».
[36] Il rapporto, che l'autore successivamente intitolò *Contro l'intervento* è riportato integralmente in Guarneri (1988, pp. 939-957).
[37] «La riduzione del fabbisogno di valuta [contraendo] ogni spesa all'estero in quanto destinata a soddisfare i bisogni interni della nazione, nell'ordine della vita civile e dell'organizzazione militare» (ivi, p. 951).

merito di avere ritardato l'entrata in guerra dell'Italia a fianco della Germania. Meno di tre mesi dopo, il 31 ottobre 1939, Guarneri fu sostituito alla guida del ministero per gli Scambi e le Valute da Raffaello Riccardi[38] che «sembrava garantire una minore vicinanza alla Confindustria e, in generale, agli ambienti economici» (Gagliardi 2016) ed era ben più filotedesco di Guarneri (Gagliardi 2006, pp. 227-231).

Il nuovo ministro aveva una biografia politica ben diversa da quella del predecessore. Tra i fondatori del Fascio di Pesaro, segretario della federazione provinciale del PNF, era stato incarcerato nel 1922 per avere sparato contro i socialisti nel corso di una spedizione punitiva. Fu condannato e successivamente amnistiato per l'assassinio a Fossombrone del comunista Giuseppe Valenti[39]. Deputato, sottosegretario alle Comunicazioni e all'Aeronautica, nel 1935 fu nominato presidente dell'Istituto Nazionale per le Esportazioni, esperienza che contribuì a qualificarlo per il ministero per gli Scambi e le Valute, benché fosse, nel 1939, «annoverato tra i gerarchi meno favorevoli a un'alleanza con la Germania e all'intervento in guerra», tanto da promuovere, nei primi mesi al ministero, l'esportazione di aerei militari alla Francia e, soprattutto, alla Gran Bretagna. Nel 1940 però si spostò progressivamente su posizioni filotedesche e interventiste (Gagliardi 2016). Dopo l'8 settembre aderì alla Repubblica Sociale. Nel dopoguerra visse tra la Svizzera e l'Italia. Nel febbraio 1943 fu sostituito alla guida del dicastero da Oreste Bonomi[40].

I rapporti della Banca con il nuovo ministro, sempre formalmente corretti, furono segnati da un'evidente disistima della prima rispetto al secondo, condivisa probabilmente da Thaon di Revel. In un rendiconto per Azzolini sul discorso con il quale Riccardi presentava il primo bilancio di previsione del proprio dicastero, Paolo Baffi vi trovò «punti intro-

---

[38] Mosca 1899-Roma 1977.
[39] Narrò in *Pagine squadriste* (Roma, 1939) «la nascita del fascismo marchigiano, senza tacere sui più controversi episodi di violenza, che anzi rievocò con un certo compiacimento» (Gagliardi 2016).
[40] 1902-1983. Ragioniere, deputato del PNF dal 1934. Dal 1936 alla caduta del fascismo Commissario aggiunto per l'EUR, del quale era commissario Vittorio Cini.

dotti da mani superiori» e un'«intonazione da esercitazione universitaria»[41]. La disistima si tradusse anche, da parte della Banca, nel trattare il più possibile solo con il ministero delle Finanze, spesso escludendo Riccardi da incontri nei quali la sua presenza non fosse istituzionalmente richiesta, esclusione per la quale il ministro non mancava di protestare vivamente.

Il 30 giugno 1939 le riserve della Banca d'Italia ammontavano a soli 3.050 milioni, rispetto ai circa 20 miliardi del 1928 e ai 10 miliardi del 1935. Al netto degli impegni a breve scadenza verso l'estero, esse si riducevano a 1.650 milioni, senza tenere conto dei titoli e dei crediti di pertinenza estera bloccati in Italia per 3.000 milioni. Le possibilità aperte all'Italia di approvvigionamento sui mercati neutrali durante il secondo conflitto mondiale furono assai minori di quelle di venticinque anni prima perché gli alleati di allora erano stati in grado sia di concedere prestiti in valuta, sia di garantire una discreta sicurezza ai convogli transatlantici. Entrambe queste condizioni mancarono tra il 1940 e il 1943: il principale alleato preferì assorbire piuttosto che fornire risorse all'Italia, che a sua volta cercò di procurarsele con accordi bilaterali con i paesi neutrali ai quali aveva ancora accesso (soprattutto Svizzera e Svezia e, in misura molto minore, paesi iberici) e seguendo, quando possibile, l'esempio della Germania nella spoliazione dei territori occupati.

Per la durata della guerra, almeno fino alla divisione del Paese e al collasso dell'amministrazione, le operazioni in valuta, a un cambio ufficiale, furono soggette a un regime di autorizzazione assai rigoroso, almeno sulla carta. Fiorì un mercato nero anche per le monete straniere, a fini di tesoreggiamento ma, soprattutto, per l'importazione di materie prime. Nel marzo 1940, la polizia mandò a Mussolini l'intercettazione di una telefonata nella quale un triestino implorante chiedeva a un intermediario milanese 25.000 dollari, pronto a pagarli il doppio del prezzo ufficiale. L'intermediario fece riferimento alla Banca d'America e d'Italia che portò la polizia a pensare trattarsi dell'istituto di emissione. Azzolini dovette non solo

---

[41] «Appunto del Dr. Baffi per il Governatore», s.d., ASBI, Direttorio Azzolini, prat. 5, sottofasc. 9, p. 102.

chiarire l'equivoco, ma anche spiegare al capo del governo che l'operazione era legittima in base a una circolare della Confederazione Fascista delle Aziende di Credito, emanata su indicazione del ministro per gli Scambi e le Valute poco dopo il proprio insediamento, che «autorizzava le aziende di credito all'acquisto di valuta sul mercato libero»[42]. La circolare era nata, secondo Azzolini, per creare una deprecabile scappatoia alle disposizioni di legge. Sia la Banca sia il ministero delle Finanze ne erano stati tenuti all'oscuro, sino a una riunione di pochi giorni prima con Riccardi. Questi si era affrettato ad assicurare che le proprie disposizioni erano state male interpretate, definì la circolare «altamente immorale» impegnandosi a farla annullare[43]. Restarono, comunque, sospetti sulla genesi del provvedimento, sulle persone coinvolte e sullo stesso ministro, sui cui affari ricorrevano voci, «alimentate dall'acquisto di grandi proprietà immobiliari», riguardanti la «vendita di permessi di importazione ed esportazione» (ibid.).

Con il prolungarsi del conflitto, la provvista di valuta divenne sempre più difficile. La dichiarazione di guerra degli Stati Uniti all'Italia rese il dollaro ancora più raro. Le poche esportazioni verso i paesi neutrali non procuravano che una piccola frazione del fabbisogno di moneta estera, quelle con gli alleati avvenivano quasi interamente in regime di scambio bilaterale (clearing). La relazione di Azzolini del marzo 1943 sottolineò l'esaurimento delle scorte di materie prime e combustibili che obbligava la produzione bellica a lavorare a ritmo ridotto[44]. La previsione di un nuovo ordine economico disegnato dalla Germania, nel quale gli scambi internazionali sarebbero avvenuti sulla base di valute non convertibili, sembrava diminuire o addirittura azzerare l'importanza della riserva aurea. Eppure essa non venne significativamente intaccata per finanziare l'acquisto di materiali indispensabili alla guerra. Nel febbraio 1940, Thaon di Revel propose di impegnare la riserva per costituire una scorta di materie prime

---

[42] Azzolini a Mussolini, 10 marzo 1940, ASBI, Direttorio Azzolini, fasc. 9, sottofasc. 1, p. 27.
[43] Ivi, p. 29.
[44] Banca d'Italia, Assemblea generale ordinaria dei partecipanti, 30 marzo 1943, p. 36.

in vista dell'entrata in guerra dell'Italia. Azzolini condivise la proposta alla quale inizialmente aderì Mussolini, salvo poi essere convinto del contrario da Riccardi e non se ne fece nulla (Gagliardi 2006, p. 230).

2. Nei territori occupati

Nel 1939, l'Italia si impadronì dell'Albania. Tra il 1940 e il 1943 occupò parti del territorio francese, di quello del dissolto Regno di Jugoslavia e la Grecia. Per ciascuna di queste aree si immaginò una penetrazione economica per la quale era essenziale il contributo degli istituti di credito italiani. Alla Banca d'Italia fu chiesta l'apertura di agenzie, la supervisione delle banche italiane e autoctone, la gestione del sistema di pagamenti. Quello affidato alla Banca non fu compito facile, anche se essa arrivò all'appuntamento del 1940-1941 «assai più strutturata di ogni altra istituzione e con capacità di gestione di stabilimenti e dipendenti senza uguali» (Scatamacchia 2015, p. 509), grazie all'esperienza ormai quasi secolare di creazione e gestione di filiali e succursali sparse su un territorio, come quello italiano, tutt'altro che omogeneo e, dall'inizio del Novecento, anche nelle colonie africane. Dipendenze, queste ultime, che operarono quasi sempre in perdita, come avvenne per quelle insediate nei territori occupati tra il 1940 e il 1943, e furono dunque viste a via Nazionale come un obbligo istituzionale che la Banca accettava senza forti riserve, a volte anche con orgoglio.

2.1. Albania

Tra i territori occupati, l'Albania costituì un caso particolare, anche dal punto di vista istituzionale, con l'unione all'Italia nella persona di Vittorio Emanuele III che aggiunse a quelli di re d'Italia e imperatore d'Etiopia il titolo di re d'Albania. Per capire la peculiarità monetaria del caso albanese bisogna tornare brevemente agli anni Venti quando, come abbiamo visto, la Società delle Nazioni era impegnata a ricostruire i sistemi bancari e finanziari più fragili usciti dalla guerra, in particolare quelli del disciolto Impero austroungarico. Con 814.000 abitanti e un reddito pro capite pari forse a un quarto di quello italiano, il Principato di Albania[45] era, nel 1924, in una situazione economica che alcuni osservatori giudicavano disperata (Roselli 2006, p. 23). In particolare mancava una struttura finanziaria[46], a cominciare da una banca d'emissione. Rovesciato il principato, fu creata una repubblica che nel gennaio 1925 elesse presidente Ahmet Zog (o Zogu), con il quale, due mesi dopo, l'Italia firmò un accordo[47] per la concessione di un abbondante prestito e la creazione di una banca d'emissione. La Banca Nazionale d'Albania fu fondata il 9 settembre 1925 a Roma dove stabilì la propria sede sociale. Già questo ne sottolineò la peculiarità. Attivamente promossa da Mario Alberti, direttore centrale del Credito Italiano[48] che abbiamo visto quale rappresentante del governo in varie missioni internazionali di carattere finanziario, la nuova banca aveva un capitale sociale detenuto in larga maggioranza da banche[49] e cittadini italiani[50]. Il 30% delle azioni riservate all'Albania furono sottoscritte da cittadini albanesi residenti in Italia, di fatto prestanome di interessi italiani che assommavano, pertanto, al 75% totale, con il resto diviso tra gruppi jugoslavi, svizzeri e belgi (ivi, pp. 33-37). Benché si trattasse di impresa privata, la Banca Nazionale d'Albania era voluta e promossa dal governo italiano come veicolo di penetrazione e presidio degli interessi italiani nei Balcani e fu lo Stato, tramite l'Istituto Nazionale dei Cambi con l'Estero, a sostenere l'onere delle

---

[45] Nato con il Trattato di Londra del 21 febbraio 1914 con il quale le grandi potenze riconobbero l'indipendenza dell'Albania dall'Impero ottomano al quale era appartenuto da (circa il) 1478.

[46] Non abbiamo dati comparabili sul PIL albanese fino al 1950. In quell'anno, alla fine della ricostruzione italiana, il reddito per abitante dell'Italia è stimato da Maddison (2003) circa 3,5 volte quello albanese, un rapporto, probabilmente, non diverso da quello del 1939, l'anno prebellico di massima espansione del PIL italiano.

[47] Ratificato dal Parlamento albanese nel giugno 1925.

[48] Ai difficili rapporti tra Mario Alberti e i vertici del Credito Italiano, Stringher e lo stesso Mussolini, conclusisi nel 1930 è dedicato un intero capitolo in Barucci (2021, pp. 129-168).

[49] Credito Italiano, Banca Commerciale, Banco di Roma, Banca Nazionale del Lavoro.

[50] Tra questi Vincenzo Azzolini con il 4,32% delle azioni (Roselli 2006, p. 36, tab. 4.1).

11 – La Banca nella guerra totale

azioni sottoscritte dalle banche italiane[51]. «Ragioni di opportunità politica consigliarono quella forma di mascheramento [ma] la partecipazione italiana rimase sempre di pertinenza dello stato che ne sopportò i costi» non solo per la sottoscrizione delle azioni, ma anche per l'avviamento e l'attrezzatura della banca, inclusi nove edifici a Roma e Tirana[52].

Il governo albanese concesse alla Banca Nazionale il monopolio dell'emissione di moneta a valore legale. Come alle banche di emissione degli Stati italiani preunitari, a quella albanese, accanto ai compiti relativi al sistema dei pagamenti e alla Tesoreria dello Stato, fu assegnato quello di promuovere lo sviluppo dell'economia. Lo statuto sociale, dopo avere elencato tra le operazioni consentite tutte quelle tipiche di una banca di emissione, aggiunse quelle necessarie a «promuovere qualsiasi intrapresa di carattere finanziario, commerciale, industriale, agricolo-minerario, ferroviario diretta a valorizzare le capacità produttive e i mezzi di scambio dell'Albania»[53]. Il franco albanese era convertibile in oro alla parità prebellica che mantenne inalterata sino alla conquista italiana, quando valeva, ufficialmente, 6,22 lire. Nel 1925 era, con la sterlina, la sola valuta europea ad avere mantenuto il contenuto aureo del 1914. Come osserva Roselli (ivi, pp. 68-69), la forza del franco albanese non aveva senso per un Paese con bilancia commerciale strutturalmente in disavanzo, l'aveva però per l'Italia che compensava quel disavanzo con esportazioni di capitale purché orientate all'acquisto di prodotti italiani, sempre più difficilmente collocabili all'estero nel generale clima protezionistico degli anni Trenta. Prevaleva, comunque, l'obiettivo politico di mantenere una piccola testa di ponte italiana nei Balcani, bloccando l'«infiltrazione straniera» in Albania[54].

---

[51] Mussolini, come ministro degli Esteri, ordinò a Mussolini, come presidente dell'INCE, di depositare su una banca svizzera la valuta necessaria a coprire la sottoscrizione delle quote da parte delle banche italiane (ivi, p. 35).
[52] Promemoria per Introna del 5 febbraio 1945 (firma illeggibile ma quasi sicuramente di Amedeo Gambino), ASBI, Direttorio Introna, prat. 19, fasc. 3, sottofasc. 5, pp. 8-9.
[53] Banca Nazionale d'Albania, Statuto sociale, art. 18 (ASBI, Ispettorato del credito, prat. 1048, fasc. 4).
[54] Relazione sull'azione della Banca Nazionale d'Albania per Francesco Jacomoni, Ministro d'Italia a Tirana, 16 marzo 1937 (ivi, p. 99).

Il 7 e l'8 aprile 1939, 20.000 soldati italiani sbarcarono in Albania, provocando la fuga di Zog che nel frattempo ne era diventato re. Poco dopo, «con rapidità degna del tempo fascista» come scrisse un entusiasta Azzolini[55], l'assemblea costituente, convocata in tutta fretta il 12 aprile, offrì a Vittorio Emanuele III la corona del Regno d'Albania, sotto forma di «unione personale». Francesco Jacomoni[56], sino ad allora ambasciatore a Tirana, assunse la carica di luogotenente generale.

Il 20 aprile 1939 fu stipulata a Tirana una Convenzione economica, doganale, valutaria tra l'Italia e l'Albania[57] che impegnò a vario titolo, seppure formalmente in modo indiretto, la Banca d'Italia. La convenzione mantenne il preesistente cambio del franco albanese a 6,22 lire, ma stabilì che la copertura della circolazione della Banca Nazionale Albanese, alla quale fu mantenuto il ruolo di istituto di emissione, non fosse più aurea, ma consistesse in banconote e titoli a breve termine in lire, depositati presso la Banca d'Italia, estendendo, si disse, alla valuta albanese la copertura aurea della lira. Il franco albanese fu dunque convertibile a vista in lire italiane, ma la sua esportazione all'estero venne soggetta alle stesse limitazioni della moneta italiana[58]. L'amministrazione centrale della Banca Nazionale d'Albania restò a Roma, sotto il vigile occhio del governo italiano e di via Nazionale, «con il compito di regolar[ne] la politica monetaria e di provvedere all'impiego della copertura della circolazione in lire»[59]. La Banca d'Albania introdusse regole rigorose per le transazioni in valuta estera e il commercio con l'estero, consentito in

---

[55] Banca d'Italia, *Assemblea generale ordinaria dei partecipanti*, Roma, 30 marzo 1940, p. 101.
[56] 1893-1973. Calabrese. Diplomatico di carriera. Contrario all'annessione, ambasciatore a Tirana, invitato a rientrare a Roma prima dell'invasione, ottenne di restare al proprio posto per facilitare la transizione dei poteri. Esercitò, per conto di Vittorio Emanuele III, le funzioni di capo dello Stato albanese. Fu richiamato a Roma nel marzo 1943 e collocato a riposo. Non aderì alla Repubblica di Salò. Dopo la guerra, fu dapprima condannato a 5 anni di reclusione e poi assolto. Nel 1953 fu brevemente riammesso nei ruoli della diplomazia (Grassi Orsini 2004b).
[57] Ratificata dall'Italia con legge 6 giugno 1939, n. 1058.
[58] Artt. 10, 11, 13, 14 della Convenzione.
[59] Relazione riservata sulla gestione della Banca Nazionale d'Albania di Amedeo Gambino, 11 aprile 1945, Direttorio Introna, prat. 19, fasc. 3, sottof. 4, p. 34.

regime di libero scambio solo con l'Italia e le sue colonie (ivi, pp. 105-106).

Per il regime monetario albanese erano state prospettate tre soluzioni – estensione della lira al Regno d'Albania, creazione di una non meglio precisata «area della lira», introduzione di una lira albanese parallela a quella italiana (ivi, pp. 101-103). Il regime adottato rispecchiò alcune delle caratteristiche delle prime due, preferendo però di non sovvertire il sistema monetario esistente, come si era voluto fare in Etiopia con i risultati che abbiamo visto. Le due monete perfettamente convertibili a cambio fisso l'una nell'altra creavano, di fatto, una moneta unica e, al tempo stesso, un embrione di «area della lira», questione che, come vedremo, riemerse con l'occupazione italiana di territori francesi, quando si immaginò che, dopo la guerra, l'Europa avrebbe potuto essere divisa in due aree di influenza: tedesca a nord delle Alpi, italiana nel Mediterraneo.

2.2. *Francia*

Dopo l'occupazione tedesca di Parigi (giugno 1940), l'esercito italiano ingaggiò con quello francese la battaglia delle Alpi occidentali a conclusione della quale l'armistizio di Villa Incisa sancì l'occupazione italiana di una piccola parte del territorio francese nei dipartimenti della Savoia, Alte Alpi, Basse Alpi e Alpi marittime. Negli 832 chilometri quadrati amministrati dall'Italia abitavano meno di 23.000 persone, la quasi totalità nella città di Mentone (Grillère 2010). I rapporti tra l'Italia e la Francia di Vichy furono gestiti da una Commissione Italiana d'Armistizio con la Francia, composta da militari e civili, con sede a Torino[60]. Benché circoscritta nello spazio, quest'occupazione fu considerata definitiva dall'Italia, come testimoniarono visite di alti rappresentanti del fascismo, incluso Mussolini, l'italianizzazione delle scuole,

---

[60] I francesi, non ritenendosi, probabilmente a ragione, sconfitti dall'Italia, esitarono a firmare l'armistizio; vi furono costretti dai tedeschi che ne fecero condizione necessaria per l'applicazione di quello di Rethondes tra Francia e Germania del 22 giugno 1940. Sulla Commissione cfr. Rainero (1995).

e della toponomastica, il trasferimento di licenze commerciali a cittadini italiani (Panicacci 2010; Grillère 2010). Questa «piccola occupazione» durò, come è noto, fino al novembre 1942 quando le truppe tedesche occuparono la Repubblica francese di Vichy, lasciando a quelle italiane di estendere il controllo sulla Provenza fino al Rodano e sulla Corsica.

La Banca d'Italia nominò il direttore della filiale di Torino quale proprio rappresentante nella Sottocommissione economica della Commissione d'Armistizio. I rapporti quotidiani con la Banque de France e con le autorità d'occupazione tedesche per le questioni monetarie e bancarie erano tenuti a Parigi da Pennacchio, che chiese e ottenne di rafforzare il proprio ufficio. Nella fase della «piccola occupazione», tuttavia, il territorio controllato dall'Italia era così minuscolo e contiguo a quello italiano da rendere poco importanti le questioni economiche. Le truppe portarono con sé lire italiane che per qualche mese circolarono insieme ai franchi. Si misero poi in circolazione, per le spese d'occupazione, «buoni cassa», stilati in franchi, in tagli minuti per facilitare i piccoli pagamenti, emessi da un'istituzione fittizia, dietro la quale stava la Banca d'Italia[61]. Nelle aree destinate a una permanente annessione all'Italia, si prevedeva una successiva conversione in lire dei buoni, insieme a quella dei franchi francesi, privati di valore legale[62].

L'occupazione e le prospettive di una guerra, che ancora si profilava come breve e vittoriosa, misero all'ordine del giorno la questione del futuro monetario dei territori che sarebbero stati occupati dall'Italia o sarebbero entrati nella sua sfera di influenza. A metà luglio 1940, Mussolini pensava che, in una pace che immaginava prossima, sarebbero toccate all'Italia la Corsica e Nizza, Malta, Tunisi e forse una parte dell'Algeria (i tedeschi per parte loro ritenevano di avere un'antica opzione sul Marocco), la Somalia francese e quella inglese. Il duce vedeva poi Egitto, Transgiordania, Siria, Palestina, Jugoslavia e Grecia come parti di una grande «area di influenza» italiana (De Felice 1990, p. 134)[63]. In questo quadro di am-

---

[61] Riunione del 28 luglio 1940 presso il ministero degli Esteri, ASBI, Direttorio Azzolini, prat. 17, fasc. 13, p. 55.
[62] Riunione del 30 luglio 1940 presso il ministero degli Esteri, ivi, p. 70.
[63] De Felice cita in proposito i *Taccuini* di Pirelli.

bizioni territoriali, si tennero varie riunioni interministeriali, a livello di direttori generali, per decidere il futuro monetario e bancario delle zone che si pensava sarebbero presto state amministrate dall'Italia. La Banca non era istituzionalmente invitata, ma Azzolini mandò un proprio dirigente (Mancini) quale osservatore che lo tenne informato tramite rapporti impietosi su una «discussione caotica» che rendeva «evidente la mancanza di idee precisamente definite [e il fatto che] a molti convenuti mancavano le conoscenze tecniche [mentre] la discussione si faceva sempre più vaga, perdendo di vista l'argomento principale»[64]. In questo clima, affioravano le due tendenze già viste nel caso dell'Etiopia e dell'Albania: l'immediata introduzione e diffusione della lira italiana oppure la stampigliatura di biglietti (o buoni cassa) in valuta francese da ritirare in un secondo momento. L'introduzione della lira era vista, soprattutto al ministero degli Affari Esteri, come politicamente indispensabile al prestigio dell'Italia[65], ma osteggiata sia da Thaon di Revel sia da Azzolini. Il mantenimento di valute locali, almeno come unità di conto di biglietti stampigliati emessi dalle forze d'occupazione, si basava su considerazioni giuridiche ed economiche. Le prime erano fondate sulla distinzione tra occupazione e annessione, quest'ultima non poteva che essere sancita da un trattato di pace, solo dopo il quale sarebbe stata possibile l'emissione di moneta a valore legale. Fino alla conclusione della guerra, ogni occupazione avrebbe dunque avuto necessariamente una natura giuridica provvisoria, tale da escludere il cambio forzoso della moneta locale in lire. Erano poi chiari al Tesoro e alla Banca d'Italia, ma non a molti dei partecipanti a quelle caotiche riunioni, i problemi economici che sarebbero nati con la diffusione della lira in assenza di un preciso controllo sulla sua trasferibilità all'estero come avveniva nel caso dell'Albania. Oltre al dilettantismo di molti partecipanti, queste riunioni documentano parte, marginale e po' trascurata, della ben nota questione

---

[64] Riunione del 17 settembre 1940 presso il ministero degli Esteri, ASBI, Direttorio Azzolini, prat. 17, fasc. 13, p. 9.
[65] In questo senso l'ambasciatore Luca Pietromarchi, capo dell'ufficio Guerra economica del ministero degli Esteri, scrisse ad Acanfora il 20 settembre 1940 perché ne parlasse con Azzolini (ivi, p. 22).

degli obiettivi bellici di Mussolini e di Ciano, spesso non coincidenti con quelli tedeschi. Si trattava, sostanzialmente, di sostituirsi alla Gran Bretagna come potenza egemone nel Mediterraneo. Un obiettivo che aveva quale corollario economico la creazione di un'«area della lira» che avrebbe sostituito quella della sterlina[66]. Questo modo di impostare la questione delle monete d'occupazione fu fortemente sostenuto dal ministro Riccardi. Era necessario, scrisse, «partire dal presupposto che la lira italiana deve diventare la moneta base per tutto il bacino del Mediterraneo, in sostituzione della sterlina, quale naturale conseguenza della futura sistemazione politica del bacino stesso». Le truppe d'occupazione avrebbero dunque dovuto usare provvisoriamente buoni «stilati in lire italiane per abituare le popolazioni interessate ad avere fiducia in tale moneta», convertendo al più presto gli stessi buoni nella moneta italiana[67].

Rientra in questo clima di grande ottimismo per l'andamento della guerra[68] un piano della Banca per l'apertura di dodici nuove filiali nei territori di prossima occupazione o di forte influenza italiana. In Tunisia era previsto l'insediamento della Banca in ben quattro città[69], due in Corsica, una sola in Francia (Nizza), Malta, Bosnia e Dalmazia. La rosea visione del futuro induceva la Banca perfino a mettere in programma l'apertura di una filiale a Gerusalemme e di una a Damasco[70].

La questione del tasso di cambio tra lira e franco, da applicare nella zona alpina occupata nel giugno 1940, fu ogget-

---

[66] Nell'autunno 1940, l'andamento favorevole delle operazioni in Libia, sembrava rendere urgente una decisione sulla valuta da adottare in Egitto tanto che, alle obiezioni circa la raffigurazione di una testa di David sui buoni stampati dal Poligrafico, quest'ultimo rispose che non c'era tempo per attuare cambiamenti.

[67] Riccardi a ministro delle Finanze, 2 ottobre 1940 (ASBI, Rapporti con l'estero, prat. 132, fasc. 2, sottofasc. 1, p. 23).

[68] Il 13 settembre Graziani aveva raggiunto il confine dell'Egitto. Dopo la controffensiva inglese che arrivò a occupare la Cirenaica, nell'aprile 1941 le truppe italo-tedesche tornarono sul confine egiziano.

[69] Tunisi, Biserta, Sfax e Sousse.

[70] Un promemoria interno della Banca del 14 aprile 1941 fa riferimento a un piano predisposto l'11 novembre 1940 nel quale si prospetta, tra l'altro, l'opportunità di assumere subito nuovo personale per queste filiali, da assegnare all'amministrazione centrale per opportuno addestramento (ASBI, Segretariato, prat. 485, fasc. 5, pp. 8 ss.).

to di un forte dissenso tra il ministro per gli Scambi e le Valute da una parte e la Banca e il ministero delle Finanze dall'altra. Riccardi sostenne, per ragioni politiche, un cambio unico della lira e del marco da applicarsi alla Francia libera e alle zone occupate dall'Italia e dalla Germania[71]. Quest'ultima, secondo il ministro per gli Scambi e le Valute, «aveva trattato con visione molto ampia il cambio in Austria, Sudeti, Boemia, Moravia, Polonia, [...] un atteggiamento diverso verso i nostri futuri concittadini sarebbe causa di un danno incalcolabile al prestigio del nostro paese»[72]. Suggeriva pertanto di sopravvalutare il franco cambiandolo con 38 centesimi di lira. Il Tesoro, sostenuto dalla Banca d'Italia, stabilì un cambio di 20 centesimi per franco sia per evitare una forte domanda aggiuntiva di lire, sia in previsione di una considerevole svalutazione della moneta francese causata da previste riparazioni di guerra[73].

Gli impegni della Banca in Francia divennero più coinvolgenti dopo il novembre 1942, con l'ampliamento dell'occupazione militare dell'area metropolitana francese e della Corsica. Il 30 gennaio di quell'anno era stata aperta una filiale a Mentone[74] la sola nella zona della «piccola occupazione». Dopo l'allargamento, una delle prime questioni all'ordine del giorno fu l'apertura di nuove filiali. La lontananza geografica rendeva urgente la presenza in Corsica, ad Aiaccio e Bastia. A favore di Nizza, la città di Garibaldi, militavano anche ragioni politiche. Si trattava comunque, in entrambi i casi, di territori che l'Italia considerava come definitivamente propri. Ai capi delle filiali in territorio francese, Azzolini diede istruzioni dettagliate raccomandando di tenere uno stile di vita «inappuntabile in ufficio e nella vita privata, di frequentare

---

[71] Riccardi ad Azzolini, 21 agosto 1940 (ASBI, Rapporti con l'estero, prat. 132, fasc. 2, sottofasc. 1, p. 12). Pochi giorni dopo (30 agosto), a testimonianza di rapporti difficili, Riccardi protestò vivamente con Thaon di Revel (per conoscenza ad Azzolini) per non essere stato invitato a una riunione in argomento.
[72] Riccardi a ministro delle Finanze (per conoscenza ad Azzolini), 30 ottobre 1940 (ivi, p. 17).
[73] Ministro delle Finanze a governatore della Banca d'Italia, 10 ottobre 1940 (ivi, p. 3).
[74] ASBI, Verbali del Consiglio superiore, 30 gennaio 1942.

solo posti decorosi», di «limitare il contatto con il pubblico ai soli rapporti di ufficio»[75].

I rapporti con la Banque de France e con gli esperti economici tedeschi a Parigi furono lasciati interamente a Pennacchio, delegato della Banca e dell'INCE, che chiese per questo un aumento del personale del suo ufficio. Il Comando supremo consentì a distaccarvi un paio di dipendenti della Banca arruolati nell'esercito. Più difficile fu trovare ispettori in grado di prendere possesso, «con l'appoggio dei regi carabinieri» delle Casse e delle filiali della Banque de France nelle zone d'occupazione e gli impiegati necessari a sostituire quelli francesi (la Banca aveva già distaccato, come vedremo subito, numerose persone nelle zone di occupazione dell'ex Regno di Jugoslavia)[76]. Pennacchio fu anche incaricato di stimare l'indennità che la Francia avrebbe dovuto versare all'Italia per le spese d'occupazione e di raccogliere il pagamento di una sanzione per una violazione delle clausole dell'armistizio[77]. Le varie trattative erano complicate dal fatto che i territori della «seconda occupazione» restavano formalmente sotto la giurisdizione francese in regime d'armistizio, nella cui commissione interagivano tedeschi, italiani e francesi con obiettivi di lungo andare e interessi immediati non coincidenti[78].

A chi chiedeva di aumentare la presenza in Francia delle banche italiane, Pennacchio rispondeva che molte di esse

---

[75] Azzolini ai capifiliali dei territori francesi annessi, s.d. (ma dicembre 1942), ASBI, Direttorio Azzolini, sottof. 1, sfondo 18, p. 126.

[76] Memorandum-Impossibilità della Banca d'Italia di fornire elementi non alle armi, 12 gennaio 1943, ASBI, Direttorio Introna, prat. 18, fasc. 1, sottofasc. 5, pp. 5-6.

[77] Pare fossero stati trovati 71 depositi clandestini di materiale bellico per i quali il governo francese era stato sanzionato al pagamento di 5 miliardi e 50 milioni di franchi per violazione delle clausole d'armistizio. Qualora i francesi si fossero rifiutati di pagare, la Banca d'Italia avrebbe dovuto «prendere materiale possesso dei biglietti e dei titoli esistenti presso la Banca di Francia nei 10 dipartimenti occupati» dall'Italia lasciando alla banca stessa di rivalersi sul proprio governo (Riunione della Commissione ispettiva centrale per l'applicazione di una sanzione pecuniaria alla Francia, 31 gennaio 1943, tenuta probabilmente a Parigi, ASBI, Segretariato, prat. 485, fasc. 5, p. 4).

[78] Riunione per i problemi relativi ai nuovi territori occupati tenuta al ministero degli Affari esteri il 16 novembre 1942 (ASBI, Direttorio Introna, prat. 18, fasc. 1, sottofasc. 5, pp. 20-21). Alla riunione partecipò come sempre Pennacchio in rappresentanza della Banca.

avevano già nei territori occupati affiliate o filiali e che queste bastavano, anche perché la Francia aveva un sistema bancario evoluto che continuava a funzionare per la popolazione. I militari italiani avrebbero dovuto servirsi delle «Casse militari» che garantivano un sistema di pagamenti da e per l'Italia.

2.3. *Balcani*

La presenza della Banca nei territori occupati dei Balcani e della Grecia trovò difficoltà assai maggiori di quelle incontrate in Francia, dove i rapporti sia con la popolazione, sia con l'alleato tedesco furono relativamente facili. In Francia, la resistenza si fece sentire anche nelle zone occupate dall'Italia, ma essa operò soprattutto nei territori sotto controllo tedesco. In quelli italiani, la popolazione non era certo amica degli occupanti ma sentiva, in qualche modo, una minore oppressione rispetto alle aree occupate dalla Germania, a cominciare dal diverso trattamento dei cittadini di religione ebraica, testimoniata da una loro migrazione nelle zone controllate dall'Italia. Quanto ai rapporti con il maggiore alleato, in Francia questi erano tenuti soprattutto a Parigi, mentre nei Balcani vi furono quotidiane e diffuse interferenze operative del maggiore alleato e la presenza della resistenza fu assai forte e diffusa, senza distinzione tra italiani e tedeschi. A essa le truppe italiane diedero sovente risposte brutali che le resero più invise alla popolazione di quanto fossero in Francia.

Gli ultimi mesi del 1940 segnarono la fine dell'illusione di Mussolini di poter condurre una «guerra parallela» rispetto al forte alleato tedesco. La disastrosa campagna di Grecia e la riconquista inglese della Cirenaica misero a nudo la debolezza militare dell'Italia, costretta da quel momento in poi ad accettare, anche sullo scacchiere mediterraneo, il supporto militare e l'influenza politica della Germania (De Felice 1990, tomo 1). In particolare, l'intervento della Wehrmacht in Jugoslavia, dopo la ritirata in Albania delle truppe italiane sconfitte dai greci, sancì la subordinazione di Mussolini alla politica di Berlino. Il 6 marzo 1941 truppe tedesche, italiane e ungheresi invasero il Regno di Jugoslavia. Per queste operazioni e la successiva occupazione, l'Italia schierò, con la Seconda Armata, truppe in numero assai maggiore che in qualsiasi altro teatro di guerra[79]. Nella successiva spartizione del territorio dell'ex Regno di Jugoslavia, furono assegnate all'Italia la parte sudoccidentale della Croazia, rinominata provincia di Lubiana, una porzione della Banovina di Croazia, annessa alla provincia di Fiume, e alcune aree del litorale che, con Zara già italiana, formarono il governatorato della Dalmazia. Nel complesso, nei territori acquisiti dall'Italia vivevano 709.000 persone[80]. Inoltre, le truppe italiane presidiarono due zone d'occupazione nello Stato indipendente di Croazia, proclamato il 10 aprile 1941, alleato delle potenze dell'Asse e governato dal dittatore Ante Pavelić[81].

Il 17 aprile 1941, la Jugoslavia firmò un atto di resa incondizionata. Già due giorni dopo, Azzolini annunciò, con inusuale entusiasmo, al Consiglio superiore l'intenzione della Banca di insediarsi «nelle terre che conobbero le glorie del Leone di San Marco», impegnandosi subito con il governo ad aprire uffici distaccati. Furono immediatamente mandati due ispettori (Rodolfo Cilento e Mario Buttiglione) che trovarono una situazione confusa, anche per la non chiara divisione delle responsabilità, inclusa quella non bene definita di un Ispettore del Partito Nazionale Fascista. Il problema più urgente che gli ispettori segnalarono fu quello del sistema dei pagamenti: era stato già annunciato il ritiro del dinaro, con l'introduzione della lira, senza però definire il cambio ufficiale. Ciò dava spazio alla speculazione di chi comprava dinari a basso

---

[79] L'Italia arrivò a impiegare nei Balcani, inclusa la Grecia, 650.000 uomini, su un totale di circa 850.000 mobilitati nel 1942 fuori dai confini nazionali.

[80] *Note riassuntive sulle banche dei territori dell'ex regno di Jugoslavia annesse all'Italia* di AS. Raitano e G. Renzetti, ottobre 1941, ASBI, Direttorio Introna, prot. 18, fasc. 1, sottofasc. 7. La stima di 709.714 abitanti si riferiva al censimento del 1931, ultimo disponibile.

[81] Lo Stato era formalmente una monarchia. Alla corona croata fu designato Aimone di Savoia-Aosta di Spoleto che rifiutò di partire per la Croazia scrivendo a Vittorio Emanuele III e Mussolini che si trattava di terre che non avrebbero mai potuto essere italianizzate e l'occupazione italiana era di ostacolo a qualsiasi riconciliazione con il popolo croato. Nel 1942, Aimone di Savoia avviò due iniziative di pace separata con gli alleati, una negli Stati Uniti, l'altra in Svizzera per «costituire in Sardegna un governo di tipo gollista» sotto la protezione degli alleati (De Felice 1990, tomo II, p. 1165).

prezzo, a danno soprattutto del segmento più povero della popolazione e degli enti di assistenza[82]. Il tasso di cambio fu definito solo all'inizio di giugno in 38 lire per 100 dinari[83]. L'incarico di provvedere alla conversione colse la Banca, come disse Azzolini, «con vasti vuoti nel suo personale» ai quali si aggiungeva «la scarsa conoscenza dei centri principali, delle condizioni, anche locali» e la scarsa familiarità con la lingua serbo-croata di quasi tutti i funzionari inviati sul luogo, tanto che il Governatore aveva «avuto perplessità circa lo svolgimento di questo compito che svolse poi con l'apertura di appositi uffici fissi e di sportelli volanti»[84].

La Banca aprì filiali a Lubiana, Sebenico, Spalato, Ragusa (Scatamacchia 2015, p. 512). A quest'ultima, assegnata poi alla Croazia, fu sostituita quella di Cattaro, allora un paesino di poco più di 5.000 abitanti, ma ritenuto strategico dal governo fascista. Fu poi aggiunta un'agenzia a Cettigne. La gestione logistica di una rete sparsa su un territorio tanto vasto presentò difficoltà inusuali, maggiori nel periodo invernale e crescenti con l'inasprirsi della lotta di resistenza. Le difficoltà di comunicazione rendevano difficile il regolare approvvigionamento di contante, soprattutto alle agenzie di Spalato, Cattaro e Cettigne. Fu necessario dotare queste ultime di fondi cassa molto più elevati del normale, che richiesero, tra l'altro, un rafforzamento delle sagrestie[85].

Gli italiani, militari e civili, inviati sul luogo impiegarono molto del proprio tempo e delle proprie capacità a gestire i «disfunzionali» rapporti con gli alleati tedeschi e, soprattutto, con le istituzioni dello Stato croato (Virtue 2011; De Felice 1990)[86]. I funzionari della Banca d'Italia furono in gran parte

---

[82] Cilento e Buttiglione ad Azzolini, 25 maggio 1941, ASBI, Direttorio Introna, prat. 19, fasc. 1, sottofasc. 1, p. 53. Gli ispettori fecero presente ad Azzolini come fosse urgente che la filiale di Zara (già italiana) accettasse di convertire a cambio non speculativo piccole quantità di dinari, per gli acquisti quotidiani delle famiglie meno agiate.

[83] R.D. 2 giugno 1041, n. 492 e R.D. 11 giugno 1941, n. 493.

[84] ASBI, Verbali del Consiglio superiore, 30 settembre 1941, p. 175.

[85] ASBI, Verbali del Consiglio superiore, 29 agosto 1942, pp. 174-175.

[86] Secondo Virtue (2011, p. 31) «La Seconda armata fu obbligata a operare in un quadro stabilito dalla conquista tedesca dei Balcani, riuscì però a mantenere una certa distanza dai tedeschi nel tentativo di delimitare le rispettive sfere di influenza. Per questo motivo, le relazioni quotidiane con l'alleato tedesco prima

selezionati tra quelli che avevano già avuto esperienze di filiali estere, soprattutto africane. Alcuni di essi furono scelti anche per il loro bilinguismo, ma si trattò di una esigua minoranza, gli altri dovettero servirsi di interpreti. Il reclutamento di personale locale per il servizio di sportello non fu facile, soprattutto a mano a mano che crescevano diffidenze e ostilità nei confronti degli occupanti. Nel complesso, tuttavia, la Banca, con la propria organizzazione, si rivelò come la struttura civile italiana meglio attrezzata a contenere, sul piano economico e finanziario, le pressioni egemoniche tedesche.

Si pose immediatamente il delicato problema dell'insediamento di banche italiane nelle zone annesse. Prima di convocare i principali banchieri, Azzolini riunì la Confederazione Fascista delle Aziende di Credito e il Sindacato Fascista dei Lavoratori del Credito allo scopo di ottenere le necessarie «istruzioni». Queste arrivarono però solo in termini generici: «qualcosa bisogna aprire», «è necessario evitare che gli imprenditori italiani si rivolgano a banche straniere»[87]. Una successiva riunione dei principali banchieri, convocata da Azzolini per «uno scambio di idee con spirito cooperativo per evitare un'insana competizione», fu aperta dal Governatore riconoscendo candidamente che era «difficile un accordo tra i presenti». Espresse poi la propria convinzione, che rifletteva con ogni probabilità quella del governo, che la Banca Nazionale del Lavoro, per le sue origini e per la sua vicinanza alle organizzazioni corporative fasciste, fosse la più idonea ad aprire filiali nei nuovi territori, opinione subito condivisa da Osio, amministratore delegato della stessa Banca Nazionale del Lavoro, che enfatizzò il carattere corporativo del proprio istituto e i servizi svolti a favore delle organizzazioni sindacali. Ciascuno degli altri partecipanti portò acqua al proprio

---

del 1943 non furono complessivamente cattive. Furono invece assai peggiori con i croati che fecero di tutto per svolgere una politica autonoma, chiaramente in contrasto con quella italiana». Ciò dipese, tra l'altro, dal fatto che, contrariamente agli italiani, i tedeschi non avevano preteso per sé porzioni dei territori dell'ex regno di Jugoslavia, generando un minore risentimento della popolazione e delle autorità (ivi, p. 8).

[87] Resoconto della riunione del 12 maggio 1941, ASBI, Azzolini, Introna, prat. 19, fasc. 1, sottofasc. 1, pp. 50-51.

mulino. Veroi, amministratore delegato del Banco di Roma, candidandosi quale banca d'interesse nazionale, disse senza mezzi termini che le banche esistenti nei territori occupati avrebbero dovuto «sparire» per fare posto a quelle italiane. Azzolini replicò sottolineando la delicatezza del processo di subentro delle banche italiane, rimarcando la necessità di evitare la scomparsa per mancanza di accesso al credito di piccole imprese locali[88].

Le decisioni da prendere circa l'insediamento di banche italiane nella nuova provincia di Lubiana e nel governatorato della Dalmazia misero in luce quanto poche fossero le conoscenze esistenti in Italia sull'economia dei territori acquisiti. La Banca d'Italia inviò subito propri funzionari a studiare l'economia delle zone annesse e delle loro strutture bancarie. In poco tempo, quattro persone produssero un rapporto di oltre 200 pagine dattiloscritte che descrive in dettaglio il sistema produttivo, dei trasporti e finanziario, prima di valutare singolarmente le banche con sedi o sportelli nella zona[89]. Lo studio, forse tuttora utile agli storici economici della Jugoslavia, interessa ai nostri fini soprattutto come testimonianza della qualità tecnica del personale della Banca d'Italia che, probabilmente, non aveva uguali in altre amministrazioni pubbliche. Nelle aree di pertinenza dell'Italia, esistevano, secondo gli autori, tre banche commerciali con buone prospettive e due che non sarebbe stato opportuno tenere in vita. Le banche italiane, che pure avevano fatto pressioni per essere autorizzate ad aprire sportelli, mostrarono però cautela nel valutare le opzioni, puntando soprattutto all'assorbimento di banche locali. D'altronde, un rapporto di due ispettori avvertiva che il sistema bancario locale, già ipertrofico prima della guerra, operava nel 1941 in un quadro molto deteriorato, non solo per la riduzione delle attività produttive e per il distacco della zona italiana dalla più ricca Croazia, ma anche per l'«incognita sulla solvibilità dei clienti [delle banche] dovuta al disfacimento dell'ex Regno

---

[88] Resoconto della riunione del 13 maggio 1941, ivi, pp. 44-45.
[89] Il rapporto, intitolato solo *Prospettive economiche. Memoria per Azzolini*, è senza data, ma non posteriore all'ottobre 1941, è chiuso da 4 firme autografe della quali una sola (probabilmente) leggibile, quella di Emilio de Stephanis. ASBI, Direttorio Introna, prat. 18, fasc. 1, sottofasc. 7, pp. 31-277.

di Jugoslavia»[90]. La raccomandazione dei due ispettori era di «eliminare gli istituti che non rispondessero a esigenze locali o interessi nazionali, anche per favorire la graduale penetrazione delle banche italiane»[91]. La Banca d'Italia ribadì la propria «contrarietà all'insediamento immediato di banche commerciali italiane per ragioni politiche e di buon senso e l'invito a attendere una selezione fisiologica» (Scatamacchia 2015, p. 515). Ma le pressioni furono evidentemente forti: alla fine, l'ispettorato e il ministero autorizzarono 6 banche italiane ad aprire un totale di 18 dipendenze nelle nuove province. Fu anche promossa la creazione di una Cassa di Risparmio delle Province Dalmate, controllata da cittadini italiani[92].

L'attività della Banca continuò a risentire del permanente stato d'allarme, di sabotaggi, colpi di mano della resistenza. Particolarmente difficile fu la situazione nel neonato Regno del Montenegro, del quale l'Italia assunse il «protettorato» (12 luglio 1941), dove la popolazione insorse, infliggendo gravi perdite all'esercito italiano che dovette inviare nuove truppe che reagirono con bombardamenti, rastrellamenti e crudeli rappresaglie. In questo quadro, osserva Scatamacchia (ivi, p. 517), gli uomini della Banca dovettero mettere in gioco «competenza, esperienza, duttilità [agendo] in un quadro complesso, spesso trasceso in contrapposizione, con croati, tedeschi e con le stesse forze politiche e militari italiane».

In questo quadro, non fu facile in alcuni casi trovare personalità locali idonee e disposte a fungere da consultori delle filiali di Lubiana e Cattaro. Malgrado ciò, la Banca riuscì a formare e assumere un centinaio di impiegati autoctoni, indispensabili per la mediazione linguistica e sociale. Filiali e agenzie soffrirono per il problema, che abbiamo visto crescere in Italia, del mancato rientro nelle casse dell'istituto e degli enti pubblici delle banconote che pure venivano mandate con abbondanza. Per cercare di ovviare alla situazione, la Banca fu autorizzata dal ministero a creare, in deroga alla legge

---

[90] *Note riassuntive sulle banche dei territori dell'ex regno di Jugoslavia annesse all'Italia*, di A.S. Raitano e G. Renzetti, ottobre 1941, ivi, p. 22.
[91] Ivi, p. 28.
[92] Banca d'Italia, *Assemblea generale ordinaria dei partecipanti*, 30 marzo 1942, p. 95.

bancaria, un servizio per la raccolta di depositi a risparmio, remunerati al 2,5%.

Dopo il 25 luglio, con la fuga precipitosa delle autorità civili e militari «con le quali gli uomini della Banca d'Italia dovevano coordinarsi», questi ultimi si trovarono soli, privi di ogni referente. In alcuni casi furono semplicemente rimossi dalle cariche occupate, in altri fatti prigionieri, nella maggior parte costretti a viaggi di fortuna abbandonando «abitazioni, arredi, denaro, oggetti», nessuno per fortuna perse la vita (ivi, p. 522).

2.4. *Grecia*

L'occupazione della Grecia da parte dell'Asse (Germania, Italia, Bulgaria), tra il 1941 e il 1944, causò una delle grandi tragedie umanitarie della Seconda guerra mondiale[93]. Su una popolazione di 7,3 milioni, i morti per cause belliche furono 415.000, pari a quelli italiani su una popolazione sei volte maggiore e in un arco di tempo più lungo. Almeno 260.000 di queste sfortunate persone morirono di stenti e di fame in una vera e propria carestia. Tra il 1940 e il 1944, la produzione industriale si ridusse del 70%, quella agricola dell'82% (Psalidopulos 2019, p. 131).

Le avanguardie tedesche entrarono ad Atene il 27 aprile 1941. Tre giorni prima, re Giorgio II[94], il primo ministro Tsouderos e il governatore della Banca di Grecia Varvaressos si erano trasferiti a Creta per andare poi ad Alessandria d'Egitto, portando con sé la riserva aurea. Il Governatore e il suo vice Mantzavinos, dopo varie vicende, sulle quali non è possibile soffermarsi qui, si stabilirono a Londra, come legittimi rappresentanti della Banca di Grecia (ivi, p. 135). Nell'occupazione della Grecia continentale, la parte maggiore

---

[93] Quando non diversamente indicato, le vicende politiche e sociali alle quali brevemente accenno sono liberamente tratte da Mazower (2001); sull'occupazione italiana della Grecia, meno trattata da Mazower di quella tedesca, cfr. Fonzi (2019).

[94] 1890-1947. Figlio di Costantino I e di Sofia di Prussia, re di Grecia dal 27 settembre 1922 al 25 marzo 1924 e poi dal 25 novembre 1935 al 1° aprile 1947. Cfr. «George II, King of Greece», Encyclopedia Britannica (disponibile in https://www.britannica.com/biography/George-II-king-of-Greece).

toccò all'Italia. La Bulgaria occupò l'area nordorientale. La Germania tenne per sé il controllo di Atene, benché formalmente insieme all'Italia, Tessalonica e la Macedonia centrale, oltre ad alcune isole strategiche, inclusa la parte occidentale di Creta. L'Italia ottenne anche le cosiddette «isole Jonie»[95], sulle quali aveva da tempo ambizioni di annessione, peraltro non condivise dalla Germania. Le potenze occupanti abolirono la monarchia, creando uno Stato ellenico, a capo del quale misero il generale George Tsolakoglu, controllato da plenipotenziari tedeschi e italiani[96].

Alla fine di giugno arrivò ad Atene Vittorio Forte, inviato da Azzolini come rappresentante della Banca. Lo abbiamo già incontrato in Etiopia ed era rientrato a Roma qualche mese prima dall'America Latina. Forte fu subito impressionato dall'incombente presenza dei militari tedeschi nella capitale; solo per un caso fortuito sfuggì alla dogana gestita dai tedeschi un plico riservato del Tesoro che Forte era incaricato di consegnare all'ambasciata. Il suo stesso albergo era requisito dagli alleati[97]. Questi dettagli di per sé irrilevanti sono la spia di una situazione destinata a durare per tutto il periodo del co-dominio italo-tedesco. Nonostante il formale passaggio del potere civile e militare in mani italiane, il controllo della Grecia restò di fatto prevalentemente in mani tedesche, che se ne giovarono anche sul piano economico, inviando in Germania «qualunque bene trovassero nei magazzini, [...] acquistando imprese greche, comprando e requisendo ogni quantità di pirite, minerali di ferro, nickel, manganese e granito che potesse essere prodotta». Gli italiani ottennero qualche vantaggio dopo la primavera del 1942, senza tuttavia riuscire a invertire il flusso commerciale verso la Germania[98].

---

[95] Le sette principali erano Corfù, Paxos, Leucade, Itaca, Cefalonia, Zante e Cerigo.
[96] Tsolakoglu restò in carica fino al 2 dicembre 1942 quando fu sostituito dal medico Kostantinos Logothelopoulos, a sua volta rimpiazzato il 7 aprile 1943 dall'esperto politico Ioannis Rallis.
[97] Forte ad Azzolini, 22 giugno 1941, ASBI, Rapporti con l'estero, prat. 132, fasc. 1, p. 22.
[98] Prima dell'occupazione il governo tedesco aveva chiesto e ottenuto dall'Istituto per l'Economia Mondiale di Kiel ben sei studi sulle risorse naturali e i settori industriali della Grecia (Psalidopulos 2019, p. 132).

Nel complesso [degli anni di occupazione], «il 76% delle esportazioni greche fu indirizzato in Germania e solo il 17% in Italia» (ivi, p. 132).

Contrariamente a quanto era avvenuto nelle colonie e nelle altre zone di occupazione in Europa, non si pose mai per la Grecia la questione se aprire *in loco* filiali della Banca d'Italia, né sorse il problema dell'introduzione della lira, tranne, come vedremo, nelle isole ioniche. Malgrado l'autoesilio dei suoi vertici, la struttura e l'operatività della Banca di Grecia erano rimaste intatte. Si trattò però di trovare il modo migliore per controllarla. Nel corso del primo sfortunato tentativo di conquista tutta italiana della Grecia, era stato deciso che l'istituto di emissione ellenico avrebbe fatto capo a un controllore generale designato dalla Banca d'Italia[99]. Dopo l'occupazione, si riconsiderò l'opzione di assumere direttamente il controllo della banca centrale greca[100], ma l'opportunità politica di mantenere il simulacro di uno Stato autonomo[101], seppure non indipendente, consigliò di seguire le procedure statutarie, facendo nominare dal Consiglio Generale della Banca di Grecia il cittadino greco Santis quale governatore (ivi, p. 141)[102]. Italia e Germania nominarono però Forte e Hahn (della Reichsbank) quali controllori della banca centrale ellenica, con ampi poteri di ispezione, presenza negli organi deliberativi e annullamento di eventuali decisioni sgradite. L'istituto di emissione fu tenuto a fornire al Tesoro qualunque anticipazione in contanti venisse da questo richiesta. A sua volta, il Tesoro dovette soddisfare tutte le domande di dracme avanzate dalle potenze occupanti.

Durante la prima campagna di Grecia, erano stati preparati buoni di cassa denominati in dracme per gli acquisti *in loco* delle truppe e il pagamento del personale civile locale.

---

[99] Grassi (direttore generale del Tesoro) ad Azzolini, 23 ottobre 1940, ASBI, Rapporti con l'estero, prat. 132, fasc. 1, pp. 2-3.

[100] Forte ad Azzolini, 23 giugno 1941, ivi, p. 89.

[101] Il rappresentante della Reichsbank, Hahn, fu il più contrario all'assunzione da parte degli occupanti di un controllo diretto della banca centrale (Forte ad Azzolini, 27 aprile 1941, ASBI, Direttorio Introna, prat. 19, fasc. 2, sottofasc. 2, p. 73).

[102] Santis fu sostituito il 20 gennaio 1943 da Htzikyriakos. A sua volta rimpiazzato il 19 aprile da Tourkovassilis.

Altrettanto fecero le altre due potenze occupanti. Quando, il 18 luglio 1941, la dracma fu dichiarata unica moneta a valore legale, la banca di emissione fu incaricata di convertire tutti buoni di cassa in dracme, generando un primo forte aumento della circolazione[103]. L'abbondante offerta di moneta in un'economia che produceva quantità sempre minori di beni innescò subito una spirale fortemente inflazionistica.

Il problema dell'inflazione greca preoccupò i paesi occupanti e fu oggetto di discussioni che coinvolsero rappresentanti della Banca d'Italia, in un Comitato italo-tedesco che Mussolini chiese a Volpi di presiedere[104]. Forte e Pennacchio parteciparono attivamente alle riunioni, a Roma presso il ministero degli Esteri, alle quali la Germania era rappresentata dal responsabile del dipartimento del Commercio estero Clodius. Riconosciuto, come disse Volpi, che il problema alimentare e quello dell'inflazione erano la stessa cosa, le soluzioni possibili, messe ripetutamente sul tavolo in successive riunioni erano: *a)* la riduzione delle spese di occupazione, *b)* ricreare fiducia nella dracma tramite una misura psicologica come un prestito, *c)* accrescere i rifornimenti di prodotti alimentari al Paese occupato. Un aumento della pressione fiscale e un prestito forzoso erano esclusi da tutti, per evidenti motivi sociali. Clodius fu sempre scettico sulla possibilità di contenere l'inflazione; ricordando quella tedesca dei primi anni Venti, riteneva che ciò potesse essere fatto solo con un cambio di moneta una volta tornata la pace. D'altronde, secondo il rappresentante tedesco, la riduzione delle guarnigioni dell'Asse era fuori discussione, mentre né la Germania né l'Italia disponevano di risorse per migliorare le condizioni alimentari della Grecia. La delegazione italiana tenne un atteggiamento più propositivo, al quale non era estranea una insofferenza per la coabitazione in Grecia

---

[103] Il 5 agosto 1941, un accordo tra i governi tedesco e italiano firmato a Roma dal responsabile del Commercio estero del *Reich* Clodius e dal plenipotenziario Giannini stabilì di: *a)* sospendere subito la spesa dei buoni d'occupazione in marchi e lire, *b)* lasciare a carico del governo greco il costo della conversione in dracme di quelli in circolazione, *c)* chiedere mensilmente allo stesso governo una somma in dracme per le spese d'occupazione (ASBI, Direttorio Introna, prat. 19, fasc. 2, sottofasc. 2, p. 20).

[104] Quanto segue è la sintesi dei rendiconti di riunioni tenute a Roma il 24 ottobre 1941, il 20 e il 22 gennaio 1942 (ivi, pp. 20-25).

11 – La Banca nella guerra totale

con la Germania[105], fino a proporre che parte delle spese di occupazione potesse essere sostenuta dalle potenze occupanti invece che dallo Stato ellenico. Volpi insistette sulla necessità di abbassare i costi dei trasporti, che incidevano fortemente su quelli dei prodotti alimentari, riattivando almeno parte del sistema ferroviario danneggiato dalle operazioni belliche. Quanto all'emissione di un debito da parte del governo ellenico, era convinzione generale che si sarebbe trattato, nel migliori dei casi, di un effimero palliativo a meno che, come propose provocatoriamente Forte, esso non fosse garantito da titoli tedeschi, preferibilmente azionari. Il commissario italiano presso la banca centrale greca aggiunse che il suo collega tedesco aveva avanzato proposta analoga. Solo dopo che un'operazione del genere fosse stata portata a termine si sarebbero potuti mettere in atto «provvedimenti per fare rientrare nelle casse dello Stato le dracme in circolazione»[106], attivando un «circuito dei capitali». La proposta fu, inutile dirlo, cassata. Al contrario, un trattato trilaterale del gennaio 1942 costrinse lo Stato ellenico a fornire un prestito alle due potenze occupanti, mai ripagato e oggetto nel dopoguerra di una lunghissima rivendicazione della Grecia verso la Germania (ivi, pp. 133-135).

Un altro motivo di tensione tra la Germania e l'Italia fu creato dalla questione bancaria. I tedeschi informarono gli

---

[105] L'atteggiamento emerse soprattutto nelle riunioni preparatorie della delegazione italiana in vista degli incontri con la controparte tedesca. Per esempio, Chigi, direttore generale del ministero degli Esteri, tracciò l'agenda di una strategia italiana assai rivendicativa, a cominciare dalla necessità di «porre termine al sistema di mezzadria» nell'amministrazione della Grecia. Bisognava, comunque, fare funzionare la ferrovia del Nord, assumere il controllo del Pireo, rivedere i trattati tra Italia e Grecia, fare in modo che i contributi alimentari della Bulgaria non si fermassero a Salonicco, limitare le esportazioni tedesche dalla Grecia, fare in modo che i tedeschi inviassero quantità di cereali almeno pari a quelle mandate dall'Italia. Bisognava, nel complesso, «dare al paese la sensazione che gli occupanti non intendano pesare eccessivamente su di esso. Noi l'abbiamo fatto, devono farlo anche i tedeschi». Queste considerazioni emersero però solo in piccola parte e con toni accomodanti nella successiva riunione con l'alleato (Riunione preparatoria dei rappresentanti della delegazione italiana, 19 gennaio 1941, ASBI, Direttorio Introna, prat. 19, fasc. 2, sottofasc. 2, pp. 16-19).

[106] Appunto per il ministro plenipotenziario sulla situazione monetaria e finanziaria in Grecia, di Vittorio Forte, 10 gennaio 1942, ivi, pp. 20-25.

alleati che erano iniziate collaborazioni tra la Deutsche Bank e la Banca Nazionale di Grecia (un istituto privato da non confondere con la Banca di Grecia) e tra la Dresdner Bank e la Banca d'Atene. Si trattava di rapporti proiettati al futuro che gli italiani erano avvertiti di non ostacolare. Fu inutile l'obiezione che le due banche, soprattutto la Nazionale Greca, avevano in portafoglio consistenti partecipazioni nelle principali imprese greche e che in tal modo l'Italia sarebbe stata esclusa in futuro da gran parte dell'economia del Paese[107]. Quanto all'ormai usuale richiesta di apertura di filiali in Grecia da parte di istituti di credito italiani, la contrarietà della Banca d'Italia non riuscì a impedire che un funzionario del Banco di Roma si recasse ad Atene per organizzare una filiale. Forte cercò inutilmente di dissuadere Guarneri, divenuto presidente del Banco, e l'amministratore delegato Veroi dal mettere in atto il progetto. L'ex ministro per gli Scambi e Valute parve acconsentire «purché fossero tenuti fuori anche gli altri», ma Veroi non si lasciò smuovere dal proposito: «i buoni affari – disse – si fanno proprio in periodo di crisi»[108].

Ho già ricordato che l'occupazione italiana delle Isole Ionie, affacciate lungo la costa occidentale della Grecia, aveva l'obiettivo di una permanente annessione. La questione monetaria assunse, pertanto, un forte significato simbolico e quindi politico, che la propaganda collegò al vincolo che per secoli aveva unito le isole con la Repubblica di Venezia. Il ministero degli Esteri, che considerava le isole già come permanentemente acquisite dall'Italia, chiese l'immediata emissione di una dracma ionica, diversa da quella greca, e ancorata alla lira. Il Tesoro, più cauto, non voleva compromettere la sistemazione futura con affrettate decisioni monetarie mentre, sul piano economico, non intendeva impegnarsi per un tasso di cambio fisso né con la lira, né con la dracma[109]. Le autorità tedesche, fortemente contrarie a fatti compiuti che pregiudicassero i negoziati per un futuro trattato di pace, bloccarono per quasi un anno il varo della dracma ionica, cedendo solo

[107] Conversazioni italo-tedesche per la Grecia, Roma, 5 febbraio 1942, ivi, pp. 8-9.
[108] Forte ad Azzolini, 23 dicembre 1941, ivi, p. 51.
[109] Riunione presso il ministero degli Esteri del 19 maggio 1942, ivi, pp. 3-4.

dopo un intervento diretto di Mussolini presso Hitler, a condizione che si trattasse solo di banconote di piccolo taglio. Il Tesoro acconsentì purché non vi fosse un ancoraggio alla dracma greca e non si autorizzasse una «presenza ufficiale» sulle isole della Banca Nazionale del Lavoro e del Banco di Napoli[110]. È superfluo dire che questa decisione politica creò non poche complicazioni economiche. Alla fine di aprile 1942 furono stampati e messi in circolazione biglietti bilingue «a corso legale per le isole Jonie». Un apposito istituto, la Cassa Speciale per le Isole Jonie, fu incaricato del cambio delle dracme. La circolazione, in territori a poche miglia marine di distanza l'uno dall'altro e uniti da forti vincoli commerciali, di due monete diverse, una delle quali si voleva più stabile dell'altra, obbligò a creare un *clearing* per regolare gli scambi e controllare il contrabbando nella fase di cambio della dracma greca in quella ionica. Fu necessario impedire al governatore Piero Parini di affidare ufficialmente la gestione del cambio tra le due monete a cambiavalute di sua scelta, ma fu impossibile impedire l'esercizio privato più o meno clandestino del lucroso lavoro di cambio tra una valuta in rapida svalutazione e una più stabile.

3. *Disfatta*

Il 9 febbraio 1943, il duce chiese le dimissioni a Paolo Thaon di Revel, il ministro delle Finanze più a lungo in carica nei governi presieduti da Mussolini. Fu sostituito dall'abruzzese Giacomo Acerbo, il cui nome era legato alla riforma elettorale maggioritaria che aveva avviato alla conclusione la «fase legalitaria» del regime fascista (legge 18 novembre 1923, n. 2444). Ministro dell'Agricoltura dal 1929 al 1935, al momento della nomina alle Finanze, Acerbo era preside della facoltà di Economia e commercio dell'Università di Roma (Parisella 1988)[111].

---

[110] Per questo motivo, le banconote emesse furono firmate da Sansoni, un funzionario del Tesoro (cfr. il sito numismatico disponibile in https://antoniovesp.wordpress.com/2012/05/17/occupazione-italiana-della-grecia-le-banconote-delle-isole-jonie/).
[111] Loreto Aprutino (Teramo) 1888-Roma 1969. Combattente, più volte de-

Quattro giorni prima, l'Armata rossa, vinta l'ultima resistenza nemica nella zona settentrionale di Stalingrado, aveva ottenuto la capitolazione delle poche truppe tedesche che ancora resistevano, dopo la resa del maresciallo Paulus il 31 gennaio. La vittoria sovietica segnò, come è noto, il punto di svolta della guerra, benché alla sua conclusione mancassero ancora più di due anni. Il 26 gennaio, gli alpini della Tridentina erano riusciti ad aprirsi un varco per la ritirata e la lunga marcia verso l'Italia, mentre le altre divisioni italiane furono costrette alla resa. Intanto, persa la Libia in novembre, il numeroso contingente italiano nei Balcani e in Grecia era messo in crescente difficoltà dalla guerra partigiana e dalle tensioni con gli alleati tedeschi e croati.

In Italia, alle notizie delle disfatte militari, accompagnate da un forte aumento delle perdite civili[112], si aggiungevano le difficoltà economiche della popolazione. Le produzioni industriali e agricole erano in rapida diminuzione, mentre crescevano i prezzi e fioriva il mercato nero[113]. Nella primavera vi furono, per la prima volta, diffusi e ripetuti scioperi negli stabilimenti industriali di Torino e Milano. Si diffondeva la sfiducia.

In questo quadro, la vita istituzionale si svolgeva in un

corato. Squadrista, deputato fascista dal 1921, nel 1922 accompagnò Mussolini dal re quando ottenne l'incarico di formare il ministero. Sottosegretario alla presidenza del Consiglio fino al 1926. Da ministro dell'Agricoltura ebbe come sottosegretario Arrigo Serpieri, teorizzatore e realizzatore della politica della bonifica integrale. Lasciato il ministero fu presidente dell'Istituto Internazionale di Agricoltura. Fu ministro delle Finanze solo per poco più di 6 mesi. Il 25 luglio 1943 votò l'ordine del giorno Grandi. Dopo l'8 settembre, condannato a morte in contumacia, si nascose in Abruzzo fino alla Liberazione. Catturato, nel gennaio 1945 fu condannato a 48 anni di reclusione, sentenza poi annullata dalla Cassazione nel 1947. Nel 1951 fu riammesso all'insegnamento universitario (Parisella 1988).

[112] I morti civili e militari per motivi bellici superarono, nel 1943, del 120% quelli dell'anno prima (Zamagni 1998, p. 213).

[113] Celestino Arena, dall'osservatorio dell'Istituto Nazionale di Finanza Corporativa, descriveva così la situazione: «Aumentano solo parzialmente i prezzi vincolati, ma molto di più – quanto maggiore è tale vincolo – crescono i prezzi non vincolati, e in misura molto superiore ai costi, dando luogo a guadagni illegali e non meritati. Oggi quasi tutti i prodotti sono venduti a prezzi superiori a quelli consentiti o giusti. Si ha un doppio livello dei prezzi: quello ufficiale e quello effettivo, molto superiore all'altro» (*I pericoli di inflazione aumentano col protrarsi della guerra*, marzo 1943, in Caracciolo 1992, p. 253, doc. 25).

clima di apparente normalità. All'inizio di marzo, Azzolini andò a Budapest in visita al collega ungherese. Il 30 si svolse regolarmente l'Assemblea dei «camerati» partecipanti[114]. La relazione, necessariamente fiduciosa nella forma, non poté evitare accenni alla criticità del momento. Se, nel 1941, il Governatore aveva aperto evocando la «grande ora che volge per il paese», due anni dopo parlò di «aspra lotta che la nostra nazione e i suoi alleati conducono in difesa del continente europeo contro l'imperialismo angloamericano e quello russo». Riconobbe la «scarsità di numerosi prodotti», la «forte pressione all'aumento dei prezzi», la «sensibile diminuzione della produzione industriale». Concluse dicendo che la Banca subordinava ogni propria attività «al soddisfacimento delle esigenze della nazione in guerra [...] per la conservazione della sua indipendenza».

Il sistema bancario era stretto nella contraddizione di una caduta dei depositi accompagnata da un'abbondante liquidità dovuta alla riduzione degli impieghi. Ad Azzolini, che gli aveva chiesto se fosse opportuno autorizzare l'aumento del capitale di una banca, Acerbo rispose affermativamente perché la situazione consentiva di rafforzare la banca senza che questa si privasse della liquidità necessaria all'acquisto dei titoli di Stato, quasi il solo impiego ancora possibile[115].

La guerra colpì direttamente anche la Banca. In aprile furono deliberate «agevolazioni» per il personale che prestava servizio nelle città bombardate e fu disposto l'«arretramento» in zone più sicure delle filiali di Cagliari e La Spezia[116].

Nel mese di maggio, scomparve anche la parvenza di normalità. Un dipendente di Civitavecchia fu ucciso sul posto di lavoro, in molte città furono danneggiate le sedi di filiali e agenzie[117]. Per allentare la tensione furono aumentati gli

---

[114] Fino al 1939, il Governatore si era rivolto ai partecipanti chiamandoli «Signori», dal 1940 passò a «Camerati». Cambiò anche, in ossequio a una precisa circolare, il modo di rivolgersi a Mussolini nella corrispondenza, da «Eccellenza» a «Duce».
[115] Acerbo ad Azzolini, 17 aprile 1943, ASBI, Direttorio Azzolini, prat. 10, fasc. 2, p. 79.
[116] ASBI, Verbali del Consiglio superiore, seduta del 19 aprile 1943, pp. 116 e 120.
[117] Si tratta di Trapani, Marsala, Civitavecchia, Palermo, Cagliari, La Spezia

stipendi e le pensioni, revocati i provvedimenti disciplinari, concesse indennità e facilitazioni nei passaggi in ruolo per i dipendenti in servizio «in località oggetto di offese nemiche»[118]. All'inizio di giugno, l'amministrazione centrale della Banca si arrese all'evidenza che non solo si sarebbero dovute abbandonare le filiali dalmate, ma che bisognava anche prepararsi all'emergenza per quelle della Sicilia e della Sardegna. Acerbo autorizzò Azzolini a procedere «all'abbruciamento e alla distruzione dei valori metallici e cartacei» di proprietà del Tesoro custoditi in quelle filiali[119]. Azzolini diede alle banche disposizioni di «non vendere per alcun motivo» i titoli nel proprio portafoglio e di dissuadere i clienti dal farlo, consentendo, in casi di assoluta necessità, solo piccole quantità che le banche avrebbero dovuto assorbire esse stesse.

In febbraio il direttore generale del Tesoro aveva sconsigliato nuove emissioni di titoli poliennali perché la popolazione mostrava una crescente propensione alla tesaurizzazione, ritenendo preferibili forme di indebitamento a breve. Già l'emissione precedente aveva avuto scarso successo, tanto da richiedere l'esborso di 2 miliardi da parte del Tesoro per sostenerne i corsi, peraltro senza risultati apprezzabili[120]. Malgrado ciò in giugno fu aperta la quinta sottoscrizione di buoni poliennali dall'inizio della guerra[121]. Diede risultati deludenti e fu l'ultima fino al prestito Soleri della primavera del 1945.

All'inizio di giugno le previsioni di un imminente collasso politico e militare erano largamente diffuse. Azzolini informò il ministro delle Finanze che una personalità dell'ambiente bancario gli aveva confidato che il Comando Supremo avrebbe chiesto di trasferirsi a Verona, «perché gli alleati hanno come obiettivo di dividere il paese». Se così fosse, aggiunse il Governatore, bisognerebbe trasferire al Nord l'oro, l'Ispettorato

---

e Messina (ASBI, Verbali del Consiglio superiore, seduta del 28 maggio 1943, p. 151).

[118] Ivi, p. 150.
[119] Acerbo ad Azzolini, 2 giugno 1943, ASBI, Direttorio Azzolini, prat. 10, fasc. 2, p. 61.
[120] Direzione generale del Tesoro, «Relazione all'Ecc. Ministro», 20 febbraio 1943, ASBI, Direttorio Azzolini, prat. 11, fasc. 1, p. 93.
[121] La sottoscrizione dei 5 miliardi del prestito, come gli altri garantito da un consorzio guidato dalla Banca d'Italia, ebbe luogo tra il 7 e il 21 giugno.

e l'amministrazione centrale della Banca e assumere le misure necessarie ad assicurare «la continuazione di un indirizzo centrale per i settori finanziari e creditizi»[122]. Acerbo rispose che di fronte a «previsioni di così vasto disastro» era impossibile preparare «sin d'ora una soluzione di ordine generale, senza dire che qualunque tentativo di determinarla provocherebbe non solo un generale panico ma l'arresto assoluto di tutta la vita economica del paese». Aggiunse che non restava che affidarsi all'iniziativa dei singoli direttori delle filiali della Banca d'Italia e degli istituti di credito[123]. Un atteggiamento, da parte del ministro, simile a quello assunto dalle autorità civili e militari dopo l'8 settembre.

L'ultimo Consiglio superiore prima del crollo del regime fu aperto, il 26 giugno 1943, con la notizia che altri due dipendenti avevano perso la vita nei bombardamenti di Foggia e Cagliari. Furono deliberati nuovi aumenti salariali, un'iniezione di liquidità per il salvataggio della Cassa di Risparmio di Pescara e la stampa in grande quantità di nuovi biglietti da 50 e da 1.000 lire. Nella produzione di banconote le Officine della Banca erano da mesi affiancate dal Poligrafico dello Stato[124].

Il 9 luglio, gli alleati sbarcarono in Sicilia. Il Comando delle Forze Armate in Sicilia chiese l'invio urgente per via aerea di 300 milioni alla filiale di Catania, sprovvista di biglietti, avendo obbedito alla disposizione di distruggere le scorte[125]. Il giorno dopo, in una riunione presieduta da Acanfora, fu discussa la possibilità, già prospettata da Azzolini ad Acerbo, di una divisione in due del Paese, valutando le conseguenze che essa avrebbe potuto avere sull'organizzazione dell'amministrazione centrale, obbligata a sdoppiarsi (Scatamacchia 2015, p. 522).

Il 25 luglio, una drammatica seduta del Gran Consiglio del Fascismo, che non si riuniva dal 1939, approvò l'ordine del giorno Grandi con la sfiducia a Mussolini, segnando la fine

---

[122] Azzolini ad Acerbo, 7 giugno 1943, ASBI Azzolini, prat. 10, fasc. 2, p. 58.
[123] Acerbo ad Azzolini, 7 giugno 1943, ivi, p. 61.
[124] ASBI, Verbali del Consiglio superiore, seduta del 26 giugno 1943, pp. 173, 174, 176 e 178.
[125] Grassi (direttore generale del Tesoro) ad Azzolini, 17 luglio 1943, ASBI, Direttorio Azzolini, prat. 10, fasc. 2, p. 4.

del regime fascista. Il re incaricò Pietro Badoglio di formare un governo.

Il 27 luglio, Azzolini mandò a Domenico Bartolini, ministro delle Finanze nel primo governo Badoglio[126], le congratulazioni di rito, «in un momento di così grande importanza per il paese»[127].

Il 29 luglio si riunì il Consiglio superiore. Molti consiglieri erano assenti. Il Governatore comunicò la nomina del direttore generale Giovanni Acanfora a ministro per gli Scambi e le Valute. Come nel 1919 con la nomina di Stringher a ministro del Tesoro, il Consiglio decise di non coprire la posizione di direttore generale, nella previsione di una breve permanenza di Acanfora al ministero[128]. Non sarebbe stato, d'altronde, facile attivare la procedura di nomina prevista dalla legge bancaria. Fu data ampia delega al Governatore per modificare il regolamento della Banca, adeguandolo allo scioglimento del Partito Nazionale Fascista decretato dal nuovo governo, con l'eliminazione delle norme che rendevano obbligatoria l'iscrizione al partito per l'assunzione e l'avanzamento in grado del personale. Prevedendo che le difficoltà delle comunicazioni rendessero impossibile che in prossime riunioni del Consiglio si raggiungesse il numero legale, molti poteri furono delegati ad Azzolini. Per la stampa delle nuove banconote, si pose il problema della sostituzione, sul retro, del contrassegno del fascio[129].

---

[126] 1880-1960. Romano. Dopo avere ricoperto la carica di economo della Camera dei deputati, lavorò per un paio d'anni alla direzione centrale del Banco di Roma. Nel 1923 fu chiamato da De Stefani a ricoprire la carica, allora istituita, di provveditore generale dello Stato che tenne fino al 1943 quando fu nominato ministro. Promosse la costituzione della Libreria dello Stato e dell'Istituto Poligrafico dello Stato. Dal 1933 fu anche direttore generale dell'Istituto per l'Enciclopedia Italiana fondata da Giovanni Treccani. Restò formalmente in carica, come gli altri ministri rimasti a Roma dopo la fuga del re e di Badoglio, fino all'11 febbraio 1944 ma, di fatto, cessò ogni attività per sottrarsi alla cattura disposta dal governo repubblicano. Dopo la guerra tornò a dirigere per alcuni anni l'Istituto per l'Enciclopedia (Anonimo 1964).

[127] Azzolini a Bartolini, 27 luglio 1943, ASBI, Direttorio Azzolini, prat. 10, fasc. 2, p. 101.

[128] ASBI, Verbali del Consiglio superiore, seduta del 29 luglio 1943, p. 196. Nel febbraio 1944, in una riunione straordinaria tenuta nella Repubblica Sociale Italiana, stabilita la necessità di nominare un direttore, il Consiglio superiore considerò Acanfora non eleggibile perché «con la sua partecipazione al governo Badoglio ha tradito la causa della rivoluzione e del suo capo» (ASBI, Verbali del Consiglio superiore, seduta straordinaria del 25 febbraio 1944, p. 353).

[129] ASBI, Verbali del Consiglio superiore, seduta del 29 luglio 1943, pp. 196,

Lo stesso giorno, mentre le truppe tedesche già prendevano posizione in vari centri dell'Italia settentrionale, Azzolini riunì i massimi dirigenti delle cinque principali banche per valutare le misure necessarie «nel caso in cui le filiali centromeridionali, o rispettivamente quelle settentrionali, si trovassero nella necessità di operare senza poter comunicare con le direzioni centrali». Le difficoltà maggiori, al momento, erano quelle del Banco di Sicilia il cui direttore generale era rimasto sull'isola. Le altre banche avevano già previsto la delega di ampi poteri ai direttori delle filiali di Milano (Banco di Roma e Banco di Napoli) e, viceversa, a quelli della filiale romana (Banca Commerciale e Credito Italiano). Si trattava, nell'opinione unanime, di procedere «tenendo presenti le circostanze del momento e i loro sviluppi»[130].

Il ministero delle Finanze diede disposizioni perché i fondi del disciolto PNF e il ricavato delle vendite dei suoi beni fosse versato alla Tesoreria di Stato[131]. Azzolini mandò alle filiali le necessarie istruzioni.

Il 5 agosto 1943, Bartolini fece al Consiglio dei ministri una relazione sulla situazione finanziaria del Paese: a fronte di circa 49 miliardi di entrata, la spesa superava 135 miliardi, dei quali 81 dipendenti dalle spese di guerra. Il debito pubblico aveva oltrepassato i 405 miliardi.

Questa scarna cronaca delle sei settimane comprese tra la seduta del Gran consiglio e l'annuncio dell'armistizio può dare solo una pallida rappresentazione del clima di caotica incertezza che caratterizzò la vita della Banca, seppure nella continuità del funzionamento degli organi, del rispetto dello statuto e, per quanto possibile, dei rapporti con il governo e il sistema bancario. Via Nazionale, come il resto del Paese, poteva solo navigare a vista.

L'8 settembre 1943, le prove più dure per il Paese, per

198-99, 208. In agosto le officine dell'Aquila iniziarono a produrre banconote con un contrassegno stabilito dal governo (decreto del 7 agosto). A fine settembre, le autorità tedesche avrebbero chiesto di fermare la produzione (ASBI, Verbali del Consiglio superiore, seduta del 29 settembre 1943, p. 255).

[130] Promemoria su una riunione di esponenti delle maggiori banche presieduta da Vincenzo Azzolini.

[131] Ministero delle Finanze ad Amministrazione Centrale Banca d'Italia, 2 agosto 1943, ASBI, Direttorio Azzolini, prat. 10, fasc. 2, p. 84.

la Banca e per lo stesso Azzolini dovevano, malgrado tutto, ancora venire. Lo vedremo nel secondo volume di questa storia che si aprirà con la fuga a Bari del re e del governo, seguita dall'occupazione tedesca di Roma. In queste circostanze, il cinquantesimo anniversario della nascita della Banca d'Italia passò comprensibilmente in sordina. Se tuttavia fosse stata possibile una compiuta riflessione sul primo cinquantennio di vita della Banca, i protagonisti di allora avrebbero probabilmente condiviso le conclusioni alle quali giunse, mezzo secolo dopo, Alberto Caracciolo nel suo contributo alle ricerche per la celebrazione del centenario: la Banca d'Italia uscì dalla guerra e dalla divisione del Paese meglio delle principali grandi istituzioni pubbliche, «con modesti danni come capacità operativa, come struttura e anche come immagine» (Caracciolo 1992, pp. 75-76). Il lettore di questa storia potrà forse concordare: la banca di emissione, nata nel 1893 in condizioni di debolezza patrimoniale, istituzionale e reputazionale, era cresciuta nei diversi aspetti della sua operatività sino ad assumere i caratteri e il ruolo di una banca centrale, per molti versi simile a quelle degli altri paesi dell'Europa occidentale. Quando, venti mesi dopo l'8 settembre 1943, terminerà la guerra in Europa, la Banca d'Italia sarà «in condizione di inserirsi nelle vicende del paese con riconosciuta autonomia e autorità» (Gualerni 1980, p. 142).

RIFERIMENTI BIBLIOGRAFICI

Albertazzi A. (1984), *Crispolti, Filippo*, in Dizionario biografico degli italiani, vol. 30, Istituto della Enciclopedia italiana Treccani, Roma.
Alberti M. (1937), *La guerra delle monete*, Cavalleri, Como.
Albertini L. (1943), *L'epilogo della crisi del luglio 1914. Le dichiarazioni di guerra e di neutralità*, vol. III, Bocca, Milano.
Amatori F., Felisini D. (2017), *La «cooperazione contrattuale», 1900-1965*, in Gigliobianco A., Toniolo G. (a cura di), *Concorrenza, mercato e crescita in Italia: il lungo periodo*, Collana Storica della Banca d'Italia, Contributi, vol. XIII, Marsilio, Venezia, pp. 451-490.
Anonimo (1964), *Bartolini, Domenico*, in Dizionario biografico degli italiani, vol. 6, Istituto della Enciclopedia italiana Treccani, Roma.
Arena C. (1942), *Del circuito monetario come tecnica di finanziamento della guerra*, in «Rivista Bancaria», ottobre, pp. 400-422.
Assemblea Costituente (1946), *Rapporto della Commissione economica*, presentato all'Assemblea Costituente, Istituto Poligrafico dello Stato, Roma.
Asso P.F. (1993), *L'Italia e i prestiti internazionali, 1919-1931*, in AA.VV., *Ricerche per la storia della Banca d'Italia*, Collana Storica della Banca d'Italia, Contributi, vol. III, Laterza, Roma-Bari, pp. 3-342.
— (2000), *Gli anni fra le due guerre*, in De Cecco M., Toniolo G. (a cura di), *Storia della Cassa Depositi e Prestiti*, Laterza, Roma-Bari, pp. 179-286.
Asso P.F., Nerozzi S. (2016), *Il Monte dei Paschi nel Novecento. Storia di una banca pubblica (1929-1995)*, Donzelli, Roma.
Astore M., Fratianni M. (2019), *«We can't pay»: How Italy Dealt with War Debts after World War I*, in «Financial History Review», August, pp. 197-222.
Azzolini V. (1943), *I riflessi della guerra sui fenomeni della moneta e del credito*, in «Rivista bancaria delle assicurazioni e dei servizi tributari», 24, pp. 53-65.

Bachi R. (1919), *L'Italia economica nel 1918*, Lapi, Città di Castello.
— (1930), *L'economia e la finanza delle prime guerre per l'Indipen-

denza d'Italia: contributo alla storia economica del Risorgimento, Signorelli, Roma.
— (1937), *Una pagina di storia bancaria italiana*, in «Rivista di storia economica», 3, pp. 209-246.
Baffi P. (1961), *La lira nell'ultimo quarto di secolo*, in AA.VV., *L'economia italiana dal 1861 al 1961. Studi nel primo centenario dell'unità d'Italia*, Giuffrè, Milano, pp. 453-486.
— (1965), *Studi sulla moneta*, Giuffrè, Milano.
— (1990), *Testimonianze e ricordi*, Scheiwiller, Milano.
— (2002), *Le origini della cooperazione tra le banche centrali. L'istituzione della Banca dei Regolamenti Internazionali*, Laterza, Roma-Bari.
Baffigi A. (2013), *I conti nazionali*, in Toniolo G. (a cura di), *L'Italia e l'economia mondiale. Dall'unità a oggi*, Collana Storica della Banca d'Italia, Contributi, vol. XII, Marsilio, Venezia, pp. 215-255.
— (2015), *Il PIL per la storia d'Italia. Istruzioni per l'uso*, Collana Storica della Banca d'Italia, Statistiche, vol. V, Marsilio, Venezia.
Baffigi A., Magnani M. (2008), *Giorgio Mortara*, in AA.VV., *Le leggi antiebraiche del 1938, le società scientifiche e la scuola in Italia*, Atti del Convegno, Roma 26-27 novembre 2008, Biblioteca dell'Accademia Nazionale delle Scienze detta dei XL, Roma.
Bagehot W. (1873), *Lombard Street. A Description of the Money Market*, Henry S. King & Co., London.
Baia Curioni S. (1995), *Regolazione e competizione. Storia del mercato azionario in Italia (1808-1938)*, Il Mulino, Bologna.
— (2000), *Modernizzazione e mercato. La Borsa di Milano nella «nuova economia» dell'età giolittiana (1888-1914)*, EGEA, Milano.
Balletta F. (2008), *La circolazione della moneta fiduciaria a Napoli nel Seicento e nel Settecento (1587-1805)*, Edizioni Scientifiche Italiane, Napoli.
Ballini P.L. (1994), *Luigi Luzzatti e la conversione della rendita del 1906*, in Ballini P.L., Pecorari P. (a cura di), *Luigi Luzzatti e il suo tempo*, Istituto Veneto di Scienze, Lettere ed Arti, Venezia, pp. 297-347.
— (2017), *Debito pubblico e politica estera all'inizio del '900. Luigi Luzzatti e la conversione della rendita del 1906*, Istituto Veneto di Scienze, Lettere ed Arti, Venezia.
Banca Commerciale Italiana (1928), *Movimento economico dell'Italia. Raccolta di notizie statistiche per l'anno 1927*, Milano.
Banca d'Italia (1938), *L'economia italiana nel sessennio 1931-1936*, Istituto Poligrafico dello Stato, Roma.
Banca Nazionale nel Regno d'Italia (1869), *Osservazioni dell'Amministrazione della Banca Nazionale alla Relazione della Commissione*

Parlamentare d'inchiesta sul corso forzoso dei biglietti di banca, Stabilimento Civelli, Firenze.
Barbagallo F. (1984), *Francesco Saverio Nitti*, UTET, Torino.
— (1995), *Da Crispi a Giolitti. Lo Stato, la politica, i conflitti socialisti*, in Sabbatucci G., Vidotto V. (a cura di), *Storia d'Italia*, vol. 3, *Liberalismo e democrazia 1887-1914*, Laterza, Roma-Bari.
Barbiellini Amidei F., Cantwell J., Spadavecchia A. (2013), *Innovation and Foreign Technology*, in Toniolo G. (a cura di), *The Oxford Handbook of the Italian Economy since Unification*, Oxford University Press, New York, pp. 378- 416.
Barbiellini Amidei F., De Bonis R., Rocchelli M., Salvio A., Stacchini M. (2016), *La moneta in Italia dal 1861: evidenze da un nuovo data-set*, Questioni di Economia e Finanza, n. 328, Banca d'Italia, Roma.
Barbiellini Amidei F., Giordano C. (2014), *The Redesign of the Bank-industry-financial Market Ties in the U.S Glass-Steagall and the 1936 Italian Banking Acts*, in Clement P., James H., Van der Wee, H. (a cura di), *Financial Innovation, Regulation and Crises in History*, Pickering & Chatto Publishers, London.
Barbiellini Amidei F., Gomellini M. (2017), *Concorrenza e crescita nell'industria*, in Gigliobianco A., Toniolo G. (a cura di), *Concorrenza, mercato e crescita in Italia: il lungo periodo*, Collana Storica della Banca d'Italia, Contributi, vol. XIII, Marsilio, Venezia, pp. 309-347.
Barsali M. (1986), *Dall'Olio, Alfredo*, in Dizionario biografico degli italiani, vol. 32, Istituto della Enciclopedia italiana Treccani, Roma.
Barucci P. (2021), *Unicredit, una storia dell'economia italiana. Dalla Banca di Genova al Credito Italiano 1870-1945*, Laterza, Bari-Roma.
Bastasin C., Toniolo G. (2020), *La strada smarrita. Breve storia dell'economia italiana*, Laterza, Bari-Roma.
Battilocchi A., Melini M. (2017), *La banca centrale e il territorio. Le strutture periferiche della Banca d'Italia*, Quaderni dell'Archivio storico, n. 3, Banca d'Italia, Roma.
Berger H., Spoerer M. (2001), *The Economic Crises and the European Revolutions of 1848*, in «The Journal of Economic History», 61, 2, pp. 293-326.
Bernardello A. (2002), *Venezia 1830-1866. Iniziative economiche, accumulazione e investimenti di capitale*, in «Il Risorgimento», 1, pp. 5-66.
Berruti M. (1958), *La politica finanziaria del governo del re Carlo Alberto nell'anno 1948*, CEDAM, Padova.

Berta G. (1990), *Capitali in gioco. Cultura economica e vita finanziaria nella City di fine Ottocento*, Marsilio, Venezia.

Bertazzini C.M. (2021), *The Long Term Impact of Italian Colonial Roads in the Horn of Africa, 1935-2015*, in «Journal of Economic Geography», 22, 1, pp. 181-214.

Bignon V., Flandreau M. (2018), *The Other Way: A Narrative History of the Bank of France*, in Edvinsson R., Jacobson T., Waldenström D. (a cura di), *Sveriges Riksbank and the History of Central Banking*, Cambridge University Press, Cambridge, pp. 206-241.

Bindseil U. (2019), *Central Banking before 1800. A Rehabilitation*, Oxford University Press, New York.

Biscaini A.M., Gnes P., Roselli A. (1985), *Origini e sviluppo del Consorzio per Sovvenzioni su valori industriali durante il governatorato Stringher*, in «Bancaria», XLI, pp. 154-173.

Blancheton B. (1997), *La stabilisation Poincaré est-elle à l'origine d'une récession? Les malentendus d'une controverse*, in «Histoire, Économie & Société», 16, 4, pp. 709-741.

Blasoni M. (2010), *Bonaldo Stringher grande banchiere*, in «Il Messaggero Veneto», 14 giugno.

Bocci M. (1999), *Geisser, Ulrich*, in Dizionario biografico degli italiani, vol. 52, Istituto della Enciclopedia italiana Treccani, Roma.

— (2002), *Grillo, Giacomo*, in Dizionario biografico degli italiani, vol. 59, Istituto della Enciclopedia italiana Treccani, Roma.

Bognetti G. (2019), *Steve, Sergio*, in Dizionario biografico degli italiani, vol. 94, Istituto della Enciclopedia italiana Treccani, Roma.

Bolchini P. (1969), *La Gran Bretagna e la formazione del mercato italiano (1861-1883)*, in «Miscellanea storica ligure», 1, 2, Genova.

Bon S. (2012), *Morpurgo, Elio*, in Dizionario biografico degli italiani, vol. 77, Istituto della Enciclopedia italiana Treccani, Roma.

Bonelli F. (1966), *Beneduce, Alberto*, in Dizionario biografico degli italiani, vol. 8, Istituto della Enciclopedia italiana Treccani, Roma.

— (1971), *La crisi del 1907. Una tappa dello sviluppo industriale in Italia*, Fondazione Luigi Einaudi, Torino.

— (1975), *Lo sviluppo di una grande impresa in Italia. La Terni dal 1884 al 1962*, Fondazione Luigi Einaudi, Torino.

— (1978), *Il capitalismo italiano. Linee di interpretazione*, in AA.VV., *Storia d'Italia, Annali*, vol. 1, Einaudi, Torino.

— (1982), *The 1907 Financial Crisis in Italy: A Peculiar Case of the Lender of Last Resort in Action*, in Kindleberger C.P., Laffargue J.P. (a cura di), *Financial Crises: Theory, History and Policies*, Cambridge University Press, Cambridge, pp. 51-65.

— (1985), *Bonaldo Stringher 1854-1930*, Casamassima, Udine.

— (1991), *La Banca d'Italia dal 1894 al 1913. Momenti della forma-*

zione di una banca centrale, Collana Storica della Banca d'Italia, Documenti, vol. IV, Laterza, Roma-Bari.

Bonelli F., Barsali M. (1969), *Bondi, Massimo*, in Dizionario biografico degli italiani, vol. 11, Istituto della Enciclopedia italiana Treccani, Roma.

Bonelli F., Cerrito E. (2003), *Momenti della formazione di una banca centrale in Italia, 1894-1913*, in Cotula F., De Cecco M., Toniolo G. (a cura di), *La Banca d'Italia. Sintesi della ricerca storica 1893-1960*, Collana Storica della Banca d'Italia, Saggi e Ricerche, vol. IV, Laterza, Roma-Bari, pp. 99-170.

Bordo M., Siklos P. (2018), *Central Banks: Evolution and Innovation in Historical perspective*, in Edvinsson R., Jacobson T., Waldenström D. (a cura di), *Sveriges Riksbank and the History of Central Banking*, Cambridge University Press, Cambridge-New York, pp. 26-89.

Borgatta G. (1940), *La finanza e la guerra*, in «Rivista Bancaria», pp. 550-562.

Braudel F. (1982), *Civilization and Capitalism, 15th-18th Century. The Perspective of the World*, vol. I, University of California Press, Berkeley-Los Angeles.

Broadberry S., Fouquet R. (2015), *Seven Centuries of European Economic Growth and Decline*, in «The Journal of Economic Perspectives», 29, 4, pp. 227-244.

Broadberry S., Giordano C., Zollino F. (2013), *Productivity*, in Toniolo G. (a cura di), *The Oxford Handbook of the Italian Economy since Unification*, Oxford University Press, Oxford-New York, pp. 187-226.

Broadberry S., Harrison M. (2005), *The Economics of World War I*, Cambridge University Press, Cambridge.

Brown W.A. (1940), *The International Gold Standard Reinterpreted, 1914-1934*, NBER, Book I, Cambridge, MA.

Broz L. (1997), *The International Origins of the Federal Reserve System*, Cornell University Press, Ithaca, NY.

Bruner R.F., Carr S.D. (2007), *The Panic of 1907. Lessons Learned from the Market's Perfect Storm*, Wiley & Sons, Hoboken, NJ.

Busacca R. (1870), *Studi sul corso forzoso dei biglietti di banca in Italia*, Tipografia della Gazzetta d'Italia, Firenze.

Cabiati A. (1926), *Il ritorno all'oro*, Corbaccio, Milano.

Cain P.J. (1996), *Gentlemanly Imperialism at Work: The Bank of England, Canada and the Sterling Area, 1932-1936*, in «The Economic History Review», 49, 2, pp. 336-357.

Calabresi G.F. (1996), *L'Associazione bancaria italiana*, vol. I, *1919-1943*, Laterza, Roma-Bari.

Calzavarini M. (1969), *Bombrini, Carlo*, in Dizionario biografico degli italiani, vol. 11, Istituto della Enciclopedia italiana Treccani, Roma.

Cameron R.E. (1961), *France and the Economic Development of Europe 1800-1914*, Princeton University Press, Princeton, NJ.

Cammarano F. (2011), *Storia dell'Italia liberale*, Laterza, Roma-Bari.

Cancila O. (2007), *Giolitti, la Banca d'Italia, la Navigazione Generale Italiana e il salvataggio di Casa Florio*, in «Mediterranea. Ricerche storiche», 10, pp. 299-330.

Canovai T. (1911), *The Banks of Issue in Italy*, US National Monetary Commission, Government Printing Office, Washington, DC.

Capie F. (1995), *Commercial Banking in Britain between the Wars*, in Feinstein C.H. (a cura di), *Banking, Currency and Finance in Europe between the Wars*, Oxford University Press, Oxford, pp. 395-413.

Capie F., Goodhart C., Schnadt N. (1994), *The Development of Central Banking*, in Capie F., Goodhart C., Fischer S., Schnadt N. (a cura di), *The Future of Central Banking. The Tercentenary Symposium of the Bank of England*, Cambridge University Press, Cambridge, pp. 1-261.

Caponetti G. (2018), *Il Grande Gualino. Vita e avventure di un uomo del Novecento*, UTET, Torino.

Caracciolo A. (1978), *La crescita e la trasformazione della grande industria durante la prima guerra mondiale*, in Fuà G. (a cura di), *Lo sviluppo economico in Italia. Storia dell'economia italiana negli ultimi cento anni*, 2ª ed., vol. 3, Franco Angeli, Milano, pp. 195-248.

— (1992), *La Banca d'Italia tra l'autarchia e la guerra 1936-1945*, Collana Storica della Banca d'Italia, Documenti, vol. IX, Laterza, Roma-Bari.

Cardarelli S. (1990), *La questione bancaria in Italia dal 1860 al 1892*, in AA.VV., *Ricerche per la storia della Banca d'Italia*, Collana Storica della Banca d'Italia, Contributi, vol. I, Laterza, Roma-Bari, pp. 105-180.

— (2000), *Sonnino, il Tesoro e la Banca d'Italia (1893-1896)*, in Ballini P. (a cura di), *Sidney Sonnino e il suo tempo*, Olschki, Firenze.

— (2001), *L'indagine nell'Archivio storico della Banca d'Italia*, in *Commissione per la ricostruzione delle vicende che hanno caratterizzato in Italia le attività di acquisizione dei beni dei cittadini ebrei da parte di organismi pubblici e privati*, Rapporto generale, Roma, Presidenza del Consiglio dei ministri, pp. 345-372. (Gli

autori sono elencati senza che ad essi sia attribuita una parte specifica del rapporto, ma Cardarelli è certamente l'autore del capitolo sulla Banca d'Italia).
— (2009), *Il ruolo degli istituti di emissione nella concezione crispina*, in Ricci A.G., Montevecchi L. (a cura di), *Francesco Crispi. Costruire lo Stato per dare forma alla nazione*, Ministero per i Beni e le Attività Culturali, Roma, pp. 299-318.
Carocci G. (1956), *Agostino Depretis e la politica interna italiana dal 1876 al 1887*, Einaudi, Torino.
Caron M., Di Cosmo L., Scartaccini G. (1993), *I bilanci degli istituti di emissione in Italia 1894-1990*, Collana Storica della Banca d'Italia, Statistiche, vol. II, Laterza, Roma-Bari.
Carr E.H. (1937), *International Relations since the Peace Treaties*, Macmillan, London.
Carriero G., Ciocca P., Marcucci M. (2004), *Diritto e risultanze dell'economia nell'Italia Unita*, in Ciocca P., Toniolo G. (a cura di), *Storia economica d'Italia*, vol. 3, *Industrie, mercati, istituzioni*, tomo 2, *I vincoli e le opportunità*, Laterza, Roma-Bari, pp. 455-529.
Cassese S. (1988), *Come è nata la legge bancaria del 1936*, in Id. (a cura di), *Il problema storico della legge bancaria*, Banca Nazionale del Lavoro, Roma, pp. 3-18.
Castronovo V. (2003), *Storia di una banca. La Banca Nazionale del Lavoro nell'economia italiana 1913-2003*, Einaudi, Torino.
— (2011), *Un profilo d'insieme*, in Id. (a cura di), *Storia dell'IRI*, vol. 1, *Dalle origini al dopoguerra (1933-1948)*, Laterza, Roma-Bari, pp. 3-77.
Cavalcanti M.L. (2011), *La politica monetaria fra le due guerre (1918-1943)*, Franco Angeli, Milano.
Cavour C.B. (1932-1973), *Discorsi parlamentari*, 15 voll., Firenze, La Nuova Italia.
— (1962-2010), *Epistolario*, a cura della Commissione nazionale per la pubblicazione dei carteggi del conte di Cavour, Zanichelli-Olschki, Bologna-Firenze.
Cerioni I. (2001), *La Banca d'Italia e il Consorzio Siderurgico. Fonti per la storia della siderurgia in età giolittiana nelle carte dell'Archivio della Banca d'Italia*, Quaderni dell'Ufficio Ricerche storiche, n. 2, Banca d'Italia, Roma.
— (2016), *Dalle banche di Genova e di Torino alla Banca Nazionale. Inventario delle carte degli istituti progenitori della Banca d'Italia*, Quaderni dell'Archivio storico, n. 2, Banca d'Italia, Roma.
Cerrito E., Gigliobianco A. (2003), *Normes, comportementes, groupes dirigeants. Problèmes de la construction de l'autorité monétaire en Italie (1880-1907)*, in Feiertag O., Margairaz M. (a cura di),

Politiques et pratiques des banques d'émission en Europe (XVIIe-XXe siècle), Albin Michel, Paris.
Chandavarkar A. (1989), *Keynes and India: A Study in Economics and Biography*, Palgrave Macmillan, Basingstoke.
Chernow R. (1991), *The House of Morgan: An American Banking Dynasty and the Rise of Modern Finance*, Simon & Schuster, New York.
— (2005), *Alexander Hamilton*, Penguin Books, New York.
Chiapparino A. (2003), *Gualino, Riccardo*, in Dizionario biografico degli italiani, vol. 60, Istituto della Enciclopedia italiana Treccani, Roma.
Chiapponi P., Guizzi C. (2007), *La Banca Cattolica del Veneto e il suo patrimonio archivistico: uomini, tradizioni e territorio*, Edizioni di Storia e Letteratura, Roma.
Chilosi D., Ciccarelli C. (2021), *Southern and Northern Italy in the Great Divergence: New Perspectives from the Occupational Structure*, Quaderni di Storia Economica, n. 47, Banca d'Italia, Roma.
Cianci E. (1977), *Nascita dello Stato imprenditore in Italia*, Mursia, Milano.
Ciccarelli C., Fenoaltea S. (2014), *La produzione industriale delle regioni d'Italia, 1861-1913: una ricostruzione quantitativa*, vol. 2, *Le industrie estrattivo-manifatturiere*, Banca d'Italia, Roma.
Ciocca P. (1978), *Note sulla politica monetaria italiana, 1900-1913*, 2ª ed., in Toniolo G. (a cura di), *L'economia italiana 1861-1940*, Laterza, Roma-Bari.
— (2007), *Ricchi per sempre? Una storia economica dell'Italia (1796-2005)*, Bollati Boringhieri, Torino.
— (2009), *Menichella, Donato*, in Dizionario biografico degli italiani, vol. 73, Istituto della Enciclopedia italiana Treccani, Roma.
— (2014a), *Storia dell'IRI*, vol. 6, *L'IRI nell'Economia italiana*, Laterza, Roma-Bari.
— (2014b), *La banca che ci manca. Le banche centrali, l'Europa e l'instabilità del capitalismo*, Donzelli, Roma.
— (2016) *Stabilising Capitalism. A Greater Role for Central Banks*, Palgrave Macmillan, London.
— (2017), *L'economia e la Banca d'Italia al tempo di Gustavo Bonelli*, in AA.VV., *Gustavo Bonelli. Un giurista in Banca d'Italia*, Banca d'Italia, Roma.
Ciocca P., Rinaldi R. (1997), *L'inflazione in Italia, 1914-20*, Considerazioni a margine della tesi di laurea di P. Sraffa, in «Rivista di storia economica», pp. 3-40.
Ciocca P. e Sannucci V. (1990), *Henry Thornton, primo teorico della banca centrale, saggio introduttivo all'edizione italiana dell'Enquiry*, Cassa di Risparmio di Torino, Torino.

Ciocca P., Tuccimei E. (1991), *Uno scritto inedito sul cosiddetto fondo lire di Luigi Einaudi*, Annali della Fondazione Luigi Einaudi, Fondazione Luigi Einaudi, Torino.
Cipolla C.M. (1957), *Moneta e civiltà mediterranea*, Neri Pozza, Venezia.
— (1994), *Storia economica dell'Europa pre-industriale*, 5ª ed., Il Mulino, Bologna.
Clapham J. (1970), *The Bank of England*, vol. 1, *1694-1797*, Cambridge University Press, Cambridge.
Clarke S.V.O. (1973), *The Reconstruction of International Monetary System: The Attempts of 1922 and 1933*, Princeton University Press, Princeton, NJ.
— (1984), *La collaborazione tra banche centrali dal 1924 al 1931*, Cariplo-Laterza, Roma-Bari.
Cohen J.S. (1972), *The 1927 Revaluation of the Lira: A Study in Political Economy*, in «The Economic History Review», 25, 4, pp. 642-654.
Colajanni N. (1893), *Banche e Parlamento*, Treves, Milano.
Colapietra R. (1970), *Bava Beccaris, Fiorenzo*, in Dizionario biografico degli italiani, vol. 7, Istituto della Enciclopedia italiana Treccani, Roma.
Comei M. (1998), *La regolazione indiretta. Fascismo e interventismo economico alla fine degli anni Venti. L'Istituto della Liquidazione (1926-1932)*, Edizioni Scientifiche Italiane, Napoli.
Confalonieri A. (1967), *La banca centrale e il controllo del credito*, Vita e Pensiero, Milano.
— (1974), *Banca e industria in Italia, 1894-1906*, vol. I, *Le premesse: dall'abolizione del corso forzoso alla caduta del Credito Mobiliare*, Banca Commerciale Italiana, Milano.
— (1975), *Banca e industria in Italia, 1894-1906*, vol. II, *Il sistema bancario tra due crisi*, Banca Commerciale Italiana, Milano.
— (1980), *Banca e Industria in Italia, 1894-1906*, 2ª ed., vol. III, *L'esperienza della Banca Commerciale Italiana*, Il Mulino, Bologna.
— (1982), *Banca e Industria in Italia dalla crisi del 1907 all'agosto 1914*, 2 voll., Banca Commerciale Italiana, Milano.
— (1994), *Banche miste e grande industria in Italia, 1914-1933*, vol. I, *Introduzione: l'esperienza della Banca Commerciale Italiana e del Credito Italiano*, Banca Commerciale Italiana, Milano.
Conte L. (1990), *La Banca Nazionale. Formazione e attività di una banca di emissione (1843-1861)*, Edizioni Scientifiche Italiane, Napoli.
— (2011), *L'ordinamento del credito, L'unificazione*, Istituto della Enciclopedia italiana Treccani, Roma.
Contessa A., De Mattia A. (1993), *L'evoluzione dei compiti e dell'or-

ganizzazione della Banca d'Italia, 1893-1947, in AA.VV., *Ricerche per la storia della Banca d'Italia*, Collana Storica della Banca d'Italia, Contributi, vol. IV, Roma-Bari, Laterza, pp. 3-228.

Conti F. (2006), *Majorana, Angelo*, in Dizionario biografico degli italiani, vol. 67, Istituto della Enciclopedia italiana Treccani, Roma.

Conti G. (2003), *Strategia di speculazione, di sopravvivenza e frodi bancarie prima della grande crisi*, Università di Siena, Discussion paper 23.

— (2019), *Les sorties des surendettement depuis la formation de l'État italien (1861-2010)*, in Béau G., Quennouelle-Corre L. (a cura di), *Les crises de la dette publique*, Collection du Comité pour l'histoire économique et financière de la France, Paris, pp. 69-86.

Conti G., Della Torre G. (2015), *Crisi di sostenibilità e forme istituzionali del debito pubblico nell'Italia unita*, in Barciela López C., di Vittorio A., Melgarejo Moreno J. (a cura di), *La evolución de la hacienda pública en Italia y España (siglos XVIII-XXI)*, Publicacions Universitat d'Alicant, Alicant, pp. 397-442.

Corbino E. (1938), *Annali dell'economia italiana*, vol. V, Istituto editoriale del Mezzogiorno, Napoli.

Costabile L., Nappi E. (2018), *The Public Banks of Naples between Financial Innovation and Crisis*, in Costabile L., Neal L. (a cura di), *Financial Innovation and Resilience*, Palgrave Macmillan, London, pp. 17-53.

Cotula F., De Cecco M., Toniolo G. (a cura di) (2003), *La Banca d'Italia. Sintesi della ricerca storica 1893-1960*, Collana Storica della Banca d'Italia, Saggi e Ricerche, vol. IV, Laterza, Roma-Bari.

Cotula F., Raganelli T. (1996), *Introduzione*, in Cotula *et al.* (a cura di), *I bilanci delle aziende di credito 1890-1936*, Collana Storica della Banca d'Italia, Statistiche, vol. III, Laterza, Roma-Bari, pp. 3-56.

Cotula F., Spaventa L. (1993), *La politica monetaria tra le due guerre 1919-1935*, Collana Storica della Banca d'Italia, Documenti, vol. VIII, Laterza, Roma-Bari.

Croce P. (2020), *Storia della Banca d'Italia come ente organizzato: 1893-2019*, Banca d'Italia, Roma, mimeo.

Crouzet F. (1993), *La grande inflation. La monnaie française de Louis XVI à Napoléon*, Fayard, Paris.

Curli B. (1993), *Le prime impiegate della Banca d'Italia, 1899-1940*, in *La Banca d'Italia, 100 anni, 1893-1993*, Edizioni dell'Elefante, Roma, pp. 73-78.

D'Amico F., Del Guercio A., Monferini A., Zuccari A. (2006), *L'arte a Palazzo Koch*, Banca d'Italia, Roma.

D'Antone L. (2012), *Da ente transitorio a ente permanente*, in Castronovo V. (a cura di), *Storia dell'IRI*, vol. 1, *Dalle origini al dopoguerra (1933-1948)*, Laterza, Roma-Bari, pp. 168-268.
— (2017), *Saraceno, Pasquale*, in Dizionario biografico degli italiani, vol. 90, Istituto della Enciclopedia italiana Treccani, Roma.
De Bonis R., Marinelli G., Vercelli F. (2018), *Playing Yo-yo with Bank Competition. New Evidence from 1890 to 2014*, in «Explorations in Economic History», 67, C, pp. 134-151.
De Cecco M. (1990a), *L'Italia e il sistema finanziario internazionale, 1861-1914*, Collana Storica della Banca d'Italia, Documenti, vol. I, Laterza, Roma-Bari.
— (1990b), *The Italian National Debt Conversion of 1906*, in Dornbusch R., Draghi M. (a cura di), *Public Debt Management, Theory and History*, CEPR, London.
— (1993), *L'Italia e il sistema finanziario internazionale 1919-1936*, Collana Storica della Banca d'Italia, Documenti, vol. VI, Laterza, Roma-Bari.
Decorzant Y., Flores J. (2012), *Public Borrowing in Harsh Time: The League of Nations Loans Revisited*, Working Paper in Economic History 12-07, Universidad Carlos III, Madrid.
De Felice R. (1968), *Mussolini il fascista*, vol. II, *L'organizzazione dello Stato fascista 1925-1929*, Einaudi, Torino.
— (1990), *Mussolini l'Alleato*, tomo I, *L'Italia in guerra (1940-1943)*, tomo II, *Crisi e agonia del regime*, Einaudi, Torino.
— (2005), *Mussolini il fascista*, vol. I, *La conquista del potere 1921-1925*, Einaudi, Torino.
— (2016), *Breve storia del fascismo*, Mondadori, Milano.
— (2020), *Storia degli ebrei italiani sotto il fascismo*, Einaudi, Torino.
De Ianni N. (2004), *Jung, Guido*, in Dizionario biografico degli italiani, vol. 62, Istituto della Enciclopedia italiana Treccani, Roma.
— (2009), *Il ministro soldato. Vita di Guido Jung*, Rubbettino, Soveria Mannelli.
Della Torre G. (2000a), *La finanza di guerra e il circuito dei capitali in Italia 1935-43. Una valutazione quantitativa*, Quaderni, Università degli Studi di Siena, Dipartimento di Economia Politica, n. 301, ottobre.
— (2000b), *Impieghi e Provvista della Cassa depositi e prestiti*, in De Cecco M., Toniolo G. (a cura di), *Storia della Cassa Depositi e Prestiti*, Laterza, Roma-Bari, pp. 37-90.
— (2018a), *I finanziamenti al Partito Nazionale Fascista nelle carte dell'Archivio centrale dello Stato e nell'Archivio storico della Banca d'Italia. Le carte e la storia*, in «Rivista di storia delle istituzioni», XXII, 1, pp. 173-188.
— (2018b), *I bilanci delle Federazioni del Partito Nazionale Fascista*

nelle carte dell'Archivio Centrale dello Stato 1919-1943. Qualche indicazione dalla storiografia fattuale e quantitativa, in «L'Impegno. Rivista di storia contemporanea, dell'Istituto per la storia della Resistenza e della società contemporanea nel Biellese, nel Vercellese e in Valsesia», 2, pp. 5-20.

De Lucia Lumeno G. (2021), *Bonaldo Stringher. «Serenità, calma e fermezza». Una storia economica dell'Italia*, Prefazione di Ignazio Visco, Guerini e Associati, Milano.

Del Vecchio G. (1915), *Lineamenti generali della teoria dell'interesse*, Athenaeum, Roma.

— (1928), *Considerazioni tecniche sopra il ritorno al biglietto convertibile*, in «Giornale degli Economisti», aprile, pp. 270-288.

De Marco D. (1996), *Il Banco di Napoli dalle casse di deposito alla fioritura settecentesca*, Edizioni Scientifiche Italiane, Napoli.

De Marco D., Nappi E. (1985), *Nuovi documenti sulle origini e sui titoli del Banco di Napoli*, in «Revue Internationale d'Histoire de la Banque», 30, pp. 1-78.

De Mattia R. (1977), *Storia del capitale della Banca d'Italia e degli istituti predecessori*, vol. 3, Banca d'Italia, Roma.

— (1990), *Gli istituti di emissione in Italia. I tentativi di unificazione 1843-1892*, Collana Storica della Banca d'Italia, Documenti, vol. II, Laterza, Roma-Bari.

De Nicolò M. (2013), *Nicotera, Giovanni*, in Dizionario biografico degli italiani, vol. 78, Istituto della Enciclopedia italiana Treccani, Roma.

Dentoni M.C. (1995), *Annona e consenso in Italia 1914-1919*, Franco Angeli, Milano.

De Rosa G. (1962), *I conservatori nazionali. Biografia di Carlo Santucci*, Morcelliana, Brescia.

— (1991), *Una banca cattolica fra cooperazione e capitalismo. La Banca Cattolica del Veneto*, Laterza, Roma-Bari.

De Rosa L. (1983), *Storia del Banco di Roma*, vol. II, Banco di Roma, Roma.

— (1989a), *Storia del Banco di Napoli*, vol. III, *Istituto di emissione nell'Italia unita (1863-1926)*, tomo I, *L'espansione: 1863-1883*, Banco di Napoli, Napoli.

— (1989b), *Storia del Banco di Napoli*, vol. III, *Istituto di emissione nell'Italia unita (1863-1926)*, tomo II, *La crisi: 1883-1896*, Banco di Napoli, Napoli.

De Stefani A. (1960), *Baraonda bancaria*, Edizioni del Borghese, Milano.

Dieter Z. (1990), *Central Bank, Peripheral Industry: The Bank of England in the Provinces 1826-1913*, Leicester University Press, Leicester.

Riferimenti bibliografici 749

Di Martino P. (2001), *L'esito fallimentare di un intervento di ultima istanza: la Banca Nazionale e i salvataggi del 1899*, in «Imprese e Storia», n. 24, pp. 307-337.
Di Nardi G. (1953), *Le banche di emissione in Italia nel secolo XIX*, UTET, Torino.
Dodi G. (2015), *La persecuzione patrimoniale e l'attività dell'Ente di Gestione e Liquidazione Immobiliare a Modena*, in «Storia e Futuro», 38, giugno, p. 6.
Donato L. (2019), *Riccardo Gualino e la Banca d'Italia*, in Bava A., Bertolino G. (a cura di), *I mondi di Riccardo Gualino collezionista e imprenditore*, Allemandi, Torino, pp. 271-281.
Doria M. (2012), *I trasporti marittimi, la siderurgia*, in Castronovo V. (a cura di), *Storia dell'Iri*, vol. 1, *Dalle origini al dopoguerra, 1933-1948*, Laterza, Roma-Bari.
Dornbusch R. (1989), *Credibility, Debt and Unemployment. Ireland's Failed Stabilization*, in «Economic Policy», 4, 8, pp. 173-209.
Draghi C. (1929), *L'Istituto Centrale di Credito*, in «Rivista internazionale di scienze sociali e discipline ausiliarie», n. 2, aprile-maggio, pp. 54-56.
Duggan C. (2008), *La forza del destino. Storia d'Italia dal 1796 a oggi*, Laterza, Roma-Bari.

Edvinsson R., Jacobson T., Waldenström D. (a cura di) (2018), *Sveriges Riksbank and the History of Central Banking*, Cambridge University Press, Cambridge-New York.
Eichengreen B. (1992), *Golden Fetters: The Gold Standard and the Great Depression, 1919-1939*, Oxford University Press, Oxford.
Eichengreen B., Irwin D.A. (2010), *The Slide to Protectionism in the Great Depression. Who Succumbed and Why?*, in «The Journal of Economic History», 70, pp. 871-897.
Einaudi L. (1915), *Il bilancio italiano. Quali difficoltà esso ha superato in passato; come è divenuto migliore e quale nuovo sforzo esso è capace di compiere*, Società italiana per il progresso delle scienze, Roma.
— (1959a), *Cronache economiche e politiche di un trentennio (1893-1925)*, vol. I, *1893-1902*, Einaudi, Torino.
— (1959b), *Cronache economiche e politiche di un trentennio (1893-1925)*, vol. III, 1910-1914, Einaudi, Torino.
— (1959c), *Cronache economiche e politiche di un trentennio (1893-1925)*, vol. VI, *1921-1922*, Einaudi, Torino.
Ertola E. (2020), *«White Slaves»: Labor, Whiteness and Settler Colonialism in Italian East Africa (1935-1940)*, in «Labor History», LXI, 5-6, pp. 551-567.

Falchero A.M. (1990), *La Banca Italiana di Sconto 1914-1921. Sette anni di guerra*, Franco Angeli, Milano.
— (2012a), *Stato e mercato, i precedenti: dall'interventismo ai salvataggi degli anni Venti*, in Castronovo V. (a cura di), *Storia dell'IRI*, vol. 1, *Dalle origini al dopoguerra, 1933-1948*, Laterza, Roma-Bari, pp. 79-118.
— (2012b), *Crisi del «grande capitale» e crisi dell'economia italiana da «Quota '90» ai primi anni Trenta*, in Castronovo V. (a cura di), *Storia dell'IRI*, vol. 1, *Dalle origini al dopoguerra, 1933-1948*, Laterza, Roma-Bari, pp. 119-166.
— (2015), *Pogliani, Angelo*, in Dizionario biografico degli italiani, vol. 84, Istituto della Enciclopedia italiana Treccani, Roma.
Falco G. (1983), *L'Italia e la politica finanziaria degli Alleati 1914-1920*, ETS, Pisa.
Falco G., Storaci M. (1975), *Fluttuazioni monetarie alla metà degli anni '20: Belgio, Francia e Italia*, in «Studi storici», XVI, pp. 57-101.
Faucci R. (1995), *L'economista scomodo. Vita e opere di Francesco Ferrara*, Sellerio, Palermo.
Federal Reserve Bank of Saint Louis (1943), *Banking and Monetary Statistics 1914-1941*, Washington, DC.
Federico G. (1998), *Italy's Late and Unprofitable Forays into Empire*, in «Revista de Historia Económica-Journal of Iberian and Latin American Economic History», 16, 1, pp. 377-402.
— (2002), *L'agricoltura italiana, successo o fallimento?*, in Ciocca P., Toniolo G. (a cura di), *Storia Economica d'Italia. Industrie, mercati, istituzioni*, vol. 3, tomo 1, Laterza, Roma-Bari, pp. 99-136.
Feinstein C.H. (1995), *Banking, Currency and Finance in Europe between the Wars*, Clarendon Press, Oxford.
Feinstein C.H., Temin P., Toniolo G. (2008), *The World Economy between the World Wars*, Oxford University Press, Oxford-New York.
Felice E. (2013), *Perché il Sud è rimasto indietro*, Il Mulino, Bologna.
Felloni G. (2010), *1407. La Fondazione del Banco di San Giorgio*, Laterza, Roma-Bari.
Fenoaltea S. (1999), *Lo sviluppo economico dell'Italia nel lungo periodo: riflessioni su tre fallimenti*, in Ciocca P., Toniolo G. (a cura di), *Storia economica d'Italia*, vol. 1, *Interpretazioni*, Laterza, Roma-Bari, pp. 3-42.
— (2005), *Italian Industrial Production 1861-1913: A Statistical Reconstruction. E. The Metalmaking Industries*, Carlo Alberto Notebooks, n. 416, Torino.
— (2006), *L'economia italiana dall'Unità alla Grande Guerra*, Laterza, Roma-Bari.

Riferimenti bibliografici

— (2011), *The Reinterpretation of Italian Economic History from Unification to the Great War*, Cambridge University Press, Cambridge.
— (2017), *The Fruits of Disaggregation: The Engineering Industry, Tariff Protection, and the Industrial Investment Cycle in Italy*, Quaderni di Storia Economica, n. 41, Banca d'Italia, Roma.
Fenoaltea S., Ciccarelli C. (2007), *Business Fluctuations in Italy, 1861-1913: The New Evidence*, in «Explorations in Economic History», XLIV, 3, July, pp. 432-451.
Ferguson N., Schaab A., Schularick M. (2015), *Central Bank Balance Sheets: Expansion and Reduction since 1900*, CESifo, Working Paper Series, n. 5379, May.
Ferrara F. (1857), *Notizie sui banchi degli Stati Sardi*, in «Biblioteca dell'Economista», serie 2, vol. VI, pp. CCCXVI-CCCXXVI.
— (1970), *Lo spirito di speculazione in Piemonte*, in Id., *Opere complete*, Bancaria Editrice, Roma, vol. VII, pp. 358-364.
Ferro P., Mulone G. (1993), *La Banca d'Italia e il servizio di tesoreria statale*, in AA.VV., *Ricerche per la storia della Banca d'Italia*, Collana Storica della Banca d'Italia, Contributi, vol. IV, Laterza, Roma-Bari, pp. 281-324.
Fink C. (1984), *The Genoa Conference, European Diplomacy 1921-22*, University of North Carolina Press, Chapel Hill.
— (1986), *Italy and the Genoa Conference of 1922*, in «The International History Review», 8, 1, pp. 41-55.
Finoia M. (1988), *Azzolini, Vincenzo*, in Dizionario biografico degli italiani, vol. 34, Istituto della Enciclopedia italiana Treccani, Roma.
Fisher I. (1933), *The Debt Deflation, Theory of Great Depressions*, in «Econometrica», 1, 4, pp. 337-357.
Fleming M. (1962), *Domestic Financial Policies under Fixed and under Floating Exchange Rates*, IMF Staff Papers 9, n. 3, November, pp. 369-379.
Flora F. (1906), *La conversione del consolidato italiano*, in «Giornale degli Economisti», II serie, pp. 71-89.
Flores N. (2002), *L'avventura speculativa di Paolo Borghese*, in «Roma moderna e contemporanea», pp. 583-610.
Fodor G. (1995), *Ascesa e declino della banca di emissione: il caso della Banca d'Inghilterra 1694-1913*, in AA.VV., *Ricerche per la storia della Banca d'Italia*, Collana Storica della Banca d'Italia, Contributi, vol. VI, Laterza, Roma-Bari.
Fonzi P. (2019), *Fame di guerra. L'occupazione italiana della Grecia, 1941-1943*, Carocci, Roma.
Forsyth D. (1998), *La crisi dell'Italia liberale. Politica economica e finanziaria 1914-1922*, Corbaccio, Milano.

Francese M., Pace A. (2008), *Il debito pubblico italiano dall'unità a oggi. Una ricostruzione della serie storica*, Questioni di Economia e Finanza, n. 31, Banca d'Italia, Roma.
Franzinelli M., Magnani M. (2009), *Beneduce. Il finanziere di Mussolini*, Mondadori, Milano.
Fratianni M. (2006), *Government Debt, Reputation and Creditors' Protections: The Tale of San Giorgio*, in «Review of Finance», 10, 4, pp. 487-506.
Fratianni M., Spinelli F. (1991), *Storia monetaria d'Italia. L'evoluzione del sistema monetario e bancario*, Mondadori, Milano.
— (1997), *A Monetary History of Italy*, Cambridge University Press, Cambridge-New York.
— (2006), *Italian City-states and Financial Evolution*, in «European Review of Economic History», 10, 3, pp. 257-278.
Fregert K. (2018), *Sveriges Riksbank: 350 Years in the Making*, in Edvinssonn R., Jacobson T., Waldenström D. (a cura di), *Sveriges Riksbank and the History of Central Banking*, Cambridge University Press, Cambridge-New York, pp. 90-142.
Friedman M., Schwartz A. (1963), *A Monetary History of the United States, 1897-1960*, Princeton University Press, Princeton, NJ.
Fumi G. (2014), *Paronetto, Sergio*, in Dizionario biografico degli italiani, vol. 81, Istituto della Enciclopedia italiana Treccani, Roma.

Gabbuti G. (2020), *«When We Were Worse Off». The Economy, Living Standards and Inequality in Fascist Italy*, in «Rivista di storia economica», 3, pp. 253-298.
Gagliardi A. (2005), *Il ministero per gli Scambi e valute e la politica autarchica del fascismo*, in «Studi storici», 46, 4.
— (2006), *L'impossibile autarchia. La politica economica del fascismo e il Ministero scambi e valute*, Rubbettino, Soveria Mannelli.
— (2012), *Mosconi, Antonio*, in Dizionario biografico degli italiani, vol. 77, Istituto della Enciclopedia italiana Treccani, Roma.
— (2016), *Riccardi, Raffaello*, in Dizionario biografico degli italiani, vol. 87, Istituto della Enciclopedia italiana Treccani, Roma.
Galanti E. (2012), *Le banche*, in Galanti E., D'Ambrosio R., Guccione A.V., *Storia della legislazione bancaria, finanziaria e assicurativa dall'unità d'Italia al 2011*, Collana Storica della Banca d'Italia, Contributi, vol. XI, Marsilio, Venezia, pp. 1-231.
Galanti E., D'Ambrosio R., Guccione A. (2012), *Storia della Legislazione bancaria, finanziaria e assicurativa dall'Unità d'Italia al 2011*, Collana Storica della Banca d'Italia, Contributi, vol. XI, Marsilio, Venezia.
Galassi F., Harrison M. (2005), *Italy at War 1915-1918*, in Broadberry

S., Harrison M., *The Economics of World War I*, Cambridge University Press, Cambridge, pp. 276-309.
Galli A. (1997), *Sviluppo e crisi della Banca Generale*, in Decleva E. (a cura di), *Antonio Allievi: dalle «scienze civili» alla pratica del credito*, Laterza, Roma-Bari.
Gambino A. (1972), *Bresciani-Turroni, Costantino*, in Dizionario biografico degli italiani, vol. 14, Istituto della Enciclopedia italiana Treccani, Roma.
Ganci M. (1982), *Colajanni, Napoleone*, in Dizionario biografico degli italiani, vol. 26, Istituto della Enciclopedia italiana Treccani, Roma.
Garavello O. (1991), *Alberto Campolongo: una biografia scientifica*, in «Il Politico», vol. 56, 4, pp. 736-754.
Garruccio R. (2002), *Minoranze in affari. La formazione di un banchiere: Otto Joel*, Rubbettino, Soveria Mannelli.
Gattei G., Dondi A. (1990), *La teoria dell'economia di guerra in Italia (1939-1943)*, in «Quaderni di storia dell'economia politica», 8, pp. 359-376.
Gelsomino C.O. (1992), *La politica monetaria italiana tra il 1936 e la fine della seconda guerra mondiale*, Appendice a Caracciolo A., *La Banca d'Italia tra l'autarchia e la guerra 1936-1945*, Collana Storica della Banca d'Italia, Documenti, vol. IX, Laterza, Roma-Bari, pp. 103-139.
Gentile E. (2005), *Fascismo, storia e interpretazione*, Laterza, Roma-Bari.
Gerbi S. (1995), *Benjamin Franklin antisemita? Un falso della propaganda nazista*, in «Passato e Presente», XIII, 36, pp. 129-139.
Gerschenkron A. (1962), *Economic Backwardness in Historical Perspective*, Belknap Press of Harvard University Press, Cambridge, MA.
Giannini C. (2004), *L'età delle banche centrali. Forme e governo della moneta fiduciaria in una prospettiva istituzionalista*, Il Mulino, Bologna.
Gigliobianco A. (1990), *Tra concorrenza e collaborazione: considerazioni sulla natura dei rapporti fra «banca centrale» e sistema bancario nell'esperienza italiana (1844-1918)*, in AA.VV., *Ricerche per la storia della Banca d'Italia*, Collana Storica della Banca d'Italia, Contributi, vol. I, Laterza, Roma-Bari, pp. 295-338.
— (1993), *La sezione speciale autonoma del Consorzio per Sovvenzioni su valori industriali*, in Guarino G., Toniolo G. (a cura di), *La Banca d'Italia e il sistema bancario 1919-1936*, Collana Storica della Banca d'Italia, Documenti, vol. VII, Laterza, Roma-Bari, pp. 171-187.

— (2004), *Introna, Niccolò*, in Dizionario biografico degli italiani, vol. 62, Istituto della Enciclopedia italiana Treccani, Roma.
— (2006), *Via Nazionale. Banca d'Italia e classe dirigente. Cento anni di storia*, Donzelli, Roma.
Gigliobianco A., Giordano C. (2012), *Does Economic Theory Matter in Shaping Banking Regulation? A Case-study of Italy (1861-1936)*, in «Accounting, Economics, and Law: A Convivium», De Gruyter, 2, 1, September, pp. 1-78.
Gigliobianco A., Giordano C., Toniolo G. (2009), *Innovation and Regulation in the Wake of Financial Crises in Italy (1880s-1930s)*, in Gigliobianco A., Toniolo G. (a cura di), *Financial Market Regulation in the Wake of Financial Crises: The Historical Experience*, Banca d'Italia Workshops and Conferences, 1, Roma, pp. 45-73.
Gigliobianco A., Giorgiantonio C. (2017), *Concorrenza e mercato nella cultura*, in Gigliobianco A., Toniolo G. (a cura di), *Concorrenza, mercato e crescita in Italia: il lungo periodo*, Collana Storica della Banca d'Italia, Contributi, vol. XIII, Marsilio, Venezia, pp. 151-195.
Gille B. (1967), *Histoire de la Maison Rothschild*, tomo 2, *1848-1870*, Droz, Genève.
— (1968), *Les investissements français en Italie (1815-1914)*, Industria Libraria Tipografica Editrice, Torino.
Giordano C., Zollino F. (2020), *Long-run Factor Accumulation and Productivity Trends in Italy*, in «Journal of Economic Surveys», 35, 3, pp. 741-803.
Gomellini M., Toniolo G. (2017), *The Industrialization of Italy, 1861-1971*, in O'Rourke K., Williamson J. (a cura di), *The Spread of Modern Industry to the Periphery since 1871*, Oxford University Press, Oxford, pp. 115-141.
Goodhart C. (1985), *The Evolution of Central Banks: A Natural Development?*, London School of Economics and Political Science, London.
— (2018), *The Bank of England 1864-2017*, in Edvinsson R., Jacobson T., Waldenström D. (a cura di), *Sveriges Riksbank and the History of Central Banking*, Cambridge University Press, Cambridge-New York, pp. 143-171.
Goodhart C., Masciandaro D., Ugolini S. (2021), *Pandemic Recession, Helicopter Money and Central Banking, Venice, 1630*, DP 15715, January, CEPR, London.
Grassi Orsini F. (2004a), *Imperiali, Guglielmo*, in Dizionario biografico degli italiani, vol. 62, Istituto della Enciclopedia italiana Treccani, Roma.
— (2004b), *Jacomoni, Francesco*, in Dizionario biografico degli

italiani, vol. 62, Istituto della Enciclopedia italiana Treccani, Roma.
Grifone P. (1971), *Il capitale finanziario in Italia. La politica economica del fascismo*, Einaudi, Torino.
Grillère D. (2010), *L'occupation italienne en France de 1940 à 1943. Administration, souveraineté, rivalités*, in «Diacronie. Studi di Storia Contemporanea», 4, 3, disponibile in http://www.studi-storici.com/2010/10/29/grillere_numero_4/.
Griziotti B. (1941), *L'Istituto nazionale di finanza corporativa*, in «Rivista di diritto finanziario e scienza delle finanze», V, pp. 221-240.
Grossman R. (1994), *The Shoe That Didn't Drop. Explaining Banking Stability during the Great Depression*, in «The Journal of Economic History», 54, pp. 654-682.
Gualerni G. (1976), *Industria e fascismo. Per una interpretazione dello sviluppo economico italiano tra le due guerre*, Vita e Pensiero, Milano.
— (1980), *Ricostruzione e industria. Per una interpretazione della politica industriale nel secondo dopoguerra, 1943-1951*, Vita e Pensiero, Milano.
Guarino G. (1993), *Il profilo giuridico*, in Guarino G., Toniolo G., *La Banca d'Italia e il sistema bancario, 1919-1936*, Collana Storica della Banca d'Italia, Documenti, vol. VII, Laterza, Roma-Bari, pp. 103-170.
Guarino G., Toniolo G. (1993), *La Banca d'Italia e il sistema bancario 1919-1936*, Collana Storica della Banca d'Italia, Documenti, vol. VII, Laterza, Roma-Bari.
Guarneri F. (1988), *Battaglie economiche fra le due guerre*, con Introduzione di Luca Zani, Il Mulino, Bologna (1ª ed. Garzanti, Milano, 1953).
Guazzoni D. (2019), *Thaon di Revel, Paolo Ignazio Maria*, in Dizionario biografico degli italiani, vol. 95, Istituto della Enciclopedia italiana Treccani, Roma.
Guccione A.V. (2012), *Le Assicurazioni*, in Galanti E., D'Ambrosio R., Guccione A.V., *Storia della legislazione bancaria, finanziaria e assicurativa dall'unità d'Italia al 2011*, Collana Storica della Banca d'Italia, Contributi, vol. XI, Marsilio, Venezia, pp. 485-649.
Guderzo G. (1973), *Finanza e politica in Piemonte alle soglie del decennio cavouriano*, Fondazione Camillo Cavour, Santena.

Hamilton A. (1790), *Final Version of the Second Report on the Further Provision Necessary for Establishing Public Credit* (Report on a National Bank), 13 December 1790, US National Archives,

Founders Online, disponibile in https://founders.archives.gov/documents/Hamilton/01-07-02-0229-0003.

Hara A. (1998), *Japan: Guns before Rice*, in Harrison M. (a cura di), *The Economics of World War II. Six Great Powers in International Comparison*, Cambridge University Press, Cambridge, pp. 224-267.

Harley K.C. (1976), *Goschen's Conversion of the National Debt and the Yield of Consols*, in «The Economic History Review», XXIX, pp. 101-106.

Harrison M. (1998), *The Economics of World War II: An Overview*, in Id. (a cura di), *The Economics of World War II. Six Great Powers in International Comparison*, Cambridge University Press, Cambridge, pp. 1-42.

Hautcoeur P.C. (2005), *Was the Great War a Watershed? The Economics of World War I in France*, in Broadberry S., Harrison M. (a cura di), *The Economics of World War I*, Cambridge University Press, Cambridge-New York, pp. 169-205.

Hautcoeur P.C., Riva A., White E. (2014), *Floating a «Lifeboat»: The Banque de France and the Crisis of 1889*, National Bureau of Economic Research, Working Paper 20083, May.

Hayek F.A. (1978), *Denationalisation of Money. The Argument Refined*, Institute of Economic Affairs, London.

Haywood G. (1999), *Failure of a Dream. Sidney Sonnino and the Rise and Fall of Liberal Italy (1847-1922)*, Olschki, Firenze.

Hertner P. (1984), *Il capitale tedesco in Italia dall'unità alla prima guerra mondiale*, Il Mulino, Bologna.

— (1990), *Banche tedesche e sviluppo economico italiano, 1883-1914*, in AA.VV., *Ricerche per la storia della Banca d'Italia*, Collana Storica della Banca d'Italia, Contributi, vol. 1, Laterza, Roma-Bari.

Hirschman A.O. (1987), *Potenza nazionale e commercio estero. Gli anni trenta, l'Italia e la ricostruzione*, Il Mulino, Bologna.

Hodson, H.V. (1938), *Slump and Recovery, 1929-1937. A Survey of World Economic Affairs*, Oxford University Press, Oxford.

Ikenberry G.J. (1993), *The Political Origins of Bretton Woods*, in Bordo M., Eichengreen B. (a cura di), *A Retrospective on the Bretton Woods System: Lessons for International Monetary Reform*, The University of Chicago Press, Chicago, pp. 155-194.

Insolera I. (2001), *Roma moderna. Un secolo di storia urbanistica 1870-1970*, Einaudi, Torino.

ISTAT (1958), *Sommario di statistiche storiche italiane 1861-1955*, Roma.

— (1968), *Sommario di statistiche storiche dell'Italia 1861-1965*, Roma.

— (2011), *L'Italia in 150 anni. Sommario di statistiche storiche 1861-2010*, Roma.
Ivone D. (2005), *Banca, finanza e industria in Italia. In una corrispondenza tra Bonaldo Stringher e Giuseppe Toeplitz (1919-1930)*, Rubbettino, Soveria Mannelli.

James H. (1985), *The Reichsbank and Public Finance in Germany 1924-1933: A Study of the Politics of Economics during the Great Depression*, Fritz Knapp, Frankfurt.
James H., O'Rourke K. (2013), *Italy and the First age of Globalization, 1861-1940*, in Toniolo G. (a cura di), *The Oxford Handbook of the Italian Economy since Unification*, Oxford University Press, New York, pp. 37-68.
Jones G. (1995), *British Multinational Banking, 1830-1990*, Oxford University Press, Oxford.
Jordà Ò., Schularick M., Taylor A.M. (2016), *Macrofinancial History and the New Business Cycle Facts*, in Eichenbaum M., Parker J.A. (a cura di), *NBER Macroeconomics Annual 2016*, vol. 31, The University of Chicago Press, Chicago.

Keynes J.M. (1919), *The Economic Consequences of the Peace*, Macmillan, London.
— (1923), *A Tract on Monetary Reform*, Macmillan, London.
— (1940), *How to Pay for the War*, Palgrave Macmillan, London.
— (1983), *The Collected Writings*, vol. XVI, *Activities 1914-1919: The Treasury and Versailles*, a cura di Hutchinson T.W., Macmillan, London.
Kindleberger C.P. (1978), *Manias, Panics and Crashes. A History of Financial Crises*, Macmillan, London.
— (1984), *A Financial History of Western Europe*, Allen & Unwin, London.
— (1986), *The World in Depression, 1929-1939*, University of California Press, Berkeley.
Koch R. (1910), *German Imperial Banking Laws*, US Senate, National Monetary Commission, Government Printing Office, Washington, DC.

La Francesca S. (2004), *Storia del sistema bancario italiano*, Il Mulino, Bologna.
— (2006), *La crisi del 1907*, in Pecorari P. (a cura di), *Crisi e scandali bancari nella storia d'Italia*, Istituto Veneto di Scienze, Lettere ed Arti, Venezia.
— (2017), *Vecchi e nuovi criteri per salvataggi e fallimenti*, in Conti G., Cova A., La Francesca S., *Esperienze di crisi e regolazione*

bancaria in Italia: un approccio storico, paper n. 291, Associazione per lo sviluppo degli studi di banca e borsa, Milano, pp. 55-114.

Lampertico F. (1871), *Sulla libertà delle banche*, in «Nuova Antologia», 16, pp. 879-896.

Lane F.C. (1978), *Storia di Venezia*, Einaudi, Torino.

Latini C. (2010), *I pieni poteri in Italia durante la Prima guerra mondiale*, in Menozzi D., Procacci G., Soldani S. (a cura di), *Un paese in guerra. La mobilitazione civile in Italia (1914-1918)*, Unicopli, Milano.

Lattes E. (1869), *La libertà delle banche a Venezia dal secolo XIII al XVII secondo i documenti inediti del R. Archivio dei Frari, con due orazioni contro e per la libertà e pluralità delle banche pronunciate negli anni 1584-1587 dal Senatore Veneziano Tommaso Contarini*, Valentiner e Mues Librai Editori, Milano.

League of Nations. Economic, Financial, and Transit Department (1944), *International Currency Experience. Lessons of the Interwar Period*, League of Nations, Geneva.

League of Nations International Financial Conference (1920), *Proceedings of the Conference*, vol. 1, Brussels.

Lefebvre D'Ovidio F. (2016), *L'Italia e il sistema internazionale. Dalla formazione del governo Mussolini alla Grande Depressione (1922-1929)*, Edizioni di Storia e Letteratura, Roma.

Legnani M. (1985), *Sul finanziamento della guerra fascista*, in «Italia contemporanea», 160, pp. 25-42.

Leo S. (2015), *Il sistema finanziario della prima guerra mondiale tra debiti e riparazioni*, in «Eunomia. Rivista semestrale di Storia e Politica Internazionali», IV, 2, pp. 77-100.

Lescure M. (1995), *Banking in France in the Interwar Period*, in Feinstein C.H. (a cura di), *Banking, Currency and Finance in Europe between the Wars*, Oxford University Press, Oxford, pp. 315-337.

Lombardo G. (1998), *L'Istituto Mobiliare Italiano*, vol. I, *Modello istituzionale e indirizzi operativi: 1931-1936*, Il Mulino, Bologna.

Lombardo G., Zamagni V. (2009), *L'Istituto Mobiliare Italiano 1931-1998*, Il Mulino, Bologna.

Lönnborg M., Ögren A., Rafferty M. (2011), *Banks and Swedish Financial Crises in the 1920s and 1930s*, in «Business History», 53, 2, pp. 230-248.

Loria A. (1924), *Le peripezie monetarie del dopoguerra*, in «Annali di Economia», vol. 1, novembre, pp. 1-35.

Lupo S. (2013), *Notarbartolo di San Giovanni, Emanuele*, in Dizionario biografico degli italiani, vol. 78, Istituto della Enciclopedia italiana Treccani, Roma.

Luzzatti L. (1908), *Une conférence internationale pour la paix monétai-*

re: *note pour l'Institut de France*, Imprimerie Chaix. Imprimerie & Librairie Centrales des Chemins de Fer, Paris.
Luzzatto G. (1963), *L'economia italiana dal 1861 al 1914*, Banca Commerciale Italiana, Milano.
Luzzatto Voghera G. (1998), *L'antisemitismo in Europa e in Italia tra le due guerre*, in C. Vivanti (a cura di), *La persecuzione degli ebrei durante il fascismo. Le leggi del 1938*, Camera dei deputati, Roma.

Maddison A. (2003), *The World Economy. Historical Statistics*, OECD, Paris.
Magrì E. (1993), *I ladri di Roma. 1893 lo scandalo della Banca Romana: politici, giornalisti, eroi del Risorgimento all'assalto del denaro pubblico*, Mondadori, Milano.
Malagodi G. (1978), *Il salvataggio della Banca Commerciale nel ricordo di un testimone*, in Toniolo G. (a cura di), *Industria e banca nella grande crisi, 1929-1934*, Etas Libri, Milano, pp. 270-284.
— (1982), *Protagonisti dell'intervento pubblico: Raffaele Mattioli*, in «Economia pubblica», 7/8, pp. 67-72.
Malanima P. (1998), *Risorse, popolazione e redditi 1300-1861*, in Ciocca P., Toniolo G. (a cura di), *Storia economica d'Italia, Interpretazioni*, vol. 1, Laterza, Roma-Bari, pp. 44-118.
— (2011), *The Long Decline of a Leading Economy: GDP in Central and Northern Italy, 1300-1913*, in «European Review of Economic History», 15, 2, pp. 168-219.
Manacorda G. (1968), *Crisi economica e lotta politica in Italia, 1892-1896*, Einaudi, Torino.
Marcoaldi F. (1986), *Vent'anni di economia e politica. Le carte De Stefani (1922-1941)*, Franco Angeli, Milano.
— (1991), *De Stefani, Alberto*, in Dizionario biografico degli italiani, vol. 39, Istituto della Enciclopedia italiana Treccani, Roma.
Marconi M. (1982), *La politica monetaria del fascismo*, Il Mulino, Bologna.
Masi G. (2002), *Grimaldi, Bernardino*, in Dizionario biografico degli italiani, vol. 59, Istituto della Enciclopedia italiana Treccani, Roma.
Matard-Bonucci M.A. (2008), *L'Italia fascista e la persecuzione degli ebrei*, Il Mulino, Bologna.
Mauri A. (1967), *Il mercato del credito in Etiopia*, Giuffrè, Milano.
Mazower M. (2001), *Inside Hitler's Greece. The Experience of Occupation, 1941-44*, Yale University Press, New Haven, CT.
Mendès-France, P. (1930), *La Banque Internationale: contribution à l'étude du problème des États-Unis d'Europe*, Librairie Valois, Paris.

Miccoli G. (1997), *Santa Sede, questione ebraica e antisemitismo fra Otto e Novecento*, in Vivanti C. (a cura di), *Gli ebrei in Italia. Storia d'Italia, Annali*, vol. 11, tomo II, Einaudi, Torino, pp. 1371-1574.

Migone G.G. (1980), *Gli Stati Uniti e il fascismo. Alle origini dell'egemonia americana in Italia*, Feltrinelli, Milano.

Ministero dell'Economia e delle Finanze (2011), *La spesa dello Stato dall'Unità d'Italia. Anni 1862-2009*, Roma.

Ministero del Tesoro (1988), *Relazione del direttore generale alla Commissione parlamentare di vigilanza. Il debito pubblico in Italia, 1861-1987*, vol. 1, Istituto Poligrafico e Zecca dello Stato, Roma.

Minsky H.P. (1982), *Can «It» Happen Again? Essays on Instability and Finance*, M.E. Sharpe, Armonk, NY.

Moggridge D. (1969), *The Return to Gold, 1925: The Formulation of Economic Policy and its Critics*, Cambridge University Press, Cambridge.

Molteni M. (2020a), *Measuring Bank Failures in Interwar Italy. Sources and Methods for a Comparative Account*, in «Rivista di storia economica», XXXVII, 3, pp. 345-398.

— (2020b), *Financial Development Gone Wrong? Expansion and Distress in Italy (1918-1936)*, mimeo, Oxford.

— (2021), *Bank Failures: What Failure? Distress, Development, and Supervision in Italian Banking, 1926-1936*, Thesis (D.Phil.) University of Oxford.

Molteni M., Pellegrino D. (2021), *Lessons from the Early Establishment of Banking Supervision in Italy (1926-1936)*, Quaderni di Storia Economica, n. 48, Banca d'Italia, Roma.

Mondini M. (2017), *Il capo. La Grande Guerra del generale Luigi Cadorna*, Il Mulino, Bologna.

Moreau E. (1954), *Souvenirs d'un Gouverneur de la Banque de France. Histoire de la stabilisation du franc (1926-1928)*, Librairie de Médicis, Paris.

Mori G. (1973), *Le guerre parallele. L'industria elettrica italiana nel periodo della grande guerra (1914-1919)*, in «Studi storici», 14, 2, pp. 292-372.

— (1992), *L'economia italiana dagli anni '80 alla prima guerra mondiale*, in Id. (a cura di), *Storia dell'industria elettrica in Italia. Le origini. 1882-1914*, vol. I, Laterza, Roma-Bari.

Moulton H.G., Pasvolsky L. (1926), *World War Debt Settlements*, The Macmillan Company, New York.

Mouton M.R. (1984), *La Société des Nations et reconstruction financière de l'Europe: la Conférence de Bruxelles, 24 septembre-8 octobre 1920*, in «Relations Internationales», 39, pp. 309-331.

Mueller R.C. (1979), *The Role of Bank Money in Venice, 1300-1500*, in «Studi Veneziani», 3, pp. 47-96.
— (1997), *The Venetian Money Market: Banks, Panics and the Public Debt, 1200-1500*, Johns Hopkins University Press, Baltimore, MD.
Mundell R.A. (1960), *The Monetary Dynamics of International Adjustment under Fixed and Flexible Exchange Rates*, in «The Quarterly Journal of Economics», 74, 2, pp. 227-257.
— (1963), *Capital Mobility and Stabilization Policy under Fixed and Flexible Exchange Rates*, in «The Canadian Journal of Economics and Political Science», 29, 4, pp. 475-485.

Natoli S., Piselli P., Triglia I., Vercelli F. (2016), *L'archivio storico del credito in Italia*, Quaderni di Storia Economica, n. 36, Banca d'Italia, Roma.
Negri G. (1989), *Giolitti e la nascita della Banca d'Italia nel 1893*, Collana Storica della Banca d'Italia, Documenti, vol. III, Laterza, Roma-Bari.
Nordvik H. (1995), *Norwegian Banking in the Inter-War Period: A Scandinavian Perspective*, in Feinstein C.H. (a cura di), *Banking, Currency and Finance in Europe between the Wars*, Clarendon Press, Oxford, pp. 434-457.
Novy D., Jacks D.S. (2020), *Trade Blocs and Trade Wars during the Interwar Period*, in «Asian Economic Policy Review», 15, 1, pp. 119-136.

Odell K.A., Weidenmier M.D. (2004), *Real Shock, Monetary Aftershock: The 1906 San Francisco Earthquake and the Panic of 1907*, in «Journal of Economic History», 64, 4, pp. 1002-1027.
O'Rourke K. (2014), *From Empire to Europe, Britain in the World Economy*, in Floud R., Humphries J., Johnson P. (a cura di), *The Cambridge Economic History of Modern Britain*, vol. 2, Cambridge University Press, Cambridge, pp. 60-93.
Orsolini E. (1997), *Finali, Gaspare*, in Dizionario biografico degli italiani, vol. 48, Istituto della Enciclopedia italiana Treccani, Roma.

Paladini G. (2003), *Uscire dall'isola. Venezia, risparmio privato e pubblica utilità, 1822-2002*, Laterza, Roma-Bari.
Palermo S. (2006), *La Banca Tiberina. Finanza ed edilizia tra Roma, Napoli e Torino 1869-1895*, Editoriale Scientifica, Napoli.
Panicacci J.L. (2010), *L'occupation italienne. Sud-Est de la France, juin 1940-septembre 1943*, Presses universitaires de Rennes, Rennes.

Pankhurst R. (1961), *Introduction to the Economic History of Ethiopia from Early Times to 1800*, Sidgwick & Jackson, London.
— (1963), *The Maria Theresa Dollar in Pre-War Ethiopia*, in «Journal of Ethiopian Studies», 1, 1, pp. 8-26.
Pantaleoni M. (1895), *La caduta della Società generale di Credito Mobiliare Italiano*, in «Giornale degli Economisti», 10, pp. 357-429.
— (1909), *Scritti vari di economia*, Serie 2, Sandorn, Palermo.
Pantaleoni M., Villain G. (1925), *La crisi del 1905-1907*, in «Annali di Economia», 1, 2, pp. 301-542.
Pareto V. (2005), *Le Verdict Tanlongo*, in Id., *Oeuvres complètes. Publiées sous la direction de Giovanni Busino*, tomo XXXII, Droz, Genève, pp. 130-133.
Parisella A. (1988), *Acerbo, Giacomo*, in Dizionario biografico degli italiani, vol. 34, Istituto della Enciclopedia italiana Treccani, Roma.
Pavan I. (2004), *Tra indifferenza e oblio. Le conseguenze economiche delle leggi razziali in Italia, 1938-1970*, Le Monnier, Firenze.
Pecorari P. (1994), *La fabbrica dei soldi. Istituti di emissione e questione bancaria in Italia (1861-1913)*, Pàtron, Bologna.
Pedone A. (1969), *Il bilancio dello Stato e lo sviluppo economico in Italia, 1861-1963*, in Fuà G. (a cura di), *Lo sviluppo economico italiano*, Franco Angeli, Milano, pp. 203-268.
— (2012), *Alle origini del persistente livello del debito pubblico italiano*, Intervento alla Riunione Intermedia SIEP, Roma, Banca d'Italia, 2 marzo.
Pegrari M. (2011), *De Pecunia. Chiesa, cattolici e finanza nello Stato Unitario*, in Melloni A. (a cura di), *Cristiani d'Italia. Chiesa, società, Stato, 1861-2011*, Istituto della Enciclopedia italiana Treccani, Roma, pp. 1051-1077.
— (2013a), *Nogara, Bernardino*, in Dizionario biografico degli italiani, vol. 78, Istituto della Enciclopedia italiana Treccani, Roma.
— (2013b), *Osio, Arturo*, in Dizionario biografico degli italiani, vol. 79, Istituto della Enciclopedia italiana Treccani, Roma.
— (2014), *Pacelli, Ernesto*, in Dizionario biografico degli italiani, vol. 80, Istituto della Enciclopedia italiana Treccani, Roma.
— (2019), *Tanlongo, Bernardo*, in Dizionario biografico degli italiani, vol. 94, Istituto della Enciclopedia italiana Treccani, Roma.
Pertici R. (2000), *Gerbi, Antonello*, in Dizionario biografico degli italiani, vol. 53, Istituto della Enciclopedia italiana Treccani, Roma.
— (2004), *La Malfa, Ugo*, in Dizionario biografico degli italiani, vol. 63, Istituto della Enciclopedia italiana Treccani, Roma.

Pescosolido G. (2017), *Nazione, sviluppo economico e questione meridionale in Italia*, Rubbettino, Soveria Mannelli.
Pessina M. (1987), *Prime note sull'organizzazione federativa cattolica del credito: Federazione Bancaria Italiana e Credito Nazionale dal 1914 al 1926*, in «Bollettino dell'archivio per la storia del movimento sociale cattolico in Italia», XXII, 2, pp. 288-329.
Petri R. (2002), *Storia economica d'Italia. Dalla Grande Guerra al miracolo economico (1918-1963)*, Il Mulino, Bologna.
Piluso G. (2007), *Mangili, Cesare*, in Dizionario biografico degli italiani, vol. 69, Istituto della Enciclopedia italiana Treccani, Roma.
— (2017), *L'Istituto di emissione, 1867-1926*, in Asso P.F. (a cura di), *Storia del Banco di Sicilia*, Donzelli, Roma, pp. 13-109.
Pino F. (2008), *Mattioli, Raffaele*, in Dizionario biografico degli italiani, vol. 72, Istituto della Enciclopedia italiana Treccani, Roma.
Polsi A. (2000a), *Alle origini del capitalismo italiano*, Einaudi, Torino.
— (2000b), *L'articolazione territoriale del sistema bancario italiano fra scelte di mercato e intervento delle autorità monetarie (1900-1936)*, in Conti G., La Francesca S. (a cura di), *Banche e reti di banche nell'Italia postunitaria*, Il Mulino, Bologna, pp. 217-262.
— (2001), *Stato e Banca Centrale in Italia. Il governo della moneta e del sistema bancario dall'Ottocento a oggi*, Laterza, Roma-Bari.
— (2002), *La vigilanza bancaria dai decreti del 1926 al piano sportelli del 1938*, in Conti G., Fanfani T. (a cura di), *Regole e mercati: fiducia, concorrenza e innovazioni finanziarie nella storia creditizia italiana*, Edizioni Plus, Pisa, pp. 265-295.
Porisini G. (1969), *Condizioni monetarie e investimenti nel bolognese. La Banca delle Quattro Legazioni*, Zanichelli, Bologna.
Posteraro P. (2010), *Miceli, Luigi Alfonso*, in Dizionario biografico degli italiani, vol. 74, Istituto della Enciclopedia italiana Treccani, Roma.
Psalidopulos M. (2019), *History of the Bank of Greece, 1928-2008. From Governments' Banker to Guardian of Financial Stability*, Bank of Greece, Athens.

Quilici N. (1935), *Fine di secolo. Banca Romana*, Mondadori, Milano.
Quirico D. (2004), *Adua. La battaglia che cambiò la storia d'Italia*, Mondadori, Milano.

Raitano G. (1995), *I provvedimenti sui cambi in Italia nel periodo 1919-1936*, in AA.VV., *Ricerche per la Storia della Banca d'Italia*, Collana Storica della Banca d'Italia, Contributi, vol. VI, Laterza, Roma-Bari, pp. 265-335.
Rainero R.H. (1995), *La Commission italienne d'armistice avec la France. Les rapports entre la France de Vichy et l'Italie de Mussolini (10 juin 1940-8 septembre 1943)*, SHAT, Paris.

Reinhart C.M., Rogoff K.S. (2009), *This Time Is Different. Eight Centuries of Financial Folly*, Princeton University Press, Princeton, NJ.

Reis J. (1995), *Portuguese Banking in the Inter-War Period*, in Feinstein C.H. (a cura di), *Banking, Currency, and Finance in Europe between the Wars*, Clarendon Press, Oxford, pp. 472-502.

Repaci F.A. (1962), *La finanza pubblica italiana nel secolo 1861-1960*, Zanichelli, Bologna.

Ressi A. (1820), *Dell'economia della specie umana*, vol. IV, nella Stamperia e Libreria di Pietro Bizzoni successo a Bolzani, Pavia.

Reti S.P. (1998), *Silver and Gold. The Political Economy of International Monetary Conferences, 1867-1892*, Greenwood Press, Westport, CT-London.

Rigano A.R. (2019), *Il y en a des flèches à son arc. Le fonti dell'Archivio storico della Banca d'Italia su Renato Gualino dialogano con altri archivi*, in Bava A., Bertolino G. (a cura di), *I mondi di Riccardo Gualino collezionista e imprenditore*, Allemandi, Torino, pp. 283-299.

Ristuccia C.A. (1998), *The Italian Economy under Fascism: 1934-1943. The Rearmament Paradox*, D.Phil. Dissertation, University of Oxford, Oxford.

— (2000), *The 1935 Sanctions Against Italy: Would Coal and Oil Have Made a Difference*, in «European Review of Economic History», pp. 85-110.

Ritschl A. (2005), *The Pity of Peace: Germany's Economy at War, 1914-18 and beyond*, in Broadberry S., Harrison M. (a cura di), *The Economics of World War I*, Cambridge University Press, Cambridge-New York, pp. 41-76.

Roberds W., Velde F.R. (2014), *Early Public Banks*, Federal Reserve Bank of Chicago, Working Paper, 3, February.

Roberts R. (2016), *«A Tremendous Panic»: The Global Financial Crisis of 1914*, in Smith A., Tennent K.D., Mollan S., *The Impact of the First World War on International Business*, Routledge, London.

Robiony M. (2018), *The Anatomy of a Banking Crisis. The Case of the Catholic Banks of the Veneto Region in the Late 1920s*, in «The Journal of European Economic History», 47, pp. 43-68.

Rochat G. (1997), *L'efficienza dell'esercito italiano nella grande guerra*, in «Italia contemporanea», 206, pp. 87-105.

Rollandi M.S. (2014), *Parodi*, in Dizionario biografico degli italiani, vol. 81, Istituto della Enciclopedia italiana Treccani, Roma.

Romano S. (1997), *Giuseppe Volpi. Industria e finanza tra Giolitti e Mussolini*, Marsilio, Venezia.

Romeo R. (1959), *Risorgimento e capitalismo*, Laterza, Bari.

— (1977), *Cavour e il suo tempo, 1842-1854*, vol. II, Laterza, Roma-Bari.
— (1988), *Breve storia della grande industria in Italia, 1861-1961*, il Saggiatore-Mondadori, Milano.
— (2012), *Cavour e il suo tempo*, vol. III, *1855-1861*, Laterza, Roma-Bari.
Roselli A. (2000), *Il Governatore Vincenzo Azzolini 1931-1944*, Collana Storica della Banca d'Italia, Saggi e Ricerche, vol. II, Laterza, Roma-Bari.
— (2006), *Italy and Albania. Financial Relations in the Fascist Period*, Tauris & Co., London.
— (2017), *L'Italia e il finanziamento delle due guerre mondiali*, in Barucci P., Bini P., Conigliello L. (a cura di), *Economia e diritto in Italia durante il fascismo*, Firenze University Press, Firenze, pp. 129-152.
Rosselli C. (1926), *Rivalutazione e stabilizzazione della lira*, in «La Riforma Sociale», pp. 157-170.
Rossi E., Nitti G.P. (a cura di) (1968), *Banche, governo e parlamento negli Stati sardi. Fonti documentarie, 1843-1861*, vol. II, Fondazione L. Einaudi, Torino.
Rossi L. (1991), *Di Broglio, Ernesto*, in Dizionario biografico degli italiani, vol. 39, Istituto della Enciclopedia italiana Treccani, Roma.

Salandra A. (1928), *La neutralità italiana (1914)*, Mondadori, Milano.
Salsano F., Toniolo G. (2010), *Da Quota 90 allo Sme. Tra imprese e istituzioni 100 anni di Assonime*, vol. I, Laterza, Roma-Bari.
Salvatorelli L., Mira G. (1956), *Storia d'Italia nel periodo fascista*, Einaudi, Torino.
Salvemini G., Zamagni V. (1993), *Finanza pubblica e indebitamento tra le due guerre mondiali: il finanziamento del settore statale. Problemi della finanza pubblica tra le due guerre, 1919-1930*, in AA.VV., *Ricerche per la storia della Banca d'Italia*, Collana Storica della Banca d'Italia, Contributi, vol. II, Laterza, Roma-Bari, pp. 139-269.
Sanna F. (2017), *Giacomo Grillo e la nascita della Banca d'Italia (1882-1894)*, Università di Torino, Tesi di dottorato in scienze storiche (XXIX ciclo).
Sannucci V. (1989), *The Establishment of a Central Bank: Italy in the Nineteenth Century*, in De Cecco M., Giovannini A. (a cura di), *A European Central Bank? Perspectives on Monetary Unification after Ten Years of the EMS*, Cambridge University Press, Cambridge.

— (1990), *Molteplicità delle banche di emissione: ragioni economiche ed effetti sull'efficacia del controllo monetario (1860-1890)*, in AA.VV., *Ricerche per la storia della Banca d'Italia*, Collana Storica della Banca d'Italia, Contributi, vol. I, Laterza, Roma-Bari, pp. 181-218.

Santarelli E. (1991), *De Vecchi, Cesare Maria*, in Dizionario biografico degli italiani, vol. 39, Istituto della Enciclopedia italiana Treccani, Roma.

Saraceno P. (1956), *Origini, ordinamenti e attività svolta*, in Ministero dell'Industria e del Commercio, *L'Istituto per la Ricostruzione Industriale, IRI*, vol. III, UTET, Torino.

— (1978), *Nuovi assetti introdotti nel nostro sistema economico dalle misure richieste dalla grande crisi 1929-1935*, in Toniolo G. (a cura di), *Industria e banca nella grande crisi 1929-1934*, Etas Libri, Milano, pp. 5-17.

Sarcinelli M. (2014), *Parravicini, Giannino*, in Dizionario biografico degli italiani, vol. 81, Istituto della Enciclopedia italiana Treccani, Roma.

Sayers R.S. (1976), *The Bank of England, 1891-1944*, vol. I, Cambridge University Press, Cambridge-New York.

Scalpelli L. (1979), *Ceriana, Francesco*, in Dizionario biografico degli italiani, vol. 23, Istituto della Enciclopedia italiana Treccani, Roma.

Scatamacchia R. (2008), *Azioni e azionisti. Il lungo Ottocento della Banca d'Italia*, Collana Storica della Banca d'Italia, Saggi e Ricerche, vol. V, Laterza, Roma-Bari.

— (2015), *Prima e dopo l'8 settembre. L'amministrazione della Banca d'Italia nei territori occupati della Jugoslavia, 1941-1944*, in «Contemporanea», XVIII, 4, pp. 507-537.

Schaefer C. (1992), *The Politics of Banking: The Bank of Abyssinia, 1905-1931*, in «The International Journal of African Historical Studies», 25, 2, African Studies Center, Boston University, Boston, MA, pp. 361-389.

Schioppa S. (2021), *Perle di stampa. Storia di una raccolta libraria*, in Id. (a cura di), *Il «Salottino del Governatore». Una collezione di libri antichi e di pregio*, Banca d'Italia, Roma, pp. 11-116.

Schulze M.S. (2005), *Austria-Hungary's Economy in World War I*, in Broadberry S., Harrison M. (a cura di), *The Economics of World War I*, Cambridge University Press, Cambridge-New York, pp. 77-111.

Schwartz A.J. (1987), *Money in Historical Perspective*, National Bureau of Economic Research, Cambridge, MA.

Segreto L. (1988), *Banche e finanzieri inglesi in Italia. Il caso della Banca Italo-Britannica 1916-1930*, in AA.VV., *Credito e sviluppo*

economico in Italia dal medioevo all'età contemporanea. Atti del primo convegno nazionale 4-6 giugno 1987, Fiorini, Verona, pp. 756-788.
— (2019), *Stringher, Bonaldo*, in Dizionario biografico degli italiani, vol. 94, Istituto della Enciclopedia italiana Treccani, Roma.
Sereni E. (1971), *Il capitalismo nelle campagne (1860-1900)*, Einaudi, Torino.
Shiferaw B. (2019), *Ethiopia's Transition from a Traditional to a Developing Economy, 1890s-1960s*, in Fantu C., Cramer C., Oqubay A. (a cura di), *The Oxford Handbook of the Ethiopian Economy*, Oxford University Press, Oxford-New York.
Shizume M. (2018), *A History of the Bank of Japan, 1882-2016*, in Edvinsson R., Jacobson T., Waldenstroem D. (a cura di), *Sveriges Riksbank and the History of Central Banking*, Cambridge University Press, Cambridge, pp. 328-360.
Siepmann H.A. (1920), *The International Financial Conference at Brussels*, in «The Economic Journal», pp. 436-459.
Silverman D.P. (1982), *Reconstructing Europe after the Great War*, Harvard University Press, Cambridge, MA.
Simmons B.A. (1993), *Why Innovate? Founding the Bank for International Settlements*, in «World Politics», 45, 3, pp. 361-405.
Sprague O.M.W. (1908), *The American Crisis of 1907*, in «The Economic Journal», 18, 71, pp. 352-372.
Sraffa P. (1920), *L'inflazione monetaria in Italia durante e dopo la guerra*, Premiata Scuola Tipografica Salesiana, Milano.
— (1922), *The Bank Crisis in Italy*, in «The Economic Journal», 32, 126, pp. 178-197.
Stella A. (1960), *Alvisi, Giuseppe Giacomo*, in Dizionario biografico degli italiani, vol. 2, Istituto della Enciclopedia italiana Treccani, Roma.
Storaci M. (1993), *L'Italia e il blocco dell'oro (1933-35)*, in AA.VV., *Ricerche per la storia della Banca d'Italia*, Collana Storica della Banca d'Italia, Contributi, vol. III, Laterza, Roma-Bari, pp. 441-481.
Stringher B. (1889), *La politica doganale negli ultimi trent'anni*, in «Giornale degli Economisti», 4, 2-3, pp. 127-170.
— (1893), *Note di statistica e legislazione comparata intorno alla circolazione monetaria nei principali stati*, in «Annali di Statistica», Serie 3, Roma.
— (1911), *Gli scambi con l'estero e la politica commerciale italiana dal 1860 al 1910*, in Accademia dei Lincei (a cura di), *Cinquant'anni di storia italiana*, vol. III, Hoepli, Milano.
— (1920), *Su le condizioni della circolazione e del mercato monetario durante e dopo la guerra*, Casa Editrice Italiana, Roma.

Supino C. (1929), *Storia della circolazione cartacea in Italia dal 1860 al 1928*, Società Editrice Libraria, Milano.
Sylla R. (2016), *Hamilton*, Sterling, New York.
Sylla R., Cowen D.J. (2018), *Alexander Hamilton on Finance, Credit and Debt*, Columbia University Press, New York.

Tallman E.W., Moen J.R. (2012), *Liquidity Creation without a Central Bank: Clearing House Loan Certificates in the Banking Panic of 1907*, in «Journal of Financial Stability», 8, 4, pp. 277-291.
Tamagna F.M. (1960), *Strumenti della politica monetaria: un esame comparativo*, in «Moneta e Credito», 13, 50.
Tanlongo P. (1893), *Una parte della corrispondenza di Bernardo Tanlongo*, Tipografia Sociale, Roma.
Tattara G. (1978), *La battaglia del grano*, in Toniolo G. (a cura di), *L'economia italiana 1861-1940*, Laterza, Roma-Bari, pp. 337-380.
— (1993), *La persistenza dello squilibrio dei conti con l'estero dell'Italia negli anni Trenta*, in AA.VV., *Ricerche per la storia della Banca d'Italia*, Collana Storica della Banca d'Italia, Contributi, vol. III, Laterza, Roma-Bari, pp. 367-440.
Thaon di Revel P.I.M. (1942), *Brevi note sul circuito dei capitali*, in «Rivista di diritto finanziario e scienza delle finanze», 3, pp. 98-125.
Thornton H. (1802), *An Enquiry into the Nature and Effects of the Paper Credit of Great Britain*, Hatchard, London.
Timberlake R.H. (1978), *The Origins of Central Banking in the United States*, Harvard University Press, Cambridge, MA.
Tognotti E. (2000), *Il mostro asiatico. Storia del colera in Italia*, Laterza, Roma-Bari.
Toniolo G. (1978), *Crisi economica e smobilizzo pubblico delle banche miste, 1930-1934*, in Id. (a cura di), *Industria e banca nella grande crisi, 1929-1934*, Etas Libri, Milano.
— (1980), *L'economia dell'Italia fascista*, Laterza, Roma-Bari.
— (1988), *Storia economica dell'Italia liberale 1850-1918*, Il Mulino, Bologna.
— (1989), *La Banca d'Italia e l'economia di guerra 1914-1919*, Collana Storica della Banca d'Italia, Documenti, vol. V, Laterza, Roma-Bari.
— (1990), *Crisi bancarie e salvataggi. Il Credito Italiano dal 1930 al 1934*, in Id. (a cura di), *Il Credito Italiano e la fondazione dell'IRI*, Scheiwiller, Milano, pp. 115-142.
— (1993), *Il profilo economico*, in Guarino G., Toniolo G. (a cura di), *La Banca d'Italia e il sistema bancario 1919-1936*, Collana Storica della Banca d'Italia, Documenti, vol. VII, Laterza, Roma-Bari, pp. 5-101.

― (1994), *Cent'anni, 1894-1994. La Banca Commerciale e l'economia italiana*, Banca Commerciale Italiana, Milano.
― (1995), *Credito, istituzioni, sviluppo*, in Id. (a cura di), *Storia del Banco di Sardegna. Credito, istituzioni, sviluppo dal XVIII al XX secolo*, Laterza, Roma-Bari, pp. 6-112.
― (2003), *La Banca d'Italia e l'economia di guerra, 1914-1919*, in Cotula F., De Cecco M., Toniolo G. (a cura di), *La Banca d'Italia. Sintesi della ricerca storica 1893-1960*, Collana Storica della Banca d'Italia, Saggi e Ricerche, vol. IV, Laterza, Roma-Bari, pp. 171-207.
― (2005), *Central Bank Cooperation at the Bank for International Settlements, 1930-1973*, Cambridge University Press, Cambridge-New York.
― (2011), *What Is a Useful Central Bank? Lessons from the Interwar Years*, in Berg S.A., Eitrheim O., Quivstad J.F., Ryel M. (a cura di), *What Is a Useful Central Bank? Proceedings from Norges Bank's Symposium*, Norges Bank, Oslo, pp. 51-78.
― (2013), *An Overview of Italy's Economic Growth*, in Id. (a cura di), *The Oxford Handbook of the Italian Economy since Unification*, Oxford University Press, Oxford-New York, pp. 3-36.
― (2019), *The Banca d'Italia and the War Economy*, in Feiertag O., Margairaz M. (a cura di), *Les banques centrales pendant la Grande Guerre*, SciencesPo Les Presses, Paris, pp. 33-54.
Toniolo G., Conte L., Vecchi G. (2003), *Monetary Union, Institutions and Financial Market Integration: Italy 1862-1905*, in «Explorations in Economic History», 40, 4, pp. 443-461.
Toniolo G., Pellegrino D. (2020), *Ricostruire l'economia internazionale: debiti e cambi*, in Ballini P.L., Varsori A. (a cura di), *1919-1920. I trattati di pace e l'Europa*, Istituto Veneto di Scienze, Lettere ed Arti, Venezia, pp. 359-388.
Toniolo G., White E.N. (2016), *The Evolution of the Financial Stability Mandate: From Its Origins to the Present Day*, in Bordo M.D., Eitrhein O., Flandreau M., Qvigstad J.F. (a cura di), *Central Banks at a Crossroads. What Can We Learn from History?*, Cambridge University Press, Cambridge-New York, pp. 424-492.
Tortella G., Palafox J. (1984), *Banking and Industry in Spain, 1918-1936*, in «The Journal of European Economic History», 13, 2, pp. 81-111.
Tuccimei E. (1990), *L'ordinamento e le operazioni della Banca Nazionale nel Regno d'Italia*, in AA.VV., *Ricerche per la storia della Banca d'Italia*, Collana Storica della Banca d'Italia, Contributi, vol. I, Laterza, Roma-Bari, pp. 219-293.
― (1999), *La Banca d'Italia in Africa. Introduzione all'attività dell'I-*

stituto di emissione nelle colonie dall'età crispina alla seconda guerra mondiale, Collana Storica della Banca d'Italia, Contributi, vol. VIII, Laterza, Roma-Bari.

— (2005), *La ricerca economica a Via Nazionale. Una storia degli studi da Canovai a Baffi, 1894-1940*, Quaderni dell'Ufficio Ricerche storiche, n. 9, Banca d'Italia, Roma.

Tucker P. (2014), *The Lender of Last Resort and Modern Central Banking: Principles and Reconstruction*, Bank for International Settlements, paper n. 79.

Tusset G. (2016), *Genova 1907: una crisi di borsa*, in Augello M.M., Guidi M.E.L., Pavanelli G. (a cura di), *Economia e opinione pubblica nell'Italia liberale. Gli economisti e la stampa quotidiana. I dibattiti*, vol. 2, Franco Angeli, Milano, pp. 179-202.

Ufficio Italiano dei Cambi (1995), *Ufficio Italiano dei Cambi. Cinquant'anni di storia*, vol. 1, Laterza, Roma-Bari.

Ugolini S. (2017), *The Evolution of Central Banking. Theory and History*, Palgrave Macmillan, London.

— (2021), *The (Pre)History of Central Bank Independence*, Norges Bank, Central Bank Independence – Lessons from History, April, disponibile in www.norges-bank.no/RyggPanel2021.

Ugolini S., Flandreau M. (2014), *The Crisis of 1866*, in Dimsdale N., Hotson A. (a cura di), *British Financial Crises since 1825*, Oxford University Press, Oxford-New York.

Usher A.P. (1943), *The Early History of Deposit Banking in Mediterranean Europe*, Harvard University Press, Cambridge, MA.

Valenti G.A. (1890), *A proposito della crisi edilizia nella città di Roma*, in «Giornale degli Economisti», V, 3.

Van der Wee H. (2012), *Belgian Monetary Policy under the Gold Standard during the Interwar Period*, in Ögren A., Øksendal L.F. (a cura di), *The Gold Standard Peripheries. Monetary Policy, Adjustment and Flexibility in a Global Setting*, Palgrave Macmillan, London.

Vaslin J.M. (2007), *Le siècle d'or de la rente perpétuelle française*, in Hautecoeur P.C., Gallais-Hamonno G. (a cura di), *Le marché financier français au XIXe siècle*, tomo 1, Publications de la Sorbonne, Paris, pp. 117-208.

Vecchi G. (2017), *Measuring Wellbeing. A History of Italian Living Standards*, Oxford University Press, Oxford-New York.

Velde F.R. (2018), *The Neapolitan Banks in the Context of Early Modern Public Banks*, working paper n. 5, Federal Reserve Bank of Chicago, Chicago.

Vercelli F. (2022), *The Italian Banking System during the 1907 Financial Crisis and the Role of the Bank of Italy*, Quaderni di Storia Economica, n. 49, giugno, Banca d'Italia, Roma.

Verro T.C. (2021), *Il Credito Fondiario dell'Istituto Bancario San Paolo di Torino nei documenti dell'Archivio Storico della Compagnia San Paolo*, Fondazione Compagnia di San Paolo, Torino.

Vinci F. (1920), *I lavori della conferenza finanziaria di Bruxelles*, in «Giornale degli Economisti e Rivista di Statistica», 60, 12, pp. 540-544.

Virtue N.G. (2011), *Occupation Duty in the Dysfunctional Coalition. The Italian Second Army and Its Allies in the Balkans, 1941-1943*, in «Journal of Military and Strategic Studies», 14, 1, pp. 1-32.

Visco I. (1990), *Comment to De Cecco*, in Dornbusch R., Draghi M. (a cura di), *Public Debt Management, Theory and History*, CEPR, London, pp. 286-292.

— (2021), *Prefazione*, in De Lucia Lumeno G., *Bonaldo Stringher. «Serenità, calma e fermezza». Una storia economica dell'Italia*, Guerini e Associati, Milano, pp. 17-26.

Westerhuis G., van Zanden J.L. (2018), *Four Hundred Years of Central Banking in the Netherlands, 1609-2016*, in Edvinsson R., Jacobson T., Waldenström D. (a cura di), *Sveriges Riksbank and the History of Central Banking*, Cambridge University Press, Cambridge-New York, pp. 242-264.

White L. (1991), *Banking without a Central Bank: Scotland before 1844 as a Free Banking System*, in Capie F., Wood G.E. (a cura di), *Unregulated Banking. Chaos or Order?*, Palgrave Macmillan, London, pp. 37-71.

Yago K. (2012), *The Financial History of the Bank for International Settlements*, Routledge, Abingdon.

Zamagni V. (1975), *La dinamica dei salari nel settore industriale, 1921-1939*, in «Quaderni storici», 10, 29/30, pp. 530-549.

— (1990), *Dalla periferia al centro. La seconda rinascita economica dell'Italia (1861-1990)*, Il Mulino, Bologna.

— (1994), *Una ricostruzione dell'andamento mensile dei salari industriali e dell'occupazione, 1919-39*, in AA.VV., *Ricerche per la storia della Banca d'Italia*, Collana Storica della Banca d'Italia, Contributi, vol. V, pp. 349-378.

— (1998), *Italy: How to Lose the War and Win the Peace*, in Harrison M. (a cura di), *The Economics of World War II. Six Great Powers in International Comparison*, Cambridge University Press, Cambridge-New York, pp. 176-223.

Zani L. (1988), *Fascismo, autarchia, commercio estero. Felice Guarneri un tecnocrate al servizio dello «Stato nuovo»*, Il Mulino, Bologna.
— (2003), *Guarneri, Felice*, in Dizionario biografico degli italiani, vol. 60, Istituto della Enciclopedia italiana Treccani, Roma.
Ziegler D. (1990), *Central Bank, Peripheral Industry. The Bank of England in the Provinces*, Leicester University Press, Leicester-London.

ABBREVIAZIONI E SIGLE

ACDG   Associazione Cristiana dei Giovani
ACS   Archivio centrale dello Stato
AHBdF   Archivio Storico Banque de France
AP   Atti parlamentari
ASBI   Archivio Storico della Banca d'Italia
ASSONIME   Associazione Nazionale delle Società per Azioni
BEI   Banca Europea per gli Investimenti
BI   Banca d'Italia
BRI   Banca dei Regolamenti Internazionali
CB   Banca centrale
CD   Camera dei deputati
CECA   Comunità Europea del Carbone e dell'Acciaio
CIR   Commissione Internazionale di Vettovagliamenti
CREDIOP   Consorzio di credito per le opere pubbliche
EGELI   Ente di Gestione e Liquidazione Immobiliare
FRBNY   Federal Reserve Bank di New York
GIL   Gioventù italiana del Littorio
ICIPU   Istituto di Credito per le Imprese di Pubblica Utilità
IMI   Istituto Mobiliare Italiano
INA   Istituto Nazionale delle Assicurazioni
INCE   Istituto Nazionale per i Cambi con l'Estero
IRI   Istituto per la Ricostruzione Industriale
NPL   *Non Performing Loans*
PIL   Prodotto interno lordo
PNF   Partito Nazionale Fascista
SFI   Società Finanziaria Italiana
SNIA   Società di Navigazione Italo-Americana
SOFTIT   Società Finanziamento Titoli
SVIMEZ   Associazione per lo sviluppo dell'industria nel Mezzogiorno

SUMMARY

More so than in other countries, Italy's central bank has played an important role in creating conditions for the growth of the real economy. This first volume on the history of the Bank of Italy explores its origins, starting from its foundation in 1893 and retracing the subsequent fifty years, until 8 September 1943. The gradual transformation of a nineteenth-century bank of issue into a modern central bank emerges from an examination of its monetary policies and management of banking crises, from supervisory activity, relations with governments and foreign central banks, but also from lesser-known aspects of the Bank's life: changes in its institutional and organizational structure, its role in the war economy, colonial branches, and its relations with the National Fascist Party. The human factor also receives attention: governors, directors-general and officials, treasury ministers, and central bankers from other countries. The picture that emerges is one of accelerations and setbacks, of exemplary and less becoming conduct, of protagonism and marginalization, all leading to the formation of an institution equipped to meet the challenges of the post-World War II period.

INDICI

INDICE DEI NOMI

Acanfora, Giovanni, 380, 659, 673, 697, 698n, 699, 713, 733, 734 e n
Acerbo, Giacomo, 729, 731 e n-733 e n
Agnelli, Giovanni, 164, 329, 506, 507, 616
Aimone di Savoia-Aosta di Spoleto, 718n
Albertazzi, Alessandro, 493n
Alberti, Mario, 427n, 430, 560n, 708 e n
Albertini, Luigi, 292n, 609n
Alessandro II Romanov, zar, 26
Alfieri di Sostegno, Cesare, 50
Aloj, Salvatore, 523
Alvisi, Giacomo, 129, 131, 140-143
Amatori, Franco, 261
Ambron, Eugenio Hizchia, 174, 178 e n, 330, 331, 340
Amoroso, Luigi, 698n
Appelius, Enrico, 149
Arena, Celestino, 694 e n, 730n
Arlotta, Antonio, 72
Arpinati, Leandro, 511, 512n
Asquith, Herbert Henry, 299n
Assayas, Guillaume, 687
Asso, Pier Francesco, 381, 382, 384, 385, 402, 403, 404n, 406, 407, 420n, 421 e n, 427, 428n, 429, 431 e n, 432, 433, 452n, 454, 500 e n, 515, 693
Astore, Marianna, 431n
Astuto di Lucchese, Riccardo, 643 e n
Attolico, Bernardo, 325n, 385
Avenol, Joseph, 391n
Avitabile, Michele, 76
Azzolini, Vincenzo, VIII, 393n, 467, 514, 516, 519-522, 524, 529, 533, 534, 535 e n, 536 e n, 537, 539 e n, 540 e n, 541, 544, 547, 548 e n-550 e n, 552 e n, 554, 559, 561, 562, 564, 565 e n, 566 e n, 569n, 577 e n, 578 e n, 581, 583 e n, 584n, 585 e n, 593n, 594 e n, 596, 598, 599 e n, 603, 610n, 614 e n-618 e n, 619, 623, 628 e n, 629, 633, 637, 638, 643, 645 e n, 647, 650 e n, 651 e n, 653n, 654n, 656, 657n, 658, 659, 661, 664, 666, 668, 669 e n, 670 e n, 671, 673, 674, 675 e n-677 e n, 681 e n, 682 e n, 683-686, 687 e n, 688, 694, 696, 697, 699, 700, 701 e n-703 e n, 704, 705, 706 e n, 707, 708n, 710, 713 e n, 715 e n, 716n, 718, 719 e n, 720 e n, 721, 724 e n, 725n, 728n, 731 e n-735 e n, 736

Baccaglini, Alessandro, 637
Bachi, Riccardo, 25n, 49, 358
Bachmann, Gottlieb, 451, 627, 628 e n
Badoglio, Pietro, 644, 645 e n, 697n, 734 e n
Baffi, Paolo, V, IX, 1, 465n, 537, 555n, 558, 559n, 560, 564, 599 e n, 639, 666 e n, 667-671, 694n, 696, 697 e n, 701, 704, 705n
Baffigi, Alberto, 2, 82n, 99, 102, 161, 285 e n, 287n, 348, 386n, 424, 464n, 530 e n, 531, 607n, 631, 632, 678n
Bagehot, Walter, 10, 33, 83n, 252
Baia Curioni, Stefano, 241, 245, 246, 249, 250
Balbis, Francesco, 688n
Balbo, Cesare, 50, 99
Balduino, Domenico, 171n, 178 e n
Baldwin, Stanley, 401n
Balfour, Arthur, 400n
Balletta, Francesco, 69
Ballini, Pier Luigi, 218n, 223n, 225, 229n, 234
Balzarotti, Federico Ettore, 291n, 377 e n, 378, 379 e n
Baratieri, Oreste, 181

Barba Navaretti, Giorgio, 688n, 689n
Barbagallo, Francesco, 162, 321, 381
Barbiellini Amidei, Federico, 2, 109n, 128, 164, 204, 205, 261, 302n, 304n, 305, 354, 434, 446 e n, 544, 590n, 603, 631, 632 e n
Bardi, famiglia, 17
Bargoni, Angelo, 96n
Barsali, Mario, 282 e n, 490n
Bartolini, Domenico, 734 e n, 735
Barucci, Piero, 157, 163 e n, 708n
Bastasin, Carlo, 42 e n, 165, 448
Bastogi, Piero, 67
Battilocchi, Angelo, 89 e n, 642 e n, 660 e n
Battistella, Giacomo, 474
Bava Beccaris, Fiorenzo, 162, 190
Beagley, Alice, 7n
Belluzzo, Giuseppe, 482 e n, 483, 485n, 493
Beneduce, Alberto, VIII, 381, 391n, 393 e n, 394 e n, 430 e n, 444 e n, 455n, 458, 461, 472, 473 e n, 474n, 509, 522, 536 e n, 539, 541, 543, 551, 555 e n, 556-559, 562, 564 e n, 565 e n, 567 e n, 571, 572, 579-582, 587, 589, 590, 592-594, 617 e n, 623, 637, 674
Benini, Rodolfo, 186
Berger, Helge, 49
Bernardello, Adolfo, 66
Berruti, Mario, 50
Bertarelli, Tommaso, 179n, 278
Bertazzini, Mattia Cosma, 655
Besso, Marco, 174, 178n
Besta, Fabio, 185 e n
Bevilacqua, Nicola, 492 e n, 496, 499 e n
Biagini, Gustavo, 129, 131, 140-143, 170, 177, 178n
Bianchini, Giuseppe, 472, 473n, 474 e n, 476n, 558
Bignon, Vincent, 33, 528
Bindseil, Ulrich, 13, 14, 20, 32n
Binocchi, Ettore, 514 e n
Biscaini, Anna Maria, 297, 639
Bismarck, Otto von, 83, 105
Bissolati, Leonida, 556
Blancheton, Bertrand, 439
Blasoni, Mario, 188n

Blum, Léon, 608, 625, 626
Bocci, Marco, 107n, 120 e n
Bodio, Luigi, 171n, 186
Bognetti, Giuseppe, 695n
Bolchini, Piero, 46
Bollard, Vincent, 17
Bombrini, Carlo, 48, 64, 72, 77, 80, 87, 91, 106, 107 e n, 167, 170, 171n, 172
Bon, Silvia, 572n
Bonaparte, Giuseppe, re di Napoli e di Spagna, 23
Bonaparte, Napoleone, imperatore dei francesi, 25 e n, 158, 467n
Bonar Law, Andrew, 325 e n, 386n, 401n
Boncompagni Ludovisi, Francesco, 374
Bondi, Max, 490 e n
Bonelli, Franco, 38, 100, 168n, 176n, 179n, 182 e n, 185n, 199n, 242n, 244, 246, 248-250, 251 e n, 255 e n, 257n, 258n, 259, 260, 263n, 265, 470, 490n, 535n, 555n
Bonelli, Gustavo, 472, 473n, 476n
Bonin-Longare, Lelio, 430n, 614n
Bonomi, Ivanoe, 363n, 366n, 556
Bonomi, Oreste, 704
Bordo, Michael D., 27
Borgatta, Gino, 693, 695, 698
Borghese, Paolo, 110
Boselli, Paolo, 175, 183
Boswell, Jessie, 664n
Bottai, Giuseppe, 482, 694n
Bozano, Paolo, 251
Brandolini, Filippo, 190n, 191
Braudel, Fernand, 15, 17
Breda, Stefano, 263
Bresci, Gaetano, 190
Bresciani Turroni, Costantino, 669n, 694, 698n
Broadberry, Stephen, 41 e n, 164, 280, 285, 299, 300, 602
Brocchi, Igino, 474n, 476n
Brown, William Adams, 288, 289
Broz, J. Lawrence, 12n
Bruins, Gijsbert Weijer Jan, 391
Bruner, Robert F., 11 e n
Bruzzone, Emilio, 251
Bruzzone, Giuseppe, 251, 256
Buffarini Guidi, Guido, 686 e n

Indice dei nomi

Burr, Aaron, 420
Busacca, Raffaello, 87
Bussetti, Ferdinando, 368
Buti, Marco, 430
Buttiglione, Mario, 718, 719n

Cabiati, Attilio, 379, 417n, 445n, 522, 580n
Cadorna, Luigi, 281, 284 e n, 332n, 336
Cagliostro (Alessandro Balsamo), 515
Cain, Peter J., 347
Calabresi, Gian Franco, 472n
Calegari, Roberto, 259, 265
Calzavarini, Mirella, 48, 107n
Cambray-Digny, Luigi Guglielmo, 81
Cameron, Rondo Emmett, 46
Cammarano, Fulvio, 103
Campolongo, Alberto, 666-668
Canaletto, Giovanni Antonio Canal, detto il, 7
Canali Stringher, Lucia, 188 e n
Canera di Salasco, Carlo, 50
Cannizzaro, Livia, 199n
Canovai, Tito, 118, 121 e n, 123, 124 e n, 196, 199, 213, 277, 342, 380, 521, 665
Cantwell, John, 164, 603
Capie, Forrest, 7n, 29, 32n, 569
Caponetti, Giorgio, 506n
Caracciolo, Alberto, 283 e n, 284, 286, 327, 633n, 637 e n, 638-640, 694 e n, 695, 696, 730n, 736
Carcano, Paolo, 196, 227, 228, 255n, 308, 310n, 313, 314 e n, 315n, 316n, 317, 319 e n, 320 e n, 322, 325, 342, 537
Cardarelli, Sergio, 2, 65n, 72, 77, 79-81, 84, 86, 90, 96 e n, 132, 134, 136, 168, 171, 173, 682, 687 e n
Carena, Felice, 664
Carli, Guido, V, 1
Carlo Alberto di Savoia, re di Sardegna, 41, 50
Carocci, Giampiero, 85
Caron, Massimiliano, 199, 202, 553
Carr, Sean D., 11 e n, 389n
Carriero, Giuseppe, 91
Casorati, Felice, 663n, 664 e n
Cassel, Gustav, 391 e n, 392, 393, 438, 445n, 466, 560

Cassese, Sabino, 593
Castagnola, Stefano, 90
Castelli, Carlo, 49
Castronovo, Valerio, 498, 587, 588n
Cataldi, Giuliano, 47
Cavalcanti, Maria Luisa, 419
Cavallini, Luigi, 150, 166, 175, 179n, 184, 275, 276
Cavalli-Sforza, Luigi, 678
Cavallotti, Felice, 135
Cavazzoni, Stefano, 499 e n
Cavour, Camillo Benso di, 3, 46 e n, 47n, 48 e n, 49, 51, 52, 53 e n-61 e n, 62, 63 e n, 64, 65 e n, 72, 75 e n, 76, 99, 106, 120n, 142, 172, 180
Ceresa, Alessandro, 474n
Ceriana, Francesco, 166, 171, 278
Cerioni, Isabella, 41, 264 e n, 265, 267, 268
Cerrito, Elio, 178n, 182
Cevasco, Giacomo, 54
Chamberlain, Austen, 384, 404n
Chernow, Ron, 31n, 421 e n, 427 e n
Chessa, Luigi, 664n
Chiapparino, Francesco, 507, 511n
Chiapponi, Paola, 496
Chigi, famiglia, 17
Chigi, Francesco, 727n
Chilosi, David, 42n
Chimirri, Bruno, 190n
Churchill, Winston, 431, 700
Ciampi, Carlo Azeglio, V, VI, 1, 2
Cianci, Ernesto, 573n, 588n
Ciano, Galeazzo, 536n, 681, 682 e n, 714
Ciasca, Raffaele, 604
Cibrario, Luigi, 63
Ciccarelli, Carlo, 42n, 260n, 261
Cicerone, Marco Tullio, 279
Cilento, Rodolfo, 718, 719n
Cima, Giovanni, 701n, 702n
Cimino, Antonino, 661 e n
Cini, Vittorio, 704n
Ciocca, Pierluigi, 31, 43, 91, 99, 101, 164, 206, 207, 209, 210, 242n, 305, 472n, 573n, 575n, 586, 588 e n, 589, 669
Cipolla, Carlo Maria, V, 1, 15
Ciuffelli, Augusto, 380
Clapham, John, 25

Clarke, Stephen V.O., 455, 564, 565
Clegg, William Henry, 347
Clodius, Carl, 726 e n
Cocco-Ortu, Francesco, 113, 114n, 149, 470
Codronchi, Giovanni, 127n
Coen Luzzatto, Irene, 681n
Cohen, Jon S., 465n
Colajanni, Napoleone, 138n, 141-143, 148
Colapietra, Raffaele, 190
Collier, Charles, 646, 657
Comei, Marina, 572
Concini, Concino, 474n
Confalonieri, Antonio, 107, 109, 111, 116, 124-126, 156 e n, 157, 163, 192 e n, 194, 198, 200, 204n, 208, 210, 211n, 212, 213 e n, 214, 242, 243n, 244 e n, 246, 250, 258n, 264, 265, 268, 269 e n, 270n, 359, 360, 369, 379n, 434 e n, 436, 483, 573n, 574, 575n
Consiglio, Davide, 139, 147, 151
Contarini, Tommaso, 19 e n
Conte, Leandro, 44-47, 50 e n, 51n, 70, 73, 245
Contessa, Alberto M., 272, 518, 638, 663
Conti, Ettore, 283, 617
Conti, Fulvio, 227n, 230
Conti, Giuseppe, 482n, 489
Coolidge, John Calvin Jr., 404n
Coppola d'Anna, Francesco, 698n
Corbino, Epicarmo, 148
Cordova, Filippo, 85n
Cortese, Andrea, 251
Cossa, Luigi, 186
Costabile, Lilia, 23
Costantino I, re di Grecia, 723n
Cotula, Franco, 1, 2, 354, 409 e n, 410, 412n, 413, 414, 419, 433, 436n-438n, 440n, 445 e n, 447, 454n, 465n, 466, 542n, 543n, 544 e n, 546n, 549n, 616n, 632n
Cowen, David J., 32n
Cravath, Paul, 382n, 385n
Crespi, Silvio Benigno, 283n, 324
Crispi, Francesco, 112, 127 e n, 129 e n, 132-135, 137, 141, 142n, 143, 148, 154, 162, 166 e n, 170, 173, 175, 181, 188, 540 e n

Crispolti, Filippo, 493
Croce, Benedetto, 609n
Croce, Paolo, 273, 337, 517, 659 e n, 662n
Crosby, Oscar Terry, 324, 325 e n, 382n, 384
Crouzet, François, 159
Cunliffe, Walter, 314 e n, 315, 392, 392n
Curli, Barbara, 663
Cusumano, Vito, 186

Da Campo, Giovanni Battista, 513
D'Agostino, Alberto, 618 e n
d'Albergo, Ernesto, 669
Dalforno, Narciso, 222n, 319 e n
Dallolio, Alfredo, 282, 283, 621
D'Ambrosio, Raffaele, 469n
D'Antone, Leandra, 589n
D'Aroma, Pasquale, 276, 474 e n, 475n, 476 e n, 522-524, 572, 673 e n
Davenant, Charles, 279
Davis, Norman, 382n, 383
Dawes, Charles Gates, 404n
D'Azeglio, Massimo, 99
De Bonis, Riccardo, 207
De Cecco, Marcello, 2, 105 e n, 179n, 223n, 224n, 225, 380n, 391n, 394, 399, 402n, 407n, 408, 428n, 429, 430n, 431n, 442, 443n, 444n, 453n, 462n, 539n, 540n, 543n, 546n, 547n, 548 e n, 549n, 550n, 558n, 565n, 566n, 568, 624n, 661
Declassé, Théophile, 225
Decorzant, Yann, 401
De Felice, Renzo, 415n, 446n, 605, 671, 678, 679n, 684, 712 e n, 717, 718n, 719
De Ferrari, Raffaele di Galliera, 47
De Ianni, Nicola, 419n, 551 e n
De La Rüe, Émile, 47
De La Rüe, Frères, 55
Della Torre, Giuseppe, 672, 673 e n, 675, 676, 693, 694
Della Torre, Luigi, 290 e n, 291n, 334, 335n
De Lucia Lumeno, Giuseppe, 185n, 331n
Del Vecchio, Gustavo, 316n, 465n
De Marco, Domenico, 22 e n, 69, 141n

Indice dei nomi 783

Demaria, Giovanni, 695, 698 e n
De Martino, Giacomo, 430n
De Mattia, Angelo, 272, 518, 638, 663
De Mattia, Renato, 56n-59n, 61n, 67, 69, 71, 75, 76n, 89, 174n
De Nava, Giuseppe, 362 e n, 363 e n, 366 e n
De Nicolò, Marco, 130n
Denti, Rinaldo, 665
Dentoni, Maria Concetta, 288n
Depretis, Agostino, 96 e n, 103, 112, 123, 130n
De Rosa, Gabriele, 489, 490
De Rosa, Luigi, 75, 76, 79, 84, 127n, 128-130, 132 e n, 133, 137n, 140 e n, 141n, 142, 147, 148, 151, 157, 368-370, 372n, 489
De Rossi, Vittorio, 166, 170 e n, 171, 175, 179n, 278 e n
De Stefani, Alberto, 349 e n, 350 e n, 351, 372 e n, 373 e n, 374, 378, 403, 405 e n, 406 e n, 408, 409, 411, 412n, 413 e n, 414 e n, 415, 416, 417 e n, 418, 419, 421, 425, 426 e n, 428 e n, 429 e n, 433, 445, 536, 551, 734n
De Stephanis, Emilio, 721n
De Vita, Agostino, 666, 667
De Viti De Marco, Antonio, 141n
Di Broglio, Ernesto, 218 e n, 219 e n, 220-224, 226
Di Cosmo, Luciano, 199, 202, 553
Di Fenizio, Ferdinando, 669
Di Martino, Paolo, 120, 127n
Di Nardi, Giuseppe, 66-68, 72n, 83, 85, 87n, 93n, 94n, 129, 131 e n, 666, 667
di Rudinì, Antonio Starabba, 130n, 134, 136, 137, 153, 154, 162, 181 e n, 183
Disraeli di Beaconsfield, Benjamin, 278 e n
Dodi, Giulia, 685n
Dolcetta, Bruno, 558
Donato, Luigi, 507
Dondi, Annalisa, 693
Donn, Giovanni, 278
Dornbusch, Rudiger, 439
Dostoevskij, Fëdor Michajlovič, 559
Draghi, Carlo, 497 e n

Dreyfus, Paul, 226, 682
Duchoquè, Alessandro, 149n
Duggan, Christopher, 161

Eco, Umberto, VI
Edvinsson, Rodney, 7n
Eichengreen, Barry, 391, 394, 546, 568
Einaudi, Luigi, VIII, 281, 308, 309, 357n, 377 e n, 380, 445 e n, 522, 580n, 664, 669
Einzig, Paul, 560
Ellena, Vittorio, 186, 187
Evangelisti, Italo, 366

Facta, Luigi, 397
Falchero, Anna Maria, 297 e n, 329 e n, 358, 359 e n, 364, 365, 573n, 575n, 582, 588n
Falco, Gian Carlo, 317, 384, 437n
Fanno, Marco, 695
Farina, Paolo, 78
Farinacci, Roberto, 413
Farini, Domenico, 123
Farini, Luigi Carlo, 63
Fasce, Giuseppe, 264
Fattori, Giovanni, 664
Fazio, Antonio, 1
Federico, Giovanni, 102, 641 e n
Feinstein, Charles H., 531, 532, 568, 569, 607n, 625
Felice, Emanuele, 605
Felisini, Daniela, 261
Felloni, Giuseppe, 15, 17
Feltrinelli, Carlo, 405, 406 e n, 575n
Fenoaltea, Stefano, 43, 100, 165, 260n, 261, 263
Fenoglio, Pietro, 330, 474n
Ferguson, Niall, 517n
Ferrara, Francesco, 52, 60, 61 e n, 87, 90n, 91, 94n, 133, 171n, 185, 186, 349 e n
Ferraris, Maggiorino, 132n, 192n, 283, 393, 394
Ferro, Pasquale, 633
Ferry, Jules, 120n
Finali, Gaspare, 91, 142, 148, 190n, 192, 218n
Fink, Carole, 395, 396 e n, 397, 398n, 399
Finoia, Massimo, 520, 521
Fisher, Irving, 542, 544

Flandreau, Marc, 33, 83, 528
Fleming, Marcus, 538 e n
Flora, Federico, 217n, 474n, 475 e n
Flores, Juan, 401
Flores, Nadia, 110
Fodor, Giorgio, 7n, 14n
Fonzi, Paolo, 723
Forsyth, Douglas J., 322n, 325-327, 382 e n, 383-385
Forte, Vittorio, 644, 645 e n, 647, 650 e n, 724 e n, 725 e n, 726, 727 e n, 728 e n
Fortis, Alessandro, 227, 228
Fortunato, Giustino, 149
Fouquet, Roger, 41 e n
Francese, Maura, 108, 306n, 409
Franco Bahamonde, Francisco, *detto* il Caudillo, 625
Frank, Louis, 453, 454n, 457, 463
Franklin, Benjamin, 681
Franqui, Émile, 449
Franzinelli, Mimmo, 430n, 431, 432, 458, 536n, 555n, 556n, 557, 579 e n, 580 e n, 581n, 588n, 593
Frascara, Giacinto, 155
Fraschetti, Camillo, 533, 534
Fratianni, Michele, 15, 24, 68, 201, 203, 355, 409, 418, 431n, 446 e n, 466
Fregert, Klas, 25 e n, 158
Friederichsen, Vittorio, 474n
Friedman, Milton, 237
Frignani, Giuseppe, 536n
Fummi, Giovanni, 421 e n, 427n, 428 e n, 430n, 458 e n, 543n
Fusco, Salvatore, 151

Gabbuti, Giacomo, 605
Gaetano da Tiene, santo, 22 e n
Gagliardi, Alessio, 491, 492, 618, 704 e n, 706, 707
Galante, Nicola, 664n
Galanti, Enrico, 249, 469n, 594n
Galassi, Francesco, 286
Galiani, Ferdinando, 37 e n
Galli, Anna Maria, 154
Gambino, Amedeo, 695n, 709n, 710n
Ganci, Massimo, 141n
Garavello, Oscar, 666
Garibaldi, Giuseppe, 72, 130n, 170n, 715

Garroni, Camillo Eugenio, 263
Garruccio, Roberta, 214n
Gasparri, Pietro, 373 e n, 496
Gattei, Giorgio, 693
Gavazzi, Lodovico, 141
Geisser, Ulrich, 120 e n, 121, 126, 127n
Gelsomino, Cosma O., 634, 697
Genocchi, Giovanni, 373 e n
Gentile, Emilio, 671, 674
Gerbi, Antonello, 668 e n, 681
Gerschenkron, Alexander, 100
Giacomini, Antonio, 435n
Giannini, Amedeo, 726n
Giannini, Curzio, 8, 9n, 12, 13, 24, 27, 32, 159, 345
Giannini, Francesco, 396
Gibson, Violet, 437n
Gide, André, 391n
Gide, Charles, 391 e n
Gidoni, Domenico, 251 e n, 295n, 321 e n, 325, 342, 359, 364, 365, 385 e n, 435 e n
Gigliobianco, Alfredo, 2, 77, 87, 167n, 168n, 170n, 171 e n, 172, 178n, 184, 185n, 186, 188, 189, 266, 275, 276 e n, 277n, 367, 470, 484, 485, 493, 520, 521, 522 e n, 523n, 536 e n, 638, 659, 673, 697n
Gille, Bertrand, 46
Gini, Corrado, 430n, 522, 666n
Gioberti, Vincenzo, 99
Giolitti, Giovanni, 129 e n, 130-135, 137-139, 141n, 142, 146-149, 151-154, 162, 188, 190, 224, 226, 227 e n, 230 e n, 231 e n, 255n, 258, 264-266, 335, 362, 366n, 385, 390n, 416, 470, 491
Giordani, Ignazio, 474n
Giordano, Claire, 164, 470, 484, 485, 602
Giorgiantonio, Cristina, 638
Giorgio II, re di Grecia, 723
Giuffrida, Vincenzo, 324n, 325n
Giustiniano I, imperatore romano d'Oriente, 398
Gnes, Paolo, 297
Gobetti, Piero, 556n
Gomellini, Matteo, 164, 261, 352, 602 e n
Gonzales, J.M., 391n

Indice dei nomi

Goodhart, Charles, 7, 9, 10, 12, 28, 29, 32 e n
Goschen, George Joachim, 217 e n
Gramsci, Antonio, 357n
Grandi, Dino, 430n, 615n, 730n, 733
Grassi, Paolo, 725n, 733n
Grassi Orsini, Fabio, 312n, 710n
Graziani, Rodolfo, 416, 714n
Greenspan, Alan, 247
Grifone, Pietro, 552
Grillère, Diane, 711, 712
Grillo, Carlo, 170n
Grillo, Giacomo, 107, 108n, 121, 123, 125, 126, 132, 134, 140, 144-147, 149-151, 155-157, 166, 167 e n, 168 e n, 170 e n, 171 e n, 172
Grimaldi, Bernardino, 134, 139-142
Griziotti, Benvenuto, 445, 522, 694 e n, 695n, 698n
Grossman, Richard S., 569
Gualerni, Gualberto, 446n, 736
Gualino, Riccardo, 329, 506 e n-509 e n, 510, 511 e n, 512, 513 e n, 514 e n, 515, 516, 663 e n, 664 e n
Guarino, Giuseppe, 366n, 371n, 373 e n, 377n, 379n, 470n, 471, 472 e n, 473n, 474, 475n, 476n, 478, 479 e n, 480n, 482n, 485n, 490, 492, 494n-499n, 507n, 509n, 571n, 573n, 585n, 587n, 593 e n, 594n, 595, 636n
Guarneri, Felice, 418, 473, 474n, 476n, 545, 546 e n, 547, 550, 614, 617 e n, 618 e n, 619, 620, 622, 625, 628, 703 e n, 704, 728
Guazzoni, Deborah, 611n
Guccione, Alessandro V., 469n
Guglielmo III d'Orange, re d'Inghilterra, 28
Guglielmone, Teresio, 688n
Guicciardini, Francesco, 218n
Guizzi, Chiara, 496

Hailé Selassié (Tafari Maconnèn), imperatore d'Etiopia, 643, 644, 646, 647
Hamilton, Alexander, 25, 31 e n, 32n
Hara, Akira, 610
Harley, C. Knick, 217
Harris, H. Bartlett, 382n, 383

Harrison, Mark, 280, 285, 286, 299, 300, 444n, 449n, 458n-461n, 462 e n, 548n, 610
Harvey, Constance, 624 e n
Harvey, Ernest, 347, 539 e n, 540
Hautcoeur, Pierre, 33, 301n, 302
Hayek, Friedrich August, 9
Haywood, Geoffrey, 172
Hertner, Peter, 46 e n
Hirschman, Albert, 553, 624, 630
Hitler, Adolf, 404, 532, 609, 679, 687, 729
Hodson, Henry Vincent, 567, 568
Hoover, Herbert, 563, 564
Horne, Robert, 397
Htzikyriakos, Spyridon, 725n
Hull, Cordell, 565, 566 e n
Hulse, Ernst, 561

Ikenberry, G. John, 627
Imperiali, Guglielmo, 312 e n, 315, 316 e n
Insolera, Italo, 109, 115
Interlandi, Telesio, 679
Introna, Niccolò, 266 e n, 277, 370, 479, 481, 482 e n, 487, 498, 509, 513, 514, 515n, 519, 523 e n, 524 e n, 537, 619 e n, 638 e n, 641, 659, 673, 688, 709, 720
Irwin, Douglas A., 546, 568

Jacobson, Tor, 7n
Jacobsson, Per, 563n
Jacomoni, Francesco, 709n, 710
James, Harold, 164, 527
Jaspar, Henri, 449n
Jay, Pierre, 451n
Jefferson, Thomas, 420
Joel, Otto, 163n, 214, 215 e n, 219 e n, 221, 224n, 229, 258, 265, 291n
Jones, Geoffrey, 503, 504
Jordà, Oscar, 517n
Jung, Guido, 396 e n, 399n, 413, 419n, 428, 429, 542, 550, 551e n, 562, 581n, 585, 587 e n, 588n, 593 e n, 611

Kellog, Frank G., 427 e n
Keynes, John Maynard, 300, 317, 325, 326, 357, 380, 382, 384, 391n, 398n,

411n, 440 e n, 465, 525, 539, 542, 627, 666n, 669, 692, 693
Kindleberger, Charles Poor, 32n, 107, 111, 112, 114 e n, 115, 237n, 241, 247, 299, 300, 527, 568
Kirk, Alexander, 548
Koch, Gaetano, 109, 271 e n
Koch, Richard, 159

Lacava, Pietro, 139, 147
La Francesca, Salvatore, 71, 490
La Guardia, Achille, 681n
La Guardia, Fiorello, 681 e n
La Malfa, Ugo, 668 e n
Laming Worthington-Evans, Worthington, 398
Lamont, Thomas, 420, 421 e n, 426, 427 e n, 428, 443n, 458 e n, 543n
Lampertico, Fedele, 85n, 90n, 186, 187n, 349
Lancia di Brolo, Corrado, 150
Lane, Frederich, 18-20
Lanza, Giovanni, 90
Latini, Carlotta, 283
Lattes, Elia, 20n
Laval, Pierre, 528, 625
Law, John, 37
Layton, Walter, 391n
Lazzaroni, Cesare, 131 e n, 143
Lefebvre D'Ovidio, Francesco, 386n, 390 e n, 406, 427n, 431n, 650n
Lenin Vladimir Il'ič (Vladimir Il'ič Ul'janov), 397
Lenti, Libero, 666, 669
Lescure, Michel, 569
Levi, Carlo, 664n
Levi della Vida, Ettore, 166, 171, 184, 275
Lévy, Raphael-Georges, 36
Libohova, Mufid Bey, 427n
List, Friedrich, 187
Lloyd George, David, 299n, 325n, 382, 385, 397, 398, 400n
Logothelopoulos, Kostantinos, 724n
Lombardo, Giorgio, 582, 624
Lönnborg, Mikael, 569
Loria, Achille, 411 e n
Lualdi, Antonio, 85n
Luciano di Samosata, VI
Lupo, Salvatore, 143
Lusignani, Luigi, 413

Luzzatti, Luigi, 36, 91, 111, 134-136, 154, 171n, 181, 182 e n, 183-187, 189, 218n, 224 e n, 225, 226 e n, 227 e n, 228, 230, 257, 266, 521, 559
Luzzatto, Gino, 101, 104, 106, 107, 109, 111, 112n, 114, 130, 139, 140, 161
Luzzatto Voghera, Gadi, 678, 679

MacDonald, James Ramsey, 525
Machiavelli, Niccolò, 17
Macmillan, Maurice Harold, 347
Maddison, Angus, 42, 348, 601, 708n
Magliani, Agostino, 96n, 103-106
Magnani, Marco, 430n, 431, 432, 458, 536n, 555n, 556n, 557, 579 e n, 580 e n, 581n, 588n, 593, 678n
Magrì, Enzo, 138n, 140n
Majorana Calatabiano, Angelo, 227, 230 e n, 231 e n, 232n, 233 e n, 234n, 242n
Majorana-Calatabiano, Salvatore, 86, 96, 227
Malagodi, Giovanni, 578 e n, 579
Malanima, Paolo, 41
Manacorda, Gastone, 134, 135, 137, 140n, 141, 148, 174n, 175 e n, 177, 179 e n
Mancini, Guglielmo, 713
Mangili, famiglia, 214n
Mangili, Cesare, 214, 215 e n, 267, 278
Manin, Daniele, 129
Manna, Giovanni, 77-79
Mantzavinos, Georgios, 723
Maraini, Enrico, 224
Marchiori, famiglia, 172, 184n
Marchiori, Giuseppe, 170n, 171-175, 177, 178 e n, 179 e n, 180, 183, 184, 189-191, 192n, 193, 206, 275, 590
Marcoaldi, Franco, 349, 417n
Marconi, Mauro, 446n, 465n
Marcucci, Monica, 91
Maria II Stuart, regina d'Inghilterra, 28
Maria Teresa d'Asburgo, imperatrice consorte del Sacro Romano Impero, 648, 649, 651, 653n, 654
Marinelli, Alvaro, 482 e n, 524
Marinelli, Giovanni, 673
Marinelli, Giuseppe, 207

Indice dei nomi

Marperger, Paul Jacob, 20
Masera, Francesco, 667
Matard-Bonucci, Marie-Anne, 679
Mattioli, Raffaele, 357n, 579, 580, 584, 585, 615n, 668 e n, 674
Mauri, Arnaldo, 655 e n
Mauro, Giuseppe, 72
Mayer, Teodoro, 582
Mazower, Mark, 723n
Mazzola, Ugo, 141n
McGarrath, Gates White, 460, 561, 562
McKenna, Reginald, 299n, 313
Meda, Filippo, 370
Medici, famiglia, 17
Medolaghi, Paolo, 698n
Melini, Marco, 89 e n, 642 e n, 660 e n
Mellon, Andrew William, 430, 460n
Mendès-France, Pierre, 36
Menelik II, Sahle Mariàm, imperatore d'Etiopia, 181, 645, 649, 653
Menichella, Donato, VIII, 364, 493, 494, 495n, 497, 498, 509, 571, 586n, 589 e n, 592, 593, 597, 617, 623
Menzio, Francesco, 664n
Messedaglia, Angelo, 85n, 91, 186
Miccoli, Giovanni, 678n
Miceli, Luigi, 129-134
Milani, Pietro, 701
Milius, John, 406n
Minghetti, Marco, 77, 91, 103, 142n
Mira, Giovanni, 512n
Miraglia, Nicola, 187, 322, 369, 371
Modigliani, Amedeo Clemente, 663n, 664
Moen, Jon R., 238n
Moggridge, Donald, 398, 525
Molteni, Marco, 486, 487, 591, 639, 687n, 689n
Mondini, Marco, 281-283
Monet, Claude-Oscar, 664
Mongili, Costantino, 226
Monnet, Jean, 391n
Montelatici, Rodolfo, 493
Montesquieu, Charles-Louis de Secondat de, 37 e n
Monzilli, Antonio, 123, 129, 131, 134, 143
Moreau, Emile, 439, 450, 455n, 463, 467

Moret, Clément, 566, 569n
Morgan, John Pierpont, 11, 12n, 19, 238, 426, 428-430, 432
Mori, Giorgio, 71, 329n
Morpurgo, Elio, 572
Morpurgo, Emilio, 91
Morro, Domenico, 171, 184 e n, 275
Mortara, Alberto, 678n
Mortara, Giorgio, 521, 545n, 546 e n, 549n, 599 e n, 667, 668, 669 e n, 670, 671, 684
Mosconi, Antonio, 491, 492, 495 e n, 496 e n, 498, 499n, 501n, 502 e n, 503 e n, 504, 505n, 509 e n, 511, 512 e n, 513n, 514, 515 e n, 520, 524, 541-543, 545, 546, 548, 549 e n, 550 e n, 577 e n, 578n, 582, 583 e n-585 e n
Motta, Giacinto, 575n, 576
Moulton, Harold Glenn, 431n
Mouton, Marie-Renée, 391n
Mueller, Reinhold C., 18, 20n
Mulone, Giuseppe, 633
Mundell, Robert, 538 e n
Murat, Gioacchino, re di Napoli, 23
Mussolini, Benito, VIII, 351, 352, 370, 371, 373, 374, 376 e n, 390, 402 e n, 403, 406, 409, 410, 412-417, 425, 426, 427 e n, 428, 436n, 437n, 438 e n, 440 e n, 443, 445 e n, 446, 454n, 455, 458, 463, 465, 473, 483, 489, 491 e n, 492, 493n, 495 e n, 498n, 499 e n-502 e n, 504, 508, 512 e n, 513n, 515, 520, 538, 540, 543 e n, 544, 545n, 546, 550 e n, 553-555, 557, 558, 571, 572n, 579, 580, 582, 585, 587, 593, 594 e n, 595, 599n, 606, 608, 609, 611, 614 e n, 615n, 616 e n, 617 e n, 618, 621, 625, 628, 633, 643, 644, 645n, 650-652, 655, 660, 661, 671, 677, 678, 681 e n, 682, 683, 686 e n, 687, 696, 703, 705, 706n, 707, 708n, 709n, 711, 712, 714, 717, 718n, 726, 729, 730n, 731n, 733

Nappi, Eduardo, 22, 23
Nathan, Ernesto, 393n
Nathan, Giuseppe *detto* Joe, 314n, 316n, 325, 342, 393 e n, 394 e n,

395, 396 e n, 398, 399n, 406, 444 e
  n, 451, 452 e n, 457, 461 e n, 505
  e n, 539 e n, 540n, 541, 561, 653,
  660, 661, 684
Natoli, Sandra, 213
Nava, Cesare, 404
Naville, Jean-Édouard, 48n, 53n,
  55n, 60n
Negri, Guglielmo, 144 e n, 147, 148
  e n, 149n, 150, 152n, 188
Nerozzi, Sebastiano, 500 e n, 515
Neuburger, Léon, 231
Newton, Isaac, 30n, 423
Nicotera, Giovanni, 130, 134
Niemeyer, Otto, 504 e n, 505 e n
Nigra, Costantino, 53n, 57n, 63n, 75n
Nisco, Nicola, 79
Nitti, Francesco Saverio, 297, 317 e
  n, 321, 322 e n-324 e n, 325, 336n,
  380, 381, 383, 384, 385 e n, 390n,
  445n, 470, 520, 556
Nitti, Gian Paolo, 53, 59n, 61n, 62, 73
Nogara, Bernardino, 498 e n, 499
Nordvik, Helge W., 569
Norman, Montagu Collet, VII, VIII, 8,
  35, 38, 195, 346 e n, 347 e n, 392,
  394, 397, 402 e n, 406, 407, 408 e
  n, 429, 433, 436, 437, 441, 442, 443
  e n, 449-452, 453 e n, 454n, 455 e
  n, 456, 457 e n-459 e n, 461, 462 e
  n, 463 e n, 504 e n, 505, 526-528,
  533, 539, 561, 564, 565, 594
Notarbartolo di San Giovanni, Emanuele, 143

Odell, Kerry A., 237
Odero, Attilio, 263, 264n
Ögren, Anders, 569
Olivetti, Gino, 617
Orlando, Giuseppe, 263, 264n
Orlando, Vittorio Emanuele, 317 e n,
  380, 382, 383, 384 e n
O'Rourke, Khã, 105, 164
Orsi, Carlo, 377n, 379n, 435n, 474n
Orsolini, Elisabetta, 142n
Osio, Arturo, 498, 720
Oustric, Albert, 510, 511n, 515
Ovazza, famiglia, 688, 689
Ovazza, Alfredo, 688 e n

Pace, Angelo, 108, 306n, 409

Pace, Luigi, 472, 474n
Pacelli, Ernesto, 212
Pacelli, Francesco, 495
Paladini, Giannantonio, 492n
Palafox, Jordi, 569
Palermo, Stefano, 127
Paletti, Guido, 342
Pallavicino, Francesco, 47
Palma, Leonardo di, 22n
Pancino, Angelo, 474n, 492
Panicacci, Jean-Louis, 712
Pankhurst, Richard, 648, 649
Pantaleoni, Maffeo, 124, 125, 140, 141,
  148, 155, 156, 237, 391, 402 e n
Panzironi, Emidio, 667
Paparo, Aurelio, 22n
Paratore, Giuseppe, 370n, 536n
Pareto, Vilfredo, 694n
Parisella, Antonio, 729, 730n
Parodi, famiglia, 47n
Parodi, Bartolomeo, 47, 48
Parodi, Francesco, 248
Paronetto, Sergio, 592, 593n
Parravicini, Giannino, 666, 667
Parri, Ferruccio, 669n
Pasvolsky, Leo, 431n
Paternò, Gaetano, 643n
Paulucci delle Rocole, Enrico, 664n
Paulus, Friedrich, 730
Pavan, Ilaria, 680, 685, 686
Pavelić, Ante, 718
Pavoncelli, Giuseppe, 406n
Peano, Camillo, 366, 370, 396 e n
Pecorari, Paolo, 66, 82, 83
Pedone, Antonio, 631, 635
Pegrari, Maurizio, 131n, 138, 139,
  212n, 489 e n, 491n, 495, 496n,
  498n, 499n
Pellegrino, Dario, 300, 311, 318, 382,
  386, 387, 486, 639
Pellin, Jeffrey, 233
Pelloux, Luigi, 162, 183, 190
Pende, Nicola, 679
Pennacchio, Mario, 420n, 548n, 569n,
  577 e n, 661, 669, 670 e n, 712,
  716 e n, 726
Pepoli, Gioacchino, 77
Pereire, fratelli, 71, 154
Perrone, fratelli, 329, 330, 365 e n,
  368, 489, 507, 508
Pertici, Roberto, 668n

Indice dei nomi

Peruzzi, famiglia, 17
Pescatore, Armando, 666
Pescosolido, Guido, 43
Pessina, Mario, 489
Petrelli, Eugenio, 342, 444n, 661
Petri, Rolf, 409
Piaggio, Erasmo, 212
Piana, Efisio, 275, 276
Pietromarchi, Luca, 713n
Pigou, Arthur, 391 e n
Pilotti, Raffaele, 561, 562, 637
Piluso, Giandomenico, 214
Pino, Francesca, 580n
Pio XI (Achille Ratti), 373, 495
Pio XII (Eugenio Pacelli), 212n
Pirelli, Alberto, 222n, 283n, 380 e n, 430, 551, 558 e n, 575n, 712n
Pisacane, Carlo, 130n
Pisani, Alvise, 19 e n
Plauto, Tito Maccio, 142n
Podestà, Luigi, 420n, 431, 549 e n
Pogliani, Angelo, 297, 329
Poincaré, Raymond, 233, 397, 439, 440, 467
Polsi, Alessandro, 2, 71, 356, 476n, 481n, 482 e n, 483-485, 593, 636, 638, 640 e n
Ponte, Carolina, 170n
Ponte, Francesco Aurelio, 166, 170 e n, 171
Porisini, Giorgio, 73, 74n
Prina, Ferruccio, 248
Prina, Giuseppe, 25
Psalidopulos, Michalis, 723, 724n
Punturieri, Emilio, 492-494

Quartieri, Ferdinando, 393
Quesnay, Pierre, 450, 454n, 561
Quilici, Nello, 126, 131, 132, 138 e n, 139n, 140n
Quirico, Domenico, 181

Rafferty, Michael, 569
Raganelli, Tullio, 632
Raiffeisen, Friedrich Wilhelm, 141
Rainero, Romain, 711n
Raitano, Arturo, 718n, 722n
Raitano, Gabriella, 545n
Rallis, Ioannis, 724n
Ramognini, Ferdinando, 130

Rattazzi, Urbano, 141n, 142
Rava, Enrico, 265
Reading, Rufus Daniel Isaacs di, 541
Reinhart, Carmen M., 32
Reis, Jaime, 569
Renzetti, Giuseppe, 718n, 722n
Ressi, Adeodato, 25n, 26n
Reti, Steven, 36
Ricardo, David, 299, 357
Ricasoli, Bettino, 67, 77
Riccardi, Raffaello, 704-707, 714 e n, 715 e n
Ricci, Aldo Giovanni, 47
Ridolfi, Luigi, 149, 166
Rigano, Anna Rita, 664
Rinaldi, Roberto, 305
Rist, Charles, 450, 454n
Ristuccia, Cristiano Andrea, 603, 608
Ritschl, Albrecht, 280, 301
Riva, Angelo, 33
Roberds, William, 14, 16, 20, 23, 24n
Roberts, Richard, 289, 290
Robiony, Mario, 498
Rocca, Riccardo, 339, 340
Rocco, Alfredo, 413, 475 e n, 536
Rochat, Giorgio, 284
Rodella, Carlo, 665n, 667, 670, 694n
Rogoff, Kenneth S., 32
Röhm, Ernst, 404
Rolandi Ricci, Vittorino, 264n, 265, 266n, 267, 393
Rollandi, Maria Stella, 47
Romeo, Rosario, 46n, 47 e n, 49, 53, 54n, 61, 62, 72, 100, 260n, 261
Roosevelt, Franklin Delano, 565, 566 e n, 567, 626, 627, 700
Rosboch, Ettore, 498 e n, 500 e n
Roselli, Alessandro, 297, 539n, 542n, 548, 560 e n, 636n, 637, 661, 666, 673, 674, 677, 681 e n, 695, 702n, 708 e n, 709
Rosselli, Carlo, 357n, 445n
Rossello, Mario, 576n
Rossi, Alessandro, 85
Rossi, Arrigo, 178n, 277, 312, 313, 319 e n, 342, 393, 398, 399 e n, 521, 522, 673
Rossi, Enrico, 278
Rossi, Ernesto, 53, 59n, 61n, 62, 73
Rossi, Lauro, 218, 275n

Rothschild, famiglia, 46, 106, 228, 232-234, 467, 521
Rothschild, Alphonse James de, 105
Rothschild, Carl Mayer von, 46
Rothschild, Edmond de, 229 e n, 230-232
Rouvier, Maurice, 223, 225
Roux, Luigi, 445
Rovigatti, Augusto, 497 e n
Rubini, Giulio, 190n, 294n, 308

Salandra, Antonio, 175, 284 e n, 293 e n, 298, 308, 317 e n, 470, 503
Salsano, Fernando, 351, 352, 508
Salvatorelli, Luigi, 512n
Salvemini, Giancarlo, 431n
Sampson, George, 7
San Giuliano, Antonino Paternò-Castello di, 154
Sannucci, Valeria, 31, 52, 76, 89 e n, 120
Sansoni, Attilio, 729n
Santaponte, Giovanni, 342, 665n
Santis, Demetrios, 725 e n
Santucci, Carlo, 368
Saraceno, Pasquale, 351, 367, 419, 573, 586, 588n, 590, 592 e n, 593n, 597, 669, 695n
Sarfatti, Margherita, 664
Savoia, casato, 142n
Savorgnan, Franco, 679
Sayers, Richard Sidney, 527, 627
Scalfari, Eugenio, 581n
Scalpelli, Laura, 166n, 278n
Scartaccini, Graziella, 199, 202, 553
Scatamacchia, Rosanna, 122n, 123, 174, 658, 707, 719, 722, 733
Schaab, Andreas, 517n
Schacht, Hjalmar, 405 e n, 406 e n, 448, 449, 463 e n, 560
Schanzer, Carlo, 186, 385, 397
Schioppa, Simonetta, 664
Schnadt, Norbert, 7, 29, 32n
Schularick, Moritz, 517n
Schulze, Max-Stephan, 301
Schumpeter, Joseph Alois, 31, 298
Schwartz, Anna J., 83, 237
Scialoja, Antonio, 57n, 63 e n, 64 e n, 72, 75, 80, 103
Segreto, Luciano, 185n, 188n, 503

Seismit-Doda, Federico, 85 e n
Sella, Quintino, 79, 85n, 90, 611
Sereni, Emilio, 100
Serpieri, Arrigo, 730n
Shaw, Leslie, 237
Shizume, Masato, 528
Siepmann, Harry Arthur, 394, 454n, 456, 457, 459, 461, 462n
Siklos, Pierre, 27
Silverman, Dan P., 391n
Simmons, Beth A., 559
Sleiter, Matilde, 667
Soffici, Ardengo, 664
Sofia di Prussia, regina consorte di Grecia, 723n
Solari, Pietro, 178n
Soleri, Marcello, 619n, 695n
Sonnino, Sidney, 149, 150, 166, 168 e n, 169, 170 e n, 171-173, 175 e n, 176, 177 e n, 178, 179 e n, 180-182, 184, 189 e n, 218n, 230 e n, 312n, 315n, 316 e n, 317, 540
Spadavecchia, Anna, 164, 603
Spadini, Armando, 664
Spaventa, Silvio, 122n, 354, 409 e n, 410, 412n, 413, 414, 419, 433, 436n-438n, 440n, 445 e n, 447, 454n, 465n, 466, 542n, 543n, 544 e n, 546n, 549n, 616n
Spinedi, Francesco, 694n
Spinelli, Franco, 24, 68, 201, 203, 355, 409, 418, 446 e n, 466
Spoerer, Mark, 49
Sprague, Oliver M.W., 238
Sraffa, Pietro, 307n, 357, 358, 359n, 360, 411n, 440n
Starace, Achille, 674, 677n
Stella, Aldo, 129n
Steve, Sergio, 695
Storaci, Marina, 437n, 547n-549n, 550 e n, 566n, 569n
Stringher, Anna, 188n
Stringher, Bonaldo, VII, VIII, 38, 149, 170n, 177 e n, 181, 183-188, 189 e n, 190 e n, 191, 194, 195, 199 e n, 200, 202, 203, 206, 208, 214, 215 e n, 218 e n-222 e n, 224 e n, 226 e n, 227 e n, 228, 229 e n-235 e n, 236, 242n, 246, 249, 250 e n, 252-262,

Indice dei nomi

264 e n, 265-268, 270, 273-276, 277 e n, 278, 290 e n, 291n, 292, 293 e n-295 e n, 298, 304, 306 e n, 308, 310, 311 e n, 312, 313 e n-323 e n, 325 e n, 327, 328, 330, 331 e n, 333, 334, 335 e n, 339, 340, 341 e n, 342, 350, 352, 353, 357, 359 e n, 361, 362 e n, 363 e n, 364, 365, 366n, 367 e n, 369, 370, 371 e n, 372 e n, 374, 376 e n, 377-379, 380 e n, 381, 383, 384 e n, 385 e n, 387, 388, 393 e n, 394, 396 e n, 398n, 399 e n, 400 e n, 401, 402 e n, 403, 404, 405 e n-408 e n, 411 e n-414 e n, 417 e n, 418, 419 e n, 420n, 421, 425, 426 e n, 428 e n, 429 e n, 430-433, 434 e n, 435 e n, 436, 437 e n, 438 e n, 439n, 442, 443, 444 e n, 445 e n, 446, 447, 451, 452 e n, 453, 454, 455 e n, 456, 457n, 458 e n, 459, 460, 461 e n, 462-465, 467, 470, 472 e n, 473n, 474n, 476, 477, 479, 480 e n-482 e n, 483, 484, 485 e n, 486, 487, 488 e n, 493, 495 e n, 496 e n, 497, 498n, 499 e n, 500, 501 e n-505 e n, 507, 508, 509 e n, 511, 512 e n-514 e n, 516, 518, 519 e n, 520-524, 529, 533-537, 540 e n, 543 e n, 545, 551, 555, 556, 558 e n, 561, 572, 574, 583, 590, 613, 617, 641, 642n, 660, 665, 672, 673, 676, 734
Stringher, Bonaldo Jr., 188n, 199 e n
Stringher, Diego, 188n
Stringher, Francesco, 188n
Stringher, Gilia, 188n
Stringher, Giovanni, 188n, 702, 708n
Stringher, Marco, 185
Stringher, Paolo, 188n
Stringher, Vittorio, 188n
Strong, Benjamin, VIII, 385, 441, 442, 443 e n, 444 e n, 448, 449 e n, 450, 451 e n, 452, 453 e n, 455 e n, 456, 457 e n-462 e n, 519
Sturzo, Luigi, 370, 489 e n
Supino, Camillo, 82
Suvich, Fulvio, 558
Sylla, Richard, 31n, 32n

Tacchi Venturi, Pietro, 495 e n-497 e n, 498n
Tadini, Ercole Oldofredi, 63
Tallman, Ellis W., 238n
Tamagna, Frank, 198, 667
Tangorra, Vincenzo, 349, 371, 372n, 409n, 414
Tanlongo, Bernardo, 130n, 131 e n, 133, 138, 139n, 143
Tardieu, Albert, 511n
Tattara, Giuseppe, 552 e n, 604, 608
Taylor, Alan M., 517n
Tedesco, Rachel Disraeli, 278n
Temin, Peter, 531, 532, 568, 569, 607n, 625
Tenti, Bruno, 698n
Ter Meulen, Carel Eliza, 391n
Tessin, Nicodemus il Vecchio, 7
Thaon di Revel, Ottavio, 50, 611
Thaon di Revel, Paolo, 551n, 611, 676 e n
Thaon di Revel, Paolo Ignazio, 593 e n, 594, 611 e n, 618n, 628, 650 e n, 651n, 653n, 654n, 657n, 681, 683, 686, 687n, 694, 695 e n, 697, 703 e n, 704, 706, 713, 715n, 729
Thornton, Henry, 31 e n
Tibò, Francesco, 513
Tiepolo, famiglia, 19n
Timberlake, Richard Henry, 9
Tittoni, Tommaso, 390
Toeplitz, Giuseppe, 330, 416, 434 e n, 435 e n, 472, 474, 488 e n, 578, 579, 580 e n, 581, 584, 587 e n
Tognotti, Eugenia, 119n
Tolstoj, Lev Nikolàevič, 559
Toniolo, Gianni, VI-IX, 2, 34, 42 e n, 43, 44, 46, 70, 99, 101, 102, 113, 114n, 164, 165, 211, 245, 257, 279, 287n, 300, 302n, 310n, 311, 315n, 317n, 318, 319n, 321, 322n, 323n, 351, 352, 360, 366n, 371n, 373 e n, 377n, 379n, 382, 386, 387, 415, 419, 431n, 446n, 448n, 465n, 466 e n, 470 e n, 471, 472n, 473n, 474, 475n, 476n, 479n, 480n, 482n, 484, 485 e n, 489-492, 494n-496n, 497 e n, 498n, 499n, 507n, 508, 509n, 515, 516, 527, 530-532, 539, 555n, 561n, 562, 563n, 564, 565, 566n,

568, 569, 571n, 573n, 575, 576 e n, 578, 581n, 584n, 585 e n, 587n, 588n, 593n, 594 e n, 602 e n, 607n, 613, 625, 627, 628, 636n, 681
Toniolo, Giuseppe, 186, 349
Torelli, Luigi, 79
Torlonia, Alessandro Raffaele, 143
Tortella, Gabriel, 569
Tourkovassilis, Theodoros, 725n
Treccani, Giovanni, 734
Trevisan, Giovanna, 185
Trip, Leonard, 564n, 627
Troise, Pasquale, 524, 536, 537, 618, 659, 673, 688n
Tsolakoglu, George, 724 e n
Tsouderos, Emmanouil, 723
Tuccimei, Ercole, 93, 199, 641n, 642 e n, 643, 645n, 648, 650n, 651, 653n, 655, 657, 665, 666n, 667-669
Tumedei, Cesare, 474n
Turcato, Giulio, 4

Ugolini, Stefano, 7, 13, 16, 22, 33, 37 e n, 83 e n
Umberto I di Savoia, re d'Italia, 137, 162, 190
Usher, Abbott Payson, 7n

Vacchelli, Pietro, 183
Valdiserra, Edmondo, 474
Valenti, Giuseppe, 110, 704
Vanoni, Ezio, 695n
van Zanden, Jan Luiten, 29
Varvaressos, Kyriakos, 723
Vaslin, Jacques Marie, 217
Vecchi, Giovanni, 43, 44, 46, 70, 165, 245, 604, 605
Vecchia, Paolo, 667n, 669, 670 e n
Velde, Francois R., 14, 16, 20, 22, 23, 24n
Vendramin, Giovanni, 20
Venturi, Lionello, 663, 664n
Vercelli, Francesco, 207, 236
Veroi, Giuseppe Pietro, 655, 721, 728
Veronese, Vittorino, 593n
Verro, Claudio, 123
Vicentini, Giuseppe, 368-371, 490, 491 e n
Villa, Ada Prever, 688n
Vimercati, Alfonso Sanseverino, 211n

Vinci, Felice, 390, 392
Virtue, Nicolas Gladstone, 719 e n
Visco, Ignazio, 185n, 217, 223n, 234, 331n, 534
Vissering, Gerard, 449, 451
Vita, Aristide, 266n
Vitale, Marco, 148
Vitali, Carlo, 373, 374
Vittorio Emanuele II di Savoia, re d'Italia, 138
Vittorio Emanuele III di Savoia, re d'Italia, 691, 707, 710 e n, 718n
Volpi, Giuseppe, 330, 352, 412, 414-416, 421, 425, 426, 429-434, 436 e n, 437 e n, 440 e n, 443, 444, 446, 451-453, 454n, 458 e n, 472 e n, 473 e n, 474n, 475 e n, 476n, 480 e n, 481 e n, 482, 483, 490, 491 e n, 492, 493, 495n, 518, 519n, 545, 549, 551, 572, 575, 615n, 617, 726, 727

Waldenström, Daniel, 7n
Ward, Dudley, 391n
Warren, Robert Beach, 448n, 450 e n, 451n, 455n
Weidenmier, Marc D., 237
Weil, Federico, 163n, 214n
Westerhuis, Gerarda, 29
White, Eugene N., 33, 34
White, Harry Dexter, 627
White, Lawrence H., 9
Wicksell, Johan Gustaf Knut, 542
Wiggin, Albert, 564
Wilson, Thomas Woodrow, 321
Wollemborg, Leone, 140, 218n

Yago, Kazuhiko, 560
Young, Owen D., 558

Zamagni, Vera, 42n, 431n, 582, 605 e n, 609 e n, 610, 730n
Zanardelli, Giuseppe, 162, 190, 221 e n, 222
Zani, Luca, 615n, 616, 617n, 618 e n, 619n, 620
Ziegler, Dieter, 32
Zog, Ahmet, re di Albania, 691, 708, 710
Zollino, Francesco, 164, 602
Zorattini, Pietro Ioly, 572n

INDICE DEGLI ENTI, DELLE ISTITUZIONI, DELLE AZIENDE E DEI LUOGHI GEOGRAFICI

Abruzzo, 604, 730
Accademia dei Lincei, 189n, 667n, 695n
Acciaierie di Bolzaneto, 264n
Addis Abeba, 643n, 644 e n, 645, 646n, 647 e n, 649, 651, 652, 655n, 656, 657
Aden, 650, 654, 656
Adi Cajeh, 642
Adua, 162, 181 e n, 643
Africa, 235, 645n, 646, 648, 653, 655
Africa orientale, 641, 642, 645, 647, 651-652, 653 e n, 654-656, 702
Aia, L', 559
Aiaccio, 715
Akzept & Guarantee Bank, 527
Albania, 427, 428, 601, 691, 707, 708 e n, 709-711, 713, 717
Alessandria d'Egitto, 212, 646, 723
Algeciras, 224, 228, 229, 233
Algeria, 712
Alta Corte di Giustizia, 359 e n
Amara, 647n
Amburgo, 21, 37
America Latina, 724
Amsterdam, 21, 449
Ansaldo, gruppo, 47, 328-330, 356, 358-361, 364-369, 507, 571n, 574, 666n
Anversa, 185, 611
Arabia Saudita, 648n
Arezzo, 66
Argentina, 311, 312, 325, 326
Asmara, 235, 641-645, 647n, 657n
Assab, 647n, 648
Assayas, ditta bancaria, 687
Assicurazioni Generali, 178n, 416
Associazione Bancaria Italiana, 472 e n, 473-476, 480, 481, 483, 558, 639
Associazione Tecnica Bancaria Italiana, 547 e n

ASSONIME, 473, 475, 476n, 617
Asti, 660n
Atene, 645, 723, 724, 728
Austria, 26, 43, 46, 50, 83, 85, 87, 90, 291, 301, 386, 401, 402 e n, 441, 527, 609, 649, 715
Austria-Ungheria, 105, 123, 280, 281, 285, 289, 291, 296, 301, 327, 335
Aventino, 109
Axum, 648n

Baden-Baden, 555, 559, 560
Bagnoli, 263
Balcani, 416, 708, 709, 717, 718n, 719n, 730
Banca Agricola Italiana, 375, 502, 506, 507, 508 e n, 509, 512-514, 573n, 663
Banca Agricola Provinciale di Rovigo, 573n
Banca Balbis-Guglielmone-Villa, 688 e n, 689n
Banca Cadorina, 500
Banca Cattolica Atestina di Este-Padova, 492n, 500
Banca Cattolica del Veneto, 500
Banca Cattolica di Udine, 500
Banca Cattolica Vicentina, 492, 496, 499
Banca Centrale della Cecoslovacchia, 462n
Banca Centrale del Sudafrica, 347n
Banca Ceriana, 278 e n
Banca Commerciale Italiana (Comit), 163 e n, 189, 208, 211-213, 214 e n, 215, 239, 240n, 244, 246, 248, 251, 253, 263, 269, 270, 278, 283n, 290, 292n, 297, 298, 321, 323n, 324, 329, 330, 334, 358 e n, 359 e n, 361, 375 e n, 393n, 404, 407, 416, 424, 427n, 432, 434, 435n,

472, 483, 488, 499n, 505, 514n, 546, 549, 558, 575, 576, 578 e n, 579, 580 e n, 581, 582, 584 e n-586 e n, 587, 615, 623, 661n, 667, 668 e n, 674, 708n, 735
Banca Cravario & Co., 506
Banca d'America e d'Italia, 705
Banca d'Atene, 728
Banca dei Regolamenti Internazionali (BRI), 525, 535, 548n, 554, 555 e n, 558-562, 563 e n, 564, 565, 567, 577, 627n, 637, 660, 681
Banca del Giappone, *vedi* Nippon Ginko
Banca dell'Africa Orientale Italiana, 656
Banca della Venezia Giulia di Trieste, 492n
Banca delle Marche e degli Abruzzi, 498, 573n
Banca delle Quattro Legazioni, 68, 73, 74n, 75
Banca dello Stato Pontificio, 68, 81, 117
Banca del Marocco, 236
Banca d'emissione dell'Abissinia, 235 e n
Banca di Amsterdam, 24 e n, 28, 32, 39
Banca Diana, 127
Banca di Busto Arsizio, 297n
Banca di Cagliari, 59n, 61
Banca di Danzica, 563n
Banca di Firenze, 501
Banca di Francia, *vedi* Banque de France
Banca di Genova, 15, 38, 47 e n, 48 e n, 49-51, 53, 58, 60, 61n, 62, 65, 163 e n, 173n, 177, 212, 251, 519
Banca di Grecia, 723, 725, 728
Banca d'Inghilterra, *vedi* Bank of England
Banca di Parma, 68
Banca di Prussia, 26, 159
Banca di Russia, 26, 36
Banca di San Liberale di Treviso, 500
Banca di Santa Maria del Popolo, 23n
Banca di Sardegna, 59
Banca di Savoia, 58, 59
Banca d'Italia, Archivio Storico, 2, 487, 633

Banca d'Italia, Divisione Storia economica, 2
Banca d'Italia, Officine Carte Valori, 518, 662, 675n, 733, 735n
Banca d'Italia, Regia Tesoreria, 642, 701
Banca d'Italia, Servizio Struttura economica, 2
Banca d'Italia, Servizio Studi, 622 e n, 636, 665, 666, 667 e n, 668, 669 e n, 670, 674, 694, 699
Banca d'Italia, Servizio vigilanza, 636, 637
Banca d'Italia, Ufficio Ricerche storiche, V, 1, 2
Banca di Torino, 50, 53, 55n, 60, 61 e n, 62, 111, 117, 120n, 125, 127, 519
Banca di Verona, 297n
Banca Europea per gli Investimenti (BEI), 666
Banca Federico del Vecchio di Firenze, 687
Banca Gallia di Milano, 687
Banca Generale, 71, 109, 111, 117, 124, 127 e n, 129, 154, 156 e n, 157, 163 e n, 166, 211, 212, 214n
Banca Hambro (Hambros Bank), 52, 385
Banca Industriale e Commerciale di Roma, 146
Banca Industriale Italiana, 146, 365
Banca Internazionale per la Ricostruzione e lo Sviluppo, 695n
Banca Italiana di Credito e Valori, 376 e n, 379, 571n
Banca Italiana di Sconto, 270, 297 e n, 321n, 323n, 324, 328, 329, 334, 358 e n, 359 e n, 360, 361, 362 e n, 363, 364, 365 e n, 366, 369, 370, 374, 378, 379, 393, 483, 507, 571n, 575
Banca Italo-Britannica, 503, 504
Banca Loria & Co., 687
Banca Napoletana, 72
Banca Nazionale, 47n, 49, 52, 54, 56, 57, 59, 60, 61 e n, 62-65, 72, 73 e n, 74 e n, 75-77, 81, 84-87, 89, 92, 93 e n, 94, 96, 106, 107, 114 e n, 115, 116, 121, 124-126, 127 e n, 130-132, 135, 138, 140, 144 e n, 145 e n, 146, 147, 150, 155, 156,

Indice degli enti, delle istituzioni, delle aziende e dei luoghi 795

166, 167, 170n, 171n, 172, 174n, 184, 200, 276 e n, 523, 641
Banca Nazionale Austriaca (Oesterreichische Nationalbank), 65, 462n, 563n
Banca Nazionale Belga, *vedi* Banque Nationale de Belgique
Banca Nazionale d'Albania, 708, 709 e n, 710 e n
Banca Nazionale d'Egitto, 235, 462
Banca Nazionale degli Stati Sardi, 46, 49, 51, 65, 67, 68n, 72 e n, 73, 75, 76, 80n, 82, 120, 163n, 519
Banca Nazionale dei Paesi Bassi, 26, 29, 451, 462, 627
Banca Nazionale dell'Agricoltura, 573n
Banca Nazionale della Scandinavia, 26
Banca Nazionale del Lavoro (BNL), 469n, 498 e n, 501, 523, 655 e n, 656, 657, 708n, 720, 729
Banca Nazionale di Credito, 364, 365, 375, 427n, 435 e n, 493, 506, 551, 573, 575, 576, 589
Banca Nazionale di Grecia, 728
Banca Nazionale di Polonia, 462n
Banca Nazionale Jugoslava, 563n
Banca Nazionale nel Regno d'Italia, 41, 65, 72, 86, 136n
Banca Nazionale sarda, 67, 77-79, 81, 83n, 84
Banca Nazionale Svizzera, 451 e n, 462, 627, 628
Banca Nazionale Toscana, 66, 67, 77-80, 81 e n, 83n, 93 e n, 133, 134n, 143, 144, 149n, 157, 171n, 193n, 212n
Banca Nazionale Ungherese, 462n, 563n
Banca Parmense, 73, 75
Banca per le Quattro Legazioni, 68, 73, 74n, 75
Banca Pisani Tiepolo, 19
Banca Popolare di Novara, 572, 573
Banca Provinciale di Bari, 127
Banca Ravà di Firenze, 687
Banca Romana, 68, 81, 82, 90, 93 e n, 117, 129, 130n, 131 e n, 132-135, 138, 139, 141, 143-148, 150, 154, 174, 179, 183, 192, 193n, 371

Banca Sarda, 60-62, 63 e n
Banca Sigismondo Mayer & C. di Firenze, 689
Banca Subalpina, 126
Banca Tiberina, 111, 115, 116, 120n, 125, 126 e n, 127 e n
Banca Toscana, 502, 573
Banca Toscana di Credito per le Industrie e il Commercio, 67, 79, 119, 129, 134, 144, 148, 149, 157, 166, 193n
Banca Vizza Ovazza, 688 e n, 689 e n
Banca Warschauer di Berlino, 163
Banco Ave Gratia Plena, 23n
Banco Bartolomeo Parodi, 47 e n, 48, 107, 167
Banco Cambio Augusto Bachi di Torre Pellice, 689
Banco Cambio Levi Moise Ettore di Mondovì, 689
Banco del Santissimo Salvatore, 23n
Banco della Piazza di Rialto, 20, 21, 28, 29, 39
Banco della Santissima Annunziata, 23 e n
Banco delle Due Sicilie, 22, 23, 69
Banco dello Spirito Santo, 23n
Banco di Cagliari, 113
Banco di Giro, 16, 20, 21
Banco di Napoli, 69, 72, 75-77, 79, 81, 84, 85, 93n, 94, 96, 114n, 116, 123n, 126, 127, 130, 133, 134, 136, 139, 147-149, 151, 169n, 189n, 207, 257, 321, 322, 323n, 369, 409, 438 e n, 502, 503, 515, 520, 536n, 655 e n, 656, 687, 688, 729, 735
Banco di Roma, 115, 212 e n, 240 e n, 243n, 249, 256n, 267, 323n, 358 e n, 361, 362, 364, 365, 367-370, 372, 373n, 374, 375 e n, 376, 378, 379, 393n, 413n, 427n, 435n, 489, 490, 491n, 492n, 500n, 506, 524, 551, 571n, 575, 586, 617n, 618n, 641, 654-656, 695n, 708n, 721, 728, 734n, 735
Banco di San Giacomo e Vittoria, 23n
Banco di San Giorgio, 44
Banco di Sant'Eligio, 23n
Banco di Santo Spirito, 487, 586n
Banco di Sicilia, 69, 72, 77, 89n, 93n,

133, 143, 151, 169n, 257, 323n, 409, 438 e n, 643, 735
Banco do Portugal, 26n
Banco Italiano di Lima, 668n
Banco Sconto e Sete di Torino, 83, 87n, 111, 115, 116, 125, 126, 166n
Banco Sete, 115, 166n
Bank of Canada, 347 e n
Bank of England (Banca d'Inghilterra), VII, 7 e n, 8, 10, 24, 25, 27, 28 e n, 29-34, 36, 38, 49, 51, 67, 83 e n, 158, 195, 197, 210n, 217n, 237, 238, 257 e n, 289, 312, 313, 314 e n, 315, 320, 321, 346 e n, 347 e n, 378, 384, 385, 392n, 393n, 399, 402, 406, 423, 429, 441, 442, 448, 452, 454 e n, 455-459, 461, 462 e n, 503, 504n, 505, 517, 518, 525, 527, 533, 539, 540, 542, 558, 560, 562, 574, 623
Bank of Ethiopia, 644, 645, 646 e n, 647, 649, 651 e n, 657
Bank of Manhattan, 420
Bank of the United States, 25, 31n, 35, 38, 569
Banovina di Croazia, 718
Banque de France (Banca di Francia), 25, 30, 32, 33, 36n, 67, 158, 159, 210n, 233, 257 e n, 270-272, 321, 439, 449, 450n, 451, 453, 454, 455 e n, 467, 517, 518, 528, 561, 566, 568, 569n, 630, 712, 716
Banque de Paris et des Pays-Bas (Paribas), 450n
Banque d'Outremer, 449n
Banque Nationale de Belgique (Banca Nazionale Belga), 26n, 257, 449, 453, 454, 457, 463
Barbaroux di Torino, Casa, 60
Barcellona, 14, 212
Barclays Bank, 384, 657
Bari, 666n, 667n, 736
Baring Brothers, 36, 106, 237, 320n, 462n
Barletta, 660n
Basilea, 560-563, 628, 681
Bastia, 715
Bastogi, 555, 579, 617n, 677
Beirut, 654
Belgio, 26, 41, 279, 288, 398, 404, 421, 424, 430, 437n, 450-452, 454, 462n, 463, 531, 532, 561n, 608, 613, 624
Belluno, 332
Bengasi, 212, 642
Berlino, 84, 105, 163n, 212, 223, 420, 461, 462n, 490n, 532, 557, 560, 660, 661n, 694, 717
Biserta, 714n
Bleichroeder, Casa, 163n
Bodencreditanstalt, 569
Boemia, 715
Bologna, 68, 332, 474
Bombay, 654
Bondi, Casa Bancaria, 163
Bonifiche Ferraresi, 117
Borsa di Berlino, 231
Borsa di Genova, 90, 249, 251
Borsa di Londra, 231, 289
Borsa di Milano, 90, 240, 241, 245, 351, 403, 419, 578n
Borsa di New York (Wall Street), 237, 238, 326, 429, 431, 508, 510, 511
Borsa di Parigi, 106, 119, 202, 218, 223, 231, 510
Borsa di Tokyo, 248
Borsa di Torino, 688
Borsa di Vienna, 90
Bosnia, 714
Brasile, 386, 532, 660, 669n, 683
Brescia, 332
Bressanone, 660n
Bretton Woods, 563, 628
Brindisi, 660n
British Italian Corporation, 503-505
Brown's Hotel di Londra, 461
Bruxelles, 391 e n, 393 e n, 394 e n, 395, 398, 423n, 449, 452, 560, 564, 567, 649, 650
Budapest, 301, 731
Buenos Aires, 660
Bulgaria, 723, 724, 727n

Ca' Foscari, 171n, 185, 186, 273, 349 e n, 586n, 617, 668n
Cagliari, 54n, 114, 357, 381, 731 e n, 733
Caisse d'Escompte di Parigi, 106
Camera di Commercio di Genova, 250, 617
Camera di Commercio di Milano, 294, 580n

Indice degli enti, delle istituzioni, delle aziende e dei luoghi 797

Camera di Commercio Internazionale, 558
Camerino, 694n
Campo San Giacomo di Rialto, 7
Canada, 347n, 384, 386
Caporetto, 301, 317, 318, 321, 332, 337, 617
Carrara, 660n
Cartiere di Fabriano, 701 e n
Casablanca, 700
Casa delle Compere e dei Banchi di San Giorgio, 15
Cassa del Mezzogiorno, 586n
Cassa Depositi e Prestiti, 92, 229, 366, 580, 693
Cassa di Risparmio della Tripolitania, 474n
Cassa di Risparmio delle Province Dalmate, 722
Cassa di Risparmio delle Provincie Lombarde, 208, 213, 240n, 268, 296n, 474n
Cassa di Risparmio di Bologna, 123, 296n
Cassa di Risparmio di Cagliari, 113
Cassa di Risparmio di Firenze, 296n
Cassa di Risparmio di Genova, 296n
Cassa di Risparmio di Milano, 45n, 123n
Cassa di Risparmio di Palermo, 296n
Cassa di Risparmio di Pescara, 733
Cassa di Risparmio di Torino, 296n
Cassa di Risparmio di Venezia, 45n, 474n, 492 e n
Cassa di Sconto di Milano, 65n
Cassa di Sconto di Torino, 87n, 115
Cassa di Sconto di Toscana, 87n
Cassa Generale di Genova, 87n
Cassa Nazionale di Sconto di Firenze, 83
Castro Pretorio, 109
Cattaro, 719, 722
Cefalonia, 724n
Celio, 109
Cerigo, 724n
Cettigne, 719
Cheren, 642
Chiasso, 683
Chisimaio, 647n
Chrysler, 546

Cile, 325, 326
Cina, 41n, 441
Cipro, 16
Cirenaica, 641, 642, 714n, 717
Città del Vaticano, 369, 373, 421 e n, 489, 490, 495n
Civitavecchia, 731 e n
Clearing House, 238
Colombia, 532
Comit, *vedi* Banca Commerciale Italiana
Comitato Interministeriale Scambi e Valute, 621 e n, 728
Commercial Bank of Ethiopia, 647n
Commissariato Generale per le Fabbricazioni di Guerra, 621
Commissione Crediti Internazionali, 392
Commissione economica della Costituente, 636, 695n
Commissione Internazionale di Vettovagliamenti (CIR), 316 e n
Commissione Italiana d'Armistizio con la Francia, 711, 712, 716 e n
Commissione sui Crediti Internazionali, 394n
Commonwealth Bank of Australia, 347n
Comofin, 580, 581
Compagnia Commerciale italiana, 124n
Compagnia delle Indie, 16
Compagnia di Gesù, 495n
Compagnia Finanziaria Nazionale, 358
Compagnia Fondiaria Italiana, 110, 127n
Compagnia Italo-Britannica, 503
Compiègne, 279
Comptoire d'Escompte, 33
Comptroller of the Currency, 469n
Comunità Europea del Carbone e dell'Acciaio (CECA), 666
Confederazione bancaria, 616 e n
Confederazione Fascista delle Aziende di Credito, 706, 720
Confederazione Nazionale Fascista del Credito e della Assicurazione, 547
Conferenza di pace di Parigi, 380 e n, 389, 390n, 393n, 421, 551n
Conferenza di Versailles, 383

Conferenza Economica Mondiale di Londra, 564-567
Confindustria, 415, 416, 617, 666n, 704
Consiglio di Stato, 61-63, 74, 80, 189
Consiglio Federale svizzero, 628
Consiglio Nazionale delle Ricerche (CNR), 694
Consiglio Supremo degli Alleati, 388, 389
Consorzio delle Casse di Risparmio Venete, 573n
Consorzio ligure Ansaldo, 365
Consorzio Mobiliare Finanziario, 358
Consorzio Mobiliare Italiano, 578n
Consorzio Sovvenzioni su Valori Industriali, 296, 304, 366, 367, 369, 370, 374, 388, 411, 413n, 414, 438, 507, 527, 571 e n, 584, 622, 623, 696
Consorzio Sovvenzioni su Valori Industriali, Sezione Speciale Autonoma, 297, 367, 372, 375 e n, 414, 438, 527, 571 e n, 572, 574
Corfù, 724n
Corporazione Fascista della Previdenza e del Credito, 639, 640, 658
Corsica, 16, 712, 714, 715
Corte dei Conti, 142, 218, 283, 349n, 366n, 367, 474n
CREDIOP (Consorzio di credito per le opere pubbliche), 555, 557, 564, 582
Creditanstalt, 569, 570, 576
Crédit Lyonnais, 227, 232
Crédit Mobilier, 71, 154
Credito Agricolo Industriale Sardo, 113
Credito Commerciale di Cremona, 373
Credito Italiano (Credit), 157, 163 e n, 171 e n, 188n, 208, 211, 212, 214, 219n, 239, 240n, 246, 251, 263, 265, 290, 321, 323, 328, 329, 334, 358 e n, 359, 361, 375 e n, 377 e n, 378, 379n, 393, 405, 427n, 430, 434, 435, 487, 499, 505, 507, 513, 549, 573, 574, 575 e n, 576 e n, 577-579, 584, 585, 586n, 589, 655, 702, 708 e n, 735
Credito Meridionale, 120, 496, 497
Credito Mobiliare, 71, 87n, 106, 109, 111, 117, 121, 127, 129, 154, 155, 156 e n, 157, 163 e n, 166, 211
Credito Padano di Mantova, 492
Credito Toscano, 500, 501
Credito Veneto di Padova, 492
Creta, 723, 724
Croazia, 718 e n, 719, 721
Custodian of Enemy Property, 657

Dalmazia, 714, 718, 721
Damasco, 714
Danimarca, 384
Danmarks Nationalbank, 26n, 462n
De Ferrari, 253
Dessié, 646n, 648
Deutsche Bank, 106, 728
Dire Daua, 648
Dodecaneso, 641, 643
Dresdner Bank, 728

Edison, 576 e n, 669n
Edison, Servizio Studi, 669n
Egitto, 645, 712, 714n
El Alamein, 697
Elettrofinanziaria, 576, 584, 586n
Ente di Gestione e Liquidazione Immobiliare (EGELI), 685 e n
Eritrea, 235, 523, 641, 642, 643n, 647n, 648n, 649, 654, 656
Esedra, 194
Esquilino, 109, 110, 124n
Etiopia, 3, 533, 551n, 601, 603, 606, 608, 609, 620, 625, 630, 643, 647, 648 e n, 649-652, 654, 655n, 656, 657, 679, 707, 711, 713, 724
Europa, 14, 17, 18, 20, 24, 28, 29, 36n, 39, 41n, 42n, 44, 46, 47, 49, 53, 54, 70, 99, 100, 105, 164, 218, 257, 261, 265, 280, 292n, 294, 307, 324, 334, 342, 348, 350, 383n, 384, 388, 389, 394, 397, 401, 403, 405 e n, 408, 410, 416, 420, 424, 441, 443, 456, 464, 504n, 506, 519, 526, 533, 539, 542, 543, 569, 576, 607, 627, 644, 646, 653, 679, 681, 694, 695n, 701n, 711, 725, 736

Famagosta, 16
Federal Reserve Bank of New York (FRBNY), VIII, 321, 326, 383, 428, 441, 455, 462n, 561

Indice degli enti, delle istituzioni, delle aziende e dei luoghi 799

Federal Reserve Bank of Saint Louis, 318
Federal Reserve System (Fed), 11, 31n, 35, 441, 667n
Federazione Bancaria Italiana, 368, 474n, 489, 491, 492 e n, 494, 500 e n
Federazione Nazionale Fascista delle Casse di Risparmio, 677, 685
Ferrara, 68, 276n
Ferriere Italiane, 264n, 265, 269
FIAT, gruppo, 164, 278n, 283n, 328, 329, 356, 460
Finlandia, 456
Firenze, 44, 45, 66, 83, 89, 93, 109, 276n, 332, 339, 578, 658n, 666n
FISA, 688n
Fiume, 498n, 580n
Fiume, provincia di, 718
Foggia, 733
Fondazione Bonaldo Stringher, 535
Fonderie di Piombino, 163, 261
Fondo Monetario Internazionale, 442, 563 e n, 631
Fontainebleau, 44
Forlì, 68
Fossombrone, 704
Francia, 29, 33, 35, 36, 41, 42, 44n, 46, 48, 49, 51, 83, 84, 89, 90, 102, 106, 112, 121n, 158, 216, 223-225, 228, 229n, 233, 242, 280, 281, 283, 285, 289, 301, 302, 311, 312 e n, 321n, 325, 348, 386n, 387, 390, 391n, 393, 397, 398, 402, 403, 404 e n, 424, 430, 437n, 440, 443, 449, 451, 452, 456, 467, 511n, 528, 531, 532, 538, 542, 544, 547n, 558, 561n, 567-569, 601, 602, 607-609, 625, 628, 629, 630 e n, 648, 650, 678, 687, 704, 711 e n, 714, 715, 716 e n, 717
Fratelli Treves, 411n
Friuli, 188, 190, 281, 514, 652

Galla, 647n
Galles, 30
Geisser & Monnet (Geisser & Co.), 120n
Genova, 7, 14, 15, 17, 22, 24 e n, 28, 38, 39, 41, 43, 45, 47 e n, 54n, 62, 116, 119, 167, 171n, 248, 253, 256, 264, 276n, 365, 366 e n, 395 e n, 396 e n, 399, 423n, 455, 509, 522, 557, 580, 695n
Georgia, 12n
Germania, 35, 42, 84, 90, 105, 224, 225, 228, 231, 232, 263, 279, 280, 283, 285, 289, 290, 302, 311, 321 e n, 348, 355, 386 e n, 387, 388, 390 e n, 395, 396n, 397, 400, 404 e n, 405, 406, 420, 423, 430n, 441, 454, 456, 462n, 463, 503, 526, 527, 529, 532, 538, 539, 542, 555, 557, 558, 561-563, 570, 578, 587, 601, 602, 605n, 607-610, 612 e n, 617, 620n, 635, 661, 671, 678, 679, 681, 687, 691, 694n, 703-706, 711n, 715, 717, 723-727
Gerusalemme, 714
Ghetto, 194
Gianicolo, 109, 194
Giappone, 224, 225, 228, 389, 441, 532, 561, 601, 607, 610, 620
Gibuti, 644, 646, 648, 656
Gimma, 648
Ginevra, 395, 567, 620
Goldiskontobank, 527
Gondar, 648
Gran Bretagna, 165, 199, 283, 311, 312 e n, 314, 316n, 386n, 391n, 398, 400, 441, 465, 561n, 569, 629, 648, 656, 660, 704, 714
Grecia, 123, 405n, 601, 691, 700, 707, 712, 717, 718n, 723 e n, 724 e n, 725, 726, 727 e n, 728 e n, 730
Grosseto, 660n

Hambro, Casa, 46n, 106, 313, 428, 429, 462
Harar, 647n, 648

ICIPU (Istituto di Credito per le Imprese di Pubblica Utilità), 555, 557, 582
Iglesias, 660n
Il Cairo, 212, 654, 694n
Ilva, 263, 264 e n, 269, 356
Impero austroungarico, 308, 708
Impero ottomano, 281, 708n
INCE, *vedi* Istituto Nazionale per i Cambi con l'Estero

Inghilterra, 28, 32 e n, 34, 35, 41, 42n, 48, 61n, 89, 119, 158, 188, 198, 233, 242, 312, 314, 390, 397, 402 e n, 404, 459, 525, 540, 563
Innocente Mangili & Co., 214n
Inter-Allied Council for War Purchases and Finance, 324n
Ionie, isole, 724, 728, 729
IRI (Istituto per la Ricostruzione Industriale), VIII, 3, 297, 367, 515, 570, 574, 579, 586n, 588 e n-590 e n, 591, 592, 593n, 596, 597 e n, 598, 623, 657, 664, 674, 688, 694, 695
Ispettorato del Credito, 623, 636, 683, 702n, 709n
Ispettorato per la difesa del credito e del risparmio, 687
Ispettorato per la difesa del risparmio e l'esercizio del credito, 595, 599n, 635, 636n, 637, 638, 640, 654, 655, 683, 684, 685 e n, 686n, 687 e n, 688n, 689n, 702n, 703, 732
ISTAT (Istituto nazionale di statistica), 274n, 303, 305, 354, 530, 531, 632, 662, 679n
Istituto Bancario San Paolo di Torino, 123, 469, 572n, 637
Istituto Centrale di Credito delle Banche Cattoliche, 493, 495-497, 573n
Istituto di Credito Fondiario, 124, 193
Istituto di Economia di Milano, 666n
Istituto di Liquidazioni, 367, 375, 499, 502, 510, 512, 513, 515, 522, 527, 571, 572, 574, 576 e n, 577, 581-584, 588, 590
Istituto Federale di Credito, 474n
Istituto Finanziario Nazionale della Banca Nazionale di Credito, 575
Istituto Internazionale di Agricoltura, 730n
Istituto Italiano di Credito Marittimo, 586
Istituto Mobiliare Italiano (IMI), 582, 584, 585n, 587-589, 622 e n, 623, 624, 638
Istituto Nazionale dei Cambi con l'Estero, 321, 364, 556, 683, 708
Istituto Nazionale delle Assicurazioni (INA), 556, 677
Istituto Nazionale di Credito per la Cooperazione, 469n, 498n, 523

Istituto Nazionale di Finanza Cooperativa, 694, 695
Istituto Nazionale di Finanza Corporativa, 694n, 697, 730n
Istituto Nazionale Esportazioni (INE), 551, 561, 562, 704
Istituto Nazionale per i Cambi con l'Estero (INCE), 323 e n, 324 e n, 325, 354, 393n, 394n, 444 e n, 542, 549, 552n, 613, 614, 615 e n, 616, 618 e n, 619, 621, 623, 660, 709n, 716
Istituto per la Ricostruzione Industriale, *vedi* IRI
Istituto per l'Economia Mondiale di Kiel, 724n
Istituto Romano di Beni Stabili, 194
Itaca, 724n
Italcable, 624n

Jackson Hall, 12n
Johnson Matthey, 649, 650n
Jonie, isole, *vedi* Ionie
Jugoslavia, 383, 404 e n, 601, 620, 712, 717, 718, 721

Kenya britannico, 642n
Khisimaio, 642
Knickerbrocker Trust Company, 238, 239
Koening & Bauer, 271

La Spezia, 731 e n
League of Nations International Financial Conference, 391, 441
Lega delle Nazioni, 398, 399n, 402n, 420, 441, 558
Lehman Brothers, 114
Leucade, 724n
Libia, 281, 307, 416, 641, 654, 700, 714n, 730
Ligure Metallurgica, 264n, 269
Lisbona, 660
Littoria (Latina), 660
Livorno, 45, 66, 67, 93, 658n
London, County and Westminster Bank, 503
Londra, 7n, 24n, 25, 46, 82, 83, 88, 105, 106, 131n, 217, 232, 234, 237, 238, 257n, 279n, 284, 312 e n, 313,

Indice degli enti, delle istituzioni, delle aziende e dei luoghi 801

314 e n-316 e n, 317, 320, 325, 326, 342, 347, 384, 385, 389, 390, 393n, 396, 397, 399, 401, 404n, 406, 407, 421n, 423, 427, 428, 431, 432, 442, 444 e n, 452, 457-461, 462n, 490n, 503-505, 519, 539, 541, 542, 547, 551n, 561, 564-566, 567 e n, 578, 609, 626, 649, 651n, 654, 660, 666n, 682, 684, 708, 723
Losanna, 416, 564, 641
Lubiana, 281, 284, 719, 722
Lubiana, provincia di, 718, 721
Lucca, 66
Lussemburgo, 279, 613, 624

Macedonia, 724
Malta, 212, 712, 714
Manzi & Co., Casa Bancaria, 156n, 163n
Marche, 43
Marinelli, Gruppo Bancario, 501n
Marocco, 228, 712
Marsaglia, gruppo, 330
Marsala, 63, 731n
Martignacco, 188, 486, 514, 533
Massaua, 642, 647n, 656
Mentone, 229, 711, 715
Merca, 647n, 648
Messico, 649
Messina, 69, 86n, 695n, 732n
Milani, cartiere, 272
Milano, 68, 71, 73, 162, 172, 190, 212, 214, 254n, 319 e n, 335, 378, 514, 551n, 579, 585, 624 e n, 694, 695n, 701 e n, 730, 735
Mogadiscio, 642 e n, 647n, 655
Monte dei Paschi di Siena, 123n, 296n, 469n, 500-502, 515
Moravia, 715
Morgan, Casa, 420, 421, 426, 428-430, 431 e n, 432, 445, 458, 462n, 523, 543, 546

Napoli, 7, 14, 22, 23, 24 e n, 28, 46, 63, 64, 68, 72, 119n, 124, 125, 127 e n, 141n, 151, 156n, 263, 269, 485, 501, 556, 663, 667n, 694n
National Bank of Ethiopia, 647n
National Monetary Commission, 123
National Shipbuilders, 574
Nederlandsche Bank, 26, 449, 454

New Hampshire, 224
New York, 11, 19, 238, 257n, 321, 325, 326, 342, 360, 364, 385, 420 e n, 421n, 426, 428, 431, 432, 455 e n, 458, 459, 462n, 529, 542, 546, 549, 578, 660, 681 e n, 682
New York (Stato), 455
Nippon Ginko (Banca del Giappone), 26, 29, 462n, 528
Nizza, 47, 225, 313-315, 712, 714, 715
Nord Africa, 224, 228, 601, 700
Nord America, 315, 316 e n, 321
Norges Bank, 26n
Norvegia, 490n, 569
Nuevo Banco Español (Banco de España), 26n

Odero-Orlando (Elba), 261, 264 e n, 269
Officina Carte Valori, 272, 274, 337, 518, 662, 675n, 701, 733
Officine Romeo, 574
Oltre Giuba, 642 e n
Opera Nazionale Combattenti, 556
Opere pie di San Paolo di Torino, 123n
ORT (Obshestvo Remeslenofo zemledelcheskofo Truda), 682
Ospedale dell'Ordine Mauriziano di Aosta, 676
Oustric & Co., 510, 511n
Overend Guerney, 83

Padova, 91n, 172, 186, 332 e n, 349 e n, 491, 695n
Paesi Bassi, 26, 288, 384, 441, 531, 568, 660
Palermo, 63, 69, 72, 141n, 143, 296n, 551n, 642n, 694n, 731n
Palestina, 679, 712
Parigi, 46, 82, 83, 105, 112, 118, 119n, 187, 217, 221, 223, 225, 228, 231 e n, 298, 312n, 326, 380 e n, 391n, 393, 417, 425, 426n, 439, 444n, 461, 462n, 490n, 515, 521, 543, 551, 557, 558, 566, 568, 569 e n, 577, 609, 626, 630, 644, 649, 654, 660, 661, 663n, 711, 712, 716 e n, 717
Parma, 46, 68, 73, 413, 695
Paxos, 724n
Perù, 668n
Perugia, 332

Pesaro, 352, 412, 440, 444, 454, 466n, 611, 628, 629
Piccolo Credito di Ferrara, 496
Pireo, 727n
Pisa, 66, 349n, 694n, 695n
Pola, 660n
Poligrafico dello Stato, 714, 733, 734n
Polonia, 403, 691, 715
Portogallo, 441, 569
Portsmouth, 224, 228
Postumia, 660n
Prati, 109, 110
Privilegierte Oesterreichische Nationalbank, 26n
Provenza, 712
Prussia, 26, 43, 44, 83, 84, 90
Prussian Bank, 26n

Quai d'Orsay, 223, 225n

Ragusa, 719
Ravenna, 68, 381n
Regìa dei Tabacchi, 149n
Regia Scuola Superiore di Commercio di Venezia, 185n
Regio Istituto Superiore di Studi di Genova, 556
Regno delle due Sicilie, 46, 63, 76
Regno del Montenegro, 722
Regno di Jugoslavia, 707, 716-718, 720n, 721, 722
Regno di Napoli, 22, 37, 69
Regno di Sardegna, 38, 41, 43, 48, 49, 51, 54 e n, 70, 78n, 79 e n, 611
Regno Unito, 42, 49, 237, 263, 280, 285, 289, 290, 299, 300, 301n, 312, 315, 323, 325, 348, 386, 387, 390, 393, 394, 423, 503, 532, 541, 544, 558, 569, 602, 608, 609, 625, 630 e n, 642n, 660
Reichsbank, 26, 159, 257, 289, 290, 405, 449, 454, 463, 517, 527, 563n, 612n, 661, 725 e n
Repubblica Cisalpina, 25n
Repubblica di San Marino, 42
Repubblica di Venezia, 20, 22, 24 e n, 28, 37, 66, 185 e n, 728
Repubblica Russa, Federale, Socialista, Sovietica, *vedi* Russia
Repubblica Sociale Italiana, 512n, 661n, 686n, 698, 704, 710n, 734n

Reserve Bank of India, 347
Reserve Bank of New Zealand, 347n
Rethondes, 711n
Rio de Janeiro, 660
Rocca di Cambio, 522
Rodano, 712
Rodi, 643
Roma, 44 e n, 68, 71, 91, 93, 105, 109, 110, 115, 124n, 126, 138, 139, 146, 161, 171n, 184, 194, 212, 214, 226, 230, 233, 270, 271, 276n, 303, 313 e n, 315n, 316, 325 e n, 333, 348, 349n, 374n, 377, 383, 393, 405 e n, 408, 421n, 425, 427n, 428, 430, 431, 443, 457, 460, 463, 486, 504, 505, 514, 519, 522 e n, 524n, 533, 537, 541, 548, 555-557, 560, 566n, 609, 617, 644, 645n, 652, 653, 656, 663n, 667n, 668n, 676, 694n, 695n, 697n, 702n, 708, 709, 710 e n, 724, 726 e n, 729, 734n, 736
Romania, 441, 570
Rothschild, Casa, 64, 105, 225, 227, 230-234, 462n, 570
Rovigo, 172
Ruhr, 401, 404
Russia, 121, 224, 225, 228, 280, 281, 283, 285, 312, 316, 395n, 395-397, 601, 612n, 700

Sacro Monte e Banco dei Poveri, 23n
Saint-Germain, 386n, 649
Salario, 194
Salò, 512n, 698n, 710n
Salonicco, 212, 727n
Salpa, 510-513, 514 e n
Sanders & Co., 131n
San Giorgio, Casa di, 15-17
San Remo, 393n
Sardegna, 58, 59 e n, 113, 115, 154, 718n, 732
Scandinavia, 26, 123, 607
Scozia, 88
Sebenico, 719
Securities Management Trust, 527
Sedan, 105
Serbia, 289, 291, 296
Sèvres, 395
Sfax, 714n
SFI (Società Finanziaria Italiana),

Indice degli enti, delle istituzioni, delle aziende e dei luoghi 803

573, 575, 576 e n, 577, 584, 585, 586n, 589
Sicilia, 43, 69, 105, 154, 170, 175, 700, 732, 733
Sidamo, 647n
Siderurgica Savona, 263, 264, 269
Siena, 66
Sindacato Agricolo Industriale Veneto, 498
Sindacato Fascista dei Lavoratori del Credito, 720
Siria, 712
SNIA (Società di Navigazione Italo-Americana), 507, 508, 510
SNIA Viscosa, 460, 507, 508
Società Adriatica di Elettricità, 416
Società Altiforni e Fonderie di Piombino, 163, 261, 264, 265 e n, 266n, 267-269
Società Bancaria Italiana (SBI), VII, 116n, 164, 207, 212, 239, 240, 241n, 243, 246, 249, 250, 251 e n, 252-254, 256, 259 e n, 262, 264, 265, 268, 270, 297, 360
Società Bancaria Marchigiana, 497
Società Bancaria Milanese, 116n, 164, 212, 250
Società degli Altiforni e Fonderie di Terni, 248, 260, 263 e n, 264n, 265, 266n, 267-269
Società del Benadir, 641n
Società delle Ferrovie Meridionali, 269
Società delle Nazioni, 312n, 390, 391n, 392 e n, 395, 401, 402, 407, 607, 608, 620 e n, 707
Società dell'Esquilino, 111, 115, 117, 120n, 124, 125, 156, 194
Società di Navigazione Italo-Americana, *vedi* SNIA
Società ferrovie dell'Alta Italia, 214n
Società Filonardi, 641n
Società finanziamento titoli, *vedi* SOFTIT
Società Finanziaria Italiana, *vedi* SFI
Società Finanziaria per l'Industria e il Commercio, 374, 375n, 523
Società Generale di Credito Mobiliare, 109, 111, 154
Società Immobiliare di Roma, 110
Società Italiana di Credito Provinciale, 297 e n

Società Italiana per l'Africa Orientale, 641n
Società Ligure Ramifera, 249, 253
Società Mobiliare Italiana, 376n
Società Molini Alta Italia, 244
Società per le Strade Ferrate Meridionali, 258
Società Risanamento Napoli, 127
Sofindit, 580, 581 e n, 582, 584 e n, 585, 586 e n, 587
SOFTIT (Società finanziamento titoli), 434, 435 e n, 436
Somalia, 641, 642, 647n, 712
Sondrio, 660n
Sousse, 714n
Sovrintendenza allo scambio delle valute, 617-620
Spa, 386n, 391, 394n
Spagna, 384, 391n, 424, 441, 569, 601, 609, 620n, 625, 691
Spalato, 719
Spandau, 289
Stabilimento Mercantile di Venezia, 66, 74 e n, 75
Stalingrado, 730
State Bank of Ethiopia, 647
Stati Uniti d'America (USA), 9, 35, 42, 88, 90, 100, 123, 199, 237, 239, 257, 271n, 280, 311, 312, 315n, 316 e n, 317, 318, 321, 324-327, 381-383, 386, 390 e n, 392n, 397, 398, 400, 401, 404n, 405, 420, 421n, 423n, 427n, 430 e n, 431n, 441, 450, 459, 464, 469, 508, 511n, 526, 532, 544, 547n, 561 e n, 563, 568-570, 602, 605n, 608, 620n, 625, 626, 629, 630n, 663n, 665, 667n, 679, 681, 682, 706, 718n
Stato Pontificio, 44n, 46, 67, 68, 81, 117
Stoccolma, 7n, 25
Sudafrica, 281, 346n
Sudan, 653
Sudeti, 715
Suomen Pankki, 26n, 462n
Sveriges Riksbank, 7 e n, 25, 38
Svezia, 158, 384, 386, 441, 462n, 532, 569, 621, 705
SVIMEZ, 586n
Svizzera, 231, 288, 311, 312, 325, 326,

384, 387, 439, 552, 560, 568, 682n, 687, 704, 705, 718n

Tangeri, 682n
Tarragona, 212
Taula de Canvi, 14 e n
Tesoreria dello Stato, 27, 28, 179, 235, 272, 519, 694, 709
Tessalonica, 724
Testaccio, 109, 120n
Tigré, 648n
Tirana, 709 e n, 710 e n
Tolmino, 660n
Torino, 47, 48, 53n, 54n, 60, 64, 116, 126, 259, 357, 509, 514, 611, 664, 688, 689n, 695n, 711, 712, 730
Torre Annunziata, 660n
Transgiordania, 712
Trapani, 732n
Trentino, 652
Treviso, 332, 500
Tripoli, 212, 642 e n
Tripolitania, 229n, 416, 474n, 641, 642
Trust Company of America, 11
Tunisi, 105, 106, 712, 714n
Tunisia, 113, 697, 714
Turchia, 301, 395, 416, 570

Udine, 85, 185, 188, 332 e n, 533, 572n
Ufficio Italiano dei Cambi, 613 e n
Ungheria, 301, 386n, 441, 570
Unica, 688
Unione delle Banche Italiane, 220, 221
Unione delle Camere di Commercio, 617

Unione Economica delle Venezie, 498
Unione Monetaria Latina, 68n, 187, 448 e n
Unione Sovietica, 395n, 396n, 532, 671, 681
USA, *vedi* Stati Uniti d'America

Venchi, 688
Veneto, 74, 332
Venezia, 7, 14, 15, 17, 18n, 21, 45n, 332, 349 e n, 416, 586n, 668n, 695n
Venezia Giulia, 491
Verona, 349, 381n, 732
Versailles, 439, 525, 559, 561, 563
Vichy, 711, 712
Vickers-Armstrong, 527, 574
Vienna, 45, 46, 47n, 65, 66, 84, 90, 105, 284, 301, 614, 649, 650n
Vietnam, 119
Volksbank, 111
Vonwiller & Co., 163n

Wall Street, *vedi* Borsa di New York
War Debt Commission, 401
Washington, 325, 326, 383, 401, 430 e n, 431, 432, 551
Watson, Overend & Co., 83
World Bank, 560

Yemen, 648n

Zante, 724n
Zara, 718, 719n
Zurigo, 660

INDICE DEL VOLUME

Prefazione, *di Ignazio Visco*   V

Nota introduttiva   1

1. Origini (italiane) ed evoluzione del *central banking*   7

    1. Funzioni della banca centrale, p. 8. – 2. Funzioni di banca centrale a Genova, Venezia e Napoli, p. 13. – 3. Banche centrali e moneta convertibile, p. 24.

2. Prima della Banca d'Italia: banche di emissione   41

    1. Economia e credito prima dell'Unità, p. 41. – 2. Dalla Banca di Genova alla Banca Nazionale, p. 47. – 3. Cavour: unicità o pluralità?, p. 52. – 4. Altre banche di emissione, p. 65. – 5. Dopo l'Unità, p. 70. – 6. 1866: carta inconvertibile, p. 82. – 7. 1874: legge bancaria, p. 88.

3. Origini   99

    1. Un trentennio di bassa crescita, p. 99. – 2. Una tempesta perfetta, p. 102. – 3. Banche, interessi privati e governo, p. 117. – 4. Prestiti di ultima istanza, p. 122. – 5. Gli istituti di emissione nella bufera, 1889-1892, p. 128. – 6. 1893, la Banca d'Italia, p. 143. – 7. Il culmine della crisi, p. 152. – 8. Una legge imperfetta, p. 158.

4. Costruzione di una banca centrale   161

    1. Risveglio dell'economia, p. 161. – 2. Grillo e Marchiori, Sonnino e Luzzatti, p. 165. – 3. Bo-

naldo Stringher direttore generale, p. 184. – 4. Liquidazione del passato, p. 191. – 5. La politica monetaria, p. 195. – 6. La Banca d'Italia e il sistema bancario, p. 206. – 7. Banca, governo e conversione della Rendita, p. 215. – 8. 1907, p. 236. – 9. Salvare la siderurgia, p. 260. – 10. L'organizzazione, p. 270.

5. Una banca per l'economia di guerra   279

1. Economia di guerra, p. 279. – 2. Neutralità e intervento, p. 288. – 3. Finanziare la guerra: la moneta, p. 298. – 4. Finanziare la guerra: il debito interno, p. 306. – 5. Finanziare la guerra: debito estero e cambio, p. 310. – 6. Finanziare la guerra: il sistema bancario, p. 327. – 7. Da Caporetto a Vittorio Veneto, p. 331. – 8. La vita di una banca centrale in guerra, p. 334.

6. L'età delle banche centrali   345

1. Economia internazionale e banche centrali, p. 345. – 2. L'economia italiana negli anni Venti, p. 348. – 3. Politica monetaria, crisi bancarie e inflazione, p. 352. – 4. Svalutazione della lira e debiti esteri, p. 380. – 5. Bruxelles e Genova, tentativi di cooperazione, p. 388. – 6. Debiti interalleati e prestiti internazionali, p. 400. – 7. Una politica monetaria per la crescita, 1922-1925, p. 408. – 8. 1925, p. 415.

7. Quota 90 e politica monetaria, 1925-1929   423

1. L'economia italiana, 1925-1929, p. 423. – 2. Verso la convertibilità della lira, p. 425. – 3. Quota 90 e indipendenza della banca centrale, p. 439. – 4. La politica monetaria dopo Quota 90, p. 463.

8. Prime esperienze di vigilanza   469

1. La legge bancaria del 1926, p. 469. – 2. Prima organizzazione della vigilanza, p. 477. – 3. La vigilanza all'opera, 1927-1930, p. 483. – 4. Crisi bancarie e salvataggi, 1926-1930, p. 487. – 5. Crisi di una grande banca: l'Agricola Italiana di

Gualino, p. 505. – 6. Le persone e l'organizzazione, p. 516.

9. La Grande Crisi 525

1. Le banche centrali durante e dopo la crisi, p. 525. – 2. L'economia italiana nella Grande Crisi, p. 529. – 3. Il nuovo vertice della Banca, p. 533. – 4. La politica monetaria, p. 537. – 5. Convertibilità della lira e riserve valutarie, p. 545. – 6. Rapporti internazionali: la BRI, la Conferenza di Londra e il blocco dell'oro, p. 554. – 7. Salvataggi bancari e IRI, p. 569. – 8. La legge bancaria del 1936, p. 592.

10. Autarchia e guerre 601

1. Otto anni di economia di guerra, 1935-1943, p. 601. – 2. Controllo sul movimento di capitali e autarchia, p. 611. – 3. Svalutazione e politica monetaria, p. 625. – 4. Vigilanza e banche, p. 635. – 5. In Abissinia, p. 641. – 6. Gestione, personale (e arte), p. 657. – 7. Il Servizio Studi, p. 665. – 8. Rapporti con il Partito Nazionale Fascista, p. 671. – 9. La Banca e la «difesa della razza», p. 678.

11. La Banca nella guerra totale 691

1. Finanziare la guerra totale, 1939-1943, p. 691. – 2. Nei territori occupati, p. 707. – 3. Disfatta, p. 729.

Riferimenti bibliografici 737

Abbreviazioni e sigle 773

Summary 775

Indice dei nomi 779

Indice degli enti, delle istituzioni, delle aziende e dei luoghi geografici 793

Indice del volume 805

Collana Storica della Banca d'Italia 809

COLLANA STORICA DELLA BANCA D'ITALIA

Documenti

I. *L'Italia e il sistema finanziario internazionale 1861-1914*, a cura di Marcello De Cecco, 1990.

II. *Gli istituti di emissione in Italia. I tentativi di unificazione 1843-1892*, a cura di Renato De Mattia, 1990.

III. *Giolitti e la nascita della Banca d'Italia nel 1893*, a cura di Guglielmo Negri, 1989.

IV. *La Banca d'Italia dal 1894 al 1913. Momenti della formazione di una banca centrale*, a cura di Franco Bonelli, 1991.

V. *La Banca d'Italia e l'economia di guerra 1914-1919*, a cura di Gianni Toniolo, 1989.

VI. *L'Italia e il sistema finanziario internazionale 1919-1936*, a cura di Marcello De Cecco, 1993.

VII. *La Banca d'Italia e il sistema bancario 1919-1936*, a cura di Giuseppe Guarino e Gianni Toniolo, 1993.

VIII. *La politica monetaria tra le due guerre 1919-1935*, a cura di Franco Cotula e Luigi Spaventa, 1993.

IX. *La Banca d'Italia tra l'autarchia e la guerra 1936-1945*, a cura di Alberto Caracciolo, 1992.

X. *La Banca d'Italia e il risanamento post-bellico 1945-1948*, a cura di Sergio Ricossa e Ercole Tuccimei, 1992.

XI. *Luigi Einaudi, Diario 1945-1947*, a cura di Paolo Soddu Fondazione Luigi Einaudi, Torino, 1993.

XII. *La normativa sulla Banca d'Italia dalle origini a oggi*, a cura della Consulenza legale della Banca d'Italia, 1992 [con allegati CD].

XIII. *Donato Menichella. Stabilità e sviluppo dell'economia italiana 1946-1960*, a cura di Franco Cotula, Cosma O. Gelsomino e Alfredo Gigliobianco, 1997.

XIV. *Il potere dell'immagine. Ritratto della Banca Nazionale nel 1868*, a cura di Marina Miraglia, 2003.

Statistiche

I.1 *I conti economici dell'Italia. Una sintesi delle fonti ufficiali 1890-1970*, a cura di Guido M. Rey, 1991.

I.2. *I conti economici dell'Italia. Una stima del valore aggiunto per il 1911*, a cura di Guido M. Rey. Scritti di Giovanni Federico, Stefano Fenoaltea, Mauro Marolla, Massimo Roccas, Ornello Vitali, Vera Zamagni, 1992.

I.3° *I conti economici dell'Italia. Il conto risorse e impieghi (1891, 1911, 1938, 1951)*, a cura di Guido M. Rey. Scritti di Guido M. Rey, Ornello Vitali, Giovanna Pedullà, Antonello Biagioli, Claudio Picozza, Sandro Clementi, 2002.

I.3°° *I conti economici dell'Italia. Il valore aggiunto per gli anni 1891, 1938, 1951*, a cura di Guido M. Rey. Scritti di Giovanni Federico, Stefano Fenoaltea, Carlo Bardini, Vera Zamagni, Patrizia Battilani, 2000.

II. *I bilanci degli istituti di emissione 1894-1990*, a cura di Massimiliano Caron e Luciano Di Cosmo del Servizio Ragioneria della Banca d'Italia, con la collaborazione del Banco di Napoli, del Banco di Sicilia e dell'Ufficio Italiano dei Cambi, 1993 [con allegato CD].

III. *I bilanci delle aziende di credito 1890-1936*, a cura di Franco Cotula, Tullio Raganelli, Valeria Sannucci, Stefania Alieri, Elio Cerrito dell'Ufficio Ricerche Storiche della Banca d'Italia, con la consulenza scientifica di Ornello Vitali, 1996 [con allegato CD].

IV. *Il commercio estero italiano 1862-1950*, di Giovanni Federico, Sandra Natoli, Giuseppe Tattara, Michelangelo Vasta, 2011.

V. *Il PIL per la storia d'Italia. Istruzioni per l'uso*, di Alberto Baffigi, 2015.

Saggi e Ricerche

I. *Le origini della cooperazione tra le banche centrali. L'istituzione della Banca di Regolamenti Internazionali*, di Paolo Baffi. Con un saggio di Antonio Fazio, presentazione di Andrew D. Crockett, introduzione di Charles P. Kindleberger, 2002.

II. *Il Governatore Vincenzo Azzolini 1931-1944*, di Alessandro Roselli, 2000.

III. *I nazisti e l'oro della Banca d'Italia. Sottrazione e recupero 1943-1958*, di Sergio Cardarelli e Renata Martano, 2000.

IV. *La Banca d'Italia. Sintesi della ricerca storica 1893-1960*, a cura di Franco Cotula, Marcello De Cecco e Gianni Toniolo. Con l'introduzione di Antonio Fazio, 2003.
V. *Azioni e azionisti. Il lungo Ottocento della Banca d'Italia*, di Rosanna Scatamacchia, 2008.
VI. *Luigi Einaudi: libertà economica e coesione sociale*, a cura di Alfredo Gigliobianco. Scritti di Alberto Baffigi, Piero Bini, Pierluigi Ciocca, Domenico da Empoli, Valeria Della Valle, Riccardo Faucci, Francesco Forte, Pier Luigi Porta, Alessandro Roncaglia, 2010.
VII. *Alle radici del welfare all'italiana. Origini e futuro di un modello sociale squilibrato*, di Maurizio Ferrera, Valeria Fargion, Matteo Jessoula, 2012.

La serie «Saggi e Ricerche» prosegue nella serie «Contributi e Saggi».

Contributi e Saggi*

I. *Ricerche per la storia della Banca d'Italia. Rapporti monetari e finanziari internazionali 1860-1914. Le banche di emissione in Italia fino all'inizio del Novecento. Statistiche storiche: il cambio della lira 1861-1979. Elementi di normativa sulle banche di emissione 1859-1918.* Scritti di Sergio Cardarelli, Pierluigi Ciocca, Alfredo Gigliobianco, Peter Hertner, Massimo Roccas, Valeria Sannucci, Ercole Tuccimei, Adalberto Ulizzi, 1990.
II. *Ricerche per la storia della Banca d'Italia. Problemi di finanza pubblica tra le due guerre 1919-1939*, a cura di Franco Cotula. Scritti di Alberto Baccini, Domenicantonio Fausto, Giuseppe Felicetti, Andrea Ripa di Meana, Giancarlo Salvemini, Vera Zamagni, 1993.
III. *Ricerche per la storia della Banca d'Italia. Finanza internazionale, vincolo esterno e cambi 1919-1939*. Scritti di Pier Francesco Asso, Andrea Santorelli, Marina Storaci, Giuseppe Tattara, 1993.
IV. *Ricerche per la storia della Banca d'Italia. L'organizzazione della Banca d'Italia 1893-1947. La Banca d'Italia e la tesoreria dello Stato.* Scritti di Alberto M. Contessa, Angelo De Mattia, Pasquale Ferro, Giuseppe Mulone, Ercole Tuccimei, 1993.
V. *Ricerche per la storia della Banca d'Italia. Il mercato del credito e la Borsa. I sistemi di compensazione. Statistiche storiche: salari industriali e occupazione.* Scritti di Stefano Baia Curioni, Rita

* La serie «Contributi e Saggi» riunisce le precedenti serie «Contributi» e «Saggi e Ricerche».

Brizi, Giovanni Ferri, Paolo Garofalo, Cosma O. Gelsomino, Sandra Petricola, Vera Zamagni, 1994.

VI. *Ricerche per la storia della Banca d'Italia. La bilancia dei pagamenti italiana 1914-1931. I provvedimenti sui cambi in Italia 1919-1936. Istituzioni e società in Italia 1936-1948. La Banca d'Inghilterra 1694-1913.* Scritti di Gian Carlo Falco, Giorgio Fodor, Alberto Monticone, Gabriella Raitano, 1995.

VII.1. *Stabilità e sviluppo negli anni Cinquanta. L'Italia nel contesto internazionale*, a cura di Franco Cotula. Scritti di Franco Cotula, Juan Carlos Martinez Oliva, Maria Lucia Stefani, Giorgio Fodor, Eugenio Gaiotti, 2000.

VII.2. *Stabilità e sviluppo negli anni Cinquanta. Problemi strutturali e politiche economiche*, a cura di Franco Cotula. Scritti di Antonio Fazio, Guido M. Rey, Pier Francesco Asso, Antonello Biagioli, Claudio Picozza, Cosma O. Gelsomino, Giorgio Fodor, Salvatore Cafiero, Domenicantonio Fausto, Paolo Garofalo, Daniela Colonna. Commenti di Marcello De Cecco, Augusto Graziani, Antonio Pedone, Paolo Sylos Labini, Franco Tutino, 1998.

VII.3 *Stabilità e sviluppo negli anni Cinquanta. Politica bancaria e struttura del sistema finanziario*, a cura di Franco Cotula. Scritti di Giorgio Albareto, Maurizio Trapanese, Alfredo Gigliobianco, Giandomenico Piluso, Gianni Toniolo, Pier Francesco Asso, Gabriella Raitano, Paolo Croce, Federico Barbiellini Amidei, Claudio Impenna, Paolo Garofalo, Daniela Colonna. Commenti di Paolo Baratta, Francesco Cesarini, Giangiacomo Nardozzi, Marco Pagano, Giovanni Battista Pittaluga, 1999.

VIII. *La Banca d'Italia in Africa*, di Ercole Tuccimei, 1999.

IX. *Gli accordi di Bretton Woods. La costruzione di un ordine monetario internazionale*, di Filippo Cesarano, 2000.

X. *Innovazione tecnologica e sviluppo industriale nel secondo dopoguerra.* Scritti di Cristiano Antonelli, Federico Barbiellini Amidei, Renato Giannetti, Matteo Gomellini, Sabrina Pastorelli, Mario Pianta, 2007.

XI. *Storia della legislazione bancaria, finanziaria e assicurativa. Dall'Unità d'Italia al 2011*, di Enrico Galanti, Raffaele D'Ambrosio, Alessandro V. Guccione, 2012.

XII. *L'Italia e l'economia mondiale. Dall'Unità a oggi*, a cura di Gianni Toniolo, 2013.

XIII. *Concorrenza, mercato e crescita in Italia: il lungo periodo*, a cura di Alfredo Gigliobianco e Gianni Toniolo, 2017.

XIV.1 *Storia della Banca d'Italia. Formazione ed evoluzione di una banca centrale, 1893-1943*, di Gianni Toniolo, 2022.

Finito di stampare nel mese di settembre 2022
presso la Tipografia Casma, Bologna